JOACHIM MARQUARDT

DAS PRIVATLEBEN DER RÖMER

ZWEITER TEIL

JOACHIM MARQUARDT

DAS PRIVATLEBEN DER RÖMER

ZWEITER TEIL

WISSENSCHAFTLICHE BUCHGESELLSCHAFT
DARMSTADT

Unveränderter reprografischer Nachdruck 1990 der von A. Mau besorgten
zweiten Auflage, Leipzig 1886
(Handbuch der römischen Altertümer VII)

CIP-Titelaufnahme der Deutschen Bibliothek

Marquardt, Joachim:
Das Privatleben der Römer / Joachim Marquardt. –
Nachdr. – Darmstadt: Wiss. Buchges.
Ursprüngl. als: Handbuch der römischen
Altertümer. 7.
ISBN 3-534-02082-0

Nachdr.
Teil 2. – Unveränd. reprograf. Nachdr. d. von A. Mau
besorgten 2. Aufl., Leipzig 1886. – 1990

Bestellnummer 02082-0

Druck und Einband: Wissenschaftliche Buchgesellschaft, Darmstadt
Gedruckt auf säurefreiem und alterungsbeständigem Offsetpapier
Printed in Germany

ISBN 3-534-02082-0

DAS

PRIVATLEBEN DER RÖMER

INHALT.

ZWEITER THEIL.

Erwerb und Unterhaltung.

Fabrication, Production und Handel.

B. Die Fabrication. 501.

C. Die männliche Kleidung. 550.

D. Die weibliche Kleidung. 573.

E. Pelz- und Lederwaaren. 587.

V. Unterhaltung und Spiele.

Verzeichniss der Holzschnitte.

ZWEITER THEIL

ERWERB UND UNTERHALTUNG

Fabrication, Production und Handel.

Wir haben im ersten Theile dieses Bandes den innern Organismus des römischen Familienlebens betrachtet; der zweite Theil wird die äusseren Bedingungen desselben, d. h. seine Bedürfnisse und deren Beschaffung durch die verschiedenen Berufsthätigkeiten, zum Gegenstande haben. Um diese sehr complicirte Aufgabe einigermassen zu lösen, wird es nöthig sein, den weitläufigen Stoff vorläufig zu übersehen und einen Gesichtspunkt für dessen Behandlung festzustellen.

Die Bedürfnisse des im Staate lebenden Menschen sind theils allgemeine, theils persönliche. Die allgemeinen, d. h. die des Staates selbst, und zwar unserer Aufgabe gemäss die des römischen Staates insbesondere, sind in den früheren Abschnitten dieses Handbuches erörtert worden; die persönlichen Bedürfnisse, von denen wir hier zu handeln haben, sind entweder leibliche, d. h. zunächst Nahrung, Kleidung und Wohnung, oder geistige, nämlich wissenschaftliche Beschäftigung und freie Erholung und Unterhaltung, welcher ein Theil der Künste ihren Ursprung verdankt. Alle menschliche Thätigkeit richtet sich auf die Befriedigung dieser Bedürfnisse; aber die Bedeutung, welche jedem derselben beigelegt wird, die Art der Betheiligung an demselben, insbesondere das Verhältniss des Staatsdienstes zu dem Erwerbe und der verschiedenen Erwerbszweige zu einander bildet ein wesentliches Merkmal für die Charakteristik der Zeiten und Völker.

Handwerk und Kunst im Orient.

In den alten Reichen des Orients, in welchen die Entwickelung der Individualität noch eine geringe war, bestand bekanntlich grossentheils eine Kastenverfassung. Die Staatsregierung, die Vertheidigung des Landes, der Cult, das Gewerbe, der

Handel gehört bestimmten Menschenclassen an und die Berufsthätigkeit ist eine scharf begrenzte, unfreie und erbliche. Bei dieser Beschränkung ist ein Zweig menschlicher Thätigkeit vortrefflich gediehen, nämlich das Handwerk. Die Weberei, die Lederbereitung, die Arbeit in Metallen, edlen Steinen, Thon und Glas hat eine hohe Vollendung schon im Orient erhalten, und diese Technik ist als Resultat des orientalischen Culturlebens auf das ganze Alterthum vererbt und bis in's Mittelalter erhalten worden. In Griechenland dagegen und namentlich in Athen gelangt die Freiheit des Individuums zu ihrer vollen Entwickelung. Der einzelne Mensch hat das Bewusstsein, zu allen den genannten Aufgaben in gleichem Grade befähigt zu sein, und wie einerseits der Sophist Hippias, der Lehrer der Wissenschaften und insbesondere der Staatskunst, sich rühmte, auch seinen Rock, seinen Mantel, seine Schuhe, seinen Ring und seine Oelflasche selbst gefertigt zu haben,[1] so hielten andererseits in Athen die Walker, Schuster, Zimmerleute, Schmiede, Bauern und Krämer sich für ganz geeignet, den Staat zu regieren.[2] Zwar theilen Plato, Aristoteles und die Vertreter der Bildung überhaupt diese Ansicht insofern nicht, als sie behaupten, eine geistige, insbesondere eine politische Thätigkeit sei mit einer banausischen Erwerbsart, d. h. der eigentlichen Handarbeit, unvereinbar;[3] denn diese hindere die Ausbildung des Körpers und des Geistes, mache den Menschen engherzig und für grosse und allgemeine Interessen unempfänglich, beschränke die freie Musse, die für die politische Wirksamkeit nöthig sei, und bewirke endlich, da der Handwerker um Lohn für einen Andern arbeite, dass derselbe unfrei werde gleich dem Sclaven, der nicht für sich, sondern für seinen Herrn existire;[4] allein der fabrikmässige Betrieb gewerblicher Thätigkeit durch Sclaven unter

in Griechenland,

1) Plato *Hipp. min.* p. 368b. Cic. *de or.* 3, 32, 127. Quintil. 12, 11, 21. Apul. *Florid.* 1, 9.

2) Xenoph. *mem.* 3, 7, 5.

3) Aristoteles *polit.* 8, 2, II p. 1337b 8 Bk.: Βάναυσον δ' ἔργον εἶναι δεῖ τοῦτο νομίζειν καὶ τέχνην ταύτην καὶ μάθησιν, ὅσαι πρὸς τὰς χρήσεις καὶ τὰς πράξεις τῆς ἀρετῆς ἄχρηστον ἀπεργάζονται τὸ σῶμα τῶν ἐλευθέρων ἢ τὴν διάνοιαν. Vgl. 3, 5, p. 1278a 6 Bk.

4) Ueber diesen Gegenstand hat Drumann Die Arbeiter und Communisten in Griechenland und Rom. Königsberg 1860. 8, und neuerdings sehr eingehend Frohberger *De opificum apud veteres Graecos conditione diss. I.* Grimmae 1866. 4. gehandelt.

Aufsicht eines Geschäftsführers, wobei zwar das Erlernen derselben auch für den Unternehmer nöthig,[1] eine fortdauernde Handarbeit aber erspart wurde, und die Ausübung jeder Kunst und Wissenschaft ohne die Absicht des Gelderwerbes ist bei den Griechen immer ehrenwerth und beliebt gewesen und hat die grossen Erfolge in Kunst und Wissenschaft herbeigeführt, welche als das bleibende Resultat des griechischen Lebens für die Nachwelt zu betrachten sind.

Man darf im Voraus annehmen, dass, nachdem im Orient die handwerksmässige Technik, in Griechenland die Kunst und Wissenschaft den Höhepunkt ihrer Ausbildung erreicht hatte, für beide Richtungen in Rom eine neue und eigenthümliche Entwickelung nicht zu erwarten ist. Die specifisch-historische Bedeutung Roms liegt vielmehr in seinem Staatsleben, dessen Formen für alle Zeiten von Einfluss geblieben sind. Der weltbeherrschende Staat war das Ziel, das die Römer im Bewusstsein eines einseitigen Strebens verfolgten; anfangs mit Hintansetzung aller persönlichen, später mit Aufgabe selbst der nationalen Interessen. Es ist ein schöner Zug des altrömischen Charakters, dass die Pflicht gegen den Staat wenigstens in alter Zeit mit grossen persönlichen Opfern erfüllt wurde, als Ziel alles Strebens nicht die Behaglichkeit der persönlichen Existenz, sondern die Grösse des Staates galt[2] und die Ansprüche des Einzelnen gegen die des Gemeinwesens völlig zurücktraten. Der Hausvater, welcher nur eine anständige Erwerbsquelle in dem Landbau hatte,[3] producirte auf seinem Gute alles, was er brauchte,[4] die Nahrung für sich und die Familie, die Wolle zu seinem Kleide, das Leder zu seinen Schuhen und die Baumaterialien zu seinem Hause; dabei ist er Lehrer, Priester und Arzt in seiner Familie, vor allem aber Staatsbürger, Beamter und Soldat. Die Handarbeit, und zwar die ländliche, ist sein eigentlicher Beruf und auch für den Hochgestellten ein unbedenklich ehrenwerther;[5] wird sie durch den Kriegsdienst oder in Rom.

---

1) Plato *de leg.* p. 846e und mehr bei Frohberger p. 21.

2) Valer. Max. 4, 4, 9: *Patriae enim rem unusquisque, non suam augere properabat, pauperque in divite quam dives in paupere imperio versari malebat.*

3) S. oben S. 137 ff.

4) Daher der Ausspruch: *Nequam agricolam esse, quisquis emeret quod praestare ei fundus posset.* Plin. *n. h.* 18, 40.

5) Plin. *n. h.* 18, 19: *ipsorum tunc manibus imperatorum colebantur agri.*

Handwerkercollegien des Numa.

die Amtsführung unterbrochen, so leidet die Wirthschaft und die ganze Familie; die industrielle Thätigkeit blieb dabei auf die engsten Grenzen beschränkt, bis sich wenigstens in der Stadt Rom das Bedürfniss herausstellte, für gewisse Kunstfertigkeiten, welche Uebung und Zeitaufwand erfordern, durch Theilung der Arbeit zu sorgen. Es geschah dies durch die acht angeblich von Numa gestifteten, ohne Zweifel in frühester Zeit entstandenen Handwerkercollegien,[1] die als der Beginn einer römischen Industrie zu betrachten sind. Aber es erging der Industrie wie später der originalen römischen Litteratur; sie wurde in ihrer Entwickelung alterirt und gehemmt durch das Bekanntwerden ausländischer bereits vollendeter Kunsterzeugnisse, die bei der immer zunehmenden Ausdehnung des römischen Gebietes und Verkehrs in immer grösseren Massen und mit immer grösserer Leichtigkeit Eingang fanden. Zu der Zeit, als Rom gegründet wurde, standen die technischen Leistungen der Italiker noch in den ersten Anfängen, welche allen Völkern in ihrer ältesten Culturperiode gemeinsam sind.[2] Das Spinnen, das Weben, das Flechten, das Filzen, die nothwendigsten Arbeiten in Holz, Thon, Metall und Leder sind schon in dieser Periode in Uebung und finden in den Handwerkercollegien des Numa[3] ihre Vertretung, zu welchen ausser den für den Gottesdienst erforderlichen *tibicines* die Goldschmiede (*aurifices*, χρυσοχόοι), Zimmerleute (*fabri tignarii*, τέκτονες), Färber (βαφεῖς, *tinctores*), Schuster (*sutores*, σκυτοτόμοι), Gerber (*coriarii*, σκυτοδέψεις), Kupferschmiede (*fabri aerarii*, χαλκεῖς) und Töpfer (*figuli*, κεραμεῖς) gehören. Es fehlen die Eisenarbeiter, *fabri ferrarii*, woraus ersichtlich ist, dass damals zu allen Werk-

---

Cic. *de sen.* 16, 56. Als Beispiele werden angeführt die *Camilli* und *Curii* (Lucan. *Phars.* 1, 168f.); *L. Quinctius Cincinnatus Cs.* 460 v. Chr. (Liv. 3, 26, 9. Festus p. 257b 1. Val. Max. 4, 4, 7. Colum. 1, *praef.* § 13); *M. Valerius Corvinus Cs.* 348 (Val. Max. 8, 13, 1); *C. Fabricius Censor* 175 (Colum. a. a. O.); *C. Atilius Serranus Cs.* 257 u. 250 (Cic. *pr. Rosc. Am.* 18, 50. Val. Max. 4, 4, 5) und alle die Familien, deren *Nomina* oder *Cognomina* von dem Ackerbau und der Viehzucht genommen sind, wie die *Fabii*, *Pisones*, *Lentuli*, *Cicerones* (Plin. *n. h.* 18, 10), die *Porcii*, *Ovinii*, *Caprilii*, *Equitii*, *Caprae*, *Tauri*, *Vituli* (Varro *de r. r.* 2, 1, 10). Noch von *Scipio Africanus* sagt Seneca *ep.* 86, 5: *exercebat enim opere se terramque, ut mos fuit priscis, ipse subigebat.*

1) S. Staatsverwaltung III S. 136.

2) Helbig Die Italiker in der Poebene. Leipzig 1879. S. 77—97.

3) Plut. *Numa* 17 und dazu E. Wezel *De opificio opificibusque apud veteres Romanos diss. I.* Berolini 1881. 4.

zeugen des Friedens und Krieges noch Kupfer verwendet wurde, welches im sacralen Gebrauche bis in späte Zeit in Anwendung blieb,[1]) die Weber und Bäcker, deren Geschäfte im Hause besorgt wurden, und alle feineren Gewerbe, welche wir später besprechen werden. Was aber die Metallarbeiter und Töpfer lieferten, liegt gegenwärtig in den Fundstücken der Necropolis von Alba Longa[2]) und des Esquilin in Rom,[3]) dessen Gräber theilweise älter sind, als die Servianische Mauer,[4]) zur Anschauung vor. Gefässe von getriebenem Bronzeblech sind darunter gar nicht,[5]) Gegenstände von Metall überhaupt in sehr geringer Zahl;[6]) von Thonwaaren finden sich Spinnwirtel derselben Art, wie sie bei Schliemann's trojanischen Ausgrabungen massenhaft vorkamen, und rohe Töpfe, ohne Drehscheibe aus der Hand gearbeitet.[7]) Von so primitiver Art waren die Opfergefässe des alten Cultus, das *simpuvium* und der *niger catinus* des Numa,[8]) und diese erhielten sich für gewisse Dienste in unveränderter Gestalt, wie die *ollae* beweisen, die sich im Haine der *Arvales* erhalten haben und, obwohl einer viel späteren Zeit angehörig, ebenfalls ganz roh und ohne Töpferscheibe geformt sind.[9]) ihre Leistungen.

Auch Griechenland war im achten Jahrhundert vor Chr. noch zu keiner eigenthümlichen Kunstentwickelung gelangt, wäh- Einfuhr phönicischer Waaren unter den Königen.

---

1) Staatsverwaltung III S. 228 A. 3. Mommsen R. G. I⁶ S. 192. Helbig a. a. O. S. 77 ff.

2) Die Litteratur über die Necropolis von Alba findet man bei Helbig a. a. O. S. 82. S. besonders Al. Visconti *Lettera al Signore G. Carnevali di Albano supra alcuni vasi sepolcrali rinvenuti nelle vicinanze della antica Alba Longa.* Roma 1817. G. Tambroni *Intorno le urne cinerarie disotterrate nel Pascolare di Castel Gandolfo*, in *Atti dell' Accademia Romana d'Archeologia* Tom. I pars 2 p. 257. Pigorini and Lubbock *Notes on the Hut-Urns and other objects discovered in an ancient cemetery in the Commune of Marino*, in *Archaeologia* XLII, 1 (1869) p. 99 ff. Vier *rapporti* von M. S. de Rossi: *Annali* 1867 p. 36—40; *Giornale Arcadico*, nuova serie LVIII p. 26 ff.; *Corrispondenza scientifica di Roma.* Decembre 1870; endlich *Annali* 1871 p. 239 ff.

3) S. oben S. 341. 4) M. S. de Rossi *Bullett. dell' Inst.* 1875 p. 230 ff.

5) Helbig Die Italiker in der Poebene S. 77.

6) Helbig a. a. O. S. 89. M. S. de Rossi *Annali* 1871 p. 249.

7) Helbig a. a. O. S. 84.

8) Juvenal 6, 343. M. S. de Rossi *Secondo rapporto* p. 40. Ueber die Einfachheit der alten Cultusgeräthe s. Dionysius 2, 23. Plin. *n. h.* 35, 158. Apuleius *de magia* 18. Valer. Max. 4, 4, 11.

9) Sie sind entweder frei mit der Hand geformt, oder so, dass man Reifen in das Gefäss einsetzte, um den Wänden die Richtung zu geben. M. S. de Rossi *Giornale arcadico* LVIII (1868 Luglio) tav. IV n. 1—18. Helbig a. a. O. S. 87. Vgl. Henzen *Acta fratrum Arvalium* p. 30.

rend seit unvordenklichen Zeiten der Orient, d. h. Aegypten, Assyrien und Phönicien als eine Culturstätte vielseitiger und fortgeschrittener Industrie erscheint, deren Erzeugnisse von Sidon und Tyrus aus zu allen Küsten des mittelländischen Meeres gelangten. Die in der neuesten Zeit in Cypern,[1]) auf Rhodus,[2]) in Melos,[3]) in dem zwei Meilen von Athen liegenden Dorfe Spata,[4]) ferner in Italien in Cervetri,[5]) Corneto,[6]) Chiusi,[7]) Vulci,[8]) Salerno,[9]) Palestrina,[10]) endlich in Sardinien mit unerwartetem Erfolge gemachten Entdeckungen haben durchaus gleichartige und übereinstimmende Arbeiten zu Tage gefördert, welche ägyptischen und assyrischen Stils, aber wahrscheinlich grossentheils phönicischer Fabrik sind.[11]) Denn die Phönicier waren seit alter Zeit in allen Zweigen der Industrie erfahren, insbesondere aber berühmte Metalltechniker, deren sich Salomo bei seinen Bauten bediente[12]) und Homer öfter Erwähnung thut.[13])

1) Die Entdeckungen des Generals Cesnola wurden zuerst bekannt gemacht durch eine Sammlung Photographien ohne Text, unter dem Titel: *The antiquities of Cyprus discovered by General L. P. di Cesnola, photographed by St. Thomson.* London 1873. fol., sodann durch einen Catalog von J. Doell in *Mémoires de l'acad. de St. Pétersbourg.* VII série. XIX 4. 4 (1873), endlich in L. P. di Cesnola *Cyprus, its ancient cities, tombs and temples.* London 1877. 8.; L. P. di Cesnola Cypern, seine alten Städte, Gräber und Tempel. Deutsche Bearbeitung von L. Stern. Jena 1879. 8. L. P. di Cesnola *A descriptive atlas of the Cesnola collection of Cypriote antiquities.* Vol. I. Berlin 1885. Ueber die gleichzeitigen Funde von R. H. Lang findet man Nachricht in R. S. Poole *Transactions of the Royal Society of Literature* XI part. 1. New Series.

2) S. Aug. Salzmann *Nécropole de Cameiros.* Paris 1875. fol. max. A. de Longpérier *Musée Napoléon III* pl. 49. 50. 51. 52. 53. 54. 57. 58.

3) A. Conze Melische Thongefässe. Leipzig *s. a.* Querfol.

4) S. Mittheilungen des deutschen archäologischen Instituts in Athen 1877 S. 82 ff. 261 ff. Ἀθήναιον VI (1877) S. 167—172 tav. I—VII. Schliemann Mykenä. Leipzig 1878. 8. Anhang II S. 432 ff. In Mykenä selbst (s. Schliemann a. a. O.; Furtwängler und Löschcke Mykenische Thongefässe. Berlin 1879. Querfol.) finden sich Arbeiten assyrischen Stiles nicht, wohl aber Fabrikate von Bergkrystall, Bernstein, Elfenbein und Glas, welche auf Phönicier hinweisen.

5) S. Grifi *I Monumenti di Cere antica.* Roma 1841. *Museo Gregor.* I, 63 ff.

6) *Ann. d. Inst.* 1874 p. 249 ff. *Mon.* X tav. 10—10^d^.

7) Helbig *Bullett. dell' Instit.* 1874 p. 203 ff. *Annali* 1877 p. 397. *Monumenti* X tav. 39^a^.

8) Micali *Monumenti inediti* tav. 4; 5. n. 1. 2; 6—8.

9) *Annali dell' Inst.* 1872 p. 231. *Monumenti* IX tav. 44, 1.

10) Ueber die Necropolis von Praeneste und die Geschichte ihrer Entdeckung handelt sorgfältig E. Fernique *Étude sur Préneste.* Paris 1880 p. 125—137. Vgl. *Ann. d. Inst.* 1866 p. 186 ff. *Monum.* VIII tav. 26. *Annali* 1876 p. 247 ff. *Monum.* X tav. 31—33. *Annali* 1879 p. 1 ff. *Monum.* XI tav. 2.

11) Dies ist das Resultat der gründlichen Untersuchung von Helbig *Cenni sopra l'arte Fenicia* in *Annali* 1876 p. 197—257.

12) Er hatte einen Meister aus Tyrus. Buch der Könige 1, 7, 14. Chronica 2, 4, 11.

13) Hom. *Il.* 23, 740:

Sie geben sich in den erwähnten Fundstücken darin zu erkennen, dass sie in handwerksmässiger Nachahmung fremder Originale ägyptische und assyrische Motive der Darstellung willkürlich combiniren,[1] hieroglyphische Inschriften, wo sie vorkommen, ohne Sachverständniss als bedeutungslose Decoration verwenden,[2] endlich einigemale eine phönicische Inschrift ihren Werken hinzufügen.[3]

Dass die Tyrier selbst etwa seit dem siebenten Jahrhundert v. Chr. ihre Waaren in Italien einführten, ist durchaus glaublich darum, weil sie in dem zweiten Handelsvertrage zwischen Rom und Carthago als Theilnehmer des Bündnisses ausdrücklich erwähnt werden;[4] andererseits liegt es auf der Hand, dass die Carthager, welche während der römischen Königszeit den Westen des mittelländischen Meeres ausschliesslich beherrschten,[5] Sardinien occupirten[6] und auch an der ligurischen Küste Factoreien angelegt zu haben scheinen,[7] nicht nur die Einfuhr syrischer Waaren vermittelten, sondern auch ihre eigenen Fabrikate[8] wie nach Sardinien,[9] so nach Latium brachten.

Πηλείδης δ' αἶψ' ἄλλα τίθει ταχυτῆτος ἄεθλα,
ἀργύρεον κρητῆρα, τετυγμένον. ἓξ δ' ἄρα μέτρα
χάνδανεν, αὐτὰρ κάλλει ἐνίκα πᾶσαν ἐπ' αἶαν
πολλόν, ἐπεὶ Σιδόνες πολυδαίδαλοι εὖ ἤσκησαν,
Φοίνικες δ' ἄγον ἄνδρες ἐπ' ἠεροειδέα πόντον.

Menelaos hat einen Krater aus Sidon (Hom. *Od.* 4, 618), Agamemnon einen Panzer aus Kypros (*Il.* 11, 20) und die homerischen Beschreibungen künstlicher Metallarbeiten lassen immer orientalische Vorbilder erkennen. S. hierüber Helbig Das homerische Epos aus den Denkmälern S. 13 ff.

1) Helbig *Annali* 1876 p. 204 ff.

2) Helbig a. a. O. p. 211. Di Cesnola S. 272 der deutschen Ausgabe.

3) Eine solche Inschrift findet sich auf der 1875 in Palestrina ausgegrabenen Silberschale *Monumenti* X, tav. 32, 1, über welche ausführlich handelt Clermont-Ganneau in *Journal Asiatique*, VII Série, Tome XI (1878) p. 232—270; 444—544, und auf dem von Euting *Mém. de l'académie de Pétersbourg* VII Série, Tome XVII (1872) pl. 40 veröffentlichten Gefässe.

4) Polyb. 3, 24: Μετὰ δὲ ταύτας ἑτέρας ποιοῦνται συνθήκας, ἐν αἷς προςπεριειλήφασι Καρχηδόνιοι Τυρίους καὶ τὸν Ἰτυκαίων δῆμον. Es folgen die Worte des Vertrags: Ἐπὶ τοῖσδε φιλίαν εἶναι Ῥωμαίοις καὶ τοῖς Ῥωμαίων συμμάχοις καὶ Καρχηδονίων καὶ Τυρίων καὶ Ἰτυκαίων δήμῳ. Bekanntlich ist die Zeit dieser Verträge streitig. Polybius setzt den ersten 245 = 509, den zweiten, wie es scheint 406 = 348. Nach Mommsen Chronologie 2. Aufl. S. 320 f. sind die drei Verträge 406 = 348, 448 = 306, 475 = 279 geschlossen.

5) Mommsen R. G. I^6 S. 142 f. 487 f.

6) Dies geschah etwa 554 bis 500 vor Chr. Mommsen R. G. I^6 S. 144. 319. 492. Helbig *Annali* 1876 p. 219 ff. 235 ff.

7) Helbig Die Italiker in der Poebene S. 37.

8) Dass in Carthago selbst die phönicische Metalltechnik mit Erfolg geübt wurde, zeigt Helbig *Annali* 1876 p. 222 ff.

9) Die sardinischen Necropolen von Sulcis, Tharros und Cagliari haben

⟨Die Gräberfunde beweisen, dass mindestens seit dem achten Jahrhundert v. Chr. phönicische oder carthagische Waaren, namentlich Glaswaaren, in Italien eingeführt wurden.[1]) Später begannen dann die Griechen, namentlich die Cumäer und Phocäer, ihnen mit Erfolg Concurrenz zu machen.[2]) Um die Mitte des sechsten Jahrh. v. Chr. nahm der phönicische, jetzt wohl vorwiegend carthagische Import einen neuen Aufschwung, im Zusammenhang ohne Zweifel mit der politischen Annäherung der Etrusker und Carthager, denen die Phocäer im Jahr 537 v. Chr. bei Alalia unterlagen. Aus dieser Zeit stammen die grossen, auf S. 391 erwähnten Gräberfunde phönicischen Charakters.⟩[3])

Einwirkung griechischer Kunst seit 500 v. Chr.

Mit der Periode des Königthums hört die Einführung phönicischer Kunstwaaren immer mehr auf, ohne auf die inländische Industrie Latiums einen nachweislichen Einfluss geübt zu haben, und es werden seit dem Ende des sechsten Jahrhunderts v. Chr. stärkere Spuren des griechischen Handels bemerklich, an dem sich jetzt auch die dorischen Colonien, namentlich Syracus, betheiligen. In dieser Zeit zeigen sich auch die ersten Einwirkungen griechischer Kunst, freilich zuerst nicht in Latium, sondern in Etrurien. Die älteste Statue Roms, die Thonfigur des Jupiter in dem von Tarquinius Priscus vovirten, im J. 245 = 509 dedicirten Capitolinischen Tempel war von einem Künstler aus Veii verfertigt,[4]) und die plastische Decoration der römischen Tempeldächer trug noch später den Namen *Signa Tuscanica*;[5]) aber nicht lange darauf arbeiten an den römischen Tempeln bereits griechische Künstler,[6]) kommen die Thongefässe mit rothen Figuren aus Griechenland[7]) und werden die Asstücke mit den

---

Kunstgegenstände geliefert, welche den phönicischen vollkommen gleichartig sind, aber wahrscheinlich von Carthago herrühren. Helbig *Annali* 1876 p. 215 ff.

1) Helbig Das homerische Epos aus den Denkmälern erläutert S. 16.

2) Chalcidische Vasen: Helbig Die Italiker in der Poebene S. 84 ff. Dieser Handelsverkehr wird wohl nach der Gründung von Cumae„ also im 7. Jahrh. v. Chr. begonnen haben. Ueber die Gründungszeit von Cumae s. Helbig Das homerische Epos S. 321 ff.

3) Vgl. über obiges Helbig Das homerische Epos S. 21 f. 67 f.

4) Plin. *n. h.* 35, 157. Detlefsen *De arte Romanorum antiquissima.* Pars I. Glückstadt 1867. 4. p. 3 ff.

5) Plin. *n. h.* 35, 154.

6) Bei dem Bau der *aedes Cereris ad circum maximum*, welcher 261 = 493 dedicirt wurde (Dionys. 6, 17. 94. Tac. *ann.* 2, 49), waren die griechischen Bildhauer und Maler Damophilus und Gorgasus beschäftigt. (Varro bei Plin. *n. h.* 35, 154. Vgl. Detlefsen a. a. O. p. 10.)

7) Mommsen R. G. I[6] S. 444.

Köpfen des Jupiter, der Minerva, des Hercules und Mercur nach schönen unteritalischen Mustern geformt und gegossen.[1]) Mit dem J. 416 = 338 beginnen die vortrefflichen römisch-campanischen Münzen mit der Aufschrift ROMANO[2]) und im J. 458 = 296 setzten die curulischen Aedilen Cn. und Q. Ogulnius das berühmte Erzbild der säugenden Wölfin.[3]) Wie sich in der Folge in Rom selbst das Kunsthandwerk entwickelt, wird, soweit dies möglich ist, im Folgenden besprochen werden. Hier soll nur im Allgemeinen bemerkt werden, dass das Verdienst der Römer um die Kunst weniger in ihrer künstlerischen Begabung, als in ihrer Stellung als Weltmacht zu suchen ist. Je mehr sich die Kenntniss bequemerer Lebenseinrichtungen verbreitete, je grössere Mittel sich den Römern darboten, sich dieselben zu verschaffen, je höher die Anforderungen des Geschmacks und der Verwöhnung stiegen, um so grössere Dimensionen nahm die Einfuhr fremder wie die Herstellung inländischer Kunst- und Luxusartikel an, welche nicht allein in der Hauptstadt Absatz fanden, sondern auch als Modewaaren in die Provinzen gingen. Vom Ende der Republik an die ganze Kaiserzeit hindurch ist Rom der Concentrationspunkt für alle industriellen Erzeugnisse der alten Welt[4]) und zuletzt neben Byzanz die Vermittlerin der gesammten antiken Kunsttechnik an das Mittelalter geworden.

Rom als Weltmarkt.

In demselben Grade, wie auf die Fabrikation, übte auch auf die Production der Beruf Roms zur Weltherrschaft einen entschieden hemmenden Einfluss. Der römische Ackerbau hatte in alter Zeit nicht nur für die Bedürfnisse der Hauptstadt und der im Felde stehenden Heere[5]) genügt, sondern auch im Auslande Absatzwege gefunden. Sophokles preist in einem Fragmente des Triptolemus das weisse Getreide des gesegneten Italiens, aber schon zu Alexander's des Gr. Zeit war dasselbe in Griechenland unbekannt geworden.[6]) Mit der Eroberung der

Ackerbau.

1) Mommsen Gesch. des R. Münzwesens S. 186.

2) Mommsen Gesch. des R. Münzwesens S. 212.

3) Liv. 10, 23, 11. Detlefsen *De arte Rom. antiquissima.* Pars III p. 5 ff. (Dass dies die noch vorhandene capitolinische Wölfin sei, wird jetzt bezweifelt, und letztere auf Grund ihres Stils von manchen für ein Product der karolingischen Zeit gehalten.)

4) S. Friedlaender Darstellungen aus der Sittengeschichte Roms I[5] S. 15. 16.

5) Tacit. *ann.* 12, 43: *Olim Italia legionibus longinquas in provincias commeatus portabat, nec nunc infecunditate laboratur. Sed Africam potius et Aegyptum exercemus, navibusque et casibus vita populi Romani permissa est* und Lipsius zu d. St.

6) Plin. *n. h.* 18, 65.

ersten Provinzen, Siciliens und Sardiniens, begann die Versorgung nicht nur der Heere, sondern auch der städtischen Bevölkerung durch das von den Provinzialen als Naturalabgabe gelieferte Getreide,[1]) welches der Staat zu möglichst wohlfeilen Preisen, zuweilen ganz unter dem Werthe zum Verkauf stellte, um der ärmeren Bevölkerung Roms zu Hülfe zu kommen. So verkauften die Aedilen in Rom im J. 551 = 203 spanischen Weizen zu 4 As den Modius, d. h. den preuss. Scheffel zu 24 As oder 1 1/2 Denar, d. h. 1 ℳ 5 ₰;[2]) im J. 553 = 201 africanischen zu demselben Preise;[3]) im J. 554 = 200 africanischen zu 2 As, d. h. den preuss. Scheffel zu 50 ₰:[4]) im J. 588 = 196 zu demselben Preise.[5]) Von da ab dauerten diese Largitionen, über welche ich auf Staatsverwaltung II S. 110 ff. verweise, ununterbrochen fort und übten natürlich einen Druck auf den Marktpreis. So kostete zu Polybius' Zeit (er starb 123 v. Chr.) im cisalpinischen Gallien der preussische Scheffel Weizen 47 ₰,[6]) bei welchem Preise der Weizenbau nicht mehr rentiren konnte. Es ist mit Recht als eine der verkehrtesten Massregeln der römischen Verwaltung bezeichnet worden, dass man die italische Bodencultur ruinirte, um dem städtischen Proletariat zu helfen, und dass man selbst in den Provinzen durch Ausfuhrverbote das Getreidegeschäft beschränkte,[7]) um nur in Rom wohlfeilen Weizen zu haben. Aber sei es nun, dass man die Folgen dieses Verfahrens nicht von Anfang an übersah, oder dass das particularistische Interesse der herrschenden Stadtgemeinde im Verhältniss zu den allgemeinen Bedürfnissen des Staats prävalirte: es kam wirklich dahin, dass der alte, auf unmittelbare Ernährung der Familie berechnete Ackerbau aufhörte, der Bauern-

---

1) S. Staatsverwaltung II² S. 110 ff.

2) Liv. 30, 26, 6. Mommsen R. G. dritte Aufl. I S. 836 bestimmt den Werth ebenfalls auf 10 gr., während er in der vierten Aufl. I, S. 836 17 gr. annimmt, wie es scheint, trientale Asse berechnend.

3) Liv. 31, 4, 6. 4) Liv. 31, 50, 1.

5) Liv. 33, 42, 8.

6) Polybius 2, 15, 1. Nach ihm kostet der sicilische Medimnos, der dem attischen gleich und etwas kleiner als der preuss. Scheffel ist, 4 Obolen, d. h. nach griechischem Werth 54 Pf. Da aber Polybius die Drachme dem Denar gleichsetzt (Hultsch ² S. 252), so sind bei ihm 4 Obolen = 2/3 Denar, und wenn man den Denar zu 7 Sgr. rechnet, = 47 Pf. anzusetzen. (Der von Polybius etwa für 170—140 v. Chr. angegebene Minimalpreis war wohl nicht durch die Largitionen beeinflusst; s. Zippel in Hist. Zeitschr. 1884 S. 490. Ueber das Schwanken der Preise s. Staatsverw. II² S. 111.)

7) S. hierüber Staatsverwaltung II² S. 113.

stand unterging, und die Bodencultur Italiens eine völlige Aenderung erfuhr.

Während nämlich der Landbau in Italien durch den Erwerb der Provinzen litt, nahm durch ebendenselben das Geldgeschäft und die Speculation einen ausserordentlichen Aufschwung. Die Römer hatten immer Neigung zu dieser Art des Erwerbes gehabt und dieselbe, wenn auch gehässig und unanständig,[1] so doch sehr einträglich gefunden; das Ausleihen von Capitalien zu hohen Zinsen spielt schon in der frühesten Geschichte Roms eine verhängnissvolle Rolle;[2] als aber die Provinzen für diesen Zweck ausgebeutet werden konnten, verschwand jedes sittliche Bedenken, und kaum war eine Provinz erworben, so war sie schon von römischen Geldspeculanten überschwemmt. Es gab keine Stadt im römischen Reich, in welcher nicht Geldverleiher (*feneratores*) oder Banquiers (*argentarii*) ihre Niederlassungen gehabt hätten; es gab keine Art des Geschäftes, das nicht ihrer Vermittelung durch Vorschüsse oder Zahlungsanweisungen bedurft hätte.[3] Die Verschiedenheit der Münzfusse in den Provinzen, der Mangel bequemer Zahlungsmittel und directer Verkehrsanstalten zwangen jeden Geschäftsmann, sich an den Argentarius zu wenden: die in den Provinzen oft herrschende Geldnoth führte Privatleute und Communen den *feneratores* in die Hände, welche Anleihen zu unglaublichen Procentsätzen, z. B. zu 48 Procent, effectuirten.[4] Die Nobilität sammelte ihre Capitalien in der Verwaltung der Provinzen, der Ritterstand durch die Pachtung und schonungslose Eintreibung der Abgaben, so dass Hoch und Gering in der Ausbeutung der Provinzen wetteiferten.[5] Ein anderer Antrieb zur Speculation lag in den Entreprisengeschäften, zu welchen nicht nur der Staat durch die Censoren, sondern auch Communen und Privatleute Veranlassung gaben. Die Eintreibung der Steuern, die Bauten

Geldgeschäft.

---

1) Cato *de r. r.* pr. 1. Cic. *de off.* 1, 42, 150: *improbantur ii quaestus, qui in odia hominum incurrunt, ut portitorum, ut feneratorum.*

2) Die Nachweisungen hierüber s. Staatsverwaltung II² S. 172. Vgl. S. 58 ff.

3) Staatsverwaltung I² S. 540. In Inschriften werden sie daher häufig erwähnt, z. B. *Italici quei Argeis negotiantur*, *cives Romani qui Mytileneis negotiantur*, griechisch οἱ πραγματευόμενοι oder ἐργαζόμενοι, worüber man die Nachweisungen findet bei Mommsen *Ephem. epigr.* IV p. 42 f. C. Keil *Analecta epigr. et onomat.* p. 80. Ueber das Geschäft der *argentarii* insbesondere s. Staatsverwaltung II² S. 64 ff.

4) Staatsverwaltung I² S. 542. 5) S. daselbst S. 538 ff.

von Tempeln, Wasserleitungen und Strassen, die Unterhaltung der öffentlichen Gebäude, Brücken, Cloaken, die Lieferungen für den Cult und die Spiele,[1]) ebenso aber auch alle Privatgeschäfte, der Hausbau, die Ernte,[2]) die Regulirung einer Nachlass- oder Concursmasse,[3]) das Begräbniss[4]) und alles der Art wurde in Accord gegeben und als ein Gegenstand der Speculation von dem Unternehmer ausgeführt.

Capitalanlage. Diese Speculation bemächtigte sich nun auch des Ackerbaus. Konnte auch die Bauernwirthschaft nicht mehr rentiren, so versuchte es nun die auf das Capital gestützte Grosswirthschaft nach anderen Grundsätzen. Zuerst wurde der Weizenbau auf ein Minimum beschränkt, dagegen Viehzucht, Oel- und Weinbau betrieben, welche Productionszweige nicht nur die Concurrenz aushielten, sondern auch bei rationeller Behandlung sehr einträglich waren. Zweitens wurden die Bauern, die kleinen Pächter und die freien Tagelöhner als zu kostspielig abgeschafft und Sclaven, welche keine Familie hatten und militärfrei waren, statt ihrer gebraucht; endlich legte man die kleinen Höfe zu grossen Gütercomplexen (*latifundia*) zusammen,[5]) in welchen theils grosse Capitalien solcher Personen, die eigentlich Geldgeschäfte nicht machten, wie z. B. der Senatoren, ihre Anlage fanden, theils solche Industriezweige, welche mit der Landwirthschaft vereinbar sind, betrieben werden konnten. Dahin gehören die Obst-, Vögel-, Wild- und Fischzucht, die Forstwirthschaft, die Anlage von Ziegeleien, Töpfereien, Kohlenbrennereien, Walkergruben, Sand- und Steingruben. Schon der ältere Cato vertritt dies neue Princip; Geld zu erwerben hält er für die erste Aufgabe;[6]) der Handel, sagt er, würde ein guter Erwerb sein, wenn er nicht so gefährlich, der Wucher ebenfalls, wenn er nicht so unanständig wäre; der Landbau ist das anständigste Geschäft,[7]) aber Weizenbau rentirt nicht; Viehzucht,[8]) Oel- und Weinbau[9]) sind besser. Die beiden Güter,

---

1) S. Staatsverwaltung II² S. 298 ff. Mommsen Staatsrecht II² S. 421 ff.
2) S. oben S. 139 Anm. 2. 3) Staatsverwaltung II² S. 66.
4) S. oben S. 384. 5) Staatsverwaltung I² S. 104.
6) Plut. *Cato m.* 21: ἐκεῖνο δ' ἤδη σφοδρότερον τοῦ Κάτωνος, ὅτι θαυμαστὸν ἄνδρα καὶ θεῖον εἰπεῖν ἐτόλμησε πρὸς δόξαν, ὃς ἀπολείπει πλέον ἐν τοῖς λόγοις, ὃ προςέθηκεν, οὗ παρέλαβεν.
7) Cato *de r. r. praef.*
8) Cato bei Cic. *de off.* 2, 25, 89. Colum. 6, *pr.* § 4. Plin. *n. h.* 18, 29.
9) S. unten den betreffenden Abschnitt.

welche er in seinem Buche über den Landbau beschreibt, nennt er daher geradezu *olivetum* und *vinea*;[1]) ausserdem aber legte er sein Geld in Forsten, Seen, Weiden und Walkergruben,[2]) daneben im Sclavenhandel und überseeischen Verkehr an.[3])

Wir sehen schon hieraus, wie das Capital sich auch der Industrie und dem Handel zuzuwenden begann, und können schliessen, dass es bald, wie dem Bauer, so auch dem kleinen Handwerker und Kaufmann gefährlich werden musste. Es gab zwar in Rom Handwerke, die von freigeborenen Leuten betrieben wurden, wie das der Schuster, Gerber, Walker, Färber, Schmiede, Goldschmiede, Töpfer, Fleischer und Bäcker, aber es sind dies theils die alten Collegien des Numa, theils solche, die eines erheblichen Betriebscapitales nicht bedurften, und sie haben nie zu einer ehrenwerthen Stellung gelangen können. Denn Handarbeit und Kleinhandel haben immer etwas Unanständiges behalten,[4]) weshalb die von ihren Höfen in die Stadt getriebenen Bauern, sowie überhaupt die Bürger, welche Grundbesitz nicht hatten, lieber als Clienten Anderer in ein bedrückendes Abhängigkeitsverhältniss traten[5]) oder als bestochene Wähler und Almosenempfänger[6]) ihr Leben fristeten, als dass sie durch eigene Arbeit einen Erwerb zu finden suchten. Dagegen galt als anständiges Geschäft die Fabrikation und der Grosshandel,[7])

---

1) Cato *de r. r.* 10. 11.

2) Plut. *Cat. m.* 21: ἁπτόμενος δὲ συντονώτερον πορισμοῦ τὴν μὲν γεωργίαν μᾶλλον ἡγεῖτο διαγωγὴν ἢ πρόσοδον, εἰς δ' ἀσφαλῆ πράγματα καὶ βέβαια κατατιθέμενος τὰς ἀφορμὰς ἐκτᾶτο λίμνας, ὕδατα θερμὰ, τόπους γναφεῦσιν ἀνειμένους, ἐργατησίαν χώραν ἔχουσαν αὐτοφυεῖς νομὰς καὶ ὕλας, ἀφ' ὧν αὐτῷ χρήματα προςῄει πολλὰ μηδ' ὑπὸ τοῦ Διὸς, ὥς φησιν αὐτὸς, βλαβῆναι δυναμένων.

3) Plut. *Cat. m.* 21.

4) Cic. *de off.* 1, 42, 150: *Inliberales autem et sordidi quaestus mercennariorum omnium, quorum operae, non quorum artes emuntur; est enim in illis ipsa merces auctoramentum servitutis. Sordidi etiam putandi, qui mercantur a mercatoribus, quod statim vendant; nihil enim proficiant, nisi admodum mentiantur, nec vero est quicquam turpius vanitate. Opificesque omnes in sordida arte versantur; nec enim quicquam ingenuum habere potest officina. Minimeque artes eae probandae, quae ministrae sunt voluptatum,*

cetarii, lanii, coqui, fartores, piscatores,

ut ait Terentius. Adde huc, si placet, unguentarios, saltatores totumque ludum talarium. 151: *Quibus autem in artibus aut prudentia maior inest aut non mediocris utilitas quaeritur, ut medicina, ut architectura, ut doctrina rerum honestarum, eae sunt iis, quorum ordini conveniunt, honestae.* Auch diese letzte Bemerkung ist charakteristisch. Vgl. Dionysius 2, 28. 9, 25. Liv. 22, 25, 18. Cic. *pr. Flacco* 8, 18. Gell. 1, 12, 5. Seneca *ep.* 90, 25—27.

5) S. oben S. 200 ff.

6) Staatsverwaltung II[2] S. 119.

7) Cic. *off.* 1, 42, 151.

mochte es nun von den Capitalisten selbst betrieben werden, die sich dann ihre Werkführer und Sclaven dazu hielten, oder mochten darin Freigelassene entweder mit selbst erworbenem Vermögen oder mit dem Capitale ihrer Herren gegen Abgabe eines Gewinnantheils arbeiten.[1] Die anständigsten Industriezweige blieben immer die ländlichen, zu denen man, wenn man bereits Vermögen erworben hatte, mit Vorliebe zurückkehrte;[2] noch die Freigelassenen der Kaiserzeit liebten es, Weinberge zu kaufen.[3] Q. Remmius Palaemon, ursprünglich ein Sclave, und zwar ein Weber, hernach ein berühmter Grammatiker, legte das Geld, welches er durch seine Schule verdient hatte, theils in Manufacturgeschäften, auf welche ihn seine erste Profession führte, theils aber in Weinbergen an.[4] Wir werden später sehen, dass selbst die Kaiser und die Mitglieder der kaiserlichen Familie kein Bedenken trugen, ihr Privatvermögen in industriellen Unternehmungen zu verwerthen, am liebsten auf ihren Landgütern, wo sie Ziegeleien, Töpfereien, Färbereien, Filzfabriken und ähnliche mit der Wirthschaft zu verbindende Fabricationszweige cultivirten. Aber auch der
Seehandel. Land- und Seehandel und die mit dem letzteren verbundene Rhederei scheint von den Römern in viel höherem Grade betrieben worden zu sein, als man bei der sehr unzureichenden Ueberlieferung gewöhnlich anzunehmen geneigt ist. Rom selbst, an einem für grosse Schiffe genügend tiefen Flusse gelegen,[5]

---

1) S. oben S. 164 f.

2) Dies ist auch wohl der Sinn der Aeusserung Cic. *de off.* 1, 42, 151: *Mercatura autem, si tenuis est, sordida putanda est: sin magna et copiosa, multa undique apportans multisque sine vanitate impertiens, non est admodum vituperanda, atque etiam, si satiata quaestu vel contenta potius, ut saepe ex alto in portum, ex ipso portu se in agros possessionesque contulit, videtur iure optimo posse laudari.*

3) Plin. *n. h.* 14, 48. 49.

4) Sueton. *de gramm.* 23: *cum et officinas promercalium vestium exerceret et agros adeo coleret, ut vitem manu eius institutam satis constet CCCLX uvas edidisse.*

5) Dionys. 3, 44: ἱκανοῦ δὲ ὄντος (τοῦ Τεβέριος) ἄχρι μὲν τῶν πηγῶν ποταμηγοῖς σκάφεσιν εὐμεγέθεσιν ἀναπλεῖσθαι, πρὸς αὐτὴν δὲ τὴν Ῥώμην καὶ θαλαττίαις ὁλκάσι μεγάλαις. Plin. *n. h.* 3, 54: *(Tiberis) quamlibet magnarum navium ex Italo mari capax, rerum in toto orbe nascentium mercator placidissimus.* Oefters kamen Kriegsflotten bis zur Stadt Rom. Liv. 8, 14, 12: *Naves Antiatum partim in navalia Romae subductae partim incensae.* 45, 42, 12: *Naves regiae (Persei), captae de Macedonibus inusitatae antea magnitudinis, in campo Martio subductae sunt.* Noch Cato der jüngere fuhr, als er aus Cypern kam, mit seiner Flotte, er selbst auf einer Hexere, bis zu dem Arsenal hinauf. Plut. *Cat. min.* 39. Für das folgende vgl. Nissen Italische Landeskunde I S. 316 ff.

dessen Oberlauf[1]) und dessen Nebenflüsse, der Clanis, Nar und Anio, ebenfalls schiffbar sind,[2]) war von Anfang an, wenn auch kein Ort für den Welthandel, so doch ein Emporium für Mittelitalien.[3]) Auf dem Tiber kam dahin Holz, Stein und jede Art von Marktwaaren,[4]) von Rom gingen zu Wasser und zu Lande überseeische Waaren und einheimische Producte, z. B. das Salz, das bei Ostia gewonnen wurde,[5]) in das Land hinauf; in Rom gab es seit alter Zeit ein Arsenal mit Docks zum Schiffbau[6]) und einen Ausladeplatz, auf den ich noch einmal zurückkomme, und durch Ancus Marcius erhielt die Stadt einen geeigneten Hafen in der Colonie Ostia.[7]) Blieb nun auch die römische Seemacht so lange eine beschränkte, als die Etrusker und Carthager, später die Syracusaner und Tarentiner Herren des Meeres waren,[8]) so fuhr doch bereits 360 = 394 ein römisches Kriegsschiff mit einem Weihgeschenk für den delphischen Apollo nach Griechenland[9]) und erstreckte sich, wie wir aus den bekannten Handelsverträgen mit Carthago ersehen, im J. 406 = 348 der römische Verkehr wenigstens auf Sardinien, Sicilien und Africa.[10]) Nachdem aber die Römer in den Besitz nicht nur ganz Italiens, sondern auch überseeischer Provinzen gelangt waren, aus denen die Publicani die Zehnten nach Rom und an die Heere zu liefern hatten, lässt sich von vornherein annehmen, dass, wie sie sich mit ihren Geldgeschäften in allen Provinzen festsetzten, sie auch das Waarengeschäft unter den günstigen Bedingungen, welche ihnen ihre politische Stellung

---

1) Dionys. 2, 53. 55. 3, 44.

2) Strabo 5 p. 235; *Anio navigabilis* Plin. *n. h.* 3, 54; über den Nar s. Tac. *ann.* 3, 9.

3) Cic. *de rep.* 2, 5, 10: *(Romulus) urbem perennis amnis et aequabilis et in mare late influentis posuit in ripa, quo posset urbs et accipere ex mari quo egeret et reddere quo redundaret.* Liv. 5, 54, 4: *Non sine causa dii hominesque hunc urbi condendae locum elegerunt, saluberrimos colles, flumen opportunum quo ex mediterraneis locis fruges devehantur, quo maritimi commeatus accipiantur.*

4) Strabo 5 p. 235.

5) Die von Ancus Marcius bei Ostia angelegten Salinen waren Bassins, in welchen das Salz aus dem Niederschlage von Seewasser gewonnen wurde. Von Rom ging das Salz theils auf der Via Salaria, die davon ihren Namen hat, theils auch wohl auf dem Tiber landeinwärts. S. Preller in Ber. d. sächs. Ges. d. Wiss. Phil.-hist. Cl. 1849 S. 8.

6) S. Becker Topographie S. 159 ff. Preller Regionen S. 241 f.

7) Liv. 1, 33, 9. Dionys. 3, 44.

8) Mommsen R. G. I⁶ S. 140 ff. 320 ff.

9) Liv. 5, 28, 2.

10) Polybius 3, 22—25. Die drei hier erwähnten Handelsverträge s. oben S. 379 Anm. 6.

gewährte, und bei der Einträglichkeit, die es haben musste, nicht ausschliesslich in fremden Händen gelassen haben werden. Dazu war es nicht nöthig, dass die Rhedereien in Rom ihren Sitz hatten, da alle italienischen Häfen, Ostia, Ardea, Antium, Circeii, Puteoli, Neapolis, Rhegium, Tarent und Ancona, den römischen Speculanten offen standen, und in der That ist es unzweifelhaft, dass am Ende der Republik und am Anfange der Kaiserzeit römische Schiffer in allen Meeren waren. Horaz, wo er die verschiedenen Stände vergleicht, vergisst nie den Mercator zu erwähnen, der in der fernen See herumstreicht,[1] und betrachtet als einen unüberwindlichen Grund der römischen Sittenverderbniss das Jagen nach Handelsgewinn im Auslande; [2] Plinius hat seine Nachrichten über Arabien und den persischen Meerbusen von römischen Kauffahrern (*nostri negotiatores*).[3] Der Kaiser Claudius suchte in Rom selbst den Seehandel und den Schiffbau zu fördern,[4] und er, wie später Nero und Traian, wendeten ihre besondere Sorgfalt den Hafenbauten in Ostia, Antium,[5] Civitavecchia[6] und Ancona[7] zu.

Rhederei. Ueber die Art, wie das Rhedereigeschäft betrieben wurde, sind uns einige merkwürdige Nachrichten erhalten, welche zugleich ein Licht auf die Entstehung der Schiffergilden[8] (*collegia*

1) Hor. *od.* 1, 1, 15. 16; 1, 31, 11; 3, 7, 3. *sat.* 1, 1, 4—16; 2, 3, 107. *epist.* 1, 1, 45. Ausführlich handelt hierüber L. Friedlaender Darst. II[5] S. 57 ff.

2) Hor. *od.* 3, 24, 35:

Quid leges sine moribus
vanae proficiunt, si neque fervidis
pars inclusa caloribus
mundi nec boreae finitimum latus
durataeque solo nives
mercatorem abigunt, horrida callidi
vincunt aequora navitae,
magnum pauperies opprobrium iubet
quidvis et facere et pati
virtutisque viam deserit arduae?

3) Plin. *n. h.* 6, 140. 149. Dass er diese Schiffer *negotiatores* nennt, ist späterer Sprachgebrauch; in der Zeit der Republik würden sie *mercatores* genannt worden sein.

4) Suet. *Claud.* 18. 19: *Nam et negotiatoribus certa lucra proposuit, suscepto in se damno, si cui quid per tempestates accidisset, et naves mercaturae causa fabricantibus magna commoda constituit pro conditione cuiusque: civi vacationem legis Papiae Poppaeae, Latino ius Quiritium, feminis ius IIII liberorum; quae constituta hodieque servantur.* Ulpian *fr.* III, 6.

5) Von Nero neu angelegt. Suet. *Ner.* 9.

6) Von Traian angelegt. Plin. *ep.* 6, 31, 15 ff.

7) S. die Inschrift des Traiansbogens in Ancona. Orelli 792.

8) Ueber die Corporationen der späteren Kaiserzeit s. Dirksen Civilistische Abhandlungen II S. 83 und über die *navicularii Cod. Theod.* XIII, 5.

naviculariorum) werfen, welche sich im dritten und vierten Jahrhundert nicht nur in Rom selbst,[1] sondern auch in den meisten Seestädten namentlich für den Zweck der Getreidezufuhr vorfinden.[2] Die meisten grösseren Geschäfte wurden in Rom von Actiengesellschaften unternommen, über deren sehr ausgebildete Organisation uns die *societates publicanorum* Aufschluss geben.[3] Diese Handelsgesellschaften empfahlen sich für die Rhederei aus mehreren Gründen. Einmal gestatteten sie sowohl den kleinen Capitalisten[4] als auch den Senatoren, denen der Seehandel verboten war,[5] die Betheiligung an dem Geschäft unter fremder Firma; wir wissen namentlich, dass schon der alte Cato sein Geld in solchem Compagniegeschäft anlegte;[6] sodann gab es bei der grossen Gefahr des alten Seeverkehrs, der nicht nur von Wind und Wellen, sondern auch von Piraten zu leiden hatte, und dem Mangel jeder Assecuranz[7] nur eine Sicherung in dem Zusammentreten einer Gesellschaft, die Gewinn und Verlust theilte; endlich erforderten bedeutende Frachtcontracte, namentlich bei Geschäften mit dem Staate, eine grosse

---

1) *Dig.* 3, 4, 1 *pr.*: *Item collegia Romae certa sunt, quorum corpus senatusconsultis atque constitutionibus principalibus confirmatum est, veluti pistorum et quorundam aliorum et naviculariorum, qui et in provinciis sunt.*

2) So giebt es *navicularii maris Hadriatici* Orelli 4109; ein *collegium naviculariorum* in Pisaurum in Umbrien und in Atria Or. 4069. *C. I. L.* V, 2315; ein *corpus naviculariorum marinorum* in Arelate Orelli 3655; *navicularii Coloniae Juliae Paternae Claudiae Narbonensis Martiae* in Narbo, Orelli-Henzen 4241. 7253; Q. Capitonius Probanus, ein geborner Römer *(domo Roma)*, ist *Naviclarius marinus* und ansässig in Puteoli und Lugdunum. Orelli 4242.

3) S. Staatsverwaltung II² S. 298 ff.

4) *Dig.* 4, 9, 7 § 5: *Si plures navem exerceant, unusquisque pro parte, qua navem exercet, convenitur.*

5) Die *lex* des Tribunen Q. Claudius vom J. 535 = 219 verordnete nach Liv. 21, 63, 3, *ne quis senator, cuive senator pater fuisset, maritimam navem, quae plus quam trecentarum amphorarum esset, haberet. Id satis habitum ad fructus ex agris vectandos; quaestus omnis patribus indecorus visus.* Auch Cicero *in Verr.* 5, 18, 45 erwähnt diese Verordnung und die *lex Julia repetundarum* erneuerte sie. *Dig.* 50, 5, 3: *senatores autem hanc vacationem habere non possunt, quod nec habere illis navem ex lege Iulia repetundarum licet.* Vgl. Cuiacii *Observ.* 6, 38.

6) Plut. *Cat. mai.* 21.

7) Es kommt zwar vor, dass Sendungen für Kriegszwecke von den Unternehmern auf Gefahr des Staates expedirt werden (Liv. 23, 49, 2; 25, 3, 10), und dass Kaiser Claudius bei einem Getreidetransport nach Rom den Ersatz etwaigen Verlustes übernahm (Suet. *Claud.* 18), allein dies sind Ausnahmefälle. Auch die Stelle des Cicero *ad fam.* 2, 17, 4: *Laodiceae me praedes accepturum arbitror omnis pecuniae publicae, ut et mihi et populo cautum sit sine vecturae periculo* ist nicht so zu verstehen, dass Cicero die Sendung versichert habe, sondern er liess das baare Geld in Laodicea und nahm nur eine Schuldverschreibung darüber mit.

Anzahl für einen bestimmten Zweck construirter Schiffe, wie sie z. B. für die Anfuhr von Marmorblöcken zu Prachtbauten [1]) und von Getreide für die Annona nöthig waren. Der Transport des Getreides, welches der Staat aus Sardinien, [2]) Sicilien, [3]) Spanien, [4]) Africa [5]) und Aegypten nach Rom anfahren liess, geschah im Wege der Entreprise. [6]) Das Geschäft war erheblich, da z. B. aus Aegypten allein 20,000,000 Modii, d. h. 3 Millionen pr. Scheffel oder 175 Millionen Liter Weizen geliefert wurden. [7]) Das ägyptische Kornschiff Isis, welches Lucian beschreibt, [8]) war ein Dreimaster (τριάρμενος) von 180 pr. Fuss Länge, 45 Fuss Breite und 1575 Tonnen Gehalt; [9]) es verdiente an Fracht jährlich 12 attische Talente (56,583 *M*). Aber der Transport geschah nicht auf einzelnen Schiffen, sondern auf einer Handelsflotte (*classis Alexandrina*, στόλος), [10]) die gleichzeitig abging, in Malta, Sicilien oder Rhegium anlegte [11]) und schliesslich in Puteoli einlief. [12]) Seit Commodus gab es neben der alexandrinischen Flotte eine *classis Africana*, [13]) noch später ein *corpus* spanischer *navicularii* [14]) und eine sardinische Flotte. [15]) Alle diese Flotten wurden ursprünglich von Handelsgesellschaften gestellt, welche über

1) Plin. *n. h.* 36, 2: *navesque marmorum causa fiunt.* S. Bruzza in *Annali dell' Inst.* 1870 p. 136 ff.

2) Staatsverwaltung I² S. 250 und über die spätere Zeit Goth. *ad Cod. Th.* 9, 40, 3; 14, 17, 5.

3) S. Staatsverwaltung II² S. 113. 187 ff.

4) Daselbst II² S. 197. Goth. *ad Cod. Th.* 13, 5, 4.

5) Staatsverwaltung II² S. 196. Tac. *ann.* 12, 43.

6) Varro *de r. r.* 2, *pr.* § 3: *frumentum locamus qui nobis advehat.* Colum. *de r. r.* 1, *pr.* 20: *nunc ad hastam locamus, ut nobis ex transmarinis provinciis advehatur frumentum, ne fame laboremus.*

7) Aurel. Vict. *ep.* 1. Staatsverwaltung II² S. 126.

8) Lucian. *navig.* 5—6.

9) S. Graser *De veterum re navali.* Berolini 1864. 4. p. 42. 47.

10) *C. I. Gr.* 5889: Ὑπὲρ σωτηρίας καὶ διαμονῆς τοῦ κυρίου Αὐτοκράτορος Κομμόδου Σεβαστοῦ οἱ ναύκληροι τοῦ πορευτικοῦ Ἀλεξανδρείνου στόλου. Ein ἐπιμελητὴς παντὸς τοῦ Ἀλεξανδρείνου στόλου, G. Valerius Serenus, also ein Römer, *C. I. Gr.* 5973. *Alexandrinus stolus Cod. Th.* 13, 5, 7.

11) Act. Apost. 28. Joseph. *Ant. Iud.* 19, 2, 5.

12) Seneca *ep.* 77, 1: *Subito nobis hodie Alexandrinae naves adparuerunt, quae praemitti solent et nuntiare secuturae classis adventum: tabellarias vocant, gratus illarum Campaniae adspectus est: omnis in pilis Puteolorum turba consistit et ex ipso genere velorum Alexandrinas quamvis in magna turba navium intellegit.* Philo *in Flaccum* 5, II p. 521 Mang. Suet. *Aug.* 98.

13) Lamprid. *Commod.* 17, 7: *classem Africanam instituit, quae subsidio esset, si forte Alexandrina frumenta cessassent. Cod. Th.* 13, 5, 6 und dazu Gothofr. Vgl. daselbst 1. 10. 12. 14. 24 u. ö. Claudian. *d. b. Gild.* 52 ff.

14) *Cod. Th.* 13, 5, 4 und 8.

15) Prudentius *c. Symmach.* 2, 943: *Sardorum congesta vehens granaria classis.*

die Getreideanfuhr mit dem Staate Contract schlossen; noch im vierten Jahrhundert erfahren wir von den Bedingungen, dass die alexandrinischen Schiffe vier Procent der Ladung und ausserdem für je 1000 Modii einen *aureus*,[1] die africanischen dagegen 1 Procent von der Ladung erhielten.[2] Dadurch aber, dass diese Gesellschaften theils für das Geschäft eine Staatsunterstützung, z. B. die Lieferung des Holzes für den Neubau der Schiffe, in Anspruch nahmen,[3] theils für ihre Mitglieder Privilegien und Immunitäten erhielten,[4] begaben sie sich ihrer Freiheit und verwandelten sich in dienstbare Körperschaften, welche die spätere Gesetzgebung im Interesse der Administration dahin organisirte, dass die Zahl der Mitglieder eine feste blieb und weder ihnen selbst noch ihren Descendenten der Austritt gestattet wurde.

Bordingfahrer und Flussschiffer;

An die Seeschifffahrt schloss sich in allen Handelsstädten ein zweites, wenn gleich untergeordnetes, so doch betriebsames Geschäft, das der Bordingfahrer, Auslader und Flussschiffer, welche die Communication zwischen dem Binnenlande und der See vermittelten. Dies war zunächst für Rom selbst nöthig. Der von Ancus Marcius an der Tibermündung angelegte Hafen Ostia liegt gegenwärtig drei Miglien von der Küste entfernt; die Alluvionen, welche das Meer so weit zurückgedrängt haben, waren schon am Ende der Republik so bedeutend, und die Sandbänke vor der Flussmündung der Einfahrt so hinderlich geworden,[5] dass grosse Seeschiffe entweder in Puteoli einliefen und ausluden,[6] welches in dieser Zeit als der eigentliche Hafen Roms zu betrachten ist,[7] oder, wenn sie nach Ostia gingen,

im Hafen von Rom,

---

1) *Cod. Th.* 13, 5, 7. 2) *Cod. Th.* 13, 5, 36. 38.

3) *Cod. Th.* 13, 5, 14. Dass in dieser Verordnung kein neues Princip aufgestellt ist, zeigt die oben angeführte Stelle Suet. *Claud.* 17.

4) Callistratus (um 211 n. Chr.) *Dig.* 50, 6, 6 (5) § 3: *Negotiatores, qui annonam urbis adiuvant, item navicularii, qui annonae urbis serviunt, immunitatem a muneribus publicis consequuntur, quamdiu in eiusmodi actu sunt.* (Damals also konnten sie noch austreten.) *Nam remuneranda pericula eorum, quin etiam adhortanda praemiis merito placuit, ut qui peregre muneribus et quidem publicis cum periculo et labore fungantur, a domesticis vexationibus et sumtibus liberentur, cum non sit alienum dicere, etiam hos reipublicae causa, dum annonae urbis serviunt, abesse.*

5) S. über das Folgende Preller Rom und der Tiber. Drei Abhandlungen in Berichten der K. Sächs. Gesellsch. der Wiss. Phil. hist. Classe 1848 S. 131—150; 1849 S. 5—38, S. 134—151, wo man die italienische Litteratur über diesen Gegenstand angeführt findet. Die folgenden Citate beziehen sich auf den Jahrgang 1849. 6) S. oben S. 403 Anm. 12.

7) S. Staatsverwaltung II^2 S. 113. Preller a. a. O. S. 18. 28.

was nur in den Sommermonaten möglich war, auf offener und unsicherer Rhede ankernd einen Theil der Ladung löschen mussten, um mit halber Ladung in den Tiber einzulaufen, während die andere Hälfte auf Bordingen und Lichterfahrzeugen nach Rom transportirt wurde.[1] Als Kriegshafen ging Ostia bereits unter Augustus ein, welcher die Flottenstationen nach Misenum und Ravenna verlegte;[2] für Handelsschiffe baute darauf Claudius einen neuen Hafen,[3] den Traian vollendete,[4] den *Portus*,[5] *Portus urbis*,[6] *Portus Augusti*.[7] Er bestand aus einem äusseren von Claudius erbauten[8] und einem inneren von Traian hinzugefügten Hafenbassin, welche beide nördlich von Ostia lagen

---

1) Strabo 5 p. 231. 232: τὰ Ὤστια, πόλις ἀλίμενος διὰ τὴν πρόσχωσιν ἣν ὁ Τίβερις παρασκευάζει πληρούμενος ἐκ πολλῶν ποταμῶν· παρακινδύνως μὲν οὖν ὁρμίζονται μετέωρα ἐν τῷ σάλῳ τὰ ναυκλήρια· τὸ μέντοι λυσιτελὲς νικᾷ· καὶ γὰρ ἡ τῶν ὑπηρετικῶν σκαφῶν εὐπορία τῶν ἐκδεχομένων τὰ φορτία καὶ ἀντιφορτιζόντων ταχὺν ποιεῖ τὸν ἀπόπλουν πρὶν ἢ τοῦ ποταμοῦ ἅψασθαι, καὶ μέρους ἀποκουφισθέντος εἰσπλεῖ καὶ ἀνάγεται μέχρι τῆς Ῥώμης. Dio Cassius 60, 11, 2. Dionys. 3, 44 schildert die Einfahrt als noch ungehindert, aber er erwähnt trotzdem, dass grössere Schiffe die Ladung theilweise löschen müssen. Mit welcher Gefahr dies oft verbunden war, sieht man aus Callistratus *Dig.* 14, 2, 4 pr.: *Navis onustae levandae causa, quia intrare flumen vel portum non potuerat cum onere si quaedam merces in scapham traiectae sunt, ne aut extra flumen periclitetur aut in ipso ostio vel portu, eaque scapha summersa est, ratio haberi debet inter eos, qui in nave merces salvas habent, cum his, qui in scapha perdiderunt.* Weiter setzt er den Fall, dass auch das Schiff untergeht. Dass beides oft vorkam, sieht man aus dem Bestehen eines *collegium* von Tauchern (*urinatores*), welche die gesunkenen Waaren wieder heraufholten. Orelli 4115 = *C. I. L.* VI, 1872.

2) Siehe über diese Kriegshäfen die Nachweisungen bei Preller S. 18.

3) Sueton. *Claud.* 20. Dio Cass. 60, 11, 3 ff. Plin. *n. h.* 9, 14. 15; 16, 202; 36, 70. 83. Preller S. 12 ff. Die Hauptuntersuchungen über die Bauten des Claudius und Traian sind Texier *Comptes rendus* 1857 p. 98 ff. und *Revue générale d'architect.* XV p. 306 ff. und Lanciani *Annali dell' Inst.* 1868 p. 144—195. A. von Reumont in Des Claudius Rutilius Namatianus Heimkehr übersetzt und erläutert von Itasius Lemniacus. Berlin 1872. 8. Mit zwei Plänen. S. 89—109. Vgl. O. Hirschfeld Untersuchungen auf dem Gebiete der Röm. Verwaltungsgeschichte S. 139 ff.

4) Siehe Fea *Relazione di un viaggio ad Ostia.* Roma 1802. 8. p. 31—36. Preller S. 19 ff. Das Hauptzeugniss ist Juvenal 12, 76 und das Scholion zu der St.: *Traianus portum Augusti restauravit in melius et interius tutiorem sui nominis fecit.* Der öfters vorkommende Ausdruck *portus uterque* (Henzen 6523) scheint sich auf diese Häfen des Claudius und Traian, nicht auf Ostia und Portus zu beziehen S. de Rossi *Bull. di arch. Crist.* 1866 p. 63.

5) Dio Cass. 60, 11, 5.

6) *Cod. Theod.* 14, 15, 2 und 4. ὁ Ῥωμαίων λιμὴν Procop. *b. G.* 2, 7.

7) Auf Münzen und Inschriften. S. Preller S. 14. 19. *Itinerarium Anton.* p. 494. 498. Mehr über diese Namen s. bei Fea a. a. O. p. 37.

8) Eine Abbildung dieses Hafens giebt ausser den bei Preller zusammengestellten Münzen das vor einigen Jahren gefundene, im Besitz des Principe Torlonia befindliche Marmorrelief, über welches Henzen *Bullettino dell' Inst.* 1864 p. 12—20 berichtet. Es ist abgebildet bei Guglielmotti *Delle due navi romane scolpite sul bassorilievo portuense del principe Torlonia.* Roma 1866. 8.

und mit dem Tiber durch einen Canal (*fossa Traiani*) in Verbindung gesetzt waren, der jetzt von den beiden Armen, in welchen der Tiber sich in das Meer ergiesst, den nördlichen (*Fiumicino*) bildet.[1]) An diesem nördlichen Tiberarme erblühte seitdem eine neue Hafenstadt, ebenfalls Portus genannt[2]) und zunächst für die Zwecke der Annona bestimmt, während Ostia als ein bevölkerter und wohlhabender Ort fortbestand,[3]) bis gegen das fünfte und sechste Jahrhundert der südliche Tiberarm immer mehr versandete. Zur Zeit des Procop, der ausführlich von den Tibermündungen redet,[4]) waren beide Arme noch schiffbar; Portus am rechten Arme war ein befestigter, stattlicher Hafen, Ostia am linken Arme ohne Mauern. Von Portus nach Rom führte am Canal die *via Portuensis*, die im besten Stande erhalten wurde, die Seeschiffe luden in Portus aus und in Flussfahrzeuge ein, welche auf dem Canal von Ochsen stromaufwärts nach Rom gezogen wurden. Die alte *via Ostiensis* dagegen war verfallen, und fand auch auf dem südlichen Tiberarme ein ähnlicher Waarentransport nicht mehr statt. Beide Hafenstädte waren, abgesehen von den Seeleuten, deren schon Ennius in Ostia gedenkt,[5]) voll von Ausladern,[6])

---

1) Plin. *ep.* 8, 17, 2. Preller a. a. O. S. 21.

2) In den kirchlichen Quellen heisst die Stadt *Portus*, *Portus Romanus*, *Portus Urbis Romae*. Sie scheint anfänglich zur Gemeinde von Ostia gehört zu haben, wenigstens kommt vor ein *procurator Ostiae portus utriusque*, ein *corpus pistorum coloniae Ostiensis portus utriusque*; noch im vierten Jahrhundert gab es ein *corpus antiquissimum susceptorum Ostiensium sive Portuensium*. Aber damals war Portus lange ein Ort mit eigener Verwaltung; schon eine Inschrift des Jahres 195 p. Chr. unterscheidet die *fabri navales Portenses* und die *fabri navales Ostienses*, und Portus hat hernach eigene Beamte und auch einen eigenen christlichen Bischof. S. hierüber de Rossi *Bull. di arch. Cristiana* 1866 p. 37 ff.

3) Preller a. a. O. S. 24 ff.

4) Procop. *b. G.* 1, 26: ὁδὸν τοίνυν, ἣ ἐς Ῥώμην ἐκ τοῦ Πόρτου φέρει, ὁμαλήν τε καὶ ἐμπόδιον οὐδὲν ἔχουσαν τὸ ἐξ ἀρχῆς Ῥωμαῖοι πεποίηνται· βάρεις τε ἀεὶ πολλαὶ ἐξεπίτηδες ἐν τῷ λιμένι ὁρμίζονται, καὶ βόες οὐκ ὀλίγοι ἐν παρασκευῇ ἀγχοτάτω ἑστᾶσιν. Ἐπειδὰν οὖν οἱ ἔμποροι ταῖς ναυσὶν ἐς τὸν λιμένα ἀφίκωνται, ἄραντες τὰ φορτία ἐνθένδε καὶ ταῦτα ἐνθέμενοι ἐν ταῖς βάρεσι, πλέουσι διὰ τοῦ Τιβέριδος ἐπὶ τὴν Ῥώμην, ἱστίοις μὲν ἢ κώπαις ἥκιστα χρώμενοι — βρόχους δὲ ἀπὸ τῶν βάρεων ἐς τῶν βοῶν τοὺς αὐχένας ἀρτήσαντες ἕλκουσιν αὐτὰς ὥσπερ ἁμάξας ἄχρι ἐς Ῥώμην.

5) Ennius *ann.* 145 Vahlen, wo es von Ancus Marcius heisst:

Ostia munita est; idem loca navibus pulchris
Munda facit nautisque mari quaesentibus vitam.

Vielleicht bezieht sich auf diese Seeschiffer das *corpus nauticariorum* Henzen 7205.

6) *Levamentarii.* *Cod. Th.* 13, 5, 1.

Bording- und Kahnfahrern, Flosstreibern, Messern,[1]) Lastträgern,[2]) Sackträgern,[3]) Schiffszimmerleuten,[4]) Schreibern[5]) und Accisebeamten.[6]) Zum Löschen der Schiffe gab es in Ostia fünf *corpora lenunculariorum*,[7]) die durch besondere Beinamen unterschieden werden,[8]) zum Transport auf dem Tiber ausserdem die alte Körperschaft der *Codicarii* oder *Caudicarii*, die theils auf Flössen, theils auf flossartig gebauten Gefässen besonders Holz und Getreide nach Rom schaffte[9]) und ihre *curatores* in Rom und Ostia hatte.[10]) Mit dem Bau des neuen Hafens mochte es vielleicht zusammenhängen, dass im Jahre 163 ein, wie es scheint, neues *collegium* der *codicarii navicularii infernates* gegründet wurde.[11])

---

1) *Corpus mensorum frumentariorum Ostiensium* Henzen 7194; *mensores frumentarii Cereris Augustae* Orelli 4109; *corpus mensorum adiutorum* Henzen 7205; *Mensores Portuenses Cod. Th.* 14, 4, 9.

2) *phalangarii* Henzen 5089 = *C. I. L.* VI, 1785. Nonius p. 163, 26: *palangarios dicimus, qui aliquid oneris fustibus transvehunt.*

3) *Cod. Th.* 14, 22. *De saccariis portus Romae.* Sie kommen auch in Pompeii vor. *C. I. L.* IV, 274. 497. *Saccariam facere* Apul. *met.* 1, 7.

4) Es giebt *fabri navales Portenses* und ein *corpus fabrum navalium Ostiensium, quibus ex S. C. coire licet.* Orelli-Henzen 3140. 7106.

5) Ein *tabularius portuen(sis) a ration(e) marm(orum)* Orelli 3246; ein *tabul(arius) r(ipae) Tib(eris)* Orelli 3248; ein *tabular(ius) ration(um) Portuens(ium)* Marini *Atti* p. 553. Der *tabularius ripae Ost.* Mur. 715, 1 ist ligorianisch.

6) Preller a. a. O. S. 151.

7) Orelli 3178 = *C. I. L.* VI, 1624: *quinque corpora navigantes;* Or. 6029: *D. Fabius, D. filius, Pal. Florus Veranus — navicularius V. corpor(um) lenunculariorum Ost(iensium).* *Annali* 1859 p. 230.

8) Es kommen vor 1) ein *ordo corporator(um) lenuncula(riorum) pleromariorum auxiliarior(um) Ostien(sium).* Orelli 4104. Dass diese *auxiliarii* Bordingsschiffer sind, bestätigt Strabo 5 p. 232, nach welchem sich zum Löschen der Schiffe auf der Rhede eine εὐπορία τῶν ὑπηρετικῶν σκαφῶν in Ostia befand. Πλήρωμα ist ein Frachtschiff (Hesychius *s. v.* πλήρωμα. Henzen 6866) und *pleromarii* kommen in diesem Sinne noch einmal vor in einer Inschr. von Leuca in Calabrien, *C. I. L.* IX, 1: *I. O. M. Q. Cordius Aquilinus vot. sol. l. l. cum pleromariis.* Es ist also hier von Bordingen die Rede, die mit Bemannung auf die Rhede hinausfahren, im Gegensatz zu den Flussfahrzeugen, die von Ochsen gezogen werden; 2) ein *ordo corporatorum lenunculārior(um) tabulariorum auxiliares Ostiens.* Orelli 4054, unter welchen weder Schreiber noch Briefboten (Preller a. a. O. S. 149. Regionen S. 235) verstanden werden können, sondern vielleicht Holzstauer, welche Bretter *(tabulae)* ein- und ausladen, wie es in Pisaurum Ballastlader (*saburrarii*) giebt. Orelli 4116; 3) kommt vor ein *lenuncularius r(ipae) Tib(eris)*, Or. 3248 und 4) ein *corpus scaphario(um) et lenunculario(um) traiect(us) Luculli* Orelli 4109 vgl. 4115. *Scapha* ist ein Bording. Callistratus *Dig.* 14, 2, 4 *pr.* (oben S. 405 A. 1). Die *scapharii* scheinen indess auch mit dem Personentransport zu thun gehabt zu haben. Suet. *Claud.* 38: *Ostiensibus, quia sibi subeunti Tiberim scaphas obviam non miserint, graviter correptis — repente — veniam dedit.*

9) S. Staatsverwaltung II² S. 113.

10) Henzen 7194.

11) Orelli-Henzen 7195 = 6479 = *C. I. L.* VI, 1022, ergänzt nach Or.

Ein ähnlicher Wasserverkehr herrschte in allen Handelsstädten an der See wie im Binnenlande. In Lugdunum bilden die Schiffer angesehene Corporationen (*corpus splendidissimum*); [1]) sie erlassen Decrete, [2]) haben im Amphitheater zu Nemausus vierzig Ehrenplätze, [3]) und wie später alle *navicularii* durch Constantin Ritterrang erhielten, [4]) so findet sich unter ihnen schon früher ein Ritter sowie mehrere Municipalbeamte. [5]) Sie zerfallen in drei Collegien, die der Rhoneschiffer (*nautae Rhodanici*), der Saôneschiffer (*nautae Ararici*) [6]) und der Condeates, die in dem *pagus Condatus* bei Lyon ihren Sitz hatten; [7]) und überall, wo es einen Handel gab, finden sich ähnliche Schiffercollegien, in Gallien auf der Durance [8]) und der Seine, [9]) in Spanien auf dem Baetis, [10]) in Italien in Atria, [11]) in Arelica (Peschiera) am Gardasee, [12]) in Riva am Gardasee, [13]) in Comum, [14]) in der Schweiz auf dem Genfer See, [15]) auf der Aar, [16]) in Deutschland auf dem Rhein [17]) und in Dacien bei Carlsburg (*Apulum*) auf dem Maros. [18]) ausserhalb Roms.

Die Stadt Rom gewann seit dem zweiten punischen Kriege Handelsverkehr in Rom.

1084. *Infernates* heissen sie, weil sie die aus dem tuscischen Meere kommenden Schiffe abladen. Preller a. a. O. S. 148.

1) Boissieu *Inscr. de Lyon* p. 265. 2) Boissieu p. 391. 392.

3) Boissieu p. 396. 4) *Cod. Th.* 13, 5, 16.

5) Boissieu p. 207. 209. 197. 390 = Orelli 4077. 7007. 7256. 7254.

6) Boissieu unterscheidet drei Collegia, nämlich 1. *Nautae Ararici.* Dahin gehören die Inschriften Boiss. p. 197 = Henzen 7256; p. 207 = Or. 4077; p. 209 = Henzen 7007; p. 259 = Henzen 6950; p. 388. 389 = Or. 4244; p. 390 = Henzen 7254; p. 391; Or. 200. 2) *Nautae Rhodanici* Boissieu p. 203 = Henzen 7260; Boissieu p. 211; p. 392 = Or. 4110; p. 393 = Or. 4243; Or. 809. 3) *Nautae Rhodanici et Ararici* Boissieu p. 260 = Henzen 6950; p. 265. 394 376.

7) Boiss. p. 259 = Henzen 6950 und dazu Mommsen *Annali* 1853 p. 68.

8) *Corpus nautarum Druentiorum* in einer Inschrift von Arelate Orelli 4120.

9) *Nautae Parisiaci* Orelli 1993.

10) In Hispalis in Baetica kommen vor *Scaphari qui Romulae negotiantur* *C. I. L.* II, 1168. 1169; *scapharii Romul(ae) consist(entes)* 1183; *lyntrarii Canamenses, Oducienses, Naevenses* 1182.

11) *Col(legium) naut(arum) m(unicipii) A(triae) C. I. L.* V, 2315.

12) *Coll(egium) naut(arum) Arilic(ensium) C. I. L.* V, 4016; *collegium naviculariorum Arelicensium* V, 4015; *coll(egium) n(autarum) V(eronensium) A(relicae) consist(entium)* V, 4017.

13) *coll(egium) n(autarum) B(rixianorum) C. I. L.* V, 4990.

14) *Collegium nautarum Comensium C. I. L.* V, 5295. 5911.

15) *ratiarii superiores*, so benannt vom oberen Lauf der Rhone, Mommsen *Inscr. Helv.* 75 = Orelli 276.

16) *Nautae Aruranci Aramici* auf einer Inschrift v. Aventicum (Avenches) Mommsen *Inscr. Helv.* 182 = Orelli 365. *Aruranci* d. h. *Aruranici* heissen sie von der Aar (*Arura*). *Aramici* weiss ich nicht zu erklären.

17) Brambach *Corp. Inscr. Rhen.* 939. 1668. 18) Henzen 6654.

immer mehr das Ansehen einer grossen Verkehrsstadt. Das Emporium [1]) unterhalb des Aventins erhielt einen steinernen Quai mit Treppen, die zum Tiber hinabführten, Säulenhallen zum Verkauf der Waaıen und grosse Magazine (*horrea*) für Salz, Korn, Wein, Holz, Bausteine [2]) und Waaren aller Art, und auch in anderen Theilen der Stadt wurden Niederlagen zu gleichem Zweck theils auf Staatskosten, theils aus Speculation zum Vermiethen erbaut; [3]) für die Consumtion am Ort entstanden Märkte mit stattlicher Einrichtung, das *forum boarium*, [4]) *suarium*, [5]) *pecuarium*, [6]) *pistorium*, [7]) *vinarium*, [8]) *olitorium*, [9]) *piscatorium* [10]) oder *piscarium*, [11]) *cuppedinarium*, [12]) welche letzteren das im J. 575 = 179 erbaute *macellum* [13]) ersetzte, zu dem in der Kaiserzeit noch das *macellum Liviae* [14]) und das *macellum magnum* [15]) kam. Seit Cato im J. 570 = 184 [16]) den ersten Bazar, die *basilica Porcia*, errichtet hatte, schmückte sich das Forum mit glänzenden Kaufhallen, [17]) neben denen in den Comptoiren der Banquiers (*tabernae argentariae*), [18]) besonders in dem *Janus medius* [19]) und am *Puteal Libonis* [20]) die Geldgeschäfte betrieben wurden; die grossen Plätze, wie die *Septa* [21]) und die Hauptstrassen, wie die *Sacra via*, [22]) waren voll von Läden; ein Theil der Strassen hatte seinen Namen von dem Geschäftsbetriebe der Einwohner, [23]) wie die Strasse der Kornhändler (*vicus frumen-*

---

1) Becker Topographie S. 464. Preller a. a. O. S. 145.

2) Ueber die seit 1868 zu Tage gekommenen Marmormagazine s. Parthey und Jordan Archäologische Zeitung 1868 S. 15 ff. 104 ff. und L. Bruzza in *Annali dell' Inst.* 1870 p. 106 ff.

3) Preller Regionen S. 101. 203.

4) Becker Topographie S. 473 ff.

5) Preller Regionen S. 139.

6) Preller Regionen S. 226.

7) Preller Regionen S. 205 versteht darunter den Brotmarkt für die Bäcker.

8) S. unten den Abschnitt über den Wein.

9) S. Becker Topographie S. 600 ff.

10) S. Becker Topographie S. 267. 301.

11) Plautus *Curc.* 474. Varro *de l. L.* 5, 146.

12) Varro *de l. L.* 5, 146 nennt es *forum cupedinis*; Symmachus *ep.* 8, 19 *forum cupedinarium*.

13) Festi *epit.* p. 125, 7 *s. v. macellum.* Ueber Anlage und Localität dieses *macellum* handelt ausführlich Jordan im Hermes II S. 89 ff. XV S. 116 ff. Ritschl *Opuscula* II p. 385. Urlichs Rhein. Museum XXIII (1868) p. 84 ff.

14) Preller Regionen S. 131.

15) Preller Regionen S. 119.

16) Liv. 39, 44, 7. Jordan Topographie I, 1 S. 501.

17) Ueber diese *basilicae* s. Becker Topographie S. 300—310.

18) Becker Topographie S. 295.

19) Daselbst S. 327.

20) Daselbst S. 280 Anm. 459.

21) Daselbst S. 632.

22) Preller Regionen S. 129.

23) S. Jordan *De vicis urbis Romae* in *Nuove Memorie dell' Instituto.* Lipsiae 1865 p. 215—242, besonders p. 234. Derselbe Topographie I, 1 S. 515; II S. 597.

tarius), der Riemenschneider (*v. lorarius*), der Holzhändler (*v. materiarius*), Sandalenmacher (*v. sandaliarius*), Glaser (*v. vitrarius*), Salbenhändler (*v. unguentarius*), Sichelmacher (*inter falcarios*), [1]) und die Anzahl der an den Häusern in die Strasse hinausgebauten Buden, in welchen Gewerbe betrieben oder Lebensmittel verkauft wurden, war so enorm, dass sie die Communication in den Strassen erschwerte und unter Domitian eine durchgreifende Abhülfe nöthig machte. [2]) Erwägt man, welch eine Anzahl von Menschen nicht nur in diesen Geschäftslocalen, sondern auch in den Niederlagen, [3]) den Officinen als Herumträger und Ausrufer der Waaren (*institores* und *circitores*), [4]) endlich als Waarenmäkler (*arillatores*, [5]) *coctiones*), [6]) Geldmäkler (*pararii*) [7]) und Commissionäre (*proxenetae*) [8]) in Bewegung waren, so wird man sich von dem geräuschvollen Geschäftsverkehr wenigstens eine gewisse Vorstellung machen können.

Nach diesen allgemeinen Erörterungen der Verhältnisse der landwirthschaftlichen Production, der Fabrication und des Handels bei den Römern können wir nunmehr zu den einzelnen Gegenständen des Geschäftsverkehrs übergehen, die wir nach den oben aufgestellten einfachen Kategorien in der Ordnung behandeln werden, dass wir zuerst die Geschäfte, welche auf die Lieferung der Nahrung, zweitens die, welche auf die Bekleidung und den Schmuck des Körpers, endlich die, welche auf die Herstellung der Wohnung und der häuslichen Einrichtung gerichtet sind, nach einander in Betracht ziehen.

---

1) Cic. *in Cat.* 1, 4, 8. So gab es auch eine Strasse *inter lignarios* Liv. 35, 41, 10. Den *vicus pulverarius*, den Jordan noch anführt, weiss ich auf ein Handwerk nicht zu deuten.

2) Ausführlich handelt hierüber Friedlaender Darstellungen a. d. Sittengeschichte Roms I[5] S. 7 f.

3) Diese Leute heissen *apothecarii Cod. Just.* 12, 58, 12 § 3.

4) *Dig.* 14, 3, 5 § 4: *Sed etiam eos institores dicendos placuit, quibus vestiarii vel lintearii dant vestem circumferendam et distrahendam, quos vulgo circitores appellamus.*

5) Gellius 16, 7, 12. Festi *epit.* p. 20, 12.

6) Gellius a. a. O. Plaut *Asin.* 203. Henzen 7216 = *C. I. L.* VI, 9103. Loewe *Prodromus corporis glossariorum* p. 285. Bugge Altitalische Studien S. 35.

7) Seneca *de benef.* 2, 23, 2; 3, 15, 2.

8) Seneca *ep.* 119, 1. Mart. 10, 3, 4. *Dig.* 50, 14, 2 und 3.

I. Die Nahrung.[1]

1. Getreide. Die Geschichte der Bodencultur Italiens giebt ein merkwürdiges Zeugniss von der Macht, welche menschliche Einwirkung auf die Natur ausübt; die Production Italiens ist im Laufe der Jahrhunderte eine wesentlich andere geworden.[2] Ein Theil der Erzeugnisse, die wir als specifisch italienische betrachten, wie z. B. der Mais und die Orange, ist dem Alterthum ganz unbekannt;[3] Wein, Oel, Küchengewächse und Obstsorten haben die Römer selbst zur Cultur gebracht; das älteste

Weizen. Italien baute vorzugsweise Getreide und auch dies in beschränkter Weise. Denn von den bei uns üblichen Getreidesorten galt den Römern Roggen (*secale*) als Unkraut; Hafer bauten sie als Viehfutter;[4] Gerste wurde zwar gegessen, aber als zu wenig nahrhaft, namentlich für Arbeitsleute und Soldaten betrachtet,[5]

1) Ueber die Nahrungsmittel der Alten s. Nonni *Diaeteticon sive de re cibaria libri IV.* Antverpiae 1646. 4. Vgl. C. J. van Cooth *Diatribe in diaeteticam veterum.* Trai. ad Rhen. 1835. 8. Ueber einen Haupttheil derselben handelt auch Magerstedt Bilder aus der römischen Landwirthschaft Heft 1—6. Sondershausen 1858—1863, in welchem Buche man eine Sammlung von Nachrichten über Weinbau, Viehzucht, Obstbaumzucht, Feld-, Garten- und Wiesenbau, endlich über Bienenzucht findet, und H. Wiskemann Die antike Landwirthschaft und das von Thünen'sche Gesetz, aus den alten Schriftstellern dargelegt. Leipzig 1859. 8. (in den Preisschriften der Jablonowskischen Gesellschaft, n. VII). *Dictionn. des ant.* s. v. *cibaria.*

2) Mommsen R. G. I[6] S. 826. Ausführlich handelt hierüber Hehn Kulturpflanzen und Hausthiere in ihrem Uebergang aus Asien nach Griechenland und Italien, sowie in das übrige Europa. Zweite Aufl. Berlin 1874. 8.

3) Hehn S. 438. 377.

4) Staatsverwaltung II[2] S. 110. Hehn S. 479. Das *secale*, welches Plinius erwähnt, wird von A. Kerner Geschichte des Roggens. Vortrag im Innsbrucker naturwiss.-medic. Verein 1877 nicht für Roggen, sondern Heidekorn oder schwarzer Plenten (*polygonum*) erklärt, wie ich aus Jung Die romanischen Landschaften S. 427 ersehe.

5) Galen. VI p. 507 Kühn: οἱ παλαιοὶ δὲ καὶ τοῖς στρατευομένοις ἄλφιτα παρεσκεύαζον· ἀλλ' οὗτοι γε νῦν τὸ Ῥωμαίων στρατιωτικὸν ἀλφίτοις χρῆται, κατεγνωκὸς αὐτῶν ἀσθένειαν· ὀλίγην γὰρ τροφὴν δίδωσιν τῷ σώματι, τοῖς μὲν ἰδιωτικῶς διακειμένοις καὶ ἀγυμνάστοις αὐτάρκη, τοῖς δ' ὁπωσοῦν γυμναζομένοις ἐνδεῆ. Gerste essen war später eine militärische Strafe. Staatsverwaltung II[2] S. 110 Anm. 4.

so dass ausser dem in ältester Zeit überwiegend cultivirten Dinkel (*far*), [1] als gewöhnliches Nahrungsmittel nur Weizen übrig blieb. In alter Zeit wurde dieser nicht gemahlen, sondern in einem Mörser gestampft, aus dem Mehl aber ein Brei (*puls*) gekocht, der immer das nationale Gericht der Italiener geblieben ist. [2]) *Pistores* oder *pinsitores* nannte man damals die Sclaven, die den Weizen stampften. [3]) Als man später zum Backen des Brotes schritt, [4]) war dies das Geschäft der Hausfrau oder des Koches; [5]) erst um das J. 583 = 171 entstand in der Stadt Rom ein Gewerbe der Bäcker [6]) und mit ihm die Kunst, feines Brot und Kuchen herzustellen, [7]) so dass das Backen im Hause mehr oder weniger aufhörte und nicht nur die Bürger ihren Bedarf, [8]) sondern auch die Schulknaben ihr Frühstück *Pistores.*

1) Plin. *n. h.* 18, 62: *populum Rom. farre tantum e frumento CCC annis usum Verrius tradit.* Später kommt diese Getreideart besonders im Cultus vor. S. oben S. 50 und Staatsverwaltung III S. 329. Ueber den Bau derselben s. Magerstedt Bilder V S. 283 ff.

2) Plin. *n. h.* 18, 83: *pulte autem, non pane vixisse longo tempore Romanos manifestum.* Varro *de l. L.* 5, 105. Juvenal 14, 170. Hierauf gehen die Stellen des Plautus: *Mostell.* 828:

Non enim haec pultifagus opifex opera fecit barbarus,

wo doch wohl ein Römer gemeint ist, und *Poen.* 54:

.... *Latine Patruos Pultiphagonides.*

Vgl. Plin. *n. h.* 18, 84: *videturque tam puls ignota Graeciae fuisse, quam Italiae polenta. Polenta* wird aus Gerste gemacht. Plin. *n. h.* 18, 72 ff.

3) Nonius p. 152, 13: *Pinsere tundere vel molere. Varro* ταφῇ Μενίππου: *Nec pistorem ullum nossent, nisi eum, qui in pistrino pinseret farinam. Idem de vita populi Rom. lib. I: Nec pistoris nomen erat, nisi eius qui ruri far pinsebat, nominati ab eo quod pinsunt.* Plin. *n. h.* 18, 108. Serv. *ad Aen.* 1, 179: *Et quia apud maiores nostros molarum usus non erat, frumenta torrebant, et ea in pilas missa pinsebant, et hoc erat genus molendi.* Von *pinsere* wurde das Cognomen *Piso* abgeleitet. Panegyr. in Pisonem in Wernsdorf *P. L. M.* IV p. 240 (Baehrens *P. L. M.* I, 15) v. 16:

Claraque Pisonis tulerit cognomina prima,
Humida callosa cum pinseret hordea dextra.

4) Ueber die Brotbereitung handelt jetzt ausführlich Blümner Technologie und Terminologie der Gewerbe und Künste bei Griechen und Römern. Leipzig 1875. 8. I S. 1—88.

5) Plin. *n. h.* 18, 107. 108: *Pistores Romae non fuere ad Persicum usque bellum annis ab urbe condita super DLXXX. Ipsi panem faciebant Quirites, mulierumque id opus erat, sicut etiamnunc in plurimis gentium.* — — — *certumque fit Atei Capitonis sententia cocos tum panem lautioribus coquere solitos pistoresque tantum eos qui far pinsebant nominatos.* Festi *epit.* p. 58, 14: *Cocum et pistorem apud antiquos eundem fuisse accepimus.*

6) Plin. a. a. O.

7) Plin. *n. h.* 19, 53: *ferendum sane fuerit* — — *luxuriam* — *pistrinarum operibus et caelaturis vivere, alio pane procerum, alio vulgi, tot generibus usque ad infimam plebem descendente annona.*

8) Plaut. *Asin.* 200:

Quom a pistore panem petimus, vinum ex oenopolio,
Si aes habent, dant mercem.

vom Bäcker holten.[1]) Allerdings gab es in reichen Familien noch lange Haussclaven zu diesem Zwecke,[2]) namentlich auf dem Lande,[3]) und die Bäcker, welche sich selbständig etablirten, waren meistens Freigelassene[4]) oder Bürger, die aus Noth zu diesem Erwerbszweig griffen;[5]) aber das Gewerbe erhielt bald eine besondere Wichtigkeit für die Bürgerschaft durch seine Verwendung in der *cura annonae*. Schon zur Zeit der Republik scheint es zum Amt der Aedilen gehört zu haben, für vollwichtiges, gutes und wohlfeiles Brot zu sorgen;[6]) auf einem für den ganzen Betrieb der Bäckerei lehrreichen Denkmal, welches vielleicht vor, höchstens aber in die augusteische Zeit zu setzen ist, nennt sich ein *Marcus Vergilius Eurysaces pistor redemtor*;[7]) er hatte mit den betreffenden Behörden, d. h. den Aedilen, einen Contract, durch den er Brot zu bestimmten Preisen zu liefern in den Stand gesetzt wurde. Später finden wir eine Zunft (*corpus*, *collegium*) von Bäckern,[8]) welche von

Ihre Verwendung für die *cura annonae*.

corpus pistorum.

1) Mart. 14, 223. Zwei Darstellungen von Bäckerläden auf Wandgemälden von Pompeii bei O. Jahn Abhandl. der phil. hist. Cl. der k. Ges. der Wiss. V (1868) S. 276 ff. Taf. II, 1 und III, 2.

2) Suet. *Caes.* 48: *ut pistorem, alium quam sibi panem convivis subicientem compedibus vinxerit.* Ebenso hat Chrysogonus (Cic. *pr. Rosc. Am.* 46, 134) *coquos pistores lecticarios.* Auch Inschriften erwähnen solche Sclaven. Or. 647: *Faustus Marcellae Pauli pistor.* Henzen 6445: *Januarius pistor. C. I. L.* VI, 4010 ff. 8998 ff. 5077. 6337 f. u. ö.

3) *Dig.* 33, 7, 12 § 5: *Trebatius amplius etiam pistorem et tonsorem, qui familiae rusticae causa parati sunt, putat (instrumento) contineri — — et mulieres quae panem coquant.*

4) *P. Cornelius Trophimus, pistor Romaniensis ex reg. XIV* unter Traian Orelli 1455; *C. Julius Aug. liberti libertus Eros pistor candidarius* Orelli 4263; *P. Sextilius P. l. Tertius pistor* in Anagnia Grut. 646, 2; *Sex. Bettius Sex. l. Eleuthe(rus) pistor* in Corfinium *C. I. L.* IX, 3190; *A. Mulvius A. l. Alexa pistor C. I. L.* V, 1036. Vgl. *C. I. L.* VI, 6219. 9802 ff.

5) Das Gewerbe gilt nicht für anständig. Suet. *Aug.* 4: *Verum idem Antonius, despiciens etiam maternam Augusti originem, proavum eius Afri generis fuisse et modo unguentariam tabernam modo pistrinum Ariciae exercuisse obicit* (*pistrinum exercere* ist technischer Ausdruck. Apul. *met.* 9, 10. *Fr. Vat.* § 233). Juv. 7, 3:

cum iam celebres notique poetae
balneolum Gabiis, Romae conducere furnos
temptarent.

was der Schol. erklärt: *ad panem coquendum, ut furnarii fierent.* Noch Ammian 27, 3, 2 erwähnt einen *Terentius humili genere in Urbe natus et pistor.*

6) Mommsen Staatsrecht II² S. 492 Anm. 3.

7) Die Inschriften s. im *C. I. L.* I, 1013—1017 = VI, 1958 = Henzen 7267 f. Das Monument selbst ist abgebildet in *Monum. d. Inst.* II, 58 und erläutert von O. Jahn *Annali* X p. 231 ff.

8) Die Inschrift bei Doni IX, 11, aus welcher ich geschlossen habe, dass dies Collegium schon unter Augustus vorkommt, ist nach Bormann bei Hirschfeld Die Getreideverwaltung in der R. Kaiserzeit S. 44 Anm. 60 von Ligorius

Traian organisirt wurde,[1]) dem *Praefectus annonae* untergeben war, und, wie alle mit der *cura annonae* verbundenen Innungen, z. B. die der *codicarii* und *navicularii*, besondere Privilegien genoss. Zu denselben gehörten theils gewisse Immunitäten, z. B. Befreiung von der Tutel,[2]) theils eine gleich zu besprechende Dotation an Grundstücken und Inventarium, theils die Bestimmung, dass ein Latiner, wenn er drei Jahre hindurch ein *pistrinum* in Betrieb erhielt und täglich wenigstens hundert *modii* vermahlte, dadurch das *ius Quiritium* erwarb.[3]) Seitdem dauerte das *corpus* oder *collegium pistorum*,[4]) auch *ordo pistorius*[5]) genannt, nicht nur in Rom bis zum Untergange des abendländischen Reiches und ebenso in Constantinopel fort, sondern es fand in Rom auch eine grosse Vermehrung der Bäckereien (*pistrina* oder *officinae pistoriae*) statt, deren die Regionsverzeichnisse in den Jahren 312 und 334 n. Chr.[6]) 254 aufzählen.[7]) Diese Vermehrung hängt wahrscheinlich zusammen mit einer Einrichtung des Aurelian, welcher statt der seit den Gracchen

---

gefälscht. Auch ist es zweifelhaft, ob das in dieser Inschrift genannte und auch sonst (*C. I. L.* VI, 22) erwähnte *corpus pistorum siliginiariorum* als identisch mit dem *corpus pistorum* zu betrachten ist, wie Borghesi *Oeuvres* III p. 133 annimmt, da, wie wir sehen werden, die *siliginiarii* nicht ordinäres, sondern feines Brot lieferten. Dass aber das *corpus pistorum* bereits vor Traian bestand, nimmt Hirschfeld wohl mit Recht an.

1) Aurelius Victor *Caes.* 13, 5: *et annonae perpetuae mire consultum, reperto firmatoque pistorum collegio.* Statt *reperto* schreibt Borghesi *recepto*, Hirschfeld *reparato.*

2) *Fragm. Vatic.* § 233: *Qui in collegio pistorum sunt, a tutelis excusantur, si modo per semet ipsos pistrinum exerceant; sed non alios puto excusandos, quam qui intra numerum constituti centenarium pistrinum secundum litteras divi Traiani ad Sulpicium Similem exerceant; quae omnia litteris praefecti annonae significanda sunt.* Vgl. § 234. 235: *Plus etiam imperator noster (Caracalla) indulsit, ut a tutelis, quas susceperant ante quam pistores essent, excusarentur, sed hoc ab ipso creatis pistoribus praestitit et ita Marco Diocae praefecto annonae rescripsit.* Paulus *Dig.* 27, 1, 46.

3) Gaius 1, 34 nach Studemund's Lesung: *Denique Traianus constituit, ut si Latinus in urbe triennio pistrinum exercuerit in quo in dies singulos non minus quam centenos modios frumenti pinseret, ad ius Quiritium perveniret.* Ueber diese Stelle, durch welche der in den *Fragm. Vat.* gebrauchte Ausdruck *centenarium pistrinum* seine Erklärung erhält, s. Studemund Mittheilungen antiquarischen Inhalts aus dem Palimpsest des Gaius. Leipzig 1869. 4. S. 10 (Verhandlungen der Würzburger Philologen-Versammlung 1868 S. 128) und Hirschfeld a. a. O.

4) *Corpus pistorum* unter Antoninus Pius *C. I. L.* VI, 1002 (Mur. 91, 8 ist unecht). Das *Collegium pistorum* hat zum Patronus den L. Aradius Val. Proculus Cos. 340 *C. I. L.* VI, 1692. *Corpus pistorum Cod. Th.* 14, 3, 2. 8. 10.

5) *Cod. Th.* 14, 3, 20.

6) S. Jordan Topographie II S. 5 ff. 136 f.

7) Preller Die Regionen der Stadt Rom S. 30. 31. 111.

Brotvertheilung. üblichen monatlichen[1]) Getreideaustheilung[2]) eine tägliche Brotvertheilung einführte, [3]) die auch in Constantinopel beibehalten wurde. [4]) Das Brot wurde theils an die dazu berechtigten Empfänger, die in einer Liste verzeichnet waren, verschenkt (*panis gradilis*), [5]) theils für einen bestimmten Preis verkauft (*panis fiscalis*). [6]) Die grossen Gebäude, die, auf die vierzehn Regionen vertheilt, die Bäckereien enthielten, [7]) nebst dem dazu gehörigen Inventar an Sclaven, Eseln und Mühlen[8]) wurden zuerst vom Staate geliefert, [9]) zudem aber dem Collegium noch eine Dotation an liegenden Gründen in den Provinzen angewiesen, deren Revenüen dem Collegium zuflossen. [10]) Die Erhaltung dieses Vermögens des Collegiums an Gebäuden, Inventar und Grundbesitz hatten die beiden Quinquennalen des Collegiums, die Verwaltung der Casse zwei Quaestores, [11]) welche Beamte in allen Collegien

---

1) Appian. *b. c.* 1, 21. Suet. *Aug.* 40.

2) S. Staatsverwaltung II² S. 114.

3) Vopisc. *Aurel.* 35, 1: *Nec praetereundum videtur, — — coronas eum fecisse de panibus, qui nunc siliginei vocantur, et singulis quibusque donasse, ita ut siligineum suum cotidie toto aevo suo unusquisque et acciperet et posteris suis demitteret.* c. 47, 1: *Panes urbis Romae uncia de Aegyptio vectigali auxit.* Zosimus 1, 61: ἐπὶ τούτοις καὶ ἄρτων δωρεᾷ τὸν Ῥωμαίων ἐτίμησε δῆμον. Auch *Cod. Th.* 14, 17, 3 heissen diese Vertheilungen *diurna.*

4) In Constantinopel wurde für jedes Haus eine Anzahl Brote vertheilt. *Cod. Th.* 14, 17, 1.

5) *Cod. Th.* 14, 17 *De annonis civicis et pane gradili.* Ueber den Ausdruck s. l. l. 2. 3. 4. Prudentius *c. Symm.* 1, 582:
et quem panis alit gradibus dispensus ab altis
c. Symm. 2, 949: *quae regio gradibus vacuis ieiunia dira*
sustinet?

6) So heisst es in einer Verordnung d. J. 398 *Cod. Th.* 14, 19, 1: *Panem Ostiensem atque fiscalem uno nummo distrahi volumus.*

7) Socrates *hist. eccl.* 5, 18: ἦσαν ἐξ ἀρχαίου κατὰ τὴν μεγίστην Ῥώμην οἶκοι παμμεγέθεις, ἐν οἷς ὁ τῇ πόλει χορηγούμενος ἄρτος ἐγίνετο. Aus den Regionsverzeichnissen sieht man, dass in jeder Region 15 bis 25 *pistrina* lagen, und nicht nur die Bäcker dieser späten Zeit fügen ihrem Namen die Region zu, wie *Vitalis pistor — reg. XII, C. I. L.* VI, 9811 aus dem Jahre 401, sondern dies geschieht schon zu Traian's Zeit, welcher die Inschrift des *P. Cornelius Trophimus pistor Romaniensis ex reg. XIIII* angehört. Orelli 1455.

8) *Cod. Th.* 14, 3, 7.

9) *Cod. Th.* 14, 3, 13: *Non ea sola pistrini sint, — quae in originem adscripta corpori dotis nomen et speciem etiamnunc retentant.*

10) Sie heissen *fundi dotales Cod. Th.* 14, 3, 7, und 14, 3, 19 heisst es: *fundis vel praediis — quae eorum (pistorum) corpori solatia certa praebebant* und *fundorum sive praediorum, quae pistorum corpori obnoxia sunt;* endlich von den Pächtern dieser Güter: *atque conductores praestationis modum et solatia ministrent antiquitus constituta pistoribus.* Dass diese Güter in den Provinzen lagen, sagt Cassiodor. *var.* 6, 18: *Dignitati quoque tuae* (es ist vom *Praefectus annonae* die Rede) *pistorum iura famulata sunt, quae per diversas mundi partes possessione latissima tenebantur.* Vgl. über diese Güter Dirksen Civilistische Abhandlung II S. 127.

11) Grut. 255, 3.

vorkommen; das Betriebsgeschäft aber, d. h. den Ankauf des Getreides vom Fiscus, die Fabrication und die Lieferung besorgten gewählte Geschäftsführer, die, wie bei den Societäten der *publicani*, [1]) *mancipes* heissen. Wenigstens sind Spuren dieser Geschäftsorganisation noch im vierten und fünften Jahrhundert vorhanden, nur mit der Aenderung, dass jede Officina zwei *patroni* auf 5 Jahre [2]) (das sind die *quinquennales*) und einen eigenen *manceps* [3]) hat.

Da das Brot von sehr verschiedener Qualität war, [4]) nämlich vom besten Weizen (*panis siligineus*) [5]) oder von reinem Weizenmehl (*simila*, *similago*), [6]) oder von grobem Mehl und Kleie oder blosser Kleie (*panis cibarius*, [7]) *plebeius*, [8]) *castrensis*, [9]) *sordidus*, [10]) *rusticus*) [11]) oder endlich aus ganz anderen Stoffen, wie Hirse (*milium*), [12]) da man ferner grossen Werth auf feines Brotsorten.

---

1) Staatsverwaltung II² S. 300. 2) *Cod. Th.* 14, 3, 7.

3) Socrates *hist. eccl.* 5, 18: οἴτε προϊστάμενοι τούτων (τῶν οἴκων, der *pistrina*) μάγκιπες τῇ Ῥωμαίων γλώσσῃ καλοῦνται, und später: γνοὺς ταῦτα ὁ βασιλεὺς τοὺς μάγκιπας ἐτιμωρήσατο. Lydus *de mens.* 4, 30: οἱ δὲ μάγκιπες, οἱονεὶ τεχνῖται τοῦ ἀνδραποδώδους ἄρτου. *De mag.* 3, 7: μεθ' οὓς μάγκιπες, οἱ τοῦ δημώδους καὶ ἀνδραποδώδους ἄρτου δημιουργοί, ὑφ' οἷς ἀρτοποιοί. Von diesen handelt *Cod. Th.* 14, 3, 18 und das. Goth.

4) Blümner Technologie I, 77 ff. M. Voigt Die verschiedenen Sorten von *Triticum*, Weizenmehl und Brot bei den Römern. Rhein. Museum XXXI (1876) S. 105—128.

5) Plin. *n. h.* 18, 85: *Siliginem proprie dixerim tritici delicias.* Senec. *ep.* 119, 3: *utrum hic panis sit plebeius an siligineus ad naturam nihil pertinet.* 123, 2: *illum (malum panem) tibi tenerum et siligineum fames reddet.*

6) Celsus, 2, 18: *Ex tritico firmissima siligo, deinde simila, deinde cui nihil demtum est, quod* αὐτόπυρον *Graeci vocant, infirmior est ex polline, infirmissimus cibarius panis.* Galen. VI p. 483 s. Kühn: καὶ παρά γε τοῖς Ῥωμαίοις ὥσπερ οὖν καὶ παρὰ τοῖς ἄλλοις σχεδὸν ἅπασιν, ὧν ἄρχουσιν, ὁ μὲν καθαρώτατος ἄρτος ὀνομάζεται σιλιγνίτης, ὁ δὲ ἐφεξῆς αὐτῶν σεμιδαλίτης. — — τροφιμώτατος μὲν οὖν ὁ σιλιγνίτης αὐτῶν, ἐφεξῆς δὲ ὁ σεμιδαλίτης, καὶ τρίτος ὁ μέσος τε καὶ συγκόμιστος, ὁ καὶ αὐτοπυρίτης. ἐφ' ᾧ τεταρτόν ἐστιν τὸ τῶν ῥυπαρῶν εἶδος, ὧν ἔσχατος ὁ πιτυρίας. Nach dieser übereinstimmenden Aufzählung muss Horat. *ep.* 2, 1, 123

vivit siliquis et pane secundo

von dem Brot aus *similago* verstanden werden.

7) Cic. *Tusc.* 5, 34, 97. Celsus a. a. O. Plin. *n. h.* 18, 87. Fronto *ad Antonin. imp.* 1, 3 p. 101 Naber. *Cibarius* hiess dies Brot, weil es geliefert wurde an Soldaten und Beamte, wie die anderen *cibaria*. S. Mommsen Staatsrecht I² S. 287. 8) Senec. *ep.* 119, 3.

9) Vopisc. *Aurel.* 9, 6: *panes militares mundos sedecim, panes militares castrenses quadraginta.*

10) Plaut. *Asin.* 142. Suet. *Nero* 48. *Cod. Th.* 14, 17, 5.

11) Plin. *n. h.* 19, 168.

12) Dies ass man in Campanien. Plin. *n. h.* 28, 54. 100; vgl. Columella 2, 9, 17; Galen VI p. 523 erklärt es für wenig nahrhaft und unzweckmässig.

Brot legte[1]) und selbst fremde Brotsorten liebte,[2]) so konnten ausser den mit der Alimentation des Volkes beschäftigten Bäckern, welche durchschnittlich ordinäres Brot lieferten,[3]) immer noch Privatbäckereien bestehen, in welchen man feinere Gebäcke zu höheren Preisen kaufte. Und so kommen wirklich vor *pistores candidarii*[4]) oder *siliginiarii*,[5]) *clibanarii*,[6]) ein *pistor simi(laginarius)*,[7]) *Romaniensis*,[8]) *pepsianus*[9]) und viele Arten Kuchenbäcker, *dulciarii*,[10]) *placentarii*,[11]) *libarii*,[12]) *crustularii*, die zum Theil ihre Waaren in den Strassen ausriefen,[13]) *panchrestarii*[14]) und die Opferkuchenbäcker, *fictores*,[15]) zu welchen ursprünglich auch die *pastillarii* zu rechnen sind.[16]) Von den Fabricaten haben wir Proben in Original[17]) und Abbildung, namentlich von runden Broten, die in vier oder mehr Theile gekerbt sind,[18]) woraus sich der öfters vorkommende Ausdruck *quadra panis*[19])

---

1) Suet. *Caes.* 48.

2) Plin. *n. h.* 18, 105: *non pridem etiam e Parthis invecto (pane) quem aquaticum vocant, quoniam aqua trahitur ad tenuem et spongiosam inanitatem, alii Parthicum.*

3) Sen. *ep.* 119, 3. Schol. Pers. 3, 111: *panem non deliciosius cribro discussum, sed plebeium, de populi annona , id est fiscalem.* S. Goth. *ad Cod. Th.* 14, 17, 5. 4) Orelli 4263. 5) *C. I. L.* VI, 22.

6) *C. I. L.* IV, 677 in Pompeii: *Trebium. aed. clibanari rogant.* Galen. VI p. 489: χάλλιστοι δὲ αὐτῶν (τῶν ἄρτων) οἱ κλιβανῖται — ἐφεξῆς δὲ αὐτῶν οἱ ἰπνῖται. Plin. *n. h.* 18, 105: *nec non a coquendi ratione (appellati panes) ut furnacei vel artopticii aut in clibanis cocti.*

7) *C. I. L.* I, 1017 = VI, 9812. 8) Orelli 1455.

9) ⟨*C. I. L.* VI, 9810 (bei Orelli 4246 steht falsch *Persiano*); der Name (von πέψις) bezieht sich auf die Bereitungsart.⟩

10) Mart. 14, 222. Veget. 1, 7. Sie kommen auch als Sclaven vor. Lampr. *Heliog.* 27, 3. Treb. Pollio *Claud.* 14, 11. Apul. *met.* 10, 13.

11) Gloss. Philox. Πλακουντάριος *placentarius.*

12) Ein *libum* besteht aus Milch, Mehlteig und Honig; πλακοῦς ἐκ γάλακτος ἰτρίων τε καὶ μέλιτος, ὃν Ῥωμαῖοι λῖβον καλοῦσι. Athen. 3 p. 125f.

13) Senec. *ep.* 56, 2. 14) Arnobius 2, 38 und das. Hildebrand.

15) S. Staatsverwaltung III S. 240.

16) Festus p. 250b, 30: *Pastillum est in sacris libi genus rotundi.* Festi *epit.* p. 222, 18: *pastillus forma panis parvi utique diminutivum est a pane.* In einer Inschrift d. J. 435 Orelli 4112 = *C. I. L.* VI, 9765 kommt ein *patronus corporis pastillariorum* vor. *pastilarius C. I. L.* VI, 9766.

17) Ueber die in Pompeii gefundenen Brote s. Overbeck Pompeji [4] S. 385.

18) Aringhi *Roma subterranea* 1651. fol. II p. 533. *Pitture di Erc.* II p. 141. *Mus. Borb.* VI, 38 = Overbeck Pompeji [4] S. 576. Vgl. Winckelmann Werke II p. 68.

19) Senec. *de benef.* 4, 29, 2. Verg. *Aen.* 7, 115. *Moret.* 47:

Levat opus palmisque suum dilatat in orbem
Et notat impressis aequo discrimine quadris.

Hor. *ep.* 1, 17, 49. Mart. 9, 90, 18:

Secta plurima quadra de placenta.

Vgl. 6, 75, 1. Athenaeus 3, p. 114e: βλωμιαίους δὲ ἄρτους ὀνομάζεσθαι λέγει τοὺς ἔχοντας ἐντομάς, οὓς Ῥωμαῖοι κοδράτους λέγουσι.

erklärt. Ebenso liegt uns über die einzelnen Thätigkeiten des Handwerks ein reiches Material vor,[1]) aus dem wir hier nur Einiges benutzen.

Zu diesen Thätigkeiten gehört zuerst das Mahlen, welches Sache der Bäcker ist.[2]) Man brauchte im Alterthum drei Arten von Mühlen, erstens Handmühlen (*molae manuariae*,[3]) *manuales*),[4]) ferner Rossmühlen, *molae iumentariae*,[5]) oder, weil sie gewöhnlich von Eseln gedreht wurden,[6]) *asinariae*,[7]) und endlich Wassermühlen. Die beiden ersten Arten haben eine im Princip gleiche, nur in den Dimensionen verschiedene Construction;[8]) sie zerfallen nämlich in zwei Haupttheile, den Bodenstein (*meta*, μύλη) und den Läufer (*catillus*, ὄνος).[9]) Der Bodenstein ist ein auf fester Basis liegender massiver Kegel, in dessen Spitze eine eiserne verticale Axe eingelassen ist. Der Läufer, der sich um diese Axe dreht, besteht aus zwei mit der Spitze Mühlen.

1) S. Götzius *De pistrinis veterum.* Cygneae 1730. 8. Ausführlicheres findet man bei Blümner Technologie I S. 1—88, der von dem Dreschen, Wörfeln, Rösten, Stampfen, Mahlen des Getreides, dem Mehl, dem Backen, dem Brot im Einzelnen handelt. Von Denkmälern, die das Handwerk veranschaulichen, ist bereits oben S. 416 Anm. 7 das des Eurysaces erwähnt; ein Sarcophagrelief im Lateran, das die Geschichte des Brotes vom Pflügen bis zum Backen darstellt, ist abgebildet in Garrucci *Mus. Lateran.* tab. 32 und erörtert von O. Jahn in Gerhard's Denkmälern und Forschungen 1861 n. 148. Taf. 148, 1. Die übrigen Darstellungen findet man besprochen von O. Jahn in den Berichten der Sächs. Ges. Phil. hist. Cl. 1861, S. 340—348.

2) So sagt Pomponius in der Atellane *Pistor* (Ribbeck *Com. Lat. Fragm. ed.* 2 p. 243):

Decipit vicinos: quod molendum conduxit, comest

und *pistrinum*, das eigentlich die *moletrina* bezeichnet (Nonius p. 63, 25), heisst die Bäckerei.

3) *Dig.* 33, 7, 26, 1.

4) Hieron. *Chron. ad a.* 312 n. Chr. Vol. VIII p. 495 Migne. Calpurnii *eclog.* 3, 85. Beckmann Beiträge zur Geschichte der Erfindungen II S. 3 stellt sich die Handmühle als einen Mörser vor, der inwendig gereift, und eine Keule, die unten eingekerbt ist, so dass die Körner in ihr nicht zerstossen, sondern zerrieben wurden. Die Handmühlen waren aber ebenso *versatiles* (Plin. *n. h.* 36, 135) wie die Rossmühlen. (Die gewöhnlichen pompeianischen Mühlen (und die gleichartigen sonst vielfach gefundenen) konnten allenfalls von Menschen gedreht werden. Dass man jedoch in der Regel Thiere anspannte, geht daraus hervor, dass der Boden um dieselben gepflastert ist. Man hat aber ausserdem in Pompeii kleine, leicht drehbare offenbare Handmühlen gefunden, welche wesentlich dieselbe Construction haben; eine solche ist erwähnt bei Overbeck Pompeji [4] S. 393.)

5) *Dig.* 33, 7, 26 § 1.

6) Jahn a. a. O. S. 345.

7) Cato *de r. r.* 10, 4; 11, 4.

8) Ueber diese s. auch Mazois *Les Ruines de Pompéi.* Vol. II p. 57—59 pl. XVIII, XIX, und daraus Overbeck Pompeji [4] S. 387. Abbildungen solcher Mühlen s. bei Schneider *Script. rei rust.* Vol. I. tab. IX, n. 7 und bei Jahn Berichte der phil. hist. Cl. der k. Sächs. Gesellsch. der Wiss. 1861 Taf. 12, n. 6, 7.

9) *Dig.* 33, 7, 18 § 5: *Est autem meta inferior pars molae, catillus superior.* Jahn a. a. O. S. 341.

gegeneinander gekehrten hohlen Kegeln oder Trichtern, so dass er in der Figur Aehnlichkeit mit einem Stundenglase hat. An der Stelle, wo die beiden Trichter zusammenstossen, hat er eine eiserne Vorrichtung,[1] vermittelst welcher er einerseits auf der Axe ruht, andererseits um dieselbe drehbar ist, zugleich auch das in den oberen Trichter geschüttete Getreide allmählich durchlässt, welches, zwischen die *meta* und den unteren Trichter des Läufers fallend, von diesem zerrieben wird. An dem Läufer ist ein Hebel angebracht, durch welchen derselbe gedreht wird, und dieser ist verschieden bei Rossmühlen und bei Handmühlen. Bei den ersteren ist es ein Hebelarm, an welchem die Pferde oder Esel, denen die Augen verbunden werden,[2] ziehen, die letzteren haben zwei Hebelarme, an welchen zwei Sclaven schieben (*trudunt*), weshalb Handmühlen im Gegensatz zu den *asinariae trusatiles* genannt werden.[3] Wassermühlen[4] (*molae aquariae, hydraletae*) haben, obwohl schon Mithridates eine besass[5] und von da an ihrer öfters Erwähnung geschieht,[6] doch in Rom selbst erst im vierten und fünften Jahrhundert n. Chr. wirklichen Eingang gefunden. Das Wasser gaben die öffentlichen Aquaeducte;[7] die Mühlen der Pistrina lagen am Fuss des Janiculum[8] und wurden von der aus der Nähe des Lacus

---

1) Diese ist in Pompeii von Mazois noch theilweise erhalten vorgefunden worden.

2) Lucian. *Asin.* 42. Apuleius *Met.* 9, 11. Jahn a. a. O. Taf. XII n. 2. (In Pompeii sind auch die von Eseln oder Pferden gedrehten Mühlen für zwei Hebelarme eingerichtet.)

3) So erklärt richtig Blümner Technologie I S. 32. S. Cato *de r. r.* 10, 4: *molas asinarias unas, trusatiles unas.* c. 11, 4: *molas asinarias unas, trusatiles unas.* Gellius 3, 3, 14 von Plautus: *cum — ad circumagendas molas, quae trusatiles appellantur, operam pistori locasset.*

4) S. über diese Beckmann Beitr. z. Gesch. d. Erfind. II S. 12 ff.

5) Strabo 12, p. 556.

6) Vitruv. 10, 10 (5) beschreibt sie. Vgl. Antipater Thess. in *Anth. Gr.* ed. Jacobs II p. 105 n. 39. Palladius *de r. r.* 1, 42: *Si aquae copia est, fusuras balnearum debent pistrina suscipere, ut ibi formatis aquariis molis sine animalium vel hominum labore frumenta frangantur.* Ausonius *Mos.* 361 sagt von dem Erubris, der Ruwer, einem Nebenflüsschen der Mosel:

ille
Praecipiti torquens cerealia saxa rotatu.

Auch Plinius scheint sie zu erwähnen *n. h.* 18, 97: *maior pars Italiae nudo utitur pilo, rotis etiam quas aqua verset obiter et molat,* wofür Jan liest: *verset obiter et mola.* Ich bin dafür, *verset obiter* zu verbinden und von einer oberschlächtigen Mühle zu verstehen.

7) S. *Cod. Th.* 14, 15, 4 und das Schreiben des Theodorich an den römischen Senat bei Cassiodor. *var.* 3, 31.

8) Prudent. *c. Symm.* 2, 950:

aut quae Janiculi mola muta quiescit?

Sabatinus auf die Höhe des Janiculum geleiteten und von da herunterkommenden Wasserleitung gespeist.[1]) Bei der Belagerung Roms durch die Gothen im J. 536 ward endlich Belisar der Erfinder der Schiffmühlen, welche, auf Kähnen in dem Tiber selbst angebracht, vom Flusse getrieben wurden und seitdem in Gebrauch blieben.[2]) Durch die Einführung der Wassermühlen, die nicht in den Bäckereien selbst angelegt werden konnten, trennte sich nunmehr auch das Gewerk der Müller von dem der Bäcker, und man wird unter den in dieser Zeit vorkommenden Müllern (*molitores*,[3]) *molendinarii*) Wassermüller zu verstehen haben.[4]) **Müller.**

Auf das Mahlen folgt das Sieben des Mehles, das Bearbeiten des Teiges, das zuweilen durch eine von Menschen oder Eseln gedrehte Maschine geschieht,[5]) endlich das Backen im Ofen, dessen Einrichtung aus zahlreichen pompeianischen Bäckereien ersichtlich ist.[6])

Getreidehändler. Je weniger in den letzten Jahrhunderten der Republik die italische Weizenproduction dem Bedarf der Stadt genügte, um so mehr entwickelte sich der überseeische Getreidehandel. Die Grosshändler der Republik (*negotiatores*) sind entweder Banquiers oder Kornhändler;[7]) die letzteren kaufen in den Provinzen auf Speculation,[8]) übernehmen die Lieferungen für die Heere[9]) oder

---

1) Procop. *b. Goth.* 1, 19. S. Becker Topographie S. 706.

2) Procop. l. l. 96. 97 Bonn., wo es zuletzt heisst: καὶ τὸ λοιπὸν Ῥωμαῖοι τούτοις μὲν τοῖς μύλωσιν ἐχρῶντο.

3) *Dig.* 33, 7, 12 § 5: *molitores, si ad usum rusticum comparati sunt.*

4) Auf die *molendinarii* vom Janiculum bezieht sich die Verordnung des Praefectus Urbi Dynamius (*C. I. L.* VI, 1711), dessen Consulat von Borghesi in das Jahr 488, und dessen Präfectur von Corsini in das Jahr 490 gesetzt wird: *Claudius Julius Ecclesius Dynamius v. c. et inl. urbi praef.* d(*icit*): *Amore patriae conpulsi ne quid diligentiae deesse videatur, studio nostro adici novimus, ut omnium molendinariorum fraudes amputentur, — — et ideo stateras fieri praecepimus, quas in Janiculo constitui nostra praecepit auctoritas. — — Accipere autem — molendinarios tam in Janiculo quam per diversa praecipimus per modium unum nummos III.*

5) Jahn a. a. O. S. 347. Blümner Technologie I S. 62f. Overbeck Pompeji⁴ S. 389 f.

6) Mazois a. a. O. Overbeck Pompeji⁴ S. 388.

7) Ernesti *De negotiatoribus Romanis* in dessen *Opusc. philologica critica* p. 1 ff.

8) So erzählt Cic. *pr. Flacco* 37, 91, dass Falcidius die Ernte von Tralles für 90,000 HS. kaufte.

9) Caes. *b. G.* 7, 3: *Carnutes — Genabum dato signo concurrunt, civesque Romanos, qui negotiandi causa ibi constiterant, in his C. Fufium Citam, honestum equitem Romanum, qui rei frumentariae iussu Caesaris praeerat, interficiunt.* Hirtius *b. Afr.* 36: *Legati interim ex oppido Tisdrae, in quo tritici modium*

verkaufen in Rom, wo neben den an den Staat kommenden Abgaben der Provinzen noch immer eine bedeutende Einfuhr nöthig war.[1] Wir erfahren, dass Augustus bei seinen Largitionen besondere Rücksicht darauf nahm, dass das Geschäft der *negotiatores* nicht litt,[2] dass Claudius, wie es scheint, durch Einsetzung eines *collegium negotiatorum frumentariorum*, dem er besondere Vortheile eröffnete und für die Haverien Ersatz zu leisten versprach, den Getreidehandel in Rom zu heben suchte,[3] dass endlich auch Alexander Severus Getreidehändler durch Bewilligung von Immunitäten zur Ansiedelung in Rom zu veranlassen bemüht war,[4] so dass die damals in Rom bereits vorhandenen *collegia* der Kornhändler[5] dem Bedarf nicht genügt zu haben scheinen.

2. Gartengewächse. Neben dem Weizen und der Hirse (*milium*), die man mit Schweineschmalz, Oel[6] oder Milch[7] genoss, auch wohl zu Brot und Kuchen verbackte,[8] sind die Hauptnahrungsmittel für das Volk die Gartengewächse,[9] über welche uns eine so reiche Litteratur vorliegt,[10] dass schon daraus auf die Wichtigkeit zu schliessen ist, die man diesen Vic-

---

millia CCC comportata fuerant a negotiatoribus Italicis aratoribusque, ad Caesarem venere. 1) S. Staatsverwaltung II² S. 126.

2) Suet. *Aug.* 42: *Atque ita posthac rem temperavit, ut non minorem aratorum ac negotiantium, quam populi rationem deduceret.*

3) Gaius 1, 32ᶜ nach Studemund's Lesung: *Item edicto Claudii Latini ius Quiritium consecuntur, si navem marinam aedificaverint, quae non minus quam decem milia modiorum frumenti capiat, eaque navis vel quae in eius locum substituta sit, sex annis frumentum Romam portaverit.* Suet. *Claud.* 18: *nihil non excogitavit ad invehendos etiam tempore hiberno commeatus. Nam negotiatoribus certa lucra proposuit, suscepto in se damno, si cui quid per tempestates accidisset.* Diese Einrichtung liess sich nur bei einem Collegium von bestimmter Zahl treffen, und *negotiatores frumentarii* als eine Körperschaft erwähnt auch die römische Inschrift aus Titus' Zeit *C. I. L.* VI, 814.

4) Lamprid. *Al. Sev.* 22, 1.

5) *Dig.* 50, 5, 9 § 1: *Paulus respondit, privilegium frumentariis negotiatoribus concessum etiam ad honores excusandos pertinere.* Callistratus (um 211). *Dig.* 50, 6, 6 (5) § 3: *Negotiatores, qui annonam urbis adiuvant, item navicularii, qui annonae urbis serviunt, immunitatem a muneribus publicis consequuntur.* Später kommen specielle Collegia dieser Art vor, wie die *mercatores frumentarii et olearii Afrarii* Orelli 3331 = *C. I. L.* VI, 1620; einzelne Getreidehändler in Rom und in den Provinzen erwähnen mehrmals die Inschriften, so in Rom *C. I. L.* VI, 9668, in Lugdunum Henzen 7256. Boissieu p. 197; in Deutschland Brambach *C. I. Rh.* 71. 6) Galen. VI p. 523.

7) Colum. 2, 9, 19. Galen. VI p. 524. 8) Ovid. *fast.* 4, 743.

9) Plin. *n. h.* 19, 52: *ex horto plebei macellum.*

10) Ausser den *Scriptores rei rusticae* handeln davon ausführlich Dioscorides *de mat. med.* II c. 126 bis Ende des Buches, Plinius *n. h.* 19, 52—189. Galen. *de alimentorum facultatibus* 1, 16—2, 6. Vol. VI p. 524—568. Oribasius 1, 17 ff.

tualien beilegte. Die Hülsenfrüchte (*legumina*, ὄσπρια),[1]) d. h. nach Galen's Definition die Cerealien, die nicht zu Brot verbacken werden,[2]) wie Linsen (*lens*), Bohnen (*faba*), Erbsen (*pisum*), Kichern (*cicer*), Lupinen (θερμός), Schminkbohnen und Mohn, der bei der *secunda mensa* mit Honig genossen wurde und ausserdem dazu diente, auf die Kruste der Brote gestreut denselben einen gewürzigen Geschmack zu geben;[3]) die verschiedenen Arten Gemüse, wie Zwiebeln (*cepa*), Meerzwiebeln (*scilla*), Knoblauch (*allium*) und Lauch (*porrum*); Eppich (*apium*), Spargel (*asparagus*), Artischocken (*carduus*), Cichorien (*intybum*) und Alant (*inula*); Kohl (*brassica*), Rüben und Rettige (*napus, siser, raphanus, pastinaca, beta*); Gurken (*cucumis*), Melonen (*melo*) und Kürbisse (*cucurbita*);[4]) die Salate und Blattpflanzen, Lattich (*lactuca*), Kresse (*lepidium*), Malven (*malva*), Ampfer (*lapathum*), Raute (*ruta*) und viele andere; die Gewürzpflanzen: Senf (*sinapi*), Anis (*anesum*), Fenchel (*foeniculum*), Coriander (*coriandrum*), Kümmel (*cuminum*), Schwarzkümmel (*git*), Dill (*anethum*), lieferten theils dem Arbeiterstande seine schwer verdauliche Nahrung, theils der Küche der Reichen das Material der *promulsis*,[5]) theils die Würzen zu den übrigen Speisen. Zu der ordinärsten Kost der alten Zeit gehören die Bohnen[6]) und Zwiebeln, von welchen die Fabii[7]) und Caepiones ihren Namen haben. Die Bohnen, eine schwere Nahrung,[8]) soll schon Pythagoras seinen Schülern verboten haben;[9]) sie waren hernach auch in Rom nur ein Gericht für Gladiatoren,[10]) Schmiede[11]) und Bauern:[12]) nach Zwiebeln und Knoblauch zu riechen war das Zeichen eines Römers der alten guten Zeit;[13]) Linsen erhielten

---

1) Ueber den Begriff von *legumen* s. Röper im *Philologus* IX p. 239 ff.

2) Galen. VI p. 524. Dagegen Plin. *n. h.* 18, 165: *legumina, quae velluntur e terra, non subsecantur, unde et legumina appellata, quia ita leguntur.* An einer andern Stelle 18 § 53 definirt er sie als Hülsenfrüchte (*quorum fructus*) *includitur siliquis.*

3) Galen. VI p. 548. Plin. *n. h.* 19, 168.

4) Hehn p. 267 ff.

5) S. oben S. 314 ff.

6) Helbig Die Italiker in der Poebene S. 70.

7) Vgl. Pfund *De antiquissima apud Italos fabae cultura ac religione.* Berolini 1845. 8.

8) Dioscor. *d. m. m.* 2, 127.

9) Gellius 4, 11. Plin. *n. h.* 18, 117—119.

10) Galen. VI p. 529.

11) Mart. 10, 48, 16.

12) Hor. *sat.* 2, 6, 63.

13) Varro bei Nonius p. 201, 5 (XI, 6 Oehler = p. 169 Bücheler): *Avi et atavi nostri cum alium ac cepe eorum verba olerent, tamen optume animati erant.* Später änderte sich der Geschmack; schon Naevius (v. 19 Ribbeck) sagt bei Priscian 6, 2 p. 681:

die Soldaten im Felde;[1]) Kohl erklärte noch Cato für das beste Gemüse.[2]) Aber die feineren Gemüse, die Salate und die Gewürzkräuter blieben immer ein Gegenstand der Liebhaberei der Feinschmecker und der Sorgfalt der Gärtner. Grosse Spargel kamen nach Rom aus Ravenna,[3]) Artischocken aus Carthago in Africa und Corduba,[4]) Linsen aus Aegypten,[5]) die Zuckerwurzel (*siser*) aus Gelduba am Rhein;[6]) fremde Küchenkräuter wurden aus Griechenland und Kleinasien eingeführt, und die orientalischen Gewürze bildeten einen bedeutenden Importartikel.[7])

Obstcultur. Eine ganz besondere Förderung verdankte aber den Römern der späteren Republik und der ersten Kaiserzeit die Obstcultur nicht nur Italiens, sondern auch der Provinzen. Italien war schon zu Varro's Zeit ein Obstgarten;[8]) Aepfel, Birnen, Pflaumen, Quitten, Mispeln, Kastanien, Nüsse, Oliven und Weintrauben gehörten zur gewöhnlichen Mahlzeit; nun aber begann man die einheimischen Gattungen zu veredeln, die besten italienischen und ausländischen in der Umgegend Roms einheimisch zu machen, Herbstfrüchte im Frühjahr zur Reife zu bringen,[9]) und setzte einen Ruhm darein, in neuen Obstsorten seinen Namen zu verewigen. In Rom ass man Birnen aus Picenum, Signia, Tarent, Griechenland, Numidien und Alexandria, es gab *pira Dolabelliana*, *Pomponiana*, *Seviana*,[10]) Aepfel aus Verona,

---

Ut illum di perdant, qui primam holitor protulit
Caepam!

und Horat. hat die 3te Epode ganz dem Ausdruck seines Abscheus gegen *allium* gewidmet.

1) Plut. *Crass.* 19. Doch ass man sie auch sonst. Plin. *n. h.* 19, 133.

2) Cato *de r. r.* 156, 1. Auch später wurde er viel gebaut. Plin. *n. h.* 19, 140. Columella 10, 130 ff.

3) Plin. *n. h.* 19, 54.

4) Plin. *n. h.* 19, 152.

5) Plin. *n. h.* 16, 201. Mart. 13, 9.

6) Plin. *n. h.* 19, 90.

7) Ueber beide s. oben S. 328.

8) Varro *de r. r.* 1, 2, 6: *Non arboribus consita Italia est, ut tota pomarium videatur?* Lucret. 5, 1366:

Inde aliam atque aliam culturam dulcis agelli
temptabant, fructusque feros mansuescere terram
cernebant indulgendo blandeque colendo.
Inque dies magis in montem succedere silvas
cogebant infraque locum concedere cultis, — —
ut nunc esse vides vario distincta lepore
omnia, quae pomis intersita dulcibus ornant
arbutisque tenent felicibus opsita circum.

9) Dies erwähnt von den Feigen Plin. *n. h.* 15, 73.

10) Plin. *n. h.* 15, 53—56. Colum. 5, 10, 18. Der Dichter des *moretum* (Macrob. *sat.* 3, 18, 11) scheint nicht *Suevius* zu heissen, sondern *Sueius* (L. Müller *ad Lucil.* p. 311. Rhein. Mus. XXIV (1869) S. 553). Hiessen auch die Birnen vielleicht *Sueiana?*

Africa und Syrien, *mala Scaudiana*,[1]) *Sceptiana*; die *mala Matiana* oder *Mattiana*,[2]) die Athenäus für die edelsten erklärt,[3]) hatten ihren Namen von dem Ritter C. Matius, einem Zeitgenossen des Augustus,[4]) die *Appiana* von einem Appius Claudius.[5]) Jede neue Eroberung von Provinzen wurde auch eine Bereicherung des römischen Gartens; die Wallnuss (*iuglans*), die persische[6]) oder pontische oder königliche Nuss (Haselnuss),[7]) die in Campanien und Latium als *nux Avellana* und *Praenestina* vorkommende Lambertsnuss,[8]) die Mandel (*nux Graeca*, *nux Thasia*, *amygdale*),[9]) die zu Cato's Zeit noch nicht in Italien einheimisch gewesen zu sein scheint,[10]) die Pfirsich (*malum Persicum*),[11]) die Apricose (*malum Armeniacum* oder *praecox*),[12]) der Granatapfel (*malum Punicum* oder *granatum*),[13]) der griechische Feigenbaum,[14]) die Kirsche, welche Lucull aus dem mithridatischen Kriege von Cerasus im Pontus mitbrachte,[15]) die Pistaziennuss,

---

1) Plin. *n. h.* 15, 49. Bei Colum. 5, 10, 19 haben die Hdschr. *gaudiana* statt *Scaudiana*. Der Name *Scaudius* kommt vor Mur. p. 1741, 17.

2) Sueton. *Domit.* 21. Colum. 5, 10, 19. 12, 47, 5. Macr. *sat.* 3, 19, 2.

3) Athen. 3 p. 82c: ἐγὼ δὲ — πάντων μάλιστα τεθαύμακα τὰ κατὰ τὴν Ῥώμην πιπρασκόμενα μῆλα τὰ ματτιανὰ καλούμενα, ὅπερ κομίζεσθαι λέγεται ἀπό τινος κώμης ἱδρυμένης ἐπὶ τῶν πρὸς Ἀκυληίᾳ Ἄλπεων. Drei Epigramme auf die *mala Matiana* s. bei Baehrens *P. L. M.* IV p. 303 = Riese I n. 133—135. Im *Ed. Diocl.* VI, 65 heissen sie *mala Mattiana sive Saligniana*, welchen letzteren Namen sie von einem *Fundus Salignianus* haben werden.

4) Plin. *n. h.* 12, 13. 15, 49. Colum. 12, 46, 1. 5) Plin. *n. h.* 15, 49.

6) S. Böckh *C. I. Gr.* n. 123, 18. Dioscor. *de m. m.* 1, 178: Κάρυα βασιλικά, ἃ ἔνιοι περσικὰ καλοῦσι. Plin. *n. h.* 15, 87.

7) Κάρυον Ποντικόν, *Geop.* 10, 73 u. ö. Hehn S. 339.

8) Cato *de r. r.* 8, 2. Colum. 5, 10, 14. Macrob. *sat.* 3, 18, 5. *Ed. Diocl.* VI, 53. In Campanien erwähnt Plin. *n. h.* 3, 63 *Abellinum* und *Abellani*, die Nüsse sind nach ihm eigentlich *Abellinae* 15, 88. Servius *ad Verg. Ge.* 2, 65. Ueber die Gattung siehe Hehn S. 341 f.

9) Diosc. *de m. m.* 1, 176. Macrob. *sat.* 3, 18, 8. Col. 5, 10, 12. Pallad. 2, 15, 6. 10) Plin. *n. h.* 15, 90. (Vgl. jedoch Hehn S. 341 f.)

11) Dioscor. *de m. m.* 1, 164. Galen. VI p. 592. Isidor. *or.* 17, 7, 7. Unter der *nux mollusca*, die Plautus bei Macrob. *sat.* 3, 18, 9 erwähnt, und von der Macrobius sagt: *Est autem Persicum quod vulgo vocatur*, ist nach Hehn S. 342 die Kastanie, nicht die Pfirsich zu verstehen.

12) Diosc. *de m. m.* 1, 165: Τὰ δὲ μικρότερα, καλούμενα δὲ ἀρμενιακά, ῥωμαϊστὶ δὲ πραικόκια. Der Baum war erst kurz vor Plinius nach Italien gelangt. Plin. *n. h.* 15, 40. Im späteren Griechisch heissen die Früchte βερίκοκκα (*Geop.* 10, 73), italienisch *albercocco*, auch *baracocca* (Sprengel zu Diosc. l. l.), spanisch *albaricoque*, französisch *abricot*. Vgl. Hehn S. 369.

13) Plin. *n. h.* 13, 112. Columella 12, 42, 1.

14) Der wilde Feigenbaum ist in Italien einheimisch; von dem griechischen sagt Plin. *n. h.* 15, 69: *ad nos ex aliis transiere gentibus, Chalcide, Chio.* Auch aus Lydien, Africa, Alexandria, Rhodus. § 70. Vgl. Hehn S. 83 ff.

15) Plin. *n. h.* 15, 102. Athen. 2 p. 51a. Tertull. *apol.* 11 p. 82 extr. Oehler. Isidor. *or.* 17, 7, 16. Dass ihre Cultur auch mit grosser Liebhaberei betrieben wurde, lehren die Namen *cerasa Aproniana*, *Lutatia*, *Juniana*, *Pliniana*.

welche in den letzten Jahren des Tiberius nach Rom kam,[1]) endlich der Citronenbaum,[2]) der in Griechenland seit Alexander dem Gr. bekannt ist, sind nach und nach in Italien eingeführt und von da aus weiter verbreitet worden, wie z. B. die Pistaziennuss nach Spanien,[3]) die Kirsche bis nach Britannien.[4]) Ausserdem kam nach Rom getrocknetes und eingemachtes oder sonst besonders zu Speisen zubereitetes Obst aus allen Gegenden, wie die damascenischen Pflaumen,[5]) die carischen Feigen, gepresste und getrocknete,[6]) die Datteln (*caryotae*),[7]) die man als Xenien verschenkte[8]) und als Missilia vertheilte,[9]) die trockenen und eingelegten (*ollares*)[10]) Weintrauben und die Quittenpasteten aus Spanien.[11])

3. Fleisch. Indessen verlor sich bei aller Liebhaberei für feine Gemüse und Obstarten doch der Geschmack an ordinären

---

1) Plin. *n. h.* 15, 91 vgl. § 83.

2) Der Citronenbaum, welcher in Persis und Media zu Hause ist, zuerst von Theophrast. *hist. plant.* 4, 4, 2 beschrieben wird, und dem Plinius *n. h.* 12, 15 f. nur aus Theophrast bekannt ist, wurde in Italien erst im vierten oder fünften Jahrhundert nach Christo als Treibhauspflanze gezogen. S. Florentinus in *Geoponica* 10, 7. Palladius 4, 10, 11 ff. und die drei Epigramme *de citro* in Baehrens *P. L. M.* IV p. 311 = Riese I n. 169. Er hat spitze Stacheln und eine ungeniessbare Frucht und wird von Hehn S. 386 als Citronat-Citronenbaum, *citrus medica cedra* bestimmt. In Rom verstand man unter *citrus* das seit alter Zeit aus Africa eingeführte Holz des Lebensbaumes, *Thuja articulata*, aus dessen Masern kostbare Tischplatten gefertigt wurden (s. unten den Abschnitt Arbeit in Holz), aber man nannte auch den medischen Apfel κίτριον. Dioscorides 1, 166: τὰ δὲ μηδικὰ λεγόμενα ἢ περσικὰ ἢ κεδρόμηλα, ῥωμαϊστὶ δὲ κίτρια. Servius *ad Verg. Ge.* 2, 126: *apud Medos nascitur quaedam arbor ferens mala, quae medica vocantur, quam per periphrasin ostendit, eius supprimens nomen. Hanc plerique citrum volunt, quod negat Apuleius in libris quos de arboribus scripsit et docet longe aliud esse genus arboris.* Galen VI p. 617 spottet über diese unverständliche Bezeichnung: Καὶ τοῦτο (τὸ κίτριον) τὸ Μηδικὸν ὀνομάζουσι μῆλον οἱ μηδένα νοεῖν ἃ φθέγγονται προῃρημένοι. Die Frucht, welche wir Citrone nennen, und welche in Italien Limone heisst, ist durch die Kreuzfahrer nach Italien gebracht worden (Hehn S. 388). Die Pomeranze (Orange), arabisch *nâranǵ*, im byzantinischen Griechisch νεράντζιον (Scholia *in Nicandri Alexipharmaca* 533), durch die Araber (Hehn S. 388); die süsse Orange oder Apfelsine (*citrus aurantium dulce*) endlich haben die Portugiesen angeblich im Jahre 1548 aus dem südlichen China in Europa eingeführt Hehn S. 389.

3) Plin. *n. h.* 15, 91. 4) Plin. *n. h.* 15, 102.

5) Diosc. *de m. m.* 1, 174. Mart. 13, 29. Stat. *silv.* 1, 6, 14. *Ed. Diocl.* VI, 86. 87. 6) *Ed. Diocl.* VI, 84. 85.

7) Im *Ed. Diocl.* VI, 81. 82 heissen sie *dactuli nicolai.*

8) Mart. 13, 27.

9) Mart. 11, 31, 10. Stat. *silv.* 1, 6, 20.

10) Mart. 7, 20, 9.

11) Galen. VI p. 603: ἐν Ἰβηρίᾳ δὲ τὸν καλούμενον μηλοπλακοῦντα συντιθέασιν, ἔδεσμα μόνιμον οὕτως, ὡς εἰς Ῥώμην κομίζεσθαι μεστὰς αὐτοῦ λοπάδας καινάς.

vegetabilischen Speisen immer mehr, und was der Koch bei Plautus scherzhaft ausführt: 1)

Nicht koch' ich Mittag wie die andern Köche, die
Gesottne Wiesen in Schüsseln bringen auf den Tisch
Und aus den Gästen Ochsen machen, sie mit Kraut
Vollstopfen und als Zuthat wieder nehmen Kraut,
Coriander, Fenchel, schwarze Raut' anthun und Lauch,
Und dazu Ampfer, Blattkohl, Mangold, Amaranth — —
Drum leben auch die Leute nur so kurze Zeit,
Weil sie mit Kraut den Magen sich vollstopfen, das
Zu nennen scheusslich, scheusslicher zu essen ist.

Kraut, das ein Vieh nicht fressen mag, isst jetzt ein Mensch! das ist im Ganzen Princip der späteren römischen Küche geworden, in welcher statt der vegetabilischen Kost Fleisch und Fisch immer mehr zur Geltung gelangten. 2) Das Rind, den **Hausthiere.** Genossen der menschlichen Arbeit, zu schlachten, hat man am längsten Bedenken getragen; es wird oft der frommen alten Zeit gedacht, in welcher es für sündlich galt 3) und auch in Rom als ein Verbrechen bestraft wurde, den Pflugstier zu tödten, 4) aber schliesslich wurde Rindfleisch ebenso wie Ziegen-, Lamm-, Hammel- und Schweinefleisch ein unentbehrliches Nahrungsmittel des Volkes. 5) Viel früher und verbreiteter war der Genuss des Schweinefleisches; jeder Landmann zog seine Schweine, 6) die ihm den Braten zum Feste lieferten. 7) Die feine Kochkunst erfand an fünfzig verschiedene Zubereitungsarten der einzelnen Stücke, die als besondere Leckerbissen galten, 8) und die grausamste Thierquälerei beim Mästen und Schlachten, 9) um dem Fleisch einen eigenthümlichen Geschmack

1) Plaut. *Pseud.* 810—825.

2) Juven. 11, 78:
Curius parvo quae legerat horto,
ipse focis brevibus ponebat holuscula, quae nunc
squalidus in magna fastidit compede fossor,
qui meminit, calidae sapiat quid vulva popinae.

3) Verg. *Ge.* 2, 537 und dazu Servius. Ovid. *fast.* 1, 362. 4, 413. Cic. *de d. n.* 2, 63, 159. Varro *de r. r.* 2, 5, 4. Colum. 6, pr. 7. Porphyrius *de abst.* 2, 31. (Dies ist eine sentimentale Auffassung späterer Zeiten; man ass schon in den Pfahldörfern Rindfleisch. Helbig Die Italiker in der Poebene S. 14.)

4) Plin. *n. h.* 8, 180. Vgl. Suet. *Domit.* 9.

5) Lamprid. *Al. Sev.* 22, 7.

6) Varro *de r. r.* 2, 4, 3. Cic. *de sen.* 16, 56.

7) Ovid. *fast.* 6, 179. Juven. 11, 83.

8) S. oben S. 329. Plut. *Reg. et imp. apophth.*, *T. Quinctius* 4, p. 238 D.

9) Plutarch *de esu carn.* 1, 4, p. 1219 Dübner.

zu geben; zur gewöhnlichen Nahrung gehörte namentlich die Bärmutter (*vulva*), das Euter (*sumen*), die Leber (*ficatum*), Pökelfleisch (*laridum*), Schinken (*perna*) [1]) und die oberen Vorderfüsse (*petasones*), [2]) verschiedene Arten von Bratwürsten (*farcimina, circelli, botelli, isicia,* [3]) *tomacula*) [4]) und geräucherte Wurst (*Lucanica*). [5]) Den Bedarf schaffte bei weitem nicht die Umgegend Roms; er wurde zum Theil aus fernen Gegenden bezogen, namentlich gepökeltes und geräuchertes Fleisch aus Gallia Cisalpina, [6]) aus den Pyrenäen (*pernae Cerretanae*), [7]) aus Cantabrien, [8]) von den Sequani [9]) (westlich vom Jura) und aus Belgica, von woher die menapischen Schinken kamen. [10]) Seit Aurelian [11]) wurde der römischen ärmeren Bevölkerung ausser dem Brot auch Schweinefleisch auf dem Wege der Largition geliefert und für diesen Theil der Annona ein eigenes Lieferungssystem organisirt. [12]) Was man an Wild für die Tafel brauchte, lieferten nicht nur die Jäger, sondern auch die Thiergärten (*vivaria*), die schon am Ende der Republik auf allen Villen vorhanden waren, namentlich Eber, [13]) die man ganz auf den Tisch brachte, [14]) Hasen, die Martial für das beste Wild hält, [15]) Hirsche, die indessen Galen für eine schlechte Nahrung erklärt, [16]) Rehe [17]) und Haselmäuse (*glires*), [18]) auch wohl wilde Esel (*onagri*). [19]) Mit

Wild.

1) *Ed. Diocl.* IV, 4—9. 2) S. Schneider *ad Cat. de r. r.* 162.

3) Die Recepte dazu bei Apicius 2, 3. 4. 5. Blutwurst (*botuli cruore distenti*) war den Christen verboten. Tertull. *apol.* 9, p. 78 Oehler. Savaro *ad Sidon. Apoll. ep.* 8, 11, p. 533. 4) Juv. 10, 355. Mart. 1, 41, 9.

5) Mart. 4, 46, 8. 13, 35. Apicius 2, 4. *Ed. Diocl.* IV, 15. 16.

6) Polyb. 2, 15, 3. Varro *de r. r.* 2, 4, 10. Strabo 5 p. 218. Isidor. *or.* 20, 2, 24: *Taxea lardum est Gallice dictum. Unde Afranius in Prosa* (284 Ribbeck):

Gallum sagatum, pingui pastum taxea.

7) Strabo 3 p. 162. *Ed. Diocl.* IV, 8. 8) Strabo 3 p. 162.

9) Strabo 4 p. 192.

10) Strabo 4 p. 197. Mart. 13, 54. *Ed. Diocl.* IV, 8.

11) Vopisc. *Aurel.* 35: *Nam idem Aurelianus et porcinam carnem p. R. distribuit, quae hodieque dividitur.* Aurel. Victor *de Caes.* 35, 7. *Epit.* 35, 6.

12) *Cod. Th.* 14, 4 *De suariis* und dazu Gothofr.

13) Varro *de r. r.* 3, 13.

14) Plin. *n. h.* 8, 210. Juv. 1, 140. Bei Horaz wird besonders der umbrische (*sat.* 2, 4, 40) und lucanische (*sat.* 2, 8, 6) Eber gelobt. Doch trug man natürlich auch einzelne Stücke auf, das *sinciput aprugnum* (Schweinskopf), *lumbi aprugni* (Macrob. *sat.* 3, 13, 12), *callum aprugnum,* Cato bei Plin. *n. h.* 8, 210. 15) Mart. 13, 92.

16) Galen. VI p. 664. 17) *capreae* Hor. *sat.* 2, 4, 43.

18) Varro *de r. r.* 3, 15. Ueber diese s. Winckelmann Werke II S. 87. Oribasius 1 p. 182 und dazu Daremberg p. 606.

19) Plin. *n. h.* 8, 170. Junge zahme Esel brachte Maecenas auf den Tisch. Plin. a. a. O. Alte Esel schlachtete man auf dem Lande. Galen. VI p. 664.

gleichem Eifer betrieb man nicht nur für den Zweck der eigenen Küche, sondern auch als ein vorzüglich einträgliches Geschäft auf den Villen die Zucht des Federviehs, das man in grossen Aviarien oder Ornithones hielt.[1] Alle die Liebhabereien, die in späteren Zeiten wiederkehren, an kostbaren und seltenen Tauben,[2] gemästeten Capaunen und Poularden[3] und grossen Gänselebern,[4] waren schon in den letzten Jahrhunderten der Republik aufgekommen, wie die *lex Fannia sumptuaria* des J. 161 v. Chr. beweist, welche gegen das Mästen des Geflügels eine Bestimmung enthielt;[5] in der Folge beschränkte sich diese Zucht nicht auf das zahme, einheimische Federvieh, sondern Waldvögel und Geflügel aus den fernsten Gegenden suchte man zu zähmen und in den Vogelhäusern zu füttern. So unermüdlich die Römer in diesen Versuchen waren, gelang es immer noch nicht, den ganzen Apparat der in Mode kommenden Seltenheiten in den Aviarien zu concentriren; das Schneehuhn (*lagopus*),[6] die Schnepfe (*scolopax*),[7] und das als Hauptdelicatesse geltende Haselhuhn (*attagen Ionicus*)[8] blieben Jagdthiere und darum von besonderem Werthe, aber Krammetsvögel (*turdi*) fütterte man seit Lucullus' Vorgange[9] mit grossem Vortheil,[10] ebenso Feldhühner (*perdices*),[11] Ortolane (*miliariae*),[12] Feigendrosseln (*ficedulae*)[13] und Wachteln (*coturnices*),[14] welche letztere zu Plinius' Zeit wieder ausser Mode kamen;[15] von ausländischen Vögeln aber namentlich Pfauen,[16] die gemästet und gegessen Federvieh.

---

1) Varro *de r. r.* 2, *pr.* 2. 5. 3, 3, 1. 7. 3, 4. 3, 5. Colum. 8, 1, 3. 8, 3. Plin. *n. h.* 10, 141.

2) Varro *de r. r.* 3, 7. Plin. *n. h.* 10, 110. Colum. 8, 8.

3) Mart. 13, 62. 63. Varro *de r. r.* 3, 9.

4) Hor. *sat.* 2, 8, 88. Plin. *n. h.* 10, 52. Pallad. 1, 30, 4. Mart. 13, 58. Juv. 5, 114. Galen. VI p. 704 Kühn. *Iudicium coci et pistoris* (in Wernsd. *P. L. M.* II p. 229 = Riese I n. 199) v. 82.

5) Plin. *n. h.* 10, 139.

6) Plin. *n. h.* 10, 133.

7) Nemesian. *fr.* 2 *de aucup.* 21 (Wernsd. *P. L. M.* I p. 128 ff. = Baehrens *P. L. M.* III p. 203 f.).

8) Hor. *epod.* 2, 54. Mart. 2, 37, 3. 13, 61. Plin. *n. h.* 10, 133. *Ed. Diocl.* IV, 30.

9) Plutarch. *Pomp.* 2.

10) Varro *de r. r.* 3, 2, 15. Sie erwähnt Mart. 13, 51. *Ed. Diocl.* IV, 27.

11) Mart. 3, 58, 15. Vgl. 13, 65. 76. Plin. *n. h.* 10, 100.

12) Varro *de r. r.* 3, 5, 2.

13) Mart. 13, 49 u. ö.

14) Varro *de r. r.* 3, 5, 2.

15) Plin. *n. h.* 10, 69.

16) Der Pfau ist auch in Griechenland eingeführt (Aelian. *de n. anim.* 5, 21) und in Medien zu Hause. Clem. Alex. *Paed.* 2, 1, 3 p. 164 Pott. Hehn S. 303 ff.

wurden,[1]) Perlhühner (*Africae* oder *Numidicae aves*,[2]) auch *Meleagrides*),[3]) Fasanen (*phasiani* oder *tetraones*), die in Colchis zu Hause sind,[4]) Kraniche (*grues*)[5]) und Störche (*ciconiae*),[6]) endlich den Flamingo (*phoenicopterus*), dessen Zunge für einen Leckerbissen gehalten wurde.[7])

4. Wasserthiere.[8]) Erst verhältnissmässig spät sind die Thiere des Meeres und der Binnengewässer für die Nahrung benutzt worden. Denn die alten Römer[9]) sind, wie die homerischen Helden,[10]) mit dem Genuss der Fische fast unbekannt. Nachdem man ihn indessen kennen gelernt hatte, fand man, wie in Griechenland, so auch in Rom, entschiedenen Geschmack daran, so dass das Wort ὄψον oder *obsonium*, welches ursprünglich alles am Feuer Zubereitete im Gegensatze des Brotes umfasst, später ausschliesslich von Fischen zu verstehen ist.[11]) Die attische Comödie ist voll von Beweisen für die Liebhaberei an Fischen; in Rom bezahlte man schon zu des alten Cato Zeit Fische theurer als Rinder,[12]) und man scheute keine Kosten, um

Fische.

---

1) Beides erst seit Cicero's Zeit. Varro *de r. r.* 3, 6. Colum. 8, 11. Plin. *n. h.* 10, 45. Mart. 3, 58, 13. 13, 70. Hor. *sat.* 2, 2, 23. Juven. 1, 143. Petron. 55. Macrob. 3, 13, 1.

2) Colum. 8, 2, 2. 8, 12. Plin. *n. h.* 10, 132. *gallinae Africanae* bei Varro *de r. r.* 3, 9, 1. *Numidicae guttatae* bei Mart. 3, 58, 15. *Afrae volucres* bei Petron. 93. *Afra avis* bei Hor. *epod.* 2, 53. Hehn S. 313.

3) Varro 3, 9, 18. Plin. *n. h.* 10, 74.

4) Pallad. 1, 29. Mart. 3, 58, 16. 13, 72. Petron. 93 und sonst öfters. Im Handel unterschied man *fasianus pastus* und *agrestis: fasiana pasta* und *non pasta Ed. Diocl.* IV, 17—20. Hehn S. 318.

5) Varro 3, 2, 14; gegessen Hor. *sat.* 2, 8, 87. Apicius 6, 2. Plut. *de esu carn.* 1, 6 p. 1219 D.

6) Hor. *sat.* 2, 2, 49 und dazu Porphyr.

7) Plin. *n. h.* 10, 133. Mart. 13, 71. Suet. *Vitell.* 13.

8) P. Jovius *De Rom. piscibus* 1531. 8. und in Sallengre *Thes.* Vol. I p. 837.

9) Ovid. *fast.* 6, 173: *Piscis adhuc illi populo sine fraude natabat.* Varro *sat. Men.* 89, 2 Oehler = Bücheler p. 219: *Nec multinummus piscis ex salo captus Helops neque ostrea illa magna Baiana Quivit palatum suscitare.*

10) Athen. 1 p 9d.

11) Plut. *qu. conv.* 4, 4, 2, 4, p. 811 D. Athen. 7 p. 276e: πάντων τῶν προσοψημάτων ὄψων καλουμένων, ἐξενίκησεν ὁ ἰχθὺς διὰ τὴν ἐξαίρετον ἐδωδὴν μόνος οὕτως καλεῖσθαι διὰ τοὺς ἐπιμανῶς ἐσχηκότας πρὸς ταύτην τὴν ἐδωδήν. Nepos *Them.* 10. Ὀψοφάγος ist ein Gourmand in Fischen (Plut. a. a. O. 5), wie ihn das Epigr. Jac. *Anth. Gr.* II p. 55 n. VII = *A. P.* I p. 287 schildert: τὸν οὐ κρέας, ἀλλὰ θάλασσαν Τιμῶντα, ψαφαροῦ κλάσματος εἰς ἀπάταν, d. h. zur Versüssung des trockenen Brockens. Vgl. Xenocrates bei Oribasius I p. 124 Dar.: Πεποίηται μὲν ἡ νηχαλέα φύσις σιτίων ἄθυρμα ταῖς εὐτραπέζοις ἀπολαύσεσι.

12) Plut. *qu. conv.* 4, 4, 2, 9 p 811 D. Ein Fisch theurer als ein ἵππος κοππατίας Philostratus *V. Apoll.* 8, 7 (4), 16 p 334 Ol. Ein Topf marinirter pontischer Fische schon zu Cato's Zeit mit 300 Drachmen bezahlt. Athen. 6, 109 p. 275a.

ausländische Fische zu kaufen und diejenigen, welche eine Zucht gestatteten, in grossartig angelegten Fischteichen aufzuziehen. Die *piscinarii*,[1]) ἰχθυοτροφεῖς, beginnen in Rom mit L. Licinius *piscinarii.* Crassus, Censor 662 = 92; auf ihn folgen Lucullus, L. Philippus, Hortensius,[2]) und Lucull war der erste, welcher Teiche für Meerfische anlegte[3]) und diese Art von Luxusbauten in Anregung brachte, in welcher sich die Kaiserzeit bis zum Uebermasse gefiel.[4]) Zu den Fischen, welche besonders gesucht wurden, gehörte in älterer Zeit der *acipenser*[5]) (Stör),[6]) der

---

1) Cic. *ad Att.* 1, 20, 3; vgl. *Parad.* 5, 2.

2) Macrob. *sat.* 3, 15. Varro *de r. r.* 17, 5.

3) Plin. *n. h.* 9, 170: *Eadem aetate* (zur Zeit des *bellum Marsicum*) *prior Licinius Murena reliquorum piscium vivaria invenit, cuius deinde exemplum nobilitas secuta est Philippi, Hortensi. Lucullus exciso etiam monte iuxta Neapolim maiore impendio, quam villam exaedificaverat, euripum et maria admisit, qua de causa Magnus Pompeius Xerxem togatum eum appellabat.* Varro *de r. r.* 3, 17, 9: *Contra ad Neapolim L. Lucullus posteaquam perfodisset montem ac maritima flumina immisisset in piscinas, quae reciprocae fluerent, ipse Neptuno non cederet de piscatu.* Plut. *Lucull.* 39. Velleius 2, 33, 4. Valer. Max. 9, 1, 1. Aus den Fischteichen des Lucull wurden nach seinem Tode für 40,000 As Fische verkauft. Varro *de r. r.* 3, 2, 17. Plin. l. l. Anderes über die Fischteiche s. bei Wernsdorf *Poet. min.* Vol. I p. 145, und über ihre Einrichtung *Geopon.* 20, 1.

4) Colum. *de r. r.* 8, 16, 2: *Magni enim aestimabat vetus illa Romuli et Numae rustica progenies — nulla parte copiarum defici. Quamobrem non solum piscinas, quas ipsi construxerant, frequentabant, sed etiam, quos rerum natura lacus fecerat, convectis marinis seminibus replebant. Inde Velinus, inde etiam Sabatinus et item Vulsinensis et Ciminius lupos auratasque procreaverunt ac si qua sint alia piscium genera dulcis undae tolerantia. Mox istam curam sequens aetas abolevit et lautitiae locupletum maria ipsa Neptunumque clauserunt.* Tibull. 2, 3, 45: *Claudit et indomitum moles mare, lentus ut intra Negligat hibernas piscis adesse minas.* Horat. *od.* 2, 15, 1; 3, 1, 33. Sallust. *Cat.* 13, 1; 20, 11. Seneca *contr.* 2, 9, 13, p. 122 Burs.: *littoribus quoque moles invehuntur congestisque in alto terris exaggerant sinus, alii fossis inducunt mare.* Senec. *exc. contr.* 5, 5 p. 396 Burs.: *navigabilium piscinarum freta. — — Maria proiectis molibus submoventur.* Manil. 4, 263: *Littoribusque novis per luxum illudere ponto.* Petron. *sat.* 120 v. 87: *Aedificant auro sedesque ad sidera mittunt. Expelluntur aquae saxis, mare nascitur arvis.* Seneca *Thyest.* 459: *retro mare iacta fugamus mole.* Dass die Villen am Meere gewöhnlich mit Fischteichen versehen waren, zeigt des Statius Beschreibung der *Villa Surrentina Pollii Felicis* (*silv.* 2, 2, 29): *Stagna modesta iacent dominique imitantia mores.* Ueber die *piscinae* von Baiae s. Martial. 4, 30 und über die ins Meer hineingebauten *villae* Winckelmann Werke II S. 181 ff.

5) Plin. *n. h.* 9, 60: *apud antiquos piscium nobilissimus habitus acipenser. — nullo nunc in honore est. Quidam eum elopem vocant.* Vgl. 32, 153. Varro l. l. (oben S. 432 A. 9). Aelian. *de n. an.* 8, 28. Athenaeus 7, p. 294e: Ἀρχέστρατος δὲ — περὶ τοῦ ἐν Ῥόδῳ γαλεοῦ λέγων, τὸν αὐτὸν εἶναι ἡγεῖται τῷ παρὰ Ῥωμαίοις μετ' αὐλῶν καὶ στεφάνων εἰς τὰ δεῖπνα περιφερομένῳ, ἐστεφανωμένων καὶ τῶν φερόντων αὐτὸν, καλούμενόν τε ἀκκιπήσιον. Er fügt hinzu, dass der kleinste *acipenser* 1000 attische Drachmen koste. Vgl. Plautus bei Macrob. *sat.* 3, 16, 2. Cic. *de fin.* 2, 8, 25. Ovid. *Halieut.* 132. Horat. *sat.* 2, 2, 47.

6) *Acipenser sturio*, auch *silurus*. Lucil. 4, 5 M. Plin. *n. h.* 9, 45. Juv.

auch später wieder in Geltung kam;[1]) die *aurata* (Goldbrasse),[2]) der *lupus*[3]) (Hecht), den die Kenner jedoch nur dann schätzten, wenn er in dem Tiber *inter duos pontes*,[4]) d. h. bei der Tiberinsel[5]) gefangen war, und der *asellus*;[6]) später der *scarus*,[7]) der *mullus* (*mullus barbatus* des Linne, Meerbarbe), ein Fisch, der selten mehr als zwei Pfund wog,[8]) aber zu enormen Preisen gekauft wurde,[9]) die *muraena*[10]) und der *rhom-*

4, 33; 14, 132. Auson. *Mos.* 135. S. Böcking z. d. St. (Jahrb. d. Alterth. im Rheinl. VII).

1) Unter Severus. Macrob. *sat.* 3, 16, 6 ff. Aber schon früher rühmt ihn Martial. 13, 91 und Galen. VI p. 727 Kühn: ὁ γάρ τοι παρὰ Ῥωμαίοις ἐντιμότατος ἰχθύς, ὃν ὀνομάζουσι γαλεξίαν, ἐκ τοῦ τῶν γαλεῶν ἐστι γένους.

2) Macrob. *sat.* 3, 15, 2. Varro *de r. r.* 3, 3, 10. Cels. 2, 18, p. 65 med. Dar. Columella 8, 16, 5. 8. Mart. 13, 90. Apic. 4, 151; 10, 473 f. Festus p. 182ᵇ, 13 M. χρύσοφρυς bei Athen. 7, 20 p. 284ᶜ; 136 p. 328ᵃ.

3) Plin. *n. h.* 9, 58. Auson. *Mos.* 122 nennt ihn *Lucius.*

4) Varro *de r. r.* 3, 3, 9. Columella 8, 16, 4: *doctaque et erudita palata fastidire docuit (hoc periurium) fluvialem lupum, nisi quem Tiberis adverso torrente defatigasset.* Plin. *n. h.* 9, 169. Hor. *sat.* 2, 2, 31. Macrob. *sat.* 3, 16, 11—18. Xenocrates *de alim. ex aquat.* bei Oribasius I p. 127 Daremb.: ὁ ἐν Τίβερι λάβραξ, ὅς ἐστιν ἐπεστιγμένος. Ebenso rühmt Martial. 13, 89 den an der Mündung des Timavus gefangenen *lupus.* Dagegen verachtet den gewöhnlichen noch Auson. *Mos.* 120—124: *hic nullos mensarum lectus ad usus Fervet fumosis olido nidore popinis.* Man zog ihn auch in Seen. Columella 8, 16, 2: *Inde Velinus, inde etiam Sabatinus, item Vulsinensis et Ciminius lupos auratasque procreaverunt.*

5) S. Becker Topographie S. 653. Zu Juvenal's Zeit war er ohne Werth. Denn während Juvenal 5, 92 den *dominus* einen *mullus* essen lässt, heisst es v. 103 sqq.: *Vos anguilla manet — aut glacie aspersus maculis Tiberinus et ipse vernula riparum, pinguis torrente cloaca et solitus mediae cryptam penetrare Suburae.*

6) Varro bei Gell. 6 (7), 16, 5 und *de l. L.* 5, 77. Petron. 24. Ovid. *Halieut.* 131. Plin. *n. h.* 9, 61. Galen. VI p. 721 K.

7) Plin. *n. h.* 9, 62: *Nunc principatus scaro datur.* Vgl. 32, 151. Erwähnt wird er schon von Ennius *heduphaget.* 8 p. 167 Vahlen und Festus p. 253ᵃ 20 M. Varro bei Gell. 6 (7), 16, 5. Von Späteren s. Hor. *epod.* 2, 50. *sat.* 2, 2, 22. Macrob. *sat.* 3, 16, 10. Colum. 8, 16, 1. 9. Galen. VI p. 718 K. Petron. *sat.* 119 v. 33: *Siculo scarus aequore mersus Ad mensam vivus perducitur.* Ein Recept zum Kochen giebt Archestratus bei Athen. 7, 113 p. 320ᵇ.

8) Plin. *n. h.* 9, 64. Martial. 11, 50, 9. Einer von 3 Pfund Hor. *sat.* 2, 2, 33. Mart. 10, 37, 8; von $4^1/_2$ Pfund Seneca *ep.* 95, 42; von 6 Pfund Juvenal. 4, 15.

9) Mit 5000 HS. Seneca *ep.* 95, 42; mit 6000 HS. Juven. 4, 15; unter Caligula nach Tertull. *de pallio* 5, p. 547 Oehler, mit 6000, nach Macrob. *sat.* 3, 16, 9 mit 7000, nach Plin. *n. h.* 9, 67 mit 8000 HS. Unter Tiber wurden drei *mulli* für 30,000 HS. verkauft Plin. *n. h.* 9, 66 (? da steht das nicht). Einer für 1200 HS. Mart. 10, 31. Als Delicatesse erwähnt Juven. 5, 92. Mart. 3, 77, 1; 7, 78 u. ö. Galen. VI p. 715 K.: τετίμηται δ' ὑπὸ τῶν ἀνθρώπων, ὡς τῶν ἄλλων ὑπερέχουσα τῇ κατὰ τὴν ἐδωδὴν ἡδονῇ. Sen. *n. qu.* 3, 17, 2 (vgl. Plin. *n. h.* 9, 66).

10) Die Muränen wurden von dem *fretum Siculum*, d. h. von Rhegium in die römischen *piscinae* gebracht. Macrob. *sat.* 3, 15, 7. Martial. 13, 80. Die dorther kommenden heissen πλωταί, *flutae.* Varro bei Macr. l. l. und *de r. r.*

bus [1]) (die Butte); noch später endlich kamen auch die Fische Norditaliens, [2]) der Donau, des Rheins [3]) und der Mosel [4]) zur Berühmtheit. Vom *mullus* galt als das wohlschmeckendste Stück die Leber, [5]) von den meisten anderen frischen und marinirten Fischen das Stück über den grossen Bauchgräten, ὑπογάστριον, [6]) und demnächst das Schwanzstück, τὰ οὐραῖα. [7]) Ausser frischen Fischen, *Tarichos.*

2, 6. Colum. 8, 17, 8. Athen. 1 p. 4. Von ihnen haben die *Licinii Murenae* ihren Beinamen, indem der Praetor P. Licinius Murena die ersten Fischteiche für sie anlegte. Plin. *n. h.* 9, 170. Später sind die Muränenteiche des Hirrius, der dem Caesar 6000 Muränen lieferte, des Hortensius, des Vedius Pollio und der Antonia Drusi berühmt. Plin. *n.* h. 9, 77. 171. 172.

1) Hor. *sat.* 1, 2, 116; 2, 2, 95; 2, 8, 30. Mart. 13, 81 u. ö.

2) Der *gobius* von Venetien Mart. 13, 88 auch in der Mosel; *cyprius gobio* des Linné. Böcking zu Auson. *Mos.* 132. Galen. VI p. 718 K.

3) Cassiodor. *var.* 12, 4: *Destinet carpam Danubius, a Rheno veniat anchorago, — — pisces de diversis finibus afferantur.*

4) Die Moselfische sind von Böcking zu Auson. *Mos.* 85—149 nach Schäfer Moselfauna Th. I. Trier 1844, Florencourt in den Jahrb. d. V. v. A. Fr. i. Rheinl. 1844. V u. VI S. 202—18 und Oken Isis 1845 H 1 Sp. 5—44 bestimmt worden. Es sind *capito*, Aland; *salar*, Forelle; *rhedo*, Aalrutte oder Quappe; *Gadus lota; umbra, Salmo Thymallus* des Linné, Aesche; *barbus*, Barbe; *salmo*, Lachs; *mustela*, Lamprete; *perca*, Barsch (ἡ ἐν Ῥήνῳ πέρκη Oribas. I p. 127 Daremb.); *lucius* oder *lupus*, Hecht; *tinca*, Schleihe; *alburnus*, Weissfisch; *alausa*, Alse; *sario*, Lachsforelle; *gobio*, Gründling; *silurus* oder *acipenser silurus*, Stör.

5) Gal. VI p. 716 K.: τό γε μὴν ἧπαρ τῆς τρίγλης οἱ λίχνοι τεθαυμάκασιν ἡδονῆς ἕνεκεν. Plin. *n. h.* 9, 66.

6) Belon *De la nat. et divers. des poissons* L. I p. 101 angeführt von Köhler Τάριχος p. 457: *Les pêcheurs gardent les meilleurs endroits du thon et les nomment diversement: car les parties du ventre, qui sont plus grasses et meilleurs, sont nommées Ventresque; Tarantelle et Surro les endroits du dos de la Thonnine.* Böttiger Amalthea II p. 305: »Noch jetzt unterscheidet der Italiener beim Thunfisch das magere Rückenstück *Tarentello* und das fette Bruststück (richtiger Bauchstück) *Ventresca.* S. Bergius über die Leckereien nach J. R. Forster's Bearb. Th. II p. 218.« Von dem Vorzuge dieses Stückes kann jeder sich auch bei einem Lachse oder Karpfen überzeugen. Ihn erwähnen Plin. *n. h.* 9, 48: *Hi (thynni) membratim caesi cervice et abdomine* (d. h. Rücken- und Bauchstück) *commendantur.* Xenocrates *de alim. ex aquat.* in Fabr. *B. Gr.* IX p. 472 und bei Oribas. I p. 157 Dar.: κοιλία δὲ τοῦ θύννου πρόσφατος μὲν ἐδώδιμος· οὐχ ὑπομένει γὰρ προςπαλαίωσιν· εὐστόμαχος ὡς ἐν ταρίχει. Gleich darauf nennt er das, was hier κοιλία heisst, ὑπογάστριον. Archestratus bei Athen. 7 p. 310c: χρὴ τοῦ κυνὸς ὀψωνεῖν ὑπογάστρια κοῖλα κάτωθεν. Häufig werden erwähnt ἰχθύων ὑπογάστρια, θύννων ὑπογάστρια Athen. 7 p. 302d, p. 315d und mehr bei Jacobi *Index comic. dictionis s. v.* Hiernach ist zu erklären Martial. 13, 84 (*scarus*) *Visceribus bonus est, cetera vile sapit.* Hor. *sat.* 2, 8, 30: *passeris assi et Ingustata mihi porrexerat ilia rhombi.* Auson. *Mos.* 86: *capito — viscere praetenero.*

7) Xenocrates *de alim. ex aquat.* in Fabr. *B. G.* Vol. IX p. 455 = Oribasius I p. 125 Daremb.: παρὰ δὲ τὰ μέρη διαλλάττουσιν (alle Fische), ἐπεὶ τοῖς οὐραίοις, οἷς κινοῦνται, γεγυμνασμένοι, εὔτροφοι, τρυφεροί· κατὰ δὲ τὴν νηδὺν, ἅτε λιπώδεις, ἐπιπολαστικοὶ — κατὰ δὲ τὰ νῶτα σκληρόσαρκοι. — θύννης οὐραῖον und ξιφίου τέμαχος, οὐραίου τ' αὐτὸν τὸν σφόνδυλον empfiehlt Archestratus bei Athen. 7 p. 303d; p. 314e. Hiernach ist zu erklären Pers. 5, 182: *rubrumque amplexa catinum Cauda natat thynni.*

welche man in der Nähe hatte oder aufzog, gehörten die eingemachten, ausseritalischen Fische, welche in Töpfen versendet[1]) unter dem Namen τάριχος[2]) einen bedeutenden Handelsartikel ausmachten, sowie die aus fremden Fischen gewonnenen Saucen zum Gebrauch der römischen Tafeln. Den Export gesalzener Fische betrieben die meisten Seestädte des mittelländischen Meeres;[3]) er wird in Italien,[4]) Epirus,[5]) Macedonien,[6]) Kleinasien,[7]) Aegypten[8]) und Africa[9]) oftmals erwähnt; aber als die berühmtesten Sorten des Tarichos gelten das pontische, spanische und sardische. Die pontischen Fische wurden gefangen an den Mündungen des Ister,[10]) des Tyras (Dniester),[11]) Borysthenes (Dnieper),[12]) Hypanis (Bug), Tanais (Don), in der Maeotis,[13]) dem Bosporus,[14]) dem Hellespont,[15]) der Propontis[16]) und dem ganzen Pontus[17]) und gehörten zu dem Ausfuhrhandel von Olbia,[18]) Ta-

---

1) ταρίχους κεράμια Demosth. c. *Lacrit.* 34 p. 934, κεράμια ταριχηρά *Geopon.* 13, 8, 12; ἀμφορεύς Athen. 3, 85 p. 117a; *salsamentaria testa* Plin. *n. h.* 28, 140; *salsamentarius cadus* Plin. *n. h.* 18, 308. *vas salsamentarium* Colum. 2, 10, 16.

2) Hauptschrift ist Köhler Τάριχος *ou recherches sur l'histoire et les antiquités des pêcheries de la Russie méridionale* in den *Mémoires de l'acad. impér. des sciences de St. Pétersbourg.* Sixième série. Tome I. Petersb. 1832. 4. p. 347—488. Hauptquelle Xenocrates *de alimentis ex fluviatilibus* bei Fabricius *B. Gr.* Vol. IX p. 454ff. im Oribasius von Daremberg Vol. I p. 124 ff., und in Ideler *Physici et medici Graeci minores* Vol. I.

3) S. Blümner Die gewerbliche Thätigkeit der Völker des classischen Alterthums. Leipzig 1869. 8.

4) In Velia, Hipponium, Thurii, Blümner S. 120.

5) Strabo 7, 327. Athenaeus 7 p. 305e; 311a; 328e.

6) Aus Macedonien kamen marinirte Aale. Athenaeus 7 p. 298b.

7) So in Cumae (Xenocr. *de alim. ex aquat.* 4, 73); in Phaselis (Athen. 7 p. 297e), in Phrygien Pollux 6, 48 und mehr bei Köhler p. 363.

8) Diodor. 1, 36, 1. 52, 6. Xenocrates *de alim. ex aquat.* in Fabr. *B. G.* Vol. IX p. 473 = Oribasius I p. 158 Dar. Τὰ Νειλῷα ταρίχη τὰ λεπτά erwähnt Lucian. *navig.* 15, Αἰγύπτια ταρίχη Pollux *On.* 6, 48, bei den Griechen waren sie aber nicht beliebt. Athen. 3 p. 118c.

9) Strabo 17 p. 835. Köhler p. 365ff.

10) Athen. 3 p. 119a.

11) Scymni Chii *Orbis descr.* 798ff. Müller. Ueber die Localität s. P. Becker Die Gestade des Pontus Euxinus vom Ister bis zum Borysthenes. Petersb. 1852. 8. auch in den Memoiren der kais. archäol. Gesellsch. Bd. V. VI.

12) Dort fand man sowohl Störe als auch Salz. Herodot 4, 53. Mela 2, 1, 6. Plin. *n. h.* 9, 45. Scymnus Chius 813ff.

13) Strabo 11 p. 493. Nicephorus Gregoras 9, 5 p. 417; 13, 12 p. 686 Bonn.

14) ὁ ταριχόπλεως Βόσπορος Euthydemus bei Athen. 3 p. 116b; ἰχθυόεις Liban. *epist.* 84 p. 45 Wolf. Archestratus bei Athen. 7 p. 284e, der dieses τάριχος dem mäotischen vorzieht.

15) Hermippus bei Athen. 1 p 27e.

16) Aelian. *de n. a.* 15, 5 und meine Schrift Cyzicus und sein Gebiet S. 35.

17) Philostratus *imag.* 1, 13 und dazu Jacobs; τάριχοι Ποντικοί Athen. 3, 89 p. 119b.

18) Scymnus Chius 804ff.

nais an der Mündung des Don,[1] Panticapaeum,[2] Heraclea, Tius, Amastria, Sinope[3] und Byzanz.[4] Das spanische Tarichos, welches das berühmteste war,[5] wurde ausgeführt von Gades,[6] Malaca,[7] Carthago nova[8] und anderen Handelsplätzen,[9] nach welchen die Fischer von der ganzen spanischen Küste ihren Fang brachten,[10] und von welchen das Fabricat nach Puteoli eingeführt wurde.[11] Dem spanischen kam an Güte das sardinische gleich.[12] Bereitet wurde das τάριχος entweder von Stören[13] oder den verschiedenen Arten des Thunfisches, *pelamys*, *thynnus*,[14] *sarda*,[15] *coracynus* oder *saperdes*,[16], κεστρεύς oder *mugil*,[17] *scomber*,[18] *colias*,[19] ὄρκυνος,[20] und nach der Art der Bereitung unterschied man halbgesalzenen ἡμίνηρος oder ἡμιτάριχος[21] und

---

1) Strabo 7 p. 310.
2) Strabo 7 p. 310. Demosthenes *Lacrit.* 32. 34 p. 933. 934.
3) Athenaeus 3 p. 118c. Aelian. *de n. a.* 15, 5.
4) Polyb. 4, 38, 4. Athen. 3 p. 116b ff. Dio Chrysost. II p 11 R. Tac. *ann.* 12, 63.
5) Xenocrates *de alim. ex aquat.* in Fabr. *B. Gr.* Vol. IX p. 471 = Oribasius I p. 155 Dar.: κράτιστοι δὲ οἱ ἰβηρικοὶ (τάριχοι). Lucian. *navig.* 23.
6) Γαδειρικὸν τάριχος Pollux *On.* 6, 48. Athen. 3 p. 118d; 7 p. 315d u. ö.
7) Strabo 3 p. 156. 8) Strabo 3 p. 158.
9) Strabo 3 p. 140. 156.
10) Strabo 3 p. 144. 11) Aelian. *de n. a.* 13, 6.
12) Galen. VI p. 728 K.: πλησίον δ' αὐτῶν ἥκουσι καὶ οἱ μεγάλοι θύννοι, καίτοι τῇ γ' ἡδονῇ τῆς ἐδωδῆς οὐχ ὅμοιοι τοῖς προειρημένοις ὄντες· ἀηδεῖς γὰρ ἐκεῖνοι καὶ μάλιστα πρόσφατοι, ταριχευθέντες δ' ἀμείνους γίνονται. τῶν δ' ἐλαττόνων θύννων κατά τε τὴν ἡλικίαν καὶ τὸ μέγεθος οὔθ' ἡ σὰρξ ὁμοίως σκληρὰ καὶ πεφθῆναι δηλονότι βελτίους εἰσί· καὶ τούτων ἔτι μᾶλλον αἱ πηλαμύδες, αἳ καὶ ταριχευθεῖσαι τοῖς ἀρίστοις ταρίχοις ἐνάμιλλοι γίνονται. Πλεῖσται δ' ἐκ τοῦ Πόντου κομίζονται, τῶν ἐκ τῆς Σαρδοῦς καὶ τῶν ἐκ τῆς Ἰβηρίας μόνων ἀπολειπόμεναι. ἐντιμότατον γὰρ δὴ τοῦτο τὸ τάριχος εἰκότως ἐστὶν — ὀνομάζεται δὲ συνήθως ὑπὸ τῶν πάντων ἤδη τὰ τοιαῦτα ταρίχη Σάρδα. Vgl. p. 747. Plin. *n. h.* 32, 151: *sarda, ita vocatur pelamys longa ex oceano veniens.*
13) τάριχος ἀνταχαῖον Antiphanes bei Athen. 3 p. 118d. Herodot 4, 53. Strabo 7 p. 307.
14) Plin. *n. h.* 9, 47 f. Strabo 7 p. 320. Galen l. l. Ueber die Züge und den Fang des Thynnus s. Böttiger Amalthea II S. 303 ff.
15) S. Anm. 12.
16) Galen. l. l. Athen. 3 p. 118b. Hesychius s. v. σαπέρδης. Persius 5, 134.
17) Nach Köhler p. 369 ist der κέφαλος, κεστρεύς und *mugil* identisch. Er wird in Sinope und Abdera gesalzen. Athen. 3 p. 118c; 7 p. 307b. *Schol. Aristoph. Nub.* 338 Dind.
18) Aus Parium. Xenocrates bei Fabricius *B. Gr.* IX p. 472 = Oribas. I p. 156. Am besten ist der von Neu-Carthago. Strabo 3 p. 159.
19) Am besten in Parium. Athen. 3 p. 116c. Vgl. Plin. *n. h.* 32, 146. Ἰβηρικαί Xenocr. bei Fabric. *B. Gr.* IX p. 472 = Oribas. I p. 155.
20) Athen. 3 p. 116c; 7 p. 303b. Dass alle diese Fische Arten des Thunfisches sind, zeigt Köhler p. 364. 451 n. 179. Deshalb zählt Xenocrates *de alim. ex aquat.* bei Fabr. *B. Gr.* IX p. 457 = Oribas. I p. 129 Dar. zusammen auf θύννος καὶ θυννίς, κολίας, ὄρκυνος, πηλαμύς, σκόμβρος. Vgl. p. 472 = Oribas. I p. 154. 21) Athen. 3 p. 119a.

ganz gesalzenen, τέλειος,[1] fetten und magern Fisch (ταρίχη πίονα und ἀπίονα).[2] Zu der letzten Gattung gehörte das τάριχος ὡραῖον, ὡραιοτάριχος,[3] d. h. das von jungen Fischen im Frühjahr gemachte,[4] zu der ersten τὰ θύννεια καὶ κορδύλη.[5] Endlich bildeten eine eigene Gattung die Melandrya, d. h. grosse Rückenstücke vom Stör oder Thunfisch, gesalzen und getrocknet, so benannt, weil sie wie ein eichenes Brett aussahen,[6] ein Fabricat, welches noch jetzt gemacht wird.[7] Alle Arten gesalzener Fische gehörten zu den *entrées* der Mahlzeit;[8] sie wurden vor dem Genusse gewässert,[9] am besten mit Seewasser,[10] und mit Oel,[11] doch auch mit Essig und Senf,[12] oder gekocht in *muria* oder gebraten, in Wein gesotten und mit anderen Zuthaten genossen;[13] auch daraus ein anderes Gericht, die *patina tyrotarichi*, bereitet.[14]

Fischsaucen, *garum.* Ein zweites, vielfältig erwähntes Präparat sind die Fischsaucen, *garum*, *muria* und *allec* oder *allex*, welche Namen zuweilen für jede Fischsauce gebraucht werden,[15] in eigentlichem

---

1) So versteht wenigstens Köhler p. 371 den Ausdruck bei Athen. 3 p. 120^{d}.

2) Athen. 3 p. 120^{e}.

3) Plautus *Capt.* 851: *Horaeum, scombrum et trugonum.* Athen. 3 p. 120^{e}; p. 116^{e}. Aretaeus *de diut. morb. curat.* 1, 3 p. 248; 2, 13 p. 276 Ermer. τάριχος ὡραῖος, zum Frühstück mit Weizenbrot zu essen.

4) Hesych. *s. v.* ὡραῖον· τάριχος· ὁ κατὰ τὸ ἔαρ συντιθέμενος. S. Daremberg *ad Oribas.* I p. 599.

5) Athen. 3 p. 120^{e}.

6) Plin. *n. h.* 9, 48: *Melandrya vocantur quercus assulis similia.* Xenocrates *de alim. ex aquat.* p. 472 Fabr. und bei Oribasius I p. 157 Dar.: τὰ δὲ λοιπὰ μέρη (des Thynnus ausser dem ὑπογάστριον) μελάνδρυα διὰ τὴν ἐμφέρειαν πρὸς τὰς μελαινούσας τῆς δρυὸς ῥίζας. Athen. 7 p. 315^{d}: ἐν Γαδείροις μὲν οὖν τὰ κλειδία καθ' αὑτά ταριχεύεται, ὡς καὶ τῶν ἀντακαίων αἱ γνάθοι καὶ οὐρανίσκοι καὶ οἱ λεγόμενοι μελανδρύαι ἐξ αὐτῶν ταριχεύονται. Martial. 3, 77: *Teque iuvant gerres et pelle melandrya cana.*

7) Köhler p. 415 f.

8) Plut. *qu. conv.* 4, 4, 3, 7, p. 812 D.

9) Athen. 3 p. 121^{c}: πάντας δὲ χρὴ τοὺς ταρίχους πλύνειν, ἄχρι ἂν τὸ ὕδωρ ἄνοσμον καὶ γλυκὺ γένηται. Vgl. p. 117^{d}. p. 119^{c}. Plautus *Poen.* 241: *Quam sí salsa múriatica ésse autumántur Sine ómni lepóre et sine omní suavitáte Nisi sí multa aqua úsque et diú macerántur Olént, salsa súnt, tangere út non velís.*

10) Plut. *qu. conv.* 1, 9, 1, 1, p. 759 D.

11) Athen. 7 p. 303^{c}.

12) Xenocrates l. l.

13) Genaueres hierüber s. bei Köhler p. 383.

14) Cic. *ad fam.* 9, 16, 7. *ad Att.* 4, 8; 14, 16, 1. Recepte dazu bei Apicius 4, 2, der auch verschiedene Saucen zum τάριχος angiebt 9, 11—13.

15) Dioscorides *mat. med.* 2, 75: γάρον τὸ ἐκ ταριχηρῶν ἰχθύων καὶ κρεῶν πλαττόμενον. Sophocles bei Athen. 2 p. 67^{c}: τοῦ ταριχηροῦ γάρου. In dem Recept *Geopon.* 20, 46, 6 (S. 439 A. 7) wird *garum* aus dem θύννος, nicht aus dem *scomber*, gemacht, und nach Isidor. *or.* 20, 3, 19 auch *ex infinito genere piscium.* Vgl. Caelius Aurelianus *morb. chron.* 2, 1, 40: *garum, quod appellamus liquamen, ex pisce siluro confectum. Silurus* ist der Stör (*acipenser sturio*). S. Böcking zu Ausonius *Mosella* 135.

Sinne aber von verschiedener Bedeutung sind. *Garum* wurde in Pompeii,[1]) Clazomenae, Leptis[2]) und wahrscheinlich in vielen anderen Städten fabricirt, aber das berühmteste war das spanische,[3]) welches in Neucarthago und Carteia gemacht und *garum sociorum*,[4]) später auch *liquamen*, schwarzes oder blutiges (αἱμάτιον) genannt wurde. Es wird aus den inneren Theilen des *scomber*,[5]) den bei seinem Eintritt aus dem Ocean in das mittelländische Meer sowohl spanische als mauretanische Fischer einbringen,[6]) so präparirt, dass man dieselben in einen Topf legt und einsalzt, dann entweder in die Sonne stellt oder über dem Feuer kocht, fortwährend rührt, und wenn sie sich aufgelöst haben, zwei Monate gähren lässt. Ist die Gährung vorüber, so siebt man die Flüssigkeit durch einen Trichter; das Abfliessende ist dann das *garum*, das Zurückbleibende der *allex*.[7]) Das *garum* wird in *urcei* versendet, auf welchen die Qualität durch

---

1) Plin. *n. h.* 31, 94. Es sind noch *urcei* erhalten, auf welchen die *officina A. Umbrici Scauri* angegeben ist. *C. I. L.* IV, 2574—2581.

2) Plin. *n. h.* 31, 94.

3) Galen. XII p. 622 K.: τὸ Σπανὸν γάρος.

4) Plin. *n. h.* 9, 66; 31, 93: *Aliud etiamnum liquoris exquisiti genus, quod garum vocavere, intestinis piscium ceterisque quae abicienda essent sale maceratis, ut sit illa putrescentium sanies. Hoc olim conficiebatur ex pisce quem Graeci garon vocabant — —, nunc e scombro pisce laudatissimum in Carthaginis spartariae cetariis — sociorum id appellatur.* Strabo 3 p. 159: εἶθ' ἡ τοῦ Ἡρακλέους νῆσος ἤδη πρὸς Καρχηδόνι, ἣν καλοῦσι Σκομβραρίαν ἀπὸ τῶν ἁλισκομένων σκόμβρων, ἐξ ὧν τὸ ἄριστον σκευάζεται γάρον. Nach dieser Stelle wird auch bei Plinius zu lesen sein: *in Carthaginis Scombrariae cetariis.* Galen. XII p. 637 K.: γάρου μέλανος ῥωμαιστὶ λεγομένου ὀξυπόρου (lies σοκιώρουμ). Seneca *ep.* 95, 25: *quid? illud sociorum garum, pretiosam malorum piscium saniem non credis urere salsa tabe praecordia?*

5) *Schol. Persii* 1, 43: *Scombri dicuntur pisces salsi, de quibus fit optimum garum.* Mart. 13, 40: *Hesperius scombri temperet ova liquor.* 13, 102: *Exspirantis adhuc scombri de sanguine primo Accipe fastosum, munera cara, garum.* Hor. *sat.* 2, 8, 46: *Garo de succis piscis Iberi.*

6) Plin. *n. h.* 31, 94. Dass auch in Mauretanien *garum* bereitet wurde, schliesst mit Recht Bruzza *Bullett. dell' Inst.* 1873 p. 108 aus dem Stempel einer Amphora: *ex prov(incia) Maur(etania) Caes(ariensi) Tubus(upto)*, welcher sich später in mehreren Exemplaren gefunden hat (Dressel *Annal.* 1878 p. 134) und sich nur auf *garum* beziehen kann.

7) In den *Geoponicis* 20, 46 wird zuerst die Fabrication des *liquamen* aus verschiedenen Fischen beschrieben, welches auch *garum* genannt wird; dann heisst es: τὸ δὲ κάλλιον γάρον, τὸ καλούμενον αἱμάτιον, οὕτω γίνεται. Λαμβάνεται τὰ ἔγκατα τοῦ θύννου (den *scomber* nennt er nicht) μετὰ τῶν ἐμβραγχίων καὶ τοῦ ἰχῶρος καὶ τοῦ αἵματος καὶ πάσσεται τῷ ἀρκοῦντι ἅλατι, ἐν τῷ ἀγγείῳ τε καταλιμπάνεται μέχρι μηνῶν δύο τὸ πολύ. εἶτα τοῦ ἀγγείου τρυπηθέντος ἐξέρχεται γάρον τὸ καλούμενον αἱμάτιον. Vgl. Artemidor. *Oneirocr.* 1, 66: γάρον δὲ πίνειν φθίσιν σημαίνει· ἔστι γὰρ οὐδὲν ἄλλο ὁ γάρος ἢ σηπεδών und daraus Suidas *s. v.* γάρος. Auch Plinius nennt es *putrescentium piscium sanies*, und Manilius 5, 672 eine *sanies pretiosa.*

eine Inschrift oder einen Stempel angegeben wird,[1]) z. B. *garum sociorum*,[2]) *garum scombri*,[3]) *gari flos*,[4]) *garum scombri flos*,[5]) *gari flos per se*, d. h. ohne Zusatz,[6]) *liquamen*, *flos excellens scombri*,[7]) *garum castimoniale*, d. h. kauscheres *garum* für den Gebrauch der Juden.[8]) Auch im Edict des Diocletian ist *garum* in zwei Sorten, *liquamen primum* und *secundum*, angesetzt, und zwei *congii*, d. h. 6½ Liter der besten Sorte kosteten zu Plinius' Zeit 1000 Denare.[9])

muria. Unter *muria* (ἅλμη) versteht man eigentlich die Salzlake, welche seit ältester Zeit die Vestalinnen zum Gebrauch des Opfers bereiteten,[10]) in welcher man im *penus* des Hauses Fleisch, Käse, Fische,[11]) Gemüse,[12]) Früchte[13]) aufbewahrte, und welche man

---

1) Von den noch erhaltenen *amphorae* dieser Art wird weiter unten in dem Abschnitte vom Wein die Rede sein.

2) Inschrift auf einem *urceus*. *Eph. epigr.* I p. 163 n. 189.

3) Dressel *Bullett. d. comm. arch. comunale* VII (1879) p. 102 n. 82.

4) Die Inschrift *G. F.* ist im *C. I. L.* IV p. 172 erklärt *garum factum*, aber Dressel a. a. O. p. 96 bemerkt mit Recht, dass, wie man von der besten Sorte sagt *flos olei* (Plin. *n. h.* 15, 23; *edict. Diocl.* 3, 1); *flos salis* (Cato *de r. r.* 88; Plin. *n. h.* 31, 85. 90); *flos gypsi* (Colum. 12, 20, 8; 12, 21, 3); *flos cerae* (Plin. *n. h.* 21, 84); *flos siliginis* (Plin. *n. h.* 18, 86. 89); *flos visci* (Plin. *n. h.* 26, 21); *flos purpurae* (Plin. *n. h.* 9, 125), so auch *G F* wahrscheinlich *gari flos* zu lesen ist, wie denn auch Manilius 5, 672 das *garum flos cruoris* nennt. *Gari flos* steht auf einem pompeianischen *urceus*, Arch. Zeit. 1877 S. 27; *Not. d. Scavi* 1876 p. 146.

5) Bezeichnet *G. SC. F.* Dressel a. a. O. n. 76. 83. *G. F. Scombr(i) Ephem. epigr.* I p. 162 n. 183. 184—187. p. 175 n. 255. *C. I. L.* IV, 2574. 2575. 2576.

6) *C. I. L.* IV, 2571. 2572. 2573. *Ephem. epigr.* I p. 162 n. 182.

7) *Liquor* ist eine dichterische Bezeichnung allgemeiner Bedeutung; *liquor scombri* (Mart. 13, 40) und *liquor sociorum* (Auson. *ep.* 21, p. 441 A. 2) ist ohne Zweifel *garum*. *Liquamen* ist ein technischer Ausdruck, häufig auf Amphoren und *urcei* (*C. I. L.* IV, 2586 ff.). Es wird nach Caelius Aurelianus *morb. chron.* 2, 1, 40 nicht aus dem *scomber*, sondern aus dem *silurus*, nach Isid. *or.* 20, 3, 20 aus kleinen Fischen, nach Palladius 3, 25, 12 auch aus Birnen gemacht und gehörte in der Kaiserzeit zu den militärischen Lieferungen (Vopiscus *Aurel.* 9, 6); doch kommt auch das *liq(uamen) flos) exc(el)l(ens) scom(bri)* vor, *C. I. L.* IV, 2588. *Eph. ep.* III n. 1008. *Geopon.* 20, 46 werden *liquamen* und *garum* als gleichbedeutend gebraucht. Das *liquamen optimum* (*C. I. L.* IV, 2589. 2590. 2591. 2592. 2594) und das *liquamen primum* (*C. I. L.* IV, 2593. 2595) wird dem *garum* im Werthe nahe gekommen sein.

8) Plin. *n. h.* 31, 95: *aliud vero (garum) castimoniarum superstitioni etiam sacrisque Judaeis dicatum quod fit e piscibus squama carentibus.* Auch auf *urcei* findet sich die Bezeichnung *gar(um) cast(imoniale) C. I. L.* IV, 2569. *Ephem. ep.* I p. 163 n. 188; p. 176 n. 267; *mur(ia) cast(imonialis) C. I. L.* IV, 2609 und bei Palladius 3, 25, 12 *liquamen castimoniale.*

9) Plin. *n. h.* 31, 94.

10) Staatsverwaltung III S. 329.

11) Cato *de r. r.* 88. Daher *muria salsamentorum* Plin. *n. h.* 31, 83; *salsa muriatica* Plaut. *Poen.* 241; *duratos muria pisces* Quintil. *Inst.* 8, 2, 3; *salsamentum in muria sua* Colum. 12, 55, 4.

12) Colum. 12, 7.

13) Cato *de r. r.* 7. Celsus 2, 24; 4, 16 (9): *oleae ex muria.* Gargilius

auch dem Wein beimischte;[1]) aber das Wort diente auch zur Uebersetzung des griechischen γάρον und bezeichnet entweder gradezu dieses[2]) oder eine ähnliche Fischsauce, welche aus Antipolis,[3]) Thurii, Dalmatien[4]) und Byzanz[5]) kam und nicht aus dem *scomber*, sondern aus dem *thynnus* hergestellt wurde.[6]) Auch bei ihr ist das Residuum der abgeklärten Sauce *allex*,[7]) obgleich dieser nach seiner Güte wieder verschieden ist. Denn zum häuslichen Gebrauch machte man *allex* von ordinären Fischen, um es den Sclaven als *pulmentarium* zu geben,[8]) und arme Leute bedienten sich desselben ebenfalls;[9]) doch hatte man unter demselben Namen auch feine Saucen, welche aus besonderen Ingredienzen bereitet wurden.[10]) *allex.*

Martialis *de arbor. pomifer.* 2, 13, p. 10 Mai: *Persici pomum nisi conditum muria et oxymelle asservari diutius non potest.* Vgl. Apicius 7, 8.

1) Cato *de r. r.* 105. Colum. 12, 25.

2) Auson. *epist.* 21: *Veritus displicuisse oleum, quod miseras, munus iterasti, addito etiam Barcinonensis muriae condimento cumulatius praestitisti. Scis autem, me id nomen muriae, quod in usu vulgi est, nec solere nec posse dicere: cum scientissimi veterum et Graeca vocabula fastidientes, Latinum in gari appellatione non habeant. Sed ego quocunque nomine loquar, liquor iste sociorum vocatur.*

3) Martial 13, 103 *Amphora muriae: Antipolitani, fateor, sum filia thynni: Essem si scombri, non tibi missa forem.* 4, 88, 5: *Antipolitani nec quae de sanguine thynni Testa rubet.* Plin. *n. h.* 31, 94.

4) Plin. *n. h.* 31, 94. 5) Horat. *sat.* 2, 4, 65.

6) Die Art der Zubereitung beschreibt Manilius 5, 667 ff., nachdem er vorher den Fang der *thynni* geschildert hat: *Tum quoque, cum toto iacuerunt litore praedae, Altera fit caedis caedes: scinduntur in artus, Corpore et ex uno varius describitur usus. Illa datis melior succis pars, illa retentis* (ein Theil wird zu Saucen präparirt, ein Theil zu τάριχος). *Hinc sanies pretiosa fluit, floremque cruoris Evomit et mixto gustum sale temperat oris* (dies ist das *garum*). *Illa putris turba est, strages confunditur omnis, Permiscetque suas alterna in damna figuras, Communemque cibis usum succumque ministrat* (dies ist *allex*). *Aut cum coeruleo stetit ipsa simillima ponto Squamigerum nubes, turbaque immobilis haeret, Excipitur vasta circumvalluta sagena, Ingentesque lacus et Bacchi dolia complet Humorisque vomit socias per mutua dotes Et fluit in liquidam tabem resoluta medulla* (dies ist die *muria*). Manetho *Apotelesm.* 6 (3), 463: ἢ τοίγ' εὐχανδεῖ χαλκῷ κοίλοις τε λέβησιν Πυθομένοις μέλδουσιν ἅμ' ἴχθυσιν οὐλοὸν ἅλμην. Ein *negotiator muriarius* Or. 7260.

7) Plin. *n. h.* 31, 95: *Vitium huius (muriae) est allex, imperfectae nec colatae faex.*

8) Die Sclaven auf dem Lande erhalten zum Zubereiten der Speisen entweder Oliven oder *allex* und Essig. Cato *de r. r.* 58.

9) Mart. 11, 27, 6; 3, 77, 5: *putri cepas halece natantes.*

10) Plin. *n. h.* 31, 95. 96: *coepit tamen et privatim (allex) ex inutili pisciculo minumoque confici, apuam nostri, aphyen Graeci vocant. — Transiit deinde in luxuriam, creveruntque genera ad infinitum, sicuti garum ad colorem mulsi veteris adeoque dilutam suavitatem ut bibi possit. — Sic allex pervenit ad ostreas, echinos, urticas maris, mullorum iocinera.* Vgl. 9, 66. Solch einen *allex* meint Hor. *sat.* 2, 4, 73. Inschr. eines pompeianischen *urceus*, *Bull. d. Inst.* 1877 p. 169: *hallex optuma.*

Aller dieser Saucen bediente man sich als *condimentum* bei der Zubereitung der Speisen,[1]) des *garum* auch in verschiedenen Mischungen, indem man es mit Wein als οἰνόγαρον,[2]) oder mit Oel als γαρέλαιον,[3]) oder mit Essig als ὀξύγαρον,[4]) oder mit Wasser als ὑδρόγαρον[5]) präparirte. Caviar ist unter keinem der besprochenen Namen zu verstehen;[6]) denn wiewohl er bereits im Alterthum existirte, so wird er doch nur einmal erwähnt[7]) und blieb ziemlich unbekannt, wie Köhler bemerkt, ohne Zweifel deshalb, weil frischer Caviar nach Italien und Griechenland des Klimas wegen nicht ausgeführt werden konnte, gepresster und stark gesalzener aber zu den Delicatessen nicht gehörte.

Austern. Gleichzeitig mit den Fischen fanden die Austern Bewunderung, denen unter allen Tischgenüssen die Palme ertheilt wird.[8]) Schon Ennius rühmt die Austern von Abydos,[9]) kurz vor dem marsischen Kriege legte C. Sergius Orata den ersten Austerpark im Lucriner See an,[10]) aus dem die berühmten lu-

1) Als gewöhnliche Würzen, die man beim Kochen braucht, giebt Athen. 1 p. 6a an ἔλαιον, οἶνον, γάρον, ὄξος.

2) Apicius 1, 31. Martial. 7, 27, 8: *mixta Falerna garo*; öfters von den Aerzten erwähnt. S. Köhler p. 403 ff., welcher anführt Jul. Africanus *ad calcem Math. Vett.* p. 300a Paris 1692: ἀλλὰ καὶ γάρος ἐξ ἅλμης (*muria*) ἀκράτου, μέρους ἑνὸς καὶ δύο οἴνου τοῦ γλυκέος. Ein Recept für die Bereitung des οἰνόγαρον unter dem Titel *Confectio liquaminis quod oenogarum vocant*, ist erhalten in der St. Galler Handschrift cod. 899 und herausgegeben in den Mittheil. der antiq. Gesellschaft in Zürich Bd. XII H. 6 (1859) S. VI, und neuerdings von Rose *Hermes* VIII S. 226.

3) Hesych. γαρέλον (lies γαρέλαιον)· γάρος καὶ ἔλαιον.

4) Mart. 3, 50, 4. Athen. 9 p. 366c: ὁρῶ δὲ καὶ μετ' ὄξους ἀναμεμιγμένον γάρον. οἶδα δὲ ὅτι νῦν τινες τῶν Ποντικῶν ἰδίᾳ καθ' αὑτὸ κατασκευάζονται ὀξύγαρον.

5) Theophanes Nonn. c. 156 p. 12; 158 p. 18; 162 p. 23. Die Stelle Lamprid. *Heliogab.* 29: *hydrogarum — — primus publice exhibuit, cum antea militaris mensa esset* wird von Köhler p. 403 falsch verstanden; es ist nicht die Rede von dem Mahle des Kaisers, sondern von einem *congiarium* (s. Staatsverwaltung II² S. 136. Der Kaiser wird an dieser Mischung, die nach Apicius 2, 2 einen Theil *garum* und sieben Theile Wasser hatte, keinen Geschmack gefunden haben.

6) Falsch versteht so Orelli *allex* bei Hor. *sat.* 2, 4, 73.

7) Diphilus bei Athen. 3 p. 121c: τὰ μέντοι τῶν ἰχθύων καὶ τῶν ταρίχων ᾠὰ (frischer und gesalzener Caviar) πάντα δύσπεπτα. — γίνεται δὲ εὔστομα μεθ' ἁλῶν σβεσθέντα καὶ ἐποπτηθέντα. Das μεθ' ἁλῶν σβεσθέντα verstehe ich in Salzwasser gewässert, wie Plut. *qu. conv.* 1, 9, 1, 1, p. 759 D. sagt τάριχος ἅλμῃ βρέχεται.

8) Plin. *n. h.* 32, 59.

9) Ennius *fr. Heduph.* p. 166, 2 Vahlen. Vgl. meine Schr. Cyzicus und sein Gebiet S. 36.

10) Plin. *n. h.* 9, 168. Val. Max. 9, 1, 1. Macrob. *sat.* 3, 15, 3. Augustinus *de beata vita* 26 p. 308 Bened. Vgl. Varro *de r. r.* 3, 3, 10. Colum. 8, 16, 5.

criner Austern kamen.[1]) Ein ähnlicher war im *lacus Avernus.*[2]) Daneben kannte man eine grosse Anzahl fremder Sorten, die Mucianus bei Plinius,[3]) Ausonius in seinem *Carmen de ostreis* und andere[4]) aufzählen, von denen ein grosser Theil in Rom gegessen wurde,[5]) wie die von Brundusium und später die englischen[6]) und zu Ausonius' Zeit die französischen von Bordeaux,[7]) welche dort künstlich gezogen wurden.[8])

5. Oel und Wein. Wir haben oben bei der Aufzählung der Feld- und Gartenfrüchte zwei Productionszweige absichtlich übergangen, die für die spätere Bewirthschaftung des italischen Bodens besonders charakteristisch sind, nämlich den Oel- und Weinbau. Die Oelcultur[9]) ist in Italien nicht ursprünglich, aber doch etwa seit der Zeit der Tarquinier in Latium vorhanden, und hat sich von da nach dem Occident, namentlich nach Spanien und Frankreich verbreitet.[10]) Sie gedieh so vortrefflich, dass das italienische Oel, namentlich das von Venafrum,[11]) von Casinum[12]) und das sabinische[13]) für das schönste der Welt galt[14]) und auch auswärts reichlichen Absatz fand. Demnächst wird gerühmt das von Istrien und von Baetica.[15]) Der Weinstock dagegen findet sich nicht nur in Unteritalien, sondern auch in der Poebene schon in der ältesten Zeit,[16]) obwohl die Production guter Weine[17]) erst in der Periode beginnt, in welcher der Getreidebau aufhörte. In Rom stand der Weinbau unter dem Schutze des Jupiter, dem zweimal im Jahre die Vinalia gefeiert wurden;[18]) die Weinlese eröffnete der *flamen Dialis*;[19]) die

Oelbau.

Weinbau.

---

1) Strabo 5 p. 245. Hor. *epod.* 2, 49. Mart. 6, 11, 5.
2) Plin. *n. h.* 32, 61. 3) Plin. *n. h.* 32, 62.
4) S. namentlich Oribasius I p. 147 Daremb.
5) Plin. a. a. O. 6) Plin. *n. h.* 9, 169. 7) Auson. *de ostr.* 19.
8) Sidon. Apoll. *ep.* 8, 12 nennt sie *opimata vivariis ostrea.* S. Savaro z. d. St. p. 541.
9) Plin. *n. h.* 15, 1—34. Mommsen R. G. I[6] S. 287. Hehn S. 98 ff.
10) Plin. l. l. § 1.
11) Plin. l. l. 8. Hor. *od.* 2, 6, 16; *sat.* 2, 4, 69; 2, 8, 45. Strabo 5 p. 238. Mart. 12, 63, 1; 13, 101.
12) Varro bei Macrob. *sat.* 3, 16, 12. 13) Galen. XII p. 513.
14) Plin. l. l. § 8; 37, 202. 15) Plin. 15, 8. Vgl. Galen. XII p. 513.
16) Helbig Die Italiker in der Poebene S. 109.
17) S. Henderson *The History of ancient and modern wines.* London 1824. 4.; übersetzt: Geschichte der Weine der alten und neuen Zeiten. Weimar 1833. 8. C. F. Weber *De agro Falerno.* Marburgi 1855. 4.; *De vino Falerno.* Marb. 1856. 4. J. F. C. Hessel Die Weinveredlungsmethoden des Alterthums. Marburg 1856. 4. G. Lehmann *De vini apud Romanos apparatu curaque.* Wernigerode 1872. 4. Becker *Gallus*, bearb. von Göll, III S. 412 ff.
18) Staatsverwaltung III S. 320. 19) Staatsverwaltung III S. 320 A. 8.

vineae werden in den zwölf Tafeln erwähnt,[1]) aber der Gebrauch des Weines war im alten Cult ein beschränkter[2]) und aller italische Wein entbehrte noch in der Periode, in welcher Campanien in römischen Besitz kam, des Ruhmes, den er später erlangt hat. Cineas, der Gesandte des Pyrrhus, scherzte über den sauern Wein der Albanerberge.[3]) Weder Plautus noch Cato kennen den Falerner, sondern der erste rühmt den Wein von Leucas, Lesbos, Thasos, Cos[4]) und Chios,[5]) der zweite macht *vinum Graecum*[6]) und namentlich *vinum Coum*[7]) nach einem Recept aus einheimischen Sorten;[8]) die Aerzte bedienten sich in dieser Zeit zu ihren Curen nur griechischer Weine,[9]) und die merkwürdigen Funde rhodischer Amphorae, deren Henkelinschriften dem Charakter der Schrift nach in die Zeit von 150 bis 30 v. Chr. zu setzen sind, beweisen, dass in dieser Zeit der rhodische Wein nicht nur in die Städte des schwarzen Meeres, namentlich der Krim, nach Alexandria, Athen, Sicilien[10]) und Sardinien,[11]) sondern auch in Latium, namentlich in Praeneste,[12]) das später selbst guten Wein baute, und vielleicht viel früher in Etrurien[13]) eingeführt wurde. In dem berümten Weinjahre des Consuls Opimius 633 = 121[14]) waren die überseeischen

1) Festus p. 364ᵇ, 24 *s. v. tignum.*

2) Plin. *n. h.* 14, 88: *Romulum lacte, non vino libasse indicio sunt sacra ab eo instituta, quae hodie custodiunt morem. Numae regis Postumia lex est: Vino rogum ne respargito, quod sanxisse illum propter inopiam rei nemo dubitet. — M. Varro auctor est Mezentium Etruriae regem auxilium Rutulis contra Latinos tulisse vini mercede quod tum in Latino agro fuisset.* § 89: *Non licebat id feminis Romae bibere, invenimus inter exempla Egnati Mecenni uxorem, quod vinum bibisset e dolio, interfectam fusti a marito, eumque caedis a Romulo absolutum.*

3) Plin. *n. h.* 14, 12.

4) Plaut. *Poen.* 699.

5) Plaut. *Curc.* 79.

6) Cato *de r. r.* 24. 105.

7) Cato *de r. r.* 112.

8) Diese Sorten zählt er auf c. 6, 4.

9) Galen. XIV p. 28.

10) Franz *praef. ad C. I. Gr.* III p. II ff. P. Becker *Bulletin de la classe historico-philologique de l'acad. de Pétersbourg* XI p. 305 ff.; XII p. 52 ff. Stephani *Tituli Graeci. Pars II.* (*Ind. schol. univ. Dorpat.* 1848.) Ders. *Antiquités du Bosphore cimmérien.* Texte II p. 324 ff. Ders. *Bull. de l'Acad. de Pétersb.* 1856 p. 250 ff.; 1860 p. 150 ff. Dumont *Archives des missions scientifiques.* Deuxième série VI p. 75 ff.

11) Henzen *Bullettino* 1865 p. 72.

12) Ueber den in Praeneste gemachten Fund von 23 rhodischen Amphoren s. Henzen *Bull.* 1865 p. 72 ff. Fernique *Étude sur Préneste* p. 48.

13) In einem Grabe von Vulci fand sich eine rhodische Amphora. Henzen a. a. O. p. 77.

14) Plin. *n. h.* 14, 94: *Apothecas fuisse et diffundi solita vina anno DCXXXIII urbis adparet indubitato Opimiani vini argumento, iam intellegente suum bonum Italia. Nondum tamen ista genera in claritate erant. Itaque omnia*

Weine noch fast allein in Geltung, und erst spätere Zeiten würdigten die einheimischen Sorten dieses Jahrganges.[1] Der Falerner kommt zuerst bei Catull[2] und Varro[3] vor und verdankt seinen Ruhm der sorgfältigen Behandlung, welche die Römer ihm zu Theil werden liessen,[4] und auf welche die uns erhaltenen Schriften über den römischen Landbau ein grosses Gewicht legen,[5] weil der Weinbau in Italien bei rationeller Wirthschaft sehr einträglich war.[6] Nach dem Ansatze des Julius Graecinus,[7] der unter Caligula starb, können 7 *iugera* Weinland, d. h. 7 preussische Morgen,[8] von einem *vinitor* besorgt werden.

Einträglichkeit desselben.

Diese 7 Morgen kosten	7000 HS.
Der Winzer, ein Sclave, kostet	8000 ,,
Die Weinstöcke und das Inventar . . .	14000 ,,
Hiernach beträgt das Anlagecapital . . .	29000 HS.
Rechnet man hierzu die Zinsen zweier Jahre, in welchen die Stöcke noch nicht tragen, zu 6% mit	3480 HS.
so beträgt das ganze Capital	32480 HS.

Dieses Capital würde zu 6% jährlich $1948^4/_5$ oder in runder Summe 1950 HS. einbringen müssen, aber selbst die schlechtesten Weinberge geben auf den Morgen einen *culleus* = 20 *amphorae* = 40 *urnae*, d. h. in Geld 300 HS., 7 Morgen also 2100 HS. Columella hält indessen diesen Anschlag für viel zu gering; nach ihm bringt jeder Morgen bei guter Cultur 3 *cullei*,[9] also 7 Morgen 6300 HS., was etwa 18% des Capitals ergiebt, während ausserdem der Verkauf der Setzlinge noch eine erhebliche Rente gewährt, so dass, wenn man auch die von Columella nicht berücksichtigten Missernten, Unterhaltungskosten und ausserordentliche Ausgaben abrechnet, die Capitalanlage in den

tunc genita unum habent consulis nomen. Sic quoque postea diu transmarina in auctoritate fuerunt et ad avos usque nostros.

1) Cic. *Brut.* 83, 287. Mart. 1, 26, 7; 2, 40, 5; 3, 82, 24 u. ö.

2) Catull. 27, 1.

3) Varro *de r. r.* 1, 2, 6.

4) Plin. *n. h.* 14, 62.

5) Cato *de r. r.* 19—28. 33. 41. 43. 49. 68. 69. 105—115. 120. 125. 152—154. Varro *de r. r.* 1, 8. 25. 26. 54. 65. Columella lib. 3. 4. 5, 1—5. 12, 18—41.

6) Colum. 3, 3, 2: *Interim studiosi agricolationis hoc primum docendi sunt, uberrimum esse reditum vinearum.* Und weiter rechnet er den Ertrag des *iugerum* auf 20 *amphorae*.

7) Bei Colum. 3, 3, 8 ff.

8) Ein *iugerum* = 0,98655 pr. Morgen.

9) Besonders gute *vineae* lieferten viel mehr, nämlich 7, 10, auch 15 *cullei* auf den Morgen. Plin. *n. h.* 14, 52. Varro *de r. r.* 1, 2, 7.

Weinbergen eine sehr vortheilhafte gewesen sein muss. Eine solche Einträglichkeit des Geschäftes veranlasste einerseits zu grosser Aufmerksamkeit und Sorgfalt, durch welche es gelang, eine Anzahl italischer, namentlich campanischer Sorten zu den ersten Weinen der Welt zu machen [1]) und ihnen nicht nur im ganzen römischen Reiche, selbst Griechenland nicht ausgenommen,[2]) sondern auch ausserhalb der römischen Grenzen bis nach Indien [3]) hin einen Markt zu eröffnen, so dass die Masse des Weines nicht ausreichte, die Nachfrage zu befriedigen,[4]) andererseits aber zu dem Bestreben, den italischen Weinbau möglichst zu monopolisiren, d. h. die Weincultur in den Provinzen zu beschränken. Schon im Jahre 625 = 129, in welches Cicero seinen Dialog *de republica* setzt, bestand eine Verordnung, wonach in den transalpinischen Provinzen, d. h. besonders in Gallien, wohin eine bedeutende Ausfuhr italischen Weines stattfand,[5]) niemand neue Wein- und Oelpflanzungen anlegen (*oleam et vitem serere*) durfte,[6]) eine Verordnung, die bis zur Zeit des Kaisers Probus in Geltung war.[7]) Der Sinn derselben ist aber nicht ein absolutes Verbot des Weinbaus, denn in Gallien wurde, lange ehe der zuerst von Ausonius erwähnte Bordeauxwein [8]) zu Ruhm gelangte, vielerlei Wein gebaut, theils von den Massalioten,[9]) welche das Verbot überhaupt nicht traf, theils von den Allobrogern, die einen einheimischen Weinstock, *vitis Allobrogica, domi nobilis nec agnoscenda alibi*,[10]) besassen, von den Aeduern,[11]) den Viennensern und Helviern an der Rhone, den

1) Plin. *n. h.* 14, 8. Colum. 3, 8, 5: *Neque enim dubium est, Massici, Surrentinique et Albani atque Caecubi agri vites omnium, quas terra sustinet, in nobilitate vini principes esse.* 2) Lucian. *Navig.* 23.

3) Arriani *peripl. mar. Erythr.* c. 6. 49.

4) Galen. XIV p. 77: καὶ κατὰ τὸν οἶνον δὲ τὸν Φαλερῖνον ὅμοιόν τι συμβέβηκεν. ἐν μικρῷ γάρ τινι χωρίῳ τῆς Ἰταλίας ὀλίγος γεννώμενος, ὡς δῆθεν αὐτὸς ἐκεῖνος ὢν εἰς ἅπασαν τὴν ὑπὸ Ῥωμαίοις γῆν εἰσκομίζεται, σκευαζομένων δ' ἄλλων οἴνων εἰς ὁμοίου πανουργίαν ὑπὸ τῶν περὶ ταῦτα δεινῶν.

5) Cic. *pr. Font.* 9, 19 und dazu Mommsen in Halm's Ausgabe Vol. II, 1 p. 477. Die Stelle bezieht sich auf das Jahr 69 v. Chr. Athen. p. 152c.

6) Cic. *de rep.* 3, 9, 16: *Nos vero iustissimi homines, qui transalpinas gentes oleam et vitem serere non sinimus, quo pluris sint nostra oliveta nostraeque vineae: quod cum faciamus, prudenter facere dicimur, iuste non dicimur.*

7) Vopiscus *Prob.* 18, 8: *Gallis omnibus et Hispanis ac Britannis hinc permisit, ut vites haberent vinumque conficerent.* Eutrop. 9, 17: *Vineas Gallos et Pannonios habere permisit.* Aurel. Vict. *Caes.* 37: *Galliam Pannoniasque et Moesorum colles vinetis replevit.*

8) Auson. *carm. de ostreis* (*epist.* 9) 21. 9) Strabo 4 p. 179.

10) Plin. *n. h.* 14, 26. Colum. 3, 2, 16.

11) Dass Gallien, bevor Probus das Verbot aufhob, schon Wein baute, zeigt

Sequanern am Jura,[1]) von welchen Sorten der Wein von Vienne nicht nur in Gallien berühmt und theuer,[2]) sondern auch in Rom beliebt[3]) war. Verboten war nur die Anlage neuer *vineae* und der Kauf und Verkauf der Senklinge, welcher zu den besonderen Vorzügen des *ager iuris Italici* gehörte.[4]) In gar keinem Zusammenhange mit dieser Anordnung steht das Edict des Domitian,[5]) welcher in der Besorgniss, dass der Weinbau den Getreidebau beeinträchtige, sowohl in Italien neue Weinpflanzungen auzulegen verbot, als in den Provinzen, auch in den östlichen, den Weinbau grösstentheils beseitigt wissen wollte. Das Edict ist überdies nicht zur Ausführung gekommen,[6]) und der Wein ist in ganz Italien wie in Griechenland und Asien ein Hauptgegenstand der Production, in allen Handelsorten aber ein Hauptartikel geblieben. Die Weinhändler Roms,[7]) zum Theil Freigelassene,[8]) von denen auch die Tabernen[9]) ihre Waare bezogen, Weinhändler.

des Eumenius im Jahre 311 gehaltene *Gratiarum actio Constantino Aug.* 6, wo es vom Lande der Aedui heisst: *Ipsae denique vineae, quas mirantur ignari, ita vetustate senuerunt, ut culturam iam paene non sentiant: radices enim vitium, quarum iam nescimus aetatem, millies replicando congestae, altitudinem debitam scrobibus excludunt* u. s. w. Diese Weinstöcke von undenklichem Alter mussten lange vor Probus († 282) gepflanzt sein; wären sie erst nach ihm gesetzt, so wären sie damals 29 Jahre alt gewesen.

1) Plin. *n. h.* 14, 18. 43. 2) Plin. *n. h.* 14, 57.

3) Plut. *qu. conv.* 5, 3, 1, 10 p. 822 D.: ἐκ δὲ τῆς περὶ Βίενναν Γαλατίας ὁ πισσίτης οἶνος καταχομίζεται, διαφερόντως τιμώμενος ὑπὸ Ῥωμαίων.

4) In der bereits angeführten Stelle des Columella 3, 3, in welcher er den Ertrag des Weinlandes berechnet, heisst es § 11: *Et adhuc tamen sic computavimus, quasi nullae sint viviradices, quae de pastinato eximantur. cum sola ea res* (d. h. der Verkauf der Setzlinge) *omnem impensam terreni pretio suo liberet, si modo non provincialis sed Italicus ager est.* Nicht richtig erklärt diese Stelle Huschke Ueber den Census und die Steuerverfassung der früheren röm. Kaiserzeit S. 117.

5) Suet. *Dom.* 7: *Ad summam quondam ubertatem vini, frumenti vero inopiam existimans nimio vinearum studio negligi arva, edixit, ne quis in Italia novellaret, utque in provinciis vineta succiderentur, relicta ubi plurimum dimidia parte: nec exsequi rem perseveravit.*

6) Dies schreibt Sueton. c. 14 seiner Bedenklichkeit, Philostratus dagegen, der das Edict zweimal (*V. Apoll.* 6, 42 und *V. Soph.* 1, 21, 6) erwähnt, der Beredsamkeit des Sophisten Scopelianus zu, der im Auftrage der Asiaten die Aufhebung des Edictes erwirkte.

7) Orelli 4253 = *C. I. L.* IX, 4680: *A. Herennuleius Cestus negotiator vinarius a septem Caesaribus idem mercator omnis generis mercium transmarinarum.* Ib. 4249 = *C. I. L.* VI, 9676: *Negotians salsamentarius et vinariarius. C. I. L.* VI, 9679—9682. 9992. 9993. Plaut. *Asin.* 436, Sallust. bei Non. p. 264, 17, Suet. *Claud.* 40 brauchen *vinarius* allein, in den beiden letzten Stellen von einem *tabernarius*, Weinschenker.

8) Orelli 4229 = *C. I. L.* X, 6493: *L. Papius L. l. Phaselus mercator vinarius.* Or. 5086 = *C. I. L.* VI, 9993: *P. Sergius P. P. l. Demetrius vinarius de Velabro.* Ein anderer Freigelassener Or. 5087 = *C. I. L.* VI, 9671 nennt sich auch *negotiator penoris et vinorum de Velabro a IIII Scaris.*

9) *Dig.* 33, 7, 7: *Tabernam cum coenaculo Pardalae manumisso testamento*

wurden von Alexander Severus in Corporationen vereinigt,[1]) von denen eine, die *negotiantes vini supernates*[2]) im *mare superum*, d. h. im adriatischen Meere, ihren Handel trieben, während wahrscheinlich eine zweite Corporation der *infernates*[3]) für den Handel im Westen Italiens bestand. Es gab in Rom einen *portus vinarius*[4]) und ein *forum vinarium*,[5]) und man ist einstimmig darüber, dass der bekannte *monte testaccio* im Laufe von Jahrhunderten aus den für den Transport gebrauchten *amphorae* der Niederlagen zwischen dem Aventinus und dem Tiber entstanden ist.[6]) Ebenso war in Ostia ein *forum vinarium*[7]) und ein doppeltes Collegium der *negotiatores vinarii ab urbe*[8]) oder *urbani* und der *negotiatores Ostienses*.[9]) In Lugdunum stehen die Weinhändler den Rittern und *Seviri Augustales* im Range gleich[10]) und haben eigene Niederlagen an der Saône, welche, wie die Buden der Handelsleute in den *castra stativa*[11]) und auch in Rom selbst,[12]) den Namen *Canabae* führen.[13])

Um sich von der Ausdehnung des Geschäftes eine Vorstellung zu machen, ist es von einigem Interesse zu bemerken, dass ausser den ordinären Weinen[14]) nach Plinius etwa 80 be-

---

legaverat cum mercibus et instrumentis — item horreum vinarium cum vino et vasis et instrumento et institoribus.

1) Lamprid. *Al. Sev.* 33, 2: *Corpora omnium constituit vinariorum lupinariorum caligariorum et omnino omnium artium.*

2) Orelli 995 = *C. I. L.* VI, 1101.

3) So giebt es *navicularii infernates* in diesem Sinne Orelli 1084.

4) *C. I. L.* VI, 9189. 9190. 5) *C. I. L.* VI, 9181.

6) S. Reifferscheid in *Bullett. dell' Instit.* 1865 p. 235 und die sorgfältige Untersuchung von Dressel *Annali* 1878 p. 118—192. Dass der Berg ganz allmählich angewachsen ist, sieht man mit Sicherheit daraus, dass die bis jetzt gefundenen datirten *Amphorae* desselben von 140—255 n. Chr. gehen. S. Dressel a. a. O. p. 167.

7) Orelli 4109. 8) Orelli 4109.

9) Orelli 3921: *QQ(uinquennalis) CORPORum VINariorum VRBanorum ET OSTiensium.*

10) In der Inschr. Orelli 4020 = Boissieu *Inscr. de Lyon* p. 160 vertheilt S. Ligurius als *Sportula (De)curionibus denarios V, ordini equestri, IIIIIIviris Aug(ustalibus), negotiatorib(us) vinari(is) denarios III et omnib(us) corporib(us) Lug(uduni) licite coeuntibus denarios II.* Vgl. Boissieu a. a. O. p. 398.

11) Staatsverwaltung I² S. 19. 20.

12) S. die Inschriften bei Mommsen in Zeitschr. für gesch. Rechtswiss. XV, 3 S. 337.

13) Die *negotiatores vinarii Luguduni consistentes* (Henzen 7254 = Boissieu p. 390) heissen daher auch *negotiatores vinarii Luguduni in Kanabis consistentes* (Orelli 4077. 7007 = Boissieu p. 207. 209). Ueber die *Kanabae* vgl. auch Boissieu p. 399.

14) In dem *Ed. Diocl.* 2, 8—10 werden unterschieden überjähriger Wein erster Sorte (*vinum vetus primi gustus*), überjähriger Wein zweiter Sorte (*vinum vetus sequentis gustus*) und Landwein, *vinum rusticum*. Ein griechisches

rühmte Sorten in den römischen Handel kamen, von denen Italien zwei Drittel lieferte.[1] Dabei sind nicht gerechnet die Sorten, welche ausserhalb Italien in besonderer Geltung waren,[2] sowie die künstlichen Weine, deren wir unten noch Erwähnung thun werden. Unter den Weinen von Latium bis zum Liris hinunter[3] nehmen den ersten Rang ein der von Alba,[4] ein edles,[5] dem Falerner gleichgeschätztes Gewächs,[6] von Formiae,[7] Fundi,[8] Gabii,[9] vom ager Latiniensis,[10] von Labici,[11] Nomentum,[12] Praeneste,[13] Privernum,[14] Venafrum,[15] Velitrae,[16] der Sabiner, welcher wegen seiner Leichtigkeit den Fieberkranken empfohlen wurde,[17] der von Setia, den Augustus allen anderen vorzog,[18] von Signia,[19] Tibur[20] und vor allen der Caecuber, der bei Amunclae wuchs,[21] vor Augustus für den ersten italischen Wein galt,[22] aber zu Plinius' Zeit nicht mehr gebaut

Italische Weine.

Exemplar dieses Capitels ist neuerdings entdeckt und herausgegeben von Joh. Schmidt Mittheilungen des deutschen arch. Inst. in Athen V (1880) S. 70 ff.

1) Plin. *n. h.* 14, 87.

2) Verzeichnisse der Weinsorten geben ausser Plinius *n. h.* 14, 53—76 Galen. Vol. VI p. 275. 334—339. 800 ff. X p. 483. 831. XIV p. 28 ff. und Oribasius I p. 338. Athenaeus 1 p. 26c—34. Schneider *Ind. scr. r. r.* p. 411.

3) Plin. *n. h.* 3, 59. 60.

4) Hor. *od.* 4, 11, 1: *Est mihi nonum superantis annum Plenus Albani cadus.* Galen. VI p. 334. Steph. Byz. p. 69.

5) εὐγενής Galen. Vol. X p. 485.

6) Hor. *sat.* 2, 8, 16. Strabo 5 p. 234. Columella 3, 8, 5: *neque enim dubium est, Massici, Surrentinique et Albani atque Caecubi agri vites omnium, quas terra sustinet, in nobilitate vini principes esse.* Plin. *n. h.* 14, 64. Mart. 13, 109. Juv. 13, 214: *Albani veteris pretiosa senectus.* Athen. 1 p. 26d. p. 33a. Dioscor. 5, 10.

7) Hor. *od.* 1, 20, 11. Athen. 1 p. 26e.

8) Strabo 5 p. 234. Plin. *n. h.* 14, 65. Mart. 13, 113. Athen. p. 27a. Aretaeus *de acut. morb. cur.* 2 p. 213 Ermer. *C. I. L.* IV, 2552.

9) Galen. VI p. 334.

10) Plin. *n. h.* 14, 67. Den *ager Latiniensis* nennt Cic. *de har. resp.* 10, 20 *suburbanus.* Vgl. § 62.

11) Athen. 1 p. 26f.

12) Colum. 3, 3, 3. Mart. 1, 105; 10, 48, 19; 13, 119. Athen. 1 p. 27b. (Der Nomentaner war nach diesen Stellen keine hervorragende Sorte. S. Zippel Hist. Zts. 1884 S. 491.)

13) Athen. 1 p. 26f.

14) Plin. § 65. Athen. p. 26e.

15) Athen. 1 p. 27c.

16) Plin. *n. h.* 14, 65. Athen. 1 p. 27a.

17) Mart. 10, 49. Galen. Vol. VI p. 334. X p. 483. 484. 485. XV p. 648. *Ed. Diocl.* 2, 3. Daher trank ihn Maecenas. Hor. *od.* 1, 20 und Meineke zu der Stelle. Athen. p. 27b.

18) Strabo 5 p. 234. Plin. § 61. Juv. 5, 34; 13, 213; 10, 27. Mart. 4, 69; 6, 86; 13, 112. Statius *silv.* 2, 6, 90. *Ed. Diocl.* 2, 5.

19) Galen. VI p. 334. X, 831. Mart. 13, 116. Athen. 1 p. 27b.

20) Galen. VI p. 334. X, 831. Athen. p. 26e. *Ed. Diocl.* 2, 2.

21) Plin. 14, 61. Nach Vitruv. 8, 3, 12 wächst er zwischen Terracina und Fundi. Vgl. Strabo 5 p. 231. 233. 234.

22) Plin. l. l. Vgl. Strabo 5 p. 231. Horat. *od.* 1, 20, 9; 37, 5; 2, 14, 25; 3, 28, 3. *epod.* 9, 1. 36. Colum. 3, 8, 5. Martial. 6, 27, 9; 13, 115.

wurde,[1]) obwohl sein Name sich noch lange als generelle Bezeichnung alten, edlen Weines erhielt.[2]) Unter den campanischen Weinen ist zuerst zu nennen der Falerner, der im Norden des Volturnus 6 Miglien östlich von Sinuessa[3]) wächst. Man unterscheidet nach der Lage *vinum Caucinum*,[4]) *Faustianum*[5]) und *Falernum* im engeren Sinne,[6]) nach dem Geschmacke herben und süssen, zu welchem letzteren der faustianische gehört,[7]) nach der Farbe gelben (κιρρός)[8]) und schwarzen.[9]) Am besten ist der Falerner im 15. Jahre;[10]) man trank zwar auch ganz alte Jahrgänge,[11]) aber diese galten als weniger gesund[12]) und sehr erhitzend.[13]) Schon zu Plinius' Zeit verlor der Falerner an Güte; man suchte nur viel auf den Markt zu bringen,[14]) vernachlässigte die Behandlung und erlaubte sich alle Arten von Fälschung.[15]) In unmittelbarer Nähe des Ager Falernus wurden

---

1) Nero's Canalbauten hatten die Pflanzungen beschädigt. Plin. l. l.; vgl. 23, 35.

2) Athen. p. 27a. Dioscorides 5, 10. Galen. VI p. 805, 809. X, p. 834: Ὁποῖος καὶ ὁ Καίκουβος ἐπὶ τῆς Ἰταλίας, ὅς οὐχ ἕν τι γένος ἐστὶν οἴνου τοιούτου ἐξ ἀρχῆς, ὡς ἔνιοι νομίζουσι, ἀλλὰ ὑπὸ παλαιότητος εἰς τοῦτ' ἥκων, ὡς πυῤῥὰν ἔχειν χρόαν, ὅθενπερ καὶ ὄνομα αὐτῷ. Eine *amphora* mit der Aufschrift *Caec.* s. *Bullett. comunale* 1879 p. 54 n. 11.

3) Plin. *n. h.* 14, 62. Strabo 5 p. 233.

4) Plin. § 63: *Quidam ita distinguunt, summis collibus Caucinum gigni, mediis Faustianum, imis Falernum.* Athen. p. 27c.

5) Dass diese Sorte nicht *Faustinianum* hiess, wie L. Jahn auf Grund des Mone'schen Palimpsestes schreibt, beweist Fronto *de feriis Alsiensibus* 3 p. 224 Naber: *Faustiana vina de Sullae Fausti cognomento felicia appello* und die häufige Erwähnung des Namens. S. Galen. Vol. VI p. 801 Φαυστιανὸς Φαλερῖνος, X p. 832 γλυκύς, ὃν ὀνομάζουσι Φαυστῖνον, wo wohl auch zu lesen ist Φαυστιανόν. XIV p. 20. 267. Oribasius I p. 346 Daremb. Vgl. Weber a. a. O. p. 15 n. 2. Eine pompeianische Amphora *C. I. L.* IV, 2553 aus dem Jahre 47 n. Chr. hat die Inschrift *Faus.*

6) Amphoren, bezeichnet *Fal.*, s. *C. I. L.* IV, 2565a. 2566. *Bullett. comunale* 1879 p. 55 n. 12.

7) Galen. XIV p. 20, p. 267. X p. 832. Athen. p. 26c. Plin. § 63 unterscheidet drei Sorten: *austerum, dulce, tenue.*

8) Zu diesen gehört der faustianische Wein. Galen. VI p. 801.

9) *nigrum* Mart. 8, 56, 14; 77, 5; 9, 22, 8; 11, 8, 7; 50, 7. Orelli 2591 = *C. I. L.* VI, 9797. *fuscum* Mart. 2, 40, 6.

10) Plin. *n. h.* 23, 34. Nach Athen. p. 26c vom 15. bis 20. Jahre.

11) *Vetulum Falernum* Catull. 27, 1. Mart. 1, 19; 8, 77, 5; 11, 26, 3. *Annosum* Mart. 6, 27, 5.

12) Cic. *Brut.* 83, 287: *Ut, si quis Falerno vino delectetur, sed eo nec ita novo, ut proximis consulibus natum velit, nec rursus ita vetere, ut Opimium aut Anicium consulem quaerat — atqui hae notae sunt optimae; credo: sed nimia vestutas nec habet eam, quam quaerimus, suavitatem nec est iam sane tolerabilis.* Plin. *n. h.* 23, 34. Cic. bei Macrob. *sat.* 2, 3, 2.

13) Der Falerner heisst oft *ardens* (Hor. *od.* 2, 11, 19. Mart. 9, 73, 5). *forte, severum, vehemens*, θερμόν. S. die Stellen bei Weber p. 19.

14) Plin. *n. h.* 14, 62.

15) Galen. XIV p. 77.

auf dem Mons Massicus,[1]) dem Ager Statanus,[2]) bei Cales [3]) und Trebula[4]) die gleichnamigen Weine gewonnen, südlich vom Volturnus aber der Wein von Capua,[5]) namentlich vom Ager Caulinus,[6]) ferner die neapolitanischen Weine[7]) *vinum Trebellicum*[8]) und *vinum Trifolinum*,[9]) dem Range nach die siebente Sorte,[10]) endlich die noch jetzt berühmten Weine vom Vesuv,[11]) *vinum Vesvinum* und *Vesuvinum*,[12]) der von Pompeii,[13]) vom Mons Gaurus,[14]) der von Cumae, Οὐλβανός genannt,[15]) und von Surrentum, welchen letzteren zwar Tiberius edlen Essig nannte, die Aerzte aber als gesund empfahlen.[16]) Freilich musste er 25 Jahre alt sein, um trinkbar zu werden.[17]) Unter den lucanischen Weinen[18]) haben Ruf die von Buxentum,[19]) die *vina Lagarina* von Gru-

---

1) Hor. *od.* 1, 1, 19; 2, 7, 21; 3, 21, 5. *sat.* 2, 4, 51. Verg. *ge.* 2, 143. *Aen.* 7, 726. Statius *silv.* 4, 3, 64. Mart. 1, 26, 8; 3, 49; 4, 13, 4. 69, 1. Er rechnet ihn 13, 111 zum Falerner; doch Plin. *n. h.* 3, 60; 14, 64 unterscheidet ihn davon.

2) Strabo 5 p. 234. Plin. *n. h.* 14, 65; 23, 36. Athen. p. 26e.

3) Hor. *od.* 1, 20, 9. 31, 9. 4, 12, 14. Plin. 14, 65. Athen. p. 27a.

4) Plin. *n. h.* 14, 69.

5) Καπυανός Athen. p. 27b. Polybius bei Athen. p. 31d. Amphora mit der Aufschrift Καπυανός *C. I. L.* IV, 2833; mit der Aufschrift *Am(i)neu(m) Campan(um) Bullett. comunale* 1879 p. 56, n. 14. Ueber die *vitis Aminea* s. Verg. *ge.* 2, 97, Servius u. Philarg. z. d. St. Cato *de r. r.* 6, 4; 7, 1. Colum. 3, 9, 3. Plin. *n. h.* 14, 21. Macrob. *sat.* 3, 20, 7. Sie stammt nach Macrob. l. l. aus dem *ager Falernus*, wurde aber in verschiedenen Gegenden Italiens (Plin. l. l. Galen. VI p. 335), auch in Sicilien (Galen. XIII p. 659) und in Bithynien (Galen. VI p. 337) gebaut.

6) Plin. *n. h.* 14, 69. 7) Galen. VI p. 335. 806. X p. 833.

8) Plin. *n. h.* 14, 69. Athen. p. 27c.

9) Plin. l. l. Athen. 1 p. 26e. Galen. VI p. 334.

10) Martial. 13, 114.

11) Plin. *n. h.* 14, 22. 34. Mart. 4, 44, 1—4. Am Vesuv wachsen jetzt verschiedene Sorten, von denen die berühmtesten die *lacrima Cristi* und der *vino Greco* sind.

12) Beide Namen, die auf Amphoren vorkommen (*C. I. L.* IV, 2556—2559), unterscheidet auch Galen. X p. 364: λόφος ἕτερος οὐ μικρὸς ὃν ἔν τε τοῖς συγγράμμασιν οἱ παλαιοὶ Ῥωμαῖοι καὶ τῶν νῦν οἱ ἀκριβέστεροι Βεσούβιον ὀνομάζουσι· τὸ δ' ἔνδοξόν τε καὶ νέον ὄνομα τοῦ λόφου Βέσβιον ἅπασιν ἀνθρώποις γνώριμον.

13) Plin. *n. h.* 14, 35. 70. Colum. 3, 2, 27.

14) Plin. *n. h.* 14, 64. Statius *silv.* 3, 1, 147. Galen. X p. 833. Athen. 1 p. 26 f.

15) Athen. p. 26f.

16) Plin. *n. h.* 14, 22. 64; 23, 33—36. Galen. X p. 831. Persius 3, 93. Dioscorides 5, 10. Statius *silv.* 2, 2, 4. Mart. 13, 110. *Dig.* 33, 6, 16. *Ed. Dioclet.* 2, 6. Auf den Amphoren heisst er nicht nur *Surr(entinum)* (*C. I. L.* IV, 2555), sondern auch mit specieller Bezeichnung *Sur(rentinum) Fabian(um)* (*C. I. L.* IV, 2556. *Ephem. epigr.* I p. 161 n. 178), *Surr(entinum) Clod(ianum) nov(um)* (*Bullett. comunale* 1879 p. 58 n. 15).

17) Athen. 1 p. 26d. 18) Plin. *n. h.* 14, 69.

19) Athen. 1 p. 27a.

mentum und die von Thurii;[1] unter den bruttischen[2] der von Consentia, Tempsa[3] und Rhegium.[4] Unter den sicilischen Weinen wurde der von Messana (*vinum Mamertinum*)[5] unter Caesar Mode, namentlich die Sorte, welche *Potulanum* oder nach Detlefsen's wahrscheinlicher Vermuthung[6] *Potitianum* hiess;[7] daneben war der Wein von Tauromenium[8] und Syracus[9] geschätzt. In Unteritalien ist ausserdem noch berühmt der Wein von Tarent[10] und dem danebenliegenden Aulon[11] und noch etwa der von Beneventum;[12] viel geringer waren die mittelitalischen Weine von Allifae in Samnium,[13] die marsischen und pelignischen;[14] anerkannt gut dagegen die von Spoletium[15] und vortrefflich der von Hadria,[16] von Ancona und dem in der Nähe liegenden Ager Praetutianus,[17] die in Picenum[18] gewonnenen *vina palmensia*, die von Caesena bei Ravenna[19] und der Wein von Aquileia, *vinum Pucinum*, dessen Gebrauch Livia es zuschrieb, dass sie zwei und achtzig Jahre alt wurde,[20] endlich der istrische.[21] Von schlechterer Qualität sind die etrurischen Weine (*vinum Tuscum*).[22] Schon der auf dem Vatican wachsende war verrufen,[23] desgleichen der von Veii;[24] bei Caere,[25] Gra-

1) Plin. *n. h.* 14, 69. Die dort noch erwähnten *vina Servitiana* sind sonst unbekannt.

2) Im vierten Jahrhundert zahlen die *Lucani* und *Bruttii* eine Naturalabgabe an Wein. S. *Cod. Theod.* 14, 4, 4. Boecking *ad Not. Dign. Occ.* p. 194 ff. Mommsen zum *Ed. Diocl.* p. 76. 77. Im sechsten Jahrhundert erwähnt den Βρεττιανός Alexand. Trall. II p. 421 Puschmann.

3) Plin. *n. h.* 14, 69. 4) Athen. 1 p. 26e.

5) Plin. *n. h.* 14, 66. 97. Athen. 1 p. 27d. Mart. 13, 117. Dioscorides 5, 10.

6) Ueber den *Valerius Messala Potitus* handelt ausführlich Detlefsen Kurze Notizen über einige Quellenschriftsteller des Plinius. Glückstadt 1881. 4. S. 6 ff.

7) Plin. *n. h.* 14, 66.

8) Oft statt des *Mamertinum* verkauft. Plin. *n. h.* 14, 66.

9) Aelian. *var. h.* 12, 31. 10) Mart. 13, 125. Athen. 1 p. 27c.

11) Hor. *od.* 2, 6, 18. 12) Athen. 1 p. 31e.

13) Silius Ital. *Pun.* 12, 526.

14) Mart. 1, 26, 5; 13, 121. Athen. 1, 26f. Gal. VI p. 337.

15) Mart. 13, 120; 14, 116. Athen. 1 p. 27b.

16) Galen. VI p. 275. 334. X p. 485. 833. Jacobs *Anth. Gr.* II p. 155 n. 7. Athen. 1 p. 33a. Dioscor. 5, 10. Alexand. Trall. II p. 217. 269 Puschmann.

17) Plin. *n. h.* 14, 67. Dioscor. 5, 10.

18) *Vinum Picenum Ed. Diocl.* 2, 1.

19) Plin. l. l. In Ravenna selbst war Wein wohlfeiler als Wasser. Mart. 3, 56. 57. 20) Plin. l. l. § 60. 21) Dioscor. 5, 10.

22) Mart. 1, 26, 6. Galen. VI p. 335. 806. X p. 833.

23) Mart. 6, 92, 3; 10, 45, 5; 12, 48, 14. Vgl. 1, 18, 2.

24) Hor. *sat.* 2, 3, 143. Mart. 1, 104, 9; 2, 53, 4; 3, 49. Persius 5, 147. Eine *amphora* mit der Aufschrift *Veientan. Bullett. comunale* 1879 p. 59.

25) Mart. 13, 124.

viscae und dem *lacus Statoniensis*[1]) wuchs ebenfalls Wein, der beste aber in Luna.[2]) Weiter nördlich gilt als gut der von Genua,[3]) und in *Gallia cisalpina* ist ausgezeichnet der rhätische Wein von Verona.[4])

Ausseritalische Weine.

Von spanischen Weinen werden erwähnt die von Baetica[5]) und Tarraconensis;[6]) zu den ersteren gehört *vinum Gaditanum*,[7]) zu den letzteren *vinum Laeetanum*,[8]) und *Lauronense*,[9]) welche, obwohl von geringer Qualität, doch in Rom getrunken wurden. Auch von den Balearen bezog man Wein.[10]) Von gallischen Sorten[11]) kamen in den römischen Handel nur die von Massilia, obwohl auch diese wegen ihres räucherigen Geschmacks und der Zuthat von Kräutern mehr in Gallien[12]) als in Rom beliebt waren,[13]) die von Baeterrae (Béziers),[14]) und die mit Pech versetzten Weine von Vienna.[15])

Die zweite Hauptclasse bilden die überseeischen Weine, von denen die gangbarsten in geographischer Ordnung zusammengestellt folgende sind: der Wein von der Insel Issa an der dal-

---

1) Plin. *n. h.* 14, 67.

2) Plin. *n. h.* 14, 68. *C. I. L.* IV, 2599. 2600. 2601.

3) Plin. *n. h.* 14, 68.

4) Verg. *ge.* 2, 96. Plin. *n. h.* 14, 67. Strabo 4 p. 206. Colum. 3, 2. Suet. *Aug.* 77. Mart. 14, 100. Cassiodor. *var.* 12, 4.

5) Strabo 3 p. 144.

6) Plin. *n. h.* 14, 71.

7) Der Name kommt vor auf einer Amphora mit dem Consulate des J. 31 n. Chr. *Bullett. comunale* 1879 p. 48 n. 7.

8) Die Lesart *Laletana* bei Plin. *n. h.* 14, 71 ist nicht handschriftlich bezeugt, auch bei Martial ist *faex Laletana* (1, 26, 9), *Laletana sapa* (7, 53, 6) und endlich die Stelle 1, 49, 21 *Aprica repetes Tarraconis litora Tuamque Laletaniam* schwerlich richtig. Denn das nördlich von Tarraco an der Küste bei Barcino wohnende Volk nennt Strabo 3 p. 159 Λεητανοί; in der Inschrift von Tarraco *C. I. L.* II, 4226 kommt ein *praefectus orae maritimae Laeetanae* vor und Hübner *Hermes* I, S. 340 gelangt daher zu dem Resultate, dass nicht nur der in Rede stehende Wein *Laeetanum* hiess, sondern auch bei Liv. 21, 60, 3 und 21, 61, 8 die *Lacetani* in *Laeetani* zu ändern sind.

9) Plin. *n. h.* 14, 71. Über die Lage von Lauro s. Hübner *C. I. L.* II p. 482. Zwei *amphorae* mit der Aufschrift *Laur. Bullett. comunale* 1879 p. 61. 62 n. 18. 19.

10) Plin. l. l.

11) Ueber diese s. Hehn S. 73 ff.

12) Athen, 4 p. 152c. Vgl. 1 p. 27c.

13) Plin. *n. h.* 14, 68. Martial findet ihn sehr schlecht 3, 82, 23; 10, 36; 13, 123; 14, 118.

14) Plin. *n. h.* 14, 68. Eine *amphora* mit der Aufschrift *Baeter(rense) Bullett. comunale* 1879 p. 64.

15) S. oben S. 447 A. 2. 3. Der Aufsatz von Greppo *Essai sur le commerce des vins à Lugdunum et dans les Gaules* in der *Revue du Lyonnais* XIII p. 449 ff. ist mir nicht zugänglich gewesen.

matischen Küste,[1]) von Corcyra,[2]) Leucas,[3]) Zacynthus,[4]) Ambracia;[5]) im Peloponnes die von Sicyon,[6]) Phlius[7]) und Corinth,[8]) während die von Sparta, Arcadien, Argos und Achaia[9]) in römischer Zeit wenig genannt werden; aus Attica kam nur ein künstlicher Wein, der χρυσάττικος,[10]) aus Euboea[11]) aber der oretische[12]) und carystische[13]) Wein; es folgen die Weine von Sciathus[14]) und Peparethus,[15]) die chalcidischen von Mende[16]) und Acanthus,[17]) die thracischen von Maronea, eine Sorte, die von Homer's Zeiten an bis auf Plinius ihren Ruhm behauptete,[18]) von Bibline[19]) und von den Inseln Thasos[20]) und Lemnos.[21]) Die edelsten aller griechischen Weine sind die von Lesbos[22]) und Chios,[23]) namentlich diejenigen, welche ohne Zusatz von Seewasser zur Versendung kamen,[24]) wie der in Chios wachsende Ἀρουΐσιος;[25]) ausserdem sind von Inselweinen anerkannt der von

---

1) Athen. 1 p. 28d.
2) Athen. 1 p. 33b. Jahn Berichte d. Sächs. G. d. W. 1854 S. 34 ff. *C. I. L.* IV, 2584.
3) Athen. 1 p. 29a. p. 33b. Plaut. *Poen.* 699. Plin. *n. h.* 14, 76.
4) Athen. 1 p. 33b.
5) Plin. *n. h.* 14, 76.
6) Plin. *n. h.* 14, 74.
7) Antiphanes bei Athen. 1 p. 27d.
8) Alexis bei Athen. 1 p. 30f.
9) Athen. 1 p. 31c.
10) Alexand. Trall. 1 p. 107. 2 p. 135. 155. 4 p. 249. *Ed. Diocl.* 2, 14.
11) Alexis bei Athen. 1 p. 30f. Stephan. Byz. p. 479, 10.
12) Plin. *n. h.* 14, 76. Ueber Oreos s. Bursian Geogr. v. Griechenl. II S. 407.
13) Alcman bei Athen. 1 p. 31e (in römischer Zeit nicht erwähnt; nach Athen. von einem Ort Karystos in Laconien).
14) Athen. 1 p. 30 f.
15) Plin. *n. h.* 4, 72; 14, 76. Aristophanes bei Athen. 1 p. 29a.
16) Athen. 1 p. 23b. 29d. 29e.
17) Athen. 1 p. 30e.
18) Hom. *Od.* 9, 196 ff. Plin. *n. h.* 14, 53.
19) Armenidas bei Athen. 1 p. 31a nennt die Gegend Βιβλία χώρα, Steph. Byz. p. 168 Βιβλίνη χώρα. Bei Plinius *n. h.* 14, 79 ist unter dem *vinum Phorineum* vielleicht auch eine thracische Sorte, *Phorunnaeum*, verborgen. S. Steph. Byz. p. 670: Φόρουννα, πόλις Θράκης. — τὸ ἐθνικὸν Φορουνναῖος.
20) Verg. *ge.* 2, 91. Plin. *n. h.* 14, 73. Athen. p. 28e und ausserdem oft erwähnt. S. Lennep *ad Coluthum* p. 11 ff. Die Stempel von 124 thasischen *amphorae* findet man verzeichnet in A. Dumont *Inscriptions céramiques de Grèce* in *Archives des missions scientifiques*. Deuxième série. VI (1871) p. 59 ff.
21) Athen. 1 p. 31b.
22) Es sind ihrer drei Sorten: die Weine von Mitylene, Eressos und Methymne. Galen. VI p. 275. 334. X p. 832. XIV p. 28. Lesbischer Wein wird oft gerühmt. Aristoteles bei Gellius 13, 5, 9. Hor. *od.* 1, 17, 21; *epod.* 9, 34. Diosc. 5, 10, und besonders Athen. 1 p. 28.
23) Plin. *n. h.* 14, 73. Hor. *epod.* 9, 34; *sat.* 2, 3, 115. Tibull. 2, 1, 28. Diosc. 5, 10.
24) Dies sind die ἀθάλασσοι. Galen. öfters und Theoph. Nonnus c. 69.
25) Galen. X p. 833: οὐ μὴν οὐδὲ εἰώθασι τοῖς εὐγενέσιν οἴνοις, ὑπὲρ ὧν ὁ λόγος ἐστὶ, μιγνύναι τῆς θαλάσσης ἐν Λέσβῳ, καθάπερ οὐδ' ἐν Χίῳ τῷ Ἀρουϊσίῳ. Dies ist das *Chium maris expers* bei Horat. *sat.* 2, 8, 15, zu welcher Stelle Döderlein seine wunderliche Erklärung sich erspart haben würde, wenn

Icaros,[1] Myconos,[2] Naxos,[3] Cos,[4] Thera[5] und Creta.[6] Den Wein von Cos stellt Strabo dem von Chios und Lesbos gleich.[7] Es giebt von ihm noch jetzt zwei Sorten. Die berühmte ist der schwarze, herbe Wein, aus welchem man auch ein künstliches Präparat, die *faecula Coa*, gewann, welches als Reizmittel für den Magen galt.[8] Die weisse, süsse Sorte dagegen macht Kopfschmerzen und wird, weil sie sich nicht lange hält, mit Seewasser versetzt.[9] In Kleinasien sind berühmt der mysische[10] von Lampsacus,[11] der Ἱπποδαμάντειος von Cyzicus,[12] der Περπερινός[13] und Τιβηνός[14] von Pergamum und der Wein von Aegae;[15] der bithynische[16] von Nicomedia, der in der

er die Stelle des Galen. gekannt hätte, die auch Jahn *ad Pers.* 6, 39 übersehen hat. Ueber den Ἀρουΐσιος s. auch Galen. XIV p. 28. Strabo 14 p. 645. Verg. *ecl.* 5, 71. Silius It. 7, 210. Plin. *n. h.* 14, 73. Die bei Galen. oft erwähnten Sorten, der Ἀρσυηνός (so scheint auch statt Ἀρσύϊνος oder Ἀρσύνιος zu schreiben VI p. 276. 335. 806. X p. 483. 485. 833. XI p. 87. XII p. 517) sowie der an denselben Stellen genannte Τιταχαζηνός scheinen ebenfalls zu den Chierweinen zu rechnen zu sein. S. Meineke zu Steph. Byz. I p. 126. Desgleichen der *Phanaeus* (Verg. *Ge.* 2, 98), der auf dem Vorgebirge Φάναι wächst. Steph. Byz. p. 657, 13.

1) Athen. 1 p. 30b. 2) Plin. *n. h.* 14, 75. 3) Athen. 1 p. 30f.

4) Athen. 1 p. 33b. Plin. 14, 78. Coischer Wein wurde schon früh in Italien eingeführt und daselbst auch nachgemacht. S. oben S. 444. Zu den Weinen von Cos scheint auch der Πτελεατικός zu gehören. Theocrit. 7, 65 u. d. Schol. z. d. St. Steph. Byz. p. 29, 4.

5) Den Θηραῖος erwähnt Galen. VI p. 337. 800. 804. X, 833.

6) Aelian. *var. h.* 12, 31.

7) Strabo 14 p. 657.

8) Hor. *sat.* 2, 8, 9: *acria circum Rapula, lactucae, radices, qualia lassum Pervellunt stomachum, siser, allec, faecula Coa.* Diesen Ausdruck erklärt Rayet *Mémoire sur l'île de Kos* in *Archives des missions scientifiques.* Troisième série III (1876) p. 37ff., der über den Wein von Cos ausführlich handelt, p. 105: *En faisant cuire les vins de ce genre sur un feu doux, y ajoutant un peu de farine, puis versant la liqueur devenue épaisse sur une table et la laissant sécher, les Turcs et les Grecs d'aujourd'hui fabriquent une espèce de pâte violacée, qu'ils appellent du petmez. On la sert coupée en petits morceaux, que l'on grignote dans l'intervalle des plats. Le goût âpre de cette pâte réveille l'appétit. C'est la faecula Coa d'Horace.*

9) Rayet p. 106.

10) Galen. VI p. 334. 335; X p. 833. S. meine Schrift Cyzicus und sein Gebiet. S. 32—34. 11) Athen. 1 p. 29f.

12) Galen. VI p. 801; X p. 836. Plin. *n. h.* 14, 75. Hesychius *s. v.*

13) Galen. VI p. 337; X p. 833. Er wächst ἐν Περπερίνῃ bei Pergamum. Galen. VI p. 800.

14) Galen. XIV p. 16: καὶ τοῦ παρ' ἡμῖν (in Pergamum) ὀνομαζομένου Τιβηνοῦ διὰ τὸ χωρίον ἐν ᾧ γεωργεῖται, Τίβας ὀνομαζόμενον. Vgl. VI p. 806. 807; X p. 833, wo statt Τιβηκῖνος mit Meineke zu Steph. Byz. p. 126 zu lesen ist Τιβηνός.

15) Der Αἰγεάτης (Gal. VI p. 337; X p. 833) wächst ἐν Αἰγαῖς bei Myrine, Gal. VI p. 800.

16) Galen. VI p. 337. γλυκὺς Βιθυνός Alexand. Trall. II p. 27. 487

ganzen alten Welt bekannt ist,[1] die lydischen von Smyrna (*vinum Pramnium*),[2] Clazomenae,[3] Ephesus,[4] Magnesia,[5] Milet,[6] vom Berge Tmolus[7] und der Katakekaumenites von Maeonia;[8] der phrygische von Apamea,[9] der carische von Myndos, Halicarnass, Cnidos,[10] Aphrodisias,[11] der rhodische,[12] der lycische von Telmessus,[13] der cilicische Ἀβάτης,[14] der Σκυβελίτης von Galatien[15] und der cyprische.[16] Auch in Syrien gediehen vortreffliche Weine, wie der von Laodicea,[17] welcher nach dem rothen Meere und nach Indien ausgeführt wurde,[18] und der von Apamea,[19] in Phönicien der von Tripolis, Berytus, Byblus, Sidon, Sarepta, Tyrus,[20] in Judaea der von Ascalon[21]

Puschmann; in Rom auch *graecanicum* Βιθυνόν. S. Jordan *Hermes* VI S. 314. Vgl. auch oben S. 451 A. 5.

1) πᾶσιν ἀνθρώποις γνώριμος, Galen. X p. 834.

2) Der bereits aus Homer *Il.* 11, 639; *Od.* 10, 235 bekannte und noch in römischer Zeit berühmte pramnische Wein wächst nach Plin. *n. h.* 14, 54 bei Smyrna, nach anderen in Lesbos oder Ephesus. Athen. 1 p. 28f. 31d.

3) Plin. *n. h.* 14, 73. Dioscorides 5, 10.

4) Plin. *n. h.* 14, 75. Dioscorides 5, 10.

5) Athen. 1 p. 29e.

6) Athen. 1 p. 29a.

7) Galen. VI p. 335. 802; X p. 835; XIV p. 28. Verg. *ge.* 2, 98. Plin. *n. h.* 14, 74. Silius It. 7, 210. Dioscor. 5, 10.

8) Plin. *n. h.* 14, 75. Vitruv. 8, 3, 12.

9) Plin. *n. h.* 14, 75.

10) Von der grossen Ausdehnung des Handels zeugen die Funde cnidischer *amphorae* an den verschiedensten Orten. S. *C. I. Gr.* Vol. III *praef.* p. XIV ff. Dumont *Archives des missions*. Deuxième série VI p. 125ff., welcher in Athen die Aufschriften von etwa 1800 cnidischen *amphorae* verzeichnet hat und sich p. 41 über diese grosse Zahl wundert, da Cnidus entweder keinen oder doch keinen namhaften Wein producirt habe. Aber den cnidischen Wein erwähnen Athenaeus 1 p. 27e, Plinius *n. h.* 14, 75 und an vielen Stellen Alexander Trallianus (I p. 301—335. 483; II, 217. 237. 331. 407. 485. 495 Puschmann), nach welchem er dünn und leicht, zum Tischwein geeignet und für magenschwache Leute zu empfehlen war, wie der Sabiner.

11) Galen. X p. 835.

12) Plin. *n. h.* 14, 79. Athen. 1 p. 31e. 32e. Aristoteles bei Gell. 13, 5. Verg. *Ge.* 2, 102. Ueber die rhodischen *amphorae* s. oben S. 444 Anm. 12.

13) Plin. *n. h.* 14, 74.

14) Galen. VI p. 800. Athen. 1 p. 33b. Oribasius I p. 345 Dar. Der Αλβάτης Gal. X p. 833 und Συβάτης Gal. VI p. 337 beruhen wohl nur auf schlechten Lesarten.

15) Σκυβελίτης ist eigentlich Most, der aus den reifen Trauben, ehe sie gekeltert werden, von selbst abfliesst. S. die Stellen im Pariser Stephanus. Nach Galatien setzt diese Sorte Plinius *n. h.* 14, 80. Vgl. auch Galen. VI p. 337. 800. 804; X p. 833.

16) Plin. *n. h.* 14, 74.

17) Alexand. Trall. II p. 483 Puschmann.

18) Strabo 16 p. 751. (Arriani) *Peripl. mar. erythr.* c. 6. c. 49.

19) Waddington n. 2644.

20) Plin. *n. h.* 14, 74. Ueber den Wein von Byblos s. Athen. 1 p. 29b. Ueber den von Sarepta Sidon. Ap. *carm.* 17, 16 und daselbst Savaro. Alexander Trall. I p. 335. 483; II p 217. 325. 327. 407. 421. 485. 495. Ueber den von Tyrus Alexand. Trall. II p. 327. 407. 457. 485. 495.

21) Oribasius I p. 433.

und Gaza,[1]) in Arabien der von Damascus[2]) und Petra,[3]) in Aegypten ausser anderen Sorten der von der sebennytischen Nilmündung[4]) und der von Marea bei Alexandria.[5]) Alle diese Weine unterschieden sich nicht nur durch ihre Herkunft, sondern auch durch die Methode der Bereitung und Veredelung. Je nachdem dem Moste Gyps, Thon, Kalk, Marmor oder Harz und Pech,[6]) oder endlich, was man in Griechenland[7]) und Kleinasien that, Seewasser zugesetzt[8]) wurde, entwickelte sich der Wein in besonderer Weise. Je geringer der Wein war, desto mehr bedurfte er eines künstlichen Zusatzes,[9]) je edler er war, desto weniger brauchte man ihm durch andere Mittel Haltbarkeit, Geschmack und Blume zu verschaffen;[10]) weder die *resinata vina* noch die τεθαλασσωμένα gehörten zu den guten Sorten,[11]) der Coer und Clazomenier galt wegen der starken Beimischung von Seewasser für ungesund.[12]) Das Einbringen des Mostes in

Zubereitung derselben.

---

1) *Vinum Gazeticum* ist seit dem 4ten und 5ten Jahrhundert im ganzen römischen Reiche berühmt. Isidor. *orig.* 20, 3, 7. Sidon. Ap. *carm.* 17, 15 und das. Savaro. S. auch Stark Gaza S. 561.

2) Hier wächst der chalybonische Wein, den die persischen Könige tranken. Athen. 1 p. 28d und dazu Schweighäuser.

3) Wenn anders der *Petrites* bei Plin. *n. h.* 14, 75 von Petra im peträischen Arabien (*Palaestina tertia*) seinen Namen hat.

4) Plin. *n. h.* 14, 74.

5) Athen. 1 p. 33d, vgl. 33f. Stephan. Byz. p. 431, 20. Von Römern erwähnt ihn Vergil. *ge.* 2, 91. Hor. *od.* 1, 37, 14. Colum. 3, 2, 24. Ueber die Cultur des Weines in Aegypten und die dort wachsenden Sorten s. Wilkinson *The Egyptians in the time of the Pharaons.* London 1857. 8. p. 13. p. 64. 65 und desselben *Manners and Customs* II p. 152—170.

6) Plin. *n. h.* 14, 120—124; 23, 45—47. Cato *de r. r.* 23. Col. 12, 20, 3; 20, 8. 28. Pallad. 11, 14. Plut. *qu. conv.* 5, 3, 1, 10, p. 822 D. Dioscor. 5, 43. Daremb. z. Oribas. I p. 643. Ueber Zusatz von Pech s. Col. 12, 22. 24. Oribas. I p. 403. Dioscor. 5, 48. Ihn erhielten besonders die gallischen Weine; Col. 12, 23, 1. Die *vina picata Viennensium* erwähnen Plin. *n. h.* 14, 57. Mart. 13, 107. Plut. l. l.

7) Theophr. *de caus. pl.* 6, 7, 6. Cato *de r. r.* 24. Plaut. *Rud.* 588.

8) Colum. 12, 25. Die gewöhnlichen Sorten des Coerweines und der übrigen Inselweine waren mit Seewasser versetzt. Plin. *n. h.* 14, 78. Auch der künstliche Coerwein wird nach Cato's Recept *de r. r.* 24. 105. 112 und nach Colum. 12, 37 mit Seewasser oder Salzlauge (*muria*) gemacht. Solcher Wein heisst τεθαλασσωμένος Plin. *n. h.* 14, 78. Caelius Aurelianus *de morb. acut.* 2, 39. Athen. 1 p. 32d. Schol. ad Aristophanis *Nub.* 1237.

9) Colum. 12, 20, 7.

10) Colum. 12, 19, 2: *Quaecunque vini nota sine condimento valet perennare, optimam esse eam censemus, nec omnino quidquam permiscendum, quo naturalis sapor eius infuscetur. Id enim praestantissimum est, quod suapte natura placere poterit.*

11) Plin. *n. h.* 23, 46. Mart. 3, 77, 8. Dioscorides 5, 43.

12) Dioscorides 5, 10.

Schläuche, welches im Orient[1]) wie in Griechenland[2]) ebenfalls als Veredelungsmittel diente, da die Thierhaut den Wassergehalt des Weines verdunsten lässt, den Weingehalt aber concentrirt,[3]) ist in Italien, wenngleich auch dort Schläuche, namentlich zum Transport des Weines gebraucht wurden, weniger oder gar nicht angewendet worden.[4]) Dagegen pflegte man hier, wie in Griechenland, weil die meisten südlichen Weine erst in höherem Alter ihre volle Reife erlangen, das Reifwerden des Weines durch Wärme zu beschleunigen, indem man den jungen Wein entweder der Sonne aussetzte,[5]) oder in Rauchkammern aufstellte,[6]) ehe er in den Kellern gelagert wurde. Auch dies Verfahren war indessen bei edlen Weinen weniger nöthig; in Gallien wurde

---

1) Oft in den biblischen Büchern: 1 Sam. 16, 20. Josua 9, 5. 13. Hiob 32, 18. 19. Psalm. 119, 83. Matth. 9, 17. Marc. 2, 22.

2) Aristot. *meteor.* 4, 10, 5, I p. 388b Bk.

3) Hessel a. a. O. S. 1 ff. S. 41 ff.

4) Dass man in Italien Schläuche brauchte, geht schon daraus hervor, dass das grösste Weinmaass der Römer der *culleus* ist. Aus den beiden pompeianischen Gemälden Helbig Wandgem. 1487. 1488. *Museo Borb.* IV t. A. und V t. 48 sieht man, dass man den Wein in einem grossen Schlauch einfuhr und ihn dann auf *amphorae* füllte; vgl. Helbig 1486. Auch bei Plautus *Truc.* 5, 11 heisst es: *Opus nutrici autem, utrem ut habeat veteris vini largiter, Ut dies noctesque potet.* und *Dig.* 33, 6, 3 § 1: *Vino legato utres non debebuntur, ne culleos quidem deberi dico.* Indessen scheinen diese Schläuche nur zum Transport zu dienen, nicht zur Aufbewahrung. Dass man Schläuche bei Tisch gebraucht habe, erwähnt Varro bei Non. p. 544, 5 als eine Antiquität: *Antiquissimi in conviviis utres vini primo, postea tinas ponebant.*

5) Plin. *n. h.* 14, 77. 85. Cato *de r. r.* 105.

6) Im Orient (Psalm 119, 83) und in Arcadien (Aristoteles *meteorol.* 4, 10, 5) räucherte man den Wein in Schläuchen; Galen beschreibt die Einrichtung von Rauchkammern, in denen der Wein in Gefässen (Amphoren) stand (Galen. XIV p. 17), und fügt hinzu, dass auch der Wein von Neapel, namentlich der triphyllinische, und viele andere italische Weine geräuchert würden (XIV p. 19). Und Vol. XI p. 663 sagt er: ἐπεί τοι κἀξεπίτηδες ἐν πολλοῖς χωρίοις κινοῦσί τε καὶ μεταφέρουσι τοὺς οἴνους, ὥσπερ οὖν καὶ ἡλιοῦσί γε καὶ θερμαίνουσι, ὡς ἐνίους αὐτῶν ἀηδεῖς γίγνεσθαι τὴν ἀπὸ τοῦ καπνοῦ δεχομένους ποιότητα. Καὶ παρ' ἡμῖν γε κατὰ τὴν Ἀσίαν ἐπὶ τοὺς κεράμους τῶν οἰκιῶν, ὅταν ἥκῃ θέρους ὥρα, λαγήνοις ἐγχεόμενοι σχεδὸν ἅπαντες ἐπιτίθενται, καὶ μετὰ ταῦτα καθαιροῦντες ἐν ὑπερῴοις οἰκήμασιν, ὧν ἐν τοῖς κατωγέοις μέλλει καυθήσεσθαι φλὸξ πολλή, κατατίθενται καὶ ὅλως πρὸς μεσημβρίαν τε καὶ πρὸς ἥλιον ἀεὶ στρέφουσι τὰς ἀποθήκας, οἷς μέλλει θᾶττον αὐτοὺς ἐκπέψαι τε καὶ ποτίμους ἐργάσασθαι. Ebenso schreibt Colum. 1, 6, 20 vor: *Apothecae recte superponentur his locis, unde plerumque fumus exoritur: quoniam vina celerius vetustescunt, quae fumi quodam tenore praecoquem maturitatem trahunt. Propter quod et aliud tabulatum esse debebit, quo amoveantur, ne rursus nimia suffitione medicata sint.* Darauf bezieht sich Hor. *od.* 3, 8, 11: *Amphorae fumum bibere institutae Consule Tullo.* Die Methode, die auch Palladius 11, 14, 8 erwähnt, tadelt Plin. *n. h.* 23, 40: *Vinum fumo inveteratum insaluberrimum* (oder *saluberrimum*). *Mangones ista in apothecis excogitavere.*

es so übertrieben, dass der Wein den Rauchgeschmack nicht wieder verlor.[1])

Nicht geringer als die Zahl der natürlichen Weine war die Zahl der künstlichen (*vina fictitia*), die theils bei dem Mahle, und zwar bei der *gustatio*, gegeben, theils zu medicinischen Zwecken, theils auch als wohlfeile Getränke bereitet wurden. Unter ihnen kann man unterscheiden die reinen Weinfabricate, die Honigweine, die gewürzten Weine und die Obstweine. In die erste Classe gehört der Rosinenwein, *passum*,[2]) und die gekochten Moste, *defrutum* oder *frutum*, *caroenum*, *sapa*, griechisch ἕψημα oder σίραιον,[3]) endlich der Tresterwein, aus den Ueberbleibseln der gekelterten Trauben mit Wasser gemacht, *lora*.[4]) Unter den Honigweinen wird nach dem Verhältniss der Mischung und der Gattung des Mostes *mulsum* (οἰνόμελι) und *melitites* un- **Künstliche Weine.**

---

1) Plin. *n. h.* 14, 68. Mart. 10, 36:

Improba Massiliae quidquid fumaria cogunt
Accipit aetatem quisquis ab igne cadus,
A te, Munna, venit: miseris tu mittis amicis
Per freta, per longas toxica saeva vias;
Nec facili pretio, sed quo contenta Falerni
Testa sit aut sellis Setia cara suis.
Non venias quare tam longo tempore Romam,
Haec puto causa tibi est, ne tua vina bibas.

2) Varro bei Non. p. 551. Plin. *n. h.* 14, 81. Colum. 12, 39. Pallad. 11, 18. Dioscorides 5, 9.

3) Ueber diese Getränke hatte Varro *de vita p. Rom. lib. I* gehandelt, dessen Exposition Bücheler Rhein. Museum XIV (1859) S. 448 aus Nonius p. 551 folgendermassen zusammenstellt: *antiquae mulieres maiores natu bibebant loram aut sapam aut defretum aut passum* [*aut muriolam*] *quam murrinam quidem Plautus appellare putatur; tum autem murrinam loram dicebant in vindemia cum expressissent acinis mustum et folliculos in dolium coniecissent. Sapam appellabant, quod de musto ad mediam partem decoxerant; defretum, si ex duabus partibus ad tertiam redegerant defervefaciendo. Passum nominabant si in vindemia uvam diutius coctam legerent eamque passi essent in sole aduri. Vino addito loram passi vocare coeperunt. Muriolam nominabant quom ex uvis expressum erat passum et ad folliculos reliquos et vinacea adiciebant sapam.* Man kochte also den Most bis auf zwei Drittel, bis auf die Hälfte und bis auf ein Drittel ein. Die erste Sorte hiess *carenum*, Pallad. 11, 18. Isidor. *or.* 20, 3. 15. Im *Edict. Dioclet.* wird sie *Caroenum Maeonium* genannt (2, 13) und ist wohl identisch mit dem Καρύϊνος des Galen. VI p. 801. Die zweite Sorte nennt Varro *sapa*, die dritte *defretum* oder *defrutum*, während sie bei Palladius l. l. *sapa* heisst. Vgl. Columella 12, 20, 2; 21, 1. Diese dritte Sorte heisst griechisch σίραιον (Galen. X p. 833 und bei Oribasius I p. 356) oder ἕψημα. Galen. l. l. Plin. *n. h.* 14, 80. *Geopon.* 8, 32. Ueber *muriola* s. M. Voigt Rhein. Museum XXVIII (1873) S. 56 ff. *Decoctum* erwähnt *Ed. Diocl.* 2, 15. *Defr*[*e*]*tum a Romulo* steht auf einer in Pompeii gefundenen Amphora.

4) Cato *de r. r.* 57. Varro *de r. r.* 1, 54. Col. 12, 40. Plin. *n. h.* 14, 86. Diosc. 5, 13. *Geopon.* 6, 13. Oribas. I p. 359.

terschieden;[1]) von gewürzten Weinen, welche die Stelle unserer Liqueure vertraten, werden mehr als fünfzig Sorten genannt, die entweder von Kräutern, Blumen oder wohlriechenden Holzarten einfach abgezogen, oder mit Oelen angemacht, oder endlich nach einem complicirten Recept verfertigt wurden. Um nur einige derselben anzuführen, so gehörten zu den einfachen Abzügen der Wein von Rosen, ῥοδίτης, *rosatum*,[2]) Myrten, μυρτίτης, μυρσινίτης,[3]) Veilchen, ἴατον,[4]) Mastixbeeren, σχίνινος,[5]) Pistazien, τερμίνθινος,[6]) Fichtenzapfen und Fichtenholz, στροβιλίτης, πιτύινος, Wachholder, κέδρινος, ἀρκεύθινος, Cypressen, κυπαρίσσινος, Lorbeer, δάφνινος,[7]) Wermuth, ἀψινθίτης,[8]) Ysop, ὑσσωπίτης,[9]) Origanon, ὀριγανίτης,[10]) Andorn (*marrubium*), πρασίτης,[11]) Thymian, θυμίτης, Saturei, θυμβρίτης, Minze, καλαμινθίτης, Polei, γληχωνίτης,[12]) Stabwurz, ἀβροτονίτης,[13]) Kalmus, ἀκορίτης, Eppich, σελινίτης, Fenchel, μαραθρίτης, Dill, ἀνήθινος, Anis, ἀνισίτης,[14]) Quendel, *serpyllum*, Senf[15]) und Meerzwiebeln, σκιλλιτικός.[16]) Mit Myrrhen versetzt war die *murrhina* (*potio*), die schon Plautus erwähnt[17]). Unter *aromatites* verstand man verschiedene Compositionen (Dioscorides und Plinius, welcher auch die *mur-*

---

1) S. oben S. 323 Anm. 6. Diosc. 5, 15. 16. Col. 12, 41. Plin. *n. h.* 14, 85. *Geopon.* 8, 26. Oribas. I p. 399. ὀμφακόμελι Oribas. I p. 334. Auf einer pompeianischen Amphora *Bull. d. Inst.* 1881 p. 234, *Not. d. Sc.* 1879 p. 154 steht *mulsum*, auf einer römischen *Bull. comun.* 1879 p. 51 *mul(sum)*. Man machte auch Honiggetränke aus Wasser und Honig, μελίκρατον oder ὑδρόμελι Oribas. I p. 360 f., aus Meerwasser und Honig, θαλασσόμελι Diosc. 5, 17. 20. ὀξύμελι aus Wasser, Honig und Essig Diosc. 5, 22. Oribas. I p. 391, aus Obst und Honig μηλόμελι Diosc. 5, 29.

2) Dioscor. 5, 35. Plin. *n. h.* 14, 106. Oribasius I p. 401. 431. 432. *Ed. Dioclet.* 2, 19. Pallad. 3, 32; 6, 13. *Geopon.* 8, 2. Lamprid. *Heliog.* 21.

3) Cato *de r. r.* 125. Colum. 12, 38. Pallad. 2, 18; 3, 31. Diosc. 5, 36. 37. Plin. *n. h.* 14, 104. Orib. I p. 402. *Ed. Diocl.* 2, 16.

4) Oribas. I p. 433. *violatum* Pallad. 3, 32.

5) Diosc. 5, 38.

6) Diosc. 5, 39.

7) Diosc. 5, 44. 45. 46. 47. *Geopon.* 8, 8.

8) Diosc. 5, 49. Plin. *n. h.* 14, 109. Col. 12, 35. *Geopon.* 8, 21. Oribas. I p. 435. *Ed. Diocl.* 2, 18. Lampr. *Heliog.* 21, 6. Pallad. 3, 32.

9) Diosc. 5, 50. Plin. *n. h.* 14, 109. Col. 12, 35. *Geopon.* 8, 15.

10) Diosc. 5, 61. Plin. *n. h.* 14, 105. 111. τραγοριγανίτης Diosc. 5, 55.

11) Diosc. 5, 58. Plin. *n. h.* 14, 105. Col. 12, 32.

12) Diosc. 5, 59. 60. 62. Col. 12, 35. Plin. *n. h.* 14, 105. *Geopon.* 8, 7.

13) Diosc. 5, 62. Plin. *n. h.* 14, 105. Col. 12, 35.

14) Diosc. 5, 73. 74. 75. Plin. *n. h.* 14, 105. Col. l. l. *Geop.* 8, 3. 4. 9. 16.

15) Plin. *n. h.* 14, 105. 106.

16) Diosc. 5, 26. Col. 12, 33. Plin. *n. h.* 14, 106.

17) Plin. *n. h.* 14, 92. 93. Plaut. *Pseud.* 741. Gell. 10, 23, 2. Festi *epit.* p. 144 s. v. Varro bei Nonius p. 551. Aelian. *var. hist.* 12, 31. Evang. Marci 15, 23: Καὶ ἐδίδουν αὐτῷ πιεῖν ἐσμυρνισμένον οἶνον, was die Vulgata übersetzt:

rhina dazu rechnet, geben die Recepte),[1] unter anderen auch den Wein mit Narde und Malobathron[2]) oder mit Myrrhe, Pfeffer und Iris.[3]) Das Getränk, welches in engerem Sinne *conditum* hiess,[4]) bestand ausser anderen Zuthaten, welche nicht immer dieselben waren, aus Wein, Honig und Pfeffer, weshalb es auch unter dem Namen *piperatum* vorkommt.[5]) Von Obstweinen sind die gewöhnlichsten Aepfel-, Granatäpfel-, Birnen-, Dattel-, Feigen- und Maulbeerwein.[6]) Bierähnliche Fabricate, wie *cerevisia*, *zythum* und *camum* scheinen nur in gewissen Provinzen, nicht aber in Italien üblich gewesen zu sein.[7])

Die römischen Weine lagerten weder in Schläuchen noch in hölzernen Fässern,[8]) sondern in thönernen πίθοι oder *dolia*,[9]) *Dolia.* aus denen sie in *amphorae* abgefüllt wurden.[10]) *Vinum doliare* *Amphorae.*

---

myrrhatum vinum. Voigt a. a. O. S. 60 nimmt an, dass die *murrata* (Fest. p. 158b 22) und die *murrina* wieder verschieden gewesen seien, jene bitter, diese süss, und von beiden verschieden die *muriola* (Non. l. l.), die aus den Trestern des *passum* durch Zusatz von *sapa* bereitet wurde.

1) Plin. *n. h.* 14, 107. Diosc. 5, 64 f.

2) Plin. *n. h.* 14, 108, der dies zum *aromatites* rechnet. Diosc. 5, 67 (wohl identisch mit *nardinum* Plaut. *mil. gl.* 824, *foliatum* Mart. 14, 110, vgl. Plin. *n. h.* 13, 15).

3) Diosc. 5, 65, der auch dies *aromatites* nennt.

4) Ein *conditarius* und eine *conditaria* *C. I. L.* VI, 9277. Vgl. August. *de civ. dei* 22, 8.

5) Plin. *n. h.* 14, 108. *Symphosii aenigma* 82 bei Baehrens *P. L. M.* IV p. 381 = Riese *Anth.* I p. 204 n. 82. Lamprid. *Heliog.* 21. Celsus 4, 19. *Ed. Diocl.* 2, 17. Recepte dazu s. bei Apicius 1, 1. Oribas. I p. 433. 434. *Geopon.* 8, 31. Marcellus Emp. 23 p. 166; 26 p. 178. 185. Aetius 3, 66—68; 16, 118. Paulus Aegineta 7, 11. Nicolaus Myrepsius 1, 45. 194. 195; 27, 33—43. Mit diesem römischen Getränk curirt sich auch der Alexandriner Pallas *Anth. Gr.* III p. 120 n. 26.

6) Diosc. 5, 32. 34. 40. 41. 42. Plin. *n. h.* 14, 102. 103. Palladius 3, 25, 11. 19; 4, 10, 10. Oribas. I p. 399—401.

7) Alle drei Getränke erwähnt das *Ed. Diocl.* 2, 11. 12 und Ulp. *Dig.* 33, 6, 9. *Cerevisia* wurde in Gallien, *zythum* in Spanien und Aegypten gemacht. Strabo 3 p. 155; 17 p. 799. 824. Plin. *n. h.* 22, 164. Den ägyptischen Gerstentrank bespricht Athenaeus 1 p. 34b. S. auch Wilkinson *Manners and Customs of the ancient Egyptians.* London 1837. II p. 171—173 und über alle Biere überhaupt Zosimi Panopolitani *de zythorum confectione fragmentum. Acc. historia zythorum s. cerevisiarum. Scripsit* C. G. Gruner. Solisbaci 1814. 8. Meibom *De cerevisiis.* Helmst. 1668 und in Gronov. *Thes.* IX p. 537 ff. Neuerdings handelt über die bei den barbarischen Nationen des Alterthums üblichen Biere Hehn S. 123 ff.

8) Diese waren nur in Gallien üblich. Plin. *n. h.* 14, 132. Strabo 5 p. 214. 218. Herodian. 8, 4, 4. Hehn S. 497. Jung Roemer und Romanen S. 176; abgebildet auf der Traianssäule. Froehner *Colonne Trajane* I, 29; III, 163. Rich *Dictionary* s. v. *cupa.*

9) Auf diese werde ich weiter unten zurückkommen.

10) *Dig.* 33, 6, 15. 16. Das Abfüllen heisst *diffundere* (Juvenal 5, 30) und der Termin des Abfüllens wird auch auf der Amphora angegeben. *C. I. L.*

ist junger Wein, der aus dem Fass getrunken wird: soll der Wein lange verwahrt werden, so wird er auf Amphoren gefüllt (*diffunditur*) [1]) und so gekellert. Auch die künstlichen Weine standen in Amphoren. [2]) Die Amphoren wurden mit Thonpfropfen verschlossen, [3]) mit Pech, Lehm oder Gyps verklebt [4]) (*oblinere*, [5]) *gypsare*) [6]) und mit einer Etikette (*nota*) [7]) versehen, welche entweder auf einem Zettel (*pittacium*) [8]) oder auf der Amphora selbst angebracht war. Von den gegenwärtig in grosser Anzahl vorhandenen, theils aus Pompeii, [9]) theils aus dem *monte Testaccio*, [10]) theils aus dem grossen im Jahre 1878 entdeckten Depositum des Quartiers der *castra praetoria* [11]) herrührenden Amphoren tragen einige den Fabrikstempel der Töpferei, in welcher sie gemacht sind, [12]) viele aber eine Aufschrift, welche in der Regel mit der Feder geschrieben, seltener in schwarzer, rother oder weisser Farbe vermittelst eines Pinsels aufgetragen wurde, und die Weinsorte, auch wohl den Jahrgang, [13]) die Firma des Lie-

---

IV, 2551 (wo Z. 3 *diff.* zu lesen) ff. *Bull. munic.* 1874 p. 40; 1879 p. 50. Vgl. Mau *Bull. d. Inst.* 1880 p. 95.

1) Salmasius *Exerc. Plin.* p. 331 f.

2) So sagt z. B. Colum. 12, 33 von dem Meerzwiebelwein: *postea* (wenn er fertig ist) *eximito et defecatum vinum in amphoras bonas adiicito.* Vgl. S. 459 A. 3. S. 460 A. 1.

3) Ein Thonpfropfen einer Amphora mit der Inschrift: *P. Saufe(i)* (wahrscheinlich des Lieferanten) wurde in Palestrina gefunden. Gerhard Arch. Anz. 1865 n. 196 p. 51. Ein Bleideckel Rhein. Jahrb. 66 (1879) S. 95.

4) Galen. XVII, 2 p. 164 Kühn.

5) Colum. 12, 32 u. ö. Hor. *od.* 1, 20, 3; 3, 8, 10. Auch die *opercula doliorum* wurden mit Pech verklebt. Plin. *n. h.* 14, 135.

6) Col. 12, 39, 2; 41, 1; 42, 3.

7) *nota* heisst daher die Sorte selbst. Hor. *od.* 2, 3, 8. *sat.* 1, 10, 24.

8) Petron. 34: *Statim allatae sunt amphorae vitreae diligenter gypsatae, quarum in cervicibus pittacia erant affixa cum hoc titulo: Falernum Opimianum annorum centum.*

9) Die Aufschriften der pompeianischen *amphorae* sind herausgegeben von R. Schoene *C. I. L.* IV p. 171 ff. Nachträge dazu von Brizio und Schoene s. *Ephem. epigr.* I p. 160 ff. *Bull. d. Inst.* und *Not. d. Scavi* passim.

10) Dressel *Ricerche sul monte Testaccio* in *Annali* 1878 p. 118 ff.

11) Dressel *Di un grande deposito di anfore rinvenuto nel nuovo quartiere del castro pretorio* in *Bullettino comunale* 1879 p. 36—112; 143—195.

12) Dressel *Ricerche* p. 131 ff.

13) Galen. XIV p. 25 erzählt von dem kaiserlichen Keller in Rom: ἔγωγέ τοι τῶν οἴνων τῶν Φαλερίνων ἑκάστου τὴν ἡλικίαν ἀναγιγνώσκων ἐπιγεγραμμένην τοῖς κεραμίοις, εἰγόμην τῆς γεύσεως, ὅσοι πλειόνων ἐτῶν ἦσαν εἴκοσι, προεργόμενος ἀπ' αὐτῶν ἄχρι τῶν οὐδὲν ὑπόπικρον ἐχόντων. Dies sind die *languidiora vina* des Horat. *od.* 3, 21, 8; 16, 34 (*lene merum od.* 3, 29, 2). Das Consulat auf den Amphoren erwähnen Tibull. 2, 1, 27; Hor. *od.* 3, 28, 8: *Bibuli consulis amphoram*; 3, 8, 11; 3, 21, 1. *epod.* 13, 6. Das früheste Consulat,

feranten[1]) und eine oder mehrere Zahlen enthält, deren Bedeutung in den meisten Fällen sich noch einer sicheren Erklärung entzieht.[2]) Solche etikettirten *amphorae* (*amphorae litteratae*)[3]) sind z. B.: *amphorae litteratae.*

FAVStianum
TI. CLAVDIO IIII
COS (47 n. Chr.)
L. VITELLIO III[4])

oder

cn. lenTVLO M ASINIO COS (25 n. Chr.)
FVNDanum[5])

oder

TI · CLAVDIO · P. QVINCTILIO COS (741 = 13)
A. D. XIII. K. IVN. VINVM
DIFFVSVM · QVOD · NATVM · EST
DVOBVS · LENTVLIS COS (736 = 18)
AVTOCR.[6])

oder

LVN · VET
A IIII R
X
CORNELIA
M · VALERI ABINNERICI.[7])

---

welches auf den erhaltenen Amphoren vorkommt, ist das des Jahres 647 = 107 (Henderson *History of wines* p. 54 = *C. I. L.* VIII n. 10477, 1); in Pompeii sind sechszehn, auf dem Monte Testaccio dreiundzwanzig (Dressel *Annal.* 1878 p. 167), bei den *castra praetoria* zehn datirte Amphoren gefunden, aus welchen die Jahresbezeichnung für die Zeit von 107 vor Chr. bis 255 nach Chr. nachweisbar ist.

1) Plinius *n. h.* 23, 33 sagt, von der Verfälschung des Weines redend: *eo venere mores, ut nomina modo cellarum veneant, statimque in lacubus vindemiae adulterentur* und bei Doni p. LXXXII findet sich eine *amphora* mit der Inschrift: *ex cell(is) L Purelli Gemelli.*

2) Die kleineren Zahlen scheinen das Mass der *amphora*, zuweilen das Alter des Weines, die grösseren die Lagernummer zu bezeichnen. Ueber die verschiedenen Signaturen s. auch Bruzza *Iscrizioni Vercellesi* p. 185 ff.

3) Plautus *Poen.* 835:

bibitur, estur, quasi in popina, haud secus.
Ibi tu videas literatas fictiles epistolas
Pice signatas: nomina insunt cubitum longis literis.

Juven. 5, 33:

Cras bibet Albanis aliquid de montibus aut de
Setinis, cuius patriam titulumque senectus
delevit multa veteris fuligine testae.

4) *C. I. L.* IV, 2553. 5) *C. I. L.* IV, 2552.

6) Lanciani *Bullett. municipale* 1874 p. 40. Die letzte Zeile enthält wohl den Weinhändler, *Autocrates.*

7) Fiorelli *Giornale degli scavi di Pompei* 1861 Fasc. I p. 26 theilt drei

Preise des Weins. Was den Preis des Weines betrifft, so war dieser in älterer Zeit in Italien wie in Griechenland ein sehr niedriger. Im Jahre 504 = 250 kaufte man den *congius*, d. h. beinahe 3 Quart für 1 As;[1]) noch Columella 3, 3, 10 rechnet 40 Urnen gewöhnlichen jungen Weines auf mindestens 300 Sesterzen, d. h. die Amphora zu 15 Sesterzen; dies ist indessen ein Minimalpreis. Edle und alte Weine hatten hohe Preise: Chier kostete schon zu Socrates' Zeit in Athen der Metretes eine Mine,[2]) also das Quart 1 M. 68 Pf.; in Rom musste er bedeutend theurer sein; Falerner zu trinken galt auch in Italien für grossen Luxus;[3]) besonders aber wurden alte Weine dadurch theuer, dass man die Zinsen des Capitals bei ihnen berechnete. Bei dem vortrefflichen Jahrgang von 633 = 121 v. Chr. (*vinum Opimianum*) setzt Plinius *n. h.* 14, 56 den ursprünglichen Einkaufspreis auf 100 HS. die Amphora; unter Caligula, wo dieser Wein noch verkauft wurde, also nach etwa 160 Jahren, war dies Capital, wenn man die Verzinsung mit 6 % jährlich berechnete, auf 1065 HS. gestiegen, und die *uncia*, d. h. der zwölfte Theil des Sextarius, sonst *cyathus* genannt, d. h. der 576ste Theil der Amphora, nach unseren Massen ein kleines Weinglas, kostete etwa 2 Sesterzen,[4]) 2 Sextarii aber, d. h. etwas weniger als 1 preuss. Quart, $44^1/_6$ HS. oder etwa 9 M. 50 Pf.

6. Ich habe in der Aufzählung der Lebensmittel einige der gewöhnlichsten ländlichen Producte und Küchenrequisiten übergangen, weil sie für das Alterthum nicht charakteristisch sind:
Milch. die Milch, aus welcher man einige künstliche Gerichte, ἀφρόγαλα

solcher Inschriften (jetzt *C. I. L.* IV, 2599—2601) mit, die er so liest: *Lunense vetus annorum quatuor rubrum, decem sextarii Marci Valerii Abinnerici.* Dass die Zahl X das Mass der Amphora bezeichnet, geht aus den beiden anderen Inschriften hervor, die andere Zahlen haben, nämlich VIII S. d. h. *octo semis* und V; eine vierte Inschr. hat XIIII S., aber *sextarii* können dies nicht sein, deren 48 auf die Amphora gehen, sondern *congii* müssen es sein, deren die Amphora 8 hat. Ueber die Grösse der betreffenden Amphorae sagt leider Fiorelli gar nichts. Cornelia (*Corneliis C. I. L.*) hält er für die Verkäuferin. Eine ähnlich angeordnete Aufschrift mit schwarzer Farbe hat die Amphora bei Doni p. LXXXII.

1) Plin. *n. h.* 18, 17. 2) Plut. *de animi tranq.* 10, p. 570 D.

3) Inschrift bei Henzen n. 7411: *D M C. Domiti Primi. Hoc ego su(m) in tumulo Primus notissimus ille. Vixi Lucrinis, potabi saepe Falernum. Balnia vina venus mecum senuere per annos.*

4) Nach dieser Auseinandersetzung ist die Stelle des Plinius 14, 56, welche noch in den neuesten Ausgaben unverständlich edirt wird, wie schon Budaeus sah, so zu lesen: *Quod ut eius temporis aestimatione in singulas amphoras centeni nummi statuantur, ex his tamen usura multiplicata semissibus*

(geschlagene Sahne) und *Melca* machte,[1] die Käsearten, unter **Käse.** denen der Alpenkäse von den graiischen Alpen (*caseus Vatusicus*) der berühmteste ist,[2] und von denen einige in Rauch präparirt wurden;[3] den Honig,[4] der, da die Alten von Zuckerrohr **Honig.** nur eine historische Kenntniss hatten, ohne es zu benutzen,[5] die Stelle des Zuckers beim Backen und Kochen vertritt; endlich das Salz, das zuerst aus Seewasser niedergeschlagen, später **Salz.** auch aus Bergwerken gewonnen wurde,[6] und schliesse diesen Abschnitt mit einer kurzen Uebersicht derjenigen Gewerbtreibenden, welche sich ausser den Producenten am Victualiengeschäft betheiligten. **Victualienhändler.** Es gehören dahin:

1) Die Kornhändler,[7] die Bäcker und die Wassermüller.

2) Die Gemüsehändler.[8])

(d. h. $6^0/_0$) *quae civilis ac modica est, in Gai Caesaris Germanici fili principatu, annis CLX singulas uncias binis n.* (die Ausg. haben *vini*) *constitisse nobili exemplo docuimus referentes vitam Pomponi Secundi vatis cenamque quam principi illi dedit.*

1) Galen. Vol. X p. 468 Kühn: ἡ μέλκα, τῶν ἐν Ῥώμῃ ἓν εὐδοκιμούντων ἐδεσμάτων, ὥσπερ καὶ τὸ ἀφρόγαλα. Vgl. *Geopon.* 18, 21. Ausserdem giebt es *Oxygala*, wozu man das Recept bei Columella 12, 8 findet. Vgl. Galen. VI p. 689 Kühn.

2) Galen. VI p. 697 K. Plin. *n. h.* 11, 240.

3) *Dig.* 8, 5, 8 § 5: *Aristo respondit, non putare se, ex taberna casiaria fumum in superiora aedificia iure immitti posse.* Diesen *caseus fumosus* (φουμῶσος τυρός Athen. 3 p. 113^c, Mart. 13, 32) räucherte man in Rom selbst. Plin. *n. h.* 11, 241.

4) Ueber die Bienenzucht und den Honig findet man das Material gesammelt in Magerstedt Bilder aus der röm. Landwirthschaft Heft 6.

5) S. Dioscorides *de m. m.* 2, 104. Plin. *n. h.* 12, 32. Lucan. *Phars.* 3, 237. Isidor. *or.* 17, 7, 58 und mehr bei Eisenach Zur Geschichte des Zuckers. Gotha 1866. 4.

6) S. Staatsverwaltung II^2 S. 159. 280.

7) Oben S. 424.

8) Eine *negotiatrix frumentaria et leguminaria ab scala Mediana* Orelli 3093 = *C. I. L.* VI, 9683. *Felicio lupinarius* in Pompeii, *Bull. d. Inst.* 1876 p. 234; *lupinarii* Lamprid. *Al. Sev.* 33, 2. *negotiatores leg(uminarii)* scheinen in einer Inschr. von Vindonissa Mommsen *Inscr. Conf. Helvet.* n. 261 vorzukommen. Eine Taberna, in der Hülsenfrüchte verkauft werden, stellt das römische Relief bei O. Jahn Berichte der sächs. Ges. d. W. h. ph. Cl. 1861 S. 350 Taf. XIII, 4 dar. Ein *fabarius, Revue épigr. du midi de la France* I p. 238 n. 276; die *fabaria C. I. L.* III, 153 gehört nach Berytus. Der *negotiator lentiarius et castrensiarius* bei Orelli 4254 = *C. I. L.* V, 5932 ist nicht, wie Hagenbuch annimmt, ein Linsenhändler, sondern identisch mit *lintearius* Henzen 6991. Er heisst auch *C. I. Gr.* 275 lin. 71 λεντιάριος von λέντιον d. h. *linteum.* Vgl. Renier *Inscr. Rom. de l'Algérie* n. 2874 = *C. I. L.* VIII, 5234 *Abascantus Caesaris ex [fami]lia cast[ren]si ex num[ero ve]stiariorum.*

3) Die Obsthändler (*pomarii*)[1]) und die Händler mit eingemachten Früchten (*salgamarii*).[2])

4) Die Viehhändler, Fleischer, Wild- und Geflügelhändler. Da die römischen Schlächter Ochsen, Schweine und Lämmer von den Gutsbesitzern direct kauften,[3]) so muss man unter den Viehhändlern solche verstehen, die aus ferneren Gegenden Heerden zum Verkauf auf den Markt brachten. Von der Art sind das schon in der Zeit der Republik in Praeneste vorkommende *collegium mercatorum pequariorum*,[4]) die in einer Inschrift des *forum boarium* im J. 204 erwähnten *negotiantes boarii huius loci, qui invehent*,[5]) der *negotiator campi pecuarii* bei Orelli 4114 = *C. I. L.* VI, 9660, die *porcinarii*,[6]) *negotiatores suarii*[7]) und die Verkäufer der in besonderer Qualität zu liefernden Opferthiere,[8]) *victimarii*.[9]) In der späteren Kaiserzeit sind die *corpora suariorum* und *pecuariorum*, die Honorius zu einem Collegium vereinigte, die Lieferanten des Schweinefleisches für die Stadt,[10]) wogegen die bei den Heeren in Germanien und Mauretanien

---

1) *Pomarius* Hor. *sat.* 2, 3, 227; *pomarius de circo maximo* Orelli 4268 = *C. I. L.* VI, 9822; *pomarius de agger(e) a proseucha* Orelli 2525 = *C. I. L.* VI, 9821; vgl. 9823; ein *pomarius* in Capua Henzen 6131 = *C. I. L.* X, 3956. *pomarii* in Pompeii *C. I. L.* IV, 149. 180. 183. 202. 206. Auch die Gartenbesitzer selbst trieben Obsthandel. Varro *de r. r.* 1, 2, 10 sagt von Cn. Tremellius Scrofa: *huiusce pomaria summa sacra via, ubi poma veneunt, contra auream imaginem. Pomarium* ist eine Niederlage von Obst (s. Schneider zu d. St.) u. solche waren in der *sacra via*. Ovid. *a. a.* 2, 266. *Priapeia* 21, 3:

quaeque tibi posui tanquam vernacula poma
de sacra nulli dixeris esse via.

Ein Relief mit einem Obstverkäufer s. bei O. Jahn a. a. O. Taf. XIII, 5. Ein Feigenhändler (*ficarius*) auf einem Relief in Verona ebendas. S. 368.

2) Colum. 12, 56, 1.

3) Varro *de r. r.* 2, 5, 11: *lanii, qui ad cultrum bovem emunt.* 3, 2, 11: *tu e villa illic natos verres lanio vendis.* Colum. 7, 3, 13: *suburbanae villicus enim teneros agnos — lanio tradit.*

4) *C. I. L.* I, 1130.

5) Orelli 913 = *C. I. L.* VI, 1039. *invehent* hat die Inschrift. *neg(otiator) iuvencarius*, *C. I. L.* X, 5585.

6) Plautus *Capt.* 905.

7) Plin. *n. h.* 7, 54. *C. I. L.* V, 2128; IX, 1506. Die Inschrift Orelli 2672 ist falsch. S. *C. I. L.* IX, 156*. Ein Relief der Villa Albani, das Geschäft eines Schweineschlächters vorstellend, s. bei Zoega *Bassir.* 28. O. Jahn a. a. O. S. 352 Taf. XIII, 1.

8) Varro *de r. r.* 2, 5, 10 und 11.

9) Den *victimarius Serapio* bei Val. Max 9, 14, 3 darf man wohl als einen Viehhändler betrachten, da Plinius *n. h.* 7, 54 ihn *suarii negotiatoris vile mancipium* nennt.

10) *Cod. Theod.* 14, 4 und daselbst Gothofredus, und die Inschr. aus dem J. 340 (nicht 390) bei Orelli 3672 = *C. I. L.* VI, 1690, und aus dem J. 364 oder 372 bei Orelli 3166 = *C. I. L.* VI, 1770.

vorkommenden *pecuarii*[1]) eher Aufseher über die Viehheerden, welche auf den Wiesen der Legionen weideten,[2]) als Lieferanten sein mögen. Die Fleischer in Rom (*lanii*,[3]) *laniones*,[4]) *laniarii*,[5]) *confectuarii*)[6]) machen ein bürgerliches Gewerbe aus, aus welchem bekanntlich der Consul des J. 216 v. Chr., C. Terentius Varro,[7]) hervorging. Sowohl sie als die *macellarii*,[8]) welche namentlich Wild und Geflügel,[9]) aber auch alle Arten von Victualien verkaufen,[10]) weshalb sie in Betracht der Luxusgesetze unter polizeilicher Aufsicht stehen,[11]) und die eigentlichen Delicatessenhändler (*cuppedinarii*)[12]) trieben ihr Geschäft in Tabernen,[13]) wie sie ein Relief der Villa Albani veranschaulicht,[14]) auf welchem man Schweine, Hasen und Geflügel zum Verkauf ausgestellt sieht. Es gab ferner besondere Händler mit Hühnern.[15]) In anderen Tabernen gab es einen Handel mit Salz- und Rauchfleisch zum Wintervorrath,[16]) während warme Würstchen und andere Speisen von den *botularii* und *institores popinarum* herumgetragen und ausgerufen wurden.[17])

---

1) In der Cölner Inschrift Brambach *Corp. Inscr. Rhen.* 377 ist ein *miles leg. XX* zugleich *pequarius*. Die africanischen Inschriften s. *C. I. L.* VIII, 2553. 2568. 2569. 2791. 2827.

2) S. Mommsen *C. I. L.* II, 2916.

3) *C. I. L.* VI, 167. 168. 9499 (*[la]nius de colle Viminale*). 9500.

4) Orelli 4229 (= *C. I. L.* X, 6493). 7237.

5) Grut. 1035, 4 = Herzog *Gall. Narbon.*, *append.* 64.

6) Orelli 3672. 4167 = *C. I. L.* VI, 1690. 9278.

7) Liv. 22, 25, 19. Val. Max. 3, 4, 4.

8) Suet. *Caes.* 26. *Vesp.* 19 und öfters; *C. I. L.* VI, 9532. *Negotiator artis macellariae* in Lugdunum Grut. 647, 5 = Boissieu *Inscr. de Lyon* p. 417.

9) Bei Varro *de r. r.* 3, 2, 11 werden zahme Schweine an den *lanius*, Eber aus dem Wildpark an den *macellarius* verkauft; ebenso kaufen das Geflügel die *macellarii* Varro *de r. r.* 3, 3, 4.

10) Varro *de l. L.* 5, 147, namentlich *obsonia*. Festi *epit.* p. 125, 8; auch Fische Plaut. *Aul.* 373.

11) Suet. *Caes.* 43. *Ti.* 34.

12) Donat. *ad Terent. Eun.* 2, 2, 25: *Qui esculenta et poculenta vendunt, a rebus cupedinis ob alimentum cupedinarii appellantur.* Dahin gehört der *negotiator vinarius a septem Caesaribus* (dies ist eine Localität in Rom, s. Marini *Atti* p. 245) *idem mercator omnis generis mercium transmarinarum.* Orelli 4253 = *C. I. L.* IX, 4680.

13) *Taberna macellaria* Val. Max. 3, 4, 4. Die Taberne eines *lanio* ist bekannt aus Livius 3, 48, 5. *tabernae lanienae* Varro bei Non. p. 532, 20.

14) Zoega *Bassirilievi* 27 = O. Jahn a. a. O. Taf. XIII, 2. Ein ähnliches Relief beschreiben Gerhard u. Panofka Neapels antike Bildwerke I S. 130 n. 491.

15) *C. I. L.* VI, 9674: *negotianti pullario.*

16) Ein *negotiator penoris et vinorum de Velabro a IIII scaris* Henzen 5087 = *C. I. L.* VI, 9671; *pernarius* Orelli 4259. Ein Schild der Bude eines *pernarius*, fünf Schinken neben einander darstellend, s. bei O. Jahn a. a. O. S. 353.

17) Senec. *ep.* 56, 2. Mart. 1, 41, 9.

5) Die Fischer (*piscicapi*,[1] *piscatores*),[2] die Fischverkäufer (*piscatores propolae*,[3] οἱ ἐν Ῥώμῃ ἰχθυοπῶλαι),[4] insbesondere die *cetarii*, welche das doppelte Geschäft der griechischen ταριχευταί[5] und ταριχοπῶλαι[6] repräsentirten, indem sie entweder selbst auf den Fang der *thynni* und ähnlicher Seefische auszogen,[7] um aus ihnen in eigenen Officinen *salsamenta* (τάριχος) und Fischsaucen zu fabriciren,[8] oder doch mit diesen Gegenständen handelten,[9] in welchem Falle sie dann als *salsamentarii*[10] oder speciell als *muriarii*[11] und *liquaminarii*[12] bezeichnet werden.

6) Die Weinhändler.[13]

---

1) *C. I. L.* VI, 9799—9801; in Pompeii, Orelli 3700c = *C. I. L.* IV, 826.

2) *Corpus piscatorum et urinatorum totius alvei Tiberis* Orelli 4115 = *C. I. L.* VI, 1872. Die *urinatores* haben das Geschäft, die mit den Tiberkähnen gesunkenen Waaren herauszuholen. *Digest.* 14, 2, 4 § 1. Vgl. Liv. 44, 10, 3 und S. 405 Anm. 1.

3) in Ostia. Orelli 4109.

4) Athenaeus 6 p. 224c.

5) S. ausser den in den Lexicis angeführten Stellen Leemans *Papyri Graeci*. Pap. *P.* p. 83.

6) S. Köhler in *Mém. de l'acad. de Pétersbourg.* VI. Série. Tom. I p. 389. Die Importeurs heissen auch ταριχηγοί.

7) Varro bei Nonius p. 49, 15: *Non animadvertis cetarios, cum videre volunt in mari thynnos, escendere in malum alte?* Die *piscatio thynnaria* wird erwähnt *Dig.* 8, 4, 13 *pr.* und die *ludi cetarii* in Patavium (Tac. *ann.* 16, 21) sind Fischerspiele.

8) Colum. 8, 17, 12: *salsamentorum omnium purgamenta, quae cetariorum officinis everruntur.*

9) Placidi *Gloss.* in Mai *Auct. Class.* III p. 436: *bolona, redemtor cetariarum tabernarum, in quibus salsamenta conduntur, quas tabernas vulgo cetarias vocant.* In diesem Sinne braucht das Wort auch Arnobius 2, 38. Es ist also βολώνης von βόλος der Fischzug, und allerdings sagt Plutarch *qu. conv.* 8, 8, 3, 4, p. 889 Dübner βόλον ἰχθύων πρίασθαι. Donatus *ad Terent. Eun.* 2, 2, 26 dagegen erklärt *cetarii, qui cete, id est magnos pisces venditant et bolonas exercent*, in welchem Sinne *bolona* nicht nachweisbar ist.

10) Cic. *ad Herenn.* 4, 54, 67. Sueton. *V. Horat.* p. 44 Reiffersch. Macrob. *sat.* 7, 3, 6. *Schol. Pers.* 1, 43. Orelli 4249 = *C. I. L.* VI, 9676: *negotians salsamentarius et vinariarius Maurarius.*

11) *negotiator muriarius* in Lyon. Henzen 7260.

12) Placidi *Gloss.* in Mai *Auct. Class.* III p. 444: *Cetarii. Cete dicitur genus maximae beluae. Ab hoc vero genere abusive piscatores cetarii dicuntur. Et qui tractant ea, quae ex piscibus fiunt, liquemanarii* (lies *liquaminarii*), *qui ex corporibus piscium humorem liquant.*

13) Oben S. 447 f. Antike Weinkeller werden nicht nur in Inschriften erwähnt, wie die *cella vinaria* Orelli 2867, die *cella Groesiana C. I. L.* VI, 706, die *cella Nigriniana Bullett. municipale* 1876 p. 47, sondern existiren noch in Rom, wo neuerdings zwei Keller entdeckt wurden, in denen sich folgende Inschrift des Jahres 102 n. Chr. fand: *Collegio Liberi patris et Mercuri negotiantium cellarum vinariarum novae et Arruntianae Caesaris n.* u. s. w. S. Lanciani *Bullett. comunale* 1878 p. 102. *Notizie degli scavi* 1880 p. 140, tav. 4. *Bullett. dell' Inst.* 1879 p. 70.

7) Die Oelhändler, *olearii*, die zum Theil nur mit besonderen Sorten handelten.[1])

8) Die Honighändler.[2])

9) Die Salzverkäufer.[3])

10) Die Köche und Gastwirthe. Es ist oben S. 146 bemerkt worden, dass man zu Plautus' Zeit noch selten Köche unter dem Dienstpersonal hatte; man holte sie vom Forum, wo sie zu miethen waren, und Köche, bei denen man Speisen bestellen konnte, hat es auch später gegeben.[4]) Wir reden hier zunächst von den Garküchen, Schenkstuben und Wirthshäusern in der Stadt und deren Umgebung,[5]) welche ohne erheblichen Unterschied Köche und Gastwirthe.

---

1) *M. Julius Hermesianus, diffusor olearius*, *C. I. L.* II, 1481; *Mercator olei Hispani ex provincia Baetica* Orelli 3254 = *C. I. L.* VI, 1935; *negotiator olearius* ib. III, 2936; IX, 5307; *olearius* X, 1934; *C. Sentius Regulianus eq. R. diffusor olearius ex Baetica*, *curator eiusdem corporis* Orelli 4077, also ein Grosshändler, *negotiator magnarius.*° (Apul. *met.* 1, 5. Orelli-Henzen 4074. 6476. 7243 = *C. I. L.* VI, 1117. 1696; X, 6113.) *Mercatores frumentarii et olearii Afrarii* Orelli 3331 = *C. I. L.* VI, 1620; ibid. 9716—9719. Eine Taberne eines Oelhändlers ist in Pompeii gefunden; eine andere stellt ein Relief im Vatican dar. Ueber beide s. Jahn a. a. O. S. 350. 351.

2) Varro *de r. r.* 3, 16, 17. Ein *mellar(ius) a port(a) trigem(ina)* Henzen 5091 = *C. I. L.* VI, 9618.

3) *Salinator* heisst wohl ursprünglich ein Salinenarbeiter, *qui salem facit.* Davon hat M. Livius den Beinamen *Salinator*, davon sind die *salinatores aerarii* bei Cato (s. *Catonis quae exstant rec.* Jordan p. 49, 9) und die *salinatores civitatis Menapiorum* Orelli 749 benannt, vgl. auch Dessau *Bull. d. Inst.* 1883 p. 215 ff.; dagegen ist *salarius* bei Mart. 4, 86, 9:

Si damnaverit, ad salariorum
Curras scrinia protinus licebit

ein Salzverkäufer, nicht, wie die Lexica annehmen, ein *salsamentarius*; so auch *C. I. L.* V, 6670; X, 557, 3, 20. Aber später werden beide Worte in beiden Bedeutungen gebraucht. Bei Arnobius 2, 38, welcher aufzählt *salinatores bolonas unguentarios aurifices aucupes*, sind die *salinatores* Salzverkäufer, wogegen das *corpus salariorum* Orelli 1092 = *C. I. L.* VI, 1152 und die *socii salarii* in der sardinischen Inschrift *C. I. L.* X, 7856 Salinenpächter sind.

4) Als solcher kommt in einer römischen Inschr. Murat. p. 1322, 9 ein römischer Bürger, *C. Cetronius C. f. dapifex* vor. Auch möchten in diese Kategorie gehören: *L. Clodius L. l. Antioc(hus) Tuscus cocus* in Casinum *C. I. L.* X, 5211; *Marcius Faustus libertus*, *cocus optimus* in Alba Fucentia ibid. IX, 3938; *Tyrannus cocus I. R. N.* 6898. (Die Inschr. bei Muratori ist unecht (*C. I. L.* VI, 5, 3393*); die in den drei anderen genannten Personen waren wohl als Sclaven Köche.)

5) Ueber den ganzen Gegenstand s. Zell Die Wirthshäuser der Alten in dessen Ferienschriften. 1ste Samml. Freiburg 1826. 8. S. 1—52. Becker *Gallus* III S. 18—28 (27 ff. Göll). Eine lebhafte, ein reiches Material enthaltende, aber in den Einzelheiten vorsichtig zu benutzende Schilderung des alten Wirthshauslebens findet man in Francisque-Michel et Éd. Fournier *Histoire des Hôtelleries* Tom. I. Paris 1859. 8, wo p. 51—180 von den Römern die Rede ist. Zuletzt hat hierüber gehandelt L. Friedlaender Darstellungen II[5] S. 31 ff.

cauponae, *popinae*,[1]) *thermopolia*,[2]) *tabernae vinariae*[3]) oder, da viele Gewerbe, z. B. die Bäcker, dergleichen öffentliche Locale hielten,[4]) überhaupt *tabernae*, mit einem tadelnden Ausdruck aber *ganeae* genannt werden. Grossentheils waren diese räucherigen[5]) und, wie Horaz, einen Shakespearischen Ausdruck präoccupirend, sagt, fettigen[6]) Stuben für die niedrigste Classe der Bevölkerung bestimmt,[7]) die sich hier ohne zu grosse Bequemlichkeit restaurirte,[8]) zechte, tanzte[9]) und Neuigkeiten erzählte;[10]) aber es gab auch Tabernen, in welchen feinere Genüsse[11]) vornehme Leute fesselten,[12]) und in denen man ein Vermögen durchbringen konnte,[13]) zumal wenn darin Hasardspiel[14]) oder, was ganz gewöhnlich war, eine Bordellwirthschaft[15]) betrieben wurde. Theils aus diesem Grunde, theils wegen der

---

1) *cauponam exercere Dig.* 4, 9, 1 § 5.
2) Plaut. *Curc.* 292. *Rud.* 529. *Trin.* 1013.
3) Apul. *de mag.* 57. Nonius p. 532, 16.
4) Festi *epit.* p. 7, 18: *Alicariae meretrices dicebantur in Campania solitae ante pistrina alicariorum versari quaestus gratia.* Plaut. *Poen.* 266. Ueber Rom s. oben S. 169 Anm. 1.
5) *fumosa taberna* Verg. *copa* 3.
6) *uncta popina* Hor. *epist.* 1, 14, 21.
7) Juven. 8, 172:

mitte, sed in magna legatum quaere popina.
Invenies aliquo cum percussore iacentem
permixtum nautis et furibus ac fugitivis
inter carnifices et fabros sandapilarum
et resupinati cessantia tympana galli.

8) Ich glaube mit Becker *Gallus* III S. 25 (S. 39 Göll), dass die *sellariolae popinae* solche sind, wo man sitzend ass und trank, nicht, wie bei einem eigentlichen Mahle, liegend (*accubans*); allein dass dies nicht überall der Fall war, lehrt die eben angeführte Stelle des Juvenal.
9) Horat. *epist.* 1, 14, 24:

Nec vicina subest vinum praebere taberna
quae possit tibi, nec meretrix tibicina, cuius
ad strepitum salias terrae gravis.

10) Juven. 9, 108.
11) Die Vergilische *Copa* rühmt ihre *taberna* als an einem rauschenden Bache liegend, mit Lauben und Blumenanlagen versehen und alle Genüsse der Ceres, des Bromius und des Amor darbietend.
12) Cic. *in Pison.* 6, 13. Juvenal 8, 158. Diese Liebhaberei, sich in den Schenken herumzutreiben, heisst *luxuria popinalis* (Apul. *met.* 8, 1), und der Grammatiker Lenaeus nannte ihretwegen den Historiker Sallustius einen *lurcho*, *nebulo* und *popino*. Suet. *de gramm.* 15.
13) Mart. 5, 70. 14) Mart. 5, 84, 4.
15) Verg. *copa* 33. Vgl. oben S. 169 Anm. 1. *Dig.* 23, 2, 43 § 9: *Si qua cauponam exercens in ea corpora quaestuaria habeat, ut multae assolent sub praetextu instrumenti cauponii prostitutas mulieres habere, hanc quoque lenae appellatione contineri.* Daher *salax taberna* bei Catull. 37, 1. In den für Reisende bestimmten Wirthshäusern an den Landstrassen war es ebenso. S. unten S. 472 Anm. 9.

Betrügereien, deren man die Wirthe bezichtigte,[1] sind die *tabernarii, popae,*[2] *popinarii,*[3] *popinariae,*[4] *copones* und *copae*, eine übelberüchtigte Menschenclasse, die auch vor dem Gesetze als bescholten gilt.[5]

Gasthäuser für Reisende (*deversoria,*[6] *hospitia*)[7] und Ausspanne (*stabula*), deren Inhaber als *copones* oder *stabularii* bezeichnet werden,[8] gab es ebenfalls, wenigstens seit dem zweiten Jahrhundert v. Chr., sowohl in Rom als in ganz Italien. Denn wenngleich Reisende von einigem Range in grösseren Orten ihre Gastfreunde hatten und Leute, die in Staatsgeschäften reisten, überall bei dem *parochus* Aufnahme fanden,[9] so waren doch namentlich Geschäftsleute oft in dem Falle, auf ein Wirthshaus angewiesen zu sein; selbst die rhodischen Gesandten, welche im Jahre 176 v. Chr. nach Rom kamen, ohne vom Senat, wie dies sonst geschah,[10] aufgenommen zu werden, mussten in einem *sordidum deversorium* ihr Unterkommen suchen.[11] An den grossen Landstrassen legten die in der Nähe wohnenden Gutsbesitzer auf Speculation Tabernen an, die sie verpachteten oder durch Sclaven bewirthschaften liessen,[12] und dergleichen Wirthshäuser

Wirthshäuser.

Tabernen.

1) *perfidus caupo* Hor. *sat.* 1, 1, 29; *callidus copo* Mart. 3, 57, 1; *caupones maligni* Hor. *sat.* 1, 5, 4.

2) *C. I. L.* VI, 9824. *popa Licinius de Circo maximo* Cic. *pr. Mil.* 24, 65.

3) *C. I. L.* VI, 9825.

4) *Amemone — patriae popinaria nota* Inschr. von Tibur Henzen 7269.

5) Pauli *sent.* 2, 26, 11: *Cum his, quae publice mercibus vel tabernis exercendis procurant, adulterium fieri non placuit.* Diese Bestimmung der *lex Julia de adulteriis* änderte Constantin im J. 326 (*Cod. Th.* 9, 7, 1) dahin, dass zwar die *ancillae tabernarum* wegen ihrer *vilitas vitae* als *meretrices* zu betrachten seien, die *domina tabernae* aber nur in dem Falle, dass sie selbst die Gäste bedient. Ueber die ganze Sache findet man alles gesammelt bei Gothofr. zu dieser St. Von dem männlichen Personal heisst es *Cod. Th.* 7, 13, 8: *Inter — militum turmas neminem e numero servorum dandum esse decernimus, neve ex caupona ductum, vel ex famosarum ministeriis tabernarum, aut ex cocorum aut pistorum numero.*

6) *taberna devorsoria* Plaut. *Menaechm.* 436. *deversorium* Cic. *de sen.* 23, 84 u. ö.; *taberna meritoria* Val. Max. 1, 7 ext. 10.

7) *Hospitium Hygini Firmi* in Pompeii, *Bull. d. Inst.* 1882 p. 116; vgl. *C. I. L.* IV, 807.

8) *Dig.* 4, 9, 1 § 5: *Caupones autem et stabularios aeque eos accipimus, qui cauponam vel stabulum exercent institoresve eorum.* Ib. 4, 9, 5 pr.: *caupo (mercedem accipit), ut viatores manere in caupona patiatur, stabularius, ut permittat iumenta apud eum stabulari. Stabulum* und *stabularius* auch Apul. *met.* 1, 15; 1, 17.

9) S. oben S. 198 f. 10) S. oben S. 198. 11) Liv. 45, 22, 2.

12) Varro *de r. r.* 1, 2, 23: *si ager secundum viam et opportunus viatoribus locus, aedificandae tabernae deversoriae, quae tamen, quamvis sint fructuosae, nihilo magis sunt agriculturae partes.*

werden oft erwähnt. So lagen z. B. an der via Appia die *tabernae Caediciae*[1]) und die *tres tabernae*;[2]) Clodius floh bei dem Angriff des Milo in eine *taberna* bei Bovillae;[3]) Cynthia kehrte auf einer Reise nach Lanuvium in einer Taberne der appischen Strasse ein;[4]) Cicero gedenkt eines *copo de via Latina*,[5]) und Antonius hielt bei seiner Rückkehr von Narbo in einer *cauponula* der via Flaminia an.[6]) Die Wirthshäuser in dem an allen Lebensbedürfnissen gesegneten cisalpinischen Gallien waren zu Polybius' Zeit so wohlfeil, dass man gar keine Rechnung machte, sondern Kost und Wohnung für einen halben As gab;[7]) indessen haben wir auch von einer Wirthshausrechnung aus der ersten Kaiserzeit eine Probe auf dem bekannten Relief von Aesernia,[8]) auf welchem ein Mann in Reisekleidern, den Maulesel am Zügel führend, mit der Wirthin abrechnet, und oberhalb des Bildes das Gespräch selbst verewigt ist:

Copo computemus.

Habes vini sextarium unum, panem — assem unum; pulmentarium asses duos.

Convenit.

Puellam — asses octo.[9])

Et hoc convenit.

Faenum mulo — asses duos.

Iste mulus me ad factum dabit.

Dass ebenso wie in Italien auch in den Provinzen für Wirthshäuser gesorgt war, bedarf für die alten Culturländer, z. B. für

---

1) Festi *epit.* p. 45, 13: *Caediciae tabernae in via Appia a domini nomine sunt vocatae.* Sie lagen bei Sinuessa. S. Mommsen *ad C. I. L.* I, 1199.

2) *Acta Apost.* 28, 15. *Itin. Anton.* p. 107 Wess.

3) Ascon. *in or. pr. Mil.* p. 28 Kiessling.

4) Propert. 5, 8, 19.

5) Cic. *pr. Cluent.* 59, 163: *Atque etiam — hominem multorum hospitem, Ambivium quendam, coponem de via Latina, subornatis, qui sibi a Cluentio servisque eius in taberna sua manus allatas esse dicat.*

6) Cic. *Phil.* 2, 31, 77.

7) Polyb. 2, 15, 5: ποιοῦνται γὰρ τὰς καταλύσεις οἱ διοδεύοντες τὴν χώραν ἐν τοῖς πανδοχείοις, οὐ συμφωνοῦντες περὶ τῶν κατὰ μέρος ἐπιτηδείων, ἀλλ' ἐρωτῶντες, πόσου τὸν ἄνδρα δέχεται. ὡς μὲν οὖν ἐπὶ τὸ πολὺ παρίενται τοὺς καταλύτας οἱ πανδοχεῖς, ὡς ἱκανὰ πάντ' ἔχειν τὰ πρὸς τὴν χρείαν ἡμιασσαρίου· τοῦτο δ' ἔστι τέταρτον μέρος ὀβολοῦ· σπανίως δὲ τοῦθ' ὑπερβαίνουσι.

8) Abgebildet *Bull. Nap.* VI, 1 und bei O. Jahn Berichte der Sächs. Ges. d. Wiss. hist. ph. Cl. 1861 S. 369 Taf. X, 6. Die Inschr. s. *C. I. L.* IX, 2689 = Henzen 7306. Die letzte Zeile erklärt Mommsen *iste mulus feret me ad opus rusticum.*

9) S. oben 470 Anm. 15.

Griechenland, kaum eines Beweises;[1]) aber seitdem in Folge der im römischen Reiche eintretenden Sicherheit und Ruhe das Reisen wesentlich erleichtert und durch den neu geschaffenen Zusammenhang der Provinzen unter einander und mit der Hauptstadt sowohl für die Zwecke der Verwaltung als des Handels, der Wissenschaft oder der Erholung in viel höherem Grade als vorher nöthig und möglich geworden war,[2]) begann man an allen grossen Strassen aller Provinzen für Stationen zum Pferdewechsel (*mutatio*) und Nachtquartier (*mansio*) Sorge zu tragen,[3]) und es ist nur die Frage, ob gewisse wiederkehrende Bezeichnungen dieser Stationen in den Itinerarien geradezu auf die Tabernen der Stationen zu beziehen sind. In Rom und anderen Städten war es gewöhnlich, dass alle Geschäftstreibende in ihrer Firma ihre Wohnung entweder nach der Strasse[4]) oder nach einem bekannten Monument[5]) bezeichneten; verschiedene Häuser[6]) und besonders Tabernen hatten aber ihr eigenes *insigne*, wie z. B. in Rom am Forum eine Taberne als Aushängeschild eine *imago Galli in scuto Cimbrico picta* hatte und in Pompeii ein Gasthaus zum Elephanten aufgefunden worden ist.[7]) Hiernach darf man in dem in einer Inschrift von Narbo[8]) vorkommenden *L. Afranius Cerealis l. Eros, ospitalis a Gallo Gallinacio* einen Gastwirth »zum Hahn« erkennen und aus einem Wirthshausschilde in Lyon[9]) auf die Firma *Ad Mercurium et Apollinem* Schilder derselben.

---

1) Bekannt sind die von Cicero *de div.* 1, 27, 57 und *de inv.* 2, 4, 14 erzählten Geschichten von einem Wirthshause in Megara und einem ohne Zweifel auch griechischen anderen Gasthause, in welchem der Fremde vom Wirth ermordet wird; ferner das grosse καταγώγιον in Plataeae Thuc. 3, 68. Eine *caupona* in der Nähe von Larissa erwähnt Apul. *met.* 1, 7.

2) S. Friedlaender Darstellungen II⁵ S. 3—82.

3) S. namentlich das *Itinerarium Hierosolymitanum* bei Parthey et Pinder *Itin. Antonini Aug. et Hierosol.* Berol. 1848. 8.

4) *Auraria et margaritaria de via sacra, aurifex de via sacra, caelator de via sacra* und viele andere Firmen mit derselben Bezeichnung Preller Regionen S. 129; *lanarius de Vico Caesaris, sagarius post aedem Castoris* Preller das. S. 151; *lanarius de Subura, lanarius a vico Loreti minoris* das. S. 197; *pomarius de aggere a proseucha C. I. L.* VI, 9821; *lintearius qui manet in Sebura maiore ad nimfas C. I. L.* VI, 9526 = Or. 8.

5) Solche Monumente sind nicht nur Tempel und Thore, sondern irgendwelche bildliche Darstellungen, die *ciconiae nixae* Preller a. a. O. S. 173; *caput Africae, capita bubula, caput Gorgonis* das. S. 120 u. a.

6) Die Localität *ad palmam* heisst auch *domus palmata* Preller a. a. O. S. 143.

7) Quintil. 6, 3, 38. Fiorelli *Giornale degli Scavi* 1862 n. 13 p. 24. Overbeck Pomp.⁴ S. 379. *C. I. L.* IV, 806.

8) Orelli 4330.

9) Or. 4329 = Boissieu *I. d. Lyon* p. 418: *Mercurius hic lucrum pro-*

schliessen. In gleicher Weise dürften aber die in den Itinerarien vorkommenden Stationen *ad Mercurios*, *ad aquilam minorem*, *ad aquilam maiorem*, *ad Dianam*, *ad gallum gallinaceum*, *ad dracones*, *ad olivam*, *ad ficum*, *ad rotam* (alle in Africa), *ad Herculem* (in Sardinien), *ad malum* (in Norditalien), *ad pirum* (bei Ancona), *ad morum* (in Spanien) ihren Namen von den Tabernenschildern erhalten haben.[1])

---

mittit, Apollo salutem: Septumanus hospitium cum prandio. Qui venerit, melius utetur. post, hospes, ubi maneas prospice.

1) Ausführlich handelt über diesen Gegenstand Jordan Ueber römische Aushängeschilder, in der Archäologischen Zeitung 1872 S. 65 ff.

II. Die Kleidung.

Eine Geschichte der Moden des Alterthums zu schreiben ist eine dankbare, aber noch sehr unvollständig gelöste Aufgabe. Auch der folgende Abschnitt prätendirt nicht, dieselbe, so weit sie die Römer betrifft, in ihrer Vollständigkeit zu behandeln; er soll indess drei Punkte einer Erörterung unterziehen: die Stoffe, die bei den Römern nach einander in Gebrauch kamen, die Hauptformen der Kleidung und die Gewerbe, die mit diesen Modeartikeln zu thun hatten. Die technischen Fragen über die Methoden des Färbens, Spinnens, Webens und Stickens werden in der Beschränkung behandelt werden, welche dem Verfasser das Mass seiner Kenntniss und das Interesse philologischer Leser auferlegt.

A. Die Rohstoffe.[1]

1. Wolle.

Wie in Griechenland der ursprünglich einzig vorhandene Webestoff die Wolle ist,[2] so war auch für den römischen Land-

---

1) S. hierüber Mongez *Recherches sur les habillemens des anciens* in *Mémoires de l'Institut royal de France. Classe d'histoire et de littérature ancienne* T. IV. 1818. 4°. p. 222—314. J. Yates *Textrinum antiquorum. An account of the art of weaving among the ancients.* Part. I. London 1843. 8. Die Fortsetzung ist leider nie erschienen. G. Semper Der Stil in den technischen und tektonischen Künsten. Th. I. Textile Kunst. Frankf. a. M. 1860. 8. Blümner Technologie und Terminologie der Gewerbe und Künste bei Griechen und Römern. Th. I. Leipzig 1875. 8. S. 89 ff. Blümner Die gewerbliche Thätigkeit der Völker des klassischen Alterthums. Leipzig 1869. 8. Büchsenschütz Hauptstätten des Gewerbfleisses. Leipzig 1869. 8. Ueber die Wolle insbesondere s. H. Grothe Die Geschichte der Wolle und Wollenmanufactur im Alterthum; deutsche Vierteljahrsschrift 1866 Heft IV S. 259 ff. Endlich ist ein grosser Theil der hier in Betracht kommenden Fragen behandelt in *South Kensington Museum. Textile fabrics; a descriptive catalogue of the collection of church-vestments, dresses, silk stuffs, needlework and tapestries, forming that section of the museum, by Daniel Rock.* London 1870. 8. Introduction p. I—CLXI. Die specielle Litteratur ist am betreffenden Orte angeführt.

2) Plato *Politic.* p. 280ᵉ definirt die Webekunst: καὶ λελοίπαμεν, ὡς δό-

mann des Klima's wegen die naturgemässe Kleidung ein schwerer Wollstoff,[1] und die Wollproduction ist immer ein Hauptttheil der römischen Landwirthschaft gewesen.[2] In Schafen und Rindern berechnete man alle Geldstrafen;[3] feine Heerden, zuerst aus Griechenland eingeführt,[4] gediehen in Italien so vortrefflich, dass ihre Wolle der griechischen, kleinasiatischen, africanischen und gallischen zum Theil vorgezogen wurde[5] und die italische Race auch den spanischen Heerden ihre Berühmtheit verschafft hat.[6] Von italischen Schafen sind die besten die von Apulien,[7] wo schon Varro grosse Heerden hatte,[8] welche, wie dies noch jetzt geschieht,[9] im Sommer auf die Höhen von Samnium und bis Reate nördlich getrieben wurden,[10] die von Calabrien[11] und besonders die feinen Sorten von Tarent,[12] wo man, wie dies auch in Attica,[13] Megara,[14] Milet,[15] Bithynien[16] und anderswo geschah, die Schafe mit Fellen bekleidete,[17] um die Wolle rein zu halten, und aus derselben die durchsichtigen Wollenstoffe fabricirte, welche zu Lucian's Zeit berühmt waren;[18]

ξαιμεν ἄν, αὐτὴν τὴν ζητηθεῖσαν ἀμυντικὴν χειμώνων, ἐρεοῦ προβλήματος ἐργαστικήν, ὄνομα δὲ ὑφαντικὴν λεχθεῖσαν.

1) Mommsen R. G. I⁶ S. 34.

2) Colum. 7, 2, 1: *Post maiores quadrupedes ovilli pecoris secunda ratio est, quae prima fit, si ad utilitatis magnitudinem referas. Nam id praecipue nos contra frigoris violentiam protegit, corporibusque nostris liberaliora praebet velamina.* Plin. *n. h.* 8, 187: *ut boves victum hominum excolunt, ita corporum tutela pecori debetur.*

3) S. Staatsverwaltung II S. 4. 6. Varro *de r. r.* 2, 1, 9.

4) Plin. *n. h.* 8, 190: *Lana autem laudatissima Apula et quae in Italia Graeci pecoris appellatur, alibi Italica.*

5) Nach Plinius a. a. O. nimmt die milesische Wolle nur die dritte Stelle ein.

6) Dass unteritalische, namentlich tarentinische Schafe in Baetica eingeführt wurden, lehrt Columella 7, 2, 5 und Calpurnius *ecl.* 4, 37—49 (letztere Stelle wohl nicht beweisend). Man bezahlte aber auch spanische Böcke mit einem Talent, Strabo 3 p. 144.

7) Varro *de l. L.* 9, 39. Plin. *n. h.* 8, 190. Martial. 8, 28, 3; 14, 155.

8) Varro *de r. r.* 2 pr. § 6. 9) Yates I p. 81—84.

10) Varro *de r. r.* 2, 1, 16; 2, 2, 9. 11) Colum. 7, 2, 3.

12) Varro *de r. r.* 2, 2, 18. Strabo 6 p. 284. Colum. 7, 2, 3. Plin. *n. h.* 8, 190. Mart. 2, 43, 3; 4, 28, 3; 5, 37, 2; 8, 28, 3; 12, 63, 3.

13) Varro de *r. r.* 2, 2, 18. 14) Diogenes Laert. 6 § 41.

15) Clemens Alex. *paed.* 2, 10, 111, p. 237 Potter.

16) Strabo 12 p. 546.

17) Varro 2, 2, 18: *Pleraque similiter faciendum in ovibus pellitis, quae propter lanae bonitatem, ut sunt Tarentinae et Atticae, pellibus integuntur, ne lana inquinetur, quominus vel infici recte possit vellus vel lavari ac putari.* Die *pellitae oves* erwähnt auch Horat. *od.* 2, 6, 10. Griechisch heissen sie ὑποδίφθεροι. Strabo 4 p. 196; 12 p. 546.

18) Lucian. *rhet. praec.* 15: ἡ ἐσθὴς δὲ ἔστω εὐανθὴς καὶ λευκή, ἔργον τῆς Ταραντίνης, ὡς διαφαίνεσθαι τὸ σῶμα.

von Canusium,[1] Luceria[2] und der Umgegend;[3] sodann aber die Sorten der Gallia Cisalpina (*lana Gallicana*,[4] *Circumpadana*),[5] besonders die von Pollentia,[6] Parma,[7] Mutina,[8] Patavium,[9] Altinum[10] und Aquileia.[11] Trotz dieser bedeutenden einheimischen Production wurde fremde Wolle theils verarbeitet, theils roh in grossen Quantitäten in Rom eingeführt, einestheils aus Griechenland, wo die Schafzucht überall blühte, besonders aber Attica,[12] Megara[13] und Laconica[14] feine Waaren lieferten, anderentheils aus Kleinasien,[15] wo die Wolle von Milet[16] und Laodicea[17], deren Fabrication von beiden Städten als Monopol

---

1) Plin. *n. h.* 8, 190. Mart. 14, 127, 129.

2) Horat. *od.* 3, 15, 14. 3) Strabo 6 p. 284.

4) Varro *de l. L.* 9, 39. Vgl. Hor. *od.* 3, 10, 35.

5) Plin. *n. h.* 8, 190.

6) Colum. 7, 2, 4. *nigri velleris* Plin. *n. h.* 8, 191. Mart. 14, 157. Sil. Ital. 8, 599: *fuscique ferax Pollentia villi.*

7) Col. 7, 2, 3. Mart. 2, 43, 4; 5, 13, 8; 14, 155.

8) Col. 7, 2, 3. Einen Beweis von den blühenden Geschäften in Mutina giebt der *fullo* bei Martial. 3, 59, welcher der Bürgerschaft ein *munus* veranstaltete.

9) Nach Strabo 5 p. 218 liefern die Mutinenser feine Wolle, die Ligurer und Insubrer grobe, die Pataviner mittlere, woraus Decken, ferner γαυσάπαι καὶ τὸ τοιοῦτον εἶδος πᾶν, ἀμφίμαλλον καὶ ἑτερόμαλλον gemacht werden.

10) Colum. 7, 2, 3. Mart. 14, 155. Tertull. *de pallio* 3, p. 539 med. Oehler.

11) Am Timavus Mart. 8, 28, 7.

12) Varro *de r. r.* 2, 2, 18. Laberius bei Non. p. 212, 21, wo Ribbeck in der zweiten Ausg. der *fragm. com.* p. 290 nach meinem Vorschlage liest:

Nihilne refert, mollem ex lanitia Attica
An pecore ex hirto [*crassum*] *vestitum geras.*

Für feine und grobe Schafe sind nämlich die technischen Ausdrücke *pecus Tarentinum* und *hirtum* (Colum. 1 pr. 26), *molle pecus* und *hirtum pecus* Col. 7, 4, 1, 4. Vgl. Plut. *de audiendo* 9, p. 51 Dübner: ὅμοιός ἐστι μὴ βουλομένῳ — ἱμάτιον περιβαλέσθαι χειμῶνος, εἰ μὴ προβάτων Ἀττικῶν εἴη τὸ ἔριον.

13) Diog. Laert. 6 § 41.

14) Hor. *od.* 2, 18, 7.

15) Schafzucht wurde in ganz Kleinasien betrieben, und erwähnt wird die Production von Wolle in Syrien, Galatien, Lycaonien, Pisidien, Pamphylien, Phrygien und Lydien. S. Blümner Gewerbliche Thätigkeit S. 25—35. In Philadelphia in Lydien gab es eine φυλὴ τῶν ἐριουργῶν. *C. I. Gr.* 3422.

16) Die Wolle von Milet wird sehr oft gerühmt. Schon die Sybariten bezogen Stoffe von dort (Athen. 12 p. 519b); *Milesia vellera* erwähnt Vergil *ge.* 4, 334, purpurfarbige Wolle von Milet derselbe *ge.* 3, 306. Eustath. *ad Dionys.* 823: ἔρια δὲ ὁ τόπος οὗτος φέρει ἀγαθά, ὅθεν καὶ εἰς παροιμίαν κεῖται τὰ Μιλήσια στρώματα. Tzetzes *Chil.* 10, 347:

Τὸ παλαιὸν περὶ στρωμνὰς ἦν τῇ Μιλήτῳ φήμη
Ἔρια τὰ Μιλήσια κάλλιστα γὰρ τῶν πάντων.

Colum. 7, 2, 3. Plin. *n. h.* 8, 190. Mart. 8, 28, 10. Tertull. *de cultu fem.* 1, 1, *de pall.* 3 und mehr bei Yates I p. 35—37.

17) Plin. *n. h.* 8, 190. Strabo 12 p. 578. Hieronymus *adv. Jovinian.* 2, 21. *Expositio totius mundi* in Riese *Geographi Lat. min.* p. 115, 42. *Ed. Diocl.* XVI, 12—15.

betrieben zu sein scheint,[1] ferner die von Selge in Pisidien[2] und Colossae[3] in römischer Zeit für die beste gilt und auch circassische Wolle vom Caucasus im Handel war;[4] endlich kamen grobe Stoffe aus Gallien[5] und feine Gewebe sowie rohe feine Wolle aus Baetica,[6] namentlich aus Corduba[7] und Turdetania,[8] endlich aus Lusitanien.[9] Gesucht waren diese verschiedenen Gattungen theils ihrer Feinheit, theils ihrer natürlichen ächten Farbe wegen, die eine weitere Färbung unnöthig machte; so war die canusinische Wolle braun[10] oder roth,[11] die von Pollentia schwarz, die asiatische röthlich,[12] die von Baetica gelbbraun[13] oder grau, und es giebt für Wollenfarben ganz besondere Namen, wie *color Mutinensis*, graubraun,[14] *color*

---

1) Cic. *in Verr.* 1, 34, 86: *Nam quid Milesiis lanae publicae abstulerit — dicere praetermittam.* Und von Laodicea sagt Strabo 12 p. 578: ὥστε καὶ προςοδεύονται λαμπρῶς ἀπ' αὐτῶν (τῶν ἐρίων).

2) Tertull. *de pall.* 3. 3) Strabo 12 p. 578.

4) Schon Hipponax, der um 540 in Ephesus lebte, sagt *fr.* 3 Bergk (bei Tzetzes *Chil.* X, 378) von einer Frau:

Κοραξικὸν μὲν ἠμφιεσμένη λῶπος.

Yates I p. 29 f. hat nachgewiesen, dass die *Coraxi*, die noch jetzt *Ckaratschai* heissen, in Colchis am Nordabhange des Elborus wohnten und ihre Waaren nach Dioscurias zu Markte brachten, von wo sie nach Milet gingen. Es ist nur fraglich, ob unter dem Κοραξικὸν λῶπος ein circassischer Stoff oder ein Gewand von der Farbe circassischer Wolle zu verstehen ist. Denn bei späteren kommt κοραξός als Bezeichnung einer Farbe vor, und Wolle von dieser Farbe kommt auch aus Kleinasien und Spanien. Strabo 12 p. 578: φέρει δ' ὁ περὶ τὴν Λαοδίκειαν τόπος προβάτων ἀρετὰς οὐκ εἰς μαλακότητα μόνον τῶν ἐρίων, ᾗ καὶ τῶν Μιλησίων διαφέρει, ἀλλὰ καὶ εἰς τὴν κοραξὴν χρόαν, ὥστε καὶ προςοδεύονται λαμπρῶς ἀπ' αὐτῶν, ὥσπερ καὶ οἱ Κολοσσηνοὶ ἀπὸ τοῦ ὁμωνύμου χρώματος πλησίον οἰκοῦντες. Und von Turdetanien sagt er 3 p. 144: πολλὴ δὲ καὶ ἐσθὴς πρότερον ἤρχετο, νῦν δὲ ἔρια μᾶλλον τῶν κοραξῶν. Vgl. S. 479 A. 2.

5) Von diesen wird weiter unten die Rede sein. S. auch Yates I p. 111.

6) Juv. 12, 42. Plin. *n. h.* 8, 191. Martial. 8, 28, 6; 12, 65, 5.

7) Colum. 7, 2. 4. 8) Strabo 3 p. 144.

9) Plin. *n. h.* 8, 191.

10) *fusca* Mart. 14, 127, *fulvi coloris* Plin. *n. h.* 8, 191.

11) Mart. 14, 129.

12) (*oves*) *rutili coloris, quas Erythraeas vocant* in Asien Plin. *n. h.* 8, 191.

13) Martial. 9, 61, 3 von Corduba:

Vellera nativo pallent ubi flava metallo.

vgl. 12, 63, 5. Und von einem blonden Mädchen 5, 37, 7:

quae crine vicit Baetici gregis vellus
Rhenique nodos aureamque nitellam.

vgl. 12, 99, 2; 14, 133.

14) Non. p. 548, 17: *Impluviatus color, quasi fumato stillicidio implutus, qui est Mutinensis, quem nunc dicimus. Plautus in Epidico* (224):

Impluviatam, ut istae faciunt vestimentis nomina.

Von der Farbe benannt sind wohl auch die χλαμὺς μοτονησία *Ed. Diocl.* XVI, 40. 41; vgl. 50. 51. χλανὶς μουτουνησία ib. 72. 73. φιβουλατόριον μουτουνήσιον ib. 74.

spanus oder *nativus* oder *leucophaeus* grau,[1]) und κοραξὴ χρόα, wie es scheint, glänzendschwarz.[2])

2. Ziegenhaar.

Von viel geringerer Bedeutung als Webestoff ist das Ziegenhaar. Zwar war die Ziege im Alterthum als Hausthier noch verbreiteter als das Schaf; sie lieferte Milch, Käse und Fleisch, Hirten und Landleuten auch das Fell zur Kleidung, aber geschoren wurden überhaupt nur gewisse langhaarige Sorten, wie sie in Phrygien, Cilicien,[3]) Africa[4]) und Spanien[5]) vorkamen, und auch diese Haare gaben nur grobe Fabricate, Taue,[6]) Seile für den Gebrauch der Tormenta[7]) und Sacktuch oder Haartuch, das von den cilicischen Ziegen den Namen *cilicium* erhalten hat,[8])

1) Non. p. 549, 30: *Pullus color est, quem nunc spanum vel nativum dicimus.* Plin. *n. h.* 32, 114: *in panno leucophaeo.* Mart. 1, 96, 5:

Amator ille tristium lacernarum
Et baeticatus atque leucophaeatus.

2) Die Ansicht von Salmasius *ad Tertull. de pall.* p. 215, dass κοραξός von κόραξ komme und rabenschwarz bedeute, welche in die neueren Lexica übergegangen ist, hat keinen Halt. Κοραξός ist ein Ethnicon, das von der Farbe ausser in den S. 478 Anm. 4 angeführten Stellen auch bei Plut. *de fluv.* 11, 4, p. 89 Dübn. (λίθοι — κοραξοὶ τὴν χρόαν) und 18, 8, p. 94 D. (λίθος — τῇ χρόᾳ κοραξός) vorkommt; dass es eine eigene Art schwarzer Farbe ist, sagt allein Eustath. *Opusc.* p. 236, 45: Σεμνύνονται γοῦν καὶ ἐν ἐρίοις μελαναυγέσι τὰ κοραξὰ οὐχ ἁπλῶς, ἀλλὰ παραθέσει τῇ πρὸς ἑτεροῖα μέλανα. Ist dies richtig, so kann allerdings damit identisch sein τὸ χρῶμα κοράκινον, Bekker *Anecd.* I p. 104, 14. Vitruv. 8, 3, 14: *pecora — procreant aliis locis leucophaea, aliis locis pulla, aliis coracino colore* (also verschieden von *pullus*). *Dig.* 32, 1, 78 § 5: *Coccum quod proprio nomine appellatur quin versicoloribus cederet, nemo dubitavit: quin minus porro coracinum aut hysginum aut melinum suo nomine quam coccum purpurave designatur?*

3) Varro *de r. r.* 2, 11, 11: *capra pilos ministrat ad usum nauticum et ad bellica tormenta et fabrilia vasa. Neque non quaedam nationes harum pellibus sunt vestitae, ut in Gaetulia et in Sardinia. Cuius usum apud antiquos quoque Graecos fuisse apparet, quod in tragoediis senes ab hac pelle vocantur* διφθερίαι *et in comoediis, qui in rustico opere morantur. — Tondentur, quod magnis villis sunt, in magna parte Phrygiae, unde cilicia et cetera eius generis fieri solent. Sed quod primum ea tonsura in Cilicia sit instituta, nomen id Cilicia adiecisse dicunt.* Col. 1 pr. § 26. Plin. *n. h.* 8, 203.

4) Verg. *ge.* 3, 311:

Nec minus interea barbas incanaque menta
Cinyphii tondent hirci saetasque comantes
usum in castrorum et miseris velamina nautis,

welchen letzten Vers Colum. 7, 6, 2 und Ascon. *in Cic. Verr.* 1 p. 185 Or. anführen.

5) Avieni *Ora mar.* 1, 218—221.

6) *Geopon.* 18, 9: ἡ δὲ θρὶξ ἀναγκαῖα πρός τε σχοίνους καὶ σάκκους καὶ τὰ τούτοις παραπλήσια καὶ εἰς ναυτικὰς ὑπηρεσίας, οὔτε κοπτόμενα ῥᾳδίως οὔτε σηπόμενα φυσικῶς ἐὰν μὴ λίαν κατολιγωρηθῇ.

7) Varro a. a. O. Vgl. Staatsverwaltung II² S. 519.

8) Ascon. *in Cic. Verr.* p. 185 Or. *Cilicia texta de pilis.* Varro a. a. O. Daraus Philargyr. *ad Verg. ge.* 3, 313.

und woraus man grobe Mäntel,[1]) Säcke und Beutel,[2]) Vorhänge zum Schutz der Häuser gegen das Wetter,[3]) Decken zum Schlafen,[4]) im Kriege Schutzdecken gegen Feuer und Pfeile,[5]) grobe Tücher zum Abreiben des Viehes[6]) und Filzschuhe[7]) anfertigte.

3. Leinen.

Leinenindustrie in Aegypten. Flachs[8]) ist am frühesten und immer am besten in Aegypten cultivirt worden. Die Aegypter kleideten sich in Leinwand,[9]) und namentlich die Priester trugen weisse[10]) leinene Unter- und Oberkleider;[11]) Panopolis,[12]) nördlich von Theben, Alexan-

1) Varro a. a. O. Solin. 33, 3 von den Arabern: *ipsa autem tentoria cilicia sunt: ita nuncupant velamenta caprarum pilis texta.* Isidor. *orig.* 19, 26, 10: *Cilicia Arabes nuncupant velamenta pilis caprarum contexta, ex quibus tentoria faciunt. Glossarium Nomic.* im Londoner Stephanus IX p. 462: Κιλικία· Τράγοι ἀπὸ Κιλικίας, οἱ δασεῖς· — ὅθεν καὶ τὰ ἐκ τῶν τριχῶν συντιθέμενα κιλίκια λέγονται.

2) Yates I p. 141 bemerkt, dass der Ausdruck δερρεῖς τρίχιναι der Septuaginta *Exod.* 26, 7—13; 36, 14. 15 in der Vulgata durch *Saga de pilis caprarum* wiedergegeben wird. Im Orient trägt man in der Zeit der Trauer und der Busse σάκκοι (s. d. St. bei Yates I p. 142), aber auch das *sagum* der Römer ist, wie Yates bemerkt, wohl stammverwandt mit σάκκος.

3) *Dig.* 33, 7, 12 § 17: *Vela autem cilicia instrumenti esse Cassius ait, quae ideo parantur, ne aedificia vento vel pluvia laborent.* Vgl. 19, 1, 17 § 4.

4) Hieronym. *ep.* 130, 4 Vallars.: *nunquam eam linteamine, nunquam plumarum usam mollitie, sed ciliciolum in nuda humo habuisse pro stratu.* Vgl. *ep.* 108, 15 Vallars.

5) Servius *ad Verg. ge.* 3, 313: *de ciliciis et poliuntur loricae et teguntur tabulata turrium, ne iactis facibus ignis possit adhaerere.* Vegetius *de re mil.* 4, 6: *Deinde per propugnacula duplicia saga ciliciaque tenduntur, quae impetum excipiunt sagittarum.* Liv. 38, 7, 10: *intersepientibus cuniculum — nunc ciliciis praetentis nunc foribus raptim obiectis.* Sisenna bei Non. p. 91, 27: *Puppis aceto madefactis centonibus integuntur, quos supra perpetua classi suspensa cilicia obtenduntur.* Ammian. Marc. 20, 11, 9: *defensores obtentis ciliciis, ne conspicerentur ab hostibus, latebant intrinsecus.* 24, 2, 10: *Tum defensores — per propugnacula ciliciis undique laxius pansis, quae telorum impetus cohiberent — validissime resistebant.*

6) Vegetius *de arte vet.* 2, 14 (1, 42), 3. 7) Martial. 14, 140.

8) Ueber die Geschichte des Flachsbaues s. Hehn S. 142 ff.

9) Herodot 2, 37: εἵματα δὲ λίνεα φορέουσι αἰεὶ νεόπλυτα ἐπιτηδεύοντες τοῦτο μάλιστα. 2, 81: Ἐνδεδύκασι δὲ κιθῶνας λινέους περὶ τὰ σκέλεα θυσανωτούς, οὓς καλέουσι καλασίρις· ἐπὶ τούτοισι δὲ εἰρίνεα εἵματα λευκὰ ἐπαναβληδὸν φορέουσι· οὐ μέντοι ἔς γε τὰ ἱρὰ ἐσφέρεται εἰρίνεα οὐδὲ συγκαταθάπτεταί σφι· οὐ γὰρ ὅσιον. Vgl. Ion bei Athen. 10 p. 451^d. 10) Apul. *met.* 11, 9. 10.

11) Plutarch. *de Iside et Osir.* 4, p. 431 D. Apul. *de mag.* 56: *Sed enim mundissima lini seges inter optimas fruges terra exorta non modo indutui et amictui sanctissimis Aegyptiorum sacerdotibus sed opertui quoque rebus sacris usurpatur.* Hieronymus *in Ezech.* 44. Vol. III p. 1029 Ben. = Vol. V p. 548 Vallars.: *Vestibus lineis utuntur Aegyptii sacerdotes non solum extrinsecus sed et intrinsecus.* Die Isis selbst ist *linigera*, Ov. *ep. ex Pont.* 1, 1, 51; *a. a.* 1, 77, und ihre Priester heissen *linigeri* Ov. *met.* 1, 747. Juv. 6, 533. Mart. 12, 29, 19. Vgl. Suet. *Oth.* 12. Apul. *met.* 2, 28; 11, 10.

12) Strabo 17 p. 813: Πανῶν πόλις, λινουργῶν καὶ λιθουργῶν κατοικία παλαιά.

dria,[1]) Tanis, Pelusium, Butos, Tentyris,[2]) Casium[3]) und Arsinoe[4]) waren durch Fabrication von Leinwand berühmt, in den Tempeln selbst waren Webereien. Die Bearbeitung des Flachses wird auf einem Grottenbilde von El Kab in allen Einzelheiten dargestellt[5]) und Leinenwaaren bildeten einen wesentlichen Gegenstand des ägyptischen Exporthandels.[6]) Doch scheint auch in Aegypten die Leinenindustrie nur ein relativ hohes Alter zu haben: denn die ältesten der bekannten Mumien sind in Schafwolle gewickelt und erst in der 12. Dynastie beginnen die leinenen Binden, welche von da an in Gebrauch geblieben sind.[7]) Grobe Leinwand oder Segeltuch nennen die Griechen mit einem ägyptischen Namen[8]) φώσσων, feines Leinen aber ist *byssus*,[9]) *byssus*

---

1) *Ed. Diocl.* c. 17. 18.

2) Plin. *n. h.* 19, 14. Das *Pelusiacum* erwähnt Sil. Ital. 3, 24. 375.

3) Steph. Byz. *s. v.* Κάσιον.

4) (Arriani) *per. mar. erythr.* c. 6.

5) *Description de l'Égypte. Antiquités.* Planches Tome I pl. 68 und daraus bei Yates pl. VI p. 255. Wilkinson III p. 138.

6) Hadriani *epistola* bei Vopiscus *Saturnin.* 8: *genus hominum seditiosissimum. — civitas* (es scheint Alexandria) *opulenta, dives, fecunda, in qua nemo vivat otiosus. alii vitrum conflant, aliis charta conficitur, alii linifiones, omnes certe cuiuscunque artis et videntur et habentur.* Trebell. Pollion. *Gallieni duo* 6: *cum ei nuntiatum esset, Aegyptum descivisse, dixisse fertur: Quid? sine lino Aegyptio esse non possumus?* Das Linnen bezahlte in Aegypten eine Steuer, Vopisc. *Aurel.* 45, wahrscheinlich eine Gewerbesteuer, wie sich aus dem in dem *Edictum Diocletiani* c. 17 erwähnten Stempel der feinen Leinenwaaren schliessen lässt. Vgl. Movers Die Phönizier II, 3, 1 S. 319. 320 und die dort angef. St. Prochori *de Johanne Ev. historia* in *Monumenta S. Patrum Orthodoxogr.* Basil. fol. Vol. I p. 86: καὶ κατελθὸν πλοῖον ἀπὸ Αἰγύπτου τὸν φόρτον ἐπιφερόμενον εἱμάτων ἀπεφόρτησεν ἐν Ἰόππῃ· ἐβούλετο δὲ ἐπὶ τοὺς δυτικοὺς τόπους διαπερᾶν.

7) S. Parthey zu Plutarch Ueber Isis und Osiris S. 158. Ueber die vielfältig angestellten Untersuchungen, ob die Mumien in Leinen oder auch in Baumwolle gewickelt sind, giebt eine Uebersicht Yates p. 256—264. Das Resultat ist, dass die Binden von Leinwand sind. Vgl. C. Ritter in Abh. der Berliner Acad. 1851. Phil. Hist. Abth. S. 316—320. Brugsch in Allgemeine Monatsschrift für Wissenschaft und Litteratur 1854 S. 633. Rock *Textile Fabrics* p. XVI.

8) Pollux 7, 71.

9) Die Ansicht von J. R. Forster *Liber singularis de bysso antiquorum.* Londini 1776. 8, welcher *byssus* für Baumwolle erklärt, ist gründlich widerlegt worden von Yates p. 267—280. Er führt namentlich an, dass bereits Aeschylus *Sept. c. Th.* 1039 der Antigone ein βύσσινον πέπλωμα, Euripides *Bacch.* 821 den Bacchanten βυσσίνους πέπλους giebt: bei welcher letzteren Stelle noch zu erwähnen ist, dass auch die Orphiker leinene Kleider trugen (Apul. *de mag.* 56), sodann', dass Herodot 2, 86 die Mumien einhüllen lässt σινδόνος βυσσίνης τελαμῶσι κατατετμημένοισι, dass bei Herodot 7, 181 ein Verwundeter verbunden wird σινδόνος βυσσίνης τελαμῶσι, wozu Baumwolle nicht gebraucht werden kann; dass Isis nach Diodor. 1, 85, 5 die Glieder des Osiris in *byssina* wickelt [vgl. Apul. *de mag.* 56: *lini seges — opertui quoque rebus sacris usurpatur*], dass die goldene Kuh, das Abbild der Isis, mit einem schwarzen Byssusgewande (ἱματίῳ μέλανι βυσσίνῳ Plut. *de Is. et Os.* 39, p. 448 D.) umhüllt wird, dass das grosse Schiff des Ptolemaeus Philopator, das Athenaeus 5 p. 206^{c} beschreibt,

wiewohl diese Bezeichnung, welche von den Römern zuerst Plinius braucht, bei der Ungenauigkeit, mit welcher Griechen und Römer in der Anwendung fremder technischer Namen verfahren,[1]) nicht immer auf die Leinwand beschränkt,[2]) sondern zuweilen fälschlich auf baumwollene Zeuge verschiedener Art angewendet worden ist.[3]) Ausser Aegypten producirten Flachs Colchis,[4]) Babylonien[5]) und Judaea;[6]) nach Rom kamen Leinwaaren bester Qualität aber namentlich aus Scythopolis bei Damascus, Byblus und Laodicea in Syrien und aus Tarsos in Cilicien.[7]) In Griechenland scheint Flachs wenig oder gar nicht

im Orient,

---

ein Segel von Byssus (βύσσινον ἱστίον) hatte, dass nach der Inschrift von Rosette bei Letronne *Recueil* I p. 244 lin. 29. 30 die Webereien der Tempel βύσσινα ὀθόνια an den König lieferten (s. Staatsverwaltung II² S. 199), dass es von dem Hohenpriester der Juden bei Philo *de somn.* 1, 37 p. 653 Mang. heisst: τὴν μὲν ποικίλην ἐσθῆτα ἀπαμφίσκεται, λινῆν δὲ ἑτέραν, βύσσου τῆς καθαρωτάτης πεποιημένην ἀναλαμβάνει, und von den jüdischen Priestern bei Josephus *Ant.* 3, 7, 2: Ἐπὶ δὲ τούτῳ λίνεον ἔνδυμα διπλῆς φορεῖ σινδόνος βυσσίνης· χεθομένη μὲν καλεῖται, λίνεον τοῦτο σημαίνει· χεθὼν γὰρ τὸ λίνον ἡμεῖς καλοῦμεν. Ueber die letzten Stellen und über die Bedeutung des hebräischen *shesh* ist viel gestritten. Ritter a. a. O. S. 347 erklärt es für Baumwolle, Movers Die Phönizier II, 3, 1 S. 318 für ägyptische Leinwand. Der ägyptische Ausdruck für βύσσον ist *pek* oder *pech.* S. Brugsch a. a. O. S. 635.

1) Plin. *n. h.* 19, 14 rechnet das *gossypion*, welches der eigentliche Ausdruck für Baumwolle ist, zu den Arten des *linum* und sagt: *vestes inde sacerdotibus Aegypti gratissimae.*

2) Als Leinen beschreibt den *byssus* offenbar Paulinus, Bischof von Nola (um 400 p. Chr.), *ad Cytherium* in *Max. bibl. patr.* VI p. 264^h:

Contexta bysso vestis irruptam fidem
Signat valenti stamine
Nam fila byssi fortiora et sparteis
Feruntur esse funibus

und Isidor *orig.* 19, 22, 15; 19, 27, 4: *Byssum genus est quoddam lini — quod Graeci papaten* (lies παππώδη) *vocant.*

3) Eine Hauptstelle ist Philostratus *vit. Apoll.* 20: τὴν δὲ βύσσον φύεσθαι δένδρου φασίν. Im Uebrigen verweise ich auf Yates p. 274—279. Der in Judaea gezogene *byssus* ist weder Flachs noch eigentliche Baumwolle, sondern kommt von einer noch jetzt in dem Küstengebiete des mittelländischen Meeres gezogenen krautähnlichen Staude, welche jährlich gesäet wird. S. Movers Die Phönizier II, 3, 1 S. 218. 219. Eine Beschreibung derselben aus dem J. 1574 findet sich in Reisen und Gefangenschaft Hans Ulr. Krafft's, herausg. v. Hassler Stuttgart 1861. 8. S. 99 f.

4) Herod. 2, 105. Xenophon *cyneg.* 2, 4. Pollux 5, 26. Strabo 11 p. 498. Blümner Gewerbliche Thätigkeit S. 43.

5) Herod. 1, 195. Strabo 16 p. 746.

6) oft erwähnt. S. die Stellen Yates p. 281 ff. Movers Die Phönizier II, 3, 1 S. 216 f.

7) Im Edict des Diocletian *de pretiis rerum venalium* c. 17. 18 werden als die besten Leinensorten bezeichnet die von Scythopolis, Byblus, Laodicea, Tarsus und Alexandria. Vgl. *Totius orbis descriptio* in Riese *Geographi Latini minores* p. 110, 31: *Scythopolis, Laodicia, Byblus, Tyrus, Berytus, quae linteamen omni orbi terrarum emittunt,* und mehr bei Movers Die Phönizier II, 3, 1 S. 217. 218.

gebaut worden zu sein;[1]) dagegen war er einheimisch in Africa,[2]) Spanien,[3]) Gallien[4]) und Germanien.[5]) In Unteritalien soll es zu Pythagoras' Zeit noch keine Leinwand gegeben haben;[6]) später baute man Flachs nur deswegen weniger, weil er den Boden erschöpft;[7]) indessen gedieh er seit ältester Zeit in Gallia Cisalpina, Etrurien, Picenum und Campanien.[8]) Feine Leinwand zwar lieferte Italien immer wenig, aber ordinäres Linnen für den Bedarf der Familie wurde im Hause gewebt;[9]) ausserdem machte man Segeltuch für den Gebrauch der Schiffer und zum Zwecke der *vela*, womit das Forum und die Theater gegen die Sonne geschützt wurden;[10]) Garne und Schnüre,[11]) Fischer-[12]) und Jagdnetze;[13]) Sacktuch zum Durchsieben,[14]) Binden zum ärztlichen Gebrauch[15]) und dergleichen mehr. Auch kommen

in Africa u. den europäischen Ländern,

in Italien.

Gebrauch des Flachses in Rom.

In Scythopolis waren im vierten Jahrh. kaiserliche Leinewebereien. *Cod. Th.* 10, 20, 8.

1) *Byssinum linum* producirt Elis. Plin. *n. h.* 19, 20. Pausan. 5, 5, 2: θαυμάσαι δ' ἄν τις ἐν τῇ γῇ Ἠλείᾳ τήν τε βύσσον, ὅτι ἐνταῦθα μόνον, ἑτέρωθι δὲ οὐδαμοῦ τῆς Ἑλλάδος φύεται — ἡ δὲ βύσσος ἡ ἐν τῇ Ἠλείᾳ λεπτότητος μὲν ἕνεκα οὐκ ἀποδεῖ τῆς Ἑβραίων, ἔστι δὲ οὐχ ὁμοίως ξανθή. 6, 26, 6: τὴν μὲν δὴ καννα βίδα καὶ λίνον καὶ τὴν βύσσον σπείρουσι. Allein dieser *byssus* scheint der hebräische, der Baumwollenstrauch, zu sein.

2) Xenoph. *cyneg.* 2, 4. Pollux 5, 26. Gratius Faliscus *cyneg.* 34. 35. Vopisc. *Aurel.* 48.

3) Leinenfabricate kamen aus Emporium in Tarraconensis, einer Colonie von Massilia (Strabo 3 p. 160), aus Tarraco (Plin. *n. h.* 19, 10) und namentlich Setabis (Plin. *n. h.* 19, 9), welches feine Tücher lieferte, *sudaria Saetaba* Catull. 12, 14. Vgl. Silius Ital. 3, 374:

Saetabis et telas Arabum sprevisse superba
Et Pelusiaco filum componere lino.

Gratius Faliscus *cyneg.* 41.

4) Sehr feines Leinen lieferten die *Atrebates* in Belgica (Artois). Hieronymus *adversus Jovinianum* 2, 21 Vol. II p. 357 Vallars: *Tunc pexa tunica et nigra subucula vestiebaris, sordidatus et pallidus et callosam opere gestitans manum: nunc lineis et sericis vestibus, et Atrebatum ac Laodiceae indumentis ornatus incedis.* Segeltuch machte man überall in Gallien. Plin. *n. h.* 19, 8.

5) Tac. *Germ.* 17. Plin. l. l. § 8.

6) Diogenes Laert. 8, 1 § 19: τὰ γὰρ λινᾶ οὔπω εἰς ἐκείνους ἀφῖκτο τοὺς τόπους.

7) Colum 2, 10, 17. Pallad. *Octob.* 2. Theophr. *de c. pl.* 3, 6 (?).

8) Plin. *n. h.* 19, 9—13. Helbig Die Italiker in der Poebene S. 66 ff. Hehn S. 152 ff.

9) *Dig.* 32, 70 § 11: *Lino autem legato tam factum quam infectum continetur, quodque netum quodque in tela est, quod est nondum detextum.*

10) Plin. *n. h.* 19, 3—8 und 23. 24. *lintea* sind bei den Dichtern Segel.

11) Die Schnur, womit man den Brief verschliesst, heisst *linum* (Cic. *in Cat.* 3, 5, 10. Plaut. *Bacch.* 715. 748. *Pseud.* 42), ebenso die Angelschnur. Ov. *met.* 13, 923.

12) Verg. *ge.* 1, 142. Ov. *met.* 13, 931. Juv. 4, 45.

13) Plin. *n. h.* 19, 10. 11. Ov. *met.* 3, 153; 7, 768. 807.

14) Plin. *n. h.* 21, 122; 34, 172. Vgl. oben S. 334 A. 6.

15) Columella 6, 16, 2.

libri lintei schon im J. 444 v. Chr. in Rom[1]) und 293 v. Chr. bei den Samnitern vor.[2]) Aber während die letzteren im J. 308 v. Chr. in weissen leinenen Röcken (*tunicae*) ins Feld ziehen,[3]) haben die Römer lange Zeit kein anderes linnenes Kleidungsstück gehabt, als den Schurz (*subligaculum* oder *subligar*), welchen Frauen[4]) wie Männer[5]) trugen, und die Brustbinde (*amictorium*,[6]) *taenia*,[7]) *strophium*,[8]) *fascia pectoralis*),[9]) die zur Frauentracht gehört. Zuerst und bereits in der Zeit der Republik begannen die Frauen das wollene Kleid mit dem linnenen zu vertauschen; Plinius erwähnt es als eine Familienüberlieferung der Serrani, dass die Frauen kein Linnen tragen.[10]) Das linnene Frauenkleid, welches zuerst in Mode kam, war das *supparum*.[11]) Das Wort ist weder von *supra* abzuleiten, wie Varro, noch von *suptus*, wie Nonius will, sondern identisch mit

---

1) Liv. 4, 7, 12. 2) Liv. 10, 38, 6.

3) Liv. 9, 40, 3. Die *legio linteata* der Samniten soll nicht von der Bekleidung, sondern von dem Zelt, in dem sie den Schwur leisteten, den Namen haben. Liv. 10, 38, 12. Festi *epit.* p. 115.

4) Mart. 3, 87, 4.

5) Non. p. 29, 20: *Subligaculum est, quo pudendae partes corporis teguntur.* — *M. Tull. de off.* I (35, 129): *Scaenicorum quidem mos tantam habet vetere disciplina verecundiam, ut in scaenam sine subligaculo prodeat nemo.* Isidor. *orig.* 19, 22, 5: *Haec et campestria nuncupantur, pro eo quod eisdem iuvenes qui nudi exercentur in campo, pudenda operiunt.* Die Diener bei Tische waren *succincti linteo* (Suet. *Cal.* 26). In den 12 Tafeln hiess dieser Gurt *licium.* Festi *epit.* p. 117, 2. Gaius 3, 192. 193.

6) Mart. 14, 149.

7) Apulei. *met.* 10, 21. Pollux 7, 65.

8) Non. p. 538 *s. v.* Catull. 64, 65. Cic. *de har. resp.* 21, 44.

9) Mart. 14, 134. Ovid. *a. a.* 3, 274; *remed.* 338. Prop. 5, 9, 49.

10) Plin. *n. h.* 19, 8.

11) Ausführlich handelt davon Roeper *M. Terentii Varronis Eumenidum reliquiae.* Particula altera, Gedani 1861. 4. p. 12—16. Hauptstellen sind Nonius p. 540, 8: *Supparum est linteum femorale usque ad talos pendens, dictum, quod subtus appareat.* Dass hier mit Roeper *linteum humerale* zu lesen ist, lehrt Lucan 2, 363, wo es von Marcia, Frau des Cato, heisst:

humerisque haerentia primis
suppara nudatos cingunt angusta lacertos.

Novius *Paedio* (Ribbeck *Com. Lat. fragm.* ed. 2 p. 265):

Súpparum purúm Melitensem línteum [em]escám meram.

Afranius *Epistola* (Ribbeck l. l. p. 180):

tace,
Puélla non sum, súpparo si indúta sum?

In dem anonymen Gedichte *Verba Achillis in Parthenone* bei Baehrens *P. L. M.* IV n. 378 = Riese n. 198 sagt Achilles v. 23:

Arma tegant nostrum potius quam suppara corpus

und in einem Fragment der *Eumenides* des Varro p. 175 n. 5 Bücheler wird, wie es scheint, dem Serapis das rosige Gewand der Morgenröthe mit den Worten zugeschrieben:

aurorat ostrinum hic indutus supparum.

siparum oder σίφαρος (das Segel) und vielleicht von den Oskern nach Rom gelangt.[1]) Es bezeichnet ein Oberkleid, welches Frauen beim Ausgehen anlegten. Denn im Hause trug der Mann ausser dem wollenen Hemde (*subucula*) nur die Tunica, die Frau aber über der *subucula* ebenfalls eine Tunica, welche *indusium*[2]) oder *tunica indusiata*[3]) heisst, auf der Strasse dagegen erscheint der Mann in der *toga*, die Frau in einem Umwurfe, zu welchem neben der später zu besprechenden *stola* und *palla* auch das *supparum*, ein von den Schultern bis zur Ferse reichendes Gewand, gehörte.

Die Zunahme des Verkehrs mit den ausseritalischen Ländern[4]) brachte feines Linnenzeug immer mehr in Aufnahme. Ein feines Taschentuch brauchte man schon zu Cicero's Zeit;[5])

---

1) Varro *de l. L.* 5, 131.

2) Was uns über alle diese Kleidungsstücke berichtet wird, ist grossentheils unklar oder nachweislich falsch. Der Artikel des Festus p. 310 *s. v. supparus* ist nicht mehr zu restituiren; in der *epitome* heisst es p. 311: *Supparus vestimentum puellare lineum, quod et subucula, id est camisia, dicitur.* Dies widerspricht der gleich anzuführenden Stelle des Varro und ist entschieden irrig; der Zusatz *id est camisia* aber gehört dem *epitomator*, nicht dem *Festus* an; denn das Wort *camisia*, welches sich zuerst bei Hieronymus (*ep.* 64 Vol. I p. 361 Vallars: *Solent militantes habere lineas (tunicas), quas camisias vocant*) findet, ist wahrscheinlich gallisch (Zeuss *Grammatica Celtica* 2te Ausg. II p. 787). Wenn aber Varro *de l. L.* 5, 131 sagt: *Prius dein indutui, tum amictui quae sunt tangam. — — Indutui alterum quod suptus, a quo subucula, alterum quod supra, a quo supparus, nisi id, quod item dicunt Osce. Alterius generis item duo: unum quod foris ac palam, palla; alterum quod intus, a quo intusium*, so macht er seine Definitionen dreimal aus falschen Etymologien, denn *supparus* kommt nicht von *supra*, *palla* nicht von *palam* und *indusium* nicht von *intus*, sondern von *induere*. Ueber das letzte s. Jordan Beiträge zur Geschichte der lateinischen Sprache S. 119. *Indusium* ist also nicht ein Kleid zum Ausgehen wie die *palla*, sondern richtig sagt Nonius p. 539, 32: *Indusium est vestimentum, quod corpori intra plurimas vestes adhaeret, quasi intusium*, und Varro selbst bei Nonius p. 542, 22: *Posteaquam binas tunicas habere coeperunt, instituerunt vocare subuculam et indusium.* Varro ist auf die Ableitung von *intus* nur dadurch gekommen, weil die Frauen im Hause über der *subucula* das *indusium* trugen, während sie beim Ausgehen das *supparum* umnahmen.

3) Plautus *Epid.* 231. Das Wort *indusium* kommt nicht weiter vor, nur Plautus *Aul.* 509 nennt noch den *indusiarius*, während *subucula* noch später im Gebrauch ist Horat. *epist.* 1, 1, 95:

si forte subucula pexae
Trita subest tunicae, vel si toga dissidet impar,
Rides.

Nonius p. 548, 29: *Castula est palliolum praecinctui, quod nudae infra papillas praecinguntur, quo mulieres nunc et eo magis utuntur, postquam subuculis desierunt.*

4) Schon zu Verres' Zeit wurde in Sicilien *vestis lintea* aus dem Orient eingeführt. Cic. *in Verr.* 5, 56, 146.

5) Vatinius, vom Calvus angeklagt, brauchte ein *candidum sudarium* Quintil. 6, 3, 60.

Catull rühmt sich mehrmals damit;[1] bei Petron trägt es eine Frau um den Hals;[2] ebenso Nero;[3] derselbe hielt es sich vor das Gesicht, um nicht erkannt zu werden;[4] später blieb es unter sehr verschiedenen Namen[5] in Gebrauch, und im Circus und Theater wehten die Tücher, um den Beifall auszudrücken,[6] während man noch in augusteischer Zeit sich dazu des Zipfels der Toga bedient hatte.[7] Auch im Hausgebrauch kommen nun alle Arten Tücher (*lintea*) vor, Tischtücher, Servietten und Handtücher (*mappae, mantelia*),[8] theils feine, theils auf einer Seite gefilzte (*villosa*).[9] Selbst die Kaiser trieben hierin einen Luxus, wie z. B. Alexander Severus ein Liebhaber leinener Zeuge war,[10] und während noch bei Seneca[11] ein *linteatus senex* einen ägyptischen Priester bezeichnet, trug man im dritten Jahrhundert in Rom allgemein leinene *tunicae*[12] und im vierten wenigstens unter der wollenen *tunica* ein leinenes Hemde.[13] In dem im Jahr 301 erlassenen Edict des Diocletian *de pretiis rerum*

---

1) *Sudaria Saetaba* Catull. 12, 14; 25, 7.

2) Petron. 67: *tunc sudario manus tergens, quod in collo habebat, applicat se toro* (*Fortunata*). 3) Suet. *Ner.* 51.

4) Suet. *Ner.* 48.

5) Mai *Class. Auct.* VIII p. 239: *facitergium, togilla, mappa, mappula, gausape, orarium, manutergium, brandeum, manumundum, manupiarium.* Bei Arnobius 2, 23 einmal *mucinium.* Das gewöhnliche Wort ist später *orarium. Etym. M. s. v.* φώσσων — ἤ προσώπου τι ἐκμαγεῖον· λέγεται δὲ οὕτω καὶ ὃ παρὰ Ῥωμαίοις καλεῖται ὠράριον Augustin. *de c. d.* 22, 8. Dies trugen auch die christlichen Priester als Binde am linken Arm. Salmas. *ad Vopisci Aurelian.* 48. Vol. II p. 581 ff. ed. 1671.

6) Aurelian schenkte *oraria, quibus uteretur populus ad favorem* (Vopisc. *Aurel.* 48, 5). Euseb. *hist. eccles.* 7, 30 nennt dies κατασείειν ταῖς ὀθόναις ἐν τοῖς θεάτροις.

7) Ovid. *amor.* 3, 2, 74:

Et date iactatis undique signa togis.

8) S. oben S. 312 f.

9) Verg. *Aen.* 1, 702; *ge.* 4, 377 und zur ersten Stelle Servius: *constat enim maiores mappas habuisse villosas.* Ov. *fast.* 4, 933: *villis mantele solutis* (beim Opfer). Sidon. Apoll. *epist.* 5, 17: *linteum villis onustum*, ein Handtuch. Mart. 14, 138: *villosa lintea*, ein Tischtuch. Auch das *sudarium*, das man beim Rasiren braucht (Mart. 11, 39, 3), heisst griechisch ὠμόλινον Plut. *de garr.* 13, p. 616 Dübner, und dasselbe kommt als Badehandtuch zur Anwendung. *linteum* ein Handtuch Plaut. *Most.* 267.

10) Lamprid. *Al. Sev.* 40, 10: *Boni linteaminis appetitor fuit et quidem puri.*

11) Seneca *de v. b.* 26, 8.

12) Aurelian schenkte dem Volke *tunicas albas manicatas ex diversis provinciis et lineas Afras atque Aegyptias puras.* Vopisc. *Aur.* 48. Vgl. c. 12, wo Valerian dem Aurelian zum Zweck der circensischen Spiele anweist *tunicas — lineas Aegyptias viginti.*

13) Augustin. *serm.* 37 § 6: *Hoc coniicere audeo ex ordine vestimentorum nostrorum: interiora sunt enim linea vestimenta, lanea exteriora.*

venalium[1]) werden unter den damals gebräuchlichen Leinwaaren specificirt fünf vorzügliche Sorten, die aus Scythopolis bei Damaskus, aus Byblus, Laodicea in Syrien, Tarsus in Cilicien und Alexandria kommen und gestempelt sind, offenbar, weil von ihnen eine Abgabe gezahlt wird; und grobe Zeuge zum Gebrauch gewöhnlicher Leute (ἰδιῶται) und Sclaven. Die Waaren selbst aber, welche in dieser doppelten Qualität aufgezählt werden, sind Frauenröcke (δελματικαὶ γυναικαῖαι), Männerröcke (δελματικαὶ ἀνδρεῖαι ἢ κολόβια), Umwürfe oder Mäntel (ἀναβολεῖς), Schweisstücher (*facialia*), Kapuzen (*caracallae*), Kopftücher für Frauen (κεφαλοδέσμια), Betttücher (σινδόνες κοιτάριαι), Binden (φασκίνια oder φασκεῖαι) und Badetücher (σάβανα). Die Kaiser hatten eigne Webereien, sowohl im Orient[2]) als im Occident,[3]) in welchen von kaiserlichen Sklaven[4]) für den Bedarf des Hofes gearbeitet wurde.

4. Baumwolle.[5])

Was wir der antiken Bezeichnung (ἔριον ἀπὸ ξύλου,[6]) *lana arborea*)[7]) entsprechend, aber sonst unpassend Baumwolle nennen,[8]) ist ein Product Ostindiens,[9]) das nach Plinius auch in Oberägypten unter dem Namen *gossypium* oder *gossipium* vorkam.[10]) Im Sanskrit heisst die Baumwollenstaude *Karpâsî*, die Baumwolle selbst *Karpâsâ*, und dieser Name scheint schon früh durch die Phönizier nach Spanien gekommen zu sein, da Plinius der Ansicht ist, dass die *Carbasa* in Spanien erfunden seien.[11]) *gossypium,*

1) *Ed. Diocl.* 17. 18, dazu Mommsen Ber. d. K. S. Ges. d. Wiss. phil. hist. Cl. 1851, S. 60 ff.

2) *Not. Dign. Or.* XIII, 20, wo *procuratores Linyfiorum* unter dem *comes sacrarum largitionum* vorkommen.

3) Hier in Vienne in Gallien und in Ravenna. *Not. Dign. Occ.* XI, 61—63.

4) Euseb. *vit. Const.* 2, 34 und Mommsen z. Ed. Diocl. S. 61.

5) Yates p. 334—354. Ritter Ueber die geographische Verbreitung der Baumwolle. Erster Abschnitt. Antiquarischer Theil, in Abhandl. der Berliner Academie 1851. Philol. Hist. Abhandl. S. 297—359. H. Brandes Ueber das Zeitalter des Geographen Eudoxos und des Astronomen Geminos. Ueber die antiken Namen und die geographische Verbreitung der Baumwolle im Alterthum. Zwei geograph. antiquarische Untersuchungen. Leipzig 1866. 8.

6) Herod. 3, 47. Pollux 7, 75.

7) *lanigerae arbores* Plin. *n. h.* 12, 38.

8) Baumwolle ist nämlich weder Wolle, noch kommt sie von einem Baume. Die Pflanze ist ein gewöhnlich niedriger Strauch.

9) Herodot. 3, 106. Varro bei Serv. *ad Aen.* 1, 649. Philostratus *vit. Apoll.* 3, 15. Brandes S. 108.

10) Plin. *n. h.* 19, 14. Ritter a. a. O. S. 326.

11) Plin. *n. h.* 19, 10. Brandes S. 111.

Zu den Griechen gelangte eine genauere Kenntniss der Baumwolle erst durch die Expedition Alexanders des Grossen [1]) und *carbasus.* mit ihr das Wort κάρπασος; [2]) den Römern wurde sie, wenn nicht schon früher, so doch gewiss bekannt in den asiatischen Kriegen, also etwa seit 190 v. Chr. Um diese Zeit braucht das Wort schon der Komiker Caecilius Statius [3]) und von da ab ist es völlig eingebürgert in der lateinischen Sprache und wird theils genau von indischen Fabricaten, [4]) theils von feinen Vorhängen und Zeltbekleidungen, deren man sich, wie im Orient, [5]) so auch in Italien bediente, [6]) theils ganz ungenau einerseits von den Segeln der Schiffe [7]) und den *Vela* der Theater, [8]) andererseits von beliebigen feinen Zeugen [9]) gebraucht, bei welchen die Römer um so weniger den Stoff unterschieden, als die Baumwolle überhaupt im Alterthum für eine Art Leinen angesehen wurde. [10])

---

1) Die Pflanze beschreibt Theophrast *hist. pl.* 4, 4, 8; 4, 7, 7. Ferner erwähnt sie Aristobulus, der Begleiter Alexanders, bei Strabo 15 p. 694, Nearch bei Strabo 15 p. 693 und bei Arrian *hist. Ind.* 16, 1. Plin. *n. h.* 12, 25. 38. 39; 19, 14.

2) Strabo 15 p. 719: Ἰνδοὺς ἐσθῆτι λευκῇ χρῆσθαι καὶ σινδόσι λευκαῖς καὶ καρπάσοις. Arriani *peripl. mar. er.* 41: Πολυφόρος δὲ ἡ χώρα — καὶ καρπάσου καὶ τῶν ἐξ αὐτῆς Ἰνδικῶν ὀθονίων τῶν χυδαίων. *Schol. Aristoph. Lys.* 735: ἔστι δὲ σφόδρα λεπτόν, ὑπὲρ τὴν βύσσον ἢ τὴν κάρπασον.

3) Bei Non. p. 548, 14 = Ribbeck *Com. fr.*² p. 58: *Carbasina, molochina, ampelina.*

4) Curtius 8, 9, 31 von den Indern: *Corpora usque pedes carbaso velant* und vom König § 32: *distincta sunt auro et purpura carbasa, quae indutus est.* Von denselben Lucan. 3, 239:

Fluxa coloratis adstringunt carbasa gemmis

und ähnlich Propert. 5, 3, 64.

5) So wird der Hof im Palast des Ahasverus in Susa mit Vorhängen geschmückt. Esther 1, 6 in der Uebersetzung der Septuaginta: κεκοσμημένῃ βυσσίνοις καὶ καρπασίνοις τεταμένοις ἐπὶ σχοινίοις βυσσίνοις καὶ πορφυροῖς.

6) Cic. *in Verr.* 5, 12, 30: *Nam in ipso aditu atque ore portus — tabernacula carbaseis intenta velis collocabat.* vgl. 5, 31, 80.

7) Sehr häufig. Die Stellen s. bei Yates.

8) Lucret. 6, 108. Plin. *n. h.* 19, 23.

9) Von einer Vestalin Aemilia aus unbestimmter, aber doch alter Zeit erzählt Val. Max. 1, 1, 7: *cum carbasum, quem optimum habebat, foculo imposuisset. subito ignis emicuit.* Auch Propert. 5, 11, 54 erwähnt dieselbe Begebenheit mit denselben Worten:

exhibuit vivos carbasus alba focos.

Während aber diese beiden ein Tuch zu bezeichnen scheinen, was *carbasus* öfters heisst (Tibull. 3, 2, 21), so macht Dionys. 2, 68 eine καρπασίνη ἐσθής, ἣν ἔτυχεν ἐνδεδυκυῖα daraus, obwohl bei einer Vestalin alter Zeit an ein leinenes oder baumwollenes Kleid schwerlich gedacht werden kann. Sonst ist *carbasus* allerdings ein Kleid von feinem Stoff, wie Verg. *Aen.* 8, 33 es dem Gotte Tiberis zuschreibt,

— cum tenuis glauco velabat amictu
carbasus.

Vgl. 11, 776. Statius *Theb.* 7, 658. Valer. Flacc. *Arg.* 6, 225. Apul. *met.* 8, 27.

10) Plin. *n. h.* 19, 14: *Superior pars Aegypti in Arabiam vergens gignit fru-*

Der indische Musselin, ein Fabricat der indischen Weberkaste, dessen technische Bezeichnung *carbasus* ist, eignete sich besonders, und mehr als Leinen zum Färben; wie z. B. Indigo auf Leinen dunkel wird, auf Baumwolle aber seinen ganzen Farbenglanz behält.[1]) Der Umstand, dass die bunten feinen Baumwollenzeuge zu den Griechen und Römern auf verschiedenen Wegen gelangten, nämlich zu Lande über Tyrus,[2]) zur See über Aegypten, hat C. Ritter zu der Vermuthung geführt, dass aus diesen beiden Handelswegen die Ausdrücke σινδών, σινδών. *sindon*, und ὀθόνη, von welchen der erstere bei den Römern ὀθόνη. selten,[3]) bei den Griechen aber seit Herodot häufig, der letztere schon bei Homer[4]) vorkommt, zu erklären seien. *Sindon* nämlich habe seinen Namen von *Sindhu*, der einheimischen Benennung des Indus,[5]) welche auch dem Plinius[6]) bekannt ist, und sei eine geographische Bezeichnung baumwollener Zeuge, die zur See aus Indien kamen, wie bei uns *Indienne*, *Musselin* (von *Mosul*), *Calico* (von *Calicut*); ὀθόνη dagegen sei ein dem griechisch-arabischen Landhandel angehöriger Name der Baumwolle, die arabisch *Kutn*, in den neueren Sprachen *Coton*, *Katun* heisse. Allein abgesehen von der Unannehmbarkeit der letzteren Ableitung erledigt sich diese Ansicht dadurch, dass, wenngleich die namentlich in dem Periplus des rothen Meeres[7]) oft erwähnten indischen σινδόνες und ὀθόναι für Baumwollenzeuge zu halten sind,[8]) in dem Begriffe beider Worte eine Bezeichnung eines Stoffes überhaupt nicht zu suchen ist.[9]) Denn

---

ticem quem aliqui gossipion vocant, plures xylon, et ideo lina inde facta xylina. So redet Propert. von *carbasa lina* und Auson. *Eph. parecbas.* 2 von einer *lintea sindon*.

1) Ritter a. a. O. S. 309. 2) Ezech. 27, 24.

3) Mart. 4, 19, 12. Auson. *Ephem. Parecbasis* 2.

4) Hom. *Il.* 3, 141; 18, 595. *Od.* 7, 107.

5) Lassen Ind. Alterthumsk. I S. 36 (45) A. 4. Ritter a. a. O. S. 330.

6) Plin. *n. h.* 6, 71.

7) Der *Periplus maris erythr.* erwähnt c. 6: ὀθόνιον Ἰνδικὸν τὸ πλατύτερον. c. 24 ὀθόνιον. c. 31 ὀθόνη Ἰνδική. c. 32 ὀθόνιον. c. 39 ὀθόνιον vom Indus, und c. 41 heisst es von einer Gegend am Indus: Πολυφόρος δὲ ἡ χώρα — καὶ καρπάσου καὶ τῶν ἐξ αὐτῆς Ἰνδικῶν ὀθονίων τῶν χυδαίων. — Μητρόπολις δὲ τῆς χώρας Μιννάγαρα, ἀφ' ἧς καὶ πλεῖστον ὀθόνιον εἰς Βαρύγαζα κατάγεται. c. 48 werden wieder erwähnt: σινδόνες Ἰνδικαὶ — καὶ ἱκανὸν χυδαῖον ὀθόνιον. c. 49 ὀθόνιον παντοῖον. c. 51 ὀθόνιον πολὺ — καὶ σινδόνων παντοῖα c. 56 ὀθόνια Σηρικά. Und vom *Ganges* kommen (c. 63) σινδόνες αἱ διαφορώταται, αἱ Γαγγητικαὶ λεγόμεναι. 8) Brandes a. a. O. S. 112.

9) Gegen beide Ableitungen Ritter's erklärte sich schon Movers Die Phönizier II, 3, 1 S. 319. Die Bedeutung von σινδών und ὀθόνη bespricht ausführlich

sowohl σινδών als ὀθόνη bedeutet ein Stück Zeug oder Tuch, das von *Byssus*, Linnen, Baumwolle oder den weiter unten zu besprechenden Fasern der *Pinna* sein kann.[1])

Dass auch rohe Baumwolle in Vorderasien, Aegypten und selbst im Occident zum Zweck der Verarbeitung eingeführt wurde, ist wenigstens wahrscheinlich. In Tralles in Carien, Antinoupolis in Aegypten und Damaskus in Syrien machte man

τύλαι. Bettpfühle (τύλαι) und Kopfkissen, die exportirt wurden.[2]) τύλη kommt aber von dem Sanskritwort *tula*, welches erstens das Gewicht und zweitens die Baumwolle, und zwar rohe Baumwolle, die nach Gewicht verkauft wird, bedeutet;[3]) die Kissen werden daher mit Baumwolle gestopft gewesen sein, deren sich schon die Macedonier auf dem Zuge Alexanders zu diesem Zwecke bedienten;[4]) auf Malta aber, einer Colonie der Phönizier und später einem Besitze der Carthager, gab es berühmte Fabriken feiner Zeuge (ὀθόνια),[5]) die unter dem Namen der *vestis Melitensis*[6]) in Rom bekannt waren und auch, nachdem die Insel römisch geworden war, ihren Ruhm noch lange behaupteten.[7])

Brandes a. a. O. S. 103, der namentlich nachweist, dass fertige Stücke, z. B. eine Serviette, ein Segel, eine Fahne, σινδών genannt werden. Dasselbe geht hervor aus dem pariser Papyrus vom J. 163 v. Chr. in *Notices et Extraits* XVIII, 2 (1865) n. 52, 53. 54, wo in einer Verrechnung wiederholentlich aufgezählt werden: ὀθόνια β', χιτῶνες β', ἐκμαγῆα (Handtücher), σινδόνες β', ὀθόνιον ἐγκοίμητρον (ein Bettlaken; in dem Papyrus steht ἐγκοιμητριν), ὀθόνια β', καὶ βαπτὰ β' u. s. w. Aegyptisch heisst σινδών *schint* und sagt darüber Brugsch Ueber die ägyptischen Benennungen für *Sindon* und *Byssus*, in der allgemeinen Monatsschrift für Wissenschaft und Litteratur 1854 S. 633: „Das ägyptische Wort *schenti* oder *schint* bedeutet zunächst nicht einen Stoff, sondern die Art eines Kleidungsstückes, des ägyptischen Schurzes, der aber aus Baumwolle gefertigt wird.“

1) Brandes a. a. O. S. 105.

2) *Ed. Diocl.* 18, 45: τύλη μετὰ προςκεφαλαίου Τραλια[νὴ] ἤτοι Ἀντινοη[τικ.] ἢ Δαμασκηνή.

3) Nach dem Petersburger Wörterbuche heisst *tûla* die Rispe, der Büschel am Grashalm, dann die Baumwolle, endlich der aus Baumwolle gefertigte Docht, *tûlikâ* eine mit Baumwolle gefüllte Matratze, *indratûla* ein Baumwollenflocken.

4) Strabo 15 p. 693 a. E.

5) Diodor. 5, 12, 2: τεχνίτας τε γὰρ ἔχει παντοδαποὺς ταῖς ἐργασίαις, κρατίστους δὲ τοὺς ὀθόνια ποιοῦντας τῇ τε λεπτότητι καὶ τῇ μαλακότητι διαπρεπῆ. — ἔστι δὲ ἡ νῆσος αὕτη Φοινίκων ἄποικος.

6) Bei Lucret. 4, 1129:

Et bene parta patrum fiunt anademata, mitrae,
Interdum in pallam ac Melitensia Ceaque vertunt.

ist freilich *Melitensia* Conjectur. Die Handschr. haben *atque alidensia.* Allein Lachmann's Vermuthung *atque alideusia* ist unerwiesen und heilt die Stelle nicht. *Mitra Melitensis* hat Varro bei Non. p. 539, 27. *Supparus Melitensis* scheint bei Novius zu lesen (s. S. 484 Anm. 11). *Vestis Melitensis* Cic. *in Verr.* 2, 72, 176. *Melitensia* ib. 2, 74, 183.

7) Cic. *in Verr.* 4, 46, 103: *Insula est Melita — in qua est eodem nomine*

Dass dies Baumwollenzeuge waren, ist wenigstens sehr wahrscheinlich.[1])

5. Malvenstoffe.[2])

Zu derselben Pflanzenfamilie der Malvaceen, zu welcher die Baumwollenstaude gerechnet wird, gehört auch die Malve (*Malva silvestris L.*). Dass von ihr ein Webestoff gewonnen wurde, sagt ausdrücklich Isidor.[3]) Zeuge dieser Art, μολόχινα, σινδόνες μολόχιναι,[4]) wurden in den Indusgegenden, vielleicht auch in Griechenland gewebt;[5]) auch die römischen Komiker erwähnen sowohl den Stoff (*molochina*)[6]) als Händler mit dieser Waare (*molochinarii*);[7]) später kommt dieselbe nicht mehr vor und ist wohl durch andere Modeartikel verdrängt worden, namentlich durch die Seidenwaaren, von denen sogleich zu reden ist.

6. Seide.[8])

Der Seidenwurm ist im nördlichen China, in Japan und in

---

oppidum, — quod isti textrinum per triennium ad muliebrem vestem conficiendam fuit. Isidor. *orig.* 19, 22, 21: *Velensis tunica est, quae affertur ex insulis.* Es ist mit Arevalo *Melitensis* zu lesen. Die *insulae* aber sind Malta, Gaulus und Cercina. S. Diodor. 5, 12. Auch Hesychius s. v. Μελιταῖα erwähnt die ὀθόνια διάφορα ἐκ Μελίτης.

1) Ritter a. a. O. S. 339 ff. 2) Yates a. a. O. p. 296—317.

3) Isidor. *orig.* 19, 22, 12: *Molochinia, quae malvarum stamine conficitur, quam alii molocinum, alii malvellam vocant.*

4) (Arriani) *per. mar. eryth.* § 6. 48. 49.

5) Yates vermuthet, dass die in Griechenland seit Aristophanes oft erwähnten ἀμόργινα identisch mit den μολόχινα sind. Indessen werden sie bestimmt als leinen bezeichnet. S. die Stellen bei Blümner Gewerbliche Thätigkeit S. 94.

6) Caecilius Statius bei Non. p. 548, 14. Ribbeck p. 58:

Carbasina molochina ampelina.

Novius bei Non. 539, 20; 540, 23:

Molicinam crocotam chirodotam ricam ricinium.

Ribbeck liest in der zweiten Ausgabe p. 265: *Mólucium crocótam chirodótam ricam rícinum*, allein Nonius selbst erklärt p. 540: *Mollicina vestis a mollitie dicta* und wieder p. 548: *Molochinum a Graeco, color flori similis malvae.* Er scheint das Fabricat nicht mehr gekannt zu haben.

7) Plaut. *Aul.* 514:

Solearii adstant, adstant molochinarii.

Der *vestiarius tenuiarius molochinarius* in der Inschrift Orelli 4297 ist wahrscheinlich ligorianische Erfindung.

8) Ausführlich handeln über diesen Gegenstand Yates a. a. O. p. 160—250. Ritter Erdkunde VIII S. 679—710. Lassen Indische Alterthumskunde I S. 317—322 (369—375). Movers Die Phönizier II, 3, 1 S. 263 ff. Latreille *Éclaircissement de quelques passages d'auteurs anciens, relatifs à des vers à soie* in *Annales des sciences naturelles*, Paris. 8. Tome XXIII (1831) p. 58—84; schlecht übersetzt in Froriep Notizen aus dem Gebiete der Natur- und Heilkunde XXXIV n. 733. 735. Pardessus *Sur le commerce de la soie chez les anciens, antérieure-*

Indien einheimisch.[1]) Von dem nördlichen China aus hat sich erst im fünften Jahrhundert nach Chr. die Cultur der Seide nach Mittelasien und Persien, im siebenten Jahrhundert nach Tübet verbreitet.[2]) Der Name des Seidenwurms, σήρ,[3]) ist noch vorhanden; er heisst chinesisch *Sse*, koreanisch *Sir*, mongolisch *Sirkek*,[4]) von ihm ist der mercantilische, nicht geographische[5]) Name der *Seres* (Seidenhändler) abzuleiten. Auch im Handel sind Seidenfabricate nicht früh nach Vorderasien gekommen; im Alten Testament geschieht ihrer nur an einer zweifelhaften Stelle Erwähnung,[6]) und dass die medischen Kleider (ἐσθῆτες Μηδικαί) ursprünglich von Seide gewesen seien, ist ebenfalls nicht anzunehmen.[7]) Unter den Griechen berichtet von der Seide zuerst Aristoteles,[8]) die Römer sahen in den parthischen

σήρ. *Seres.*

---

ment au VIe siècle in *Mém. de l'Institut roy. de France. Acad. des inscr. et belles-lettres*, Paris. N. S. Tome XV, 1 (1842) p. 1—27 und namentlich mit Sachkenntniss E. Pariset *Histoire de la soie.* Paris 1862. 8.

1) Ritter S. 690. Schon Ammian 23, 6, 67 berichtet: [*Apud Seres*] *abunde silvae sublucidae, a quibus arborum fetus aquarum asperginibus crebris velut quaedam vellera molientes ex lanugine et liquore mixtam subtilitatem tenerrimam pectunt, nentesque subtegmina conficiunt sericum ad usus antehac nobilium, nunc etiam infimorum sine ulla discretione proficiens.*

2) Ritter S. 698. Lassen I S. 317 (369).

3) Pausan. 6, 26, 6. Hesych. *s. v.* σῆρες. Andere Stellen bei Yates I p. 222, der aber über die ursprüngliche Bedeutung des Wortes selbst nicht richtig urtheilt.

4) Klaproth u. Abel-Remusat *Journal Asiatique* II p. 243—247. Klaproth *Sur les noms de la Chine* in *Mémoires rel. à l'Asie* III p. 264.

5) Ritter S. 694. Lassen I S. 321 (374).

6) Bei Ezech. 16, 10 und 13 wird *meschi* von den hebräischen Auslegern für Seide erklärt, die Septuaginta übersetzen aber τρίχαπτον, Haartuch. S. Pariset p. 58—62. Rock *Textile Fabrics* p. XVII.

7) Herodot. 1, 135; 3, 84; 6, 112; 7, 80. 116. Xenoph. *Cyrop.* 8, 1, 40. Arrian. *Exp. Alex.* 4, 7, 4. Dass dies seidene Kleider waren, behauptet erst Procop. *bell. Pers.* 1, 20: αὕτη δέ ἐστιν ἡ μέταξα, ἐξ ἧς εἰώθασι τὴν ἐσθῆτα ἐργάζεσθαι, ἣν πάλαι μὲν Ἕλληνες Μηδικὴν ἐκάλουν, τανῦν δὲ σηρικὴν ὀνομάζουσι. *B. Vand.* 2, 6: Μηδικὴν ἐσθῆτα, ἣν νῦν Σηρικὴν καλοῦσιν, ἀμπεχόμενοι. Vgl. Suidas *s.* v. Σηρικά. Tertull. *de pall.* 4 p. 542 med. Oehler: *Vicerat* (*Alexander*) *Medicam gentem et victus est Medica veste.* — — *pectus squamarum signaculis disculptum textu pellucido tegendo nudavit, anhelum adhuc ab opere belli et ut mollius ventilante serico exstinxit.* Nach Diodor. 2, 66 hatte Semiramis die στολὴ Μηδικὴ erfunden, um ihr Geschlecht zu verbergen und als zweckmässige Tracht für Krieg und Reisen: auch Xenoph. *Cyr.* 8, 1, 40 lässt erkennen, dass dazu ein starkes, nicht durchsichtiges Zeug verwendet wurde, ganz verschieden von der *vestis Serica*, wie sie die Römer beschreiben. Es ist daher anzunehmen, dass das Charakteristische der medischen Tracht nicht in dem Stoffe zu suchen ist, sondern in der Form und dem Zuschnitt, den Herod. 7, 61. 62 und Strabo 11 p. 526 beschreiben, und dass der Stoff derselben ursprünglich Wolle, erst zu Procop's Zeit Seide war. S. Pariset p. 43—55.

8) Aristotel. *hist. anim.* 5, 19, p. 551b, 14 Bk.

Kriegen die seidenen Fahnen der Parther;[1]) aber dass Caesar in Rom seidene *vela* im Theater angewendet habe, ist eine unverbürgte Nachricht.[2]) Erst die Schriftsteller der augusteischen Zeit erwähnen die Seide, und zwar unter drei verschiedenen Namen, als *vestes Coae*, *bombycinae* und *sericae*. Die *vestes Coae* waren ausschliesslich in dieser Zeit Mode[3]) und werden zuletzt von Plinius, später nicht mehr genannt;[4]) sie sind fein,[5]) vollkommen durchsichtig,[6]) purpurgefärbt[7]) und auch wohl mit Gold gewirkt[8]) und haben einen hohen Preis.[9]) Schon Aristoteles gedenkt an der Stelle, an welcher er von dem Seidenwurm redet,[10]) der coischen Fabriken, und auch Varro scheint eine unsichere Kunde derselben gehabt zu haben.[11]) Die *bom-* *Vestes Coae.*

1) Florus 3, 11: *Itaque vixdum venerat Carras, cum undique praefecti regis Sillaces et Surenas ostendere signa auro sericisque vexillis vibrantia.*

2) Dio Cassius 43, 24, 2 erzählt es mit dem Zusatze: ὥς γέ τινές φασι.

3) *Coa vestis* Tibull. 2, 3, 53; 2, 4, 29. Propert. 1, 2, 2; 2, 1, 5; 5, 5, 23. Ovid. *a. am.* 2, 298. Horat. *od.* 4, 13, 13. Juven. 8, 101.

4) Isidor. *or.* 19, 22, 13 hat seine Notiz aus Plinius.

5) *tenues.* Tibull. 2, 3, 53. Propert. 1, 2, 2.

6) Horat. *sat.* 1, 2, 101: *Cois tibi paene videre est*
Ut nudam.

Plin. *n. h.* 11, 76. Seneca *contr.* 2, 13, 7, p. 159, 10. Burs.; 2, 15, 4, p. 174, 16. *Exc. contr.* 2, 7 p. 358: *Infelices ancillarum greges laborant, ut adultera tenui veste perspicua sit et nihil in corpore uxoris suae plus maritus quam quilibet alienus peregrinusque cognoverit.* Aehnlich beschreibt diese Kleider Seneca *de benef.* 7, 9, 5; *cons. ad Helv.* 16, 4; *ep.* 90, 20. Es gab indessen auch leinene Stoffe von gleicher Feinheit. Publilius Syrus bei Petron. 55:

Aequum est induere nuptam ventum textilem
Palam prostare nudam in nebula linea?

Bei den Griechen heissen solche Zeuge διαφανῆ (Athen. 12 p. 522[d]). M. Argentarius *ep.* in Jacobs *Anth. Gr.* II p. 242 n. 3 nennt sie δίκτυα wegen ihres losen Gewebes.

7) Propert. 2, 1, 5:

Sive illam Cois fulgentem incedere coccis.

Hor. *od.* 4, 13, 13 *Coae purpurae.*

8) Tibull. 2, 3, 53:

Illa gerat vestes tenues, quas femina Coa
Texuit, auratas disposuitque vias.

9) Propert. 5, 5, 55:

Qui versus, Coae dederit nec munera vestis,
Istius tibi sit surda sine aere lyra.

10) Aristoteles *hist. anim.* 5, 19, p. 551[b], 14 Bk., nachdem er vom Seidenwurm gesprochen, sagt: Ἐκ τούτου τοῦ ζῴου καὶ τὰ βομβύκια ἀναλύουσι τῶν γυναικῶν τινες ἀναπηνιζόμεναι κἄπειτα ὑφαίνουσι. Πρώτη δὲ λέγεται ὑφῆναι ἐν Κῷ Παμφίλου (Παμφίλη) Πλάτεω θυγάτηρ. Daraus Plin. *n. h.* 11, 76. Aristoteles sagt also, dass auch nach Cos die Cocons (βομβύκια) eingeführt wurden. Vgl. Yates I p. 216.

11) Plin. *n. h.* 4, 62 sagt von der Insel Ceos: *Ex hac profectam delicatiorem feminis vestem auctor est Varro.* Ob Varro oder Plinius Cos und Ceos verwechselt, ist nicht auszumachen. Wenn es Varro that, so ist der Grund darin zu suchen, dass zu seiner Zeit *Coae vestes* noch in Rom unbekannt waren. Auch

Vestes bombycinae. *bycinae vestes* [1]) sind mit den coischen identisch dem Stoffe nach, nicht aber der Fabrik nach; die besten kamen aus Assyrien.[2]) Sie sind ebenfalls dünn und durchsichtig,[3]) werden aber von den *sericae vestes* bestimmt unterschieden.[4]) Worin der Unterschied lag, ist erst in neuester Zeit mit einiger Sicherheit ermittelt. Wir wissen jetzt, dass es in China und Japan sehr verschiedene Gattungen von Seidenwürmern giebt, die theils wild auf verschiedenen Bäumen leben,[5]) theils künstlich gezogen werden,[6]) dass ebenso in Indien mindestens zwölf einheimische Arten von Seidenwürmern bekannt sind;[7]) dass ferner nach dem Westen Asiens und von da nach Europa nur e i n e Sorte, die *phalaena bombyx mori*, welche sich von den Blättern des Maulbeerbaumes nährt, mit Erfolg verpflanzt ist.[8]) Erst in

---

Lucrez 4, 1130, wenn anders dort richtig *Cea* gelesen wird, hat sich, wie Lachmann meint, durch Varro täuschen lassen.

1) Zuerst bei Propert. 2, 3, 15. Dann bei Juven. 6, 260.

2) Plin. *n. h.* 11, 76. Dann erzählt er § 77, dass der *bombyx* auch in Cos einheimisch sei, und fährt § 78 fort: *Nec puduit has vestes (Coas) usurpare etiam viros levitatem propter aestivam. — Assyria tamen bombyce adhuc feminis cedimus.* Vgl. § 75: *Quartum inter haec genus est bombycum in Assyria proveniens*, womit wohl identisch ist der *Arabius bombyx* bei Prop. 2, 3, 15. Dagegen sagt Isidor *orig.* 19, 22, 13: *Bombycina est a bombyce vermiculo, qui longissima ex se fila generat, quorum textura bombycinum dicitur conficiturque in insula Coo.*

3) Mart. 8, 33, 15:

Nec vaga tam tenui discurrit aranea tela,
Tam leve nec bombyx pendulus urget opus.

Mart. 8, 68, 7:

Femineum lucet sic per bombycina corpus,
Calculus in nitida sic numeratur aqua.

Mart. 14, 24:

Splendida ne madidi violent bombycina crines,
Figat acus tortas sustineatque comas.

Alciphron 1, 39, 4.

4) Ulpian *Dig.* 34, 2, 23 § 1: *Vestimentorum sunt omnia lanea lineaque vel serica vel bombycina.* Clem. Alex. *Paed.* 2, 10, 107: σῆρας Ἰνδικοὺς καὶ τοὺς περιέργους βόμβυκας χαίρειν ἐῶντας. Bei Apuleius *met.* 8, 27 sind die Priester *bombycinis iniecti*, die Göttin selbst aber *serico contecta amiculo.* Isidor. *orig.* 19, 22, 13: *Bombycina est a bombyce vermiculo, qui longissima ex se fila generat, quorum textura bombycinum dicitur, conficiturque in insula Coo.* § 14: *Serica a serico dicta, vel quod eam Seres primi miserunt.* Noch der Bischof Caesarius von Arles sagt in seinem Klosterreglement in den *Acta Sanctorum* Januar. I p. 734: *Ipsa etiam ornamenta in oratoriis simplicia esse debent, nunquam plumata, nunquam holoserica, nunquam bombycina.*

5) Ritter a. a. O. S. 691. Die von Plinius *n. h.* 11, 77 angeführten vier Baumarten, auf welchen der *bombyx* lebt, hat Latreille a. a. O. p. 68 ff. in China nachgewiesen. Vgl. Pariset p. 69 ff.

6) Dies soll in China schon seit dem J. 2200 v. Chr. G. geschehen sein. *Résumé des principaux traités Chinois sur la culture des muriers et l'éducation des vers à soie trad. par Stanislas Julien.* Paris 1837. p. 67. 68.

7) Lassen a. a. O. I S. 318 (370). 8) Ritter a. a. O. S. 700.

den letzten Jahren sind in Frankreich und Algerien neue Arten von Seidenraupen eingeführt worden, wie der *ver à soie de l'ailante* (*bombyx cynthia*), der nicht auf dem Maulbeerbaume, sondern auf den Büschen des Firnissbaumes (*buisson de vernis du Japon*) lebt und der Japanische Eichenspinner (*bombyx* [*Anteraea*] *Yamamayou*).[1]) Was Griechen und Römer von dem Gespinste berichten, dass es in langen Fäden von den Bäumen herabhängt und von denselben abgekämmt wird,[2]) passt nur auf gewisse wilde Seidenwürmer,[3]) und es ist daher anzunehmen, dass die *bombycinae vestes* von einem anderen Wurme als die *sericae* herrühren.[4]) In Cos gab es in der That eine einheimische Bombyxart, welche auf der Cypresse, dem *terebinthus* (Terpentinbaum), der Esche und Eiche lebt, dem Plinius bekannt[5]) und noch vorhanden ist,[6]) auch Assyrien scheint einheimische Bombyxarten,[7]) darunter auch vielleicht eine Gattung des *bombyx mori* gehabt zu haben; allein die assyrische Seide unterschied sich von der chinesischen durch ihre Farbe und ihre Bearbeitung. Ihre Farbe wird gelb gewesen sein, wie die der

---

1) Er wurde im Jahre 1862 in Europa eingeführt. S. Personnat *Le ver à soie du chêne.* 4e édit. Paris 1868. 8. Ullerich Der Japanische Eichenspinner. Eichstaedt 1870. 8.

2) Verg. *ge.* 2, 121:

Velleraque ut foliis depectant tenuia Seres.

Strabo 15 p. 693 a. E. Plin. *n.* h. 6, 54. Solin. 49. Ammian 23, 6, 67, angeführt oben S. 492 Anm. 1. Seneca trag. *Herc. Oet.* 667. *Hippol.* 386. Silius Ital. 6, 4; 14, 664. Dionysius Periegetes 752:

καὶ ἔθνεα βάρβαρα Σηρῶν,
οἵτε βόας μὲν ἀναίνονται καὶ ἴφια μῆλα,
αἴολα δὲ ξαίνοντες ἐρήμης ἄνθεα γαίης
εἵματα τεύχουσιν πολυδαίδαλα τιμήεντα,
εἰδόμενα χροιῇ λειμωνίδος ἄνθεσι ποίης,
κείνοις οὔ τί κεν ἔργον ἀραχναίων ἐρίσειεν.

Der erste, welcher von der künstlichen Zucht des Seidenwurms Kunde giebt, ist Pausanias 6, 26, 6. Aber die wilden Seidenwürmer beschreiben noch Auson. *idyll.* 12, *de historiis* v. 24. Avienus *descr. orbis terr.* 936. Prudentius *Hamartigenia* 288.

3) Latreille a. a. O. p. 68: *Le tsoueu-kien* (ein wilder Seidenwurm Chinas) *ne tire pas la soie en rond ni en ovale, comme le ver à soie domestique, mais en fils très-longues et qui s'attachent aux arbrisseaux et aux buissons, suivant que les vents les poussent d'un coté ou d'un autre.* Andere Berichte hierüber giebt Yates I p. 206—213.

4) Pollux 7, 76: Σκώληκές εἰσιν οἱ βόμβυκες, ἀφ' ἑαυτῶν τὰ νήματα ἀνέντες ὥσπερ ὁ ἀράχνης, ἔνιοι δὲ καὶ τοὺς Σῆρας ἀπὸ τοιούτων ἑτέρων ζῴων ἀθροίζειν φασὶ τὰ ὑφάσματα.

5) Plin. *n. h.* 11, 77.

6) Pariset p. 68. Jedoch scheint dies unsicher nach Rayet *Mémoire sur l'île de Cos* in *Archives des missions.* Troisième Série III p. 86.

7) Plin. *n. h.* 11, 75. 78.

noch in Persien und Georgien gewonnenen Seide,[1]) während die der chinesischen glänzend weiss ist; ihre Bearbeitung hatte insofern Schwierigkeit, als der Cocon des wilden Seidenwurms nicht abgewickelt werden kann, sondern gekratzt und gesponnen wird, bei welchem Verfahren man eine eigene Art von Seide erhält, welche *galette* heisst und an Feinheit und Glanz der künstlich gewonnenen wesentlich nachsteht.[2]) Diese letztere, das eigentliche *Sericum*, kam in den Handel des Occidents ausschliesslich aus China, und zwar auf zwei verschiedenen Strassen, nämlich auf dem Landwege vom nördlichen China aus über den steinernen Thurm[3]) nach Samarkand und von da zum kaspischen Meere,[4]) auf dem Seewege von Vorderindien entweder durch den persischen Meerbusen nach Babylon und von da nach Tyrus[5]) oder durch das rothe Meer nach Aegypten.[6]) Zuerst wurden nur gewebte Zeuge,[7]) später auch Garn (νῆμα σηρικόν),[8]) und Rohseide eingeführt, welche mit einem noch unerklärten Namen μέταξα heisst.[9]) Aber auch die fertigen Zeuge wurden, ent-

Vestes sericae.

Fertige Zeuge, Rohseide.

1) Pariset p. 75.

2) Pariset p. 73 und über den Begriff der *galette* p. 2 ff.

3) Ptolem. 6, 13. Ausführlich handelt über die verschiedenen Verkehrsstrassen Pariset p. 102 ff.

4) Ritter a. a. O. S. 693.

5) Ritter a. a. O. S. 692. Procop. *hist. arc.* 25 p. 140 Bonn.: ἱμάτια τὰ ἐκ μετάξης ἐν Βηρυτῷ μὲν καὶ Τύρῳ πόλεσι ταῖς ἐπὶ Φοινίκης ἐργάζεσθαι ἐκ παλαιοῦ εἰώθει. οἵ τε τούτων ἔμποροί τε καὶ ἐπιδημιουργοὶ καὶ τεχνῖται ἐνταῦθα τὸ ἀνέκαθεν ᾤκουν. ἐνθένδε τε ἐς γῆν ἅπασαν φέρεσθαι τὸ ἐμπόλημα τοῦτο συνέβαινεν. Ueber die *Tyriae vestes*, τύρεα s. Ovid. *a. am.* 2, 297. Reiske *ad Constant. Porph. de cerim.* Vol. II p. 221 Bonn. Von der arabischen Bezeichnung Sidons leitet man das mittelhochd. *Seida* her. Reiske a. a. O. Movers Phoen. II, 3, 1 S. 265.

6) Arrian. *per. m. er.* 56.

7) ὀθόνια Σηρικά Arrian. *peripl. mar. erythr.* 56.

8) Arrian. *per. mar. erythr.* 39 vgl. 49. § 64 berichtet er, dass aus China (Θῖναι) καὶ τὸ νῆμα καὶ τὸ ὀθόνιον τὸ Σηρικὸν εἰς τὰ Βαρύγαζα διὰ Βάκτρων πεζῇ φέρεται καὶ εἰς τὴν Λιμυρικὴν πάλιν διὰ τοῦ Γάγγου ποταμοῦ. Unter den verzollbaren Gegenständen, welche Marcian. *Dig.* 39, 4, 16 § 7 aufführt, ist auch *vestis serica vel subserica, nema sericum* und *metaxa*. Vgl. Galen. *de meth. med.* 13, 22. Vol. X p. 942 Kühn: κατ' ἄλλην δὲ πόλιν ἰατρεύοντί σοι παρασκευάσθω τῶν νημάτων τι τῶν Σηρικῶν ὀνομαζομένων· ἔχουσι γὰρ αἱ πλούσιαι γυναῖκες αὐτὰ πολλαχόθι τῆς ὑπὸ Ῥωμαίων ἀρχῆς καὶ μάλιστα ἐν μεγάλαις πόλεσιν. Auch nach Ammian 23, 6, 68 wurden von den Serern *fila* gekauft. Vgl. Basilius *Hexahemeron* p. 79 Bened.: τὰ νήματα λέγω, ἃ πέμπουσιν ἡμῖν οἱ Σῆρες πρὸς τὴν τῶν μαλακῶν ἐνδυμάτων κατασκευήν. Joh. Chrysostom. *Hom.* 49 *in Matth.* Vol. VII p. 510b ed. Bened.: Ὅταν γὰρ τὰ νήματα τὰ σηρικά, ἃ μηδὲ ἐν ἱματίοις ὑφαίνεσθαι καλόν, ταῦτα ἐν ὑποδήμασι διαῤῥάπτητε, πόσης ὕβρεως, πόσου γέλωτος ταῦτα ἄξια; Suidas *s. v.* Σηρική a. E: Καὶ Σηρικὸν νῆμα καὶ Σηρικὰ ἱμάτια.

9) Ueber das Wort s. Yates p. 223. Wenn er indessen annimmt, das Wort komme erst im vierten Jahrh. n. Chr. vor, so ist dies irrig. Denn schon Lucilius III, 4 Müller (bei Festus p. 265 *s. v. rodus*) nennt *lini mataxam*, vgl.

weder weil sie zu schwer, oder zu theuer, oder dem Geschmacke des Occidents nicht entsprechend waren, umgearbeitet, d. h. aufgelöst,[1]) gefärbt und dann mit Leinen oder Baumwolle zu einer leichten Halbseide verwebt. Diese durchsichtigen,[2]) bunten,[3]) halbseidenen Zeuge sind es, die im ersten Jahrhundert nicht nur bei den römischen Frauen, sondern auch bei üppigen Männern Beifall fanden[4]) und so lange unter dem Namen *sericae*[5]) verkauft wurden, bis die immer zunehmende Handelsverbindung mit dem Orient die ganzseidenen schweren Stoffe (*holosericae*) zur Kenntniss der Römer brachte. Elagabal (218—222) war der erste, welcher solche trug,[6]) und obwohl seine unmittelbaren Nachfolger diesen Vorgang nicht nachahmten[7]) und der Werth der Seide damals noch dem des Goldes gleichstand,[8]) so unterschied man doch bereits die ganzseidenen (*holosericae*) Stoffe von den halbseidenen (*subsericae*), deren Kette

Vestes subsericae.

Vestes holosericae.

Vitruv. 7, 3, 2 und *metaxa* als rohe Seide hat Marcian *Dig.* 39, 4, 16 § 7. S. auch Waddington in Le Bas et Waddington *Voyag.* III p. 179.

1) Von Alexandria berichtet dies Lucan. 10, 141, der von der Cleopatra sagt:

Candida Sidonio perlucent pectora filo,
Quod Nilotis acus percussum pectine Serum
Solvit et extenso laxavit stamina velo.

Das Zeug war also in China gewebt, in Sidon gefärbt (vgl. Sidon. Apoll. *carm.* 15, 128), in Aegypten wieder gewebt und gestickt. (Lucan will doch wohl nur sagen, dass die Stickerei in Aegypten gemacht war. Plin. *n. h.* 6, 54; 11, 76 spricht von dem Auflösen des Gespinnstes der Seidenwürmer, wie der Vergleich mit Aristot. 5, 19 (oben S. 493 A. 10) lehrt.) Dieses Verfahren, welches in Frankreich *parfilage* genannt wird, war offenbar nöthig, weil rohe Seide Anfangs nicht ausgeführt wurde (vgl. über dasselbe Pardessus a. a. O. p. 13 ff.) und scheint auch von Tertull. *de cultu fem.* 1, 8 erwähnt zu werden: *Sed et parietes Tyriis et hyacinthinis et illis regiis velis, quae vos operose resoluta transfiguratis, pro pictura abutuntur.* (Auch dies bezieht sich wohl auf Stickerei.)

2) S. S. 493 Anm. 6.

3) Propert. 1, 14, 22 von einer Decke: *variis serica textilibus.* Solche Decken über Kissen erwähnt auch Mart. 3, 82, 7.

4) Unter Tiberius wurde im J. 16 n. Chr. ein Senatsbeschluss veranlasst, *ne vestis serica viros foedaret.* Tac. *ann.* 2, 33. Dio Cass. 57, 15, 1. Caligula indess erschien in einem seidenen Kleide. Dio Cass. 59, 26, 10. Suet. *Cal.* 52.

5) Sen. *ep.* 90, 15. Johannes *Apoc.* 18, 12. Die Kaiserinnen und Prinzessinnen hielten Vorräthe solcher Kleider. Mart. 11, 8, 5. Capitol. *M. Ant. ph.* 17, 4. Schon in augusteischer Zeit (Orelli 2955 = *C. I. L.* VI, 9892) kommt eine *Thymele Marcellae siricaria* vor, d. h. eine Sklavin, welche die Aufsicht über die *sericae vestes* hat.

6) Lampr. *Heliog.* 26, 1: *Primus Romanorum holoserica veste usus fertur cum iam subsericae in usu essent.* Herodian 5, 5, 4.

7) Lamprid. *Alex. Sev.* 40, 1: *Vestes sericas ipse raras habuit: oloserica nunquam induit, subsericam nunquam donavit.*

8) Vopisc. *Aurelian.* 45, 4: *Vestem holosericam neque ipse in vestiario suo habuit neque alteri utendam dedit et cum ab eo uxor sua peteret, ut unico pallio blatteo serico uteretur, ille respondit: „Absit ut auro fila pensentur.“ libra enim auri tunc libra serici fuit.*

von Leinen und deren Einschlag von Seide war,[1] woneben es endlich auch Zeuge gab, in denen Wolle, Leinen und Seide zusammen verwendet waren.[2] Nicht nur die halbseidenen Kleider waren im dritten Jahrhundert bei Frauen und Männern[3] gewöhnlich, im vierten Jahrhundert aber bei allen Ständen üblich geworden,[4] sondern bei Festspielen wurden damals neben den *subsericae*[5] auch *holosericae* als Geschenke vertheilt,[6] üppige Weiber trugen ὁλοσηρικά;[7] der heil. Hieronymus klagt, dass wer keine *serica vestis* habe, für einen Mönch gelte,[8] und im J. 383 wird zwar den Mimen verboten, *sigillata serica* und golddurchwirkte Seide zu tragen, dagegen ihnen erlaubt einfache Seidenstoffe, anderen Frauen aber gestattet, auch die genannten kostbaren Kleider zu brauchen.[9] Von dieser Zeit an theilt sich auch das Geschäft der Seidenhändler in das der *sericarii*,[10] *holosericopratae*[11] und *metaxarii*.[12]

Seidenhändler.

---

1) Isidor. *orig.* 19, 22, 14: *Holoserica tota serica — Tramoserica stamine lineo, trama ex serico.*

2) Leontius *adv. Nestorianos* in Mai. *Scr. Vet. Nova Collect.* IX p. 497: καὶ τὸ ἔριον καὶ λῖνον καὶ μέταξα ἐν τῷ ἑνὶ λευκῷ πέπλῳ ὑφασμένα.

3) Solin, der um diese Zeit geschrieben zu haben scheint, sagt c. 50, 3 p. 202 Mommsen: *hoc illud est sericum, in usum publicum damno severitatis admissum, et quo ostendere potius corpora quam vestire primo feminis, nunc etiam viris luxuriae persuasit libido.* Vopisc. *Tac.* 10, 4: *Holosericam vestem viris omnibus interdixit* (im J. 275). Vopisc. *Carin.* 19, 3: *Donatum est Graecis artificibus et gymnicis et histrionibus et musicis aurum et argentum, donata et vestis serica.* Dio Cass. 43, 24: τοῦτο δὲ τὸ ὕφασμα χλιδῆς βαρβάρου ἐστὶν ἔργον καὶ παρ' ἐκείνων καὶ πρὸς ὑμᾶς ἐς τρυφὴν τῶν πάνυ γυναικῶν περιττὴν ἐσπεφοίτηκεν.

4) Ammian. 23, 6, 67: *nentesque subtegmina conficiunt Sericum, ad usus antehac nobilium, nunc etiam infimorum sine ulla discretione proficiens.* Schon im Edict des Diocletian vom J. 301 werden 7, 49. 50 bei den Schneiderarbeiten die *holoserica* und die *subserica* erwähnt, und Julian sagt im J. 361 bei Ammian. 22, 4, 5: *Unde fluxioris vitae initia pullularunt: — — ususque abundantes serici et textiles auctae sunt artes.*

5) Treb. Pollio *Claud.* 17, 6. Symmach. *ep.* 5, 20.

6) Symmach. *ep.* 4, 8.

7) Macarius *homil.* 17 § 9 (er lebte um 370) in *Macarii Aegyptii Opuscula* ed. Pritius 1699. 8: γυνὴ ἔχουσα ὁλοσηρικά — εἰς πορνεῖον προέστηκεν.

8) Hieronym. *ad Marcell. de aegrotatione Blaesillae* = *ep.* 38, 5 Vallars: *Nos quia serica veste non utimur, monachi iudicamur.*

9) *Cod. Theod.* 15, 7, 11. Spätere Zeugnisse über den Luxus in seidenen Kleidern s. bei Pariset p. 162—175.

10) Ein *T. Abuidiacus Primus siricarius* bei Marini *Atti* p. 94a, ein *sericarius* bei Fabretti c. X n. 346, eine Seidenhandlung in Tusco vico in Rom bei Mart. 11, 27, 11; ein *negotiator sericarius* in einer Inschr. von Gabii aus dem J. 168 n. Chr. bei Visconti *Mon. Gabini* p. 121 ed. Labus. und in einer zweiten das. p. 136 = Orelli 1368. 4252; ein *M. Aurelius Flavianus, negotians siricarius* in einer römischen Inschr. *C. I. L.* VI, 9678. *Institores gemmarum sericarumque vestium*, welche ihre Waaren in den Häusern herumtrugen, erwähnt Theophrast bei Se-

(Anm. 11 und 12 siehe nächste Seite.)

Um das J. 552 liess der Kaiser Justinian die ersten Seidenwürmer aus Khotan,[1]) wohin dieselben durch eine chinesische Prinzessin verpflanzt worden waren,[2]) nach Byzanz bringen[3]) und machte zugleich den Seidenhandel, den er unter die Aufsicht des *praefectus* der kaiserlichen *Thesauri* stellte, zu einem kaiserlichen Monopol.[4]) In Folge dessen gingen die grossen Geschäfte von Tyrus und Berytus zu Grunde,[5]) und Byzanz wurde der Mittelpunkt und Ausgangspunkt der Seidenfabrication für den Occident. Auf die sehr interessante Entwickelung derselben im Mittelalter werden wir insofern noch einmal zurückkommen, als die Seidenstoffe dieser späten Zeit in Gewebe und Muster noch den ursprünglichen orientalischen Charakter beibehalten und daher einen Rückschluss auf die Fabriken des Alterthums mit Sicherheit gestatten.[6])

---

neca *fragm.* 13, 52. In der neapolitanischen Inschr. *C. I. Gr.* n. 5834: Ἡλιόδωρος Ἀλεξάνδρου Ἀντιοχεὺς σιρικοποιός emendirt Boeckh ohne Grund συριγγοποιός. Σιρικοποιός ist ein Seidenfabricant, wie Blasius Caryophilus *Diss. miscell.* Romae 1718. 4⁰. p. 108 richtig erkannte. Damit stimmt, dass er ein Syrer war. S. Hieronym. *in Ezech.* 27. Voll. III ed. Ben. p. 885 = Vol. V p. 313 Vallars: *Usque hodie autem permanet in Syris ingenitus negotiationis ardor, qui per totum mundum lucri cupiditate discurrunt, et tantam mercandi habent vesaniam, ut occupato nunc orbe Romano inter gladios et miserorum neces quaerant divitias. — Istiusmodi homines negotiatores Tyri sunt, qui polymita, purpuram et scutulata mercantur: byssum quoque et sericum et chodchod proponunt in mercatu eius.* Ein jüdischer σιρηκάριος Namens Samuel kommt in einer Inschrift von Berytus Waddington n. 1854c vor.

11) *C. I. L.* VI, 9893: *Paulus olosiricoprates.* Bei Marini *Pap. Dipl.* n. LXXIV col. V lin. 13 (p. 113) ist unter den Unterzeichnern eines um 550 abgefassten Testamentes ein *Georgius — olosiricoprata civis Ravennas* und col. VI lin. 6 ein *Theodulus olosiricoprata.*

12) *Cod. Iust.* 8, 13 (14), 27: *argenti distractores, vel metaxarii vel alii quarumcunque specierum negotiatores.*

1) Ritter a. a. O. S. 701. Yates p. 232.

2) Abel Rémusat *Histoire de Khoten* p. 34. 53. Heyd Geschichte des Levantehandels I S. 5.

3) Procop. *b. Goth.* 4, 17. Theophanes in *Photii Bibl.* p. 26a. 37 Bekk. Zonaras 14 p. 69 Paris. Glycas *ann.* 4 p. 501 Bonn.

4) Procop. *hist. arc.* 25. Zachariae v. Lingenthal (Eine Verordnung Justinian's über den Seidenhandel. Petersburg 1865. 4⁰. abgedr. aus den *Mémoires de l'académie imp. des sciences de St. Pétersbourg.* VII. Série. Tome IX n. 6) hat aus dem *Cod. Bodlejanus* 3399, der ein byzantinisches Rechtsbuch enthält, p. 12. 13 eine griechische Verordnung über den Seidenhandel veröffentlicht, die er dem Justinian vindicirt und als die von Procop erwähnte in die Zeit von 540—547 setzt.

5) Procop. *hist. arc.* 25 p. 142 Bonn.

6) Für die Geschichte der Seidenfabrication im Mittelalter findet man ein reiches Material in Rock *Textile Fabrics.* London 1870. 8. und bei Heyd Geschichte des Levantehandels im Mittelalter Bd. 1. 2. Stuttgart 1879. 8.

7. Ungewöhnliche Stoffe.

Nachdem wir die in allgemeinen Gebrauch gekommenen Webestoffe besprochen haben, bleibt es noch übrig, einige besondere Fabricate zu erwähnen, welche entweder erst spät bekannt wurden, oder überhaupt wenig verbreitet waren. Hieher gehören Zeuge aus Biberhaaren,[1]) *vestes fibrinae*[2]) oder *Castorinae,* die im vierten Jahrhundert zuerst genannt werden,[3]) aus Kameelhaaren[4]) und aus dem Faserbüschel der *pinna,*[5]) einer Muschel, die 18″ lang, 6″ breit wird, und die man noch jetzt bei Unteritalien, Sicilien, Corsica und Sardinien fängt. Zeuge aus den Fasern derselben erwähnt zuerst Tertullian,[6]) später Procop;[7]) ob sie auch in Indien verfertigt wurden, ist zweifelhaft;[8]) in Tarent hat sich die Fabrication derselben bis in die neueste Zeit erhalten.[9]) Von mineralischen Substanzen lieferte eine Zeit lang der sogenannte Asbest[10]) oder Amianth[11]) einen in-

---

1) Yates p. 145—148.

2) Isidor. *orig.* 19, 22, 16: *Fibrina (vestis) tramam de fibri lana habens;* 19, 27, 4: *Fibrinum lana est animalium, quae fibros vocant, ipsos et castores existimant.* Vgl. Cramer *In Iuvenalis satiras Commentarii vet.* p. 60.

3) Ein *birrus castoreus* bei Claudian 92, 1. Vgl. Sidon. Apoll. *epist.* 5, 7: *castorinati ad litanias (incedunt)* und dazu Savaro p. 335. In der dem Ambrosius zugeschriebenen, aber nach Migne *Ambrosii opp.* II, 2 p. 598 dem Gerbert angehörigen Schrift *de dignit. sacerd.* c. 4 heisst es: *Castorinas quaerimus et sericas vestes et ille se inter episcopos credit esse altiorem, qui vestem induxerit clariorem.*

4) Johannes der Täufer trug ein Kleid aus Kameelhaaren (Matth. 3, 4. Marc. 1, 6) und im Orient wird dasselbe noch einigemale erwähnt. S. Yates p. 149—151.

5) Ausführlich beschreibt dieselbe Manuel Philes *de animalium propriet. carm.* 95, nach welchem aus dieser Faser Haarnetze für Mädchen gemacht wurden. S. v. 16:

ἧς ἡ φεραυγὴς καὶ χλιδῶσα λεπτότης
ξανθοῖσι πλοχμοῖς ἐνδεθεῖσα παρθένων
σπαργῶντας αὐταῖς μαστροπεύει νυμφίους.

6) Tertull. *de pall.* 3 p. 539 med. Oehler: *Nec fuit satis tunicam pangere et serere ni etiam piscari vestitum contigisset: nam et de mari vellera, quae muscosae lanositatis lautiores conchae comant.*

7) Procop. *de aedif.* 3, 1 p. 247 Bonn.: χλαμὺς ἡ ἐξ ἐρίων πεποιημένη, οὐχ οἷα τῶν προβατίων ἐκπέφυκεν, ἀλλ' ἐκ θαλάσσης συνειλεγμένων. πίννους τὰ ζῷα καλεῖν νενομίκασιν, ἐν οἷς ἡ τῶν ἐρίων ἔκφυσις γίνεται.

8) Arrian. *peripl. mar. er.* § 59 sagt von dem Ort Ἄργαλος oder Ἄργαρος bei Colchi in Vorderindien: ἐν ἑνὶ τόπῳ τερονεῖται τὸ παρ' αὐτὴν τὴν Ἠπιοδώρου [νῆσον] συλλεγόμενον πινικόν· φέρονται γὰρ ἐξ αὐτῆς σινδόνες, ἐβαργαρείτιδες λεγόμεναι. Salmasius *ad Tert. de pall.* p. 218 liest ἐριονεῖται (*in modum lanae netur*) statt τερονεῖται, und Müller αἱ Ἀργαρίτιδες statt ἐβαργαρείτιδες. Die Stelle selbst ist also kritisch sehr unsicher.

9) In der gothaischen Sammlung befindet sich ein Handschuh von diesem Material, der moderner Fabrik ist.

10) Varro *de l. L.* 5, 131. Plin. *n. h.* 19, 19 ff.

11) Dioscorides *mat. met.* 5, 155 (156). Plin. *n. h.* 36, 139.

sofern merkwürdigen Webestoff, als derselbe dem Feuer widersteht. Dieser faserige Stoff kam aus den Steinbrüchen von Carystus auf Euboea,[1] aber auch aus Cypern,[2] Arcadien[3] und Indien[4] und wurde theils zu Lampendochten gebraucht,[5] theils auch zu Handtüchern und Servietten,[6] besonders aber zu Todtenkleidern[7] verwebt, welche die verbrennenden Knochen zusammenhielten, ohne selbst zu leiden, und von denen verschiedene Exemplare in Gräbern gefunden worden sind.[8] In Carystus fand man zu Plutarch's Zeit den Asbest nicht mehr,[9] aber im ganzen Mittelalter ist das Material, wenn auch nur ausnahmsweise, verarbeitet worden.[10] Viel wichtiger als dieses Mineral ist für die Geschichte der Weberei das Gold, auf dessen vielfältige Anwendung wir unten zurückkommen.

B. Die Fabrication.

Eine vollständige Behandlung der Industriezweige, welche sich aus der Bearbeitung der angeführten Rohstoffe entwickelten, würde etwa sechs Operationen umfassen: das Flechten, das Stricken, das Netzmachen, das Filzen, das Weben und das Nähen oder Sticken. Von diesen ist das Stricken eine dem Alterthum unbekannte, der Neuzeit angehörige Erfindung; das Flechten würde nur insoweit hieher gehören, als es bei der Arbeit des Posamentiers zur Anwendung kommt;[11] das Netzstricken,[12] wobei jede Masche durch einen Knoten befestigt wird, ist im Alterthum überall bekannt, und Fischernetze (*tragulae*, *verricula*),

---

1) Strabo 10 p. 446: ἐν δὲ τῇ Καρύστῳ καὶ ἡ λίθος φύεται ἡ ξαινομένη καὶ ὑφαινομένη ὥστε τὰ ὕφη χειρόμακτρα γίνεσθαι, ῥυπωθέντα δ' εἰς φλόγα βάλλεσθαι καὶ ἀποκαθαίρεσθαι τῇ πλύσει τῶν λίνων παραπλησίως. Apollonius Dysc. *Hist. Comment.* c. 36. 2) Dioscorides a. a. O.

3) Plin. *n. h.* 37, 146. Solin. 7, 12, p. 63, 12 Mommsen.

4) Plin. *n. h.* 19, 19.

5) Die Lampe auf der Akropolis von Athen hatte eine θρυαλλὶς λίνου Καρπασίου, d. h. von Asbest aus Carpasia auf Cypern. Pausan. 1, 26, 7.

6) *Mappae* Plin. *n. h.* 19, 19. 7) Plin. a. a. O. 8) S. Yates p. 359.

9) Plut. *de orac. defectu* c. 43, p. 527 Dübner: χρόνος οὐ πολύς, ἀφ' οὗ πέπαυται μηρύματα λίθων μαλακὰ νηματώδη συνεκφέρουσα. καὶ γὰρ ὑμῶν ἑωρακέναι τινὰς οἴομαι χειρόμακτρα καὶ δίκτυα καὶ κεκρυφάλους ἐκεῖθεν, οὐ περικαομένους, ἀλλ' ὅσ' ἂν ῥυπανθῇ χρωμένων, ἐμβαλόντες εἰς φλόγα, λαμπρὰ καὶ διαφανῆ κομίζονται. νῦν δ' ἠφάνισται, καὶ μόλις οἷον ἶνες ἢ τρίχες ἀραιαὶ διατρέχουσιν ἐν τοῖς μετάλλοις.

10) Yates p. 362 ff. 11) S. Semper I² S. 178 (189).

12) Hierüber handelt ausführlich Yates I p. 311—439. Vgl. Semper I² S. 169 (181).

Jagdnetze (*casses, plagae*), Vogelnetze, Netze zum Tragen von Marktwaaren [1]) und Kopfnetze für Frauen (*reticula*) wurden im Hause gefertigt. Dagegen machte das Filzen, das Weben und das Sticken eine besondere gewerbliche Thätigkeit aus.

1. Das Filzen. [2])

Das Bereiten des Filzes aus Thierhaaren (πίλησις [3]) ist in Griechenland und in Italien ein Handwerk (ἡ πιλητική, [4]) *ars coactiliaria*), [5]) und zwar der πιλοποιοί, πιλωτοποιοί, *coactiliarii.* [6]) Pertinax hatte, als er nach Bekleidung der höchsten Aemter Kaiser wurde, eine Filzfabrik, in der seine Capitalien sehr gut rentirten. [7]) Gemacht wurden aus Filz hauptsächlich Mützen und Hüte (*pillei*), Sohlen und Socken (*impilia*), endlich Pferdedecken. [8]) Von der Kopfbedeckung der Männer und Frauen wird in den Abschnitten über die Kleidung die Rede sein. Fussbekleidungen von Filz trug man von grober und feiner Art, zum Schutze des Unterfusses bei der Jagd und ländlichen Beschäftigung; hiezu dienten die *udones* [9]) und *impilia*; [10]) aber auch Frauen trugen in Griechenland Filzsohlen; [11]) Demetrius Poliorketes hatte aber Schuhe von gefilzter Purpurwolle, [12]) und dergleichen kommen in byzantinischer Zeit oft vor. [13])

2. Das Weben.

Die Verarbeitung der eigentlichen Webestoffe ist im Alterthum zu so grosser Vollendung gelangt, dass nicht nur die Tech-

---

1) Hor. sat. 1, 1, 47, wo Brote im Netz getragen werden.

2) Yates I p. 388—411.

3) Plato *de leg.* 8 p. 849c. Pollux 7, 171. Vgl. Plin. *n. h.* 8, 192: *Lanae et per se coactam* (l. *coactae*) *vestem faciunt.*

4) Plato *polit.* p. 280c.

5) Capitolin. *Pert.* 3, 3: *nam pater eius tabernam coactiliariam exercuerat.* Die Filze selbst heissen *coactilia Dig.* 34, 2, 25 § 1.

6) Ein *lanarius coactiliarius* in einer römischen Inschr. Orelli 4206 = *C. I. L.* VI, 9494; *lanarii coactores* in Brixia *C. I. L.* V, 4504. 4505.

7) Capitolin. *Pert.* 3, 3.

8) *Ed. Diocl.* 7, 52. 53.

9) Mart. 14, 140. *Dig.* 34, 2, 25 § 4.

10) *impilia* Plin. *n. h.* 19, 32. Die Stelle ist aus Theophrast. *hist. plant.* 7, 13, 8 übersetzt, wo ποδεῖα steht; das Wort kommt noch einmal *Dig.* 34, 2, 25 § 4 vor, wo die *impilia*, so wie auch *fasciae crurales pedulesque* zu den Kleidern, die *udones* zum Schuhwerk gerechnet werden; es sind also wohl jenes Socken, dies Schuhe.

11) In der Inschrift von Andania (Gerhard Arch. Anz. 1858 n. 120 S. 254, Sauppe Abh. d. k. Gesellsch. zu Göttingen Th. VIII) wird Z. 23 den Priesterinnen verboten, andere Schuhe (ὑποδήματα) zu tragen, εἰ μὴ πίλινα ἢ δερμάτινα.

12) Athen. 12 p. 535f.

13) S. Casaub. *ad Treb. Poll. Div. Claud.* 17 p. 403 ed. 1671.

niker der neuesten Zeit über verschiedene Geheimnisse der alten Färbe- und Webekunst sich noch im Unklaren befinden, sondern auch dem Historiker sich wenige gleich reichhaltige Quellen für die Beurtheilung antiken Kunstfleisses darbieten.

Die gewöhnlichen Webestoffe, d. h. Wolle, Flachs und Seide, erfordern, bevor sie auf den Webstuhl gebracht werden, eine Zubereitung, die ihnen theils im Hause gegeben werden konnte, theils aber auch eine eigene gewerbliche Thätigkeit ausmachte. Hieher gehört das Gewinnen des Rohstoffes, das Färben und das Spinnen.

Das Gewinnen des Rohstoffes.[1])

Die Wolle wird zuerst gewaschen, dann mit Ruthen geschlagen, gezupft (*trahere* oder *carpere*)[2]) und gekrempelt (ξαίνειν, *carere*, *carminare*).[3]) Das Instrument, womit letzteres geschieht, heisst ξάνιον, *carmen*[4]) oder *pecten*,[5]) und die Wollbereitung (*carminatio*,[6]) ξαντική)[7]) geschieht theils im Hause,[8])

---

1) Das von mir in den folgenden Abschnitten über die technischen Operationen Bemerkte ist von Blümner in seiner Technologie und Terminologie der Gewerbe und Künste wesentlich erweitert und ausgeführt worden, und verweise ich auf seine Erörterungen diejenigen, welche sich mit diesem Gegenstande genauer beschäftigen.

2) Dies nennt Aristoph. *Lysistr.* 575 ff. ἐκπλύνειν, ἐκραβδίζειν, διαξαίνειν. Für das Reinigen braucht Varro *de r. r.* 2, 2, 18 den Ausdruck *vellus lavare ac putare* und Titinius bei Nonius 369, 20, Ribbeck *Com. Rom. fr.*² p. 136 sagt:

Da pénsam lanam: quí non reddet témperi
Putatam recte fácito, ut multetúr malo.

Das Zupfen heisst lateinisch *trahere* (Juv. 2, 54) oder *carpere lanam*, wiewohl dieser Ausdruck auch vom Spinnen gebraucht wird. Verg. *ge.* 1, 390; 4, 334. Blümner Technologie I S. 100 ff.

3) Varro *de l. L.* 7, 54: *In Menaechmis* (797):

Inter ancillas sedere iubeas; lanam carere.

Idem est hoc verbum in Cosmetria Naevii. Carere a carendo, quod eam tum purgant ac deducunt, ut careat spurcitia, ex quo carminari dicitur tum lana.

4) Venantius Fortunatus 5, 6 praef.: *Cum — ut ita dictum sit, nihil velleretur ex vellere, quod carminaretur in carmine.* Das Wort ist sonst nicht nachweisbar und vielleicht auch hier nur als Wortspiel zu fassen.

5) Claudian. *in Eutrop.* 2, 381:

doctissimus artis
Quondam lanificae, moderator pectinis unci.
Non alius lanam purgatis sordibus aeque
Praebuerit calathis: similis nec pinguia quisquam
Vellera per tenues ferri producere rimas.

6) Plin. *n. h.* 11, 77. 7) Plato *politic.* p. 281ᵃ.

8) Plaut. *Menaechm.* 797.

theils ist sie ein Gewerbe der Krempler, *carminatores*,[1] *pectinatores*,[2] welche darum seltner erwähnt werden, weil die Wollhändler (*lanarii*)[3] mit der gesammten Fabrication auch diesen Theil derselben besorgten.[4]

Die Bereitung des Flachses beschreibt Plinius.[5] Er wird gerauft (*evellitur*), in handliche Bündel (*fasciculos manuales*) gebunden, geröstet (*maceratur*), gebläut (*stuppario malleo tunditur*) und gehechelt (*ferreis hamis pectitur*).

Die Seide kam in der Zeit vor Justinian (S. 499) aus China nicht in Cocons, sondern als Gewebe oder als Garn (S. 496), und wenn im Edict des Diocletian, zu dessen Zeit die Einfuhr der Seide bereits so zugenommen hatte, dass zur Auflösung der Seidenzeuge kein Grund mehr vorhanden war, von Arbeitern die Rede ist, welche entweder weisse Seide oder in Purpur gefärbte Seide auflösen (λύουσι),[6] so ist hiebei nur an die Garnsträhne zu denken, aus denen die Fäden aufgewickelt und für den Weber bereit gemacht werden mussten.[7]

Das Färben.[8]

Die Färbung erhielt, wenn dies überhaupt geschehen sollte, in der Regel die Wolle vor dem Spinnen,[9] die Seide vor dem

1) Ein *sodalicium lanariorum carminatorum* in der Gegend von Mutina Orelli 4103 = Cavedoni *Marmi Modenesi* p. 269.

2) Orelli-Henzen 7265 = *C. I. L.* V, 2538. Die *lanarii pectinarii sodales* in Brixia (Or. 4207 = *C. I. L.* V, 4501) scheinen ebenfalls Wollkrempler zu sein.

3) *Lanarii* in Rom, grösstentheils Freigelassene, *C. I. L.* VI, 9489—9493; ein *lanarius* in Luceria *C. I. L.* IX, 826 (doch heisst *lanarius* auch der Wollenweber, Hieron. *ep.* 53, 6); ein *negotians lanarius* in Mutina Orelli 4063. Die *lanariae* bei Gr. 173, 4 = *C. I. L.* IX, 2226 sind *tabernae lanariae*. Die Inschr. von Ortona bei Romanelli *Top.* III p. 64 (*collegium lanariorum*) ist unecht, *C. I. L.* IX, 317*.

4) Juv. 7, 224 beschreibt den Krempler:

qui docet obliquo lanam deducere ferro,

wozu der Scholiast erklärt: *aut lanarius*.

5) Plin. *n. h.* 19, 16—18. Blümner Technologie I S. 178ff.

6) *Edict. Dioclet.* 16, 84. 97.

7) S. hierüber Waddington in Le Bas *Voyage* III p. 179.

8) Blümner Technologie I S. 215 ff.

9) Dass man gefärbte Wolle spinnt und webt, zeigt Homer *Od.* 6, 306: ἠλάκατα στρωφῶσ' ἁλιπόρφυρα. Doch kam auch gesponnene Wolle zum Färber. Varro *Mutuum muli scabunt* bei Nonius p. 228, 27 = p. 195, 4 Buech.: *ut venalem tuniculam poneret cotidie, ut videret totum, denique etiam suis manibus lanea tracta ministrasset infectori.* Aber dem Weben ging das Färben voran. Cic. *in Verr.* 4, 26, 59: *Mulier est Segestana — Lamia nomine: per triennium isti plena domo telarum stragulam vestem confecit, nihil nisi conchylio tinctum. — — Ipse dabat purpuram, tantum operam amici.*

Weben,[1]) so dass man auch Zeuge von schillernden Farben (*couleurs changeantes*), *vestes versicolores*,[2]) fabriciren konnte, bei welchen die Kettenfäden und die Eintragsfäden von verschiedener Farbe sind. Indessen wurden auch fertige Zeuge gefärbt,[3]) und künstliche Ornamente wie Thierfiguren[4]) und mythologische Scenen durch Auftragen ächter Farben auf das vollendete Gewebe hergestellt. Unter den im südlichen Russland aufgefundenen griechischen Stoffen befinden sich mehrere Fragmente, welche deutlich erkennen lassen, dass sie ihre Farbendecoration durch den Pinsel eines Malers erhalten haben.[5]) Bei einfarbigen Stoffen ging man nicht darauf aus, absolut reine Farben darzu- **Farben.** stellen, sondern gefiel sich in den Farbentönen, welche theils in der Natur vorkommen, theils durch natürliche, einfache Färbestoffe an die Hand gegeben wurden.[6]) Ovid sagt an einer in dieser Beziehung lehrreichen Stelle,[7]) ein Frauenkleid brauche, um geschmackvoll zu sein, nicht eine theure ächte Purpurfarbe zu haben; da ist, sagt er, das Blau des wolkenlosen Himmels, die goldne Naturfarbe der Wolle, das Meergrün der wallenden Flut, das Gelb des Saffrans, das dunkle Grün der paphischen Myrte, der zarte Farbenton des Amethysten, der weissen Rose, des grauen Kranichs, der Eichel, der Mandel, des Wachses,

---

1) Dies ergiebt sich aus dem *Edict. Diocl.* 16, 97.

2) Livius 7, 10, 7. Aristenaet. *ep.* 1, 11: οὐ γὰρ ἐφ' ἑνὸς μένει χρώματος (τὸ χλανιδίσκιον) ἀλλὰ τρέπεται καὶ μετανθεῖ. Philostratus *imag.* 1, 10: καὶ ἡ χλαμὺς — — οὐ γὰρ ἀφ' ἑνὸς φέρει χρώματος, ἀλλὰ τρέπεται καὶ κατὰ τὴν ἶριν μετανθεῖ. Das Wort *versicolor* brauchen zwar die Juristen von farbigen Kleidern überhaupt (Ulpian *Dig.* 32, 70 § 12. Paulus *Dig.* 34, 2, 32 § 6), allein wenn es in der *Lex Oppia* bei Liv. 34, 1, 3 heisst: *ne qua mulier vestimento versicolori uteretur* oder bei Quintilian 10, 1, 33: *meminerimus — — nec versicolorem illam, qua Demetrius Phalereus dicebatur uti*, *vestem bene ad forensem pulverem facere*, so kann hier nicht von einem gewöhnlichen farbigen Kleide die Rede sein, das in Rom den Frauen nie verboten worden ist.

3) Plin. *n. h.* 35, 150: *Pingunt et vestis in Aegypto inter pauca mirabili genere*, *candida vela*, *postquam attrivere*, *inlinentes non coloribus sed colorem sorbentibus medicamentis. Hoc cum fecere non apparet in velis, sed in cortinam pigmenti ferventis mersa post momentum extrahuntur picta. Mirumque, cum sit unus in cortina color, ex illo alius atque alius fit in veste accipientis medicamenti qualitate mutatus*, *nec postea ablui potest.* Vgl. 8, 191: *in Aegypto — vestis detrita usu pingitur rursusque aevo durat.*

4) Herodot. 1, 203 von den Bewohnern des Caucasus: ἐν τοῖσι καὶ δένδρεα φύλλα τοιῆςδε ἰδέης παρεχόμενα εἶναι λέγεται, τὰ τρίβοντάς τε καὶ παραμίσγοντας ὕδωρ ζῶα ἑαυτοῖσι ἐς τὴν ἐσθῆτα ἐγγράφειν, τὰ δὲ ζῶα οὐκ ἐκπλύνεσθαι, ἀλλὰ συγκαταγηράσκειν τῷ ἄλλῳ εἰρίῳ, κατάπερ ἐνυφανθέντα ἀρχήν.

5) S. Stephani *Compte-rendu* 1878. 1879 p. 122. 132.

6) S. hierüber Semper I[2] S. 189 (202).

7) Ovid. *a. am.* 3, 169—188.

welche Farben sämmtlich die Wolle annimmt. Dies sind nicht poetische Bezeichnungen, sondern technische Ausdrücke, die im Gewerbe vorkommen, denn man führte in den Läden *vestes cumatiles*, [1] *caltulae*, [2] *crocotulae*, [3] *ferrugineae*, *violaceae*, [4] *cerinae* [5] und die Färber (*infectores* [6] oder *offectores*), [7] welche grossentheils nur in einer Gattung der Farbe arbeiteten, haben davon ihren eigenen Namen, z. B. Violettfärber (*violarii*), [8] Wachsfärber (*cerinarii*), [9] Saffranfärber (*crocotarii*), [10] Braunfärber (*spadicarii*), [11] Rothfärber (*flammarii*), [12] Purpurfärber

Färbestoffe. (*purpurarii*). Die Färbestoffe waren durchaus vegetabilische oder animalische, nicht mineralische.[13] So stellte man die schönste rothe Farbe her durch die Lackmusflechte (*fucus*, *Orseille*), [14] deren Färbung, so lange sie frisch ist, den Purpur an Schönheit übertrifft, aber sich nicht lange hält, [15] und durch den Kermeswurm (*coccus ilicis*), ein der Cochenille verwandtes Insect, über dessen Natur die Alten zwar im Irrthum waren, [16] dessen

---

1) Nonius p. 548, 8. Die *undulata vestis*, welche Varro bei Non. p. 189, 24, Plin. *n. h.* 8, 194 als sehr altes Product römischer Webekunst erwähnt, erklärt Forcellini wohl richtig als ein Gewebe von ungefärbter, von Natur verschiedenartiger Wolle. Vgl. Schol. *Aristoph. Lys.* 581: αἱ γυναῖκες γὰρ ἐργαζόμεναι ἀφ' ἑκάστου ἐρίου λαμβάνουσιν ἕν τι καὶ μιγνύουσιν ἄλλοις.

2) Non. p. 548, 25. Plautus *Epid.* 231. *caltha* ist die gelbe Feldringelblume, *calendula arvensis L.*

3) Non. p. 548, 21; 549, 26. 4) Non. p. 549, 3 und 28.

5) Non. p. 548, 33. Plaut. *Epid.* 2, 2, 49.

6) Cic. *ad fam.* 2, 16, 7, wo ein *infector purpurarius* gemeint ist. Plin. *n. h.* 20, 59. Festi *epit.* 112, 6. *C. I. L.* V, 997.

7) Inschr. von Pompeii Henzen 7264 = *C. I. L.* IV, 864. Festi *epit.* p. 192, 10.

8) Plaut. *Aul.* 510. Die Inschrift Doni p. 333 n. 78 *ex schedis Vaticanis* ist ligorianisch. 9) Plaut. *Aul.* 510. 10) Plaut. l. l. 521.

11) Firmicus Mat. *math.* 3, 7, 1. Ueber die Farbe vgl. Gell. 2, 26, 9.

12) Plaut. *Aul.* 510. Gewöhnlich liest man *flammearius* und erklärt dies als Verfertiger des Brautschleiers (*flammeum*, s. oben S. 45 Anm. 3), bei Plautus aber ist von einem Handwerker die Rede, den eine *matrona* alle Tage braucht, und da der *violarius* gleich darauf erwähnt wird, so ist wohl an einen Färber zu denken. Die gemeinte Farbe ist, wie Blümner Techn. I S. 243 bemerkt, *lutum*, d. h. Wau (*reseda luteola L.*). Wenigstens war dies die Farbe des Brautschleiers. Plin. *n. h.* 21, 46: *lutei video honorem antiquissimum*, *in nuptialibus flammeis feminis concessum.* Verg. *Cir.* 317.

13) Plin. *n. h.* 8, 193. Cyprian. *de habitu virginum* 14: *herbarum succis et conchyliis tingere et colorare.* Ueber vegetabilische Farbestoffe s. Plin. *n. h.* 21, 170; 22, 3. 48. Lenz Botanik d. a. Gr. u. Roem. S. 222.

14) Lenz a. a. O. S. 746—748. Beckmann Beiträge zur Gesch. der Erf. I S. 334 ff.

15) Theophr. *hist. pl.* 4, 6, 5: καὶ ἕως ἂν ᾖ πρόσφατος ἡ βαφή, πολὺ καλλίων χρόα τῆς πορφύρας.

16) Plinius hält das *coccum* für eine vegetabilische Substanz (*granum*) *n. h.* 9, 141; 22, 3.

hochrothe Farbe sie aber vortrefflich nutzten. Diese Farbe (*color coccineus*, χρῶμα φοινικοῦν) ist ganz verschieden von der Purpurfarbe;[1] beide wurden auch neben einander angewandt in der *trabea*, welche scharlachrothe horizontale Streifen (*trabes*) und einen purpurnen Saum gehabt zu haben scheint.[2] Roth färbte man ferner mit *rubia*, d. h. Färberröthe oder Krapp, *rubia tinctorum L.*,[3] und mit *sandyx*,[4] gelb mit Saffran, *crocus*, mit θάψος, einer scythischen Holzart und mit der Wurzel des Lotosbaumes;[5] blau mit *vitrum* (Waid, *Isatis tinctoria L.*), schwarz mit Galläpfeln.[6] Das kostbarste und edelste Farbenmaterial war indess der Purpur und das grösste Geschäft in diesem Industriezweige das der Purpurfärber und Purpurhändler.[7]

Die Purpurfarbe wird aus zwei Schneckenarten gewonnen, der Trompetenschnecke, *bucinum*,[8] *murex*, κήρυξ, und der Purpurschnecke, *purpura*,[9] *pelagia*,[10] πορφύρα. Das *bucinum* gab eine rothe, aber, wenn sie allein gebraucht wurde, unächte und Purpurschnecken.

---

1) S. die Stellen bei W. A. Schmidt Forschungen auf dem Gebiete des Alterthums I. Berlin 1842. 8. S. 100 f. Beckmann a. a. O. III S. 1—46.

2) Nach Dionys. 2, 70 tragen die *Salii* τηβέννας περιπορφύρους, φοινικοπαρύφους, ἃς καλοῦσι τραβέας. Unter den παρυφαί können nur die *trabes* verstanden werden, die von *coccum* sind, während der Saum von Purpur ist. Zweifelhafter ist dies 6, 13, wo es von den Rittern heisst πορφυρᾶς φοινικοπαρύφους τηβέννας τὰς καλουμένας τραβέας. Denn es gab verschiedene Arten der *trabea*. Serv. *ad Aen.* 7, 612: *Suetonius in libro de genere vestium dicit, tria esse genera trabearum, unum dis sacratum, quod est tantum de purpura, aliud regum, quod est purpureum, habet tamen album aliquid, tertium augurale, de purpura et cocco mixtum.* Vgl. *ad* 7, 188: (*trabea*) *toga est augurum de cocco et purpura.* Isidor. *orig.* 19, 24, 8: *Trabea erat togae species ex purpura et cocco. Dig.* 32, 1, 70 § 13: *Purpurae autem appellatione omnis generis purpuram contineri puto, sed coccum non continebitur; fucinum et ianthinum continebitur.*

3) Plin. *n. h.* 19, 47: auch *erythrodanum* oder *ereuthodanum* genannt. Plin. *n. h.* 24, 94.

4) Propert. 3, 25, 45: *illaque plebeio vel sit sandycis amictu.* Verg. *ecl.* 4, 45. Ueber die Pflanze s. Blümner Techn. I S. 245.

5) Die Stellen s. bei Blümner Techn. I S. 243—245. Die Insel Thapsos, von welcher Blümner die Pflanze benannt sein lässt, beruht wohl auf einem Irrthume.

6) Blümner Techn. I S. 244.

7) Eine erschöpfende Untersuchung über diesen Gegenstand giebt W. A. Schmidt Die Purpurfärberei und der Purpurhandel im Alterthum, in seinen Forschungen auf dem Gebiete des Alterthums I S. 96—212. Die früheren Abhandlungen über dieses Thema, welche Schmidt S. 97 ff. anführt, namentlich Amatius *De restitutione purpurarum.* Caesenae 1784 fol. und Mich. Rosa *Delle porpore e delle materie vestiarie.* Modena 1786. 8. sind dadurch entbehrlich geworden, und ich beschränke mich auf die Anführung weniger Quellenstellen, da man dieselben sorgfältig bei Schmidt gesammelt und benutzt findet.

8) Plin. *n. h.* 9, 130. 9) Plin. l. l. § 125. 130.

10) Plin. l. l. § 131.

vergängliche Farbe.[1]) Der Saft der Purpurschnecke dagegen ist in verschiedenen Gegenden verschieden; indessen lassen sich die vier Farben, welche ihm Vitruv zuschreibt,[2]) nämlich schwarz, blauschwarz, violett und roth (*atrum*, *lividum*, *violaceum*, *rubrum*) vielleicht auf zwei dunkle Hauptfarben, schwarz und roth, reduciren. Dieser Saft, unvermischt in Salz eingelegt und gekocht, gab den Färbestoff, welchen man *pelagium* nennt.[3]) Die Kunst begnügte sich indessen nicht mit den beiden einfachen Stoffen, dem *bucinum* und dem *pelagium;* es gelang
Purpurarten. ihr durch Vereinigung beider zwei künstliche ächte Purpurfarben herzustellen, nämlich den Ianthin- oder Amethystpurpur und den tyrischen Purpur nebst seinen Unterarten.

Der violette Amethyst- oder Ianthin-[4]) oder Hyacinthpurpur entsteht durch einmalige Färbung in einer Mischung von schwarzer Purpurfarbe und Bucin,[5]) und die *violacea purpura*, *ianthina*, *amethystina*, *hyacinthina vestis* gehört zu den schönsten und kostbarsten Purpurfabricaten.[6])

Der tyrische und lakonische Purpur ist dagegen zweimal gefärbt (*dibaphus*, auch *purpura dibapha*), nämlich zuerst in halbgekochtem, eine unbestimmte, changirende Farbe gebendem *pelagium*, und darauf in *bucinum;* er war dunkelroth, aber in der Sonne farbenspielend und wird ebenfalls zu den kostbarsten Sorten gerechnet.[7])

Beide Sorten, der Ianthinpurpur und der tyrische Purpur heissen in byzantinischer Zeit βλάττη, *blatta*.[8])

Da der Ton aller bisher genannten reinen Purpurfarben ein tief dunkler war, so musste man, um auch helle Farben zu erzielen, noch andere Mittel in Anwendung bringen. Man setzte daher dem Safte der Purpurschnecke, ohne ihm *bucinum* beizumischen, andere Stoffe, namentlich Wasser, Urin[9]) und *fucus*[10]) zu und gewann so einen verdünnten Färbestoff, welcher *conchylium* genannt und von dem reinen Purpur bestimmt unterschieden wird.[11]) Durch diesen Stoff stellte man drei helle Farben her,

1) Plin. l. l. § 134.
2) Vitruv. 7, 13, 2.
3) Schmidt S. 113. 114. 120—123.
4) Plin. *n. h.* 21, 45.
5) Plin. *n. h.* 9, 134. 135.
6) S. die Stellen bei Schmidt S. 125. 126.
7) Plin. *n. h.* 9, 135. Schmidt S. 127. 128.
8) Schmidt S. 130—136.
9) Plin. *n. h.* 9, 138.
10) Plin. *n. h.* 26, 103.
11) Plin. *n. h.* 9, 138. 130: *Concharum ad purpuras et conchylia — eadem*

Heliotropblau, Malvenblau und das Gelb der Herbstviole,[1]) welches die Farben der *conchyliatae vestes*[2]) sind.

Endlich combinirte man auch die verschiedenen Färbungsmethoden unter sich und erzeugte so, indem man die Wolle zuerst in Ianthinfarbe, sodann in tyrischer Weise färbte,[3]) das *Tyrianthinum*;[4]) indem man zuerst Conchylienmischung, dann die tyrische Färbung anwendete, verschiedene Sorten des tyrischen Conchylienpurpurs,[5]) und indem man den in *coccum* gesättigten Stoff hinterher tyrisch färbte, den Hysginpurpur,[6]) eine Farbe, die von einer Pflanze (ὕσγη) ihren Namen hat und schon dem Xenophon bekannt war.[7])

Ausser diesen in der Art der Farbenherstellung begründeten Unterschieden influirte auf den Werth des Purpurs der Stoff, welcher gefärbt wurde, die nach der Verschiedenheit der Gegend verschiedene Güte des Purpursaftes[8]) und der Ruf der Fabrik selbst. Das Edict des Diocletian vom J. 301[9]) enthielt Purpurpreise.

enim est materia, sed distat temperamento — duo sunt genera. 5, 76: *Nunc omnis eius (Tyri) nobilitas conchylio atque purpura constat.* 8, 197: *Vidimus iam et viventium vellera purpura, cocco, conchylio — infecta.*

1) Plin. *n. h.* 21, 46: *tertius est (color), qui proprie conchyli intelligitur, multis modis: unus in heliotropio et in aliquo ex his plerumque saturatior, alius in malva ad purpuram inclinans, alius in viola serotina conchyliorum vegetissimus.* Der Heliotrop hat einen *caeruleus color* (Plin. *n. h.* 22, 57), die *viola serotina* oder *calatiana* (Plin. *n. h.* 21, 27) ist goldgelb. Colum. 10, 101.

2) *Vestis conchyliata.* Plin. *n. h.* 9, 138. Suet. *Caes.* 43. Cic. *in Verr.* 4, 26, 59. *peristromata conchyliata* Cic. *Phil.* 2, 27, 67 u. ö.

3) Plin. *n. h.* 9, 139. 140. Schmidt S. 145—147.

4) Martial. 1, 53, 5; *pallium tyrianthinum* Vopisc. *Carin.* 20, 5.

5) Plin. *n. h.* 9, 139.

6) Plin. l. l. § 140.

7) Xenoph. *Cyrop.* 8, 3, 13.

8) Ueber die verschiedenen Gattungen handelt Lamark *Animaux sans vertèbres, genre rocher* T. IX p. 559. 560. Aus den grossen Anhäufungen von Schnecken an verschiedenen Stellen der Küste des Peloponnes, welche Boblaye bei der französischen Expedition nach Morea vorfand, und die namentlich bei Gythium vorkommen, ist ersichtlich, dass der laconische Purpur aus *murex brandaris* gewonnen wurde. Ebenso finden sich ganze Hügel gebrauchter Schnecken an der Küste zwischen Sidon und Tyrus; diese gehören aber der Gattung *murex trunculus* an. S. De Saulcy in *Revue Archéologique.* Nouvelle Série IX p. 216 ff. Ueber die Purpurschnecken handelt auch Heusinger *Observationes de purpura antiquorum.* Isenaci 1826. 4.

9) Das Edict des Diocletian ist herausgegeben von Mommsen in den Berichten der k. Sächs. Gesellsch. d. Wissenschaften. Ph. hist. Cl. 1851 S. 1—80; 383—480 und auch besonders gedruckt; darauf von Waddington in Le Bas et Waddington *Voyage archéol. en Grèce et en Asie mineure.* Explic. Vol. III p. 145 n. 535, ebenfalls separat unter dem Titel *Édit de Dioclétien.* Paris 1864. fol.; endlich von Mommsen *C. I. L.* III p. 801 ff. Seitdem ist noch ein neues Stück des griechischen Exemplars von Joh. Schmidt in Mittheilungen des deutschen archaeol. Instituts in Athen V (1880) S. 70 ff. bekannt gemacht worden.

c. 16 ein Verzeichniss der Purpursorten nebst Preisen, welche die grosse Werthdifferenz des Purpurs erkennen lassen, allein so lange unbestimmbar blieben, als der Werth des diocletianischen Denars[1]) unbekannt war. Ich selbst hatte ihn in der früheren Bearbeitung dieses Bandes auf $^1/_4$ Groschen gesetzt und denselben Ansatz hatte auch Hultsch[2]) wahrscheinlich gefunden; neuerdings ist es indessen Hultsch gelungen, den Nachweis zu führen, dass nach der Münzordnung des Diocletian 36,000 Denare auf das Goldpfund gerechnet wurden und dass somit der diocletianische Denar auf 0,02538 *M* oder 3,133 Centimes anzusetzen ist.[3]) Hienach lassen sich dann die Preise des diocletianischen Edictes folgendermassen bestimmen:

μεταξαβλάττη	das Pfund	150,000	Denare	=	*M*	3750
Dieselbe unter Justinian		288	Aurei	=	„	3654, 72
βλάττη	das Pfund	50,000	Denare	=	„	1250
ὑποβλάττη	„ „	32,000	„	=	„	800
ὀξυτυρία	„ „	16,000	„	=	„	400
ΑΠΛΙΟΥ[4])	„ „	12,000	„	=	„	300
Μιλησία δίβαφος	„ „	12,000	„	=	„	300
Μιλησία, zweite Sorte	„ „	10,000	„	=	„	250
Νειχαηνὴ χοχχηρά	„ „	1,500	„	=	„	37,5
ἰσγένη, erste Sorte	„ „	600	„	=	„	15
ἰσγένη, zweite Sorte	„ „	500	„	=	„	12,5
ἰσγένη, dritte Sorte	„ „	400	„	=	„	10
ἰσγένη, vierte Sorte	„ „	300	„	=	„	7,5.

Das Verzeichniss beginnt mit fünf Sorten ächten, tyrischen Purpurs, nämlich einer Sorte Purpurseide und vier Sorten Purpurwolle.[5]) Das Wort *blatta* heisst eigentlich Klumpen[6]) und wird insbesondere von dem Safte der Purpurschnecke gebraucht,[7])

1) Staatsverwaltung II S. 32 ff. 2) Hultsch Metrologie S. 253.

3) Hultsch Der Denar Diocletian's, in Neue Jahrbücher für Philologie und Pädagogik Bd. CXXI (1880) S. 27 ff. Metrologie² S. 333.

4) Die Lesung ΑΠΛΙΟΥΛ (d. h. λίτρα) Α ist unverständlich. Waddington will Ἀσιαίου, und versteht unter Ἀσιαῖον den Purpur von Sardes und Thyatira. Da der Stein verwittert und schwer zu lesen ist, so dürfte vielleicht ΔΙΒΑΦΟΥ vermuthet werden können, so dass Β und Φ die schwächer eingeschnittenen Züge verloren und nur den Grundstrich behalten haben.

5) Von den Sorten handelt Waddington a. a. O. S. 180.

6) Festi *epit.* p. 34, 4: *Balatrones et blateas bullas luti ex itineribus, aut quod calciamentorum soleis eraditur, appellabant.*

7) Glosse bei Stephanus *Thes.* ed. Lond. IX p. 206: *Blattela* θρόμβος αἵματος τῶν κογχυλίων und *blattia* θρόμβος αἵματος.

weshalb es denn auch Purpur überhaupt, d. h. Purpurgarn bedeutet. Ist dies Seide, so muss das ausdrücklich gesagt werden; die rohe Purpurseide heisst μεταξαβλάττη, lateinisch *blatta serica,*[1] *sericoblatta*[2] und kostet dreimal soviel als Purpurwolle, fünfzehnmal soviel, als weisse Seide;[3] wird dagegen von *blatta* ohne Zusatz geredet, so ist das Wolle,[4] und zwar wird unter *blatta* die dunkel gefärbte Wolle, der schwarze Purpur,[5] verstanden, während υποβλάττη ein heller Purpur[6] und die ὀξυτυρία oder *oxyblatta*[7] eine hochrothe Sorte zu sein scheint.[8] Hierauf folgen geringere Sorten, nämlich ächte milesische Purpurwolle[9] und fünf Arten unächten Purpurs, in Coccus gefärbte Wolle von Nicaea,[10] und vier Gattungen in Lackmus oder Orseille gefärbte sogenannte Hysginwolle,[11] welche alle vier niedrigere Preise haben, und man sieht, dass auch die früher vorkommenden sehr variirenden Purpurpreise von verschiedenen Sorten verstanden werden müssen. Zu Caesar's Zeit galt ein Pfund Ianthinwolle 100 Denare oder ℳ 70, 16; tyrische Purpurwolle aber über 1000 Denare oder ℳ 701, 64;[12] ein Purpurkleid kauft man

---

1) *Cod. Theod.* 10, 20, 18.

2) *Cod. Theod.* 10, 20, 13 = *Cod. Iust.* 11, 8 (7), 10. Ein *pallium blatteum sericum* erwähnt Vopiscus *Aurelian.* 45, 5.

3) Diese ist in *Ed. Dioclet.* 16, 83 auf 10,000 Denare angesetzt.

4) Nach der angeführten Stelle des Vopiscus verbot Aurelian seiner eigenen Frau ein *pallium blatteum sericum* zu tragen, gestattete dagegen (c. 46, 4) das Tragen von *blatteae tunicae* allen Frauen.

5) Gothofredus *ad Cod. Theod.* 10, 20, 13 führt hiefür die Stelle des Epiphanius *de XII gemmis*, *quae erant in veste Aaronis* 5 p. 227 ed. Colon. an: Σάπφειρος πορφυρίζων ὡς βλάττης πορφύρας τῆς μελαίνης εἶδος und damit stimmt Plin. *n. h.* 9, 135, der von dem tyrischen Purpur sagt: *laus ei summa in colore sanguinis concreti, nigricans aspectu idemque suspectu refulgens.*

6) Wie *subcaeruleus*, *subcandidus*, *suffuscus*, *subruber*, ὑπέρυθρος, so ist auch ὑποβλάττη von einer blassen Farbe, wahrscheinlich von dem *hyacinthinum*, *ianthinum*, *amethystinum* zu verstehen.

7) *Cod. Iust.* 4, 40, 1.

8) Von einer solchen redet Plutarch. *Cat. min.* 6, wo es von Cato heisst: ἐπεὶ πορφύραν ἑώρα τὴν κατακόρως ἐρυθρὰν καὶ ὀξεῖαν ἀγαπωμένην, αὐτὸς ἐφόρει τὴν μέλαιναν. Ueber die Bedeutung von ὀξύς bei Farben s. Salmasius *ad Tertull. de pallio.* Lugd. Bat. 1656. 8. p. 182 ff. Waddington a. a. O. 180.

9) Vgl. Servius *ad ge.* 3, 306: *Miletos est civitas Asiae, ubi tinguntur lanae optimae.*

10) Coccusfärbereien gab es übrigens nicht allein in Nicaea, sondern besonders in Galatien, ausserdem aber in Pisidien, Cilicien, Spanien, Africa und Sardinien. Tertull. *de pall.* 4 (*Galaticus rubor*). Dioscor. *mat. med.* 4, 48. Plin. *n. h.* 9, 141; 16, 32; 22, 3.

11) Ἰσγένη ist eine corrumpirte Form statt ὕσγινον; die erste Sorte des *hysginum* aber ist im Edict bezeichnet als ἰσγίνη πρωτεία ἀλγενησία, d. h. als eine aus *alga* d. h. *fucus* gewonnene Farbe. S. hierüber Waddington p. 181.

12) Plin. *n. h.* 9, 137.

zu 3 Minen, d. h. ℳ 235, 80,[1] aber auch zu 10,000 Sesterzen oder ℳ 2175, 20.[2]

Das Purpurgeschäft war sonach ein sehr ausgedehntes und vielseitiges. Zwei Gewerbe sind dabei betheiligt, die πορφυρεῖς, *murileguli* oder *conchylioleguli*, d. h. die Purpurfischer,[3] und die *purpurarii*, d. h. die Fabricanten ,welche die Farbe in eigenen *officinae*[4] bereiteten, das Färben besorgten und gewöhnlich auch den Verkauf selbst übernahmen.

Purpurfischerei.

Die Purpurfischerei wurde im ganzen mittelländischen Meere betrieben; die besten Purpurschnecken waren in Asien die phönicischen,[5] in Africa die von der Insel Meninx (*purpura Girbitana*) und der gätulischen Küste;[6] in Griechenland die lakonischen.[7] Aber ausserdem wurden Purpurschnecken gewonnen und verarbeitet an den Küsten der Propontis,[8] in Thyatira,[9] Milet,[10] Phokaea,[11] Cos,[12] Cypern;[13] in Euboea,[14] Phokis[15] und Argos;[16]

---

1) Plut. *de animi tranq.* 10, p. 570 Dübner. Dio Chrys. 66, 4. Vol. II p. 348 R.

2) Mart. 8, 10; 4, 61, 4.

3) S. die Stellen bei Schmidt a. a. O. S. 163.

4) Plin. *n. h.* 9, 129. 133.

5) Plin. *n. h.* 9, 127. Schmidt a. a. O. S. 155.

6) Hor. *epist.* 2, 2, 181: *vestes Gaetulo murice tinctas* und dazu Porph.: *Afro, ac per hoc Mauro; significat enim purpuram Girbitanam.* Andere Stellen s. bei Schmidt S. 155.

7) Hor. *od.* 2, 18, 7. Clem. Alex. *Paed.* 2, 10 § 115 p. 239 Pott.: Διὰ ταύτην γοῦν τὴν πορφύραν ἡ Τύρος καὶ ἡ Σιδὼν καὶ τῆς Λακωνικῆς ἡ γείτων τῆς θαλάσσης ποθεινόταται.

8) In der Propontis liegt eine Insel Porphyrione. Plin. *n. h.* 5, 151.

9) Eine πορφυρόπωλις πόλεως Θυατείρων s. *Acta apost.* 16, 14 vgl. Blümner Die gewerbliche Thätigkeit S. 36.

10) *Ed. Diocletiani* 16, 91.

11) Ovid. *met.* 6, 9:

Phocaico bibulas tingebat murice lanas.

12) Lydus *de mag.* 2, 13: μανδύην μὲν γὰρ ὁ ἔπαρχος (der *praefectus praetorio* unter den ersten Kaisern) περιεβάλλετο Κῷον· ἐπ' ἐκείνης γὰρ τῆς νήσου καὶ μόνης ἡ βαθυτέρα βαφὴ τοῦ φοινικοῦ χρώματος τὸ πρὶν ἐπῃνεῖτο κατασκευαζομένη. Φοινικοῦν ist eigentlich die Farbe des *coccus* und bei Propert. 2, 1, 5 liest Lachmann *Cois coccis* (doch s. Leo Rhein. Mus. XXXV (1880) S. 435), allein Lydus scheint entschieden die tiefe Purpurfarbe zu bezeichnen, wie auch Horat. *od.* 4, 13, 13 *Coae purpurae* erwähnt.

13) Isidor. *orig.* 19, 28, 3: *optimum* [*ostrum*] *in insula Cypro gignitur.*

14) Dio Chrysostomus *or.* 7, 55, Vol. I p. 241 R.

15) Von der Stadt Bulis an der Nordküste des corinthischen Meerbusens sagt Pausanias 10, 37, 3: οἱ δὲ ἄνθρωποι οἱ ἐνταῦθα πλέον ἡμίσεις κόχλων εἰς βαφὴν πορφύρας εἰσὶν ἁλιεῖς.

16) Bekannt ist der Purpur von Hermione Plut. *Alex.* 36 und mehr bei Blümner a. a. O. S. 78.

in Ancona,[1] Calabrien,[2] Tarent,[3] Baiae[4] und Sicilien[5] und in gleicher Weise waren die kaiserlichen Purpurfabriken,[6] deren es im Anfang des fünften Jahrhunderts ausser der in Tyrus im Occident neun gab,[7] an sehr verschiedenen Orten angelegt, nämlich in Tarentum, Salona,[8] in Syracus, in der Provinz Africa, auf der Insel Girba oder Meninx, auf den Balearen, in Telo Martius (Toulon) und Narbo.

Purpurhändler, welche theils den Färbestoff, theils die rohe gefärbte Wolle nach dem Gewicht[9] verkauften,[10] theils auch fertige Stoffe auf dem Lager hatten,[11] muss es in Rom schon sehr frühe gegeben haben, da die purpurverbrämte *trabea* und der purpurne *clavus* von der Königszeit her üblich waren[12] und ein patricisches Geschlecht den Namen der *Furii Purpureones* und als Wappen die Purpurschnecke führt.[13] Allein dieser Purpur war einheimisches, später vielleicht griechisches Fabricat; denn eine *praetexta* von tyrischem Purpur trug zuerst der Aedil P. Lentulus Spinther im J. 691 = 63.[14] Von da an wurde der Purpur ein Luxusartikel, und obgleich Caesar den Gebrauch der Purpurhändler.

---

1) Silius Ital. 8, 436:
Stat fucare colus nec Sidone vilior Ancon
murice nec Libyco.

2) Cassiodor *var.* 1, 2.

3) Cornelius Nepos bei Plin. *n. h.* 9, 137. Horat. *epist.* 2, 1, 207. Andere Stellen bei Blümner S. 123 Anm. 13.

4) Horat. *sat.* 2, 4, 32.

5) Blümner a. a. O. S. 125.

6) *Cod. Theod.* 10, 20 *de murilegulis.* *Cod. Iust.* 11, 8 (7) *de murilegulis.*

7) *Not. Dign. Occ.* 11, 64—73.

8) Der in der Inschr. von Salonae *C. I. L.* III, 2115 vorkommende *Aur. Peculiaris magister conquiliarius* war wahrscheinlich ein Unterbeamter des *procurator baphii Salonitani,* welchen die *Notitia dign. Occ.* 11, 66 erwähnt. Die Inschr. Orelli 4272, in welcher von einem *baphium* auf Cissa an der istrischen Küste die Rede ist, ist unecht: *C. I. L.* V, 11*.

9) Plin. *n. h.* 9, 137. Suet. *Nero* 32.

10) Dies schliesst Schmidt S. 165 mit Recht aus dem in Parma befindlichen Grabmonumente eines Purpurarius (Lama *Iscrizioni antiche collocate ne' muri della scala Farnese.* Parma 1818. 4. p. 98. Blümner Technol. I S. 240), auf dem drei Flaschen, den Farbestoff enthaltend, eine Wagschale und mehrere Gebinde Wolle dargestellt sind.

11) Macrob. *sat.* 2, 4, 14. Schmidt a. a. O. S. 167.

12) Plin. *n. h.* 9, 136: *Purpurae usum Romae semper fuisse video, sed Romulo in trabea. nam toga praetexta et latiore clavo Tullum Hostilium e regibus primum usum Etruscis devictis satis constat.*

13) S. Borghesi *Oeuvres* I p. 167 f.; Mommsen Gesch. des Röm. Münzwesens S. 496. 512. Derselbe Röm. Forschungen I S. 115. Im Jahre 558 = 196 war L. Furius Purpureo Consul.

14) Plin. *n. h.* 9, 137. Drumann Gesch. Roms II S. 533 f.

conchyliatae vestes beschränkte,[1]) Augustus das Tragen des Purpurs den Behörden allein gestattete[2]) und Nero durch ein Edict den Verkauf des tyrischen und Amethystpurpurs inhibirte,[3]) so kamen doch mit Purpur verzierte und ganz purpurne Kleider immer mehr in Mode,[4]) so dass nicht allein in Rom,[5]) sondern in vielen Städten Italiens[6]) und der Provinzen[7]) Purpurhandlungen und Ladengeschäfte, *tabernae cum servis institoribus*[8]) errichtet wurden, in den Fabrikorten aber sich Handwerkercollegien der Purpurfärber bildeten.[9]) An dieser einträglichen Industrie betheiligten sich auch die Kaiser, und wie die Kaiser des ersten Jahrhunderts von Tiberius bis zu den Antoninen in Thonfabriken Geschäfte machten, so hatte bereits Alexander Severus Purpurfabriken, deren Fabricate nicht nur zu seinem Gebrauch verwendet, sondern in den Verkauf gebracht wurden[10]) und deren Verwaltung in Achaia, Epirus und Thessalien ein eigener Procurator auf kaiserliche Kosten leitete.[11]) Dieser Pur-

Kaiserliche Fabriken.

---

1) Suet. *Caes.* 43: *Lecticarum usum, item conchyliatae vestis et margaritarum, nisi certis personis et aetatibus perque certos dies, ademit.*

2) Dio Cass. 49, 16, 1: τήν τε ἐσθῆτα τὴν ἁλουργῆ μηδένα ἄλλον ἔξω τῶν βουλευτῶν τῶν ἐν ταῖς ἀρχαῖς ὄντων ἐνδύεσθαι ἐκέλευσεν.

3) Suet. *Ner.* 32.

4) *Amethystinae vestes* erwähnt Mart. 1, 96, 7; 2, 57, 2; 14, 154; *Tyriae* 14, 156.

5) Suet. *Ner.* 32. Ein *purpurarius de vico Tusco* Orelli 4271; andere *purpurarii* in Rom *C. I. L.* VI, 9843—9848. (Gr. 621, 4, *purpurarius de vico Cornelii*, ist unecht, *C. I. L.* VI, 3297*.)

6) Ein *purpurarius* in Capua *C. I. L.* X, 3973; in Puteoli daselbst 540 (?). 1952; in Truentum das. IX, 5276 = Orelli-Henzen 5176; in Mevaniola Orelli-Henzen 7271; in Parma Mur. p. 973, 7; in Aquileia Mur. p. 973, 6 = *C. I. L.* V, 1044; in Pollentia *C. I. L.* V, 7620.

7) Ein *purpurarius* in Narbo Grut. 649, 9 = Herzog *Gall. Narb. hist.* app. 69; in Corduba *C. I. L.* II, 2235; ein *negotiator artis purpurariae* in Augusta Vindelicorum Orelli 4250 = *C. I. L.* III, 5824; ein πορφυροπώλης in This in Aegypten Papyrus I lin. 11, Papyrus II lin. 11 bei Schmidt; eine πορφυρόπωλις in Thyatira *Act. Apost.* 16, 14; ein *purpurarius* in Macedonien *C. I. L.* III, 664.

8) *Dig.* 32, 91 § 2.

9) Eine συνήθεια τῶν πορφυροβάφων findet sich in Thessalonike. A. Duchesne *Archives des Missions scientifiques.* Troisième série. Tom. III p. 248 n. 83; eine ἐργασία τῶν βαφέων in Hieropolis in Phrygien *C. I. Gr.* 3924, welche nach der Inschrift Waddington 1687 ein *collegium funeraticium* (Staatsverwaltung III S. 138) gewesen zu sein scheint.

10) Lamp. *Al. Sev.* 40, 6: *purpurae clarissimae non ad usum suum, sed ad matronarum, si quae aut possent aut vellent, certe ad vendendum gravissimus exactor fuit, ita ut Alexandriana purpura hodieque dicatur, quae vulgo Probiana dicitur, idcirco quod Aurelius Probus bafiis praepositus id genus muricis repperisset.*

11) Inschrift von Corinth *C. I. L.* III, 536: *Theoprepen Aug. lib. proc. domini n. M. Aur. Severi Alexandri pii fel. Aug. provinciae Achaiae et Epiri et*

pur hiess *purpura Probiana* oder *Alexandriana*; den ersten Namen hatte er von dem *praepositus baphiis*, Aurelius Probus, der ein eigenes *genus muricis* erfunden hatte, also der Fabricant selbst war,[1] den zweiten hatte er von dem Besitzer, d. h. dem Kaiser. In gleicher Weise bestand schon unter Diocletian[2] die berühmte Fabrik in Tyrus, in welcher die *blatta* angefertigt wurde,[3] die damals in fünf Sorten in den Handel kam.[4] In dem Verkauf derselben concurrirte die Fabrik mit der Privatindustrie, bis die um das Jahr 383 erlassene Verordnung des Gratian, Valentinian und Theodosius die Herstellung der edlen Purpursorten (*blatta*) zu einem kaiserlichen Monopol machte, ohne dass der Verkauf derselben deshalb aufhörte.[5] Denn nur das sogenannte *indumentum regale*,[6] d. h. ein ganzes Kleid von *blatta* zu tragen, galt als Privilegium des Kaisers und wurde bei Privaten als Hochverrath angesehen;[7] aber Besätze, ein-

---

Thessaliae rat(ionis) purpurarum. Ueber diese Inschrift vgl. Friedlaender Darstellungen I[5] S. 176 f. und Hirschfeld Röm. Verwaltungsgeschichte S. 193, welcher ebenfalls der Ansicht ist, dass die nachher oft erwähnten kaiserlichen Purpurfabriken ihre Entstehung dem Alexander Severus verdanken.

1) Dies hat Schmidt S. 175. 184 übersehen, welcher annimmt, dies sei eine Privatfabrik gewesen, welche eine Realabgabe an den Kaiser zu liefern gehabt habe, und den Probus daher für einen Steuereinnehmer hält. Die Annahme Schmidt's S. 166, dass es zwar auch kaiserliche *purpurarii* gegeben, diese aber nichts zu verkaufen gehabt hätten, beruht ebenfalls auf Missverständniss der Inschrift Mur. 903, 8 = *C. I. L.* X, 540, welche zu lesen ist: *cN.HAIO·DORYPhORO* || *PVRPVRARIO · AVGVStali* || *DVPLICIARIO · VIXIT* || *ANNIS XXXXIIII* || *M·VI·DIEBVS·XXIX*, so dass darin nicht ein *purpurarius Augusti*, sondern ein *purpurarius*, *Augustalis dupliciarius* vorkommt (Orelli-Henzen 3534. 3934. 7110. 7111; *C. I. L.* X Index p. 1150 unter *Puteoli*), d. h. ein Augustalis, der bei Vertheilungen ehrenhalber doppelt so viel erhält als die anderen. S. hierüber die *lex coll. salut.* bei Mommsen *De collegiis* p. 106. 107.

2) Nach Euseb. *hist. eccles.* 7, 32 verlieh Diocletian dem Dorotheus die ἐπιτροπὴ τῆς κατὰ Τύρον ἁλουργοῦ βαφῆς, während Cyrillus Bischof von Antiochia war, d. h. vor d. J. 300. S. Vales z. d. St.

3) *Cod. Theod.* 10, 20, 18.

4) *Ed. Diocl.* 16, lin. 85 ff. Vgl. Vopisc. *Aurel.* 46, 4: *idem concessit, ut blatteas matronae tunicas haberent.*

5) *Cod. Iust.* 4, 40, 1: *Fucandae atque distrahendae purpurae vel in serico vel in lana, quae blatta vel oxyblatta atque hyacinthina dicitur, facultatem nullus possit habere privatus*, das heisst doch nur: Niemand anderes soll *blatta* fabriciren und verkaufen, als der Kaiser selbst, und dass unter Justinian die kaiserliche Fabrik wirklich verkaufte, lehrt Procop. *hist. arc.* 25 p. 142 Bonn. Vgl. Mommsen zum Ed. d. Diocl. S. 94 (395).

6) Lactant. *Inst.* 4, 7, 6: *sicut nunc Romanis indumentum purpurae insigne est regiae dignitatis adsumtae.* Daher sagt man *purpuram sumere.* Treb. Poll. *trig. tyr.* 18, 3 und dazu Salmasius.

7) Ammian. 14, 9, 7. Johann. Chrys. *de anathemate* 3. Vol. I p. 693[d] Montf.: Ὁ περιθεὶς ἑαυτῷ ἁλουργίδα βασιλικήν, ἰδιώτης τυγχάνων, αὐτός τε καὶ οἱ αὐτῷ συνεργήσαντες ὡς τύραννοι ἀναιροῦνται.

gewebte Streifen und Einsatzstücke von ächtem Purpur trug man allgemein[1]) und bezog die Purpurwolle dazu aus den kaiserlichen Manufacturen. Auch Purpurseide, deren Gebrauch im J. 424 Privatleuten untersagt wurde,[2]) ist später denselben wieder gestattet und aus der kaiserlichen Fabrik geliefert worden.[3]) Um so weniger bedenklich ist es anzunehmen, dass auch die kaiserlichen Fabriken des Occidents, welche geringere Sorten lieferten, nicht nur für den kaiserlichen Bedarf, sondern auch für den Verkauf arbeiteten. Dass aber diese Fabriken nicht Privatunternehmungen, sondern kaiserliche Institute waren, lässt die Gleichheit ihrer Einrichtung mit den kaiserlichen Gynaeceen nicht bezweifeln.[4])

---

1) Im J. 302 wird (*Cod. Theod.* 15, 7, 11) verordnet: *Nulla mima gemmis, nulla sigillatis sericis aut textis utatur auratis. His quoque vestibus noverint abstinendum, quas Graeco nomine alethinocrustas vocant, in quibus alii admixtus colori puri rubor muricis inardescit.* Es werden also den Mimen, nicht anderen Frauen, Stoffe verboten, die mit ächten Purpurfäden durchwirkt sind (s. Haenel zu der St. und Schmidt S. 186). Denn ἀληθινὴ πορφύρα (*Ed. Diocl.* 16, 90), *vestes de alethino* (Salmasius *ad Trebell. Poll. Claud.* 17 p. 403 ff. ed. 1671), *holovera vestis* (*Cod. Th.* 10, 21 *de vestibus holoveris* = *Cod. Iust.* 11, 8), ist die Bezeichnung des βάμμα βασιλικόν, ὅπερ καλεῖν ὁλόβηρον νενομίκασι (Procop. *hist. arc.* 25); *alethinocrustae* aber sind Stoffe, in welchen entweder zum Einschlag oder zur Kette Purpurwolle gebraucht wurde, also halbpurpurne Zeuge. Ueber die *segmenta* und *fimbriae* wird weiter unten die Rede sein. Auch der *clavus senatorum* war von ächtem Purpur, wenn bei Sidonius *epist.* 9, 16, v. 22 des darin enthaltenen Carmen, *blattifer senatus* genau zu verstehen ist.

2) Im *Cod. Th.* 10, 21, 3 heisst diese Verordnung: *Nec pallia tunicasque domi quis serica contexat aut faciat, quae tincta conchylio nullius alterius permixtione subtexta sunt*, während *Cod. Iust.* 11, 8, 4 *contexta sunt* steht. (Bei Krüger *subtexta;* der Zusatz *nullius alterius permixtione* kann wohl nur so verstanden werden, dass an beiden Stellen von ganz conchylienfarbigen Kleidern die Rede ist.) Weiter hat der *Cod. Th. reddenda aerario holovera vestimenta protinus offerantur*, der *Cod. Iust.* aber hat den Zusatz *vestimenta virilia*, woraus man ersieht, dass die Verordnung von 424 durch Justinian in zwei Punkten modificirt ist. Es waren nämlich verboten seidene Kleider, wenn sie auch nicht *holoverae*, sondern *conchyliatae*, ferner wenn sie auch nicht ganz conchylienfarbig, sondern nur mit einem Einschlag von Conchylienwolle gewebt waren, und zwar ebensowohl Männer- als Frauenkleider; Justinian verbietet dagegen nur Männern Kleider von ganz conchylienpurpurner Seide, erlaubt also diese den Frauen, und halbconchylienwollene Kleider beiden Geschlechtern.

3) Procop. *hist. arc.* 25 p. 142 Bonn. Vgl. Mommsen z. Ed. d. Diocl. S. 94 (395) Anm. 1.

4) Der *procurator bafii*, unter dem jede dieser Fabriken steht (*Not. Dign. Occ.* 2, 64), ist ebenso der Vorstand der Fabrik, wie der *procurator gynaecei*, der *procurator linifii* und der *procurator monetae*, er ist identisch mit dem ἐπίτροπος der tyrischen Fabrik (Euseb. *hist. eccl.* 7, 32) und dem *praepositus bafiis* des Alexander Severus (Lampr. *Al. Sev.* 40, 6). Vgl. *Cod. Iust.* 11, 8 (7), 14: *Privatae vel linteae vestis magistri, thesaurorum praepositi, vel baphiorum ac textrinorum procuratores — non ante ad rem sacri aerarii procurandam permittantur accedere, quam satisdationibus dignis eorum administratio roboretur.*

Das Spinnen und Weben.[1]

Das Spinnen der Wolle ist das eigentliche Geschäft der Frauen und Mägde,[2] während Flachs auch von Männern gesponnen wird.[3] Da das Spinnrad eine moderne Erfindung ist,[4] so wurden als Instrumente dabei nur der Wocken (ἠλακάτη, *colus*) und die Spindel (ἄτρακτος, *fusus*) gebraucht. Die letztere besteht aus zwei Theilen, der Stange, welche ebenfalls ἠλακάτη heisst und oben einen Haken zum Festhalten des Fadens (ἄγκιστρον) hat,[5] und dem Wirbel, Wirtel oder Ringe (σφόνδυλος,[6] *verticillus*,[7] *turbo*),[8] der, am unteren Theile der Stange angesteckt,[9] dieselbe schwerer macht und das Drehen derselben erleichtert. Die Wirtel, welche in Pfahlbauten[10] und Gräbern zahlreich vorkommen und von Schliemann bei seinen troianischen Ausgrabungen in Masse gefunden worden sind, wurden aus Thon oder Stein gemacht und haben die Form einer Linse, einer Kugel oder eines abgestumpften Kegels, und sind durchbohrt, damit die Stange durchgesteckt werden kann.[11] Den Wocken, um welchen die zubereitete Wolle (τολύπη,[12] *mollis lana*,[13] *tractus*)[14] oder der Flachs gebunden ist, hält die Spinnerin in der linken Hand; mit der rechten zieht sie den Faden

Das Spinnen.

---

1) Hierüber handeln Schneider *ad Script. rei rust.* Vol. IV p. 359—387. Mongez in *Histoire et mémoires de l'Institut roy. Classe d'hist.* Tome IV. 1818. p. 222—314. Conze *Annali dell' Inst.* 1872 p. 190 ff. Blümner Technologie I S. 107 ff. Ahrens Die Webstühle der Alten, *Philologus* XXXV S. 385—409. v. Cohausen Das Spinnen und Weben bei den Alten, in Annalen des Vereins für Nassauische Alterthumskunde 1879. S. 23 ff. Blümner in Bursian's Jahresberichten Bd. XI, 1877, S. 237.

2) S. oben S. 58.

3) Plin. *n. h.* 19, 18: *linumque nere et viris decorum est.*

4) Es soll 1530 in Braunschweig erfunden sein.

5) Plato *de rep.* p. 616c: ἐκ δὲ τῶν ἄκρων τεταμένον Ἀνάγκης ἄτρακτον, δι' οὗ πάσας ἐπιστρέφεσθαι τὰς περιφοράς· οὗ τὴν μὲν ἠλακάτην τε καὶ τὸ ἄγκιστρον εἶναι ἐξ ἀδάμαντος, τὸν δὲ σφόνδυλον μικτὸν ἔκ τε τούτου καὶ ἄλλων γενῶν.

6) *Ed. Diocl.* 13, 5: ἄτρακτος πύξινος μετὰ σφονδύλου. Theophr. *hist. pl.* 3, 16, 4: τὸ δ' ἀπανθῆσαν λεπτόν, ὥσπερ σφόνδυλος περὶ ἄτρακτον.

7) Plin. *n. h.* 37, 37. 8) Catull. 64, 314.

9) Noch erhaltene ägyptische Spindeln verschiedener Form, bei welchen ein Haken aber nicht bemerkbar ist, sind abgebildet in Wilkinson *Manners and customs of the ancient Egyptians.* London 1837. 8. III p. 136.

10) Helbig Die Italiker in der Poebene S. 83.

11) Abbildungen giebt Cohausen a. a. O. Taf. II, Fig. 2. 3.

12) S. Schneider *ad Script. r. r.* IV p. 363.

13) Catull. 64, 311.

14) Nonius p. 228, 25.

aus,[1]) befestigt ihn an dem Haken der Spindel und lässt ihn, beschwert durch dieselbe, zwischen Daumen und Zeigefinger hinabhängen, nachdem sie der Spindel eine drehende Bewegung gegeben hat, durch welche auch der Faden seine Drehung erhält.[2]) Die Rotation muss von Zeit zu Zeit erneuert werden; wird der Faden so lang, dass die Spindel den Boden berührt, so wickelt ihn die Spinnerin auf die Spindel, zieht ihn durch den Haken und die drei Operationen des Ausziehens, Drehens und Aufwickelns des Fadens wiederholen sich.[3]) Ist dieselbe voll, so wird das Gespinnst (κλωστήρ)[4]) abgestreift und in den Spinnkorb (*calathus*) gelegt. Da man im Stehen,[5]) Sitzen[6]) und Gehen[7]) spann, so war die Manipulation nicht immer dieselbe; man steckte auch den Wocken in den Gürtel,[8]) um beide Hände frei zu haben. ⟨Dies wurde noch vollkommener ermöglicht, wenn man sich eines selbständig stehenden Wockens (γέρων)[9]) bediente.⟩ Es werden übrigens

---

1) Catull. 64, 311 von den Parcen:

Laeva colum molli lana retinebat amictum,
Dextera tum leviter deducens fila supinis
Formabat digitis, tum prono in pollice torquens
Libratum tereti versabat turbine fusum.

2) Ovid. *met.* 6, 22:

Sive levi teretem versabat pollice fusum.

Tibull. 2, 1, 63:

Hinc et femineus labor est, hinc pensa colusque
Fusus et apposito pollice versat opus.

3) Vgl. Cohausen a. a. O. S. 25 f.

4) Schneider a. a. O. p. 360 f.

5) Eine stehende Frau, die in der Linken den Wocken hält und mit der Rechten den Faden zieht, an dem die Spindel hängt, stellt ein Vasenbild bei Millingen *Vas. Coghill* Pl. XXII. Panofka Bilder ant. Lebens XIX, 2. Blümner S. 119 dar.

6) Eine sitzende Spinnerin auf einem Basrelief des *Forum Nervae* s. bei Bartoli *Admiranda Rom. Ant.* 1693 fol. Tav. 37, *Mon. d. Inst.* X, 41. Hercules sitzend bei der Omphale schildert Lactant. *Inst.* 1, 9, 7: *Illud quidem nemo negabit, Herculem servisse — Omphalae, quae illum — sedere ad pedes suos iubebat pensa facientem.* So ist er auch dargestellt in einem pompeianischen Wandgemälde, Helbig Wandgem. n. 1136.

7) Plin. *n. h.* 28, 28: *Pagana lege in plerisque Italiae praediis cavetur, ne mulieres per itinera ambulantes torqueant fusos.*

8) Auf einer Mosaik (Mori *Sculture del Museo Capitolino* I p. 237) spinnt Heracles auf diese Weise mit der linken Hand den Faden ziehend, in der rechten den *fusus* haltend.

9) Pollux 7, 73: τὸ δὲ ἐργαλεῖον καθ' οὗ ἔκλωθον ἐξαρτῶντες τὰ στυππεῖα, γέρων ἐκαλεῖτο. ἦν δὲ ξύλου πεποιημένον κιόνιον, σχῆμα Ἑρμοῦ τετραγώνου ἔχον, ᾧ γέροντος ἐπῆν πρόσωπον, ἀφ' οὗ καὶ τοὔνομα· Φερεκράτης δέ φησιν ἐν Μυρμηκανθρώποις

ἀλλ' ὡς τάχιστα τὸν γέρονθ' ἱστὸν ποίει,
ἀφ' οὗ τὸ λίνον ἦν.

zum Zwecke des Webens verschiedene Arten von Fäden gesponnen, ein fester und dreller, zuweilen aus mehreren Fäden gedrehter für die Kette des Gewebes, und ein weicher, wenig gedrehter für den Einschlag, welcher, wie wir später sehen werden, durch den Walker aufgekämmt, die haarige Seite des Tuches (μαλλός) ergab. [1]) Auf den ägyptischen Denkmälern, welche das Spinnen darstellen, kann man, da ein Wocken nicht sichtbar ist, nur das Drehen der Kettenfäden erkennen. [2])

Der Webstuhl. Die Construction des antiken Webstuhls ist bis auf den heutigen Tag so wenig aufgeklärt, dass sie sich mit der für ein Handbuch erforderlichen Kürze und Bestimmtheit noch gar nicht erörtern lässt. Die erhaltenen monumentalen Darstellungen des Webeapparates sind nicht zahlreich [3]) und zu wenig ausgeführt, um eine Einsicht in die Specialitäten der Technik zu gewähren. Man hat daher einerseits aus dem indischen, arabischen, türkischen und isländischen Webstuhl eine Vorstellung von der Bauart des römischen zu gewinnen, [4]) andererseits selbständig die einfachsten Vorrichtungen festzustellen gesucht, welche für

1) Plato *politic.* p. 282e: Τούτου δὴ τὸ μὲν ἀτράκτῳ τε στραφὲν καὶ στερεὸν νῆμα γενόμενον στήμονα μὲν φάθι τὸ νῆμα, τὴν δὲ ἀπευθύνουσαν αὐτὰ τέχνην εἶναι στημονονητικήν. — Ὅσα δέ γε αὖ τὴν μὲν συστροφὴν χαύνην λαμβάνει, τῇ δὲ τοῦ στήμονος ἐμπλέξει πρὸς τὴν τῆς γναφέως ὁλκὴν ἐμμέτρως τὴν μαλακότητα ἴσχει, ταῦτ' ἄρα κρόκην μὲν τὰ νηθέντα, τὴν δὲ ἐπιτεταγμένην αὐτοῖς εἶναι τέχνην τὴν κροκονητικὴν φῶμεν. Vgl. die sogleich anzuführende Stelle des Seneca. Hiervon redet auch Hieronymus *ep.* 130, 15 Vall.: *habeto lanam semper in manibus; vel staminis pollice fila deducito, vel ad torquenda subtegmina in alveolis fusa vertantur.* Die Worte *in alveolis fusa* sind unklar. Ich möchte erklären: Man wirft die *fila* in Wannen oder Körbe und dreht sie dann zu einem stärkeren Faden zusammen.

2) Wilkinson a. a. O. II p. 60 fig. 6—9. III p. 134 fig. 1.

3) Zwei ägyptische Webstühle sind bei Wilkinson *Manners and customs of the ancient Egyptians.* London 1837. 8. abgebildet, ein ganz einfacher, stehender II p. 60 fig. 2 und ein etwas complicirterer, ebenfalls stehender III p. 135 fig. 2. Einen dritten, an welchem zwei Personen beschäftigt sind, findet man bei Wilkinson *A popular account of the ancient Egyptians* II n. 382 und besser bei Lepsius Denkmäler aus Aegypten und Aethiopien Abtheilung II Blatt 126. Das interessanteste Monument ist aber das von Conze *Annali dell' Instituto* 1872 p. 187 f. besprochene, in den *Monumenti inediti* IX tav. XLII abgebildete Gemälde einer Clusinischen Vase, welches Penelope vor dem Webstuhl darstellt. Von den beiden Webstühlen bei Ciampini *Vetera Monimenta* Pars I. Romae 1690. fol. tab. 35 ist der zweite eine Fiction, entnommen aus Braun *Vestitus sacerd. Hebr.* c. XVII; der erste eine sehr vergrösserte, in den Einzelheiten unzuverlässige Nachbildung des Webstuhles der Circe, der auf einem Bilde des Vaticanischen Vergilcodex (s. S. Bartoli *Antiquissimi Virgiliani codicis bibliothecae Vaticanae picturae.* Romae 1776. 4. tab. 48 (Rom. 1782 t. 72). (A. Mai) *Virgilii picturae antiquae ex codicibus Vaticanis.* Romae 1835. tab. LII) als Staffage einer Landschaft vorkommt.

4) Conze a. a. O. p. 191 ff. Ahrens a. a. O. S. 386. 400. 407.

die Anfertigung gewöhnlicher Gewebe hinreichen;[1]) das wichtigste Material bilden indessen gelegentliche Beschreibungen und technische Ausdrücke, welche sich nicht ausschliesslich auf die ursprünglichsten Operationen beziehen, sondern einer Zeit angehören, in welcher sehr complicirte Gewebe in den Handel kamen, und Einrichtungen nöthig waren, welche mehr Analogie mit den modernen Webstühlen als mit den primitiven Geräthen roher Völker voraussetzen lassen. Unter diesen Umständen handelt es sich in der ganzen Frage mehr um wahrscheinliche, der Sache entsprechende Annahmen als um eine quellenmässige Untersuchung. Indessen lässt sich wenigstens einiges mit einer gewissen Sicherheit feststellen.

Zwei Hauptformen des antiken Webstuhles sind deutlich zu unterscheiden: die des ältesten, aufrecht stehenden oder verticalen, und die des neueren, horizontalen.[2]) Der ὄρθιος ἱστός war ursprünglich ein aufrecht gestellter Rahmen, in welchem die Fäden der Kette von oben nach unten parallel gezogen und oben und unten befestigt, die Fäden des Eintrags aber mit einer Nadel horizontal eingezogen wurden,[3]) so dass diese Manipulation mit der des Flechtens identisch war.[4]) In diesen Rahmen konnte man das Gewebe nach Belieben unten oder oben beginnen; das erste thaten die Aegypter,[5]) und in ältester Zeit auch die Römer; denn die *tunica recta*, welche noch in späterer Zeit die Bräute (oben S. 44) und die Jünglinge bei Annahme der *toga virilis* (oben S. 125) anlegten, war *sursum versum*[6])

Verticaler Webstuhl.

---

1) Die Construction eines Webstuhles, auf welchem man die in den Pfahlbauten vorkommenden Gewebe machen kann, hat der Bandfabricant Pauer in Zürich in den Mittheilungen der antiquarischen Gesellschaft in Zürich 1861. XIV, 1 S. 21 ff., und das Modell eines Webstuhls, welches genügt, die in der Sammlung zu Wiesbaden vorhandenen ägyptischen, römischen und fränkischen Gewebe herzustellen, Cohausen a. a. O. veröffentlicht.

2) Schon dieser erste Satz ist von Ahrens S. 388 in Frage gestellt worden, welcher annimmt, dass der liegende oder horizontale Webstuhl erst im Mittelalter durch die Araber nach Europa gekommen sei. Allein diese Annahme ist, wie schon Blümner in Bursian's Jahresbericht a. a. O. gezeigt hat, unhaltbar, da die öfters vorkommende Bezeichnung ὄρθιος ἱστός keinen anderen Gegensatz gestattet, als den horizontalen Webstuhl und die Einrichtung des Kammes statt der σπάθη ihren Grund ebenfalls in der horizontalen Lage des Gewebes hat.

3) Ein solcher Rahmen ist dargestellt bei Wilkinson *Manners* III p. 134. Es wird auf ihm, wie es scheint, eine Matte geflochten.

4) Daher definirt Plato *polit.* p. 283b die Webekunst (ὑφαντική) als πλεκτική κρόκης καὶ στήμονος.

5) Herod. 2, 35: ὑφαίνουσι δὲ οἱ μὲν ἄλλοι ἄνω τὴν κρόκην (den Einschlagfaden) ὠθέοντες, Αἰγύπτιοι δὲ κάτω.

6) Festus p. 277 *s. v. rectae.* p. 286b, 33 *s. v. regillis.* Isidor. *orig.* 19, 22, 18.

oder *in altitudinem* gewebt. Allein schon früh hat man eine Einrichtung getroffen, um diejenigen Fäden der Kette, unter welchen der Einschlagfaden durchgezogen werden soll, aufzuheben und so denselben bequemer und schneller durchzuführen. Diese Vorrichtung kennt bereits Homer, bei welchem, wie bei den Griechen überhaupt, das Gewebe von oben begonnen wird. Es ist für diesen Fall nur nöthig, dass die Kettenfäden, um gehoben werden zu können, nicht am unteren Theile des Rahmens befestigt, sondern, einzeln oder in Bündel geknotet, mit Gewichten beschwert, [1]) die zu hebenden Fäden aber durch Schlingen an einen runden Querstab (Schaft) befestigt werden, den man mit der Hand anzieht, wenn man den Eintragsfaden durchbringen will.[2]) War dies geschehen, so drückte man denselben mit einer schweren, flachen Holzleiste, *spatha,*[3]) an, die man mit der Hand anschlug. Die Gewichte (ἀγνῦθες, λεῖαι), welche für diese Art des Webstuhles unentbehrlich sind, fanden auch bei den späteren noch ihre Anwendung, und Thongewichte oder Zettelstrecker dieser Art sind noch in grosser Anzahl vorhanden. [4]) Eine Anschauung dieses Webstuhls giebt

---

1) Die Aegypter hatten diese Vorrichtung ebenfalls. Sie scheinen sogar den Schaft durch Treten gehoben zu haben. S. die Abbildungen bei Wilkinson *Manners* III p. 135 fig. 2 und bei Lepsius a. a. O. Allein wie der Webstuhl für diesen Zweck construirt war, lässt sich aus den Abbildungen nicht erkennen.

2) Auf diese Einrichtung, welche für den senkrechten Webstuhl das ist, was das Geschirr für den horizontalen, bezieht sich die vielbesprochene Stelle Hom. *Il.* 23, 760:

ἄγχι μάλ', ὡς ὅτε τίς τε γυναικὸς ἐυζώνοιο
στήθεός ἐστι κανών, ὅν τ' εὖ μάλα χερσὶ τανυσσῃ
πηνίον ἐξέλκουσα παρὲκ μίτον, ἄγχοθι δ' ἴσχει
στήθεος.

Richtig sagt der Schol.: κανών· ὁ κάλαμος, περὶ ὅν εἰλεῖται ὁ μίτος ὁ ἱστουργικός. Der κανών ist der Schaft, *arundo* (s. unten), der μίτος sind die Litzen (*licia*) d. h. die Schlingen, die den Theil der Kettenfäden, der gehoben werden soll, an den Schaft befestigen; πηνίον ist der Eintragfaden. Homer sagt also: Odysseus kam ihm so nahe, wie der Schaft der Brust der Weberin, welchen sie mit der Hand anzieht, wenn sie den Eintragfaden neben dem Geschirr durchbringt.

3) Die *spatha* gehört zu dem stehenden Webstuhle, daher ist σπαθητὸν ὕφασμα oder σπαθίς ein auf dem senkrechten Webstuhl gewebtes Zeug. Diesen senkrechten Webstuhl beschreibt Seneca *ep.* 90, 20: *Dum vult* (*Posidonius*) *describere primum*, *quemadmodum alia torqueantur fila*, *alia ex molli solutoque ducantur*, *deinde*, *quemadmodum tela suspensis ponderibus rectum stamen extendat*, *quemadmodum subtemen insertum*, *quod duritiam utrimque comprimentis tramae remolliat*, *spatha coire cogatur et iungi*, *textrini quoque artem a sapientibus dixit inventam.*

4) S. Ritschl Ueber antike Gewichtsteine. Bonn 1866. 8. auch im XLI H.

die clusinische Vase. Das Gestell besteht aus zwei Pfosten und einem über denselben liegenden Querholz. Unterhalb desselben sieht man noch vier Querhölzer. Von diesen ist das oberste der Garnbaum. Auf ihm befindet sich der fertige Theil des Gewebes und von ihm hängen die Kettenfäden herab, jeder unten mit einem Stein versehen, aber so getheilt, dass immer ein kürzerer mit einem längeren wechselt. Ich halte daher die beiden untersten Querhölzer für die beiden Schäfte, durch welche abwechselnd die einen und dann die anderen Fäden gehoben werden.

Horizontaler Webstuhl. Von dem stehenden Webstuhle (ἱστὸς ὄρθιος) wird der horizontale Webstuhl unterschieden, bei welchem die Weberin nicht steht, sondern sitzt und zum Anschlagen des Eintragsfadens sich nicht der σπάθη, sondern des Kamms (κτείς) bedient.[1] Er soll in Aegypten erfunden sein[2]) und hat, wie man aus den technischen Ausdrücken erkennt, die denselben betreffen und die zum Theil noch vorhanden sind, alle wesentlichen Theile unseres Handwebestuhls bereits gehabt.[3] Es sind an demselben vier verschiedene Vorrichtungen zu unterscheiden, von welchen die erste zum Aufspannen der Kette, die zweite zur Theilung der Kette in zwei Hälften, zwischen denen der Eintragsfaden durchgelegt wird, die dritte zum Einschiessen des Eintragsfadens, die vierte zum Anschlagen und Festlegen desselben dient.

1) Kette nennt man die parallel ausgespannten Längenfäden des Gewebes; das eine Ende derselben wird jetzt an einer horizontalen Walze befestigt, welche im hinteren Theile des Stuhlgestelles liegt und Kettenbaum oder Hinterbaum heisst. Von ihr wird die Kette, die zuerst ganz aufgerollt ist, nach und nach herabgezogen. Das andere Ende der Kette liegt auf einer zwei-

---

der Jahrb. des Vereins von Alterthumsfr. im Rheinlande S. 9 ff. und *Opusc.* IV S. 673. Conze *Annali* 1872 p. 196 ff. Tav. M.

1) Artemidor. *Oneirocr.* 3, 36: Ἱστὸς ὄρθιος κινήσεις καὶ ἀποδημίας σημαίνει· χρὴ γὰρ περιπατεῖν τὴν ὑφαίνουσαν. Ὁ δὲ ἕτερος ἱστὸς κατοχῆς ἐστι σημαντικός, ἐπειδὴ καθεζόμεναι αἱ γυναῖκες ὑφαίνουσι τὸν τοιοῦτον ἱστόν. Hesychius *s. v.* σπαθατόν nennt dies Gewebe τὸ ὀρθὸν ὕφος, σπάθῃ κεκρουμένον, οὐ κτενί.

2) Eustath. *ad Il.* 1, 31 p. 31, 8: πρώτη δέ τις Αἰγυπτία γυνὴ καθεζομένη ὕφανεν, ἀφ' ἧς καὶ Αἰγύπτιοι Ἀθηνᾶς ἄγαλμα καθημένης ἱδρύσαντο.

3) Ein Handwebestuhl ist an allen Orten vorhanden; die Form der Beschreibung, so weit ich sie brauche, entlehne ich aus einem sehr klar geschriebenen Artikel des grossen Meyer'schen Conversationslexicons Bd. XIV S. 1096 f., welcher in den Sachen richtig und für diesen Zweck ganz ausreichend ist.

ten Walze, die, weil sie vor dem Sitze des Webers angebracht ist, der Brustbaum oder Vorderbaum heisst und das fertige Gewebe aufdreht. Die Entfernung beider Walzen von einander und somit die Länge der freiliegenden Kette beträgt 4—8 Fuss. Die Kette heisst στήμων oder *stamen.* Die Walzen sind im Alterthum vielleicht wenig gebraucht worden, da man grossentheils abgepasste Kleider oder Zeuge, nicht Stücke zum Abschneiden anfertigte; es wird auch auf diesem Stuhle genügt haben, die Kette durch Gewichte stramm zu halten.

2) Der Eintragfaden wird bei einem einfachen, leinwandartigen Gewebe so eingezogen, dass immer ein Faden der Kette über, der nächste unter ihm liegt, bei geköperten und gemusterten Zeugen dagegen so, dass zwei oder mehrere Kettenfäden zugleich über den Eintragfaden zu liegen kommen.[1]) In beiden Fällen ist es nöthig, einen Theil der Kettenfäden in die Höhe, den anderen herunterzuziehen, um Platz für das Durchbringen des Eintragfadens zu erhalten. Wir beschreiben hier zunächst nur den ersten Fall. Bezeichnet man die Fäden der Kette mit 1, 2, 3, 4 u. s. w., so werden, wenn der erste Eintragfaden durchgeht, die ungeraden Fäden über, die geraden unter demselben, wenn aber der zweite Eintragfaden durchgeht, die geraden Fäden über, die ungeraden unter demselben liegen müssen. Es ist also nöthig, das erste Mal alle ungeraden Fäden gleichzeitig aufzuheben, alle geraden herunter zu ziehen, das zweite Mal alle geraden zu heben, alle ungeraden herunter zu ziehen, und hierzu dient folgende Vorrichtung. Alle Kettenfäden werden durch einen Drahtring geführt, der drei Oeffnungen (Augen) hat; durch die mittelste geht der Kettenfaden, an der oberen wird ein Zwirnfaden befestigt, ebenso an der unteren. Diejenigen nach oben gehenden Zwirnfäden, die mit den Kettenfäden 1, 3, 5 u. s. w. zusammenhängen, werden an

---

1) Ueber die drei Haupt-Gewebearten s. Cohausen a. a. O., wo dieselben durch Abbildungen erläutert sind. Man unterscheidet 1. den Tafft, 2. den Köper, 3. den Atlas. Bei dem Tafft können die Fäden von Wolle, Seide oder Leinen sein, aber die Kreuzungen müssen nach jedem Faden wechseln; »der Köper ist dagegen eine Bindung, in welcher die Kreuzungen nicht bei jedem Faden wechseln, sondern eine beschränkte Anzahl sowohl Ketten- als Einschlagsfäden in regelmässigen Abständen ungebunden übereinander herlaufen,« wodurch ein Muster entsteht. Bei dem Atlas endlich werden die Bindungen so vertheilt, dass sie möglichst wenig sichtbar werden und der ganze Stoff aus freiliegenden Kettenfäden zu bestehen scheint.

einer quer über der Kette angebrachten hölzernen Leiste angeknüpft, vermittelst welcher man nun alle ungeraden Kettenfäden in die Höhe ziehen kann. Ebenso befestigt man die nach unten gehenden Zwirnfäden an einer quer unter der Kette hängenden zweiten Leiste. Indem man dieselbe Vorrichtung an den Kettenfäden 2, 4, 6 u. s. w. anbringt, hat man zwei Leistenpaare, durch welche man sowohl die geraden als die ungeraden Kettenfäden herauf und herunterziehen kann. Ein solches Leistenpaar heisst ein Schaft,[1]) die beiden Schäfte nebst der Einrichtung zu ihrer Aufhängung im Stuhle heissen bei uns das Geschirr, bei den Griechen μίτος, bei den Römern *licia.*[2]) Jeder Schaft besteht also aus zwei horizontal aufgehängten Stäben und aus vielen zwischen denselben senkrecht ausgespannten Zwirnfäden, welche noch jetzt Litzen, d. h. *licia,* genannt werden, in der Mitte den Ring haben, durch den der Kettenfaden geht, und an Zahl der Hälfte der Kettenfädenzahl gleich sind. Um nun die Schäfte nicht mit der Hand ziehen zu dürfen, wie dies bei dem alten, verticalen Webstuhle nöthig war, hängt man sie an dem oberen Theile des Stuhles, dem *iugum,* über eine runde, drehbare Stange oder über zwei Rollen in der Weise gleichschwebend auf, dass das Herunterziehen des einen Schaftes die Hebung des anderen verursacht. Die Bewegung giebt man nun von unten durch zwei Hebel, die man mit den Füssen tritt, und die mit den unteren Leisten der Schäfte in Verbindung gesetzt sind. So lange die Kette fest liegt, hängen beide Schäfte in gleicher Höhe. Wird der hintere Schaft getreten, so hebt sich der vordere, und die eine Hälfte der Kette geht nach unten,

---

1) *arundo* bei Ov. *met.* 6, 55. Später *liciatorium* Vulg. *I Reg.* 17, 7; *insubuli* bei Isid. *or.* 19, 29, 1: *Insubuli, quia infra supra sunt, vel quia insubulantur;* bei Lucret. 5, 1353 *insilia.*

2) Serv. *ad Verg. ecl.* 8, 73: *bene utitur liciis, quae ita stamen implicant, ut haec adolescentis mentem implicare contendunt.* Tibull. 1, 6, 79: *Firmaque conductis adnectit licia telis.* Plin. *n. h.* 8, 196: *plurimis vero liciis texere quae polymita appellant Alexandria instituit. Epithalamium Laurentii et Mariae,* Baehrens *P. L. M.* III p. 295 = Riese *Anth. Lat.* n. 742, 44:

Compositas tenui suspendis stamine telas.
Quas cum multiplici frenarint licia gressu
Traxeris et digitis tum mollia fila gemellis,
Serica Arachneo densentur pectine texta
Subtilisque seges radio stridente resultat.

Eustath. *ad Od.* 7, 107 p. 1571, 62: μίτος δὲ, δι' οὗ τοὺς στήμονας ἐναλλάσσουσιν εἰς πλοκὴν τῆς κρόκης. Ueber die *licia* vgl. Blümner Technologie I S. 142. Ueber die *polymita* ist weiter unten die Rede.

die andere nach oben. Die so entstandene Oeffnung der Kette heisst das Fach oder der Sprung, lat. *trama*, d. h. *trahima* von *trahere*,[1]) griechisch ἤτριον von ἀΐσσω. Wird darauf der vordere Schaft getreten, so wechseln die Fäden der Kette, so dass der, welcher erst heraufgezogen wurde, nun heruntergeht oder, um technisch zu reden, dass, was erst Oberfach war, nun Unterfach wird, und umgekehrt.

3) In das geöffnete Fach (*trama*) wird nun der Eintragfaden, *subtemen*, κρόκη, ἐφυφή, eingeschossen. Das Instrument dazu war bei dem verticalen Stuhle der *radius*,[2]), gr. κερκίς,[3]) lateinisch seltener auch *pecten*,[4]) d. h. ein langer hölzerner oder me-

---

1) Dass *trama* weder von *trameare* (Varro *de l. L.* 5, 113) noch von *trans* herkommt, ist offenbar. Die Feminina auf *ma* gehören der ältesten Sprachbildung an; ein Theil ist griechisch, wie *lacrima*, *lema*, *mamma*, *palma*, *parma*; ein Theil etymologisch unklar, wie *pluma*, *Roma*, *groma*, *ruma*, *turma*; aber *līma* von *līno*, *norma* von *nosco*, *spūma* von *spŭo*, *squāma* von *squă(leo)*, *strūma* von *strŭo* sind genügende Analogien für die Ableitung *trāma* von *trăho*. Bei späteren Schriftstellern heisst *trama* auch der Einschlagfaden selbst. Blümner Techn. I S. 124 Anm. 4.

2) Ovid. *fast.* 3, 819:

Illa etiam stantes radio percurrere telas
Erudit.

Ov. *met.* 6, 56, wo der Ausdruck auf das Weberschiff übertragen ist:

Inseritur medium radiis subtemen acutis.

Dieser *radius* ist auch erkennbar in der Hand des ägyptischen Webers Wilkinson III p. 135 fig. 2.

3) Dass die κερκίς, mit welcher die griechischen Frauen weben und welche *pecten* übersetzt wird, nicht die Lade des horizontalen Webstuhls, sondern ein Instrument ist, das am verticalen Webstuhl in der Hand geführt wird, ist aus folgenden Stellen sichtbar. Erstens fällt sie aus der Hand. Hom. *Il.* 22, 448:

τῆς ἐλελίχθη γυῖα, χαμαὶ δέ οἱ ἔκπεσε κερκίς,

Verg. *Aen.* 9, 476:

excussi manibus radii revolutaque pensa.

Zweitens ist sie zugespitzt, so dass man sich damit erstechen (Anton. Liber. 25) und einem die Augen ausstechen kann (Sophocl. *Ant.* 976. Apollodor 2, 8, 1). Drittens heisst sie die pfeifende oder sausende oder singende, weil sie durch das Hinfahren über die gespannten Fäden des *stamen* einen Ton erregt. Verg. *Aen.* 7, 14:

arguto tenuis percurrens pectine telas,

Verg. *ge.* 1, 294:

arguto coniunx percurrit pectine telas,

Aristoph. *ran.* 1316:

ἱστοτόνα πηνίσματα,
κερκίδος ἀοιδοῦ μελέτας,

Leonidas Tarent. 8, 4 (Jac. *Anth. Gr.* I p. 155) s. unten S. 526 Anm. 4. Antipater Sidonius 22, 5 (Jac. *Anth. Gr.* II p. 11):

κερκίδα δ' εὐποίητον, ἀήδονα τὰν ἐν ἐρίθοις,
Βαχχυλὶς εὐκρέκτους ᾇ διέκρινε μίτους,

Idem 9, 1 (Jac. *Anth.* II p. 7); 26, 1 (II p. 12).

4) Dieser Pecten ist, wie derjenige, womit man die Saiten der Lyra anschlägt, ein Zahn (*dens*) oder ein Stäbchen, nicht aber ein Kamm.

tallener[1]) Stab, vermuthlich mit doppelten Spitzen an beiden Enden, um den in der Richtung der Länge des Stabes darauf gewickelten Faden festzuhalten. Dies Instrument wurde auf dem horizontalen Stuhle durch die Schütze oder das Weberschiffchen ersetzt, welches ebenfalls κερκίς,[2]) aber auch *panus*,[3]) πηνίον, πανουήλιον heisst, wobei zu bemerken ist, dass πηνίον eigentlich die Spule im Weberschiffchen bedeutet, um welche der Eintragfaden gewickelt ist.[4])

4) Endlich muss, damit das Gewebe Festigkeit bekommt, der Eintragfaden angedrückt werden. Hierzu dient die Lade, d. h. ein hölzerner Rahmen von etwas grösserer Breite als die Kette, welcher im oberen Theile des Stuhlgestelles (*iugum*) an zwei Stützpunkten so aufgehängt ist, dass er frei schwebend in fast senkrechter Stellung zwischen den Schäften und dem Brustbaume sich befindet. In den unteren Theil der Lade ist das Blatt oder der Kamm eingesetzt, durch dessen Zähne die Fäden der *trama* gehen. Der Kamm hat den doppelten Zweck, die Fäden der Kette auseinander zu halten und den jedesmal eingeschossenen Faden des Eintrags anzuschlagen, er heisst *pecten*,[5]) gr. κτείς,[6]) ist ein Vorzug des horizontalen Webstuhles und, wie dieser, in Aegypten erfunden.[7])

---

1) Hom. *Od.* 5, 62: χρυσείῃ κερκίδ' ὕφαινεν. 2) *Ed. Diocl.* 13, 1, 2.

3) Nonius p. 149, 22: *Panus tramae involucrum, quem diminutive panuclam vocamus. Lucil. lib. XIIII. Foris subteminis panus est.* Isidor. *or.* 19, 29, 7: *Panuliae vel panuclae, quod ex iis panni texantur. Ipsae enim discurrunt per telam.* Varro *de l. L.* 5, 114: *panuvellium dictum a panno et volvendo filo*, wo Spengel *pannvellium* liest. Papiae *gloss.* bei Du Cange *s. v. panucula: Panus, lignum in quo trama componitur — dictum, quod ex eo panni texantur.* Festi *epit.* p. 220, 16: *panus facit diminutivum panucula.* Adhelm. *de laud. virg.* 15 (7): *nisi paniculae — inter densa filorum stamina ultro citroque decurrant.*

4) Hesychius: Πηνίον [πανουήλιον ἢ] ἄτρακτος, εἰς ὃν εἰλεῖται ἡ κρόκη. Suidas *s. v.*: Πηνίον, ὁ ἄτρακτος, ἐν ᾧ εἰλεῖται ἡ κρόκη. Leonidas Tarentinus 8, 5 (Jac. *Anth. Gr.* I p. 155 = *Anth. Pal.* VI, 288):

καὶ τὰν ἄτρια κριναμέναν
κερκίδα, τὰν ἱστῶν μολπάτιδα καὶ τὰ τροχαῖα
πανία.

Die letztere Stelle unterscheidet die Spule (πηνίον) von dem Weberschiffchen (κερκίς) deutlich. Πηνίσματα sind die Eintragsfäden; ἀναπηνίζεσθαι heisst diese Fäden auf die Spule wickeln.

5) Ovid. *met.* 6, 58. Ov. *fast.* 3, 820: *et raro pectine denset opus. Epithal. Laurent.* Baehrens *P. L. M.* III, 42, 49: *densentur pectine texta.* Vgl. Blümner Technologie I S. 148.

6) Hesychius: σπαθατὸν τὸ ὀρθὸν ὕφος, σπάθῃ κεκρουμένον, οὐ κτενί. Im *Ed. Diocl.* c. 13 werden als Theile des Webstuhls bezeichnet κερκίς und κτείς.

7) *Pecten Niliacus* Mart. 14, 150. Vgl. Verg. *Cir.* 179: *Non Libyco molles plauduntur pectine telae.*

Den ganzen Process des Webens beschreibt Ov. *met.* 6, 53:

consistunt diversis partibus ambae,
Et gracili geminas intendunt stamine telas.
Tela iugo vincta est, stamen secernit arundo,
Inseritur medium radiis subtemen acutis,
Quod digiti expediunt, atque inter stamina ductum
Percusso feriunt insecti pectine dentes.

Es wird also die Kette aufgezogen; der Webstuhl ist eine *tela iugalis*[1]) d. h. ein horizontaler Stuhl, von dessen oberem Gestell (*iugum*) das Geschirr und die Lade hängt; entgegengesetzt der *tela pendula*;[2]) das Weben beginnt mit dem Treten, wodurch Fach gemacht wird (*arundo* — der Schaft — *secernit stamen*); der Faden wird mit dem Schiffchen (*radius*) eingeschossen und mit der Lade (*pecten*) angeschlagen.[3]) Leinenstoffe erfordern nach Vollendung des Gewebes noch eine Appretur, bei welcher sie mit Keulen geschlagen werden.[4])

Wir haben bisher nur von den einfachen tafftartigen Geweben gesprochen, müssen jedoch auch über die verschiedenen künstlicheren Zeuge wenigstens das Nöthigste hinzufügen.

Das Walken.

Alle Wollengewebe sind entweder Zeuge oder Tuche. Die letzteren erfordern eine besondere Behandlung, welche dem Gewerbe der Walker (*ars fullonia*)[5]) zufällt. Von diesen wird das fertige Gewebe zuerst gewalkt, d. h. in nassem Zustande unter Beimischung von Walkererde (*creta*),[6]) Laugensalz[7]) und Urin[8]) in Walkertrögen[9]) oder Walkergruben (*lacunae*,[10]) *lacus*,[11]) *pilae*)

---

1) Cato *de r. r.* 10, 5; 14, 2. 2) Ovid. *Her.* 1, 10.

3) Die Ausdrücke, welche Lucret. 5, 1353 von den Theilen des Webstuhls braucht:

insilia ac fusi, radii, scapique sonantes

sind noch nicht sicher erklärt. S. Blümner Technologie I S. 143 Anm. 6.

4) Plin. 19, 18: *Linum nere et viris decorum est. Iterum deinde in filo politur — — textumque rursus tunditur clavis, semper iniuria melius.* S. hierüber Blümner Technologie I S. 185, wo es also nicht *clavi*, sondern *clavae* heissen muss.

5) Plautus *Asin.* 907. Plin. *n. h.* 7, 196. O. Jahn Ueber Darstellungen des Handwerks in den Abhandl. der phil. hist. Cl. der k. Sächsischen Gesellschaft der Wiss. V (1868) S. 305 ff. Blümner Techn. I S. 157 ff.

6) Plin. *n. h.* 17, 46; 35, 196. 197.

7) Pollux 7, 39; 10, 135. Blümner a. a. O. S. 162 A. 4.

8) Plin. *n. h.* 28, 66. 91. 174. Athen. 11 p. 484a.

9) *pila fullonica* Cato *de r. r.* 14, 2.

10) *Lex collegii aquae* bei Mommsen Zeitschrift für geschichtliche Rechtswissenschaft XV S. 346.

11) Frontin. *de aquaed.* 98.

getreten (λακτίζειν),[1]) geschlagen (κόπτειν) und gezogen (ἕλκειν), durch welche Operationen sich die weichen Eintragfäden[2]) so verfilzen (*coguntur*, *conciliantur*),[3]) dass man die Fäden des Gewebes nicht mehr sieht. Darauf wird das Fabricat gewaschen (λυμαίνεσθαι), getrocknet und gerauht, zu welcher Manipulation wir uns der Tuchkarden (*dipsacus fullonum*) oder einer aus feinem Eisendraht gemachten Bürste bedienen, die Alten aber die *spina fullonia*[4]) anwendeten. Zuletzt folgt das Schwefeln,[5]) Bürsten, Scheeren und Pressen, obgleich man auch Decken und Kleider machte, die auf einer oder beiden Seiten ungeschoren oder langhaarig blieben.[6]) Diese verschiedenen Arbeiten, die zur Appretur des Tuches (*ad polienda vestimenta*)[7]) dienen und auf den Bildern der Fullonica in Pompeii anschaulich dargestellt sind,[8]) können sowohl an neuen Kleidungsstücken (*vestes rudes*

---

1) Die nachfolgend angeführten technischen Ausdrücke giebt Hippocrates *de diaeta* I, 14 Ermerius: Καὶ οἱ γναφέες τωὐτὸ διαπράσσονται· λακτίζουσι, κόπτουσι, ἕλκουσι, λυμαινόμενοι ἰσχυρότερα ποιέουσι, κείροντες τὰ ὑπερέχοντα καὶ παραπλέκοντες καλλίω ποιέουσι. Das Treten heisst auch συμπατῆσαι, lateinisch *argutari pedibus* (Nonius p. 245, 32). Den *fullonius saltus* erwähnt Seneca *ep.* 15, 4.

2) Plato *politic.* p. 282e. S. oben S. 519 Anm. 1.

3) Varro *de l. L.* 6, 43: *vestimentum apud fullonem quom cogitur, conciliari dictum.*

4) γναφικὴ ἀκάνθη Dioscor. *m. m.* 4, 160. Plin. *n. h.* 16, 244; 24, 111; 27, 92. Das Instrument, in welchem die Dornen angebracht sind, heisst κνάφος, bei Plinius *aena.* Statt dessen brauchte man auch die Stacheln des Igels (*erinaceus*) Plin. *n. h.* 8, 135.

5) Plin. *n. h.* 35, 175. 198. Blümner a. a. O. S. 169.

6) Die zottigen Haare eines solchen Zeuges heissen *villi.* Mart. 14, 136. Sidon. Apoll. *epist.* 5, 27: *Linteum villis onustum*; Zeuge, die auf beiden Seiten zottig sind, *amphitapa* (*Dig.* 34, 2, 23 § 2. Varro *sat. Menipp.* 253 Buecheler: *alterum bene acceptum', dormire super amphitapo bene molli*) oder *amphimalla.* Varro *de l. L.* 5, 167. Schol. Juv. 3, 283: *antiqui amphimallum laenam appellabant.* Isidor. *orig.* 19, 26, 5: *Psila* (so ist zu lesen statt *sipla*) *tapeta ex una parte villosa, quasi simpla, amphitapa ex utraque parte villosa tapeta.* Lucilius (Müller 1, 28):

Psilae atque amphitapoe villis ingentibus molles.

Nonius p. 540, 25, der den Vers des Lucilius ebenfalls anführt und die Lesart sichert; zu den auf einer Seite haarigen Zeugen gehören die *gausapa.* Plin. *n. h.* 8, 193: *Gausapa patris mei memoria coepere, amphimallia nostra, sicut villosa etiam ventralia. Nam tunica lati clavi in modum gausapae texi nunc primum incipit.*

7) Gaius 3, 143. Pauli *sent.* 2, 31, 29. Plin. *n. h.* 8, 135.

8) Helbig Wandgem. 1502. *Museo Borbonico* IV tav. 49. 50. Jahn a. a. O. S. 306. Taf. IV n. 1. 2. 3. 4. Blümner I S. 173 ff. Das Treten und Ziehen, das Kratzen und die Presse bilden den Gegenstand dreier Bilder; das Gestell, welches *Mus. Borb.* tav. 49, 1 getragen wird, scheint zum Schwefeln bestimmt. Aehnliche Darstellungen auf einem bei Forlimpopoli gefundenen Relief *Not. d. scavi* 1878 p. 155 f.

oder *de tela*) als an alten (*vestimenta ab usu*)[1]) vorgenommen werden. Ein Kleid, das aus der Appretur kommt und die volle Wolle hat, heisst *pexa vestis*,[2]) ein gebrauchtes, fadenscheiniges *trita* oder *defloccata*,[3]) ein altes, von den Walkern wieder aufgekratztes *interpolata*,[4]) *interpola*[5]) oder *interpolis*.[6])

Da der Gebrauch wollener Kleider im Alterthum allgemein war, zur Appretur derselben aber ein Fabriklokal (*officina*)[7]) und eine Kunstfertigkeit erfordert wurde, so bildeten die Walker, *fullones*,[8]) *lavatores*,[9]) *lotores*,[10]) nicht nur in den Städten ein *fullones.* eigenes Gewerbe, sondern auch auf dem Lande, wo nur reiche Gutsbesitzer ihre eigenen *fullones* hielten, die meisten aber ihre Kleider in die nächste Walke schickten.[11]) Die *fullones* sind vereinigt in *collegia*[12]) und *sodalicia*;[13]) sie haben, wie alle *artifices*, zur Schutzgottheit die Minerva,[14]) deren Fest sie am 19. März

---

1) Diese Ausdrücke braucht das *Ed. Dioclet.* 7, 54—63.

2) Horat. *epist.* 1, 1, 95: *si forte subucula pexae*
Trita subest tunicae.
Mart. 2, 58:
Pexatus pulchre rides mea, Zoile, trita.

3) Plautus *Epid.* 616. Nonius p. 7, 19.

4) Cic. *ad Q. fr.* 2, 10 (12), 3: *vult — renovare honores eosdem, quo minus togam praetextam quotannis interpolet.* Nonius p. 34, 2: *Interpolare est — — tractum ab arte fullonia, qui poliendo diligenter vetera quaeque quasi in novam speciem mutant. Plautus Amphitr.* (317): *Illic homo me interpolabit meumque os finget denuo.*

5) Marcianus *Dig.* 18, 1, 45: *Labeo — — scribit, si vestimenta interpola quis pro novis emerit, Trebatio placere ita emptori praestandum, quod interest, si ignorans interpola emerit.*

6) Front. *ad M. Anton. de orat.* p. 161 Naber: *Peritia opus est, ut vestem interpolem a sincera discernas.*

7) *fullonum officinae* Plin. *n. h.* 35, 175.

8) *Fullones* in Pompeii Orelli 3291 = *C. I. L.* X, 813; ein *magister artis fulloniae* in Coeln Brambach *C. I. Rhen.* n. 371.

9) .....*atori Ed. Diocl.* 7, 54.

10) Orelli-Henzen 7240. Spon. *Misc.* p. 64.

11) Varro *de r. r.* 1, 16, 4: *Itaque in hoc genus coloni potius anniversarios* (in jährlichem Contract) *habent vicinos, quibus imperant medicos, fullones, fabros, quam in villa suos habeant: quorum nonnunquam unius artificis mors tollit fundi fructum; quam partem latifundii divites domesticae copiae mandare solent.* In dem *Metallum Vipascense* waren die *tabernae fulloniae* verpachtet. In der *lex Met. Vip.* (*Ephem. epigr.* III p. 167) heisst es von ihnen lin. 43: *Vestimenta rudia vel recurata nemini m*[*ercede polire nisi cui conductor so*]*cius actorve eius locaverit permiseritve, liceto.*

12) So in Spoletum Orelli 4091.

13) Ein *sodalicium fullonum* in Falerio (Falerone) Orelli 4056 = *C. I. L.* IX, 5450. Ueber die *collegia* der Walker s. auch Nissen Pompeianische Studien S. 297 ff.

14) Ovid. *fast.* 3, 821. Orelli-Henzen 4091. 7240. Mommsen in Zeitschr. für geschichtliche Rechtswiss. XV, 3 S. 330.

begehen,[1]) sie legen ihre Gruben entweder an öffentlichen Wasserleitungen an, für deren Benutzung sie in der Zeit der Republik eine Abgabe zahlten,[2]) oder an Quellen und Brunnen, von welchen eine Walkerinnung in Rom den Namen *collegium fontanorum*[3]) und *collegium aquae*[4]) führt; unter den Besitzern von Walkergruben, die entweder durch eigene Sclaven das Geschäft betrieben[5]) oder die Gruben an Walker vermietheten,[6]) findet sich auch eine vornehme Familie, die der Marcii Philippi.[7])

Muster der Zeuge.

Ueber die Muster der Wollen-, Leinen- und Seidenzeuge, welche bei den Alten vorkommen, geben theils die aus dem Alterthum[8]) und auch aus dem Mittelalter,[9]) in welchem die

---

1) S. Staatsverwaltung III S. 417. Jahn Berichte der sächs. Gesellsch. d. Wiss. Hist. phil. Classe. 1856 S. 296.

2) Frontin. *de aquaed.* § 94: *et haec ipsa (aqua) non in alium usum quam in balnearum aut fullonicarum dabatur, eratque vectigalis statuta mercede, quae in publicum penderetur.* Erst seit Agrippa's Wasserleitungen reichlicher für den Bedarf sorgten, scheint dies aufgehoben zu sein. S. Frontin. § 98.

3) Mommsen a. a. O. S. 329 f. 4) Mommsen a. a. O. S. 346 f.

5) *Dig.* 39, 3, 3 pr.: *Apud Trebatium relatum est, eum, in cuius fundo aqua oritur, fullonicas circa fontem instituisse.* So hat ein Besitzer zwei Sclaven, *Flaccus fullo* und *Philonicus pistor* (*Dig.* 34, 5, 28 [29]); auch *Dig.* 14, 4, 1 § 1 ist von *servi fullones* die Rede.

6) Nach *Dig.* 7, 1, 13 § 8 darf Jemand, dem der Niessnutz eines Wohnhauses legirt ist, das Haus nur zum Wohnen vermiethen, nicht aber zu gewerblichen Zwecken. Er darf darin nicht eine *fullonica* oder ein *diversorium* oder *balneum* oder *pistrinum* anlegen.

7) Mommsen a. a. O. S. 329. 330.

8) Die bedeutendsten Reste griechischer Originalgewebe sind bei den Ausgrabungen im südlichen Russland zu Tage gefördert und von Stephani im Petersburger *Compte-rendu* bekannt gemacht und besprochen worden. Es sind dies 1. Fragmente eines wollenen, dunkelgefärbten, mit Wolle gestickten Frauenkleides, nach Stephani aus dem vierten Jahrhundert vor Chr. (*Compte-rendu* 1859 p. 30. 31; 1878 und 1879 p. 112 Taf. III n. 1—3). 2. Fragment eines dunkelfarbigen (purpurfarbigen) Kleides (*Compte-rendu* 1878. 1879 Taf. III n. 7); 3. Zahlreiche Reste einer grossen griechischen, wollenen Decke aus dem vierten Jahrhundert vor Chr. (*Compte-rendu* 1878. 1879 p. 120—130. Taf. IV), welche aus etwa zwölf Streifen bestand, die zusammengenäht sind. Auf den gelben Grund der Decke sind mythologische Darstellungen nicht eingewebt, sondern von einem Maler in Farben aufgetragen. 4. Fragmente eines feinen, durchsichtigen Wollenstoffs aus dem fünften Jahrhundert vor Chr. (*Compte-rendu* a. a. O. p. 131 Taf. V n. 1), der in derselben Weise wie n. 3 seine verschiedenen Farben erst nach Vollendung des Gewebes erhalten hat. 5. Ein Stück weisser Leinwand, zum Docht einer Lampe verwendet (*Compte-rendu* 1877 p. 23 Taf. II, 7. 8; 1878. 1879 p. 132 Anm. 3). 6. Wollenstoff von kirschbrauner Farbe, ornamentirt mit fünf Reihen buntfarbiger Enten (*Compte-rendu* 1878. 1879 p. 133 Taf. V, 2). 7. Reste eines bronzefarbigen seidenen Tuches (daselbst Taf. V, 3). 8. Wollenstoff mit Goldfäden verziert (Taf. V, 4). 9. Grosses Stück Wollenzeug, dessen Fäden schon vor dem Weben theils schwarz, theils dunkelbraun, theils ockergelb gefärbt waren (Taf. V, 5). 10.

(Anm. 9 siehe nächste Seite.)

antike Technik noch lange in Gebrauch blieb, uns erhaltenen Gewebe, theils zahlreiche bildliche Darstellungen, namentlich Vasengemälde, theils gelegentliche Beschreibungen einen erwünschten Aufschluss, und ist dieser Gegenstand neuerdings von Stephani eingehend und ausführlich behandelt worden.[1] Es kommen vor gesprenkelte Muster, in welchen das Ornament durch Kreuze, Sterne, Punkte und Kreise oder eine Combination dieser einfachen Elemente gebildet wird, gestreifte Zeuge, und zwar mit Längenstreifen (*virgae*)[2] oder Querstreifen (*trabes*), carrirte Zeuge mit quadratischem oder rhombusförmigem Muster[3] und Wellenornamente. Diese Muster, unter welchen das schachbretartige eines der ältesten ist,[4] machen in der Herstellung keine besondere Schwierigkeit, aber die Kunst des Alterthums erreichte ihren Höhepunkt in den gewirkten (broschirten) Zeugen, *trimita*,[5] *polymita, pluribus liciis texta*,[6] zu welchen der Web- ***polymita.***

Weisses Wollenzeug (Taf. VI, 1). 11. Wollene Mütze (Taf. VI, 2). 12. Fragment einer wollenen Decke (Taf. VI, 3). 13. Wollenes, gestreiftes Tuch (Taf. VI, 4). Ausser diesen griechischen Geweben ist noch zu erwähnen ein Fragment von Seidenstoff, in Sitten befindlich, abgebildet bei Semper Der Stil I^2 S. 180 (192), und ein Seidengewebe aus christlicher Zeit, darstellend Simson mit dem Löwen, welches Motiv, bandförmig übereinander sich fortsetzend, das Muster bildet, abgeb. bei Bock I Taf. I. II. Mittheilungen der antiq. Gesellsch. in Zürich XI S. 163 Taf. XIV und dazu Semper S. 143 (152). Auf die Reste antiker Stoffe mit Goldfäden komme ich nochmals zurück.

9) Ueber mittelaltrige Gewebe s. Muratori *Ant. Italicae medii aevi* Vol. II (1739 fol.) p. 400 ff. Jubinal *Les anciennes tapisseries historiées.* Paris 1838. 1839 fol. Cahier et Martin *Mélanges d'archéologie, d'histoire et de littérature.* Paris 1848—1856. 4 Voll. 4. Michel *Recherches sur le commerce, la fabrication et l'usage des étoffes de soie, d'or et d'argent en Occident — pendant le moyen âge.* Paris 1852—54. 2 Voll. 4. Bock Geschichte der liturgischen Gewänder des Mittelalters. Bd. I. II. III. Bonn 1856. Semper a. a. O. I^2 S. 145 (154) ff. Rock *Textile fabrics.* London 1870. 8.

1) *Compte-rendu* 1878. 1879 S. 40—142.

2) Ovid. *a. am.* 3, 269: *Pallida purpureis tingat sua corpora virgis. Sagula virgata* Verg. *Aen.* 8, 660; *Auro virgatae vestes* Silius 4, 155.

3) Der Rhombus heisst *scutula.* Censorinus *fr.* c. 7: *scutula, id est rhombos, quod latera paria habet nec angulos rectos;* und das Adjectivum *scutulatus* dient zur Bezeichnung des Musters. S. Juven. 2, 97:

caerulea indutus scutulata aut galbina rasa.

Prudentius *Hamartig.* 289:

gaudent et durum scutulis perfundere corpus.

Plin. *n. h.* 8, 196: *scutulis dividere Gallia (instituit). Ed. Diocl.* 16, 48 Mommsen: εἰς ὁλοσηρικὸν σκουτλᾶτον.

4) Stephani a. a. O. S. 74.

5) Ein θώραξ λινοῦς τρίμιτος Dio Cass. 77, 7; ein χιτώνισκος τρίμιτος Pollux 7, 58; derselbe 7, 78: ὅτι μέντοι καὶ τρίμιτα εἰργάζοντο, Αἴσχυλος διδάσκει φήσας (*fr.* 355 Nauck):

σὺ δὲ σπαθητοῖς τριμιτίνοις ὑφάσμασιν.

6) Isidor. *orig.* 19, 22, 21: *Polymita multicoloris. Polymitus enim textus multorum colorum est.* Das Wort braucht ebenfalls Aeschylus *Suppl.* 432 und

stuhl einer complicirten Einrichtung und vieler Geschirre bedarf.[1] Die *polymita* sind der Ruhm der alexandrinischen Webereien;[2] sie wurden aber auch in Judaea[3] und Cypern[4] gemacht, welches letztere noch im Mittelalter mit Alexandria in diesem Kunstzweige concurrirte,[5] und schon früh auch in Campanien nachgeahmt;[6] sie sind Malereien der Webekunst, γρα-

---

Cratinus bei Pollux 7, 31; von den Römern Petron. 40: *alicula subornatus polymita.* Mart. 14, 150: *Cubicularia polymita:*

Haec tibi Memphitis tellus dat munera: victa est
Pectine Niliaco iam Babylonos acus

und bei Hieronymus *ep.* 64, 12 Vall. heisst es von dem Gürtel des Hohenpriesters: *Textum est* (*cingulum*) *autem subtegmine cocci, purpurae, hyacinthi et stamine byssino ob decorem et fortitudinem atque ita polymita arte distinctum, ut diversos flores ac gemmas artificis manu non textas, sed additas arbitreris* und in dem Testament bei Wilmanns *Exempla inscr.* 315, 70: *et vestis polymit*[*ae*] *et pluma*[*tae*] *quidquid reliquero.*

1) Plin. *n. h.* 8, 196: *Plurimis vero liciis texere, quae polymita appellant, Alexandria instituit.* Apuleius *florid.* 1, 9, 33: *Hippias — — habebat indutui ad corpus tunicam interulam tenuissimo textu, triplici licio, purpura duplici.* Ich verstehe in diesen Stellen unter μίτος, *licium*, das Geschirr. Allerdings heisst μίτος auch der Faden, und ebenso *licium*, wenigstens bei Dichtern, z. B. Auson. *epigr.* 38, 1: *licio qui texunt.* Lucan. 10, 126:

Ut mos est Phariis miscendi licia telis.

Von den *tunicae Patavinae trilices* sagt Martial 14, 143, sie seien so dick, dass sie mit der Säge geschnitten werden können; und die *loricae bilices* (Verg. *Aen.* 12, 375), *hamis auroque trilices* (ib. 3, 467; 7, 639), *crates trilices* (Valer. Flaccus 3, 199) scheinen Kettenpanzer zu sein, welche drei Lagen Drahtgeflecht übereinander hatten. In ähnlichem Sinne sind im Mittelalter *dimita* und *trimita* Stoffe, bei denen der Einschlag die doppelte und dreifache Stärke des Kettenfadens hat, *hexamita* aber werden für Sammt erklärt, der noch jetzt mit sechs Einschlagfäden gemacht wird, von denen drei durchgeschnitten werden, drei das Gewebe bilden. S. Hugo Falcandus in der Beschreibung der Seidenfabriken von Palermo am Ende des 11. Jahrh. in Muratori *Ant. Ital. med. aevi* II p. 405c. Semper Der Stil I² S. 165 (175). Der letztere bemerkt aber richtig, dass im Alterthum *polymita* bunte Stoffe bezeichnen. »Die bunten Fäden, sagt er, legen sich nämlich der Zeichnung entsprechend nur in Folge der mechanischen Vorbereitungen (dies sind die *licia*) über und unter das Gewebe, je nachdem sie sichtbar hervortreten oder sich verstecken sollen. Nur der Faden des Grundes bildet den regelmässigen Einschlag. Je mehr Farben in dem Dessin vorkommen, desto mehr Fäden zählt der Einschlag.« Diese bunten Zeuge werden oft erwähnt. In dem Buche *ad Herenn.* 4, 47, 60 erscheint ein *citharoedus cum chlamyde purpurea, variis coloribus intexta* und bei Prudentius *Hamart.* 290 heisst es:

Additur ars, ut fila herbis saturata recoctis
inludant varias distincto stamine formas.

2) Plin. *n. h.* 8, 196. Silius Ital. 14, 660. Lucan. *Phars.* 10, 126. Die Fabriken sind auch im Mittelalter berühmt. S. Anastasius Bibl. *de vitis pontif.* Romae 1718. fol. Vol. I p. 346: *fecit velum Alexandrinum, habens phasianos duodecim* (im J. 827).

3) *Judaica vela* dieser Art erwähnt Claudian. *in Eutrop.* 1, 357.

4) Aristophan. bei Pollux 10, 32: παραπέτασμα τὸ Κύπριον τὸ ποικίλον. Athen. 2 p. 48b. *Accubitalia Cypria* erwähnt Trebell. Poll. *Claud.* 14, 10. *mantelia Cypria* Vopisc. *Aurel.* 12, 1.

5) Bork I S. 209. 6) Plaut. *Pseud.* 145:

φαὶ ἀπὸ κερκίδος.[1]) Die Darstellungen auf diesen kunstvollen Gewändern und Teppichen bildeten Blumen, Blätter, Stauden und Schlingpflanzen,[2]) woraus sich die Bezeichnung ἀνθινά oder ἀνθινὴ ἐσθής erklärt, welche übrigens ganz allgemein für bunte, gemusterte Zeuge gebraucht wird,[3]) sodann Thiere,[4]) zum Theil fabelhafte Thiergestalten wie Greife, Hippokampen und Flügelrosse,[5]) Namen und Sprüche,[6]) Portraits,[7]) endlich grosse land-

Ita ego vostra latera loris faciam valide varia uti sint,
Ut ne peristromata quidem aeque picta sint Campanica
Neque Alexandrina beluata conchuliata tapetia.

1) Philostr. *imag.* 2, 5 p. 816. Aristaenet. *ep.* 1, 27.

2) Stephani a. a. O. S. 99—103.

3) Salmasius *ad Vopisci Aurelian.* 46. Vol. II p. 559 ed. 1671.

4) Eine Schilderung dieser Muster giebt Asterius, Bischof von Amasea um 400 p. Chr. Homil. 1 in Combefis *Asterii — aliorumque — patrum — orationes et homiliae.* Paris 1648. fol. p. 4: Οὐ δὲ μεχρὶ τῶν εἰρημένων ἔστησαν τῆς μωρᾶς ἐπινοίας τοὺς ὅρους, ἀλλά τινα κενὴν ὑφαντικὴν ἐξευρόντες καὶ περίεργον, ἥτις τῇ πλοκῇ τοῦ στήμονος πρὸς τὴν κρόκην τῆς γραφικῆς μιμεῖται τὴν δύναμιν καὶ πάντων ζῴων τοῖς πέπλοις τὰς μορφὰς ἐνσημαίνεται, τὴν ἀνθινὴν καὶ μυρίοις εἰδώλοις πεποικιλμένην φιλοτεχνοῦσιν ἐσθῆτα. — — Ἐκεῖ λέοντες καὶ παρδάλεις, ἄρκτοι καὶ ταῦροι καὶ κύνες, ὕλαι καὶ πέτραι καὶ ἄνδρες θηροκτόνοι καὶ πᾶσα ἡ τῆς γραφικῆς ἐπιτήδευσις μιμουμένη τὴν φύσιν. Die Thiermuster sind die alten persischen, der Perserkönig trug sie in seinen Kleidern, Curt. 3, 3, 18: *pallam auro distinctam aurei accipitres, velut rostris inter se concurrerent, adornabant*, und Philostratus *imag.* 2, 31 p. 856 erwähnt bei Beschreibung der Kleider der Babylonier θηρίων τερατώδεις μορφάς, οἷα ποικίλλουσι βάρβαροι. Dieselben sind auch sichtbar auf den Kleidern der Perser des pompeianischen Alexandermosaiks. Solche *tunicae — varietate liciorum effigiatae in species animalium multiformes* waren im vierten Jahrhundert auch in Rom Mode (Ammian. 14, 6, 9); es sind dieselben, die im *Cod. Th.* 15, 7, 11 als *sigillata* (*vestimenta*) d. h. Zeuge mit Figurenmustern bezeichnet werden. Die schon dem Plautus (*Pseud.* 147) bekannten *belluata tapetia* werden den Kranken, als aufregend für die Phantasie, verboten. Oribasius II p. 310 Daremb.: ἡ δὲ ποικίλη καὶ ἐνυφάσματα ἔχουσα ζῴων — ταραχῆς αἰτία γίγνεται, wonach zu erklären ist Lucret. 2, 34:

nec calidae citius decedunt corpore febres,
textilibus si in picturis ostroque rubenti
iacteris, quam si in plebeia veste cubandum est.

Beschrieben werden sie auch von Clem. Alex. *Paed.* 2, 10, 109 ff. p. 235—237 Pott. und oft erwähnt in byzantinischer Zeit. S. Reiske *ad Constantin. Porphyr.* Vol. II p. 221 Bonn.

5) S. die Nachweise bei Stephani a. a. O. S. 108 ff. Unnatürliche Thierfiguren auf jüdischen Stoffen beschreibt Claudian *in Eutrop.* I, 350—357. Ueber phantastische Thierfiguren auf orientalischen Geweben s. Semper I² S. 257 (275), über ähnliche auf mittelalterigen Geweben Bock I S. 8—18. 192 (Elephanten, Pfauen, Löwen, Greife, Adler bilden hier die Muster) und dazu Taf. VII.

6) Plin. *n. h.* 35, 62. Vopiscus *Carin.* 20, 5. Auson. *epigr.* 38, 4. Bei Ovid. *met.* 6, 576 heisst es von der Philomela:

Stamina barbarica suspendit callida tela
purpureasque notas filis intexuit albis
indicium sceleris.

Die *notae*, welche Vs. 582 *carmen* heissen, sind Buchstaben und Worte. Vgl. Auson. *epist.* 23, 13. Gewebe des Mittelalters mit Sprüchen und Worten s. bei Bock I S. 16.

7) Treb. Pollio *trig. tyr.* 14, 4 erwähnt *paenulae*, *quae Alexandri effigiem*

schaftliche und historische Darstellungen. Schon Helena wirkt bei Homer in ein Gewand die Kämpfe der Trojaner und Griechen, [1]) Ovid lässt die Pallas und die Arachne grosse mythologische Darstellungen weben,[2]) wie sie in Alexandria verfertigt wurden; [3]) Aristoteles erzählt von einem Teppich, den ein Sybarit hatte machen lassen, hernach aber Dionysius der Aeltere für 120 Talente an die Karthager verkaufte, der auf purpurnem Grunde Thierfiguren, Götterbilder, das Portrait des Bestellers und Sybaris selbst darstellte, [4]) und Dichter schildern ähnliche Kunstwerke,[5]) obwohl man nicht immer sieht, ob von Webereien oder Stickereien die Rede ist; [6]) in der christlichen Kunst, welche kostbare Zeuge dieser Art zu Vorhängen, Altardecken und anderen kirchlichen Decorationen verwendete, nehmen Scenen des alten und neuen Testamentes die Stelle mythologischer und historischer Stoffe ein; [7]) die Kunst aber erhielt sich durch das ganze Mittelalter.

Mit Gold durchwirkte Stoffe.

Einen besonderen ebenfalls orientalischen Kunstzweig machen die wollenen und seidenen mit Gold durchwirkten oder auch ganz aus Goldfäden gewebten Stoffe [8]) aus. Wenn Plinius diese Erfindung dem Attalus zuschreibt,[9]) so hat dies wohl nur seinen

de liciis variantibus monstrent. Auson. *grat. act.* p. 294 ep. Bip.: *Palmatam — in qua Divus Constantius parens noster intextus est.* Macrob. *sat.* 5, 17, 5: *pictores fictoresque et qui figmentis liciorum contextas imitantur effigies.* Auch solche Gewebe machte man in Alexandria Athen. 5 p. 196[f]: χιτῶνες χρυσοῦφεῖς ἐφαπτίδες τε κάλλισται, τινὲς μὲν εἰκόνας ἔχουσι τῶν βασιλέων ἐνυφασμένας, αἱ δὲ μυθικὰς διαθέσεις.

1) Hom. *Il.* 3, 126. 2) Ov. *met.* 6, 70—126.

3) Athen. 5 p. 196[f].

4) Aristoteles *de mirab. auscult.* 96. Dass von einem Gewebe die Rede ist, nicht von einer Stickerei, zeigen die Worte: διείληπτο ζῳδίοις ἐνυφασμένοις. Den Teppich erwähnt auch Athen. 12 p. 541[a].

5) So Theocrit. 15, 78—83 den Teppich mit dem Bilde des Adonis. Zahlreiche andere Nachweisungen findet man bei Stephani a. a. O. S. 105 und *Compte-rendu* 1864 S. 127; 1866 S. 145 ff.

6) So in der Beschreibung der Decke bei Catull. 64, 50—264.

7) Asterius a. a. O.: Ὅσοι δὲ καὶ ὅσαι τῶν πλουτούντων εὐλαβέστεροι, ἀναλεξάμενοι τὴν Εὐαγγελικὴν ἱστορίαν τοῖς ὑφανταῖς παρέδωκαν· αὐτὸν λέγω τὸν Χριστὸν ἡμῶν μετὰ τῶν μαθητῶν ἁπάντων, καὶ τῶν θαυμασίων ἕκαστον. — Ὄψει τὸν γάμον τῆς Γαλιλαίας καὶ τὰς ὑδρίας, τὸν παραλυτικὸν τὴν κλίνην ἐπὶ τῶν ὤμων φέροντα κ. τ. λ. Stoffe dieser Art werden oft angeführt (Bock I S. 22 ff.) und sind noch aus der Zeit des Mittelalters vorhanden.

8) Lydus *de mag.* 3, 64: σπουδὴ γέγονε τοῖς πολυχρύσοις τὸ πάλαι Λυδοῖς εὐπορίᾳ χρυσίου — — καὶ χρυσοστήμονας διεργάζεσθαι χιτῶνας καὶ μάρτυς ὁ Πείσανδρος εἰπών· Λυδοὶ χρυσοχίτωνες. Ueber antike und mittelaltrige Goldstoffe s. insbesondere Rock *Textile fabrics*, Introduction p. XXV ff.

9) Plin. *n. h.* 8, 196: *Aurum intexere in eadem Asia invenit Attalus rex, unde nomen Attalicis.*

Grund in dem technischen Ausdruck *Attalica peripetasmata* [1]) oder *aulaea*, [2]) unter welchem diese Zeuge in Rom bekannt waren. *Attalica peripetasmata.* Denn diese Gewebe, die schon im alten Testament vorkommen, [3]) waren seit alter Zeit in Persien [4]) sowie in Vorderasien [5]) üblich; seit Alexander [6]) und den Diadochen [7]) wurden sie in Griechenland bekannt. In Unteritalien waren Goldkleider schon zu Pythagoras' Zeit vorhanden, [8]) in Rom soll ein solches Tarquinius Priscus getragen haben, [9]) und Goldstoffe sind nicht nur aus Gräbern römischer Zeit, [10]) sondern auch aus etruskischen Ausgrabungen [11]) ans Licht gefördert worden. Wirklich verbreitet haben sich diese Gewebe aber erst mit dem asiatischen Luxus und namentlich zugleich mit der Seide. Schon die coischen Gewänder waren mit Gold gewirkt, [12]) und seit den Dichtern der augusteischen Zeit [13]) werden Seidenstoffe mit Goldstreifen

---

1) Cic. *in Verr.* 4, 12, 27. 2) Silius Ital. 14, 659 und sonst oft.

3) Moses 2, 28, 5—8; 2, 39, 2—8.

4) Der Perserkönig trägt *pallam auro distinctam* Curtius 3, 3, 18; in Persepolis fanden sich bei der Eroberung durch Alexander πολλαὶ καὶ πολυτελεῖς ἐσθῆτες, αἱ μὲν θαλαττίαις πορφύραις, αἱ δὲ χρυσοῖς ἐνυφάσμασι πεποικιλμέναι. Diodor. 17, 70, 3. 5) Lydus. *de mag.* 3, 64. S. S. 534 Anm. 8.

6) Bei der Hochzeit des Alexander war das Haus geschmückt ὀθονίοις — πορφυροῖς καὶ φοινικοῖς χρυσοϋφέσι Athen. 12 p. 538[d].

7) Unter den Ptolemäern kommen in Alexandria χιτῶνες χρυσοϋφεῖς vor Athen. 5 p. 196[f]; Demetrius Poliorketes kleidete sich χρυσοπαρύφοις ἁλουργίσιν Plut. Demetr. 41. 8) Justin. 20, 4.

9) Plin. *n. h.* 33, 62. 63: (*Aurum*) *netur ac texitur lanae modo vel sine lana. Tunica aurea triumphasse Tarquinium Priscum Verrius docet. Nos vidimus Agrippinam Claudii principis edente eo navalis proelii spectaculum adsidentem ei indutam paludamento aureo textili sine alia materia. Attalicis vero iampridem intexitur invento regum Asiae.*

10) Bock I S. 2: »Im Museo Borb. zu Neapel und im städtischen Museum zu Lyon zeigt man heute noch Reste von schweren Goldgeweben, die aus einem feinen Gespinnst von gezogenen Goldfäden angefertigt sind.« Solche fand man in Herculaneum. S. Winckelmann Gesch. der Kunst, Buch VI, 1 § 8. Ueber andere Funde s. Raoul-Rochette in *Mém. de l'Instit.* XIII p. 641—650. In einem Grabe zu Arles fand man in einem Sarkophag *une étoffe d'or et de soie très-riche.* Millin *Voy. dans le midi de la France* III p. 582.

11) In Perugia, Vermiglioli *Ant. Inscr. Perugine.* Vol. I p. 234 Anm. 1, in Caere *Bull. d. Inst.* 1836 p. 60.

12) Tibull. 2, 3, 53.

13) Eine *aurata vestis* Ovid. *a. am.* 2, 299 vgl. Ovid. *met.* 3, 556:

Purpuraque et pictis intextum vestibus aurum.

Verg. *ge.* 2, 464: *illusasque auro vestes. Aen.* 3, 483:

Fert picturatas auri subtegmine vestes.

4, 262:

ardebat murice laena,
demissa ex humeris, dives quae munera Dido
fecerat et tenui telas discreverat auro.

8, 167:

Discedens chlamydemque auro dedit intertextam.

oder Goldmustern oft erwähnt,[1]) während der Gebrauch ganz goldener Stoffe[2]) als vereinzelt dastehender Luxus der Kaiserzeit zu betrachten ist.

Ein besonderes Interesse erhalten diese Webereien dadurch, Goldfaden. dass die Kunst, einen zum Weben geeigneten Goldfaden herzustellen, welche sich aus den Ueberlieferungen des Alterthums bis zum funfzehnten Jahrhundert erhalten hatte, jetzt ein Geheimniss ist. Der Goldfaden, den man heutzutage macht, ist ein starker, mit dünn gezogenem vergoldetem Silberdraht umsponnener Seidenfaden, in den Geweben des Mittelalters dagegen ein glatter, biegsamer, riemenförmiger, nur auf Einer Seite vergoldeter Streifen[3]) einer zarten vegetabilischen Substanz, oder auch ein Leinenfaden, mit diesem platten Goldstreifen umsponnen, nie aber ein Seidenfaden.[4]) Diese Goldstreifen werden als Einschlagsfäden gebraucht[5]) und müssen wohlfeiler gewesen sein als unsere Goldfäden, da sie nicht brochirt werden,[6]) sondern der ganzen Breite des Gewebes nach durchgehn.[7]) Silbergewebe, die im Alterthum seltener vorkommen,[8]) sind im Mittelalter in gleicher Weise gemacht worden.[9])

---

1) So wurde Nero begraben *stragulis albis auro intextis* (Suet. *Ner.* 50) und Seneca *ep.* 90, 45 sagt: *nondum texebatur aurum.* Eine Sammlung der vielen anderen hierauf bezüglichen Stellen findet man bei Yates *Textrinum antiquorum* I p. 366—370, dem ich auch einen Theil der von mir gebrauchten Nachweisungen verdanke.

2) Eine *aurea chlamys* trug Caligula (Suet. *Cal.* 19), ein *paludamentum aureum textile* die jüngere Agrippina (Plin. *n. h.* 33, 63), eine *aurea tunica* Heliogabal (Lampr. *Hel.* 23, 3).

3) Vgl. Hieronym. *ep.* 22, 16 Vallars: *in quarum vestibus attenuata in filum auri metalla texuntur.* Claudian. *in Prob. et Olybr. cons.* 181:

Et longum tenues tractus producit in aurum
Filaque concreto cogit squalere metallo.

4) S. hierüber Bock I S. 42. 43. 48. 49. 50. Francesque-Michel *Recherches* etc. II p. 180 not. 2. Semper Der Stil I² S. 152 (161) f. Doch widerspricht sich Bock I S. 204, wo er bei einer Stickerei des 12. Jahrh. einen mit Golddraht besponnenen Seidenfaden nachweist.

5) S. Bock I S. 66 und die Abb. Taf. XIV S. 258, Taf. XVI.

6) Pariset p. 216 not. 1: *Une étoffe brochée est celle, où le dessin est reproduit à l'aide de trames indépendantes de la trame du fond et appliquées partiellement dans le seul endroit où apparaît le dessin.*

7) Bock I S. 49.

8) Josephus *ant.* 19, 8, 2 beschreibt den Anzug des Herodes Agrippa als στολὴν ἐξ ἀργύρου πεποιημένην πᾶσαν, ὡς θαυμάσιον ὑφὴν εἶναι und Philo *de vita contempl.* 6 Vol. II p. 478 Mangey erwähnt στρωμναὶ ἁλουργεῖς ἐνυφασμένου χρυσοῦ καὶ ἀργύρου.

9) Bock I S. 44 Taf. VIII.

3. Sticken und Nähen.

Wie die Kunstweberei, so ist auch die Stickerei, das *acu pingere*, eine Erfindung des Orients, die den Babyloniern und Phrygern zugeschrieben wird. Die schon im alten Testamente gerühmten [1]) bunten babylonischen Decken und Teppiche [2]) werden als gestickte Arbeiten den in der Wirkung ähnlichen alexandrinischen Webereien entgegengesetzt; [3]) von den Phrygern aber, deren gestickte Gewänder auf Vasenbildern vielfach vorkommen, soll das römische Gewerbe der Kunststicker, *phrygiones*, [4]) seinen Namen haben. [5]) *phrygiones.*

So wie in den heutigen graphischen Künsten zwei Manieren zu unterscheiden sind, die punctirte Manier und die Linienmanier, so giebt es in der Stickerei zwei Methoden, die des Kreuzstiches, welche der punctirten Manier, und die des Plattstiches, welche der Linienmanier entspricht. [6]) Die Stickerei in Kreuzstich ist

---

1) Josua 7, 21. 2) Plaut. *Stich.* 378:

Tum Babylonica peristromata, conchuliata tapetia
Advexit.

Soliaria Babylonica Stuhldecken, Festus p. 298^b, 19. *Babylonica* Bettdecken, Lucret. 4, 1029. 1123; Satteldecken, *Dig.* 34, 2, 25 § 3.

3) Mart. 8, 28, 17:

Non ego praetulerim Babylonos picta superbae
Texta, Semiramia quae variantur acu.

Id. 14, 150:

Haec tibi Memphitis tellus dat munera: victa est
Pectine Niliaco iam Babylonos acus.

Josephus *b. Jud.* 7, 5, 5: τὰ εἰς ἀκριβῆ ζωγραφίαν πεποικιλμένα τῇ Βαβυλωνίων τέχνῃ (ὑφάσματα). Wenn Plin. *n. h.* 8, 196 sagt: *colores diversos picturae intexere Babylon maxime celebravit et nomen imposuit*, und Silius Ital. *Pun.* 14, 656:

fulvo certaverit auro
Vestis, spirantes referens subtemine vultus,
Quae radio caelat Babylon,

endlich Tertull. *de cultu femin.* 1, 1: *Si ab initio rerum et Milesii oves tonderent et Tyrii tingerent et Phryges insuerent et Babylonii intexerent*, so ist dies kein Widerspruch, da auch auf mittelaltrigen Kunstwerken dieser Art Buntweberei und Stickerei verbunden worden ist. S. Bock I S. 174. 175. 229.

4) Plaut. *Aul.* 508. *Men.* 426:

Pallam illam, quam dudum dederas, ad phrygionem ut deferas
Ut reconcinnetur atque ut opera addantur, quae volo.

Andere Stellen s. bei Nonius p. 3, 16. (Die Inschr. Reines. *cl.* 11 n. 108 ist unecht, *C. I. L.* VI, 1232*.) Vgl. Rock *Textile fabrics* p. XCIII.

5) Plin. *n. h.* 8, 195: *accipio — pictas vestes iam apud Homerum fuisse. — Acu facere id Phryges invenerunt, ideoque Phrygioniae appellatae sunt.* Serv. *ad Verg. Aen.* 3, 484; 9, 614. Seneca trag. *Herc. Oet.* 665:

Nec Maeonia distinguit acu
Quae Phoebeis subditus Euris
Legit Eois Ser arboribus.

6) Semper Der Stil I^2 S. 181 (193) ff.

alt in Aegypten und wahrscheinlich in Phrygien; die Stickerei in Plattstich dagegen in Babylonien;[1] bei den Römern ist die *plumarii.* erste die Kunst der *phrygiones*, die letztere die Kunst der *plumarii.*[2] Aus den Schriftstellern, welche diese Kunst erwähnen, hat man zwar geglaubt, den Beweis führen zu können, dass das *opus plumarium*,[3] die *vela plumata*[4] und die *vestes plumatae*[5] nicht Stickereien, sondern Gewebe bezeichnen, und somit die *plumarii* selbst Weber gewesen seien,[6] allein abgesehen davon, dass in diesem Falle die *vestes plumatae* sich in nichts von den *polymitae* unterschieden haben würden, lehrt das Edict des Diocletian, dass der *plumarius* an fertig gewebten Teppichen und Kleidern arbeitet[7] und daher trotz der ungenauen Aus-

---

1) Semper a. a. O. S. 184 (196) f.

2) Oefters in Inschriften. *C. I. L.* VI, 9813. 9814. *Ed. Diocl.* 16, 38. *Ars plumaria* Hieron. *ep.* 29, 6 Vall. Adhelm. *de laud. virg.* 15 (7).

3) Chron. Farfense bei Muratori *Rer. Ital. Scr.* II, 2 p. 469: *ubi fuit antiquitus congregatio ancillarum, quae opere plumario ornamenta ecclesiae laborabant.*

4) In einer Donationsurkunde vom Jahre 471 p. Chr. (Doni p. 504. Anastasius Bibliothecarius *de vit. pont.* Vol. III p. XXXI) schenkt jemand an die *Ecclesia Cornutianensis pallium holosericum — vela tramoserica — vela linea plumata.* In dem *Liber pontificalis*, *Vita Gregorii* IV § 478 kommt vor ein *velum ante ianuas plumatum.*

5) In dem Testament Wilmanns 315 am Ende vermacht jemand *vestis polymit[ae] et pluma[tae] quidquid reliquero.* Die handschr. Lesung ist *plumari quod*, aber die Conjectur Kiessling's wohl richtig.

6) Dies ist die Ansicht von Georges im Philologus XXXII (1873) S. 530 und in seinem Handwörterbuch. Er beruft sich auf folgende Stellen: Vitruv. 6, 7 (4), 2: *plumariorum textrina.* Hieronymus *ep.* 29, 6 Vall.: *In exodo* (35, 35) *ceterisque locis, ubi describuntur vestes plumaria arte contextae, opus Cherubim, id est, varium atque depictum, esse factum describitur* und die später anzuführende Stelle Prudent. *Hamart.* 294: *avium quoque versicolorum indumenta novis texentem plumea telis.* Adhelmus *de laud. virg.* 15 (7) ed. Giles: *stragularum textura nisi paniculae purpureis, immo diversis colorum varietatibus fucatae inter densa filorum stamina ultro citroque decurrant, et arte plumaria omne textrinum opus diversis imaginum toraciclis perornent — nec iocunda — nec — formosa videbitur.* Er konnte auch anführen Theodoret. *quaestio* 28 *in* II *Regum*: τὸν δὲ χιτῶνα τὸν ἀστραγαλωτὸν ὁ μὲν Ἀκύλας καρπωτὸν ἡρμήνευσεν, ἀντὶ τοῦ καρποὺς ἐνυφασμένους ἔχοντα· οἱ νῦν δὲ αὐτὸν καλοῦσι πλουμαρικόν. In allen diesen Stellen ist wirklich von Weben die Rede; es fragt sich indess, ob die angeführten Schriftsteller eine genügende Kenntniss der Technik gehabt haben oder sich genau haben ausdrücken wollen. Denn wenn Vitruv. sagt, die *pinacothecae et plumariorum textrina pictorumque officinae* müssten nach Norden liegen, so hat er, da es ihm an einem Ausdruck für das Local des Stickers fehlte, ein verwandtes Wort gewählt. Bei Nonius p. 162, 25 und Jul. Firmicus 3, 13, 10 wird der *plumarius* vom *textor*, in Vulg. *Exod.* 35, 35 der *plumarius* vom *polymitarius*, im Testament Wilmanns 315 die *vestis polymita* von der *vestis plumata* unterschieden. Die Labbeischen Glossen erklären *plumarius* einmal durch ὑφάντης, einmal durch ποικιλτής, und im Mittelalter wird unter *plumarium* ein *opus acu pictum* verstanden. S. Bock I S. 140.

7) *Ed. Diocl.* 16, 38 ff. Er arbeitet εἰς τάπητα, εἰς στίχην (d. h. *tunica strictoria*), εἰς χλαμύδα Μουτουνησίαν, εἰς χλαμύδα Λαδικηνήν.

drücke gelegentlicher Berichterstatter für einen Sticker erklärt werden muss.[1]) Der Ausdruck *pluma* wird übertragen auf die Schuppen des Schuppenpanzers (*lorica plumata*) [2]) und in einer pompeianischen Inschrift [3]) von einem Theile eines Gebäudes, wie mir scheint, von Platten, womit das Dach gedeckt wird, gebraucht.[4]) Für die *ars plumaria,* von welcher wir hier reden, giebt es nur zwei annehmbare Erklärungen. Entweder ist diese Stickmethode geradezu entstanden aus der Federstickerei, d. h. der Kunst, aus den Bärten oder gespaltenen Spulen von Vogelfedern bunte Muster auf einer beliebigen Unterlage auszuführen, welche Kunst bei allen Naturvölkern üblich und noch in Tyrol vorhanden ist,[5]) oder sie ist, wie ich annehme, [6]) benannt von den auf die Zeugunterlage parallel aneinander gelegten bunten Fäden, die ihrer Lage und Farbe wegen von den Dichtern den Vogelfedern verglichen werden.[7]) Eine Stickerei, deren Muster

---

1) Zu demselben Resultate gelangt Waddington p. 176.

2) Justin. 41, 2, 10. Zu Verg. *Aen.* 11, 770:

spumantemque agitabat equum, quem pellis aenis
in plumam squamis auro conserta tegebat,

wo also von einem Schuppenpanzer die Rede ist, sagt Servius: *Pluma est in armatura, ubi lamina in laminam se indit. Pluma* ist also ein technischer Ausdruck, und so sagt auch Sallust. *hist. fr.* 4, 17 Kr. = 59 D.: *Equis paria operimenta erant, quae lintea ferreis laminis in modum plumae annexuerant.* Statius *Theb.* 11, 542:

alte ensem germani in corpore pressit,
qua male iam plumis imus tegit inguina thorax.

Ammian. 17, 12, 2: *loricae ex cornibus rasis et laevigatis, plumarum specie linteis indumentis innexae.* Ueber Schuppenpanzer handelt ausführlich Stephani *Compte-rendu* 1874 p. 182 ff. Vgl. 1876 p. 7. 113. Taf. II n. 11. 12. 15. 16. 19. 20; 1877 p. 10.

3) *C. I. L.* IV p. 189: *Cuspius T. f. M. Loreiu[s] M. f. duo vir. d. d. s. murum [e]t plumam [fac. coer(averunt) eidem]q. pro(baverunt).*

4) Ueber diese Inschr. handelt ausführlich L. Bruzza *Del significato della voce pluma in una iscrizione Pompeiana*, in *Pompei e la regione sotterrata dal Vesuvio nell' anno* 79. Napoli 1879. 4. p. 131 ff., wo man alle Erklärungsversuche angeführt findet. Ich folge der Erklärung von C. Promis (bei Bruzza p. 134), welcher an Plin. *n. h.* 36, 159 erinnert: *mollitiae (lapidum) trans Alpis praecipua sunt exempla. in Belgica provincia candidum lapidem serra quo lignum faciliusque etiam secant ad tegularum et imbricum vicem, vel, si libeat, quae vocant pavonacea tegendi genera.*

5) Dies ist Semper's Ansicht I² S. 182 (196), wo eine tyroler Federstickerei abgebildet ist.

6) Derselben Ansicht ist Rock *Textile fabrics* p. CXVI: *This term (plumarium opus) was given to embroidery needlework because the stitches were laid down never across but longwise, and so put together that they seemed to overlap one another like the feathers in the plumage of a bird. Not inaptly then was this style called »feather-stitch« work, in contradistinction to that done in cross.*

7) So wie bei Petron. 55 der Pfau genannt wird

plumato amictus aureo Babylonico,

aus schuppenartig übereinander gelegten Federn besteht, findet sich auf dem Diptychon des Consuls Basilius.[1] Stoffe aus wirklichen Federn aber haben die Römer niemals gehabt.[2]

ars plumaria des Mittelalters.

Nachdem seit Constantin dem Gr. Constantinopel der Hauptsitz der Stickkunst geworden war,[3] erhielten beide Methoden sich durch das ganze Mittelalter, in welchem, wie im Alterthum[4] Muster der complicirtesten Art, mit Sprüchen,[5] Portraits,[6] Medaillons,[7] einzelnen Figuren[8] und grossen scenirten Darstellungen[9] in Plattstich[10] wie in Kreuzstich[11] ausgeführt

---

so nennt Prudentius *Hamart.* 290 ff. eine Stickerei geradezu einen Vogelfederstoff. Er spricht indessen von seidenen, feinen wollenen, gestreiften und gemusterten Kleidern:

Additur ars, ut fila herbis saturata recoctis
inludant varias distincto stamine formas.
Ut quaeque est lanugo fere mollissima tactu,
pectitur: hunc videas lascivas praepete cursu
venantem tunicas, avium quoque versicolorum
indumenta novis texentem plumea telis
illum et q. s.

und gewiss hat Arevali richtig erklärt: *acu pingendo plumae avium referuntur.*

1) Gori *Thesaurus veterum diptychorum* II tab. 20.

2) Schon Muratori *Ant. Ital.* II p. 400 ist durch die angeführte Stelle des Prudentius in dies Missverständniss gerathen; noch mehr hat Becker *Gallus* II, 290 f. (S. 337 Göll) durch falsche Erklärung einiger aus dem Zusammenhange gerissenen Stellen die Frage in Verwirrung gebracht. *Pluma versicolor* bei Propert. 4 (3), 7, 50 ist ein Kissen mit buntem oder gesticktem Ueberzuge, wie bei Mart. 14, 146 und in anderen bereits von Hertzberg zu Propert. angeführten Stellen. Seneca *ep.* 90, 16 aber redet von der rohesten Bekleidung der Naturvölker, nicht von Luxusstoffen, die in Rom üblich waren, wenn er sagt: *Non pelles ferarum et aliorum animalium a frigore satis abundeque defendere queunt? non corticibus arborum pleraeque gentes tegunt corpora? non avium plumae in usum vestis conseruntur? non hodieque magna Scytharum pars tergis vulpium induitur ac murum?* Diese Stelle also hat gar nichts mit der *ars plumaria* zu schaffen. Panofka in Gerhard Arch. Zeit. 1857 n. 100 p. 46 not. 2 will auf einem pompeianischen Wandgemälde (Taf. CII; Helbig Wandgem. 1271), welches ein weibliches Brustbild mit phrygischer Mütze darstellt, in dem Umwurf aufgenähte Pfauenfedern erkennen. Gesetzt, dies wäre richtig, so würde es auf römische Tracht ebenfalls keinen Bezug haben. (Es ist ein Leopardenfell; s. Helbig a. a. O.)

3) Bock I S. 137. 138.

4) Bei den Römern heissen Stickereien in Figuren *sigillata.* S. Verg. *Aen.* 1, 648: *pallam signis auroque rigentem. Sigillata tentoria* erwähnt Treb. Poll. *trig. tyr.* 16. *sigillata serica Cod. Th.* 15, 7, 11.

5) Einen Gürtel, ζώνιον ἐξ ἀνθέων ποικίλον — χρύσεα γράμματ' ἔχον erwähnt das Epigr. des Asclepiades *Anth. Gr.* I p. 147 n. 16. Vgl. Auson. *epigr.* 94. Andere Nachweisungen giebt Garrucci *Vetri ornati di figure in oro.* Roma 1858. fol. p. 41 und aus dem Mittelalter Bock I S. 137.

6) Bock I S. 136. 137. 236. 7) Bock I S. 105.

8) Bock I S. 149 Taf. II. S. 194 Taf. VIII.

9) Solch eine Stickerei beschreibt Claudian. *de rapt. Pros.* 1, 248 ff. Mittelaltrige s. bei Bock I p. 136.

10) Bock I S. 149 Taf. II. S. 194 Taf. VIII. S. 226. 228. 229. 246.

11) Bock I S. 178. 227.

worden sind. Für Goldstickerei empfahl sich indessen vorzüglich die *ars plumaria*, indem man den Goldfaden entweder in Plattstich durch die Unterlage durchnähte,[1] oder, was sparsamer und leichter war, nur auflegte und, ohne ihn durchzuziehen, auf die Unterlage aufnähte.[2] Diese Art der Goldstickerei gehört daher zu dem Geschäft der *plumarii*,[3] nicht der *phrygiones*; es wird indessen auf die Goldsticker insbesondere auch der Name der *barbaricarii* übertragen,[4] welche eigentlich Metallarbeiter sind, die eiserne oder bronzene Geräthe, namentlich Waffen, mit Gold und Silber verzieren, und auf welche wir später zurückkommen. *barbaricarii.*

In Rom selbst fand die Stickerei seit alter Zeit eine doppelte Anwendung, nämlich einerseits zur Herstellung von Teppichen, Vorhängen und Decken,[5] mit denen man Stühle,[6] *lecti accubitorii*,[7] Kissen[8] und Betten[9] belegte, und welche nicht blos eingeführt, sondern theils im Hause von Sclaven,[10] theils Stickereien in Rom.

---

1) Bock I S. 251. 2) Bock I S. 161. 176. 193. 204. 269.

3) Procop. *de aedif.* 3, 1 p. 247 Bonn: χιτὼν ἐκ μετάξης ἐγκαλλωπίσμασι χρυσοῖς πανταχόθεν ὡραϊσμένος, ἃ δὴ νενομίκασι πλουμμία καλεῖν. Lucan. *Phars.* 10, 123:

Strata micant, Tyrio quorum pars maxima fuco
Cocta diu, virus non uno duxit aheno,
Pars auro plumata nitet.

Im *Chronicon Pasch.* p. 614 Bonn. erhält der König der Λάζοι von Justinus Thrax στιχάριν ἄσπρον παραγαῦδιν καὶ αὐτὸ ἔχον χρυσᾶ πλουμμία βασιλικὰ ὡσαύτως φέροντα τὸν χαρακτῆρα τοῦ αὐτοῦ βασιλέως Ἰουστίνου.

4) Donatus *ad Verg. Aen.* 11, 777: *Barbaricarii dicuntur, exprimentes ex auro et coloratis filis hominum formas et diversorum animalium et specierum imitantes subtilitate veritatem.* Im *Ed. Diocl.* 16, 42 ff. werden sie hinter den *plumarii* erwähnt und nach dem Gewicht des Goldes bezahlt, welches sie verarbeiten.

5) *Stragula picta* Tibull. 1, 2, 77.

6) S. *Museo Borb.* VIII, 20, darstellend zwei Stühle, darauf Kissen und über die Lehne ein Teppich gelegt. Vgl. X, 44. XII, 3. XIV, 1. Nach den verschiedenen Arten der Meubles haben die Decken ihren Namen. *Dig.* 33, 10, 5: *De tapetis quaeri potest, quibus subsellia cathedraria insterni solent, utrum in veste solent, sicut stragula, an in supellectile, sicut toralia, quae proprie stragulorum non sunt.*

7) Verg. *Aen.* 1, 639. 700. *Cir.* 440. Hor. *sat.* 2, 6, 102. Die *toralia* erwähnt Horat. *sat.* 2, 4, 84. *epist.* 1, 5, 22. Vgl. Cic. *Tusc.* 5, 21, 61: *collocari iussit hominem in aureo lecto, strato pulcherrimo textili stragulo, magnificis operibus picto.*

8) *Pulvinaria picta* auf einer sicilischen Vase Gerhard Ant. Bildwerke 71.

9) Vgl. oben S. 533 Anm. 4. Clemens Alex. *Paed.* 2, 9 p. 216 sagt, zum Schlafen brauche man nicht τὴν πολυτέλειαν τῶν ὑποστρωννυμένων, τὰς χρυσοπάστους ταπίδας καὶ χρυσοποικίλτους ψιλοδάπιδας. Ueber die *picta toralia* handelt Marini *Arval.* p. 322. 323.

10) Unter den Sclaven werden erwähnt *phrygiones* und *plumarii*. Titinius in Ribbeck *Com. Lat. fr.*[2] p. 134:

von gewerbmässigen Stickern[1]) angefertigt wurden, andererseits *toga picta, tunica palmata.* bei gewissen Staatskleidern, namentlich der *toga picta* und *tunica palmata*. Diese Prachtgewänder, welche aus Etrurien nach Rom kamen,[2]) und ohne Zweifel ursprünglich etruskischer Fabrik waren,[3]) gehören zu dem Ornat des capitolinischen Jupiter selbst; in der Republik bilden sie das Costüm der Triumphatoren,[4]) denen sie aus dem capitolinischen Tempel geliefert wurden, denn sie blieben Eigenthum des Staates bis in die spätere Kaiserzeit.[5]) Indessen wurden sie als besondere Auszeichnung auch fremden Königen verliehen, wie dem Syphax,[6]) Masinissa[7]) und Ptolemaeus von Mauretanien,[8]) und verschiedenen Magistraten bei feierlichen Aufzügen gestattet, wie den Praetoren bei der *pompa circensis*[9]) und den Volkstribunen bei den Augustalien.[10]) Ebenso hatten die Triumphatoren das Recht, auch nach dem Triumphe in der *vestis triumphalis* öffentlich zu erscheinen[11]) und in der Kaiserzeit, in welcher Privatleute nicht mehr triumphirten, sondern nur die *insignia triumphalia* erhielten,[12]) machte das

---

frygio fui primo beneque id opus scivi
Reliqui acus aciasque ero atque erae nostrae.

Nonius p. 162, 25: *Varro Cato vel de liberis educandis: Etenim nulla, quae non didicit pingere, potest bene iudicare, quid sit bene pictum [a] plumario aut textore in pulvinaribus plagiis.*

1) Ueber die *phrygiones* s. S. 537 Anm. 4, über die *plumarii* S. 538 Anm. 2.

2) Nach Dionys. Hal. 3, 61 überbrachten die Etrusker dem Tarquinius Priscus χιτῶνά τε πορφυροῦν χρυσόσημον καὶ περιβόλαιον πορφυροῦν ποικίλον. Vgl. Florus 1, 5. Macrob. *sat.* 1, 6, 7.

3) Müller Die Etrusker I S. 373 f.

4) Liv. 10, 7, 10. Suet. *Aug.* 94. Serv. *ad Verg. ecl.* 10, 27: *Unde etiam triumphantes, qui habent omnia Jovis insignia, sceptrum, palmatam togam.*

5) Lamprid. *Alex. Sev.* 40, 8: *praetextam et pictam togam nunquam nisi consul accepit, et eam quidem, quam de Jovis templo sumtam alii quoque accipiebant aut praetores aut consules.* Capitolin. *Gord. tres* 4, 4: *palmatam tunicam et togam pictam primus Romanorum privatus suam propriam habuit, cum ante imperatores etiam vel de Capitolio acciperent vel de Palatio.*

6) Liv. 27, 4, 8. 7) Liv. 30, 15, 11; 31, 11, 11.

8) Tac. *ann.* 4, 26. Ueber diese Verleihungen handelt Cavedoni *Annali d. Inst.* XXXVII (1865) p. 253 ff.

9) Juvenal. 10, 36:

Quid si vidisset praetorem curribus altis
exstantem et medii sublimem pulvere circi
in tunica Jovis, et pictae Sarrana ferentem
ex humeris aulaea togae.

10) Tac. *ann.* 1, 15. Dio Cass. 56, 46, 5.

11) So erschien Aemilius Paullus bei den *ludi circenses* in der *vestis triumphalis.* Auct. *de vir. ill.* 57; ebenso Pompeius (Vell. 2, 40, 4. Dio Cass. 37, 21, 4) und Caesar (Dio Cass. 43, 43, 1; 44, 6, 1. 11, 2); Metellus Pius auch bei gewöhnlichen Gastmählern. Macrob. *sat.* 3, 13, 9. Plutarch. *Sert.* 22. Val. Max. 9, 1, 5.

12) S. Staatsverwaltung II² S. 592.

triumphalische Kleid einen wesentlichen Theil dieser Insignien aus;[1] dasselbe legten die Kaiser als Festornat an[2] und etwa seit dem zweiten Jahrhundert alle Consuln bei ihrem Amtsantritte, dem *processus consularis.*[3]

Die Ausdrücke *tunica palmata* und *toga picta*[4] beziehen sich offenbar auf verschiedene Arten der Stickerei, was namentlich daraus hervorgeht, dass die Toga der späteren Kaiserzeit, wie sie die Form veränderte, auch die Stickerei der *tunica* annahm und nicht mehr *picta*, sondern *palmata* heisst.[5] Dass die Stickerei mit Gold ausgeführt wurde, ist bezeugt,[6] dass dieselbe auf der Tunica ein Blattmuster bildete, darf man aus der Bezeichnung *palmata* schliessen.[7] Die *toga picta* dagegen scheint mit kleinen Ornamenten, d. h. Punkten, Kreisen (*oculi*), Kreuzen und Sternen decorirt gewesen zu sein und wird daher χρυσόπαστος, mit Gold bestreut, genannt.[8] Ob man zu diesem Zwecke auch Goldplättchen von getriebener Arbeit verwendete, wie sie von den Orientalen gebraucht wurden,[9] in Rhodus, Cypern, Mykenae, Attica, Dodona, namentlich den Gräberfunden des südlichen Russlands in grossen Massen zu Tage gekommen[10] Goldplättchen.

---

1) S. Mommsen Staatsrecht I² S. 396 ff.

2) So Augustus (Dio Cass. 48, 16, 1. 31, 3), Caligula (Dio Cass. 59, 7, 1), Claudius (Dio Cass. 60, 6, 7), Nero (Dio Cass. 63, 4, 3. Tac. *ann.* 12, 41; 13, 8).

3) Mommsen Staatsrecht I² S. 399.

4) Liv. 10, 7, 9; 30, 15, 11. Festus p. 209ᵃ, 18.

5) Zuerst kommt diese Bezeichnung vor bei Martial. 7, 2, 8. Von da ab ist sie häufig. Apuleius *apol.* 22. Tertullian. *de cor.* 13. Serv. *ad Aen.* 11, 334. Sidonius Apollin. *carm.* 5, 5. Pacatus *paneg.* 9, 6. Isidor. *orig.* 19, 24, 5.

6) S. Mommsen Staatsrecht I² S. 394 Anm. 3.

7) Festus p. 209ᵃ, 23: *Tunica autem palmata a latitudine clavorum dicebatur, quae nunc a genere picturae appellatur.*

8) Nach Appian. *Lib.* 66 trug Scipio bei seinem Triumphe πορφύραν ἀστέρων χρυσῶν ἐνυφασμένων. Nero trug bei seinem Einzuge in Rom eine *chlamys distincta stellis aureis* (Suet. *Nero* 25), wofür Dio Cass. 63, 20, 3 sagt ἁλουργίδα χρυσόπαστον. Ebenso nennt Plutarch. *Aem. Paul.* 34 die *vestis triumphalis* ἁλουργίδα χρυσόπαστον.

9) Demokritos bei Athenaeus 12 p. 525ᵈ: „ἴδοι δ' ἄν τις καὶ τὰς καλουμένας ἀκταίας, ὅπερ ἐστὶ καὶ πολυτελέστατον ἐν τοῖς περσικοῖς περιβλήμασιν· ἔστι δὲ τοῦτο σπαθητὸν ἰσχύος καὶ κουφότητος χάριν, καταπέπασται δὲ χρυσοῖς κέγχροις (eigentlich Hirsekörnern)· οἱ δὲ κέγχροι νήματι πορφυρῷ πάντες εἰς τὴν εἴσω μοῖραν ἅμματ' ἔχουσιν ἀνὰ μέσον.“ τούτοις πᾶσι χρῆσθαί φησι τοὺς Ἐφεσίους ἐπιδόντας εἰς τρυφήν.

10) Die erste Nachricht über die Goldplättchen, welche Löcher zum Aufnähen auf einen Kleiderstoff haben, gab Raoul-Rochette *Journal des savants* 1832 p. 45. 1835 p. 341. 3ᵉ *mémoire sur les antiquités chrétiennes* in *Mémoires de l'acad. des Inscr.* XIII (1838) p. 648. Seitdem sind sie in so grosser Menge

und noch im Mittelalter zur Verzierung von Gewändern benutzt worden[1]) sind, wissen wir nicht, indessen ist es nicht unwahrscheinlich, da diese Decorationsweise auch in Italien alt[2]) und namentlich in Etrurien, von wo diese Prachtkleider nach Rom gekommen sein sollen, in Gebrauch war.[3])

Wir haben endlich noch eine andere Verzierung sowohl der Kleider als des Tischzeuges und der Decken[4]) zu erwähnen, die dem ganzen Alterthum gemeinsam, aber für das römische von besonderem Interesse ist, nämlich die Besätze und Einsätze, welche zum Theil eingewebt, zum Theil aber eingenäht, an-

Besätze. genäht und aufgenäht wurden. Kleidungsstücke mit Besätzen waren überall üblich;[5]) und zwar dienen dazu theils bandartige Streifen, wie die *instita*,[6]) der *limbus*[7]) und die in späterer Zeit vorkommenden *lora*,[8]) die in zwei,[9]) drei oder mehreren Reihen

---

gefunden worden, dass nach Stephani *Compte-rendu* 1878. 1879 p. 41 die k. Eremitage in Petersburg im J. 1867 ungefähr 5000 derselben besass, welche Zahl sich inzwischen beinahe verdoppelt hat. Ueber die Auffindung derselben, ihren Gebrauch und die auf ihnen enthaltenen Reliefdarstellungen handelt wiederholentlich Stephani *Compte-rendu* 1864 p. 127 ff. 1865 p. 10 ff. 49 ff. 55 ff. 70 f. vgl. Taf. III; 1872 p. 148 ff.; 1875 p. 31; 1876 p. 121 f. p. 139 ff., wo Taf. III eine grosse Anzahl derselben abgebildet ist; 1877 p. 234—237. Ausserdem s. *Antiq. du Bosphor. Cimmér.* pl. XX fg. Einige Abbildungen giebt auch Saglio *Dictionnaire des antiquités* I p. 748.

1) Bock a. a. O. I S. 208. 211. 213.

2) S. die Nachweisungen bei Benndorf Gesichtshelme S. 7 Anm. 2.

3) Bei Gozzadini *Di ulteriori scoperte nell' antica necropoli a Marzabotto.* Bologna 1870. fol. sind Tav. 16 solche Goldplättchen aus den Gräbern von Marzabotto herausgegeben. Ein sehr schön gearbeitetes, gefunden in Caere, s. *Mus. Gregor.* Taf. 82. 83. Saglio *Dict. des antiq.* I p. 796. (Dies ist ein Brustschild, ganz anderer Art.)

4) Man hatte nämlich auch *mappae laticlaviae* Petron. 32. Martial. 4, 46, 17; *mantelia cocco clavata* Lamprid. *Alex. Sev.* 37, 2; *lintea toralia* mit zwei *clavi latissimi* Ammian. 16, 8, 8.

5) Um nur ein Beispiel von vielen anzuführen, so hat die bemalte Statue der Diana von Herculaneum (Raoul-Rochette *Peintures antiques.* Paris 1836. 4. pl. VII) einen Peplos mit rothem Saume, den noch eine Goldborte umgiebt.

6) Hor. *sat.* 1, 2, 29. Ovid. *a. am.* 1, 32.

7) *Limbus* ist sowohl bei Geweben die Borte (Ovid. *met.* 6, 127), als bei Kleidern der aufgenähte Besatzstreifen. Verg. *Aen.* 4, 137 und dazu Serv.: *limbus est fascia, quae ambit extremitatem vestium.* Derselbe *ad Aen.* 2, 616: (*limbus*) *est pars vestis extrema, quae instita dicitur.* Einen *aureus limbus* erwähnt Ovid. *met.* 5, 51, und dass derselbe besonders gemacht wurde, sieht man aus dem Gewerbe der Bortenmacher, *limbolarii.* Plaut. *Aul.* 519. Die Inschr. Orelli 4213 ist unecht.

8) Casaub. *ad Treb. Poll. Claud.* 17 p. 406 ed. 1671.

9) Solch ein Besatz ist der *Maeander* bei Verg. *Aen.* 5, 250:

victori chlamydem auratam, quam plurima circum
purpura Maeandro duplici Meliboea cucurrit.

aufgenäht wurden,[1]) theils Frangen (*fimbriae*).[2]) Einen purpurnen Besatzstreifen hatte in Rom die *toga praetexta*, welche die curulischen Magistrate, ein Theil der Priester und bei gewissen Gelegenheiten auch niedrige Magistrate,[3]) ausserdem aber die freigeborenen Knaben bis zur Anlegung der *toga virilis* trugen.[4]) Streitiger ist der Begriff des *clavus* der Tunica, der ebenfalls eine politische Bedeutung erhielt, indem für die Senatoren die *tunica laticlavia*, für die Ritter die *tunica angusticlavia* eine unterscheidende Standestracht ausmachte.[5]) Ueber die Form dieses *clavus* sind unglaublich weitläufige Discussionen geführt worden.[6]) Wir gehen davon aus, dass der *clavus* nicht ein ursprünglich römisches, sondern ein etruskisches *insigne* ist, das nur in Rom zu einer besonderen Bedeutung gelangte, während es bei anderen Völkern ein gewöhnliches Ornament war.[7]) Im Orient wie in Griechenland heisst ein Kleid mit Purpursaum περιπόρφυρος, ein Kleid mit einem vorn auf der Brust herabgehenden Streifen (παρυφή)[8]) μεσοπόρφυρος, ein Purpurkleid mit weissem Bruststreifen μεσόλευκος.[9]) Aus der Mysterieninschrift *clavus.*

---

1) Vopisc. *Aurel.* 46, 6: *paragaudas vestes ipse primus militibus dedit — et quidem aliis monolores, aliis dilores, trilores aliis et usque ad pentelores.* Vgl. Salmasius z. d. St.

2) Frangen sind, wie Winckelmann bemerkt, unrömisch und zunächst der orientalischen Königstracht eigenthümlich. Eine Isispriesterin im Oberkleid mit Frangen, s. Visconti *Musée Chiaramonti* tav. 3 und p. 43 der Mailänder Ausgabe. Eine Aphrodite, ebenso gekleidet, Dresdener Antikensammlung n. 13; eine Pudicitia Righetti *Descr. del Campidoglio* I tav. 61. Trebellius Pollio *XXX tyrann.* 30, 14 sagt von der Zenobia: *Imperatorum more Romanorum ad contiones galeata processit cum limbo purpureo gemmis dependentibus per ultimam fimbriam.* Auch von Caesar sagt Sueton *Caes.* 45, *usum eum esse lato clavo ad manus fimbriato,* aber diese Worte sind ohne Sinn. E. Schulze Rhein. Museum XXX S. 122 vermuthet *clavo ad amussim striato.*

3) Mommsen Staatsrecht I² S. 394 ff.

4) S. oben S. 124.

5) S. meine *Hist. equitum Rom.* p. 77. 80.

6) O. Ferrarii *De re vestiaria libri septem.* Patavii 1654. 4. I p. 206 ff. A. Rubenii *De re vestiaria veterum, praecipue de lato clavo libri duo.* Antverpiae 1665. 4. O. Ferrarii *Analecta de re vestiaria.* Patavii 1690. 4. 29 ff.; neuerdings handelt darüber E. Schulze Der *latus clavus* der römischen Tunica. Rhein. Museum XXX (1875) S. 120 ff.

7) Plin. *n. h.* 9, 136: *Nam toga praetexta et latiore clavo Tullum Hostilium e regibus primum usum Etruscis devictis satis constat.* Nach Strabo 3 p. 168 trugen die Einwohner der Balearen zuerst χιτῶνας πλατυσήμους. Ueber griechische Gewänder, an welchen bald an der Vorderseite, bald an den Nebenseiten Streifen von oben nach unten laufen, s. Stephani *Compte-rendu* 1878—1879 S. 83. 95 ff.

8) Pollux 7, 53: αἱ μέντοι ἐν τοῖς χιτῶσι πορφυραῖ ῥάβδοι (*virgae*) παρυφαὶ καλοῦνται.

9) S. die Stellen bei Reimarus zu Dio Cassius 78, 3 n. 14. Curtius 3, 3,

von Andania aus der Zeit des Epaminondas, in welcher den Priesterinnen vorgeschrieben wird, dass die σημεῖα ihrer Kleider nicht breiter als einen halben Finger sein sollen, sieht man mit Bestimmtheit, dass σημεῖον der technische Ausdruck für einen Streifen ist und dass diese Kleider mehrere solcher Streifen hatten.[1]) Nun ist aber σημεῖον der griechische Ausdruck für *clavus*;[2]) die *tunica laticlavia* heisst πλατύσημος,[3]) die *tunica angusticlavia* στενόσημος,[4]) eine *tunica* ohne *clavus* ἄσημος,[5]) eine *tunica* mit *clavus* σημειωτός[6]) und es bestätigt sich auch hierdurch das Resultat, zu welchem Rubenius gelangte,[7]) dass nämlich der *clavus* ein Streifen,[8]) nicht ein runder oder rechteckiger Einsatz ist. Der purpurne *clavus* wurde an die Tunica angewebt[9]) oder angenäht;[10]) er ging vom Halse vertical her-

---

17 sagt mit Bezug hierauf vom Perserkönig: *purpureae tunicae medium album intextum erat.*

1) Sauppe Die Mysterieninschrift von Andania in den Abhandlungen der kgl. Gesellsch. zu Göttingen. VIII (1860). Es heisst lin. 16: αἱ δὲ γυναῖκες (sollen tragen) μὴ διαφανῆ, μηδὲ τὰ σαμεῖα ἐν τοῖς είματίοις πλατύτερα ἡμιδακτυλίου, und lin. 21: είμάτιον γυναικεῖον οὖλον, σαμεῖα ἔχον μὴ πλατύτερα ἡμιδακτυλίου. Ein Kleid mit einem solchen σημεῖον hat Iphigenia auf den Vasenbildern *Monumenti d. Inst.* I, 43. VI, 66. Kleider mit zwei heruntergehenden Streifen s. auch in Gerhard Antike Bildwerke 49. 309.

2) Philox. *gloss.* σημεῖα· *clavi.*

3) Diodor. *Exc.* p. 535, 69 (*fr.* 36, 7, 4) und sonst oft.

4) Arrian. *Epict.* 1, 24, 12: λέγει σοι· θὲς τὴν πλατύσημον· ἰδοῦ στενόσημος· θὲς καὶ ταύτην· ἰδοῦ ἱμάτιον μόνον.

5) Pollux 4, 118: κωμικὴ δὲ ἐσθὴς ἐξωμίς· ἔστι δὲ χιτὼν λευκὸς ἄσημος. Lampr. *Alex. Sev.* 33, 4: *tunicas asemas — ad usum revocavit suum. Ed. Diocl.* 16, 71: ἀσήμου καινοῦ ὁλοσηρικοῦ und dazu Keil im Rhein. Mus. N. F. 1864. S. 613.

6) So erklärt wenigstens Sauppe a. a. O. die Stelle M. Antonin. εἰς ἑαυτόν I, 17: ἐν αὐλῇ βιοῦντα μήτε δορυφορήσεων χρῄζειν μήτε ἐσθήτων σημειωτῶν μήτε λαμπάδων.

7) A. a. O. p. 13 ff.

8) Vgl. auch Serv. *ad Aen.* 2, 616: *alii nimbum clavum transversum in veste existimant.* Auch im Mittelalter hat *clavus* diese Bedeutung. Isidor. *orig.* 19, 22, 9: *Dalmatica — tunica sacerdotalis candida cum clavis ex purpura*, wofür Rhabanus Maurus *de institutione clericorum* 19 sagt: *Haec vestis — habet — et purpureos tramites, ipsa tunica a summo usque ad ima ante et retro descendentes, nec non per utramque manicam.* In anderen Stellen bei Rubenius p. 49 heissen diese *clavi* auch *coccineae lineae* oder *virgulae* oder *zonae.*

9) Unbestimmt sagt Quintil. 8, 5, 28: *clavus et purpurae in loco insertae* und Nonius p. 540, 4: *Patagium aureus clavus, qui pretiosis vestibus immitti solet.* Auch *Dig.* 10, 4, 7 § 2: *si — purpuram vestimento intexueris* kann von der *praetexta* verstanden werden. Deutlicher heisst es Festi *epit.* p. 56, 9: *Clavata dicuntur — vestimenta clavis intertexta.*

10) *Dig.* 34, 2, 23 § 1: *clavique qui vestibus insuuntur* und 34, 2, 19 § 5: *quemadmodum clavi aurei et purpurae pars sunt vestimentorum. Idem Pomponius libris epistolarum, etsi non sunt clavi vestimentis consuti, tamen veste legata contineri.*

unter,[1] und zwar, so viel man aus den wenigen hierüber Aufschluss gebenden Stellen[2] ersehen kann, zweimal parallel, so dass sowohl für die *tunica angusticlavia*[3] als für die *tunica laticlavia*[4] zwei *clavi* anzunehmen sind; zweifelhafter ist dagegen, ob die *clavi* nur an der Vorderseite oder auch an der Rückseite der Tunica heruntergingen, indessen wird die letztere Annahme von Varro bestätigt.[5]

---

1) Horat. *sat.* 1, 6, 28:

latum demisit pectore clavum.

Quintilian. 11, 3, 138: *Cui lati clavi ius non erit, ita cingatur, ut tunicae prioribus oris infra genua paullum, posterioribus ad medios poplites usque perveniant. — Ut purpurae recte descendant levis cura est.* Eucherius *Hebraeorum nominum interpretatio* ed. Basil. 1531. fol. p. 291: *Paenula est quasi lacerna descendentibus clavis.*

2) Die meisten Stellen, in welchen nur von der Berechtigung zu dieser Tracht die Rede ist, haben den Singular, aus dem indess nichts zu schliessen ist. S. Suet. *Caes.* 45; *Aug.* 73. Vellei. 2, 88, 2. Trebell. Pollio *Claud.* 14, 10. Lydus *de mag.* 1, 17 hat keine genaue Vorstellung mehr von der alten Senatoren-Kleidung. Er nennt sie χλαμύς statt χιτών. Ἐπίσημα δὲ τοῖς πατράσιν ἤτοι πατρικίοις ἦν δίπλακες μὲν ἤτοι χλαμύδες ἄχρι κνημῶν ἐξ ὤμων διήκουσαι — πορφύρᾳ κατὰ μέσου διάσημοι (λατικλαβίας αὐτὰς ὠνόμαζον). In drei Stellen ist aber von *clavi tunicae* die Rede, nämlich in der angeführten Stelle des Quintilian, wo *purpurae* die *clavi* sind, bei Festus p. 209a, 23: *tunica autem palmata a latitudine clavorum dicebatur, quae nunc a genere picturae appellatur,* und bei Varro *sat. Menipp.* 313 Bücheler: *quam istorum, quorum vitreae togae ostentant tunicae clavos.* (Diese Stellen beweisen nichts, da der Plural sich auf den vorderen und hinteren *clavus* beziehen kann; nur in der A. 5 angeführten Varrostelle ist von mehreren *clavi* sowohl vorn als hinten die Rede.)

3) Dies hat man mit Recht aus der angeführten Stelle des Quintilian geschlossen.

4) Festus p. 209a, 23. Die Stelle des Herodian 5, 5, 9, aus welcher Rubenius auf einen Purpurstreif schliesst, scheint mir das Gegentheil zu beweisen. Bei dem dort beschriebenen Opfer des Elagabal waren anwesend die höchsten Magistrate, ἀνεζωσμένοι οἱ μὲν χιτῶνας ποδήρεις καὶ χειριδωτοὺς νόμῳ Φοινίκων, ἐν μέσῳ φέροντες μίαν πορφύραν. Sie hatten also ein phönicisches, nicht römisches Costüm, einen χιτὼν μεσοπόρφυρος, der gerade darin von der römischen Tracht abwich, dass er nur e i n e n breiten *clavus* hatte.

5) Varro *de l. L.* 9, 79: *Non, si quis tunicam in usu ita* (es wird mit E. Schulze zu lesen sein *inusitate*) *ita consuit, ut altera plagula sit angustis clavis, altera latis, utraque in suo genere caret analogia.* Die Tunica bestand aus einem Bruststück und einem Rückenstück und war auf beiden Seiten zusammengenäht, wie wir unten sehen werden. Varro sagt ausdrücklich, dass beide Stücke die *clavi* hatten; bezweifelt hat man dies nur, weil sie auf dem Rücken nicht zu sehen waren, wenn man die *toga* trug. Allein erstens that man das nicht immer, und zweitens redet Varro *sat. Menipp.* 313 (Nonius p. 536, 33) von Leuten, *quorum vitreae togae ostentant tunicae clavos.* Auf einem pompeianischen Wandgemälde finden sich dreizehn Figuren, die mit *tunicae angusticlaviae* bekleidet sind. An der Tunica laufen nicht nur an der Brustseite, sondern auch an der Rückenseite zwei *clavi* herunter. Nissen Pomp. Studien S. 352, der dies Bild ausführlich bespricht, hält die dargestellten Personen für *ministri,* welche römische Amtstracht tragen. (Letzteres jedenfalls ohne Grund; dieselben Streifen haben z. B. auf dem *Not. d. scavi* 1884 p. 48 f. beschriebenen Bilde die bei Tisch bedienenden Sclaven; wenn dies der *clavus* ist, so durfte ihn jeder

Bei Frauenkleidern kommen auch goldene, d. h. goldgestickte *clavi* oder *patagia*[1]) vor, von deren Beschaffenheit die Dresdener Statue der Athene[2]) eine Anschauung giebt. Das Unterkleid der Göttin hat einen breiten, von der Brust bis zum Saum herabgehenden Streifen, auf welchem Gigantenkämpfe gestickt sind; so hat man sich auch die goldverbrämten,[3]) namentlich die als *auro clavatae vestes* bezeichneten Kleider[4]) zu denken, deren Ornamentation mit der *stola* selbst in der alten christlichen Priestertracht sich erhalten hat.[5]) Im Mittelalter heisst ein solcher in Gold gestickter Streifen *chrysoclavum* und ein damit verziertes Kleid *vestis chrysoclava.*[6])

patagia.

segmenta.

Von den *clavi* zu unterscheiden sind die *segmenta*,[7]) von denen die *vestes segmentatae*,[8]) *toralia segmentata*[9]) ihren Namen

---

tragen, und bestand die Auszeichnung nur darin, ihn von Purpur tragen zu dürfen.)

1) Non. p. 540, 4: *patagium*, *aureus clavus*, *qui pretiosis vestibus immitti solet.* Tertull. *de pall.* 3. Festi *ep.* p. 221, 2: *Patagium est*, *quod ad summam tunicam assui solet*, *quae et patagiata dicitur* (vgl. Plaut. *Epid.* 231) *et patagiarii qui eiusmodi faciunt.* Diese *patagiarii* erwähnt Plaut. *Aul.* 509. Die Inschrift Doni VIII, 78, in welcher ein *manulearius patagiarius* vorkommt, ist ligorianisch.

2) Becker *Augusteum* Taf. IX. X.

3) Festi *ep.* p. 115, 12: *Leria*, *ornamenta tunicarum aurea.* Hesychius: Ληροί· τὰ περὶ τοῖς γυναικείοις χιτῶσι κεχρυσωμένα. Photius: Ληροί· κόσμος γυναικεῖος χρυσοῦς.

4) Juvenal. 6, 482:

aut latum pictae vestis considerat aurum,

und dazu das Scholion: *auroclavas vestes miratur.* Vopiscus *Tac.* 11, 6: *auro clavatis vestibus idem interdixit. Nam et ipse auctor Aureliano fuisse perhibetur, ut aurum a vestibus — summoveret.*

5) Bock a. a. O. I S. 436. 437. Auf der Taf. X abgebildeten Mosaik des sechsten Jahrhunderts befinden sich an der Stola der Kleriker zwei Streifen, die von den Schultern parallel heruntergehen.

6) Bei Anastasius *De Vit. pont.* Romae 1718. fol. Vol. I p. 273 stiftet Leo III. im J. 795 *cortinas albas holosericas rosatas habentes in medio crucem de chrysoclavo;* p. 274: *vestem de chrysoclavo*, *habentem historiam nativitatis* (d. h. darstellend die Geburt Christi), p. 275: *vestem chrysoclavam pretiosis gemmis ornatam.*

7) Nach Valer. Max. 5, 2, 1 wurde schon zu Coriolan's Zeit den römischen Frauen erlaubt *purpurea veste et aureis uti segmentis.* Ovid. *a. am.* 3, 169: *nec nunc segmenta requiro.* Juven. 2, 124: *segmenta et longos habitus et flammea sumit.*

8) Isidor. *orig.* 19, 22, 18: *Segmentata zonis quibusdam et quasi praecisamentis ornata. Nam et particulas cuicunque materiae abscissas praesegmina vocant.* So kommen *segmentati amictus* vor Symmachus *ep.* 4, 42, und diese hat Horaz im Sinn, wenn er von den Dichtern sagt *A. P.* 15:

Purpureus, *late qui splendeat*, *unus et alter*
adsuitur pannus.

Ganz ähnlich sagt Symmachus *ep.* 3, 12: *paginae Tulliano segmentatae auro.*

9) Oefters in den Arvaleninschriften, *Acta* 17 Mai 117: *discumbentes toralibus albis segmentatis.* 17 Mai 183: *discumbentes toralibus segmentatis.* 27 Mai

haben. Dies sind Aufsatz- oder Einsatzstücke von rechteckigem, kreisförmigem[1]) oder streifenartigem[2]) Schnitt, meistens von Purpur, mit Gold gestickt, welche auf Zeuge aufgenäht oder so eingenäht werden, dass die Unterlage ausgeschnitten wird. Es ist noch eine ägyptische Tunica dieser Art vorhanden,[3]) und ähnliche römische Kleider kommen auf Monumenten vor; [4]) ebenso war die consularische Toga in der Zeit vom vierten bis sechsten Jahrhundert eine *segmentata*[5]) und wahrscheinlich von der *toga picta* der alten Triumphatoren ganz verschiedene. Auf den weiter unten zu besprechenden consularischen Diptychen besteht das Ornament derselben aus nebeneinander liegenden Kreisen und Quadraten, welche eine Sternblume einschliessen und zwar die Form eines *segmentum* haben, aber wahrscheinlich nicht aufgesetzt, sondern durch Stickerei hergestellt waren.[6]) Dagegen ist die zur byzantinischen Hoftracht gehörige *Chlamys*, [7]) welche

---

218: *super toralibus segmentatis discubuerunt.* 17 Mai 241: *toralem segmentatum.* Vgl. Juven. 6, 89: *et segmentatis dormisset parvula cunis.*

1) Tertullian *de pud.* 8 hat daher den Ausdruck *vestes purpura oculare.*

2) Breite Querstreifen (*zonae*) von anderer Farbe als die des Kleides finden sich, wie Wieseler Das Diptychon Quirinianum S. 38 bemerkt, auf den Costümen der Schauspielerfiguren bei Millin *Descr. d'une mosaique ant. du Mus. Pio-Clem.* Paris 1828. fol. tabl. VI ff. und wiederholt bei Wieseler Theatergebäude Taf. VII. VIII; ferner auf dem Cyrenäischen Wandgemälde bei Pacho *Voyage* pl. XLIX und L.

3) Sie ist gefunden 1801 in einem Grabe von Sakkara und abgebildet in *Histoire et Mémoires de l'acad. des inscr. et belles lettres.* V (1821). *Hist.* p. 62. Sie hat auf beiden Schultern ein gesticktes rechteckiges Einsatzstück; auf der Vorderseite zwischen Gürtel und Saum zwei eingesetzte Rechtecke; auf der Brust zwei parallele, vertical aufgenähte Streifen, an den Armen zwei aufgenähte Besatzstreifen.

4) Sieben Bilder, gefunden in einer Vigna bei dem Hospital S. Giovanni in Laterano, edirt in Cassini *Pitture antiche.* Roma 1783. fol. stellen Diener oder Priester dar, die eine Schüssel mit Essen tragen, und alle ähnlich gekleidet sind. Nr. 7 hat eine Tunica mit Aermeln ohne Gürtel, auf den Schultern ein rundes Aufsatzstück mit Goldverzierung; um den Hals einen bandartigen Besatz mit Goldbuckeln, der in zwei Streifen herunterhängt; die Aermel haben einen gleichen Besatz, ebenso der untere Rand der Tunica; über dem Besatze aber befinden sich zwei runde Einsatzstücke mit goldenen knopfartigen Verzierungen. Andere Beispiele dieser Verzierungen s. bei Buonarruoti *Vetri* p. 33. Zahlreiche Nachweisungen giebt Wieseler Das Diptychon Quirinianum S. 44 ff.

5) Bei Sid. Apoll. *epist.* 8, 6 trägt der Consul Asterius bei seinem Amtsantritte eine purpurne Toga, welche *crepitantia segmenta* hat, und Ennodius *Paneg. in Theodericum* c. 4, p. 266, 1 Hartel braucht die Redensart *aliquem in segmentis ponere* für *consulem facere.*

6) Wieseler a. a. O. S. 42.

7) Dies Costüm ist am besten dargestellt auf dem grossen Mosaikbilde in der Kirche S. Vitale zu Ravenna, in Farben reproducirt bei Hefner Trachten des christlichen Mittelalters I Taf. 91. 92 und *Revue archéol.* VII (1850) pl. 145. 146. Man sieht darauf den Kaiser Justinian in purpurner Chlamys mit Einsatz

gleichfalls auf Diptychen vorkommt,[1]) mit einem einzelnen, grossen, rechteckigen Einsatzstücke anderen Stoffes verziert, welches *tabula*,[2]) ταβλίον[3]) oder ταβλίν[4]) genannt wird und wenn es, wie dies bei der kaiserlichen Tracht der Fall war, Goldornamente hatte, auch griechisch σηγμέντον hiess.[5])

C. Die männliche Kleidung.

In historischer Zeit bestand die Kleidung der römischen Männer aus einem Unterkleide, *tunica*, und einem Umwurf, *toga*. Ursprünglich sollen die Römer indess nur die *toga*[6]) und darunter statt der *tunica* einen Schurz (*subligaculum*,[7]) *campestre*,[8]) *cinctus*)[9]) getragen haben, und in diesem Anzuge erschienen noch später die Candidati bei der Amtsbewerbung[10]) und

---

von Goldstoff, zwei Beamte in weisser Chlamys mit purpurnem Einsatz, und neben der Kaiserin Theodora nochmals zwei Beamte in derselben Kleidung.

1) Auf dem Halberstädter Diptychon (s. Förstemann Neue Mittheilungen aus dem Gebiet historisch-antiquarischer Forschungen. VII. 1843) tragen fünf Personen die Chlamys mit dem ταβλίον.

2) *Anastasii Bibl. in Leone* III: *et praeclarus pontifex fecit in circuitu altaris B. Petri apostoli — tetravola rubea holoserica alethina, habentia tabulas seu orbiculos de chrysoclavo, depictos historiis.*

3) *Chronicon Paschale* p. 217 Dindorf: Οὗτος Νουμμᾶς ὁ καὶ Πομπήλιος δεξάμενος πρεσβευτὰς ἐκ τῆς χώρας τῶν λεγομένων Πελασγῶν, φορούντων χλαμύδας ἐχούσας ταβλία ῥούσαια, καθάπερ οἱ ἀπὸ τῆς Ἰσαυρίας χώρας — — ἐπενόησεν πρῶτος ἐν Ῥώμῃ χλαμύδας φορεῖσθαι, τὰς μὲν βασιλικὰς πορφυρᾶς, ἐχούσας ταβλία χρυσᾶ, τὰς δὲ τῶν συγκλητικῶν καὶ τῶν ἄλλων τῶν ἐν ἀξίαις καὶ στρατείαις χλαμύδας σήμαντρον τῆς βασιλικῆς φορεσίας ταβλία πορφυρᾶ, ἀξίαν δηλοῦντα Ῥωμαικῆς πολιτείας. Dies ist alles, wie die ravennatische Mosaik zeigt, für die byzantinische Zeit richtig. Am häufigsten erwähnt diese Tracht Constantinus Porphyrog. *de caerimoniis aulae Byzantinae;* wie z. B. die ταβλία p. 440, 17; 575, 14 ed. Bonn.; die χρυσόταβλα χλανίδια p. 24, 18; 574, 9, und Reiske hatte, wie er Vol. II p. 471 ed. Bonn. sagt, über die ταβλία eine lange Abhandlung geschrieben, welche indess auf Wunsch seines Verlegers nicht gedruckt wurde und, so viel ich weiss, auch niemals herausgegeben ist.

4) *Chron. Pasch.* p. 613, 19 ed. Bonn.: φορέσας — — χλαμύδιν ἄσπρον ὁλοσηρικόν, ἔχον ἀντὶ πορφυροῦ χρυσοῦν βασιλικὸν τάβλιν, ἐν ᾧ ὑπῆρχεν ἐν μέσῳ στηθάριν ἀληθινὸν μικρὸν τοῦ βασιλικοῦ χαρακτῆρος Ἰουστίνου.

5) Lydus *de mag.* 2, 13 p. 178.

6) Gell. 6 (7), 12, 3: *Viri autem Romani primo quidem sine tunicis toga sola amicti fuerunt.*

7) Nonius p. 29, 20. Cic. *de off.* 1, 35, 129.

8) Hor. *ep.* 1, 11, 18. Vulcac. *Av. Cass.* 4, 7. August. *d. civ. dei* 14, 17. Ascon. p. 30, 9 Or. (unten S. 551 A. 1). *Glossae* in Mai *Class. auct.* VII p. 554: *Campestria, lumbaria sive praecinctoria.*

9) *Glossae* bei Mai l. l. p. 555: *Cinctus est lata zona et minus lata hemicinctium et utriusque minima cinculum. — Cincto autem iuvenes in exercitatione campestri verecunda velabant, unde et campestris dicebatur.*

10) Plut. *Coriol.* 14: καὶ γὰρ ἔθος ἦν τοῖς μετιοῦσιν τὴν ἀρχὴν παρακαλεῖν καὶ δεξιοῦσθαι τοὺς πολίτας ἐν ἱματίῳ κατιόντας εἰς τὴν ἀγορὰν ἄνευ χιτῶνος.

einige Liebhaber alter Sitten, wie der jüngere Cato[1]) und die Familie der Cethegi.[2]) Aber wie es für unsauber galt, Tag und Nacht die Toga auf dem Leibe zu haben,[3]) so fand man es auch unanständig, ohne *tunica* zu gehen, zumal da man im Hause die *toga* ablegte.[4]) Die Tunica war ein Hemde, bestehend aus zwei Theilen, einem Bruststück und einem Rückenstück, welche zusammengenäht wurden.[5]) Aermel hatte sie entweder gar nicht, oder dieselben reichten nur bis zur Hälfte des Armes; denn die langärmelige *tunica manicata* oder *manuleata*[6]) (χειριδωτός), die allerdings schon in der Zeit der Republik vorkommt, wurde für eine weichliche und weibische Kleidung angesehn[7]) und ist erst im dritten und vierten Jahrhundert allgemeine Tracht geworden.[8]) Gewöhnlich gürtete man die Tunica über den Hüften, so dass sie bis zu den Knieen reichte; wer den *latus clavus* hatte, über welchen kein Gurt

---

Plut. *Q. R.* 49 p. 340 Dübn.: Διὰ τί τοὺς παραγγέλλοντας ἄρχειν ἔθος ἦν ἐν ἱματίῳ τοῦτο ποιεῖν ἀχίτωνας ὡς Κάτων ἱστόρηκεν.

1) Plut. *Cat. min.* 6: πολλάκις δ' ἀνυπόδητος καὶ ἀχίτων εἰς τὸ δημόσιον προῄει. Ascon. p. 30, 9 Or.: *Cato praetor iudicium, quia aestate agebatur, sine tunica exercuit, campestri sub toga cinctus. In forum quoque sic descenderat iusque dicebat, idque reppererat ex vetere consuetudine, secundum quam et Romuli et Tatii statuae in Capitolio et in rostris Camilli fuerunt togatae sine tunicis.* Val. Max. 3, 6, 7.

2) Porphyr. *ad Hor. A. P.* 50:

Fingere cinctutis non exaudita Cethegis:

Omnes enim Cethegi unum morem servaverunt Romae — nunquam enim tunica usi sunt, ideoque cinctutos eos dixit, quoniam cinctum est genus tunicae infra pectus aptatae. Lucan. 2, 543: *exsertique manus vesana Cethegi;* 6, 794: *nudique Cethegi.* Sil. Ital. 8, 587:

Ipse humero exsertus gentili more parentum
Difficili gaudebat equo.

3) Mart. 11, 56, 6. 4) Liv. 3, 26, 9. Cic. *pr. Mil.* 10, 28.

5) Varro *de l. L.* 9, 79 s. oben S. 547 Anm. 5. Suet. *Aug.* 94: *Sumenti virilem togam tunica lati clavi resuta ex utraque parte ad pedes decidit.* Josephus *Ant.* 3, 7, 4 vom jüdischen Priesterrock: ἔστι δ' ὁ χιτὼν οὗτος οὐκ ἐκ δυοῖν περιτμημάτων, ὥστε ῥαπτὸς ἐπὶ τῶν ὤμων εἶναι καὶ τῶν παρὰ πλευράν, φάρσος δ' ἓν ἐπίμηκες ὑφασμένον σχιστὸν ἔχει βρογχωτῆρα.

6) Plaut. *Pseud.* 738.

7) Gellius 6 (7), 12: *Tunicis uti virum prolixis ultra brachia et usque in primores manus ac prope in digitos Romae atque in omni Latio indecorum fuit. Eas tunicas Graeco vocabulo nostri chiridotas appellaverunt feminisque solis vestem longe lateque diffusam indecere existimaverunt.* Cic. in *Catil.* 2, 10, 22: *quos pexo capillo nitidos — videtis, manicatis et talaribus tunicis.* In der Rede *in Clod. et Curion.* 5, 1 (*Schol. Bobiens.* p. 335, 20 Or.) nennt er die *manicata tunica* einen *muliebris ornatus.* Suet. *Caes.* 45 (vgl. jedoch S. 545 A. 2). Eine solche *tunica* siehe *Mus. Borb.* VI, 8.

8) Vopisc. *Aurel.* 48. Augustin. *de doctr. Christ.* 3, 20. Vol. III, 1 p. 39 ed. Bened.: *Talares et manicatas tunicas habere apud Romanos veteres flagitium erat, nunc autem honesto loco natis, cum tunicati sunt, non eas habere flagitium est.*

gelegt wurde,[1]) trug sie etwas länger; Soldaten[2]) und Reisende[3]) auch kürzer. Aber ohne Gurt zu gehen,[4]) oder die *tunica* bis zu den Füssen hängen zu lassen[5]) war anstössig, wenn es nicht etwa bei geschäftlichen Verrichtungen[6]) oder im Hause geschah, wo man es sich bequem machte.[7]) Schon zu Plautus' Zeit[8]) war es Sitte, unter der *tunica* noch ein Hemde, *tunica interior*[9]) oder *subucula*,[10]) anzulegen, das gleichfalls von Wolle war,[11]) so dass nunmehr zum regelmässigen Anzuge zwei Tuniken gehören;[12]) aber leinene Hemden haben erst im vierten Jahrhundert Eingang gefunden.[13])

Während im Hause der Sclave[14]) wie der Herr, der Fremde *toga.* wie der Bürger in der Tunica erscheint, legt der Letztere beim

1) Quintil. 11, 3, 138. Suet. *Caes.* 45. 2) Quintil. a. a. O.
3) Horat. *sat.* 1, 5, 6: *altius praecincti ac nos.*
4) So pflegte Maecenas *discinctus* (Senec. *ep.* 114, 4), d. h. *solutis tunicis* (ib. 114, 6) einherzugehen. *Auctor. Eleg. de obitu Maecen.* 21 in Wernsd. *P. L. M.* III p. 158 = Baehrens I p. 127. So ist auch zu verstehen *discinctus nepos* Hor. *epod.* 1, 34. 5) Plaut. *Poen.* 1298:
Quis hic homo est cum tunicis longis quasi puer cauponius?
v. 1303: *Sane genus hoc muliebrosum est tunicis demissiciis.*
Cic. *in Cat.* 2, 10, 22, wo *talares tunicae* genannt werden. Quintil. 11, 3, 138. Horat. *sat.* 1, 2, 25:
Maltinus tunicis demissis ambulat.
und dazu Porph.: *Tunicis demissis ambulare eorum est, qui se molles ac delicatos velint haberi.* Cic. *pro Cluent.* 40, 111: *Facite enim ut non solum mores et arrogantiam eius, sed etiam vultum atque amictum atque illam usque ad talos demissam purpuram recordemini.*
6) So erschienen namentlich die Verkäufer (*institores*) in Läden *discincti et demissis tunicis.* Propert. 5, 2, 38:
mundus demissis institor in tunicis.
Plaut. *Poen.* 1303. S. O. Jahn Berichte der phil.-histor. Classe der kgl. Sächs. Ges. der Wissensch. 1861 S. 329.
7) Horat. *sat.* 2, 1, 73.
8) Plaut. *Aul.* 647: *ne inter tunicas habeas.* Doch sagt noch Varro bei Non. p. 108, 30: *Mihi puero modica una fuit tunica et toga.*
9) Val Max. 7, 4, 5.
10) Horat. *epist.* 1, 1, 95. Festus p. 309ᵃ, 29. Vgl. oben S. 485.
11) Horat. *epist.* 1, 1, 95.
12) Varro bei Non. p. 542, 24: *Posteaquam binas tunicas habere coeperunt, instituerunt vocare subuculam et indusium.* Calpurn. *ecl.* 3, 29:
nam protinus ambas
Diduxi tunicas et pectora nuda cecidi.
Bei Joseph. *Ant.* 17, 5, 7 hat ein Sclave einen Brief eingenäht in das Hemde (τὸν ἐντὸς χιτῶνα· ἐνεδεδύκει γὰρ δύο). Daher braucht auch Quintil. 11, 3, 138 den Plural *tunicae.* Dass der Kaiser Augustus im Winter vier *tunicae* und ausserdem eine *subucula* und einen *thorax laneus* übereinander trug (Suet. *Aug.* 82), geschah aus Gesundheitsrücksichten.
13) S. oben S. 486.
14) Die Tunica tragen die *praecincti recte pueri* bei Horat. *sat.* 2, 8,70. Vgl. Ammian. 26, 6, 15: *Stetit itaque —, nusquam reperto paludamento, tunica auro distincta ut regius minister indutus.*

Ausgehen in die Stadt und auf das Forum die Toga an; [1]) sie wird ihm, wenn er das Mannesalter erreicht hat, in einem feierlichen Acte als Zeichen des erlangten Bürgerrechtes übergeben; [2]) sie ist dem Verbannten untersagt [3]) wie dem Fremden, [4]) und obgleich man seit dem Ende der Republik nicht nur im Auslande fremde Tracht anzunehmen, [5]) sondern auch in Rom selbst die Toga mit bequemeren Kleidungsstücken zu vertauschen anfing, [6]) und im übrigen Italien die Toga zur Zeit Martial's und Juvenal's wenig getragen wurde, [7]) so blieb dieselbe immer die officielle Tracht bei der *Salutatio*, [8]) bei den Spielen, [9]), bei Hofe [10]) und in allen amtlichen Geschäften, [11]) und die Ertheilung der Toga an junge Bürger ist noch am Ende des vierten Jahrhunderts nachzuweisen. [12])

In Betreff der Form dieses vielbesprochenen Kleidungsstückes ist es nicht nöthig, auf die ältere Litteratur zurückzugehen, da neuerdings unter Benutzung der vielen noch erhaltenen und jetzt durch gute Reproductionen allgemein zugänglichen Togastatuen von Weiss, [13]) v. d. Launitz [14]) und A. Mül-

---

1) Dio Cass. *fr.* 39, 7 Dind. von der Toga: ᾗν δὲ ἡ ἀστική, ᾗ κατ' ἀγορὰν χρώμεθα; 56, 31, 3: φαιάν, τὸν ἀγοραῖον τρόπον πεποιημένην. Nonius p. 406, 15: *toga — vestimentum, quo in foro amicimur.*

2) S. oben S. 125.

3) Plin. *ep.* 4, 11, 3: *carent enim togae iure, quibus aqua et igni interdictum est.*

4) Suet. *Claud.* 15.

5) Dass Rabirius in Alexandria und Verres in Sicilien ein *pallium* trug, wurde beiden zum grossen Vorwurf gemacht. Cic. *pr. C. Rab. Post.* 9, 26. *in Verr.* 4, 25, 55; 5, 13. 31; 16, 40; 33, 86; 52, 137.

6) Schon Sulla und L. Scipio trugen eine *chlamys* im Felde (Cic. *pr. Rab.* 10, 27. Liv. 29, 19, 12); unter August aber sah man die Leute auf dem Forum in der *lacerna* erscheinen. Suet. *Aug.* 40: *Etiam habitum vestitumque pristinum reducere studuit ac visa quondam pro contione pullatorum turba indignabundus et clamitans: En*

Romanos rerum dominos gentemque togatam

negotium aedilibus dedit, ne quem posthac paterentur in foro circove nisi positis lacernis togatum consistere.

7) Mart. 4, 66. Juven. 3, 171.

8) S. oben S. 259 ff.

9) Mart. 2, 29; 13, 98. Juven. 11, 203. Friedlaender Darst. II⁵ S. 267. Lamprid. *Comm.* 16, 6.

10) Spart. *Sever.* 1, 7. Friedlaender Darst. I⁵ S. 151.

11) *Cod. Theod.* 14, 10, 1.

12) S. oben S. 131 Anm. 2 und Mommsen Staatsrecht I² S. 392 Anm. 2.

13) H. Weiss Kostümkunde. Zweite Aufl. Stuttgart 1881. 8. S. 431.

14) Prof. v. d. Launitz trug seine Ansicht auf der Philologenversammlung zu Heidelberg 1865 vor und erläuterte dieselbe praktisch, indem er die von ihm zugeschnittene Toga einer dazu geeigneten Gipsstatue anlegte. In Folge dessen wurde eine kleinere Statuette angefertigt (zu haben bei Vanni in Frankfurt a/M.) und diese nebst der dazu gehörigen *toga* befindet sich im Besitze

ler [1]) praktische Versuche gemacht worden sind, sowohl den Schnitt als die Art des Umwurfs festzustellen.

Schnitt und Anlegung derselben.

Die Toga ist ein weisses [2]) wollenes Tuch, das zwar vom Webstuhl, wie es scheint, in rechteckiger Form kam, aber an den Ecken abgerundet wurde und, wie man gewöhnlich annimmt, die Form einer Ellipse erhielt. [3]) Durch diesen Zuschnitt unterschied es sich wesentlich von dem griechischen Mantel, welcher viereckig (τετράγωνον ἱμάτιον) [4]) war. Die Länge des Tuches musste das Dreifache der Schulterhöhe des Mannes, der es umlegen sollte, betragen, die Breite aber war sehr verschieden. Denn in alter Zeit, wo man die Toga der Wärme wegen trug [5]) und selbst im Kriege nicht ablegte, nahm man dazu ein grobes Tuch, das man ohne alle Kunst nach Bedürfniss möglichst anschliessend um den Leib zog; und solche einfache Toga hatten auch noch später bescheidene Leute; [6]) als man aber auch hierin Luxus zu treiben anfing, das feinste Wollenzeug wählte, [7]) auf

mehrerer Universitäten, nämlich Halle, Heidelberg, Bonn, Dorpat, Tübingen, Göttingen und Würzburg. Dem Apparat ist eine kleine Schrift beigegeben: Handhabung der Toga und Palla bei der Umlegung um die zur Demonstration gefertigten Statuetten für einen Togatus und eine römische Matrone. Ohne O. und J. Die Abhandlung, welche v. d. Launitz für den Druck bestimmt hatte, ist nur im Manuscript vorhanden, dessen Mittheilung ich Herrn Professor Michaelis verdanke. Die Zeichnungen, welche der Abhandlung beigegeben werden sollten, sind nicht vollendet worden.

1) Albert Müller Die *toga bis trium ulnarum* bei Horat. *epod.* 4, 8 in *Philologus* XXVIII (1869) S. 116 ff.

2) Mart. 8, 28, 11 ff.

3) Quintil. 11, 3, 139: *Ipsam togam rotundam esse et apte caesam velim.* Isidor. *or.* 19, 24, 3: *Est autem (toga) pallium purum forma rotunda effusiore et quasi inundante sinu, et sub dextro veniens supra humerum sinistrum ponitur.* Dass das Tuch in zwei Spitzen endigte (s. die Modelle S. 557. 560), ist nicht anzunehmen.

4) Posidonius bei Athen. 5 p. 213b. Appian. *b. c.* 5, 11. Vgl. Festus p. 274b, 32: *Recinium omne vestimentum quadratum ii, qui XII interpretati sunt, esse dixerunt.* Petron. 135 *incincta quadrato pallio.*

5) Horat. *sat.* 1, 3, 14:

toga, quae defendere frigus
quamvis crassa queat.

Solch eine *toga* heisst auch *pinguis* Suet. *Aug.* 82.

6) Horat. *epist.* 1, 18, 30: *Arta decet sanum comitem toga*, wozu Acron.: *Habebant enim antiqui pro qualitate opum togas.* Von Augustus sagt Suet. *Aug.* 73: *togis neque restrictis neque fusis (usus est)*; Cato Uticensis trug eine *toga exigua* (Hor. *epist.* 1, 19, 13) und *hirta* (Lucan. 2, 386); *brevis toga* Martial. 10, 14, 7.

7) Diodor. *fr.* 37, 3, 4: ἀκολούθως δὲ τούτοις οἱ νέοι κατὰ τὴν ἀγορὰν ἐφόρουν ἐσθῆτας διαφόρους μὲν ταῖς μαλακότησι, διαφανεῖς δὲ καὶ κατὰ τὴν λεπτότητα ταῖς γυναικείαις παρεμφερεῖς. Varro bei Non. p. 448, 30: *Quam istorum vitreae togae ostentant tunicae clavos.* Solche feine Toga heisst *perlucens* Sen. *ep.* 114, 21, vgl. *ad Seren.* 18, 3; auf sie geht Ovid. *a. am.* 3, 445:

nec toga decipiat filo tenuissima.

Man machte sie in den tarentinischen Fabriken, Lucian. *rhet. praec.* 15.

die Faltenlegung so sorgsam bedacht war, dass man bei jedem Ausgange Gefahr lief, durch Berührung eines Vorübergehenden die Kunst der Faltung zu zerstören,[1]) zugleich auch die Toga bis auf die Füsse schleppen liess,[2]) gab man ihr eine so übertriebene Weite (*laxitas*),[3]) dass man sie fast kreisrund zuschnitt, wie z. B. die *toga* des von Horaz verspotteten Freigelassenen 12 Fuss Weite bei vielleicht 14 Fuss Länge hat.[4])

Diesen Wechsel der Mode, welcher für unsere Untersuchung eine besondere Schwierigkeit macht, erwähnt auch die Hauptstelle über die Kleidung der römischen Männer, welche sich bei Quintilian 11, 3, 137—141 findet. »Es liegt etwas, sagt er, in dem Umwurfe, und gerade dies ist durch die Zeitverhältnisse geändert worden. Denn in alter Zeit hatte man gar keinen Bausch (*sinus*); später war derselbe sehr eng. Daher muss

1) Macrob. *sat.* 3, 13, 4: *Hortensius, vir alioquin ex professo mollis et in praecinctu ponens omnem decorem. Fuit enim vestitu ad munditiem curioso, et ut bene amictus iret, faciem in speculo quaerebat, ubi se intuens togam corpori sic applicabat, ut rugas non forte sed industria locatas artifex nodus astringeret et sinus ex composito defluens modum lateris ambiret. Is quondam cum incederet elaboratus ad speciem, collegae de iniuriis diem dixit, quod sibi in angustiis obvius offensu fortuito structuram togae destruxerat.* Die Sache bestätigt Gell. 1, 5, 2, nach welchem Hortensius *circumspecte compositeque indutus et amictus* einherging; schwierig ist dagegen der Ausdruck *praecinctus*, der von der *tunica* richtig ist, nicht von der *toga*. Denn obgleich die *toga* auch den *cinctus Gabinus* gestattet, so trug doch diesen Hortensius nicht. Auch 2, 3, 9 braucht Macrobius von der nachlässigen Gürtung des Caesar, den Sulla *puerum male praecinctum* nannte, die Worte: *ita toga praecingebatur, ut trahendo laciniam velut mollis incederet*, während wir aus Suet. *Caes.* 45 wissen, dass Sulla dies auf die *tunica* des Caesar bezog. Macrobius, der unter Theodosius II (408—450) lebte, scheint also von der alten Toga keine richtige Vorstellung mehr zu haben.

2) Val. Max. 7, 8, 1: *notae insaniae Tuditanus, utpote qui populo nummos sparserit togamque velut tragicam vestem in foro trahens maximo cum hominum risu conspectus fuerit.*

3) Seneca *contr.* 2, 14 p. 166, 18 Burs.: *quod unguento coma madet, tuum est: quod laxior usque in pedes demittitur toga, tuum est.* Tibull. 1, 6, 39:

tum procul absitis, quisquis colit arte capillos
et fluit effuso cui toga laxa sinu.

Cic. *in Cat.* 2, 10, 22: *velis amictos, non togis.* Tibull. 2, 3, 77:

nunc si clausa mea est, si copia rara videndi,
heu miserum, laxam quid iuvat esse togam?

Ovid. *rem. am.* 679:

nec compone comas, quia sis venturus ad illam,
nec toga sit laxo conspicienda sinu.

4) Horat. *epod.* 4, 7: *Videsne Sacram metiente te viam*
Cum bis trium ulnarum toga
Ut ora vertat huc et huc euntium
Liberrima indignatio.

Mit Unrecht schliessen Porphyrio zu d. St., der Schol. *Pers.* 5, 14 und Isidor. *or.* 19, 24, 4 aus dieser Stelle, 12 Fuss sei die gewöhnliche Weite der Toga gewesen; es war vielmehr eine ungewöhnliche, die beinahe der Länge gleich kam.

man auch beim Beginne der Reden eine ganz andere Gesticulation gebraucht haben, wenn man den Arm, wie die Griechen, innerhalb des Kleides hielt. Aber wir reden von der Gegenwart. Wer das Recht des *latus clavus* nicht besitzt, muss sich so gürten, dass die Tuniken mit den Enden der Vorderseite ein wenig unter das Knie, mit den Enden der Hinterseite bis an die Kniekehlen reichen. Denn tiefer gürten sich Frauen, höher Centurionen. Dass die Purpurstreifen gradlinig herunterfallen, ist leicht zu machen. Zuweilen tadelt man hierin die Nachlässigkeit. Für die, welche den *latus clavus* (d. h. die *tunica laticlavia*) haben, ist das Mass, dass er etwas tiefer, als die gegürteten Tuniken geht. Die Toga selbst muss abgerundet und passend zugeschnitten sein, sonst wird sie in vieler Hinsicht unverhältnissmässig. Der vordere Theil derselben reicht am besten bis auf die Mitte der Schienbeine. Der hintere in demselben Masse, wie die Gürtung der Tunica es mit sich bringt, weniger tief hinab. Der Umschlag (*sinus*) ist am anständigsten, wenn er ein Stück oberhalb des untersten Endes der Toga (dies ist das zuerst angelegte erste Drittel) gemacht wird, wenigstens muss er nicht tiefer liegen. Der obere Theil des Umschlags, welcher unter dem rechten Arme quer nach der linken Schulter geführt wird, wie ein Gurt (*balteus*), muss weder beengen noch zu weit sein; erst nach diesem muss der untere Theil desselben angeordnet werden, denn so sitzt und hält er sich besser. Auch muss man einen gewissen Theil der Tunica heraufziehen, damit er beim Gesticuliren nicht auf den Arm herunterfällt; dann wirft man den Umschlag auf die Schulter, von der man das letzte Ende auch wieder abwerfen kann. Die Schulter aber und zugleich den ganzen Hals zu bedecken ist nicht nöthig, sonst wird der Umwurf zu eng und thut dem würdigen Ansehn, das die breite Brust verleiht, Eintrag. Den linken Arm darf man so weit heben, dass er einen rechten Winkel macht. Ueber ihm müssen die beiden Enden der *toga* gleichmässig aufliegen.«

Die Form der Toga und die regelmässige Anlegung derselben setzt Quintilian als bekannt voraus, während wir gerade hierüber auf Vermuthungen angewiesen sind. Nach der Ansicht von Weiss wurde das oben beschriebene elliptisch geschnittene Stück Zeug der Länge nach zu einem Doppeltuche zusammengelegt und zwar so, dass die Falte nicht in der grossen Axe der Ellipse lag, sondern nur etwa ein Drittel des Tuches umgeschlagen wurde, welches beim Umwurf nach aussen zu liegen kam[1]) (Fig. 1). So wurde das Tuch zuerst vom Rücken aus über die linke Schulter geschlagen, so dass es vorn bis auf die Erde reichte,[2]) hinten aber mit der doppelten Körperlänge herunterhing, darauf das hinten herabhängende Stück unter dem rechten Arm durchgeführt, wieder nach obenhin umgeschlagen und über die linke Schulter zurückgeworfen, auf welcher der Umwurf nun zweimal lag. Das unter dem Arm durchgezogene Stück, welches, weil es von unten nach oben umgeschlagen wurde, der Umschlag, *sinus*, heisst, erforderte die meiste Sorgfalt, indem das Doppeltuch so auseinander gezogen werden musste, dass es die ganze rechte Seite bedeckte, der obere Rand des *sinus* unter der Achsel, der untere an dem Schienbeine lag und die so entstehenden breiten Falten sich beim Hinaufgehen zur linken Schulter wieder zusammenschlossen. War der Umwurf vollendet, so zog man unter der Brust das zuerst angelegte Drittel der Toga, welches nunmehr unter dem *sinus* lag, etwas hervor und über den *sinus* heraus, um der ganzen Lage Haltung zu geben, und dies hervorgezogene Stück des unter dem *sinus* liegenden Streifens der *toga* heisst *umbo* oder *nodus*.[3])

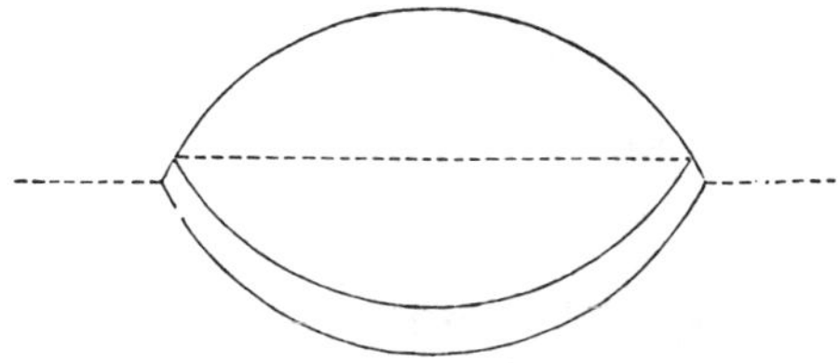

Fig. 1.

1) Aus dieser Art der Zusammenlegung erklärt sich, warum Dionysius 3, 61 der Toga eine halbkreisförmige Gestalt beilegt. Er beschreibt die königliche Toga als ein περιβόλαιον πορφυροῦν ποικίλον, οἷα Λυδῶν τε καὶ Περσῶν ἐφόρουν οἱ βασιλεῖς, πλὴν οὐ τετράγωνόν γε τῷ σχήματι, καθάπερ ἐκεῖνα ἦν, ἀλλ' ἡμικύκλιον· τὰ δὲ τοιαῦτα τῶν ἀμφιεσμάτων Ῥωμαῖοι μὲν τόγας — καλοῦσι. Ein sonderbares Versehen ist es, dass Weiss p. 957 diese Stelle dem Horaz zuschreibt.

2) Man konnte auf diesen, an allen Statuen sichtbaren Zipfel der Toga treten und dann fallen. Suet. *Cal.* 35: *ita proripuit se spectaculis, ut calcata lacinia togae praeceps per gradus iret.*

3) *Umbo* bei Pers. 5, 33, *nodus* bei Macrob. *sat.* 3, 13, 4. S. auch Tertull. *de pallio* 5: *Prius etiam ad simplicem captatelam eius (pallii): nullo taedio constat: adeo nec artificem (habere) necesse est, qui pridie rugas ab exordio formet et inde deducat in tilias* (Baststreifen, d. h. Falten; die Lesart ist unsicher; *nitidius* Oehler) *totumque contracti umbonis figmentum custodibus forcipibus assignet, dehinc diluculo tunica prius cingulo correpta — recognito rursus umbone et si quid exorbitavit reformato, partem quidem de laevo promittat, ambitum vero*

Drei Perioden in der Entwickelung der Tracht.

Eingehender hat alle diese Einzelheiten v. d. Launitz behandelt. Er unterscheidet zuerst in der Entwickelung der Tracht

Fig. 2.

Fig. 3.

drei Perioden. Die älteste Toga bedeckte den rechten Arm,[1]) wurde, wie das griechische *pallium*, kunstlos über den Vorder-

eius, ex quo sinus nascitur, iam deficientibus tabulis retrahat a scapulis et exclusa dextera in laevam adhuc congerat cum alio pari tabulato in terga devoto, atque ita hominem sarcina vestiat. *Tabulae* und *tabulatum* ist die parallele Faltenlage, wie bei Apul. *met.* 11, 3 p. 258, von der *palla* der Isis, *quae circumcirca remeans et sub dextrum latus ad humerum laevum recurrens, umbonis vicem deiecta parte laciniae, multiplici contabulatione dependula ad ultimas oras nodulis fimbriarum decoriter confluctuabat;* | der Künstler aber, der die Toga Abends und Morgens zurecht legt, ist der *vestiplicus*. S. oben S. 143.

1) So trugen sie namentlich junge Leute während des *tirocinium*. S. oben S. 133. Cicero *pr. Coel.* 5, 11: *Nobis quidem olim annus erat unus ad cohibendum brachium toga constitutus.* Seneca *exc. controv.* 5, 6 p. 397 Burs.: *apud patres nostros qui forensia stipendia auspicabatur nefas putabat brachium toga exserere.* So wurde auch in Griechenland das *pallium* von Staatsmännern, wie Themistocles, Aristides, Pericles, getragen. Aeschin. c. *Timarch.* 25.

körper gezogen und bildete gar keinen *sinus*[1]) (Fig. 2). Entweder wurde sie überhaupt nicht doppelt gelegt, oder man zog den Umschlag mit dem Hauptstücke so gleichmässig an, dass der Umschlag nicht zu bemerken war.[2]) Die zweite Form repräsentirt eine *toga*, welche ebenfalls den rechten Arm einschliesst, aber einen *sinus* und *umbo* hat, ohne dass indessen der zwiefache Rand des *sinus*, der von der oberen und unteren Lage des Doppeltuches gebildet wird, deutlich hervortritt (Fig. 3).[3]) Es ist in diesem Umwurf bereits eine gewisse Künstlichkeit, welche jedoch dem Geschmack noch Freiheit gestattet und keine feste Anordnung aller Theile der *toga* verlangt. In der Kaiserzeit bekommt endlich die *toga* einen berechneten, immer gleichmässig anzuwendenden Typus (Fig. 4), zu dessen Eigenthümlichkeiten es gehört, erstens, dass sie auf der rechten Schulter liegt, ohne über den rechten Arm zu fallen, was voraussetzt, dass sie auf der Schulter an der *tunica* befestigt wird; zweitens, dass das doppelt gelegte Tuch von der Stelle, wo es unter dem rechten Arm hervorkommt, nicht sofort zur linken Schulter hinaufgeführt, sondern zunächst horizontal wie ein Gürtel um einen Theil der Taille gezogen

Fig. 4.

1) Quintilian 11, 3, 137: *Nam veteribus nulli sinus: perquam breves post illos fuerunt.*

2) Ausser der hier abgebildeten Statue der Dresdener Sammlung (Becker *Augusteum* n. 117) s. auch die Mariusstatue des Mus. Capit. (Righetti *Descrizione del Campidoglio* I tav. 22) und die Statuen bei Clarac *Musée de sculpture* n. 2278. 2282. 2283. 2290; Becker *Augusteum* n. 118.

3) Visconti *Museo Pio-Clem.* II, 45.

und erst von dem Punkte aus, an welchem der *umbo* entstehen soll, über die linke Schulter geworfen wird; drittens, dass die Faltenlagen aller Theile der *toga* eine überall wiederkehrende regelmässige Anordnung erhalten.[1] V. d. Launitz erkennt an, dass die beiden älteren Formen der *toga* durch ein elliptisch zugeschnittenes Tuch hervorgebracht werden können, leugnet aber, dass dies für die dritte Form möglich sei, und gelangt schliesslich zu dem Resultate, dass die *toga* der Kaiserzeit aus zwei zusammengenähten Theilen, dem Hauptstück und einer angesetzten Capuze bestanden und folgende Form gehabt habe (Fig. 5). Er beruft sich dabei auf Quintilian,[2] welcher verlangt, dass die *toga* rund sei und passend zugeschnitten werde. Allein Quintilian scheint doch nur das zu fordern, dass sie für die Grösse und Stärke des Mannes, der sie tragen soll, passen muss, während die Abrundung, welche er ihr zuschreibt, viel besser von der elliptischen als von der Launitz'schen Toga verstanden wird. Man kann allerdings zugeben, dass, als die Toga einen künstlichen Charakter annahm, auch ihr Zuschnitt eine Aenderung erfuhr, wie weit aber diese ging, wird bei der Schwierigkeit der praktischen Experimente noch immer einem Zweifel unterworfen bleiben.[3]

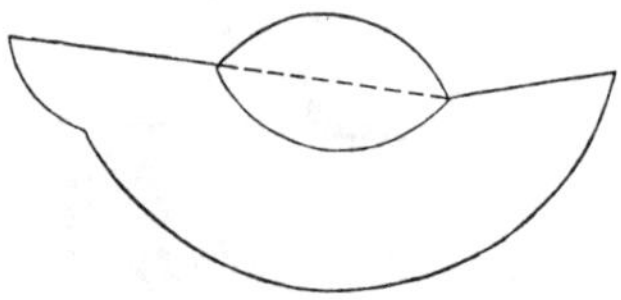

Fig. 5.

Die älteren Römer, welche die *toga* nicht nur im Frieden, sondern auch im Kriege trugen, bedienten sich für den letzteren Fall einer besonderen Art, dieselbe anzulegen, nämlich des *cinctus Gabinus*,[4] indem sie den Zipfel, welcher sonst zu-

1) Abbildungen von Togastatuen dieser Art findet man in Garrucci *Mus. Lateran.* t. 8. 15. 18. 48. *Museo Borbonico* VI, 41. VII, 43. 49. Visconti *Museo Pio-Clem.* II, 45. III, 17. 23. 24. *Vetera Mon. Mathaeiorum* I, 73. 74. 77. 83. III, 24. Becker *Augusteum* 119. 124. *Bronzi di Ercolano* Vol. II. tav. 79 p. 313; 84 p. 335; 85 p. 339. Labus *Museo di Mantova* III tav. 11. Righetti *Descrizione del Campidoglio* I tav. 57. 116. 123. 168; II, 242. 246. Clarac *Musée de sculpture* Pl. 891 ff. n. 2275—2298.

2) Quintilian 11, 3, 139: *Ipsam togam rotundam esse et apte caesam velim.*

3) Weiss hat in der zweiten Auflage der Kostümkunde seine Ansicht nicht geändert und auch ich trage Bedenken, von der ursprünglich ohne Zweifel vorhandenen elliptischen Form der Toga abzugehen. A. Müller, welcher die v. d. Launitz'schen Untersuchungen fortgesetzt hat (*Philologus* XXVIII (1869) p. 116 ff.), ist in seinen Annahmen noch weiter gegangen, indem er es für das gute Sitzen für nöthig erklärt, dass das Hauptstück der Toga durchgeschnitten und zusammengenäht werde.

4) Ueber den *cinctus Gabinus* handelt am besten O. Müller Etrusker I, 3, 8.

letzt über die linke Schulter zurückgeschlagen wird, fest um den Leib herumzogen, so dass er selbst einen Gürtel bildete, beide Arme frei liess und das Herabfallen der Toga hinderte.[1]) Diese Tracht kam bei den Soldaten ab,[2]) seitdem das *sagum* eingeführt war, welches nunmehr als Kriegstracht der Friedenstracht der Toga entgegengesetzt wird,[3]) erhielt sich aber immer bei gewissen feierlichen Riten, wie bei den *testamentis in procinctu*,[4]) der Devotion,[5]) bei der Oeffnung des Janustempels,[6]) bei Anlagen von Städten,[7]) bei den *Ambarvalien*[8]) und bei Opferhandlungen verschiedener Art.[9]) Wenn Cato sagt,

Fig. 6.

1) Festi *epit.* p. 77, 3: *Endo procinctu, in procinctu. significat autem, cum ex castris in proelium exitum est, procinctos, quasi praecinctos atque expeditos. Nam apud antiquos togis incincti pugnitasse dicuntur.* Vgl. p. 56, 12: *Classis procincta, exercitus instructus.* Festus p. 189^{a} 13. *epit.* p. 225, 5: *Procincta classis dicebatur, cum exercitus cinctus erat Gabino cinctu confestim pugnaturus.* Serv. *ad Aen.* 7, 612: *Gabinus cinctus est toga sic in tergum reiecta, ut una* (lies *ima*) *eius lacinia a tergo revocata hominem cingat. Hoc autem vestimenti genere veteres Latini cum necdum arma* (lies mit Müller *saga*) *haberent, praecinctis togis bellabant, unde etiam milites in procinctu esse dicuntur.* Isidor. *or.* 19, 24, 7: *Cinctus Gabinus est, cum ita imponitur toga, ut togae lacinia, quae postsecus reiicitur, attrahatur ad pectus.*

2) Wenn noch später den Heeren *togae* geliefert werden, so ist deren Anzahl eine beschränkte, wie z. B. 1200 *togae* auf 12,000 *tunicae* (Liv. 29, 36, 2) oder 6000 *togae* auf 30,000 *tunicae* (Liv. 44, 16, 4), so dass sie nicht als gewöhnliche Kleidung, sondern zu besonderen Zwecken, die uns unbekannt sind, verwendet sein müssen.

3) Daher oft *saga sumere, ad saga ire, in sagis esse*, d. h. in den Krieg ziehen. Dagegen heisst die Toga ἐσθὴς εἰρηνική. Dio Cass. 41, 17, 1. Bekannt ist Cicero's Vers (in Pison. 30, 73):

Cedant arma togae, concedat laurea laudi.

vgl. Cic. *de or.* 3, 42, 167.

4) Gaius 2, 101. Festi *epit.* p. 109, 7. Vgl. Mommsen Staatsrecht II^2 S. 36. 5) Liv. 8, 9, 9; 10, 7, 3.

6) Verg. *Aen.* 7, 612:

Ipse Quirinali trabea cinctuque Gabino
insignis reserat stridentia limina consul.

7) S. Staatsverwaltung I^2 S. 126. 8) Lucan. 1, 596.

9) Liv. 5, 46, 2. Val. Max. 1, 1, 11. Darauf beziehen sich auch die Stellen des Appian. *Lib.* 48: Σκιπίων δὲ νίκην ἀρίστην νενικηκὼς τὰ μὲν

bei dem *ritus Gabinus* habe man auch das Haupt mit einem Theile der Toga verhüllt,[1]) so scheint dies doch nur bei den religiösen Handlungen vorgekommen zu sein,[2]) bei welchen man auch sonst, ohne den *cinctus Gabinus* anzuwenden, die Toga über das Haupt zog (Fig. 6),[3]) um jede Störung bei der Handlung abzuwehren.[4]) Die Erwähnungen des *cinctus Gabinus* bei Schriftstellern des vierten Jahrhunderts und noch späterer Zeit[5]) können hier ganz übergangen werden, da sie nur einen alten Namen auf die damalige von der alten ganz verschiedene *toga* anwenden, welche in den consularischen Diptychen dargestellt ist und noch immer *toga picta* oder richtiger *vestis picta*,[6]) auch wohl *trabea* heisst. Die doppelten Elfenbeintäfelchen, welche die antretenden Consuln[7]) und höheren Magistrate,[8]) seit Theodosius d. G. nur die *Consules ordinarii*,[9]) an den Kaiser und ihre Freunde schenkten,[10]) sind noch in grosser Anzahl vorhanden,[11]) und haben zu viel-

cinctus Gabinus.

toga picta der späteren Kaiserzeit.

ἄχρηστα τῆς λείας ἐνεπίμπρη διαζωσάμενος αὐτός, ὥσπερ εἰώθασι Ῥωμαίων οἱ στρατηγοί. *Mithr.* 45: Σύλλας δὲ πολλῶν μὲν αἰχμαλώτων πολλῶν δ᾽ ὅπλων καὶ λείας κρατῶν τὰ μὲν ἀχρεῖα σωρευθέντα διαζωσάμενος, ὡς ἔθος ἐστὶ Ῥωμαίοις, αὐτὸς ἐνέπρησε τοῖς ἐνυαλίοις θεοῖς. Pisanische Inschr. Orelli 642: *dum ii, qui immolaverint cincti Gabino ritu, struem lignorum succendant.*

1) Serv. *ad Aen.* 5, 755: *Quem Cato in originibus dicit morem fuisse. Conditores enim civitatis taurum in dextram, vaccam intrinsecus iungebant et incincti ritu Gabino, id est togae parte caput velati, parte succincti tenebant stivam incurvam.*

2) Dies nimmt auch Müller Etr. a. a. O. an.

3) Dies ersieht man aus häufigen bildlichen Darstellungen. S. z. B. Visconti *Mus. Pio-Clem.* IV tav. 45 und das Relief einer *ara* von Caere *Monum. ined. dell' Inst.* VI tav. XIII fig. 1. Die hier abgebildete Statue steht jetzt im Vatican in der *sala della biga* und ist herausgegeben von Visconti *Mus. Pio-Clem.* III tav. 19, Bouillon Vol. II mit der Unterschrift *Sacrificateur Romain.*

4) Verg. *Aen.* 3, 405 und über den *ritus Romanus*, nach welchem *velato capite* geopfert wird, Staatsverwaltung III S. 171.

5) Claudian *de tertio cons. Honorii* 3; *de quarto cons. Honorii* 6; *de sexto cons. Honor.* 594. Prudentius *Peristeph.* 10, 1015, wo ein Priester ein *taurobolium* vollzieht:

cinctu Gabino sericam fultus togam.

Isidor. 19, 24, 7. Diese Stellen hat Müller nicht richtig beurtheilt.

6) S. oben S. 543 und Mommsen Staatsrecht I² S. 400 Anm. 1.

7) Claudian *de cons. Stilich.* 3, 346: *immanesque simul — dentes:*

Qui secti ferro in tabulas, auroque micantes,
Inscripti rutilum caelato consule nomen
Per proceres et vulgus eant.

8) Auch Quaestoren vertheilten *diptycha.* Symmachus *ep.* 2, 81: *Filius noster Symmachus — offert tibi dona quaestoria — —. Quaeso igitur, ut eius nomine diptycha et apophoreta suscipere dignemini.*

9) *Cod. Theod.* 15, 8, 1: *exceptis consulibus ordinariis nulli prorsus alteri auream sportulam, diptycha ex ebore dandi facultas sit* und Gothofredus zu dieser Stelle.

10) Symmachus *epist.* 2, 81; 5, 56; 7, 76; 9, 119.

11) Es sind gegenwärtig im Ganzen 61 Diptychen mit Reliefdarstellungen

fältigen Untersuchungen Veranlassung gegeben;[1]) nichtsdestoweniger ist die Zeit, in welche ihr Gebrauch fällt, nur annähernd festzustellen. Das älteste datirte Diptychon ist vom Jahre 406, das jüngste von 541; dass sie indessen schon im vierten Jahrhundert üblich waren, bezeugt Symmachus an den angeführten Stellen, und es ist möglich, dass ihr Ursprung noch viel weiter zurückliegt.[2]) In dieser Zeit also, d. h. vom dritten oder vierten bis zum sechsten Jahrhundert hat die consularische Toga die Form eines Umschlagetuches, das unter dem rechten Arm hervorkommend über die linke Schulter gelegt wird, den Rücken bedeckend zur linken Hüfte hinabgeht und von da quer über die Mitte des Leibes gezogen, von dem linken Arm aufgenommen

---

bekannt, nämlich 38 vollständige und 23, von welchen nur eine Hälfte vorhanden ist. Darunter sind 39 oder vielleicht 41 Consulardiptychen, während die Bestimmung der übrigen nicht bekannt ist.

1) Die bis zur Mitte des vorigen Jahrhunderts bekannt gewordenen Diptycha findet man in Gorii *Thesaurus diptychorum consularium et ecclesiasticorum; acc. F. R. Passerii additamenta et praef. Cum tabulis aeneis.* Florentiae 1759. 3 Voll. fol. Von der grossen Litteratur über die später gefundenen und über die Diptycha überhaupt sind als die wichtigsten Schriften zu erwähnen: C. Gazzera *Dichiarazione di un dittico consolare inedito della chiesa cattedrale della città di Aosta.* Torino 1834. 4, auch in den *Memor. d. Accad. r. d. scienze di Torino* T. XXXVIII p. 225 ff.; das Darmstädter Diptychon, im Jahrb. d. Vereins der Alterthumsfreunde im Rheinlande VIII (1846) S. 155; Augustin Das *Diptychon consulare* in der Domkirche zu Halberstadt, in Foerstemann Neue Mittheilungen des thür. sächs. Vereins für Erforschung der vaterl. Alterth. VII (1848) S. 60—85; Fr. Pulszky *Catalogue of the Fejérváry ivories in the Mus. of J. Mayer, preceded by an essay on ant. ivories.* Liverpool 1856; Vögelin Das Zürcherische Diptychon des Consuls Areobindus. Zürich 1857. 4; Westwood *Diptychs of the roman consuls*, in *The gentleman's magazine and hist. review*, Aug. 1863; Wieseler Das *diptychon Quirinianum* zu Brescia nebst Bemerkungen über die *diptycha* überhaupt. Göttingen 1868. 8; Labarte *Histoire des arts industriels.* 2me éd. Paris 1872. 4. Tom. I p. 19 ff.; W. Maskell *A description of the ivories ancient and mediaeval in the South Kensington Museum.* London 1872; Chabouillet *Le diptyche consulaire de Saint-Junien*, in *Revue des Sociétés savantes*, 5e Série, Tom. VI (1873); J. O. Westwood *A descriptive catalogue of the fictile ivories in the South Kensington Museum. With an account of the continental collections of classical and mediaeval ivories.* London 1874. 8; W. Meyer Zwei antike Elfenbeintafeln der k. Staatsbibliothek in München, in Abh. der ph. hist. Cl. der bayer. Akademie d. W. XV, 1 (1879), in welcher Schrift der ganze Gegenstand ausführlich erörtert und ein chronologisches Verzeichniss der Diptychen gegeben ist.

2) Nach Pulszky's und Westwood's Vermuthung fallen drei der vorhandenen Diptycha noch vor 406. Auf dem ersten (am besten herausgegeben in den *Monumenti inediti dell' Inst.* V, 51, 1) erkennt Pulszky in den dargestellten Personen den Philippus Arabs und seinen Sohn und setzt es demnach 248; das zweite (Gori II tab. XIX) schreibt er dem Valerius Romulus Cos. 308 zu; das dritte, in Berlin befindliche des Rufius Probianus bezieht er auf den Consul des J. 322 Petronius Probianus, für welchen der Name Rufius nicht nachweisbar ist. Diese Vermuthungen sind weder von Chabouillet noch von W. Meyer gebilligt worden.

wird, über welchen sein Ende frei herunterhängt. Unter dieser *toga* liegt das Schultertuch, *superhumerale*, *omophorion*, zwei breite Streifen von beiden Schultern her auf der Brust sich vereinigend und dann als einer bis zu den Füssen herabhängend, die bekannte Form der späteren bischöflichen Messkleidung.[1]) Dies ist der *cinctus Gabinus*, von dem Claudian, Prudentius und Isidor reden.

Aus dem bisher Erwähnten ist ersichtlich, dass die Toga, so lange sie ein einfaches und kunstloses Kleidungsstück war, für alle Bedürfnisse genügte, so dass sie bei Tag und Nacht, von Frauen[2]) und Männern, in Krieg und Frieden getragen werden konnte, sobald sie aber ein Gegenstand des Luxus und der Mode wurde, sich als unpraktisch erwies und immer mehr auf den officiellen Gebrauch beschränkte, während die neben der privilegirten Tracht der römischen Bürger seit alter Zeit in Italien und den Provinzen üblichen Costüme der Fremden und Sclaven sich für den praktischen Gebrauch aller Stände immer mehr empfahlen, und je weiter sich das römische Reich ausdehnte, desto mehr fremde Moden in Rom Eingang fanden.

Die arbeitende Classe, welche nur die Tunica, nicht die Toga brauchte,[3]) bediente sich zum Schutze gegen Regen, Wind,
paenula. Schnee und Kälte[4]) der *paenula*. Sie ist die Tracht der Maulthiertreiber,[5]) der Sclaven,[6]) welche im Freien zu thun haben, namentlich der Sänftenträger,[7]) und kommt auch bei Soldaten vor;[8]) aber nicht nur Männer aller Stände, Reisende im Wagen,[9]) Städter bei schlechtem Wetter,[10]) in der Kaiserzeit selbst Volks-

1) Ich folge in dieser kurzen Beschreibung Vögelin a. a. O. S. 11. Ausführlich handelt über die Consulartracht W. Meyer S. 22. Auch die Münzen geben über diese Tracht einigen Aufschluss, allein in der Schrift von Madden *On the imperial consular dress* in dem *Numismatic Chronicle.* New Series I (1861) p. 231 ist dieser Gegenstand nur flüchtig und wenig gründlich behandelt.

2) S. oben S. 44 Anm. 1.

3) Juvenal 3, 171:

Pars magna Italiae est, si verum admittimus, in qua
nemo togam sumit nisi mortuus.

4) Varro bei Non. p. 537, 12. Horat *epist.* 1, 11, 18. Senec. *N. Q.* 4, 6, 2. Quintil. 6, 3, 66. Juven. 5, 79. Mart. 6, 59. Lamprid. *Al. Sev.* 27.

5) *mulionia paenula* Cic. *pr. P. Sest.* 38, 82.

6) Plaut. *Most.* 991.

7) Sen. *de benef.* 3, 28, 5. Vgl. Mart. 9, 22, 9.

8) Sen. *de benef.* 5, 24, 1. Suet. *Galb.* 6.

9) Cic. *pr. Milone* 20, 54.

10) Lampr. *Al. Sev.* 27: *paenulis intra urbem frigoris causa ut senes uterentur permisit, cum id vestimenti genus semper itinerarium aut pluviale fuisset.*

tribunen[1]) und Redner,[2]) sondern auch Frauen fanden sie auf Reisen und auf dem Lande bequem.[3]) Die *paenula* ist ein Mantel von zottigem Fries (*gausapa*)[4]) oder Leder,[5]) dunkelfarbig[6]) und dick,[7]) ohne Aermel, eng an den Körper anschliessend und vorn der Länge nach zugeknöpft und geheftelt, so dass er die freie Bewegung der Arme hindert[8]) und dem einkehrenden Gaste von dem ihn empfangenden Wirthe aufgeknöpft werden muss.[9]) Für Soldaten im Dienst und Arbeiter auf dem Lande, welche die Arme brauchen, war er in dieser Form nicht anwendbar,[10]) für beide[11]) kam das *sagum* in Gebrauch, welches *sagum.* nicht ursprünglich römisch ist,[12]) sondern als Nationaltracht

---

1) Spart. *Hadr.* 3, 5: (*paenulis*) *uti tribuni plebis pluviae tempore solebant, imperatores autem nunquam, unde hodieque imperatores sine paenulis a togatis videntur.* Wenn die Lesart richtig ist, sind unter *togati* die Einwohner Roms zu verstehen (s. O. Hirschfeld Wiener Studien III (1881) S. 115), ich möchte indessen mit Mommsen Staatsrecht I² S. 392 Anm. 3 *ac togati* schreiben.

2) Dial. *de or.* 39.

3) Die *paenula* ist ein *commune vestimentum*, d. h. Männern und Frauen gemeinsam. *Dig.* 34, 2, 23 § 2. Ueber die *paenulae matronales* s. Treb. Poll. *trig. tyr.* 14, 4. Lampr. *Al. Sev.* 27, 4.

4) Mart. 14, 145; vgl. Plin. *n. h.* 8, 193.

5) *scortea.* Mart. 14, 130. Sen. *N. Q.* 4, 6, 2 (hier werden *paenula* und *scortea* unterschieden).

6) Mart. 14, 129, wo unter den *Canusinae* der Ueberschrift *paenulae* zu verstehen sind:

Roma magis fuscis vestitur, Gallia rufis,
Et placet hic pueris militibusque color.

7) *spissa et crassa est.* Acron. *ad Hor. epist.* 1, 11, 18. Auch gegen Schläge ist sie ein guter Schutz. Plautus *Most.* 991: *Libertas paenula est tergo tuo.*

8) Milo war, als er *in rheda paenulatus veheretur*, und von Clodius angegriffen wurde, *paenula irretitus.* Cic. *pr. Mil.* 20, 54.

9) Cic. *ad Att.* 13, 33, 4: *De Varrone loquebamur; lupus in fabula. Venit enim ad me, et quidem id temporis, ut retinendus esset. Sed ego ita egi, ut non scinderem paenulam. Memini enim tuum: „et multi erant nosque imparati". Quid refert? Paullo post C. Capito cum P. Carrinate. Horum ego vix attigi paenulam: tamen remanserunt.*

10) Unter den vielen Abbildungen von Soldaten auf der Traians- und Antoninussäule, sowie auf den Triumphbogen kommt, so viel ich gefunden habe, die *paenula* gar nicht vor, sondern überall das *sagum*; auf dem berliner Relief, edirt von Hübner im 26. Programm zum Winckelmannsfest, Berlin 1866. 4. ist ein Soldat in der *paenula* dargestellt, aber dieselbe hat ein Aermelloch für den rechten Arm; der Soldat bei Clarac *Musée de sculpture* II pl. 148 n. 319 hat beide Hände frei. Einige andere Beispiele weist Hübner a. a. O. S. 11. 12 nach. In wie weit und wie lange die *paenula* als Soldatentracht vorkam, ob vielleicht nur für Wachposten oder für besondere Truppentheile, wissen wir nicht.

11) Dass auch die Sclaven auf dem Lande ein *sagum* trugen, geht hervor aus *Dig.* 34, 2, 23 § 2. Colum. 1, 8, 9, wo statt *sagis cucullis* vielleicht mit Ferrarius II p. 46 *sagis cucullatis* zu lesen ist.

12) Isidor. *or.* 19, 24, 13: *Sagum autem Gallicum nomen est. Dictum autem sagum quadrum eo, quod apud eos primum quadratum vel quadruplex esset.*

der Spanier,[1] Gallier,[2] Ligurer[3] und Deutschen[4] vorkommt, bei diesen verschiedenen Nationen an Stoff, Farbe und Schnitt verschieden war und auch bei den Römern wechselnde Moden unter wechselnden Namen durchgemacht hat. Die Spanier trugen es schwarz,[5] die Gallier gestreift;[6] gallische Tuche[7] für diesen Zweck, namentlich *saga Atrebatica*[8] und *Nervica*[9] sind noch im vierten und fünften Jahrhundert gesuchte Fabrikate. Dem Schnitt nach ist das gallische *sagum* ein weiter Mantel, der vermittelst eines dreieckigen Ausschnittes über den Kopf geworfen wird, entweder Aermel oder doch Oeffnungen für die Arme hat, bis über die Kniee reicht und zuweilen mit einer spitzen Kapuze versehen ist. Das militärische *sagum* der Römer dagegen hatte, wie man aus vielfachen bildlichen Darstellungen von Soldaten z. B. auf der Traiansäule ersieht, die Form der macedonischen Chlamys,[10] die auf der rechten Schulter durch eine *fibula* zusammengehalten wird,[11] obwohl auch *saga*

---

1) Val. Max. 3, 2, 21. Appian. *bell. Hisp.* 42. 43. Liv. 29, 3, 5.

2) Polyb. 2, 28, 7; 30, 1. Caes. *b. G.* 5, 42. Strabo 4 p. 196. Das gallische *sagum* ist auf zahlreichen Monumenten der Moselgegenden und des nördlichen Frankreichs dargestellt und findet man eine ausführliche Untersuchung über dasselbe, sowie die Nachweisung der auf dasselbe bezüglichen Denkmäler in F. Hettner Römisches Grabmonument, gefunden bei Born an der Sauer. Mit 2 Tafeln. Trier 1881 (Abdruck aus der Monatsschrift für die Geschichte Westdeutschlands).

3) Strabo 4 p. 202. 4) Tac. *Germ.* 17. Mela 3, 3, 2.

5) Strabo 3 p. 155.

6) *virgata* Verg. *Aen.* 8, 660; ῥαβδωτοί Diodor. 5, 30, 1. Vgl. Tac. *hist.* 2, 20; 5, 23.

7) Vopisc. *Prob.* 4, 5. *Ed. Diocl.* 16, 23.

8) Trebell. Poll. *Gall. duo* 6, 6. Vopisc. *Carin.* 20, 6. Lydus *de mag.* 1, 17. Suidas *s. v.* Ἀτραβατικάς. Die Hauptfabrik war, wie Mommsen *Ed. Diocl.* S. 88 bemerkt, Turnacum, welches auch die *Not. Dig. Occ.* 11, 57 erwähnt.

9) Mommsen a. a. O. S. 87.

10) Auch heisst sowohl das *sagum* wie das *paludamentum* χλαμύς, Non. p. 538, 31: *paludamentum est vestis, quae nunc clamys dicitur.* So wird das *paludamentum*, welches Agrippina bei einer Naumachie trug (Plin. *n. h.* 33, 63), von Tacitus *ann.* 12, 56 und Dio Cass. 60, 33, 3 *chlamys* genannt; ebenso das *sagum* des Antonius von Porphyr. *ad Hor. epod.* 9, 28 und das kaiserliche *paludamentum* Dio Cass. 60, 17, 9; 65, 5, 1; 65, 16, 4; 72, 17, 3; 75, 6, 7; 77, 4, 4. So heisst das *sagum Atrebaticum* bei Lydus *de mag.* 1, 17 und Suidas χλαμὺς Ἀτραβατική. Vgl. *Etym. M. s. v.* χλαῖνα: χλαμὺς δὲ τὸ περιφερὲς τὸ ἐν συνηθείᾳ λεγόμενον σαγομαντίον. Ein gewisser Unterschied mag indessen zwischen *sagum* und *chlamys* immer noch gewesen sein, da es auch *sagochlamydes* gab. Treb. *Claud.* 14, 5.

11) Eine *fibula* hat sowohl das römische *sagum* (Liv. 30, 17, 13. Varro bei Non. p. 538, 28 = Bücheler 569. Appian. *Lib.* 109 und die vielfach vorhandenen Büsten, Statuen und Reliefs) als das spanische (Liv. 27, 19, 12. Appian. *de r. Hisp.* 42. 43) und deutsche (Tac. *Germ.* 17). Das gallische hat, soviel

ohne *fibula* vorkommen.[1]) Mit dem *sagum* ursprünglich identisch ist das *paludamentum*, das in älteren Quellen ebenso wie das *sagum* Tracht der gemeinen Soldaten[2]) wie der Lictoren[3]) im Felde ist. Gewöhnlich aber unterscheidet man es von dem *sagum gregale*[4]) und versteht darunter das *sagum purpureum*[5]) oder *album*,[6]) welches der Feldherr trägt.[7]) *paludamentum.*

Besondere Formen des *sagum* sind ferner der *birrus*,[8]) die *lacerna* und die *laena*, vielleicht auch die *abolla*.[9])

Der *birrus* oder *burrus* scheint seinen Namen von seiner rothen Farbe (πυῤῥός) zu haben;[10]) während er aber ein grober[11]) und steifer,[12]) wie es scheint, mit einer Kappe oder Kapuze *birrus.*

---

man aus den Denkmälern ersieht, keine *fibula*; nur Diodor. 5, 30, 1 erwähnt dieselbe. S. hierüber Hettner a. a. O. S. 10.

1) Treb. Poll. *trig. tyr.* 10, 12: *duo saga ad me velim mittas, sed fibulatoria.* Aus diesem Zusatz ist ersichtlich, dass es auch *saga* ohne *fibulae* gab.

2) So der *rorarii*, Lucilius bei Nonius p. 553, 4; der *equites* und *pedites*, Sabidius in den veronensischen Schol. *ad Aen.* 10, 241; des einen der Curiatier, Liv. 1, 26, 2.

3) Livius lässt zweimal, 41, 10, 7; 54, 39, 11 die Consuln in den Krieg ziehen *paludatis lictoribus*, während diese nach Cic. *in Pis.* 23, 55 und Silius Ital. 9, 420 ein *sagulum*, und zwar nach der letzteren Stelle ein *sagulum rubens*, tragen.

4) Liv. 7, 34, 15.

5) Hirtius *de b. Afr.* 57. So trägt auch Metellus ein *sagum* (Sallust. bei Non. p. 538, 22) und Masinissa erhält vom Senat *sagula purpurea duo*, Liv. 30, 17, 13. Ein *sagum purpureum* erwähnt auch der römische Zolltarif *C. I. L.* VIII, 4508.

6) Val. Max. 1, 6, 11. Hirtius *b. Afr.* 57.

7) Ueber das purpurne *paludamentum imperatoris* s. Apul. *Apol.* 22. Varro *de l. L.* 7, 37 und die Sammlung bei Gronov und Drakenb. zu Liv. 41, 10, 5. Abg. *Mus. Pio-Clem.* III t. XI. *Mus. Borb.* II, 39 und sonst oft.

8) Im *Ed. Dioclet.* 16, 13. 18. 23 ist βίῤῥος Λαδικηνὸς ἐν ὁμοιότητι Νερβικοῦ und βίῤῥος Νερβικός des griechischen Textes dasselbe mit dem *sagum Gallicum* des lateinischen (s. Mommsen S. 391); ebenso sind die *saga Atrebatica* (Vopisc. *Gallieni duo* 6, 6) und die *birri ab Atrebatis petiti* (Vopisc. *Carin.* 20, 6) identisch.

9) Alle diese Fabrikate scheinen in das Geschäft der *sagarii* zu gehören, da für die Fabrikanten keine speciellen Namen vorkommen.

10) Festi *epit.* p. 31, 6: *burrum dicebant antiqui quod nunc dicimus rufum.* Probus bei G. Valla zu Juven. 3, 283: *Quod Graeci coccum, Latini teres* (lies *veteres*) *byrrum vocarunt.* S. hierüber Salmas. *ad Vopisci Carinum* 20 p. 862 ed. 1671. Als Adjectivum kommt das Wort noch vor in den *Acta S. Cypriani* bei Ruinart *Acta primorum mart.* p. 218: *Idem S. Cyprianus in agrum Sexti productus est et ibi se lacerna burro* (lies *burra* oder *lucerno burro*) *exspoliavit et genu in terram flexit.* Ueber den *birrus* handelt ausführlich Salmasius *ad Tertull. de pallio* p. 81 ff.

11) In dem Epigramm der Eucheria, Baehrens *P. L. M.* V, 60 = Riese *Anth.* n. 390, heisst es in einer Aufzählung widerstreitender und nicht zusammenpassender Dinge vs. 5:

Nobilis horribili iungatur purpura burrae,
Nectatur plumbo fulgida gemma gravi.

12) Daher *byrrus rigens* bei Sulpicius Severus *dial.* 1, 21, 4 (14).

lacerna. versehener[1]) Umwurf war, ist die *lacerna*, obgleich ebenfalls eigentlich zum Schutze gegen den Regen bestimmt[2]) und ebenfalls mit einer Kappe (*cucullus*) versehen,[3]) wiewohl sie mit dem *birrus* öfters identificirt wird,[4]) doch dadurch von ihm verschieden, dass sie als ein leichter,[5]) eleganter,[6]), flatternder[7]) Mantel über der *toga*[8]) getragen und nicht sowohl der Wärme,[9]) als des Schmuckes wegen bei Spielen[10]) und sonstigem öffentlichen Erscheinen angelegt wurde, bei welchen Gelegenheiten man statt der auf das Bedürfniss berechneten groben[11]) und dunkelfarbigen[12]) Lacernen weisse,[13]) bunte,[14]) coccusfarbige[15]) und purpurne[16]) wählte. Noch zu Cicero's Zeit war die *lacerna*

---

1) Juvenal 8, 145: *Tempora Santonico velas adoperta cucullo* und dazu der Schol.: *Cucullo de byrro Gallico scilicet. Nam apud Santonas oppidum Galliae conficiuntur.* Cod. Th. 14, 10, 1 § 2: *Servos — aut byrris uti permittimus aut cucullis.*

2) Plin. *n. h.* 18, 225: *Hoc ipso Vergiliarum occasu fieri putant aliqui a. d. III Idus Novembris — servantque id sidus etiam vestis institores, et est in coelo notatu facillimum: — Nubilo occasu pluviosam hiemem denuntiat, statimque augent lacernarum pretia, sereno asperam, et reliquarum vestium accedunt.*

3) Mart. 14, 132:

Si possem, totas cuperem misisse lacernas,
Nunc tantum capiti munera mitto tuo.

Horat. *sat.* 2, 7, 55: *odoratum caput obscurante lacerna.* Ein *sagum* mit *cucullus*, also vielleicht eine *lacerna* s. S. Bartoli *Arcus tab.* 39.

4) *Schol. Pers.* 1, 54: *Scis comitem horridulum trita donare lacerna*] *id est Scis et byrrum attritum comiti condonare.*

5) Mart. 6, 59, 5:

Quid fecere mali nostrae tibi, saeve, lacernae,
Tollere de scapulis quas levis aura potest?

6) *nobilis purpura* in dem S. 567 Anm. 11 angeführten Epigramm ist die *lacerna*.

7) Sulpicius Severus *dial.* 1, 21, 4 (14): *Atque haec caris viduis ac familiaribus mandat tributa virginibus, illa ut byrrum rigentem, haec ut fluentem texat lacernam.* Dasselbe lehrt Ammian. 14, 6, 9: *Sudant sub ponderibus lacernarum* (dies ist ironisch gesagt), *quas in collis insertas cingulis ipsis annectunt, nimia subteminum tenuitate perflabiles, expandentes eas crebris agitationibus, maximeque sinistra, ut longiores fimbriae tunicaeque perspicue luceant varietate liciorum effigiatae in species animalium multiformes.*

8) Mart. 2, 29; 8, 28, 22; 14, 137. Juven. 9, 29 nennt sie daher *munimenta togae.*

9) Augustin. *serm.* 161 § 10 sagt von einem Liebhaber, der sich ganz nach dem Willen seiner Geliebten richtet: *Illa dixerit: Nolo habeas talem byrrum. Non habet. Si per hiemem illi dicat: In lacerna te amo, eligit tremere quam displicere.*

10) Suet. *Claud.* 6. Mart. 4, 2; 14, 137.

11) *pingues* Juven. 9, 28; *rudes* Mart. 7, 86, 8.

12) *tristes* Mart. 1, 96, 4; *nigrae* 4, 2; *pullae* Suet. *Aug.* 40.

13) Mart. 4, 2; 14, 137.

14) Mart. 2, 46, 3.

15) Mart. 14, 131.

16) Mart. 2, 29, 3; 2, 57; 5, 8, 11; 8, 10; 9, 22, 13. Juv. 1, 27.

ein ungewöhnliches Kleidungsstück,[1]) und Augustus verbot sie auf dem *forum* über der *toga* zu tragen;[2]) allein als militärische Kleidung wird sie von Schriftstellern des augusteischen Zeitalters oft erwähnt,[3]) so dass das *sagum* durch diese elegantere Tracht damals ersetzt zu sein scheint; etwas später wird sie auch in der Stadt gewöhnlich, wiewohl sie für Senatoren noch unter Hadrian nicht recht anständig war.[4])

Auch die *laena* wird als ein *sagum* bezeichnet, dessen Eigenthümlichkeit in einem dicken, langhaarigen Wollenzeuge besteht, das, wie alle diese Zeuge, besonders in Gallien fabricirt wurde.[5]) Aber sie ist kein gallischer, sondern ein altrömischer Mantel, der von dem *flamen carmentalis* getragen und mit einer *fibula* zusammengehalten wurde;[6]) er entsprach der griechischen χλαῖνα,[7]) die ebenfalls von dickem,[8]) zottigem[9]) Stoffe und für den Schutz gegen das Wetter berechnet[10]) war, und hat mit dieser namentlich das gemein, dass sie als Doppeltuch umgelegt werden *laena.*

1) Cic. *Phil.* 2, 30, 76 wirft dem Antonius vor, dass er als *Magister equitum* und Bewerber um das Consulat in Gallien in der *lacerna* umhergereist sei.

2) Suet. *Aug.* 40.

3) Propert. 4, 12, 7; 5, 3, 18. Ovid. *fast.* 2, 746. Bei Velleius 2, 70, 2 trägt Cassius in der Schlacht bei Philippi eine *lacerna*, und Octavian geht in das Lager des Lepidus ebenfalls in der *lacerna.* 2, 80, 3. Auch die Späteren halten sie für ein ursprünglich militärisches Kleidungsstück. *Schol. Pers.* 1, 54: *Lacerna pallium fimbriatum, quo olim soli milites velabantur.* Isidor. *or.* 19, 24, 14: *Lacerna pallium fimbriatum, quo olim soli milites utebantur. Unde et in distinguenda castrensi urbanaque turba hos togatos, illos lacernatos vocabant.* Dass in beiden Stellen statt *fimbriatum* mit Buonarruoti zu lesen ist *fibulatum*, ist wahrscheinlich, da die *lacerna* wie das *sagum* eine *fibula* gehabt haben wird.

4) Gellius 13, 21.

5) Strabo 4 p. 196 sagt von den Belgiern: ἡ δὲ ἐρέα τραχεῖα μὲν ἀκρόμαλλος δέ, ἀφ' ἧς τοὺς δασεῖς σάγους ἐξυφαίνουσιν, οὓς λαίνας καλοῦσιν. Martial. 14, 136. *Laena.*

Tempore brumali non multum levia prosunt,
Calfaciunt villi pallia vestra mei.

6) Cic. *Brut.* 14, 56. Festi *ep.* p. 113, 15: *Infibulati sacrificabant flamines propter usum aeris antiquissimum aereis fibulis.* Serv. *ad Aen.* 4, 262: *Laena, genus vestis. Est autem proprie toga duplex, amictus auguralis — Graece* χλαῖνα. *Alii amictum rotundum, alii togam duplicem, in qua flamines sacrificant infibulati. Quidam tradunt bene filio Veneris habitum laenae datum, quia hunc sibi amictum genus Veneris vindicavit. Unde Popilii Laenates propter hunc habitum. — Quidam pontificalem ritum hoc loco expositum putant. Veteri enim religione pontificum praecipiebatur inaugurato flamini, vestem, quae laena dicebatur, a flaminica texi oportere.*

7) Plut. *Num.* 7: καὶ γὰρ ἃς ἐφόρουν οἱ βασιλεῖς λαίνας ὁ Ἰόβας χλαίνας φησὶν εἶναι. Servius a. a. O.

8) χλαῖνα παχεῖα Pollux 10, 123. 124.

9) οὔλη Hom. *Od.* 4, 50 und sonst oft.

10) ἀνεμοσκεπής Hom. *Il.* 16, 224. Sie heisst bei Hesychius ἱμάτιον χειμερινόν.

konnte.[1]) Die Helden erscheinen, wie bei Homer in der χλαῖνα, so bei den lateinischen Dichtern in der *laena*; [2]) in der Kaiserzeit ist dieselbe aber ein sehr gewöhnlicher, von Reichen und Armen, [3]) Männern und Frauen[4]) in verschiedener Weise[5]) getragener, zuweilen auch in *coccus*[6]) und Purpur[7]) gefärbter Umwurf, den man in diesen Farben zum Putze, namentlich wenn man zur *cena* ging,[8]) anlegte.

Dick und doppelt,[9]) wie die *laena*, aber eine ausländische *abolla*. Tracht,[10]) war die *abolla*. Auch sie ist ein *vestimentum militare*,[11]) also ein *sagum*, ebensowohl zum Schutze gegen die Witterung,[12]) als zum Prunke dienend. Denn es gab purpurne *abollae*, in denen Könige[13]) und vornehme Leute[14]) erschienen, *abollae cenatoriae*, die aus Africa eingeführt wurden.

Als gewöhnliches Kleid beim Essen (*vestis cenatoria*,[15]) *cena-*

---

1) Hom. *Il.* 10, 133:

'Αμφὶ δ' ἄρα χλαῖναν περονήσατο φοινικόεσσαν.
Διπλῆν, ἐκταδίην, οὔλη δ' ἐπενήνοθε λάχνη.

Pollux 7, 47: εἰσὶ δὲ χλαῖναι αἱ μὲν ἁπλοΐδες, ὡς Ὅμηρος „δώδεκα δ' ἁπλοΐδας“, αἱ δὲ διπλαῖ. — ταύτας δὲ οἱ Ἀττικοὶ ἀπληγίδας καὶ διπληγίδας καὶ διβόλους ὠνόμαζον. Festi *epit.* p. 117, 10: *Laena vestimenti genus habitu duplicis.* Varro *de l. L.* 5, 133: *Laena, quod de lana multa duarum etiam togarum instar. — Ut antiquissimum mulierum ricinium, sic hoc duplex virorum.*

2) Aeneas bei Verg. *Aen.* 4, 262: Hannibal bei Silius Ital. 15, 424.

3) Juv. 5, 130.

4) So wird eine *hyacinthina laena* bei Persius 1, 32 von einem Manne, bei Hieronymus *ep.* 22, 6 Vol. I p. 97 Vallars von einer Frau getragen.

5) So erwähnt Mart. 12, 36, 2 eine *brevis laena.*

6) Juv. 3, 283.

7) *hyacinthina* Pers. 1, 32. Hieronym. a. a. O. *Tyria* Verg. *Aen.* 4, 262.

8) Mart. 8, 59, 10.

9) Serv. *ad Aen.* 5, 421: *Duplicem amictum i. e. abollam, quae duplex est sicut chlamys. Horatius* (*epist.* 1, 17, 25):

Contra, quem duplici panno patientia velat.

10) In dem römischen Zolltarif von *colonia Julia Zarai* in *Mauretania Caesariensis* vom Jahre 202 p. Chr. (*C. I. L.* VIII, 4508) ist ein Abschnitt *Lex vestis peregrinae*, in welchem eine *abolla cenatoria* aufgeführt wird.

11) Nonius p. 538, 16: *Abolla vestis militaris.* Varro *sat. Men.* v. 223 Bücheler:

tóga tracta est et abólla data est,
ad túrbam abii, fera militia
munera belli ut praestarem.

12) Juven. 4, 76. Zu diesem Zweck trugen auch die Cyniker die *abolla* (Mart. 4, 53), d. h. den τρίβων διπλοῦς (Diog. Laert. 6, 22), den Horaz a. a. O. bezeichnet.

13) So Ptolemaeus bei Sueton. *Cal.* 35.

14) Mart. 8, 48, 1.

15) Capitolin. *Max. duo* 30, 5.

torium[1]) (*vestimentum*), στολὴ δειπνῖτις)[2]) diente indessen die *synthesis*,[3]) von deren Beschaffenheit wir nichts weiter wissen, als dass sie ein bequemes, daher besonders an den Saturnalien[4]) allgemein getragenes, in verschiedenen Farben, weiss,[5]) grün,[6]) purpurn[7]) und bunt[8]) vorkommendes, wie es scheint, anziehbares Kleidungsstück (*indumentum*) war,[9]) das beim Mahle öfters gewechselt wurde,[10]) und seinen Namen davon zu haben scheint, dass davon immer eine ganze Garnitur vorhanden war. Denn *synthesis* ist eine bestimmte Anzahl gleichartiger Kleidungsstücke oder Gefässe,[11]) also *synthesis tunicarum* oder *palliolorum*[12]) eine Garnitur von Tuniken und Mäntelchen; *synthesis calicum*,[13]) *septenaria synthesis* ein Satz von sieben Saguntinischen Bechern.[14]) *synthesis.*

Die beiden Arten der Kopfbedeckung, welche bei den Griechen vorkommen, die Filzkappe, welche zur Fischer-, Schiffer- und Arbeitertracht gehört, weshalb Castor und Pollux, Odysseus, Charon, Vulcan und Daedalus mit ihr dargestellt werden,[15]) und der flache Hut (*petasus*), welchen Hermes trägt,[16]) sind auch in Italien in alter Zeit allgemein üblich gewesen und für gewisse Zwecke immer üblich geblieben. Des *pilleus* bedienten sich ebenso die Etrusker und Umbrer als die Römer,[17]) und der Die Kopfbedeckung. Der *pilleus*.

---

1) *Act. Arval.* 27 Mai 218: *cenatoria alba sumpserunt et in tricliniaribus discubuerunt et epulati sunt.* 17 Mai 241: *magister lotus cenatorio albo ac pueri — consederunt.* S. Henzen *Acta fr. Arv.* p. 12. 27. Petron. 21: *cenatoria repetimus.* 56: *cenatoria et forensia.* Mart. 10, 87, 12; 14, 135. Von denselben ist wohl zu verstehen Petron. 30: *vestimenta mea cubitoria perdidit — Tyria sine dubio, sed iam semel lota.*

2) Dio Cass. 69, 18, 3.

3) *Act. Arval.* 19 Mai 91: *ibique in tetrastyl[um desciderunt ibique in triclinio discumbentes] cum sintes(ibus) epulati sunt.* S. Henzen a. a. O. p. 15. Mart. 5, 79 u. ö.

4) Mart. 14, 1, 1; 14, 141.

5) Oben A. 1; vgl. Henzen *Act. fr. Arv.* p. 15.

6) *prasina* Mart. 10, 29, 4.

7) Petron. 30 (oben A. 1).

8) Mart. 2, 46.

9) Von Nero sagt Sueton. *Ner.* 51: *ut — plerumque synthesinam indutus — prodierit in publicum sine cinctu et discalceatus*, wofür Dio Cass. 63, 13, 3 sagt: χιτώνιόν τι ἐνδεδυκὼς ἄνθινον.

10) Bei Martial. 5, 79 wechselt sie Zoilus während der *cena* elfmal.

11) Salmasius *ad Vopisci Bonosum* 15 p. 771 ff.

12) *Dig.* 34, 2, 38 § 1.

13) Statius *silv.* 4, 9, 44.

14) Mart. 4, 46, 15.

15) S. hierüber die reichen Nachweisungen bei Yates *Textrinum antiquorum.* London 1843. 8. p. 392 ff.

16) Yates pl. XII. XIII.

17) Ueber den *pilleus* der alten Italiker handelt ausführlich Helbig Sitzungs-

Umstand, dass er in Rom als Symbol der Libertas gilt[1]) und als solches für den aus der Sclaverei Freigelassenen vorgeschriebene Tracht ist,[2]) lässt vermuthen, dass er, wie die Toga, das Kennzeichen eines römischen Bürgers war, so dass die noch in späterer Zeit gebräuchlichen *pillei* der *pontifices, flamines* und *Salii* nur als ein Rest alter Sitte zu betrachten sein würden, welcher sich bei der Priesterschaft erhalten hatte. Am Ende der Republik und in der Kaiserzeit erschien man öffentlich in der Regel ohne Hut,[3]) nur bei den Saturnalien trug das ganze Volk den *pilleus*,[4]) sonst auch wohl der gemeine Mann[5]) und wer des Abends sich in der Stadt herumtreibend unerkannt bleiben wollte.[6]) Mit dem *petasus* traten nicht allein die Schauspieler in der Komödie auf,[7]) sondern ging auch Augustus spazieren[8]) und seit Caligula setzte man im Theater zum Schutze gegen die Sonne thessalische Hüte[9]) und macedonische *causiae* mit breiten nach obenzu sich erhebenden Krempen[10]) auf,[11]) wie sie die Schiffer[12]) und später in Nachahmung Alexanders des Grossen Kaiser Caracalla[13]) trugen.

Der *petasus*.

causiae.

---

berichte der ph. Classe der Münchener Academie 1880 S. 487—554, und zwar über den *pilleus* der Etrusker S. 497 ff., über den der Umbrer S. 512.

1) Am bekanntesten ist der Denar des Brutus und L. Plaetorius Cestianus (Cohen *Monn. de la rép.* pl. XXIV n. 16. *Méd. imp.* I pl. II n. 4), auf dessen Revers der *pilleus* zwischen zwei Dolchen dargestellt ist mit der Inschr. *EID. MAR*, und den auch Dio Cass. 47, 25, 3 erwähnt: Βροῦτος μὲν ταῦτά τε ἔπρασσε καὶ ἐς τὰ νομίσματα, ἃ ἐκόπτετο, εἰκόνα τε αὑτοῦ καὶ πιλίον ξιφίδιά τε δύο ἐνετύπου, δηλῶν ἔκ τε τούτου καὶ διὰ τῶν γραμμάτων, ὅτι τὴν πατρίαν μετὰ τοῦ Κασσίου ἠλευθερωκὼς εἴη. Dasselbe Symbol kommt auf vielen anderen Münzen vor, welche Helbig a. a. O. S. 490 f. nachweist.

2) Servius *ad Aen.* 8, 564: (*Feronia*) *etiam libertorum dea est*, *in cuius templo raso capite* (s. oben S. 355 Anm. 8) *pilleum accipiebant.* Daher heisst *capere pilleum* die Freiheit erhalten (Plautus *Amphitr.* 462) und *vocare ad pilleum servos* die Sclaven zur Freiheit aufrufen. Liv. 24, 32, 9. Seneca *ep.* 47, 18. Sueton *Ti.* 4. In diesem Costüme folgten die im Testamente ihres Herrn freigelassenen Sclaven der Leiche desselben (s. oben S. 355 Anm. 9), und die befreiten Gefangenen dem Triumphe des siegreichen Feldherrn (Liv. 30, 45, 5; 33, 23, 6; 34, 52, 12; 38, 55, 2; Plut. *Flamin.* 13) und erschienen zuweilen fremde Könige in Rom, um sich als *liberti* des römischen Volkes zu erklären. Polyb. 30, 19 (16), 3 (= Liv. 45, 44, 19. Diodor. *fr.* 31, 15, 2). Plut. *de Alex. fort.* 2, 3, p. 412 Dübn. Nach Nero's Tode trug die ganze *plebs* den *pilleus* als Zeichen der erlangten Freiheit. Suet. *Ner.* 57.

3) Plut. *quaest. Rom.* 14, p. 329 Dübn.: συνηθέστερον δὲ ταῖς μὲν γυναιξὶν, ἐγκεκαλυμμέναις, τοῖς δ' ἀνδράσιν, ἀκαλύπτοις εἰς τὸ δημόσιον προϊέναι.

4) Mart. 11, 6, 4.; 14, 1, 2.

5) Horat. *epist.* 1, 13, 15.

6) Suet. *Ner.* 26.

7) Plaut. *Amph.* 143 145. 442. *Pseud.* 735. 1186.

8) Suet. *Oct.* 82.

9) Dio Cass. 59, 7.

10) S. über diese Yates I p. 408.

11) Mart. 14, 29.

12) Plaut. *mil. gl.* 1178; *Pers.* 1, 3, 75.

13) Herodian 4, 8, 2.

D. Die weibliche Kleidung.

Wenn schon die männliche Kleidung der Mode unterworfen war, so war dies in viel höherem Grade der Fall bei der weiblichen,[1] abgesehen davon, dass neben der Tracht der Matrone (*habitus matronalis*)[2] für Mädchen, Sclavinnen[3] und Buhlerinnen[4] andere Costüme üblich waren und fremde Frauen und Libertinen ausländische und besonders griechische Moden mit voller Freiheit und nach eigenem Geschmacke einführten. So ist das coische wegen seiner nichts verhüllenden Durchsichtigkeit berüchtigte Kleid wenigstens anfangs eine Libertinentracht gewesen,[5] bis es allmählich, freilich noch im ersten Jahrhundert, auch bei römischen Frauen Eingang fand[6] und der decenten und würdevollen Kleidung Concurrenz machte, welche für die römische Matrone in demselben Grade vorschriftsmässig war, als die Toga für die Männer. Diese Kleidung besteht, abgesehen von der allen Frauen gemeinsamen *fascia*[7] und *tunica interior*, *subucula*,[8] *interula*,[9] in der *stola*,[10] über welche beim Ausgehen[11] noch ein Umwurf gelegt wird.

Die *stola* ist eine bis auf die Füsse reichende[12] *tunica* mit halben Aermeln,[13] am unteren Rande mit einem Besatze (*in-* Die *stola*.

---

1) Schon Plautus spottet über den Wechsel der Moden in der Frauentracht *Epid.* 229 ff. Vgl. Varro *de l. L.* 9, 22.

2) *Digest.* 47, 10, 15 § 15.

3) *vestis ancillaris. Dig.* a. a. O.

4) S. oben S. 44 Anm. 1.

5) Horat. *sat.* 1, 2, 101 ff.

6) Die ältesten Zeugnisse dafür sind Seneca *contr.* 2, 13, 7 p. 159, 10; 2, 15, 4 p. 174, 16. *Exc. contr.* 2, 7 p. 358, 2 Bursian. Seneca *de benef.* 7, 9, 5.

7) S. oben S. 484. Terent. *Eun.* 2, 3, 22 ff. Hieronymus *ep.* 117, 7 Vallars: *Papillae fasciolis comprimuntur et crispanti cingulo angustius pectus artatur.* Vgl. *ep.* 22, 6.

8) S. oben S. 485.

9) Apul. *met.* 8, 9; *florid.* 1, 9 p. 35 Hildebr. Vopisc. *Bonos.* 15, 8: *interulas dilores duas et reliqua, quae matronae conveniunt.*

10) Ueber die *stola* handelt neuerdings Hübner *Comm. phil. in honor. Th. Mommseni* p. 104 ff. und Hermes XIII (1878) S. 425 f.

11) Tibull. 4, 2, 11.

12) *ad talos demissa* Hor. *sat.* 1, 2, 99; *stola longa* Ov. *ep. ex Ponto* 3, 3, 52; Tibull. 1, 6, 68.

13) S. unten S. 577 Anm. 8.

stita)[1]) versehen und in der Taille gegürtet.[2]) Wann sie in Rom als Frauentracht üblich wurde ist unbekannt. Denn in alter Zeit trugen einerseits auch Frauen die Toga, [3]) andererseits war die *stola*, eine, wie das Wort lehrt, griechische Kleidung, ebenso bei Männern wie bei Frauen in Gebrauch, [4]) obgleich man allerdings wieder die Frauenstola von der Männerstola unterscheidet. [5]) Im zweiten punischen Kriege wird die

Kleidung der *Matronae*.

longa vestis zuerst als Privilegium verheiratheter Frauen erwähnt, [6]) und das blieb sie in der Folgezeit. [7]) Seit Augustus indessen erhielt sie noch eine andere Bedeutung, wie man daraus

---

1) Hor. *sat.* 1, 2, 29 und der *Comm. Cruqu.* z. d. St. Ovid. *a. a.* 1, 32 = *trist.* 2, 248: *Quaeque tegit medios instita longa pedes.* Dass die *stola* eine wirkliche Schleppe hatte, scheint anzunehmen. Auf einem Bilde der Titusbäder (S. Bartoli *Admiranda* t. 83) sind zwei Frauen dargestellt, von denen die eine mit einem Krieger eindringlich redet. Man erklärt sie für Veturia, die Mutter des Coriolan. Beide Frauen tragen Schleppen. Dies scheint auch Eustath. *ad Il.* p. 409, 4 zu sagen: τανύπεπλον τὴν Ἑλένην λέγει — ὡς τανύουσαν Ῥωμαϊκῶς καὶ ἐπισύρουσαν κάτω τὸν πέπλον, obgleich sich diese Notiz auf eine viel spätere, aber charakteristisch römische Sitte beziehen wird. Allein dass unter dieser Schleppe die *instita* zu verstehen sei, wie Rich *s. v. stola* annimmt, ist damit noch nicht bewiesen ⟨und stimmt nicht mit der sonstigen Bedeutung des Wortes: Gurt oder Band; s. Forcellini *s. v.*⟩.

2) Ennius bei Non. p. 198, 1 = Ribbeck *trag. Lat. fr.* v. 345:

et quis illaec est, quae lugubri
Succincta est stola?

3) S. oben S. 44 Anm. 1.

4) Nonius p. 537, 24: *Stolam veteres non honestam vestem solum, sed etiam omnem, quae corpus tegeret.* Ennius in Ribbeck *trag. Lat. fr.* v. 285: *Regnúm reliqui saéptus mendicí stola.* v. 287: *Caédem caveo hoc cúm vestitu, squálida saeptús stola.* v. 345: *et quís illaec est, quae lúgubri Súccincta est stola.* v. 391: *indúta fuit saevá stola* d. h. mit einer grossen *stola*.

5) Varro *Eumenid.* bei Nonius p. 537, 30 = v. 120 Bücheler: *partím venusta múliebri ornatí stola.*

6) Macrobius *saturn.* 1, 6, 13: (*M. Laelius augur*) *bello Punico secundo duumviros dicit ex senatus consulto propter multa prodigia libros Sibyllinos adisse et inspectis his nuntiasse, in Capitolio supplicandum lectisterniumque ex conlata stipe faciendum, ita ut libertinae quoque quae longa veste uterentur in eam rem pecuniam subministrarent.* Man wird unter diesen *libertinae* diejenigen zu verstehen haben, welche an einen römischen Bürger verheirathet waren. Ueber solche Ehen s. oben S. 77 Anm. 1. Heineccii *ad legem Juliam et Papiam Poppaeam commentarius.* Amstelaedami 1726. 4. p. 247 ff. und auf eine solche bezieht sich die Grabschrift eines Freigelassenen *C. I. L.* I, 1194 = Bücheler *Anthol. epigr. Lat. spec.* I n. 23: *ita leibertate illei me, hic me decora(r)at stola.*

7) Festi *epit.* p. 125, 15: *Matronas appellabant eas fere, quibus stolas habendi ius erat.* Ulpian. *Dig.* 34, 2, 23, 2: *muliebria sunt* (*vestimenta*) *quae matris familiae causa sunt comparata — — veluti stolae, pallia, tunicae.* Cicero *Phil.* II, 18, 44: *sed cito Curio intervenit, qui te a meretricio quaestu abduxit et, tanquam stolam dedisset, in matrimonio stabili et certo collocavit.* Horat. *sat.* 1, 2, 29; 1, 2, 94 ff. Martial. 1, 35, 8. Auch Varro *de l. L.* 8, 28; 9, 48; 10, 27 redet von der *muliebris stola* oder *mulierum stola* als der den *matronae* rechtlich zukommenden Tracht, wie er an der zuletzt angeführten Stelle ausdrücklich bemerkt.

ersieht, dass in der Kaiserzeit verheirathete Frauen zuweilen ihrem Namen die Bezeichnung *stolata femina* als einen Titel hinzufügen[1]) und den Anspruch auf das Ehrenkleid ihrem Verdienste zuschreiben,[2]) was kein anderes gewesen sein kann, als dass sie das *ius liberorum* erworben hatten.[3]) Denn dies wurde nicht nur den Männern[4]) sondern auch den Frauen[5]) verliehen. War aber, wie es nach dem Angeführten scheint, mit demselben eine besondere Kleidung der Mütter verbunden, so kann dies nicht die gewöhnliche *stola* gewesen sein,[6]) welche alle Ehefrauen, auch die kinderlosen, trugen, sondern sie muss einen eigenthümlichen Schmuck gehabt haben, über welchen nichts berichtet wird. Dass dieser in der Titulatur, welche erst im zweiten Jahrhundert vorkommt, nicht näher bezeichnet wird, dürfte darin seinen Grund haben, dass die gewöhnliche *stola* schon seit Tiberius, wie wir weiter unten sehen werden, ausser Mode kam, während die *stola* der Mütter wenigstens bis zum Ende des dritten Jahrhunderts allein in Gebrauch blieb.

stolatae feminae.

Als Umwurf diente in ältester Zeit das *ricinium* oder *reicinium*, ein viereckiges Tuch, das schon in den zwölf Tafeln erwähnt wird[7]) und dort einen Teppich bezeichnet, mit dem man den Scheiterhaufen schmückt. Die Frauen befestigten dasselbe am Kopfe und hüllten sich in dasselbe ein, indem sie es über den linken Arm oder die linke Schulter zurückschlugen.[8]) Sowohl das *ricinium* als die damit im Ganzen identische

Umwurf, *ricinium.*

---

1) Die von Hübner zusammengestellten, meistens dem zweiten und dritten Jahrhundert angehörigen Inschriften der *feminae stolatae* sind: Orelli-Henzen 3030. 7190 Anm. 2; *C. I. L.* III, 5225; 5283; 5293; 6155 (p. 998).

2) So sagt bei Propertius 5, 11, 61 Cornelia:

et tamen emerui generosos vestis honores,
nec mea de sterili facta rapina domo.

3) Dies ist auch die Ansicht von Hübner a. a. O. S. 105.

4) S. oben S. 76.

5) Dio Cass. 55, 2, 5: ἡ δὲ δὴ Λιουΐα — — ἐς τὰς μητέρας τὰς τρὶς τεκούσας ἐσεγράφη. *C. I. L.* III, 755: (*Aurelia Marcellina*) *habens ius liberorum.* Gaius 1, 145: *ex lege Julia et Papia Poppaea iure liberorum tutela liberantur feminae.* Vgl. 1, 194; 3, 44. 50; Pauli *sent.* 3, 4[a], 1. Ulpian. *fr.* 16, 1[a]: *libera inter eos* (*virum et uxorem*) *testamenti factio est, si ius liberorum a principe impetraverint.*

6) Hübner a. a. O. S. 109.

7) Cic. *de leg.* 2, 23, 59 nach Schöll's (*legis XII tabularum reliquiae* p. 57) etwas kühner, aber dem Sinne entsprechender Verbesserung: *Extenuato igitur sumptu, tribus reciniis relictis et uno clavo purpurae — tollit etiam lamentationem.* Vgl. 2, 25, 64.

8) Festus p. 274[b], 32: *Recinium omne vestimentum quadratum ii, qui XII interpretati sunt, esse dixerunt; Verrius togam, qua mulieres utebantur, prae-*

rica. *rica*[1]) erhielt sich im religiösen Gebrauche bis in die Kaiserzeit; die letztere trägt die *Flaminica*,[2]) das erstere tragen die Frauen bei der Trauer bis zum Begräbnisse,[3]) die Opferknaben der *fratres arvales*,[4]) und wie es scheint, überhaupt die Camilli.[5]) Als gewöhnliche Kleidung kam es dagegen schon Die *palla.* frühe ab und wurde durch die *palla* ersetzt,[6]) über deren Form viel gestritten worden ist.[7]) Von den Alten selbst wird die Palla als ein weites und langes Kleidungsstück beschrieben, entsprechend dem griechischen πέπλος;[8]) wie dieser anzuziehen und umzunehmen,[9]) für Frauen und für Männer zu brauchen war,[10]) so wird auch die Palla zum Theil von denselben Schrift-

---

textam clavo purpureo. Varro *de l. L.* 5, 132: *Antiquissimis amictui ricinium. Id, quod eo utebantur duplici, ab eo, quod dimidiam partem retrorsum iaciebant, ab reiciendo ricinium dictum.* Isidor *orig.* 19, 25, 4: *Eadem* (*stola*, es wird aber richtiger auf *palla* bezogen, von der § 2 die Rede ist) *et ricinium Latino nomine appellatum eo quod dimidia eius pars retro reiicitur, quod vulgo mavortem dicunt.* Nonius p. 542, 1: *ricinium, quod nunc mafurtium dicitur, palliolum femineum breve.* Serv. *ad Aen.* 1, 282: *Recinus autem dicitur ab eo, quod post tergum reiicitur, quod vulgo mavorte dicunt.*

1) Festi *epit.* p. 288, 10: *Rica est vestimentum quadratum, fimbriatum, purpureum, quo Flaminicae pro palliolo utebantur.* Festus p. 277a, 5: *Ricae et riculae vocantur parva ricinia, ut palliola ad usum capitis facta.* Varro *de l. L.* 5, 130. Plaut. *Epid.* 232. Gell. 7 (6), 10, 4. Doch steht *rica* neben *ricinium* in dem Verse des Novius bei Ribbeck ed. 2 p. 265, 71:

Mólucium crocótam chirodótam ricam rícinum.

2) Staatsverwaltung III S. 318. Auch das *suffibulum* der Vestalinnen (Staatsverwaltung III S. 327) ist ein ähnliches Kopftuch.

3) Varro bei Nonius p. 549, 31: *ut, dum supra terram essent, ricinis lugerent, funere ipso ut pullis pallis amictae.*

4) *Act. Arval.* 19. 20 Mai 91; 30 (20?) Mai *ann. inc.* (Anton. Pius); 20 Mai 183. Henzen *Acta fr. Arv.* p. 38.

5) Ueber die *camilli* s. Staatsverwaltung III S. 220. 316. Auf dem Relief einer Ara von Caere, abgebildet in *Monum. d. Inst.* VI tav. XIII fig. 1 und erörtert von Henzen *Annali* 1858 p. 9, opfert ein Mann in der Toga vor einem Altare, während ein *camillus* das *praefericulum* trägt. Der letztere hat über der linken Schulter ein Tuch mit Franzen (*fimbriatum*), worin Henzen das *ricinium* erkennt. Einen ähnlichen kurzen Umwurf mit Franzen hat der Camillus auf dem Relief bei Clarac II pl. 218 n. 310.

6) Dass das *ricinium* nicht zugleich mit der *palla* angelegt, sondern durch dieselbe ersetzt wurde, lehrt die oben Anm. 3 angeführte Stelle des Varro.

7) Rubenius *De re vest.* p. 114 ff. Ferrarius *Analecta* p. 86 ff. Becker *Gallus* III S. 186 (Göll S. 258) ff. Visconti *M. Pio-Clem.* Milan. 1818. I p. 159 ff. Weiss Kostümkunde I S. 974 ff. Rich *Dictionnaire des ant. rom.* Paris 1859. 8 unter den Worten *stola* und *palla.*

8) Serv. *ad Aen.* 1, 479: *unde post Minervae palla peplum appellata est.* Glossae: *Palla*, πέπλος.

9) Pollux 7, 50: πέπλος· ἔσθημα δ' ἐστὶ διπλοῦν τὴν χρείαν, ὡς ἐνδῦναί τε καὶ ἐπιβαλέσθαι. (Ueber den πέπλος vgl. Helbig Das homerische Epos aus den Denkmälern erläutert, S. 128 ff.)

10) S. Stephanus *s. v.*

stellern als *indumentum*[1]) und als *amictus*,[2]) und wie wir sehen werden, von Dichtern wenigstens als gemeinsame Tracht beider Geschlechter bezeichnet. Aber auch als Frauenkleid ist sie nicht, wie die *stola,* den Matronen eigenthümlich, sondern wird auch von Fremden,[3]) Libertinen und Buhlerinnen[4]) getragen, so dass die Vermuthung nahe liegt, dass sie für diese verschiedenen Personen auch verschiedene Formen gehabt habe. Die Palla war nämlich, wie das *ricinium*, ein viereckiges, vielleicht quadratisches Tuch, das auch als Vorhang dienen konnte.[5]) Von dem *ricinium* unterschied es sich hauptsächlich durch viel grössere Dimensionen, da dieselbe Mode, welche die Toga weit und faltenreich gestaltete, eine gleiche Veränderung in der Frauentracht herbeiführte. Getragen aber wurde es in der That auf zwei ganz verschiedene Arten.

Frauen, welche die Stola trugen, also römische Matronen, legten es um, wie das griechische Pallium,[6]) indem sie das eine Drittel über die linke Schulter nach vorn fallen liessen, den übrigen Theil aber über den Rücken legten und dann entweder über die rechte Schulter nach vorn nahmen, in welchem Falle das Tuch den ganzen Körper bedeckt[7]) (Fig. 7), oder unter dem rechten Arm durchzogen, in welchem Falle der halblange Aermel der Stola oder der *tunica interior* sichtbar bleibt,[8]) in beiden Fällen aber das Ende des Tuches über den linken Arm

---

1) Varro *de l. L.* 5, 131. *Auct. ad Herenn.* 4, 47, 60. Ov. *met.* 4, 483; 14, 262.

2) Varro bei Non. p. 549, 32. 3) Plautus *Menaechm.* 205.

4) Plautus *Menaechm.* 426. Tibull. 4, 2, 11.

5) Seneca *de ira* 22, 2 erzählt, Antigonus habe in seinem Zelte zwei daneben gelagerte Soldaten reden hören, *utpote cum inter dicentem et audientem palla interesset. Quam ille leviter commovit et: longius, inquit, discedite, ne vos rex audiat.* Suet. *Tit.* 10 ist *pallulae* der Vorhang der Sänfte.

6) Von der Matrone Hor. *sat.* 1, 2, 99:

ad talos stola demissa et circumdata palla.

Ganz übereinstimmend mit den gleich zu erwähnenden bildlichen Darstellungen beschreibt Apuleius *met.* 11, 3 eine *palla, quae circumcirca remeans et sub dextrum latus ad humerum laevum recurrens umbonis vicem deiecta parte laciniae, multiplici contabulatione dependula, ad ultimas oras nodulis fimbriarum decoriter confluctuabat.*

7) Abgebildet ist hier die Statue der jüngeren Agrippina in Dresden. Becker *Augusteum* 126. Vgl. *Mus. Borb.* II, 41—43; *M. P. Cl.* III, 25 = Müller und Oesterley Denkmäler I t. 68 n. 373. Relief bei S. Bartoli *Admiranda* 14.

8) S. *Mus. Borb.* II, 40 = Müller u. Oesterley Denkm. I t. 68 n. 374. *Mus. P. Cl.* III, 10. Visconti *Mon. Gabini* n. 15 = *Monumenti Borghesiani* t. 33. Statue der Faustina *Mon. d. Inst.* VII tav. 84, der Livia *Mus. Later.* tav. 7.

oder die linke Schulter zurückschlugen. Es war dabei möglich, die Palla ebenso wie die Toga über den Kopf zu ziehen, was namentlich bei Opferhandlungen geschah,[1] oder sie in der Taille

Fig. 7.

Fig. 8.

straff um den Leib zu legen,[2] wie die Toga im *cinctus Gabinus*, und wirklich ist zuweilen von einer Gürtung der Palla die Rede,[3] wobei es freilich zweifelhaft bleibt, ob nicht die andere Form der Palla zu verstehen ist.

1) S. die Statue der Livia *Mus. Borb.* III, 37 = Müller u. Oesterley I t. 68 n. 370; *Bronzi di Ercolano* II tav. 67 p. 261; 81 p. 321; 82 p. 325; 83 p. 329; Weiss a. a. O. S. 975—977.

2) Becker *August.* 80; *Bronzi di Ercol.* II tav. 4 p. 15; 27 p. 105.

3) Hierauf bezieht sich möglicher Weise Hor. *sat.* 1, 8, 23:

Vidi egomet nigra succinctam vadere palla
Canidiam.

Seneca *Troad.* 92:

Cingat tunicas palla solutas.

Verg. *Aen.* 6, 555:

Tisiphoneque sedens palla succincta cruenta.

Wer nämlich keine Stola trug, also Mädchen und fremde Frauen, drapirte dieses Tuch in der Form des griechischen doppelten Chiton (διπλοΐδιον,[1]) πέπλος),[2]) welcher Unterkleid und Umwurf aus einem Stücke bildete und in folgender Art angelegt wurde[3]) (Fig. 8). Das quadratische Tuch *ABCD* (Fig. 9) wird in der Linie *EF* so zusammengelegt, dass das Stück *EGFH* doppelt liegt; darauf wird das Tuch nochmals in der Linie *IKL* zusammengelegt, so dass es nun die Form *EDLI* hat und auf der einen Seite (*IKL*) geschlossen, auf der anderen Seite (*EGD*) aber offen übereinander liegt. Von dem so zusammengelegten Tuche wird die eine Hälfte über den Rücken, die andere über die Brust gezogen und beide Hälften werden auf den Schultern mit Spangen (*fibulae*) zusammengesteckt; für den linken Arm ergiebt sich dann eine Oeffnung zwischen der Spange und der Falte, der rechte Arm bleibt frei; über Brust und Rücken liegt das Tuch doppelt, bis zu den Füssen fällt es einfach herab, auf der rechten ist es offen oder wird ebenfalls durch Spangen zusammengehalten. Löste man die Nadeln auf der Schulter, so fiel es ganz herunter,[4]) insofern man es nicht gürtete, was allerdings üblich war. Dieser griechische Chiton, den die dorischen Mädchen allein, die Römerinnen aber über der *tunica interior* trugen, deren Aermel sichtbar sind, ist wahrscheinlich auch

tunicopallium.

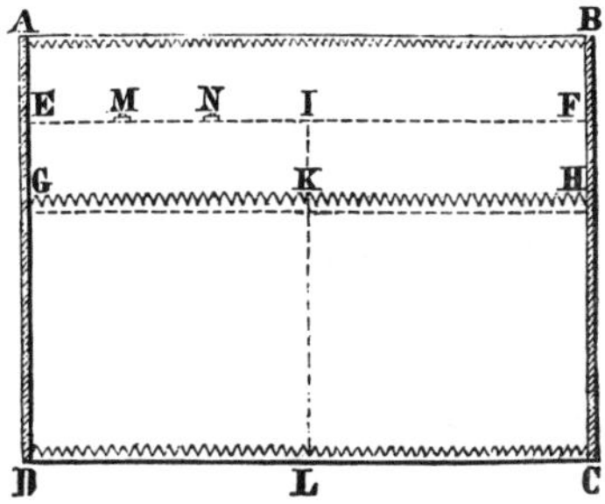

Fig. 9.

---

1) Pollux 7, 49.

2) Müller Handbuch der Archaeologie § 340.

3) Die Sache ist zwar bekannt, aber gut beschrieben von Finati im *Museo Borbon.* II tav. 4, dem ich die Zeichnung entlehne. Beispiele dieser Tracht sind sehr häufig. So z. B. *Mus. Borb.* II, 5. 6. 7. *Bronzi di Ercol.* II tav. 70 p. 273; 71 p. 277; 72 bis 76. (Dies ist griechische Tracht und hat mit dem *tunicopallium*, von dem wir nichts kennen als den Namen, schwerlich etwas zu thun.)

4) Eustath. *ad Il.* p. 599, 40: Ἔστι δὲ πέπλος καὶ ἐνταῦθα γυναικεῖος χιτών, ὃν οὐκ ἐνεδύοντο ἀλλ' ἐπερονῶντο, καὶ τῆς περόνης ἀρθείσης καταῤῥέων αὐτὸς εἰς τὸ ἔδαφος φαίνεται. p. 1347, 31: Πέπλοι δὲ γυναικεῖον φόρημα κατὰ τοὺς παλαιούς, ἃ ἐπερονῶντο αἱ γυναῖκες. *ad Od.* p. 1847, 31: πέπλον δέ φασί τινες τὸν ἐνταῦθα μέγαν καὶ περικαλλέα καὶ ποικίλον περιβόλαιον εἶναι, σκέπον τὸν ἀριστερὸν ὦμον καὶ ἔμπροσθεν καὶ ὄπισθεν συνάγον τὰς δύο πτέρυγας εἰς τὴν δεξιὰν πλευράν, γυμνὴν ἐῶν τὴν δεξιὰν χεῖρα καὶ τὸν ὦμον. Bei der Statue in Becker's *August.* 43 sieht man die eine Spange gelöst und den Chiton halb heruntergefallen.

durch den Namen von der *Palla matronalis* unterschieden und als *tunicopallium*[1]) oder *tunica palliolata*[2]) bezeichnet worden. Jedenfalls sind die beiden beschriebenen Trachten, von welchen die erste an Stattlichkeit und Würde der männlichen Toga entsprechend, die zweite für die freie Bewegung junger Mädchen geeignet ist, wenn auch nicht die einzigen, [3]) so doch die gewöhnlichen Frauencostüme in Rom gewesen. Auch die zahlreichen Bronzen von Herculaneum, die alle der Zeit vor 79 angehören, haben fast ausschliesslich diese beiden weiblichen Kleidungen. [4])

palla der Kitharöden.

Von beiden verschieden ist indessen diejenige Palla, welche von Dichtern sowohl weiblichen [5]) und männlichen [6]) Gottheiten, als Sehern, Sängern [7]) und Personen der Heroenzeit [8]) beigelegt wird, und in welcher auf der Bühne die Kitharöden auftraten. Dieses aus Statuen und Beschreibungen bekannte Costüm [9]) besteht aus einer einfachen *tunica talaris* (griechisch χιτὼν ὀρθο-

1) Serv. *ad Aen.* 1, 648: *Pallam rigentem: — significat autem tunicopallium.* Nonius p. 537, 31: *palla est honestae mulieris vestimentum, hoc est tunicae pallium.* Es ist auch hier wohl *tunicopallium* zu lesen, welches Wort auch Acron *ad Hor. sat.* 1, 2, 99 ohne Variante hat.

2) Vopisc. *Bonos.* 15, 8.

3) Es findet sich z. B. noch ein ganz verschiedener Umwurf eines Tuches über dem doppelten Chiton, bei welchem eine Ecke des Tuches, mit einer Quaste versehen, grade vorn herunterhängt. S. die Statue der Agrippina im *Mus. Lateran.* t. 12; eine andere in Gerhard's Ant. Denkm. I. Cent. t. 75 und die weibliche Figur auf dem Sarkophag in Petersburg *Mém. de la Société d' Archéologie de St. Pétersbourg.* Vol. VI (H. XVI) pl. 12.

4) (Sie sind eben grösstentheils griechisch gekleidet.)

5) Die *palla* trägt Juno Tibull. 4, 6, 13; Minerva Claud. *de rap. Pros.* 2, 26. Sidon. Apoll. *carm.* 15, 15; Discordia Verg. *Aen.* 8, 702; Circe Ovid. *met.* 14, 262; Thetis Val. Flacc. *Arg.* 1, 132.

6) Sie trägt Bacchus Statius *Achill.* 1, 262; Apollo Tibull. 3, 4, 35. Ovid. *met.* 11, 165; Mercur Stat. *Theb.* 7, 39; Tiberinus Claudian. *in Prob. et Olybr. cons.* 224; Osiris Tibull. 1, 7, 46: Boreas Ovid. *met.* 6, 705.

7) Dem Mopsus Val. Flacc. *Arg.* 1, 385; dem Arion Ovid. *fast.* 2, 107.

8) So dem Iason Val. Flacc. *Arg.* 3, 718; dem Polynices Statius *Theb.* 12, 312. Medea schickt der Creusa eine *palla*, Senec. *Med.* 570. Die Helden der Tragödie selbst (Ovid. *am.* 3, 1, 12) erscheinen in ihr.

9) In diesem Costüm ist der *Apollo citharoedus* im *Mus. Pio-Clem.* abg. bei Visconti *M. P. Cl.* I tav. 15. Mit demselben stimmen genau die Beschreibungen. *Auct. ad Herenn.* 4, 47, 60: *Uti citharoedus, cum prodierit optime vestitus, pallam inauratam indutus cum chlamyde purpurea.* Apuleius *Florid.* 2, 15: *tunicam picturis variegatam deorsus ad pedes deiectus ipsos, graecanico cingulo, chlamyde velat utrumque brachium adusque articulos palmarum.* Eine sehr ausführliche Besprechung der Kitharödentracht mit Nachweisung der Vasengemälde, Wandgemälde, Spiegel, Statuen, Reliefs, Münzen und geschnittenen Steine, auf welchen sie vorkommt, findet man bei Stephani *Compte-rendu de la comm. arch.* 1875 p. 102 ff.

στάδιος)[1] und einer griechischen *Chlamys*; die erstere, welche angezogen wird,[2] hat mit der römischen Palla nichts gemein,[3] als die Länge des Kleides, das bis auf die Erde schleppt,[4] um die Hoheit der Gestalt zu mehren,[5] und wird, da es für sie der römischen Sprache an einem Namen fehlt, nicht nur *palla*, sondern auch *syrma*[6] und *stola*[7] genannt.

Zu derselben Zeit, in welcher die Toga den Männern lästig zu werden anfing, d. h. schon unter den ersten Kaisern, fingen auch die Frauen an, Stola und Palla abzulegen; unter Tiberius wurde im Senat ein Strafantrag gegen die Matronen gestellt, welche öffentlich ohne Stola erschienen, ohne dass dies von nachhaltiger Wirkung war;[8] Ulpian, welcher 228 starb, erwähnt in einer Aufzählung der weiblichen Kleidungsstücke noch die Stola, nicht aber die Palla;[9] im Edict des Diocletian von 301 kommen beide nicht mehr vor, sondern statt der Stola die Tunica[10] unter zwei neuen Namen, Dalmatica und Colobium.[11]

---

1) Dio Cass. 63, 17, 5. Pollux 7, 49.

2) So sagt Ovid. *met.* 14, 262 von der Circe:
pallamque induta nitentem
Insuper aurato circum velatur amictu.

3) Apuleius, der sowohl die *palla* als den *ornatus* der Kitharöden beschreibt, stellt die Differenz beider genügend fest. Wenn daher Livius 27, 4, 10 erzählt, die Römer hätten der Cleopatra eine *palla picta cum amiculo purpureo* geschenkt, so ist hier nicht an eine römische *palla matronalis*, sondern an einen griechischen πέπλος zu denken.

4) S. Statius *Achill.* 1, 262. Prop. 4, 17, 32. Tib. 3, 4, 35. Ovid. *met.* 11, 165. Val. Flacc. *Arg.* 1, 385.

5) Hieronym. *ep.* 117, 7 Vallars: *si (vestis) per terram, ut altior videaris, trahatur.*

6) Senec. *Herc. fur.* 475. Sidon. Apoll. *carm.* 15, 16.

7) Varro *de r. r.* 3, 13, 3: *Quintus Orphea vocari iussit. Qui cum eo venisset cum stola et cithara et cantare esset iussus, buccinam inflavit.*

8) Tertullian. *de pall.* 4, p. 543 Oehler: *Converte et* (lies *te*) *ad feminas; habes spectare, quod Caecina Severus graviter senatui impressit, matronas sine stola in publico. Denique Lentuli auguris consultis, quae ita sese exauctorasset, pro stupro erat poena, quoniam quidem indices custodesque dignitatis habitus, ut lenocinii factitandi impedimenta, sedulo quaedam desuefecerant. At nunc in semet ipsas lenocinando, quo planius adeantur, et stolam et supparum — eiuravere.* Diese historische Notiz, zu deren Erklärung Salmasius nichts beibringt, betrifft zwei Anträge im Senat, herrührend von Caecina Severus, der bei Tac. *ann.* 3, 33 im J. 21 p. Chr. gegen den Luxus der Frauen redet, und von Cn. Lentulus augur, der bei Seneca *de benef.* 2, 27. Suet. *Tib.* 49 (vgl. Lips. *ad Tac. ann.* 4, 44) erwähnt wird.

9) *Dig.* 34, 2, 23 § 2. Nach Tertullian, der etwa gleichzeitig ist, war auch die Stola schon ausser Gebrauch.

10) *Ed. Diocl.* 7, 54.

11) Wenn es 17, 11 heisst Δελματικῶν ἀνδρείων ἤτοι κολοβίων φόρ. ά, so kann daraus nicht geschlossen werden, dass *Dalmaticae* und *Colobia* identisch sind, wie Mommsen zu thun scheint, sondern nur, dass sie gleichen Preis haben.

dalmatica. Von diesen ist die Dalmatica eine Tunica mit Aermeln (*manicata*), welche etwa seit Commodus[1]) für Männer und Frauen[2]) *colobium.* üblich wurde, das Colobium eine Tunica ohne Aermel.[3]) Beide haben sich in dem kirchlichen Costüm noch lange, wenn auch mit einigen Veränderungen erhalten.[4]) Als Ueberwurf für beide Geschlechter kommen im Edict des Diocletian ἀναβολεῖς[5]), d. h. *palliola*,[6]) vor und ausserdem eine neue Art Kapuzen (*caracallae*),[7]) welche nicht, wie die *cuculli*, an *tunicae*, *lacernae* und *saga* angebracht, sondern als besondere Kopf- und Schulterdeckung[8]) grösser oder kleiner[9]) geschnitten, verwendet wurden und zu unterscheiden sind von der *caracalla talaris* oder *Antoniniana*, einem eigenthümlichen langen Kleidungsstücke, von welchem der Kaiser Caracalla seinen Namen hat.[10])

Kopfbedeckung Verheirathete Frauen gingen in Rom in der Regel nicht ohne Kopfbedeckung aus,[11]) und es wird erzählt, dass C. Sul-

---

1) Lampr. *Comm.* 8, 8: *Dalmaticatus in publico processit.* Lampr. *Heliog.* 26, 2. Eine *tunica manicata* für Männer erwähnen Treb. Poll. *Gall. duo* 16, 4. Vopisc. *Aurel.* 48, 5.

2) *Ed. Diocl.* c. 17 unterscheidet Δελματικαὶ ἀνδρεῖαι und γυναικεῖαι.

3) Die Zeugnisse hierfür s. bei Goth. *ad Cod. Theod.* 14, 10, 1. Vgl. Salmas. *ad Tertull. de pall.* p. 84 f.

4) Sulp. Boisserée in Abh. d. phil. hist. Classe der Bayerischen Acad. III p. 556: »die ursprüngliche Dalmatica, ein bis auf die Knöchel hinabreichendes, rundes, geschlossenes Gewand mit langen anliegenden Aermeln findet sich noch bei den Diakonen der griechischen Kirche unter der Benennung στοιχάριον. Die Dalmatica der Katholiken aber besteht aus zwei viereckigen Stücken, welche blos durch Schulterblätter verbunden, an den Seiten offen sind und den Körper vorn und hinten gleichmässig bis unter die Kniee bedecken. Die Schulterblätter hängen über die Achsel herunter, so dass sie gewissermassen kurze Aermel bilden.«

5) *Ed. Diocl.* 17, 38 ff.

6) Hieronymus (331—420) beschreibt in der S. 581 Anm. 5 angeführten Stelle den Anzug eines Mädchens, welcher aus einer langen *tunica*, der *fascia* und dem *palliolum* besteht. Vgl. Scaevola *Dig.* 34, 2, 38, 1: *Semproniae Piae — — tunicas tres cum palliolis quae elegerit, dari volo.*

7) *Ed. Diocl.* 17, 80 ff.

8) Solche Kapuzen findet man abgebildet Müller Denkm. d. alten Kunst II Taf. LXI, 789a. *Mus. Borb.* IV tav. A. O. Jahn in Ber. d. ph. hist. Cl. der S. Ges. d. Wiss. 1861 S. 369 hält den *cucullus* oder *bardocucullus* für ein eigenes Kleidungsstück, das bis an die Knie reicht, also für eine Tunica mit Kapuze.

9) Daher *caracalla maior*, *caracalla minor*. *Ed. Diocl.* 7, 44. 45.

10) Aurel. Vict. *Caes.* 21, 1. *Epit.* 21, 2. Spart. *Carac.* 9, 7: *Ipse Caracallae nomen accepit a vestimento, quod populo dederat, demisso usque ad talos. quod ante non fuerat, unde hodieque Antoninianae dicuntur caracallae huiusmodi, in usu maxime Romanae plebis frequentatae.* Spart. *Sever.* 21, 11. Dio Cass. 78, 3, 3. Paulus Diacon. *Histor. Misc.* 10, 23. Jordanis *Romana* 277 p. 36 Mommsen.

11) Plutarch. *quaest. Rom.* 14, p. 329 Dübn.

picius Gallus seine Frau verstiess, weil sie sich auf der Strasse *aperto capite* gezeigt hatte.[1]) Ursprünglich banden die Frauen ihr Haar auf dem Scheitel mit einer doppelten Binde zu einer hohen Frisur auf, welche *tutulus* genannt wird[2]) und auch auf etruskischen Denkmälern vorkommt. »Auf den ältesten Cornetaner Grabgemälden, sagt Helbig,[3]) tragen die Frauen eine steife, unten an dem Schädel anliegende, jedoch über denselben emporragende Haube, welche in der Höhe des Scheitels von einem dicken reifenartigen Bande und über der Stirn von einer mehrfach gefalteten Zeugbinde umgeben ist.« Ein solcher *tutulus* war in späterer Zeit noch das Insigne nicht nur der *flaminica*, sondern auch der *flamines* und *pontifices*, bei welchen er als ein *pilleus* von spitzer Form beschrieben wird,[4]) aber die *vittae*, wenn auch vielleicht in veränderter Weise angelegt,[5]) blieben immer ein Vorrecht der Matronen[6]) und in gleicher Weise kam zwar das alte Kopftuch, die *rica*[7]), aus der Mode, allein die Verhüllung des Kopfes blieb noch immer für verheirathete Frauen, wenigstens bei feierlichen Gelegenheiten vorgeschrieben.[8]) *tutulus.*

Wir schliessen diesen Abschnitt mit einer Uebersicht der hauptsächlichsten Berufsthätigkeiten, welche sich aus dem Manufacturgeschäft entwickelten. Hierher gehören:

Arbeiter in dem Manufacturwaarengeschäft.

1. die Lieferanten des Rohstoffes, namentlich die Produ-

1) Valer. Max. 6, 3, 10.

2) Varro *de l. L.* 7, 44: *Tutulati dicti ii, qui in sacris in capitibus habere solent ut metam; id tutulus appellatus ab eo quod, matres familias crines convolutos ad verticem capitis quos habent vitta velatos, dicebantur tutuli.*

3) Helbig Sitzungsberichte der phil. Classe der Münchener Academie 1880 S. 513.

4) Festus p. 355ª, 29: *Tutulum vocari aiunt flaminicarum capitis ornamentum, quod fiat vitta purpurea innexa crinibus, et extructum in altitudinem. Quidam pileum lanatum forma metali figuratum, quo flamines et pontifices utantur, eodem nomine vocari.*

5) Wann die Matronen aufhörten sich des *tutulus* zu bedienen, wissen wir nicht; die Inschrift bei Mommsen *I. N.* 6841 = Or. 6285 = Wilmanns 203, in welcher eine *ornatrix a tutul(is)* vorkommt, ist nach Henzen *Comm. phil. in hon. Th. Mommsenii* p. 632 eine Erfindung des Ligorius.

6) S. die Stellen oben S. 46 Anm. 3.

7) S. oben S. 576. (Nach Gell. 7 (6), 10, 4 scheint es doch noch zu Hadrian's Zeit üblich gewesen zu sein.)

8) Varro *de l. L.* 5, 130: *Sic rica ab ritu, quod Romano ritu sacrificium feminae cum faciunt, capita velant.* Dass die Frau das Haupt bedecken muss, lehrt schon der Ausdruck *nubere alicui*, welchen C. Sulpicius Gallus bei Valer. Max. 6, 3, 10 seiner Frau folgendermassen erklärt: *Lex tibi meos tantum praefinit oculos, quibus formam tuam approbes, — ulterior tui conspectus supervacua irritatione arcessitus in suspicione et crimine haereat necesse est.*

centen von Wolle, Ziegenhaar und Flachs, die Purpurfischer (πορφυρεῖς, *murileguli*, *conchylioleguli*) und die Fischer der *pinna*.

2. Die Händler mit Rohstoffen und die Importeurs fremder Waaren; die Wollhändler, *negotiatores lanarii*,[1]) die Haartuchhändler, *ciliciarii*,[2]) die Leinenhändler, *lintearii*,[3]) die Malvenstoffhändler, *molochinarii*, die Seidenhändler, *sericarii*, *holosericarii*.

3. Die Fabricanten, nämlich:

a. die Filzmacher, *coactiliarii*;

b. die Wollkrempler, *carminatores*, *pectinarii*;

c. die Färber, *infectores*, *offectores* und zwar:

Blaufärber, *violarii*,
Wachsfärber, *cerinarii*,
Saffranfärber, *crocotarii*,
Braunfärber, *spadicarii*,
Purpurfärber, *purpurarii*;

d. die Weber, *textores*[4]) und zwar:

Wollweber, *lanarii*,[5])
Leineweber, *linteones*[6]) oder *linarii*,[7])
Weber gemusterter Zeuge, *polymitarii*;

e. die Walker, *fullones*, *lavatores*, *lotores*;

f. die Sticker, *phrygiones*, *plumarii*, *segmentarii*;[8]) *barbaricarii*;

---

1) Oben S. 504 A. 3. 2) Orelli 4162.

3) *C. I. L.* III, 5800; VI, 9526 = Or. 8. Or. Henzen 4215. 6991. Wilmanns 2539. 2540. *negotiator lintiarius C. I. L.* VI, 9670. Eine *lintearia C. I. L.* II, 4318ª. Dass *lintearius* ein Händler, nicht ein Weber ist, zeigen *Dig.* 14, 4, 5 § 15: *duas negotiationes exercebat, puta sagariam et lintéariam. Dig.* 14, 3, 5 § 4: *Sed etiam eos institores dicendos placuit, quibus vestiarii vel lintearii dant vestem circumferendam, quos vulgo circitores appellamus.* Erst im *Cod. Th.* 10, 20, 16 kommen *gynaeciarii*, *lintearii* und *linyfarii* als synonyme Ausdrücke vor. Vgl. Goth. *ad Cod. Th.* 10, 20, 8. Die Form *lentiarius*, welche in einer Mailänder Inschrift *C. I. L.* V, 5932 vorkommt, findet sich auch in griechischen Inschriften, in welchen indess die λεντιάριοι nicht Leinwandhändler, sondern Beamte bei gymnischen Spielen sind und ihren Namen von dem *linteum* oder περίζωμα zu haben scheinen, welches die Kämpfer anlegten. S. Boeckh *C. I. Gr.* I, 275 p. 383. Kaibel *Epigr. graeca ex lapidibus conlecta* p. XX n. 942ª. *C. I. Attic.* III, 1133, 174. 1160, 4, 71. 1176, 3, 28. 1197, 1, 28. 1199, 1, 40.

4) Orelli 2863.

5) Hieronymus *ep.* 53, 6 Vall.: *lanarii quoque et fullones et ceteri, qui variam suppellectilem et vilia opuscula fabricantur.*

6) *C. I. L.* V, 1041 (= Or. 7239). 3217. Serv. *ad Aen.* 7, 14: *apud maiores stantes texebant, ut hodie linteones videmus. Cod. Just.* 10, 48 (47), 7.

7) Plautus *Aul.* 508. *C. I. L.* V, 5923.

8) Orelli-Henzen 7278 = *C. I. L.* VI, 9889.

g. die Goldschläger, *bractearii;*[1])
h. die Borten- und Besatzmacher, *limbolarii;*[2])
i. die Brustbindenmacher, *strophiarii;*[3])
k. die Hemdenmacher, *indusiarii;*[4])
l. die Schneider, *sartores,*[5]) *sarcinatores*[6]) und Schneiderinnen, *sartrices, sarcinatrices;*[7])
m. die *centonarii*, d. h. Verfertiger von Kleidern aus alten Flicken (*centones*), welche die Sclaven trugen,[8]) und Decken derselben Art, die man zum Feuerlöschen und für militärische Zwecke[9]) brauchte.

4) Die Händler mit Zeugen und fertigen Kleidern, *vestiarii*,[10]) *negotiatores vestiarii*[11]) und speciell *paenularii*,[12]) *sagarii*,[13]) *vestiarii tenuarii.*[14]) Die *vestiarii* haben theils ein Ladengeschäft, weshalb sie in ihrer Firma die Wohnung angeben,[15]) *vestiarii.*

---

1) Von ihnen s. den Abschnitt über die Goldschmiede.
2) Plautus *Aul.* 519. 3) Plautus *Aul.* 516.
4) Plautus *Aul.* 509. 5) Non. 7, 28.
6) Plautus *Aul.* 515 (die Inschr. Or. 7274 = Mommsen *I. N.* 6906 ist unecht. *C. I. L.* VI, 3051*); auch *sarcitor C. I. L.* V, 4509. Man sagt: *sarcinatori sarcienda vestimenta dare.* Gaius 3, 143. 162. 205. Paulus *sent.* 2, 31, 29 u. ö.
7) *C. I. L.* VI, 9884: *sarcinatrix ab sex aris.* Die sonst häufig in Inschriften vorkommenden *sarcinatrices* sind Sclavinnen.
8) Columella *de r. r.* 1, 8, 9. Nach Cato *de r. r.* 135, 1 kauft man die besten *centones* in Rom.
9) S. Staatsverwaltung II² S. 530. Die in Inschriften oft erwähnten *collegia fabrum et centonariorum* (s. Henzen Index p. 171. 172) scheinen nur für diesen letzteren Zweck bestimmt zu sein.
10) Wilmanns 2546. *C. I. L.* V, 324. 774. 3460. 7378. 7379; VI, 9961—9978; IX, 1712; X, 3959. 3963. 5718.
11) *Digest.* 38, 1, 45. *Cod. Iust.* 10, 47, 7. *C. I. L.* III, 5816.
12) *negotiator paenularius* in Germania Henzen 7259; *paenularius* in Peltuinum *C. I. L.* IX, 3444; vgl. 5752; in Puteoli X, 1945.
13) *negotiator sagarius C. I. L.* X, 1872 V, 5925. 5928. 5929; *sagarius* Wilmanns 2232. 2551. *C. I. L.* V, 5926. 6773; IX, 5752; X, 8263; *mercator sagarius C. I. L.* VI, 9675; *sagaria negotiatio Dig.* 14, 4, 5 § 15; die Inschr. Reines. 10, 9 (*collegium sagariorum Romanorum*) ist unecht.
14) Oder *tenuiarii. C. I. L.* V, 6777; VI, 1926. 6852 (= Henzen 7285). 9977. 9978 (die Inschrift Or. 4297 = *C. I. L.* VI, 690* ist unecht). Unter *vestes tenuariae* hat man nicht grade *Coae vestes* zu verstehen, sondern wohl hauptsächlich leichte Wollen- und Leinenzeuge. Zu feinen Togen lieferten das Zeug die tarentinischen Fabriken s. S. 554 A. 7. Die Inschrift Orelli 4296 = *C. I. L.* V, 50* (*vestiarius centonarius*) ist unecht.
15) Zwei *vestiarii a compito Aliario C. I. L.* VI, 4476 (= Henzen 7286). 9971; *C. Terentius C. l. Pamphilus sagarius post aedem Castoris* ib. 9872; *M. Valerius M. l. Chresimus vestiar. ab aede Cerer.* ib. 9969; *L. Sempronius Menander vestiarius a compito* ib. 9970 (Or. 4294); *C. Iulius Lucifer vestiarius de horreis Agrippianis* ib. 9972; *T. Aquilius T. l. Pelorus vestiarius de hor(reis) Volusianis* ib. 9973; *A. Calvius Q. l. vestiar. ab luco Lubitinae* ib. 9974 (Or. 5683);

theils vertreiben sie die Waare durch Hausirer (*circitores*).[1] Einen solchen Laden und zwar einen doppelten für Männer- und Frauenkleider stellen zwei in Florenz befindliche Marmorreliefs dar, welche wahrscheinlich als Ladenschilder dienten[2] und ähnliche Darstellungen finden sich in Pompeii[3] und Mailand.[4] Dass als Waaren überall nicht nur Zeuge und Tücher, sondern fertige Togen, Tuniken, *saga*, *paenulae* u. s. w. geführt wurden, wird ausdrücklich berichtet.[5]

Die bedeutendste Thätigkeit muss indess den *vestiarii* die Decoration, d. h. das Tapeziergeschäft gewährt haben. Einen wesentlichen Theil der häuslichen Einrichtung machten bei den Alten die Vorhänge (*vela*), Decken und Teppiche (*vestes stragulae*, *plagulae*, *tapeta*, *aulaea*), aus, welche theils in Privathäusern zur Bekleidung der Stühle, Sophas und Betten, zum Schutze des Atriums gegen die Sonne (s. oben S. 238), zu Portièren (S. 239), zum Verhängen der Intercolumnien in offenen Säulenhallen, zur Decoration der Zimmerwände (S. 310) und zu Fussteppichen, theils zum Schutz und Schmuck der inneren Räume von Tempeln und öffentlichen Gebäuden, ganz besonders aber als Mittel vorübergehender Ornamentation bei Spielen, Pompen, Triumphen und Leichenfeierlichkeiten, bei letzteren namentlich zur Umkleidung des *rogus* (s. oben S. 382) zur Anwendung kamen. Die Lieferung der dazu nöthigen Stoffe wie auch die Anbringung und Drapirung derselben werden in Rom sowohl von Privaten als vom Staate die *vestiarii*, d. h. also die Tapeziere, übernommen haben, und man darf dieselben nicht nur als Inhaber bedeutender Geschäfte, sondern auch als Vertreter einer Kunst betrachten, deren Wichtigkeit für das Alterthum von Semper: Der Stil S. 258—301 (276—322) in erschöpfender Weise gewürdigt worden ist.

Cn. Manlius Auctus vestiarius a Quirinis ib. 9975; *P. Fannius P. l. Apollophanes de vico Tusco vestiarius* ib. 9976 (Or. 4295).

1) *Dig.* 14, 3, 5 § 4.

2) O. Jahn Ber. d. ph. hist. Cl. d. S. G. d. Wiss. 1861. S. 371 ff. Dütschke n. 507. 533.

3) Helbig Wandgemälde der verschütteten Städte Campaniens. Leipzig 1868. 8. n. 1497. 1498.

4) Heydemann Mittheilungen aus den Antikensammlungen in Ober- und Mittelitalien S. 31.

5) Cato *de r. r.* 135, 1.

E. Pelz- und Lederwaaren.

1. Kürschner- und Gerberarbeiten.

Unter den Kleiderstoffen haben wir die Pelze nicht erwähnt, weil sie in guter römischer Zeit nur wenig in Anwendung kamen. Hirten zwar haben zu allen Zeiten Schafpelze getragen und für Sclaven auf dem Lande empfiehlt Columella Pelze mit Aermeln (*pelles manicatae*), [1] aber feine Pelze werden zuerst von Cato, [2] Pelzhandlungen von Varro [3] erwähnt; [4] in der Kaiserzeit kamen Anziehpelze (*pelles indutoriae*) [5] und Pelzdecken [6] so wie feine Ledersorten immer mehr in Aufnahme, und es gab eigene Stapelplätze für Waaren dieser Art, wie Tanais an der Mündung des Don. [7] Das Edict des Diocletian macht als Hauptartikel namhaft Felle von Rindern, Ziegen, Schafen, Lämmern, Rehen, wilden Schafen, Hirschen, Mardern, Bibern, Bären, Wölfen, Füchsen, Leoparden, Hyänen, Löwen und Robben, [8] ferner fein zubereitete Saffiane, unter denen die babylonischen, phönicischen, lakonischen, [9] die serischen [10] und später die rothen parthischen [11] die gesuchtesten sind. Im fünften Jahrhundert beginnt dann mit der germanischen Einwanderung die eigentliche Verbreitung der Pelzröcke, *rhenones* [12], *ma-*

---

1) Columella *de r. r.* 1, 8, 9.

2) Bei Festus p. 265a, 3 *s. v. Ruscum.* 3) Varro *de l. L.* 8, 55.

4) Ueber den Gebrauch der Pelze im Alterthum überhaupt s. Böttiger Griech. Vasengemälde I, 3 S. 184—192.

5) Paulus *sent.* 3, 6, 79. *Dig.* 34, 2, 23 § 3: *Vestis etiam ex pellibus constabit.*

6) *Dig.* 34, 2, 24 *stragula pellicia.* 7) Strabo 11 p. 493.

8) *Ed. Diocl.* 8 und dazu Mommsen S. 64.

9) *Ed. Diocl.* 8 lin. 1—5. Ueber die *Babylonicae pelles* s. *Dig.* 39, 4, 16 § 7. *Orbis descriptio sub Constantino imperatore* c. 23 in Mai *Class. auct.* III p. 399 (= *Geogr. L. M.* ed. Riese p. 115): *In qua (Cappadocia) est civitas maxima, quae vocatur Caesarea. — Haec ubique leporinam vestem emittit et Babylonicarum pellium et divinorum animalium pulchritudinem.* Beckmann Gesch. d. Erfind. V S. 63.

10) Σηρικὰ δέρματα *Peripl. Mar. er.* § 39. Plin. *n. h.* 34, 145.

11) *pelles Parthicae Dig.* 39, 4, 16 § 7. Corippus *Joann.* 4, 499; *Parthica cingula* Claudian. *de raptu Pros.* 2, 94; *Parthica tergora* Corippus *in laud. Justini* 2, 106; *Zancae Parthicae* (Schuhe) Treb. Poll. *Claud.* 17; Παρθικὰ τὰ φλογοβαφῆ δέρματα συμβαίνει καλεῖσθαι Lydus *de mag.* 2, 13. Cramer *Comm. vet. in Juven.* 5, 165 p. 186.

12) Als germanische und gallische Tracht schon erwähnt Varro *de l. L.* 5, 167. Caesar *b. G.* 6, 21. Sallust. bei Serv. *ad V. ge.* 3, 383 = *hist. fr. inc.* 19 ed. Dietsch. Ueber die spätere Tracht Isidor. *or.* 19, 23, 4. Sidonius Ap. *epist.* 4, 20.

strucae,[1]) *sisyrae*,[2]) welche bereits 416 in Rom verboten werden[3]) mussten, im Mittelalter aber gewöhnliche Tracht blieben.[4]) In diesen Artikeln arbeiteten damals die Gewerbe der Kürschner (*pelliones*),[5]) Pelzhändler (*pellarii*,[6]) *pellionarii*) und Saffianhändler (*parthicarii*)[7]), während die Bereitung des einheimischen Leders für den Gebrauch der Schuster und Sattler und für militärische Zwecke[8]) den Gerbern (*coriarii*)[9]) zufiel.

2. Fussbekleidung.[10])

Die Fussbekleidung war nicht nur in den verschiedenen Theilen des römischen Reiches, sondern auch in Italien und Rom sehr verschieden; man trug nach Bedürfniss Sandalen, Schuhe und Stiefel und nach Geschmack und Mode bald in dieser bald in jener Form; eine Anzahl derselben hat sich mehr oder weniger gut conservirt bis auf unsere Zeit erhalten.[11]) Zur römischen Tracht

1) Schon Cicero brauchte das Wort. S. Isidor. *or.* 19, 23, 5. Quintil. 1, 5, 8. Cic. *de prov. cons.* 7, 15.

2) Amm. Marc. 16, 5, 5.

3) *Cod. Th.* 14, 10, 4 und das. Gothofr.

4) Muratori *Antiq. Italicae* II (1739) p. 409 ff.

5) Plaut. *Men.* 404. Lampr. *Al. Sev.* 24, 5. *Cod. Theod.* 13, 4, 2. Grut. 648, 7. Sie machen namentlich die Zelte für das Lager der Heere.

6) Firm. Mat. *math.* 4, 7. *pellionarii* kommen nur in unechten Inschriften vor. *C. I. L.* VI, 482*; X, 124*.

7) *Cod. Iust.* 10, 48 (47), 7.

8) Leder und Felle brauchte man beim Militär nicht nur zur Ausrüstung der Soldaten und Gespanne, sondern auch zur Bedeckung der hölzernen Belagerungs- und Vertheidigungsapparate. S. Staatsverwaltung II² S. 530.

9) Ein *coriarius subactarius* in Rom Orelli 4170 = *C. I. L.* VI, 9279, vgl. 9281; *coriarius* 9280. Ein *corpus corariorum magnariorum solatariorum* aus Constantin's Zeit *C. I. L.* VI, 1117 (= Or. 4074). 1118; vgl. 9897. *Magnarius* ist ein Grosshändler. *Coriariorum officinae* Plin. *n. h.* 17, 51; der technische Ausdruck für das Bereiten des Leders ist *coria perficere* Plin. *n. h.* 13, 63; 16, 26 oder *subigere* Cato *de r. r.* 18, 7; für das Weissgerben *depsere*, Cato *de r. r.* 135, 3 und dazu Schneider. Ueber die Gerberei der Alten s. Blümner Technol. I S. 257 ff. 279 ff.

10) Die älteren Schriften über die Fussbekleidung der Alten sind vereinigt in einer Sammlung unter dem Titel: *B. Balduinus de calceo antiquo et Jul. Nigronus de caliga veterum. Accesserunt ex Q. Sept. Fl. Tertulliani, Cl. Salmasii et Alb. Rubenii scriptis plurima eiusdem argumenti. Praefatus est C. G. Joecherus.* Lipsiae 1733. 12. S. auch Weiss Kostümkunde I S. 967. 1068, wo Abbildungen gegeben sind. In der *Histoire des Cordonniers par Lacroix*, *Duchesne et Seré.* Paris 1852. 8. findet man ebenfalls eine Zusammenstellung der verschiedenen Formen römischer Schuhe und Sandalen, auf welche die vorhandenen Namen ohne weiteren Beweis angewendet werden. Am besten sind die verschiedenen Arten römischer Schuhe zusammengestellt von Saglio und Heuzey im *Dictionnaire des antiquités* unter *Compagus*, *Calceus*, *Caliga*.

11) In Mainz wurde 1857 ein grosser Fund von römischem Schuhwerk gemacht. Es waren 19 Lederschuhe für Männer, Frauen und Kinder, 21 zum Theil benagelte Sohlen und 28 Stück Riemenwerk. Diese Gegenstände sind

aber gehörten Schuhe [1] (*calcei*, κάλτιοι), welche, ebenso wie die Toga, Kennzeichen des römischen Bürgers sind. [2] Es giebt unter denselben verschiedene Arten, welche verschiedenen Ständen zukommen, über deren Unterschiede indess Zweifel obwalten. [3] Cato nennt ihrer nur zwei, den *mulleus* und den *pero*. [4] Der *mulleus* oder *calceus patricius* [5] war ein Schuh von rothem Leder mit hoher, dem Kothurn ähnlicher Sohle, hinten am Fusse *calcei.* *calceus patricius.*

zum Theil in das Mainzer Museum gekommen, zum Theil anderswohin, z. B. in die Wiener Sammlung gelangt. S. Sacken in Benndorf und Hirschfeld Archäologisch-epigraphische Mittheilungen III (1879) S. 151. Ueber den Mainzer Fund und andere in Ostfriesland und Holland zu Tage gekommene Schuhe s. O. Jahn Ueber Darstellungen des Handwerks und Handelsverkehrs, in Abhandl. der ph.-hist. Cl. der sächs. Gesellsch. der Wiss. V (1868) S. 275. Auch unter den Funden des südlichen Russlands befinden sich ein Paar Damenstiefel von feinem Leder, Stephani im Petersburger *Compte-rendu* 1859 p. 12. 30; ein anderes Paar *Compte-rendu* 1865 p. 11; eine Frauensandale von schwarzbraunem Leder, daselbst 1878. 1879. Taf. VI n. 5. 6; eine Holzsandale daselbst 1878. 1879 S. 143. Sandalen aus Holz, an den Rändern und unten mit Bronze beschlagen, finden sich nicht selten in etruskischen Gräbern. Micali *Monum. ined.* tav. 19 n. 9, p. 108. *Mus. Gregor.* I tav. 58, 7. *Bull. dell' Inst.* 1881 p. 161 n. 9. 10.

1) Cic. *Phil.* 2, 30, 76: (*redii*) *cum calceis et toga, nullis nec gallicis nec lacerna.* Plin. *ep.* 7, 3, 2: *Quin ergo aliquando in urbem redis? — quousque calcei nusquam, toga feriata, liber totus dies?* Tertull. *de pall.* 5 p. 545 Oehler: *calceos nihil dicimus, proprium togae tormentum.* Suet. *Aug.* 73: *forensia autem et calceos nunquam non intra cubiculum habuit ad subitos repentinosque casus parata.* Artemidor. *Oneir.* 4, 72: ἔδοξε τὸν Πᾶνα βλέπειν ἐν τῇ ἀγορᾷ καθεζόμενον ἔχοντα ῥωμαϊκὴν ἐσθῆτα καὶ ὑπόδεσιν (*calceos*).

2) Cobet *Mnemosyne.* Nova series VI (1878) p. 17: *In bello piratico si quis a praedonibus captus se civem Romanum esse clamasset,* οἱ μὲν ὑπέδουν τοῖς καλτίοις αὐτὸν, οἱ δὲ τήβεννον περιέβαλλον *et sic civem Romanum dabant in mare praecipitem* (Plut. *Pomp.* 24). *Prusias apud Polybium* 30, 19 (16), 3 *legatis Romanorum ivit obviam* ἐξυρημένος τὴν κεφαλὴν καὶ πιλίον ἔχων καὶ τήβεννον καὶ καλτίους *et ita dixit:* ὁρᾶτε τὸν ὑμέτερον λίβερτον ἐμέ. *Plutarchus in Coniug. Praeceptis* p. 141ᵃ (c. 22 p. 167 D.): ὁ Ῥωμαῖος — τὸν κάλτιον αὐτοῖς προτείνας· καὶ γὰρ οὗτος καλὸς ἰδεῖν καὶ καινός, ἀλλ' οὐδεὶς οἶδεν ὅπου με θλίβει. Hiernach liest Cobet auch bei Plut. *de tranq. animi* 10, p. 570 Dübn.: Γαλάτης ἢ Βιθυνὸς οὐκ ἀγαπῶν εἰ — δόξαν καὶ δύναμιν ἐν τοῖς ἑαυτοῦ πολίταις εἴληχεν ἀλλὰ κλαίων ὅτι μὴ φορεῖ καλτίους (statt πατρικίους)· ἐὰν δὲ καὶ φορῇ ὅτι μηδέπω στρατηγεῖ Ῥωμαίων und sagt am Schluss: *Eximius Plutarchi locus est* in *Praeceptis gerendae reip.* p. 813 f. (c. 17, 5, p. 993 D.), *ubi admonet Graecos, si quis apud suos cives magistratus creatus sit, non magnos spiritus sumere oportere, namque omnia esse in potestate Romanorum:* εὐσταλεστέραν δεῖ (*inquit*) τὴν χλαμύδα ποιεῖν καὶ βλέπειν ἀπὸ τοῦ στρατηγείου πρὸς τὸ βῆμα (*ad tribunal proconsulis*) — ὁρῶντα τοὺς καλτίους ἐπάνω τῆς κεφαλῆς. *Latine hoc appellatur s t a r e s u b p e d i b u s a l i c u i u s.* *Liv.* 38, 53, 1.

3) S. Mommsen Römische Forschungen I S. 255. 282. Heuzey a. a. O. I p. 815 ff. Willems *Le sénat de la république Romaine.* Louvain et Paris 1878. 8. I p. 123—132.

4) Cato bei Festus p. 142ᵇ, 27: *Qui magistratum curulem cepisset, calceos mulleos allutaciniatos* (Mommsen und Jordan lesen *aluta vinctos*), *ceteri perones.*

5) Die Identität der beiden Ausdrücke bezeugt Festus p. 142ᵇ, 24: *Mulleos genus calceorum aiunt esse; quibus reges Albanorum primi, deinde patricii sunt usi.*

hinaufgehend. an diesem Theile mit Häkchen (*malleoli*) versehen, an welchen die schwarzen Schnürriemen befestigt wurden, und mit einer Agraffe in Form eines Halbmondes verziert.[1]) Wo diese *lunula* an dem Schuh angebracht war, ist unsicher,[2]) da sie an den vielen vorhandenen Statuen vornehmer Römer noch nicht hat nachgewiesen werden können. Wir wissen nur, dass sie von Elfenbein war,[3]) an den Schuh angenäht wurde[4]) und sich am Knöchel des Fusses befand, weshalb sie griechisch ἐπισφύριον heisst.[5]) Man nimmt an, dass der obere Rand des Schuhes an der Rückseite mit der *lunula* eingefasst war und dass sie zur Befestigung der Riemen diente. Allein in diesem Falle würde sie wenig bemerklich und meistens von der *toga* bedeckt worden sein, was bei einem Standesabzeichen, welches seinem Zwecke nach sichtbar sein muss, schwer zu erklären sein dürfte.

pero. Der an zweiter Stelle von Cato erwähnte *pero* ist ein hoher, ordinärer[6]) Schuh, den man auch auf dem Lande,[7]) in Schnee[8]) und in Schmutz[9]) trug und der auf Monumenten oft vorkommt.[10])

---

1) Isidor *orig.* 19, 34, 4: *Patricios calceos Romulus reperit quatuor corrigiarum assutaque luna. Iis soli patricii utebantur. Luna autem in iis non sideris formam, sed notam centonarii numeri significabat, quod initio patricii senatores centum fuerint.* Derselbe 19, 34, 10: *Mullei similes sunt cothurnorum solo alto: superiore autem parte cum osseis vel aeneis malleolis, ad quos lora deligabantur. Dicti autem sunt a colore rubro, qualis est mulli piscis.* Auch bei Lydus *de magistr.* 1, 7 heisst der *calceus patricius* ὑπόδημα φοινικοῦν. Johannes Antiochenus in Müller *Fragm. hist. Graec.* IV p. 553 n. 33: Νουμᾶς ὁ βασιλεὺς ἐκέλευσεν ἐν τοῖς ὑποδήμασι Ῥωμαίων τῶν πατρικίων τυποῦσθαι τὸ Ῥωμαικὸν καππα (nämlich C) — — οἳ διὰ [τὸ] τῶν κοινῶν ἐπιμελεῖσθαι πατέρων ἔσχον ἐπωνυμίαν. Dies erzählt auch Lydus *de mens.* 1, 19. Dass die Riemen (*lora patricia* bei Seneca *de tr. an.* 11, 9) schwarz waren, sagt Juvenal 7, 192: *appositam nigrae lunam subtexit alutae;* die hohen rothen Schuhe (ὑπόδεσις ὑψηλὴ καὶ ἐρυθρόχροος) erwähnt auch Dio Cassius 43, 43, 2 und vielleicht sind sie auch gemeint bei Suet. *Aug.* 73: *calceamentis altiusculis* (*usus est*), *ut procerior, quam erat, videretur.*

2) S. hierüber Visconti *Opere var.* I p. 332 f. Borghesi *Oeuvres* VI p. 406 ff. Mommsen Röm. Forsch. I S. 255.

3) Philostratus *vit. soph.* 2, 1, 8.

4) *Schol. Juven.* 7, 192. *lunula adsuta calceis.* Isidor *orig.* 19, 34, 4: *assutaque luna.* *C. I. Gr.* 6280 B 28: τὸν (κύκλον σεληναίης αὐγῆς) δὲ καὶ Αἰνεάδαι ποτ' ἀνεῤῥάψαντο πεδίλῳ.

5) Philostratus *vit. soph.* 2, 1, 8. *C. I. Gr.* 6280 B 31. Vgl. 23.

6) *crudus pero* Verg. *Aen.* 7, 690. *setosus pero* Sidonius Apoll. *epist.* 4, 20.

7) Persius 5, 102: *peronatus arator.* Isidor *orig.* 19, 34, 13: *Perones et sculponeae rustica calceamenta sunt. Sculponeae* sind Holzschuhe, welche Bauern und Sclaven tragen. Cato *de r. r.* 59. 135. Varro bei Nonius p. 164, 23. Plaut. *Cas.* 2, 8, 59.

8) Juven. 14, 186.

9) Apul. *met.* 7, 18.

10) Heuzey a. a. O. p. 815.

Er ging bis an die Knöchel hinauf und wurde dort einfach zugebunden.[1]) Seit Cicero's Zeit wird noch eine dritte Gattung erwähnt, nämlich der senatorische *calceus*, welcher von den Senatoren getragen wurde, die zu dem *calceus patricius* nicht berechtigt waren.[2]) Er ist dem *mulleus* nachgebildet, wird wie dieser mit schwarzen Riemen bis zur Hälfte des Schienbeins aufgebunden,[3]) entbehrt aber der *lunula*. Ob er roth oder schwarz war, wird man schwerlich entscheiden können.[4]) *calceus senatorius.*

Von den genannten drei Arten römischer Schuhe gehörte der *calceus patricius* zu dem Costüm der alten Könige und wird den Nachkommen des Aeneas,[5]) den Königen von Alba,[6]) dem Romulus[7]) und Numa,[8]) dann allen Patriciern zugeschrieben, bei welchen die *lunula* wahrscheinlich ebenso wie die goldene

---

1) Sidon. Apoll. *epist.* 4, 20 beschreibt die Tracht der Gothen: *quorum pedes primi perone setoso talos adusque vinciebantur. Genua, crura suraeque sine tegmine.* Id. *carm.* 7, 456: *ac poplite nudo Peronem pauper nodus suspendit equinum.* ⟨Dass es auch elegantere *perones* gab beweist Tertull. *de pallio* 5; *de cultu fem.* 1, 7. Nach Cato bei Festus (oben S. 589 A. 4) ist *pero* von dem gewöhnlichen *calceus* nicht verschieden; so auch Göll in Becker's *Gallus* III S. 232. *Perones* sind wohl die auf Wandgemälden häufigen Schuhe, z. B. bei römischem Kostüm auf dem *Not. d. Sc.* 1884 p. 48 beschriebenen, Niccolini *Supplem.* tav. XII.⟩

2) Cic. *Phil.* 13, 13, 28: *Est etiam Asinius quidam senator voluntarius, lectus ipse a se. Apertam curiam vidit post Caesaris mortem: mutavit calceos, pater conscriptus repente factus est. Pater conscriptus* ist der plebejische Senator. Mommsen Röm. Forsch. I S. 254 Anm. 5.

3) Horat. *sat.* 1, 6, 27:

Nam ut quisque insanus nigris medium impediit crus
Pellibus et latum demisit pectore clavum.

Vgl. Acron z. d. St.

4) Ich hatte mich für die schwarze Farbe entschieden mit Bezug auf das Scholion zu Juven. 1, 111: *illo enim tempore necdum senatores nigris calceis utebantur*, auf welches Zeugniss allerdings nicht viel zu geben ist; Mommsen Staatsrecht I² S. 408 nimmt rothe Farbe an und beruft sich auf Cato bei Festus p. 142 und Martial 2, 29, 7. Allein in beiden Stellen ist wohl, wie auch Willems bemerkt, vom *calceus patricius* die Rede. ⟨Dio Cassius 43, 43, 2 betrachtet die rothe Farbe der Schuhe Caesar's als etwas ganz ungewöhnliches, wozu kein Grund war, wenn alle Senatoren rothe Schuhe trugen. Es scheint vielmehr, dass auch für den *calceus patricius* die rothe Farbe ausser Gebrauch gekommen war; damit stimmt dass Zonaras (d. h. Dio) 7, 9 p. 32 Pinder, wo er vom *calceus patricius* spricht, keine Farbe erwähnt, auch Isidor 19, 34 den rothen *mulleus* (10) von dem nur durch die Riemen und die *lunula* bezeichneten *calceus patricius* (4) unterscheidet.⟩

5) Visconti *Opere var.* I p. 274. *C. I. Gr.* 6280 B 27—29:

Παμφανόων ἐνέκειτο σεληναίης κύκλος αὐγῆς,
Τὸν δὲ καὶ Αἰνεάδαι ποτ' ἀνεῤῥάψαντο πεδίλῳ
ἔμμεναι ὀψηγόνοις εὐηγενέεσσι γέρατα.

6) Festus p. 142ᵇ, 24. Dio Cass. 43, 43, 2.

7) Zonaras 7, 4 p. 15 Pinder.

8) Johannes Antiochenus in Müller *Fragm. hist. Gr.* p. 553 n. 33. Lydus *de mens.* 1, 19.

bulla (s. S. 84) die Bedeutung eines Amulets hatte.[1]) Er kann daher auch der Amtstracht der patricischen oder curulischen Magistrate, d. h. der Consuln, Praetoren, Censoren und curulischen Aedilen[2]) nicht gefehlt haben. Als aber die patricischen Aemter allmählich den Plebejern zugänglich wurden, ging auch die patricische Amtstracht auf diejenigen Plebejer über, welche zu den höchsten Würden gelangten, und Cato bezeugt ausdrücklich, dass zu seiner Zeit auch der patricische Schuh ein Insigne aller Inhaber curulischer Aemter,[3]) d. h. der ganzen Nobilität[4]) geworden war. Hierbei blieb es indessen auch in der Kaiserzeit,[5]) abgesehen davon, dass die Kaiser wie die *ornamenta consularia* und *praetoria*,[6]) so auch den patricischen Schuh durch einen Gnadenact an besonders begünstigte Personen verliehen.[7]) Die *calcei patricii* werden noch in dem Edict des Diocletian c. 9, 7 erwähnt und von den *calcei senatorum* unterschieden. Von da an sind sie nicht mehr nachweisbar und es tritt an ihre

---

1) Vgl. Stephani im Petersburger *Compte-rendu* 1865 p. 183.

2) Mommsen Staatsrecht I² S. 385.

3) Die Stelle s. S. 589 Anm. 4.

4) Man darf wohl annehmen, dass schon in der Zeit der Republik die Söhne der *nobiles* die Insignien ihrer Väter annahmen, obgleich dies, was den Schuh betrifft, erst von Statius *silv.* 5, 2, 27 erwähnt wird:

Sic te clare puer genitum sibi curia sensit
Primaque patricia clausit vestigia luna.

Ausführlich bespricht den Uebergang der patricischen Vorrechte auf die Nobilität Willems a. a. O. p. 128 ff. Dass Marius, der bekanntlich kein Patricier war, *veste triumphali calceis patriciis* in den Senat kam, berichtet das Elogium *C. I. L.* I p. 290 n. 33.

5) Apuleius *Florid.* 8: *ex innumeris hominibus pauci senatores, ex senatoribus pauci nobili genere: — sed ut loquar de solo honore, non licet insignia eius vestitu vel calceatu temere occupare.* Als Bradua in dem Process, den er gegen Herodes Atticus anstellte, seine Abkunft rühmte, sagte Herodes: σὺ τὴν εὐγένειαν ἐν τοῖς ἀστραγάλοις ἔχεις. Dies erklärt Philostratus *vit. soph.* 2, 1, 8: Βραδούας — εὐδοκιμώτατος ὢν ἐν ὑπάτοις καὶ τὸ σύμβολον τῆς εὐγενείας περιηρτημένος τῷ ὑποδήματι τοῦτο δέ ἐστιν ἐπισφύριον ἐλεφάντινον μηνοειδές.

6) Mommsen Staatsrecht I² S. 439 ff.

7) Antoninus Pius verlieh ihn dem Sohne des Herodes Atticus *C. I. Gr.* 6280 B 23:

αὐτὰρ οἱ ἀστερόεντα περὶ σφυρὰ παιδὶ πέδιλα
δῶκεν ἔχειν, τὰ λέγουσι καὶ Ἑρμάωνα φορῆναι,
ἦμος ὅτ' Αἰνείαν πολέμου ἐξῆγεν Ἀχαίων,
νύκτα διὰ δνοφερήν· ὁ δέ οἱ περὶ ποσσὶ σαώτηρ
παμφανόων ἐνέκειτο σεληναίης κύκλος αὐγῆς.

Dasselbe berichtet die Inschrift n. 6185: τὸν ἐκ ταύτης (die Frau des Herodes) παῖδα ἐς τοὺς εὐπατρίδας ἐν Ῥώμῃ ἐνέγραψεν Ἀντωνῖνος αὐτοκράτωρ Εὐσεβὴς ὑπὸ τῆς πατρίδος καὶ πάντων κληθεὶς, ἀνενεγκὼν εἰς τὴν βουλὴν συγκλήτου δόγματι.

Stelle der *compagus.* [1]) Lydus beschreibt denselben als einen schwarzen Schuh, welcher nur die Zehen einschliesst, auf dem Fussblatte offen ist, an der Ferse dagegen höher hinaufgeht und von beiden Seiten mit Riemen kreuzweise an dem Schienbein aufgebunden wird. Compagi dieser Art findet man auf Gemälden der Katakomben, [2]) auf dem Schilde des Theodosius in Madrid, [3]) auf dem Diptychon von Monza [4]) und in Farben dargestellt auf dem Mosaik von Ravenna (s. S. 549 Anm. 7), auf welchem der Kaiser Justinian und die Kaiserin Theodora rothe, die Beamten des Gefolges schwarze *compagi*, aber ohne Schnürbänder, tragen. Indessen ist dies nicht der einzige Punkt, in welchem die Beschreibung des Lydus nicht zutrifft. Der Nachfolger Justinian's, Justinus II, bediente sich wieder einer anderen Fussbedeckung, welche, wie der patricische *calceus,* mit einem Kothurn verglichen wird und mit rothen Schnürriemen versehen war. [5]) Auf diese komme ich nochmals zurück. *compagus.*

Für die Frauen gilt es überhaupt für anständig, Schuhe, nicht Sandalen zu tragen, [6]) insbesondere aber für römische Frauen, für die der Schuh ein wesentliches Stück der Toilette ist. Man macht ihn von feinem Leder (*aluta*), weiss oder farbig, [7]) er muss zierlich sitzen [8]) und kann mit Seidenstickerei, [9]) Perlen [10]) und Edelsteinen [11]) decorirt werden. In der Kaiserzeit wetteiferten im Geschmack an auffallender Fussbekleidung beide Geschlechter, und während es Frauen gab, welche sich in Män- Frauenschuhe.

---

1) Am besten handelt über diesen Saglio *Dictionnaire des antiq.* I p. 862 ff.
2) S. die Nachweisungen bei Saglio.
3) Hübner Antike Bildwerke in Madrid S. 213.
4) Labarte *Histoire des arts industriels au moyen âge* 2de éd. I p. 20 table 2.
5) Corippus *in laud. Justini* 2, 104.
6) Clemens Alex. *Paed.* 2, 11. 7) Ovid. *a. am.* 3, 271:

Pes malus in nivea semper celetur aluta
Arida nec vinclis crura resolve suis.

Apul. *met.* 7, 8: *calceis femininis albis illis et tenuibus indutus.* Clemens Alex. *Paed.* 2, 11: γυναιξὶ μὲν οὖν τὸ λευκὸν ὑπόδημα συγχωρητέον. Vopisc. *Aurel.* 49, 7: *Calceos mullos et cereos et albos et hederacios viris omnibus tulit, mulieribus reliquit.*

8) ὑποδήματα ἀπηρτισμένα der Frauen. Joh. Chrysost. Vol. XI p. 591c Montf.

9) Joh. Chrysost. Vol. VII p. 510c: ὅταν γὰρ τὰ νήματα τὰ σηρικά, ἃ μηδὲ ἐν ἱματίοις ὑφαίνεσθαι καλόν, ταῦτα ἐν ὑποδήμασι διαῤῥάπτητε, πόσης ὕβρεως — ταῦτα ἄξια.

10) Plin. *n. h.* 9, 114. Tertull. *de cultu fem.* 1, 7: *in peronibus uniones emergere de luto cupiunt.*

11) Lampr. *Heliog.* 4, 4: *facta sunt senatus consulta ridicula de legibus matronalibus — — — quae aurum vel gemmas in calciamentis haberent.*

nerschuhen gefielen,[1]) so erschienen Männer in weissen[2]) und rothen,[3]) die Kaiser und die hochgestellten Personen in vergoldeten und mit Juwelen besetzten Schuhen.[4]) Unter diesen Umständen fanden viele ausländische Fabricate Eingang: die sicyonischen Frauenschuhe,[5]) welche weiss waren[6]) und in Griechenland auch von Männern beim Tanzen gebraucht wurden,[7]) die *phaecasia* (φαικάσια), welche in Athen und Alexandria Priester und Gymnasiarchen,[8]) sonst aber auch Philosophen,[9]) Bauern,[10]) junge Leute[11]) und Frauen[12]) zum Pallium[13]) anlegten, und wahrscheinlich noch andere griechische Sorten, die Pollux 7, 85—94 verzeichnet; die *baxeae*,[14]) und in späterer Zeit die parthischen *zancae*,[15]) d. h. Stiefeln von rothem Leder, die bis ans Knie hinaufgehn,[16]) durch welche die späteren Kaiser den *mulleus*

Ausländische Moden.

---

1) Aelian. *var. hist.* 7, 11: Ῥωμαίων δὲ αἱ πολλαὶ γυναῖκες καὶ ὑποδήματα ταὐτὰ φορεῖν τοῖς ἀνδράσιν εἰθισμέναι εἰσίν.

2) Mart. 7, 33. Auch den *mulleus* trug man weiss. Placidi *glossae* bei Mai *Auct. Class.* III p. 485: *mulleo, calceamenti genus, a colore albo.* (Hier ist nur gesagt, dass der Name die weisse Farbe bezeichne, was jedenfalls ein Irrthum ist; oben S. 590 A. 1.)

3) Mart. 2, 29, 7.

4) *Calcei aurati* trugen die Consuln der späteren Zeit. Cassiod. *var.* 6, 1. Lamprid. *Hel.* 23, 4: *habuit et in calciamentis gemmas et quidem sculptas.* Lampr. *Al. Sev.* 4, 2: *gemmas de calciamentis et vestibus tulit.* Vopisc. *Carin.* 17, 1: *habuit gemmas in calceis.* Jordanis *Rom.* 299 p. 38 Mommsen: *Diocletianus adorari se ut deum praecepit et gemmas vestibus calciamentisque inseruit.* Vgl. W. Meyer in Abhandlungen der Münchener Academie. Ph. philol. Cl. XV (1879) S. 23.

5) Hesych.: Σικυώνια ὑποδήματα γυναικεῖα. Pollux 7, 93. Steph. Byz. *s. v.* Σικυών. Cic. *de or.* 1, 54, 231.

6) Lucian. *rhet. praec.* 15.

7) Athen. 4 p. 155c.

8) Plut. *Ant.* 33. Appian *b. c.* 5, 11. Pollux 7, 90. Clem. Alex. *Paed.* 2, 11 p. 241 Pott.

9) Seneca *de benef.* 7, 21.

10) Theognostus *Can.* in Cramer *Anecd. Oxon.* II p. 12, 23 φαικάσιον ὑπόδημα γεωργικόν.

11) Petron. 82.

12) Petron. 67.

13) Senec. *ep.* 113, 1: *puto quaedam esse, quae deceant phaecasiatum palliatumque.*

14) Plaut. *Menaechm.* 391 erwähnt sie schon; Apuleius beschreibt sie als ordinäre Philosophenschuhe *met.* 2, 28: *iuvenem quempiam linteis amiculis iniectum pedesque palmeis baxeis inductum — producit.* 11, 8: *nec ille deerat, — qui pallio baculoque et baxeis — philosophum fingeret. Florid.* 1, 9: *fateorque me vestem de textrina emere, baxeas istas* (Apuleius trug sie also) *de sutrina praestinare*; Tertullian dagegen als luxuriöse, mit Gold verzierte Fussbekleidung *de pall.* 4. *de idol.* 8: *Soccus et baxa quotidie deaurantur, Mercurius et Serapis non quotidie.* Auch Isidor *or.* 19, 34, 13 nennt sie *calceamenta mulierum* und § 6 *calceamentum comoedorum.*

15) Treb. Poll. *Claud.* 17, 6. *Cod. Theod.* 14, 10, 3 und dazu Gothofr. Das Wort *zanga* ist baktrisch, d. h. Zend; s. Lagarde Gesammelte Abhandlungen. Leipzig 1866. 8. S. 24, 10.

16) Procop. *de aed.* 3, 1 p. 247 Bonn.: ὑποδήματα μέχρι ἐς γόνυ φοινικοῦ

ersetzten.[1]) Hiezu kamen endlich die schweren Stiefeln der Jäger,[2]) Soldaten (*caligae militares*),[3]) Fuhrleute, Bauern und Weiber,[4]) deren Sohlen mit starken Nägeln beschlagen waren.[5]) Stiefeln.

Sandalen (*sandalia*[6]) oder *soleae*) mit Bändern und Pantoffeln (*socci*) ohne Bänder[7]) gab es ebenfalls von sehr verschiedenen Sorten. Zu ihnen gehörten die griechischen[8]) *crepidae*,[9]) welche für beide Füsse gleich,[10]) nicht, wie die Schuhe, für den linken und rechten Fuss verschieden waren,[11]) die tyrrhenischen *sandalia*,[12]) die gallischen *gallicae*,[13]) die patarensischen[14]) und babylonischen[15]) *soleae*, und im Edict des Diocletian[16]) werden unter diesen Sorten wieder unterschieden *gallicae* für Männer mit doppelter und einfacher Sohle, Reisesandalen, rindslederne, einfache und doppelte Frauensan- Sandalen.

χρώματος, ἃ δὴ βασιλέα μόνον Ῥωμαίων τε καὶ Περσῶν ὑποδεῖσθαι θέμις. *Chron. Paschale* p. 614, 5 Bonn.: τὰ δὲ τζαγγία αὐτοῦ ἦν ἀπὸ τῆς χώρας αὐτοῦ ῥουσαῖα, Περσικῷ σχήματι, ἔχοντα μαργαρίτας.

1) Corippus *in laud. Justini* 2, 104:

Purpureo surae resonant fulgente cothurno,
cruraque puniceis induxit regia vinclis,
Parthica Campano dederant quae vellera fuco,
sanguineis praelata rosis, laudata rubore.
Augustis solis hoc cultu competit uti,
sub quorum est pedibus regum cruor.

2) Die hohen Schnürstiefel der Jäger beschreibt Galen. XVIII, 1 p. 682 Kühn. Diese meint Vergil *ecl.* 7, 32, wo zur Diana gesagt wird:

puniceo stabis suras evincta cothurno.

vgl. *Aen.* 1, 337.

3) *caliga militaris* Plin. *n. h.* 7, 135. *Caligatus* ist so viel als *miles gregarius*. Suet. *Aug.* 25 u. ö.

4) *Caligae mulionicae sive rusticae*, *militares*, *muliebres*. *Ed. Diocl.* 9, 5. 6. 10.

5) Die *clavi caligares* werden oft erwähnt. Plin. *n. h.* 9, 69; *Ed. Diocl.* l. l. Josephus *b. Jud.* 6, 1, 8 erzählt von einem Centurio Julianus: Τὰ γὰρ ὑποδήματα πεπαρμένα πυκνοῖς καὶ ὀξέσιν ἥλοις ἔχων, ὥσπερ τῶν ἄλλων στρατιωτῶν ἕκαστος, καὶ κατὰ λιθοστρώτου τρέχων ὑπολισθαίνει.

6) Turpilius, Ribbeck *Com. fr.* [2] p. 103, 147. Ter. *Eun.* 5, 7, 4. *Schol. Juv.* 8, 175.

7) Isidor *or.* 19, 34, 12: *Socci — saccum habent, in quo pars plantae iniicitur — nam socci non ligantur, sed tantum intromittuntur.*

8) *crepidae Graiorum* Persius 1, 127: κρηπῖδες Ἀττικαί Clem. Alex. *Paed.* 2, 11.

9) Dass dies *soleae* sind, sagt Gellius 13, 21, 5. Sie wurden gebunden und die Bänder konnten mit Perlen besetzt werden. Plin. *n. h.* 9, 114.

10) Isidor *or.* 19, 34, 3.

11) Suet. *Aug.* 92.

12) Pollux 7, 87. Clem. Alex. *Paed.* 2, 11.

13) S. über diese Gellius 13, 21, 6.

14) Lucian. *dial. meretr.* 14, 2: ἐκ Πατάρων σανδάλια ἐπίχρυσα.

15) *Ed. Diocl.* 9, 17. 23.

16) *Ed. Diocl.* 9, 12 ff.: *gallicae viriles rusticanae bisoles*, *gallicae viriles monosoles*, *gallicae cursoriae*, *taurinae muliebres bisoles* und *monosoles*, *socci purpurei sive phoenicei* (d. h. *coccinei*), *albi*, *viriles*, *muliebres*, *inauratae*.

dalen, purpurne, coccusfarbige und weisse Männer- und Frauenpantoffeln, vergoldete[1]) und gefütterte[2]) Sandalen. Aber alle diese Sorten trug man in älterer Zeit in Rom nur im Hause, der Bequemlichkeit wegen, oder wenn man zum Mahle ging, bei welchem man die Fussbekleidung ablegte,[3]) was leichter mit den Sandalen geschah, als mit dem durch Schnürriemen künstlich befestigten Schuhe. Es wird dem älteren Scipio,[4]) dem Verres,[5]) dem Germanicus[6]) und dem Kaiser Caligula[7]) zum Vorwurf gemacht, dass sie im Pallium und in Sandalen öffentlich erschienen, dem Antonius, dass er in der *lacerna* und in *gallicis* in Rom ankam,[8]) und noch unter Hadrian war es anstössig, Leute senatorischen Ranges in Sandalen einhergehen zu sehen,[9]) obwohl damals diese Sitte schon allgemein geworden war.

Die Schuster.

Die Schuster bildeten wie die Gerber eines der ältesten, angeblich von Numa eingesetzten, Collegien,[10]) welches seinen Vereinigungspunkt in dem *atrium sutorium*[11]) hat; sie sind nicht Sclaven, sondern Bürger,[12]) und betreiben ihr Geschäft theils in Buden, *sutrinae*[13]) oder *tabernae*,[14]) und zwar in einzelnen Zweigen des Gewerbes, als Schuhmacher, *sutor*,[15]) *calceolarius*[16])

---

1) Clem. Alex. *Paed.* 2, 11.

2) *lanatae. Ed. Diocl.* 9, 25. Mart. 14, 65. Vielleicht sind dies die Filzsohlen, *impilia*. S. oben S. 502. (Wohl schwerlich; s. S. 502 A. 10.)

3) S. oben S. 322.

4) Er ging in Sicilien *cum pallio et crepidis* Liv. 29, 19, 12. So auch Tiberius in Rhodus. Suet. *Ti.* 13.

5) Cic. *in Verr.* 5, 33, 86: *Stetit soleatus praetor populi Romani cum pallio purpureo tunicaque talari.*

6) Tac. *ann.* 2, 59.

7) Suet. *Cal.* 52.

8) Cic. *Phil.* 2, 30, 76.

9) Gellius 13, 22 (21), 1: *T. Castricius, — cum — discipulos quosdam suos senatores vidisset die feriato tunicis et lacernis indutos et gallicis calciatos: equidem, inquit, maluissem, vos togatos esse — Sed si hic vester huiusmodi vestitus de multo iam usu ignoscibilis est, soleatos tamen vos, populi Romani senatores, per urbis vias ingredi nequaquam decorum est.*

10) Plutarch. *Num.* 17.

11) S. Festus p. 352^a 22. vgl. Staatsverwaltung III S. 136. 155.

12) Dies ist auch in der Kaiserzeit der Fall. *Dig.* 9, 2, 5 § 3: *Sutor puero discenti, ingenuo, filio familias, parum bene facienti quod demonstraverat, forma calcei cervicem percussit.*

13) Plin. *n. h.* 10, 121. 122 u. ö.

14) Sen. *de benef.* 7, 21. Einen Schuhmacherladen vergegenwärtigt das Bild Helbig Wandgem. 804, *Pitt. di Ercol.* I tav. 35 p. 187. Ueber ein mailändisches Relief, einen Schuster bei der Arbeit vorstellend, s. O. Jahn Ber. d. ph. hist. Cl. der S. G. d. Wiss. 1861 S. 371.

15) *C. I. L.* V, 2728. 7265; VIII, 812; IX, 3702. (Henzen 7274 = *C. I. L.* VI, 3051* ist unecht). Ein *collegium sutorum* in der spanischen Inschr. *C. I. L.* II, 2818

16) Plautus *Aul.* 512.

oder als Sandalen- und Stiefelmacher, *solearius*,[1]) *sandaliarius*,[2]) *gallicarius*,[3]) *crepidarius*,[4]) *caligarius*,[5]) *baxearius*,[6]) oder als Schuhflicker, *sutor cerdo*,[7]) *sutor veteramentarius*,[8]) theils aber auch in grossen Handlungen, namentlich mit fremden Fabricaten;[9]) theils als Pächter von Tabernen,[10]) und Lieferanten zu besonderen Zwecken, wie z. B. in dem *Metallum Vipascense* die gesammte Schusterarbeit von einem contractlich verpflichteten *conductor* bezogen wurde.[11]) Einen reichen Schuster in Bononia, welcher Spiele geben konnte, erwähnt Martial;[12]) der Schuster Vatinius aus Benevent wurde, freilich durch seine anderweitigen Eigenschaften, unter Nero ein einflussreicher Mann[13]) und der Kaiser Vitellius stammte nach einigen Nachrichten ebenfalls aus einer Schusterfamilie.[14])

F. Haartracht.

Wir schliessen die Aufzählung der Gewerbe, welche sich auf die Bekleidung des Menschen beziehen, mit den Haarkünstlern, insofern diese theils wirklich künstliche Kopfbedeckungen lieferten, theils für die Toiletten überhaupt unentbehrlich waren.

---

1) Plaut. *Aul.* 514. Grut. p. 648, 13.

2) *C. I. L.* X, 3981. Von ihnen hat der *vicus Sandaliarius* und der *Apollo Sandaliarius* (Suet. *Aug.* 57) seinen Namen. S. Orelli 18 = *C. I. L.* VI, 761; Gellius 18, 4, 1. Galen. Vol. XIV p. 620. 625 nennt die Strasse τὸ Σανδαλιάριον. Uebrigens vgl. Jordan *De vicis Urbis Romae* in *Memorie dell' Instituto* II p. 230. 234. Becker I p. 493 nimmt mit Unrecht an, dass der *vicus* erst von der Statue des Apollo seinen Namen erhalten habe.

3) Hieronymus *praef. in regulam S. Pachomii* 6.

4) *Sutor crepidarius* Gell. 13, 21 (22), 8.

5) *Caligarius* Isidor *or.* 19, 34, 2. *C. Atilius C. f. Justus, sutor caligarius* in Mailand Orelli 4286 = *C. I. L.* V, 5919; das. 1585. 6671; X, 5456; in Rom *C. I. L.* VI, 9225. Vgl. Henzen 7221 = *C. I. L.* IX, 3193: *C. Gavius C. l. Donius — qui caliculis lana pelliculis vitam toleravit suam.* Nach Mommsen in Gerhard's Arch. Zeit. 1846 n. 46 p. 357 war dies ein Pelzstiefelfabricant. Ich denke, es war ein *institor*, der *caligae*, Wolle und Pelze verkaufte. *Sutor institor caligarius C. I. L.* IX, 3027.

6) Orelli 4085 = *C. I. L.* VI, 9404: *L. Trebio Fido, Quinquennali collegii perpetuo fabrum, soliarium, baxiarium* ˥ *III* (d. h. *centuriarum trium*) in Rom.

7) *sutor cerdo* Mart. 3, 16; 3, 59.

8) Suet. *Vitell.* 2.

9) Der Orelli 4168 = *C. I. L.* V, 5927 erwähnte C. Julius Alcimus Ravennas, *comparator mercis sutoriae,* scheint ein reicher Mann gewesen zu sein, da er *liberti* und *libertae* hat.

10) Ein *manceps sutrinae*, Plin. *n. h.* 10, 122.

11) *Lex met. Vipasc.* in *Ephem. epigr.* III p. 166 lin. 32 ff. und dazu Hübner p. 178.

12) Mart. 3, 59. Vgl. 16.

13) Tac. *ann.* 15, 34. Juv. 5, 46.

14) Suet. *Vitell.* 2.

Die Geschichte der römischen Bart- und Haartracht ist nicht nur für die Kenntniss des Costüms von unmittelbarem Interesse, sondern auch für die chronologische Bestimmung von Münzen und Kunstwerken zu verwerthen, und ist zu diesem Zwecke von Numismatikern und Archäologen mehrfach erörtert worden.[1]) Die alten Künstler und Schriftsteller waren der Ansicht, dass die Römer vier und ein halbes Jahrhundert lange Haare und lange Bärte getragen[2]) haben und schlossen daraus, dass bis dahin weder Barbiere noch Haarschneider in Rom vorhanden gewesen seien. Das Letztere ist indessen nur zur Hälfte richtig.

Das Rasirmesser.

Das Rasirmesser[3]) ist im Orient, in Aegypten, Babylonien, Assyrien, Judäa und Phönicien seit den ältesten Zeiten im Gebrauch gewesen und auch in Griechenland nicht nur aus dem homerischen Ausdruck ἐπὶ ξυροῦ ἵσταται ἀκμῆς, sondern auch aus zahlreichen Funden nachweisbar; in norditalischen Gräbern so wie auch in den ältesten des eigentlichen Etruriens kommt öfters ein Messer vor, das man nicht ohne Wahrscheinlichkeit für ein Rasirmesser hält.[4]) Solche Messer sind neuerdings auch in Rom auf dem Esquilin in Gräbern gefunden worden, welche minde-

1) Die ausführliche Schrift von Krause Plotina oder die Costüme des Haupthaares bei den Völkern der alten Welt, Leipzig 1858 ist für die chronologische Bestimmung der Haartrachten ohne das gewünschte Resultat geblieben. Eine kurze Zusammenstellung der wesentlichen Notizen geben Becker *Gallus* III S. 172—175 (237 ff. Göll), J. Becker u. W. Teuffel in Pauly's Realenc. I, 2 (2te Aufl.) S. 2262—2265. Die Hauptquellen für das Studium der Haartracht sind Visconti *Iconographie Romaine*, fortges. von Mongez. IV Bde. 4⁰. Paris 1817—33 mit Atlas in fol. und Clarac *Musée de Sculpture* Vol. VI (Iconographie) Paris 1853. 4⁰. nebst Tafeln in Querfol.

2) Liv. 5, 41, 9. Cic. *pr. Cael.* 14, 33: *illa horrida (barba), quam in statuis antiquis atque imaginibus videmus.* Senec. *nat. quaest.* 1, 17, 7: *Tunc quoque, cum antiqui illi viri incondite viverent, satis nitidi, si squalorem opere collectum adverso flumine eluerent, cura comere capillum fuit ac prominentem barbam depectere.* Daher *intonsi avi* Tibull. 2, 1, 34. Ovid. *fast.* 2, 30; *intonsi regia magna Numae* Ov. *fast.* 6, 264; *nosco crines incanaque menta Regis Romani* Verg. *Aen.* 6, 809; *intonsus Cato* Hor. *od.* 2, 15, 11; *incomptis Curius capillis* Hor. *od.* 1, 12, 41. Der ältere Scipio trägt eine *promissa caesaries* bei Liv. 28, 35, 6 und die Künstler stellen, wie man aus Münzen und Büsten sieht, die Könige und die alten Helden, wenn auch nicht ohne Ausnahme, so doch in der Regel in dieser Tracht dar. Visconti *Iconogr. Rom.* I pl. 1. 2.

3) Ueber dasselbe handelt ausführlich Helbig in der Zeitschrift Im neuen Reich 1875. I S. 13 f. und *Bullett. dell' Inst.* 1875 p. 14 ff. Vgl. in demselben Bande die Aufsätze von Lignana p. 16 ff., Fabiani p. 37, Zannoni p. 46.

4) Ueber diese halbmondförmigen Bronzemesser s. Gozzadini *Di un sepolcreto etrusco scoperto presso Bologna* tav. VI, 10. 16. Nochmals kommt Gozzadini auf diesen Gegenstand zurück in der Schrift *Intorno agli scavi archeologici fatti dal Sig. A. Arnoaldi Veli presso Bologna osservazioni.* Bologna 1877. 4 p. 53 ff., wo ein Verzeichniss sämmtlicher Messer dieser Art gegeben ist. Vgl. auch Helbig Das homerische Epos aus den Denkmälern erläutert S. 171 ff.

stens hoch in das sechste Jahrhundert v. Chr. hinaufreichen.[1]) Erwähnt wird die *novacula* schon unter Tarquinius Priscus.[2]) Dagegen kann in der Ueberlieferung das glaubwürdig sein, dass man in Rom im Jahre 454=300 durch die damals aus Sicilien gekommenen Haarschneider den Gebrauch der Scheere (*forfex*) kennen lernte.[3]) Indessen muss auch nach dieser Zeit die alte Sitte sich noch lange erhalten haben, da der jüngere Scipio der erste war, der sich täglich rasiren liess und noch von Augustus besonders bemerkt wird, dass er sich immer des Messers bediente.[4]) Später kam ausser dem Schneiden des Haares und Bartes mit der Scheere (*tondere*) und dem Rasiren mit dem Messer (*radere*) auch das Ausrupfen der Haare mit einer Zange, *volsella* (*vellere*),[5]) und das Haarvertilgungsmittel, *psilothrum*,[6]) von dem weiter unten die Rede sein wird, zur Anwendung. Mit der Sitte des Haarschneidens scheint der Gebrauch, das erste den Kindern abgeschnittene Haar[7]) und den ersten Bart den Göttern zu weihen,[8]) und den Tag dieses Actes durch Opfer und Feste zu begehen, von den Griechen nach Rom gekommen zu sein; berichtet indessen wird von ihm nicht vor der Kaiserzeit. Bekannt ist, dass Octavian, als er bereits 24 Jahre alt, Triumvir und schon verheirathet war, die *depositio barbae*

Scheere. *volsella. psilothrum* *depositio barbae.*

1) Diese Messer werden bei der *Commissione archeologica comunale* aufbewahrt.

2) Livius 1, 36, 4.

3) Varro *de r. r.* 2, 11, 10: *Omnino tonsores in Italiam primum venisse ex Sicilia dicunt post R. c. a. CCCCLIIII, ut scriptum in publico Ardeae in litteris exstat, eosque adduxisse P. Ticinium Menam. Olim tonsores non fuisse adsignificant antiquorum statuae, quod pleraeque habent capillum et barbam magnam.* Plin. *n. h.* 7, 211. Varro kommt auf diese Mittheilung durch die Schafschur: er sagt, früher sei dies eine *volsura* gewesen, damals sei die *tonsura* erfunden worden. Man kannte bis dahin die Scheere überhaupt nicht.

4) Plin. *n. h.* 7, 211: *primus omnium radi cotidie instituit Africanus sequens, divus Augustus cultris semper usus est.* (Hier ist das Wort *sequens*, welches nicht die Bedeutung von *minor* haben kann, wahrscheinlich corrupt. Gemeint ist wohl der ältere Africanus, der in seinen Porträts stets sorgfältig rasirt erscheint.)

5) Suet. Caes. 45: *Circa corporis curam morosior, ut non solum tonderetur diligenter ac raderetur, sed velleretur etiam.* Mart. 8, 47:

Pars maxillarum tonsa est tibi, pars tibi rasa est,
Pars vulsa est. Unum quis putat esse caput.

6) Lamprid. *Heliog.* 31.

7) Hierauf beziehen sich die Epigramme des Euphorion *Anth. Gr.* I p. 189 n. 1; des Rhianus das. I p. 233 n. 10; des Theoridas II p. 43 n. 5. Flavius Earinus, Freigelassener des Domitian, dedicirt bei seinem Austritt aus dem Knabenalter seine Haare dem Asklepios in Pergamum, seinem Geburtsorte. Statius *silv.* 3, 4. Vgl. Mart. 9, 17. Mehr bei Jahn *ad Pers.* 2, 70 p. 138.

8) Apollonidas *Anth. Gr.* II p. 120 n. 8. Crinagoras das. II p. 130 n. 12.

durch ein dem Volke gegebenes Fest feierte,[1]) dass Caligula an dem Tage der *toga virilis*[2]) und später Nero[3]) und Heliogabal[4]) diesen Act festlich begingen; aber diese Sitte war damals keineswegs auf die Prinzen des kaiserlichen Hauses beschränkt, sondern eine allgemeine geworden.[5]) Indessen ist nicht sofort anzunehmen, dass man nach der *depositio barbae* ohne allen Bart gegangen sei;[6]) vielmehr ist aus den Münzen des siebenten Jahrhunderts[7]) und aus mehrfachen bestimmten Zeugnissen[8]) zu ersehen, dass zu Cicero's Zeit und wahrscheinlich auch vorher und nachher namentlich jüngere Leute einen zierlich geschnittenen Bart noch immer zu tragen pflegten und nur Personen über 40 Jahre den ganzen Bart rasirten.[9]) Einen langen Bart wach-

---

1) Dio Cass. 48, 34, 3. Dies geschah 39 v. Chr. Octavian war aber geboren 63 v. Chr.

2) Suet. *Cal.* 10. 3) Dio Cass. 61, 19, 1. Suet. *Ner.* 12.

4) Dio Cass. 79, 14, 4.

5) Censorin. *d. d. n.* 1, 10 betrachtet die Sitte als alt: *nostrorum veterum sanctissimorum hominum exempla sum secutus. Illi enim, quod alimenta, patriam, lucem, se denique ipsos deorum dono habebant, ex omnibus aliquid deis sacrabant, — quidam etiam pro cetera corporis bona valetudine crinem deo sacrum pascebant.* Wir finden sie nur in der Kaiserzeit erwähnt. Juven. 3, 186. Petron. 29.

6) Man schloss dies aus Dio Cass. 48, 34, 3, der, nachdem er von Octavian's erster *depositio barbae* erzählt, hinzufügt: καὶ ὁ μὲν καὶ ἔπειτα ἐπελειοῦτο τὸ γένειον, ὥσπερ οἱ ἄλλοι. S. Eckhel *D. N.* VI p. 76 ff. Die Notiz des Dio ist aber in dieser Allgemeinheit nicht richtig.

7) Borghesi *Oeuvres* I p. 93—98.

8) Cic. *pr. Cael.* 14, 33: *aliquis mihi ex inferis excitandus est ex barbatis illis, non hac barbula, qua ista (Clodia) delectabatur, sed illa horrida, quam in statuis antiquis atque imaginibus videmus.* Die *barbatuli iuvenes* erwähnt er *ad Att.* 1, 14, 5. 1, 16, 11; vgl. *in Catil.* 2, 10, 22: *postremum autem genus est — quos pexo capillo nitidos aut imberbes aut bene barbatos videtis.* Ovid. *a. am.* 1, 517:

Nec male deformet rigidos tonsura capillos,
Sit coma, sit docta barba resecta manu.

Sen. *ep.* 114, 21: *Quot vides istos sequi, qui aut vellunt barbam aut intervellunt, qui labra pressius tondent et abradunt servata et submissa altera parte?* Pers. 4, 37:

Tu cum maxillis balanatum gausape pectas.

Dass die in diesen Stellen bezeichneten *barbatuli iuvenes* nicht junge Leute unter 20 Jahren sind, die noch überhaupt nicht den Bart abgelegt hatten, ist gegen Eckhel von Borghesi a. a. O. p. 101 f. bewiesen.

9) Gellius 3, 4 erklärt die Thatsache, dass der jüngere Scipio schon vor dem 40sten Jahre sich ganz rasirte, als eine zwar auffallende, aber durch andere Beispiele derselben Zeit bestätigte Ausnahme von der Regel. Auf diese Regel geht Juven. 6, 105:

Nam Sergiolus iam radere guttur
coeperat

(d. h. er war nicht mehr jung), und 6, 214:

ille excludatur amicus
iam senior, cuius barbam tua ianua vidit

sen zu lassen (*barbam promittere*) pflegten[1]) nur Personen, die sich in Trauer befanden, also auch Angeklagte,[2]) Verurtheilte[3]) und politische Parteiführer, die ihre Trauer um das Vaterland mit Ostentation an den Tag zu legen wünschten, wie Caesar nach der Niederlage seines Legaten Titurius im gallischen Kriege,[4]) Cato nach der Schlacht bei Thapsus,[5]) Brutus im Jahr 49,[6]) Antonius nach der Schlacht bei Mutina,[7]) Octavian im Kriege mit S. Pompeius vom Frühjahr 38 bis Ende 37[8]) und später nach der Niederlage des Varus.[9]) Erst Hadrian brachte wieder den starken vollen Bart in Mode,[10]) den seine Nachfolger mit sehr wenigen Ausnahmen[11]) tragen, darunter auch die bejahrten, wie der sechzigjährige Pertinax und der 56jährige Didius Julianus;[12]) von Constantin an dagegen erscheinen die Kaiser mit alleiniger Ausnahme des Julianus ganz ohne Bart bis auf Mauritius († 602). *promittere barbam.*

Auch in dem Schnitt der Haare lässt sich wenigstens ein sehr merklicher Modewechsel chronologisch feststellen. Denn während sich, seitdem man einmal das Haar abschnitt, lange Zeit eine einfache und natürliche Haartracht wenigstens bei den Männern erhielt, die nur an Festtagen sorgfältiger behandelt[13]) und von Stutzern vermittelst des Brenneisens und der Haaröle verschönert wurde,[14]) künstliche Lockenfrisuren aber den zur **Haartracht der Männer.**

(d. h. der von seiner Jugend an dich aufsuchte), und mit ihr sind auch die Darstellungen auf Münzen in Uebereinstimmung. S. Borghesi a. a. O. p. 102—109.

1) Wenn Livius 2, 23, 4; 6, 16, 4; Dionys. 6, 26 diese Sitte schon in einer Zeit erwähnen, in welcher der lange Bart allgemein getragen wurde, so ist das ein durch die rhetorische Ausschmückung veranlasster Anachronismus.

2) *barba reorum* Mart. 2, 36, 3.

3) Liv. 27, 34, 5.

4) Suet. *Caes.* 67. Polyaen. 8, 23, 23.

5) Plut. *Cat. min.* 53.

6) Lucan. 2, 372. Seine Münzen bestätigen dies. Eckhel *D. N.* VI p. 22.

7) Plut. *Anton.* 18.

8) Borghesi *Oeuvres* I p. 111; II p. 67.

9) Suet. *Oct.* 23.

10) Dio Cass. 68, 15, 5. Spartian. *Hadr.* 26, 1 vgl. 2, 8. Julian. *Caes.* 9 und von M. Antoninus c. 17.

11) Dass L. Verus in Syrien ohne Bart ging, wurde bespöttelt (Capitol. *Ver.* 7, 10); Caracalla liess sich in Antiochia das Kinn rupfen (ψιλίζεσθαι), Dio Cass. 77, 20, 1, und Heliogabal that dies gewöhnlich. Dio Cass. 79, 14, 4.

12) Vgl. Borghesi *Oeuvr.* I p. 103.

13) Das nennt man *pectere capillos* und *pexi capilli.* Juv. 6, 26; 11, 150; Pers. 1, 15 und das. Jahn; Cic. *in Catil.* 1, 10, 22. Hor. *od.* 1, 15, 14.

14) Cic. *pro Sest.* 8, 18: *alter unguentis affluens, calamistrata coma;* Cic. *p. red. in Sen.* 5, 12: *cincinnatus ganeo*: *in Pison.* 11, 25: *Erant illi compti capilli et madentes cincinnorum fimbriae; pr. Rosc. Am.* 46, 135: *quemadmodum composito et delibuto capillo — per forum volitet —, videtis.*

Aufwartung bestimmten Sclaven vorbehalten blieben,[1]) begann zuerst vorübergehend unter M. Aurel,[2]) dann aber seit Macrinus (217 p. Chr.) bei den Kaisern selbst das ganz kurz geschorne Haar (ἡ κουρὰ ἡ ἐν χρῷ),[3]) welches sonst die Athleten und die Stoiker zu tragen pflegten,[4]) Mode zu werden, und auch diese Mode hat bis zu Constantin dem Grossen gedauert.[5]) Clemens von Alexandria, der zwischen 211 und 218 n. Chr. starb, schreibt auch als christliche Tracht das kurzgeschorene Haar (ψιλὴ κεφαλή) und das bärtige Kinn (λάσιον γένειον) vor;[6]) auch wer den Bart abschneidet, soll es mit der Scheere thun, nicht mit dem Messer. Denn schimpflich und weibisch ist für einen Mann, sagt er, das glatte Kinn; und wer um den Mund den Bart abschneidet, um nicht beim Essen gehindert zu sein, soll doch den übrigen Bart stehen lassen, der dem Manne das Ansehn (σεμνότητα) verleiht.

Weibliche Haartracht.

Was die weibliche Haartracht betrifft, so muss diese in älterer Zeit möglichst einfach gewesen sein. Bei Plautus wenigstens gelten die *ficti*, *compositi*, *crispi cincinni unguentati* als Kennzeichen einer Buhlerin[7]) und noch viel später sind derselben Ansicht die christlichen Kirchenlehrer, welche für Mädchen das einfache Zusammennehmen des Haares in einen *nodus* am Hinterkopfe als anständige Tracht empfehlen, alle künstlichen Frisuren aber als buhlerisch bezeichnen.[8]) Die Matronen des alten Roms und noch später die *flaminica* banden, wie wir oben S. 583 gesehen haben, das Haar mit einer *vitta* zu einem thurmartigen Aufsatz zusammen, der *tutulus* heisst; aber seit dem

1) S. oben S. 147 Anm. 7.

2) Galen. XVII, 2 p. 150 Kühn: καθάπερ ἐπ' Ἀντωνίνου τοῦ Κομμόδου πατρὸς ἐποίουν οἱ συνόντες ἅπαντες ἐν χρῷ κειρόμενοι. Λούκιος δὲ μιμολόγους αὐτοὺς ἀπεκάλει· καὶ διὰ τοῦτο πάλιν ἐκόμων οἱ μετ' ἐκείνου.

3) Aretaeus *de acut. morb. curat.* 1, 2 extr.

4) Jahn zu Persius 3, 54 p. 155.

5) Auf den Münzen erscheinen so Macrin und die folgenden Kaiser mit Ausnahme des Heliogabal; Gallienus und seine nächsten Nachfolger haben wieder gewöhnliches Haar (s. ausser den Münzen auch Visconti *I. R.* III p. 269); aber von Claudius Gothicus (268) bis Constantin ist das kurz geschorene Haar wieder regelmässig. Mongez in Visconti *Icon. Rom.* III p. 181 datirt diese Mode von Heliogabal an, was nicht genau ist.

6) Clem. Al. *Paed.* 3, 11 p. 289.

7) Plautus *Truc.* 2, 2, 32.

8) Clemens Alex. *Paed.* 3, 11 p. 290: ταῖς γυναιξὶ δὲ ἀπόχρη μαλάσσειν τὰς τρίχας καὶ ἀναδεῖσθαι τὴν κόμην εὐτελῶς περόνῃ τινὶ λιτῇ παρὰ τὸν αὐχένα ἀφελεῖ θεραπείᾳ συναυξούσαις εἰς κάλλος γνήσιον τὰς σώφρονας κόμας. καὶ γὰρ αἱ περιπλοκαὶ τῶν τριχῶν αἱ ἑταιρικαὶ καὶ αἱ τῶν σειρῶν ἀναδέσεις πρὸς τὸ εἰδεχθεῖς αὐτὰς δεικνύναι. Solche einfache Frisur s. *Mus. Borb.* IX, 34.

Ende der Republik wird, wie die Kleidung, so auch die Haartracht allen griechischen Toilettenkünsten zugänglich, in welchen einen Unterschied der Zeiten nachzuweisen weder versucht worden ist noch gelingen möchte. Denn einerseits brauchte man, wie Ovid ausführlich schildert, unzählige Coiffuren, wie sie eben kleidend waren oder dem individuellen Geschmack zusagten, gleichzeitig,[1] so dass eine und dieselbe Frau sich bald so bald so frisirte, wie z. B. die Tochter des Titus, Julia, auf Münzen in zwei sehr verschiedenen Frisuren erscheint;[2] andererseits kehren gewisse Haartrachten in den verschiedensten Zeiten wieder, wie z. B. die hochaufgebauten Frisuren, die bereits Juvenal[3] und Statius[4] beschreiben, noch von Tertullian,[5] Prudentius[6] und Hieronymus[7] getadelt werden. Zu diesen Haaraufsätzen bediente man sich grossentheils fremder Haare. Denn die Perücken (*capillamentum*, *galerus*, *galericulum*, *corymbion*) sind eine sehr alte Erfindung; sie waren in Aegypten ganz gewöhnlich[8] und gehörten zur medischen Königstracht;[9] in Rom kommen sie wenigstens seit dem Beginne der Kaiserzeit bei Männern und Frauen vor.[10] Man trug sie theils Perücken.

---

1) Ovid. *a. am.* 3, 133—168.

2) Vgl. Mongez *Iconogr. Rom.* II p. 311. 3) Juv. 6, 502:

Tot premit ordinibus, tot adhuc compagibus altum
aedificat caput.

4) Statius *silv.* 1, 2, 113:

Celsae procul aspice frontis honores
Suggestumque comae.

Beispiele dieser Coiffure sind mehrfach vorhanden. Die Büste im *Mus. Borb.* VII, 27, 1, dort als Plotina bezeichnet, hat diese hohe Frisur, die in sieben Lagen über einander in der Form eines Diadems construirt ist; eine andere, XIII, 25, 1, als Julia Domna bezeichnet, hat eine ähnlich geformte, aus lauter Locken bestehende Coiffure.

5) Tertull. *de cultu fem.* 2, 7: *Affigitis praeterea nescio quas enormitates capillamentorum, nunc in galeri modum, quasi vaginam capitis et operculum verticis, nunc in cervicem retro suggestum.* Und weiter: *frustra peritissimos quosque structores capillaturae adhibetis. Comam struere* nennt er dies *de pall.* 4, p. 541 init. Oehler (πυργοῦσθαι κορύμβοις κεφαλήν. S. Salm. *ad Tert. de pall.* p. 286).

6) Prudentius *Psychomachia* 183 von der Superbia:

Turritum tortis caput accumularat in altum
crinibus, exstructos augeret ut addita cirros
congeries celsumque apicem frons ardua ferret.

7) Hieronym. *ep.* 130, 7 Vallars: *Polire faciem purpurisso, et cerussa ora depingere; ornare crinem et alienis capillis turritum verticem struere.*

8) Wilkinson *Manners and Customs.* London 1837. 8. III p. 355. vgl. Krause a. a. O. S. 35.

9) Xenoph. *Cyrop.* 1, 3, 2.

10) Böttiger *Sabina* I² S. 141. 307. Becker *Gallus* III³ S. 173. 194 (240. 272 Göll). Krause a. a. O. S. 191 ff.

um den Mangel des Haares zu verdecken,[1] theils um sich unkenntlich zu machen, wie Caligula,[2] Nero[3] und Messalina[4] bei ihren nächtlichen Ausschweifungen, theils aber auch der Mode wegen, namentlich im Anfang des ersten Jahrhunderts, als blonde Haare Mode wurden,[5] die als Handelsartikel aus Deutschland bezogen wurden und in Rom zu kaufen waren,[6] sodann später, als für die hohen Aufsätze das eigene Haar nicht ausreichte.[7] Von den Frauen des kaiserlichen Hauses scheinen insbesondere die aus der Familie des Heliogabal Perücken geliebt zu haben.[8] Wie allgemein aber die Tracht war, sieht man daraus, dass selbst in den Gräbern der Katakomben neben Kämmen und anderen Toilettenapparaten ganze oder theilweise Perücken gefunden werden.[9] Entsprechend dieser Sitte machte man auch Statuen und Büsten mit abnehmbaren Frisuren, offenbar um der wechselnden Mode durch zeitweise Erneuerung des Kopfputzes der Statue gerecht zu werden.[10]

Aus der Wichtigkeit, welche die höheren Stände in Rom diesem Zweige der Toilettenkunst beilegten, ist es erklärlich, *tonsores.* dass das Geschäft des Tonsors sich immer mehr gewerbmässig ausbildete,[11] so dass, wer sich im Hause von seinen Sclaven frisiren liess, seine *tonsores*, *tonstrices* und *ornatrices*[12] einem

---

1) So erschien der Kaiser Otho *galericulo capiti propter raritatem capillorum adaptato et adnexo, ut nemo dignosceret.* Suet. *Oth.* 12.

2) Suet. *Calig.* 11. 3) Suet. *Nero* 26.

4) Juven. 6, 120.

5) Ovid. *am.* 1, 14, 45. Mart. 5, 68. Petron. 110: *ancilla Tryphaenae Gitona in partem navis inferiorem ducit corymbioque dominae pueri adornat caput — — revocatumque me non minus decoro exornavit capillamento: immo commendatior vultus enituit, quia flavum corymbion erat.*

6) Ovid. *a. am.* 3, 165. Mart. 6, 12, 1; 12, 23, 1.

7) Tertull. *de cultu fem.* 2, 7: *Si non pudet enormitatis, pudeat inquinamenti, ne exuvias alieni capitis forsan immundi, forsan nocentis — sancto et Christiano capiti supparetis.*

8) Mongez *Iconogr. Rom.* III p. 181.

9) Raoul-Rochette *Mém. de l'acad.* XIII p. 742.

10) Beispiele sind die von Visconti als Julia Soaemis, Mutter des Elagabal, bezeichnete Statue im *Mus. Pio-Clem.* II tav. 51 p. 347 der Mailänder Ausg. und die sogenannte Lucilla des Berliner Museums. An der Julia Mammaea *Mus. Pio-Clem.* VI tav. 57 sind die Haare abgemeisselt und in anderer Form hergestellt worden.

11) *P. Petronius P. l. Philomusus tosor de vico Scauri, C. I. L.* VI, 9940. In dem *Metallum Vipascense* ist das Barbiergeschäft an einen *conductor* verpachtet. *Lex met. Vipasc.* lin. 37—42. Hübner *Ephem. epigr.* III p. 178.

12) S. oben S. 145. (Eine *tonstrix Domitiae Bibuli* in der unechten Inschr. Henzen 6286 = *C. I. L.* VI, 899*.)

Meister von Fach in die Lehre geben musste [1]) und trotzdem auch die Damen ausser ihren Sclavinnen den gewerbmässigen Haarkünstler in Anspruch nahmen. [2]) Für die Männer war ohnehin das gewöhnliche Local für diesen Theil der Toilette die *tonstrina*, in welcher man den Bart entweder über den Kamm (*per pectinem*) [3]) mit der Scheere abschneiden (*tondere*) [4]) oder mit dem Messer (*novacula*, ξυρόν) rasiren, [5]) das Haar schneiden, künstlich frisiren, [6]) auch wohl brennen [7]) und die Nägel zierlich beschneiden liess. [8]) Da dies Geschäft viele Leute regelmässig zusammenführte, die sich zum Theil wartend unterhielten, so galten die Barbierstuben für einen Versammlungsort müssiger Plauderer, denen der geschwätzige [9]) und neugierige Barbier zum Mittelpunkte der Unterhaltung zu dienen bemüht ist. [10]) *tonstrina.*

---

1) Petron. 94: *rudis enim novacula et in hoc retusa, ut pueris discentibus audaciam tonsoris daret. Dig.* 32, 65 § 3: *Ornatricibus legatis Celsus scripsit eas, quae duos tantum menses apud magistrum fuerint, legato non cedere.*

2) Tertull. *de cultu fem.* 2, 7: *peritissimos quosque structores capillaturae adhibetis.*

3) Plaut. *Capt.* 268.

4) Das heisst griechisch κείρειν οὐ ξυρῷ, ἀλλὰ ταῖς δυοῖν μαχαίραις ταῖς κουρικαῖς. Clem. Alex. *Paed.* 3, 11 p. 290.

5) Das Rasirmesser verwahrte man in einem Futteral, ξυροδόχη, ξυροθήκη, lateinisch *theca*, Petron. 94. Ein in Rom gefundenes eisernes Rasirmesser mit knöchernem Griff *Bull. d. Inst.* 1878 p. 97. Merkwürdig ist es, dass in Pompeii keine Rasirmesser gefunden werden: die Angaben *Not. d. Scavi* 1882 p. 422; 1883 p. 376 beruhen auf Missverständniss: s. *Bull. d. Inst.* 1884 p. 107. Vermuthlich sind die dünnen Klingen ganz vom Rost verzehrt worden.

6) Sen. *de br. vit.* 12, 3: *Quid? illos otiosos vocas, quibus apud tonsorem multae horae transmittuntur, dum decerpitur, si quid proxima nocte succrevit, dum de singulis capillis in consilium itur, dum aut disiecta coma restituitur aut deficiens hinc atque illinc in frontem compellitur? quomodo irascuntur, si tonsor paulo neglegentior fuit, tanquam virum tonderet? quomodo excandescunt, si quid extra ordinem iacuit, nisi omnia in anulos suos reciderunt? — — hos tu otiosos vocas inter pectinem speculumque occupatos?*

7) Acron. *ad Hor. sat.* 1, 2, 98: *ciniflones et cinerarii eadem significatione apud veteres habebantur ab officio calamistrorum i. e. veruum in cinere calefaciendorum, quibus matronae capillos crispabant.*

8) Plaut. *Aul.* 312. Mart. 3, 74. Vgl. Tibull. 1, 8, 12 und mehr bei Böttiger *Sabina* II² S. 57 ff. Die Werkzeuge des *tonsor* (*ferramenta tonsoria*) zählt auf Mart. 14, 36:

Tondentis haec arma tibi sunt apta capillis
Unguibus hic longis utilis, illa genis,

wo gemeint ist der *cultellus tonsorius* (Val. Max. 3, 2, 15: *cultellum tonsorium quasi unguium resecandorum causa poposcit.* Horat. *epist.* 1, 7, 51) und die *novacula*, und Plautus *Curc.* 577:

At ita meae volsellae pecten speculum calamistrum meum
Bene me amassint meaque axicia linteumque extersui.

9) Plut. *De garrulitate* 13 p. 615 Dübner.

10) Hor. *sat.* 1, 7, 2:

opinor
Omnibus et lippis notum et tonsoribus esse

Uebrigens muss das Geschäft zuweilen einträglich gewesen sein, da zu verschiedenen Zeiten reiche *tonsores* erwähnt werden.[1])

---

und dazu Porphyr.: *Adeo ait divulgatum esse, — ut et in tonstrinis haec et in medicinis narrata sint. Fere autem in his officinis otiosi solent considere ac res rumoribus frequentatas fabulis celebrare.*

1) Juven. 1, 24; 10, 225. Mart. 7, 64. Der Hoffriseur des Kaisers Constantius war ein vornehmer Mann, der ein grosses Gehalt bezog. Ammian. Marc. 22, 4, 9.

III. Wohnung und häusliche Einrichtung.

Die Herstellung einer sicheren, bequemen und würdigen Wohnung für Menschen und Götter (denn auch der Tempel ist ein Wohnhaus des Gottes) ist die Veranlassung zu so vielen und verschiedenen handwerksmässigen und künstlerischen Thätigkeiten geworden, dass dieselben nur von einem bestimmten Gesichtspunkte aus und in einer durch diesen gebotenen Beschränkung erörtert werden können. Eine solche legt man sich auf, wenn man die Geschichte der alten Kunst als eine eigene Disciplin behandelt, um die Entwickelung der höchsten Leistungen auf diesem Gebiete im Zusammenhange zur Anschauung zu bringen; denn im Alterthum selbst wird die Kunst im engeren Sinne von dem Handwerke niemals streng unterschieden,[1] was einerseits die günstige Folge hat, dass bei allen, selbst den untergeordnetsten Gegenständen der häuslichen Einrichtung geschmackvolle Formen zur Anwendung kommen, andererseits aber die ungünstige, dass zwischen der idealen Kunstleistung und der handwerkermässigen Production höchstens ein relativer Unterschied statuirt wird. Doch geschah diese Identification von Kunst und Handwerk bei Griechen und Römern in wesentlich verschiedener Weise. Bei den Griechen ist jedes Handwerk eine Kunst;[2] bei den Römern jede Kunst ein Handwerk: daher erklärt Seneca die Malerei und die Bildhauerei für eben so illiberale Gewerbe als das Handwerk der Steinmetzen:[3] im

Kunst und Handwerk

in Griechenland und in Rom.

---

1) O. Jahn Beschr. der Vasensammlung K. Ludwigs. München 1854. S. CXLII ff. So war z. B. der Oheim des Lucian λίθων ἐργάτης καὶ συναρμοστὴς καὶ ἑρμογλυφεύς, d. h. Steinhauer, Decorateur von Wänden und Fussböden und Bildhauer.

2) Es giebt eine τέχνη der ἀρτοποιοί (Libanius Vol. II p. 331. 5. R.), der τυροπῶλαι, ὀξοπῶλαι, ἰσχαδοπῶλαι, νευροῤῥάφοι (Liban. Vol. II p. 339, 2), und überhaupt wird jedes Handwerk τέχνη genannt.

3) Senec. *ep.* 88, 18: *non enim adducor, ut in numerum liberalium artium*

Codex Theodosianus werden die *statuarii* mit den gewöhnlichen Bauhandwerkern in eine Kategorie gestellt,[1]) und Vitruv, selbst ein Künstler, findet zwischen der Schusterkunst, Walkerkunst und Baukunst keinen anderen Unterschied als den der grösseren oder geringeren Schwierigkeit.[2]) Für unsere Darstellung, deren Aufgabe es ist, die charakteristischen Züge römischen Denkens und Lebens zusammenzustellen, wird es unerlässlich sein, von diesem specifisch römischen Standpunkt auszugehn und Handwerk und Kunst ausschliesslich von der praktischen Seite, d. h. als Mittel des Erwerbes einerseits und der Befriedigung des Bedürfnisses andererseits zu betrachten. Der Grund der sehr verschiedenen Stellung, welche Kunst und Künstler bei Griechen und Römern einnehmen, liegt zunächst in dem Umstande, dass in Griechenland die Kunst sich an dem Cultus entwickelte, in Rom aber nicht. Wie der Dichter den Griechen als gottbegeisterter Seher gilt, so mussten die idealen Conceptionen der Maler und Bildhauer, deren höchste Aufgabe die Vergegenwärtigung der Götter selbst war, als religiöse Offenbarungen und die Künstler als Vermittler derselben betrachtet werden.[3]) Malerei und Sculptur waren daher in hoher Achtung, ein ehrenwerther Beruf freier Leute, nicht eine Beschäftigung für Sclaven.[4]) Die römische Religion hatte dagegen ursprünglich gar keinen Zusammenhang mit künstlerischer Darstellung,[5]) und als im Laufe der Zeit griechische Göttergestalten auch in Rom Eingang fanden,[6]) so waren dies eben fertige Kunstformen, an denen die römische Production keinen Theil hatte. Wie deutlich sich die Römer noch am Ende der Republik, ja noch im Beginne der Kaiserzeit bewusst waren, weder Verständniss der Kunst noch Beruf zu derselben zu besitzen, lehren die merkwürdigen Aeusserungen des Cicero, der, obwohl er auf seinen

---

pictores recipiam, non magis quam statuarios aut marmorarios aut ceteros luxuriae ministros.

1) *C. Theod.* 13, 4, 2.

2) Vitruv. 6 pr. 7: *Itaque nemo artem ullam aliam conatur domi facere, uti sutrinam vel fullonicam aut ex ceteris quae sunt faciliores, nisi architecturam.*

3) Cic. *or.* 2, 9. Seneca *contr.* 10, 34 p. 328, 15 Burs.: *Non vidit Phidias Jovem, fecit tamen velut tonantem; nec stetit ante oculos eius Minerva, dignus tamen illa arte animus et concepit deos et exhibuit.*

4) Plin. *n. h.* 35, 77: *semper quidem honos ei (picturae) fuit, ut ingenui eam exercerent, mox ut honesti, perpetuo interdicto ne servitia docerentur, ideo neque in hac neque in toreutice ullius qui servierit opera celebrantur.*

5) S. Staatsverwaltung III S. 5.

6) Daselbst S. 44.

Reisen in Griechenland, Kleinasien, Rhodus und Sicilien mit griechischer Kunst bekannt geworden war und eifrig Kunstwerke sammelte und in seinen Häusern aufstellte,[1]) doch dem Volke gegenüber den Verdacht der Kunstkennerschaft entschieden von sich abweist,[2]) und die bekannte Stelle des Vergil, in welcher er, die Grösse Roms in das Herrschertalent setzend, die Begabung zur Kunst seinen Landsleuten geradezu abspricht.[3]) Den Römern wurde die griechische Kunst durch ganz äusserliche Veranlassungen und ohne ihr Zuthun gleichsam aufgedrungen. Die siegreichen Kämpfe in Unteritalien, Sicilien, Macedonien, Griechenland und Kleinasien, insbesondere die Eroberung von Syracus durch Marcellus (212),[4]) von Capua durch Fulvius (211),[5]) von Tarent durch Fabius (209),[6]) die Triumphe des Flamininus über Philipp (194),[7]) des Scipio Asiaticus über Antiochus (189),[8]) des M. Fulvius Nobilior über Aetolien (187),[9]) des L. Aemilius Paulus über Perseus (167),[10]) des Q. Caecilius Metellus über den Pseudophilippus (146),[11]) endlich die Eroberung Corinths durch Mummius (146),[12]) führten nach Rom eine unglaublich grosse Anzahl hervorragender Kunstwerke aller Art, welche auch in der Folge namentlich durch Sulla, Lucullus, Pompeius, zuletzt durch Augustus, Caligula und Nero immer neuen Zuwachs erhielt.[13]) Man kann annehmen, dass die Masse

Bekanntwerden der Römer mit griechischer Kunst.

---

1) Drumann Geschichte Roms VI S. 685.

2) Cic. *in Verr.* 4, 59, 132; 60, 134: *Etenim mirandum in modum Graeci rebus istis, quas contemnimus, delectantur.* Ib. 2, 35, 87: *Etiam, quod paene praeterii, capella quaedam est, ea quidem mire, ut etiam nos, qui rudes harum rerum sumus, intelligere possimus, scite facta et venuste.* Aehnlich äussert er sich 4, 2, 4; 4, 3, 5; 43, 94.

3) Verg. *Aen.* 6, 847 sqq. Weiteres über diesen Gegenstand s. bei Friedlaender Ueber den Kunstsinn der Römer in der Kaiserzeit. Königsberg 1852. 8. und Darstellungen aus der Sittengesch. Roms III^5 S. 267 ff. Die Gegenschrift von K. Fr. Hermann Ueber den Kunstsinn der Römer. Göttingen 1855. 8. hat kein Argument beigebracht, wodurch Friedlaender's Ansicht widerlegt würde.

4) Liv. 26, 21, 8 vgl. 25, 40: *inde primum initium mirandi Graecarum artium opera licentiaeque huic sacra profanaque omnia vulgo spoliandi factum est.* Auch Plutarch. *Marcell.* 21 behauptet, dass bis dahin Rom gar keine nennenswerthen griechischen Kunstwerke besessen habe.

5) Ueber diese Beute s. Liv. 26, 34, 12.

6) Liv. 27, 16, 7.

7) Liv. 34, 52, 4 vgl. 32, 16, 17.

8) Liv. 37, 59, 3. Plin. *n. h.* 33, 148. 149.

9) Liv. 39, 5, 15. Vgl. 38, 9, 13. 43, 6.

10) Plutarch. *Aem. Paul.* 32.

11) Vellei. 1, 11, 3—4.

12) Nach Strabo 8 p. 381 rührten die besten Kunstwerke, welche Rom besass, aus Corinth her. Vgl. Plin. *n. h.* 33, 149; 34, 36; 37, 12.

13) Man findet über diesen Gegenstand, den ich nur kurz erwähnen kann,

der Römer für diese erbeuteten Schätze anfangs kein besseres Verständniss hatte, als der durch seinen gänzlichen Mangel an Kunstinteresse bekannte Eroberer von Corinth selbst; allein es gab schon damals Männer, die hierüber anders dachten, wie z. B. der jüngere Scipio es that;[1]) und bald wurde zuerst der Geldwerth,[2]) sodann aber auch der Kunstwerth dieser Eroberungen allgemeiner einleuchtend. Jeder Triumph, der neue Kunstgegenstände vorführte, erweiterte den Kreis der Kunstkenntniss;[3]) in dem stolzen Bewusstsein, diese Kostbarkeiten zu besitzen, schmückte man damit Tempel, Hallen und öffentliche Plätze[4]) und entfaltete in der Ornamentation der Theater[5]) und dem Apparat der Festspiele den ganzen Reichthum dieser Erwerbungen. Allmählich entwickelte sich, so reiche Gelegenheit man auch hatte, seine Schaulust an öffentlichen Orten zu befriedigen, auch eine persönliche Liebhaberei, welche sich zu

Kunstliebhaber und Sammler.

einer Sammelwuth steigerte;[6]) man häufte in den Häusern und

---

vollständige Nachweisungen in Voelkel Ueber die Wegführung der Kunstwerke aus den eroberten Ländern nach Rom. Leipzig 1798. 8. Sickler Geschichte der Wegnahme und Abführung vorzüglicher Kunstwerke aus den eroberten Ländern in die Länder der Sieger. Gotha 1803. 8. und am besten in F. C. Petersen Allg. Einleitung in das Studium der Archäologie. Aus dem Dänischen von P. Friedrichsen. Leipzig 1829. 8.

1) S. den Vergleich zwischen Scipio und Mummius bei Velleius 1, 13.

2) Plin. *n. h.* 35, 24: *Tabulis autem externis auctoritatem Romae publice fecit primus omnium L. Mummius. — namque cum in praeda vendenda rex Attalus X VI emisset tabulam Aristidis, Liberum patrem, pretium miratus suspicatusque aliquid in ea virtutis, quod ipse nesciret, revocavit tabulam Attalo multum querente et in Cereris delubro posuit, quam primam arbitror picturam externam Romae publicatam.*

3) Plin. *n. h.* 37, 12: *Victoria tamen illa Pompei primum ad margaritas gemmasque mores inclinavit, sicut L. Scipionis et Cn. Manli ad caelatum argentum et vestes Attalicas et triclinia aerata, sicut L. Mummi ad Corinthia et tabulas pictas.* Statuen wurden schon seit Marcellus gewürdigt; Bilder erst seit Mummius. Vgl. Plin. *n. h.* 33, 149.

4) Cic. *in Verr.* 1, 21, 55. Ausführliche Nachweisungen giebt Petersen a. a. O.

5) Das hölzerne Theater, welches Scaurus in seiner Aedilität im J. 58 erbaute, und welches nur einen Monat stand, war mit 360 Marmorsäulen, 3000 Statuen und vielen griechischen Gemälden geschmückt; Plin. *n. h.* 34, 36; 36, 5; 36, 114. Das erste steinerne Theater, das in Rom Pompeius baute, erhielt ebenfalls viele Statuen, deren Aufstellung Atticus übernahm. Cic. *ad Att.* 4, 9. Diese Statuen werden erwähnt Plin. *n. h.* 36, 41. Suet. *Ner.* 46.

6) Hor. *sat.* 2, 3, 64:

Insanit veteres statuas Damasippus emendo,

Hor. *epist.* 2, 2, 180:

Gemmas, marmor, ebur, Tyrrhena sigilla, tabellas —
Sunt qui non habeant, est qui non curat habere.

Seneca *ep.* 115, 8: *circa tabulas et statuas insanimus.*

Villen Kunstgegenstände aller Art an, die man durch Kauf in Rom selbst, durch Benutzung von Geldverlegenheiten in den griechischen Communen,[1] auch wohl durch Raub und Gewalt[2] an sich brachte; man begann Kunstreisen zu machen,[3] Pinakotheken,[4] Daktyliotheken,[5] Sammlungen von Statuen[6] und Gefässen anzulegen; man freute sich, die Schöpfungen berühmter Künstler als eigenen Besitz aufzuweisen,[7] und gefiel sich in dem Bewusstsein der Kennerschaft, wenn man namenlose Werke einem namhaften Künstler vindicirte.[8]

War nun gleich auf diese Weise die Theilnahme an der Kunst in Rom insofern eine passive, als man hauptsächlich auf den Erwerb und das Sammeln von Werken anerkannter Bedeutung ausging, so war doch auch dieser ganz äusserliche Zweck hinreichend, auf die letzte Entwickelung der antiken Kunst-

---

1) Plin. *n. h.* 35, 127: *Sicyone et hic (Pausias) vitam egit, diuque illa fuit patria picturae. Tabulas inde e publico omnis propter aes alienum civitatis addictas Scauri aedilitas Romam transtulit.* Ebenso zwangen die Publicani vor der Ankunft Lucull's in Asien die Bürger der Städte sowohl ihre eigenen Kinder als die Statuen und Bilder der Tempel zu verkaufen. Plutarch. *Luc.* 20.

2) Das bekannteste Beispiel hiefür ist Verres. Eine Zusammenstellung der von ihm geraubten Statuen und Büsten in Bronze und Marmor, Elfenbeinarbeiten, Gemälden, Arbeiten in Edelstein und getriebenem Silber und corinthischen Gefässen giebt Facius Collectaneen zur griechischen und römischen Alterthumskunde. Coburg 1811. 8. S. 150—170. Dass indessen Verres nicht der einzige war, der auf solche Weise zu Kunstsachen gelangte, sagt Cicero *Tusc.* 5, 35, 102, wo er von Kunstliebhabern redend fortfährt: *Si quis est qui his delectetur, nonne melius tenues homines fruuntur, quam illi qui iis abundant? Est enim earum rerum omnium in nostra urbe summa in publico copia. Quae qui privatim habent, nec tam multa et raro vident, cum in sua rura venerunt: quos tamen pungit aliquid cum illa unde habeant recordantur.*

3) S. Friedlaender Darstellungen II[5] S. 168—170.

4) Plin. *n. h.* 35, 4: *pinacothecas veteribus tabulis consuunt.* Vgl. § 148.

5) Die erste legte Scaurus (Praetor 56) an. Oeffentliche Daktyliotheken stifteten Pompeius und Caesar. Plin. *n. h.* 37, 11.

6) Wir haben bekanntlich noch die Beschreibung einer Bildergallerie in Neapel in den Εἰκόνες des älteren Philostratus und ähnliche Beschreibungen von Statuen in den Ἐκφράσεις des Callistratus.

7) Plin. *n. h.* 36, 33: *Pollio Asinius, ut fuit acris vehementiae, sic quoque spectari monumenta sua voluit.*

8) Statius *silv.* 4, 6, 22:

quis namque oculis certaverit usquam
Vindicis, artificum veteres agnoscere ductus
Et non inscriptis auctorem reddere signis?
Hic tibi quae docto multum vigilata Myroni
Aera, laboriferi vivant quae marmora caelo
Praxitelis, quod ebur Pisaeo pollice rasum,
Quod Polycleteis iussum spirare caminis,
Linea quae veterem longe fateatur Apellem,
Monstrabit.

Ausführlich handelt hierüber Friedlaender Darstellungen III[5] S. 270 ff.

thätigkeit einen unverkennbaren Einfluss auszuüben. Die Zeit der Diadochen war für die griechische Kunst keine günstige gewesen. Bei der finanziellen Erschöpfung, welche bereits seit dem Ende des peloponnesischen Krieges eintrat und von da an in stetem Zunehmen begriffen war, und der völligen Leerheit und Inhaltlosigkeit des religiösen Lebens, welche die nachalexandrinische Periode charakterisirt,[1]) fehlte es ebenso an äusseren Mitteln als an innerem Antrieb zu grossen Schöpfungen, und die Conception wendete sich in Ermangelung höherer Aufgaben kleinen und zierlichen Gegenständen zu, wie wir sie ebenso in der Litteratur als in der bildenden Kunst dieses Zeitalters reichlich vertreten finden. Erst in Rom selbst fand die Kunst, nachdem einmal der Geschmack an derselben erwacht war, einerseits unerschöpfliche Mittel, andererseits grossartige Aufgaben, und es ist unzweifelhaft das Verdienst der Römer, dass alle bildenden Künste noch einmal in eine Periode allseitigen Schaffens eintraten, welche bis Hadrian fortdauerte und, wenn sie gleich nur als ein Nachleben griechischer Kunst, nicht als eine fortschrittliche Entwickelung zu betrachten sein dürfte, doch bei allem Mangel an originaler Leistung den Ruhm für sich in Anspruch nimmt, die vollendete Meisterschaft griechischer Technik noch für lange Zeit unvermindert erhalten zu haben.[2]) Die seit dem Ende der Republik erwachende Baulust und das Bestreben, Tempel, öffentliche Gebäude und Privathäuser mit allem Luxus zu schmücken, machte Rom selbst zum Mittelpunkt aller bildenden Künste und zum Vereinigungsort aller Künstler der damaligen Welt, und das um so mehr, als die Römer selbst sich ausübend bei diesen Unternehmungen wenig betheiligten. Von allen bildenden Künsten scheint nur die Architektur ihnen eine würdige Aufgabe geschienen zu haben; es war dies natürlich, da der Hausbau von Anfang an zu den Geschäften des *pater familias*,[3]) die Leitung und Abnahme öffentlicher Bauten aber

Aufblühen der Kunst in Rom.

Die Baukunst.

---

1) S. Staatsverwaltung III S. 56 f.

2) Eine ausführliche Begründung dieser Sätze findet man bei Overbeck Geschichte der griechischen Plastik. II³ S. 359 ff. Friedlaender Darstellungen III⁵ S. 239 ff.

3) Vitruv. 6 pr. 6: *Cum autem animadverto ab indoctis et imperitis tantae disciplinae magnitudinem iactari et ab his, qui non modo architecturae sed omnino ne fabricae quidem notitiam habent, non possum non laudare patres familias eos, qui — per se aedificantes ita iudicant, si imperitis sit committendum,*

zu den Obliegenheiten des Beamten gehört hatte. In dieser haben sie nicht nur eine bewunderungswürdige Technik ausgebildet, sondern auch eigenthümliche Kunstformen entwickelt. Beweise dafür sind der Gewölbebau, der Rundtempel, das Kuppeldach, die Verbindung des Bogenbaus mit dem Säulenbau, das sogenannte römische Capitäl und der ganze reiche und massenhafte Baustil, welcher uns in der Anlage der Tempel, Basiliken, Fora, Thermen, Theater, Amphitheater und Circi, der Wohnhäuser und Villen und der den Römern speciell angehörigen Triumphbogen, Siegessäulen und Grabmonumente entgegentritt. 1) Ueber die Meister, welche diese Werke schufen, haben wir eine sehr dürftige Ueberlieferung; auch sie sind grossentheils als Handwerker betrachtet 2) und einer Erwähnung selten gewürdigt worden. Aus einer Inschrift der republikanischen Zeit ersieht man, dass die Duumvirn von Caiatia in Campanien ein öffentliches Gebäude, nämlich ein Stadtthor, durch einen Sclaven bauen lassen; 3) seit dem Beginne des siebenten Jahrhunderts der St. finden sich auch unter den Architekten Griechen, wie Hermodorus von Salamis, durch den um 132 Brutus Callaecus den Tempel des Mars am Circus Flaminius bauen liess 4); aber neben diesen unfreien und fremden Architekten behaupten sich in diesem Kunstzweige bis in die spätere Kaiserzeit auch römische Bürger. 5) Viel geringeren Antheil

---

ipsos potius digniores esse ad suam voluntatem quam ad alienam pecuniae consumere summam.

1) Ueber den Charakter der römischen Baukunst s. Hirt Geschichte der Baukunst bei den Alten. Berlin 1821—27. 3 Bde. 4°. Kugler Handbuch der Kunstgeschichte. 2. A. Stuttgart 1848. S. 265 ff. Kugler Gesch. der Baukunst. Stuttg. 1856. Bd. I S. 277 ff. Schnaase Gesch. der bildenden Künste II² S. 334 ff. Lübke Gesch. der Architektur. I⁵ S. 180 ff. Lübke Grundriss der Kunstgeschichte. Stuttgart 1860. 8. S. 170 ff. Mommsen R. G. I⁶ S. 473 ff.

2) Aurel. Vict. *Epit.* 14, 5: (*Hadrianus*) *ad specimen legionum militarium fabros, perpendiculatores, architectos, genusque cunctum exstruendorum moenium seu decorandorum in cohortes centuriaverat.* In dem Verzeichniss der Handwerker *Cod. Theod.* 13, 4, 2 befinden sich auch die *architecti.*

3) *C. I. L.* I, 1216 = X, 4587. Er nennt sich *Arcitectus Hospes Appiai serv(us).*

4) Corn. Nep. *fr.* bei Priscian. 8, 4 p. 370 Kr. *Aedis Martis est in circo Flaminio architectata ab Hermodoro Salaminio.* Vgl. Becker Topographie S. 619. Die Bauten des D. Junius Brutus Callaecus werden erst nach 622 = 132 begonnen haben, in welchem Jahre er aus Spanien zurückkehrte und triumphirte. S. Drumann G. R. IV S. 8.

5) Das bekannteste Beispiel ist Vitruv, der auch öfters römische Baumeister erwähnt. In der Vorrede des 7ten Buches § 14 gedenkt er der Schriften des Fuficius, Varro und P. Septimius über die Baukunst und fährt § 15 fort: *Amplius vero in id genus scripturae adhuc nemo incubuisse videtur, cum fuissent et*

Sculptur. haben die Römer selbst an der Ausübung der plastischen Kunst und der Malerei genommen. Zwar fehlte es auch hierin nicht an eigenthümlichen und versprechenden Anfängen: die *imagines* in den Atrien waren Werke einheimischer Künstler;[1] die praenestinischen *cistae*, von denen weiter unten die Rede sein wird, beweisen das glückliche Gedeihen der Metallarbeit in Latium, aber die eigentliche statuarische Kunst war zuerst in den Händen der Etrusker, später der Griechen;[2] nur wenige römische Namen, wie es scheint, von Männern geringen Standes, sind unter den uns bekannten Bildhauern nachzuweisen,[3] was um so auffallender hervortritt, wenn man einerseits das Bedürfniss der Stadt Rom an Kunstgegenständen dieser Art, andererseits die grosse Zahl der uns bekannten griechischen Künstler in Rom in Betracht zieht. Die Anzahl der Statuen, welche sich in der Hauptstadt anhäuften, war schon zu Cato's des Aelteren Zeit eine sehr erhebliche;[4] sie wuchs aber in dem Grade, dass sie

---

antiqui cives magni architecti, qui potuissent non minus eleganter scripta comparare. So baute nach Vitruv der römische Bürger Cossutius für den König Antiochus in Athen den Tempel des Zeus Olympius, C. Mutius für Marius in Rom die *aedes Honoris et Virtutis* (Vitr. a. a. O. und 3, 2, 5), und am Schlusse der Vorrede heisst es § 18: *Cum ergo et antiqui nostri inveniantur non minus quam Graeci fuisse magni architecti et nostra memoria satis multi*, — *non putavi silendum* etc. Auf Inschriften finden wir *ingenui* und *liberti* als Baumeister. Zu den ersten gehören *C. Postumius C. f. Pollio architectus* in Tarracina *C. I. L.* X, 6126. 6339; *C. Sevius Lupus Aeminiensis* (aus Aeminium in Lusitania) *C. I. L.* II, 2559; vgl. X, 1443. 1446. 8093 (die Inschriften Doni p. 316, 5. 6. 8 sind unecht: *C. I. L.* VI, 2455*. 2931*. 3750*); zu den letzteren *Ti. Claudius Scariphi L. Vitalis architectus, C. I. L.* VI, 9152; *L. Vitruvius L. l. Cerdo architectus* in Verona Orelli 4145 = *C. I. L.* V, 3464; *M. Artorius M. l. architectus* in Pompeii *C. I. L.* X, 841; *Lucius Cocceius Lucii Coccei l. Auctus arquitectus* in Puteoli *C. I. L.* X, 1614 (von ihm rührt der noch jetzt benutzte Durchgang durch den Posilipp bei Neapel her. Schnaase Gesch. d. bild. Künste I S. 243); *C. Antistius Isochrysus architect.* in Frigentum, *C. I. L.* IX, 1052; *A. Bruttius A. l. Secundus architectus* in Concordia *C. I. L.* V, 1886. Ausführlich bespricht diesen Gegenstand C. Promis *Gli architetti e l'architettura presso i Romani.* Torino 1871 (*Mem. dell' acad. di Torino.* Ser. 2. Tom. XXVII), wo aus Inschriften 13 römische Bürger, 13 Freigelassene, 3 Sclaven und 13 militärische Architekten angeführt werden. Vgl. auch Brunn Gesch. d. gr. Künstler II S. 337—394. Friedlaender Darstellungen III⁵ S. 265 f.

1) Plin. *n. h.* 35, 6. 2) Plin. *n. h.* 35, 154. 157.

3) S. Brunn Geschichte der griechischen Künstler. Stuttgart 1857. Bd. I S. 529 ff. Die vorkommenden Namen sind: C. Ovius auf einer kleinen Medusenbüste von Bronze im Museum Kircherianum; C. Pomponius auf einer Erzfigur in demselben Museum (Brunn I S. 533); M. Cossutius Cerdo auf zwei römischen Statuen (Brunn I S. 609); P. Cincius P. l. Salvius, daselbst S. 610; Ingenuus; Nonianus Romulus S. 613.

4) Plutarch. *praec. gerend. reip.* 27, 5 p. 1000, 50 Dübner: Ὁ δὲ Κάτων ἤδη ποτὲ τῆς Ῥώμης ἀναπιμπλαμένης ἀνδριάντων, οὐκ ἐῶν αὐτοῦ γενέσθαι,

unter Theodorich dem Grossen, also nach dem Falle des weströmischen Reiches, der Anzahl der Einwohner gleichgesetzt wurde.[1]) Nur ein kleiner Theil der Sculpturwerke war für den Cultus bestimmt; [2]) den grössten Theil verdankte die Stadt der Sitte, dass der Staat selbst verdienten Personen theils als besondere Ehrenbezeugung, theils als regelmässige Anerkennung, welche letztere z. B. bei den Triumphatoren stattfand, [3]) eine Bildsäule decretirte, historisch bedeutende Männer nach ihrem Tode durch Monumente ehrte und jedes öffentliche Gebäude »zum Schmucke der Stadt«[4]) mit Reliefs und Bildsäulen ausstattete, dass ferner Privatleute theils ihre Verwandten durch eine Statue zu verewigen, theils sich selbst in ihrem Testamente eine Bildsäule anzuordnen, theils in ihren Bibliotheken Büsten, Portraitmedaillons (*clipei*)[5]) oder Statuen von litterarisch berühmten Männern zu vereinigen,[6]) theils auch Bildnisse grosser Männer der Vergangenheit[7]) oder einflussreicher Personen der Gegenwart,[8]) insbesondere der Kaiser,[9]) in Häusern, Gärten und Hallen aufzustellen pflegten.[10]) Diese Werke zu liefern war also seit dem Anfange des siebenten Jahrhunderts der St. die Auf-

---

μᾶλλον, ἔφη, βούλομαι πυνθάνεσθαί τινας, διὰ τί μου ἀνδριὰς οὐ κεῖται, ἢ διὰ τί κεῖται;

1) Cassiodor. *var.* 7, 15: *has* (*statuas*) *primum Tusci in Italia invenisse referuntur, quas amplexa posteritas paene parem populum urbi dedit, quam natura procreavit.*

2) Die Verwendung plastischer Kunstwerke in Rom behandelt eingehend Friedlaender Darstellungen III[5] S. 183—239.

3) S. Staatsverwaltung II[2] S. 592.

4) *Dig.* 43, 9, 2: *concedi solet, ut imagines et statuae, quae ornamento reipublicae sint futurae, in publicum ponantur.*

5) S. oben S. 244 Anm. 4.

6) Plin. *n. h.* 35, 9: *Non est praetereundum et novicium inventum, siquidem icones* (so Detlefsen; *non* die Hss.) *ex auro argentove aut certe ex aere in bibliothecis dicantur illis, quorum immortales animae in locis isdem locuntur, quin immo etiam quae non sunt finguntur, pariuntque desideria non traditos voltus, sicut in Homero id evenit. — Asini Pollionis hoc Romae inventum, qui primus bibliothecam dicando ingenia hominum rem publicam fecit.* Vgl. 7, 115. Horat. *sat.* 1, 4, 21. Tiberius stiftete *imagines* von Dichtern in öffentlichen Bibliotheken (Suet. *Ti.* 70), und in der *Bibliotheca Ulpia* hatte später der Kaiser Numerian eine Statue unter den *rhetores* (Vopisc. *Numer.* 11, 3) und Sidonius Apollinaris unter den Dichtern (Sidon. Apoll. *epist.* 9, 16). Ebenso schmückten Privatleute ihre Bibliotheken mit den Portraits von Dichtern und Schriftstellern. Martial. 9 *praef.* Senec. *de tranq. animi* 9, 7. Juvenal. 2, 4—7. Plin. *ep.* 1, 16, 8; 3, 7, 8; 4, 28, 1.

7) Plin. *ep.* 1, 17, 3.

8) Dem Seian z. B. wurden unzählige Statuen an öffentlichen Orten und in Häusern von Privatleuten errichtet. Dio Cass. 57, 21, 3; 58, 2, 7. 4, 4.

9) Tac. *ann.* 1, 73. Ovid. *ep. ex Ponto* 4, 9, 105.

10) Ueber die verschiedenen Veranlassungen zur Errichtung von Statuen

gabe der in Rom lebenden griechischen Künstler. Der idealen Richtung altgriechischer Kunst war darin nur ein beschränktes Feld der Thätigkeit gestattet, während das massenhafte Bedürfniss an Portraitstatuen, Büsten und Medaillons sowie an historischen Reliefdarstellungen und der Wunsch der Sammler, Copien berühmter Werke zu besitzen, eine grosse Anzahl fabrikmässiger Arbeiter und Copisten[1]) in Beschäftigung hielt; nichtsdestoweniger ist das erste Jahrhundert der Kaiserzeit reich an hervorragenden Werken, welche für uns nach dem Verluste der höchsten griechischen Kunstleistungen bester Zeit noch immer als Hauptrepräsentanten der alten Sculptur gelten dürfen.[2]) Dass
Malerei. die Malerei anfangs selbst für vornehme Römer keine ungeziemende Beschäftigung war, lehrt das Beispiel des Fabius Pictor, welcher im Jahr 450=304 Malereien im Tempel der Salus ausführte, allein die wenigen Nachrichten, welche wir aus der folgenden Zeit von römischen Malern haben, lassen erkennen, dass auch diese Kunstübung mehr oder weniger ausschliesslich den Griechen überlassen wurde.[3])

Es war nöthig, diese einleitenden Bemerkungen vorauszuschicken, da die nachfolgende Darstellung den wesentlichen Kern der Archäologie, d. h. die theoretische Erörterung der alten Baukunst, Bildhauerei und Malerei ausschliessen, sich auf eine allgemeine Uebersicht der kunstgewerblichen Thätigkeit römischer Zeiten nach der im Alterthum selbst üblichen, dem Material der Arbeit entnommenen Anordnung beschränken und höchstens auf einige Grenzgebiete näher eingehen wird, welche zu besprechen auch nach der vortrefflichen Behandlung, welche

---

handelt sehr ausführlich Figrelius *De statuis illustrium Romanorum.* Holmiae 1656. 8. p. 62 ff. und jetzt Friedlaender a. a. O.

1) Vgl. Overbeck G. d. Plast. II³ S. 425.

2) Ich verweise hierüber auf Overbeck a. a. O. II³ S. 359 ff.

3) Plinius *n. h.* 35, 19: *Apud Romanos quoque honos mature huic arti contigit, siquidem cognomina ex ea Pictorum traxerunt Fabii clarissimae gentis, princepsque eius cognominis ipse aedem Salutis pinxit anno V. C. CCCCL* (304 v. Chr.); *quae pictura duravit ad nostram memoriam aede ea Claudi principatu exusta. Proxime celebrata est in foro boario aede Herculis Pacuvii poetae pictura. — Postea non est spectata honestis manibus.* Ueber die Maler in Rom, unter denen sich nur wenige römische Namen finden, ist alles gesammelt bei Brunn Gesch. der griech. Künstler II S. 302—311. Vgl. auch Friedlaender Darstellungen III⁵ S. 263. Den M. Plautius, *Asia oriundus*, welcher den Tempel in Ardea gemalt hatte (Plin. *n. h.* 35, 115), hält M. Hertz *De M. Plautio poeta ac pictore commentatio* im *Ind. lect. Vratislav.* Sommer 1867 für identisch mit dem gleichnamigen Dichter.

der Archäologie der Kunst zu Theil geworden ist, von einem anderen Standpunkte aus und mit Berücksichtigung eines neuen Materiales von Interesse sein dürfte.

1. Arbeiten in Stein.[1]).

Das gewöhnliche Baumaterial[2]) war in älterer Zeit in Rom für monumentale Gebäude, Wallmauern, Wasserwerke und Substructionen der in Rom selbst gebrochene Tufstein, der grüngraue Peperin von Alba und Gabii, der Travertin von Tibur und was sonst an Steinen die Brüche von Fidenae, Amiternum, dem Berge Soracte, von Campanien, Umbrien und Picenum lieferten;[3]) Privathäuser dagegen baute man aus ungebrannten Ziegeln (*lateres*),[4]) welche bei Ueberschwemmungen des Tiber der Einwirkung des Wassers nicht widerstanden,[5]) während gebrannte Ziegel (*testae*) nach Jordan's Ansicht erst seit Sulla, und auch da noch nicht allgemein, in Gebrauch kamen. Die in dieser Zeit ihrer Vollendung entgegengehende Weltherrschaft der Römer verlieh aber ihrer Architektur einen neuen Charakter, der in der Kaiserzeit immer deutlicher hervortritt, und zu dessen wesentlichen Merkmalen der asiatische Luxus gehört, der sich seit den Diadochen in der griechischen Kunst geltend macht und durch deren Vermittelung in Rom Eingang fand. Seit Alexander dem Gr. begann die im Orient von den ältesten Zeiten her[6]) nachweisbare Incrustation der Wände mit Marmortafeln, welche in Griechenland der polychromen Decoration gewichen war, die Technik der Mosaik und die Ausschmückung von Gefässen und Geräthen mit Edelsteinen in Gebrauch zu kommen. Gleichzeitig fanden Säulen von kostbarem Stein und nackte Marmorwände, bei denen das Quaderfugenwerk selbst als Decoration diente,

Ziegel- und Steinbauten.

Entwickelung der römischen Architektur.

---

1) Zu diesem Abschnitt vgl. Blümner Technologie Bd. III.

2) Jordan Topographie I, 1 Einleitung § 1. Semper Der Stil I² S. 456 (488).

3) Vitruv. 2, 7. Ueber Gabii Strabo 5 p. 238; über Tibur Plin. *n. h.* 36, 46. 167.

4) Cic. *de divin.* 2, 47, 99: *hoc in latere aut in caemento, ex quibus urbs effecta est.* Varro bei Nonius p. 48, 13: *Antiqui nostri in domibus latericiis paululum modo lapidibus suffundatis, ut humorem effugerent, habitabant.*

5) Dies erzählt Dio Cassius 39, 61, 2 von der Ueberschwemmung des Jahres 700 = 54: αἵ τε οὖν οἰκίαι (ἐκ πλίνθων γὰρ συνῳκοδομημέναι ἦσαν) διάβροχοί τε ἐγένοντο καὶ κατεῤῥάγησαν, und das wiederholte sich noch in der ersten Kaiserzeit. Tac. *ann.* 1, 76; *hist.* 1, 86.

6) Hierüber verweise ich auf Semper's Ausführungen.

Anwendung.[1]) In Pompeii gab es zwar wirkliche Marmorwände nicht, wohl aber vortreffliche Mosaiken, und die älteste der vier in pompeianischen Häusern zu unterscheidenden Wandbekleidungen, welche dem Beginne des ersten Jahrhunderts vor Chr. angehört, besteht aus Stuckmarmor, d. h. einer Nachahmung der Marmorincrustation, welche im zweiten Jahrhundert vor Chr. sehr verbreitet gewesen zu sein scheint.[2]) Rom selbst leistete dem Eindringen dieses Luxus lange Zeit einen beharrlichen Widerstand, aber der ältere Cato redet bereits von punischen Mosaikfussböden aus numidischem Marmor,[3]) und Metellus Macedonicus, welcher 608=146 über den Andriscus triumphirte, soll nach einer allerdings zweifelhaften Nachricht[4]) den ersten Marmortempel erbaut haben. L. Licinius Crassus der Redner, Cs. 659=95, war der erste, der sechs freilich nur 12 Fuss hohe Säulen hymettischen Marmors in seinem Hause setzte;[5]) M. Lepidus, Cs. 676=78, legte Schwellen von numidischem Marmor, Lucullus gab einer Marmorart den Namen, die aus Melos kam und zwar in 38 Fuss hohen Säulen;[6]) M. Aemilius Scaurus errichtete in seiner Aedilität im Jahr 696=58 ein Theater, dessen Scene im unteren Theile aus Marmorquadern bestand, im mittleren Theile mit Glasplatten und im oberen Theile mit Goldplatten verkleidet und mit 360 Säulen geschmückt[7]) war; der Ritter Mamurra liess zu Caesar's Zeit zuerst seine Wände mit Marmor täfeln und hatte in seinem ganzen Hause nur Säulen von cary-

---

1) Semper a. a. O. S. 442 (472).

2) S. hierüber Mau *Bullett. dell' Inst.* 1878 p. 241—254; desselben Pompejanische Beiträge S. 6 ff.; und desselben Geschichte der decorativen Wandmalerei in Pompeji. Berlin 1882. S. 7 ff. 11 ff.

3) Festus p. 242^{b}, 17: *Pavimenta Poenica marmore Numidico constrata significat Cato, cum ait in ea, quam habuit, ne quis Cos. bis fieret: dicere possum, quibus villae atque aedes aedificatae atque expolitae maximo opere citro atque ebore atque pavimentis Poenicis sient.*

4) Velleius 1, 11, 5: *Hic idem primus omnium Romae aedem ex marmore in iis ipsis monumentis molitus vel magnificentiae vel luxuriae princeps fuit.* Jordan Topographie I S. 17 hält diese Nachricht für eine rhetorische Uebertreibung, da wirkliche Marmorbauten erst in spätere Zeit fallen, und versteht sie von marmornen Säulen und Werkstücken, die Metellus erbeutet hatte und bei seinen Bauten verwendete. Auch Plinius 17, 6 widerspricht dem Velleius, indem er behauptet, dass vor der Aedilität des L. Licinius Crassus 651 = 103 es in keinem öffentlichen Gebäude Roms Marmorsäulen gegeben habe.

5) Plin. *n. h.* 36, 7. Val. Max. 9, 1, 4.

6) Plin. *n. h.* 36, 49. 50 und § 6.

7) Plin. *n. h.* 36, 114 und § 5. (Der untere Theil war vielleicht nur mit Marmorplatten verkleidet; s. Plin. *n. h.* 36, 50.)

stischem und lunensischem Marmor aus einem Stücke.[1]) Dies waren indessen nur vereinzelte Anfänge des neuen Baustiles, dessen Vollendung der Kaiserzeit vorbehalten war. Den Tempel des Jupiter Tonans[2]) baute Augustus aus Marmorquadern;[3]) ebenso den Tempel des Apollo Palatinus;[4]) das Pantheon des Agrippa hatte monolithische Säulen gelben Marmors von 32 Fuss Höhe und prangte ehedem in dem Schmuck farbiger Marmorplatten, und Augustus rühmte sich bekanntlich damit, dass Rom unter ihm aus einer Ziegelstadt eine Marmorstadt geworden sei.[5]) Derselbe Geschmack erhielt sich die ganze Periode der Kaiserherrschaft hindurch[6]) und ging auch nach Constantinopel über; noch unter Justinian waren die Zimmer der Privathäuser mit Marmor incrustirt,[7]) und die im Jahre 563 vollendete Sophienkirche ist für uns das lehrreichste Monument zur Veranschaulichung dieser kostbaren Decorationsweise.[8]) Obwohl sie im Ganzen aus Backsteinen gebaut ist, sind doch als Ornament nur drei Mittel angewendet: Sculptur in Marmor, Bekleidung sämmtlicher Wände mit verschiedenfarbigen Steinplatten, und Mosaik. Eigentliche Malerei kommt gar nicht vor; sie war schon im Beginne der Kaiserzeit der Steinbekleidung gewichen;[9]) die

---

1) Plin. a. a. O. 36, 48.
2) Becker Topographie S. 407.
3) Plin. *n. h.* 36, 50.
4) Serv. *ad Aen.* 8, 720.
5) Suet. *Aug.* 28: *marmoream se relinquere, quam latericiam accepisset.*
6) Von den vielen hieher gehörigen Stellen führe ich nur einige aus verschiedenen Perioden der Kaiserzeit an. Seneca *contr.* 2 p. 121 Burs.: *In hos ergo exitus varius ille secatur lapis, ut tenui fronte parietem tegat.* Sen. *de ben.* 4, 6, 2: *tenues crustas et ipsa, qua secantur, lamina graciliores.* Idem *ep.* 86, 6: *pauper sibi videtur ac sordidus, nisi parietes magnis et pretiosis orbibus refulserunt, nisi Alexandrina marmora Numidicis crustis distincta sunt — nisi Thasius lapis, quondam rarum in aliquo spectaculum templo, piscinas nostras circumdedit.* Ulpian. *Dig.* 19, 1, 17 § 3: *crustae marmoreae aedium sunt.* Hieronym. *ad Demetriadem de virg. serv.* = *ep.* 130, 14 Vallars.: *Alii aedificent ecclesias, vestiant parietes marmorum crustis, columnarum moles advehant earumque deaurent capita — ebore argentoque valvas et gemmis aurata distinguant altaria.* Sidon. Apoll. *ep.* 2, 2 p. 101 Savaro: *Iam si marmora inquiras, non illic quidem Paros, Carystos, Proconnesos, Phryges, Numidae, Spartiatae rupium variatarum posuere crustas, neque per scopulos Aethiopicos et abrupta purpurea genuino fucata conchylio* (er meint den Porphyr) *sparsum inibi saxa furfurem mentiuntur.* Ueber die Gebäude der Kaiserzeit selbst s. Friedlaender Darstellungen III[5] S. 82 ff.
7) Agathias 5, 3 p. 284 Bonn.
8) S. Altchristliche Baudenkmale von Constantinopel vom 5—12ten Jahrhundert, aufgenommen und erläutert von W. Salzenberg. Im Anhange des Silentiarius Paulus Beschreibung, übers. von C. W. Kortüm. Berlin 1854 fol.
9) Plin. *n. h.* 35, 2: *Primumque dicemus quae restant de pictura, arte quondam nobili — nunc vero in totum a marmoribus pulsa, iam quidem et auro, nec tantum ut parietes toti operiantur, verum et interraso marmore ver-*

Kunst der Decoration kehrt am Ende des Alterthums zurück zu dem Standpunkte, den sie in vorgriechischer Zeit im Orient eingenommen hatte.

Bei diesen Bauten haben wir zweierlei Geschäfte in Betracht zu ziehen, das der Lieferanten und das der Arbeiter.

Die Steinarten. Was die Lieferanten betrifft, so lässt sich der Umfang ihres Geschäftes aus einer Zusammenstellung der Steinarten ermessen, welche in Rom selbst und später in Constantinopel in gewöhnlichem Gebrauch waren[1]) und über welche das im Jahre 1867 entdeckte Lager griechischer, asiatischer und africanischer Marmorblöcke bei dem Emporium zu Rom[2]) einen neuen Aufschluss gegeben hat.[3]) Weissen Marmor lieferten die Brüche von Luna (Carrara), deren schon Varro[4]) gedenkt. Aus ihnen bezog etwa 706=48 Mamurra die Säulen zu seinem Hausbau.[5]) Allein in schwunghaften Betrieb kamen dieselben erst seit Augustus, der den Tempel des Apollo Palatinus aus lunensischen Quadern baute.[6]) Seitdem versorgten sie nicht allein Rom, sondern auch andere Städte[7]) und werden die ganze Kaiserzeit hindurch öfters erwähnt.[8]) Ausserdem bezog man weissen Marmor vom Hymet-

---

miculatisque ad effigies rerum et animalium crustis. Non placent iam abaci nec spatia montis in cubiculo dilatantia, coepimus et lapide pingere. Hoc Claudii principatu inventum, Neronis vero maculas, quae non essent in crustis inserendo unitatem variare, ut ovatus esset Numidicus, ut purpura distingueretur Synnadicus, qualiter illos nasci optassent deliciae. (Doch beweist Pompeii und manche späteren Reste, dass das *in totum* des Plinius nicht so buchstäblich zu nehmen ist.)

1) S. Caryophilus *De antiquis marmoribus.* Vindob. 1718 fol. Ultraiect. 1743. 4°. Faustino Corsi *Delle pietre antiche.* Roma 1828. 8 und in dritter Aufl. 1845. und danach Platner in Beschreibung der Stadt Rom I S. 335—354. Sehr belehrend handelt über die vier Hauptgattungen antiker Luxussteine, nämlich Marmor, Alabaster, Granit und Porphyr, ihre Arten und ihre alten und modernen Namen v. Reumont Geschichte der Stadt Rom I (Berlin 1867. 8.) S. 271 ff. Blümner Technol. III S. 8 ff., wo auch weitere Litteratur angeführt ist.

2) Jordan Topographie I, 1 S. 431 ff.

3) Die Resultate dieser Entdeckung findet man vortrefflich zusammengestellt bei Bruzza *Iscrizioni dei marmi grezzi*, *Annali dell' Inst.* 1870 p. 106—204.

4) Varro bei Plin. *n. h.* 36, 135.

5) Plin. 36, 48. Obiges Jahr nehmen Promis und Bruzza mit Wahrscheinlichkeit an.

6) Servius *ad Aen.* 8, 720.

7) Strabo 5 p. 222: μέταλλα δὲ λίθου λευκοῦ τε καὶ ποικίλου γλαυκίζοντος τοσαῦτά τ' ἐστὶ καὶ τηλικαῦτα, μονολίθους ἐκδιδόντα πλάκας καὶ στύλους, ὥστε τὰ πλεῖστα τῶν ἐκπρεπῶν ἔργων τῶν ἐν τῇ Ῥώμῃ καὶ ταῖς ἄλλαις πόλεσιν ἐντεῦθεν ἔχειν τὴν χορηγίαν.

8) S. Bruzza p. 166. Itasius Lemniacus (A. Reumont) Des Claudius Ru-

tos [1]) und Pentelicon, [2]) von den Inseln Paros, [3]) Thasos und Lesbos, [4]) aus Sidon und Tyrus, [5]) schwarz und weiss geäderten (*marmo bianco e nero antico*) von Proconnesus in der Propontis, [6]) aus Gallien [7]) und aus Aegypten; [8]) grüngeäderten Cipollino aus Karystos in Euboea, [9]) grünen Marmor (*verde antico*) aus Atrax in Thessalien [10]) und aus Laconica, [11]) wo auch der grün und schwarzgefleckte Serpentin (*ophites*) gebrochen wurde, [12]) eine andere grüne Sorte aus Koptos in Aegypten; [13]) schwarzen Marmor von Taenaron in Laconica (*nero antico*) [14]) und von Alabanda; [15]) gelben (*giallo antico*) aus Numidien, [16]) rothen (*rosso antico*) auch aus Taenaron, [17]) rothen, gelbgeäderten (*rosso brecciato*) aus Lydien [18]) und Carien. [19]) Aus Phrygien kam weisser mit violetten Adern, der in dem Dorfe Dokimia bei Synnada gebrochen wurde

---

tilius Namatianus Heimkehr S. 197 ff. Ueber den Betrieb der Brüche bis auf die Gegenwart s. C. Magenta *L'industria dei marmi Apuani.* Firenze 1871. 8.

1) Plin. *n. h.* 36, 7. Horat. *od.* 2, 18, 3. Bruzza p. 163.

2) Domitian brauchte ihn bei dem Aufbau des Capitols. Plut. *Poblicola* 15. Platner S. 337. Ueber die Brüche Strabo 9 p. 399.

3) Plin. *n. h.* 4, 67; 36, 14. Strabo 10 p. 487. Prudentius *c. Symmach.* 2, 246. Sidon. Apoll. *carm.* 22, 140. Isidor. *orig.* 16, 5, 8.

4) Plin. *n. h.* 36, 44. Statius *silv.* 2, 2, 92.

5) Statius *silv.* 1, 5, 39.

6) Proconnesischer Marmor (Strabo 13 p. 588. Meine Schr. Cyzicus und sein Gebiet S. 34) wird zunächst in Asien, z. B. in Carien (Plin. *n. h.* 36, 47), Lydien (*C. I. Gr.* 3268. 3282), ferner in Byzanz verwendet, er kommt aber auch in Rom vor. Platner S. 341.

7) Der celtische Marmor, den Paulus Silent. *Descr. S. Soph.* 637 = 220 erwähnt, scheint der *bianco e nero di Francia* zu sein.

8) Platner S. 341. Vielleicht gehört hierher das *Marmor Augusteum* und *Tibereum* Plin. *n. h.* 36, 55.

9) Strabo 10 p. 446. Seit Caesar's Zeit oft in Rom gebraucht. Plin. *n. h.* 36, 48. Mart. 9, 75, 7. Stat. *silv.* 2, 2, 93. Capitolin. *Gord.* 32, 2. Sidon. Ap. *carm.* 22, 140. Isid. *orig.* 16, 5, 15. Paul. Sil. 620 = 203. Bruzza p. 140.

10) Paulus Silent. 641 = 224 ff. Er dient besonders zu Säulenschaften. Salzenberg Altchr. Baudenkmale S. 23.

11) Die Brüche sind bei Κροχέαι. Pausan. 3, 21, 4. Curtius Peloponn. I S. 34; II S. 206. Vgl. Mart. 9, 75, 9. Plin. *n. h.* 36, 55. Stat. *silv.* 1, 5, 40; 1, 2, 148; 2, 2, 90. Prudent. *c. Symm.* 2, 247. Sidon. Apoll. *carm.* 5, 38. Isidor. *orig.* 16, 5, 2. Paul. Sil. 628 = 211. Ueber den lakonischen und den thessalischen Marmor s. Tafel *De marmore viridi* in Abh. d. baierischen Acad. Philos. philol. Classe II, 1 (1837) S. 131 ff. Vgl. Blümner S. 18 ff.

12) Curtius a. a. O. Antike Serpentinbrüche hat man auch auf Tenos gefunden. Blümner S. 25 f.

13) Letronne *Recueil des inscr. de l'Égypte* II p. 424 ff.

14) Strabo 8 p. 367. Plin. *n. h.* 36, 135.

15) Plin. *n. h.* 36, 62.

16) Plin. *n. h.* 35, 3; 36, 49. Hor. *od.* 2, 18, 4. Mart. 9, 75, 8. Stat. *silv.* 1, 5, 36; 2, 2, 92. Capitolin. *Gord.* 32, 2. Sidon. Ap. *carm.* 5, 37; 22, 138. Isidor. *orig.* 16, 5, 16. Paul. Sil. 634 = 217. Bruzza p. 149.

17) Blümner S. 42 ff. 18) Paulus Sil. 632 = 215.

19) Paulus Sil. 630 = 213. Vgl. Bruzza p. 147 f.

und Δοκιμίτης, Δοκιμαῖος, bei den Römern *Synnadicus* oder *Phrygius*, jetzt *Pavonazzetto* heisst;[1]) schwarzen Marmor mit bunten Flecken lieferte Chios,[2]) eine bunte Gattung Skyros;[3]) den Alabaster (*onyx alabastrites* der Alten), aus dem man grosse Säulen gewann, Aegypten, Syrien und andere Gegenden Asiens,[4]) den rothen Granit Syene,[5]) den purpurroth und weiss gesprenkelten Porphyr (*porfido rosso*) die ägyptischen Gruben zwischen Myos Hormos und Koptos,[6]) den grün und schwarz gefleckten Serpentin (*ophites*) die Insel Tenos.[7]) Die Brüche dieser Steine waren durchschnittlich zur kaiserlichen Domaine gehörig,[8]) den Ankauf und die Anfuhr gab man bei vorkommenden Bauten einem *redemptor* in Entreprise,[9]) dessen Geschäft bedeutende Geldmittel und ausgedehnte Verbindungen erfordert haben muss, da der Import[10]) grosser Marmorblöcke und namentlich der für die Säulen bestimmten Monolithen eigene Transportschiffe nöthig machte,[11])

---

1) Strabo 12 p. 577. Hor. *od.* 3, 1, 41 mit Fea's Anm. Mart. 9, 75, 8. Stat. *silv.* 1, 5, 37; 2, 2, 87. Capitolin. *Gord.* 32, 2. Sidon. Ap. *carm.* 5, 37; 22, 138. Prudent. *c. Symm.* 2, 247. Paul. Sil. 622 = 205.

2) Strabo 14 p. 645. Stat. *silv.* 2, 2, 93; 4, 2, 28. Wie es scheint, ist dies die Gattung, welche Lucull nach Rom brachte, und welche von ihm *marmor Luculleum* hiess. Zwar ist bei Plin. *n. h.* 36, 50 der Name des Fundorts corrumpirt, und Detlefsen liest: (*Luculleum marmor*) *atrum alioqui, cum cetera maculis aut coloribus commendentur, nascitur autem in Melo insula.* Statt *Melo* haben die Handschriften *heo* und *ilo*, aber dass Chios gemeint ist, lehrt § 46, wo dem Chiischen Marmor die *versicolores maculae* zugeschrieben werden, und Isidor *orig.* 16, 5, 17 (wo freilich auch die Lesart nicht sicher ist), dessen Quelle Plinius ist: *Luculleum marmor nascitur in Chio insula, cui Lucullus consul nomen dedit.* S. Bruzza p. 143.

3) Strabo 9 p. 437. Bruzza p. 151.

4) Plin. *n. h.* 36, 59—61. Platner S. 347.

5) Letronne *Recueil des inscr. de l'Égypte* I p. 446. Stat. *silv.* 2, 2, 86; 4, 2, 27. Plin. *n. h.* 36, 63. Isidor *orig.* 16, 5, 11. Bruzza p. 168. Blümner S. 11 ff.

6) Letronne a. a. O. I p. 136 ff. Bruzza p. 169. 170. Blümner S. 15 ff. Plin. *n. h.* 36, 57. Prudentius *c. Symm.* 2, 248. Sidon. Apoll. *carm.* 22, 141; 5, 35. Isidor *orig.* 16, 5, 5. Paul. Sil. 625 = 208 ff. Dies sind die *columnae Claudianae* bei Capitolin. *Gord.* 32, 2; der Ort, wo sie gebrochen wurden, wird *mons Claudianus* genannt. Henzen 5308.

7) Blümner S. 25 f.

8) S. Staatsverwaltung II² S. 261 ff. O. Hirschfeld Röm. Verwaltungsgeschichte S. 72 ff.

9) Horat. *od.* 2, 18, 17: *tu secanda marmora Locas.* Den *redemptor marmorarius* in Neapel *C. I. L.* X, 1549 hält Bruzza p. 135 für einen Fabricanten, der Marmorwaaren auf Bestellung arbeitet.

10) *invehi marmora* Plin. *n. h.* 36, 4.

11) Plin. *n. h.* 36, 2: *navesque marmorum causa fiunt.* Petron. 117: *lapidaria navis.* Die Gefahr des Landtransports schildert Juvenal 3, 257 ff. Vgl. Bruzza p. 136.

die *crustae* aber, wie wir sehen werden, anfangs fertig zugeschnitten aus ausländischen Fabriken bezogen wurden.

Was zweitens die Arbeiter betrifft, so zerfallen diese, wenn man von den Steinbrechern (*exemtores*)[1] und den für den Strassenbau bestimmten Steinsetzern (*silicarii*)[2] absieht, in zwei Classen, in welchen alle Stufen der Technik von der niedrigsten bis zur höchsten vertreten sind. Die Arbeiter.

In die erste gehören alle Arten von Steinarbeitern, zunächst die Handwerker, welche die Bausteine nach Anweisung des Baumeisters zuhauen.[3] Da man den *lapis* oder *lapis quadratus*, den gewöhnlichen Haustein, der bei Kunstbauten mit Stuck und Farbe bekleidet wurde, im technischen Ausdruck bestimmt von dem Marmor unterscheidet,[4] so sind auch diese Handwerker entweder *lapidarii*[5] (*quadratarii*)[6] oder *marmorarii*.[7] Zu ihnen kommen drittens die Steinsäger, *sectores serrarii*,[8] deren Handwerk, im Orient seit alten Zeiten geübt, erst unter den Kaisern seinen Höhepunkt erreichte. Denn die *crustae marmorum*, deren *lapidarii. marmorarii. sectores serrarii.*

1) Plin. *n. h.* 36, 125. Ueber die Arbeit in den Steinbrüchen s. Blümner S. 69 ff.

2) Frontin. *de aq.* 117.

3) Henzen *Bull. d. Inst.* 1863 p. 62.

4) Semper I² S. 476 (477), der die Hauptstellen anführt. Plin. 36, 45: *fuit tamen inter lapidem atque marmor differentia iam et apud Homerum.* Vitruv. 2, 8, 3: *e marmore seu lapidibus quadratis.* 2, 8, 16: *non modo caementicio aut quadrato saxo sed etiam marmoreo.* 4, 4, 4: *quadrato saxo aut marmore.* Lamprid. *Heliog.* 25, 9: *parasitis in secunda mensa saepe ceream cenam — nonnunquam vel marmoream vel lapideam exhibuit.*

5) *Lapidarii C. I. L.* III, 1777; *opifices lapidarii* Orelli 4208; *marmorarius et lapidarius* Orelli 4220; *lapidarius*, ein Sclave, in den *fasti Antiatini* Henzen 6445 = *C. I. L.* X, 6638; ebenso VI, 8871; *lapidarius* in Padua, ein Freier, *C. I. L.* V, 3045; das. II, 2772; III, 1365. 1601. *Dig.* 13, 6, 5 § 7: *si servus lapidario commodatus sub machina perierit, teneri fabrum. Dig.* 50, 6, 7 (6). *Cod. Th.* 13, 4, 2.

6) Das Wort ist erst spät üblich. Gromat. p. 302, 6. *Cod. Th.* 13, 4, 2. Sidon. Ap. *ep.* 3, 12 und andere Nachweisungen aus kirchlichen Schriftstellern bei Savaro z. d. St. p. 211. [*Lap*]*idari* [*qu*]*adratari C. I. L.* VI, 9502. *Opus quadratarium* Orelli 4239.

7) Senec. *ep.* 88, 18; 90, 15. Vitruv. 7, 6. Freie *marmorarii* in Rom VI, 9550—9555. Ausserdem Orelli 4219 = *C. I. L.* X, 1648; das. 1873. 3895; Orelli 2507 = *C. I. L.* II, 1724; Or. 3534 = *C. I. L.* X, 1873; *Bull.* 1844 p. 185. Ein *sodalicium marmorariorum* in Turin, *C. I. L.* V, 1044. Ueber den Begriff des *marmorarius* s. O. Jahn Villa Pamfili S. 7. Ber. d. phil. hist. Cl. d. k. sächs. G. d. W. 1861 S. 298.

8) Schon in der Zeit der Republik gab es in Rom ein *collegium sectorum serrarium. C. I. L.* I, 1108 = VI, 9888; ein *sector* ib. 9887; X, 6810 = Or. Henzen 6925. Eine *statio serrariorum* in Italica in Spanien s. *C. I. L.* II, 1131. 1132.

Herstellung ihre schwierige Aufgabe wurde, kamen anfangs fertig aus dem Orient.[1]

Eine höhere Stufe der Technik repräsentiren die Fabricanten von Stein- und Marmorwaaren, welche theils selbständige Geschäfte mit Altären, Grabmonumenten, Brunnenverzierungen, Haus- und Grabgeräthen und ähnlichen Gegenständen, die sich fabrikmässig herstellen liessen, machten, theils auch die Steinarbeiten bei der inneren Decoration der Gebäude übernahmen. *lapicidae.* Auch sie nennen sich *lapidarii*[2] oder *marmorarii*,[3] insofern sie Inschriften machen, *lapicidae*;[4] wenn sie in Hausgeräthen oder *marmorarii subaedani.* Decoration von Gebäuden arbeiten, *marmorarii subaedani.*[5] In ihren Niederlagen, die mit Ladenschildern versehen waren,[6] fand man fertige Grabmonumente, in welchen nur für die Inschrift

---

1) Plin. *n. h.* 36, 47. 50, und über das Verfahren bei dem Schneiden § 51—53. Es gab aber auch Steine, die wie Holz mit der gezahnten Säge geschnitten wurden. Vitr. 2, 7, 1: *in Venetia albus*, *qui etiam serra dentata uti lignum secatur.* Vgl. Plin. *n. h.* 36, 159.

2) So der bei Petron. 65 vorkommende *Habinnas sevir idemque lapidarius*, *qui videtur monumenta optime facere.* Trimalchio selbst hat bei ihm sein Grabmonument bestellt. ib. 71. Er ist ein wohlhabender Mann (c. 67) und bekleidet die Würde eines *sevir augustalis.*

3) Orelli 4223 = *C. I. L.* VI, 9556 und dazu O. Jahn Die Wandgemälde des Columbariums in der Villa Pamfili. München 1857. 4. S. 7.

4) Varro *de l. L.* 8, 62. Sidon. Apoll. *ep.* 3, 12: *Sed vide ut vitium non faciat in marmore lapidicida* (*lapicida?*), *quod factum sive ab industria seu per incuriam mihi magis quam quadratario lividus lector adscribet.* Die *ars characte-*(*raria*), welche die Inschr. bei Donati II p. 316, 1 = Boissieu *Inscr. de Lyon* p. 426 erwähnt, könnte ebenfalls auf den Steinhauer bezogen werden. Boissieu a. a. O. versteht darunter die Kunst des Graveurs, der namentlich Stempel und Siegelringe schneidet (*typos scalpit* Plin. *n. h.* 35, 128). *Inscriptor* und *scriptor*, sowie *inscribere* und *scribere* sind die technischen Ausdrücke für die mit Farbe angeschriebenen *tituli* (Or.-Henzen 4751. 6566. 6975. 6976. 6977. Zangemeister *C. I. L.* IV p. 10). Als Bezeichnung dessen, der Inschriften in Stein haut, kommt *scriptor* einmal in einer Inschrift in Deutschland (*Ann. d. Inst.* 1868 p. 137), *inscriptor* gar nicht vor. Doch findet sich auch in Steininschriften *scribere* in diesem Sinn: *C. I. L.* VIII, 2482: *exculp*(*sit*) *et s*(*cripsit*) *Donatus*; II, 3222: *scrib*(*ente*) *Elefanto*; III, 287 = Or. 6338: *scripsit Valerius Andronicus*; christliche Inschr. des Vatican bei Mommsen Ueber den Chronographen vom Jahre 354 S. 607 an der Seite: *Scribsit Furius Dioi*; Mommsen *Inscr. Conf. Helv.* 86.

5) Henzen 7245 = *C. I. L.* VI, 7814; *subaediani Bull. arch. comun.* 1877 p. 257. Ein *corpus subaedianum C. I. L.* VI, 9559. *Bull. arch. comun.* 1877 p. 255. (Obige Erklärung von *subaedani* oder *subaediani* ist schwerlich richtig; s. Marucchi *Bull. arch. comun.* 1877 p. 258 f. Die Bedeutung des Wortes ist dunkel.)

6) Ein solches bei Orelli 4222 = *C. I. L.* X, 7296: *Tituli heic ordinantur et sculpuntur aidibus sacreis cum operum publicorum.* 4223 = *C. I. L.* VI, 9556: *D. M. titulos scribendos vel si quid operis marmorari opus fuerit hic habes.* Bildliche Darstellungen der Ateliers solcher Steinarbeiter sind mehrfach vorhanden und besprochen von O. Jahn Ber. d. phil. hist. Classe d. K. Sächs. G. d. W. 1861 S. 295—307.

Platz gelassen worden war,[1]) Sarcophage, soweit vollendet, dass nur etwa noch der Deckel oder das Portrait des Todten hinzugefügt werden durfte,[2]) Aschenurnen,[3]) Todtenkisten nach etruskischem Muster, Salbfläschchen und Lampen. Auch die schönen und kunstvollen Hausgeräthe von Marmor, deren die Alten sich bedienten und von denen noch viele unsere Museen schmücken,[4]) Tische,[5]) Tischplatten, Tischfüsse (*trapezophori*), Dreifüsse (*tripodes*, *delphicae*),[6]) Sitze (*sellae*), Candelaber, Becken, Badewannen, Prachtvasen und Gebrauchsgeschirre werden wenigstens zum Theil für den Verkauf gearbeitet worden sein.

Einen besonderen Kunstzweig bildete ferner die zur Ausschmückung der Fussböden und Wände erforderliche Steinarbeit, für welche der allgemeine technische Ausdruck *opus musivum*,[7]) *musium*[8]) oder *museum*[9]) (Mosaik)[10]) ist. Man kann in derselben drei Arten des Verfahrens unterscheiden:

musivarii.

Drei Arten des *opus musivum.*

---

1) Eine auf Speculation angefertigte Aschenkiste befindet sich im Lateran. Benndorf-Schöne n. 189.

2) Dennis Die Städte und Begräbnissplätze Etruriens S. 303.

3) S. oben S. 383.

4) S. namentlich Piranesi *Vasi candelabri cippi sarcofagi tripodi lucerne ed ornamenti antichi.* 2 Voll. 1778 fol.; in der Gesammtausgabe der Werke der Brüder Piranesi (1800) Bd. XII. XIII, worin man alle angeführten Gegenstände vertreten findet. Die andere Litteratur s. bei O. Müller Archaeol. § 301, 4. Ich füge im Folgenden nur einzelne Beispiele hinzu.

5) Hor. *sat.* 1, 6, 116: *et lapis albus Pocula cum cyatho duo sustinet* und dazu Porphyrion: *Marmoream mensam delphicam significat, quae scilicet pretii non magni est.* S. auch oben S. 238. 319. Marmortische aus Pompeii s. bei Overbeck Pomp. 4te Ausg. S. 422.

6) S. oben S. 319 f.

7) Orelli 3323: *Fontem — opere musivo exornavit.* Augustin. *de civ. dei* 16, 8, 1: *quae musivo picta sunt.*

8) Spartian. *Pesc. Nig.* 6, 8: *Hunc in Commodianis hortis in porticu curva pictum de musio inter Commodi amicissimos videmus.*

9) *C. I. L.* IX, 6281; VIII, 993. 2657. 1323 = Orelli-Henzen 6599: *cameram superposuit et opere museo exornavit.* Trebell. Pollio *XXX tyr.* 25, 4: *Tetricorum domus hodieque exstat — — in qua Aurelianus pictus est — —. pictura est de museo.* Die Künstler heissen *musivarii* (*Cod. Theod.* 13, 4, 2. Cassiodor *var.* 7, 5), aber auch *museiarii* (Grut. p. 586, 3), *musaearii* (*Ed. Dioclet.* 7, 6) oder *musarii* (*Cod. Iust.* 10, 66 (64), 1).

10) Die Ableitung dieses Wortes ist trotz vieler darüber aufgestellten Vermuthungen noch unerklärt. Ueber die verschiedenen Arten der Mosaik s. Müller Archäologie § 322, wo man die ältere Litteratur findet, und G. P. Secchi *Il musaico Antoniniano rappresentante la scuola degli Atleti transferito dalle Terme di Caracalla al Palazzo Lateranense.* Roma 1843. 4. Vgl. Visconti *Musée Pio-Clémentin.* 8. VII p. 230 ff. Was neuerdings Br. Bucher Geschichte der technischen Künste. I. 1875. 8. S. 93—154 zusammengestellt hat, gewährt für die Entwickelung der Mosaik im Mittelalter und in der Neuzeit reiche Belehrung, für die Mosaik des Alterthums aber keine neuen Aufschlüsse. Ein populäres aber nützliches Handbuch ist Gerspach *La mosaique.* Paris (1881). 8. Blümner Technol. III S. 323.

Die einfachste ist, dass man in den Estrichfussboden Stücke von Stein oder Glas beliebiger Form so einlegt, dass sie ein Muster bilden, ohne den Fussboden gänzlich zu bedecken. In *pavimentum Signinum.* Pompeii finden sich *pavimenta Signina*, welche in Signia (Segni) erfunden sein sollen, aus gestossenen Ziegeln und Kalk hergestellt werden und daher ziegelroth sind,[1]) mit einem Muster von weissen Steinchen verziert;[2]) in der *casa di Sirico* ist in der Schwelle der Hausflur die Inschrift SALVE LVCRV(m) mit weissen Steinen in den rothen Boden eingelegt.[3])

pavimentum tessellatum. Die zweite Gattung bildeten die *pavimenta tessellata*,[4]) welche nicht blos in bedeckten Räumen, sondern, wenn gleich aus gröberem Material, auch auf freien Plätzen angelegt wurden.[5]) Sie bestehen aus mehrfarbigen, gleich gross zugeschnittenen Würfeln (*tesserae*,[6]) *tessellae*),[7]) welche, in der Regel nach einem geometrischen Muster geordnet, den ganzen Raum des Fussbodens bedecken. *opus vermiculatum.* Die höchste Vollendung erreicht indess diese λιθόστρωτον. Gattung in dem *opus vermiculatum* und dem λιθόστρωτον, über deren Eigenthümlichkeiten man verschiedener Ansicht ist. Das *vermiculatum*[8]) hat seinen Namen gewiss nicht von der rothen Farbe des Kermeswurms,[9]) da diese künstliche Mosaik Stifte verschiedener Farben erforderte; sondern wahrscheinlich von der

---

1) Plin. *n. h.* 35, 165: *Quid non excogitat vita fractis etiam testis utendo sic ut firmius durent, tunsis calce addita quae vocant Signina? quo genere etiam pavimenta excogitavit.* Das *Signinum opus* wird oft erwähnt. Columella 1, 6, 12; 8, 15, 3; 8, 17, 1; 9, 1, 2. Vitruv. 2, 4, 3; 5, 11, 4; 8, 7, 14. Verwandter Art sind die in Pompeii nicht seltenen Fussböden aus in eine Stuckmasse gelegten entweder gleichfarbigen (weissen oder schwarzen) oder verschiedenfarbigen unregelmässig geformten Steinchen. Mau Gesch. der decor. Wandm. in Pompeii S. 54 ff.

2) Zwei Fussböden der Art sind abgebildet bei Zahn Die schönsten Ornamente und Gemälde aus Pompeii. Zweite Folge. Taf. 96. Ueber einen dritten s. Mau *Bull. dell' Inst.* 1881 p. 230. Vgl. das. 1885 p. 86.

3) Abgebildet bei Niccolini I *Casa di Sirico* tav. 1.

4) Sueton. *Caes.* 46.

5) *Sub divo* wird ein *pavimentum e tessera grandi* angelegt. Vitruv. 7, 1, 6. Vgl. Plin. *n. h.* 36, 187. Ein solches ist theilweise erhalten in Rom im *Atrium Vestae.*

6) Vitruv. l. l.

7) Seneca *quaest. nat.* 6, 31, 3. Plin. *n. h.* 36, 187.

8) *vermiculum straverunt* Orelli 4240; *vermiculatum* Augustin. *de ordine* 1, 2. Der Ausdruck *opus vermiculatum* kommt, so viel ich weiss, nicht vor, ist aber nach der Analogie von *opus pilarum* (Orelli 841), *opus tectorium*, *opus quadratarium* (Orelli 4239), *opus musivum* richtig gebildet.

9) Dies vermuthete Secchi a. a. O. Die Alten hielten übrigens den Kermes für eine vegetabilische Substanz und Isidor *orig.* 19, 28, 1 ist der erste, welcher ihn *vermiculus* nennt. S. Blümner Technologie I S. 240 f.

Form der *tesserae*, welche zur Darstellung von Figuren nicht cubisch sondern länglich geformt oder abgerundet waren und dieser Gestalt wegen mit Würmern verglichen werden konnten.[1]) Es war bereits dem Lucilius († 652=102) bekannt,[2]) kommt seitdem öfters vor und bezeichnet eine kostbare Art Mosaik, welche den Eindruck eines gemalten Bildes machte.[3]) Das *lithostrotum* dagegen ist, wie der Name lehrt, aus Griechenland nach Rom gekommen und zwar, wie Plinius berichtet, unter Sulla.[4]) Die ursprüngliche Bedeutung des λιθόστρωτον »mit Steinen gepflastert«[5]) ist für den technischen Begriff desselben nicht massgebend; man ersieht vielmehr aus allen Stellen, in welchen es vorkommt, dass seine Kostbarkeit in seinem Kunstwerthe lag,[6]) und man darf annehmen, dass die Griechen auch in diesem Kunstzweige, der ihnen erst nach Alexander's des Gr. Tode zukam,[7])

---

1) Visconti *Musée Pio-Clémentin* VII der Mailänder Ausg. p. 234: *Telle est la forme de la plus grande partie des ces pierres dans les mosaiques très-délicatement faites, qui représentent des chasses de Centaures que l'on voyait autrefois dans la bibliothèque du cardinal Marefoschi.* (Jetzt in Berlin. Abgebildet *Monum. dell' Inst.* IV tav. 50.) Das scheint der Grund zu sein, warum Plinius sowohl bei dieser Gattung der Mosaik als bei dem *lithostrotum* die Stifte nicht als *tesserae* sondern als *crustae* bezeichnet. 35, 2: *vermiculatis ad effigies rerum et animalium crustis;* 36, 189: *parvolis certe crustis exstat (lithostrotum) quod in Fortunae delubro Praeneste fecit (Sulla).* Man brauchte das *vermiculatum* namentlich zu den Einsatzstücken (*emblemata*), welche man in die *pavimenta tessellata* oder in die Marmorbekleidung der Wände einlegte. Plin. *n. h.* 35, 2.

2) Lucilius bei Cic. *de orat.* 3, 43, 171, vers. 993 Lachmann:
quam lepide lexeis compostae ut tesserulae omnes
arte pavimenti atque emblemate vermiculato.
wofür L. Müller p. 135 liest: *arte pavimenti atque emblemati' vermiculati.*

3) Plin. *n. h.* 35, 2. Augustin. *de ordine* 1, 1, 2 (Vol. I p. 235 Bened.): *Sed hoc pacto si quis tam minutum cerneret, ut in vermiculato pavimento nihil ultra unius tessellae modulum acies eius valeret ambire, vituperaret artificem velut ordinationis et compositionis ignarum, eo quod varietatem lapillorum perturbatam putaret, a quo illa emblemata in unius pulchritudinis faciem congruentia simul cerni collustrarique non possent.*

4) Plin. *n. h.* 36, 189. 5) Soph. *Antig.* 1204.

6) Plin. *n. h.* 36, 184: *Pavimenta originem apud Graecos habent elaborata arte picturae ratione, donec lithostrota expulere eam.* Vgl. 36, 189. Arrian. *Epictet.* 4, 7, 37: σοὶ μέλει, πῶς ἂν ἐν λιθοστρώτοις οἰκήσητε. Varro *de r. r.* 3, 1, 10: *villam — pavimentis nobilibus lithostrotis spectandam.* 3, 2, 4: *Nunc ubi hic vides citrum aut aurum? num minium aut Armenium? num quod emblema aut lithostrotum?* Auch bei Capitolin. *Gord.* 32, 6 wird das *lithostrotum* bei dem Project eines luxuriösen Bauwerks erwähnt. Aus allen diesen Stellen geht hervor, dass es die künstlichste Art der Mosaik war.

7) Die Zeitbestimmung ist streitig. Nach der gewöhnlichen Annahme, welcher Raoul Rochette *Peintures antiques inédites.* Paris 1836. 4. p. 392 folgt, kamen in Griechenland erst unter den Diadochen Mosaikfussböden in Gebrauch. Athenaeus 12 p. 542c erwähnt als einen Beweis der Verschwendung des Demetrius von Phaleron, dass er ἀνθινὰ πολλὰ τῶν ἐδαφῶν ἐν τοῖς ἀνδρῶσι κατε-

ihr Talent bewährten und dass es unter ihren *musivarii* oder ψηφοθέται [1]) viele nicht weniger ausgezeichnete Künstler gab, als Sosus von Pergamum war, dessen ἀσάρωτος οἶκος auch in Rom Bewunderung und Nachahmung fand. [2]) Denn die Malerei in Mosaik (*pictura de musivo*) [3]) entsprach dem Geschmack der Italiener so entschieden, dass sie die Anwendung derselben nicht auf die Fussböden beschränkten, sondern auf Säulen [4]), Brunnennischen [5]) und Deckengewölbe [6]) übertrugen und selbst an den Wänden Portraits und Embleme in Mosaik [7]) anbrachten.

σκευάζετο διαπεποικιλμένα ὑπὸ δημιουργῶν. Dagegen wird allerdings in einer Anekdote, die Galen. *Protrept.* 8. Vol. I p. 19 Kühn erzählt, schon zur Zeit des Cynikers Diogenes, welcher 324 starb, ein Mosaikfussboden in einem Privathause, ἔδαφος ἐκ ψήφων πολυτελῶν — θεῶν εἰκόνας ἔχον ἐξ αὐτῶν διατετυπωμένας, erwähnt. Ich möchte auf diese ganz beiläufige Erwähnung nicht zu viel geben, am wenigsten mit Letronne *Lettres d'un antiquaire à un artiste.* Paris 1835. 8. p. 308 aus ihr schliessen, dass die Griechen schon seit dem fünften Jahrhundert v. Chr. Mosaiken gehabt hätten.

1) ψηφοθέτης und ψηφοθετέω haben die Glossae. Im *C. I. Gr.* 2025 kommt ein ψηφοδέτης vor, wofür Letronne *Lettres d'un antiq.* p. 315 ψηφοθέτης lesen will. Gregorius Nyss. *orat. de S. Theodoro martyre. Opp.* ed. Paris. 1615. Vol. II p. 1011: καὶ ὁ τῶν ψηφίδων συνθέτης ἱστορίας ἄξιον ἐποίησεν τὸ πατούμενον ἔδαφος. Gregor. Nazianz. *or.* 16 ed. Colon. 1690 p. 248: οἰκίας ὑπερλάμπρους λίθοις παντοίοις διηνθισμένας — καὶ ψηφῖδος λεπτῆς διαθέσει.

2) Plin. *n. h.* 36, 184: *Celeberrimus fuit in hoc genere Sosus qui Pergami stravit quem vocant asaroton oecon* (das ungefegte Zimmer), *quoniam purgamenta cenae in pavimentis quaeque everri solent velut relicta fecerat parvis e tessellis tinctisque in varios colores. Mirabilis ibi columba bibens et aquam umbra capitis infuscans. Apricantur aliae scabentes sese in canthari labro.* Dies Bild galt als die höchste Leistung der Kunst und Statius *silv.* 1, 3, 55 rühmt einen Fussboden, *varias ubi picta per artes Gaudet humus superatque novis asarota figuris.* Sidonius Apoll. *carm.* 23, 58 bezeichnet eine *tessera* mit dem Namen *asaroticus lapillus.* Bekanntlich ist eine doppelte Copie der Tauben des Sosus im Capitolinischen Museum in Rom und auch in Neapel vorhanden (s. Bucher Geschichte der techn. Künste I S. 103 f., wo man eine Abbildung findet) und 1833 wurden Bruchstücke eines *asaroton* des Herakleitos entdeckt, welche jetzt im Museum des Lateran sind. E. Braun Ruinen und Museen Roms S. 750.

3) S. S. 625 Anm. 9.

4) Ueber die *casa delle quattro colonne a musaico* in der *via dei sepolcri* in Pompeii s. Breton *Pompéia* (ed. 2) p. 232: *Au centre de la grande cour était une treille portée par quattre colonnes revêtues de mosaiques d'un travail assez fin et dont les ornements se composent d'arabesques et d'écailles de poissons. Les chapiteaux manquent. Ces colonnes ont été portées au musée.* Vgl. *Mus. Borb.* XII Relazione p. 8. *Annali* 1838 p. 191.

5) Mosaikbrunnen in Pompeii Niccolini I *Casa della seconda fontana* tav. 3. Breton *Pompéia* [3] p. 417. Mau *Bull. dell' Inst.* 1883 p. 150 ff.

6) Plin. *n. h.* 36, 189. Statius *silv.* 1, 5, 42. Senec. *ep.* 86, 6. Spätere Stellen giebt Salmas. *ad Script. H. A.* I p. 658.

7) Portraits dieser Art erwähnt Spartian. *Pesc. Nig.* 6, 8. Trebell. Pollio *trig. tyr.* 25, 4. Auf die Embleme komme ich nochmals zurück. Eine Mosaikdarstellung an einer Wand in der *casa d'Apolline* in Pompeii. Fiorelli *Descrizione* p. 117.

Die dritte Gattung ist die Plattenmosaik (*opus sectile*), welche wieder in zwei Arten zerfällt. Entweder nämlich erhielten die Platten eine geometrische Form, wobei man für Fussböden [1]) gleichartige Figuren, Dreiecke, Quadrate, Rhomben und Sechsecke, [2]) für Wände aber eine künstliche Täfelung zur Anwendung brachte, [3]) oder man suchte durch verschiedenfarbige Platten ebenfalls ein Gemälde zu imitiren, indem man dieselben nach den Contouren der auf einen Carton vorgezeichneten Thier- und Menschenfiguren zuschnitt. [4]) Von Arbeiten der letzteren Art sind nur wenige erhalten; [5]) die berühmtesten sind vier Bilder, welche aus der *basilica* des Junius Bassus, Cos. 317 nach Chr., jetzt *chiesa di S. Andrea in Catabarbara* auf dem Esquilin, herrühren. [6]) Auf dem ersten, welches den Raub des Hylas darstellt, ist der Grund von grünem Porphyr (*serpentino*), die Felsen sind von *alabastro fiorito*, die Figuren des Hylas und der Nymphen von *giallo antico*, das Haar von einer Art Alabaster, die Wasserkanne, welche Hylas trägt, und die Armbänder zweier Nymphen von Perlemutter, das Wasser und die *opus sectile.*

---

1) *pavimenta sectilia* Suet. *Caes.* 46.

2) Vitruv. 7, 1, 3. 4: *pavimenta struantur sive sectilia seu tesseris. Cum ea exstructa fuerint et fastigia suam exstructionem habuerint, ita fricentur, uti, si sectilia sint, nulli gradus in scutulis aut trigonis aut quadratis seu favis exstent, sed coagmentorum compositio planam habeat inter se directionem.* Vgl. Acron *ad Hor. sat.* 1, 5, 32: *ad unguem factus homo: Translatio a marmorariis, qui iuncturas marmorum tum demum perfectas dicunt, si unguis superductus non offendat.* Servius *ad Verg. ge.* 2, 277. *Schol. Persii* 1, 63. Ein solcher Fussboden aus Pompeii bei Zahn I, 87.

3) Eine Wandtäfelung aus der Sophienkirche ist abgebildet bei Bucher a. a. O. S. 130. Mehr bei Salzenberg Altchristl. Baudenkm. v. Constantinopel.

4) Von dieser Arbeit spricht Cassiodor *var.* 1, 6: *de urbe nobis marmorarios peritissimos destinetis, qui eximie divisa coniungant et venis conludentibus illigata naturalem faciem laudabiliter metiantur. De arte veniat, quod vincat naturam: discolora crusta marmorum gratissima picturarum varietate texantur.*

5) Zwei Stücke wurden bei den Ausgrabungen der Franzosen auf dem Palatin entdeckt. Sie enthalten aber nur Ornamente, nicht Figuren von Menschen oder Thieren. S. De Rossi in der gleich zu citirenden Schrift S. 46. Eine derartige Figur in Pompeii gefunden, jetzt im Museum zu Neapel (wo sich noch zwei grössere Compositionen befinden): Viola *Gli scavi di Pompei* 1873—1878 p. 78 n. 39.

6) Die Geschichte dieses Gebäudes und die Feststellung seines Erbauers verdanken wir der Untersuchung von G. B. de Rossi *Bullettino di archeologia cristiana* 1871 p. 1—29; 40—64; die Technik der Bilder behandelt mit Sachkenntniss Al. Nesbitt *On wall decorations in sectile work as used by the Romans, with special reference to the decorations of the palace of the Bassi at Rome*, in *Archaeologia* Vol. XLV p. 267—296 mit Abbildung der beiden Hauptbilder in Farben, des dritten Bildes in Holzschnitt. Alle vier findet man schon bei Ciampini *Vetera Monumenta* I tab. 22. 23. 24, den Hylas in Minutoli Ueber die Anfertigung und die Nutzanwendung der farbigen Gläser bei den Alten. Taf. IV.

blauen Gewandstücke der Nymphen von blauem, der Mantel des Hylas von rothem Glase. Unterhalb des Bildes läuft ein breiter Fries von kleinen ägyptischen Figuren, welche aus Glasstücken zusammengesetzt sind. Das ganze Bild hat die Form eines Vorhanges, welcher oben an der Wand befestigt ist und nach untenzu mit einem reichen Faltenwurfe, in *serpentino* gearbeitet, abschliesst. Es ist dies eine Nachahmung der *vela Alexandrina* (siehe S. 532 f.), welche als *aulaea* die Wände der Prunkzimmer zu schmücken pflegten.[1]) Auf dem zweiten Bilde sieht man einen Consul in der Tracht des vierten Jahrhunderts auf einem von zwei weissen Pferden gezogenen Wagen stehend und begleitet von vier Reitern. Die weissen Pferde sind von *palombino*, die braunen von *giallo antico*, die Fussbedeckung der Reiter von *palombino*, die Kleidungen und das Pferdegeschirr von Glas. Auch dieses Bild hatte die Form eines Teppichs, dessen unten in Falten herabhängender Theil in der Abbildung bei Ciampini noch sichtbar, jetzt aber zerstört ist.[2]) Die beiden noch übrigen Compositionen sind rechteckige Einsatzstücke, von denen das bei Nesbitt abgebildete einen Tiger darstellt, der einen Ochsen zerreisst.

Die *basilica* der Bassi wurde zwar bereits von dem Papste Simplicius (468—483) in eine Kirche verwandelt, behielt aber den Schmuck von drei Wänden bis zu Ende des funfzehnten Jahrhunderts und es ist in einem Codex der barberinischen Bibliothek vom Jahre 1465 noch eine Zeichnung des Architekten Sangallo von der Hälfte einer Seitenwand vorhanden,[3]) welche das einzige Document ist, aus welchem man eine Anschauung von der Steindecoration eines Saales in einem römischen Privathause gewinnt. An dem untersten Theile der Wand lief ein Streifen mit vier Kaiserportraits und vier quadratischen Tafeln, welche, wie es scheint, Scenen aus dem Leben des Bassus selbst zum Gegenstande haben. Ueber diesem Streifen erhebt sich bis zur Hälfte der Wandhöhe eine Marmortäfelung. Den oberen Theil der Wand, welcher von drei Fenstern durchbrochen ist, verzieren vier in Stein imitirte Vorhänge, darüber vier bild-

---

1) De Rossi p. 54 ff. Nesbitt p. 288.
2) Nesbitt p. 288.
3) Abgebildet bei Ciampini I tab. 21; De Rossi tav. 1. 2. 3. 4. Nesbitt pl. 21.

liche Darstellungen, worauf der obere Rand wieder mit einem Streifen, bestehend aus vier Masken und drei oberhalb der Fenster angebrachten Bildern das ganze Wandornament abschliesst.

Von den drei besprochenen Arten der Mosaik hat das *opus tessellatum* die weiteste Verbreitung gefunden [1]) und *pavimenta tessellata* sind wie in Rom und Italien,[2]) so auch in allen romanisirten Ländern, in Spanien,[3]) Frankreich,[4]) England,[5]) den Rhein-[6]) und Donaugegenden,[7]) endlich in Africa[8]) zahlreich vorhanden gewesen und noch vorhanden. Ausgedehnter Gebrauch der Mosaiken im ganzen röm. Reich.

---

1) Eine Sammlung von Mosaiken aller Art findet man in J. Ciampini *Vetera Monumenta*. Vol. I. II. Romae 1690 fol. Vgl. J. Furietti *De musivis*. Romae 1752. 4. p. 36—64. Müller Archaeologie § 322. In den folgenden Anmerkungen soll nicht ein Verzeichniss der vorhandenen Mosaiken gegeben, sondern nur ein oder das andere Beispiel angeführt werden.

2) Ueber römische Mosaiken s. E. Braun Die Ruinen und Museen Roms. Braunschweig 1854. 8. Von pompeianischen findet man schöne Abbildungen bei Zahn I, 15; II, 56. 79. 96. 99; III, 6. 16. 26. 39. Vgl. Niccolini I *Casa del Fauno* 2. 3. 6. 7; II *Descr. gener.* 5. 28. 30. 47. 48. Ohne Farben in dem Werk *Gli ornati delle pareti ed i pavimenti delle stanze di Pompei*. Napoli 1796 fol. Im Einzelnen s. über das *Musaico Marefoschi* E. Braun *Annali* 1848 p. 198 ff. *Monumenti* IV Taf. 50; E. Q. Visconti *Su due musaici ant. istoriati.* Parma 1788. 8. (*Opere varie* I p. 141.) Millin *Description d'une mosaique ant. du Musée Pio-Clémentin à Rome, représentant des scènes de tragédies.* Paris 1829 fol. Henzen *Explicatio Musivi in villa Burghesiana asservati, quo certamina amphitheatri repraesentata exstant.* Romae 1845. 4. Mos. von Capri *Mus. Borb.* XV, 24. Pieralisi *Osservazioni sul musaico di Palestrina.* Roma 1858 fol. Mos. gefunden 1871 bei Civitavecchia, jetzt in der Dresdener Antikensammlung (dritter Saal).

3) Laborde *Descr. d'un pavé en mosaique découvert dans l'ancienne ville d'Italica.* Paris 1802 fol. Hübner *Musaico di Barcellona raffigurante giuochi circensi* in *Annali dell' Inst.* 1863 p. 135 ff. Tav. D.

4) E. Fleury *La civilisation et l'art des Romains dans la Gaule Belgique.* Paris 1860. 8. F. Artaud *Mosaiques de Lyon et des départ. mérid. de la France, avec une hist. de la peinture en mosaique.* Lyon 1828—1835 *avec Atlas de 56 pl.* Mosaik von Autun *Annali dell' Inst.* 1854 p. 44. Ueber neue Funde Fleury *Comptes-rendus* 1861 p. 66 ff.

5) Mosaik von Caerwent, *Archaeologia* XXXVI pl. 34. 35; M. von Thruxton, *Memoirs of the history and antiquities of Wiltshire and Salisbury.* London 1851. 8. p. 241, merkwürdig durch die in der Mosaik selbst angebrachten Namen *Quintus Natalius Natalinus et Bodeni* (*C. I. L.* VII, 3), welche bei Brunn Gesch. d. gr. Künstler II S. 311—314 nachzutragen sind; Mos. von Corinium in Buckman and Newmarch *Illustrations of the Roman art in Cirencester, the site of ancient Corinium.* London 1850. 4. p. 25 ff. plate 3—8.

6) Kass Die Römervilla von Westenhofen. Ingolstadt 1857 fol. Mosaik von Vilbel, herausg. von O. Jahn Arch. Zeitung 1869 n. 142. Die römische Villa zu Nennig und ihr Mosaik, erläutert von v. Wilmowski. Bonn 1865 fol.

7) Salzburger Mosaiken in Arneth Archaeol. Analekten Taf. 5. 6[a]. 6[b]. 6[c]. 6[d]. 7. 8. 9. Siebenbürgische daselbst Taf. 15—18[a].

8) Mos. von Carthago *Monumenti dell' Inst.* V, 38. *Annali* 1852 p. 353;

Fortdauer derselben im Mittelalter.

Von noch grösserer Bedeutung wurde das *opus tessellatum* für die Entwickelung der christlichen Kunst im Mittelalter. Die christlichen Mosaiken beginnen in Rom im vierten Jahrhundert, haben aber ihre Blüthezeit in Ravenna,[1]) wohin im Jahre 403 Honorius seine Residenz verlegte. Auch hier indess gerieth diese Kunst seit dem Beginne des byzantinischen Exarchates (568) in Verfall und hat nun ihren Hauptsitz in Constantinopel, während sie in Rom zwar noch bis zum neunten Jahrhundert geübt wurde, aber immer mehr an Werth verlor, bis sie im zehnten und elften Jahrhundert ganz aufhörte. Erst im J. 1070, in welchem der Benedictinerabt Desiderius von Montecassino griechische Mosaicisten nach Italien kommen liess, scheint sie einen neuen Aufschwung genommen zu haben.[2])

Die übrigen Bauhandwerker.

Am Schlusse dieses Abschnittes ist noch der verschiedenen Steinarbeiter und ihres Verhältnisses zu den übrigen bei dem Bau beschäftigten Personen zu gedenken, wobei wir unserer Aufgabe gemäss die Bildhauer (*sculptores marmoris*) [3]) übergehen. Die Aufführung des Baues ist das Geschäft der *structores*,[4]) *struc-*

---

von Constantine *Exploration scientif. de l'Algérie. Arch.* pl. 139—142. Gerhard Arch. Zeitung 1860 p. 120 ff. Taf. 144. Vgl. Augustin. *de civ. dei* 16, 8, 1: *et cetera hominum vel quasi hominum genera, quae in maritima platea Carthaginis musivo picta sunt.*

1) v. Quast Die altchristlichen Bauwerke von Ravenna. Berlin 1842 fol. J. R. Rahn Ravenna. Leipzig 1869. 8. J. P. Richter Die Mosaiken von Ravenna. Wien 1878. 8.

2) Ueber diese Entwickelung findet man Genaueres bei Crowe und Cavalcaselle Geschichte der italienischen Malerei, besorgt von Jordan. I. Leipzig 1869 S. 10—91. Ueber die zuletzt erwähnte Thatsache berichtet Leo Ostiensis, welcher um 1118 starb, in der *Chronica Mon. Casinensis* III, 27 in Pertz *Monum. Script.* VII p. 718: *Legatos interea Constantinopolin ad locandos* (er meint *ad conducendos*) *artifices destinat, peritos utique in arte musiaria et quadrataria, ex quibus videlicet alii absidam et arcum atque vestibulum maioris basilicae musivo comerent, alii vero totius ecclesiae pavimentum diversorum lapidum varietate consternerent. Quarum artium tunc ei destinati magistri cuius perfectionis exstiterint, in eorum est operibus estimari, cum et in musivo animatas fere autumet se quisque figuras et quaeque virentia cernere et in marmoribus omnigenum colorum flores pulchra putet diversitate vernare. Et quoniam artium istarum ingenium a quingentis et ultra iam annis magistra Latinitas intermiserat, — ne sane id ultra Italiae deperiret, studuit — plerosque de monasterii pueris diligenter eisdem artibus erudiri.* Ueber mittelalterige Mosaiken und die Composition der Mosaikmasse s. Muratori *Antiquitates Italicae* II p. 362—390.

3) Ich bemerke nur, dass Plinius *n. h.* 36, 9. 11. 15. 44 die *scalptores marmoris* von den *statuarii* unterscheidet, unter welchen er die Verfertiger der chrysoelephantinen Bildwerke versteht.

4) *Cod. Th.* 13, 4, 2. Cic. *ad Q. fr.* 2, 6, 2: *in aream tuam veni; res*

tores parietarii[1]) oder *instructores*[2]) (Maurer), unter denen sich Sclaven,[3]) Freigelassene[4]) und freie Leute[5]) finden; sie werden auch mit dem allgemeinen Namen *fabri* bezeichnet.[6]) Die Fussböden machen ursprünglich die *pavimentarii*, welche den gewöhnlichen Estrich, das *opus Signinum*[7]) und die *testacea spicata*, d. h. Fussböden mit ährenförmig gelegten Thonstücken[8]) anfertigen.[9]) Die Incrustation der Wände aus Marmor dagegen und die Anlage steinerner Fussböden (*pavimenti marmoratio*) ist die Arbeit der *marmorarii*; von ihnen unterscheiden sich wieder die *musivarii*, welche sich als Künstler auf ihren Werken öfters namhaft machen. Alle Bauwerke indess, welche nicht, wie die oben besprochenen Prachtgebäude der Römer, aus Marmor errichtet wurden, also Bauten aus behauenen Steinen oder Ziegeln, erhielten im ganzen Alterthum, sowohl im Orient, als in Griechenland und Italien, regelmässig einen Abputz und eine Decoration in Stuck und Farben,[10]) weshalb einen wesentlichen

---

agebatur multis structoribus. Longilium redemtorem cohortatus sum. — Domus erit egregia. C. I. L. VI, 9903—9909. *Diogenes structor* in Pompeii auf einem kleinen, in eine Mauer eingelassenen Tuffrelief mit Maurerinstrumenten *C. I. L.* X, 868. Auch beim Militär kommen *structores* für die *castra hiberna* vor. Veget. 2, 11. In Rom giebt es ein *collegium structorum C. I. L.* VI, 444.

1) *C. Julius Salvius, structor parietarius, C. I. L.* VI, 9910. *T. Statilius Nicepor faber struct(or) parietar(ius)* ib. 6354. *Cod. Iust.* 10, 66 (64), 1 *structores i. e. aedificatores.*

2) Cassiodor. *var.* 7, 5: *quidquid enim aut instructor parietum aut scalptor marmorum aut aeris fusor aut camerarum rotator aut gypsoplastes aut musivarius ignorat, te prudenter interrogat.*

3) *C. I. L.* VI, 9045 ff. 9102. 9904. 9907 ff. (*structor* heisst zwar auch der Anrichter (oben S. 146); doch da es deren nicht so viele geben konnte, sind die *structores* auf Inschriften durchweg für Maurer zu halten. S. 146 A. 13 hätten daher die Inschriften nicht citirt werden sollen.)

4) Orelli 4285. *C. I. L.* VI, 9903. 9905 f.; IX, 4479; X, 1959.

5) *C. Caninius Rufus structor, magister vici* in Pisaurum. Oliver. *Marm. Pisaur.* 9. 10. 11. (Dies kann, da der Vatername fehlt, auch ein *libertus* sein, wie die *vicorum magistri* meistens waren. Ein sicher freigeborner *structor* kommt wohl nicht vor.)

6) Varro bei Non. p. 9, 18: *Amussis est aequamen [vel?] laevamentum: id est apud fabros tabula quaedam, qua utuntur ad saxa coagmentata.*

7) S. oben S. 626.

8) Vitruv. 7, 1, 4. Plin. *n. h.* 36, 187. *Spicam sternere* Orelli 4240.

9) *pavimentarii* kommen vor Orelli-Henzen 6445 = *C. I. L.* X, 6638; ein *collegium pavimentariorum C. I. L.* VI, 243 (zweifelhafter Echtheit).

10) Ueber diesen vielbesprochenen Gegenstand verweise ich auf Semper Der Stil I² S. 422—424 (451—453).

Theil des Baupersonals die *tectores*,[1]) *albarii*,[2]) *albini*, *dealbatores*,[3]) *gypsarii*,[4]) *gypsoplastae*,[5]) sowie die *pictores parietarii*[6]) und *coloratores*[7]) ausmachen. Auch an diesen Theil der Arbeit knüpften sich die Geschäfte der Lieferanten von Kalk und Farben, der Kalkbrenner, Kalkhändler[8]) und Farbenhändler (*pigmentarii*), endlich für Ziegelbauten die Fabrication der Backsteine, welche wir im folgenden Abschnitt besprechen.

---

1) Augustin. *de civ. dei* 4, 22: (*Varro dicit*) *vivere omnino neminem posse, si ignoret, quisnam sit faber, quis pictor, quis tector.* Tertull. *de idol.* 8: *Scit albarius tector et tecta sarcire et tectoria inducere et cisternam liare et cymatia distendere et multa ornamenta — parietibus incrispare* (also ein Stuccateur). Ueber diese Kunst, das *opus tectorium*, das bei vielen Bauten besonders erwähnt wird (*C. I. L.* IX, 6242; X, 531; auch bloss *tectorium*, *C. I. L.* X, 1462. 1891), s. Vitruv. 7, 3. Darauf scheint auch zu gehen Cic. *ad Att.* 1, 10, 3: *praeterea typos tibi mando, quos in tectorio atrioli possim includere; de leg.* 2, 26, 65: *neque id* (*sepulcrum*) *opere tectorio exornari — licebat.* Ueber die *tectores* s. ausser dem bei Orelli *ad Cic. pro Planc.* § 62 Angeführten noch folgende Beispiele: *Attalus Fulvian. tect.* und *Agathopus tec.* im *Calend. Antiat.* Or. 6445 = *C. I. L.* I p. 327 = X, 6638, Col. 2, 10. 30; *P. Marcius P. l. Philodamus tector* in Benevent *C. I. L.* X, 1721 f. = Orelli 4288; *C. Pulfidius Ͻ L Nicia tector C. I. L.* IX, 3192; *Pompeius Catussa civis Sequanus tector* in Lugdunum, Boissieu p. 429 = Orelli 4803. Ein *servus tector Dig.* 13, 6, 5 § 7.

2) Orelli 4142 = *C. I. L.* VI, 9139. Vgl. Vitruv. 7, 2. Tertull. *de idol.* 8.

3) *Cod. Iust.* 10, 66 (64), 1, wo *albini* mit κονιάται übersetzt wird, ausserdem aber *dealbatores* genannt werden. *Dealbator* heisst sonst der Tüncher, der die Wand zum Zwecke einer Inschrift weisst. S. Zangemeister *C. I. L.* IV p. 10 n. 222: *dealbatore Onesimo.* n. 1190: *dealbante Victore*, und in der Inschrift *C. I. L.* I, 574: *hanc aram ne quis dealbet* ist ebenfalls das Verbot gegen Beschreiben des Altars gerichtet; doch kommt *dealbare* auch sonst vor; s. hierüber und über andere Bezeichnungen Blümner S. 180 A. 6.

4) *plastae gupsarii Ed. Diocl.* 7, 30. 5) Cassiodor. *var.* 7, 5.

6) Es ist zu bemerken, dass bei dem mit grosser Gelehrsamkeit geführten Streit über die Wandmalerei und Staffeleimalerei der Alten das Material noch keineswegs erschöpft ist. Weder Raoul-Rochette *Peintures antiques*, Paris 1836. 4, noch Letronne *Lettres d'un antiquaire à un artiste*, Paris 1836. 8. gedenken der bereits von Sillig (*Catalogus artificum.* Dresden 1827. 8.) benutzten Stelle des Steph. Byz. p. 183 Mein.: ἐκ ταύτης (aus Bura in Achaia) ἦν Πυθέας ζωγράφος, οὗ ἐστιν ἔργον ὁ ἐν Περγάμῳ ἐλέφας, ἀπὸ τοιχογραφίας ὢν ὡς Φίλων, über welchen von Brunn Gesch. d. gr. Künstler II S. 293 nicht verstandenen Ausdruck Meineke nachzusehen ist. Während Raoul-Rochette bezweifelt (p. 438), dass die Griechen überhaupt ein Wort für Wandmalerei gehabt haben, sieht man aus dieser Stelle, dass zwei Arten der Malerei unterschieden werden, die τοιχογραφία und die πιναχογραφία, ebenso wie das *Ed. Diocl.* 7, 8. 9 den *pictor parietarius* von dem *pictor imaginarius* unterscheidet. Den ersteren wird man zu verstehen haben bei Varro *de r. r.* 3, 2, 9: *villa — quam neque pictor neque tector vidit unquam. Calend. Antiat.* in *C. I. L.* I p. 327 col. III, 19: *Myro Aug. l. pictor;* Veget. 2, 11: *Habet praeterea legio fabros tignarios, structores — ferrarios, pictores reliquosque artifices ad hibernorum aedificia fabricanda.*

7) Henzen 7225 = *C. I. L.* X, 5352.

8) Hierher gehört der *negotians calcariarius C. I. L.* X, 3947, nach dessen Analogie der *exonerator calcariarius C. I. L.* VI, 9384 für einen Kalkablader zu erklären sein wird, der *calcarius* Cato *de r. r.* 16; die *calcarienses Cod. Th.* 12, 1, 37, *C. I. L.* VI, 9223. 9224, der *calcis coctor Ed. Diocl.* 7, 4.

2. Arbeiten in Thon.[1])

Die vielfältigen Thonfabricate, welche zu den gesuchtesten Handelsartikeln gehörten,[2]) unterscheidet die Sprache selbst, wenn gleich nicht consequent,[3]) in zwei Hauptclassen: grobe Waare (*opus doliare*), wozu namentlich Ziegel und rohe Töpfe für Keller und Küche gerechnet werden, und feine Waare (*opus figlinum*) aus gereinigter Thonerde (*argilla* oder *creta figularis*),[4]) *opus doliare.* *opus figlinum.*

1) Benutzt sind in dem folg. Abschnitt ausser den ihres Ortes anzuführenden Schriften: S. Birch *History of ancient pottery.* London 1858. 2 Voll. 8, nochmals unverändert herausgegeben 1873; C. P. Campana *Antiche opere in plastica.* Roma 1842 fol.; D'Agincourt *Recueil de fragmens de sculpture antique en terre cuite.* Paris 1814. 4; T. Combe *A description of the collection of ancient terracottas in the British Museum.* London 1810. 4; Th. Panofka Terracotten des K. Museums zu Berlin. Berlin 1842. 4; (Avolio) *Delle antiche fatture di argilla che si ritrovano in Sicilia.* Palermo 1829. 8; De Caumont *Cours d'antiquités monumentales* II p. 159—217; Janssen *Terracottas uit het Museum van Oudheden te Leiden.* Leiden 1862 fol.; Jos. v. Hefner Die römische Töpferei in Westerndorf. München 1862. 8, abgedruckt aus dem XXII. Bande des Oberbayerischen Archivs; Abeken Mittelitalien vor den Zeiten römischer Herrschaft. Stuttgart 1843. 8. S. 355—370; O. Jahn Ueber ein Vasenbild, welches eine Töpferei vorstellt, in Ber. d. sächs. Gesellsch. d. Wiss. Phil.-Hist. Cl. 1854 S. 27 ff.; Krause Angeiologie. Halle 1854. 8.; Brongniart *Traité des arts céramiques ou des poteries considérées dans leur histoire, leur pratique et leur théorie.* 2me éd. Paris 1854. 2 Vol. 8. av. Atlas; G. Semper Der Stil in den technischen und tektonischen Künsten. Bd. II. München 1863, 2. Aufl. 1879. 8. Die antiken Terracotten, herausgegeben von R. Kekulé. Band I Die Terracotten von Pompeii, bearbeitet von H. v. Rohden, Band II Die Terracotten von Sicilien, bearb. von Kekulé. Stuttgart 1880. 1884 fol. Ueber die Technik der Thonarbeiten handelt neuerdings Blümner Technologie und Terminologie II S. 1 ff.

2) Nicht nur die feinen Geschirre von Arretium fanden weithin Absatz, worüber unten die Rede sein wird, sondern auch Ziegel und Röhren mit römischen Stempeln finden sich in Unteritalien und Sicilien (Avolio p. 56 ff.) und lassen entweder auf römische Fabriken auch in griechischen Ländern oder auf Ausfuhr dieser Gegenstände schliessen.

3) Da nämlich *figulus* der generelle Name des Handwerkers und *figlina* die allgemeine Bezeichnung der Werkstätte ist, so redet Plinius *n. h.* 3, 82 von *figlinae doliorum*; Varro *de r. r.* 3, 15, 2 sagt: *Hi (glires) saginantur in doliis — quae figuli faciunt multo aliter atque alia*, und während Ziegel auf den Fabrikstempeln regelmässig *opus doliare* genannt werden, kommt statt dessen auch *opus figulinum* vor, Marini *Iscr. dol.* 504. 505. 510.

4) Columella 3, 11, 9: *creta, qua utuntur figuli, quamque nonnulli argillam vocant.* Diese *creta figularis* (Colum. 6, 17, 6; 8, 2, 3. Plin. *n. h.* 31, 47), *creta figlinarum* (Plin. *n. h.* 14, 123; 15, 60), *creta figlina* (Plin. *n. h.* 15, 64), ist wohl der Pfeifenthon, aus dem nach Isidor. *or.* 20, 4, 3 die samischen Gefässe gemacht wurden. Freilich ist bei Varro *de r. r.* 1, 7, 8 *agros stercorarent candida fossicia creta* Mergel zu verstehen, und bei Vitruv. 2, 8, 19; 15, 12, 5; vgl. 2, 3, 1 und Pallad. 6, 12 auch Ziegelerde, aber das feine Fabricat heisst mit technischem Ausdruck *ars cretaria* und ein Händler mit demselben *negotiator artis cretariae*, wie Boissieu *Inscr. ant. de Lyon* p. 430 ff. bemerkt hat. Der dort behandelte Grabstein des Granius — *negotiator vinarius, negotiator artis cretariae* zeigt über der Inschrift drei Töpfe, offenbar Symbole des Gewerbes; und der Name Granius kommt auf Stempeln von erhaltenen Thon-

von welcher wieder die glasirten Geschirre eine eigene Abtheilung bilden. Für unsern Zweck wird es indessen nöthig sein, die wesentlichen Gattungen der Fabricate im Einzelnen aufzuführen. Es sind dies:

Ziegel. 1. Ziegel[1]) und zwar *a*) Mauerziegel, *b*) Fussbodenziegel, *c*) Dachziegel. Der Mauerziegel heisst, wenn er ungebrannt ist, *later*, πλίνθος, Luftziegel; wenn er gebrannt ist, *later coctus* oder *testa*, κέραμος, Backstein.[2]) Zu Hausbauten diente in Griechenland wie in Rom bis in ziemlich späte Zeit ausschliesslich der Luftziegel; in Griechenland ist das erste datirte Backsteingebäude das Philippeion in Olympia[3]) aus macedonischer Zeit und in Rom sind gebrannte Ziegel erst seit dem Ende der Republik und auch da nur allmählich in Gebrauch gekommen.[4]) Nach der Form unterscheidet unter den Mauerziegeln überhaupt Vitruv drei Arten: die in Rom gebräuchlichen, $1\frac{1}{2}$ röm. Fuss = 0,44 m. langen, 1 röm. Fuss = 0,29 m. breiten (*lateres sesquipedales*), von den Griechen *genus Lydium* genannt, und zwei in Griechenland übliche, πεντάδωρον, 5 Palmen = 0,37 m. im Quadrat, und τετράδωρον, 4 Palmen = 0,29 m. im Quadrat;[5]) auf den Stempeln werden ausser den *sesquipedales*[6]) auch *bipedales*[7]) erwähnt. Die in verschiedenen Gegenden noch vorhandenen römischen Ziegel haben verschiedene Dimensionen;[8]) Mauerziegel haben in Trier 15″ im Quadrat bei $1\frac{1}{4}$″ Dicke,[9]) in Frankreich 15″ Länge bei 8—10″ Breite;[10]) Deckziegel für Fussböden (*tegulae*) dagegen $1\frac{1}{2}$′ und 2′ im Quadrat bei $1\frac{1}{2}$″ und 2″ Dicke.[11]) Sehr viel wurden dreieckige Ziegel verwandt, nämlich da, wo der Mauerkörper aus

---

waaren dieser Gegend vor. Andere *negotiatores artis cretariae* s. Boissieu p. 305 = Orelli 4466; Or.-Henzen, 7258. 7259. *C. I. L.* III, 5833.

1) Nissen Pompeianische Studien S. 22 ff. 65 ff.

2) Die Beweisstellen s. bei Nissen S. 25.

3) Pausanias 5, 20, 10. Nissen S. 25. Vgl. über dasselbe Boetticher Olympia S. 352 ff.

4) S. oben S. 617. 5) Vitruv. 2, 3, 3; Plin. *n. h.* 35, 170. 171.

6) S. die Stempel bei Marini *Iscr. dol.* 942. 943. Vgl. Vitruv. 5, 10, 2 *sesquipedalibus tegulis solum sternatur.*

7) Stempel mit *BIPedalis* Marini *l. l.* 944; *tegulae bipedales* Vitruv. 5, 10, 2; 7, 4, 2; 7, 1, 7. Vgl. Palladius 1, 19, 1: *solum igitur omne bipedis sternatur vel minoribus laterculis.* 1, 40, 2; 6, 12: *sint vero lateres longitudine pedum duorum, latitudine unius, altitudine quattuor unciarum.*

8) Caumont II p. 161.

9) Quednow Beschreibung der Alterthümer in Trier II S. 4.

10) Caumont a. a. O.

11) Overbeck Katalog des k. rheinischen Museums. Bonn 1851. 8. S. 86. In Westerndorf waren die Ziegel 2′ lang, $1\frac{1}{4}$′ br., 1—$1\frac{1}{2}$″ dick. Hefner S. 68.

Bruchstein auf beiden Seiten mit Ziegeln verkleidet ist.[1]) Ausserdem kommen runde Ziegel, von 6″ bis 1′ 3″ Durchmesser, und viereckige Ziegel von 8″ im Quadrat bei 3″ Dicke zum Bau niedriger Säulen und Pfeiler, namentlich in den Hypokausten[2]) vor.[3]) Die Ziegel wurden aus gereinigter, dann mit Häcksel zusammengekneteter Ziegelerde entweder gestrichen[4]) (*ducere*,[5]) *radere*),[6]) oder in einer Form geformt,[7]) an der Sonne getrocknet und darauf gebrannt (*coquere*).[8]) Gebrannte Ziegel wurden in grosser Masse fabricirt und zu Gebäuden, welche auf lange Dauer berechnet waren, Tempel, Festungsmauern, Brunneneinfassungen, Cisternen, Wasserleitungen, Bäder, Theater, Amphitheater und Grabkammern vorzugsweise verwendet.[9]) Unter den Dachziegeln lassen sich fünf verschiedene Arten unterscheiden. Zunächst wurden Flachziegel (*tegulae*),[10]) an beiden Längsseiten mit einem $2^1/_4$ Zoll hohen Rande versehen und so eingerichtet, dass der höher liegende in den tiefer liegenden passte, reihenweise nebeneinander gelegt, sodann die zusammenstossenden Seitenränder mit Hohlziegeln (*imbrices*)[11]) gedeckt, welche die Form eines halben Cylinders haben, 3′ lang, 3″ im Durchmesser und $1^1/_4$″ dick sind,[12]) und von denen der unterste als Stirnziegel mit einer plastischen Verzierung versehen ist.[13]) ⟨Ferner

1) S. die Abbildungen bei Blümner Technol. III S. 150 (nach Rondelet *L'art de bâtir* Atl. pl. 5).

2) S. oben S. 285.

3) Dorow Denkmale I S. 10. II S. 60. Overbeck a. a. O. S. 86.

4) Dies beschreibt Isidor. *orig.* 15, 8, 16.

5) Plin. *n. h.* 35, 170. Vitruv. 2, 3, 1. 2.

6) Graffito auf einem Ziegel von Aquileia *C. I. L.* V, 8110, 176: *Cave malum si non raseris lateres DC, si raseris, minus malum formidabis.*

7) Palladius 6, 12. 8) Cato *de r. r.* 39, 2. Daher *lateres coctiles.*

9) Avolio p. 1—62.

10) Birch II p. 229. *tegulae* mit Lichtöffnungen oben S. 238 A. 5. Mit Lichtkappen *Bull. d. Inst.* 1881 p. 222.

11) Overbeck a. a. O. S. 87. 12) Birch II p. 229—235.

13) Sie heissen *tegularum extremi imbrices* Plin. *n. h.* 35, 152, aber nicht *frontati*, was man nach einer falschen Lesart bei Plin. *n. h.* 35, 159 früher annahm. In der Stelle ist vielmehr von *tegulae mammatae* (Warzenziegel) die Rede, über welche s. R. Schoene *Quaest. Pompeian. specimen* p. 18—22. Nissen Pomp. Studien S. 65 ff. Dagegen gehört die Frontseite des *imbrex* zu den öfters erwähnten *antefixa.* Festi *epit.* p. 8: *Antefixa, quae ex opere figulino tectis affiguntur sub* (Müller will *super*) *stillicidio.* Liv. 26, 23, 4: *in aede Concordiae Victoria, quae in culmine erat, fulmine icta decussaque ad Victorias, quae in antefixis erant, haesit.* 34, 4, 4: *Iam nimis multos audio Corinthi et Athenarum ornamenta laudantes mirantesque et antefixa fictilia deorum Romanorum ridentes.* Stirnziegel, welche in vielen und vortrefflichen Exemplaren erhalten sind, stellen ganz gewöhnlich Götterköpfe (Panofka t. 10. 52. Campana t. 3 fig. 1. 3; 11, 1. 2. 3; 6, 2; 28, 1. 2. 3), Götterfiguren (Campana 6, 1. 3;

gebrauchte man *tegulae deliciares*,[1]) welche auf dem First und auf den Gratbalken (*deliciae*)[2]) eines nach vier Seiten abfallenden Daches (z. B. des *atrium displuviatum* und *testudinatum*) auflagen, und *tegulae colliciares*,[3]) aus welchen die Kehlen in den

Fig. 10.

Ecken der von vier Seiten nach Innen abfallenden Dächer der gewöhnlichen Atrien und Peristylien gebildet wurden. Dazu kamen, freilich nicht immer, die mit Wasserspeiern versehenen Traufkasten[4]) oder Simen,[5]) welche, über den unteren Rand der Ziegel aufragend, das Dach abschliessen.[6]) Die Fussbodenziegel

---

3, 2; D'Agincourt pl. 29, 7. 9; 31, 2), oft auch Masken (v. Rohden Tf. 14—16. D'Agincourt 31, 7. 9) dar; zuweilen sind sie gemalt. Panofka taf. 10. Campana t. 11^{b}. v. Rohden a. a. O. S. 6 ff.

1) Ueber *tegulae deliciares* s. Festi *epit.* p. 73 *s. v. Delicia.* (Die Stempel *de Lic(inianis)* haben hiermit nichts zu thun.)

2) Festi *ep. l. l.*; *deliquiae* Vitruv. 6, 3, 2.

3) Abgebildet bei Overbeck Pompeji⁴ S. 257: vgl. oben S. 237. Cato *de r. r.* 14: *conliciares (tegulae) quae erunt, pro binis putabuntur.* Festi *ep. s. v. Illicium* p. 114 M. *Colliciae tegulae, per quas aqua in vas defluere potest.*

4) Fig. 10; von Rohden a. a. O. Taf. 5 ff. Overbeck Pompeji⁴ S. 260.

5) Von Rohden a. a. O. Taf. 2.

6) Unsere Abbildung (Fig. 10), welche nach Campana a. a. O. tav. 6 ein in Ostia gefundenes Dach eines Bades darstellt, zeigt in diesem Punkte eine Abweichung von der Regel, nach welcher die mit Wasserspeiern versehene Traufrinne — entweder epistylartig geformt wie auf unserer Abbildung, oder als geschweifte Sima — über den unteren Dachrand aufragt und mit den un-

sind starke quadratische Platten. Sie tragen z. B. in den Bädern die suspendirten Fussböden, für welchen Zweck Vitruv eine Grösse von zwei Fuss im Quadrat vorschreibt.⟩

2. Röhren zur Luftheizung, namentlich in Bädern (s. S. 283—285); sie haben die Form eines Parallelepipedums, $16^{1}/_{2}''$ lang, $6^{1}/_{4}''$ breit, $5''$ tief.[1])

3. Wasserröhren, *tubuli*, am Rhein $1'$ $9''$ $6'''$ lang, wovon $9'''$ in die nächstfolgende Röhre hinreichen, oben $4''$ $5'''$, unten $3''$ $6'''$ Durchmesser.[2])

4. Thonstücke zu ordinären Mosaikfussböden, entweder in kubischer Form (*tesserae*) oder längliche, ährenförmig zu legende Stücke (*spicae*),[3]) endlich Thonstifte in verschiedenen Farben zu feinen Mosaiken (*opus vermiculatum*); denn auch diese Stifte wurden nicht nur aus Stein und Glas, sondern auch aus Thon gemacht.[4])

5. Architektonische Verzierungen an Säulen,[5]) Fenstern,[6]) Gesimsen und Dachrinnen,[7]) Friese zur Decoration der

---

tersten *tegulae* aus einem Stück ist. Dies ist z. B. in Pompeii ganz deutlich. Die Combination derselben mit Stirnziegeln ist nicht ursprünglich, vielmehr hatte man anfangs nur diese, aus denen sich dann der fortlaufende Dachrand mit Wasserspeiern entwickelte. Endlich wurde bisweilen beides combinirt, und dieser Combination zu Liebe ist an dem Dache aus Ostia der Traufkasten unter den Dachrand gesetzt und vermuthlich zu einer blossen Decoration geworden. Vgl. von Rohden a. a. O. S. 15. Dörpfeld, Graeber, Borrmann und Siebold, Ueber die Verwendung von Terrakotten am Geison und Dache griechischer Bauwerke, 21. Winckelmannsprogr. Berlin 1881, S. 16—22. Der eingeklammerte Abschnitt des Textes musste gegen die frühere Auflage ganz umgearbeitet werden. Auf den *tegulae* der Abbildung sind Ziegelstempel, nicht wie Marquardt angenommen zu haben scheint, Löcher sichtbar.

1) Abbildung bei Birch II p. 236. ⟨Hier sind auch zu erwähnen die Cylinder oder viereckigen Röhren, aus welchen bisweilen die *suspensura* hergestellt wird, und welche eigens zu diesem Zweck gebrannt wurden. S. oben S. 285 A. 2.⟩

2) Dorow Denkmale II S. 62.

3) Vitruv. 7, 1, 7 extr.: *supra autem sive ex tessera grandi sive ex spica testacea struantur* (*pavimenta*) und vorher § 4: *Item testacea spicata Tiburtina sunt diligenter exigenda.* Plin. *n. h.* 36, 187: *Similiter fiunt spicata testacea.*

4) Statius *silv.* 1, 3, 54:

et nitidum referentes aëra testae
Monstravere solum, varias ubi picta per artes
Gaudet humus superatque novis asarota figuris.

Vgl. Blümner Technologie III S. 332 A. 1.

5) D'Agincourt pl. 29, 1.

6) D'Agincourt pl. 29, 3.

7) Oben S. 638 A. 6. Rinnenausgüsse in Form von Thier-, Menschen- oder Götterköpfen sind noch in grosser Zahl vorhanden. S. D'Agincourt pl. 29, 4. 6. Campana tav. 11ᵇ.

inneren und äusseren Wände.[1]) Die letzteren wurden in Tafeln geformt, [2]) welche beispielsweise $1\frac{1}{2}$ Fuss lang, 9 Zoll hoch sind, [3]) mit Löchern zum Annageln versehen[4]) und oft bemalt, entweder mit einem Farbenton, roth, blau, schwarz, oder auch in verschiedenen, den dargestellten Gegenständen angemessenen Farben.[5]) Auch Trapezophoren, d. h. Tischfüsse von Thon, kommen vor.[6])

6. Sarcophage,[7]) Brunnenschalen und Badewannen.[8])

7. Die Statuen, welche das älteste Rom schmückten, waren ausschliesslich von gebranntem Thon,[9]) und die Kunst, diese zu formen und zu brennen, war in Etrurien heimisch; [10]) die Giebelfelder der etruskischen Tempel waren mit Thonbildern geziert und der von Tarquinius Priscus begonnene capitolinische Tempel hatte eine Statue des Jupiter von Thon[11]) und im Giebel-

---

1) v. Rohden a. a. O. S. 16. Ueber die Bedeutung der Thonbekleidung für den Charakter des Baustils selbst handelt vortrefflich Semper I² S. 417 (446) ff.

2) Formen solcher Basreliefs sind noch erhalten. S. D'Agincourt pl. 33. 34.

3) Die Masse sind natürlich nach der Höhe des Frieses verschieden. Tafeln 1′ $1\frac{1}{2}$″ hoch, 11″ br. Panofka t. 30; $11\frac{1}{2}$″ h. 1′ 5″ br. Panofka 43; $11\frac{1}{2}$″ h. 1′ $4\frac{1}{2}$″ br. Panofka 44. Andere Masse findet man bei Campana.

4) S. z. B. Panofka t. 30; Campana t. 1. 2. 5. 14. 17 und sonst gewöhnlich.

5) Einen schönen Fries dieser Art giebt Campana tav. 18; v. Rohden a. a. O. Taf. 20. Vgl. auch Carloni *Bassorelievi Volsci in terra cotta, dipinti a vari colori, trovati nella città di Velletri.* Roma 1785. fol.

6) Ein schöner knieender Atlant als Tischfuss bei von Rohden a. a. O. Taf. 26, 1. Mart. 2, 43, 10:

Tu Libycos Indis suspendis dentibus orbes:
Fulcitur testa fagina mensa mihi.

7) Einen *fictilis sarcofagus* zur vorläufigen Beisetzung eines Todten, dessen Grabmal noch nicht fertig ist, erwähnt die Inschr. Orelli 4370 = *C. I. L.* VI, 2120. Eine etruskische Todtenkiste von Thon s. D'Agincourt *Recueil* pl. II, 2. *Un sarcofago di terra con scheletro coperto con tre tegolini Bull.* 1858 p. 101 (bei Rom gefunden). Thonsarkophage aus Caere *Mon. d. Inst.* VI, 59 (= Longpérier *Musée Napoléon III* pl. 80). 60. Vgl. Plin. *n. h.* 35, 160: *quin et defunctos sese multi fictilibus soliis condi maluere.*

8) Semper a. a. O. II S. 30. v. Rohden a. a. O. Einleitung S. 5. 6.

9) Plin. *n. h.* 35, 157: *Praeterea elaboratam hanc artem Italiae et maxume Etruriae (auctor est Varro) Volcam Veiis accitum, cui locaret Tarquinius Priscus Iovis effigiem in Capitolio dicandam; fictilem eum fuisse et ideo miniari solitum: fictiles in fastigio templi eius quadrigas, de quibus saepe diximus. Ab hoc eodem factum Herculem, qui hodieque materiae nomen in urbe retinet* (er hiess *Hercules fictilis* Mart. 14, 178); *hae enim tum effigies deorum erant laudatissimae.* Die *fictiles dii* der alten Römer werden oft erwähnt, Cic. *de div.* 1, 10, 16. Ovid. *fast.* 1, 202. Prop. 5, 1, 5. Juven. 11, 116. Senec. *cons. ad Helv.* 10, 7. *ep.* 31 extr. Plin. *n. h.* 34, 34.

10) Müller Die Etrusker 4, 3, 1. Plin. *n. h.* 34, 157. Tertull. *Apol.* 25: *Nondum enim tunc ingenia Graecorum atque Tuscorum fingendis simulacris urbem inundaverunt.*

11) S. oben S. 396.

felde ein thönernes Viergespann aus Veii.[1]) Ebenso wurde der im Jahre 258=496 vovirte Tempel der Ceres[2]) von den sicilischen Künstlern Damophilus und Gorgasus in dem Giebelfelde mit Thonstatuen decorirt.[3]) Als nach dem Bekanntwerden griechischer Kunst in Rom[4]) die Thonfiguren den Statuen von Marmor und Bronze wichen, erhielt sich dennoch die alte Kunstübung bis in das erste Jahrhundert der Kaiserzeit. Theils machte man das Modell zu jeder Statue (*proplasma*) in Thon,[5]) theils arbeitete man Figuren von beschränkter Grösse noch immer aus diesem Material, indem man sie entweder stückweise formte und dann zusammensetzte,[6]) oder sich eines Holzstockes (*crux* oder *stipes*) bediente, um der Figur Halt zu geben.[7]) Selbst lebensgrosse Statuen aus Thon, wie die auch wohl als Aesculap und Hygiea bezeichneten Tempelstatuen des Jupiter und der Juno aus Pompeii,[8]) gehören dieser späteren Zeit an; aber die überwiegende Masse des Fabricates besteht in kleinen Figürchen (*sigilla*), welche in der Regel in einer Hohlform gepresst[9]) und bemalt[10]) wurden und theils zu Geschenken bei den Saturnalien,[11]) theils zum Zimmerschmuck[12]) theils zum Kinderspielzeug[13]) Verwendung fanden. Diese *sigilla* bildeten einen eigenen Industriezweig in Rom und gelangten von da in die Provinzen;[14]) war aber einmal der Geschmack dafür vorhanden, so wird man sich auch die reizenden und kunstvollen Thonstatuetten nicht haben

---

1) Plin. a. a. O. und 28, 16. Plut. *Pobl.* 13. Festus p. 274[b] *s. v. Ratumena porta.* Serv. *ad Aen.* 7, 188.

2) Tac. *ann.* 2, 49. Dionys. 6, 17, 94 und mehr Becker Topographie S. 471.

3) Plin. *n. h.* 35, 154. Vitruv. 3, 2, 5. Ueber den figürlichen Schmuck der etruskischen und römischen Heiligthümer s. Milani in *Museo italiano di antichità classica* I (1884) p. 1 ff.

4) Cato bei Liv. 34, 4, 4 datirt diese Epoche von 212 vor Chr.; Plin. *n. h.* 34, 34 von der Besiegung Asiens und der seit dieser Zeit eingetretenen *luxuria*, d. h. von 187 v. Chr. S. Liv. 39, 6, 7.

5) Plin. a. a. O. 156.

6) Dies Verfahren beschreibt Phaedrus 4, 15 in der Fabel von Prometheus.

7) Tertull. *Apol.* 12 und ausführlich *ad nat.* 1, 12. Griechisch heisst dieser Stock κάνναβος. Jahn Berichte der S. G. d. W. 1854 h. ph. Cl. S. 42.

8) Overbeck Pompeji[4] S. 112. Fig. 64. von Rohden Taf. 29. Die übrigen grösseren Thonfiguren von Pompeii s. bei v. Rohden S. 18 ff.

9) Blümner Technol. II S. 126 ff.

10) Panofka a. a. O. Taf. 19. 31.

11) Staatsverwaltung III S. 563.

12) Ueber die Verwendung der Thonfiguren s. v. Rohden S. 25 ff.

13) S. oben S. 120 und Stephani im Petersburger *Compte-rendu* 1874. S. 7. *Bull. comun.* 1880 p. 299 n. 1. p. 300 n. 9. Bruzza *Bull. dell' Inst.* 1878 p. 103.

14) v. Rohden S. 23.

entgehen lassen, welche Griechenland[1]) und Kleinasien[2]) producirten.

Lampen. 8. Zu den belehrendsten und interessantesten Gegenständen der Thonplastik sind ferner die Lampen zu rechnen, von denen eine grosse Zahl, den drei ersten Jahrhunderten der römischen Kaiserzeit angehörend, in fast allen Sammlungen zur Betrachtung vorliegt.[3]) Dieser Fabrikzweig ist in Italien nicht ganz frühe zur Blüthe gekommen, da man in alter Zeit dort Oel nicht baute[4]) und wie in Griechenland[5]) Lichter, nicht Lampen brannte;[6]) einen wirklichen Aufschwung erhielt er erst theils durch den sich immer mehr verbreitenden Geschmack an eleganter Hauseinrichtung, theils durch den grossen Verbrauch im Cult,[7]) bei

---

1) Kekulé Griechische Thonfiguren aus Tanagra. Stuttgart 1878 fol.

2) W. Froehner *Terres cuites d'Asie mineure.* Paris 1881 fol.

3) Ueber die alten Lampen handeln: Liceti *De lucernis antiquorum reconditis libri VI.* Utini 1652 fol. Patavii 1662 fol. Die Abbildungen, welche Montfaucon *Ant. expl.* Vol. V zum Theil reproducirt hat, sind unzuverlässig und unbrauchbar. *Le antiche lucerne sepolcrali figurate, — designate ed intagliate nelle loro forme da* P. Santi Bartoli *con osservazioni di* Gi. P. Bellori. Roma 1691 und 1729. 3 Bde. fol.; zweimal ins Lateinische übersetzt: *Veterum lucernae sepulcrales — delineatae a P. S. Bartolio c. obs. Bellorii in lat. serm. transtulit A. Dukerus.* Lugd. Bat. 1702 fol., auch in Gronov. *Thes.* Vol. XII, und L. Begeri *Lucernae veterum sepulcrales iconicae.* Colon. March. 1702 fol. Die Hauptwerke sind: *Lucernae fictiles Musei Passerii.* Pisauri 1739—1751. 3 Voll. fol. und *Antichità di Ercolano* Vol. VIII: *Le lucerne ed i candelabri.* Napoli 1792 fol. Ausserdem s. D'Agincourt *Recueil* p. 63 ff. Boettiger *Amalthea* III S. 168 ff. Boettiger Kl. Schr. III, 307 ff. Millin *Monumens ant. inédits* II p. 160—188. Pauly Realenc. IV S. 1161 ff. *Museo Borb.* II, 13; IV, 14. 58; VI, 30. 47; VII, 15. 32; VIII, 31; XIII, 56. Birch II S. 271 ff. F. Kenner Die ant. Thonlampen des k. k. Münz- und Antiken-Cabinets und der k. k. Ambraser Sammlung. Wien 1858. 8. Wieseler Ueber die Kestnersche Sammlung von antiken Lampen, in Nachrichten von der k. Gesellschaft der Wissenschaften zu Göttingen 1870 n. 10 p. 163 ff.

4) Nach Fenestella bei Plin. *n. h.* 15, 1 gab es unter Tarquinius Priscus in Italien noch kein Oel.

5) Hom. *Odyss.* 7, 100. Athen. 15 p. 700^f: οὐ παλαιὸν δ' εὕρημα λύχνος, φλογὶ δ' οἱ παλαιοὶ τῆς τε δᾳδὸς καὶ τῶν ἄλλων ξύλων ἐχρῶντο. Ueber die Geschichte der Lampen in Griechenland s. Wieseler S. 207 ff.

6) Varro *de l. L.* 5, 119: *Candelabrum a candela; ex his enim funiculi ardentes figebantur. Lucerna post inventa, quae dicta a luce, aut quod id vocant Graeci* λύχνον. (Obige Folgerung ist irrig, da man in Lampen auch Fett, nicht nur Oel brennen konnte. Lampen fanden sich in dem ältesten Theil der Nekropole von Albalonga. De Blacas *Mémoire sur une découverte de vases funéraires près d'Albano* (*Mémoires de la société des antiquaires de France* XXVIII) pl. 4. *Mon. dell' Inst.* VIII t. 37 n. 64, *Ann.* 1867 p. 53.)

7) Zum häuslichen Cult der *Lares* und der *Tutela domus* gehören Lichter und Lampen. S. oben S. 240 Anm. 5. *Cod. Theod.* 16, 10, 12 pr., und bei allen Festen bekränzt man die Thür und zündet die Lampe an der Thür an. Juvenal. 12, 92. Tertull. *de idolatr.* 15: *Ergo, inquis, honor dei est lucernae pro foribus et laurus in postibus.* Id. *Apol.* 35: *cur die laeto non laureis postes obumbramus nec lucernis diem infringimus.* Bei ländlichen Festen wer-

Begräbnissen, Todtenfeiern (S. 368) und namentlich durch die in der Kaiserzeit üblich werdende Beleuchtung von Bädern (S. 279), Theatern,[1]) Amphitheatern,[2]) Plätzen[3]) und ganzen Städten.[4])

Arten derselben.

Die Form der Lampen ist verschieden, je nachdem sie bestimmt sind, aufgestellt, aufgehängt oder herumgetragen zu werden. Lampen zum Stehen haben nur zwei Haupttheile, den Oelbehälter und die vorspringende Tülle, den Dochthalter (μύξα,[5]) *rostrum*).[6]) Der Oelbehälter hat auf der oberen Seite ein Loch zum Eingiessen des Oeles, das durch einen Deckel verschlossen werden kann,[7]) zuweilen auch noch eine zweite Oeffnung, durch welche man vermittelst einer Nadel[8]) den Docht aufschiebt; sein unterer Theil kann flach, convex, oder auch mit einer Höhlung zum Aufstecken auf eine Spitze versehen sein,[9]) je nachdem die

---

den Bäume mit Binden geschmückt und mit Lampen illuminirt. Prudentius c. *Symm.* 2, 1010: *Et quae fumificas arbor vittata lucernas Servabat, cadit ultrici succisa bipenni;* im Cult der Isis brauchte man Lampen am hellen Tage, Sen. *de v. beata* 26, 8; zur gewöhnlichen Tempeleinrichtung aber gehören λύχνοι, Callim. *ep.* in Jacobs *Anth. Gr.* I p. 218 n. 23, *lychnuchi* (Orelli 2511 = *C. I. L.* VI, 844) und *candelabra*; Cic. *in Verr.* 4, 28, 64; im Tempel des Apollo Palatinus stand ein Leuchter in Form eines Baumes, auf dem die Lampen als Früchte angebracht waren, Plin. *n. h.* 34, 14, ähnlich dem im Prytaneum von Tarent, der 365 Lampen trug. Athen. 15 p. 700d.

1) Suet. *Cal.* 18. Tac. *ann.* 14, 21, wo von dem musischen Agon des Nero im Theater die Rede ist. Vgl. Friedlaender Darstellungen II⁵ S. 275.

2) So unter Domitian. Statius *silv.* 1, 6, 85—90. Suet. *Domit.* 4. Dio Cass. 67, 8 extr. Auch in Ebusus in *Hispania Tarraconensis* kommen nächtliche Spiele mit Beleuchtung vor. *C. I. L.* II, 3664.

3) Das Forum wurde schon zur Zeit der Republik bei Spielen erleuchtet. S. Friedlaender a. a. O. und die dort ang. St. Lucilius *sat.* 3, 63 M. (103 L.): *Romanis ludis forus olim ornatu' lucernis.*

4) In der Nacht, in welcher Cicero gegen die Catilinarier einschritt, beleuchtete man die Stadt. Plut. *Cic.* 22. Caligula liess, wenn er Abendvorstellungen im Theater veranstaltete, die Stadt erleuchten. Suet. *Cal.* 18. Bei den Saecularspielen, welche drei Tage und drei Nächte dauerten (Staatsverwaltung III S. 377), ist ebenfalls eine Beleuchtung der Stadt anzunehmen. Bei dem Einzuge des Nero in Rom 819 = 56 n. Chr. war die Stadt illuminirt. Dio Cass. 63, 4. Constantinopel wurde von den Christen am Osterfeste erleuchtet, Eusebius *de vita Const.* 4, 22.

5) Callim. *ep.* in Jacobs *Anth. Gr.* I p. 218 n. 23. Suidas *s. v.*

6) Plin. *n. h.* 28, 163. Vielleicht auch *nasus*, wie bei Töpfen und Bechern gesagt wird.

7) Diese Deckel oder Stöpsel sind bei Thonlampen selten erhalten: Passeri I p. VII; öfter bei bronzenen: *Antichità di Ercolano.* Vol. VIII. *Lucerne* p. IX. p. 89. 107. 131. 205. 209.

8) Gerade oder gebogene Nadeln dieser Art finden sich an Bronzelampen durch eine Kette befestigt. Millin a. a. O. II p. 178. *Antich. di Erc.* Vol. VIII. *Lucerne* p. 143.

9) Beispiele der letzteren Art s. bei Passerius I p. XXIII. Wieseler S. 210.

Lampe auf einem Tische, einem hohlen Lampenuntersatze[1]) oder einem stehenden oder hängenden[2]) Leuchter (*lychnuchus*) aufgestellt werden soll. Lampen zum Hängen sind mit einem, 2 oder 3 Oehren versehen, an welchen Ketten befestigt werden;[3]) Lampen zum Tragen endlich haben ausser dem Oelbehälter und dem Dochthalter noch einen dritten Theil, den Henkel, *ansa*. Schon diese einfachen Lampen bieten eine grosse Varietät der Formen dar, indem der Oelbehälter theils rund, theils oval, theils eckig ist; noch andere Varietäten führte das Bedürfniss oder der Geschmack herbei. Neben den kleinen Lampen mit einem Dochte finden sich grössere mit zweien (δίμυξοι,[4]) *lucernae bilychnes*),[5]) dreien (τρίμυξοι),[6]) vieren,[7]) fünfen, sieben,[8]) ja selbst zwölfen und zwanzigen,[9]) welche, an der Decke aufgehängt, ein ganzes Zimmer vollständig erleuchteten;[10]) neben den glatten und einfachen Lampen zierliche Fabricate mit Reliefs auf der oberen Seite, welche durch grosse Mannigfaltigkeit der Gegenstände und zum Theil vortreffliche Ausführung ein besonderes Interesse erregen. Es sind zum Theil Götterbilder, auf den Cult bezügliche Embleme, mythologische Scenen und Darstellungen aus der Heldensage; seltener geschichtliche Gegenstände; einigemal äsopische Fabeln; zum grossen Theil Bilder aus dem Leben, bezüglich auf Spiele des Circus und Amphitheaters, obscöne Situationen und

Decoration.

---

1) Passeri II, Tafel zu praef. p. II. *Antich. di Ercol.* VIII. *Lucerne* p. 273. 277. 281. 285. 291. Mazois *Les ruines de Pompéi* II p. 39. 50.

2) *Lychnuchi pensiles* (Plin. *n. h.* 34, 14). Einen bronzenen hängbaren Lampenuntersatz s. bei Grivaud de la Vincelle *Arts et métiers anciens représentés par les monumens.* Paris 1819 fol. pl. 127 und daraus abgebildet bei Kenner a. a. O. S. 14.

3) Solche Lampen s. *Ant. di Ercol.* VIII. *Lucerne* p. 57. 173. 231. 235. 237. 241. Passeri I, 43 (mit einem Oehr in der Mitte). Sie werden öfters erwähnt. Verg. *Aen.* 1, 726: *dependent lychni laquearibus aureis.* Petron. 30: *etiam lucerna bilychnis de camera pendebat.* Claudian. 10, 207: *Plurima venturae suspendite lumina nocti.* Statius *Theb.* 1, 521: *tendunt auratis vincula lychnis.* Sidon. Apoll. *ep.* 9, 13: *Veniente nocte nec non Numerosus erigatur Laquearibus coruscis Camerae in superna lychnus.*

4) Athenaeus 15 p. 700[f]. Pollux 6, 103.

5) Petron. 30. Orelli 3678 = *C. I. L.* X, 114. Passeri I t. 26. 60; II t. 7. 75.

6) Pollux l. l. Passeri I t. 83.

7) Passeri I t. 11. 27; II t. 50.

8) Passeri III t. 79.

9) Neun hat die Lampe *Ant. di Ercol.* VIII. *Lucerne* p. 95; zehn das. p. 139; vierzehn die Lampe p. 81; 20 die von Callimachus in Jacobs *Anth. Gr.* I p. 218 n. 23 besungene Lampe.

10) Martial. 14, 41 mit der Ueberschrift *Lucerna polymyxos*:
Illustrem cum tota meis convivia flammis
Totque geram myxas, una lucerna vocor.

Beziehungen auf die Gelegenheit, bei welcher die Lampe zum Geschenk gegeben wurde,[1] zu welcher Classe insbesondere die Neujahrslampen gehören.[2] Zuletzt bemächtigt sich die Kunst der Lampe ganz als eines Gegenstandes plastischer Bildung und findet eine besondere Aufgabe darin, die künstlichen Formen von Götter-, Menschen- und Thiergestalten oder irgendwelche Gestaltungen auf den einfachen Beleuchtungsapparat anzuwenden.[3]

Obgleich Lampen oft aus Bronze, seltener aus Alabaster,[4] Glas,[5] Silber,[6] Gold,[7] Blei[8] und Eisen[9] gemacht wurden, so sind sie doch ursprünglich und zu allen Zeiten überwiegend Fabricate der Töpferwerkstätten gewesen; ihr gewöhnlicher Stoff ist ein feingeschlemmter, weisser oder lichtbrauner, grauer oder schwarzer, am häufigsten ein rother Thon, je nachdem er in der Nähe der Fabriken sich darbot.[10] Die rothe Farbe stellte man auch künstlich her durch Beimischung von rothem Thon,[11] von *rubrica*,[12] d. h. Eisenoxyd,[13] oder Färbung mit Mennig (μίλτος),[14] andere Farben durch Anstrich, der sich im Wasser auflöst.[15] Fast alle Lampen sind in der Form gemacht und zwar so, dass der untere und der obere Theil separat geformt, und dann beide zusammengesetzt wurden.[16] Fabrication derselben.

1) Eine Zusammenstellung dieser Gegenstände giebt Birch II p. 279--291.

2) Diese haben nicht nur die Inschrift *Anno novo faustum felix tibi* oder eine ähnliche (s. S. 252 Anm. 1. Passeri I t. 6. Kenner S. 37 n. 62. S. 107 n. 6), sondern auch als Emblem des Neujahrsfestes ein oder mehrere Asstücke (Passeri I t. 5. 6).

3) Lampen in Form menschlicher Figuren Kenner n. 431; Passeri I, 69; in Form eines Kopfes, Fusses, Phallus, Kenner n. 432—436, eines Thierkopfes Passeri I, 99.

4) Passeri III, 106. Eine marmorne in Wien, Kenner S. 25 Anm. 10.

5) Passeri I, 1. Liceto VI, 94. p. 1136.

6) in Wien, Kenner S. 24 A. 10.

7) Eine goldene Lampe in Pompeii gefunden. *Bull.* 1863 p. 90.

8) Passeri I p. XIII. Wieseler S. 164.

9) *Ant. di Ercol.* VIII. *Lucerne* p. 2 not. 3.

10) Weissen Thon fand man an der Via Nomentana bei Rom; die von Juvenal 6, 344 erwähnten *Vaticano fragiles de monte patellae* waren hellgelb, wie noch jetzt; rothen und weissen Thon lieferte Pisaurum, rothen Cumae (Mart. 14, 114), Arretium, Perusia. S. Passeri I prol. p. XIII. In Westerndorf machte man weisse, gelbe, röthliche, graue und auch corallenrothe Waare. Hefner S. 17. 18.

11) Geopon. 6, 3: τῆς κεραμίτιδος γῆς οἱ μὲν προκρίνουσι τὴν πυῤῥὰν τὸ χρῶμα, οἱ δὲ τὴν λευκήν, οἱ δὲ ἀμφοτέρας συμμιγνύουσι.

12) Plin. *n. h.* 35, 152.

13) S. hierüber Hefner S. 18.

14) Suidas *s. v.* Κωλιάδος κεραμῆες sagt, die Thonerde von Kolias in Attika sei die beste, ὥστε καὶ βάπτεσθαι ὑπὸ τῆς μίλτου.

15) Passeri I p. XIII. Hefner S. 18.

16) Kenner S. 24. Birch II p. 277. (Material und Form der Thonlampen

Gefässe. 9. Den umfangreichsten Productionszweig der Töpfereien bildeten endlich die Gefässe selbst. Wir haben indessen hier nicht zu reden von den Kunstleistungen der Griechen in diesem Fache und dem Reichthum der Formenbildung, zu welcher dieselben gelangten — in der Vasensammlung der kaiserl. Eremitage zu Petersburg sind 299[1]) und in dem Britischen Museum 337 Gefässformen[2]) vertreten — sondern allein diejenigen Gattungen zu erwähnen, welche in Rom in gewöhnlichem Gebrauch waren, und diese werden sich etwa in folgende Kategorien bringen lassen.

dolium *a.* Vorrathsgefässe zum Aufbewahren von Wein, Oel oder Korn[3]) in den Niederlagen. Hieher gehört das *dolium* (πίθος), ein Stückfass von Thon, so gross, dass ein Mann bequem darin Platz hatte. Nicht nur Diogenes wohnte in einem πίθος,[4]) sondern auch arme Leute in Athen fanden darin ein Unterkommen,[5]) und obwohl die noch erhaltenen Gefässe dieser Art von verschiedener Grösse sind, so findet sich darunter doch eines, das 4′ 4″ hoch, 2′ 2″ im Durchmesser[6]) ist, andere sind von 18 Amphorae, d. h. 472,74 Liter,[7]) von 20, 30 und 36 Amphorae Inhalt.[8]) Wegen ihrer sehr grossen Dimensionen[9]) werden diese

---

sind nach den verschiedenen Zeiten und Gegenden sehr verschieden. Die in der albaner Nekropole gefundenen (S. 642 A. 6) sind aus dem stark mit vulkanischen Bestandtheilen durchsetzten latinischen Thon gearbeitet und haben die Form einer auf niedrigen Füssen stehenden Mulde.)

1) Stephani Die Vasen-Sammlung der kaiserlichen Eremitage. St. Petersburg Th. I. II. 1869. 8.

2) *A Catalogue of the Greek and Etruscan vases in the British Museum* Vol. I. II. London 1870. 8.

3) *Digest.* 50, 16, 206. *Dolia olearia* Cato *de r. r.* 13, 2.

4) Abbildungen des Diogenes mit dem πίθος s. in dem Relief der Villa Albani Winckelmann *Mon. ined.* n. 174 und auf einer Lampe des britischen Museums, abg. bei Birch I p. 188.

5) Aristoph. *Eqq.* 792. Jahn Berichte d. S. G. 1854. S. 40. Auch das Fass der Danaiden, des Eurystheus, des Pholos wird in solcher Grösse gedacht. S. Jahn a. a. O. und Vasensamml. K. Ludwigs p. XC.

6) Bei Sebastopol gefunden. Birch I p. 189.

7) Von den vier *dolia* in der Villa Albani hat eines die Inschrift *AMP. XVIII.* S. Fea *Indicazione antiquaria per la villa Albani.* Roma 1803. 4. n. 308. 334. Marini *Iscr. Albane* p. 39 n. 33.

8) Birch II p. 309. Die *sesquiculearia dolia*, welche Colum. 12, 18 extr. erwähnt, hielten $1^1/_2$ *culeus*, d. h. 30 *amphorae*.

9) *Bull. dell' Inst.* 1846 p. 34, vgl. Brongniart *Traité* I p. 407—409. Wegen dieser Grösse sind die *dolia* am schwersten zu machen, da eine Töpferscheibe dabei gar nicht oder doch nicht in der gewöhnlichen Weise zur Anwendung kommen konnte (s. Geopon. 6, 3, 4. Jahn Ber. d. Sächs. G. d. W. h. ph. Classe 1854 p. 40. Blümner II S. 41 ff.), und die Schwierigkeit der Fabrication des *dolium* ist sprichwörtlich. Zenob. *prov.* 3, 65 Leutsch: ἐν

dolia, welche in den Kellern überdies eingegraben wurden, zu den Immobilien gerechnet,[1]) wie auch die *seriae*, eine, wie es scheint, kleinere[2]) Art der *dolia*[3]) welche nicht nur für den Wein[4]) und das Oel,[5]) sondern auch zum Aufbewahren von Getreide[6]) und zum Einsalzen des Fleisches[7]) gebraucht wurden. Aus den Stückfässern füllte man den Wein zum Zweck des Verbrauchs und Verkaufs in *amphorae* oder *cadi*.[8]) Die *amphora* (ἀμφορεύς) ist ein zweihenkliges, gewöhnlich unten spitzes Gefäss[9]) (Fig. 11. 12), welches in der Vorrathskammer in den Sand gegraben wird[10]) und beim Gebrauch in einen Korb, ein Kühlgefäss, oder auf einen hohlen Untersatz, ἐγγυθήκη, ἀγγυθήκη, lateinisch *incitega*,[11]) gestellt werden muss,[12]) wiewohl es auch *amphorae* mit plattem Boden gab, bei welchen diese Vorrichtung nicht erforderlich war; sie hat zu Cicero's Zeit die nor-

seria.

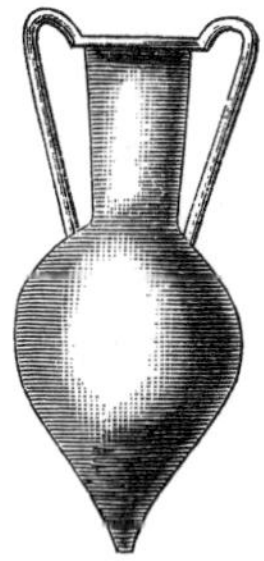

Fig. 11.

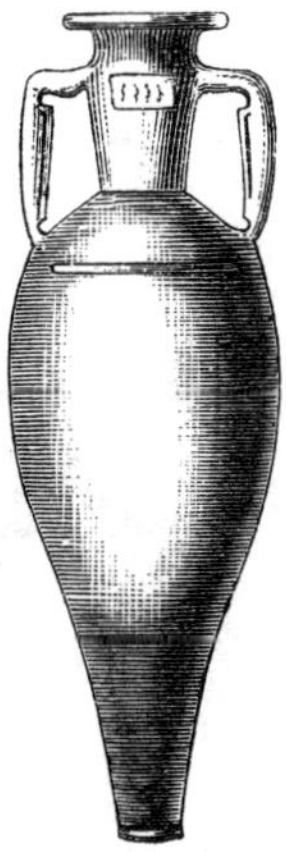

Fig. 12.

amphora.

πίθῳ τὴν κεραμείαν μανθάνω· ἐπὶ τῶν τὰς πρώτας μαθήσεις ὑπερβαινόντων ἁπτομένων δὲ εὐθέως τῶν μειζόνων. Vgl. Acro *ad Hor. A. P.* 21.

1) *Digest.* 33, 7, 8 pr.: *Dolia, licet defossa non sint, et cupae.* Ib. 32, 93 § 4: *vasa vinaria, id est cupae et dolia, quae in cella defixa sunt.* 33, 6, 3 § 1: *In doliis non puto verum, ut vino legato et dolia debeantur, maxime si depressa in cella vinaria fuerint aut ea sint, quae per magnitudinem difficile moveantur.* Plut. *qu. conv.* 7, 3, 2, 3, p. 855 Dübn.: διὸ καὶ κατορύττουσι τοὺς πίθους.

2) Bei Columella 12, 28, 1 hat eine *seria* 7 *amphorae.*

3) *Dolia et seriae* werden oft zusammen erwähnt, Colum. 12, 28, 3. Terent. *Heaut.* 3, 1, 51. Liv. 24, 10, 8. Dig. 50, 16, 206. Eine Satire des Varro hatte den Titel *Dolium aut seria* (Probus *ad Verg. ecl.* 6, 31, II p. 353 extr. Lion).

4) *Dig.* 50, 16, 206.

5) Varro *de r. r.* 3, 2, 8.

6) *Dig.* 50, 16, 206.

7) Colum. 12, 53, 4.

8) *Dig.* 33, 6, 15: *vinum enim in amphoras et cados hac mente diffundimus, ut in his sit, donec usus causa probetur; — in dolia autem alia mente coniicimus, scilicet ut ex his postea vel in amphoras et cados diffundamus, vel sine ipsis doliis veneat.* Dass in den *dolia* junger Wein lag, sagt auch Senec. *ep.* 36, 3: (*vinum*) *non pati aetatem, quod in dolio placuit.*

9) Die Abbildung ist genommen aus D'Agincourt *Rec.* pl. 19.

10) Im J. 1789 wurde bei der Porta Flaminia ein Keller entdeckt, in welchem eine grosse Anzahl *amphorae* stehend im Sande, in einer geraden Linie geordnet, vorgefunden wurde. D'Agincourt *Rec.* p. 46 pl. 19 fig. 29.

11) Festi *epit.* p. 107, 3.

12) Vier spitze Amphoren in einem, wie Jahn zu erkennen glaubt, gläser-

cadus. male Grösse des Quadrantal, d. h. 26,26 Liter;[1]) der *cadus*, welcher, wenn er als bestimmtes Mass vorkommt, dem griechischen μετρητής entspricht, d. h. 39,39 Liter, also 3 *urnae* hat,[2]) während auf die *amphora* 2 *urnae* gehen, ist eigentlich das Gefäss für griechischen Wein,[3]) dient aber auch zur Aufbewahrung von Oel, Feigen, Hülsenfrüchten und gesalzenen Fischen und ist, wo nicht von ausländischer Waare die Rede ist,[4]) als identisch mit der *amphora* zu betrachten.

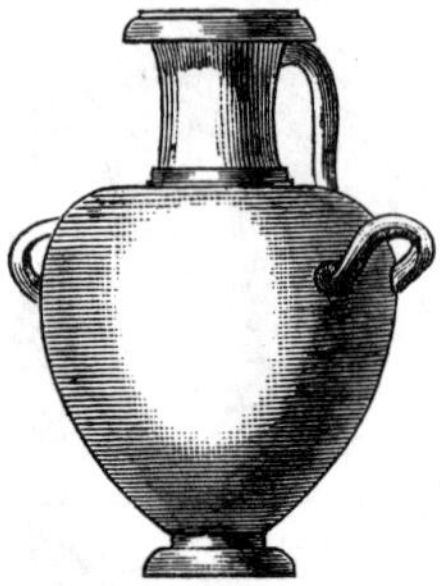

Fig. 13.

urna. *b.* Verbrauchsgefässe zum Tragen und Ausgiessen eingerichtet, die *urna* (ὑδρία oder κάλπις) (Fig. 13), oft mit drei Henkeln, zwei kleinen zum Heben und einem hinten angebrachten grösseren zum Giessen,[5]) das Wassergefäss,[6]) welches man auf Kopf[7]) oder Schulter[8]) trug, wenn man Wasser vom Brunnen holte, zugleich bei Abstimmungen in den Volksversammlungen und Gerichten[9]) zum Geschäfte des Loosens, bei Begräb-

nen Kühlgefässe (ψυκτήρ) stehend, auf einem Bilde der Villa Pamfili. O. Jahn Die Wandgemälde der Villa Pamfili S. 42, Taf. V, 15. *Amphorae* mit Untersatz s. bei Heydemann Mittheilungen aus den Antikensammlungen in Ober- und Mittelitalien S. 51 n. 2. Vgl. daselbst S. 40 Anm. 94. Eine Amphora bei einem Gelage mit einem Strick an einem einfachen Gerüst aus Stäben befestigt auf einem pompeianischen Gemälde *Not. d. Scavi* 1882 p. 322.

1) S. Staatsverwaltung II² S. 75. Hultsch Metrologie ² S. 113.

2) Isidor. *or.* 16, 26, 13: *Cadus Graeca amphora est, continens urnas tres.* Priscian. *de pond. et mens.* 84:

Attica praeterea dicenda est amphora nobis
Seu cadus: hanc facies, nostrae si adieceris urnam.

3) So spricht Plin. *n. h.* 14, 97 von *amphorae Falerni* und *cadi Chii.*

4) Mart. 1, 18, 2: *In Vaticanis condita musta cadis;* 4, 66, 8: *Vina ruber fudit non peregrina cadus;* 12, 48, 14: *Vaticani perfida vappa cadi.*

5) Jahn a. a. O. S. XCII. Eine mit der Ueberlieferung ganz im Widerspruch stehende Ansicht hat Semper II² S. 12 (13) f.

6) Varro *de l. L.* 5, 126.

7) Propert. 5, 4, 16 und sonst.

8) Prop. 5, 11, 28 und sonst.

9) Valer. Max. 6, 3, 4. Lucan. 5, 394, zu welcher Stelle der Schol. sagt: *Urna est vas, quod et orca dicitur, in quo antiqui sortes mittebant, et manibus conversantes movebant.* Die *urna* war, wie es scheint, mit Wasser gefüllt (wie bei den Griechen) und das Loos, welches beim Ausgiessen zuerst herauskam, war das entscheidende. Cic. *in Verr.* 2, 51, 127: *ut quot essent renuntiati, tot in hydriam sortes coniicerentur: cuius nomen exisset, ut is* etc. Vopisc. *Prob.* 8: *Deinde in urnam milites iussit nomen suum mittere, ut aliquis eum (equum) sorte ductus acciperet. Et cum essent in exercitu quidam nomine Probi alii quatuor milites, casu evenit, ut qui primum emergeret ei Probo nomen existeret. — Sed cum quatuor illi milites inter se contenderent, ac sortem sibi quisque defenderet, iussit iterum agitari urnam, sed et iterum Probi nomen emersit;*

nissen zur Aufbewahrung der Asche anwendete und welches in seiner normalen Grösse einer halben Amphora gleich war; [1]) der *urceus*, ein Henkeltopf, [2]) vielleicht kleiner, [3]) ebenfalls zum Wasserholen, [4]) aber auch zum Küchengebrauch; [5]) die *lagoena* (λάγυνος), eine Weinkanne mit engem Halse (στεναύχην), [6]) etwas erweiterter Mündung [7]) und einem Henkel, [8]) welche als Aushängeschild vor der Weinhandlung hing [9]) und bei Tische den Gästen vorgesetzt wurde. [10]) Die Form ist uns sicher bekannt aus einem Exemplar, das die Inschrift hat *Martiali soldam lagonam* (Fig. 14); [11]) und eine ähnliche werden wir auch bei den allgemeinen Be- *lagoena.*

Fig. 15.

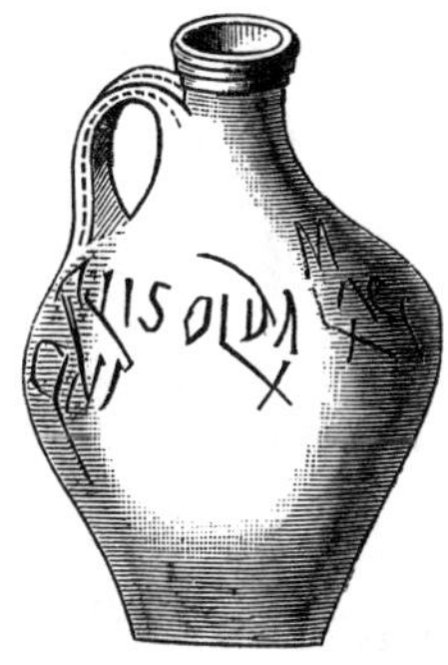

Fig. 14.

---

cumque tertio et quarto fecisset, quarto Probi nomen effusum est. Daher sagt Plutarch. *Ti. Gracch.* 11: Ἐνστάσης δὲ τῆς ἡμέρας καὶ τὸν δῆμον αὐτοῦ καλοῦντος ἐπὶ τὴν ψῆφον, ἡρπάσθησαν ὑπὸ τῶν πλουσίων αἱ ὑδρίαι. Der Plural wie bei Cic. *in Vatin.* 14, 34: *Quaero ex te — num quis reus in tribunal sui quaesitoris adscenderit, eumque vi deturbarit, subsellia dissiparit, urnas deiecerit?* Das Gefäss heisst auch *sitella.* Manut. *de com.* p. 527 Graev. Wunder *Diss. de discrimine verborum cistae et sitellae* in *Var. lectt.* p. CLVIII. Plaut. *Cas.* 2, 6, 11: *Adpone hic sitellam, sortes cedo mihi, animum advortite.* 2, 5, 34. 43; 2, 4, 17. Liv. 25, 3, 16: *Tribuni populum submoverunt, sitellaque adlata est, ut sortirentur.* Der Vorsitzende *defert sitellam* (lässt losen). Cic. *de d. nat.* 1, 38, 106. *Auct. ad Herenn.* 1, 12, 21. Asconius *in Cornelianam* p. 70 Or. = p. 63 Kiessling.

1) Hultsch a. a. O. S. 116. Die *urnae aereae*, welche in einer *taberna* erwähnt werden, *Dig.* 33, 7, 13 pr. (vgl. *C. I. L.* IV, 64), scheinen Masse zum Verkauf zu sein.

2) *panda ruber urceus ansa* Mart. 14, 106 vgl. 11, 56, 3.

3) Cato *de r. r.* 13, 3 unterscheidet *urceos fictiles* und *urnales*, die letzteren scheinen also nicht von Thon und grösser gewesen zu sein. Solche *urcei* kommen auch zur Aufbewahrung des Getreides vor. *Dig.* 33, 7, 12 § 1.

4) *urceus aquarius* Cato *de r. r.* 13, 3. Matius bei Gell. 10, 24, 10; vgl. Mart. 14, 106. Plin. *n. h.* 19, 71.

5) In der Küche hängt der Kessel über dem Feuer; vgl. *Dig.* 33, 7, 12 § 10. 18 § 3. In den Kessel giesst man das Wasser mit dem *urceus*, *Dig.* 33, 7, 18 § 3.

6) *Anth. Pal.* VI, 248, 4.

7) Apul. *met.* 2, 15: *lagena — orificio cessim dehiscente patescens, facilis hauritu.*

8) Jacobs *Anth. Gr.* IV p. 132 n. 77 = *Anth. Pal.* V, 135: Εἰς λάγυνον.
στρογγύλη, εὐτόρνευτε, μονούατε, μακροτράχηλε
ὑψαύχην, στεινῷ φθεγγομένη στόματι.

9) Mart. 7, 61, 5. 10) Hor. *sat.* 2, 8, 41. Quintil. 6, 3, 10.

11) Der hier abgebildete Krug von grauem Thon befindet sich im Museum zu Saintes und ist edirt zuerst in der *Revue archéol.* XII p. 175, dann von O. Jahn in Ber. d. sächs. Ges. d. Wiss. Phil. Histor. Classe. 1857 S. 197.

oenophorum. zeichnungen *vinarium*,[1]) *acratophoron*,[2]) *oenophoron*[3]) vorauszusetzen haben. Namentlich ist wohl das letztere kein Flaschenkorb, sondern ein Henkelgefäss,[4]) das man umkehrte, um es ganz auszugiessen.[5]) In dieselbe Kategorie gehört die Wasser-

Fig. 16.

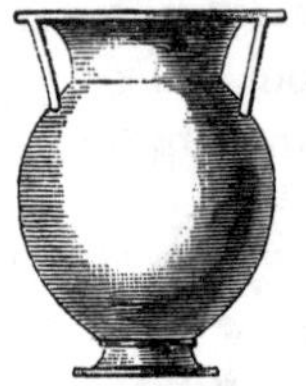
Fig. 17.

Fig. 18.

aquiminarium. kanne, *aquiminarium*,[6]) die Milchkanne,[7]) die enghalsige Oel-
ampulla. flasche λήκυθος[8]) (Fig. 15), lateinisch *ampulla*,[9]) mit welcher
guttus. in der Form übereinstimmt der *guttus*,[10]) aus dem man Oel[11]) und Wein, den letzteren bei Opfern,[12]) tropfenweise ausgoss,

---

(Es gab offenbar verschieden geformte *lagoenae*; denn die hier abgebildete ist weder lang- und enghalsig (S. 649 A. 8) noch so, dass man bequem daraus schöpfen kann (S. 649 A. 7).)

1) Hor. *sat.* 2, 8, 39.

2) Das Wort war zu Cicero's Zeit in Rom eingebürgert. Cic. *de fin.* 3, 4, 15. Varro *de r. r.* 1, 8, 5.

3) Horat. *sat.* 1, 6, 109. Pers. 5, 140.

4) S. die mir von Prof. Georges freundlichst nachgewiesene Stelle aus *Aulularia sive querolus*, *Theodosiani aevi comoedia* ed. R. Peiper p. 38, 4: *urceolum contusum et infractum, oenophorum exauriculatum et sordidum, ampullam truncam rimosamque depstis fultam cerulis non simpliciter intuetur: bilem tenere vix potest;* woraus ersichtlich ist, dass das Gefäss Ohren d. h. Henkel hat. Bei Apul. *met.* 2, 24 wird verlangt *calida cum oenophoris*, also Wasser allein und Wein allein und ein Becher (*calix*) zum Mischen und Trinken.

5) Dies beweist namentlich der Vers des Lucilius (3, 51 M.) bei Nonius p. 173, 16: *Vertitur oenophoris fundus, sententia nobis.* Auch in den angeführten Stellen des Horaz und Persius wird das *oenophorum* von Sclaven getragen, nicht verpackt, und Isidor *or.* 20, 6, 1 erklärt: *vas ferens vinum*, sowie der Schol. Juv. 6, 426: *oenophorum prendit, quod urnam capit et sic bibit.*

6) Das silberne *aquiminarium* wird *Dig.* 34, 2, 19 § 12; 34, 2, 21 § 2 zu dem *argentum escarium* gerechnet.

7) Einen Milchtopf, dessen Bestimmung die am Henkelansatz befindliche Katze erkennen lässt, s. im *Mus. Greg.* I, 6.

8) Jahn Beschr. d. V. S. K. Ludwigs p. XCIV.

9) Apulei. *Flor.* 1, 9: *praedicavit, fabricatum semet sibi ampullam quoque oleariam, quam gestabat, lenticulari forma, tereti ambitu, pressula rotunditate.* Den engen Hals der *ampulla* beschreibt Plin. *ep.* 4, 30, 6. Ausser den *ampullae oleariae* giebt es auch *ampullae potoriae* (Mart. 14, 110), aus denen man Wein (Mart. a. a. O. Suet. *Dom.* 21) oder Wasser trinkt. Mart. 6, 35, 4.

10) v. Cohausen *Guttus*, *mamilla*, *vericulum*, Ann. d. Vereins für nassau. Alterthumsk. 1879 S. 272 ff.

11) Gellius 17, 8, 5.

12) Plin. *n. h.* 16, 185, wo ein *guttus faginus* erwähnt wird. Varro *de l. L.* 5, 124. Hor. *sat.* 1, 6, 118.

endlich das Salbenfläschchen, ἀλάβαστρον oder ἀλάβαστον (Fig. 16),[1] *alabastrum.* das, da es nicht stehen kann, eines Untersatzes (ἀλαβαστοθήκη) bedarf.[2]

c. Mischgefässe, κρατῆρες, lateinisch *crateres* oder *craterae*, *crater.* grosse, oben weit geöffnete Gefässe, entweder mit Fuss und zwei Handhaben (Fig. 17. 18) oder in der Form des δῖνος, der unten spitz zulief und deshalb einen Untersatz, ὑποκρατήριον, brauchte.[3]

d. Schöpfgefässe, der *cyathus*, ein Mass *cyathus.* von $2^1/_3$ pr. Cubikzoll oder $^1/_{12}$ Sextarius, womit man den gemischten Wein aus dem Crater in den Becher füllte (Fig. 19),[4] und das ähnlich gestaltete, bei Opfern in Anwendung kommende *simpulum*.[5] Von Metall *simpulum.* machte man auch Schöpflöffel mit langem Stiele, die für Thonformen nicht wohl anwendbar waren[6] (Fig. 20).

Fig. 19.

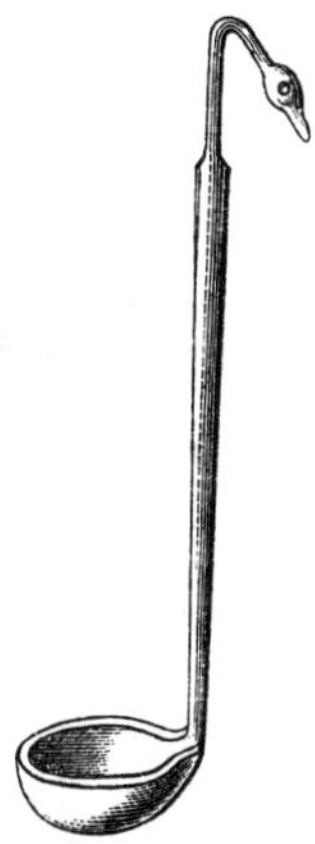

Fig. 20.

e. Trinkgefässe von dreierlei Form, nämlich Schalen, Becher und Hörner.

Zu den ersten sind zu rechnen die *phiala* (φιάλη), eine *phiala.* runde flache Schale ohne Handhabe,[7] oft von Gold[8] und Silber,[9] identisch mit der römischen *patera*,[10] die ursprünglich *patera.* als Trinkgefäss,[11] später hauptsächlich als Opferschale[12] diente und ebensowohl aus Thon[13] als von Silber[14] sein konnte; das

---

1) Nach Jahn Vasens. K. Ludwigs Taf. II, 76.

2) Suidas *s. v.* ἀλαβαστοθήκας. Jahn a. a. O. S. XCV.

3) S. die Stellen bei Jahn a. a. O. S. XCVI Anm. 683, und über den Gebrauch des *crater* oben S. 334. Die Abbildung nach Jahn a. a. O. Taf. II, 53. 54.

4) S. S. 334. Abbildung nach Jahn a. a. O. Taf. I, 18.

5) Festi *epit.* p. 337 M.: *Simpulum vas parvulum non dissimile cyatho, quo vinum in sacrificiis libabatur.* Varro *de l. L.* 5, 124. Schol. Juven. 6, 343.

6) Thiersch Ueber die hellenischen bemalten Vasen in Abh. der 1. Cl. der Bayr. Acad. d. Wiss. Bd. IV. Taf. I, 15. Eine silberne Schöpfkelle bei Visconti *Mus. Chiaramonti* T. *a* III 8.

7) Jahn a. a. O. S. XCVIII.

8) Plat. *Critias* p. 120 A. Juven. 5, 39. Mart. 14, 95.

9) Mart. 3, 41; 8, 51; 8, 33. Plin. *n. h.* 33, 156.

10) Isidor. *orig.* 20, 5, 2.

11) Macrob. *sat.* 5, 21, 4. Varro *de l. L.* 5, 122. Verg. *Aen.* 1, 729.

12) Varro *de l. L.* 5, 122. Ovid. *met.* 9, 160. Auf Münzen ist die *patera* das *insigne* der *VII viri epulones*. Borghesi *Oeuvres* I p. 350.

13) Hor. *sat.* 1, 6, 118. 14) Plin. *n. h.* 33, 153.

cymbium. *cymbium* (κύμβη, κυμβίον), eine längliche tiefe Schale ohne Henkel, von der Aehnlichkeit mit einem Nachen benannt,[1]) thönern,[2]) auch silbern,[3]) wohl nicht verschieden von dem *scaphium*[4]) *calix.* und *gaulus*;[5]) der *calix* (κύλιξ),[6]) die gewöhnliche[7]) irdene[8]) Trinkschale mit Henkel und Fuss[9]) (Fig. 21), welche auch für

Fig. 21.

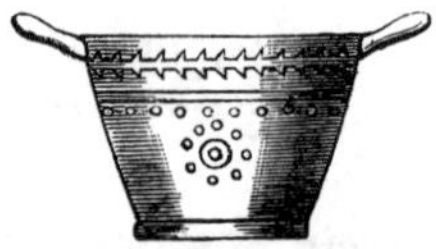

Fig. 22.

Fig. 23.

Speisen, z. B. *puls*,[10]) *fabae* und *olus*,[11]) diente, endlich die bei Plautus erwähnte *batioca*.[12])

scyphus. Zu den Bechern gehört der *scyphus*,[13]) ein grosser ursprünglich hölzerner,[14]) zum Gebrauch der Hirten bestimmter,[15]) dann auch irdener oder silberner,[16]) unten abgerundeter oder auch abgeflachter Napf ohne[17]) und mit Handhaben,[18]) wie er regelmässig dem Hercules beigegeben wird[19]) (Fig. 22); ferner der

---

1) Festus p. 51, 10. Varro bei Non. p. 545, 26. Macrob. *sat.* 5, 21, 9. Verg. *Aen.* 3, 66. Ueber ihre Form s. Jahn a. a. O.

2) Mart. 8, 6, 2. 3) Verg. *Aen.* 5, 267.

4) Plaut. *Stich.* 693. Cic. *in Verr.* 4, 17, 37; 4, 24, 54.

5) Plaut. *Rud.* 1319.

6) Macrob. *sat.* 5, 21, 18: ἀπὸ τῆς κύλικος, *quod poculi genus nos una littera immutata calicem dicimus.*

7) Häufig erwähnt z. B. Hor. *sat.* 2, 4, 79; 2, 8, 35; 2, 6, 68. *epist.* 1, 5, 19.

8) Plaut. *Capt.* 916: *Aulas calicesque omnis confregit.*

9) Jahn a. a. O. Taf. I, 12. 10) Varro *de l. L.* 5, 127.

11) Ovid. *fast.* 5, 509.

12) Plaut. *Stich.* 694: βατιάκη bei Athen. 11 p. 484e, auch βατιάκιον Ath. 11 p. 480a. 497f. *Placidi·glossae* ed. Deverling p. 13: *Batioca, patera argenti ad sacrificandum.* Vgl. Loewe *Prodr.* p. 276 f. 280.

13) Oft erwähnt, z. B. Hor. *od.* 1, 27, 1; *epod.* 9, 33.

14) δουράτεον σκύφος Phaidimos bei Athen. 11 p. 498e; *faginus scyphus* Tibull. 1, 10, 8. Nach Serv. *ad Aen.* 8, 278 ist der *scyphus* ein *ingens ligneum poculum.* 15) Athen. 11 p. 498f.

16) Athen. 11 p. 500a: ὕστερον δὲ κατὰ μίμησιν εἰργάσαντο κεραμέους τε καὶ ἀργυροῦς σκύφους. *Scyphus argenteus* Varro bei Gell. 3, 14, 3.

17) Auf dem Relief bei Visconti *M. P.-Cl.* V, 14 hält Hercules einen Scyphus ohne Henkel, den runden Boden mit voller Hand fassend, was ganz der Schilderung des Vergil *Aen.* 8, 278 entspricht: *Et sacer implevit dextram scyphus.* Ebenso hält der Silen bei Visconti *Mus. Chiaramonti* t. 41 den *scyphus*, und Hercules bei Zoega *Bass.* t. 69. 70.

18) Athen. 11 p. 500a. Hercules mit Henkel-Scyphus Visconti *Mus. Chiar.* t. 42. Zoega *Bass.* tav. 67. 68. 72.

19) Athen. 11 p. 500a. Serv. *ad Verg. Aen.* 8, 278. Seneca *ep.* 83, 23.

cantharus,[1]) ein Becher mit hohem Fuss[2]) und Henkeln (Fig. 23),[3]) dem Dionysos eigen,[4]) das *carchesium*,[5]) eine ähnliche Form, aber in der Mitte der Höhlung sich verengend und mit bis zum Fusse hinabgehenden Henkeln;[6]) endlich das *ciborium* (κιβώριον), eine ägyptische Form, dem Fruchtgehäuse der ägyptischen Pflanze κολοκασία ähnlich.[7]) *cantharus. carchesium. ciborium.*

Unter den Trinkhörnern (κέρατα) kommen verschiedene Formen vor, unter denen zu erwähnen ist das ῥυτόν, aus dessen spitzem Ende man den Wein in einem feinen Strahle ausgoss.[8])

Die meisten der angeführten Trinkgefässe sind, wie die Namen zeigen, griechische und wurden, da nach Alexander's des Gr. Zeit die Fabrication irdener Gefässe immer mehr zurücktrat und der Gebrauch edler Metalle überhand nahm, damals, als sie in Rom in Mode kamen, grossentheils aus Silber gefertigt. Aber ursprünglich gehören alle Formen der Ess- und Trinkgeschirre der Töpferkunst an; in Griechenland heisst noch in späterer Zeit alles Tischgeräth κέραμος, auch wenn es von Silber und Gold ist,[9]) und in Italien haben sich die irdenen Gefässe der alten Zeit im sacralen Gebrauche[10]) wie im Volke erhalten.[11])

Macrob. *sat.* 5, 21, 16: *Scyphus Herculis poculum est.* Die Abbildung nach Thiersch a. a. O. Taf. I, 1.

1) Oft vorkommend, z. B. Plaut. *Asin.* 906; *Stich.* 710. Hor. *od.* 1, 20, 2. Ausführlich handelt über denselben Saglio *Dictionnaire des Antiq.* I p. 893 ff.

2) Athen. 11 p. 488f.

3) Vergil. *ecl.* 6, 17. Abbildung nach Jahn a. a. O. Taf. I, 28.

4) Macrob. *sat.* 5, 21, 16. Plin. *n. h.* 33, 150. Abbildungen des Dionysos mit dem Cantharus weist nach Jahn a. a. O. S. XCIX Anm. 721.

5) Macrob. *sat.* 5, 21, 3: *est autem carchesium Graecis tantummodo notum.* Horaz erwähnt es nie, wohl aber Verg. *georg.* 4, 380. *Aen.* 5, 77 bei einer Libation, Ovid. *met.* 7, 246 bei einem Opfer, 12, 318 als Trinkgefäss.

6) Athen. 11 p. 474e: ποτήριόν ἐστιν ἐπίμηκες, συνηγμένον εἰς μέσον ἐπιεικῶς, ὦτα ἔχον μέχρι τοῦ πυθμένος καθήκοντα. Macrob. *sat.* 5, 21, 4.

7) Athen. 11 p. 477e. Hor. *od.* 2, 7, 21 und dazu die Schol.

8) S. Jahn a. a. O. S. XCIX f. *Mus. Borb.* V, 20; VIII, 14. Panofka Die griechischen Trinkhörner und ihre Verzierungen. Berlin 1851. 4.

9) Athen. 6 p. 229c.

10) Tibull. 1, 1, 39:

Fictilia antiquus primum sibi fecit agrestis
pocula, de facili composuitque luto.

Isidor. *orig.* 20, 4, 3. Dies sind die *vasa Numae* Pers. 2, 59 oder das *Tuscum fictile* ib. Mart. 14, 98. *Tuscus catinus* Juv. 11, 109. Derselbe 6, 342:

aut quis
simpuvium ridere Numae nigrumque catinum
et Vaticano fragiles de monte patellas
ausus erat?

Plin. *n. h.* 35, 158. Apul. *de mag.* c. 18. Senec. *ep.* 95, 72. 73; 98, 13. Plin. *n. h.* 33, 142.

11) Juven. 10, 25; 3, 168 und dazu das Schol.

Zu diesem altitalischen Opfer- und Hausgeräth gehören die *patera*, die *capis* oder *capedo*, ein irdener oder hölzerner Henkelbecher,[1] das *simpulum*, die *obba*, eine dialectische Bezeichnung[2] eines unten breiten,[3] nach oben sich verengenden Napfes von Holz oder Thon, der im Volke und bei Leichenbegängnissen in Anwendung blieb;[4] die *trulla*[5] (Maurerkelle),[6] ein flaches Gefäss mit langem Stiel (*manubrium*),[7] der *modiolus*,[8] der *sinus*,[9] die *lepesta*[10] und die *galeola*,[11] Näpfe, in denen der Wein auf die Tafel kam, bevor das *acratophoron* üblich wurde.[12]

f. Essgeschirr, Schüsseln und Teller (*lances*) von verschiedener Form und zu verschiedenem Gebrauche,[13] namentlich *catinum*, tiefe Suppen- und Gemüseschüssel,[14] *patina* oder

---

1) Varro *de l. L.* 5, 121: *capis et minores capulae, a capiendo, quod ansatae, ut prehendi possent, id est capi. Harum figuras in vasis sacris ligneas ac fictiles antiquas etiam nunc videmus.* Varro bei Non. p. 547, 16. Festi *epit.* p. 48, 9 *s. v. capis.* Liv. 10, 7, 10. Eine *myrrhina capis* kaufte Nero für eine Million Sesterzen (Plin. *n. h.* 37, 20) und Trimalchio bei Petron. 52 besitzt 1000 *capides. Capedines* oder *capudines* Cic. *parad.* 1, 11; *capedunculae* Cic. *de d. n.* 3, 17, 43. Cic. *de rep.* 6, 2, 2: *Oratio Laeli, quam omnes habemus in manibus, quam simpula pontificum diis immortalibus grata sint, Samiaeque, ut scribit, capedines.*

2) Gell. 16, 7, 9.

3) Daher *sessilis obba* Pers. 5, 148.

4) S. die Stellen bei Jahn *ad Pers.* 5, 148.

5) Sie gehört zu den gewöhnlichen Trinkgefässen, *Dig.* 34, 2, 36. Mart. 9, 96, und ist von Holz (Cato *de r. r.* 13, 3) oder Thon (*Campana trulla* Hor. *sat.* 2, 3, 143); aber es gab auch kupferne (Cato *de r. r.* 13, 2), silberne (Orelli 3838 = *C. I. L.* X, 6), murrhinische (Plin. *n. h.* 37, 20), aus edlen Steinen geschliffene, Cic. *in Verr.* 4, 27, 62.

6) Palladius 1, 15. Isidor. *or.* 19, 18, 3.

7) Festi *epit.* p. 31 *s. v. Bacrionem.* Cic. *in Verr.* 4, 27, 62.

8) Als Trinkgefäss erwähnt *Digest.* 34, 2, 36.

9) Varro *de l. L.* 9, 21: *inusitatis formis vasorum recentibus ex Graecia allatis obliteratae antiquae consuetudinis sinorum et capularum species.* Der *sinus* ist ursprünglich ein Milchnapf (Verg. *ecl.* 7, 33. Baehrens *P. L. M.* I, 12 [= Riese *Anthol.* 395], 12), in dem man aber auch Wein hereinbringt, Plaut. *Curc.* 82. Valgius bei Philargyrius *ad Verg. georg.* 3, 177, Varro bei Non. 547, 21, weshalb Varro *de l. L.* V, 123 ihn *vas vinarium grandius* erklärt.

10) Nach Varro *de l. L.* 5, 123 und *de vita p. R.* bei Non. p. 547 im sabinischen Cult üblich, griechisch λεπαστή, ein grosser Napf. Athen. 11 p. 485ᵃ und daraus Eustath. *ad Il.* p. 1246, 31.

11) Varro bei Non. p. 547, 2.

12) Varro *de vita p. R.* (bei Priscian. 6 p. 714. Non. p. 547, 21. Serv. *ad Verg. ecl.* 7, 33): *Ubi erat vinum in mensa positum, aut lepestam aut galeolam aut sinum dicebant: tria enim pro quibus nunc acratophoron.*

13) Tiefe (*cavae*) Mart. 11, 31, 19; zu Gemüse, Cic. *ad Att.* 6, 1, 13; runde Bratenschüsseln Hor. *sat.* 2, 4, 40. Plaut. *Curc.* 323. 324; viereckige *Dig.* 6, 1, 6; 34, 2, 19 § 4; zu einem Hummer (? *squilla*) Juven. 5, 80; zu Obst Ovid. *ep. ex P.* 3, 5, 20.

14) Hor. *sat.* 1, 6, 115: *inde domum me Ad porri et ciceris refero laganique catinum.* Varro *de l. L.* 5, 120: *Vasa in mensa escaria, ubi pultem aut iuru-*

patella, tiefe verdeckte[1]) Schüssel, in welcher gekocht,[2]) aber auch aufgetragen wird,[3]) *paropsis* (παροψίς), viereckige Schüssel[4]) zu Beisätzen,[5]) obwohl das Wort auch in allgemeiner Bedeutung für jede Art von Schüsseln gebraucht wird,[6]) *apsis*,[7]) wahrscheinlich eine halbrunde Assiette, *gabata*,[8]) ein tiefes Gefäss.[9]) In diesen Geschirren, selbst wenn sie irden waren, trieb man grossen Luxus; schon Aristoteles hinterliess 70 *patinae*, Aesopus besass eine Schüssel von 100,000 Sesterzen Werth, und Vitellius liess einen eigenen Ofen bauen, um eine Schüssel herzustellen, die ihm eine Million Sesterzen kostete.[10])

g. Waschgefässe, namentlich Waschbecken, *malluvium*,[11]) *polubrum*,[12]) *trulleum*, griechisch *lebes*,[13]) Waschkanne, *gutturnium*,[14]) *urceolus, aquaemanalis*,[15]) *aquimanile*,[16]) *aquiminarium*,[17]) Becken zum Fusswaschen, *pelvis*,[18]) *pelluviae*.[19])

h. Küchen- und Wirthschaftsgeräthe, *olla*, ein bauchiger Kochtopf mit zwei Ohren,[20]) von Thon oder Kupfer,[21]) *olla.*

---

lenti quid ponebant, a capiendo catinum nominarunt. Catinos aquae erwähnt Varro *de r. r.* 1, 63; *fictile catinum* Cato *de r. r.* 84.

1) Plaut. *Ps.* 840:

Ubi omnes patinae fervont, omnis aperio:
Is odos dimissis manibus in coelum volat.

2) Plin. *n. h.* 23, 68. In einer *patina* wird das *pulmentarium* gekocht. *Dig.* 33, 7, 18 § 3.

3) Plaut. *Mil. gl.* 759; *patina tyrotarichi* Cic. *ad Att.* 4, 8ª. Eine *muraena* in einer *patina* aufgetragen Hor. *sat.* 2, 8, 43.

4) *Quadrangulum et quadrilaterum vas.* Isidor. *orig.* 20, 4, 10; von Silber *Dig.* 34, 2, 19 § 9.

5) Athen. 9, 3 p. 367ᶜ; daher metaphorisch: καὶ ταῦτα μέν μοι τῶν κακῶν παροψίδες ib. p. 367ᶠ; eine kleine Assiette zu Fischsauce (*allex*) von rothem Thon Mart. 11, 27, 5. Bei Artemidor 1, 74 scheinen die πίνακες καὶ παροψίδες Hauptschüsseln und Beisätze zu sein.

6) Ev. Matth. 23, 25. Juven. 3, 142.

7) *Dig.* 34, 2, 19 § 6; 34, 2, 32 § 1.

8) Mart. 7, 48; 11, 31, 18.

9) Isidor. *orig.* 20, 4, 11.

10) Plin. *n. h.* 35, 163. Suet. *Vitell.* 13. Eine ähnliche grosse Schüssel lässt bei Juven. 4, 37—135 Domitian für einen Rhombus machen.

11) Festus p. 161ª, 15.

12) Non. p. 544, 21. Arnobius 2, 23.

13) Servius *ad Aen.* 3, 466 legt bei seiner Erklärung: *lebes pro vase capitur, in quod aqua, dum manus abluuntur, decidit*, die Stelle Hom. *Od.* 1, 136 zu Grunde.

14) Festi *epit.* p. 98 *s. v.*

15) Varro bei Non. p. 547, 21.

16) Pauli *sent.* 3, 6, 56.

17) Ulpian *Dig.* 34, 2, 19 § 12 und 21 § 2.

18) Juven. 3, 277 und dazu das Scholion: *pelves, conchas, in quibus pedes lavant, aut vasa fictilia*, ποδάνιπτρα.

19) Festus 161ª, 18. Festi *epit.* p. 207.

20) Das Räthsel des Symphosius, welches diese Beschreibung giebt, hat Wernsdorf *P. L. M.* VI p. 575 nach dem Codex Heumanni überschrieben *De olla*; nach Riese *Anth.* I p. 203 n. 81 (Baehrens IV p. 381) hat indessen der Salmasianus *lagoena*.

21) Avian. *fab.* 11. Plin. *n. h.* 34, 98.

caccabus, eine Pfanne,[1]) *coculum*, ein Kochtopf,[2]) *patina* oder
patella. *patella*, die Casserole,[3]) identisch mit *sartago*;[4]) *hirnea*, ein Napf,[5]) der auch als Kuchenform dient,[6]) die Giesskanne,
situla. *nassiterna*,[7]) und der Eimer, *situla*, der ursprünglich für den Ziehbrunnen bestimmt war,[8]) und aus dem man auch beim Kehren sprengte.[9])

Differenz der Thonwaaren. Nach dem Material zerfallen alle diese Hausgeräthe 1) in gelbbraune ordinäre Waare, wozu *dolia* und *amphorae* gehören, 2) in rothe Waare, unter welcher sich das Essgeschirr befindet, das vom hellsten bis zum dunkelsten Roth und von sehr verschiedener Feinheit des Thons vorkommt, 3) graue Waare, 4) schwarze Waare. Rothe und schwarze Gefässe erhielten auch Glasur und Reliefverzierungen, welche letztere indess erst Mode wurden, als die Metallgeschirre in allgemeinen Gebrauch gekommen und für die Form der Thonarbeiten mustergültig geworden waren.

Das sind also die Sorten, deren man sich in der Wirthschaft bediente. Auch unter ihnen ist indessen eigentlich römi-
Römische Fabrik. sches und ausländisches Fabricat zu unterscheiden. Was das

---

1) Varro *de l. L.* 5, 127. *Dig.* 33, 7, 18 § 3 gewöhnlich irden, *fictilis*, aber auch von Kupfer, Col. 12, 48, 1, und Silber *Dig.* 34, 2, 19 § 12.

2) Nach Isidor. *orig.* 20, 8, 1 heissen so *omnia vasa coquendi causa parata*; nach Festi *epit.* p. 39 *s. v. cocula* sind es *vasa aenea, coctionibus apta.*

3) Isidor. *orig.* 20, 8, 2: *olla — oris patentioribus.*

4) Plin. *n. h.* 16, 55. Isidor. *orig.* 20, 8, 5: *ab strepitu soni vocata, quando ardeat in ea oleum* (also wohl eine Bratpfanne).

5) Plaut. *Amph.* 429. 431. 432.

6) Cato *de r. r.* 81.

7) Festus p. 169ᵃ, 11: *Nassiterna est genus vasi aquari ansati et patentis, quale est, quo equi perfundi solent.*

8) *Dig.* 18, 1, 40 § 6: *Rota quoque, per quam aqua traheretur, nihilominus aedificii est, quam situla.* Burmann *Anth. L.* I p. 493: *Extractam puteo situlam cum ponit in horto* = Charis. p. 275, 25 K. Diese Eimer waren in Aegypten ursprünglich von Thon, nicht von Holz, und wurden ihrer zwei an einem Joche getragen. Semper II² S. 3 (4). Römische Eimer sind gewöhnlich von Bronze. Semper II² S. 44. 45 (45. 46). *Revue archéolog.* N. Sér. XXV (1873) p. 361 ff. Zwei kunstvoll gearbeitete bronzene *situlae* s. *Mus. Gregor.* I tav. 3. Heydemann Mittheilungen S. 99 n. 63 Taf. IV n. 3; eine thönerne bei Klügmann *Annali dell' Inst.* 1871 p. 15. *Monumenti* IX tav. 26, 2. Bronzene Eimer finden sich schon in etruskischen Gräbern, in welchen sie indess als Aschenkästen dienen. Gozzadini *Scavi archeologici fatti dal Sign. Arnoaldi Veli* p. 34, tav. 8. Derselbe *Ulteriori scoperte a Marzabotto* tav. 14 n. 6. 8. *Situla* aus der Certosa bei Bologna: Zannoni *Scavi della Certosa* t. 34, 7. *Bull. d. paletn. ital.* VI, t. 7. 8; vgl. *Ann. d. Inst.* 1884 p. 164. Ein schön gearbeiteter silberner Eimer, nach Wieseler aus dem zweiten Jahrh. nach Chr., befindet sich in der Eremitage zu Petersburg. Köhne Die beiden grossen Silbergefässe der kaiserlichen Eremitage. Petersburg 1847. 8.

9) Plaut. *Stich.* 352.

erstere betrifft, so gab es, wie im ganzen Italien,[1]) so auch in Rom Töpfer seit ältester Zeit; auf dem Vatican[2]) und in der Stadt selbst[3]) waren Töpfereien; Ziegeleien lagen in der nächsten Umgebung, z. B. an der am östlichen Ufer des Tiber nach Norden hinaufgehenden *via Salaria*;[4]) von Geräthen indess scheint Rom selbst lange Zeit nur gröbere Waare geliefert zu haben, da wie die ersten plastischen Kunstwerke in Thon, so wohl auch die ersten kunstvoller gearbeiteten Gefässe aus Etrurien nach Rom gelangten.[5]) Gemalte Vasen sind zwar schon seit ältester Zeit in Rom und Latium aus Griechenland und den griechischen Colonien eingeführt und zu häuslichem Gebrauche, sowie auch zum Schmuck der Gräber verwendet worden;[6]) die einheimische Fabrication derselben begann aber erst zu der Zeit, als die griechische Vasenmalerei bereits in Verfall gerathen war, etwa seit dem dritten Jahrhundert vor Chr. Aus dieser Zeit findet sich nach den Untersuchungen von Stephani eine Gattung gemalter Thongefässe, welche uns sichere Spuren einer directen und unmittelbaren Theilnahme der Römer an ihrer Herstellung darbietet. Ihre Eigenthümlichkeit besteht darin, dass die Plätze für die Figuren und Ornamente nicht mehr wie früher fast allgemein geschah ausgespart, sondern dass ohne Ausnahme die ganzen Gefässe an den Innen-, wie an den Aussenseiten vollständig mit schwarzem Firniss überzogen und die bunten zur Darstellung Gemalte Gefässe.

---

1) Helbig Die Italiker in der Poebene S. 83 ff. Lenormant *Les poteries Italiques primitives* in *Gazette archéologique* 1879 p. 104 ff. 1880 p. 1 ff.

2) Juv. 6, 344: *et Vaticano fragiles de monte patellas.* Mart. 1, 18, 2.

3) Von einem *figulus in Esquilina regione* und dessen *fornax plena vasorum* wird bei Festus p. 344^b, 26 *s. v. salinum* berichtet. Eine Lampe bei Passeri *Luc.* III t. 7 = Marini *Iscr. dol.* p. 478 n. 312 hat den Stempel: *ex off(icina) P. Vetti ad port(am) trig(eminam).* Zu des alten Cato Zeit kaufte man *dolia* am besten in Rom; *tegulae* in Venafrum, Cato *de r. r.* 135, 2.

4) Marini *Iscr. dol.* 308, und Index p. 542.

5) Jahn Vasens. K. Ludw. p. CCXXXIII—CCXXXVI.

6) ⟨Marquardt's in der früheren Auflage ausgesprochene entgegengesetzte Meinung wird durch die Funde widerlegt. Griechische Vasen mit schwärzlichen oder bräunlichen Gürteln, oder mit solchen Gürteln und laufenden Vierfüsslern auf gelblichem Grunde haben sich im südlichen Theil der Nekropole von Alba Longa (Helbig Die Italiker in der Poebene S. 84. 85) und Scherben gleichartiger Gefässe unter der servianischen Mauer gefunden (a. a. O. S. 46). Aehnliche Vasen lieferten die auf dem Esquilin und Viminal entdeckten Gräber (*Bull. arch. comun.* 1875 tav. 6—8 n. 15—17; 1878 tav. 6—8 n. 3. 5. 54—58). Ebenda fand man auch korinthische Gefässe (a. a. O. 1878 tav. 6—8 n. 1. 2. 4) und eine Lekythos, deren Decoration an die korinthische erinnert (a. a. O. 1875 t. 6—8 n. 11). Auch kamen bei diesen Ausgrabungen Scherben attischer Vasen (a. a. O. 1875 t. 6—8 n. 23) und Gefässe später italischer Fabriken zu Tage (a. a. O. 1875 t. 6—8 n. 10. 14. 19).⟩

der Figuren und Ornamente nöthigen Farben erst später auf diesen Firniss aufgetragen sind,[1]) dass ferner die Farben nicht, wie bei der älteren Vasenmalerei, eintönig, sondern heller oder dunkler verwendet und auf die höchsten Theile der Körperformen weisse Lichter aufgesetzt werden; dass, wo Vergoldung einzelner Theile vorkommt, diese nicht durch Blattgold, sondern mit dem Pinsel hergestellt, endlich der Umriss der Figuren und Ornamente mit einem spitzen Instrumente in den noch weichen Firniss und Thon eingeritzt wird.[2]) Zu den Gefässen dieser Art, welche fast ausschliesslich in Italien gefunden werden, gehören acht von den vielbesprochenen Vasen,[3]) welche durch ihre lateinischen Inschriften als einheimisches Industrieerzeugniss bezeichnet werden und chronologisch als in das dritte Jahrhundert vor Chr. gehörig zu bestimmen sind.[4]) Dass gleichzeitig in Norditalien dieser Industriezweig blühte, kann man aus dem Schwerkupfer dieser Gegenden schliessen, das, ebenfalls dem fünften Jahrhundert der Stadt angehörig,[5]) zwei Serien mit Henkelkrug und Amphora enthält.[6])

Fabriken von Norditalien.

Im sechsten Jahrhundert v. Chr. entwickelte sich im südlichen Etrurien die Fabrication der schwarzen, mit asiatisirenden Reliefs geschmückten sogenannten Buccherovasen und verbreitete

1) Stephani im Petersburger *Compte-rendu* 1874 p. 51—95.

2) Stephani *Compte-rendu* 1874 p. 54 ff. Ein Schale dieser Art ist abgebildet bei Stephani a. a. O. auf dem Titelblatt und p. 83, eine andere, auf deren schwarzen Firniss die Figuren in Braun und Gelb gemalt und mit Weiss erhöht sind, s. bei Klügmann *Vasi fittili inargentati* in *Annali dell' Inst.* 1871 p. 10. Tav. d'agg. A.

3) Ihrer sind im Ganzen vierzehn, nämlich vier Krüge ohne Malerei mit den Inschriften *Veneres pocolom; Menervai pocolom; Fortunai pocolo*; *Saeturni pocolom* und zehn Schalen (*paterae*) mit den Inschriften *Iunonenes pocolom; Aecetiai* (d. h. *Aequitatis*) *pocolom; Keri pocolom; Volcani pocolom; Lavernai pocolom; Salutes pocolom; Coera* (oder *Coerai*) *pocolo; Aisclapi pococolom; Me*[*nervai? -rcuri? pocolom*]; *Belolai pocolom.* S. *C. I. L.* I, 43—50. Ritschl *Priscae latinitatis monumenta* Tab. 10. 11. Ritschl *De fictilibus litteratis Latinorum antiquissimis.* Bonn 1853. 4. zuletzt in Ritschl *Opuscula* IV p. 266 ff. Derselbe *Priscae latinitatis epigraphicae supplementum* V, in *Opusc.* IV p. 564 ff. Wilmanns *Ephem. epigr.* 1872. p. 8 n. 5. 6. Jordan *Ann. d. Inst.* 1884 p. 5 ff. 357 ff. Gefunden sind diese Gefässe, so weit dies sicher bekannt ist, in Tarquinii, Vulceii und Horta in Etrurien. Ueber ihre Technik s. Stephani a. a. O. S. 62 f.

4) Ritschl *Opusc.* IV p. 279 setzt alle diese Gefässe in die Zeit von 474 = 280 bis 520 = 234.

5) Mommsen G. d. R. Münzw. S. 227 (I S. 233 d. franz. Uebers.).

6) *L'aes grave del Mus. Kirch.* Cl. III tav. 5. 6. Mommsen G. d. M. S. 266 (I S. 380 f. d. franz. Uebers.). Nach Gamurrini *Le iscr. degli ant. vasi Aretini* p. 9 not. 1, werden solche Asse in Arezzo gefunden.

sich allmählich auch nach den weiter im Binnenlande gelegenen Städten.[1]) Der figürliche Schmuck dieser Vasen weist theils auf altpeloponnesische Typen, die etwa durch die Vermittelung der dorischen Colonien auf Sicilien nach Etrurien gelangt sein mögen,[2]) theils auf karthagische Vorbilder.[3]) Eine besondere Ausdehnung gewann die Fabrication dieser Gefässe in Chiusi, wo sie sich in Gräbern des fünften Jahrhunderts vor Chr. in grosser Menge finden.[4])

Später blühte die Fabrication schwarzer, mit Reliefs geschmückter Vasen in Süditalien. Das Centrum dieser Industrie scheint Cales gewesen zu sein, dessen an ihrem glänzenden schwarzen Firniss erkennbare Fabricate in Etrurien, Latium und auch weiterhin[5]) zuerst durch den Handel verbreitet, sodann aber nachgemacht wurden.[6]) Sie sind grossentheils mit einer calenischen Firma in lateinischer Sprache bezeichnet, z. B. L·CANOLEIOS·L·F·FECIT CALENOS; RETVS·GABINIVS·C·S·CALEBVS·FECIT,[7]) woraus hervorgeht, dass sie erst geraume Zeit, nachdem Cales Colonie geworden war (420=334),[8]) verfertigt sein können, und nach dem Charakter der Schrift werden die uns erhaltenen calenischen Geschirre nicht vor 520=234 gesetzt.[9]) Auf diese Zeit also wird der Beginn dieser Thonindustrie zu fixiren sein. Waare von Cales.

In den letzten Jahrhunderten der Republik[10]) und in den

1) Helbig *Ann. d. Inst.* 1884 p. 143 ff. Ueber die Technik vgl. Klitsche de la Grange *Sulla tecnologia del vasellame nero degli antichi.* Roma 1884.

2) Helbig *Ann. d. Inst.* 1884 p. 145.

3) Helbig *Bull. d. Inst.* 1879 p. 6.

4) Noel des Vergers *L'Étrurie et les Étrusques.* Paris 1862—64, vol. III fol. pl. 17. 18. 19.

5) Gefunden sind die uns erhaltenen Calenischen Geräthe in Cales selbst, in Tarquinii, Caere, Vulci, Toscanella und in Sicilien.

6) S. Gamurrini *Bull. dell' Inst.* 1874 p. 83.

7) Ueber die Inschriften sowie über die hierhergehörigen Gefässe s. Ritschl *Priscae latinitatis monum.* Tab. 10, J; *Priscae latinitatis suppl.* II p. 10; III p. 14; IV p. 17. Benndorf *Bull. dell' Inst.* 1866 p. 242—246; Henzen *Bull. dell' Inst.* 1871 p. 153. Gamurrini, Leo und Tomassetti *Bull. dell' Inst.* 1874 p. 82. 88. 146. Wilmanns *Ephem. epigr.* I (1872) p. 9—11. Stephani im Petersburger *Compte-rendu* 1874 p. 90 ff. *C. I. L.* X, 8054, 2. Abbildungen bei Fröhner *Mus. de France* Pl. 14, 4 p. 48—51; Klügmann *Annali dell' Inst.* 1875 p. 294, *tav. d'agg. N*; Foerster *Ann.* 1883 p. 66 ff., *tav. d'agg.* I.

8) Staatsverwaltung I² S. 50.

9) Ritschl *Priscae latinitatis suppl.* II p. 10.

10) Dass unter den noch erhaltenen arretinischen Gefässen ein Theil dem sechsten Jahrh. der Stadt angehört, beweisen die in den Inschriften vorkom-

drei ersten Jahrhunderten der christlichen Zeitrechnung ist für

vasa Arretina.

Tafelgeschirr der Hauptfabricationsort Arretium; die *vasa Arretina*, welche oft erwähnt werden[1]) und uns aus reichen, am Orte selbst gemachten Funden hinlänglich bekannt sind,[2]) zeichnen sich aus durch corallenrothe Farbe, haben meistens Glasur[3]) und sind mit zierlichen Reliefs versehen. Bemalte Vasen sind nur ausnahmsweise in Arezzo gefunden worden.[4]) Ausserdem

Waare von Mutina.

ist in Norditalien durch Töpferwaaren berühmt Mutina, in welchem schon im Jahre 577=177 v. Chr. die Ligurer eine Masse irdener Gefässe erbeuteten,[5]) Töpfereien von Ruf nicht nur zu Plinius' Zeit,[6]) sondern auch das ganze Mittelalter hindurch existirten,[7]) und rothe, den arretinischen gleiche Schalen und Becher gefunden werden;[8]) Pisaurum, dessen Waaren in der Umgegend Absatz fanden,[9]) Adria, dessen Gefässe sich durch Haltbarkeit auszeichneten und mit dem adriatischen Wein in den grossen Handel kamen;[10]) in Ligurien Asta, Pollentia[11]) und Velleia;[12])

---

menden Buchstabenformen, wie Λ (Gamurrini p. 19 n. 33; p. 30 n. 127), L (ders. p. 17 n. 10. 18).

1) Mart. 1, 53, 6; 14, 98. Plin. *n. h.* 35, 160. *Schol. Pers.* 1, 129. Isidor. *orig.* 20, 4, 5: *Arretina vasa ex Arretio municipio Italiae dicuntur, ubi fiunt. Sunt enim rubra. De quibus Sedulius:*

Rubra quod appositum testa ministrat olus.

2) A. Fabroni *Storia degli antichi vasi fittili Aretini.* Arezzo 1841. 8. G. Gamurrini *Le iscrizioni degli antichi vasi fittili Aretini.* Roma 1859. 8. Ders. *Bull. d. Inst.* 1884 p. 9. 49. *Not. d. Scavi* 1883 p. 265 ff.

3) Ueber diese Glasur s. F. Keller Die rothe römische Töpferwaare. Heidelberg 1876. 8. und mehr bei Blümner Technologie II S. 88 ff.

4) Jahn Vasens. K. Ludwigs LXXXII.

5) Liv. 41, 14, 2. Sie fanden daselbst *vasa omnis generis, usui magis quam ornamento in speciem facta.* Liv. ib. c. 18, 4.

6) Plin. *n. h.* 35, 161.

7) Cavedoni *Marmi Modenesi* p. 64—67.

8) Cavedoni *Bull. d. Inst.* 1837 p. 10; 1841 p. 144.

9) Passeri *Luc.* I p. XV.

10) Plin. a. a. O. § 161. Dass, da die Kerkyräer den Handel des adriatischen Meeres in alter Zeit hauptsächlich betrieben, Κερχυραῖοι ἀμφορεῖς und Ἀδριανὰ κεράμια identisch sind, ist die Ansicht von Jahn Ber. d. sächs. Ges. d. Wiss. 1854 Ph. Hist. Cl. p. 34.

11) Plin. a. a. O. § 160. Mart. 14, 157.

12) Ueber die dortigen Funde s. *Bull. dell' Inst.* 1837 p. 15. Die *figlinae* von Velleia werden mehrfach erwähnt in der *Tabula alimentaria Veleiatium* (s. Desjardins *De tabulis alim.* Paris 1854. 4.) Tab. VII, lin. 37: *C. Coelius Verus professus est saltus Avegam Veccium Debelos cum figlinis.* Ferner II, 89: *fundus Iulianus cum figlinis.* Die Ziegeleien von Velleia gehören zu den ältesten, welche aus Stempeln mit Angabe der Consulate bekannt sind.

in Unteritalien Allifae,[1]) Cumae,[2]) Capua,[3]) Surrentum[4]) und Rhegium.[5])

Von der griechischen sehr verschiedenartigen Waare[6]) ist in Rom hauptsächlich eine Sorte gangbar, nämlich das samische Geschirr. Es ist von fein geschlemmtem, mit *rubrica* (Eisenoxyd) roth gefärbtem Thon so hart gebrannt, dass es hell klingt und im Bruche scharf schneidet,[7]) von dünner Form,[8]) mit glänzendem Firniss versehen, sehr zierlich in der Arbeit, zum grossen Theil mit Reliefs geschmückt und war vorzugsweise als Tischgeräth[9]) anständiger Leute, die nicht von Silber assen, beliebt. Die samischen Geschirre scheinen nicht nur für die arretinische Fabrication das Muster geworden zu sein, — denn die *vasa Samia* sind ein Gattungsname, bei welchem man nicht nothwendig an ächte, in Samos gemachte Gefässe zu denken hat[10]) — sondern auch im ganzen römischen Reich Verbreitung und vielleicht Nachahmung gefunden zu haben. Töpfereien nämlich finden sich überall, wohin die Römer ihre Cultur gebracht haben, in Spanien in Sagunt, dessen Fabricate auch in Rom gekauft

Griechische Waare. **Samisches Geschirr.** **Töpfereien in den Provinzen.**

1) Hor. *sat.* 2, 8, 39 und dazu *Schol. Cruq.: Est autem Allifanum dictum ab Allife oppido Samnii, ubi maiores calices fiebant.*

2) *Cumanos calices* erwähnt Varro bei Non. p. 545, 4; eine *patella Cumana* von rothem Thon Mart. 14, 114, eine *Cumana* (*patella*) Apicius 4, 2 p. 24 Bernh. 5, 4 p. 39: *accipies Cumanam mundam, ubi coques pisum*, und weiter: *in Cumana ad ignem ponis;* 6, 9 p. 47 *in Cumana ponis;* 7, 11 p. 56 *in Cumana colas.* Die *patinae Cumanae* erwähnt als berühmt Plin. *n. h.* 35, 164, und mit den samischen Gefässen zusammen Tibull. 2, 3, 48. Die Formen, in welchen diese Gefässe gearbeitet wurden, sind in Cumae und der Umgegend in grosser Anzahl gefunden worden. *Bull. dell' Inst.* 1875 p. 66.

3) *Campana supellex* Hor. *sat.* 1, 6, 118. *Campana trulla* ib. 2, 3, 144. Ueber Funde schönen rothen Thongeschirrs daselbst s. Riccio *Notizie degli scavamenti del suolo dell' antica Capua.* Napoli 1855. 4°. p. 13. Tav. IV. V. VIII.

4) Ueber die *calices Surrentini* s. Plin. *n. h.* 35, 160. Mart. 13, 110; 14, 102.

5) Plin. a. a. O. § 164.

6) Plinius a. a. O. führt in seiner Aufzählung der Fabrikorte an erster Stelle Samos an, dann Erythrae und Cos, in Asien Pergamum und Tralles. Vollständiger zählt die griechischen Fabrikorte auf Jahn Ber. d. Sächs. Ges. d. Wiss. 1854. Ph. hist. Cl. S. 28—36. Büchsenschütz Die Hauptstätten des Gewerbfleisses. Leipzig 1869. 8. S. 13 ff.

7) Plin. *n. h.* 35, 165. Martial. 3, 81, 3.

8) Plaut. *Bacch.* 202: *Scis tu, ut confringi vas cito Samium solet. Menaechm.* 179: *Metuis, credo, ne fores Samiae sient.*

9) Plin. a. a. O. § 160: *Samia etiamnunc in esculentis laudantur.*

10) S. Jahn Ber. d. S. G. d. W. 1854. Ph. hist. Cl. S. 33 Anm. 24, der die Stellen bereits angeführt hat. Isidor. *orig.* 20, 4, 3: *Fictilia vasa in Samo insula prius inventa traduntur, facta ex creta et indurata igne, unde et Samia vasa.* Die irdenen Gefässe, deren sich die Römer beim Opfer bedienten, und

wurden,[1]) und in Tarraco,[2]) ferner in Frankreich,[3]) Deutschland[4]) und Britannien,[5]) aber neben den unzweifelhaft einheimischen Erzeugnissen dieser Gegenden kommen überall auch die feinen rothen glasirten Geschirre vor, und in wieweit diese ebenfalls der provinziellen Industrie zuzuschreiben sind, ist eine gegenwärtig noch ungelöste Frage.[6]) Dass der Handel mit feinen Thonwaaren lebhaft betrieben wurde, bezeugt Plinius[7]) und

---

die gewiss ursprünglich nicht aus Samos kamen, heissen *Samiae capedines* bei Cic. *de rep.* 6, 2, 2 (Non. p. 398 *s. v. Samium*), und wenn es als ein Beweis des Geizes (Plaut. *Capt.* 291. Cic. *pr. Mur.* 36, 75), der Dürftigkeit (Lucil. bei Non. p. 398 *s. v. Samium.* Plaut. *Stich.* 694), oder der Genügsamkeit (Cic. *ad Her.* 4, 51, 64. Tibull. 2, 3, 47. Auson. *epigr.* 8. Lactant. *Inst.* 1, 18, 21. Vgl. Mart. 13, 7) gilt, dass man samisches Geräth braucht, so sieht man hieraus, dass nicht von einer feinen, sondern sehr gewöhnlichen Waare die Rede ist, welche Italien selbst reichlich lieferte.

1) Mart. 4, 46, 14:

Et crasso figuli polita caelo
Septenaria synthesis Sagunti
Hispanae luteum rotae toreuma,

d. h. ein Satz von sieben ineinanderpassenden Bechern; 8, 6, 2: *Ficta Saguntino cymbia — luto;* 14, 108: *Calices Saguntini.* Juv. 5, 29: *Saguntina lagona.* Plin. *n. h.* 35, 160. Gefunden werden in der Gegend des alten Sagunt vier verschiedene Gattungen von Gefässen, darunter auch rothe, wie die arretinischen. Birch II p. 372. Valcarcel *Barros Saguntinos.* Valencia 1779. 8⁰. (mir nur aus der Anführung bei Birch bekannt). Aber ein sicher bestimmbares Exemplar der berühmten *vasa Saguntina* ist nicht vorhanden. Hübner *C. I. L.* II p. 512.

2) S. Hübner *C. I. L.* II p. 660.

3) In Frankreich finden sich neben den einheimischen Fabricaten, welche theils schwarz, theils bronzefarben, theils roth und grau sind, in Nancy, Paris, Nîmes, Lyon, Clermont auch die feinen rothen Tischgefässe mit Reliefs, die, da auch die Formen zu den Reliefs gefunden worden sind, zum Theil wenigstens an Ort und Stelle fabricirt sein müssen. S. Caumont *Cours d'antiquités monumentales*, Tome II p. 185—217. Brongniart *Traité* I p. 441 ff. Birch II p. 369—371. Vgl. H. A. Mazard *La Céramique.* Saint Germain-en-Laye 1873. 8. Harold de Fontenay *Inscriptions céramiques Gallo-Romaines découvertes à Autun.* Autun et Paris 1874. 8. De Cessac *Noms de potiers de vases gallo-romains du département de la Creuse*, in *Bull. epigr. de la Gaule* 1882 p. 6. Cleuziou *De la poterie Gauloise.* Paris 1882, mit vielen guten in Holz geschnittenen Abbildungen aber unbrauchbarem Text.

4) In den Töpfereien von Westerndorf an der Strasse von Augsburg nach Salzburg wurden im 2ten und 3ten Jahrhundert n. Chr. neben anderen Gattungen von Geschirr auch rothe (samische) Gefässe gemacht (v. Hefner a. a. O. S. 4. 11); in Rheinzabern wurden 77 Töpferöfen und 36 Ziegelöfen gefunden nebst vielem, darunter auch feinem rothem Geschirre. S. Hefner Münchener gelehrte Anzeigen. 1855 n. 17. 1860 n. 21—24. Jung im *Bulletin de la Société pour la conservation des Monuments historiques d'Alsace.* 1857 p. 117—128. Harster in Westd. Zeitschr. 1882 S. 471 ff. Töpfereien in Köln: Jahrb. d. Vereins v. A. im Rheinl. LXXIX S. 178. Weitere Nachweisung über Töpferöfen in Deutschland und Frankreich giebt Schürmans in der gleich anzuführenden Schrift p. 10. Mazard p. 95. Blümner II S. 23 ff.

5) Birch II p. 372. Hübner *C. I. L.* VII p. 238 ff.

6) Am besten handelt über dieselbe Wieseler Nachrichten der k. Gesellsch. d. Wiss. zu Göttingen. 1870 p. 163 ff.

7) Plin. *n. h.* 35, 161 führt die Fabriken von Saguntum, Surrentum,

lassen die an verschiedenen Orten domicilirten *negotiatores artis cretariae* [1]) erkennen, aber die Versuche aus den unzähligen uns erhaltenen und neuerdings sorgfältig gesammelten Fabrikstempeln derselben [2]) die Centralpunkte und die geographische Ausbreitung der Fabrication zu ermitteln, sind bisher auf unüberwindliche Schwierigkeiten gestossen. Einige Stempel, z. B. der des Fortis, finden sich in allen Theilen des römischen Reiches, [3]) ohne dass man den Sitz der Fabricanten kennt, [4]) die schönen rothen Gefässe dagegen, welche in Arretium verfertigt, aber vielfach nachgeahmt wurden, sind sicher nur in Italien und Spanien nachzuweisen. Man kann gegenwärtig nur das als wahrscheinlich annehmen, dass Italien seinen Bedarf von Lampen und Thonarbeiten überhaupt grossentheils selbst lieferte, und griechische Waare wenig importirte; [5]) wie sich dagegen der Export gestaltete, ob man ausser den fertigen Artikeln auch Formen zum Gebrauche der provinciellen Fabriken verkaufte, ob man Commanditen in den Provinzen errichtete, endlich ob mit den Formen etwa auch die Firmen berühmter Lieferanten betrügerischer Weise nachgebildet wurden, das alles wird noch Gegenstand weiterer Untersuchung sein. [6])

Es ist bereits an einer anderen Stelle (S. 160 f.) auf die inter-

---

Hasta, Pollentia und Pergamum an und fährt dann fort: *habent et Trallis ibi opera sua et in Italia Mutina, quoniam et sic gentes nobilitantur et haec quoque per maria terras ultro citro portantur insignibus rotae officinis.*

1) S. oben S. 635 Anm. 4.

2) Bisher waren die Hauptsammlungen *Inscriptiones terrae coctae vasorum intra Alpes Tissam Tamesin repertas collegit* Guil. Fröhner. Göttingen 1857. 8. (Supplementband zum XII. Jahrg. des Philologus). M. H. Schürmans *Sigles figulins.* Bruxelles 1867. 8, auch in den *Annales de l'académie archéologique de Belgique.* Tome XXIII. Jetzt findet man die Stempel von Spanien, den Donauprovinzen, Norditalien, Süditalien, Britannien und Africa im *C. I. L.* Für Frankreich sind specielle aber sorgfältige Sammlungen Fontenay *Inscr. céramiques découvertes à Autun.* Autun et Paris 1874. 8. Aurés *Marques de fabrique du musée de Nîmes.* Nîmes 1876. 8. und Boissieu *Inscr. de Lyon* p. 430 ff.

3) Er kommt vor in Spanien (*C. I. L.* II, 4969, 24), Frankreich, Oberitalien, den Donauprovinzen und auch in Chios. Wieseler a. a. O. S. 223.

4) In Arretium gab es eine Fabrik der Titii, nämlich des A. Titius, L. Titius, Sex. Titius, C. Titius, welche wohl nacheinander das Geschäft durch Erbschaft überkamen (Gamurrini p. 16 ff.). In Tarraco hat sich der Stempel *A. Titi figuli Arret(ini)* mehrmals gefunden (*C. I. L.* II, 4970, 519) und daneben der Stempel *Fort. C. Titi* (*C. I. L.* II, 4970, 203). Liest man auf dem letzteren *Fortis*, so könnte man annehmen, *Fortis* sei ein Geschäftsführer der arretinischen Fabrik gewesen; allein die Sache ist ganz unsicher, da auch *C. Titi Fort(unati)* gelesen werden kann.

5) Wieseler a. a. O. S. 171. 221.

6) Wieseler a. a. O. S. 167.

Entwickelung des Thonwaarengeschäftes in Italien.

essanten Aufschlüsse hingewiesen worden, welche die Geschichte der Thonfabrication über die Entwickelung der römischen Industrie, namentlich der Kaiserzeit, überhaupt giebt. Die Quelle dieser Geschichte bilden wiederum die Stempel und zwar nicht der feineren Waare, sondern der Ziegel, Röhren, *dolia* und *amphorae*, insofern sie den Namen des Gutsherrn, auf dessen *praedium* die *figlina* lag, den Namen des Besitzers oder Pächters oder Werkführers der Officin und endlich das Jahr, in welchem der Ziegel gemacht ist, angeben.[1]

Ziegelstempel.

Die Zeitbestimmung, d. h. das Consulat, findet sich auf Ziegeln römischer Fabrik erst vom Jahre 863=110 p. Chr.[2] und dauert bis in die ersten Jahre des M. Aurel und L. Verus, d. h. bis etwa 164 p. Chr.;[3] in den Municipien ist dieser Gebrauch aber viel älter. Die Ziegel von Velleia haben die Consulatsbezeichnung schon in den Jahren 678—743 (76—10 v. Chr.),[4] die von Tifernum von 7—15 p. Chr.,[5] die von Perusia von 93—101 p. Chr.[6] Nach dem Jahre 162 kommen die Stempel noch immer vor, doch enthalten sie die Angabe des Jahres nicht. Aus dieser Quelle nun ergeben sich einige merkwürdige Thatsachen, deren Begründung eine kurze Erörterung rechtfertigen dürfte.

Die *figuli* bildeten in Rom seit Numa ein Collegium;[7] wie lange dies aber bestanden hat, ist gänzlich unbekannt, da später

---

1) S. oben S. 160 ff. Die Sammlung und übersichtliche Anordnung der Ziegelstempel hat neuerdings Ch. Descemet in Angriff genommen, von dessen Arbeit ein Theil erschienen ist unter dem Titel: *Inscriptions doliaires Latines. Marques de briques relatives à une partie de la gens Domitia.* Paris 1880. 8. Hier ist p. XXI ff. die weitläufige diesen Gegenstand betreffende Litteratur angeführt. Die Legionsziegel, über deren Marken man eine Uebersicht findet bei Janssen *Musei Lugduno-Batavi Inscr. Gr. et Lat.* Lugd. Bat. 1842. 4. p. 124 ff. Birch *H. of Pott.* II p. 404 ff., wurden nicht allein für die Legion, sondern auch von der Legion gemacht und unter Aufsicht eines Centurionen gebrannt. S. die Inschr. Brambach *C. I. Rh.* 520 und Mommsen *Insc. Conf. Helv.* p. 78; *Bull. d. Inst.* 1852 p. 100.

2) Mommsen *C. I. L.* I p. 202. Auf Amphoren, bei welchen es sich nicht um die Datirung des Gefässes, sondern des darin enthaltenen Weines handelt, ist die Angabe des Consulates viel älter. S. oben S. 463.

3) S. den Index bei Marini *Iscr. dol.* p. 526 f. Von den Stempeln mit den Consulaten 192 und 229 p. Chr. ist der erste verdächtig, der zweite sicher gefälscht: Marini *fals.* 15. 18. Sehr verdächtig sind auch die mit den Consuln 338: De Rossi bei Marini 526. 527. Dagegen finden sich in Municipien die Consulate 211 und 217: Marini 524a. 525.

4) Borghesi *Annali dell' Inst.* 1840 p. 225—246 = *Oeuvres* IV p. 357—388. Mommsen *C. I. L.* I, 777—800.

5) Mommsen *C. I. L.* I p. 202. 6) Mommsen a. a. O.

7) Plut. *Num.* 17. Plin. *n. h.* 35, 159.

ein solches Collegium nirgends nachweisbar ist.[1]) Die Fabrication grober Waare, *opus doliare*, d. h. von Ziegeln, Röhren, *dolia* und *amphorae*, war, so viel unsere Quellen lehren, ein Geschäft der Gutsbesitzer geworden, welche, wenn sie auf ihren Gütern Thonerde fanden,[2]) theils für das Bedürfniss der Wirthschaft, theils aber auch zum Zwecke des Exports[3]) (s. oben S. 160), Ziegeleien und Töpfereien anlegten und entweder durch ihre Sclaven selbst betrieben, oder durch Pächter betreiben liessen. Der ganze Industriezweig war in den Händen von Capitalisten; nicht nur Leute aus der Nobilität, in höchsten Aemtern stehende Personen[4]) und römische Ritter,[5]) sondern die Kaiser selbst, die Mitglieder der kaiserlichen Familie, insbesondere die weiblichen Mitglieder derselben, setzten sich in Besitz der früher von Gewerbsleuten angelegten Oefen, deren Namen noch ihren Ursprung nachweisen. Vielleicht schon Augustus, sicher aber Tiberius, Caligula, Claudius und Nero waren im Besitz der *officina Pansiana*, welche zwischen Pesaro

Die Fabrication grober Waare wird ein Geschäft der Capitalisten,

auch der Kaiser;

1) Forcellini *s. v. figulus* führt zwar ein *collegium figulorum* aus einer Inschrift von Spalatro an. Dieselbe ist aber falsch. S. Mommsen *C. I. L.* III, 161*. In der Verordnung des Valentinian *Cod. Theod.* 13, 11, 10: *Colonos rei privatae vel ceteros rusticanos pro speciebus, quae in eorum agris gigni solent, inquietari non oportet. Eos etiam, qui manu victum rimantur aut tolerant (figulos videlicet aut fabros) alienos esse a praestationis molestia decernimus* ist nur von Handarbeitern, nicht von selbständigen Fabricanten die Rede.

2) *Digest.* 33, 7, 25 § 1: *Quidam, cum in fundo figlinas haberet, figulorum opera maiore parte anni ad opus rusticum utebatur.*

3) *Digest.* 8, 3, 6: *veluti si figlinas haberet, in quibus ea vasa fierent, quibus fructus eius fundi exportarentur (sicut in quibusdam fit, ut amphoris vinum evehatur aut ut dolia fiant) vel tegulae ad villam aedificandam. Sed si, ut vasa venirent, figlinae exercerentur, usus fructus erit.* Römische Ziegel findet man in Venetia und Histria (*C. I. L.* V n. 8110, 169. 170. 171. 172) und Africa (*C. I. L.* VIII n. 10475, 22. 23).

4) So besitzt M. Rutilius Lupus, ein Mann, dessen Familie einen Consul des Jahres 664 und viele hohe Beamte aufweist, die *figlina Brutiana*, welche 863 bis 876 in Thätigkeit war, und stempelte seine Fabricate mit seinem eigenen Wappen, dem Wolfe (Marini *Iscr. doliari* 297. 298. 300. 301. 306. 400a. 644); eine andere Thonfabrik hat Q. Asinius Marcellus (Marini *l. l.* 309. 310. 330. 469. 470. 614—617. 765. 1241), ebenfalls aus consularischer Familie (M. Asinius Marcellus ist Cos. 54 p. Chr.), und hinterlässt dieselbe seiner Tochter (?) Asinia Quadratilla (Marini *l. l.* ad n. 309; n. 935), die um 141—150 n. Chr. (*l. l.* 498. 502. 509) Ziegel arbeiten liess. Dasselbe Geschäft betrieb L. Plautius Aquilinus, Cos. 162 (*l. l.* 522. 524. 1123). Dem C. Fulvius Plautianus, *praefectus praetorio* unter Severus, gehörten die *figlinae Bucconianae* (*l. l.* 893 = Or. 935) *in agro Sabino* (Marini *Atti* p. 544), welche nach seinem Tode (956 = 203) an die kaiserliche Familie kamen. Marini *Iscr. dol.* 228: *Ex pr(aediis) Augg nn fig(ulina) Bucconian(a).* Zu den hochgestellten Personen, welche *figlinae* besassen, gehörte auch Asinius Pollio: *l. l.* 763.

5) Marini *l. l.* 948: *Opus dol· Iuli Theodoti eq· r· fig sal· ex· p(raediis) Fl· Titiani c· v.*

und Rimini lag;[1]) die Fabricate dieser Officin wurden landwärts und seewärts ausgeführt[2]) und finden sich in Ariminum, Ferrara, Mediolanum, Hadria und auch in Luceria,[3]) ferner in ganz Venetien, Histrien[4]) und Dalmatien,[5]) woraus zu ersehen ist, dass sie nicht blos für den Bedarf der kaiserlichen Bauten, sondern für den Handel bestimmt waren. Dem Domitian gehörten die *figlinae Genianae*,[6]) dem Traian die *figlinae Quintianae*, welche auf seine Frau Plotina vererbten,[7]) dem Hadrian die *figlinae Septimianae*,[8]) die *Oceanae maiores* und *Oceanae minores*,[9]) ferner die *Rhodinianae*;[10]) einige seiner Oefen scheinen hernach in den Besitz der Faustina, Gemahlin des Kaisers Antoninus Pius, übergegangen zu sein.[11]) Antoninus Pius[12]) trieb diese Geschäfte ebenfalls; M. Aurel besass *figlinae novae*[13]) und *figlinae Port(us) Lic(inii)*,[14]) sein Bruder L. Aurelius Verus[15]) und später Commodus[16]) hatten gleichfalls *figlinae*. Was die weiblichen Mitglieder der kaiserlichen Familie betrifft, so erscheinen diese schon seit Augustus,[17]) viel häufiger und umfang-

---

1) Marini *l. l.* 3—10. 1109; Borghesi bei Furlanetto *Lapidi Patavine* p. 538 = *Oeuvres* VIII p. 107 und *Bull. dell' Inst.* 1858 p. 27. 28 = *Oeuvres* VIII p. 581. Der angebliche Grabstein des *C. Lutatius, C. f. Pansianus, figulus ab imbricibus* (Orelli 4190. Borghesi a. a. O.) ist fingirt. S. Mommsen *C. I. L.* V, 172* und p. 957.

2) Borghesi *Oeuvres* VIII p. 107. 581.

3) *C. I. L.* IX, 6078, 22.

4) Mommen *C. I. L.* V, 8110.

5) Mommsen *C. I. L.* III, 3213.

6) Marini *l. l.* 15; vgl. 239. 1057. 892. Hefner Denkschr. d. Münchner Acad. IV p. 235.

7) Marini *l. l.* 25. 26: *Im Caes Traiani Aug Germanici Dacici Quintiana. l. l.* 28: *Plotinae Aug Quintianae.* Vgl. *l. l.* 27. 393—395. 1014.

8) Marini *l. l.* 475: *ex fig. Cae(saris) n(ostri) Septimian(is)* vom Jahr 887 = 134.

9) Marini *l. l.* 422: *ex fig(ulinis) Oc(eanis) m(inoribus)* [oder *m(aioribus)*] *Cae(saris) n(ostri) Paet(ino) cos.* Vgl. 423, und Marini zu 120.

10) Marini *l. l.* 465: *Hibero et Sisen(na) cos* (133 p. Chr.) *Peduc(aei) Lupul(i) ex fig(ulinis) Rhodin(ianis) Caes(aris) n(ostri).* Vgl. 275. 1304.

11) Wenigstens findet sich der Werkführer des Hadrian, L. Bruttidius Augustalis, nach Hadrian's Tode im Dienste der Faustina. Marini *l. l.* 125.

12) Marini *l. l.* 506: *ex pr Caes(aris)* vom Jahre 148.

13) Marini *l. l.* 112.

14) Marini *l. l.* 109: *op dol ex pr M Aureli Antonini Aug n Port Lic.* Die Ortsbestimmung kommt öfters vor: Marini 57: *ex f Ter(e)nt(ianis) Dom(itiae) Luc(illae) Port Lic op dol stat prim.* 1146[a]: *opus doliare ex fig Fulvian Por Lic.* 55: *ex pr Dom Luc Port Lic figl Kanini(anis) opus Stat(ii) Primul(i).* Cassiod. *Var.* 1, 25. Vgl. Preller Regionen S. 103.

15) Marini 132[a]—134. 507. 508.

16) Marini 19. 137—139.

17) Eine *tegula*, gefunden in Hipponium (*C. I. L.* X, 8041, 20), hat die Marke *Lepidaes et Agrippinaes;* die Lepida ist Aemilia Lepida, Frau des Dru-

reicher aber in der folgenden Zeit an diesem Industriezweige betheiligt. Domitia Longina, die Frau des Domitian, welche ihren Gemahl um mehr als vierzig Jahre überlebte,[1]) bezog einen Theil ihrer Revenüen aus *figlinae*;[2]) ebenso Plotina, Traian's Wittwe,[3]) Arria Fadilla,[4]) die Mutter des Antoninus Pius,[5]) Annia Cornificia Faustina, Schwester des M. Antoninus und Frau des Ummidius Quadratus, Cos. 920=167,[6]) endlich Faustina, die Gemahlin des Antoninus Pius.[7]) Das grösste Geschäft machten aber die beiden Lucillae[8]) und namentlich die jüngere, deren Güter (*praedia Lucilliana*)[9]) eine grosse Anzahl von Thonöfen enthielten, nämlich die *figlinae Domitianae maiores* und *minores*, die *figlinae Augustanae*, *Caninianae*, *Terentianae* und *Fulvianae*. Die *Domitianae*, deren Ziegel in Rom gebraucht worden sind,[10]) scheinen angelegt worden zu sein von dem Redner C. Domitius Afer, welcher 812=59 starb[11]) und zwei Adoptivsöhne, Cn. Domitius Tullus und Cn. Domitius Lucanus hinterliess,[12]) die öfters auf Ziegelstempeln erwähnt werden und auch die *figlinae Caninianae* besassen.[13]) Tullus war kinderlos und adoptirte die Tochter des Lucanus, Domitia Cn. f. Lucilla, welche mit dem grossen Vermögen der drei genannten Personen[14]) auch die *figlinae* erbte. Sie heirathete den P. Calvisius Tullus (Cos. suff. 109) und hinterliess eine Tochter, ebenfalls Lucilla ge-

---

sus, Sohnes des Germanicus (Tac. *ann.* 6, 40); eine andere hat den Stempel: *Hyacinthi Iuliae Augustae* (*C. I. L.* X, 8042, 60).

1) Domitian wurde 96 ermordet, sie lebte noch kurz vor 140. Eckhel *D. N.* VI p. 399. Borghesi *Annali* 1840 p. 244.

2) Marini *l. l.* Index S. 526. Sie besass im Jahre 123 die *figlinae Sulpicianae* (Marini 365—370). (Doch bestreitet Marini (zu n. 304), dass die auf Ziegelstempeln häufig vorkommende *Domitia Domitiani* die Wittwe des Kaisers ist.)

3) S. oben S. 666 Anm. 7.

4) Stempel ihrer Fabriken s. Marini 37—43. 325—329. 425. 426. 529.

5) Capit. *Ant. P.* 1. Orelli 4370 = *C. I. L.* VI, 2120.

6) Marini 131. 132. Ueber ihren Namen und ihre Verwandtschaft s. Borghesi *Oeuvres* III p. 244. Capit. *Ant. ph.* 1. 7.

7) S. oben S. 666 Anm. 11.

8) Ueber beide hat zuerst Borghesi *Oeuvres* III p. 35—47 Aufschluss gegeben, welchen ich im Folgenden benutze. S. jetzt Marini zu n. 46.

9) *C. I. L.* VI, 8683.

10) S. Becker Topogr. S. 438—440. Die Annahme Becker's, dass die *Domitianae figulinae* in Nero's Besitz waren, ist nicht erwiesen.

11) S. Bernhardy R. L. G.[4] p. 746.

12) Ueber beide S. Plin. *ep.* 8, 18. Mart. 9, 51.

13) Marini 847: *Falerni duo(rum) Domitior(um), Lucani et Tulli s(ervi)*; 574: *Amoeni, d(uorum) D(omitiorum), Lucani et Tulli ex figlinis Caninian(is)*.

14) Plin. l. l.

nannt, welche mit Annius Verus vermählt war und Mutter des Kaisers M. Aurel wurde. Diese Frau, mit vollem Namen Lucilla P. f. Veri, ist nun im Besitze aller dieser Fabriken,[1]) deren Stempel aus den Jahren 876—908 (123—155 p. Chr.) vorhanden sind; als sie bald nach 155, noch vor der Thronbesteigung ihres Sohnes starb, kamen die *figlinae* durch Erbschaft an den Kaiser M. Aurel selbst und später an Commodus.[2]) Neben den Namen dieser hochgestellten Personen finden sich auf den Fabrikstempeln indessen auch zahlreiche Firmen von Geschäftsmännern bürgerlichen Standes[3]) und Freigelassenen,[4]) namentlich aber wieder von Frauen, welche nicht nur als Besitzerinnen von Grundstücken,[5]) sondern als Inhaberinnen der Fabriken selbst bezeichnet werden.[6])

Während so die Fabrication der Bauziegel, Dachziegel, Röhren[7]) und ordinären Gefässe[8]) dem Handwerk, dem sie anfäng-

---

1) Fünf Werkmeister des Cn. Domitius Tullus finden sich noch auf ihren Stempeln. Borghesi a. a. O. p. 46. Marini p. 36.

2) Marini p. 39.

3) Auch diese Namen sind nicht ohne Interesse. Die von Borghesi *Annali* 1840 p. 241 zusammengestellten Firmen von Velleia z. B. zeigen, dass dort dieser Fabrikzweig von freien Leuten betrieben wurde, wie M. Betutius L. f., P. Cominius Priscus, M. Ennius Januarius, L. Herennius Exoratus u. a. In Clusium besitzt die Familie der Allii eine Ziegelei, Gamurrini *Annali* 1877 p. 86. Einen Stempel *Q. Statori L. f.* fand man bei Firmum, wo noch 1059 ein *locus Staterianus* vorkommt, *Not. d. Sc.* 1878 p. 315. In Tusculum giebt es eine ganze Reihe ähnlicher Firmen, Borghesi *Oeuvres* VI p. 293 ff. und auch in Rom fehlt es an solchen nicht. Borghesi *Oeuvres* VI p. 330 ff.

4) Diese sind häufig. Es genügen hier als Beispiele die Freigelassenen der Calpetani, einer im ersten Jahrh. angesehenen Familie. Marini Index p. 529. Vgl. Borghesi *Oeuvres* VII p. 76.

5) Z. B. *Ex praedis Saeiae Isauricae*, Marini 497, vgl. d. Index p. 538; *Cosiniae Gratillae* Marini 504. 505; *Pomponiae Q. f. Bassillae* n. 1137—1138a; *Aemiliaes Severaes*, n. 549 und Index S. 527; *Magiae Marcellae*, n. 1023; *Stertiniae Bassulae*, n. 1312. 1313; *Iuliae Saturninae* 492. 499 f. 510 f. Andere Beispiele bietet der Index zu Marini S. 527 ff.

6) Hierher gehören die Stempel: *Opus doliare ex praediis Dom. nn. Augg. Titiaes Rufinaes* Marini 254; *Opus doliare Statiae Primillae*, *ex fig. Domitiae Lucillae*, Marini 56.

7) S. die Inschr. einer Röhre Marini 219.

8) Die Stempel selbst haben als Marke öfters ein Gefäss. Marini 113. 192. 263. 267. 524. 625. 650. 671. 692. 740. 741. 791. 1055. 1076. 1094. 1272a. 1287. 1295. Ein *dolium* hat die Inschr.: *ex ofic(ina) Fort(unati) Domit(iae) Luc(illae)* (Borghesi *Oeuvres* III p. 37. Marini zu n. 46); eine ähnliche Inschr. s. b. Marini p. 420 n. 97f: *M· Petron· veteran(i) Leo ser(vus) fecit.* Ein anderes *dolium* hat die Inschr. das. p. 406 n. 2: *L Calpurnius Eros f*; ein anderes p. 406 n. 4: *T Coccei Fortunati.* Andere Beispiele s. bei Marini p. 406 ff. Dressel *Ricerche sul monte Testaccio, Annali dell' Inst.* 1878 p. 141. Vielleicht gehören zu diesen ordinären Gefässen auch die gewöhnlichen Lampen. S. Wieseler Nachrichten der k. Gesellsch. d. Wiss. zu Göttingen 1870 S. 221 Anm. 24.

lich angehörte,[1]) entzogen und von den Capitalisten betrieben wurde oder dem kaiserlichen Patrimonium zufiel,[2]) blieb die feine Waare in den Händen der Handwerker. Unter den arretinischen Firmen ist z. B. *Aulus TITIus FIGVLus ARRETINVS*,[3]) *SENTIus FIGVLus*,[4]) in Pisaurum finden wir einen Freigelassenen als Modelleur, *figulus sigillator*, bezeichnet,[5]) und der einmal vorkommende *fictiliarius*[6]) und *ampullarius*[7]) wird ebenfalls zu den Töpfern zu rechnen sein. Viele dieser Geschäfte, besonders in Arretium, hatten indess einen bedeutenden Umsatz, da feine Gefässe in Masse ins Ausland gingen und in den Provinzen von den *negotiatores artis cretariae* auf dem Lager gehalten wurden.[8]) Ueber die Preise haben wir nur wenige Nachrichten;[9]) ordinäre Waare war wie in Griechenland so in Rom sehr wohlfeil; eine Lampe kaufte man für einen As,[10]) einen *calix* für einen halben As[11]) oder wenige Asse,[12]), aber grosse Schüsseln kamen sehr theuer zu stehen.[13])

Feine Waare bleibt Geschäft der Handwerker.

3. Arbeit in Metall.

Der Gebrauch der Metalle bildet ein unterscheidendes Merkmal der drei Culturgebiete des Alterthums. Sowie das Münzsystem des Orients auf dem Golde, Griechenlands auf dem Silber, Italiens auf dem Kupfer beruhte, so stand auch die Entwickelung

Edle Metalle in Rom.

1) Wie die *figulina Pansiana* zuerst von einem Privatmann betrieben wurde, hernach aber in kaiserlichen Besitz kam, so wird es mit den meisten anderen gewesen sein. Vergil's Vater war ein *opifex figulus* (Reifferscheid *Suetonii reliq.* p. 54. 69) auf dem Lande, weshalb er auch *rusticus* heisst p. 52; er betrieb offenbar selbst auf seinem Gütchen eine Ziegelei. Eine *officina dolearia M. Publici Ianuarii* Orelli 4888 = Marini 1164 (der Grabstein des *L. Aurelius Sabinus doliarius*, Doni tab. XI ad p. 289 n. 1 ist unecht, *C. I. L.* X, 403*). Die *tegularii*, welche in Inschriften erwähnt werden (Henzen 6445. 7279 (= *C. I. L.* X, 3729. 6638). 7280) sind Sclaven oder Freigelassene und wie die *laterarii*, Ziegelstreicher (Nonius 445, 22), wohl nur Arbeiter in der *officina lateraria* (Plin. *n. h.* 7, 194).

2) Dressel a. a. O. p. 141 not. 7. Hirschfeld Röm. Verwaltungsgeschichte I S. 24 ff.

3) Gamurrini a. a. O. p. 22 n. 61. 62.

4) Ders. p. 33 n. 143. 5) Orelli 4191. 6) Orelli 4189.

7) Orelli 4143. 8) S. oben S. 635 Anm. 4.

9) Ueber diese s. O. Jahn Ber. d. Sächs. Ges. d. Wiss. Hist. ph. Cl. 1854 S. 37. 38.

10) Inschrift einer Lampe *C. I. L.* VIII, 10478, 1: *Emite lucernas colatas ab asse*, wo noch zwei andere Inschriften ähnlicher Art angeführt sind.

11) Mart. 9, 59, 22.

12) Juv. 11, 145: *plebeios calices et paucis assibus emptos.*

13) S. oben S. 655.

der Metalltechnik unter dem Einflusse des vorhandenen Materiales. Das Gold, nicht nur das edelste, sondern auch das für die Bearbeitung bequemste Metall, hat in dem goldreichen Orient[1]) von den ältesten Zeiten an nicht nur für die bildende Kunst überhaupt,[2]) sondern auch für das Hausgeräth den Stoff geliefert,[3]) Ess- und Trinkgeschirre von Gold, mit Edelsteinen besetzt, welche wohl grösstentheils zur asiatischen Beute Alexander's des Gr. gehörten,[4]) prangten in der Diadochenzeit an allen Höfen[5]) und gelangten endlich wieder als Beutestücke nach Rom; silberne Gefässe bilden einen hervorragenden Gegenstand griechischer Technik, welcher in Rom ebenfalls die leidenschaftliche Bewunderung der Sammler erhielt, während die ältere italische Kunst sich vornehmlich in Bronzearbeiten hervorthat. Allerdings wurden auch in Rom seit der ältesten Zeit Schmucksachen von Gold getragen: goldene Ringe, *bullae*, Kränze, Halsketten und Armbänder;[6]) aber oft wird von späteren Schriftstellern die gute alte Zeit der Samniterkriege und des Pyrrhus gepriesen, in welcher es als böses Beispiel galt, zehn Pfund verarbeitetes Silber zu besitzen,[7]) und höchstens das Salzfass von Silber gestattet war (S. 318), und die Zeit des alten Cato als der Wendepunkt bezeichnet, von welchem an die alte Einfachheit gegen den asiatischen Luxus zurücktrat. Die *lex Oppia* des Jahres 539=215, welche den Goldschmuck der Frauen auf

1) Ueber den Gold- und Silberreichthum Assyriens, Babyloniens, Syriens, Aegyptens und Phöniciens, dessen sich Alexander's Expedition bemächtigte, s. Movers Die Phönicier II, 3, 1 S. 39 ff.; über den Goldreichthum Aegyptens Birch *Upon an historical tablet of Rameses II, relating to the gold mines of Aethiopia*, in *Archaeologia* XXXIV p. 357—391.

2) Ueber die goldene Statue des Zeus oder Belus in Babylon s. Herodot 1, 183; Diodor. 2, 9, 5; über die goldene Statue der *dea Syria* in Hierapolis Lucian. *de d. Syr.* 33; eine goldene Statue des Alexander erwähnt Athen. 5 p. 202[a]; eine massive Goldstatue von 9 Ellen Höhe erbeutete Pompeius im mithridatischen Kriege. Appian. *Mithr.* 116; eine andere Antonius im parthischen Kriege, Plin. *n. h.* 33, 82. 83.

3) Goldene Gefässe kommen nach Wilkinson *Manners and customs* II p. 342 in Aegypten schon um 1490 v. Chr. vor.

4) Athen. 6 p. 231[e].

5) Hauptstellen sind über den Goldluxus des Hofes in Alexandria Athenaeus 5 p. 197 ff.; des Hofes in Antiochia Athen. 5 p. 194. 195.

6) S. Plin. *n. h.* 33, 8 ff. 37. 38. Den goldenen Ring, den später die Ritter trugen, erwähnt als Standesabzeichen schon im J. 433 = 321 Livius 9, 7, 8; über die *bullae* s. S. 84, über die *torques*, *coronae* und *armillae* Staatsverwaltung II[2] S. 575.

7) Cornelius Rufinus wurde wegen dieses Luxus von dem Censor des J. 479 = 275, Fabricius Luscinus, aus dem Senat gestossen. Valer. Max. 2, 9, 4. Liv. *ep.* 14. Plutarch. *Sulla* 1. Gell. 4, 8, 7; 17, 21, 39.

eine halbe Unze Gewicht beschränkte, wurde 20 Jahre nachher (559=195) aufgehoben;[1]) zu Plautus' Zeit gingen die Frauen im Goldschmuck,[2]) und bald darauf beginnt auch in dieser Beziehung asiatischer Reichthum und griechische Kunst Einfluss zu gewinnen. Die Masse des durch die Eroberungskriege der Römer in der Hauptstadt angehäuften Goldes und Silbers,[3]) die Erwerbung von Gold- und Silberbergwerken in den Provinzen,[4]) die erwachende Liebhaberei für griechische Silberarbeiten und orientalische Schmucksachen, endlich die Gelegenheit, die ganze Kunsterfahrung der Orientalen und Griechen in Rom selbst zu verwerthen, veranlassten einen gleichmässigen Aufschwung in allen diesem Gebiete angehörigen Kunstzweigen, deren nähere Betrachtung uns nicht allein einen Einblick in die römische Metalltechnik eröffnen, sondern auch das Gesammtresultat der antiken Leistungen dieses Faches überhaupt vorführen wird.

Die Metalle, welche im Alterthum vorzugsweise in Gebrauch sind, Gold, Silber, Kupfer, Eisen und Blei, sind darin gleichartig, dass sie eine dreifache Art der Bearbeitung gestatten.[5]) Sie können behandelt werden erstens als dehnbare Körper, welche durch Hämmern, Pressen, Ziehen und Biegen ihre Form erhalten, zweitens als schmelzbare Körper, die sich in eine Form giessen lassen, drittens als harte Körper, welche durch Abnahme von Theilen, d. h. durch Schneiden, Drehen und Schleifen gestaltet werden. Diese Gleichartigkeit hatte zur Folge, dass, wenn auch für die ordinäre, handwerksmässige Technik

1) Liv. XXXIV, 1 ff. 2) Plautus *Epid.* 223.

3) Staatsverwaltung II S. 282.

4) Gold wurde gewonnen in Gallia Transpadana bei Vercellae, zwischen Turin und Mailand, Plin. *n. h.* 33, 78. Strabo p. 218; in dem Gebiet der Taurisci nördlich von Aquileia, Strabo p. 208; bei Noreia in Noricum, Strabo p. 214; in Macedonien und Thracien, Strabo p. 331; Plin. *n. h.* 33, 66; in Vorderasien, Strabo p. 591. 626. 680, in Armenien, p. 529; in Colchis, p. 45. 499; besonders aber in Spanien, Strabo p. 146. 154; demnächst in Gallien, Strabo p. 187. 188. 190. 193. 205. 293 und Britannien, p. 199. Die Bergwerke Galliens und der Alpen lieferten bereits in vorrömischer Zeit das Material zu den celtischen Goldmünzen, über deren schwierige Beurtheilung ich für jetzt auf Mommsen Die nordetruskischen Alphabete (Mittheilungen der antiq. Ges. in Zürich, Bd. VII S. 242 ff.) verweise. Von Silbergruben waren, nachdem die attischen aufgehört hatten betrieben zu werden (Strabo p. 399), die ergiebigsten die in Spanien, Strabo p. 147—149. 154; ausserdem gab es solche in Macedonien und Thracien (Strabo p. 331), in Gallien (Strabo p. 191), Britannien (Str. p. 199) und Epirus (Str. p. 326).

5) Ich entnehme diese Disposition aus Semper II^2 S. 459 (479) f., welcher leider in diesem letzten Theile seines Werkes sich auf kurze Andeutungen beschränkt.

der Stoff das Unterscheidende blieb, Künstler von Talent in den verschiedenen Metallen ihre Virtuosität bewährten, und dass, wie in der Renaissancezeit Goldschmiede, wie Ghiberti, Luca della Robbia, Donatello, Benvenuto Cellini, in allen Zweigen der Metallplastik sich versuchten, so auch bereits in Griechenland diese verschiedenen Thätigkeiten in einem und demselben Künstler vereinigt vorkommen. Wir werden daher, bevor wir zu der Besprechung der einzelnen Handwerke übergehen, die Methoden der Metallarbeit überhaupt in Betracht zu ziehen haben.

I. Methoden der Arbeit.

1. Metall als dehnbarer Bildstoff. Blech- und Drahtarbeiten.

Blecharbeit. Statuen.

Die Blecharbeit ist bekanntlich älter als der Guss. Die ältesten Bronzestatuen bestanden aus einem Kern von Holz und Lehm, bekleidet mit Kupferblechen, welche zusammengenagelt wurden.[1] Denn auch das Löthen ist eine spätere Erfindung.[2] Statuen dieser Art werden nicht allein im Orient und in Griechenland erwähnt,[3] sondern namentlich Colosse von Erz wurden immer, auch noch in Rom, hohl gearbeitet und aus Stücken zusammengenietet.[4] Auf demselben Princip beruht die Kunst der Goldelfenbeincolosse,[5] die, nachdem sie durch Phidias ihren Höhepunkt erreicht hatte, noch in römischer Zeit, und zwar in Rom selbst, in Ausübung blieb. Die Statue des Jupiter Capitolinus war in späterer Zeit, vielleicht seit der Restitution in Folge des Brandes vom J. 671 = 83, eine elfenbeinerne;[6] Pasiteles, ein Zeitgenosse des Pompeius, machte eine

---

1) Semper I² S. 219 (234).

2) Sie wird dem Glaucos von Chios zugeschrieben. Brunn I S. 29.

3) So heisst es vom Bel zu Babel v. 6: Dieser Bel ist inwendig nichts, denn Leimen, und auswendig ehern. In Lacedämon gab es eine Statue der Athene, aus Kupferstücken zusammengenagelt (Pausan. 3, 17, 6), ein Werk des Learchos oder, wie Brunn I S. 49 will, Clearchos, von Rhegium.

4) Ueber diese Colosse s. Plin. *n. h.* 34, 39—47.

5) Man findet hierüber eine gründliche Untersuchung in Quatremère de Quincy *Le Jupiter Olympien ou l'art de la sculpture antique.* Paris 1815 fol.

6) S. Brunn Geschichte der gr. Künstler I S. 543 und das dort angeführte Zeugniss, *Chalcidii Timaeus, de Platonis translatus et in eundem commentarius* (herausg. von Fabricius in *S. Hippolyti Opera*, Hamburg 1716 fol.) c. 336 p. 400: *Ut enim in simulacro Capitolini Iovis est una species eboris, est item alia, quam Apollonius artifex auxit animo, ad quam directa mentis acie speciem eboris po-*

elfenbeinerne Statue des Jupiter im Tempel des Metellus;[1]) dem Caesar wurde eine elfenbeinerne Statue vom Senat decretirt,[2]) und noch Germanicus und Britannicus erhielten nach ihrem Tode elfenbeinerne Standbilder.[3]) Eine nicht geringere Bedeutung hat aber das Beschlagen mit Metallen und die Blecharbeit als allgemeines Ornamentationsmittel erhalten, welches im Orient, in Griechenland,[4]) schon in sehr alter Zeit in Italien, ausserdem aber auch in barbarischen Ländern[5]) in Anwendung gekommen und immer geblieben ist. Es diente zuerst zur Bekleidung ganzer Wände, wovon im Orient Ekbatana[6]) und Babylon,[7]) in Griechenland der spartanische Tempel der Athena Chalkioikos[8]) und der, wie man jetzt erkennt, vorhandenen Gebäuden analog geschilderte homerische Palast des Menelaus[9]) und Alkinous,[10]) in Rom aber, um nicht anderes zu erwähnen, die Bauten des Nero[11]) Beispiele liefern; sodann zur theilweisen Decoration durch Tafelbilder und Medaillons, welche in die Wand eingelassen[12]) oder an derselben aufgehängt wurden, wie dies in den etrurischen Gräbern vorkommt,[13]) insbesondere zur Täfe-

Metallbeschlag als Ornament.

liebat (*auxit animo* heisst: er stellte sich die vollkommene, ideale, Wirkung des Elfenbeins vor. Der ganze Ausdruck ist Imitation von Cic. *or.* 2, 9).

1) Plin. *n. h.* 36, 40. Brunn I S. 595. 2) Dio Cass. 43, 45, 2.

3) Tac. *ann.* 2, 83. Sueton. *Titus* 2.

4) Griechische Ornamente dieser Art, obwohl von Schriftstellern öfters erwähnt, haben erst die Ausgrabungen von Olympia und Dodona in grösserer Anzahl ans Licht gebracht. S. Curtius Das archaische Bronzerelief aus Olympia in Phil. und Hist. Abhandl. der Berliner Academie 1879 III. Furtwaengler Die Bronzefunde aus Olympia, daselbst IV. Carapanos *Dodone et ses ruines.* Paris 1878. 4. Planches XV—XIX. XLIX.

5) In dem Funde von Apremont (Bertrand *Comptes-rendus* 1880 p. 340 ff.) waren unter 80 Goldgegenständen 46 kleine Goldplatten, bestimmt zum Auflegen auf Leder, Zeug oder bronzene und eiserne Unterlagen. Sie sind in Gallien oder wenigstens für die Gallier gearbeitet. Rohe Metallverzierungen, wohl grossentheils für Pferdegeschirre und Wagen bestimmt, sind gesammelt in *Recueil d' antiquités de la Scythie* Livr. I. II. Pétersbourg 1866 fol. Pl. VII. XII. XIV. XV. XXXV.

6) Polybius 10, 27, 10 sagt von der Königsburg: οὔσης γὰρ τῆς ξυλείας ἁπάσης κεδρίνης καὶ κυπαριττίνης, οὐδεμίαν αὐτῶν γεγυμνῶσθαι συνέβαινεν, ἀλλὰ καὶ τὰς δοκοὺς καὶ τὰ φατνώματα καὶ τοὺς κίονας τοὺς ἐν ταῖς στοαῖς καὶ περιστύλοις τοὺς μὲν ἀργυραῖς τοὺς δὲ χρυσαῖς λεπίσι περιειλῆφθαι, τὰς δὲ κεραμίδας ἀργυρᾶς εἶναι πάσας.

7) Philostr. *vit. Apoll.* 1, 25.

8) Pausanias 3, 17. Ausführlich handelt über die Incrustation mit Metallen im Orient Saglio *Dictionn. des antiq.* I p. 786. Vgl. Helbig Das homerische Epos aus den Denkmälern erläutert S. 324—334.

9) Hom. *Od.* 4, 71. 10) Hom. *Od.* 7, 84 ff.

11) Plin. *n. h.* 33, 54: *Nero Pompei theatrum operuit auro. — — et quota pars ea fuit aureae domus ambientis urbem!*

12) Philostratus *vit. Apoll.* 2, 20. 13) Curtius a. a. O. S. 8.

lung hölzerner Thüren durch Metallreliefs, welche in Rom dem Camillus zum Vorwurf gemacht wurde,[1] aber noch in späterer Zeit üblich ist.[2] Drittens war zu allen Zeiten der Metallbeschlag eine beliebte Verzierung der verschiedensten Geräthe und ist auch dieser von den einfachsten Anfängen bis zur höchsten Vollendung des Reliefs nachweisbar. Schon der Nagel an Der Nagel. sich kann als Ornament gebraucht werden,[3] und Nagelköpfe (ἧλοι, γόμφοι, *bullae*)[4] sind seit Homer's Zeiten die gewöhnlichsten Verzierungen von Sceptern,[5] Stöcken,[6] Gürteln,[7] Messerschalen,[8] Riemenzeug,[9] Schwertgriffen[10] und Bechern.[11] Man ersetzte aber auch diese einfachste Decoration durch kreisrunde Das Relief. oder viereckige in Relief gearbeitete Metallbeschläge,[12] welche

---

1) Plinius *n. h.* 34, 13: *Camillo inter crimina obiecit Spurius Carvilius quaestor, ostia quod aerata haberet in domo.* Plut. *Cam.* 12.

2) So waren die Thüren des capitolinischen Tempels mit Goldplatten bekleidet. Zosimus 5, 38: καὶ οὗτος γὰρ (*Stilicho*) θύρας ἐν τῷ τῆς Ῥώμης Καπιτωλίῳ χρυσίῳ πολὺν ἕλκοντι σταθμὸν ἠμφιεσμένας ἀπολεπίσαι προστάξαι (λέγεται). Vgl. Semper I² S. 343 ff. 346 (367 ff. 370).

3) Lobeck *ad Soph. Aiac.* 847. Dies Ornament kommt selbst auf Schuhsohlen vor. Clem. Alex. *Paed.* 2, 11 p. 240: αἰσχρὰ γοῦν ἀληθῶς τὰ σανδάλια ἐκεῖνα, ἐφ' οἷς ἐστὶ τὰ χρυσᾶ ἄνθεμα· ἀλλὰ καὶ τοὺς ἥλους ἑλικοειδῶς τοῖς καττύμασιν ἐγκατακρούειν ἀξιοῦσιν, πολλαὶ δὲ καὶ ἐρωτικοὺς ἀσπασμοὺς ἐγχαράττουσιν αὐτοῖς.

4) Nägel mit zierlich gearbeiteten Köpfen s. bei Grivaud de la Vincelle *Recueil* pl. 4 n. 7. 10. 11.

5) σκῆπτρον — χρυσείοις ἥλοισι πεπαρμένον Hom. *Il.* 1, 246.

6) Bei Alciphron *ep.* 55 erscheint ein Philosoph, χαλκοῖς τισιν ἥλοις ἐμπεπαρμένην φέρων βακτηρίαν, bei Athenaeus 12 p. 543^f heisst es von dem Maler Parrhasius: σκίπωνί τε ἐστηρίζετο χρυσᾶς ἕλικας ἐμπεπαισμένῳ. Der Stock hatte also, wie Lobeck erklärt, ἥλους ἑλικοειδῶς ἐγκεκρουμένους.

7) Verg. *Aen.* 9, 359: *aurea bullis cingula;* 12, 942: *fulserunt cingula bullis.* Solche Gürtelverzierungen weist aus verschiedenen Funden nach Furtwaengler a. a. O. S. 34—36.

8) Clem. Alex. *Paed.* 2, 37 p. 189 Potter: τί γὰρ, εἰπέ μοι, τὸ μαχαίριον τὸ ἐπιτραπέζιον, ἣν μὴ ἀργυρόηλον ᾖ ἢ ἐξ ἐλέφαντος πεποιημένον τὴν λαβήν.

9) Stephani im Petersburger *Compte-rendu* 1876 p. 129. (Von Riemenzeug ist hier nicht speciell die Rede.)

10) Hom. *Il.* 11, 29: ἀμφὶ δ' ἄρ' ὤμοισιν βάλετο ξίφος· ἐν δέ οἱ ἧλοι χρύσειοι πάμφαινον.

11) Nestor hat (*Il.* 11, 633) ein δέπας περικαλλές, χρυσείοις ἥλοισι πεπαρμένον. Vgl. hierüber Helbig Das homerische Epos aus den Denkmälern erläutert S. 277 ff. Im Jahre 1861 ist in Palestrina mit der *cista Castellani* und anderen Gefässen eine bronzene tiefe Schale gefunden, die weiter keine Verzierung hat, als einen Rand von horizontallaufenden Nagelköpfen. Auch die Gehenke sind mit Nägeln aufgesetzt. S. Schoene in *Annali* 1866, tav. d'agg. GH, n. 10.

12) Goldornamente dieser Art sind in grosser Anzahl in Rhodus, Cypern, Mykenae, Attica, Etrurien und Südrussland gefunden und soweit sie zum Kleiderschmuck dienten, bereits oben S. 543 besprochen worden. In den Verzeichnissen derselben bei Stephani *Compte-rendu* 1876 p. 121 ff. 1877 p. 234—237 finden

insbesondere auf Wehrgehenken,[1]) Degenscheiden[2]) und allem Lederzeuge[3]) angebracht und mit Stiften befestigt wurden,[4]) während Schwertgriffe auch ganz mit Goldblech bedeckt werden konnten.[5]) In diese Kategorie gehören die *phalerae* (τὰ φάλαρα), welche im ganzen Alterthum zum Schmucke des Riemenzeuges an Kopf und Brust der Pferde dienen,[6]) von den Römern aber als militärische Ehrenzeichen verliehen werden.[7]) Sie waren von Bronze, Silber oder Gold[8]) und bildeten schon bei den Griechen einen Gegenstand der Kunstübung.[9]) Die im Jahre 1858 auf dem Gute Lauersfort bei Crefeld gefundenen, von A. Rein und O. Jahn beschriebenen *phalerae*[10]) sind kleine Schildplatten von dünnem Silberblech mit Reliefs, deren hohle Rückseite mit Pech ausgegossen ist, und die auf einer untergelegten Kupferplatte, und mit dieser auf einem Riemen befestigt wurden. **phalerae.**

Zu einer umfangreicheren Anwendung gelangte die Bekleidung mit Metallblech bei allen Defensivwaffen, d. h. Panzerstücken, Schilden und Helmen. Schon der alte römische Riemenpanzer (*lorica*)[11]) hatte einen Beschlag von Metall; künstlichere Formen sind der Schuppenpanzer, *lorica squamata*,[12]) und der griechische, den Körperformen genau angepasste, in Relief gearbeitete Metallpanzer, von welchem uns die zugänglichsten Beispiele in den Statuen römischer Kaiser vorliegen.[13]) **Waffen.**

---

sich aber auch solche, die nicht für Kleider, sondern für Lederzeug bestimmt waren. S. 1877 p. 126 n. 58; 129 n. 19 (? vgl. S. 674 A. 9).

1) S. die Beschreibung des τελαμών des Heracles Hom. *Od.* 11, 610 ff. und Plin. *n. h.* 33, 152: *et quid haec attinet colligere, cum capuli militum, ebore etiam fastidito, caelentur argento, vaginae catellis, baltea laminis crepitent.*

2) Stephani im Petersburger *Compte-rendu* 1863 p. IV; 1864 p. 172; 1870 p. XI.

3) Stephani a. a. O. 1876 p. 126. 4) Derselbe a. a. O. 1869 p. 15.

5) Derselbe a. a. O. 1877 p. 38.

6) Ausführlich handelt über sie Stephani a. a. O. 1865 p. 164—175, wo Taf. V n. 5 u. 6 *phalerae* abgebildet sind. Pferde mit *phalerae* s. auch *Mus. Borb.* VI tav. 23.

7) S. Staatsverwaltung II² S. 575.

8) *phalerae aureae* erwähnt Apul. *met.* 10, 18.

9) Cic. *in Verr.* 4, 12, 29: *phaleras pulcherrime factas, quae regis Hieronis fuisse dicuntur — abstulisti.*

10) A. Rein *De phaleris*, in *Annali d. Inst.* 1860 p. 161—204. O. Jahn Die Lauersforter *Phalerae.* Bonn 1860. 4. Vgl. Borghesi *Oeuvres* II p. 341 f. Cavedoni *Annali* 1846 p. 119. Braun daselbst p. 350. Longpérier *Revue num.* 1848 p. 85. *Revue arch.* 1849 p. 324.

11) S. Staatsverwaltung II² S. 336.

12) S. daselbst S. 337. Eine Büste des Traian in der *lorica squamata* s. Righetti *Descr. del Campidoglio* t. 218.

13) So z. B. die Statue des Augustus *Mon. d. Inst.* VI. VII tav. 74; die

Die in derselben Art gearbeiteten Reliefs griechischer Schilde sind ein bekannter Gegenstand poetischer Beschreibungen;[1]) den Schild der Athena Promachos des Phidias hatte der berühmte Toreut Mys ausgeführt,[2]) und mit welcher vollendeten Kunst Waffenstücke hergestellt wurden, sehen wir aus den berühmten Bronzen von Siris. Es sind dies zwei Schulterstücke eines griechischen Panzers, deren zwei, Amazonenkämpfe darstellende Reliefs aus einer kaum eine halbe Linie dicken Kupferplatte so stark herausgetrieben sind, dass die Platte in den Köpfen der männlichen Figuren nur noch die Dicke des Papiers hat.[3]) Nicht gleich an Schönheit, aber zu derselben Art der Technik gehörend, sind die zahlreichen etruskischen und römischen Waffenstücke, welche sich noch erhalten haben.[4])

Incrustation des Hausgeräthes.

Das gleiche Incrustationsverfahren findet sich wie im Orient und Griechenland[5]) so auch in Rom bei allen Gegenständen häuslicher Einrichtung, namentlich den Holzarbeiten. Die *lecti inargentati* oder *inaurati*,[6]) die silbernen Wagen (*carrucae argento caelatae*), [7]) die Schränke (*armaria*) und Kasten (*arcae*,

---

des Germanicus *Mus. Later.* tav. 9, und des Britannicus das. tav. 13; die Statue des Titus im Louvre Müller-Wieseler Denkmäler I, 366; die Statue des Caesar, Righetti *Descrizione del Campidoglio* I tav. 151; eine Zusammenstellung solcher Panzer bei Clarac *Musée de sculpture* III pl. 355. 356.

1) Der Schild des Agamemnon Hom. *Il.* 11, 32 ff.; des Achilles Hom. *Il.* 18, 478 ff. Auch der Gallier bei Livius 7, 10, 7 hat *arma auro caelata.*

2) Brunn G. d. gr. K. II S. 409.

3) Bröndsted Die Bronzen von Siris. Kopenhagen 1837. 4. Andere schöne Reliefs von Waffenstücken s. bei Carapanos Taf. XV. XVI, 1.

4) Ueber etruskische Waffen s. Braun Ruinen S. 786; über einen aus Goldblech getriebenen Brustschild daselbst S. 790; Helmstücke und Panzer von Bronze abgeb. *Mus. Greg.* I tav. 21; ein Bronzeschild aus Tarquinii, der indessen wohl nur zur Decoration einer Wand oder eines Geräthes bestimmt war, bei Micali *Ant. Mon.* tav. 41, 1 = Müller-Wieseler Denkmäler I n. 303. In Bomarzo wurde gefunden „*un ampio scudo circolare intatto di circa un metro di diametro, foderato internamente di legno di noce grosso circa 3 linee e coperto di pelle.*" *Bull.* 1830 p. 233. Von römischen Waffenstücken sind für unsern Zweck erwähnenswerth die bronzenen Beschläge von Schwerterscheiden in dem Funde von Vindonissa, deren Reliefs fabrikmässig mit Stanzen hergestellt sind. S. O. Jahn Röm. Alterthümer aus Vindonissa in Mittheilungen der antiq. Gesellschaft in Zürich XIV, 4 (1862) Taf. I, 1—6. Brustplatte aus Gold gefunden in Essex, abg. *Archaeologia* XXVI p. 429. Ueber griechische und römische Waffenstücke in dem Museum von Neapel giebt eine Uebersicht mit Abbildungen Overbeck Pompeji[4] S. 454; römische Waffen, jetzt in Deutschland befindlich, s. bei Lindenschmit Die Alterthümer unserer heidnischen Vorzeit. Mainz 1858. 4. Heft III Taf. 1. 2. 3. H. V Taf. 5. H. XII Taf. 4.

5) Curtius a. a. O. S. 9.

6) S. oben S. 310.

7) Plin. *n. h.* 33, 140. Vopisc. *Aur.* 46, 3: *dedit praeterea potestatem, ut argentatas privati carrucas haberent, cum antea aerata et eburata vehicula fuissent.* Bronzeplatten von der Verzierung eines Wagens, aus einem Grabe von

arculae) hatten ganz gewöhnlich diese Ornamentation von *laminae* oder *bracteae* in Relief gearbeitet. Die grosse Masse von Reliefplatten, welche unsere Museen enthalten, rührt zum Theil von solchen Geräthen her, unter denen für uns die Kasten und Kästchen, welche noch zur Anschauung vorliegen, von besonderem Interesse sind. Das kunstgeschichtliche Prototyp dieser Arbeit ist der Kasten des Kypselos, dessen Reliefs indessen aus Holz, Elfenbein und Gold bestanden.[1]) Geldkasten (*arcae ferratae*)[2]) haben sich in Pompeii erhalten, wie namentlich der von Avellino beschriebene,[3]) der von Holz, mit Eisen beschlagen, mit Bronzereliefs bekleidet und mit bronzenen *bullae* verziert war; in viel grösserer Anzahl und Mannigfaltigkeit sind aber Toilettenkästchen vorhanden, an welchen die Funde der neueren Zeit besonders ergiebig gewesen sind. Von diesen Kästchen, welche man anfangs mit einem unpassenden Namen *cistae mysticae* zu nennen beliebte,[4]) wurde das erste, die Ficoronische *cista*,[5]) um das Jahr 1737 in Praeneste gefunden. Im J. 1866 verzeichnete R. Schoene 70 erhaltene *cistae* und viele Fragmente von zerbrochenen;[6]) seitdem hat sich diese Zahl noch bedeutend vermehrt.[7]) Die meisten haben die Form eines Cylinders von 1 bis $2^1/_2$ Palmen Höhe und sind darin ähnlich den

Kasten.

cistae.

Perugia, abgeb. Micali *Ant. Mon.* tav. 28, 1. 2. 5 = Müller-Wieseler Denkm. I n. 297. 298. Desgl. aus der Nähe von Rom *Bull. comun.* 1877 tav. 11—15. Ein mit Bronze beschlagener Wagen aus einem capuaner Grabe *Bull. d. Inst.* 1874 p. 245 n. 8. Ein bronzener Wagen Visconti *M. P. Cl.* V tav. B. II, 2. B. III n. 3. 4. 5. 6.

1) Müller Handbuch d. Arch. § 57. O. Jahn Archaeol. Aufs. Greifswald 1845 S. 3 ff.

2) Juven. 11, 26. In Pest befindet sich ein Geldkasten von Holz *avec revêtement de métal repoussé.* Desjardins *Desiderata du Corpus Inscr. Lat.* I p. 18 n. 15.

3) Avellino *Descrizione di una casa Pompeiana con capitelli figurati.* Napoli 1837. 4. p. 45—59. Vgl. oben S. 240.

4) Visconti bediente sich zuerst dieser Bezeichnung. Ueber die wirkliche *cista mystica*, welche in den Cult des Bacchus gehört, s. O. Jahn Hermes III S. 317 ff.

5) O. Jahn Die Ficoronische Cista. Leipzig 1852. 4. Abbildung bei E. Braun Die Ficoronische Cista des *Collegio Romano.* Leipzig 1849. fol. und sonst oft, auch in Müller-Wieseler Denkm. I n. 309.

6) R. Schoene *Le ciste Prenestine,* in *Annali* 1866 p. 150—209.

7) S. *Annali* 1866 p. 357—389. *Monumenti* VIII tav. 29—31; *Annali* 1868 p. 413—421. *Monumenti* VIII Tav. 56—58; *Annali* 1870 p. 335—344. *Monumenti* IX Tav. 22. 23; *Annali* 1870 p. 344—353. *Monumenti* IX Tav. 22—25; *Annali* 1873 p. 221—239. *Monumenti* IX Tav. 58. 59; *Annali* 1876 p. 105—124. *Monumenti* X Tav. 29; *Annali* 1877 p. 184—245. *Monumenti* X Tav. 45. In demselben Jahre wurde in Palestrina gefunden *une dizaine de cistes contenant des objets de toilette.* Fernique *Comptes-rendus* 1878 p. 21.

Bücherschachteln (*scrinia*), in welchen man Rollen aufbewahrte und transportirte,[1] und welche häufig am Fusse von Statuen vorkommen;[2] viele sind von ovaler Form. Beide Arten sind mit Füssen versehen und haben einen flachgewölbten Deckel, auf welchem freistehende Figuren eine Henkelgruppe bilden. Auch konnten die Kästchen an Ketten, die in Ringen befestigt waren, in der Hand getragen werden. Was den Stoff betrifft, so waren sie entweder von Holz, mit Reliefplatten von Kupfer oder Silber[3] bekleidet, auch inwendig und auswendig mit Leder überzogen und nur an den Rändern mit Bronze beschlagen, oder sie waren ganz von Bronze; in beiden Fällen war die Metallbekleidung gewöhnlich mit eingeschnittenen (gravirten) Zeichnungen geschmückt, auf die wir weiter unten zurückkommen.[4] Das Interesse, welches die *cistae* gewähren, liegt insbesondere darin, dass sie Repräsentanten eines alten, römischen Kunstzweiges sind. Sieben von ihnen haben lateinische Inschriften,[5] welche der Zeit des ersten punischen Krieges angehören;[6] der Künstler der Ficoronischen Cista hat den lateinischen Namen Novios Plautios, der Caelator eines praenestinischen Spiegels, welcher derselben Kunstthätigkeit angehört, nennt sich Vibis Pilipus (Vibius Philippus); eine *cista,* in deren Darstellung man mit Wahrscheinlichkeit einen *triumphus in monte Albano* erkannt hat,[7] lässt ebenfalls auf römischen Ursprung schliessen. Dass Praeneste der Fabrikort gewesen sei, hat man aus dem Grunde angenommen, weil die dortigen Ausgrabungen die meisten *cistae* geliefert haben: allein bei vielen ist der Fundort

1) Dies sind die κιβώτια γραμματοφόρα bei Pollux 10, 61. Vgl. Juven. 3, 206: *iamque vetus Graecos servabat cista libellos.* Plin. *n. h.* 16, 229.

2) Visconti *Mon. Gab.* n. 24. 44. 45. 46. 47, Clio mit dem *scrinium Pitture d'Ercol.* II p. 13; Statue des Sophocles mit einem *scrinium*, das an einem Henkel zu tragen ist, *Monum. d. Inst.* IV tav. 27.

3) Von Silber ist die *cista Castellani*, bei Schoene n. 70. Auch die von Birch beschriebene, in Tarent gekaufte kreisförmige Silberplatte, welche in getriebener Arbeit eine Schmückung der Venus darstellt, ist wahrscheinlich der Deckel eines Kästchens. S. Birch *Description of a silver disc from Tarentum.* London 1852. 4. (*Archaeologia* 34 p. 265 ff.)

4) Ausführlich handelt von der Fabrication der praenestinischen *cistae* Fernique *Étude sur Préneste.* Paris 1880 p. 145 ff.

5) Sie sind zusammengestellt *Ephem. epigr.* 1872 p. 12 n. 17. 19. 20. 21; p. 153 n. 168a. *C. I. L.* I p. 553 n. 1500. 1501.

6) Jordan Kritische Beiträge zur Geschichte der lateinischen Sprache. Berlin 1879. 8. S. 2 ff.

7) Michaelis *Annali* 1876 p. 105 ff. *Monumenti* X tav. 29. Jordan a. a. O. S. 14.

unbekannt, und dass dergleichen Arbeiten in Rom selbst verfertigt wurden, beweist die Ficoronische Cista durch ihre Inschrift.[1])

Seit welcher Zeit diese Industrie in Latium blühte, ist unbekannt und lässt sich darüber jetzt nur eine Vermuthung aufstellen. Es giebt nämlich noch eine andere Gattung von *cistae* älterer Art, welche man *ciste a cordoni* genannt hat.[2]) Es sind dies ebenfalls Cylinder von Bronzeblech mit Deckel, sie haben aber an zwei Seiten Handhaben zum Tragen und dienen zur Aufbewahrung der Asche in Gräbern. Ihr Relief besteht in horizontal herumlaufenden Schnüren, und zwar entweder fünf bis acht, zwischen welchen Streifen freigelassen sind, um eine primitive Decoration aufzunehmen,[3]) oder neun bis funfzehn, welche so nahe aneinander liegen, dass für ein weiteres Ornament kein Raum übrig bleibt.[4]) Cisten der letzteren Art finden sich in Süditalien, Mittelitalien und am häufigsten in Norditalien, aber auch nördlich von den Alpen in Frankreich, Belgien, der Schweiz und in Deutschland bis Lübeck und Posen hin und gehören nach Helbig's Untersuchungen in das fünfte Jahrhundert vor Chr.[5]) Da sie am häufigsten in den Pogegenden vorkommen, so hat man bisher ihre Fabrication den Etruskern zugeschrieben, neuerdings ist indessen namentlich in Folge der Ausgrabung einer solchen *cista* in einem griechischen Grabe von Cumae[6]) die Ansicht begründet worden, dass diese Geräthe aus Griechenland in Campanien eingeführt und von da nach Norditalien und auf den Bernsteinstrassen weiter nach Norden gelangt sind.[7]) Ist diese Annahme richtig, so werden sie auch in Latium, wo sie bis jetzt noch nicht haben nachgewiesen werden können, bekannt gewesen sein und eine einheimische Industrie veranlasst haben, aus welcher sich die Fabrication der sogenannten praenestinischen *cistae* entwickelt hat.[8]) Für diese

---

1) *Eph. epigr.* 1872 n. 17: *Novios. Plautios. med Romai. fecid.*

2) S. über dieselben Gozzadini *Intorno agli scavi archeologici fatti dal S. A. Arnoaldi Veli presso Bologna.* Bologna 1877. 4. p. 36—52. Helbig *Annali dell' Inst.* 1880 p. 240—255.

3) Gozzadini Tav. VII, 1. 2,

4) *Annali* 1880 Tav. d'agg. W n. 3.

5) Helbig a. a. O. p. 241—250.

6) Helbig a. a. O. p. 252.

7) Helbig a. a. O. p. 253—255 und *Bull. dell' Inst.* 1881 p. 193. Neuerdings sind solche Cisten auch in Tarent und Gnathia gefunden worden, wodurch obige Ansicht bestätigt wird. *Gaz. archéol.* VII p. 93.

8) Conze *Annali dell' Inst.* 1874 p. 169. Helbig a. a. O. p. 253.

Ansicht liefert ein neues Argument eine kürzlich in Vulci gefundene Cista,[1] welche in ihrer Form den Uebergang von dem archaischen Vorbilde zu der praenestinischen *cista* vermittelt.

Tischgeräthe in Relief-Arbeit.

Während die besprochenen Metallarbeiten fabrikmässig hergestellt wurden und deshalb von sehr verschiedenem Werthe sind, bildeten die bronzenen und silbernen in Relief gearbeiteten Opfer- und Tischgeräthe einen hervorragenden Kunstzweig, welcher zwar anfangs ausschliesslich und immer zum grossen Theile von griechischen Meistern vertreten wurde, aber doch zu den frühesten Gegenständen römischer Kunstliebhaberei gehörte. Von den gepriesenen Werken griechischer Toreuten der besten Zeit[2] sind uns viele nur aus römischen Notizen und aus römischem Besitze bekannt geworden; so die Hydria des Boethus, welche Verres,[3] die beiden Becher des Calamis, welche Germanicus[4] besass, die *scyphi* des Mentor, welche der Redner L. Crassus für 100,000 HS. kaufte,[5] die beiden Becher des Zopyrus, den Rechtsspruch des Areopag über Orestes darstellend, welche auf 1,200,000 HS. geschätzt wurden.[6] Allerdings führte diese Liebhaberei zu Täuschungen; man sammelte nicht allein altes Silberzeug überhaupt, *argentum vetus*,[7] bei dem die durch den Gebrauch abgeriebenen Formen den Werth erhöhten,[8] sondern vorzugsweise Werke benannter Meister (*antiquis nominibus artificum argentum nobile*),[9] was denn dazu führte, dass die Besitzer selbst ihre alterthümlichen Gefässe (*archetypa*)[10] den berühmtesten Meistern zuschrieben[11] und dass Copien ver-

1) *Bull. dell' Inst.* 1880 p. 213.

2) Ueber diese findet man alles gesammelt bei Brunn Gesch. der griech. Künstler II S. 397—412.

3) Cic. *in Verr.* 4, 14, 32.

4) Plin. *n. h.* 34, 47.

5) Plin. *n. h.* 33, 147.

6) Plin. *n. h.* 33, 156 nach der Lesart des Bambergensis, HS |XII|.

7) Juven. 1, 76.

8) Plin. *n. h.* 33, 157: *subitoque ars haec ita exolevit, ut sola iam vetustate censeatur, usuque attritis caelaturis, ne figura discerni possit, auctoritas constet.*

9) Seneca *ad Helv.* 11, 3. Vgl. Seneca *de tr. an.* 1, 7: *argentum grande rustici patris sine ullo nomine artificis.* Mart. 9, 59, 16: *pocula Mentorea nobilitata manu.*

10) Mart. 8, 6, 1; 14, 93.

11) Diese Sitte verspottet Horat. *sat.* 1, 3, 90:

Comminxit lectum potus mensave catillum
Euandri manibus tritum deiecit.

Vgl. 2, 3, 20 und Martial. 4, 39:

Argenti genus omne comparasti,
Et solus veteres Myronos artes,

fertigt[1]) und moderne Werke mit absichtlicher Täuschung als alte verkauft wurden;[2]) allein zur Erhaltung alter Kunstwerke hat diese Liebhaberei, die bereits damals auch zu Ausgrabungen Veranlassung gab,[3]) wesentlich genützt, und wir besitzen vielleicht noch in dem gleich zu erwähnenden Corsinischen Silbergefäss eine Copie eines der Becher des Zopyrus. Auch erhielten sich durch den Geschmack für alterthümliche Kunst sowohl alte Kunstformen, wie die thericleischen Becher,[4]) als Thericleische Becher.

Solus Praxitelis manum Scopaeque,
Solus Phidiaci toreuma caeli,
Solus Mentoreos habes labores.
Nec desunt tibi vera Gratiana,
Nec quae Callaico linuntur auro,
Nec mensis anaglypta de paternis.

Ueber den technischen Ausdruck *anaglypta* vgl. die *trulla argentea anaglypta* Orelli 3838 = *C. I. L.* X, 6; *metallum anaglypticum*, Sidon. Apoll. *ep.* 9, 13 und dazu Savaro p. 602.

1) So copirte Zenodorus, der Verfertiger des Neronischen Colosses, zwei Becher des Calamis, Plin. *n. h.* 34, 47.

2) Phaedrus 5 *prol.* 4:

Ut quidam artifices nostro faciunt seculo,
Qui pretium operibus maius inveniunt, novo
Si marmori adscripserunt Praxitelen suo,
Trito Myronem argento.

3) Strabo 8 p. 381: πολὺν δὲ χρόνον ἐρήμη μείνασα ἡ Κόρινθος ἀνελήφθη πάλιν ὑπὸ Καίσαρος — ἐποίκους πέμψαντος· — οἳ τὰ ἐρείπια κινοῦντες καὶ τοὺς τάφους συνανασκάπτοντες εὕρισκον ὀστρακίνων* τορευμάτων πλήθη, πολλὰ δὲ καὶ χαλκώματα· θαυμάζοντες δὲ τὴν κατασκευὴν οὐδένα τάφον ἀσκευώρητον εἴασαν, ὥστε εὐπορήσαντες τῶν τοιούτων καὶ διατιθέμενοι πολλοῦ νεκροκορινθίων ἐπλήρωσαν τὴν Ῥώμην· οὕτω γὰρ ἐκάλουν τὰ ἐκ τῶν τάφων ληφθέντα. Suet. *Caes.* 81; vgl. *Bull. d. Inst.* 1865 p. 162; 1876 p. 172. *Ann.* 1879 p. 128—157.

4) Dass die oft genannten *Thericlea* ein Gattungsname sind, geht hervor aus Cic. *in Verr.* 4, 18, 38, wo im Besitz des Lilybaetaners Diodorus erwähnt werden *pocula quaedam, quae Thericlea nominantur, Mentoris manu summo artificio facta.* Von welcher Art sie waren, ist streitig. Nach Bentley Briefe des Phalaris, deutsch von Ribbeck, S. 162, bestand ihre Eigenthümlichkeit in einer von dem corinthischen Töpfer Thericles erfundenen Form, nach Welcker Kleine Schriften III S. 499—515, bei welchem man das Material am vollständigsten findet, in den Thierfiguren der Becher, von welchen der fingirte Name des Töpfers abzuleiten sei; nach Schwenk im *Philologus* XXIV S. 552—554 in der schwarzen Glasur. Mit der Ueberlieferung ist nur Bentley's Ansicht übereinstimmend, für die ich noch eine unbenutzte Stelle anführe. Zu Clemens Alex. *Paed.* 2, 3 p. 188: ἐρρέτων τοίνυν Θηρίκλειοί τινες κύλικες καὶ Ἀντιγονίδες sagt das von Klotz Vol. IV p. 121 edirte Scholion: Θηρίκλειοι ἀπὸ Θηρικλέους τοῦ τοῦτο ἐφευρόντος, Ἀντιγονίδες ὁμοίως, — — ἐκπωμάτων εἴδη. Θηρίκλειον, τὸ σφαιρικῷ τῷ πυθμένι τὸ ἐπικείμενον ἔχον χωνοειδές, ἀφ' οὗ πιεῖν ἐστιν εὐπετές· Ἀντιγόνιος, ἡ ἄνευ τοῦ σφαιροειδοῦς πυθμένος εἰς ὀξὺ ἀπολήγουσα. Beide Becher, von Männern benannt, hatten eine bestimmte, trichterartige Form, also die eines Spitzglases, der erste mit Fuss, der andere ohne Fuss. Das Material ist nicht charakteristisch für die Thericlea; denn sie werden von Thon, Holz, Glas, Gold und Silber gemacht. Der älteste thericleische Becher, von dem wir wissen, wird in einer athenischen Inschrift, die c. 425 v. Chr. zu setzen ist, erwähnt: er war von Holz, mit Goldblech bekleidet. *C. I. Gr.* 139 lin. 8. 9 und dazu

alte Kunstübungen, wie der Guss der corinthischen Gefässe, während das gewöhnliche Silbergeschirr, wie alle Luxusgegenstände, den Veränderungen der Mode unterworfen war, welche von verschiedenen rivalisirenden Fabriken ausgingen.[1])

Technik der Gefäss-arbeit.

Die Verfertigung dieser Kunstgefässe gehört nur theilweise in diesen Abschnitt, da bei ihr die verschiedenen Methoden der Arbeit benutzt wurden, auf welche wir später noch zurückkommen, namentlich der Guss und die Ciselirung; es wird indessen zweckmässig sein, den vorhandenen Zusammenhang dieser Operationen nicht zu zerreissen.

Metallgefässe mit Reliefs wurden entweder im Ganzen gearbeitet, oder Gefäss und Relief wurde besonders hergestellt. Im ersten Falle kann das Gefäss gegossen oder aus einer Platte gehämmert werden. Bei dem Guss wird »zuerst ein Modell, vermuthlich von Wachs über einem festen Kern, gemacht (πλάττειν, *fingere*), darüber eine hohle Form oder ein Mantel (λίγδος, χῶνος) verfertigt, das Wachs ausgeschmolzen, und in den so entstandenen leeren Raum das Metall gegossen, so dass also auch die Ornamente massiv waren«.[2]) Bei kleinen Objecten fällt indessen der Guss durchschnittlich so unvollkommen aus, dass die Bearbeitung desselben durch Ciselirung der Kunstform erst den Werth giebt.[3]) Das Ciseliren geschah mit dem τορεύς, *caelum*, *cilio*, d. h. einem Stifte, der nach dem Bedürfniss der Arbeit in eine Spitze, einen Bart oder eine Scheibe ausläuft und durch ein nach Art eines Spinnrades eingerichtetes Tretrad in Bewegung gesetzt wird.[4]) Von solchen in massivem Silber ciselirten Reliefs geben das Silbergefäss des Antiquariums in

---

Boeckh. Von späteren Erwähnungen finde ich noch nicht angeführt Philo *de vita contempl.* 6, wo unter den römischen Tafelgeschirren aufgeführt werden: ἐκπωμάτων πλῆθος ἐκτεταγμένων καθ' ἕκαστον εἶδος, ῥυτὰ γὰρ καὶ φιάλαι καὶ κύλικες, καὶ ἕτερα πολυειδῆ τεχνικώτατα θηρίκλεια καὶ τορείαις ἐπιστημονικῶν ἀνδρῶν ἠκριβωμένα.

1) Plin. *n. h.* 33, 139: *Vasa ex argento mire inconstantia humani ingeni variat nullum genus officinae diu probando: nunc Furniana, nunc Clodiana, nunc Gratiana — etenim tabernas mensis adoptamus — nunc anaglypta asperitatemque exciso circa liniarum picturas quaerimus.* Die *Gratiana* erwähnt Martial. 4, 39, 6; und in einer römischen Inschrift *C. I. L.* VI, 9222 heisst es von einem M. Canuleius Zosimus: *hic arte in caelatura Clodiana evicit omnes.*

2) Ich entlehne diese Stelle aus Michaelis Das Corsinische Silbergefäss. Leipzig 1859. 4. S. 4, wo über diese Technik ausführlich gehandelt ist.

3) Vgl. Brunn II S. 397 f.

4) S. Thiersch Ueber ein — silbernes Gefäss mit Darstellungen aus der griechischen Heroengeschichte in Abh. der 1. Cl. der kgl. bayerischen Academ. V, 2 S. 111. 112.

München[1]) und der Becher aus Herculaneum mit der Apotheose Homer's[2]) eine Anschauung. Wird dagegen das Gefäss aus einer Platte gearbeitet, so kann das Relief entweder aus freier Hand durch den Hammer und die Punze von der Rückseite aus herausgetrieben oder durch Einhämmern des Metallbleches in eine hohlgearbeitete Form gewonnen werden,[3]) wobei dann noch die letzte Bearbeitung des Reliefs durch Nachschlagen von aussen (ἐπιχαλκεύειν, *refouler*)[4]) und durch Ciselirung stattfindet.[5]) Im zweiten Falle, d. h. wenn die Reliefs besonders gearbeitet werden, können auch diese entweder massiv oder in Blech getrieben sein. Die massiven Einsätze (*emblemata*,[6]) *sigilla*),[7]) die bei silbernen Bechern zuweilen von Gold sind,[8]) werden eingelassen,[9]) die getriebenen Bleche, *crustae*, aufgesetzt;[10]) beide angelöthet[11]) oder auch mit Stiften befestigt; die noch vorhan-

1) Thiersch a. a. O.

2) Millingen *Anc. uned. mon.* II pl. 13. Zahn Gem. u. Orn. III, Taf. 28. Ein anderes Beispiel von gegossener und ciselirter Arbeit ist der Centaur der Wiener Sammlung. Arneth G. u. S. M. p. 75 n. 19.

3) Solche Formen sind noch vorhanden. S. Curtius in phil. und histor. Abhandl. der Berliner Academie 1879 S. 4.

4) Benndorf Gesichtshelme S. 25 Anm. 3. Saglio *Dictionn. des antiq.* I p. 791 Fig. 942.

5) S. das pompeianische Bild, welches diesen Act veranschaulicht, bei Helbig Wandgem. n. 1318c Taf. 17. Quintil. 2, 4, 7: *Multum inde decoquent anni, multum ratio limabit, aliquid velut usu ipso deteretur; sit modo, unde excidi possit et quod exsculpi; erit autem, si non ab initio tenuem nimium laminam duxerimus et quam caelatura altior rumpat.*

6) *Emblemata* und *crustae* unterscheidet Cic. *in Verr.* 4, 23, 52: *Cibyratae fratres vocantur: pauca improbant: quae probarunt, iis crustae aut emblemata detrahebantur. Pocula cum emblematis* ib. 22, 49; *scaphia cum emblematis* ib. 17, 37; und ähnlich öfters. S. hierüber Wieseler Der Hildesheimer Silberfund S. 22 Anm. 2.

7) Cic. *in Verr.* 4, 22, 48: *apposuit patellam, in qua sigilla erant egregia. Iste — sigillis avulsis reliquum argentum sine ulla avaritia reddidit.*

8) *emblemata aurea Dig.* 34, 2, 19 § 5. § 6. *Dig.* 34, 2, 32 § 1. Vgl. Senec. *ep.* 5, 3: *non habeamus argentum, in quod solidi auri caelatura descenderit;* und die von Michaelis angeführten Inschriften Henzen 5905 = *C. I. L.* III, 4806: *phialam argent. p. II embl. Noreiae aurea uncias duas;* 6140 = *C. I. L.* VIII, 6982: *scyphi dependentes auro illuminati N. VI, cantharum auro inluminatum.*

9) *emblemata illigare, concludere.* Cic. *in Verr.* 4, 24, 54. *dona incusa auro* Pers. 2, 52.

10) *Dig.* 34, 2, 32, 1: *cymbia argentea crustis aureis illigata.*

11) Ueber die Löthung s. Saglio *Dictionn. des antiq.* I p. 794 und Wieseler Der Hildesheimer Silberfund S. 25. Ueber die Ausdrücke, welche für das Löthen gebraucht und auch von den Juristen definirt werden (Paulus *Dig.* 6, 1, 23 § 5; Pomponius *Dig.* 41, 1, 27 *pr.* und § 2) handelt ausführlich Göppert Ueber die Bedeutung von *ferruminare* und *adplumbare* in den Pandekten. Breslau 1869. 8. und nochmals Zeitschrift für Rechtsgeschichte herausg. von Rudorff, Bruns, Roth und Böhlau IX (1870) S. 141 ff. Sein Resultat ist, dass

denen sogenannten silbernen *disci* sind nichts anderes, als die aus der Bleilöthung gelösten inneren Flächen (*crustae*) von Silberschalen.[1])

Wir sehen, dass die Gefässarbeit eine complicirte Technik voraussetzt, welche auch sprachlich besonders bezeichnet wird. Die Kunst des Beschlagens nämlich, d. h. des Befestigens von Metallornamenten auf einem Grunde (Incrustationsarbeit, *doublure, placage*), ist die Empaestik (ἐμπαιστική)[2]), die hohle, in Blech getriebene Arbeit (*ouvrage au repoussé*) heisst σφυρήλατον,[3]) die complicirte Kunst der Gefässarbeit dagegen ist die τορευτική, *caelatura*.[4]) Dass dieser Ausdruck ursprünglich die Ciselirkunst, d. h. die Bearbeitung des harten, massiven Metalls mit schneidenden Instrumenten bezeichnet, lehrt die Etymologie desselben,[5]) und in der That wird *caelare* auch vom Schneiden der Gemmen gebraucht;[6]) allein es ist ausdrücklich bezeugt,

ἐμπαιστική, σφυρήλατον, τορευτική, *caelatura*.

---

ferruminare nicht blos, wie meistens angenommen wird, Anschweissen bedeutet, welches nur beim Eisen stattfindet, sondern überhaupt keine ausschliessliche Beziehung auf Metallarbeiten hat, vielmehr synonym mit *agglutinare* gebraucht wird und ganz allgemein Löthen oder Kitten heisst. *Plumbare* kommt dagegen von dem Ausgiessen der Höhlungen getriebener Reliefs und dem Befestigen von Klammern und eisernen Stiften in Stein oder Metall vor, wofür der Verf. auch Horat. *od.* 1, 35, 20 anführen konnte. Dies *plumbare* findet sich für die Befestigung der *emblemata* in silbernen Gefässen gebraucht; nimmt man dieselben heraus, so nennt man das *replumbare*. Dig. 34, 2, 32 § 1.

1) Müller H. d. Arch. S. 435. Semper II S. 24. 25. Solch ein Boden einer Schale ist z. B. die runde *laminetta d' argento Bronzi di Ercol.* I p. 267, und wohl auch der schöne Discus oder *clipeus* von Aquileia, *Annali* 1839 p. 78. *Monum. d. Inst.* III t. 4. Arneth Gold- und Silbermonumente Taf. S. V.

2) Athenaeus 11 p. 488^b redet von dem Becher des Nestor, der von Hom. *Il.* 11, 632 δέπας περικαλλές, χρυσείοις ἥλοισι πεπαρμένον genannt wird, und fügt hinzu: οἱ μὲν οὖν λέγουσιν ἔξωθεν δεῖν ἐμπείρεσθαι τοὺς χρυσοῦς ἥλους τῷ ἀργυρῷ ἐκπώματι κατὰ τὸν τῆς ἐμπαιστικῆς τέχνης (τρόπον). Eustath. *ad Il.* 11, 773 p. 883, 56: ἄλεισον — τὸ μὴ λεῖον, ἀλλὰ τραχὺ τοῖς ἐμπαίσμασιν. Ebenso erklärt derselbe *ad Il.* 24, 429 p. 1357, 40: ἄλεισον — οἱονεὶ τὸ μὴ ὂν λεῖον ἀλλὰ περιφερὲς ἢ ἐμπαιστόν.

3) Dem σφυρηλατεῖν entspricht *excudere* Verg. *Aen.* 6, 847.

4) Ueber die Technik und die Geschichte dieser Kunst findet man eine inhaltsreiche, durch zweckmässige Illustrationen erläuterte Abhandlung von Saglio im *Dictionnaire des antiquités* I p. 778—809.

5) Isidor. *orig.* 20, 4, 7: *caelata vasa argentea vel aurea sunt signis eminentioribus intus extrave expressa: a caelo vocata, quod est genus ferramenti, quem vulgo cilionem vocant.* Tertull. *de idol.* 3: *caelator exsculpit.* Ein praenestinischer Spiegel mit *graffiti* hat die Inschrift *Vibis· Pilipus· cailavit*, *Bull. d. Inst.* 1867 p. 68 = *Ephem. epigr.* 1872 p. 15 n. 24.

6) Plin. *n. h.* 37, 131; Apulei. *Flor.* 7: (*Alexander*) *edixit — ne quis effigiem regis temere assimilaret aere, colore, caelamine; quin saepe solus eam Polycletus aere duceret, solus Apelles coloribus delinearet, solus Pyrgoteles caelamine excuderet.* Der technische Ausdruck vom Gemmenschneiden ist indessen *sculpere*. Plin. *n. h.* 7, 125; 37, 8.

dass auch die erhobene Arbeit Sache des *caelator* ist,[1]) und es werden auch Schilde, deren Verfertigung entschieden der Empaestik angehört, *caelati clipei* genannt.[2]) Das lateinische Wort also bezieht sich unzweifelhaft auf alle die Operationen, die wir besprochen haben,[3]) die Incrustationsarbeit, die hohle getriebene Arbeit und die ciselirte Arbeit; über den Umfang der griechischen Toreutik sind die Kunsthistoriker uneinig; im eigentlichen Sinne ist sie ebenfalls von der Gefässarbeit zu verstehen, doch dürfte auch ihrem Begriffe ein weiterer Umfang nicht geradezu abzusprechen sein,[4]) zumal da die Alten in dem Gebrauch technischer Ausdrücke nur insofern genau sind, als sie Sachkenntniss besitzen, was häufig nicht der Fall ist.[5])

Wir werden später sehen, dass von der Gefässarbeit die eigentliche Goldschmiedearbeit praktisch getrennt war. Allein auch diese ist überwiegend Blech- und Drahtarbeit. Zu der ersteren gehören namentlich die Kränze und Diademe,[6]) deren Kränze und Diademe.

1) Placidi *gloss.* in Mai *Auct. Class.* III p. 443: *caelator argentarius, qui argento puro extrinsecus facta signa deprimit.*

2) *clipei caelamina* Ov. *met.* 13, 291; *clipeus caelatus* ib. 110; *arma caelata* Liv. 7, 10, 7.

3) Quintilian. 2, 21, 9 nennt die gesammte Metalltechnik *caelatura: Caelatura, quae auro, argento, aere, ferro opera efficit. Nam sculptura etiam lignum, ebur, marmor, vitrum, gemmas — complectitur.* Was den technischen Ausdruck *terere* und *tritor argentarius* betrifft (Henzen 7281 = *C. I. L.* VI, 9950), so versteht diesen Müller Handb. d. Arch. § 311, 1 vom Treiben, Michaelis a. a. O. vom Poliren. Nach Plin. *n. h.* 36, 193, der vom Glase sagt: *aliud flatu figuratur, aliud torno teritur, aliud argenti modo caelatur*, kann es nur drehen oder drechseln (*tornare*) bedeuten.

4) Quatremère de Quincy *Le Jupiter Olympien* p. 75 ff. hat der Toreutik, über die er ausführlich handelt, den weitesten Umfang gegeben; er rechnet dazu die ganze Schmiedekunst, die erhobene Arbeit, die Incrustation mit Blechen, den Guss, die Mischung der Metalle dabei, das Emailliren, die Fassung von Edelsteinen, das Schleifen und Schneiden der Steine, die künstliche Holz- und Elfenbeinarbeit und namentlich die Herstellung der Statuen von Gold und Elfenbein, und betrachtet die *caelatura* als einen einzelnen Zweig dieser Kunst. Gegen diese Definition erklärt sich entschieden Welcker in seiner Ausgabe des Müller'schen Handb. d. Arch. § 85, 3 und öfters, und sie wird in dieser Ausdehnung nicht zu halten sein; doch scheint Welcker wieder den Begriff zu eng zu fassen. Ich verweise auf Brunn G. d. gr. K. II S. 397 ff., wo die entgegengesetzten Auffassungen mit Umsicht vermittelt werden.

5) So ist mir zweifelhaft, ob Plin. *n. h.* 33, 82 *holosphyraton* richtig von einer massiven Statue erklärt, da Phrynichus p. 203 Lob. sagt: τὸ ὁλοσφύρατον ἔκβαλε καὶ ἤτοι σφυρήλατον λέγε ἢ ὁλόσφυρον, also zwischen den Begriffen des σφυρήλατον und ὁλοσφύρατον gar nicht unterscheidet.

6) Kränze dienen bekanntlich nicht nur in Griechenland als Festschmuck, Siegespreis und Ehrengabe, sondern auch in Rom zur Decoration verdienter Männer (Staatsverwaltung II² S. 576 ff.), zu Geschenken (Suet. *Cal.* 45. *Galb.* 12. Plin. *n. h.* 21, 6; 33, 54) und zum Apparat des Gastmahls (Tac. *ann.* 2, 57) und wurden auch den Todten ins Grab mitgegeben (s. oben S. 348). Die Todten-

Blätter aus dünnem Bleche geschnitten und theils aus der Hand geformt, theils mit dem Stempel gearbeitet werden konnten; die Goldverzierungen von Kleidungsstücken, welche theils gepresst, theils in Relief einzeln gearbeitet wurden (s. S. 543), *bracteae.* endlich die Fabrication der Goldblättchen (*bracteae*) zum Zweck Draht-(Filigran-)Arbeiten. der Vergoldung;[1]) zu der letzteren gehören die Filigranarbeiten, welche schon sehr früh in Assyrien, Aegypten und Etrurien gemacht wurden[2]) und noch in reicher Auswahl vorhanden sind,[3]) die Ketten und bandartigen Schmuckgegenstände, und auch bei der Einfassung von Edelsteinen kam Goldblech und Golddraht zur Anwendung.

2. Metall als schmelzbarer Bildstoff: Gussarbeit.

Die Erfindung des Metallgusses[4]) schrieben die Griechen dem Rhoecus und Theodorus zu;[5]) er war aber bereits in As-

---

kränze sind meistens so leicht gearbeitet, dass sie von Lebenden nicht getragen werden konnten. Am häufigsten sind sie gefunden in Etrurien (*Bull. dell' Inst.* 1835 p. 203—205. *Annali* 1860 p. 476. *Monumenti* VI Tav. 47. *Mus. Greg.* I Tav. 86—91. Noel des Vergers *L'Étrurie et les Étrusques* III pl. 31) und in der Krim. Die letzteren sind zusammengestellt und ausführlich besprochen von Stephani im Petersburger *Compte-rendu* 1875 p. 16 ff. Zu den schönsten erhaltenen Kränzen gehört der aus der Sammlung Campana in den Louvre gekommene Kranz einer etruskischen Frau (*Bijoux du Musée Nap. III* n. 1. Saglio im *Dictionnaire des antiquités* I p. 799) und der etwa aus dem J. 400 vor Chr. herrührende griechische, im J. 1813 in Armento in der Basilicata gefundene, jetzt in München befindliche, abgebildet in Gerhard Antike Bildwerke, Taf. 60 und bei Arneth Die antiken Gold- und Silber-Monumente des k. k. Münz- und Antiken-Cabinets in Wien, G. XIII. Ein Golddiadem s. auch Jahrb. d. V. v. A. im Rheinlande XXIII S. 132.

1) Plin. *n. h.* 33, 61 vom Golde: *nec aliud (metallum) laxius dilatatur aut numerosius dividitur, utpote cuius unciae in septingenas quinquagenas pluresque bratteas quaternum utroque digitorum spargantur.* Vopisc. *Aurel.* 46. Man sagt *bracteam exprimere* (schlagen) (Tertull. *de idol.* 8), und der Goldschläger heisst *bractearius* (*brattiarius* Orelli 4153 = *C. I. L.* VI, 9211) oder *bracteator* Firm. Math. *math.* 8, 16. Einen *aurifex brattiar(ius)*, auf einer vaticanischen Basis (*Gall. delle statue* N. 262, *C. I. L.* VI, 9210) dargestellt, s. bei Jahn Ber. d. phil.-hist. Cl. der sächs. G. d. W. 1861 S. 307 Taf. VII, 2, wo über *bratteae* und *brattearii* (denn so ist nach Lachm. Lucret. p. 253 f. zu schreiben) noch andere Nachweisungen gegeben sind. *Collegium brattiariorum inauratorum C. I. L.* VI, 95.

2) S. Semper II^2 S. 469 (490) ff.

3) Ich führe beispielsweise an die Filigransachen im Museo Gregoriano, *fibulae* (I t. 68), Armband (I t. 76), Kopfschmuck (I, 84), im Wiener Münz- und Antikencabinet, Arneth II p. 40 n. 267—276; zwei Ohrringe von Halbkugeln in Filigranarbeit bei Gerhard und Panofka Neapels ant. Bildwerke I p. 436; Ringe von Filigranarbeit aus später Kaiserzeit, in England gefunden, *Archaeol. Journal* III p. 162. Funde aus der Krim Petersburger *Compte-rendu* 1859 p. X; 1874 p. XIV; 1876 p. XIV. Ueber die Technik der Filigranarbeit s. Saglio *Dictionnaire des antiquités* I p. 794.

4) Ueber das Verfahren beim Gusse verweise ich auf Müller H. d. Arch. § 306.

5) Brunn I S. 30 ff.

syrien und Aegypten bekannt[1]) und gehört auch in Italien zu den frühesten und am glücklichsten betriebenen Kunstzweigen. Kupfer fand sich in der nächsten Nähe an mehreren Orten, z. B. in Elba,[2]) und ist in Rom früher als Eisen in Gebrauch gewesen.[3]) Den Erzguss betrieben in Italien zuerst die Etrusker, deren Bronzestatuen nicht nur im Inlande in grosser Anzahl vorhanden waren,[4]) sondern, wie alle Metallarbeiten derselben,[5]) im Auslande anerkannt[6]) und in späterer Zeit von Sammlern gesucht wurden.[7]) Auch in Rom werden Bronzestatuen sehr früh erwähnt[8]) und haben sich Bildwerke dieser alten Kunstperiode noch erhalten, wie die im Jahre 458 = 296 aufgestellte capitolinische Wölfin,[9]) die Chimaera von Arretium und andere.[10]) Wir wissen nicht, ob diese von etruskischen oder römischen Künstlern herrühren; dass aber auch ausserhalb Etruriens die Kunst des Erzgusses mit Glück geübt wurde, ist aus dem Umstande ersichtlich, dass unter den gegossenen Kupfermünzen, die etwa um die Zeit der Decemvirn sowohl in Latium als in Etrurien ihren Anfang nehmen[11]), die des südlichen Latiums

Bronzestatuen.

---

1) Semper I² S. 220 (235).

2) Müller Die Etrusker I S. 241 f. Ueber die später gebrauchten Kupferbergwerke s. Plin. *n. h.* 34, 2—4.

3) Dies geht aus verschiedenen Gebräuchen des Cultus hervor, s. Staatsverwaltung III S. 228 Anm. 3, vgl. Rossignol *Les métaux dans l'antiquité.* Paris 1863. 8. p. 214, und ist schon bemerkt worden von Lucretius 5, 1287:

Et prior aeris erat, quam ferri, cognitus usus,
Quo facilis magis est natura et copia maior.

4) Volsinii hatte 2000 Statuen. Plin. *n. h.* 34, 34.

5) Kritias bei Athen. I p. 28ᵇ.

Τυρσηνὴ δὲ κρατεῖ χρυσότυπος φιάλη
Καὶ πᾶς χαλκὸς ὅτις κοσμεῖ δόμον ἔν τινι χρείᾳ.

Athen. 15 p. 700ᶜ: Φερεκράτης δ' ἐν Κραπατάλοις — —·
τίς τῶν λυχνείων ἡ 'ργασία; B. τυρρηνική·
ποικίλαι γὰρ ἦσαν αἱ παρὰ τοῖς Τυρρηνοῖς ἐργασίαι, φιλοτέχνων ὄντων τῶν Τυρρηνῶν.

6) Plin. *n. h.* 34, 34: *Signa quoque Tuscanica per terras dispersa, quae quin in Etruria factitata sint non est dubium.*

7) Hor. *epist.* 2, 2, 180.

8) So die εἰκὼν χαλκῆ des Attus Navius, Liv. 1, 36, 5, Dionys. 3, 71; der Cloelia, Dionys. 5, 35; der Juno in Aventino, Liv. 21, 62, 8; der χαλκοῦς ταῦρος Dionys. 5, 39.

9) Liv. 10, 23, 11. (Es ist zweifelhaft, ob die Wölfin antik ist; man schreibt sie auch der karolingischen Zeit zu.)

10) S. die Abbildungen in Müller-Wieseler Denkm. I Taf. 58 n. 287. 288. 289. 290. 291—294. Müller H. d. Arch. § 172. (Es ist sehr fraglich, ob die Chimaera nicht vielmehr griechisch ist.)

11) Mommsen Gesch. d. R. Münzw. S. 175. 227 (I, 180. 233 d. franz. Uebers.).

die schönsten sind.[1]) Gegossen wurde hauptsächlich Kupfer und Silber, wovon die Geschäfte der *flaturarii*[2]) und *fusores*,[3]) die aber auch unter der allgemeinen Bezeichnung der *fabri aerarii*[4]) mitbegriffen werden, sowie der *exclusores artis argentariae*[5]) ihren Namen haben.[6]) Eine besondere Aufgabe der

Corinthisches Erz.

Giesser war die Herstellung der corinthischen Bronze.[7]) Denn alte Gefässe von *aes Corinthium* bildeten einen Hauptgegenstand der Kunstsammlungen,[8]) und man hüllte den Ursprung und die Mischung dieser Bronze in das Geheimniss des Mythus ein;[9]) dass es in Rom selbst *fabri a Corinthiis* gegeben habe, welche auch Statuen machten,[10]) ist nicht erweislich.[11]) Eine ganz specielle Beschäftigung bei dem Gusse der Bronzestatuen hatten die *fabri ocularii*;[12]) denn die Augen wurden besonders, und

---

1) Mommsen Röm. Gesch. I[6] S. 480.

2) Orelli 4192 = *C. I. L.* VI, 9418 *flaturar(ius) de via sac(ra)*; ein anderer *flaturarius* Orelli 4193 = *C. I. L.* VI, 9419; vgl. auch 9420; die Inschrift Orelli 4280 (*faber flaturarius sigillarius*) ist unecht: *C. I. L.* VI, 1883*; *flaturarii Cod. Th.* 9, 21, 6. Das Wort *flare* ist bekanntlich auch für das Münzwesen technisch; *Dig.* 1, 2 § 30 werden die *triumviri monetales aeris argenti auri flatores* genannt, und *C. I. L.* VI, 8456 kommt ein *M. Ulpius Aug. lib. Symphor(us) flaturarius auri et argenti moneta(e)* vor.

3) *Cod. Th.* 13, 4, 2, *fusor ollarius*, Topfgiesser, *C. I. L.* VI, 1885.

4) Vitruv. 2, 7, 4: *Non minus etiam fabri aerarii de his lapidicinis in aeris flatura formis comparatis habent ex his ad aes fundendum maximas utilitates.* Die bereits von Numa eingesetzten *fabri aerarii* (Plin. *n. h.* 34,1) scheinen verschieden zu sein von den *aerarii*, die in den Kupferbergwerken und Hütten arbeiteten und auch *confectores aeris* (Orelli 158 = *C. I. L.* II, 1179) heissen. Varro *de l. L.* 8, 62: *Ubi lavetur aes, aerarias, non aerelavinas nominari.* Nach dieser Definition sind die *officinae aerariorum* Plin. *n. h.* 16, 23, der *P. Claudius P. f. Iustus manceps officinarum aerariarum quinque item flaturae argentariae* Orelli 4217 = *C. I. L.* VI, 8455, der *aerarius* Mur. 967, 7 = *C. I. L.* II, 2238 (Or. 4140 ist unecht), vielleicht auch das *collegium aerariorum* Orelli 4060 = *C. I. L.* V, 5892 und die *sodales aerarii* Or. 4061 = *C. I. L.* VI, 9136 von Kupferhütten und Hüttenarbeitern zu verstehen.

5) S. die Inschrift bei Boissieu *Insc. de Lyon* p. 424 = Henzen 7229. Augustin. *enarr. in Psalm.* LXVII, 39 B.: *In arte argentaria exclusores vocantur, qui ex confusione massae noverunt formam vasis exprimere.*

6) Eine Erzgiesserei ist dargestellt auf einer Kylix des berliner Museums, Gerhard Trinkschalen des k. Museums, Taf. 12. 13. Panofka Bilder antiken Lebens Taf. VIII, 5.

7) Hirt in Böttiger's *Amalthea* I S. 245 ff. Müller H. d. Arch. § 306. Blümner Die gewerbliche Thätigkeit S. 74.

8) Unter der Dienerschaft hatte man Sclaven und Freigelassene *a Corinthiis* (oben S. 143), und die *Corinthia* erwähnen als besondern Luxusgegenstand Cic. *parad.* 1, 3, 13; Seneca *de tr. an.* 9, 6; *de br. vit.* 12, 2; vgl. *ad Helv.* 11, 3. Eine *pelvis aerea Corinthia* Orelli 3838 = *C. I. L.* X, 6.

9) Plin. *n. h.* 34, 5—8; Plutarch. *de Pythiae orac.* 2, p. 482 Dübner.

10) Müller H. d. Arch. § 306, 1.

11) Die Inschrift Orelli 4181 ist ligorianisch. Henzen *Comm. ph. in hon. Mommseni* p. 636.

12) *faber ocularius* Orelli 4185 = *C. I. L.* VI, 9402. Vgl. 4224 = *C.*

zwar aus Silber, Stein oder Glas verfertigt und in die Bronzestatuen, zuweilen auch in Marmorstatuen eingesetzt.[1])

3. Metall als harter Körper.

Alle Metalle können endlich, wie der Stein, Gegenstand der *scalptura* werden, entweder durch Eingraben (*intaglio*), oder durch Herausarbeiten von Reliefs (*cameo*). Von der Reliefarbeit in kaltem Metall haben wir oben bei der Erörterung des Begriffes der *caelatura* gesprochen; unter denselben Begriff werden indessen auch die übrigen Operationen zu subsumiren sein, die wir noch aufzuzählen haben. Es sind dies:

a. Das Schneiden von Siegelstempeln, zu welchen man nicht blos Steine, sondern auch Metall verwendete,[2]) von Pressstempeln zur fabrikmässigen Herstellung getriebener Arbeiten[3]) und von Münzstempeln.[4]) Siegelstempel.

b. Die Grabstichelarbeit, welche die Alten zwar nicht zum Zwecke des Abdrucks, wohl aber als Decoration der verschiedensten Geräthe verwendeten. Solche Arbeiten waren zwar auch in Griechenland nicht unbekannt,[5]) am häufigsten und schönsten wurden sie aber in Etrurien und Latium verfertigt. Spiegel.

I. L. VI, 9403: *M. Rapilius Serapio. Hic ab ara marmor(ea) oculos reposuit statuis.*

1) Ausführlich handeln hierüber Buonarroti *Osservazioni istoriche sopra alcuni medaglioni antichi.* Roma 1698. 4°. p. XII. Quatremère de Quincy *Le Jupiter Olympien* p. 42. 43. Winckelmann Werke V S. 138; VI S. 303. Eine Bronzestatue mit noch erhaltenen silbernen Augen s. Jahrb. d. V. v. A. i. Rheinl. XXVII p. 91; eine Marmorstatue der Hygiea mit Augen von Email Wieseler Denkmäler d. a. K. Taf. 61 n. 780. Bronzestatuen und Büsten aus Herculaneum, jetzt am besten publicirt bei Comparetti und de Petra *La villa ercolanese dei Pisoni*, Torino 1883. Fast alle antiken Bronzeköpfe haben oder hatten eingesetzte Augen.

2) Offenbar war der *annulus ferreus*, den alle Römer ausser den Rittern und Senatoren trugen (Plin. *n. h.* 33, 30), ohne Stein; allein auch von den Inhabern goldener Ringe sagt Plinius a. a. O. § 23: *multi nullas admittunt gemmas auroque ipso signant.* Metallstempel dienten ausserdem für die verschiedensten anderen Zwecke, namentlich zum Stempeln der Waaren und Etiketten.

3) So sind die Reliefs auf der Volcentischen Cista des *Museo Gregoriano* Vol. I tav. 37, Gerhard Etrusk. Spiegel Taf. 9—11, Schoene n. 9 (in *Annali* 1866 p. 163), durch einen mehrfach wiederholten Stempel hervorgebracht. Vgl. Jahn Ficor. Cista S. 59. Dasselbe ist der Fall bei den Goldblechen und Bullen von Vulci, über welche s. Braun Ruinen und Museen Roms S. 791 n. 10, und bei der Goldarbeit *Mus. Greg.* I, 82, insbesondere bei den zur Verzierung von Kleidern und Geräthen dienenden Goldplättchen.

4) Ueber das sonstige Verfahren beim Münzen s. Friedlaender *La coniazione delle monete antiche* in *Annali* 1859 p. 407—412.

5) S. namentlich den bronzenen Discus aus Aegina, *Annali* 1832 p. 75 tav. B.

Zu ihnen gehören zuerst die Spiegel; denn Glasspiegel werden erst spät erwähnt[1]) und scheinen in Italien nicht viel in Gebrauch gekommen zu sein. Wenigstens sind sie nirgends vorgefunden.[2]) Als Spiegel dienten vielmehr gegossene und geschliffene Metallplatten, gewöhnlich von Kupfer, vermischt mit Zinn, Zink und anderen Stoffen, öfters versilbert oder auch von massivem Silber,[3]) und zuweilen von der Grösse, dass sie der menschlichen Figur gleichkamen[4]) und in die Zimmerwand eingelassen wurden.[5]) Das allgemeinste Toilettenrequisit war aber der Handspiegel,[6]) *orbis*,[7]) theils flach, theils hohl[8]) geschliffen, mit Griff aus demselben Stücke und auch ohne Griff und auf der Rückseite mit gravirten Umrissen, welche meistens mythologische Gegenstände darstellen, verziert. Oefters sind solche Handspiegel mit einem Deckel versehen, welcher entweder abgenommen, oder, wenn er durch ein Charnier befestigt ist, auf- und zugeklappt werden kann und mit einem Relief geschmückt ist.[9]) In Griechenland haben Spiegel dieser Art in der Regel eine glatte, unverzierte Rückseite und sind erst neuerdings gravirte Spiegel entdeckt worden;[10]) wie lebhaft dagegen in Etrurien die Fabrication gravirter Spiegel betrieben wurde, ersieht man daraus, dass nach Friedrichs' Schätzung

---

1) Plin. *n. h.* 36, 193: *Sidone quondam his officinis (vitri) nobili, siquidem etiam specula excogitaverat.*

2) (Ein Glasspiegel wurde in San Remo gefunden. *Not. d. Scavi* 1879 p. 56. Eine dunkelblaue Glasplatte, an die Wand eines pompeianischen Hauses befestigt, diente vielleicht als Spiegel. *Bull. d. Inst.* 1883 p. 79.)

3) Plin. *n. h.* 34, 160: *specula etiam ex eo (stanno) laudatissima, ut diximus. Brundusi temperantur, donec argenteis uti coepere et ancillae.* Silberne Spiegel befinden sich im Nationalmuseum zu Neapel; auch der *Not. d. Sc.* 1884 p. 88 erwähnte Spiegel aus Pompeii ist aus Silber: *Bull. d. Inst.* 1885 p. 180.

4) *specula totis paria corporibus* Seneca *n. q.* 1, 17, 8.

5) Ulpian. *Dig.* 34, 2, 19 § 8: *Nec (argenti appellatione continebitur) speculum vel parieti adfixum vel etiam quod mulier mundi causa habuit.*

6) E. Gerhard Etruskische Spiegel. Berlin 1843—1866. 4° (fortgesetzt von A. Klügmann und G. Koerte, 1884) wo von der Form und dem Stoff derselben I p. 78 die Rede ist. De Witte *Les miroirs chez les anciens.* Bruxelles 1872. 8, *extrait des annales de l'Académie* Tome XXVIII. 2e série, tome VIII. Friederichs Berlins antike Bildwerke II S. 18—88.

7) Mart. 9, 17, 5.

8) Seneca *n. q.* 1, 4, 3.

9) Friedrichs a. a. O. S. 19. Stephani im Petersburger *Compte-rendu* 1865 S. 159 ff. Taf. V.

10) De Witte a. a. O. Dumont *Miroirs Grecs ornés de figures du trait,* in *Monuments Grecs publiés par l'association pour l'encouragement des études Grecques en France.* N. 2. Paris 1873. 4 p. 23 ff. Ἑλληνικὰ κάτοπτρα, ἀρχαιολογικὴ διατριβὴ δοθεῖσα εἰς τὴν φιλολογικὴν σχολὴν τοῦ Ἐθνικοῦ Πανεπιστημίου ἐπὶ ὑφηγεσίᾳ τοῦ μαθήματος τῆς ἀρχαιολογίας ὑπὸ Κ. Δ. Μυλωνᾶ. Ἐν Ἀθήναις. 1876. 8. Dumont *Bulletin de Correspondance Hellénique* I (1877) p. 108—115.

etwa tausend Exemplare derselben noch vorhanden sind. Ebenso muss in Latium seit dem fünften Jahrhundert vor Chr. diese Industrie geblüht haben, da unter den praenestinischen Spiegeln elf lateinische Inschriften tragen[1]) und auf einer derselben der Künstler einen lateinischen Namen führt; das in Rom vorkommende Gewerbe der *speculariarii*[2]) scheint sich indessen nicht auf die Fabrication von Metallspiegeln, sondern von Glasfenstern zu beziehen, von welchen unten die Rede sein wird.

Ebenso decorirt sind die bereits oben erwähnten Toilettenkästchen (*cistae*), in denen und mit denen ein grosser Theil der uns erhaltenen Spiegel gefunden ist. Sie haben selten Reliefs, durchschnittlich gravirte Zeichnungen, und selbst wo Reliefs angewendet sind, fehlt die Gravirung nicht. »Der bildliche Schmuck der ficoronischen Cista, sagt Jahn S. 2, ist eine mit dem Grabstichel in die glatte Metallplatte eingegrabene Umrisszeichnung, nur hie und da ist durch eine leichte, äusserst geschickt angebrachte Schraffirung das für das Verständniss der Form nothwendige Detail angedeutet.« **cistae.**

Ausser an den Spiegeln und Cisten findet sich die Gravirung an den verschiedensten Geräthen und Ornamenten angewendet, an Bronzeschildern, Pilastern, Silberplatten, goldenen *fibulae* und Halsbändern,[3]) namentlich aber an silbernen Gefässen.[4]) **Andere gravirte Arbeiten.**

c. Das Nielliren, welches bekanntlich am Beginne der Neuzeit zur Erfindung des Papierabdrucks von gravirten Metallplatten, d. h. der Kupferstichkunst, geführt hat, ist ebenfalls eine im Alterthum bekannte Kunstübung gewesen. Niello nennt man eine leichtflüssige Metallcomposition, gewöhnlich eine Mischung von Silber, Kupfer, Blei, Schwefel und Borax, die erst zusammengeschmolzen, dann, wenn sie abgekühlt ist, pulverisirt wird. Das Pulver streut man auf die gravirte Metallplatte, **Niello.**

1) S. dieselben bei Jordan Kritische Beiträge S. 3—5.

2) *C. I. L.* VI, 9899: *Ampliatus Hermae liber(tus) specl.;* 9900 (Or. 4284): *C. Pomponius Apollonius speclar.;* 7299 (Or. 6296): *specular(ius);* 5202 (Or. 6351): *C. Iulius Divi Aug. l. Cozmus speclaria(rius);* 5203 (Or. 6352) derselbe nochmals; 8659 (Or. 6353): *Ti. Claudius Epictetus praeposit(us) speclariarior(um) domus Palatinae;* vgl. 8660; 9044: *C. Iulius Aug. l. Narcissus a specularis. Specularii* heissen sie *Dig.* 50, 6, 7 (6). *Cod. Th.* 13, 4, 2.

3) *Mus. Greg.* I, 18; I, 38 n. 7. 8. I, 62, 5; I, 68. I, 77.

4) So auf dem Silbergefäss von Clusium. Müller-Wieseler Denkm. Taf. 60 n. 302.

erhitzt diese im Feuer und füllt so durch das wieder in Flüss kommende Niello die gravirten Taillen aus, welche durch diese Füllung auf dem blanken Metall deutlicher hervortreten. Es ist fraglich, inwieweit dies Verfahren bei allen gravirten Arbeiten befolgt worden ist; Bröndsted glaubte z. B. auf der ficoronischen Cista Spuren von Ausfüllung der *graffiti* mit Gold zu entdecken, welche gegenwärtig nicht vorhanden sind;[1]) dass indessen das Niello schon seit dem dritten Jahrhundert vor Chr. angewendet wurde und von da bis in die späte römische Kaiserzeit vorkommt, ist gegenwärtig durch viele noch vorhandene Arbeiten dieser Art festgestellt.[2])

Eingelegte Arbeit. *d.* Im Princip identisch mit der Niellirung, aber in der Ausführung verschieden ist die eingelegte Arbeit. Wir lesen von einem Bronzebilde, das eine Inschrift von eisernen Buchstaben[3]) hatte, von goldenen Buchstaben auf silbernen Säulen,[4]) von einem goldenen Ringe mit eisernen Sternen,[5]) und wir haben noch zahlreiche Beispiele von Bronze mit Silber und von Silber mit Gold eingelegt. Zu den ersten gehören in Pompeii gefundene *lecti* und Sitze,[6]) die in Turin befindliche Tabula Isiaca,[7]) das von Martorelli in einem weitläufigen Werke behandelte Tintenfass,[8]) verschiedene Gebrauchsgefässe,[9]) die merk-

---

1) Schoene *Ann. d. Inst.* 1866 p. 155.

2) S. Wieseler Der Hildesheimer Silberfund S. 27, der das älteste Beispiel in einer grossen Silberschüssel der Eremitage zu Petersburg findet, welche man über das dritte Jahrhundert vor Chr. hinauf datirt. Zu den späten Arbeiten in Niello gehört die bei Vindonissa gefundene aus Bronze gegossene Gürtelschnalle, herausg. von Jahn Röm. Alterthümer aus Vindonissa, in Mittheilungen der antiq. Ges. in Zürich XIV, 4 S. 94 A. 4. Taf. V, 7—11; ein silberner Löffel bei De Rossi *Bull. crist.* 1868 p. 79 und das *Exagium solidi* des Ricimer (Orelli n. 1150. 1151), jetzt im Berliner Münzcabinet, ein Bronzetäfelchen, das auf jeder Seite mit drei Silberstreifen belegt ist. In diese sind die Buchstaben der Inschrift gravirt und dann mit Niello ausgefüllt. S. Friedlaender in v. Sallet Zeitschr. für Numismatik IX (1881) S. 1.

3) Suet. *Aug.* 7.

4) Dio Cass. 44, 7; und über die Sitte, die *orationes principis* nicht auf Bronzetafeln, sondern in dieser Weise zu verewigen Fabricius *ad Dion.* 61 not. 16.

5) Petron. 32.

6) Overbeck Pompeji⁴ S. 426 Fig. 228.

7) Pignori *Mensa Isiaca.* Romae 1605. Amstelod. 1669. 4. Lessing Werke her. v. Lachmann XI S. 197 ff.

8) Martorelli *De regia theca calamaria libri II.* Neapoli 1756. (2 Voll. 4.) II p. 377. Ein anderes, auch in Neapel, hat silberne und goldene eingelegte Verzierungen. *Bull. napol.* 1843 p. 121 f.

9) Ein eingelegtes Bronzegefäss s. *Mus. Borb.* II, 32 = Roux u. Barré VI Taf. 72; verschiedene in Pompeii gefundene Candelaber haben auf der Platte der Basis eingelegte Arbeit; s. Overbeck⁴ S. 438; *Mus. Borb.* XVI, 21; *Le lucerne ed i candelabri d'Ercolano.* Napoli 1792, wo im Text p. 324 über diese

würdigen am Rhein gefundenen Arzneikästchen[1]) und eine in der Gegend von Parma gefundene *fibula*[2]); zu den letzteren verschiedene Tischgeräthe.[3]) Die Arbeit wird in einem griechischen Papyrus, dessen Inhalt sich auf Metalltechnik bezieht, χρυσογραφία genannt,[4]) und auch die Römer erwähnen *scuta chrysographata*;[5]) auf sie bezieht man auch die Kunst der *barbaricarii*,[6]) welche in der späteren Kaiserzeit mehrfach erwähnt[7]) und allerdings als eine χρυσογραφία beschrieben wird.[8]) Erwägt man indess, dass der von der Metallarbeit[9]) erst in byzantinischer Zeit vorkommende Name der *barbaricarii* auf eine fremdländische Kunstübung hinweist, während die eingelegte Arbeit in Aegypten, Griechenland und Italien lange vorher in Uebung war, dass ferner diese neue Kunst besonders von Waffenschmieden getrieben wurde, so möchte man doch vorziehen, unter dem *barbaricum opus* die von der Stadt Damaskus *barbaricarii.*

Arbeit gehandelt wird; ein Erzgefäss, gefunden in Avenches im Canton Waadt (Gerhard Denkm. und Forschungen 1864 n. 190 p. 193), ist mit Reliefs versehen; den Hals aber umgiebt ein Epheukranz von eingelegter Arbeit, in welchem die Zweige von Silber, die Blätter von bläulichem Email sind; ein anderes Gefäss dieser Art s. *Archaeologia* XXVI p. 303 pl. 34. Eine Kanne aus geschlagenem Kupfer, das zuerst mit glänzendem Silber, dann mit einer schwarzen Glasur überzogen ist, beschreibt Arneth Archaeol. Analecten in Sitzungsber. der Wiener Acad. Phil. Hist. Classe 1862 S. 336 ff. Sie ist gravirt und die Figuren sind mit goldenen und silbernen Fäden und Plättchen ausgelegt.

1) Jahrb. d. V. v. A. im Rheinl. XIV p. 33. Taf. 1. 2.

2) Heydemann Mittheilungen S. 47 n. 35.

3) Eine silberne Casserole oder Saucière, die auf dem Stiel die in Gold eingelegte Inschrift *MATR. FAB. DVBIT* hat, s. *Archaeological Journal* VIII p. 36; eine silberne Schöpfkelle mit vergoldeter Inschrift Gerhard Archaeol. Anz. VIII p. 177. Ein Löffel mit einem Monogramm, das mit Pasta ausgefüllt ist, Arneth Gold- u. Silbermonumente des k. k. Münz- und Ant.-Cab. in Wien. S. 77 n. 73.

4) Reuvens *Lettres à M. Letronne* p. 67. 68. Letronne *Lettres d'un antiquaire* p. 517. Welcker in Müller's Handb. d. Arch. § 311, 3.

5) Trebell. Poll. *Claud.* 14, 5.

6) Müller Handb. d. Arch. § 311, 3. Semper II² S. 538 (562).

7) Im *Cod. Theod.* 10, 22, 1 werden kaiserliche *barbaricarii* in Antiochia und Constantinopel erwähnt, welche Helme (*cassides*) mit Gold und Silber verzieren, ebenso in der *Notitia Dign. or.* 11, 45; *occ.* 11, 74 ff. Vgl. Corippus *in laud. Justin.* 3, 121:

Ipse triumphorum per singula vasa suorum
Barbarico historiam fieri mandaverat auro.

8) Zu Verg. *Aen.* 11, 777: *Pictas acu tunicas et barbara tegmina crurum* sagt Donatus ed. Basil. 1551 fol. p. 905: *Tegebantur autem crura eius barbarico opere tegminibus factis, et hoc nomen est: nam qui hanc* [*artem*] *exercent, barbaricarii dicuntur, exprimentes ex auro et coloratis filis hominum formas et diversorum animalium, et specierum imitatam* (*imitantes* liest Boecking) *subtilitate veritatem.* Vgl. oben S. 541.

9) Der *barbaricari*(*u*)*s ministrator* auf einer römischen Inschrift Orelli 4152 = *C. I. L.* VI, 9641 ist von ungewisser Erklärung.

benannte damascirte Arbeit zu verstehen, d. h. die Kunst, durch Zusammenschweissen von Metallbändern oder von Stiften verschiedener oder gleichartiger Metalle zierliche Muster hervorzubringen. Diese Kunst ist dem früheren Alterthum fremd und berechtigte zu dem Namen, den sie führt.

opus interrasile. *e.* Endlich ist noch zu erwähnen die durchbrochene Arbeit, *opus interrasile*, [1]) von welcher die Cista Castellani eine Anschauung giebt, in deren Silberbekleidung die Figuren so ausgeschnitten sind, dass in ihnen das darunter liegende Holz sichtbar wird. [2]) Unter den verschiedenen, jetzt bekannten Kunstwerken dieser Art ist besonders merkwürdig der im J. 1871 in einem Grabe bei Tiflis gefundene Cantharus, dessen vergoldetes Silberrelief auf einer Unterlage von dunklem, violettrothem Glase liegt, das an den durchbrochenen Stellen hervortritt. [3])

II. Die Gewerbe.

Wir haben gesehen, dass das Verfahren bei der Arbeit in Metallen im Wesentlichen dasselbe ist und dass eigentliche Künstler, welche eine selbständige Stellung einnahmen, in den verschiedensten Stoffen arbeiteten; in der fabrikmässigen Thätigkeit, welche wir besonders in's Auge fassen, theilen sich dagegen die Geschäfte vornehmlich nach den Bedürfnissen, zu deren Befriedigung die einzelnen Metalle vorzugsweise bestimmt sind, und während im Geschäfte selbst die Arbeit in Silber, Gold, Kupfer, Eisen und Blei getrennt wird, sind in allen diesen Officinen die Methoden der Arbeit durch besondere Arbeiter vertreten, die bei einem und demselben Fabricat zusammen wirken. So sind die *cistae* in der Art fabrikmässig angefertigt, dass ein Arbeiter die Zeichnung, einer das Einschneiden, einer den Guss oder das Treiben der Reliefs, ein anderer die Ciseli-

1) S. die Stellen bei Forcellini. Ueber das Verfahren bei dieser Arbeit s. Theophilus Hieromonachus *Diversarum artium schedula*, herausg. v. C. de l'Escalopier. Paris 1843. III c. 71.

2) Schoene in *Annali* 1866 p. 187. Saglio *Dict. des antiq.* I p. 782.

3) Abgebildet bei Stephani im Petersburger *Compte-rendu* 1872 Taf. II. 1. 2, der S. 145 ff. die sonst bekannten bedeutenderen Arbeiten dieser Art aufführt. Die Abbildung ist wiederholt in Saglio *Dict. des antiquités* I p. 808. Bei Schmucksachen ist die durchbrochene Arbeit häufig. S. z. B. die goldene *fibula* bei Arneth G. und S.Monumente p. 32 n. 118 und das Diadem Jahrb. d. V. v. A. im Rheinlande XXIII S. 133 Taf. IV.

rung besorgte,[1]) und wir dürfen annehmen, dass ein grosser Theil der Arbeiter, welche von der Methode der Arbeit ihren Namen haben, in Fabriken beschäftigt war, wie die Modelleure (*figuratores*),[2]) die Giesser (*flaturarii* oder *fusores*), die Dreher oder Polirer (*tritores*),[3]) die Künstler in getriebener Arbeit (*crustarii*),[4]) die Vergolder (*inauratores*, *deauratores*)[5]) und die Bildhauer (*scalptores*)[6]) und Ciseleure (*caelatores*).[7]) Dass namentlich die letzteren im Hause und in Officinen fabrikmässig beschäftigt wurden, ist ausdrücklich überliefert.[8]) Die Hauptgeschäfte in Metallwaaren lassen sich demnach etwa folgendermassen classificiren.

1. Silberarbeiten und zwar vornehmlich Ess- und Trinkgeschirre bilden das Geschäft der *argentarii vascularii*,[9]) die durchschnittlich als Fabricanten, *fabri argentarii*[10]) oder *argentarii*,[11]) zu betrachten sind, deren Waaren nach der Officin Silberarbeiter.

1) Brunn *Cista prenestina del museo Napoleone* in *Annali* 1862 p. 5.

2) Arnobius 6, 10. (Obige specielle Bedeutung kann aus dieser Stelle nicht abgeleitet werden.)

3) *Tritor argentarius* Henzen 7281 = *C. I. L.* VI, 9950. Ueber beide ist bereits vorher gesprochen worden.

4) Plin. *n. h.* 33, 157. Vgl. Festi *epit.* p. 53, 6: *Crustariae tabernae a vasis potoriis crustatis dictae.*

5) Orelli 4201 = *C. I. L.* VI, 3928. Firm. Mat. *math.* 4, 15. *Cod. Iust.* 10, 64, 1.

6) Ein *scalptor vclarius*, d. h. *vascularius* Orelli 4276 = 2457 = *C. I. L.* VI, 9824.

7) *Caelator de sacra via* Orelli 4156 = *C. I. L.* VI, 9221. Die Inschr. Or. 1614 = *C. I. L.* VI, 168* ist unecht.

8) Cic. *in Verr.* 4, 24, 54: *Palam artifices omnes, caelatores ac vascularios, convocari iubet, et ipse suos habebat.* Orelli 4146 = *C. I. L.* VI, 4328: *Amiantus Germanic(i) Caesar(is) caelator.* Bei Juvenal 9, 145 wünscht sich Jemand:

Sit mihi praeterea curvus caelator et alter,
qui multas facies pingit cito.

9) Ueber diese s. Marini *Atti* p. 249; O. Jahn Berichte d. Sächs. G. d. W. phil. hist. Cl. 1861 S. 305. Ein *argentarius vascularius Dig.* 44, 7, 61 pr. und in den Inschriften *C. I. L.* II, 3749; V, 3428 (Or. 7217); VI, 9958 (Or. 4147).

10) Marini nimmt mit Recht an, dass diese identisch mit den *argentarii vascularii* sind. Sie finden sich ebenfalls in Inschriften, *C. I. L.* III, 1652. VI, 2226 (Or. 7). 9390—9393 (Or. 5085 = 5755). Vgl. *Dig.* 34, 2, 39 pr.: *vascularius aut faber argentarius.*

11) Dass *argentarii* nicht immer Banquiers, sondern auch Silberarbeiter sind, zeigt Lampr. *Al. Sev.* 24, *Cod. Th.* 13, 4, 2, wo sie in einer Aufzählung von Handwerkern vorkommen; ebenso der *Antigonus Germanici Caesaris argentarius*, Orelli 4146 = *C. I. L.* VI, 4328; der *aurarius et argentarius de basilica vascularia* Henzen 7218, der *aurarius argentarius C. I. L.* VI, 9209, und die *corpora aurariorum* (so ist statt *pausariorum* mit Marini a. a. O. zu lesen) *et argentariorum* Orelli 1885 = *C. I. L.* VI, 348 (wo *pausariorum* vertheidigt ist).

selbst *vasa Furniana, Clodiana, Gratiana* benannt werden,[1] während die Inhaber von Niederlagen silberner Gefässe, wie sie in Rom ebenfalls vorhanden waren,[2] *negotiatores argentarii vascularii*[3] heissen und von den *vascularii*[4] zu unterscheiden sind, welche wahrscheinlich sehr verschiedenartige Waaren führten. Denn Handlungen von Gebrauchsgeschirren aller Stoffe gab es natürlich überall; Martial beschreibt indessen auch elegante Läden, in welchen man corinthische und alterthümliche cälirte Silbersachen, Crystall-, Glas- und murrinische Gefässe zur Auswahl vorfand;[5] nur zuweilen ist unter dem *vascularius* mit Sicherheit der Silberarbeiter zu verstehen.[6]

Das Geschäft der *argentarii vascularii* kam in Rom zwischen dem zweiten und dritten punischen Kriege in Blüthe, in welcher Zeit das thönerne Essgeschirr von dem silbernen verdrängt wurde.[7] Seit dieser Zeit wird oft von dem Luxus des *argentum escarium* und *potorium*[8] berichtet, von Silberschüsseln im Gewicht von 100 Pfund, wegen welcher schon unter Sulla Leute auf die Proscriptionslisten gesetzt wurden, und welche später bis zum Gewichte von 250, ja 500 Pfund gebracht wurden, so dass sie nur mit Hülfe vieler Leute in das Speisezimmer getragen werden konnten;[9] von Schüsseln mit besonderen Blattverzierungen, *filicatae*[10] oder *felicatae*[11] *lances* und *paterae*, *disci corymbiati argentei, lances pampinatae, patenae hederaciae,*[12] oder

Tisch- und Hausgeräthe.

1) Plin. *n. h.* 33, 139.

2) Solche Verkaufslocale waren in der *basilica vascularia* (Henzen 7218), welche wohl identisch ist mit der in der 8ten Region erwähnten *basilica argentaria.* Marini a. a. O. Preller Regionen S. 145.

3) Ein *negotiator argentar(ius) vascularius* Mur. 959, 3 = Boissieu *Insc. de Lyon* p. 199.

4) *C. I. L.* VI, 1818. 3592. 9952 ff. X, 7611.

5) Mart. 9, 59, 11—16.

6) Cic. *in Verr.* 4, 24, 54. *Dig.* 19, 5, 20, 2: *si, cum emere argentum velles, vascularius ad te detulerit et reliquerit, et cum displicuisset tibi, servo tuo referendum dedisti et sine dolo malo et culpa tua perierit, vascularii esse detrimentum, quia eius quoque causa sit missum.*

7) Dies bespricht ausführlich Plin. *n. h.* 33, 139—150. Vgl. Friedlaender Darstellungen III⁵ S. 105 ff.

8) Es wird erwähnt im Testament des Dasumius (Wilmanns 314) lin. 37. S. Rudorff in Zeitschr. f. gesch. Rechtswissenschaft XII, 3 (1845) S. 345. 348. Paulus *sent.* 3, 6, 67 nennt es *vasa escaria* und *pocularia;* § 86 *vasa potoria* und *escaria.* *Dig.* 34, 2, 32, 2.

9) Plin. a. a. O. § 145. Lamprid. *Heliog.* 19, 3. Treb. Poll. *trig. tyr.* 32, 6.

10) Cic. *ad Attic.* 6, 1, 13.

11) Cic. *parad.* 1, 2, 11. Festi *ep.* p. 86, 5 Müller.

12) Trebell. Poll. *Claud.* 17, 5. Beispiele solcher Silbergefässe mit Blattverzierungen sind die bei Falerii gefundene *patera*, her. von Visconti *Atti dell'*

mit Goldrändern (*vasa chrysendeta*),[1]) und von massiv goldenem Essgeschirr,[2]) das unter Tiberius Privatleuten verboten werden musste.[3]) Von dem eigentlichen Tafelservice (*ministerium*)[4]) ist noch verschieden das Trinkgeschirr, welches nicht auf die Tafel kam, sondern auf einem *abacus* besonders aufgestellt wurde (s. oben S. 319). Dazu gehören nicht nur die kunstvoll gearbeiteten Becher, sondern auch die grossen Trag- und Mischgefässe.[5]) Ausserdem ist unter das gewöhnliche Silberzeug zu rechnen das Waschgeräthe, namentlich das, welches beim Essen gebraucht wird, und in reichen Häusern selbst das Küchengeschirr,[6]) das sonst von Thon oder Kupfer zu sein pflegt. Aus allen Ländern, in welchen die antike Kunst entweder productiv wirkte, oder wenigstens Anerkennung und Bewunderung fand, sind Silbergefässe griechischer oder römischer Arbeit erhalten, welche hier zu verzeichnen unmöglich ist.[7]) Indessen dürfte es zweckmässig sein, zum Behufe einer ersten Orientirung wenigstens einige der

---

Accademia Rom. d'archeol. Vol. I, 2 S. 301, der Becher im *Mus. Borb.* XI, 45, die silberne Schale in der Sammlung Stroganow, Köhler Gesammelte Schriften VI S. 45 Taf. 4.

1) Die *chrysendeta* bei Mart. 2, 43, 11; 2, 53, 5; *lances chrysendetae* Mart. 14, 97; *phialae chrysendetae* Herzog *Narbon. prov.* Append. p. 30 n. 111 und die *vasa quae Callaico linuntur auro* (Mart. 4, 39, 7), scheinen identisch zu sein mit dem, was bei Athenaeus 4 p. 129b πίναξ ἀργυροῦς — περίχρυσος genannt wird.

2) *C. I. L.* VI, 8732: *Gamus Aug. lib. praep. auri escari*, aus der Zeit Hadrian's. Die Inschr. Or. 2897 (*ab auro escario praepositus*) ist ligorianisch. S. Henzen *Comment. in hon. Mommseni* p. 642.

3) Tac. *ann.* 2, 33.

4) Pauli *sent.* 3, 6, 86: *Vasis argenteis legatis ea omnia continentur, quae capacitati alicui parata sunt, et ideo tam potoria quam escaria, item ministeria omnia debebuntur, veluti urceoli, paterae, lances, piperatoria; cochlearia quoque, itemque trullae, calices, scyphi et his similia.* Lamprid. *Al. Sev.* 34, 1: *ducentarum librarum argenti pondus ministerium eius nunquam transiit.* Vgl. c. 41, 4.

5) Pauli *sent.* 3, 6, 90; κρατῆρες ἀργυροῖ Plut. *Aem. Paul.* 32.

6) Plin. *n. h.* 33, 140: *vasa cocinaria ex argento fieri Calvos orator quiritat, at nos carrucas argento caelare invenimus.* *Dig.* 34, 2, 19 § 12: *Si cui escarium argentum legatum sit, id solum debebitur, quod ad epulandum in ministerio habuit, id est ad esum et potum. Unde de aquiminario dubitatum est. Et puto contineri; nam et hoc propter escam paratur. Certe si caccabos argenteos habebat vel miliarium* (einen Kochofen) *argenteum, vel sartaginem vel aliud vas ad coquendum, dubitari poterit, an escario contineatur. Et haec magis cocinatorii instrumenti sunt.* Lampr. *Heliog.* 19, 3: *primus deinde authepsas argenteas habuit, primus etiam caccabos.* Ein silbernes Kasserol s. bei Stephani *Compte-rendu* 1867 p. 40.

7) Eine Uebersicht der vorhandenen Sammlungen von Gold- und Silberarbeiten giebt Arneth Gold- und Silbermonumente des Münz- und Antiken-Cabinets in Wien. Wien 1850. fol. S. 10—18. Krause Angeiologie S. 88—100. Dieselbe lässt sich wesentlich erweitern.

bedeutendsten Kunstwerke dieser Art, welche sich jetzt in Italien,[1]) in Portugal und Spanien,[2]) in Frankreich,[3]) in England,[4]) in München,[5]) Berlin,[6]) Wien[7]) und namentlich in Petersburg[8])

1) Schalen, Becher, Kannen und Reliefplatten etruskischen Fundortes s. *Museo Gregor.* I tav. 62—66; ein etruskisches Silbergefäss von Clusium mit eingegrabenen Figuren bei Müller-Wieseler Denkm. I n. 302; das in Antium gefundene corsinische Gefäss ist her. v. Michaelis D. Cors. Silbergefäss. Leipzig 1859. 4⁰; das silberne, aus der späten Kaiserzeit herrührende, im J. 1793 in Rom gefundene Toilettenkästchen s. in Visconti *Opere varie* I p. 210—235; Böttiger *Sabina* Taf. 3. 4; ein anderes römisches Silbergefäss bei Winckelmann *Monum. ant.* Tab. 151 p. 203—207. Ueber den Fund von Vicarello, in welchem sich verschiedene Silbergefässe, darunter drei mit Itinerarien, befanden, s. Marchi *La stipe tributata alle divinità delle Acque Apollinari.* Roma 1852. 4. Henzen im Rhein. Museum N. F. IX (1854) S. 21—36 und in Orelli *Inscr.* ad n. 5210; über die pompeianischen Silberfunde s. Quaranta *Di quattordici vasi d'argento disotterrati in Pompei nel* 1835. Napoli 1837. 4⁰. Die beiden schönsten, der Becher mit der Apotheose Homer's und der Becher mit den Centauren, sind abg. *Museo Borb.* XIII, 49 und bei Zahn Die schönsten Ornamente aus Pompeii u. s. w. III Taf. 28. Ueber andere in Neapel befindliche Silberarbeiten Gerhard und Panofka Neapels antike Bildwerke I. Stuttgart 1828. S. 438—442. *Mus. Borb.* VII, 48; VIII, 14. 46; XI, 45.

2) Eine silberne, theilweise vergoldete Schale aus Portugal s. Arneth Arch. Anal. Taf. 20; Berichte der Wiener Academie, ph. hist. Cl. VI S. 293; über Silberfunde in Spanien Hübner Die ant. Bildwerke in Madrid, Berlin 1862. 8; darunter Schalen n. 546, 915, 936, 941, 948, Silberstatuetten, und der im Jahre 1847 gefundene Silberschild des Theodosius n. 472.

3) Im J. 1830 wurde bei Bernay in der Normandie der Schatz des Mercurtempels in Canetum entdeckt, welcher sich jetzt im *Cabinet des Médailles et Antiques* in Paris befindet und beschrieben ist in Chabouillet *Catalogue général et raisonné des camées et pierres gravées de la bibliothèque impériale suivi de la description des autres monuments exposés dans les Cab. des Méd. et Antiques,* Paris (1857) 8. p. 418—457. Der Fund besteht aus 69 Stücken, nämlich zwei Statuetten, einer Büste und 66 Silbergefässen. Statuetten wie Gefässe sind nicht gegossen, sondern aus Blech getrieben und zusammengelöthet; auf den Bechern ist das Relief zum Theil so dünn, dass es einer Futterung von massivem gehämmertem Silber bedurfte. Die Arbeit ist zum Theil vortrefflich und älter als die Kaiserzeit. In dem Cabinet befinden sich noch 5 Statuetten und 5 Gefässe anderer Herkunft; unter den letzteren (n. 2875 = Millin *Mon. ant.* I p. 69—96) der berühmte Discus, der seit Spon Schild des Scipio genannt wurde. Es ist eine Schüssel (*lanx*), auf welcher nach Winckelmann's Erklärung Achill und Briseis dargestellt sind. Von den vielen ausserdem in Frankreich gefundenen Silbersachen erwähne ich noch den silbernen Eimer von Vienne, herausg. von Wieseler *Annali* 1852 p. 216—230.

4) S. Arneth Gold- u. Silbermon. p. 16. Hübner Archaeologische Zeitung XXIX (1871) S. 90.

5) Thiersch Ueber ein silbernes Gefäss mit Darstellungen aus der griechischen Heroengeschichte, Abh. der I. Cl. d. k. bayer. Akad. der Wiss. Bd. V Abth. II p. 107 ff.

6) Da die Hildesheimer Gefässe jetzt durch Nachbildungen allgemein bekannt sind, so genügt es zu verweisen auf Wieseler Der Hildesheimer Silberfund. Erste Abtheilung. Göttingen 1869. 4. Holzer Der Hildesheimer antike Silberfund. Hildesheim 1870. 8. Der Fund wurde October 1869 gemacht.

7) Arneth Die antiken Gold- und Silbermonumente des k. k. Münz- und Antiken-Cabinets in Wien, mit XLI Tafeln. Wien 1850. fol.

8) Unter den Silberschätzen der k. Eremitage nimmt den ersten Rang ein die Vase von Nikopol, gefunden bei den Ausgrabungen am rechten Ufer des

befinden, mit Verweisung auf die betreffende Litteratur in den Anmerkungen anzuführen.

2. Das Gold ist das eigentliche Material für Schmucksachen.[1]) Wenn es in römischer Zeit zu Gefässen und Statuen[2]) verwendet wurde, so war dies ebenso eine Ausnahme, wie der Gebrauch des Silbers zu Bildsäulen. Goldene Gefässe haben ihren Ursprung im Orient, gelangten von dort an die Höfe der Diadochen (S. 670) und von da endlich als Beutestücke nach Rom,[3]) wo sie seit dem Ende der Republik einen Luxusgegenstand bildeten, der sich indessen wohl auf den Haushalt des Kaisers und weniger reicher Leute beschränkte.[4]) Ausserdem finden sich Goldsachen dieser Art in denjenigen Ländern, in welchen es entweder Goldbergwerke gab[5]) oder der Geschmack Goldarbeiter.

Dnjepr im J. 1862—63 im Grabe eines scythischen Königs, publicirt von Stephani *Compte-rendu* 1864 p. 11—141. Taf. 1—3, und nochmals u. d. T. Die Silbervase von Nikopol in der k. Eremitage, nach dem Original photographirt und herausgegeben von Carl Röttger. Mit erläuterndem Text von L. Stephani. Petersburg 1873. Text in kl. fol. nebst Atlas in gr. fol. Stephani setzt das Gefäss in das vierte Jahrhundert vor Chr. und erklärt es für das Hauptkunstwerk, welches wir aus dem Alterthum in Silber haben. Seine Höhe beträgt 0,7 m, sein Durchmesser 0,39 m, Fuss, Hals, Henkel sind vergoldet. „Die Blumenranken, sagt Stephani, und Vögel am Bauche der Vase, so wie die beiden über dem Fries angebrachten Gruppen eines von zwei Greifen zerfleischten Hirsches sind von getriebener Arbeit und das Relief dieser Verzierungen ist ganz flach; die Figuren des am oberen Theil der Vase rings herumlaufenden Frieses hingegen, so wie der geflügelte Pferdekopf und die beiden Löwenköpfe, welche man an dem unteren Theile angebracht sieht, sind von massivem Silber gegossen und dann an die Grundfläche angelöthet. Auch ist das Relief des Frieses so hoch, dass viele Theile der Figuren die vollständige Rundung der Körper haben. Es ist eine Wein-Amphore; der Hals und die drei unteren Oeffnungen sind durch feine Siebe verschlossen.“ Ausserdem befinden sich in der Eremitage eine flache Schale, edirt *Compte-rendu* 1867 p. 52—152. Taf. 2, 4. 5; ein Kasserol, *Compte-rendu* 1867 Taf. 2, 1—3 p. 49—52; und in Privatbesitz eine flache Schale, Köhler Ges. Schr. VI p. 44. 48. Taf. 2. 3. Overbeck Heroengallerie Taf. 24, 1; eine flache Schale Köhler p. 45 Taf. 4; eine flache Schale, herausg. u. d. T. Die Schlangenfütterung der orphischen Mysterien, Silberschale im Besitz Sr. E. des Grafen Grigori Stroganow, erläutert von L. Stephani. Mit 3 photogr. Tafeln. Petersburg 1873. fol. Diese Schale, welche Stephani in das zweite Jahrh. nach Chr. setzt, ist nicht von getriebener Arbeit, sondern ciselirt.

1) Paulus *sent. rec.* 3, 6, 88: *factum (aurum) ornamentorum genere continetur.*

2) Treb. Poll. *Claud.* 3, 4: *Illi (Claudio) — populus Romanus — statuam auream decem pedum conlocavit; illi — posita est columna palmata statua superfixa librarum argenti mille quingentarum.*

3) Aus Macedonien brachte sie Aemilius Paulus nach Rom. Plut. *Aem. Paul.* 33.

4) S. oben S. 697. Friedlaender Darstellungen III⁵ S. 105.

5) So gab es in Spanien verschiedene Götterbilder von Gold s. Hübner *Hermes* I, 347.

mehr an dem Metallwerthe als an der Kunst der Arbeit Gefallen fand.[1]) Goldschmuck zu liefern ist dagegen die wesentliche Aufgabe der *aurifices*, χρυσοχόοι oder *fabri aurarii*,[2]) deren in der Königszeit gegründetes (S. 389) und bis in die Kaiserzeit erhaltenes Collegium[3]) aus römischen Bürgern[4]) und Freigelassenen[5]) bestand, während das kaiserliche Haus eigene Goldschmiede unter der Dienerschaft hatte[6]) und in den Städten Italiens und den Provinzen Personen verschiedener Stände an dem Gewerbe Theil nahmen.[7]) Zu dieser Fabrication gehört insbesondere die Verfertigung von Ringen,[8]) die Arbeit der *anularii*,[9]) das Fassen von Perlen und Edelsteinen[10]) und das ganze Juweliergeschäft, ein Industriezweig, in dem das Alterthum noch immer unerreicht dasteht und erst in den letzten Decennien Gegenstand lebhafter Nacheiferung geworden ist.[11])

fabri aurarii.

---

1) Von den in der Wiener Sammlung reich vertretenen Goldgefässen (Arneth a. a. O. S. 19—40. Taf. G. I—G. X) stammen die meisten aus Ungarn und Siebenbürgen; darunter ist eines von 614 Ducaten Gewicht. Zu den merkwürdigsten Stücken der Petersburger Sammlung gehören zwei grosse goldene Trinkhörner, herausg. von Stephani *Compte-rendu* 1877 p. 11, Taf. I n. 6. 7. Eines der schönsten Goldmonumente römischer Arbeit ist die etwa 210 nach Chr. verfertigte, im J. 1774 ausgegrabene *patera* von Rennes, jetzt in Paris. s. Chabouillet a. a. O p. 357—364 und eine Abbildung bei Millin *Monuments inédits* T. I p. 225—258. pl. 24—27.

2) *De basilica vascularia aurario et argentario* Henzen 7218; *P. Fulvius Phoebus aurar(ius)* Orelli 3096 = *C. I. L.* VI, 196; *aurarius argentarius C. I. L.* VI, 9209; *aurifices* ib. 9202—9210.

3) *Collegium aurificum* in Rom *C. I. L.* VI, 9202. Donati p. 225, 2 (Grut. 258, 7 ist unecht: *C. I. L.* VI, 747*).

4) *M. Caedicius Iucundus aurifex de sacra via C. I. L.* VI, 9207.

5) [*A. F*]*ourius A. l.* [*Se*]*leucus mag. quinq. collegii aurificum* Wilmanns 2578 = *C. I. L.* VI, 9207. Ferner *C. I. L.* VI, 9208.

6) *C. I. L.* VI, 3927. 3943—3951. 8741. *Protogenes Caesaris aurifex* ib. 3950 (Orelli 2785); *Stephanus Ti. Caesaris aurifex* ib. 3951 (Grut. p. 31, 11 ist zu lesen *domus auriae*, *C. I. L.* VI, 3719).

7) In Capua: *Philodamus Bassus aurifex C. I. L.* X, 3976; *L. Titius Optatus aurifex* ib. 3978; in Pompeii kommen *aurifices* einmal vor Orelli 3700 = *C. I. L.* IV, 710; ein *Amillius Polynices*, *natione Lydus*, *artis aurifex*, welcher in das *corpus fabrum tignuariorum* von Aventicum aufgenommen war, bei Mommsen *Inscr. confoed. Helvet.* n. 212 = Orelli 417.

8) Cic. *in Verr.* 4, 25, 56.

9) Cic. *Acad.* 2, 26, 86. Orelli 4144.

10) S. die römische Grabinschrift auf einen jungen Sclaven Burmann *Anth. Lat.* IV n. 103 = Henzen 7252 = *C. I. L.* VI, 9437:

Noverat hic docta fabricare monilia dextra
Et molle in varias aurum disponere gemmas.

inclusores auri et gemmarum Hieronym. *in Jerem.* 5, 24.

11) A. Castellani *Antique jewellery and its revival.* London 1862. 8. Die Abhandlung von A. Ilg über die Goldschmiedekunst im zweiten Bande von Bucher's

Wollen wir die Gegenstände einigermassen übersehen, welche in das Gebiet der Schmuckarbeit fallen, so haben wir zuerst den Schmuck der Männer von dem der Frauen zu unterscheiden. Was zu dem ersteren gehört, die mit Gold verzierten Staatskleider (s. oben S. 542. 543), die kriegerischen Decorationen, *torques*, *armillae* und *coronae*, die *bullae* und die goldenen Ringe der Ritter und Senatoren, ist bereits in anderem Zusammenhange früher besprochen worden;[1]) nur in Betreff der Ringe, die man ursprünglich zu dem praktischen Zwecke des Siegelns, und zwar gewöhnlich am vierten Finger[2]) trug, haben wir hinzuzufügen, dass dieselben später zu einer luxuriösen Liebhaberei wurden. Der ältere Scipio Africanus soll der erste gewesen sein, welcher eine geschnittene Gemme in seinem Ringe führte;[3]) nachher trugen auch Männer Ringe an allen Fingern,[4]) deren Werth theils in dem Steine, theils in der Kunst des Gemmenschnittes bestand, und man legte schon am Ende der Republik Dactyliotheken an, theils zum Verwahren der vielen Ringe,[5]) in deren Gebrauch man wechselte, theils als wirkliche Kunstsammlungen.[6])

Schmuckarbeiten für Männer.

Viel complicirter ist der Goldschmuck, in welchem nicht nur die römischen Frauen sich gefielen, sondern auch Statuen theils orientalischer Göttinnen,[7]) theils verstorbener Römerinnen erscheinen. In letzterer Beziehung sind insbesondere belehrend zwei von Hübner in Spanien gefundene und erläuterte Inventarien, bezüglich auf eine silberne Statue der Isis und eine wahrscheinlich bronzene Statue einer Frau, Namens Postumia

für Frauen.

Geschichte der technischen Künste, jetzt fortgesetzt von Bucher, ist noch unvollendet.

1) S. Staatsverwaltung II² S. 575 und oben S. 84. 675.

2) Plin. *n. h.* 33, 24; Gellius 10, 10; Macrob. *sat.* 7, 13, 14; Isidor. *orig.* 19, 32, 2. Bildwerke bestätigen dies, wie schon Plinius bemerkt. Auf dem Relief bei Visconti *M. P. Cl.* V tav. 32, welches eine Pompa von 11 Personen darstellt, tragen zwei den Ring auf dem vierten Finger der linken Hand.

3) Plin. *n. h.* 37, 85. (Hier ist nur gesagt, dass er zuerst einen Sardonyx trug.)

4) Quintilian. 11, 3, 142. Mart. 5, 11; 11, 59. Ausführlich handelt hierüber Krause *Pyrgoteles* S. 169—196.

5) Mart. 14, 123. *Digest.* 32, 52 § 8. *Dig.* 32, 1, 53: *anulis legatis dactyliothecae non cedunt.*

6) Plin. *n. h.* 37, 11. Auch Verres sammelte Ringe. Cic. *in Verr.* 4, 26, 57.

7) Den Schmuck der *dea Syria* in Hierapolis beschreibt Lucian. *de dea Syria* 31—33.

Aciliana Baxo.[1]) Zu dem weiblichen Schmuck gehören namentlich erstens der Kopfputz, d. h. goldene Haarnadeln,[2]) Haarnetze (*reticula*)[3]) und Binden (Diademe),[4]) zu denen das königliche Diadem, βασίλειον, *basilium*, zu rechnen ist, das die erwähnte Isisstatue hatte;[5]) zweitens die Ohrgehänge[6]) (*inaures*, *pendentes*),[7]) theils einfach, theils mit Perlen und Juwelen,[8]) drittens die Halsgeschmeide, welche in den verschiedensten Formen erhalten sind. Es befinden sich darunter Bandgeflechte,[9]) Drahtgewinde[10]) und Ketten aus einzelnen Gliedern,[11]) Schnüre (*fila*, *lineae*) von Perlen,[12]) Steinen, Glasperlen und goldenen Gliedern in der Form von Kugeln,[13]) Cylindern[14]) und doppelten

---

1) Hübner *Ornamenta muliebria* im *Hermes* I (1866) S. 345—360.

2) Haarnadeln hatte man von Elfenbein, Knochen, Bronze, Silber und Gold; sie waren auch mit Edelsteinen und Perlen geschmückt. *Dig.* 34, 2, 25 § 10 (wo überhaupt der zur Zeit des Alexander Severus übliche weibliche Schmuck aufgezählt ist): *acus cum margarita*, *quam mulieres habere solent.* Goldene Nadeln dieser Art im Wiener Cabinet, s. Arneth Gold- und Silbermonumente p. 30 n. 106; p. 40 n. 282. 283. 284; mit Stein p. 33 n. 139.

3) Petron. 67. *Dig. l. l.*

4) S. oben S. 685. Lamprid. *Heliog.* 23, 5: *voluit uti et diademate gemmato, quo pulchrior fieret et magis ad feminarum vultum aptus, quo et usus est domi.* Seneca *Med.* 574: *aurum*, *quo solent cingi comae.* Lucian. *Am.* 41: στεφάνη — λίθοις Ἰνδικαῖς διάστερος. *Dig. l. l.*: *vittae*, *mitrae*, *semimitrae.* Aber schon die Büste des Augustus, Visconti *M. P. Cl.* VI pl. 40, hat eine Stirnbinde mit einer grossen Gemme.

5) S. Wesseling *ad Diodor.* 1, 47. Hübner a. a. O. p. 348 f.

6) Sie sind in grosser Varietät vorhanden. S. beispielsweise *Mus. Greg.* I, 71—74. Arneth a. a. O. p. 28. 29.

7) S. Bartholini *De inauribus veterum syntagma.* Amstelodami 1676. 12. und über *pendentes* Salmasius *ad Capitolin. Max. duo* 6. Vol. II p. 22. Hübner p. 349.

8) Hieronym. *de virg. servand. ep.* 8 = *ep.* 130, 7 Vallars: *Ut taceam de inaurium pretiis, candore margaritarum, rubri maris profunda testantium*, *smaragdorum virore, cerauniorum flammis*, *hyacinthorum pelago*, *ad quae ardent et insaniunt studia matronarum.* Derselbe *ep.* 107, 5 Vallars: *cave ne aures eius perfores*, *ne cerussa et purpurissa consecrata Christo ora depingas nec collum auro et margaritis premas nec caput gemmis oneres.*

9) Z. B. in dem Funde von Kertsch, *Annali* 1840 p. 9 tav. A 17, B 7; eine andere bandartige Golddrahtkette griechischer Arbeit *Archaeologia* XXXV p. 190 pl. VIII; eine dritte Jahrb. d. V. v. A. i. Rheinlande XXV S. 126 Taf. V, 1.

10) Seneca *Med.* 572: *et auro textili monile fulgens.* Zu diesen möchte ich rechnen die *murenae* (Arculphus bei Salmas. *ad Capitol. Max. duo* 6 p. 23) oder *murenulae*; Hieronym. *ep.* 22 Vol. IV, 2 p. 54 Ben. = 24, 3 Vallars: *Aurum colli sui, quod quidem murenulam vulgus vocat, quo scilicet*, *metallo in virgulas lentiscente*, *quaedam ordinis flexuosi catena contexitur*, — *vendidit.*

11) *Mus. Greg.* I tav. 77. 79. 80. Arneth Gold- und Silbermon. p. 28 n. 33. *Annali* 1840 p. 9 tav. A 15; Kette im britischen Museum: *Archaeological Journal* VIII (1851) p. 38.

12) *lineas duas ex margaritis* erwähnen die *Dig.* 34, 2, 40 § 2.

13) Arneth a. a. O. p. 32 n. 123 Taf. G. XI. Eine Schnur von Goldperlen *Annali* 1840 tav. B n. 12.

14) Wo *cylindri* als technischer Ansdruck vorkommt, z. B. in den spani-

Kegeln,[1]) welche entweder auf einen Faden gezogen oder durch Gehenke unter einander verbunden sind, endlich Schnüre und Ketten mit Anhängen, welche theils beerenförmig (*monile bacatum*),[2]) theils in der Form von *bullae*,[3]) oder kleinen Geräthen und Figürchen (*crepundia*)[4]) gebildet sind. Ferner trug man auch goldene Ketten kreuzweise um die Brust.[5]) Goldene Schmucksachen aus dem Alterthum sind in allen grösseren Museen vorhanden. Die schönen etruskischen Arbeiten findet man in grosser Auswahl im Museo Gregoriano in Rom[6]) und in der Sammlung Campana, aus welchen das Musée Napoléon III in Paris gebildet wurde;[7]) goldene Schmucksachen aus Pompeii und Herculaneum enthält das Nationalmuseum in Neapel; überaus reich an vortrefflichen Werken antiker Goldschmiedekunst ist ferner die Eremitage in Petersburg.[8]) Ich beschränke mich darauf, ein einzelnes Beispiel römischer Arbeit anzuführen. Im Jahre 1841 wurde bei Lyon ein vollständiger Schmuck einer Dame gefun-

---

schen Inschriften, Hübner a. a. O. S. 346 n. 1: *in basilio unio et margarita n. VI, zmaragdi duo, cylindri n. VII;* S. 355 n. 2: *septentrionem cylindr(orum) XXXXII, marg(aritarum) VII, item lineam cylindrorum XXII, item fasc(iam) cylindr(orum) LXIII; marg(aritarum) C,* und in der Inschrift von Ariminum Henzen 6141: *fila II ex cylindris n. XXXIII auro clus(is)*, will Hübner immer Edelsteine verstanden wissen, welche nicht einzeln als Solitairs verwendet wurden, sondern in Menge, sich also zu den *gemmae* verhielten, wie die *margaritae* zu den *uniones*. Dass Steine zu verstehen sind, glaube ich ebenfalls; der Ausdruck wird aber doch immer von der Form zu verstehen sein, wie auch die *bacae* ihren Namen von der Form haben.

1) *Mus. Greg.* I, 77.

2) Lamprid. *Alex. Sev.* 41, 1. So auch *quadribacium*, s. Hübner S. 350. Beispiele solcher *monilia bacata* s. *Mus. Borb.* II, 14. *Annali* 1855 p. 51 tav. X.

3) S. den Schmuck aus Tarquinii *Annali* 1860 p. 472 ff. *Monumenti d. Inst.* VI t. 46.

4) S. das Halsband aus Kertsch *Annali* 1840 tav. C n. 13 und den Halsschmuck bei Arneth a. a. O. Taf. G. I.

5) Häufig auf Wandgemälden, z. B. *Mus. Borb.* II, 18. 62; III, 35. Plin. *n. h.* 33, 40: *discurrant catenae circa latera. Dig.* 34, 2, 32 § 9: *ornamentum mamillarum ex cylindris XXXIV et tympaniis margaritis* (vgl. Plin. *n. h.* 9, 109) *XXIV.* Vgl. Hübner a. a. O. S. 356.

6) *Musei Etrusci quod Gregorius XVI Pont. max. in aedibus Vaticanis constituit monimenta.* P. I. II. Romae 1842 fol. Die Goldsachen sind publicirt Pars I. Taf. LXVII—XCI.

7) E. Desjardins *Notice sur le Musée Napoléon III.* Paris 1862. 8.

8) Ein grosser Goldschmuck von der vollendetsten Arbeit ist herausgegeben von Stephani *Compte-rendu* 1865 p. 48. Taf. I n. 1—3; Taf. II, 1. 2. Andere Schmucksachen sind besprochen und zum Theil publicirt im *Compte-rendu* 1859 p. X. p. 11; 1861 p. 145; 1863 p. 106; 1865 p. 9. p. 21; 1869 p. 6 Taf. I n. 11—20; 1873 pl. III n. 7; 1874 p. X. XIV. XXI; 1875 p. 16—30; 1876 p. XIV. p. 120. p. 156 Pl. IV n. 6. 7; 1877 p. 11. p. 26 Taf. II n. 10. p. 224 Pl. III n. 6; *Ant. d. Bosph. Cimmér.* Pl. II ff.

den, der wahrscheinlich aus der Zeit des Septimius Severus herrührt und sich jetzt im Museum von Lyon befindet; [1]) er besteht aus 7 Armbändern, zwei Ringen, sechs Ohrgehängen, verschiedenen einzelnen Anhängestücken (*coulants*), Brochen, Schlössern (*clusurae*), [2]) Nadeln und 7 Halsbändern (*colliers*). Von diesen besteht das erste aus 5 Smaragden in Form sechsseitiger Prismen und zwei Perlen *à jour* gefasst; zwischen den sieben Gliedern ist immer ein Glied von Goldarbeit, an welchem sechs Prismen von Smaragd hängen; das zweite hat 11 oval geschliffene Granaten, an deren Einfassung 11 birnenförmige Granaten (*bacae*) hängen; das dritte 10 ovale Amethysten, an deren Fassung 10 andere ebenfalls ovale Amethysten herabhängen; das vierte besteht aus olivenförmigen blauen Glasperlen, durch die ein Golddraht gezogen ist, der auf beiden Seiten einen Ring bildet und mit diesem in den nächsten Ring eingreift; das fünfte aus 14 Saphiren auf einem Goldfaden, der sie mit den zwischen ihnen befindlichen Goldplättchen verbindet; das sechste aus 22 Goldperlen auf einem Faden, das siebente aus kleinen Cylindern von Corallen, Malachit und Gold in 11 Doppelfäden geordnet, welche durch 12 Goldglieder zusammengehalten werden. Wir finden in diesem Schmucke auch Ringe und Armbänder, über welche noch eine Bemerkung hinzuzufügen ist. In dem Tragen vieler Ringe scheinen die römischen Frauen weder den Männern noch den Griechinnen [3]) nachgestanden zu haben, [4]) und die Formen derselben sind ausserordentlich mannigfach; [5]) auch

---

1) *Description de l'écrin d'une dame Romaine, trouvé à Lyon en* 1841, *par* A. Comarmond. Paris et Lyon 1844. fol.

2) Das Wort kommt in der Isis-Inschrift vor. Hübner S. 346. 352.

3) In einem der Gräber von Kertsch, deren Funde in den *Annali* 1840 p. 5—22 verzeichnet sind, und das einer Frau gehörte, befanden sich 8 Ringe, darunter 3 von solcher Grösse, dass sie am Finger nicht wohl getragen werden konnten. Indessen liebte man auch in Rom so colossale Ringe. S. Martial. 11, 37:

Zoile, quid tota gemmam praecingere libra
Te iuvat et miserum perdere sardonycha?
Anulus iste tuis fuerat modo cruribus aptus.
Non eadem digitis pondera conveniunt.

4) Clem. Alex. *Paed.* 3, 11, 57 p. 287. Tertull. *Apol.* 6.

5) Im *Archaeological Journal* VII (1850) p. 190 ist ein Ring edirt, bestehend aus 15 kleinen Platten, die durch Gehenke verbunden sind. Auf jeder Platte steht ein Buchstabe. Die so entstehende Inschrift, die der Herausgeber nicht entziffert hat, heisst: ЄTЄ XIΛIA ZЄSЄS, d. h. ἔτη χίλια ζήσαις. Andere Ringe ähnlicher Art s. *Archaeol. Journal* XXIX (1872) p. 305 ff. De Rossi *Bull. crist.* V (1874) p. 78. Ein Armband etruskischer Arbeit, befindlich im *Musée Napoléon*, bestehend aus neun kleinen Platten, die durch Charniere verbunden sind, s. bei Saglio *Dictionn. des Antiq.* I p. 795.

Armbänder trug man verschiedenartig und mehrfach, nämlich am Handgelenk, περικάρπια,[1]) *armillae*,[2]) *spatalia*,[3]) oder am Oberarm (*spinter*,[4]) *brachiale*);[5]) entweder an beiden Armen, oder an einem,[6]) wie z. B. das *spinter* am linken, das *dextrocherium*[7]) am rechten Arme angelegt wurde; zu Plinius' Zeit war endlich die griechische Sitte aufgekommen, auch die Fussknöchel mit Ringen (περισφύρια, περισκελίδες)[8]) und selbst die Schuhe und Sandalen mit Perlen und Edelsteinen zu schmücken.[9]) Unter den unendlich verschiedenen Formen der Armbänder ist besonders häufig die einer Schlange, die entweder einmal um den Arm geht, oder als Spirale denselben mehrfach umwindet.[10]) Ebenso mannigfaltig sind die Brochen oder Spangen, *fibulae*,[11]) die Knöpfe und andere kleinere Schmuckstücke.

Der Gebrauch der Edelsteine im Alterthum hat zu einer Reihe von interessanten und noch keineswegs abgeschlossenen Gebrauch der Edelsteine.

1) Pollux 5, 99 unterscheidet περικάρπια und περιβραχίονα.

2) Dies scheint der allgemeine Ausdruck zu sein, der auch von der kriegerischen Decoration gebraucht wird. S. Bartholinus *De armillis veterum.* Amstelod. 1676. 12.

3) Dass das *spatalium*, welches bei Plin. *n. h.* 13, 142 und mehrmals in den von Hübner herausgegebenen Inschriften vorkommt, an dem Handgelenk getragen wurde, nicht am Oberarm, wie Hübner S. 353 annimmt, lehrt Tertull. *de cultu fem.* 2, 13: *nescio an manus spatalio circumdari solita in duritiam catenae stupescere sustineat.*

4) Festus p. 333^b 6 sicher ergänzt aus Paulus: *spinter vocabatur armillae genus, quod mulieres antiquae gerere solebant brachio summo sinistro. Plautus* (*Menaechm.* 527): *Iubeasque spinter novum reconcinnarier.* Liv. 1, 11, 8: *quod Sabini aureas armillas magni ponderis brachio laevo — habuerint.*

5) S. die von Haupt bei Hübner p. 353 angeführte Stelle des Ambrosius *epist.* 1, 10, 9. Bei Trebell. Poll. *Claud.* 14, 5 schwankt die Lesart zwischen *brachialem unam* (*sc. armillam*) und *brachiale unum.* Bei Vopiscus *Aurel.* 7 scheint das *femininum* zu stehen und so zu lesen: *torquem, brachialem, anulum adponat.* Unter *viriae, viriolae* (*Dig.* 18, 1, 14; 34, 2, 25 § 10. 40 § 2) scheint man Ringe sowohl für den Oberarm (Plin. *n. h.* 33, 40: *in lacertis*) als solche für das Handgelenk (Tertull. *d. pall.* 4: *vestigia cestuum viriis occupavit*) verstanden zu haben. Das Wort ist nach Plin. *l. l.* celtisch.

6) In dem Lyoner Schmuck befinden sich 7 Armbänder, drei Paare und ein einzelnes.

7) Capitolin. *Maxim. duo* 27, 8. Ein Armband auf dem rechten Arme hat die Statue der Venus bei Visconti *Mus. P. Cl.* I tav. 10 p. 103 der Mail. Ausg.

8) Plin. *n. h.* 33, 39. 40. Petron. 67.

9) Plin. *n. h.* 9, 114 und mehr bei Hübner S. 354. Vgl. oben S. 594.

10) Solche Armbänder, die griechisch ὄφεις heissen, s. *Mus. Borb.* VII, 46. *Annali* XII (1840) tav. C n. 8. Arneth Gold- und Silbermon. G. IX n. 116. Stephani *Compte-rendu* 1873 pl. III, 7; 1877 pl. II, 10.

11) Eine Zusammenstellung der verschiedenen Formen der *fibulae* giebt Dütschke Jahrb. des Vereins von Alterthumsfreunden im Rheinlande LXIV (1878) S. 80—93. Taf. V. VI. Montelius *Spännen från Bronsåldern* I. II. Stockholm 1880—82.

Untersuchungen Veranlassung gegeben, welche, da sie entweder in das Gebiet der Mineralogie oder in das Gebiet der Kunstgeschichte fallen, in unserer Darstellung nur kurz angedeutet werden können.[1]) Er begann in Rom in der letzten Zeit der Republik, als sich die Verbindung mit dem Orient leichter gestaltete, nahm in demselben Grade zu, als die eigentliche Kunst der Metallarbeit, namentlich die Caelatur, in Verfall gerieth,[2]) und gewann immer weitere Ausdehnung bis in die byzantinische Zeit und das Mittelalter hinein. Zuerst gab man den Ringen ihren Werth entweder durch eine kunstvoll geschnittene Gemme,[3]) oder durch einen kostbaren, nur geschliffenen Edelstein;[4]) der ältere Scipio war, wie bereits bemerkt ist, der erste, der mit einer Gemme siegelte; bei Juvenal wird zuerst ein Diamantring erwähnt, den Berenice, die Schwester des Königs Agrippa von Judäa, hatte;[5]) sodann begannen die Frauen sich mit Perlen und Juwelen (*gemmosa monilia*)[6]) zu schmücken und zwar in solchem Uebermasse, dass Lollia Paulina, die Frau des Caligula,[7]) bei gewöhnlichen Gelegenheiten von Smaragden und Perlen an Kopf, Hals, Ohren, Armen und Fingern einen Schmuck im Werthe von 40 Millionen Sesterzen, d. h. beinahe neun Millionen Mark trug.[8]) Es ist dies ein Costüm, welches sein Analogon nur in orientalischen Götterstatuen findet, welche ebenfalls mit Edelsteinen bedeckt waren.[9]) Desselben orientalischen Ursprungs[10]) sind ferner die mit Edelsteinen decorirten Trinkgefässe (ποτήρια λιθοκόλλητα, *gemmata potoria*)[11]) und Hausgeräthe, für deren Be-

---

1) Den ganzen Stoff hat zu behandeln versucht Krause Pyrgoteles oder die edlen Steine der Alten. Halle 1856. 8.

2) Plin. *n. h.* 33, 157: *subitoque ars haec ita exolevit, ut sola iam vetustate censeatur.*

3) S. H. Rollett Glyptik in Bucher Geschichte der technischen Künste I S. 273—356. C. W. King *Antique gems and rings* Vol. I. II. London 1872. 8.

4) Vgl. Friedlaender Darstellungen III^5 S. 71 ff.

5) Juvenal. 6, 158. Vgl. Pinder *De adamante.* Berolini 1829. 8. p. 39.

6) Apul. *met.* 5, 8 p. 329 Hildebr.; *monile gemmeum* Orelli 1874 = *C. I. L.* II, 3387.

7) Suet. *Cal.* 25.

8) Plin. *n. h.* 9, 117.

9) Lucian. *de Syria dea* 32.

10) Plin. *n. h.* 37, 12: *Victoria tamen illa Pompei* (über den Mithridates) *primum ad margaritas gemmasque mores inclinavit.* Cic. *in Verr.* 4, 27, 62: *exponit suas copias omnes, multum argentum, non pauca etiam pocula ex auro, quae, ut mos est regius, et maxime in Syria, gemmis erant distincta clarissimis.*

11) *vasa ex auro et gemmis* Plin. *n. h.* 37, 14. vgl. 33, 5: *turba gemmarum potamus et zmaragdis teximus calices. Calices gemmati* bei Mart. 14, 109; *paterae gemmatae* und *scyphi aurei gemmati* bei Treb. Poll. *Claud.* 17, 5; *gemmata vasa* Treb. Poll. *Gallieni duo* 16, 4.

aufsichtigung man eigene Sclaven hielt;[1] das merkwürdigste Stück dieser Art ist der Candelaber *e gemmis clarissimis*, den die Söhne des Antiochus Eusebes von Syrien als Weihgeschenk auf das Capitol bringen wollten und der dem Verres in die Hände fiel.[2] In der späteren Kaiserzeit wurde die Anwendung von Edelsteinen indessen eine viel allgemeinere; der kaiserliche Ornat,[3] selbst die Schuhe,[4] glänzten von Juwelen; die Waffenstücke,[5] selbst der Gladiatoren, die Wehrgehenke (*baltei*),[6] der Pferdeschmuck,[7] ja auch die Sänften[8] und Wagen[9] erhielten ihre Decoration in kostbaren Steinen.

Dass das Juweliergeschäft grossentheils in den Händen der Goldschmiede war,[10] liegt in der Natur der Sache; dies hindert aber nicht zuzugeben, dass der Handel mit Perlen,[11] das Schleifen der Edelsteine[12] und namentlich die Kunst des Gemmenschneidens[13] daneben ein eigenes Gewerbe ausmachte, das theils für Goldschmiede, theils auf directe Bestellung arbeitete. Die Steinschneider, *cavatores*,[14] *gemmarum scalptores*,[15] gehören ganz der griechischen Kunstgeschichte an: unter den Namen, welche die in grosser Anzahl erhaltenen Gemmen[16] über- Juweliergeschäft. Steinschneider.

1) *praepositus ab auro gemmato* (im kaiserlichen Haushalt) *C. I. L.* VI, 8734. 8735; *ab auro gemmato* 8736.

2) Cic. *in Verr.* 4, 28, 64—30, 68.

3) Die Beschreibung dieses Staatskleides bei Claudian. *de IIII cons. Honor.* 585—601 findet man erklärt in Beckmann Vorrath kleiner Anmerkungen über mancherlei gelehrte Gegenstände III (Göttingen 1806. 8.) S. 403—416.

4) Trebell. Pollio *Gall. duo* 16, 4.

5) Capitolin. *Pertin.* 8, 3.

6) Treb. Pollio *Gall. duo* 14, 4.

7) Suet. *Calig.* 55.

8) Herodian. 5, 8, 6.

9) Ammian. 16, 10, 6.

10) Wenn auch die Inschr. Orelli 4148 = *C. I. L.* VI, 3405* (*Marcia T. f. Severa auraria et margaritaria de sacra via*) falsch ist.

11) Moebius Die echten Perlen, ein Beitrag zur Luxus-, Handels- und Naturgeschichte derselben. Hamburg 1857, 4, wo S. 5—8 von den Römern die Rede ist. *Margaritarii de sacra via: C. I. L.* VI, 9545 (Henzen 7244) —9549. X, 6492. *Margaritaria ab aede Musarum*(?) ib. VI, 5972; andere *margaritarii* ib. 641. 1925. 9544 (Or. 1602. 4076. 4218).

12) *Gemmarum politores* Firm. Mat. 4, 7; gewöhnlicher kommt *gemmarius* vor; *C. I. L.* IX, 4795; VI, 245 (Orelli 2661): *Anthus gemmarius;* 9433: *M. Lollius Alexander gemmarius;* 9435: *C. Babbius D. l. Regillus, Q. Plotius Q. l. Nicepor., Q. Plotius Q. l. Anteros, Q. Plotius Q. l. Felix gemari de sacra via;* vgl. 9434. Ueber das Schleifen s. Krause *Pyrgoteles* S. 223 ff.

13) Raoul-Rochette hatte angenommen, dass Stempelschneider, Steinschneider und Goldarbeiter ein Gewerbe bildeten. Hiegegen s. Stephani Ueber einige angebliche Steinschneider des Alterthums in *Mém. de l'Académie de Pétersbourg.* VI. Série. *Sciences pol. hist. philol.* Tom. VIII (1855) p. 216.

14) Orelli 4155 = *C. I. L.* VI, 9239: *cabatores de via sacra.*

15) Plin. *n. h.* 20, 134; 29, 132; 37, 60. 63. *C. I. L.* VI, 9436: *gemmarius sculptor.*

16) Von dem grossen Reichthum an geschnittenen Steinen geben schon die

liefern, sind überhaupt wenig römische, und nur einer von anerkannter Aechtheit, der indessen ebenfalls griechisch (Φῆλιξ) geschrieben ist.[1])

Am Schlusse dieser Erörterungen über die antike Gold- und Silberarbeit möge es mir gestattet sein, noch einmal auf eine Bemerkung zurückzukommen, zu welcher uns bereits im vorhergehenden Abschnitte die Betrachtung der Weberei und Stickerei der Alten Veranlassung gab. Sowie nämlich diese Kunstübungen im Orient entstanden, in Rom bis zum Ende des weströmischen Reiches erhalten, dann nach Constantinopel übergesiedelt, von hier aus dem Mittelalter überliefert worden sind, so ist auch in der Metallarbeit, nachdem die Blüthe der griechischen Kunstperiode längst vorüber war, die handwerksmässige Technik zuerst in Rom, dann in Byzanz fortwährend in Ausübung geblieben und von Byzanz aus auf das ganze Mittelalter vererbt worden. Ein Beispiel von vielen genüge, dies zu erläutern. Der um das Jahr 973, oder nach v. Quast's Annahme[2]) zwischen 985—991 vollendete, von Theophania, Tochter des byzantinischen Kaisers Romanus II. und Gemahlin Kaiser Otto des II., dem Kloster Echternach geschenkte, jetzt in der herzoglichen Bibliothek zu Gotha befindliche Codex eines Evangeliariums repräsentirt in seinem noch gut erhaltenen Einbande, der, wenn nicht geradezu einem byzantinischen Künstler zuzuschreiben, doch wenigstens ganz der byzantinischen Kunst angehörig ist, fast alle so eben besprochenen Zweige der Metalltechnik. Der obere Deckel ist von Holz, belegt mit einer dünnen, aufgenagelten Goldplatte. Dies ist die Kunst der Empaestik. Die Goldplatte enthält acht Reliefs in getriebener Arbeit. Dies ist das Sphyrelaton. Das Mittelstück des Deckels bildet ein viereckiges Elfenbeinrelief; dies ist das Emblema; die Inschrift des Reliefs HENAZAREN ist in das Elfenbein eingeschnitten und

---

Verzeichnisse einzelner grösserer Sammlungen, z. B. Tölken Erklärendes Verzeichniss der antiken vertieft geschnittenen Steine der k. preuss. Gemmensammlung. Berlin 1835. 8. Arneth Die antiken Cameen des k. k. Münz- und Antikencabinettes. Wien 1849 fol. und das oben angeführte Buch von King eine Anschauung.

1) Brunn G. d. gr. Künstler II S. 445. 503, der über die Gemmenschneider S. 441—637 handelt.

2) In den Zusätzen zu der Abh. von Fr. Bock: Der Einband des Evangeliencodex aus dem Kloster Echternach in der herz. Bibliothek des Schlosses Friedenstein zu Gotha, in Zeitschr. für christliche Archäologie und Kunst her. von F. v. Quast u. H. Otte II, 6 (1860) S. 251.

war mit Gold ausgelegt, von dem noch Spuren vorhanden sind; dies ist die eingelegte Arbeit; sowohl um das Elfenbeinrelief, als um den äusseren Rand des Deckels läuft eine Einfassung von 48 geschliffenen Steinen und 50 in Gold gefassten rechteckigen Emaillen; von den vier Ecken der inneren Einfassung zu den vier Winkeln der äusseren Einfassung sind Schnüre von Perlen auf Golddrähten gezogen; dies ist die Arbeit des Juweliers.

3. Das Kupfer, zu welchem wir nunmehr übergehen, hat seine wesentliche Bestimmung einmal für den Guss von Statuen, Büsten und *clipei*, über welchen wir, soweit dies für unsern Zweck nöthig war, bereits oben gesprochen haben, und zweitens für die Anfertigung der verschiedenartigsten Geräthe, welche wir hier noch zu erwähnen haben. Von der Eleganz einer römischen Hauseinrichtung und der Rücksicht, welche man selbst in den untergeordnetsten Theilen derselben neben der Zweckmässigkeit auch der geschmackvollen Form zuwendete, ist nichts so geeignet, eine Vorstellung zu geben, als die reichen Sammlungen von Bronzen, welche theils aus den Funden von Etrurien, Herculaneum und Pompeii, theils aber auch aus den entlegensten Theilen des römischen Reiches vorliegen. Zu ihnen gehört zuerst das Küchen- und Wirthschaftsgeräth, Töpfe und Kannen,[1] Kessel und Kochgeschirre,[2] Eimer[3] und Amphoren,[4] Siebe, Durchschläge und *cola vinaria*,[5] Kohlenbecken,[6] Herde und tragbare Kochöfen (*clibani*),[7] Feuerzangen und Feuerhaken,[8] Maschinen zur Bereitung heissen Wassers,[9] Crateren[10] und Schöpfkellen;[11] aber auch für die Zimmereinrichtung gewann die Bronze immer grössere Bedeutung. Dreifüsse, ursprünglich zum Tragen des Kessels bestimmt, wurden mit Tischplatten ver-

Kupfer.

Anwendung desselben in der Hauseinrichtung.

1) *Mus. Greg.* I, 3—9. *Mus. Borb.* II, 47.
2) *Mus. Borb.* V, 58. *Mus. Greg.* I, 1.
3) S. oben S. 656. *Mus. Greg.* I, 3. 4. Roux und Barré VI, t. 71. 74.
4) *Mus. Greg.* I, 2. 8.
5) *Mus. Borb.* II, 60. III, 31. Overbeck Pompeji[4] S. 445. Roux und Barré VI t. 68. Ueber den Gebrauch des *colum* s. oben S. 334.
6) *Mus. Greg.* I, 14. *Mus. Borb.* II, 46; V, 14; VI, 45. Overbeck[4] S. 440. 441.
7) *Mus. Borb.* II, 46. IV, 59. V, 59. *Mus. Greg.* I, 14. Overbeck[4] S. 441. 442. Roux und Barré VI t. 67.
8) *Mus. Greg.* I, 14.
9) Overbeck Pomp.[4] S. 443.
10) *Mus. Greg.* I, 6. 7. 9. Overbeck Pomp.[4] S. 450.
11) *Mus. Greg.* I, 1.

sehen, um als *delphicae* zur Aufstellung von Prachtgefässen zu dienen;[1]) zu gleichem Zwecke wurden die *abaci* und *monopodia* verwendet;[2]) Sessel (*sellae*)[3]) und Doppelsessel (*bisellia*),[4]) die man in Municipien als eine besondere Auszeichnung namentlich den Augustalen verlieh,[5]) wurden von Bronze gearbeitet, Sophas und Betten (*lecti*) seit den asiatischen Kriegen entweder mit bronzenen Reliefplatten bekleidet (*lecti aerati*)[6]) oder auch massiv in Metall gefertigt.[7]) Ein besonders dankbares Gebiet für die Bronzearbeit war aber der Erleuchtungsapparat, die Lampen, Leuchter und Candelaber. Für Lampen war das ursprüngliche Material der Thon gewesen, für Leuchter das Holz;[8]) für die schlanken Formen des Holzcandelabers eignete sich besonders die Bronze, da Marmorcandelaber, welche ebenfalls in grosser Anzahl vorhanden sind, ihrer grösseren Dimensionen und massiveren Form wegen mehr für den architektonischen Schmuck von Tempeln, als für den Hausgebrauch passend waren.[9]) Wir

---

1) S. oben S. 320. Abbildungen von Dreifüssen *Mus. Greg.* I, 56. 57. *Mus. Borb.* VI, 13. 14 (nach einem Wandgemälde). Overbeck Pomp.[4] S. 429.

2) Plin. *n. h.* 34, 14. Vgl. oben S. 319.

3) Overbeck Pomp.[4] S. 426.

4) Varro *de l. L.* 5, 128. Abgeb. *Mus. Borb.* II, 31. Overbeck Pompeji[4] S. 426.

5) S. Chimentellius *Marmor Pisanum de honore bisellii.* Bononiae 1666. 4⁰. Die Inschr. s. Orelli 4048. Der *honor biselliatus* kommt vor in einer Inschr. von Monte Casino, Orelli 4043 = *C. I. L.* X, 5348; ebenso *honor bisellii* und *bisellium* in zwei Inschriften von Pompeii, Orelli 4044 = *C. I. L.* X, 1026. 1030. Vgl. die Inschr. von Veii, Orelli 4045; von Suessa, Orelli 4047 = *C. I. L.* X, 4760. Weiteres bieten die Indices *C. I. L.* IX p. 791; X p. 1161.

6) S. oben S. 309 Anm. 9. Nach dem *Edictum Diocletiani* 7, 24—28 ist die Arbeit eines *faber aerarius* eine dreifache: *in vasculis diversi generis, in sigillis vel statuis* und die des *inductile aeramentum.*

7) Ein bronzener *lectus* für einen Todten wurde 1823 in einem Grabe in Corneto gefunden. Raoul-Rochette in *Mém. de l'acad.* XIII p. 619 (3e *Mém. sur les ant. chrét.* p. 91). Vgl. *Mus. Greg.* I, 16, 8. 9; Grifi *Monum. di Cere* t. 4, 6.

8) Hölzerne Leuchter kommen noch später öfters vor. Caecilius bei Nonius p. 202, 15; bei Ribbeck *Com. Lat. Rel.*[2] p. 54 v. 111:

Memini ibi (fuisse) candelabrum ligneum
Ardentem.

Cic. *ad Q. fr.* 3, 7, 2: *Hanc scripsi ante lucem ad lychnuchum ligneolum, qui mihi erat periucundus, quod eum te aiebant, cum esses Sami, curasse faciendum.* Petron. 95: *Eumolpus contumeliae impatiens rapit ligneum candelabrum.* Mart. 14, 44: *Candelabrum ligneum:*

Esse vides lignum; servas nisi lumina, fiat
De candelabro magna lucerna tibi.

Vier Candelaber aus Holz mit Knochenverzierungen in einem Grabe bei Assisi gefunden: *Not. d. scavi* 1878 p. 128.

9) Die beiden in der Villa Hadriani gefundenen, von Visconti *M. P. Cl.* IV p. 31—64, tav. 1—8 herausgegebenen Marmorcandelaber sind 10 Palmen

haben bereits früher bemerkt, dass der Gebrauch des Oeles und der Lampen in Italien nicht ursprünglich ist; man brannte vielmehr zuerst allein, und später noch immer neben den Lampen Fackeln und Lichte (*candelae*, *funiculi*) von Wachs (*cerae*) oder Talg (*sebaceae*)[1], und von diesen haben die Leuchter nicht nur ihre Namen, *candelabra*,[2]) *ceriolaria*,[3]) *sebacearia*,[4]) *funalia*,[5]) **Candelaber.** sondern auch ihre ursprüngliche Einrichtung erhalten. Sie waren nämlich oben mit einem Stifte versehen, auf welchen die Kerze aufgesteckt wurde,[6]) und Leuchter von dieser Form, bestimmt zum Tragen in der Hand, sind sowohl in Etrurien als in Pompeii gefunden worden.[7]) Nachdem indessen der Gebrauch der Lampen allgemeiner geworden war, übertrug man den Namen des Candelabers auf den Lampenhalter (*lychnuchus*), welcher, je nachdem er bestimmt ist, auf dem Tische oder auf dem Fussboden zu stehen, zwar in der Höhe verschieden ist, im Allge-

---

hoch und von massiven Formen; andere Marmorcandelaber s. Visconti *M. P. Cl.* V tav. 1—4. VII tav. 37—40, und eine reiche Auswahl bei Piranesi *Vasi, candelabri*, *cippi*, *sarcofagi*, *tripodi*, *lucerne ed ornamenti ant.* Roma 1778. 2 Voll. fol.

1) Alle diese Beleuchtungsmittel zählt auf Apuleius *met.* 4, 19: *Taedis, lucernis, cereis, sebaceis et ceteris nocturni luminis instrumentis clarescunt tenebrae.*

2) Plin. *n. h.* 34, 11. Varro *de l. L.* 5, 119: *Candelabrum a candela, ex his enim funiculi ardentes figebantur. Lucerna post inventa, quae dicta a luce, aut quod id vocant Graeci* λύχνον. Festi *epit.* p. 46, 7: *Candelabrum dictum, quod in eo candelae figantur.* Mart. 14, 43: *Candelabrum Corinthium:*

Nomina candelae nobis antiqua dederunt.
Non norat parcos uncta lucerna patres.

3) *C. I. L.* V, 436, 1* (Or. 2505); VI, 18. 9254 (Or. 2515. 4068); bei Or. 2505 beruht *ceriolarium* auf falscher Lesung: *C. I. L.* II, 1968.

4) Dieses Wort ist erst neuerdings bekannt geworden aus einer Anzahl gleichzeitiger Inschriften, welche im *Bull. d. Inst.* 1867 p. 8—30, *Ann.* 1874 p. 127 ff., *C. I. L.* VI, 2998 ff. edirt sind:

5) Verg. *Aen.* 1, 726:

dependent lychni laquearibus aureis
incensi et noctem flammis funalia vincunt.

Funalis (Cic. *de sen.* 13, 44) oder *funalis cereus* (Valer. Max. 3, 6, 4) ist, wie *funiculus*, ein Wachslicht; *funale* erklärt dagegen Varro bei Servius zu der angeführten Stelle des Vergil als Leuchter, und das heisst es auch bei Ovid. *met.* 12, 247.

6) Servius *ad Verg. l. l.*: *Nonnulli apud veteres candelabra dicta tradunt quae in capitibus uncinos haberent, quibus affigi solebant vel candelae vel funes pice delibuti: quae interdum erant minora, ut gestari manu et praeferri magistratibus a coena remeantibus possent.* Isidor. *orig.* 20, 10, 5: *Funalia candelabra apud veteres, quibus funiculi cera vel huiusmodi alimento luminis obliti figebantur. Idem itaque et stimuli praeacuti funalia dicebantur.* Vgl. Donat *ad Terent. Andr.* 1, 1, 88, wo indessen die Lesart unsicher ist. Die Weise, wie die Lichter an den Bronzecandelabern angebracht wurden, ist besonders deutlich in den Wandgemälden eines Grabes in Orvieto: Conestabile *Pitture murali scoperte in una necropoli presso Orvieto*, tav. XI.

7) Schulz *Bull. d. Inst.* 1841 p. 114—116.

meinen aber aus drei Theilen besteht, dem Fuss, dem Schaft (*scapus*)[1]) und der Platte, auf welche die Lampe gestellt wird. Ausserdem giebt es allerdings noch andere Formen, namentlich Candelaber zum Aufhängen von Lampen, welche dann keine Platte haben, sondern in so viele Zweige oder Arme auslaufen, als sie Lampen tragen sollen, Candelaber zum Aufschieben und Drehen, um die Lampe beliebig hoch zu stellen, endlich Kronleuchter, die von der Decke herunterhingen (*lychnuchi pensiles*).[2]) Von der Mannigfaltigkeit und Eleganz dieser Formen erhält man die vollständigste Anschauung aus dem 8. Bande der *Antichità d'Ercolano*: *Le lucerne ed i candelabri d'Ercolano.* Napoli 1792 fol.[3]) Die hier abgebildeten Candelaber sind durchgängig von Bronze, nur einige von Eisen.[4]) In derselben Sammlung befinden sich auch Laternen,[5]) deren Gestell von Bronze und mit einer Handhabe zum Tragen versehen ist. Statt des Glases, das erst später erwähnt wird,[6]) bediente man sich in alter Zeit anderer durchsichtiger Stoffe, des Hornes,[7]) der Blase (*vesica*)[8]) und der geölten Leinwand.[9])

in der Baukunst. Wir übergehen unserm Plane gemäss die Anwendung der Bronze zu architektonischen Zwecken, namentlich zu Schwellen, Thürflügeln und Säulencapitälen,[10]) ferner zu Weihgeschenken,[11])

---

1) Plin. *n. h.* 34, 11.

2) Plin. *n. h.* 34, 14. Vgl. Verg. *Aen.* 1, 726; Prudentius *Cathemer.* 5, 141—144. Einen solchen Hängeleuchter von Marmor s. Visconti *M. P. Cl.* V p. 268 tav. A IV, 5. Ein Meisterstück etruskischer Toreutik ist der bronzene Kronleuchter für 16 Flammen in Cortona. S. Heydemann Mittheilungen p. 107 n. 1, abgebildet *Monumenti dell' Inst.* III, 41 und 42.

3) S. Roux und Barré VI, t. 1—29. *Museo Borb.* IV, 57. 58; VII, 32; VIII, 31. Overbeck Pomp.[4] S. 434—439. Etruskische Bronzecandelaber, *Mus. Greg.* I tav. 48—55. Sehr belehrend ist auch der Artikel *candelabrum* von Saglio in *Dict. des Antiq.* I p. 869—875. Vgl. Friederichs Berlins antike Bildwerke II S. 169—189.

4) *Le lucerne* p. 323.

5) Daselbst p. 259. 263. Roux und Barré VI t. 62. Overbeck Pomp.[4] S. 448.

6) Isidor. *orig.* 20, 10, 7: *Laterna inde vocata, quod lucem interius habeat clausam. Fit enim ex vitro, intus recluso lumine, ut venti flatus adire non possit et ad praebendum lumen facile ubique circumferatur.*

7) Plautus *Amphitr.* 341. Plin. *n. h.* 11, 126. Mart. 14, 61. *Priap.* 32, 14. Lucr. 2, 388. Plin. *n. h.* 11, 49. Athen. 15, 699f.

8) Mart. 14, 62.

9) Plaut. *Bacch.* 446. Cic. *ad Att.* 4, 3, 5.

10) Plin. *n. h.* 34, 13. Vgl. oben S. 235.

11) Zu diesen ist wohl die bronzene *biga* bei Visconti *M. P. Cl.* V tav. d'agg. B zu rechnen, wiewohl Braun Die Ruinen und Museen Roms S. 306 solche mehrfach erhaltene Wagen für Rennwagen in den Circusspielen hält.

zu Schmucksachen, besonders *fibulae* und Schnallen,[1]) endlich zur Herstellung von Waffen, vornehmlich Helmen, Schilden und Schwertscheiden;[2]) erwähnen müssen wir dagegen noch ihren vielfältigen Gebrauch für die verschiedensten Werkzeuge. Nägel,[3]) Nähnadeln und Stecknadeln,[4]) *stili* zum Schreiben,[5]) nebst der Büchse zu ihrer Aufbewahrung,[6]) Bretsteine und Würfel zum Spielen,[7]) chirurgische Instrumente in reicher Auswahl,[8]) Messinstrumente, Cirkel und Perpendikel,[9]) Schnellwaagen, Wagschalen und Gewichte,[10]) endlich das Toiletten- und Badegeräth, die *strigilis*,[11]) der Spiegel, der Kamm,[12]) wurden vorzugsweise aus Kupfer gearbeitet.

zu Schmucksachen. zu Waffen. zu Werkzeugen.

Nach diesen sehr verschiedenen Fabricaten theilte sich das Gewerbe der *fabri aerarii* in viele besondere Zweige, von denen sich die Handwerker mit den speciellen Namen der Candelabermacher (*candelabrarii*),[13]) Laternenmacher (*lanternarii*),[14]) Gewichtmacher (*sacomarii*),[15]) Fabricanten von Helmen (*cassi-*

Specielle Geschäfte.

Vgl. auch Gamurrini *Ann. d. Inst.* 1882 p. 140 ff. Bronzene Wagenräder s. bei Arneth Arch. Anal. t. 19. *Archaeological Journal* VIII (1851) p. 162 ff. Lindenschmit Die Alterth. unserer heidn. Vorzeit III, 4, 1.

1) S. oben S. 705 Anm. 11 und die Sammlung bronzener *fibulae* bei Grivaud de la Vincelle *Recueil de Monumens antiques.* Paris 1817. 2 Voll. 4°. pl. 2 n. 3. 6. 8; von Gürtelschnallen das. pl. 7 n. 1. 9. 12; von Ringen das. pl. 7; von Amuletten zum Anhängen pl. 10. Eine bronzene Schnalle von einem Pferdegurt s. Jahrb. d. Vereins v. A. i. Rheinlande XLII S. 72.

2) Ein eiserner Dolch mit bronzenem Griff und bronzener Scheide bei Simony Die Alterthümer vom Hallstätter Salzberg, Sitzungsberichte der ph. hist. Cl. der Wiener Acad. IV (1850) taf. V, 1a; Schwerter, Speerspitzen und Pfeilspitzen von Bronze das. t. V, 2. 4. 6.

3) S. Jahrb. d. V. v. A. i. Rheinlande IX S. 33.

4) Daselbst S. 32. Simony a. a. O. taf. V, 7.

5) Von diesen wird noch später die Rede sein. Sie sind in grosser Anzahl vorhanden. S. z. B. *Mus. Greg.* I tav. 46.

6) Jahrb. d. V. v. A. i. Rheinlande a. a. O. S. 33.

7) Ebend. S. 33.

8) Ebend. S. 33. Ueber die in Pompeii gefundenen s. *Mus. Borb.* XIV, 36; Overbeck Pompeji[4] S. 461.

9) *Mus. Borb.* VI, 15.

10) S. die verschiedenen Funde dieser Art bei Roux und Barré VI t. 96. *Mus. Borb.* I, 55. VIII, 16. Overbeck Pompeji[4] S. 447; Jahrb. d. V. v. A. i. Rheinlande XXVII p. 94. *Archaeologia* X pl. 13 und über alte Waagen überhaupt *Saggi di dissertazioni della accademia di Cortona* I p. 93—102. Friederichs Berlins antike Bildwerke II S. 198 ff.

11) S. Friederichs a. a. O. S. 88 ff.

12) Kämme werden gewöhnlich von Elfenbein, Buchsbaum oder von Bronze gemacht. Bronzene s. bei Roux und Barré VI t. 93. *Annali* 1855 p. 65a.

13) Orelli 4157; *C. I. L.* VI, 9227. 9228.

14) Henzen 6292 = *C. I. L.* X, 3970.

15) Orelli 4274 = *C. I. L.* X, 1930.

darii)[1] und Schilden (*parmularii*)[2] benannten, und in denen gewisse Orte besonderen Ruf hatten. So empfiehlt Cato de r. r. 135, *urnae oleariae*, *urcei aquarii*, *urnae vinariae*, *alia vasa ahenea* in Capua zu kaufen; und dass römische Bronzefabricate in auswärtigen Handel gelangten, beweist ein in Pompeii gefundenes Fragment eines Bronzebeschlages mit Relief und der Inschrift *C. CALPVRNIIVS ROMAE Fecit.*[3]) Aber auch die zierlichen Gefässe, welche in ganz entlegenen Gegenden hie und da gefunden werden, bestätigen die Annahme, dass die Bronzewaaren, ebenso wie die Thonwaaren, überallhin ausgeführt wurden. Im Jahr 1858 wurden in Teplitz zwei Bronzegefässe gefunden, von denen das grössere, eine Casserole mit flachem Boden und geradem horizontalem Stiel, welcher in einen mit schönen Schwanenköpfen verzierten Griff ausläuft, auf der oberen Fläche des Griffes zwei römische Stempel, *TI· ROBILI· SI.* und *C. ATILI. HANNON*, hat. In einem ähnlichen, bei Hagenow im Mecklenburgischen gemachten Funde befand sich ebenfalls eine Casserole mit dem Stempel *TI. ROBILI. SITA.* Nach Mommsen's Ansicht, der diese Funde veröffentlicht hat,[4]) ist unter dem *Tiberius Robilius Sitalces* der Kupferschmied, *faber aerarius*, unter dem *C. Atilius Hanno* der Modelleur (*plasta imaginarius*) zu verstehen; möglicherweise kann, wie dies bei den Stempeln der Thonwaaren vorkommt, der Eigenthümer der Fabrik und der Fabricant verstanden werden. Jedenfalls zeigt dieser Fund, wie weit römische Bronzewaaren exportirt wurden.[5])

Export von Bronzewaaren.

Eisenarbeiter.

4. Das Eisen, von dem wir viertens zu reden haben, war sowohl in Italien,[6]) z. B. auf der Insel Elba,[7]) als in allen Provinzen, in Spanien,[8]) Gallien,[9]) Britannien,[10]) Noricum, Panno-

---

1) *C. I. L.* VI, 1952. Die Inschriften Or. 4160. Reines. VIII, 70 sind unecht: *C. I. L.* VI, 3075*. 2434*.

2) Orelli 4302 = *C. I. L.* V, 2196. (Der *fusor ollarius* Grut. 630, 9 ist ein *fusor olearius*; s. *C. I. L.* VI, 1885.)

3) Overbeck Pompeji⁴ S. 430.

4) In Gerhard's Arch. Anz. 1858. N. 115—117 S. 221.

5) Eine fleissige Sammlung über diesen Gegenstand ist Wiberg Der Einfluss der klassischen Völker auf den Norden. Aus dem Schwedischen von J. Mestorf. Hamburg 1867. 8. S. besonders S. 73. S. 96—130. In Betreff Scandinaviens vgl. *Bull. d. Inst.* 1883 p. 234 ff.

6) Plin. *n. h.* 37, 209.

7) Müller Etrusker I, 2, 3.

8) Strabo p. 156.

9) Strabo p. 191.

10) Strabo p. 199.

nien, Illyrien, Moesien,[1]) Kleinasien[2]) und den übrigen Theilen des römischen Reiches[3]) in Fülle vorhanden. In ihm arbeiteten die Grobschmiede (*fabri ferrarii*),[4]) welche an vielen Orten allein[5]) oder mit anderen Bauhandwerkern zusammen[6]) Collegien bildeten, und die Schlosser und Zeugschmiede, welche *ferramentarii* heissen,[7]) insofern sie sich nicht auf einen besonderen Fabricationszweig beschränken, wie die eigentlichen Schlosser (*claustrarii*),[8]) die Messerschmiede (*cultrarii*),[9]) die Verfertiger von Aexten und Hacken (*dolabrarii*),[10]) die Sichelmacher (*falcarii*)[11]) und die Schwertfeger (*gladiarii*).[12]) Den grössten Theil dieser Eisenwerkzeuge (*ferramenta*) wird man auch in Handlungen fertig gekauft und daher die *negotiatores ferrarii*[13]) für Eisenwaarenhändler zu halten haben: auch Waffenhändler kommen an einzelnen Orten vor.[14]) Von allen Fabricaten antiken Kunstfleisses haben nächst den Holzarbeiten die Eisenarbeiten am meisten durch die Zeit gelitten, so dass wir über sie viel weniger zu urtheilen im Stande sind, als über die anderen Metallfabricate. Ueber die Construction der alten Schlösser und Schlüssel haben wir bereits oben S. 231 ff. das vorhandene Material zusammengestellt; unter den Waffenstücken, welche hierher Specialitäten des Geschäfts.

1) Strabo p. 214 und über die römischen Bergwerke in diesen Provinzen s. Staatsverwaltung II S. 252.

2) So in Cibyra in Phrygien, Strabo 13 p. 631. Horat. *epist.* 1, 6, 33, und im Pontus. Blümner Gewerbliche Thätigkeit S. 40 f.

3) Strabo p. 447. 549.

4) Plautus *Rud.* 531. Orelli 4083. Grut. 640, 3. *C. I. L.* VI, 9400; VIII, 4187. *Ed. Dioclet.* 7, 11. *ferrarii C. I. L.* VI, 703. 9398. 9399.

5) *Corporati ferrarii* in Ostia Grut. 45, 8; *conlegium fabrum ferrarium* in Rom *C. I. L.* VI, 1892. Die Inschr. Or. 4066 = *C. I. L.* VI, 684* (*collegium ferrariorum*) ist unecht.

6) Ein *praefectus corporis fabrum ferrariorum, tignariorum et tabulariorum Portuensium* Grut. 235, 7; Grut. 261, 4 = *C. I. L.* VI, 738* ist unecht.

7) Firm. Mat. *math.* 3, 13 extr. *Ferramenta* sind Werkzeuge; z. B. *ferramenta tonsoria* Mart. 14, 36.

8) *Claustrarius artifex* Lamprid. *Heliog.* 12, 2.

9) *C. I. L.* I, 1213. Orelli 4175. Sonst heisst *cultrarius* auch der Schlächter des Opferthiers. Suet. *Cal.* 32. Die Werkstätte und der Laden eines Messerschmieds ist dargestellt auf einem Cippus des Vatican, den man abgebildet und erläutert findet bei Jahn Berichte der ph. hist. Cl. d. Sächs. G. d. W. 1861 S. 328 ff.

10) Orelli 4071. 4081 = *C. I. L.* V, 908. 5446.

11) Cic. *in Cat.* 1, 4, 8; *pr. Sull.* 18, 52.

12) *C. I. L.* VI, 9442; IX, 3962 (Or. 4197); X, 3986.

13) *C. I. L.* VI, 9664. 9665. Der *negotiator ferrariarum et vinariariae* bei Henzen 7261a = *C. I. L.* X, 1931 wird ebenso zu verstehen sein, so dass man *tabernarum* und *tabernae* ergänzt.

14) *Negotiator gladiarius* in Mainz. Brambach *C. I. Rh.* 1076.

gehören, sind die für die Technik der Eisenarbeit interessantesten die in nicht bedeutender Anzahl vorhandenen Schwerter, welche man in den Jahrbüchern des Vereins von Alterthumsfreunden des Rheinlandes XXV S. 113 ff. zusammengestellt findet.

5. Um endlich noch des Bleies zu erwähnen, so ist dies zwar im Alterthum sowohl von Künstlern zu toreutischen Arbeiten benutzt worden, wie das in Pompeii gefundene, bei Overbeck[4] S. 621 Fig. 317 abgebildete Gefäss und andere noch erhaltene Reliefarbeiten[1]) in Blei beweisen, als auch hat man es zu Siegeln, Münzen und Marken,[2]) zu Gewichten und Wurfgeschossen[3]) verwendet; allein das bedeutendste Fabricat aus

Wasserröhren.

diesem Metall sind die Wasserröhren, *fistulae*, *tubi*,[4]) welche für uns ein dreifaches Interesse haben. Einmal nämlich sind sie in nicht minderem Grade als die gemauerten Aquaeducte ein schlagender Beweis für die vortreffliche Verwaltung der römischen Communen, und Boissieu findet sich bei Gelegenheit der von ihm herausgegebenen Inschriften der alten Röhren von Lyon[5]) veranlasst, die bittere Bemerkung zu machen, dass unsere Zeit, so stolz auf den Fortschritt der Mechanik und im Besitz ganz anderer Mittel, als die Alten hatten, z. B. der Dampfkraft, selbst für grosse Städte in dieser Hinsicht bei weitem nicht das leiste, was die Römer selbst für die kleinsten Orte unter den erheblichsten Schwierigkeiten geleistet haben. Das alte Lyon, sagt er, lag auf einer Höhe und war reichlich versorgt mit reinem und gesundem Quellwasser; das neue Lyon liegt in der Ebene, zwischen zwei Flüssen, die es überschwemmen, ohne ihm Trinkwasser zu gewähren, und muss sich mit stinkendem Wasser, unreinen Gräben und ungesunder Luft begnügen. Zwei-

---

1) S. die im Amphitheater zu Metz gefundene Bleiplatte, darstellend die von einer Victoria bekränzte Büste der Roma, abgeb. bei Grivaud de la Vincelle *Recueil* pl. 30.

2) Ueber diese ist das Hauptwerk Ficoroni *I piombi antichi*. Roma 1740. 4°, lateinisch unter dem Titel Ficoronii *De plumbeis antiquorum numismatibus diss. latine vertit Cantagallius*. Roma 1750. 4°. Ausserdem s. Garrucci *I piombi antichi raccolti dal Princ. Altieri*. Roma 1847. 4°, Benndorf Beiträge z. Kenntn. d. att. Theaters S. 41 ff., und über griechisch-sicilische Bleie dieser Art Salinas in *Annali d. Inst.* 1864 p. 343—355; 1866 p. 18—28. Vgl. Staatsverwaltung II² S. 128 Anm. 4.

3) S. Staatsverwaltung II² S. 344. *Ephem. epigr.* Vol. VI.

4) *fistulas ponere*, *tubos ponere*. *C. I. L.* X, 4842, 14.

5) Boissieu *Inscr. ant. de Lyon*. Lyon 1854 fol. p. 446.

tens sind diese Röhren lehrreich durch die Fabrikstempel, welche wenigstens zum Theil ebenso, wie die der Ziegel, mit der Angabe des Consulates versehen sind, und endlich gehört die Fabrication dieser Röhren wenigstens in der Kaiserzeit zu den grossen Geschäften, in welchen Capitalisten ihr Vermögen anlegten. Leider liegen die Inschriften der *tubi* noch nicht in einer vollständigen Sammlung gedruckt vor,[1] indessen lässt sich aus den zugänglichen Stempeln erkennen, dass sie angefertigt wurden theils für Rechnung der Communen selbst,[2] welche Wasserleitungen anlegten und unterhielten, in welchem Falle die Fabricanten (*plumbarii*,[3] *fistulatores*)[4] *servi publici*[5] sind; theils für kaiserliche Rechnung,[6] in welchem Falle der Auftrag gebende und Aufsicht führende Beamte,[7] oder der Ort, für den die Röhre bestimmt ist,[8] und der Vorsteher der Fabrik (*officinator*)[9] auf

1) Die reichhaltigste Sammlung findet sich bei Lanciani *I commentarii di Frontino intorno le acque e gli aquedotti di Roma*, cap. XIV: *Silloge epigrafica aquaria*, in *Atti della R. accad. d. Lincei*, *Mem. della cl. di scienze morali* etc. IV, 1880, p. 423; ferner Marini *Iscrizioni doliari* p. 480 ff.

2) So hat eine Röhre bei Marini *l. l.* 53 den Stempel *public. Veientanorum.* Vgl. ib. 54—62, Orelli-Henzen 7155 und Wilmanns 2818ª = *C. I. L.* X, 1900; ib. 1901.

3) *C. I. L.* VI, 4460. 9515—9518. X, 1736. Or. 4267. *Dig.* 50, 6, 6. *Cod. Th.* 13, 4, 2. *Cod Iust.* 10, 64, 1.

4) *C. I. L.* VI, 4444. (Vgl. jedoch oben S. 152 Anm.)

5) S. die Stempel bei Gerhard Arch. Anz. 1862 n. 163 p. 346. *Felix ser(vus) municipi Falisci; September ser(vus) reipubl. Faliscor. fec.* Marini *l. l.* n. 54ª. 60—62.

6) Marini *l. l.* 1—7. 12. 13. Z. B. 2: *Ti. Caesaris Aug.* 4: *Ti. Claudi Caes. Aug.*

7) Marini *l. l.* 6ᵇ. 8—11. 14—26. 32ᵃᵇ. Z. B. 8: *Imp. Caesar. Domitiani Aug. sub cura Alypii proc. fec. Esychus et Hermias.* 10: *Domitiani Caesaris Aug. Germ. sub cura . . . . . . proc. Primigenius ser(vus) fec.* 16: *[Imp. Caesa]ris Nerv. Traian. Aug. Ger. Dacici [sub c]ura Alypi l. proc. Heracla ser(vus) fec.* Marini *l. l.* n. 8 hält diesen *procurator* für den *procurator aquarum*, der ein kaiserlicher Freigelassener und verschieden von dem *curator aquarum* (Frontin. *de aq.* 97—103) ist. Auf einem *tubus* Marini 80 ist der Besteller *curator thermarum Varianarum.* Andere Belege giebt Wilmanns 2808 ff. Ueber den *curator aquarum* und den kaiserlichen *procurator aquarum* handelt jetzt ausführlich Hirschfeld Röm. Verwaltungsgeschichte I S. 162 ff.

8) Marini 8—10: *Alb(anum)*; 40: *aqua Pinciana*; 63. 64: *castris Praetoris*; 65—70ª.

9) Marini 25: *Imp. Caes. M. Aur. Ant. Aug. n. sub cu[ra Ca]pitolin. proc. offic. Felix. Aug. lib. fe[cit].* Ein solcher *officinator* ist der in der Inschr. *C. I. L.* VI, 8461 = Orelli 4266 vorkommende *C. Iulius Thallus*, *qui egit officinas plumbarias Transtiberina et Trigarii* (d. h. *regione Transtiberina et Trigarii*; das letztere liegt auf dem *Campus Martius*, s. Preller Regionen S. 172); denn *agere officinam* sagt man, wie *agere imperium*, *potestatem*, *fiscalia*, *publicum quadragesimae*, worüber Marini *Iscr. Alb.* n. 110 die Beweise beibringt. Hierher gehören auch die Stempel mit *fecit.* Marini 8—10. 11ª. 14—16.

dem Stempel genannt wird, theils endlich von Privatleuten,[1]) die auf Bestellung auch nach auswärts hin Röhren lieferten,[2]) und unter welchen, wie bei den Thonfabriken, die Frauen des kaiserlichen Hauses vertreten sind.[3])

4. Arbeit in Holz.

Nach der verschiedenen Anwendung, welche das Holz zum Bauen, zum Brennen und zu den Fabricaten der Tischler und Stellmacher findet, unterschieden sich sowohl die Lieferanten des Holzes als die Gewerbe, welche in Holz arbeiten. Unter den Holzhändlern[4]) werden das bedeutendste Geschäft die *negotiatores materiarii*[5]) gehabt haben, welche das Holz zum Haus- und Schiffbau zum Theil aus fernen Gegenden bezogen[6]) und auf ihren Holzfeldern verarbeiteten.[7]) Daneben wird der Brennholzhandel und der Handel mit fremden Hölzern für den Gebrauch der Schreiner ein besonderes Gewerbe gebildet haben. Zu den Arbeitern in Holz gehören namentlich die Zimmerleute, die Tischler und die Stellmacher.

Holzhändler.

---

1) So auf den Stempeln von Lyon bei Boissieu p. 448 f.: *S. Attius Apollinaris L(ugduni) fecit; L. Vibius Bellicus V(iennae) fecit; Iulius Paulus Lugduni faciebat;* von Rom (Marini *l. l.* 126[a]): *T. Flavius Primio fec.;* von Gabii (daselbst 168): *T. Statilius Felicio fecit;* in der Nähe von Rom: *Q. Servilii Pudentis* und *Pardus Servilii Pudentis* (Lanciani *l. l.* 335. 336); Wilmanns 2816. 2817. 2819. Indices bei Lanciani S. 611.

2) So finden sich in Sicilien *tubi* römischer Fabrik, z. B. mit dem Stempel *T. Flavius Primio f.* Torremuzza Cl. VII n. 13.

3) Marini 24[b]; auf einem *tubus* von den Thermen des Titus: *Zosimus Faustinaes ser(vus) fec.* Wilmanns 2813. (Obige Folgerung aus diesen Stempeln ist wohl nicht statthaft.)

4) *negotiatio lignaria* Capitolin. *Pertin.* 1. Es gab in Rom eine Strasse *inter lignarios extra portam Trigeminam.* Liv. 35, 41, 10; *lignarii plostrarii*, welche die Anfuhr besorgten, in Pompeii. Henzen 7241 = *C. I. L.* IV, 485; *lignarii* ib. 951. 960.

5) *negotians materiarius* Orelli 4248; *materiarius*, ein Schiffsholzlieferant Plaut. *Mil.* 920; *C. Epillius, C. l. Alexander materiarius* in Capua *C. I. L.* X, 3965; *T. Claudius Probus materiarius C. I. L.* VI, 9561.

6) Schiffsbauholz bezog man z. B. vom Ida (Strabo p. 606) oder vom Pontus Euxinus (Hor. *od.* 1, 14, 11).

7) Auf dem Grabstein des *negotians materiarius* in Florenz, Orelli 4248, abgeb. bei Gori *Inscr. Etr.* III p. 142 n. 172, finden sich alle Instrumente der Arbeit, die Axt, die Säge und das Winkelmass, so dass man sieht, der Verstorbene liess das Holz verarbeiten; zu den Arbeitern auf dem Holzfelde gehört wohl der *faber lignarius* Mur. 984, 1; die *sectores materiarum* Orelli 4278 = *C. I. L.* V, 815, und es gab auch Händler mit einzelnen Fabricaten, z. B. Holznägeln, *clavarii materiarii*, Orelli 4164. Die Inschr. Grut. 642, 6 = *C. I. L.* II, 4* (*faber materiarius*) ist unecht.

1. Das Geschäft sowohl der Zimmerleute für den Hausbau, *fabri tignarii* oder *tignuarii*,[1]) als der Schiffszimmerleute, *fabri navales*,[2]) *naupegi*,[3]) gehört ganz der Baukunst an, welche ausser den Grenzen unserer Darstellung liegt;[4]) wir haben über sie nur die Bemerkung zu machen, dass die *fabri tignarii* in Rom[5]) und den meisten Städten eigene Collegia bilden[6]) und auch zu Communalzwecken verwendet werden, namentlich als Feuerlöschcorps, zu welchem ausser ihnen auch die *centonarii*[7]) und *dendrophori* zu gehören scheinen. Von diesen haben die *centonarii* ihren Namen von dem Gebrauch der *centones*, die zu dem Löschapparat gehören;[8]) die *dendrophori* sind von unsicherer Bedeutung.[9]) Denn einerseits erscheinen sie als Collegien von Holzarbeitern, welche in Inschriften entweder neben den *fabri* und *centonarii* vorkommen,[10]) oder auch die *fabri* in sich schliessen;[11]) im Cod. Theod. 14, 8, welcher Titel die Ueberschrift hat: *De centonariis et dendroforis*, heisst es in der ersten, von Constantin im Jahr 315 erlassenen Verordnung: *Ad omnes*

Hauszimmerleute. Schiffszimmerleute.

dendrophori.

1) *Dig.* 50, 16, 235 § 1: *fabros tignarios dicimus non eos duntaxat, qui tigna dolant, sed omnes, qui aedificant. Fabri tignuarii C. I. L.* VI, 9405—9415.

2) So gab es ein *corpus fabrum navalium* in Ostia, Orelli 3140. Henzen 7106; in Pisaurum, Orelli 4084; *fabri navales* in Portus, Orelli 3140; in Ravenna, Grut. 640, 1. Das Monument, auf welchem die letzte Inschr. steht, ist abgebildet und besprochen von Jahn Ber. d. ph. h. Cl. d. Sächs. G. d. W. 1861 S. 334 Taf. X, 2.

3) *Dig.* 50, 6, 6.

4) Ueber die Schiffsbaukunst der Alten s. namentlich Graser *De veterum re navali.* Berolini 1864. 4. und desselben Untersuchungen über das Seewesen des Alterthums im *Philologus* Supplementband III S. 133 ff. Göttingen 1855. 8. Vgl. Blümner Technologie und Terminologie der Gewerbe II S. 316 ff.

5) *C. I. L.* VI, 9405.

6) So in Ostia, Orelli 3217; 4087 = *C. I. L.* X, 543; Henzen 6520. 7200, und vielen anderen Orten. S. z. B. Orelli 60. 417. 820. 2155. 4088. Henzen 5631. 6745. 7231. 7260 = Boissieu *Inscr. de Lyon* p. 414. *C. I. L.* IX, Index p. 792.

7) S. die Inschriften in Henzen's Index p. 172 und oben S. 585.

8) S. Staatsverwaltung II² S. 530.

9) S. Gothofr. *ad Cod. Th.* 14, 8, 1. Orelli ad n. 2385. Wallon *Histoire de l'esclavage dans l'antiquité.* Vol. III² p. 478 f.; am besten handelt über sie Boissieu *Inscr. de Lyon* p. 412—414. Die Schrift von M. J. Rabanis *Recherches sur les Dendrophores.* Bordeaux 1841. 8. kenne ich nur aus den Anführungen bei Boissieu.

10) Ein *patronus collegiorum fabr. cent. dendr.* in Feltria Orelli 3084 = *C. I. L.* V, 2071; ebenso scheinen Orelli 3349 = *C. I. L.* V, 5128 *coll(egia) fabr. cent. dend.* im Plural zu verstehen zu sein. Or. 3888 = *C. I. L.* IX, 5439: *collegia fabrum centon. dendrophor.* Henzen 7145 = *C. I. L.* X, 451. *C. I. L.* V, 4477. 7618. Henzen 5113 = *C. I. L.* V, 424* ist unecht.

11) Henzen 7018 = *C. I. L.* IX, 1459: *collegium dendroforum atque fabrum*; Orelli 4160: *C. Iulius Felix, faber tign. collegii dend.* Henzen 7198 = *C. I. L.* V, 59* ist unecht.

iudices litteras dare Tuam convenit gravitatem, ut in quibuscunque oppidis dendrofori fuerint, centonariorum atque fabrorum collegiis adnectantur, quoniam haec corpora frequentia hominum multiplicari expediet, woraus sich ergiebt, dass die *dendrophori* als Holzarbeiter einen Nutzen für die Commune haben. Andererseits aber sind die *dendrophori* die Träger des heiligen Baumes im Dienst der Magna mater;[1]) ein *taurobolium* wird in Lyon dieser Göttin dargebracht von *L. Aemilius Carpus, IIIIII vir Augustalis, item dendrophorus*,[2]) und in einer anderen Inschrift von Lyon heisst es: *taurobolium fecerunt dendrophori Lugduni consistentes.*[3]) Man hat früher auf Grund dieser sich scheinbar widersprechenden Quellenzeugnisse ein doppeltes Collegium der Dendrophoren, nämlich ein religiöses und ein gewerbliches, unterschieden,[4]) indessen scheint mir für die entgegengesetzte Annahme der Umstand zu entscheiden, dass, nachdem im Jahre 415 Honorius und Theodosius die Fonds und Liegenschaften der Dendrophori als eines heidnischen Collegiums eingezogen hatten,[5]) auch das Handwerkercollegium desselben Namens aufhört; denn die Verordnung von 315 (Cod. Theod. 14, 8, 1) ist in den Codex Justinianus nicht aufgenommen worden, und man darf daher als wahrscheinlich bezeichnen, dass seit der Mitte des 2. Jahrhunderts[6]) bis zum Jahre 415 die Dendrophoren als ein Handwerkercollegium bestanden, welches unter dem Schutze der Mater magna und in deren Dienste war.

2. Die Holzarbeit im Innern des Hauses (*opus intestinum*)[7])

---

1) S. hierüber Staatsverwaltung III S. 356. 380, wo man die Beweisstellen findet.

2) Inschr. bei Boissieu p. 24, 3) Boissieu p. 31.

4) S. Goth. *ad Cod. Th.* 14, 8, 1. Orelli ad n. 2385.

5) Diese Verordnung steht im *Cod. Theod.* in dem Titel: *De paganis, sacrificiis et templis* 16, 10, 20 § 2: *Ea autem, quae multiplicibus constitutis ad venerabilem ecclesiam voluimus pertinere, Christiana sibi merito religio vindicabit, ita ut omnis expensa illius temporis ad superstitionem pertinens, quae iure damnata est, omniaque loca, quae Frediani, quae Dendrophori, quae singula quoque nomina et professiones gentiliciae tenuerunt epholis* (d. h. *epulis*) *vel sumptibus deputata, fas sit, hoc errore summoto, compendia nostrae domus sublevare.* Der Ausdruck *professio* scheint in dieser Stelle ebenfalls das Handwerk zu bezeichnen.

6) S. Staatsverwaltung III S. 81.

7) Plautus *Pseud.* 343. Plin. *n. h.* 16, 225: *Firmissima in rectum abies, eadem valvarum paginis et ad quaecunque libeat intestina opera aptissima.* Varro *de r. r.* 3, 1, 10: *Cum enim villam haberes opere tectorio et intestino ac pavimentis nobilibus lithostrotis spectandam.* Vitruv. 2, 9, 7 und 17; 4, 4, 1: *intercolumnia tria, quae erunt inter antas et columnas, pluteis marmoreis sive ex intestino opere factis intercludantur.* 5, 2, 2.

ist die Aufgabe der *fabri intestinarii*[1]) oder *subaedani*,[2]) zu *fabri intestinarii.* welchen die besonderen Beschäftigungen der *laquearii*,[3]) *lectarii*,[4]) *armariarii*[5]) und der Bildschnitzer[6]) zu rechnen sind. Von der Holzarbeit des Alterthums selbst ist ausserordentlich wenig erhalten, wir wissen indess, dass auch diese, bereits im Orient zu grosser Vollkommenheit gelangte Kunst[7]) bei den Römern mit Glück betrieben wurde. Ausser den Fenstern,[8]) den Thüren, welche Füllungen von Holztafeln (*paginae*)[9]) und Holzverkleidungen (*antepagmenta*)[10]) an Pfosten und Sturz hatten, und den Galerien in den Intercolumnien,[11]) boten namentlich die getäfelten Zimmerdecken (*lacunaria* oder *laquearia*)[12]) der Schreiner- *lacunaria.* kunst ein reiches Feld der Thätigkeit dar. Diese Decken wurden theils mit Holz, theils mit Elfenbein[13]) ausgelegt und mit Bild-

---

1) Orelli 4182 = *C. I. L.* X, 3957. ib. 1922. *Cod. Theod.* 13, 4, 2. Die Hauptarbeiten der Tischlerwerkstätten sind dargestellt auf einem auf Goldgrund gemalten Boden eines Glasgefässes, das herausgegeben ist von O. Jahn in Ber. d. ph. h. Cl. d. Sächs. G. d. W. 1861 S. 338 Taf. XI, 1. Ueber dieselben s. auch Blümner Technologie und Terminologie der Gewerbe II S. 238 ff.

2) Es giebt *fabri subaediani*, die in Narbo ein *corpus* bilden, Orelli-Henzen 7215; *subaediani* (*Bull. dell' Inst.* 1870 p. 15), die ebenfalls zu einem *corpus* gehören (*C. I. L.* VI, 9558. 9559); in Africa kommen *centonarii et subaediani* wie es scheint als ein *Collegium* vor *C. I. L.* VIII, 10523; auch ein *marmorarius subaedanus* findet sich *C. I. L.* VI, 7814 = Henzen 7245. Unter den *fabri subidiani* in Corduba (*C. I. L.* II, 2211) versteht Marucchi *Bull. comunale* V p. 257 ebenfalls *subaediani*, was auch mir wahrscheinlich ist. Die Ansicht von Friedlaender Darstellungen III[5] S. 236, diese Collegien hätten in dauernder Verbindung zu Tempeln gestanden und seien bei deren Bauten beschäftigt gewesen, theile ich nicht. (Die *subaediani* sind noch nicht sicher erklärt: s. Marucchi a. a. O.)

3) *Cod. Theod.* 13, 4, 2. Glosse bei Salmas. *ad Vopisci Aurel.* 46 p. 548: *laquearii: tectorum tignarii.*

4) *faber lĕctarius ab cloaca maxima* Orelli 4183 = *C. I. L.* VI, 7882. *lectarii* (Sclaven) *C. I. L.* VI, 7988. 9503.

5) Den *armararius* bei Henzen 7219 möchte ich nicht für einen *armarius* (De Rossi *Ann. d. I.* 1849 p. 301), welcher nicht zu erklären ist, sondern für einen *armariarius*, Schreiner, halten.

6) Tertull. *de idol.* 8: *Qui de tilia Martem exsculpit, quanto citius armarium compingit?*

7) S. Semper a. a. O. I[2] S. 350. 351 (374. 376).

8) In Pompeii waren die Fensterrahmen durchschnittlich von Holz (Overbeck S. 328. 449), seltener von Bronze. Overbeck[4] S. 204. 207.

9) Plin. *n. h.* 16, 225. S. das in Gyps abgegossene Fragment einer pompeianischen Thür bei Overbeck S. 507 Fig. 266.

10) Oben S. 229. 11) Vitruv. 4, 4, 1.

12) Isidor. *orig.* 19, 12, 1: *Laquearia sunt, quae cameram subtegunt et ornant, quae et lacunaria dicuntur, quod lacus quosdam quadratos vel rotundos ligno vel gypso vel coloribus habeant pictos cum signis intermicantibus.* Böttiger Tektonik II S. 94.

13) *Lacunaria ebore fulgentia* Sen. *N. Q.* I prol. 7. Horat. *od.* 2, 18, 1.

hauerarbeit versehen,[1]) theils gemalt,[2]) theils vergoldet oder mit Goldblechen (*bracteae*) überzogen,[3]) theils, namentlich in den Triclinien, aus beweglichen Stücken construirt, welche in ihrer Lage verändert[4]) und auseinandergeschoben werden konnten, um Geschenke (*apophoreta*) auf die Gäste herabfallen zu lassen.[5]) Natürlich war auch für das Ameublement, dessen zierliche Formen uns nur in bildlichen Darstellungen und den erhaltenen bronzenen und marmornen Geräthen vorliegen, znächst das Holz der Stoff, und man war nicht nur sorgfältig in der Beurtheilung einheimischer Hölzer für die verschiedenen Gebrauchszwecke, sondern auch wählerisch in fremden und kostbaren Holzarten, die man theils massiv verarbeitete, theils zum Zweck der Furnierung in dünne Blätter (*bracteae ligni*) schnitt;[6]) man machte endlich eingelegte Arbeit aus verschiedenen Holzsorten, und wendete Elfenbein, Schildpatt und Metallplatten zur Bekleidung der Flächen, und Elfenbein und Bronze für die Füsse von Tischen und Betten an.[7]) Die theuerste und gesuchteste Holzart[8]) war das Holz des Lebensbaums, *citrum*,[9]) welches aus Mauretanien bezogen wurde.[10]) Man verwendete es theils für

---

1) *Caelata laquearia* Sen. *ep.* 90, 42. 2) Plin. *n. h.* 35, 124.

3) Verg. *Aen.* 1, 726:

dependent lychni laquearibus aureis.

Seneca *contr.* 2, 1, 11 p. 121, 4 Burs.: *ut — tecta auro fulgeant.* Seneca *ep.* 90, 9: *lacunaria auro gravia.* Plin. *n. h.* 33, 57: *laquearia, quae nunc et in privatis domibus auro teguntur, post Carthaginem eversam primo in Capitolio inaurata sunt censura L. Mummi. Inde transiere in camaras quoque et parietes, qui iam et ipsi tanquam vasa inaurantur.* Sidon. Apoll. *ep.* 2, 10 (in dem Gedicht vs. 8) nennt eine solche Decke *bracteatum lacunar.* Vgl. Senec. *ep.* 115, 9: *Nec tantum parietibus aut lacunaribus ornamentum tenue praetenditur; omnium istorum, quos incedere altos vides, bracteata felicitas est.*

4) Sen. *ep.* 90, 15: *versatilia coenationum laquearia ita coagmentat, ut subinde alia facies atque alia succedat et totiens tecta quotiens fericula mutentur.*

5) S. oben S. 311. 6) Plin. *n. h.* 16, 222—233.

7) Die merkwürdigsten Arbeiten dieser Art sind die im südlichen Russland in grosser Zahl ausgegrabenen Holzsärge, welche allerdings theilweise zerfallen, aber theilweise noch gut erhalten sind und nach Stephani dem dritten oder vierten Jahrhundert vor Chr. angehören. Darunter sind einige mit eingelegter Arbeit (Stephani *Compte-rendu* 1865 S. 9. 191 Taf. VI n. 4. 5; 1869 S. 177; 1877 S. 222, mit Abbildung der eingelegten Ornamente); andere decorirt mit Elfenbein (*Compte-rendu* 1866 S. 6 Taf. I. II n. 1. 26), andere mit farbigen Figuren auf Gyps (1875 S. 5. 6). Ein Verzeichniss dieser Funde giebt Stephani *Compte-rendu* 1875 p. 6 Anm. 2. Abbildungen findet man in *Antiq. du Bosph. Cimmér.* Pl. 81. 82. 83. 84.

8) Plin. *n. h.* 37, 204. 9) S. oben S. 428 Anm. 2.

10) Plin. *n. h.* 13, 95. Strabo 17 p. 826: τὰς γοῦν μονοξύλους τραπέζας ποικιλωτάτας καὶ μεγίστας ἐκείνη (ἡ Μαυρουσία) τοῖς Ῥωμαίοις χορηγεῖ. Daher bei Mart. 12, 66, 5:

die Construction der *lacunaria*,[1] theils zu Furnierungen,[2] namentlich der *lecti*,[3] theils zu Schnitzereien[4] und eingelegten Arbeiten, z. B. den Tragbrettern (*repositoria*) zum Auftragen der Speisen,[5] die mit Ahorn und Citrum furniert und mit Silber und Schildpatt eingelegt wurden;[6] am kostbarsten aber waren die massiven, gemaserten Tischplatten von *citrum* (*mensae citreae*)[7] auf einem Fusse von Elfenbein,[8] welche zu Cicero's Zeit in Mode kamen[9] und für die Männer einen ähnlichen Luxusartikel ausmachten, wie für die Frauen die Perlen. Nach Plinius' Angabe kostete der Tisch, welchen Cicero besass, 500,000 HS. oder 108,760 ℳ; ein Tisch des Asinius Pollio 1,000,000 HS. oder 217,521 ℳ; ein Tisch des Königs Juba 1,200,000 HS. oder 261,025 ℳ; ein Tisch der Cethegi 1,400,000 HS. oder 304,530 ℳ,[10] und solcher Tische soll der Philosoph Seneca nicht weniger als 500 gehabt haben.[11] *mensae citreae.*

Die alte Zimmereinrichtung war bei weitem einfacher als die heutige; ausser den Tischen, deren verschiedene Formen, *mensae*, *abaci*, *delphicae*, *monopodia*, wir schon öfters zu erwähnen Gelegenheit gehabt haben,[12] gehören dazu regelmässig nur die Sophas und Betten (*lecti*), die Stühle und Bänke und die Schränke und Kasten.

Et Maurusiaci pondera rara citri.

Vgl. Mart. 14, 89. Lucan. 9, 426—430; 10, 144.

1) Hiervon ist zu verstehen Horat. *od.* 4, 1, 20, wo nach den beiden *Cod. Blandinii* zu lesen ist *sub trabe citrea.* S. Meineke *ad Horat.* p. XX.

2) Plin. *n. h.* 16, 231.

3) Mart. 14, 85: *lectus pavoninus:*

Nomina dat spondae pictis pulcherrima pinnis
Nunc Iunonis avis, sed prius Argus erat.

Lecti citrei auch bei Pers. 1, 52.

4) Paus. VIII, 17, 2. Suid. s. v. θύον.

5) S. oben S. 320.

6) Plin. *n. h.* 33, 146.

7) Petron. 119, 28. Mart. 14, 89.

8) Mart. 2, 43, 9:

Tu Libycos Indis suspendis dentibus orbes.

Mart. 9, 22, 5:

Ut Mauri Libycis centum stent dentibus orbes.

Lucan. 10, 144; Juven. 11, 122. Dies sind die ἐλεφαντόποδες τράπεζαι bei Lucian. *Gall.* 14. Einen einfachen Tisch, aus Buchenholz auf thönernem Fusse erwähnt Martial. 2, 43, 10.

9) Plin. *n. h.* 13, 102.

10) Plin. *n. h.* 13, 92.

11) Dio Cass. 61, 10, 3.

12) S. oben S. 319 und besonders Livius 39, 6, 7, der von dem Triumph des Cn. Manlius über die Galater im J. 567 = 187 sagt: *Luxuriae peregrinae origo ab exercitu Asiatico invecta in urbem est; ii primum lectos aeratos, vestem stragulam pretiosam, plagulas et alia textilia, et, quae tum magnificae supellectilis habebantur, monopodia et abacos Romam advexerunt.* Plin. *n. h.* 34, 14: *Nam triclinia aerata abacosque et monopodia Cn. Manlium Asia devicta primum invexisse triumpho suo, quem duxit anno urbis DLXVII, L. Piso auctor est.*

lecti. Unter den *lecti* sind zu unterscheiden die *lecti tricliniares*, auf denen man bei der *cena* lag, und über deren Einrichtung oben S. 302 gesprochen ist, die *lecti lucubratorii*, auf denen liegend man zu lesen und zu schreiben pflegte,[1]) und die *lecti cubiculares*.[2]) Alle diese Arten von Betten und Ruhebetten waren in der Regel hölzerne Gestelle, zum Theil bekleidet mit Elfenbein, Schildpatt, Bronze und Silber, zum Theil auch mit elfenbeinernen Füssen[3]) und bespannt mit Gurten, *fasciae*,[4]) *institae*,[5]) *lora*.[6]) Auf diesen lag das Polster, *torus*, und das Kissen, *culcita*, *cervical*, deren Stopfung (*tomentum*)[7]) ursprünglich aus Stroh,[8]) Heu,[9]) oder Schilf oder Seegras,[10]) hernach aus Wolle,[11]) Baumwolle (s. S. 490) oder Federn[12]) bestand, weshalb *pluma* geradezu ein Federkissen bedeutet;[13]) über das Polster aber wurden Decken, *vestes stragulae*, gelegt,[14]) über welche ich auf S. 541 verweise, und zwar doppelte, eine, worauf man lag (*stragulum*), und eine, womit man sich zudeckte (*opertorium*).[15]) Die Schlafbetten (*lecti cubiculares*) pflegten ausser der Lehne am Kopfende[16]) auch eine Lehne an der Wandseite zu haben, und oft wird die Wandseite des Bettes (*pluteus*) von der offenen Seite (*sponda*) unterschieden;[17]) auch standen sie, wenigstens in alter

---

1) Suet. *Aug.* 78 nennt dieses Meuble *lecticula lucubratoria; lectulus* heisst es bei Ovid. *trist.* 1, 11, 38; *lectus* bei demselben *a. am.* 3, 542, bei Sen. *ep.* 72, 2. Pers. 1, 52.

2) Varro *de l. L.* 8, 31. Cic. *de div.* 2, 65, 134. Lamprid. *Heliog.* 20.

3) S. oben S. 310. Die drei in Pompeii gefundenen *lecti* (Overbeck[4] S. 426 f.) waren von Holz, beschlagen mit Bronze. Es sind auch *lecti* mit elfenbeinernen Füssen gefunden worden. Overbeck a. a. O.

4) Cic. *de div.* 2, 65, 134. Mart. 5, 62, 6.

5) Petron. 97.

6) Cato *de r. r.* 10, 5: *lectos loris subtentos.* Ebenso *tenta cubilia* bei Horat. *epod.* 12, 12.

7) Tac. *ann.* 6, 23. Suet. *Ti.* 54.

8) Plin. *n. h.* 8, 193: *antiquis enim torus e stramento erat, qualiter etiamnunc in castris.*

9) Senec. *de v. b.* 25, 2.

10) Mart. 14, 160.

11) Plin. *n. h.* 8, 192; 19, 13.

12) Plin. *n. h.* 10, 54; *culcita plumea* Cic. *Tusc.* 3, 19, 46, Isidor. *orig.* 19, 26, 4.

13) Juven. 6, 88. Mart. 14, 161. Vgl. oben S. 540 Anm. 2.

14) *Dig.* 33, 10, 5 pr.: *De tapetis quaeri potest, subsellia cathedraria quibus insterni solent, utrum in veste sint, sicut stragula, an in supellectile, sicut toralia?*

15) Seneca *ep.* 87, 2. Vgl. Nonius p. 537, 20: *Plagae, grande linteum tegmen* (ein Laken), *quod nunc torale vel lectuariam sindonem dicimus.*

16) Einen Gypsabguss von einer solchen s. Overbeck Pomp.[4] S. 424.

17) Isidor. *orig.* 20, 11, 5: *sponda autem exterior pars lecti, pluteus interior.* Ovid. *am.* 3, 14, 26. Mart. 3, 91, 9:

Zeit, hoch, so dass man auf einer Stufe oder Bank zu ihnen hinaufstieg.[1])

Geräthe zum Sitzen, die mit einem allgemeinen Ausdruck *sedilia* genannt werden,[2]) sind schon im Orient[3]) und später in Griechenland in so vielfachen Formen construirt worden, dass hierin die Römer nichts Neues erfunden, sondern sich namentlich an den griechischen Mustern begnügt zu haben scheinen. Zu unterscheiden sind bei ihnen die Bänke, die Sessel, die Throne und die Stühle. Von den Bänken (*scamna*, *subsellia*), *subsellia.* d. h. Brettersitzen auf vier Füssen,[4]) zuweilen auch mit Lehnen,[5]) die in allen Haushaltungen vorhanden waren, und auf denen z. B. die Sclaven bei dem Mahle sassen (s. S. 301), sind uns drei in Bronze gearbeitete von zierlicher Form in den älteren Bädern von Pompeii erhalten;[6]) Sessel ohne Lehnen (*sellae*), von *sellae.* der einfachsten Form bis zur reichsten Ausstattung, dienten nicht allein den Handwerkern,[7]) den Soldaten[8]) und den Schülern in den Lehrzimmern[9]) zum Sitze, sondern gehörten auch zur Zimmereinrichtung[10]) und zu den Insignien der Magistrate, wie die *sella curulis*,[11]) die *sella imperatoria*[12]) und das *bisellium* (s. oben S. 710). Auf dem *solium*, entsprechend dem griechi- *solium.*

Exciduntque senem, spondae cum parte iaceret,
Namque puer pluteo vindice tutus erat.

Vgl. Artemidor. *Oneir.* 1, 74: τῶν δὲ ἐνηλάτων τὸ μὲν ἔξω ἰδίως τὴν γυναῖκα, τὸ δὲ ἔσω τὸν ἄνδρα (σημαίνει). Vgl. den Scherz des Horat. *epod.* 3, 22. Dolabella bei Suet. *Jul.* 49 nennt dagegen den Caesar *pellicem reginae*, *spondam interiorem regiae lecticae.*

1) Varro *de l. L.* 5, 168. Serv. *ad Aen.* 4, 685. Lucan. 2, 356.

2) Gellius 2, 2, 8.

3) Assyrische Sessel s. bei Semper I², 353 (378); ägyptische bei demselben II² S. 244. 245 (256. 257).

4) S. Abbildungen *Museo Borb.* VII, 53; IX, 18; XI, 5. 47. *Pitture d'Ercol.* II p. 167; III p. 221. Zahn III, 100.

5) *subsellia cathedraria Dig.* 33, 10, 5 pr.

6) Overbeck Pomp.⁴ S. 208.

7) S. z. B. den Schreiner auf einem Sessel mit kreuzweise gelegten Füssen bei Jahn in Ber. d. ph. hist. Cl. d. Sächs. Ges. d. W. 1861 Taf. 10 Fig. 1. Taf. 11 Fig. 1 und die Malerin *Mus. Borb.* VII, 3. Eine *sella tonsoris Dig.* 9, 2, 11 pr. Vgl. *Mus. Borb.* IV, 50.

8) *sella castrensis* Suet. *Galb.* 18.

9) Cic. *ad fam.* 9, 18, 4. (Die Stelle ist nicht beweisend; wahrscheinlich sassen die Schüler auf Bänken; s. Göll in Becker's *Gallus* II S. 347.)

10) *Pitture d'Ercol.* III p. 35. *Mus. Borb.* VI, 28. Einfache vierfüssige Sessel auf den Sculpturen des Parthenon, Müller-Wieseler I, 115ᵉ. 115ᶠ.

11) Zwei *sellae curules* (?), von Marmor, bei Piranesi *Vasi, candelabri, cippi*, etc. pl. 81—84. Gewöhnlich waren sie aber von Elfenbein. S. Mommsen Staatsrecht I² S. 383.

12) Spart. *Sever.* 1, 9. Vgl. *Mus. Borb.* IV, 36. 37.

schen ϑρόνος, der bei sitzenden Götterstatuen regelmässig vorkommt,[1]) sass in Rom der *pater familias*, wenn er des Morgens seinen Clienten Audienz gab;[2]) es war ein hoher Stuhl mit geraden Füssen, gerade stehender Rücklehne und Armlehnen und seiner Höhe wegen mit einer Fussbank versehen. Der den modernen Formen am meisten entsprechende Stuhl endlich ist *cathedra.* die *cathedra*, d. h. ein Stuhl mit Rücklehne, ohne Armlehnen,[3]) welcher vorzugsweise von Frauen,[4]) Kindern[5]) und Kranken[6]) gebraucht, aber auch Besuchenden dargeboten wurde[7]) und daher ebenfalls zur gewöhnlichen Zimmereinrichtung gehörte.[8]) Alle diese Arten von Sesseln und Stühlen kommen in sehr mannigfaltigen Formen vor; die Sessel mit geraden, gebogenen, auch mit kreuzweise gelegten Füssen, zuweilen zum Zuklappen eingerichtet und dann mit einem Ledersitze versehen, die Stühle mit weniger oder mehr zurückgebogener, zuweilen mit halbkreisförmig construirter[9]) Rücklehne; ausserdem gab es auch Stühle zu besonderen Zwecken und aus besonderen Stoffen, wie die aus einem Stück Holz oder Stein gearbeiteten *sellae solidae*, welche der Augur bei der Beobachtung brauchte,[10]) und Stühle von Bronze und Korbgeflecht.[11]) Gepolstert waren alle diese Sessel und Stühle nicht, sondern man legte, um weich zu sitzen, auf den Sitz ein Kissen, und über die Lehne eine Decke.[12]) Von den Vorzügen einer römischen *cathedra* giebt eine Anschauung die Statue der älteren Agrippina im Museum Capitolinum; sie ist dargestellt sitzend auf einem Kissen, sich bequem zurück-

---

1) Müller-Wieseler I, 33. 40. 115f. 275a; II, 15. 16. 76. 88. 257. 928. Vgl. Zahn II, 81. 82. 88; III, 14 (Jupiter auf einem ϑρόνος); III, 15. 58. 93. 95; I, 70. *Mus. Borb.* VII. 20; IX, 3. 4; XI, 39; XIV, 1. *Pitture d'Ercol.* II p. 135; III p. 83.

2) Cic. *de leg.* 1, 3, 10: *cum praesertim non recusarem, quominus more patrio sedens in solio consulentibus responderem.* Vgl. oben S. 90.

3) S. *Mus. Borb.* III, 22; IV, 51.

4) Hor. *sat.* 1, 10, 91; Mart. 3, 63, 7; 12, 38, 1. Phaedrus 3, 8, 4. Propert. 5, 5, 37.

5) Oben S. 301 A. 1. 6) Galen. XIV p. 639 Kühn.

7) Sen. *de clem.* 1, 9. 7. Plin. *ep.* 8, 21, 2.

8) So sagt Plin. *ep.* 2, 17, 21 von einem Zimmer seines Laurentinum: *Lectum et duas cathedras capit.*

9) *Mus. Borb.* I, 31; IV, 18; XIII, 21. 36. Müller-Wieseler I, 125.

10) Staatsverwaltung III S. 388 Anm. 6. 11) *Mus. Borb.* IX, 38.

12) Ein *solium*, auf dem Sitze ein Federkissen, auf der Rücklehne und der Armlehne Decken, s. abgebildet *Pitture d'Ercol.* I p. 155; einen Sessel mit einem Kissen darauf daselbst II p. 159; eine *cathedra* mit Decken *Mus. Borb.* XIII, 37.

lehnend, den linken Arm über die Lehne legend und die Füsse auf eine Fussbank stützend. [1])

Die dritte Arbeit des Schreiners bilden endlich die Schränke (*armaria*), [2]) in welchen man im Hause Kleider, [3]) Bücher, [4]) Geld [5]) und Wirthschaftsgeräthe, in den Kaufläden die verkäuflichen Waaren [6]) verschloss, und Kasten und Kästchen (*arcae*, [7]) *capsae*, [8]) *loculi*) [9]) für Geld [10]) und Schmucksachen, [11]) Bücher, Kleider und Geräthe, [12]) welche, wie wir oben gesehen haben, die verschiedensten Künste zu ihrer Anfertigung in Anspruch nahmen. Natürlich gab es ausser den aufgezählten Gegenständen noch mancherlei Stücke häuslicher Einrichtung, von deren Existenz wir zufällig Kunde erhalten; dahin gehört der merkwürdige Bettschirm aus Pompeii, dessen von einem Gypsabguss genommene Abbildung man bei Overbeck Pompeji [4] S. 424 findet. Schränke. Kasten.

3. Es ist noch übrig, das Gewerbe der Stellmacher und Wagenbauer zu erwähnen, mit welchem auch die Arbeiten der Wagenlackirer, [13]) Polstermacher, [14]) Sattler und Lederarbeiter in Verbindung gestanden haben werden. Die von den Arten der Wagen hergenommenen Bezeichnungen sind zum Theil doppelsinnig, da sie ebenso von den Fabricanten wie von den Fuhrleuten gebraucht werden, die sich dieser Wagen bedienen; indessen sind mit Sicherheit von den ersteren zu verstehen die *carpentarii*, [15]) *rhedarii*, [16]) *essedarii* [17]) und vielleicht die *cisiarii*, Stellmacher.

---

1) *Museum Capitolinum* III Tav. 53 = Müller-Wieseler I, 371.

2) Pauli *sent. rec.* 3, 6, 56. Isidor. *orig.* 15, 5, 4. *Dig.* 32, 52 § 9. Petron. 29.

3) Pauli *sent. rec.* 3, 6, 67. 4) Plin. *ep.* 2, 17, 8.

5) Plaut. *Epid.* 308. Cic. *pr. Cluent.* 64, 179. *pr. Cael.* 21, 52.

6) S. den Laden eines Messerschmieds Jahn in Ber. d. ph. hist. Cl. d. Sächs. G. d. W. 1861 Taf. IX Fig. 9 a und den Schusterladen *Pitture d'Ercolano* I p. 187.

7) Varro *de l. L.* 5, 128. 8) *Dig.* 33, 10, 3 § 1. 2.

9) Mart. 14, 12. 13. *Dig.* 32, 52 § 9.

10) *arca* Geldkiste Juven. 1, 90; 3, 143. 181; 6, 363; 10, 25; 13, 74; 14, 259. *loculi* für Geld Hor. *sat.* 1, 3, 17. Juven. 1, 89; 10, 46; 11, 38.

11) Schmucksachen in *loculi* Juven. 13, 139.

12) *Dig.* 33, 10, 3 § 2.

13) *pictor quadrigularius* Orelli 4262 = *C. I. L.* VI, 9793.

14) *culcitrarius* Diomedes p. 313 P. = p. 326 Keil.

15) *Carpentarius Dig.* 50, 6, 7 (6); *artifex carpentarius* Lampr. *Al. Sev.* 52, 1; *carpentariae fabricae* Plin. *n. h.* 16, 34. Die Inschriften Doni VIII, 31; Reines. IX, 101 = *C. I. L.* VI, 933a*. 2937ab* sind unecht.

16) *rhedarius vehicularius fabricator*, Capitolin. *Max. et Balb.* 5, 1.

17) *C. Julius Secundus essedarius* in Rom, *C. I. L.* VI, 4335.

während *cisiarii*,[1]) *plostrarii*[2]) und *redarii*[3]) auch die Kutscher der *cisia*, *plostra* und *redae* bezeichnen.

Gebrauch der Wagen in Rom.

Wagen hielt man im Alterthum theils zu wirthschaftlichem Gebrauche, theils zur Anfuhr von Baumaterialien, theils zu militärischen Zwecken, theils zum Reisen, nicht aber zum Personenverkehr in den Städten. In Rom selbst ist von den ältesten Zeiten bis zum Beginne des dritten Jahrhunderts nach Christi Geburt darauf gehalten worden, dass Wagen nur zum Zwecke des Gottesdienstes und öffentlicher Feierlichkeiten gebraucht wurden; sie werden benutzt von den Vestalinnen, dem *rex sacrorum*, den *flamines*,[4]) im Cult der *Mater magna*,[5]) des Liber[6]) und der Ceres,[7]) sowie von allen Frauen, welche priesterliche Functionen ausüben;[8]) im Triumphzuge, bei welchem

---

1) *L. Tampius L. f. Peccio cisiarius*, Orelli 4163, wird für einen Fabricanten zu halten sein; Fuhrleute sind dagegen gemeint *Dig.* 19, 2, 13 pr.: *Item quaeritur, si cisiarius, id est carrucarius, dum ceteros transire contendit, cisium evertit et servum quassavit vel occidit*, und in Pompeii, wo sie eine Station vor dem Thore haben. S. Henzen 5163 = *C. I. L.* X, 1064: *viam a milliario ad cisiarios, qua territorium est Pompeianorum, sua pecunia munierunt.* Ebenso in Cales, Henzen 6983 = *C. I. L.* X, 4660: *ad cisiarios.* Zweifelhaft ist die Bedeutung der *cisiarii Praenestini C. I. L.* I, 1129, welche ein Collegium aus Freigelassenen, unter welchen *magistri* und *ministri* unterschieden werden, bilden.

2) Inschr. von Pompeii Orelli 4265 = *C. I. L.* IV, 485. Dass *plaustrarius* ein Fuhrmann ist, geht hervor aus *Dig.* 9, 2, 27 § 33.

3) Cic. *pr. Mil.* 10, 29.

4) Hierüber verordnet die *lex Iulia municipalis* vom Jahr 709 = 45, *C. I. L.* I, 206 lin. 62—65: *Quibus diebus virgines Vestales, regem sacrorum, flamines, plostreis in urbe sacrorum publicorum p(opuli) R(omani) caussa vehi oportebit, quaeque plostra triumphi caussa, quo die quisque triumphabit, ducei oportebit, quaeque plostra ludorum, quei Romae aut urbei Romae p(ropius) p(assus) M publice feient, inve pompam ludeis circiensibus ducei agei opus erit, quo minus earum rerum caussa eisque diebus plostra interdiu in urbe ducantur agantur, e(ius) h(ac) l(ege) n(ihil) r(ogatur).* Ueber das Opfer der *Fides publica*, zu deren *sacellum* die drei *flamines* in einem zweispännigen Wagen fuhren, s. Staatsverwaltung III S. 322 f.; über das Fahren der Vestalinnen s. Staatsverwaltung III S. 327. Ueber den ganzen Gegenstand vgl. Mommsen Staatsrecht I² S. 377 ff.

5) S. Staatsverwaltung III S. 358.

6) Augustin. *de c. d.* 7, 21: *Nam hoc membrum per Liberi dies festos cum honore magno plostellis impositum, prius rure in compitis et usque in urbem postea vectabatur.*

7) Verg. *ge.* 1, 163:

tardaque Eleusinae matris volventia plaustra

und dazu Servius: *Romae quoque sacra huius deae plaustris vehi consueverant.*

8) Livius 5, 25 sagt, nachdem er erzählt hat, wie nach dem Triumph des Camillus (358 = 396) die römischen Frauen ihren Goldschmuck zum Zwecke eines Weihgeschenks an den Apollo auslieferten: *Grata ea res, ut quae maxime senatui unquam, fuit, honoremque ob eam munificentiam ferunt matronis habitum, ut pilento ad sacra ludosque, carpentis festo profestoque uterentur.* Festus p. 245ᵃ, 4: *pilentis et carpentis per urbem vehi matronis concessum est, quod*

nicht nur der Triumphator selbst fuhr, sondern auch die Beutestücke auf Wagen einhergeführt wurden,[1]) endlich an den Tagen der circensischen Festspiele, bei welchen in der Procession, *pompa circensis*,[2]) mit der die Spiele begannen, die Götterbilder in *thensis*, [3]) die Magistratspersonen in zweispännigen Wagen, die Kaiser zuweilen in sechsspännigen Wagen auffuhren.[4]) Einem Privatmanne ist nur einmal und aus ganz besonderen Gründen das Privilegium zum Gebrauch eines Wagens ertheilt worden; es war dies der Pontifex Metellus, der, nachdem er bei dem Brande des Vestatempels im Jahr 513 = 241 [5]) und der Rettung der Heiligthümer der Vesta erblindet war, in Anerkennung seiner aufopfernden Dienste und in Berücksichtigung seiner Blindheit die Erlaubniss erhielt, in den Senat zu fahren.[6]) Wenn hochgestellte Frauen, wie Claudia,[7]) die Schwester des P. Claudius Pulcher, Cos. 505 = 249, und später die Kaiserinnen Mes-

---

cum aurum non reperiretur, ex voto, quod Camillus voverat Apollini Delphico, contulerunt. Ovid. *fast.* 1, 619:

Nam prius Ausonias matres carpenta vehebant.

Vgl. Liv. 1, 48, 5. Diese Erlaubniss scheint die *lex Oppia* des Jahres 539 = 215 (Livius 34, 1, 3) beschränkt zu haben, welche verordnete: *ne qua mulier plus semunciam auri haberet: neu vestimento versicolori uteretur: neu iuncto vehiculo in urbe oppidove, aut propius inde mille passus, nisi sacrorum publicorum causa veheretur.* Dies Gesetz wurde aber zwanzig Jahre nachher aufgehoben (Liv. 34, 8). Wie die Frau des älteren Scipio und dann die Mutter des jüngeren Scipio Africanus zum Opfer fuhren, beschreibt Polybius 32, 12.

1) S. Staatsverwaltung II² S. 584. 586.

2) Staatsverwaltung III S. 488 ff. Suet. *Caes.* 76. Liv. 45, 1, 6.

3) Ueber die *thensae* s. Staatsverwaltung III S. 488. Im J. 1872 wurden die Bronzereliefs einer *thensa* gefunden, welche von A. Castellani zusammengesetzt und zu einer *thensa* der Form, wie sie auf dem Relief n. 8 vorkommt, reconstruirt wurden. Sie ist abgebildet in *Bullett. comunale* V (1877) p. 119 ff. Taf. XI—XV.

4) Mommsen Staatsrecht I² S. 378 Anm. 4.

5) Liv. *epit.* 19; Val. Max. 1, 4, 5; Dionys. 2, 66; Ovid. *fast.* 6, 437 ff.; Orosius 6, 11.

6) Plin. *n. h.* 7, 141: *tribuit ei populus Romanus, quod nulli alii ab condito aevo, ut, quotiens in senatum iret, curru veheretur ad curiam. Magnum et sublime, sed pro oculis datum.* Hienach scheint die Notiz des Gavius Bassus bei Gellius 3, 18, 4: *Senatores enim dicit in veterum aetate, qui curulem magistratum gessissent, curru solitos honoris gratia in curiam vehi, in quo curru sella esset, super quam considerent, quae ab eam causam curulis appellaretur; sed eos senatores, qui magistratum curulem nondum ceperant, pedibus itavisse in curiam,* keine historische Ueberlieferung, sondern ein etymologischer Versuch zur Erklärung des Ausdrucks *pedarii senatores* zu sein, welchem Gellius selbst entgegentritt.

7) Suet. *Ti.* 2: *quae novo more iudicium maiestatis apud populum mulier subiit, quod in conferta multitudine aegre procedente carpento palam optaverat, ut frater suus Pulcher revivisceret atque iterum classem amitteret, quo minor turba Romae foret.* Nach Liv. *ep.* 19 fuhr sie *a ludis revertens*, nach Val. Max. 8, 1 Damn. § 4 *a ludis domum rediens.*

salina[1]) und Agrippina[2]) in Rom sich eines Wagens bedienten, so geschah das nur bei religiösen Veranlassungen[3]) und feierlichen Gelegenheiten, bei den Kaiserinnen mit ausdrücklicher Genehmigung des Senates: denn im Allgemeinen war in den ersten Jahrhunderten nach Chr. das Fahren in allen Städten verboten.[4]) Erst um 200 nach Chr. wurde der Gebrauch des Wagens ein Vorrecht der höchsten kaiserlichen Beamten; schon unter Septimius Severus (193—211) hatten dies in den Provinzen die *legati* der Statthalter[5]) und ohne Zweifel ebenfalls die Statthalter selbst; im Jahr 203 fuhr der *praefectus praetorii* Plautianus zum Kaiser in einem Wagen,[6]) und seitdem wird das Fahren in der Stadt oft als ein Privilegium nicht nur des *praefectus praetorii*,[7]) sondern aller hohen Beamten[8]) erwähnt. Wenn Alexander Severus (222—235) den Senatoren die Berechtigung ertheilte, silberbeschlagene Wagen (*carrucas et redas argentatas*) in Rom zu halten,[9]) so wird man schliessen dürfen, dass das Fahren überhaupt auch ihnen damals bereits zustand. Allein ein Privilegium blieb der Wagen immer, so dass noch Aurelian, als er vor seiner Thronbesteigung (270) verwundet nach Antiochia kam, doch den Wagen, in dem er lag, verliess und ein Pferd bestieg, weil es als eine Anmassung erschienen sein würde,

---

1) Dio Cass. 60, 22, 2: καὶ τῇ Μεσσαλίνῃ τὴν προεδρίαν, ἣν καὶ ἡ Λιουία ἐσχήκει, καὶ τὸ καρπέντῳ χρῆσθαι ἔδοσαν. Suet. *Claud.* 17: *triumphavitque* (*Claudius*) *maximo apparatu* —. *Currum eius Messalina uxor carpento secuta est.*

2) Tac. *ann.* 12, 42: *suum quoque fastigium Agrippina extollere altius: carpento Capitolium ingredi, qui mos sacerdotibus et sacris antiquitus concessus venerationem augebat feminae.* Dio Cass. 60, 33, 2: καὶ τὸ καρπεντίῳ ἐν ταῖς πανηγύρεσι χρῆσθαι παρὰ τῆς βουλῆς ἔλαβεν.

3) Artemidor. *Oneir.* 1, 56: Φημὶ δὲ ἀγαθὸν ἐλευθέραις γυναιξὶν ἅμα καὶ παρθένοις πλουσίαις τὸ διὰ πόλεως ἅρμα ἐλαύνειν. Ἀγαθὰς γὰρ ἱεροσύνας αὐταῖς περιποιεῖται.

4) Suet. *Claud.* 25: *Viatores ne per Italiae oppida nisi aut pedibus aut sella aut lectica transirent, monuit edicto.* Capitolin. *M. Ant. ph.* 23, 8: *idem Marcus sederi in civitatibus vetuit in equis sive vehiculis.* Das Reiten in den Städten verbot auch Hadrian (Spartian. *Hadr.* 22, 6). Galen erzählt XI p. 301 K., dass jemand von seiner Wohnung vor der Stadt bis zur Stelle fuhr, ἔνθα τῶν ὀχημάτων ἀποβαίνειν εἰσὶν εἰθισμένοι. S. über die ganze Frage Friedlaender Ueber den Gebrauch der Wagen in Rom, in Darstellungen aus der Sittengesch. Roms 1[5] S. 60 ff.

5) Spartian. *Sever.* 2, 7.

6) Dio Cass. 76, 4, 1.

7) Vopisc. *Aurelian.* 1, 1.

8) S. die Stellen bei Bethmann-Hollweg Handb. des Civilprocesses I, 1. Bonn 1834. 8. S. 59, besonders Cassiodor. *var.* 6, 3. 4. 15. 20.

9) Lamprid. *Al. Sev.* 43, 1: *carrucas Romae et redas senatoribus omnibus ut argentatos haberent, permisit, interesse Romanae dignitatis putans, ut his tantae urbis senatores uterentur.*

wenn er zu Wagen in die Stadt eingefahren wäre.[1] Im vierten Jahrhundert fuhr man in Rom allgemein.[2]

Aus der *lex Iulia municipalis* des J. 45 v. Chr. ersehen wir, dass in Rom auch Lastwagen nur Abends und Nachts, nicht aber in der Zeit von Sonnenaufgang bis zur 10ten Stunde fahren durften. Ausgenommen werden nur die Fuhren, welche für öffentliche Bauten und Demolirungen geleistet wurden, und die Wagen, die, in der Nacht angekommen, am Tage leer oder mit Mist beladen zurückfuhren.[3] Es war dies verordnet im Interesse des ungeheuren Verkehrs der Stadt, der schon durch die öffentlichen Bauten mancherlei Unbequemlichkeiten erlitt,[4] während die spätere Verordnung des Hadrian, welche das Anfahren sehr schwerer Lasten in die Stadt verbot,[5] in Rücksicht auf die Erhaltung des Pflasters und der Cloaken erlassen zu sein scheint.

Die Arten der alten Wagen, ihre Construction und Bespannung sind der Gegenstand weitläufiger Untersuchungen nicht nur gelehrter Antiquare, sondern auch sachverständiger Liebhaber geworden,[6] bei welchen man über viele hier nicht weiter zu erörternde Einzelheiten Belehrung findet, ohne dass es gelungen wäre, das Resultat zu erreichen, welches für unseren Zweck das wünschenswerthe sein würde, nämlich eine sichere Beziehung der überlieferten Namen von Wagen auf die in Kunstdarstellungen erhaltenen Formen derselben. Wer Gelegenheit

---

1) Vopisc. *Aurelian.* 5, 4: *quia invidiosum tunc erat, vehiculis in civitate uti.*

2) Ammian. 14, 6, 16.

3) *C. I. L.* I, 206 lin. 56—61; 66. 67: *Quae viae in u(rbem) R(omam) sunt erunt intra ea loca ubi continenti habitabitur, ne quis in ieis vieis post K(alendas) Ianuari(as) primas plostrum interdiu post solem ortum neve ante horam X diei ducito agito, nisi quod aedium sacrarum deorum inmortalium caussa aedificandarum operisve publice faciumdei causa advehei portari oportebit, aut quod ex urbe exve ieis loceis earum rerum, quae publice demoliendae locatae erunt, publice exportarei oportebit, et quarum rerum caussa plostra h(ac) l(ege) certeis hominibus certeis de causeis agere ducere licebit.* — —

Quae plostra noctu in urbem inducta erunt, quominus ea plostra inania aut stercoris exportandei caussa post solem ortum h(oris) X diei bubus iumenteisve iuncta in u(rbe) R(oma) et ab u(rbe) R(oma) p(assus) M esse liceat, e(ius) h(ac) l(ege) n(ihil) r(ogatur).

4) Die Stellen s. bei Friedlaender a. a. O. S. 61.

5) Spartian. *Hadr.* 22, 6: *vehicula cum ingentibus sarcinis urbem ingredi prohibuit.*

6) Die Hauptschriften sind: Scheffer *De re vehiculari veterum libri duo.* Francofurti 1671. 4°. Ginzrot Die Wagen und Fuhrwerke der Griechen und Römer. München 1817. 2 Bde. 4°.

gehabt hat, von den vielfältigen und sonderbaren Moden Notiz zu nehmen, welche die Wagenconstruction in den drei letzten Jahrhunderten durchgemacht hat, wird von vorn herein annehmen, dass auch bei den Römern die Gestalt der Fuhrwerke im Laufe von Jahrhunderten viele Veränderungen erfahren hat, und den Umfang dieser zwar an sich vielleicht unwichtigen, aber nichts desto weniger sehr schwierigen Untersuchungen nicht unterschätzen.

So viel ich sehe, lassen sich, wenn man die für die circensischen Spiele bestimmten Rennwagen ausschliesst, unter den Gebrauchswagen drei Hauptarten unterscheiden: die Lastwagen, Reisewagen und Staatswagen.

Die Lastwagen.

Die Lastwagen heissen im Allgemeinen *plaustra* oder *plostra*. Es giebt kleinere und grössere,[1] zwei- und vierrädrige;[2] sie werden durchschnittlich mit Ochsen, Eseln oder Mauleseln bespannt[3] und haben, wenn sie für schwere Lasten bestimmt sind, nicht Speichenräder (*rotae radiatae*), sondern massive Scheibenräder, *tympana*.[4] Besondere Arten sind das *sarracum*, ebenfalls zwei- und vierrädrig,[5] auf welchem man ländliche Producte,[6] Baumstämme[7] und schwere Lasten überhaupt[8] anfuhr, bei einer Pest die Leichen forttransportirte,[9] und auch wohl eine Menge Menschen aufpacken konnte;[10] ferner der *car-*

---

1) Cato *de r. r.* 10, 2, citirt bei Varro *de r. r.* 1, 22, 3.

2) Isidor. *orig.* 20, 12, 3: *plaustrum vehiculum duarum rotarum. Plostra* mit zwei Rädern und zwar Scheibenrädern s. abgeb. bei Ginzrot I T. 6; das *plaustrum* mit dem Weinschlauch auf dem pompeianischen Bilde (*Mus. Borb.* V, 48) hat vier Speichenräder. Andere *plaustra* s. bei O. Jahn Darstellungen des Handwerks in Abh. d. phil. hist. Cl. d. Sächs. Gesellsch. d. Wiss. Bd. V S. 265 ff. Taf. III, 3; V, 1. 2. 3.

3) Cato *de r. r.* 62.

4) Probus *in Verg. ge.* 1, 163: *Sunt enim (plaustra) vehicula, quorum rotae non sunt radiatae, sed tympana cohaerentia axi et iuncta cantho ferreo. Axis autem cum rota volvitur, nam rotae circa eiusdem cardinem adhibentur.* Ueber *tympanum*, ein Rad aus einem Stück, und *rota radiata* vgl. Varro *de r. r.* 3, 5, 15 und besonders Ginzrot I S. 166 ff.

5) Das *Edict. Diocl.* 15, 23—28 handelt zuerst von dem σαράγαρον, dann speciell von den σαράγαρα βίρωτα.

6) Vitruv. 10, 1, 5: *portationesque eorum (ciborum) non essent, nisi plostrorum seu sarracorum — inventae essent machinationes.*

7) Juven. 3, 255. 8) Sidon. Apoll. *epist.* 4, 18 init.

9) Capitolin. *M. Ant. ph.* 13, 3: *tanta autem pestilentia fuit, ut vehiculis cadavera sint exportata sarracisque.*

10) Quintil. 8, 3, 21: *An, cum dicit in Pisonem Cicero, „Cum tibi tota cognatio sarraco advehatur", incidisse videtur in sordidum nomen, non eo contemptum hominis, quem destructum volebat, auxisse?*

rus, ein offener, zwei- oder vierrädriger[1]) Packwagen zu militärischem Gebrauche,[2]) und die *arcera*, ein kastenartiger, verschlossener Transportwagen,[3]) auf welchem man auch kranke und schwache Personen fortschaffte.[4])

Die Reisewagen. *reda.*

Zu den Reisewagen gehört zunächst die *reda*,[5]) ein gallisches,[6]) vierrädriges,[7]) starkes und tragfähiges[8]) Fuhrwerk, dessen man sich bediente, wenn man mit Familie und Gepäck, oder in Gesellschaft reiste.[9]) Es wurde zwei- und vierspännig gefahren[10]) und war der gewöhnliche Miethswagen zum Reisen[11]) und der Postwagen der späteren Kaiserzeit.[12]) Leichte, zwei- oder höchstens dreispännig zu fahrende, zweirädrige Wagen[13])

---

1) Solche Carri von der Traians- und Antoninussäule s. abgebildet bei Ginzrot I Taf. IX. Wenn Ginzrot I S. 199 aber behauptet, sie seien immer zweirädrig gewesen, so wird dies widerlegt durch das *Edict. Diocl.* 15, 30, welches κᾶρον τετράτροχον erwähnt.

2) Sisenna bei Nonius p. 195, 29: *Impedimentum collocant omne, construunt carros et sarraca crebra disponunt.* Caesar *b. G.* 1, 3. 6. 24.

3) Placidi *gloss.* in Mai *Auct. Class.* III p. 434: *arcera vehiculum in arcae modum confictum.* Nonius p. 55, 2: *Arcera plaustrum est rusticum tectum undique quasi arca. — Hoc autem vehiculi genere senes et aegroti vectari solent.*

4) Gell. 20, 1, 25: *Verba sunt haec de lege: Si in ius vocat, si morbus aevitasve vitium escit, qui in ius vocabit iumentum dato; si nolet, arceram ne sternito.* § 29: *Arcera autem vocabatur plaustrum tectum undique et munitum, quasi arca quaedam magna, vestimentis instrata qua nimis aegri aut senes portari cubantes solebant.*

5) Cic. *ad Att.* 5, 17, 1: *Hanc epistolam dictavi sedens in reda, cum in castra proficiscerer.* Helvius Cinna bei Gellius 19, 13, 5:

At nunc me Genumana per salicta
Bigis reda rapit citata nanis.

6) Caes. *b. G.* 1, 51, 2. Der Name ist gallisch. Quintil. 1, 5, 57.

7) Isidor. *orig.* 20, 12, 2: *reda, genus vehiculi quatuor rotarum.*

8) Eine *reda* kann 1000 Pfund tragen. *Cod. Th.* 8, 5, 8.

9) Cic. *pr. Mil.* 10, 28; 20, 54: *cum alter veheretur in reda paenulatus, una sederet uxor.* Juven. 3, 10:

sed cum tota domus reda componitur una,
substitit ad veteres arcus madidamque Capenam.

Man steigt am Thore ein, und beim Zurückkommen wieder aus; Galen. XI p. 301 Kühn. Bei Mart. 3, 47, 5 fährt aus demselben Thore Bassus in einer mit Victualien beladenen *reda.* Bei Horat. *sat.* 2, 6, 42 reist Maecenas nebst Begleitung in einer *reda.*

10) Gellius 19, 13, 5: Venantius Fortunatus *poem.* 3, 17 (22):

Curriculi genus est, memorat quod Gallia redam,
Molliter incedens orbita sulcat humum,
Exsiliens duplici biiugo volat axe citato,
Atque movet rapidas iuncta quadriga rotas.

11) Suet. *Caes.* 57: *Longissimas vias incredibili celeritate confecit, expeditus, meritoria reda.*

12) Sulpicius Severus *dial.* 2, 4: *Interim per aggerem publicum plena militantibus viris fiscalis reda veniebat.*

13) Nonius p. 86, 30: *Cisium, vehiculi biroti genus.* Auson. *epist.* 8, 6:

vel cisio triiugi, si placet, insilias.

cisium. sind dagegen das *cisium*, ein Cabriolet, das man zu schnellen *essedum.* Reisen brauchte,[1]) und das *essedum*, ursprünglich ein gallischer Streitwagen,[2]) der aber im römischen Reiche für Behörden und Privatleute,[3]) Männer und Frauen[4]) als Reisewagen diente, auf den Stationen gewechselt[5]) und auch von den Kaisern auf Feldzügen benutzt wurde.[6]) Die *esseda* konnte man selbst fahren,[7]) da sie einen Sitz für den Kutscher nicht hatten, und auch von *covinus.* dem *covinus*, einem ähnlichen Fuhrwerk, das von dem britannischen Streitwagen[8]) Form und Namen entlehnt hat, rühmt Martial, dass in ihm zwei Freunde unbelauscht und ungestört von dem Diener sich unterhalten können.[9]) Ebenfalls fremden *petoritum.* und zwar gallischen Ursprungs ist das *petoritum*,[10]) welches vierrädrig war und mit Mauleseln bespannt zu werden pflegte.[11])

1) Cic. *Phil.* 2, 31, 77: *Cum hora diei decima fere ad Saxa rubra venisset, delituit in quadam cauponula, — inde cisio celeriter ad urbem advectus domum venit.* Verg. *Catal.* 8, 1:

Sabinus ille quem videtis, hospites,
ait fuisse mulio celerrimus
neque ullius volantis impetum cisi
nequisse praeterire, sive Mantuam
opus foret volare sive Brixiam.

Dig. 19, 2, 13 pr.: *si cisiarius, id est carrucarius, dum ceteros transire contendit, cisium evertit* —.

2) Caes. *b. G.* 4, 33; *Belgica esseda* Verg. *ge.* 3, 204. *esseda Britanna* Prop. 2, 1, 76.

3) So Antonius bei Cic. *Phil.* 2, 24, 58; Vedius bei Cic. *ad Att.* 6, 1, 25. Mart. 4, 64, 19.

4) Ovid. *am.* 2, 16, 49. Sen. *fr.* 48 Haase = Hieronym. *adv. Jovinian.* 1, 47. Vol. IV, 2 p. 190 ed. Ben. = p. 313 Vallars: *multa esse, quae matronarum usibus necessaria sint: pretiosae vestes, aurum, gemmae — lecticae et esseda deaurata.*

5) Dies schliesse ich aus Mart. 10, 104:

I nostro comes, i libelle, Flavo, —
Hispanae pete Tarraconis arces.
Illinc te rota tollet et citatus
Altam Bilbilin et tuum Salonem
Quinto forsitan essedo videbis.

6) Suet. *Calig.* 51; *Galb.* 6. Dass Sidonius Apoll. *epist.* 4, 18: „*nullae graves sarcinae ad praedium ex oppido ductae, nulla sarraca, nulla esseda subvehendis oneribus attrahebantur*" das *essedum* zu den Lastwagen rechnet, scheint eine blosse Sonderbarkeit seiner Ausdrucksweise zu sein.

7) Ovid. *am.* 2, 16, 49:

Parvaque quamprimum rapientibus esseda mannis
Ipsa per admissas concute lora iubas.

8) Pompon. Mela 3, 6 p. 74 Parthey. Silius Ital. 17, 417. Tac. *Agr.* 35. Nach Lucan. *Phars.* 1, 426 ist der *covinus* belgisch.

9) Mart. 12, 24.

10) Varro bei Gell. 15, 30, 7. Quintil. 1, 5, 57. Festus p. 206[b], 30: *Petoritum et Gallicum vehiculum esse et nomen eius dictum esse existimant a numero IIII rotarum; alii Osce, quod hi quoque petora quattuor vocent.*

11) Auson. *epist.* 3, 35; 8, 5.

Bei Triumphzügen fuhr auf ihm die Dienerschaft der besiegten Könige, und für die Reisebegleitung scheint es überhaupt gedient zu haben.[1])

Zu den Staatswagen endlich sind zu rechnen die altrömischen *pilenta et carpenta* und die in der Kaiserzeit oft erwähnten *carrucae*. Das *pilentum* ist ein vierrädriger,[2]) zweispänniger, verdeckter Wagen (*currus arcuatus*), in welchem die *flamines*, Vestalinnen und Matronen zu Opfern und Spielen fuhren.[3]) Das *carpentum*,[4]) das ebenfalls, wie wir gesehen haben, den Frauen für den Zweck der Festfeier gestattet war, unterschied sich von ihm nur dadurch, dass es zwei Räder hatte, denn ein *currus arcuatus*, der zweispännig gefahren wurde, war es ebenfalls. Seine Form lernen wir kennen aus den Münzen der Frauen des kaiserlichen Hauses, denen das Ehrenrecht, bei der *pompa circensis*[5]) auf einem *carpentum* zu erscheinen, aus verschiedenen Gründen bei ihrem Leben oder zur Erhaltung ihres Gedächtnisses nach ihrem Tode vom Senat bewilligt wurde. Bei Lebzeiten erhielten dies Privilegium, wie schon erwähnt ist, die Kaiserinnen Messalina und Agrippina; nach ihrem Tode die ältere Agrippina;[6]) aus den Münzen indessen geht hervor, dass

Die Staatswagen.

pilentum.

carpentum.

1) Horat. *epist.* 2, 1, 192 und dazu Acro: *Esseda Gallorum vehicula sunt, quibus vehuntur reginae captae. petorrita vehicula famularum captivarum quae omnia ad spectandum adducebantur.* Porphyrio: *Esseda Gallorum vehicula, quibus tanquam victi reges vehuntur; pilenta, quibus regina capta; petorrita, quibus familiae regum.* Auch aus *sat.* 1, 6, 104 geht hervor, dass vornehme Leute auf Reisen für ihre Begleitung *petorita* mitführten.

2) Isidor. *orig.* 20, 12, 4: *pilentum vel petoritum, contexta* (lies *contecta*) *quatuor rotarum vehicula, quibus matronae olim utebantur.*

3) Die *flamines* fahren *bigis, curru arcuato*, Liv. 1, 21, 4; so auch die Vestalinnen; s. Staatsverwaltung III S. 322. 327, und besonders Prudent. *c. Symm.* 2, 1089 von der Vestalin:

fertur per medias ut publica pompa plateas
pilento residens molli.

Die *arca pilenti* erwähnt auch Macrob. *sat.* 1, 6, 15. Die Frauen fahren darin *ad sacra ludosque*. Liv. 5, 25, 9. Verg. *Aen.* 8, 665:

castae ducebant sacra per urbem
pilentis matres in mollibus.

Sie kommen noch später vor. Lamprid. *Heliog.* 4, 4: *facta sunt senatusconsulta ridicula de legibus matronalibus: — quae pilento, quae — carpento mulari, quae boum, quae sella veheretur.* Treb. Poll. *trig. tyr.* 30, 17 von der Zenobia: *usa vehiculo carpentario, raro pilento.*

4) Vgl. Saglio *Dictionn. des antiq.* I p. 926 f.

5) Isidor. *orig.* 20, 12, 3: *carpentum, pompaticum vehiculi genus, quasi carrum pompaticum.* Borghesi *Oeuvres* II p. 259 f.

6) Caligula holte bei seinem Regierungsantritte die Asche seiner Mutter Agrippina nach Rom und ordnete ihr zu Ehren jährliche *ludi circenses* an, *car-*

dieselbe Ehre bereits vorher der Livia [1]) und später der Domitilla, Frau des Vespasian, [2]) der jüngeren Domitilla, Tochter des Vespasian, [3]) der Sabina, Frau des Hadrian, [4]) und der Faustina junior, Frau des M. Aurel, zu Theil geworden ist. [5]) Uebrigens kommt auch das *carpentum* als Reisewagen vor; in ihm lässt Livius 1, 34, 8 den Tarquinius Priscus mit der Tanaquil aus Tarquinii nach Rom reisen, und noch in der Kaiserzeit reiste man *in carpento*; [6]) es war dies aber ein Luxus, denn diese *carpenta* waren nicht gewöhnliche Reisewagen, sondern kostbar
carruca. ausgestattete Equipagen. [7]) Was endlich die *carruca* betrifft, so war dies, wie man aus Martial schliessen kann, ein der *reda* ähnlicher, vierrädriger Wagen, [8]) der, da er zunächst zu Fahrten über Land bestimmt war, [9]) auch zum Schlafen eingerichtet wurde (*carruca dormitoria*); [10]) schon zu Plinius' Zeit beschlug man ihn mit Reliefplatten von Silber, [11]) und diese *carrucae argentatae* sind es, welche im dritten Jahrhundert den Behörden, [12]) den Senatoren [13]) und zuletzt auch den Privatleuten, [14]) zum Gebrauch in der Stadt zugestanden wurden.

Je weniger vor dieser Zeit in Rom gefahren wurde, desto
Sänften. mehr bediente man sich der Sänften, [15]) zunächst für Kranke [16]) und Frauen, unter welchen die Frauen der Senatoren eine ihnen

---

pentumque, quo in pompa traduceretur. Suet. *Cal.* 15. Dieses *carpentum* haben die Münzen der Agrippina. S. Morelli *Thes.* I p. 535 n. 6. 10. 15.

1) S. Eckhel *d. n.* VI p. 349; abgebildet Morelli *Thes.* I p. 475 n. 2.

2) Eckhel *d. n.* VI p. 346 ff., abgebildet Morelli *Thesaur.* II p. 322 n. 12. 14. 17. 19.

3) Eckhel *d. n.* VI p. 349.

4) Eckhel *d. n.* VI p. 522.

5) Eckhel *d. n.* VII p. 80.

6) Juven. 8, 147; 9, 132.

7) So fährt Cynthia bei Propert. 5, 8, 23 in einem *sericum carpentum*, dessen Verdeck also seidene Vorhänge hatte, nach Lanuvium.

8) Saglio *Dictionn. des antiq.* I p. 928. Martial. 3, 47, 5 und 13 scheint *carruca* und *reda* geradezu zu identificiren.

9) Nero soll nach Lamprid. *Hel.* 31, 5 mit 500 *carrucae*, nach Suet. *Ner.* 30 mit 1000 *carrucae* gereist sein.

10) *carruca dormitoria cum mulis* für eine Frau, *Dig.* 34, 2, 13; δορμιτώριον *Ed. Diocl.* 15, 26. 27.

11) Plin. *n. h.* 33, 140; eine *aurea carruca* bei Mart. 3, 62, 5.

12) Ammian. 14, 6, 9. *Cod. Th.* 14, 12, 1. *Cod. Iust.* 11, 20 (19).

13) Lampr. *Al. Sev.* 43, 1.

14) Vopisc. *Aurel.* 46, 3.

15) S. über diese Lipsii *Electa* I c. 19. Scheffer *De re vehiculari* II c. 5. Alstorphius *De lectis et lecticis veterum.* Amstelod. 1704. 12. Ginzrot II S. 254 ff. Eine von Aug. Castellani aus den 1874 auf dem Esquilin gefundenen Fragmenten zusammengesetzte *lectica*, jetzt im capitol. Museum: *Bull. comun.* 1881 p. 214 ff., tav. 15—18.

16) So heisst es Liv. 2, 36, 6, von dem Kranken T. Latinius: *ad consules lectica adfertur.* Suet. *Ti.* 30: *lectica quondam introlatus aeger.* Zwei andere Beispiele Dio Cass. 57, 15, 4; 17, 6. Suet. *Cal.* 27.

besonders verstattete Art von Sänften hatten;[1]) sodann auch für Männer, sowohl auf dem Lande,[2]) als in der Stadt; aber auch sie blieben ein Privilegium gewisser Stände, das gegeben und entzogen wurde.[3]) Man hielt in vornehmen Häusern eigene Sänften nebst Sänftenträgern, *lecticarii*, zu denen man grosse und starke Leute wählte,[4]) konnte sie aber auch miethen,[5]) und es gab in Rom in der 12. Region *castra lecticariorum*, die, wenn auch nicht für das Publicum, so doch für den Dienst der Behörden bestimmt sein mussten.[6]) Die Sänften waren zum Liegen oder zum Sitzen eingerichtet, *lecticae* oder *sellae*;[7]) im ersten Falle hatten sie die Form eines wirklichen *lectus*, der mit Gurten bespannt und mit einem Polster (*torus*) und Kissen (*pulvinar*, *cervical*) belegt war,[8]) im zweiten Falle den eines Stuhles für eine oder zwei Personen,[9]) *sella gestatoria*,[10]) *sella portatoria*,[11]) auch eines Frauenstuhles (*cathedra*).[12]) Verdeckt waren

---

1) Dio Cass. 57, 15, 4: Λούκιον Σκριβώνιον Λίβωνα — νοσήσαντα ἐπὶ θάνατον ἐν σκιμποδίῳ καταστέγῳ, ὁποίῳ αἱ τῶν βουλευτῶν γυναῖκες χρῶνται, ἐς τὴν γερουσίαν ἐσεκόμισε.

2) Cic. *ad fam.* 7, 1, 5: *Tu modo istam imbecillitatem valetudinis tuae sustenta et tuere, — ut nostras villas obire et mecum simul lecticula concursare possis.* Gracchus bei Gell. 10, 3, 5.

3) Suet. *Caes.* 43: *Lecticarum usum — nisi certis personis et aetatibus perque certos dies, ademit. Claud.* 28: *Harpocran, cui lectica per urbem vehendi spectaculaque publice edendi ius tribuit. Domit.* 8: *probrosis feminis lecticae usum ademit.*

4) S. S. 149. 5) Juven. 6, 353.

6) Preller Regionen S. 218.

7) Suet. *Claud.* 25: *viatores ne per Italiae oppida nisi aut pedibus aut sella aut lectica transirent, monuit edicto. Dom.* 2: *sellamque eius — lectica sequebatur.* Senec. *de br. v.* 12, 6: *sella se et lectica huc et illuc ferunt.* Mart. 10, 10, 7: *lecticam sellamve sequar?* 11, 98, 11. 12.

8) Cic. *in Verr.* 5, 11, 27: *Nam, ut mos fuit Bithyniae regibus, lectica octophoro ferebatur, in qua pulvinus erat perlucidus Melitensis, rosa fartus.* Senec. *cons. ad Marciam* 16, 2: *equestri insidens statuae in sacra via — Cloelia exprobrat iuvenibus nostris pulvinum escendentibus, in ea illos urbe sic ingredi, in qua etiam feminas equo donavimus.* Juven. 1, 158:

qui dedit ergo tribus patruis aconita, vehatur
pensilibus plumis, atque illinc despiciet nos?

9) Plin. *ep.* 3, 5, 15 vom älteren Plinius: *qua ex causa Romae quoque sella utebatur*, nämlich um einen Schreiber (*notarius*) bei sich zu haben. Auch bei Tacit. *ann.* 11, 33 sitzen in dem *gestamen*, d. h. der *sella gestatoria*, zwei Personen.

10) Suet. *Ner.* 26. Caelius Aurelianus *morb. chron.* 1, 5, 162. Welcher Art die *sella* war, welche *lampena* genannt wurde (Rönsch Jahrb. f. Philol. 119 S. 534), wissen wir nicht.

11) Caelius Aurelianus *morb. chron.* 1, 1, 15; er unterscheidet hernach 1, 1, 18: *fertorium vel sella.*

12) Von dieser Form wird die *muliebris sella* sein, welche bei Suet. *Oth.* 6 vorkommt. Vgl. Lampr. *Hel.* 4, 4, wo unter diesen *sellae* unterschieden werden *sella pellicia, ossea, eborata, argentata.*

sie, wie es scheint, in allen Fällen; denn wenn *opertae*[1]) und *apertae*[2]) *lecticae* und *sellae* unterschieden werden, so heisst dies wohl nur, dass die Vorhänge des bogenförmigen Verdecks (*arcus*),[3]) die *vela*,[4]) zu- oder aufgezogen, oder die Fenster desselben,[5]) die aus *lapis specularis* und ohne Zweifel auch aus Glas gemacht wurden, geschlossen oder geöffnet waren. Dass Frauen sich offener Sänften bedienten und ihre Männer dies erlaubten, erklärt Seneca für einen Scandal seines Zeitalters.[6]) Getragen wurde die Sänfte auf Tragstangen, *asseres*,[7]) entweder niedrig, so dass die Stangen in Riemen hingen,[8]) oder hoch auf der Schulter,[9]) und zwar von zwei, vier, sechs oder acht *lecticarii*, welche vornehme Leute in gleichmässige und zierliche Livreen zu kleiden liebten.[10]) Eine eigene Art Sänfte der späteren Kaiserzeit ist die *basterna*, die von zwei vor und hinter derselben gehenden Maulthieren getragen wurde.[11])

1) Cic. *Phil.* 2, 41, 106. *de div.* 2, 36, 77; φορεῖον κατάστεγον Dio Cass. 47, 10, 3; δίφρος κατάστεγος Dio Cass. 47, 23, 3; 56,43, 2; die *sella* mit Verdeck zu construiren, soll Claudius erfunden haben. Dio Cass. 60, 2, 3: δίφρῳ καταστέγῳ πρῶτος Ῥωμαίων ἐχρήσατο.

2) *aperta lectica* Cic. *Phil.* 2, 24, 58; *adaperta sella* Suet. *Aug.* 53.

3) An dem *arcus sellae* erhängt sich eine Frau. Tac. *ann.* 15, 57. Eine solche *sella arcuata*, die von zwei Männern getragen wird, stellt das in der Casa di Lucrezio in Pompeii gefundene Kinderspielzeug bei Niccolini I, *Casa di M. Lucrezio* tav. IV n. 2 dar.

4) Mart. 11, 98, 11:

Lectica nec te tuta pelle veloque
nec vindicavit sella saepius clusa.

Zum Transport von Gefangenen diente eine *obsuta lectica*, deren Vorhänge also zusammengenäht waren. Suet. *Ti.* 64. Von der Ermordung des Cicero sagt Livius bei Seneca *suasor.* 6, 17 p. 33 Bursian: *Prominenti ex lectica praebentique inmotam cervicem caput praecisum est.* Suet. *Tit.* 10 heisst der Vorhang *pallulae.*

5) Juven. 3, 242: *clausa lectica fenestra;* 4, 20:

Est ratio ulterior, magnae si misit amicae,
quae vehitur cluso latis specularibus antro.

6) Sen. *de benef.* 1, 9, 3: *Rusticus, inhumanus ac mali moris — est, si quis coniugem suam in sella prostare vetuit et vulgo admissis inspectoribus vehi perspicuam undique.*

7) Suet. *Cal.* 58; Juven. 3, 245; 7, 132. Mart. 9, 22, 9.

8) So auf der angeführten pompeianischen *lectica.* Diese Riemen heissen *struppi*, Gracchus bei Gell. 10, 3, 5.

9) *in collo*, Catull. 10, 23.

10) Zwei Träger hat die pompeianische *sella*, zwei erwähnt auch Juven. 9, 142; über die *lectica hexaphoros* oder *octophoros* (so schreibt Cicero, dagegen Spätere *octaphoros*) s. oben S. 149.

11) Baehrens *P. L. M.* IV, 289 = Riese n. 101:

Aurea matronas claudit basterna pudicas,
Quae radians pandum gestat utrumque latus.
Hanc geminus portat duplici sub robore burdo.
Provehit et modico pendula septa gradu.

3. Arbeiten in Leder.

Nachdem wir im zweiten Abschnitte bereits die Verwendung des Leders für den Zweck der Kleidung besprochen haben, müssen wir an dieser Stelle noch einmal auf den Gebrauch dieses Materials für wirthschaftliche und militärische Zwecke, d. h. namentlich für das Pferdegeschirr, die Wagenbedeckung, die Waffenrüstung, die Zelte und die Schläuche zurückkommen. Die Art der Bespannung war in Rom dieselbe, welche sich bei den Griechen findet und schon von Homer oft beschrieben wird; die Pferde zogen nicht an Strängen, sondern an einem an der Deichsel befestigten Joche, von dessen verschiedenen und zum Theil zierlichen Formen zahlreiche Darstellungen vorliegen;[1] die Sattlerarbeiten des Alterthums aber sind ziemlich dieselben, die noch jetzt gebraucht werden, Riemenwerk aller Art (*loramenta*),[2] Sättel (*scordisci*[3] und *sellae*), Maulthier- und Packsättel,[4] Candaren,[5] Trensen und Halfter,[6] Peitschen (*flagella*, *corrigiae*

Sattler-arbeiten.

Provisum est caute, ne per loca publica pergens
Fucetur visis casta marita viris.

Amites (Tragstangen) *basternarum* bei Palladius 7, 2, 3 und mehr bei Forcellini *s. v.* Salmasius *ad Lamprid. Heliog.* 21, p. 844. Ginzrot II S. 280 ff.

1) Ginzrot I S. 46—77. Zu den dort gegebenen Abbildungen sind jetzt zu vergleichen: Gerhard Auserlesene griechische Vasenbilder hauptsächlich etruskischen Fundortes. Berlin 1839 ff. 4⁰. Taf. 123. 125. 131. 136. 137. 138. 139. 176. 198. 250 bis 255. 263. 310. 311. 315. 325. 326 und dazu die Erklärung Band IV S. 19. Helbig Das homerische Epos aus den Denkmälern erläutert S. 106. Niccolini I, *Casa di Castore e Polluce* tav. 7.

2) *Ed. Diocl.* 8, 8.

3) *scordiscus militaris Ed. Diocl.* 10, 2; *scordiscum malacum* in dem Zolltarif von Zarai in Mauretanien, *C. I. L.* VIII, 4508.

4) *Ed. Diocl.* 10, 3: *parammas mulares cum flagello*, welches Wort Mommsen wenigstens vom Sattel versteht; daselbst 11, 4. 5. 6: *sagma burdonis, sagma asini, sagma camelli.*

5) *frenum equestre cum salivario instructum, Ed. Diocl.* 10, 5. Dies meint Horat. *od.* 1, 8, 5:

Cur neque militaris
Inter aequales equitat, Gallica nec lupatis
Temperat ora frenis?

Ovid. *trist.* 4, 6, 3:

Tempore paret equus lentis animosus habenis
Et placido duros accipit ore lupos.

Ovid, *am.* 1, 2, 15:

Asper equus duris contunditur ora lupatis.

Verg. *ge.* 3, 206:

namque ante domandum
ingentis tollent animos prensique negabunt
verbera lenta pati et duris parere lupatis.

Servius zu dieser Stelle: *Dicta autem lupata a lupinis dentibus, qui inaequales sunt.*

6) *frenum mulare, capistrum mulare Ed. Diocl.* 10, 6. 7.

aurigales),[1] Verdecke von Sänften und Wagen, *segestria*,[2] Staubdecken (*pulvicaria*) an den Wagen[3] und Mantelsäcke (*avertae*). Eine allgemeine Bezeichnung für das Sattlerhandwerk in unserm Sinne finde ich nicht, es müssten denn die *pelliones* (s. oben S. 588) sowohl diese Fabricate, als die Lederpanzer (*loricae*), Gürtel (*zonae*)[4] und Achselbänder (*subalaria*),[5] sowie die Futteralarbeiten[6] geliefert haben; dagegen kommen als besondere Gewerbe vor die Halftermacher (*capistrarii*),[7] die Zeltmacher (*tabernacularii*),[8] und die sehr verschieden erklärten Collegien der *utricularii*. Der Umstand nämlich, dass diese Collegien vorzugsweise in gallischen,[9] an Flüssen oder an der See gelegenen Städten vorkommen, wie in Lugdunum, Arelate und Narbo, hat zu der Meinung geführt, dass die *utricularii* eine Art Schiffer seien, welche Waaren auf einem von Schläuchen getragenen Flosse transportirten.[10] Allein wenn man im Alterthum auch beim Schwimmen Schläuche und Blasen zu Hülfe nahm,[11] so lässt sich doch eine Schiffahrt der genannten Art, die im Orient einigemal erwähnt wird und noch auf dem Euphrat zur Anwendung kommt,[12] für das römische Gallien durch nichts beweisen,[13] und es ist nach der Ausführung von Boissieu[14] nicht zweifelhaft, dass die *utricularii* Fabricanten von

utricularii.

1) *Ed. Diocl.* 10, 18. 19.

2) *Ed. Diocl.* 8, 42: *segestrae de caprinis.* Die gewöhnliche Form ist *segestre*, σέγεστρον. Varro bei Non. p. 11, 16 *segestria*, und so ist wohl auch zu lesen Varro *de l. L.* 5, 166: *Qui lecticam involvebant — segestria appellarunt. Segestre* hat auch Lucilius *sat.* 15, 33 M. Martial nennt das Verdeck *pellis* 11, 98, 11.

3) *Ed. Diocl.* 8, 43.

4) *Ed. Diocl.* 10, 8. 9. 11. 12.

5) *Ed. Diocl.* 10, 10.

6) Eine *theca cannarum* von Leder, also ein Pennal, *Ed. Diocl.* 10, 17.

7) Orelli 4158.

8) Ein *collegium tabernaclariorum C. I. L.* VI, 5183b (= Henzen 6101). 9053.

9) Ausserdem finden sie sich in Dacien. *C. I. L.* III, 944. 1547.

10) S. Chr. G. Schwarz *De collegio utriculariorum* in dessen *Opuscula academica, coll. Harles*, Norimbergae 1793. 4⁰. p. 33—66; Calvet *Dissertation sur un monument singulier des Utriculaires de Cavaillon.* Avignon 1766. 8; übersetzt in Martini *Antiquorum monimentorum sylloge altera.* Lipsiae 1787. 8. L. Cantarelli *Bull. épigr. de la Gaule* III (1883) p. 232, wo die Litteratur angeführt ist.

11) Florus 3, 5; Frontin. *strateg.* 3, 13, 6; Suet. *Caes.* 57. Caes. *b. civ.* 1, 48, 8.

12) v. Moltke Briefe über Zustände und Begebenheiten in der Türkei aus den Jahren 1835 bis 1839. Berlin 1841. 8. S. 290. 361 f.

13) Auch was Strabo 3 p. 155 von den Lusitaniern sagt: διφθερίνοις πλοίοις ἐχρῶντο, kann nicht von Schläuchen verstanden werden.

14) Boissieu *Inscriptions antiques de Lyon* p. 401. Vgl. Mommsen *Annali* 1853 p. 78.

Schläuchen waren, die man in Gallien zunächst zur Versendung von Oel und Wein brauchte, wie dies auch in Italien geschah.[1]) Zwar ist in Lugdunum ein Ehrenmitglied der Corporation zugleich *nauta Araricus*,[2]) aber ein Patron derselben erscheint als *negotiator vinarius*,[3]) so dass das ganze Collegium aller Wahrscheinlichkeit nach mit dem Weinhandel in Verbindung stand. Schläuche waren übrigens auch ausserdem zu verschiedenen Zwecken nöthig, wie z. B. zum Fortschaffen des Trinkwassers, auf Feldzügen,[4]) zur Besprengung der Arena im Amphitheater[5]) und für die Sackpfeifer, welche ebenfalls *utricularii* heissen.[6])

6. Arbeit in Elfenbein und Knochen.

Elfenbein ist im ganzen Alterthume schon sehr früh[7]) einer der dankbarsten und beliebtesten Stoffe sowohl für die plastischen Künstler als für die Drechsler (*tornatores*) gewesen, welche letzteren ausserdem auch geringere Materialien, wie Knochen[8]) und Horn,[9]) verarbeiteten. Wir wollen nicht noch einmal auf die wichtigste Verwendung zurückkommen, welche nicht nur in der Blüthezeit der griechischen Kunst, sondern noch in Rom das Elfenbein für chryselephantine Statuen fand, und verweisen auf das S. 672 Erwähnte; die Elfenbeinschnitzer, *eborarii*,[10]) fanden in Rom und im ganzen römischen Reiche bis in

---

1) S. oben S. 458 Anm. 4. Vgl. *Ed. Diocl.* 10, 13—15.
2) Boissieu p. 389. 3) Boissieu p. 209. 398.
4) Sallust. *Jug.* 91. 5) Petron. 34. 6) Suet. *Nero* 54.
7) Brugsch Allgemeine Monatsschrift für Wissenschaft und Litteratur 1854 S. 635: „Der Name *ab*, womit Elfenbein und Elephant hieroglyphisch benannt wird, hat sich wenigstens in dem lateinischen *ebur* erhalten, welches den Beweis liefert, dass der Zahn des Thieres als Handelsproduct früher bekannt war, als das Thier selbst". Koptisch heisst Elfenbein ἐβου. Benfey Griechisches Wurzellexicon II S. 335.
8) Von Knochen ist z. B. die Berliner *cista*, s. Gerhard Etrusk. Spiegel I S. 46, Tav. 14. Drei Reliefplatten von Knochen wurden in Praeneste gefunden. S. Fernique *Étude sur Préneste* pl. 3. 4. Ausserdem wurden daraus Nadeln (Schöne in *Annali* 1866 p. 164), Kämme (*The Journal of British Archaeological Association* Vol. XIV (1858) p. 305. *Bullett.* 1846 p. 37) und andere kleine Sachen gearbeitet.
9) Eine Oelflasche von Horn, *guttus corneus*, Mart. 14, 52. Galen. Vol. XIII p. 616 K.
10) *eborarius* Orelli 4180 = *C. I. L.* VI, 9375. *eborarius ab Hercule Primigenio C. I. L.* VI, 7655; *faber eburar.* ib. 9397. (Reines p. 642, 93 = Fabr. 89, 168 = *C. I. L.* VI, 2356* ist unecht); *Cod. Theod.* 13, 4, 1; *Cod. Iust.* 10, 64, 1.

das Mittelalter hinein für öffentliche und Privatzwecke noch ausserdem vielseitige Aufgaben.[1]) Dahin gehört die architektonische Decoration von Wänden,[2]) Tempel- und Zimmerdecken (*lacunaria*)[3]) und Thüren,[4]) sowie die Ornamentation der *lecti* und *sellae*,[5]) namentlich der *sella curulis*;[6]) ferner der Wagen[7]) und anderer Holzfabricate, die entweder ganz mit Elfenbeinreliefs bekleidet, oder nur mit Elfenbein eingelegt wurden;[8]) endlich waren aus Elfenbein der Stab (*scipio*), den der Triumphator und später der Consul beim *processus consularis* trug,[9]) die plastischen Darstellungen von eroberten Städten, welche bei Triumphzügen aufgeführt wurden,[10]) die Füsse von Betten und

1) Ueber die Elfenbeinarbeiten handelt Raoul-Rochette *Peintures antiques.* Paris 1836. 4. p. 372—379.

2) Dio Chrysost. VII, Vol. I p. 262 R.: ἔτι δὲ ἐν οἰκιῶν ὀροφαῖς καὶ τοίχοις καὶ ἐδάφει τὰ μὲν χρώμασι, τὰ δὲ λίθοις, τὰ δὲ χρυσῷ, τὰ δὲ ἐλέφαντι ποικιλλόντων, τὰ δὲ, αὐτῶν τοίχων γλυφαῖς. Elfenbeinerne d. h. mit Elfenbein incrustirte Paläste erwähnt mehrmals das alte Testament. Psalm. 45, 9. B. d. Könige 3, 22, 39. Amos 3, 15. Sie fanden sich auch in Ninive (Helbig *Annali* 1879 p. 6). So war auch das Haus des Menelaos decorirt. Hom. *Od.* 4, 73.

3) Sen. *N. Q.* I *prol.* 7. Hor. *od.* 2, 18, 1.

4) Von den Thüren des Tempels der Athene in Syracus sagt Cic. *in Verr.* 4, 56, 126: *Confirmare hoc liquido, iudices, possum, valvas magnificentiores, ex auro atque ebore perfectiores, nullas unquam ullo in templo fuisse. — Ex ebore diligentissime perfecta argumenta erant in valvis: ea detrahenda curavit omnia. Gorgonis os pulcherrimum, cinctum anguibus, revellit atque abstulit.* Aehnliche Thüren werden öfters erwähnt; Athen. 5 p. 205b. Diodor. 5, 46, 6: auch der Tempel des Apollo Palatinus in Rom hatte *valvae, Libyci nobile dentis opus,* wie Propert. 3, 31, 12 berichtet. Vgl. Verg. *ge.* 3, 26—33. Noch von den christlichen Bauten sagt Hieronymus *ad Demetriadem de servanda virginitate* Vol. IV, 2 p. 793 Ben. = *ep.* 130, 14 Vallars: *Alii aedificent ecclesias, vestiant parietes marmorum crustis, columnarum moles advehant earumque deaurent capita, — ebore argentoque valvas et gemmis aurata distinguant altaria.*

5) Ueber *lecti eborati* s. S. 310. Vgl. Suet. *Caes.* 84. Auch dies ist orientalisch und auch griechisch. Beispiele sind der Thron des Salomo B. d. Könige 3, 10, 18 und der Stuhl der Penelope Hom. *Od.* 19, 55.

6) S. Mommsen Staatsrecht I², 383. Ovid. *ep. ex Ponto* 4, 9, 27:

Signa quoque in sella nossem formata curuli,
et totum Numidae sculptile dentis opus.

7) *currus eburnus* Ovid. *ep. ex Ponto* 3, 4, 35; Elfenbeinreliefs von einem etruskischen Wagen s. bei Vermiglioli *Bronzi etruschi* p. XXIII—XXV.

8) Verg. *Aen.* 10, 135:

vel quale per artem
inclusum buxo aut Oricia terebintho
lucet ebur.

Beide Methoden unterscheidet auch Plin. *n. h.* 16, 232: *lignumque ebore distingui, mox operiri* (*coepit*).

9) Staatsverwaltung II² S. 587.

10) Quintil. 6, 3, 61: *Chrysippus, cum in triumpho Caesaris eborea oppida essent translata, et post dies paucos Fabii Maximi lignea, thecas esse oppidorum Caesaris dixit.* Ovid. *ep. ex Ponto* 3, 4, 105:

Oppida turritis cingantur eburnea muris,
fictaque res vero more putetur agi.

Tischen[1]) und viele kleine Haus- und Toilettengeräthe. Die merkwürdigen in Praeneste gemachten Funde[2]) haben herausgestellt, dass Elfenbeinarbeiten zuerst aus dem Orient und zwar durch Phönicier nach Latium gelangt sind. Die praenestinischen *crustae* haben theilweise den ägyptisch-assyrischen Charakter, über welchen S. 394 gesprochen ist, sie tragen noch Spuren von Farben und Vergoldung, womit auch die Elfenbeinreliefs späterer Zeit ausgestattet wurden.

Das, was wir von diesen Arbeiten aus dem Alterthum übrig haben, besteht einerseits aus Stücken der erwähnten Reliefbekleidungen von Holzwerk aus sehr verschiedenen Zeiten,[3]) andererseits aus kleinen Geräthen, Kästchen und Büchsen,[4]) Messer- und Schwertgriffen, *capuli, manubria*,[5]) Kämmen,[6]) Nadeln,[7]) Würfeln[8]) und vielen ihrem Zwecke nach nicht mehr zu bestimmenden Fragmenten, den verschiedenen Arten der *tesserae*, die zum grösseren Theil von Elfenbein, zum kleineren Theil von Knochen sind,[9]) und endlich den consularischen Dip-

---

1) S. oben S. 310.

2) Helbig *Annali dell' Inst.* 1876 p. 197 ff. *Monumenti* X tav. 31, 3; *Annali* 1879 p. 6 ff. Fernique *Étude sur Préneste* p. 178 ff.

3) Elfenbeinerne (und knöcherne) Incrustationen hölzerner Kästchen finden sich häufig in etruskischen Gräbern des 5. Jahrh. v. Chr. *Mon. d. Inst.* VI, 46, 1—4, *Ann.* 1860 p. 472; *Bull. d. Inst.* 1882 p. 338; 1883 p. 41. 42. Micali *Monumenti* (1832) tav. 41 n. 10—13. Spätere Elfenbeinreliefs in Buonarroti *Osservazioni istoriche sopra alcuni medaglioni antichi.* Roma 1698. 4. p. XXII—XXVIII und abgebildet daselbst auf der Titelvignette und p. I, p. 1. 70. 252. 294. 314. 328. 336. 348. 362. 365. 382. 402. 451. Darunter ist ein christliches Relief p. 395. Anderes s. in Caylus *Recueil* IV, pl. 70, 2. 3; pl. 88, 5; V pl. 84, 1. 2. 3. In Pompeii wurden 1874 zwei Elfenbeintafeln von einem Kästchen gefunden, welche im *Giornale degli scavi di Pompei* Nuova Serie III (1874) p. 11 tav. I herausgegeben sind.

4) Ein Toilettenkästchen von Elfenbein, in Vulci gefunden, s. bei Micali *Monumenti* (1832) tav. XLI n. 10. 11. 12. 13.

5) Plin. *n. h.* 33, 152. Juven. 11, 131—133. Ein knöcherner Messergriff s. *Archaeologia* XXVII p. 143. Vgl. Clem. Alex. *Paed.* 1, 3 § 37 p. 189 Pott.: τί γάρ, εἰπέ μοι, τὸ μαχαίριον τὸ ἐπιτραπέζιον, ἣν μὴ ἀργυρόηλον ᾖ ἢ ἐξ ἐλέφαντος πεποιημένον τὴν λαβὴν, οὐ τέμνει;

6) *Bull.* 1853 p. 54. *Annali* 1866 p. 160. Raoul-Rochette *Mém. de l'acad.* XIII p. 740 (212). Sonst giebt es auch Kämme aus Metall, Knochen und Buchsbaum.

7) Eine Elfenbeinnadel mit einem Greifenkopfe, dessen Augen Granaten sind, s. Arneth Gold- und Silbermonumente p. 34 n. 162.

8) Häufig gefunden; ein *artifex artis tessalarie lusorie* Orelli 4289 = *C. I. L.* VI, 9927.

9) Ritschl Die *tesserae gladiatoriae* der Römer. München 1864. 4. aus den Abhandl. der k. bayer. Akademie I. Cl. X. Bd. II. Abth. S. 293—356 (*Opusc.* IV, 572), und Mommsen *C. I. L.* I p. 195—201. p. 560; Wieseler *Commentatio de tesseris eburneis osseisque theatralibus quae feruntur.* Gotting. 1866. 4. Hübner Monatsberichte der Berliner Academie 1867 S. 747 ff.

tychen (s. S. 563); viel zahlreicher sind sie in unseren Museen für das Mittelalter vertreten, in welchem sie einen Hauptzweig der Sculptur ausmachen.[1])

7. Arbeit in Glas. Gefässarbeit in halbedlen Steinen.

Später als alle die Industriezweige, welche wir bisher besprochen haben, ist in Rom die Glasfabrication einheimisch geworden, welche, seit sehr alter Zeit in Aegypten, Assyrien und Phönicien betrieben, auch in römischer Zeit und bis in das Mittelalter[2]) in dieser ihrer ursprünglichen Heimat fortbestand. Die reichen vorhandenen Sammlungen antiken Glases und das Interesse, welches die in ihnen enthaltenen noch gegenwärtig unerreichten Kunstwerke erwecken, haben mehrfache Versuche veranlasst, die historische Entwickelung der Glastechnik darzustellen.[3]) Das Verdienst, diese Aufgabe soweit, als es jetzt

---

1) Ueber die Geschichte der Elfenbeinplastik s. Schäfer Die Denkmäler der Elfenbeinplastik des Grossh. Museums zu Darmstadt in kunstgeschichtlicher Darstellung. Darmstadt 1872. 8. Digby Wyatt *Notices of sculpture in ivory, consisting of a lecture on the history, methods and chief productions of the art — — and a catalogue of specimens of ancient ivory-carvings in various collections by E. Oldfield.* London 1856. 4. Jules Labarte *Histoire des arts industriels au moyen âge et à l'époque de la renaissance.* Deuxième édition. Vol. I. Paris 1872. 4. p. 153, mit vortrefflichen photographischen Abbildungen und Anführung der Hauptsammlungen (p. 151—153). Unter diesen Sammlungen ist an erster Stelle zu erwähnen das *South Kensington Museum*, welches nicht nur Originale, sondern auch Copien der merkwürdigsten in anderen Museen enthaltenen Kunstwerke dieser Art erworben hat. Verzeichnet sind alle von J. O. Westwood *A descriptive catalogue of the fictile ivories in the South Kensington Museum. With an account of the continental collections of classical and mediaeval ivories.* London 1876. 8. Dem Buche sind ebenfalls Photographien und ein Anhang (p. 341—491) beigegeben, in welchem die in den Museen von Italien, Frankreich, Deutschland, Oesterreich, Holland, Belgien, der Schweiz, Dänemark und Russland vorhandenen Elfenbeinwerke zusammengestellt sind, so dass man hier ein reiches Material für weitere Untersuchungen vorfindet.

2) Benjamin von Tudela sagt in seiner um 1173 geschriebenen Reise, übersetzt von Martinet, Bamberg 1858. 4. S. 11 (*transl. by Asher* p. 43) von Neutyrus: Hier wohnen auch die Künstler, welche ausgezeichnetes Glas bereiten, welches unter dem Namen des tyrischen bekannt und äusserst geschätzt ist.

3) *Catalogue of the collection of glass formed by Felix Slade. With notes on the history of glass-making by* Alex. Nesbitt. London 1871 (*printed for private distribution*) fol., ausgestattet mit 22 colorirten, 18 nicht colorirten Tafeln und zahlreichen Holzschnitten im Text. Die Sammlung besteht zum grösseren Theil aus nicht-antiken, insbesondere venetianischen Gläsern und auch die *notes of history* behandeln das Alterthum nur in grosser Kürze. Ein anderes Werk, *Histoire de l'art de la verrerie dans l'antiquité par* Achille Deville. Paris

möglich ist, gelöst zu haben, gebührt indess W. Froehner, aus dessen mit Benutzung eines sehr vollständigen Materials und mit Gelehrsamkeit und Kritik geschriebener Geschichte der Glaskunst[1]) ich wenigstens die Hauptresultate erwähne, da das Buch nur in kleiner Auflage erschienen und nicht überall zu erlangen ist.

Glasfabrication in Aegypten, Ihren Ursprung hat die Glasfabrication in Aegypten,[2]) wo sich Darstellungen derselben schon in Gräbern der vierten[3]) und fünften[4]) Dynastie, d. h. etwa seit dem Jahre 2450 vor Chr.[5]) finden; am anschaulichsten ist das Blasen des Glases auf den Bildern von Beni-Hassan behandelt, welche nach Wilkinson in die Zeit von 1800 vor Chr. gehören.[6]) Ein im britischen Museum befindliches Amulet von blauem Glase, bezeichnet mit dem Namen Nuantef IV., setzt man zwischen 2423—2380 vor Chr.[7]) und den ältesten erhaltenen Becher mit dem Namen Thothmes III. in das siebenzehnte Jahrhundert vor Chr.[8]) Anfangs scheint die Glasmasse vornehmlich zur Glasirung von Thonarbeiten verwendet worden zu sein;[9]) als man darauf zur Herstellung von Glasperlen und anderen Schmucksachen, Amuletten, kleinen Figuren, endlich von Glasgefässen[10]) schritt, behielt lange

---

1873. 4., enthält auf 113 Tafeln fast 400 farbige Abbildungen von Glasobjecten, der Text ist aber unwissenschaftlich und unbrauchbar und unter den abgebildeten Gläsern finden sich mehrere, die nicht antik, andere, deren Farben den Originalen nicht entsprechend und fingirt sind.

1) W. Froehner *La verrerie antique. Description de la collection Charvet.* Le Pecq 1879. fol. max. 139 S. Text und 34 colorirte Tafeln. Daraus besonders abgedruckt W. Froehner *Nomenclature des verriers.* Le Pecq 1879. 8. In der sehr instructiven Abhandlung von James Fowler *On the process of decay in glass, and, incidentally, on the composition and texture of different periods and the history of its manufacture,* in *Archaeologia* Vol. XLVI (1880) p. 65—162, ist ebenfalls die älteste Geschichte des Glases mit Sachkenntniss erörtert.

2) Hierüber ist man jetzt einstimmig. Wilkinson in Rawlinson *Hist. of Herodotus* II p. 70 Anm. 8. Froehner p. 9. Fowler p. 80.

3) Lepsius Denkmäler aus Aegypten und Aethiopien. Band III Blatt 13. Rd. IV, Blatt 96.

4) Lepsius a. a. O. Band III Blatt 49.

5) Rawlinson *History of Herodotus.* London 1862. 8. Vol. II p. 290.

6) Wilkinson *Manners and customs of the ancient Egyptians.* London 1837. 8. III p. 88. Vgl. denselben *The Egyptians in the time of the Pharaons.* London 1857. 8. p. 48—86 und in Rawlinson *History of Herodotus* Vol. II p. 69. Abbildung auch bei Deville pl. III.

7) Fowler a. a. O. p. 80.

8) Fowler p. 80. Froehner p. 12. Harrison *Photographs from the collections of the British Museum* pl. 283.

9) Froehner p. 9 ff.

10) Wilkinson *Manners and customs of the ancient Egyptians.* London 1837. 8. III p. 90—108. Boudet *Notice historique de l'art de la verrerie* in *Description*

Zeit die Kunst eine Beschränkung darin, dass, während es drei Arten von Glas giebt, nämlich erstens opakes oder Porcellanglas, zweitens durchscheinendes oder Hornglas, drittens weisses, durchsichtiges Krystallglas, die Aegypter nur die erste Art producirten, bis sie etwa im siebenten Jahrhundert vor Chr.[1]) auch durchscheinendes und noch später weisses transparentes Glas, dessen Zeit sich nicht bestimmen lässt, [2]) zu fertigen anfingen. Die Glasarbeiten gehörten immer zu den berühmtesten Ausfuhrartikeln von Aegypten, [3]) namentlich von Alexandria, [4]) wo besonders gutes Material für dieselben vorhanden [5]) war, und wurden unter Aurelian einer besonderen Abgabe unterworfen.[6])

in Assyrien, Weniger als in Aegypten kam in Assyrien die Glasmanufactur zur Blüthe. Das, was uns an Erzeugnissen derselben vorliegt, sind glasierte Ziegel und kleine Glasstücke, Perlen, Ringe und Einsätze zur Wanddecoration. Gefässe von Glas sind zwar in Ninive gefunden, gehören aber später Zeit an; denn die Salbenflasche, welche den Namen des Königs Sargon (721—703) trägt, [7]) hält Froehner für phönicisch.[8]) Erst unter per-

---

de l'Égypte, Tome IX p. 17—29; Pettigrew *On Egyptian glass*, in *The Journal of the British Archaeological Association* XIII p. 211—222; A. Pellatt *Curiosities of glass making*. London 1849. 4; v. Minutoli Ueber die Anfertigung und die Nutzanwendung der farbigen Gläser bei den Alten. Berlin 1836. fol.

1) Im Britischen Museum befinden sich Flaschen von grünem, durchscheinendem Glase, welche in Memphis gefunden sind, und in die Zeit von 664—610 gesetzt werden. Fowler p. 84.

2) Fowler p. 86.

3) Arriani *peripl. mar. Erythr.* c. 6 p. 261 Müller: Προχωρεῖ δὲ εἰς τοὺς τόπους τούτους ἱμάτια βαρβαρικὰ ἄγναφα τὰ ἐν Αἰγύπτῳ γινόμενα — καὶ λιθίας ὑαλῆς πλείονα γένη καὶ ἄλλης μοῤῥίνης, τῆς γινομένης ἐν Διοσπόλει. Brief des Hadrian bei Vopiscus *Saturn.* 8, 6 von den Aegyptern: *alii vitrum conflant, aliis charta conficitur, alii linifiones, omnes certe cuiuscunque artis et videntur et habentur. — Calices tibi alassontes versicolores transmisi, quos mihi sacerdos templi obtulit, tibi et sorori meae specialiter dedicatos, quos tu velim festis diebus conviviis adhibeas.* Trebell. Poll. *Claud.* 17, 5: *misi autem ad eum — calices Aegyptios operisque diversi decem.*

4) Athenaeus 11, 28 p. 784^{c} = p. 352 Meineke: κατασκευάζουσι δὲ, φησίν, οἱ ἐν Ἀλεξανδρείᾳ τὴν ὕαλον μεταῤῥυθμίζοντες πολλαῖς καὶ ποικίλαις ἰδέαις ποτηρίων, παντὸς τοῦ πανταχόθεν κατακομιζομένου κεράμου τὴν ἰδέαν μιμούμενοι.

5) Strabo 16 p. 758: ἤκουσα δ' ἐν τῇ Ἀλεξανδρείᾳ παρὰ τῶν ὑαλουργῶν εἶναί τινα καὶ κατ' Αἴγυπτον ὑαλῖτιν γῆν, ἧς χωρὶς οὐχ οἷόν τε τὰς πολυχρόους καὶ πολυτελεῖς κατασκευὰς ἀποτελεσθῆναι, καθάπερ καὶ ἄλλοις ἄλλων μιγμάτων δεῖν.

6) Vopiscus *Aurel.* 45, 1: *Vectigal ex Aegypto urbi Romae Aurelianus vitri chartae lini stuppae atque anabolicas species aeternas constituit.*

7) Layard *Niniveh and its remains* II p. 421. Rawlinson *Herodotus* Vol. I p. 389 f.

8) Froehner p. 17.

sischer Herrschaft waren in diesen Gegenden gläserne Trinkbecher in Gebrauch.[1])

In Phönicien, welchem bekanntlich Plinius die Erfindung des Glases zuschreibt,[2]) findet sich zwischen Ptolemais und Tyrus, an der Mündung des Flusses Belus ein für Glasbereitung besonders geeigneter Sand.[3]) Wie sich indessen ursprünglich die Fabrication entwickelte, ist schwer zu bestimmen. Die Phönicier waren es, welche Perlen und Schmucksachen von Glas nach dem Westen und Norden Europas brachten,[4]) die sie vielleicht selbst anfertigten; sie sollen ferner grosse Säulen aus Glasmasse hergestellt haben,[5]) wie dies vielleicht auch in Babylonien und Aegypten geschah,[6]) allein ihr Hauptverdienst bestand darin, dass sie das ihnen zu Gebote stehende vortreffliche Material benutzten, um weisses, durchsichtiges Glas zu machen. Dass dies in Sidon geschah, ist für die Kaiserzeit bezeugt,[7]) aber es muss lange gewährt haben, bis es gelang,[8]) denn die wenigen, auf Cypern gefundenen weissen Glasalabastra sind von dicker Masse und undurchsichtig.[9]) Als Hauptfabrikort blühte noch in der Kaiserzeit Sidon[10]) und wir kennen noch drei sidonische Glaskünstler, welche auf ihren Fabricaten sich griechisch oder lateinisch schreiben,[11]) zum deutlichen Zei-

in Phönicien.

---

1) Bei Aristophanes *Acharn.* 73 sagt der aus Persien kommende Gesandte:
ξενιζόμενοι δὲ πρὸς βίαν ἐπίνομεν
ἐξ ὑαλίνων ἐκπωμάτων καὶ χρυσίδων
ἄκρατον οἶνον ἡδύν.

2) Plin. *n. h.* 36, 191 und über diese Stelle Froehner p. 2 f.

3) Plin. *n. h.* 5, 75; 36, 190—193. Strabo 16 p. 758. Isidor. *orig.* 16, 16, 1. Josephus *b. Jud.* 2, 10, 2.

4) Scylax in Müller *Geogr. Gr. minores* I p. 94.

5) Zwei solche Säulen sah man in einem Tempel in Aradus. Clemens Romanus *Recognitiones*, in *Maxima bibliotheca patrum* II p. 434c.

6) Theophrast bei Plin. *n. h.* 37, 74 erzählt von einem aus Babylon nach Aegypten geschickten Smaragd von 4 Ellen Länge, von einem Smaragdobelisk von 40 Ellen Höhe, von einer Smaragdsäule in Tyrus (vgl. Herodot 2, 44), und Apion bei demselben von einer im Labyrinth befindlichen Serapisstatue aus Smaragd von 9 Ellen Höhe. Alle diese Werke hält Wilkinson *Manners* III p. 98 und in Rawlinson's *Herodotus* II p. 70 für Glasarbeiten.

7) Lucian. *amores* 26: τὸ δ' ἄλλο σῶμα — — ἠλέκτρου — ἢ Σιδωνίας ὑέλου διαφεγγέστερον ἀπαστράπτει.

8) Cesnola Cypern, deutsch von Stern S. 329.

9) Froehner p. 21. Collection Slade p. 8 n. 32.

10) Plinius *n. h.* 5, 76 nennt es *artifex vitri*, und 36, 193 *quondam his officinis nobilis*; man behauptete, dass der Sand vom Belus sich nur in Sidon brauchen lasse (Strabo 16 p. 758) und Σιδόνια ποτήρια kennt auch Athenaeus 11 p. 468c.

11) Die Inschriften lauten: Εἰρηναῖος ἐποίησεν Σιδόνιος, Ἀρίστων Σιδόνιος,

chen, dass sie für den Export arbeiteten. Weniger berühmt war in diesem Fache Tyrus,[1] wiewohl auch dort Trümmer von Glashütten gefunden sind,[2] welche noch im Mittelalter berühmt waren[3] und von dort die Glasmanufactur nach Carthago überging.[4]

Einführung des Glases in Italien.

Nach Italien sind schon in früher Zeit Glaswaaren aus dem Orient eingeführt worden; es waren dies Perlen und ähnliche Schmucksachen, auch wohl Salbenfläschchen (*alabastra*) von opakem Glase,[5] aber die Einführung von gläsernem Hausgeräth, namentlich Bechern, Flaschen und Kannen, lässt sich, so viel ich weiss, erst aus Cicero nachweisen,[6] und dass das Glas noch einige Zeit nachher als ein edles, kostbares Material galt, ersieht man aus dem Sprachgebrauche der Dichter des augusteischen Zeitalters, welche für die krystallhelle Quelle, den glänzenden Thautropfen und den durchsichtigen Meeresspiegel keinen poetischeren Ausdruck haben, als *fons splendidior vitro, ros vitreus, unda vitrea, pontus vitreus, Circe vitrea.* Von da an wird aber das Glas gewöhnlich. Man bezog es regelmässig aus Alexandria[7] und begann es in Italien selbst zu

---

Ἀρτᾶς Σειδ. oder Artas Sidon., welcher letztere etwa dreissigmal vorkommt. Froehner *Nomenclature des Verriers* p. 9—14.

1) Plinius *n. h.* 5, 76 sagt von Tyrus: *nunc omnis eius nobilitas conchylio atque purpura constat.*

2) Froehner p. 22. 3) S. 744 Anm. 2.

4) In Lugdunum kommt ein Julius Alexander, *natione Afer, civis Carthaginiensis, opifex artis vitriae* vor Boissieu p. 427 = Orelli 4299. Einen *vitriarius* in Mauretanien s. *C. I. L.* VIII, 9430.

5) Glasperlen finden sich schon in den ältesten etruskischen Brandgräbern (*tombe a pozzo*). Sie werden häufiger in den auf diese Gruppe folgenden Bestattungsgräbern (*tombe a fossa*). Vgl. *Ann. d. Inst.* 1884 p. 38 A. 2. In den letzteren finden sich auch Salbfläschchen mit weissen Streifenornamenten auf bernsteinfarbigem Grunde (*Mon. d. Inst.* XII, 3 n. 15. *Bull.* 1882 p. 100 f.), welche nicht geblasen sondern in einer Form gegossen zu sein scheinen (*Ann.* 1884 p. 176). Alle diese älteren in Italien gefundenen Glassachen stammen vermuthlich aus phönicischen oder carthagischen Fabriken.

6) Cic. *pro Rabirio Postumo* 14, 40 nach Mommsen's Restitution der sehr verderbten Stelle: *At pervecta aliquando pecunia est; ducentae naves Postumi Puteolis sunt auditae visaeque. Merces fallaces quidem et fucosae, chartis et linteis et vitro delatis, quibus cum multae naves refertae fuissent, summa non potuit parari.* Die Rede ist 700 = 54 gehalten. Vier Jahre vorher 696 = 58 hatte Scaurus zuerst zur Wanddecoration seines Theaters Glasplatten angewendet. Plin. *n. h.* 36, 114.

7) Martial. 12, 74:

Dum tibi Niliacus portat crystalla cataplus,
Accipe de circo pocula Flaminio.

14, 115 *Calices vitrei:*

Aspicis ingenium Nili: quibus addere plura
Dum cupit, ah quoties perdidit auctor opus.

fabriciren, zuerst in Campanien,[1]) dann in Rom, wo man die alexandrinische Technik nicht allein zu erreichen, sondern zu übertreffen suchte,[2]) und endlich auch in Spanien und Gallien.[3]) Zu des älteren Plinius Zeit hatten die Trinkgläser bereits die silbernen und goldenen Becher aus dem Gebrauch verdrängt,[4]) ordinäre Glasgefässe waren sehr wohlfeil geworden,[5]) und nur Kunstarbeiten standen hoch im Preise;[6]) *vitreamina*,[7]) *vitrea*[8]) gehörten zu der gewöhnlichen Hauseinrichtung; es gab, man weiss allerdings nicht, seit wann, in Rom eine Glaserstrasse (*vicus vitrarius*)[9]) und Glasbläser und Glaskünstler[10]) kommen öfters vor. Auch lassen die massenhaft erhaltenen Glassachen, die nicht nur in Herculaneum und Pompeii,[11]) sondern in ganz Italien, in Sardinien,[12]) wohin vielleicht schon die Carthager die Glastechnik eingeführt hatten, und selbst in den entlegensten Provinzen zu Tage gekommen sind, erkennen, welche Verbreitung dieser Industriezweig im römischen Reiche gefunden hat.[13]) Die Necropolis von Idalium auf Cypern hat Tausende von Gläsern griechisch-römischer Arbeit geliefert, und welche Thätigkeit die gallischen Glasfabriken, welche bereits Plinius erwähnt,[14]) bis in das vierte Jahrhundert nach Chr. entwickelten, ist aus den Grabstätten von Arles, Cöln, Trier, Strassburg[15]) und an-

Italische Fabriken.

Verbreitung der Glasindustrie im röm. Reiche.

---

1) Plin. *n. h.* 36, 194.

2) Strabo 16 p. 758: καὶ ἐν Ῥώμῃ δὲ πολλὰ παρευρίσκεσθαί φασι καὶ πρὸς τὰς χρόας καὶ πρὸς τὴν ῥᾳστώνην τῆς κατασκευῆς, καθάπερ ἐπὶ τῶν κρυσταλλοφανῶν: ὅπου γε καὶ τρύβλιον χαλκοῦ πρίασθαι καὶ ἐκπωμάτιον ἔστιν.

3) Plin. *n. h.* 36, 194.

4) Plin. l. l. 199: *usus vero ad potandum argenti metalla et auri pepulit.*

5) Ein Trinkglas war für einen As zu haben. Strabo a. a. O. Vgl. Petron. 51.

6) Unter Nero wurden zwei kleine Becher für 6000 Sesterzen verkauft. Plin. *n. h.* 36, 195.

7) *Dig.* 33, 7, 18 § 13. 8) *Dig.* 33, 7, 12 § 28.

9) Jordan Topographie I, 1 S. 515; II S. 597. *Clivus vitriarius* in Puteoli *Not. d. sc.* 1885 p. 393.

10) Seneca *ep.* 90, 31: *Cuperem Posidonio aliquem vitrearium ostendere, qui spiritu vitrum in habitus plurimos format.* Vgl. oben S. 748 A. 4.

11) Gerhard und Panofka Neapels ant. Bildwerke I S. 442 ff. Niccolini II, *Descriz. gener.* tav. 83.

12) Zahllose Gegenstände aus Glas und Email finden sich dort in den punischen Nekropolen. Im J. 1862 fand man dreihundert ganz erhaltene Glasgefässe, *urne cinerarie, prefericoli, fiale, scodelle, bicchieri, calici, tazze e guttarii,* meistens von farbigem Glase, darunter zwei Becher mit griechischen Inschriften. *Bull.* 1863 p. 212 ff.

13) Die speciellen Nachweisungen hierüber findet man bei Froehner p. 108—122.

14) Plin. *n. h.* 36, 194.

15) Bei den Ausgrabungen von 1878—1880 fanden sich in den meisten

deren Orten ersichtlich, aus welchen Gläser aller Art von verschiedenem Kunstwerthe, zum Theil schon von sehr barbarischem Stile vorliegen.

Gegenstände der Fabrication.

Gegenstände der antiken Glasfabrication waren theils ordinäre oder zierlicher gearbeitete Geräthe, Flaschen, Kannen, Töpfe, kleine Amphoren, Schüsseln, Teller, Trinkgläser, Trinkhörner,[1] Lampen, Trichter, durchsichtige Medicingläser[2] und Büchsen, Salbenfläschchen, welche man früher als Lacrimatorien bezeichnete, Aschenurnen, ferner kleine Figuren von Göttern, Menschen und Thieren, Amulette, Spielsteine (*calculi*),[3] Schmucksachen,[4] namentlich Glasperlen, theils aber auch Kunstwerke von ausserordentlicher Schönheit, welche ein besonderes Interesse in Anspruch nehmen.

Das Glas ist ein sehr bildsamer Stoff,[5] welcher in Hinsicht auf die Vielseitigkeit der Bearbeitung die Metalle übertrifft. Es kann erstens in den schönsten Farben dargestellt, zweitens in hartem Zustande geschliffen und geschnitten, drittens in flüssigem Zustande in Formen gegossen oder gepresst, endlich als zähe und dehnbare Substanz behandelt, in Fäden gezogen und gesponnen werden.[6]

Farbige Gläser.

Die farbigen Gläser sind ein alter Ruhm der Aegypter und in der Kaiserzeit besonders der Alexandriner.[7] Ein Theil hat auf dunklem Grunde Verzierungen von hellen Linien und Bändern, welche im Kreise oder im Zickzack um das Gefäss laufen; daneben machte man vielfarbige Gläser in unzähligen Varietäten, deren Technik noch gegenwärtig grossentheils unbekannt ist;[8] eine besondere Classe bildeten endlich diejenigen Fabri-

---

Gräbern des Strassburger Gräberfeldes Gläser. S. Straub *Le cimetière Gallo-Romain de Strasbourg*. Strasbourg 1881. 8.

1) Heydemann Mittheilungen S. 27 n. 30. Jahrb. des Vereins v. Alterthumsfr. im Rheinlande XXXVI Taf. 3, 1.

2) Overbeck Pompeji⁴ S. 382.

3) Vgl. Ovid. *a. am.* 2, 207. Mart. 7, 72, 8.

4) Armbänder aus Glas *Bull. d. Inst.* 1883 p. 33.

5) Plin. *n. h.* 36, 198: *nec est alia nunc sequacior materia.*

6) Plin. *n. h.* 36, 193: *aliud flatu figuratur, aliud torno teritur, aliud argenti modo caelatur.*

7) Strabo 16 p. 758 (s. oben S. 746 Anm. 5). Froehner p. 44.

8) Abeken Mittelitalien S. 398 f. sagt von der ersten Art: „In das noch weiche Gefäss von meist dunkelblauer Grundfarbe werden gerade oder zickzackförmige Linien von hellen Fäden eingesetzt und dann mit dem Ganzen zugeschliffen“ und von der zweiten Art: „Der Künstler verbindet Glasfäden von verschiedener Färbung in einer dünnen Glaskugel und lässt während des Blasens die einzelnen Fäden zu einem Ganzen zusammenfliessen, so dass, je nach dem

cate, welche als Imitationen edler Steine zu betrachten sind. Nicht nur Ringsteine bildete man so erfolgreich in Glaspasten nach, dass, um echte und unechte Gemmen zu unterscheiden, schon damals eine besondere Kennerschaft nöthig war,[1]) sondern auch diejenigen Edelsteine und Halbedelsteine, welche zur Anfertigung kostbarer Gefässe verwendet wurden, wusste man täuschend nachzuahmen. Nicht, dass man immer eigentlich darauf ausging, eine naturhistorisch genaue Copie eines bestimmten Steins zu liefern[2]) — denn es giebt in unseren Sammlungen Glasgeräthe dieser Art, für welche in der Natur kein völlig entsprechendes Vorbild vorhanden ist — aber gewisse Edelsteine liessen sich leicht und vortrefflich in Glas imitiren, wie der Bergkrystall, der Rubin, der Saphir,[3]) der Smaragd,[4]) der Opal,[5]) das Obsidian[6]) und der Amethyst, und wir haben noch Gefässe, welche seit vielen Jahrhunderten als aus Edelstein geformt gegolten haben und erst in neuester Zeit als Glaswerke erkannt sind,[7]) wie der saphirblaue Becher in Monza und der als Smaragd bewunderte *sacro catino* in Genua, der heilige Gral, in welchem der Sage nach das Blut des durch die Lanze des Longinus verwundeten Heilands aufgefangen wurde. Imitation edler Steine.

Von geschnittenen und geschliffenen Arbeiten sind die bekanntesten die Glaspasten, welche als Cameo oder Intaglio geschnitten und als Ringsteine verwendet wurden.[8]) Man schliff indessen auch convexe Linsengläser,[9]) über deren Anwendung Geschnittene und geschliffene Arbeiten. Glaspasten. Linsengläser.

Willen und der Geschicklichkeit des Bläsers, ein mehr zufälliges oder symmetrisch geordnetes Ensemble entsteht.“

1) Man färbte zu diesem Zwecke theils echte Steine (Plin. *n. h.* 37, 197: *Veras (gemmas) a falsis discernere magna difficultas, quippe cum inventum sit, ex veris generis alterius in aliud falsas traducere, ut sardonyches e ternis glutinentur gemmis, — — neque enim est ulla fraus vitae lucrosior.* Ueber das Verfahren dabei s. Nöggerath Ueber die Kunst, Gemmen zu färben. Jahrb. des Vereins von A. im Rheinlande X S. 82 ff.), theils Glas (Plin. *n. h.* 36, 198; 37, 83. 98). Einen *negotiator, qui gemmas vitreas pro veris* verkaufte, erwähnt Trebell. Poll. *Gallieni duo* 12, 5.

2) Froehner p. 46.

3) Plin. *n. h.* 36, 198. Das Rubinglas nennt er *haematinum.*

4) Isidor. *orig.* 16, 15, 27: *Nam et pro lapide pretiosissimo smaragdo quidam vitrum arte inficiunt, et fallit oculos subdole quaedam falsa viriditas, quoadusque non est, qui probet simulatum et arguat. Sic et alia alio atque alio modo.*

5) Plin. *n. h.* 37, 83. Von Opalglas waren nach Froehner p. 46 die *calices allassontes*, welche Hadrian bei Vopiscus *Saturn.* 8, 10 erwähnt.

6) Plin. *n. h.* 36, 198.

7) Froehner p. 48.

8) Ueber das Verfahren hiebei s. jetzt H. Rollett Glyptik in Bucher Gesch. der technischen Künste I S. 274 ff.

9) Im J. 1834 wurde in einem Grabe von Nola ein planconvexes Glas,

uns eine sichere Notiz fehlt,[1]) und machte auch bei der Gefässarbeit von dieser Methode die umfangreichste Anwendung. Gegossene Gläser mit Reliefs, von denen weiter unten die Rede sein wird, wurden nach dem Gusse bearbeitet;[2]) andere Gläser waren vertieft (als *intaglio*) geschnitten, wie der von Achilles Tatius beschriebene Crater, in welchem ein Ornament von Weinreben und Weintrauben so eingeschliffen war, dass die Trauben, wenn der Crater leer war, unreif, wenn er aber gefüllt wurde, dunkelroth erschienen;[3]) ferner wurden Inschriften und Zeichnungen vertieft eingeschnitten und dann mit Gold ausgefüllt

Gravierte Gläser.

und dünne, geblasene Gefässe mit eingravierten Darstellungen geschmückt. Welche Methode man dabei anwendete, ist nicht bekannt; vielleicht bediente man sich zum Einritzen blosser Linien des Smaragdes;[4]) denn inwieweit der Diamant den Alten zu diesem Zwecke zu Gebote stand, ist zweifelhaft.[5]) Die zahlreichen noch vorhandenen Arbeiten dieser Gattung sind aus dem dritten, vierten und fünften Jahrhundert nach Chr., mehr merkwürdig durch die dargestellten Gegenstände, als von künstlerischem Werthe.[6]) Hierher gehören der in Cöln gefundene, den Prometheus als Menschenschöpfer darstellende Becher, dessen Relief ganz mit dem Dreheisen gearbeitet ist;[7]) ein ähnlicher, bei Merseburg gefundener, mit Diana und Aktaeon, deren Namen eingraviert sind;[8]) ein dritter mit Lynkeus und Hyper-

---

2 Zoll 3 Linien im Durchmesser, in Gold gefasst, gefunden (Minutoli S. 4); ein ähnliches im J. 1854 in Pompeii; ein biconvexes Glas in England. S. Cuming in *The Journal of the British Archaeological Association* XI (1855) p. 144 —150; ein anderes, 5,5 Centim. im Durchmesser, in Mainz. Benndorf u. Hirschfeld Mittheilungen III (1879) S. 151.

1) Den Gebrauch einer Krystallkugel als Brennglas erwähnt Plin. *n. h.* 37, 28: *invenio apud medicos, quae sint urenda corporum, non aliter utilius uri putari, quam crystallina pila adversis opposita solis radiis.* Vielleicht führte dies zur Erfindung einer convex geschliffenen Linse. Dass die Alten ein Vergrösserungsglas gekannt haben, stellt Lessing Briefe antiquarischen Inhalts 45 in Abrede, allein die in Nola und Mainz gefundenen Linsen können kaum etwas anderes sein.

2) Minutoli a. a. O. S. 5.

3) Achilles Tatius 2, 3: ὑάλου μὲν τὸ πᾶν ἔργον ὀρωρυγμένης, κύκλῳ δὲ αὐτὸν ἄμπελοι περιέστεφον ἀπὸ τοῦ κρατῆρος πεφυτευμέναι· οἱ βότρυες πάντη περικρεμάμενοι· ὄμφαξ μὲν αὐτῶν ἕκαστος ὅσον ἦν κενὸς ὁ κρατήρ· ἐὰν δὲ ἐγχέῃς οἶνον, κατὰ μικρὸν ὁ βότρυς ὑποπερκάζεται καὶ σταφυλὴν τὸν ὄμφακα ποιεῖ.

4) Froehner p. 94.

5) Nach Plinius *n. h.* 37, 200 brauchte man ihn.

6) Verzeichniss bei Froehner S. 95 ff.

7) Herausg. von Welcker Jahrb. d. Vereins v. A. im Rheinlande XXVIII S. 54—62, Taf. 18; vgl. *Bull. dell' Inst.* 1860 p. 66. 158. Jetzt in Berlin.

8) Abgebildet *Catalogue Slade* p. 57. 58. Auf einen gläsernen Becher der-

mnestra;[1]) endlich die Amphora von Hohensülzen mit bacchischen Scenen,[2]) und die sehr roh gearbeitete Schale mit dem Neptun.[3]) Ferner Becher, auf welchen Gladiatorenkämpfe gravirt waren, oder auch Circusrennen[4]) und Jagden.[5]) Von besonderem Interesse sind drei Flaschen von weissem durchsichtigem Glase, auf welchen die bedeutendsten Gebäude der Küste von Puteoli eingeritzt sind. Das eine, gefunden zu Populonia, mit der den einzelnen Gegenständen hinzugefügten Bezeichnung STAGNVm, OSTRIARIA, PALATIVm, RIPA, PILAE, auf dem Halse mit der Inschrift ANIMA FELIX VIVAS;[6]) das zweite, gefunden bei Rom, mit den Bezeichnungen FAROS, STAGNVm NEronis, OSTRIARIA, STAGNVm, SILVA, BAIAE, am Halse mit der Inschrift MEMORIAE FELICISSIMAE FILIAE;[7]) das dritte, gefunden in den römischen Minen von Odemira in Portugal, mit den Bezeichnungen PILAS, SOLARIVm, AMPITHEATrum, THERMETANI, THEATRVM, RIPA.[8]) Endlich haben auch die Christen Gläser dieser Gattung gemacht oder machen lassen, auf welchen die Gegenstände der gravirten Umrisse aus dem alten und neuen Testamente genommen sind.[9]) Es ist wahrscheinlich, dass die meisten der angeführten Gefässe uns nicht

---

selben Art bezieht Fröhner das Epigramm der *Anthologia Palat.* (II p. 649 n. 89 Jacobs): Εἰς Τάνταλον ἐπὶ ποτηρίου γεγλυμμένον, in welchem es v. 5 heisst: Πῖνε, λέγει τὸ τόρευμα. Alle solche Becher mit griechischen Inschriften sind nach Slade byzantinischer Herkunft.

1) J. Kamp Die epigraphischen Anticaglien in Köln. Köln 1869. 4. p. 16.

2) Herausg. von Aus'm Weerth und Wieseler Jahrb. d. Vereins v. A. im Rheinlande LIX S. 73 ff. Taf. 3, 2; 4.

3) Gefunden zu Cobern, jetzt in Berlin. Aus'm Weerth Jahrb. d. Vereins v. A. im Rheinlande LXIX S. 52. Taf. 5, 1.

4) Deville pl. 89. Wilmowski Arch. Funde in Trier und Umgegend. Trier 1873 S. 21.

5) Teller und Schalen mit Jagdscenen s. bei Aus'm Weerth in Jahrb. d. Vereins v. A. im Rheinlande LXIX (1880) S. 49 ff. Tav. 1—4.

6) Herausgegeben von Sestini *Illustrazione di un vaso antico di vetro ritrovato in un sepolcro presso l'antica Populonia.* Firenze 1812. 4. Mercklin *De vase vitreo Populoniensi.* Dorpat 1851. 4°. De Rossi *Bull. Napoletano* 1853 p. 133, tav. 9, 2; 1854 p. 153. *Bull. dell' Inst.* 1853 p. 36.

7) *Bull. Napol.* 1853 p. 133. tav. 9, 1.

8) Jordan Archaeol. Zeitung 1868 S. 91 ff. Taf. 11. Ueber alle drei Gefässe s. Jordan Topographie II S. 144 f.

9) Eine Schale mit dem Opfer Isaak's s. bei De Rossi *Bull. crist.* 1874 p. 153, tav. 11; 1877 p. 77, tav. 5. 6. Aus'm Weerth Jahrb. v. A. im Rheinlande LXIX (1880) Taf. 5, 6; eine andere Aus'm Weerth a. a. O. S. 52 ff. Taf. 6. Darstellung der Taufe *Bull. crist.* 1876 p. 7. Andere Beispiele s. bei De Rossi *Bull. crist.* 1868 p. 35 ff. Becher mit dem Opfer Abraham's und Moses, der die Quelle aus dem Felsen fliessen lässt: Straub *Le cimetière Gallo-Romain de Strasbourg.* Strasbourg 1881. 8. p. 94—96, *Frontispice* und pl. 2. 3.

in ihrer ursprünglichen Vollendung erhalten sind. Auf einigen finden sich deutliche Spuren, dass die eingeritzten Figuren mit farbigem Glassfluss ausgefüllt waren, der auf dem durchsichtigen weissen Glase ein colorirtes opakes Relief bildete, aber in der Länge der Zeit sich von der Unterlage gelöst hat.[1]) Es wird daher ein grosser Theil der gravirten Gefässe zu den gemalten Gläsern zu rechnen sein, auf welche wir weiter unten zurückkommen.

Als ein besonderes Kunststück der Glasschneider sind die eiförmigen Becher zu betrachten, deren ganze Aussenseite in *vasa diatreta.* durchbrochener Arbeit hergestellt ist. Sie sind nämlich von einem Glasnetze umgeben, das einige Linien von der Becherwand absteht, mit der es durch Glasstäbe verbunden ist, und laufen beim Hinsetzen immer Gefahr zerbrochen zu werden.[2]) Von solchen Bechern sind sieben bekannt. Zuerst der im J. 1725 im Novaresischen gefundene, der in den Anmerkungen zu Winckelmann's Kunstgeschichte folgendermassen beschrieben wird:[3]) »Die Schale ist äusserlich netzförmig und das Netz ist wohl drei Linien vom Becher entfernt, mit welchem es verbunden ist vermittelst Fäden oder feiner Stäbchen von Glas, die in fast gleicher Entfernung vertheilt sind. Unter dem Rande zieht sich in hervorstehenden Buchstaben, die auch, wie das Netz, durch Hülfe solcher Stäbchen etwa zwei Linien weit von dem eigentlichen Becher getrennt sind, folgende Inschrift: BIBE VIVAS MVLTIS ANNIS. Die Buchstaben der Inschrift sind von grüner Farbe; das Netz ist himmelblau. Zuverlässig sind weder die Buchstaben noch das Netz auf irgend eine Weise angelöthet, sondern das Ganze ist mit dem Rade aus einer festen Masse Glases auf die Weise gearbeitet, wie bei den Cameen geschieht.

---

1) De Rossi *Bull. crist.* 1878 p. 147. Vgl. denselben *Bull. crist.* 1868 p. 36, wo es heisst: *Il frammento di bicchiere edito dal Buonarotti nelle Osservazioni sui vasi tav. III n. 1 è conservato nella biblioteca vaticana; in questo frammento però gli incavi delle figure furono riempiti di smalti colorati e di lumeggiature d'oro, la quale pratica non trovo usata nel massimo numero di cotesti manufatti, lasciati bianchi.*

2) Clemens Alex. *Paed.* 2, 3 p. 188 Potter: ναὶ μὴν καὶ τορευτῶν περίεργος ἐφ' ὑέλῳ κενοδοξία εἰς θραῦσιν διὰ τέχνης ἑτοιμοτέρα δεδιέναι τε ἅμα καὶ πίνειν διδάσκουσα περιοριστέα τῆς εὐνομίας ἡμῶν.

3) Winckelmann Werke III S. 293. Abbildung Taf. I A. Die Abbildung bei Deville pl. 33b hat falsche Farben. Ohne Farben bei G. D'Adda *Ricerche sulle arti e sull' industria romana, vasa vitrea diatreta.* Milano 1870. 4. Der Becher befindet sich im Museo Trivulzio in Mailand.

Die Spur des Rades gewahrt man deutlich.« In derselben Weise gearbeitet sind der in Strassburg im J. 1825 gefundene Becher mit rothem Netz und der Inschrift: ave maxIMiaNE AVGVste in grünen Buchstaben,[1] der in Wien befindliche mit der Inschrift: FAVENTIBVS,[2] zwei im J. 1844 in Cöln ausgegrabene mit den Inschriften ΠΙΕ ΖΗϹΑΙϹ ΚΑΛΩϹ und BIBE MVLTIS ANNIS,[3] der 1845 in Szekszard in Ungarn entdeckte mit der Inschrift ΛЄΙΒετῷ πΟΙΜЄΝΙ ΠΙΕ ΖΗσαΙϹ, aber ohne Netz,[4] und der aus einem Grabe von Hohen-Sülzen stammende ohne Inschrift, der, wenn er vollständig erhalten wäre, der grösste vorhandene sein würde.[5] Ferner kann man noch den Glaseimer im Schatze von S. Marco in Venedig hieherziehn, welcher am unteren Theile zwar nicht eiförmig gerundet, aber mit einem Netze bekleidet ist.[6] Verwandter Art sind endlich zwei Becher, welche das Netz durch andere Motive ersetzen. Der eine, im Besitz des Baron Lionel Rothschild in London,[7] hat an Stelle des Netzes eine figürliche Composition, das Ende des thracischen Lycurg darstellend, der andere, in Privatbesitz in Mailand,[8] Ornamente architektonischen Charakters, beide in der oben beschriebenen Weise mit dem eigentlichen Gefäss verbunden. Der letztgenannte Becher ist unten abgeplattet, so dass er stehen kann. Man hat bisher, Winckelmann folgend, angenommen, dass alle diese Gefässe aus harter Glasmasse geschnitten sind, und dass wir in ihnen Exemplare der von den Alten als *calices diatreti* erwähnten Becher haben. Beides stellt Froehner in Abrede,[9] das erste, weil es unmöglich sei, von aussen her durch das Netz hindurch die Wand des Gefässes und die innere Seite

---

1) Schweighäuser Kunstblatt 1826 N. 90 S. 358 und daraus abgedruckt Jahrb. des Vereins v. A. im Rheinlande V und VI S. 380. Deville pl. 33ᵃ, ebenfalls mit falschen Farben.

2) Arneth Cameen S. 41. Taf. 22, 3. *C. I. L.* III, 1637.

3) Herausg. von Urlichs Jahrb. d. Vereins v. A. im Rheinlande V. VI S. 377—382. Taf. 11. 12.

4) Kubinyi Szekszarder Alterthümer. Pest 1857. 4. Taf. 3. Auch abgebildet Jahrb. d. Vereins v. A. im Rheinlande LX S. 160. Die Inschrift ergänzt Froehner p. 89: Λειβερᾶλι Ποιμένι πίε ζήσαις.

5) Er hatte einen Durchmesser von 21 Centimeter. Aus'm Weerth Jahrb. des Vereins v. A. im Rheinlande LIX S. 69. Taf. 2, 2.

6) Abgebildet in den Jahrb. des Vereins v. A. im Rheinlande LIX S. 74. Deville pl. 34.

7) *Ann. d. Inst.* 1845 p. 114; 1872 p. 257. Franks *Kensington Museum* n. 4957. Froehner p. 90.

8) D'Adda a. a. O. S. 35. Taf. 2.

9) Froehner p. 87 f.

des Netzes zu schleifen und es thöricht gewesen sein würde, eine Arbeit, welche viel leichter durch Anlöthen des separat geschliffenen Netzes hergestellt werden konnte, auf so mühsame, dem Misslingen ausgesetzte Weise zu unternehmen;[1]) das zweite, weil jeder Beweis dafür fehle, dass die *calices diatreti* von Glas gewesen seien.[2]) Er nennt daher diese Becher gelöthete (*verres soudés*) und versteht unter den *diatretarii*, deren Gewerbe noch im vierten Jahrhundert nach Christo bestand,[3]) Steinschneider, unter den *calices diatreti* aber Becher von Halbedelstein, nicht Becher von durchbrochener Arbeit. Dieser Ansicht mich ohne Weiteres anzuschliessen verhindert mich die Stelle des Martial, welche, wie mir scheint, von Froehner nicht richtig erklärt wird.[4]) Ich glaube gerade aus dieser Stelle schliessen zu müssen, dass, was auch die ursprüngliche und eigentliche Bedeutung der *diatetra* war, dieser Name mit Recht oder Unrecht auf die uns vorliegenden Glasbecher übertragen worden ist.[5])

---

1) So auch D'Adda a. a. O. S. 23. Ganz anders äussert sich Lobmeyr, ein unzweifelhaft Sachverständiger, Jahrb. d. Vereins v. A. im Rheinlande LIX S. 71: „Es kann keinem Zweifel mehr unterliegen, sagt er, dass die Diatreta geschliffen und eine jener fabelhaften Geduldsarbeiten sind, wie solche — — ohne Sklavenarbeit überhaupt nicht zu leisten sind."

2) *Calices diatreti* kommen nur zweimal vor, bei Martial und bei Ulpian *Dig.* 9, 2, 27 § 29: *Si calicem diatretum faciendum dedisti si quidem imperitia fregit, damni iniuria tenebitur: si vero non imperitia fregit, sed rimas habebat vitiosas, potest esse excusatus: et ideo plerumque artifices convenire solent, cum eiusmodi materiae dantur, non periculo suo se facere.* Hier liefert der Auftragsteller den Stoff, und dieser kann Risse haben, was bei der Glasmasse nicht vorkommt, wohl aber bei Steinen.

3) *Cod. Theod.* 13, 4, 2. *Cod. Iust.* 10, 66 (64), 1.

4) Martial. 12, 70 erzählt von einem Manne, Namens Aper, dass er zuerst sehr gegen das Trinken gewesen sei, dann aber Geld geerbt und seitdem nach dem Bade in den Thermen sich immer betrunken habe. Dann schliesst er:

O quantum diatreta valent et quinque comati!
Tunc, cum pauper erat, non sitiebat Aper.

Die uns vorliegenden Becher sind darum unten abgerundet und noch mit einem Netze umgeben, damit man sie nicht niedersetzen kann, sondern auf einmal austrinken muss, und erinnern an den Grafen Gotter, Gesandten Friedrichs des Gr. in Wien, der, um seine Gäste trunken zu machen, aus Champagnergläsern ohne Fuss trinken liess (Beck Graf v. Gotter. Gotha 1867. 8. S. 99). Martial sagt also: O was können Gläser bewirken, die so eingerichtet sind, dass man sie in einem Zuge austrinken muss, zumal wenn man fünf zierliche Diener bei sich hat, die immer wieder einschenken! Ueber die *comati* s. oben S. 147 Anm. 7. (Aus dieser Stelle kann doch wohl nur geschlossen werden, dass die *diatreta* ein Luxusartikel waren.)

5) Auch Plinius *n. h.* 36, 195 scheint von diesen Bechern zu sagen: *Sed quid refert Neronis principatu reperta vitri arte quae modicos calices duos quos appellabant petrotos HS $\overline{VI}$ venderet.* Aber *petrotos* ist unverständlich und die

Was drittens den Guss des Glases betrifft, so lieferte dieser einmal das weisse Tafel- und Fensterglas und zweitens die mit Basreliefs verzierten Gefässe. Man war bis auf Winckelmann der Ansicht, dass die Alten sich zum Verschliessen der Fenster entweder der Laden oder Jalousien [1]) oder des Fensterglimmers bedient hätten, der noch jetzt in vielen Gegenden zu diesem Zwecke verwendet wird, bei den Römern *lapis specularis*, [2]) bei den Griechen τὸ διαφανές [3]) genannt wird, und den Vorzug vor dem Glase hat, dass er zwar Licht einlässt, aber die Sonnenstrahlen abhält, [4]) zugleich auch wohl lange Zeit wohlfeiler als Glas war, und man hat alle Stellen der Alten, in welchen Fenster (*specularia*) in Häusern, [5]) Bädern, [6]) Treibhäusern [7]) und Sänften [8]) vorkommen, von dem *lapis specularis* verstanden, obgleich von späteren Schriftstellern Glasfenster ausdrücklich erwähnt werden. [9]) Nachdem indessen in Herculaneum Glasschei-

Guss des Glases. Fensterglas.

Correctur von Wieseler Nachrichten der k. Gesellsch. zu Göttingen 1877 S. 25 *pertusos* oder *perforatos* sehr zweifelhaft.

1) Jahn *ad Pers.* 3, 1 p. 144.

2) Plin. *n. h.* 36, 160—162. 182; 9, 113; 3, 30; 37, 203.

3) Galen. Vol. XIII p. 663 Kühn: καὶ τὸ διαφανὲς δὲ καλούμενον, ὃ σπεκλάριον ὀνομάζουσι Ῥωμαῖοι. Er unterscheidet davon ἡ ὕαλος κεκαυμένη, Glas.

4) Philo *leg. ad Caium* 45, II p. 599 Mangey = VI p. 164 Tauchnitz erzählt von Caligula's Besuch in Alexandria: καὶ περιελθὼν προστάττει τὰς ἐν κύκλῳ θυρίδας ἀναληφθῆναι τοῖς ὑάλῳ λευκῇ παραπλησίοις διαφανέσι λίθοις, οἳ τὸ μὲν φῶς οὐκ ἐμποδίζουσιν, ἄνεμον δὲ εἴργουσι καὶ τὸν ἀφ' ἡλίου φλογμόν.

5) Seneca *ep.* 90, 25: *quaedam nostra demum prodisse memoria scimus, ut speculariorum usum, perlucente testa clarum transmittentium lumen.* Id. *de provid.* 4, 9: *quem specularia semper ab adflatu vindicaverunt, — hunc levis aura non sine periculo stringet.* Id. *N. Q.* 4, 13, 7: *Itaque quamvis cenationem velis ac specularibus muniant —.* Plin. *ep.* 2, 17, 21: *Contra parietem medium zotheca perquam eleganter recedit, quae specularibus et velis obductis reductisve modo adicitur cubiculo modo aufertur. Specularia* kommen auch vor Paulus *s. r.* 3, 6, 56. *Dig.* 33, 7, 12 § 16. § 25.

6) Senec. *ep.* 86, 11: *Quantae nunc aliquis rusticitatis damnat Scipionem, quod non in caldarium suum latis specularibus diem admiserat.*

7) Plin. *n. h.* 19, 64. Columella 11, 3, 52. Mart. 8, 14.

8) Juven. 4, 21.

9) Lactant. *de opificio dei* 8, 11: *et manifestius est, mentem esse, quae per oculos ea, quae sunt opposita, transpiciat quasi per fenestras perlucente vitro aut speculari lapide obductas.* Symphosii *aenigma* 68 in Baehrens *P. L. M.* IV p. 378 = Riese I p. 201: *Vitreum*

Perspicior penitus nec luminis arceo visus,
Transmittens oculos intra mea membra meantes:
Nec me transit hiems, sed sol tamen emicat in me.

Vgl. Quatremère de Quincy *Mémoire sur la manière dont étoient éclairés les temples des Grecs et des Romains* in *Histoire et Mémoires de l'Institut*, *Classe d'histoire* etc. Tome III (1818) p. 272 ff. und die Anmerkungen zu Winckelmann's Werken II S. 346.

ben,[1]) in Pompeii an mehreren Stellen,[2]) z. B. in der sogen. Villa des Diomedes,[3]) in den älteren Bädern,[4]) in der *casa del Fauno*,[5]) Glasfenster, in Velleia auch mattgeschliffenes Tafelglas[6]) gefunden worden ist und ähnliche Funde sich selbst in den deutschen Provinzen des römischen Reiches wiederholt haben,[7]) darf man nicht länger zweifeln, dass sich die Römer der Kaiserzeit obwohl nicht allgemein, so doch in reichen Häusern des Fensterglases bedient haben, und vielleicht in solcher Ausdehnung, dass man bei Prachtbauten die Arcaden der Höfe mit Glas verschloss,[8]) und wird berechtigt sein, die *specularia* als eine allgemeine Bezeichnung für alle Arten von Fenster, sowohl die aus Glimmer als die aus Glas gemachten zu betrachten.

Glasspiegel.

Spiegel von Glas hatten nach Plinius bereits die Sidonier erfunden,[9]) wie weit diese indess in Rom Eingang fanden, ist schwer auszumachen, da wir erst aus sehr später Zeit ein bestimmtes Zeugniss über einen Glasspiegel haben.[10])

Gläser mit Reliefs.

Gläser mit Reliefs[11]) (*vitrum fabre sigillatum*)[12]) wurden in der Regel in einer Form gegossen, zuweilen aber auch so gepresst, dass das Relief auf der Rückseite hohl ist[13]) und den Ein-

---

1) Winckelmann Werke II S. 251. 343.
2) Nissen Pompeianische Studien S. 596.
3) Mazois II p. 93. Overbeck[4] S. 373.
4) Mazois III p. 75. Gell Pomp. I p. 96. Overbeck[4] S. 204. 207.
5) Niccolini I, *casa del Fauno* p. 5. Overb.[4] S. 350.
6) De Lama *Iscrizioni antiche della scala Farnese* p. 29.
7) So in Bandorf bei Oberwinter (Jahrb. v. A. im Rheinlande LIII S. 121) und bei der Saalburg (Ann. d. V. f. nassau. Alterth. XII, 1873, p. 218) und bei S. Agatha im Traunthale, Mittheilungen der k. k. Centralcommission. Neue Folge II (1876) p. XLII.
8) Mazois II p. 52 nimmt dies entschieden an, hauptsächlich auf Grund eines von Winckelmann *Mon. ined.* p. 266 tav. 204 herausgegebenen antiken Bildes mit der Unterschrift *BALneum FAVSTINES*, auf welchem dieser Fensterverschluss deutlich sichtbar ist.
9) Plin. *n. h.* 36, 193: *etiam specula excogitaverat* (*Sidon*). Da hier von den Glasfabriken die Rede ist, sind ohne Zweifel Glasspiegel zu verstehen. Einen noch vorhandenen ägyptischen Glasspiegel im Museum zu Turin führt an Raoul-Rochette *Peintures antiques* p. 379 not. 6.
10) Alexander Aphrodis. *problem.* 1, 132 in Ideler *Physici et Medici Graeci minores* I p. 45: Διὰ τί τὰ ὑέλινα κάτοπτρα λάμπουσιν ἄγαν; ὅτι ἔνδοθεν αὐτῶν χρίουσι κασσιτέρῳ. Alexander von Aphrodisias lebte zu Anfang des dritten Jahrhunderts; die angeführte Schrift aber wird seit Th. Gaza gewöhnlich dem Alexander von Tralles zugeschrieben, einem Arzte des sechsten Jahrhunderts. Vgl. oben S. 690 A. 2.
11) Froehner p. 63—70. 12) Apuleius *met.* 2, 19.
13) Das im J. 1873 in Kertsch gefundene von Stephani *Compte-rendu* 1874 S. 25 Taf. 1 n. 9. 10 publicirte Gefäss ist von dünnem grünlichem Glase, „die Figuren sind, während das Glas noch weich war, mit Hülfe einer Form hinein-

druck getriebener Metallarbeit macht. Sie sind in grosser Varietät in den Sammlungen vertreten[1]) und es giebt unter ihnen eine Gattung römischer Fabrik, welche in der Form der Gefässe und den Reliefdarstellungen sehr ähnlich ist den Thongefässen, welche ebenfalls durch Guss hergestellt wurden. Die römischen Gefässe dieser Art enthalten mit Vorliebe Gladiatorenkämpfe[2]) — vielleicht Nachahmungen von Silbergefässen, wie sie Petron erwähnt; [3]) denn die Namen der Gladiatoren, Tetraites u. s. w. wiederholen sich auf ihnen[4]) — und Circusrennen; [5]) doch kommen auch Götterfiguren vor. [6]) Gewöhnlich wählte man, während bei denjenigen Trinkgläsern, welche den krystallenen an die Seite gestellt werden sollten, die Reinheit und Durchsichtigkeit des Materials als wesentliche Eigenschaft galt,[7]) für plastische Darstellungen, denen die Durchsichtigkeit des Stoffes nicht günstig ist, gefärbte, nur durchscheinende Masse, und erreichte namentlich dadurch eine unübertreffliche Wirkung, dass man auf dunkelfarbigem Grunde Reliefs von milchweissem opakem Glase ausführte. Hiebei wendete man eine besondere Methode an. Solche Gläser nämlich, welche Froehner *verres doublés* nennt, bestehen aus zwei Lagen Glas, einer unteren farbigen, gewöhnlich blauen, und einer darübergelegten weissen. Die letztere kann man von der Unterlage durch Schneiden oder Anwendung des Rades wieder entfernen und so das Relief herstellen. Das ist es, was Quintilian *sculptura vitri*[8]) und Martial *toreumata vitri* nennt.[9]) Zu dieser Gattung gehören die berühmtesten erhaltenen Glasgefässe: die Portlandsvase,[10]) eine Amphora

Gefässe mit doppelter Glaslage.

gepresst und daher auf der Rückseite hohl.“ Ebenfalls gepresst ist das Medaillon von blauem Glase mit schönem Gorgonenkopf bei Slade p. 22.

1) S. Froehner pl. 4. 6. 9. 15. 22. 26. 28. 30. Slade p. 29—35. pl. 5. 6. Deville pl. 9. 12—14. 27. 28. 51.

2) Froehner p. 67; pl. 21.

3) Petron. 52: *in argento plane studiosus sum. — — Nam Hermerotis pugnas et Petrahitis* (es wird gegen die Handschrift zu lesen sein *Tetraitis*) *in poculis habeo, omnia ponderosa.* Vgl. c. 71.

4) *Eph. epigr.* IV p. 209 n. 708.

5) Deville pl. 51. 6) Stephani a. a. O.

7) Plin. *n. h.* 36, 198: *maxumus tamen honos in candido tralucentibus quam proxuma crystalli similitudine.*

8) Quintilian 2, 21, 9: *caelatura, quae auro, argento, aere, ferro opera efficit. Nam sculptura etiam lignum, ebur, marmor, vitrum, gemmas complectitur.*

9) Martial 12, 74, 5; 14, 94, 1.

10) Gefunden in einem Sarcophage bei Rom am Ende des 16. Jahrhunderts, jetzt im Britischen Museum; genau abgebildet in Millingen *On the Portland vase* in *Transactions of the Royal Society of Literature of the united Kingdom*

von braunem durchsichtigem Glase mit weissen opaken Reliefs, deren sichere Erklärung noch nicht gelungen ist;[1]) die im Jahre 1834 in Pompeii in der *casa del Fauno* gefundene Glaskanne mit Henkel, auf dunkelbraunem Grunde mit weissen opaken Laubwerkreliefs verziert;[2]) die kleine *amphora*, ausgegraben 1837 in Pompeii, welche einen transparenten azurblauen Grund und darüber eine Lage von milchweissem Glase hat, aus dem das Relief, ein landschaftliches Motiv mit einer Weinlese darstellend, herausgeschnitten ist;[3]) endlich die *patera* des Museo Borbonico, ebenfalls mit weisser opaker Blattverzierung auf azurblauem Grunde,[4]) und verschiedene ähnliche, nur fragmentarisch erhaltene Werke.[5]) Allein nicht nur Gefässe schmückte man mit solchen Reliefdarstellungen, sondern auch Glastafeln, die zur Decoration der Wände bestimmt waren. Glastafeln zur Wanddecoration werden zuerst erwähnt im Jahre 58 v. Chr. und zwar in dem Theater des Scaurus;[6]) später auch in Privathäusern; zuweilen werden sie als Spiegel beschrieben,[7]) zuweilen als blosses Ornament erwähnt;[8]) dass im letzteren Falle Reliefs zu verstehen sind,[9]) die an Schönheit der Ausführung den erwähnten Gefässen gleichkamen, ersehen wir aus den noch erhaltenen viereckigen Tafeln dieser Art, von welchen eine, in der vaticanischen Bibliothek befindlich,[10]) auf dunklem Grunde in weissem Relief Bacchus im Schoosse der Ariadne liegend, eine

---

I, 2 (London 1829. 4.) p. 99—105. Auch sonst abgeb. z. B. *Archaeologia* VIII (1787) pl. 20 p. 307. Deville pl. 86. 87.

1) Gewöhnlich erklärt man dieselben als Hochzeit des Peleus und der Thetis; Froehner p. 84 denkt Jason und Medea.

2) Abgebildet bei Minutoli Taf. 3, 1.

3) Abgeb. *Monumenti dell' Inst.* III, 5; Zahn II, 77; Overbeck Pompeji[4] S. 626 Fig. 320; Deville pl. 10. 11.

4) *Mus. Borb.* XI, 28. 29. Deville pl. 88.

5) Minutoli Taf. I, 8 und die Nachweisungen S. 2, 3.

6) Plin. *n. h.* 36, 114: *Ima pars scenae e marmore fuit, media e vitro, inaudito etiam postea genere luxuriae, summa e tabulis inauratis.*

7) Plin. *n. h.* 36, 196: *In genere vitri et obsiana numerantur ad similitudinem lapidis, quem in Aethiopia invenit Obsius, nigerrimi coloris, aliquando et tralucidi, crassiore visu atque in speculis parietum pro imagine umbras reddente.* Vgl. Suet. *Domit.* 14: *parietes phengite lapide distinxit, e cuius splendore per imagines quidquid a tergo fieret provideret.*

8) Vopiscus *Firm.* 3, 2: *De huius divitiis multa dicuntur. Nam vitreis quadraturis bitumine aliisque medicamentis insertis domum instruxisse perhibetur.*

9) S. hierüber Raoul-Rochette *Peintures antiques* p. 384 ff.

10) Winckelmann Werke III S. 44; abgebildet bei Buonarroti *Osservazioni sopra alcuni medaglioni antichi.* Roma 1698. 4⁰. p. 437.

zweite Apollo und zwei Musen, [1]) eine dritte ein Taurobolium darstellt. [2]) Offenbar hat dieselbe Kunstübung noch vielfache anderweitige Anwendung gefunden, da auch kleine Glaspasten, in derselben Art gearbeitet, vorhanden sind. [3])

Auf der vierten Eigenschaft des Glases, der Dehnbarkeit, beruht die Möglichkeit, es zu blasen und zu spinnen, und in Folge derselben die Erfindung des Mosaik- und Filigranglases. Legt man nämlich Fäden oder Stäbe verschiedenfarbigen Glases in ein Bündel zusammen und erweicht sie dann im Feuer, so vereinigen sie sich zu einem vielfarbigen Glasstabe, den man nicht nur durch Ausziehen beliebig dünn machen, sondern auch durch Drehung spiralisch formen kann. Jeder Querdurchschnitt dieser Stange giebt ein Mosaikbild, das nicht blos auf der Oberfläche sichtbar ist, sondern durch die Masse des Glases durchgeht und entweder als Bestandtheil einer Glaspaste zur Fassung in einen Ring, zu Schmucksachen oder auch zu kleinen Gefässen und anderweitigen Zwecken verarbeitet werden kann. Dies sind die berühmten Millefiori, deren wunderbaren Farbenschmelz und kunstreiche Composition bereits Winckelmann an zwei Pasten, einen Vogel und ein Blumenstück darstellend, [4]) hervorhebt, und von denen jetzt auch gute farbige Abbildungen vorliegen. [5]) Andererseits kann man den aus den beschriebenen

Mosaikglas.

1) Passerii *Lucernae* I p. 66. 67. tav. 76. Deville pl. 13.

2) Passerii *Lucernae* I p. 76. Olivieri *Sopra due tavole di avorio* p. 69. Eine andere Glasplatte in Relief, mit zwei Löchern zum Annageln, s. Passeri II tav. 83; vgl. tav. 88.

3) Minutoli Taf. I, 7.

4) S. Winckelmann's Werke III S. 40: In zusammengesetztem vielfarbigem Glase gehet die Kunst bis zur Verwunderung in zwei kleinen Stücken, die vor wenigen Jahren in Rom zum Vorschein kamen; beide Stücken haben nicht völlig einen Zoll in der Länge und ein Drittel desselben in der Breite. Auf dem einen erscheinet in einem dunkelen aber vielfarbigen Grunde ein Vogel, welcher einer Ente ähnlich ist, von verschiedenen, sehr lebhaften Farben. Der Umriss ist sicher und scharf, die Farben schön und rein, weil der Künstler, nach Erforderung der Stellen, bald durchsichtiges, bald undurchsichtiges Glas angebracht hat. Der feinste Pinsel eines Miniaturmalers hätte den Zirkel des Augapfels sowohl als die scheinbar schuppichten Federn nicht genauer ausdrücken können. Die grösste Verwunderung aber erwecket dieses Stück, da man auf der umgekehrten Seite desselben eben diesen Vogel erblicket, ohne in dem geringsten Pünktchen einen Unterschied wahrzunehmen.

5) S. v. Minutoli und Klaproth Ueber antike Glasmosaik. Berlin 1817. fol. mit 7 Tafeln, auf deren erster ein Glasgefäss dieser Art abgebildet ist; v. Minutoli Ueber die Anfertigung und die Nutzanwendung der farbigen Gläser bei den Alten, Berlin 1836, fol. Semper Der Stil II, Taf. 16. *Archaeologia* XXXIV. Vgl. Caylus *Recueil* I p. 293 ff. pl. 107. Raoul-Rochette *Peintures antiques* p. 382 ff.

Glasfäden zusammengefügten Stab nicht nur drehen, so dass die Fäden eine spiralförmige Windung um den Stab erhalten, sondern den Stab in erweichtem Zustande zu einer Platte zusammendrücken, welche dann ein Bandmuster darstellt und zu Gefässen ausgeblasen werden kann. Dies sind die Filigrangläser, in denen sich seit dem 15. Jahrhundert die Venetianer auszeichnen, ohne doch dabei, wie es scheint, die Methode der Alten völlig zur Anwendung gebracht zu haben. Ueber diese, ein complicirtes Verfahren bedingenden Fabricate, sowie über den Unterschied antiker und moderner Methode bei ihrer Herstellung muss ich indess auf die Erörterungen von Semper verweisen, der diesen interessanten, aber schwierigen Gegenstand mit Sachkenntniss übersichtlich erörtert. [1])

So vielseitig indessen die Kunstwerke waren, zu denen das Glas selbst den Stoff lieferte, so führte doch das Bestreben, immer Neues zu liefern, auch zur Anwendung von Decorationsmitteln, welche zunächst mit der Glasfabrication selbst in keinem Zusammenhange stehen. Im J. 1871 wurde bei Tiflis ein Gefäss von vergoldetem Silber und violettem Glase gefunden, das Stephani in das Ende des zweiten Jahrhunderts vor Chr. setzt und folgendermassen beschreibt: [2]) »Der Fuss und die Henkel bestehen nur aus Silber, das ursprünglich vergoldet war. An den bauchigen Theilen des Gefässes jedoch sind nur die Verzierungen aus ebenfalls ursprünglich vergoldetem Silber in getriebener und durchbrochener Arbeit hergestellt. Dieses hohle Gerippe aber ist mit Glas von dunkler, violettrother Farbe, während es noch in flüssigem Zustande war, ausgegossen, so dass letztere durch alle offenen Stellen der durchbrochenen Arbeit hindurch sichtbar wird.« Einige ähnlich decorirte Glasgefässe erwähnt Froehner p. 93. Eine zweite Gattung complicirter Arbeit bilden die gemalten Gläser, welche bereits oben S. 753 erwähnt sind. Der Grund ist weisses Glas; die Umrisse sind bisweilen gravirt, [3]) öfter in Schwarz gezeichnet; die Farben sind Glasfluss, welcher sich mit der Zeit von dem Grunde ablöst. Arbeiten dieser Art sind in den letzten Jahren in

Gläser mit Golddecoration.

Gemalte Gläser.

1) Semper Der Stil II^2 S. 187—195 (199—208).

2) S. oben S. 694 A. 3.

3) So auf den von Héron de Villefosse *Revue archéol.* XXVII (1874) p. 281 herausgegebenen Bechern, welcher über diese Art von Gläsern ausführlich handelt.

grösserer Zahl bekannt geworden, so dass man in das Verfahren eine Einsicht gewonnen hat.[1]) Drittens gehören hieher die Gläser, welche sich bisher vorzugsweise in den römischen Catacomben, und erst neuerdings in zwei cölnischen Gräbern gefunden haben, seit der zweiten Hälfte des dritten Jahrhunderts in Mode gekommen und besonders bei den Liebes- und Gedächtnissmahlen der Christen gebraucht zu sein scheinen.[2]) Dass ihre Technik noch lange bekannt blieb, geht hervor aus einem Schriftsteller des zehnten Jahrhunderts, dessen Vorschriften über die Fixirung von Goldblättchen auf Glas eine unverkennbare Beziehung auf diese Fabrication haben.[3]) Das Eigenthümliche dieser Gläser, die meistens Schalen oder Becher sind, besteht darin, dass ein dünnes Goldblättchen mit eingravirter Zeichnung zum grossen Theil christlicher Gegenstände, zwischen zwei Glasflächen eingeschlossen, das Ornament ausmacht. Die doppelte Glaslage bildet gewöhnlich den Boden der Schale, der meistens allein erhalten ist, während die Ränder gelitten haben; die zuletzt entdeckte cölner Schale, von welcher nur der Rand, nicht der Boden vorhanden ist, hat nur einfaches Glas, auf dem das Goldornament offen liegt. Die Bodenornamentation ist offenbar eine Anwendung des Emblema auf die Fabrication der Glasgefässe, welche ziemliche Verbreitung gefunden haben muss; denn obgleich man schon im Alterthum diese Gefässe um des Goldes willen aus den Gräbern gestohlen hat,[4]) so sind doch

Gläser mit gravirten Goldplättchen.

---

1) S. das Verzeichniss bei Froehner p. 99 f. Darstellung des Tempels von Jerusalem auf einer Glasschale: De Rossi *Bull. crist.* 1882 p. 137 ff. Tav. 7.

2) De Rossi *Bullettino di archeologia cristiana* 1864 n. 11 p. 82.

3) Theophilus Hieromonachus *Diversarum artium schedula ed.* Escalopier, Paris 1843. lib. 2 c. 13: *De vitreis scyphis, quos Graeci auro et argento decorant. Graeci vero faciunt ex eisdem saphireis lapidibus pretiosos scyphos ad potandum, decorantes eos auro hoc modo. Accipientes auri petulam, de qua superius diximus, formant ex ea effigies hominum aut avium sive bestiarum vel foliorum et ponunt eas cum aqua super scyphum in quocunque loco voluerint; et haec petula debet aliquantulum spissior esse. Deinde accipiunt vitrum clarissimum velut crystallum. Quod ipsi componunt, quodque mox, ut senserit calorem ignis, solvitur. et terunt diligenter super lapidem porphyriticum cum aqua, ponentes cum pincello tenuissime super petulam per omnia, et cum siccatum fuerit, mittunt in furnum, in quo fenestrae vitrum pictum coquitur, — supponentes ignem et ligna faginea in fumo omnino siccata. Cumque viderint flammam scyphum tamdiu pertransire, donec modicum ruborem trahat, statim eiicientes ligna obstruunt furnum, donec per se frigescat; et aurum nunquam separabitur.*

4) S. De Rossi *Bull. di arch. crist.* 1864 p. 87.

noch mehr als 340 derselben wenigstens fragmentarisch erhalten, von denen Garrucci 318 hat abbilden lassen.[1]

Welch ein ausgedehnter Gebrauch ausserdem, abgesehen von diesen Kunstleistungen, zu den Zwecken des gewöhnlichen Lebens von dem Glase gemacht worden ist, beweisen nicht nur Glasmosaik. die Decorationen der Zimmerwölbungen (*camerae*),[2] Wände[3] und Fussböden mit einer Zusammensetzung kleinerer oder grösserer farbiger Glasstücke,[4] sondern auch die vorhandenen, grossentheils zerbrochenen Reste, unter welchen sich einige vorfinden, über deren Bestimmung wir nur eine unsichere Ver- Glaskugeln. muthung äussern können, wie die vielfach vorhandenen Glaskugeln, unter welchen vielleicht einige den Zweck gehabt haben, in der Wärme die Hand zu kühlen,[5] andere wohl als Fragmente von Geräthschaften zu betrachten sein dürften.

Gefässe von halbedlen Steinen. Wir schliessen diesen Abschnitt mit einer kurzen Erwähnung der Gefässarbeiten in halbedlen Steinen, zu welchen die Gefässe in Onyx, Achat, Bergkrystall und nach der jetzigen Ansicht auch die *vasa murrina* zu rechnen sind. Unter den erhaltenen Onyxgefässen nehmen einen hervorragenden Rang ein das mantuanische oder braunschweiger,[6] die farnesische Schale,[7]

1) Die Hauptwerke über diese Gläser sind: Buonarroti *Osservazioni sopra alcuni frammenti di vasi antichi di vetro ornati di figure, trovati ne' cimiteri di Roma.* Firenze 1716. 4⁰, worin in der *prefazione* p. III ff. ausführlich über die Fabrication gehandelt wird, und Garrucci *Vetri ornati di figure in oro, trovati nei cimiteri dei cristiani primitivi di Roma.* Roma 1858 (2. Ausg. 1864) fol.; über neuere Funde De Rossi *Bull. crist.* 1864 p. 81. 89; 1882 p. 131. 135, tav. 7. 8. *Archaeological Journal* VIII (1851) p. 170. 171. Die beiden Schalen aus Cöln: Jahrb. d. V. v. A. i. Rheinl. XXXVI S. 121 ff. (auch bei De Rossi a. a. O. 1864 p. 89); XLII S. 168 ff. Taf. 5. 6.

2) Plin. *n. h.* 36, 189. Seneca *ep.* 86, 6: *vitro absconditur camera.* Statius *silv.* 1, 5, 42.

3) Vgl. oben S. 629. 630.

4) Einen Glasfussboden aus Isola Farnese von grüner Farbe, in der Dicke mittelmässiger Ziegel, erwähnt Winckelmann Werke III S. 40; einen anderen aus einer römischen Villa beschreibt Passeri *Lucernae* I p. 67; ein Paviment von weissem und schwarzem Glase, gefunden 1670 am Mons Caelius, ist abgebildet in *Recueil de peintures antiques.* Paris 1783 fol. Tome I p. 31 ff. pl. 32; ein Estrich aus Stücken von blauem, grünem und weissem Glase, in Mustern zwischen Streifen von Schiefer und Palombino eingeschlossen, bei Minutoli S. 13 Taf. I, 4.

5) Propert. 3, 24, 11:

Et modo pavonis caudae flabella superbae
Et manibus dura frigus habere pila (*cupit*).

6) Abg. bei Montfaucon *Ant. expl.* II pl. 78 und öfter. Eine schöne Abbildung des braunschweiger Gefässes findet man in Bucher und Gnauth Das Kunsthandwerk. Stuttgart 1874 fol. Taf. 83. 84.

7) Millingen *Uned. Mon.* II, 17. *Mus. Borb.* XII, 47.

die Vase von St. Denis, jetzt in Paris,[1] das berliner Gefäss,[2] sechs in Wien befindliche Gefässe von verschiedenen Formen[3] und das Gefäss von St. Maurice im Canton Wallis;[4] unter den Arbeiten in Achat ist die schönste und bedeutendste die wiener Schale;[5] viel verbreiteter und für die gewöhnliche Hauseinrichtung wichtiger sind die Krystallgeschirre,[6] die seit dem fünfzehnten Jahrhundert aufs neue ein beliebter Gegenstand der Kunstübung wurden. Der besondere Werth der letzteren, von denen sich ebenfalls schöne Exemplare erhalten haben,[7] lag nicht sowohl in der Arbeit, als im Stoffe, wenn derselbe vollkommen rein und ohne Flecken (*maculae*, *puncta*) war. Becher und andere Gefässe von völliger Reinheit kommen unter dem Namen *calices acenteti*, *vasa acenteta* vor.[8] Die murrinischen Gefässe dagegen, von denen wir keine eigene Anschauung haben, bilden seit fast dreihundert Jahren den Gegenstand eines lebhaften Streites. Was wir von ihnen wirklich wissen, ist, dass sie im J. 61 v. Chr. durch Pompeius mit der mithridatischen Beute zuerst nach Rom gebracht wurden,[9] dass sie in dem parthischen Reiche, namentlich in Carmanien, ihren Ursprung haben,[10] dass der Stoff, aus welchem sie gemacht wur-

Krystallgeschirre.

Murrinische Gefässe.

1) Clarac II pl. 125. Müller und Wieseler Denkmäler II p. 50. Chabouillet *Catalogue général des camées et pierres gravées de la bibliothèque impériale* p. 51—54.

2) Thiersch Ueber das Onyxgefäss in der k. pr. Sammlung geschnittener Steine zu Berlin, in Abh. d. bayerischen Acad. I. Cl. Th. II, 1 S. 63 ff.

3) Arneth Die antiken Cameen des k. k. Münz- und Antikencabinets in Wien Taf. XXII, 1. 4. XXIII, 1. 3. 4. 5.

4) Adler in Arch. Zeitung XXVI (1868) S. 98 ff.

5) Arneth a. a. O. Taf. XXIII, 2.

6) Mart. 8, 77, 5; 14, 111; Juven. 6, 155; Senec. *de ira* 3, 40, 2. 3; *de ben.* 7, 9, 3; *ep.* 123, 7; 119, 3.

7) Einen Trinkbecher von Bergkrystall s. *Archaeologia* VII p. 180 pl. 15, eine Kanne bei Arneth a. a. O. Taf. XXIII, 6.

8) Plin. *n. h.* 37, 28: *infestantur (crystalla) plurimis vitiis, scabro ferumine, maculosa nube, occulta aliquando vomica, praeduro fragilique centro item sale appellato. Est et rufa alicui robigo, aliis capillamentum rimae simile. Hoc artifices caelatura occultant. Quae vero sine vitio sint pura esse malunt, acenteta appellantes, nec spumei coloris sed limpidae aquae.* Fronto *de feriis Alsiensibus* 3 p. 224 Naber: *convivium deinde agitares — calicibus perlucidis sine delatoria nota. Quid hoc verbi sit, quaeras fortasse; accipe igitur. Ut homo ego multum facundus et Senecae Annaei sectator Faustiana vina de Sullae Fausti cognomento felicia appello: calicem vero sine delatoria nota cum dico, sine puncto dico. Neque enim me decet, qui sim iam homo doctus, volgi verbis falernum vinum aut calicem acentetum appellare.* Apuleius *met.* 2, 19 übersetzt dies *crystallum impunctum.*

9) Plin. *n. h.* 37, 18. 10) Plin. *n. h.* 37, 21.

den, die *murra*[1]) oder μοῤῥία,[2]) von welchem die Fabricate griechisch μόῤῥινα,[3]) lateinisch gewöhnlich *murrina*, seltener *murrea*[4]) heissen, ein Mineral war, das gegraben[5]) oder gefunden[6]) wurde und die Eigenschaft hatte, dass es nur in kleinen Tafeln vorkam, undurchsichtig, von mattem Glanze, von schillernder Farbe und sehr leicht zerbrechlich war.[7]) Dass namentlich die Murrinen kein Thonfabricat waren, geht nicht nur aus dem Umstande hervor, dass Plinius dieselben unter den Mineralien, nach den Gemmen und vor dem Bergkrystall, behandelt, sondern wird auch wiederholentlich ausdrücklich gesagt[8]) und durch übereinstimmende Zeugnisse verschiedener Zeiten bestätigt.[9]) Demnach ist unter den beiden Hauptansichten, welche man über die Natur der Murrinen aufgestellt hat,[10]) diejenige als ungerechtfertigt zu betrachten, nach welcher unter der *murra* ein künstliches Material, und zwar Porzellan verstanden wird, und es handelt sich vielmehr darum, das Mineral aufzufinden, dessen Eigenschaften denen der *murra* entsprechen. Als solches wurde zuerst im Jahre 1810 der Flussspath bezeichnet, für den

---

1) Mart. 10, 80, 1; 14, 113, 1. Lucan. 4, 380; Statius *silv.* 3, 4, 58.

2) Pausan. 8, 18, 5.

3) ἡ μοῤῥίνη in *Periplus mar. erythr.* § 6, I p. 261 Müller, nach der Lesart der Handschrift.

4) Propert. 4, 10, 22; 5, 5, 26. *Digest.* 33, 10, 11.

5) Plin. *n. h.* 33, 5: *Murrina ex eadem tellure et crystallina effodimus, quibus pretium faceret ipsa fragilitas.* 37, 204: *Rerum autem ipsarum maximum est pretium in mari nascentium margaritis, extra tellurem crystallis, intra adamanti zmaragdis, gemmis, murrinis.*

6) Plin. *n. h.* 37, 21: *Oriens murrina mittit. inveniuntur ibi pluribus locis nec insignibus, maxime Parthici regni, praecipua tamen in Carmania.*

7) Plin. *n. h.* 33, 5; 37, 21. 22. Die Undurchsichtigkeit bezeugt auch Mart. 4, 85.

8) Plin. *n. h.* 35, 158: *in sacris quidem etiam inter has opes hodie non murrinis crystallinisve, sed fictilibus prolibatur simpulis.* § 163: *eo pervenit luxuria, ut etiam fictilia pluris constent quam murrina.*

9) Als Stein wird die *murra* bestimmt bezeichnet bei Sidon. Apoll. *carm.* 11, 20:

Postes chrysolithi fulvus diffulgurat ardor,
Murrina, sardonices, amethystus, iberus, iaspis.

Propert. 4, 10, 22: *murreus onyx. Digest.* 34, 2, 19 § 19: *murrina autem vasa in gemmis non esse Cassius scribit.*

10) Die Geschichte der Untersuchung über die Murrinen sowie die ganze Litteratur findet man bei Thiersch Ueber die *vasa murrina* der Alten, in den Abh. der bayerischen Academie, I. Cl. Bd. 1 (1835) S. 443—509. Die Ansicht, dass unter ihnen Porzellan zu verstehen sei, vertritt namentlich Roloff Ueber die murrinischen Gefässe der Alten, mit Anmerkungen und Zusätzen von Buttmann in Wolf u. Buttmann Museum der Alterthums-Wissenschaft II S. 507—572.

sich auch später namhafte Autoritäten erklärt haben.[1]) Indessen ist neuerdings diese Annahme wieder mit erheblichen Gründen bestritten[2]) und als der unter der *murra* zu verstehende Stein eine Species des Achates vorgeschlagen worden, [3]) ohne dass in der Frage eine endgültige Entscheidung erlangt worden wäre. Zur Complicirung der Untersuchung hat ganz besonders beigetragen, dass, wie man im Alterthum alle Edelsteine nachmachte, so auch die *murrina* in Glas imitirt wurden, und neben den ächten unächte Murrinen vorhanden waren.[4]) Bei den enormen Preisen, welche die Seltenheit des ächten Materials und die Liebhaberei für dasselbe in Rom hervorrief,[5]) war es natürlich, dass man hierauf verfiel, und da die unächten Murrinen ausdrücklich erwähnt werden, so darf man nicht anstehen, diejenigen Stellen, in welchen dieselben als künstliche Fabricate erwähnt werden,[6]) auf diese unächte Waare zu beziehen, welche ebenfalls ein Meisterstück, zwar nicht der Natur, aber der Kunst war. Nur ist es gewiss irrig, wenn Thiersch, dessen

---

1) Die Hypothese wurde aufgestellt in einem A. M. unterzeichneten Aufsatze im *Classical Journal* 1810 p. 472, ist von Thiersch in der angeführten Abhandlung ausführlich begründet und wird gebilligt von Corsi *Delle pietre antiche* p. 166 ff. (der betr. Abschnitt besonders gedruckt: *De' vasi murrini.* Roma 1830. 8.). Schulz *Annali* 1839 p. 97. Kopp Geschichte der Chemie IV S. 72. Die Schrift von Costa de Macede *S. los vasos murrhinos.* Lisboa 1842. 4. ist mir nicht zugänglich gewesen.

2) Lenormant *Note sur un fragment d'un vase Myrrhin* in *Revue archéologique* XXIV (1872) p. 163 ff.

3) A. Nesbitt *Notes on the history of glass-making* in *Catalogue Slade* pag. X not. 2: *The most probable opinion seems to be that the real murrhine was a variety of agate (see King's History of precious stones and gems p.* 239), *containing shades of red or purple. It is possible that those red or purple shades were produced by heat or other artificial means, as is practised so largely at the present day in Germany, both with onyxes and crystals, and this may explain the line in Propertius* 4, 5, 26. (Die Stelle folgt weiter unten mit einer anderen Erklärung.)

4) Plin. *n. h.* 36, 198: *Fit et tincturae genere obsianum ad escaria vasa et totum rubens vitrum atque non tralucens, haematinum appellatum. Fit et album et murrina aut hyacinthos sappirosque imitatum.*

5) Plin. *n. h.* 37, 18: *eadem victoria primum in urbem murrina invexit, primusque Pompeius capides et pocula ex eo triumpho Capitolino Iovi dicavit, quae protinus ad hominum usum transiere, abacis etiam escariisque vasis inde expetitis, et crescit in dies eius rei luxuria.* Er führt darauf als Preise an für einen Becher 70,000 HS = 15,226 *M*; für eine *trulla* 300,000 HS = 65,256 *M*; für eine *capis* 1 Million HS = 217,521 *M*.

6) Hieher gehört namentlich die Stelle, welche den eigentlichen Differenzpunkt in allen Untersuchungen ergeben hat, Propert. 5, 5, 26:

murreaque in Parthis pocula cocta focis;

ferner (Arrian.) *peripl. mar. erythr.* § 6, I p. 261 Müller: λιθίας ὑαλῆς πλείονα γένη καὶ ἄλλης μορρίνης, τῆς γινομένης ἐν Διοσπόλει.

Ansicht ich im Ganzen bis hieher gefolgt bin, diese unächten Murrinen in den oben besprochenen Glasgefässen mit weissen Reliefs auf dunkelem Grunde erkennen will;[1]) es wird vielmehr ein schillerndes Opalglas zu verstehen sein, das eben darum nirgends erhalten ist, weil die Composition dieser Gläser auf eine lange Erhaltung derselben nicht berechnet war.[2])

1) Gegen Thiersch erklärt sich auch Schulz *Annali* 1839 p. 97 ff.

2) Semper a. a. O. II² S. 193 (203), wo er von dem Glase handelt, bemerkt in der Anmerkung: »Wenn die antiken falschen Murrinen Opalgläser waren und sie nach der modernen Procedur gemacht wurden, so ist es nicht zu verwundern, wenn sich nichts davon erhielt. Denn die metallischen Zusätze (Goldpurpur und salzsaures Silber), die dazu nöthig sind, dulden kein starkes Feuer — das leichtflüssige Glas zieht die Feuchtigkeit schnell an und zerfliesst.«

IV. Geistige Thätigkeit und damit in Verbindung stehende Gewerbe.

Nachdem wir in den vorhergehenden Abschnitten die materiellen Interessen des römischen Lebens und die zur Befriedigung derselben bestimmten Industriezweige in Betracht gezogen haben, wird es nunmehr unsere Aufgabe sein, die geistige Beschäftigung der Römer von demselben Gesichtspunkte aus zu erörtern und namentlich zu untersuchen, inwieweit dieselbe entweder direct zum Zwecke des Erwerbes benutzt, oder Veranlassung zu industrieller Thätigkeit wurde. Die Wissenschaft an sich zum Lebensberuf zu machen, haben zwar in Griechenland begabte und unabhängige Männer lohnend gefunden; in Rom dagegen, wo das *otium Graecum* von Alters her in Verruf stand (s. S. 90 Anm. 1), blieb sie vorzugsweise ein Mittel zu praktischen Zwecken, eine angenehme Zerstreuung im Staatsdienste und ein Trost in der Zeit des Unglücks, und wenn es auch Dichter gab, welche eine unabhängige Musse der Ehre und dem Gelderwerb vorzogen, so bietet die römische Litteratur nur wenige Beispiele von wissenschaftlichen Schriftstellern dar, die, wie es Livius gethan zu haben scheint, ihr Leben ausschliesslich der Forschung widmeten. Ein grosser Theil der bedeutendsten römischen Schriftsteller gehört dem Senatorenstande an, für welchen die wissenschaftliche Thätigkeit nur als Erholung diente; der Ritterstand, obwohl dieser für den eigentlichen Träger litterarischer Bildung galt, fand den Mittelpunkt seiner Thätigkeit in Geldgeschäften und später in der Verwaltung der kaiserlichen Procuratorenstellen; aber auch für Leute des dritten Standes, denen durch Rang und Geburt keine Aussicht auf Erfolg im Staatsdienst eröffnet war, entschied bei der Wahl des Berufes der materielle Vortheil. »Lass deinen Sohn,

Die wissenschaftliche Thätigkeit.

sagt Martial,[1]) die Grammatiker und Rhetoren meiden, nichts mache er sich zu schaffen mit dem Cicero oder Maro; macht er Verse, so enterbe ihn; will er eine Kunst lernen, die Geld einbringt, so werde er Sänger oder Musiker, und wenn er einen harten Kopf hat, lass ihn Auctionator oder Baumeister werden.« Wir sehen, es war Geld zu erwerben mit Künsten, die der Unterhaltung oder dem Bedürfniss des Publicums dienten, mit Musik, Schauspielkunst, Tanzkunst;[2]) aber langwierige wissenschaftliche Studien rentirten nicht, und selbst wer die Laufbahn des Lehrers, des Advocaten oder des Arztes einschlug, suchte sich den zeitraubenden Vorbereitungen zu diesen Berufsarten häufig zu entziehen, so dass in derselben Weise, wie der Kunst das Handwerk, so der Wissenschaft die unwissenschaftliche Routine Concurrenz machte, und neben dem Grammatiker der Elementarlehrer, neben dem Redner der Winkeladvocat und Delator, neben dem Arzte der Quacksalber und Medicamentenhändler seine Stellung einnahm, was um so leichter ausführbar war, da man im Alterthum eine vorschriftsmässige Bildung für wissenschaftliche Berufsarten nicht verlangte.

Die Advocatur.

Das anständigste und zugleich einträglichste unter diesen Geschäften war die Advocatur: das anständigste, weil auch Senatoren dasselbe betrieben[3]) und Leute des Volkes, wenn sie Talent hatten, es auf diesem Wege zu einer einflussreichen Stellung bringen konnten;[4]) das einträglichste, seitdem das Cincische Gesetz des Jahres 550 = 204, welches den Advocaten verbot, Bezahlung anzunehmen,[5]) unter den Kaisern insoweit antiquirt war, als ein Honorar in bestimmten Grenzen gestattet wurde.[6]) Nächstdem liess sich eine geistige Bildung

1) Mart. 5, 56.

2) Ueber das Einkommen der Schauspieler, Tänzer und Circuskutscher s. Friedlaender Darstellungen II[5] S. 427. 288 ff.

3) Tac. *ann.* 11, 6. 7. Liv. 34, 4, 9.

4) Tac. *ann.* a. a. O. Juven. 8, 47 und mehr bei Friedlaender Darstellungen I[5] S. 290 ff.

5) Tac. *ann.* 11, 5: *legemque Cinciam flagitant, qua cavetur antiquitus, ne quis ob causam orandam pecuniam donumve accipiat.* Vgl. 13, 42; 15, 20. Cic. *de sen.* 4, 10; *de or.* 2, 71, 286; *ad Att.* 1, 20, 7. Festi *epit.* p. 143, 4: *Muneralis lex vocata est, qua Cincius cavit, ne cui liceret munus accipere.* Noch unter Augustus wurde das Gesetz erneuert. Dio Cass. 54, 18, 2.

6) Tacitus *ann.* 11, 7: (*Claudius*) *capiendis pecuniis* (*posuit*) *modum usque ad dena sestertia, quem egressi repetundarum tenerentur.* Suet. *Ner.* 17; Plin. *ep.* 5, 4; 5, 9; 5, 13; Quintilian. 12, 7, 8—12; *Dig.* 50, 13, 1 § 10—13; 39, 5, 19 § 1; 19, 2, 38 § 1.

verwerthen im Dienste der Subalternbeamten, *scribae*, welche, da die Magistratspersonen weder eine wissenschaftliche Vorbildung für ihr Amt mitbrachten, noch lange genug im Amte blieben, um eine Erfahrung im Detail des Dienstes gewinnen zu können, durch Sachkunde und Geschäftskenntniss sich unentbehrlich machen und Verdienst und Einfluss erlangen konnten. Diese Classe von Beamten hatte lebenslängliche Anstellung, stand in Gehalt [1]) und nahm im bürgerlichen Leben eine geachtete Stellung ein, was man daraus ersieht, dass auch Leute aus dem Ritterstande in dieselbe eintraten.[2]) Ferner bot sich den Gelehrten als Erwerbsquelle der Lehrerstand dar; allein dieser hatte anfangs wenig Anziehendes für einen römischen Bürger; die ältesten Lehrer waren Sclaven, die Schulen, welche ebenfalls von Sclaven oder Freigelassenen geleitet wurden, Privatunternehmungen, welche schlecht rentirten; namentlich galt das von den Elementarschulen; etwas mehr verdienten seit dem zweiten punischen Kriege die Grammatiker und Rhetoren; [3]) indess erhielten die Lehrer eine anständige Situation erst seit Vespasian's Zeit, als man begann, öffentliche Lehrer von Seiten der Communen und des Staates anzustellen. [4]) Wir haben indess nicht die Absicht, auf diese zum Theil bereits früher besprochenen Berufszweige hier weiter einzugehen, sondern werden nur drei Geschäfte näher besprechen, welche sich im Alterthum in eigenthümlicher Weise entwickelten, nämlich das der Aerzte und Medicamentenhändler, das der Mechaniker und namentlich der Uhrmacher und das der Bücherschreiber und Buchhändler.

Die Subalternbeamten.

Die Lehrer.

Die Aerzte und Medicamentenhändler.

Es ist am Ende des siebzehnten und am Anfang des achtzehnten Jahrhunderts ein lebhafter Streit über die Frage geführt worden, ob die Aerzte in Rom eine anständige Classe von Leuten gewesen seien oder nicht. [5]) Die Antwort konnte man bei

---

1) Mommsen Staatsrecht I² S. 338.
2) S. Friedlaender Darstellungen I⁵ S. 329.
3) S. oben S. 95. Friedlaender Darstellungen I⁵ S. 280 ff.
4) S. Staatsverwaltung II S. 106. Kuhn Die städtische und bürgerliche Verfassung des römischen Reichs. Leipzig 1864. 8. Th. I S. 83 ff.
5) Hierher gehören die Schriften: *Medicus romanus servus sexaginta solidis*

Cicero finden, welcher sagt, die Medicin sei für diejenigen, Stand der Aerzte. deren Stand sie angemessen sei, eine anständige Beschäftigung.[1]) Dieser Stand war aber der der Sclaven und Freigelassenen. L. Domitius Ahenobarbus hatte im Jahr 49 v. Chr. zum Arzte einen Sclaven,[2]) der jüngere Cato einen Freigelassenen,[3]) ein Freigelassener war der berühmte Arzt des Augustus, Antonius Musa,[4]) und noch lange nachher finden sich am kaiserlichen Hofe und in vornehmen Familien *servi*[5]) und *liberti medici*, während der grössere Theil der frei practicirenden Aerzte in Rom und ausserhalb Roms ebenfalls dem Stande der Freigelassenen angehört.[6]) Zu diesen kam seit dem Jahre 535 = 219, in Fremde Aerzte. welchem der Peloponnesier Archagathus nach Rom übersiedelte, dort das Bürgerrecht erhielt und in einer *taberna* eine chirurgische Klinik eröffnete,[7]) eine Anzahl fremder Aerzte, während die römischen Bürger sich selten oder gar nicht zu diesem Beruf verstanden.[8]) In der That war die Stellung der griechischen

---

aestimatus. Lugd. Bat. 1671. 12. Middleton *De medicorum apud veteres Romanos degentium conditione.* Cantabrigiae 1726. 4. *In dissertationem nuper editam de medicorum — conditione animadversio brevis.* Londini 1727. 8. *Ad Middletoni — dissertationem — responsio.* Londini 1727. 8. *Dissertationis de m. c. defensio auctore Middleton.* Cantabr. 1727. 4. *Dissertationis Middletoni — defensio examinata.* Londini 1728. 8. Schläger *Historia litis de m. ap. Rom. deg. conditione.* Helmstad. 1740. 4°. Neuerdings haben über die äusseren Verhältnisse der Aerzte gehandelt E. Rouger *Études médicales sur l'ancienne Rome.* Paris 1859. 8. Häser Lehrbuch der Geschichte der Medicin. Bd. I. Jena 1875. S. 390—426 und besonders René Briau in drei Schriften: *Du service de santé militaire chez les Romains.* Paris 1866. 8.; *L'assistance médicale chez les Romains.* Paris 1869. 8.; *L'archiatrie Romaine ou la médecine officielle dans l'empire Romain.* Paris 1877. 8. S. auch Friedlaender Darstellungen I⁵ S. 298 ff.

1) Cic. *de off.* 1, 42, 151: *Quibus autem artibus aut prudentia maior inest aut non mediocris utilitas quaeritur, ut medicina, ut architectura, — eae sunt iis, quorum ordini conveniunt, honestae.*

2) Suet. *Ner.* 2. Seneca *de benef.* 3, 24 und mehr bei Drumann III S. 22.

3) Plut. *Cat. min.* 70. 4) Dio Cass. 53, 30.

5) Oben S. 156 Anm. 9.

6) In Rom *C. I. L.* VI, 9567—9604. Ferner *Q. Baebius Ↄ l. Cladus medicus* in Venusia, *C. I. L.* IX, 467; *P. Vedius P. l. Carpus medicus* in Luceria das. n. 827. *D. Servilius D. l. Apollonius medicus*, das. X, 1497; *L. Valerius L. l. Nicephorus medicus* in Capua, das. 3962; vgl. auch IX, 2607. 3388. Andere Beispiele von Freigelassenen s. *C. I. L.* II, 3593. 4313; V, 562. 2396. 2530. 5277. Wilmanns 2486, von Sclaven *C. I. L.* III, 614. 6018; V, 869.

7) Plin. *n. h.* 29, 12: *Cassius Hemina ex antiquissimis auctor est primum e medicis venisse Romam Peloponneso Archagathum, Lysaniae filium, L. Aemilio, M. Livio coss. anno urbis DXXXV, eique ius Quiritium datum et tabernam in compito Acilio emptam ob id publice. Volnerarium eum fuisse tradunt, mireque gratum adventum eius initio, mox a saevitia secandi urendique transisse nomen in carnificem et in taedium artem omnisque medicos.*

8) Plin. *n. h.* 29, 11. 17: *Solam hanc artium Graecarum nondum exercet*

Aerzte wenigstens anfangs weder anständig noch angenehm; Vertrauen hatte man nicht zu ihnen, der alte Cato behauptete sogar, sie hätten sich verschworen, die Römer umzubringen;[1] ihr Geschäft betrieben sie in einer Bude, wie die Barbiere,[2] und mit Hülfe von *liberti*, die sie anlernten,[3] zu diesem Zwecke zu den Kranken mitnahmen[4] und später selbst practiciren liessen, natürlich gegen einen Antheil am Gewinne der Praxis. Noch Galen erzählt von dem unter dem Kaiser Claudius lebenden Thessalus von Tralles, dass er einen Haufen von ungebildeten Leuten sechs Monate lang bei seinen Krankenbesuchen mitgeschleppt und ihnen dann erlaubt habe, auf ihre eigene Hand zu curiren.[5] Indessen gab es damals auch angesehene und gut gestellte Aerzte. Schon Asclepiades von Prusa, dem Zeitgenossen und Freunde des Cicero, war es gelungen, durch sein sicheres und geschicktes Auftreten, seine Rednergabe und seine glücklichen Curen Achtung und Reichthum zu gewinnen[6] und der Begründer einer Schule zu werden.[7] Nachdem Caesar den fremden Aerzten, wie den fremden Lehrern, das Bürgerrecht verliehen hatte,[8] zogen sich nicht nur immer mehr Aerzte aus Griechenland, dem Orient und Aegypten nach der Hauptstadt,[9] sondern wendeten sich auch in Rom selbst Einheimische der ärztlichen Kunst zu, wie M. Artorius, der Arzt des Augustus,[10] A. Cornelius Celsus unter Tiberius, dessen medicinisches Handbuch als die bedeutendste Leistung der Römer in diesem Fache zu betrachten ist, Vettius Valens, der Arzt der

---

Romana gravitas; in tanto fructu paucissimi Quiritium attigere et ipsi statim ad Graecos transfugae. Immo vero auctoritas aliter quam Graece eam tractantibus etiam apud imperitos expertesque linguae non est, ac minus credunt, quae ad salutem suam pertinent, si intellegunt.

1) Cato bei Plin. *n. h.* 29, 14. Plut. *Cat. mai.* 23.

2) Plaut. *Amph.* 1011:

Nam omnis plateas perreptavi, gymnasia et myropolia,
Apud emporium atque in macello, in palaestra atque in foro,
In medicinis, in tonstrinis, apud omnis aedis sacras.

3) *Digest.* 38, 1, 26 pr.

4) Mart. 5, 9. Friedlaender Darstellungen I^5 S. 301 f.

5) Galen. X p. 5.

6) S. Cic. *de or.* 1, 14, 62; Plin. *n. h.* 7, 124; 26, 12—18; Apulei. *Florid.* 19. Isensee Geschichte der Medicin. Berlin 1840. 8. Th. I S. 106—112.

7) Plin. *n. h.* 20, 42; 22, 128; 29, 6.

8) Suet. *Caes.* 42. Vgl. Suet. *Aug.* 42. Dio Cass. 53, 30, 3.

9) Friedlaender Darstellungen I^5 S. 299.

10) Velleius 2, 70, 1; Val. Max. 1, 7, 1. 2; Plut. *Brut.* 41.

Messalina, und andere.[1]) Ja bei Quintilian 7, 1, 38 kommt als Thema zu einer Controverse die Frage vor, ob der Redner oder der Philosoph oder der Arzt der nützlichste für den Staat sei, eine Frage, die man in früherer Zeit schwerlich aufgestellt haben würde. Allein mehr als der Nutzen des Staates bestimmte zur Ergreifung dieses Berufes die zuweilen sehr glänzende Einnahme berühmter Aerzte; Plinius berichtet, dass Stertinius durch

Einnahmen derselben.

seine Stadtpraxis jährlich 600,000 HS. oder 130,512 ℳ,[2]) der Chirurg Alcon in Gallien in wenigen Jahren 10 Millionen HS. verdiente,[3]) und dass vornehme Kranke für ihre Heilung grosse Summen boten.[4]) Dabei kam es allerdings auch vor, dass gewinnsüchtige Aerzte eine Krisis des Kranken entweder benutzten oder sogar herbeiführten, um von demselben solche Anerbietungen zu erpressen.[5]) Seit dem Beginne

Angestellte Aerzte.

der Kaiserzeit fing man auch an, Aerzte mit festem Gehalt anzustellen, theils bei Hofe, wo die berühmtesten Aerzte ein ihrer Stadtpraxis entsprechendes, enormes Gehalt von 250,000 bis 500,000 HS. oder 54,000 bis 108,000 ℳ bezogen,[6]) theils bei dem Militär, für welches man in allen Truppentheilen und Garnisonen ärztliche Hülfe schaffte,[7]) theils für die Gladiatoren,[8]) theils für den Dienst der Communen. Ein Theil dieser angestellten Aerzte führt in der späteren Kaiserzeit den

archiatri.

Titel *archiater* (ἀρχίατρος), über dessen Ursprung und Bedeutung wir nur unvollkommen unterrichtet und auf Vermuthungen angewiesen sind.[9]) Nach der Analogie von ἀρχιερεύς,[10]) *archi-*

---

1) Plin. *n. h.* 29, 8. Ob die *Cassii, Calpetani, Arruntii, Rubrii,* die derselbe § 7 anführt, Freie oder Freigelassene waren, ist nicht ersichtlich; aber in Inschriften kommen, wiewohl selten, *ingenui* als Aerzte vor, wie *A. Clodius, A. f. medicus* in Benevent, *C. I. L.* IX, 1715; *P. Aelius Pius Curtianus* in Praeneste, Orelli-Henzen n. 7246. Vgl. Friedlaender a. a. O. S. 300.

2) Plin. *n. h.* 29, 7. 3) Plin. *n. h.* 29, 22.

4) Plin. *n. h.* 26, 4; 29, 22.

5) Plin. *n. h.* 29, 21 und Beispiele bei Friedlaender Darstellungen I⁵ S. 306.

6) Plin. a. a. O. § 7. 8. Friedlaender a. a. O. I⁵ S. 114 f.

7) S. Staatsverwaltung II² S. 554 ff.

8) *C. I. L.* VI, 10171 (Wilm. 2611): *Claudius Aug. lib. Agatocles med. lud. mat.* 10172 (Or. 2553): *Eutychus Aug. lib. Neronianus, medicus ludi matutini* (vgl. 10173). Grut. p. 334, 12 = *C. I. L.* VI, 876* ist unecht. — *C. I. L.* VI, 10085: *medicus rationis summi choragi.* Vgl. O. Hirschfeld Röm. Verwaltungsgeschichte S. 178 ff.

9) Die Litteratur hierüber findet man bei Briau *L'archiatrie Romaine* p. 14 ff.

10) S. Staatsverwaltung I² S. 504 ff.

gallus,[1]) *archimimus*[2]) und vielen ähnlichen Bezeichnungen muss *archiater* ein Oberarzt sein, unter welchem andere Aerzte stehen. Nun gab es allerdings in vornehmen Häusern und namentlich in dem kaiserlichen Hofhalt[3]) für die zahlreiche Dienerschaft viele Aerzte, welche auch einen Oberarzt hatten, allein dieser wird nicht *archiater* sondern *supra medicos* genannt[4]) und es liegt ausserdem kein Grund zu der Annahme vor, dass er als Leibarzt des Hausherrn, am Hofe also des Kaisers, fungirt habe. Die ersten, welchen der Name ἀρχίατρος beigelegt wird, sind C. Stertinius Xenophon, der Leibarzt des Claudius,[5]) und Andromachus, der Leibarzt des Nero,[6]) welchen eine Schrift des Galen ausdrücklich als Oberarzt bezeichnet, obgleich sich aus der Stelle nicht ergiebt, ob ihm nur durch die Titulatur oder auch durch seine amtliche Stellung ein Vorzug vor den übrigen kaiserlichen Aerzten gewährt war.[7]) Zwei andere *archiatri* erwähnt derselbe Galen, der 131—210 lebte, als seine Zeitgenossen,[8]) für die folgende Zeit aber fehlt es an jeder Nachricht über sie. Erst von Alexander Severus erfahren wir, dass er ausser sechs Aerzten, welche nur auf Naturallieferungen an- Hofärzte.

---

1) S. Staatsverwaltung III S. 353 Anm. 6; 357.

2) Friedlaender in Staatsverwaltung III S. 517; 518, 6; 519, 4. Mommsen *C. I. L.* III, 6113 p. 990.

3) Friedlaender Darstellungen I[5] S. 114.

4) S. oben S. 156 Anm. 9.

5) Bei Plin. *n. h.* 29, 7 heisst er Q. Stertinius, bei Tac. *ann.* 12, 61 und 67 Xenophon. Er kommt in mehreren Inschriften vor, welche man bei Briau *Un médecin de l'empereur Claude* in *Revue archéologique.* Nouv. série XXIII. année. Avril 1882 p. 203 ff. findet. In einer derselben (Briau p. 208) wird er Γάϊος Στερτίνιος, Ἡρακλίτου υἱὸς, Κορνηλίᾳ, Ξενοφῶν, ἰατρὸς Τιβερίου Κλαυδίου Καίσαρος. in einer anderen, neuerdings von Marcel Dubois gefundenen, von Briau p. 209 wohl richtig ergänzten Inschrift [Γάϊος Στερτίνιος], Ἡρακλείτου υἱὸς Κορνηλίᾳ, Ξενοφῶν, ὁ ἀρχίατρος τῶν θεῶν Σεβαστῶν genannt.

6) Galen. XIV, p. 2: Ἀνδρόμαχος ὁ Νέρωνος ἀρχίατρος. Kurz vorher nennt er ihn ἰατρός. Ihm hat Erotian seine Schrift Τῶν παρ Ἱπποκράτει λέξεων συναγωγή (ed. I. Klein. Lipsiae 1865. 8) gewidmet, in welcher er ihn ἀρχίατρε Ἀνδρόμαχε anredet.

7) Galen. XIV p. 211: οὐχ ἀμελῶς γὰρ ἦν τὸ σύγγραμμα συντεταγμένον ὑπό τινος Ἀνδρομάχου καλουμένου, ἐντελῶς πεπαιδευμένου τὴν τέχνην, μὴ μόνον τῇ πείρᾳ τῶν ἔργων, ἀλλὰ καὶ τοῖς λόγοις, τὸν ἐπ' αὐτοῖς λογισμὸν ἀκριβῶς ἠσκημένου. Τὸ γοῦν ἄρχειν ἡμῶν διὰ τὴν ἐν τούτοις ὑπεροχὴν ὑπὸ τῶν κατ' ἐκεῖνον καιρὸν βασιλέων ἦν πεπιστευμένος.

8) Galen. XIV p. 261: Μάγνος δὲ ὁ καθ' ἡμᾶς ἀρχίατρος γενόμενος und weiter unten: Δημήτριος δὲ καὶ αὐτὸς καθ' ἡμᾶς ἀρχίατρος γενόμενος. In derselben Zeit lebte in Heraclea Salbake, einer kleinasiatischen Stadt in der Nähe von Aphrodisias, Statilius Attalus, ἀρχίατρος Σεβαστῶν, welcher nicht nur in einer Inschrift, sondern auch auf drei unter Antoninus und Verus geschlagenen Münzen dieses Ortes vorkommt. Waddington *Inscriptions* III n. 1605.

gewiesen waren, einen *medicus Palatinus* hatte,[1]) welcher ein etatsmässiges Gehalt bezog[2]) und die Stelle eines officiellen kaiserlichen Leibarztes einnahm. Ob demselben bereits damals der Titel *medicus Palatinus* zukam, oder ob der Verfasser der Lebensbeschreibung des Alexander Severus einen Ausdruck seiner Zeit auf eine frühere übertragen hat, kann zweifelhaft bleiben, aber die Einrichtung selbst wird dem Alexander Severus zugeschrieben. Diese *medici Palatini* sind es nun, welche im vierten und fünften Jahrhundert als *archiatri sacri Palatii*, d. h. als kaiserliche Leibärzte erscheinen, eine sehr geachtete Stellung einnehmen und von allen bürgerlichen Lasten befreit sind.[3]) Erwähnt werden sie zuerst im J. 326, aber als ein bereits seit längerer Zeit bestehendes Institut;[4]) fortgedauert haben sie bis in das sechste Jahrhundert, in welchem sie durch Theodorich einen eigenen Vorsteher (*praesul*) mit dem Titel *comes archiatrorum* erhielten.[5])

Städtische Aerzte.

Städtische Aerzte finden sich in Griechenland sehr früh. Herodot erzählt von einem Arzte Demokedes aus Croton, dass er als Jahresgehalt in Aegina ein Talent, in Athen hundert Minen, von Polykrates in Samos zwei Talente erhalten habe,[6]) und Massilia gab in dieser Beziehung für die gallischen Städte ein erfolgreiches Beispiel.[7]) Von dem römischen Staate selbst ist, nachdem Augustus den Aerzten in Rom Befreiung von allen *munera* ertheilt[8]) und Vespasian und Hadrian dies Privilegium auch auf die Provinzen ausgedehnt hatte,[9]) für das Medicinalwesen der Communen nichts geschehn bis auf Antoninus Pius,

---

1) Lamprid. *Alex. Sev.* 42, 3: *Medicus sub eo unus palatinus salarium accepit, ceterique omnes usque ad sex fuerunt qui annonas binas aut ternas accipiebant.*

2) Dies wird auch ausdrücklich erwähnt *C. I. L.* VI, 8504: *T. Fl. Paederoti Aug. lib. Alcimiano superposito medicorum ex ratione patrimonii.*

3) Von ihnen handelt der Titel des *Cod. Theod.* 6, 16: *De comitibus et archiatris sacri palatii* und *Cod. Theod.* 13, 3, 2. 12. 14. 15. 16. 17. 18.

4) In der Verordnung vom J. 326 (*Cod. Theod.* 13, 3, 2) ist von *archiatri et ex-archiatri* die Rede, d. h. bereits ausgedienten *archiatri.*

5) Cassiodor. *var.* 6, 19 steht die *formula comitis archiatrorum*, in welcher es heisst: *habeant itaque praesulem, quibus nostrum committimus sospitatem.*

6) Herodot 3, 131. Briau *l'Archiatrie* p. 54.

7) Strabo 4 p. 181: σοφιστὰς γοῦν ὑποδέχονται (οἱ Γαλάται) τοὺς μὲν ἰδίᾳ, τοὺς δὲ πόλεις κοινῇ μισθούμεναι, καθάπερ καὶ ἰατρούς.

8) Dio Cass. 53, 30.

9) Den Aerzten wurde von ihnen bewilligt *ne hospitem reciperent*, *Dig.* 50, 4, 18 § 30; nach einer anderen Quelle Freiheit von allen Lasten, *Dig.* 27, 1, 6 § 8.

welcher zunächst für die Provinz Asien anordnete, dass in jeder Stadt eine Anzahl von Aerzten, welche die Stadtbehörde ernennen und wieder absetzen konnte, Freiheit von allen Lasten geniessen solle, nämlich in kleineren Städten fünf, in Mittelstädten sieben, in Hauptstädten zehn. [1] Diese Aerzte wurden von der Stadt besoldet, obgleich sie ausserdem Privatpraxis treiben konnten. [2] Ursprünglich nannten sie sich einfach *medici*, [3] allein vielleicht in Folge der Verordnung des Antoninus Pius kam zuerst in den Städten Kleinasiens, dann in Griechenland [4] für sie der Titel ἀρχίατρος in Anwendung, welcher allmählich auch in Italien üblich, [5] und schliesslich in einer Ver-

1) *Dig.* 27, 1, 6 § 2; 50, 9, 1. Kuhn Die städtische und bürgerliche Verfassung des R. Reichs I S. 84.

2) Kuhn a. a. O. S. 94 Anm. 669. 670.

3) So findet sich ein *medicus colonorum coloniae Patriciae* (Corduba) *C. I. L.* II, 2348; ein *medicus coloniae* zu Nemausus, Herzog *Hist. Gall. Narb.* App. n. 157.

4) 'Αρχίατροι sind, soweit mir bekannt ist, an folgenden Orten nachweisbar:

Lampsacus, *C. I. Gr.* 3643: Κῦρος 'Απολλωνίου ἀρχίατρος.

Bithynium (*Claudiopolis*), Perrot *Exploration arch. de la Galatie* p. 48 n. 27: Θεόδωρος ἀρχίατρος.

Hiera auf Lesbos, Conze Reise auf der Insel Lesbos Taf. 17, 1: ἁ βόλλα καὶ ὁ δᾶμος Βρῆσον Βρήσω ἀρχίατρον.

Ephesus, Waddington n. 161: Ἄτταλος 'Ασκληπιάδου Πρεῖσκος φιλοσέβαστος, ἀρχίατρος διὰ γένους. Die Würde scheint also in der Familie der Asclepiaden fortgeerbt zu haben.

Coloe in Lydien, Wagener *Inscriptions Grecques recueillies en Asie mineure* p. 20: Αὐρήλιος 'Αρτεμίδωρος ὁ ἀρχίατρος καὶ ἱεροφάντης.

Aphrodisias in Carien, *C. I. Gr.* 2847: Μάρκος Αὐρήλιος Μεσσουλήιος Χρυσαορεὺς ἀρχίατρος.

Euromos in Carien, Waddington n. 314: Μενεκράτης Μενεκράτους ὁ ἀρχίατρος τῆς πόλεως.

Alabanda in Carien, Waddington 568: 'Ερμέρως ἀρχίατρος.

Anaphe, Insel bei Thera, *C. I. Gr.* 2482: Εὐγνώμων Εὐγνώμονος, ἀρχίατρος.

Sparta, *C. I. Gr.* 1407: σωτῆρος τῆς πόλεως καὶ ἀρχιάτρου.

Troezene, Bursian *Bull. dell' Inst.* 1854 p. XXXIV: 'Αγασικλείδας 'Αγασικλεῖδα ὁ ἀρχίατρος τῆς πόλεως.

Zwei von diesen ἀρχίατροι haben den Namen Aurelius und gehören wahrscheinlich in die Zeit der Antonine, ein drittes Beispiel eines Aurelius giebt die Inschrift von Hermione in Argolis *C. I. Gr.* 1227, emendirt von K. Keil Jahrbücher für classische Philologie. IIter Supplementband 1856. 1857 S. 386: Αὐρηλίαν Λεοντίδα, θυγατέρ[α τοῦ δεῖνος πε]ριηγητοῦ καὶ ἀρχιάτρου.

5) In Beneventum ist ein *archiater* ritterlichen Standes und bekleidet die Stelle des *praetor Cerealis*, des ersten Communalbeamten (*C. I. L.* IX, 1655); in Pisaurum dagegen ein Freigelassener (Orelli 4017); in Aeclanum ein Grieche (ἀρχίατρος πόλεως *C. I. Gr.* 5877); in Venusia ein Jude (*C. I. L.* IX, 6213); in der Inschr. von Puteoli ib. 2858 ist die Ergänzung nicht sicher; ausserdem kommt ein *archiater* noch in Pola (*C. I. L.* V, 87) und in christlicher Zeit in Concordia (*C. I. L.* V, 8741) und in Nola (*C. I. L.* X, 1382) vor.

ordnung Constantin's d. Gr. als den Communalärzten zustehend anerkannt wird.[1])

Römische Stadtärzte.

In der Hauptstadt muss bei der wahrscheinlich sehr grossen Zahl vorhandener Aerzte sich das Bedürfniss ärztlicher Hülfe viel weniger geltend gemacht haben. Denn die erste, die Anstellung von Regierungsärzten betreffende Verordnung ist erst unter Valentinian und Valens 368 erlassen.[2]) Es wurden damals 14 *archiatri*, für jede Region einer, eingesetzt, während zwei andere *archiatri* bereits vorhanden waren, nämlich ein *archiater virginum Vestalium* und, wenn Gothofredus' Conjectur richtig ist, ein *archiater porticus Xysti.*[3]) Die Regionenärzte waren besonders angewiesen, die Armenpflege zu übernehmen, obwohl ihnen die Behandlung anderer Patienten gestattet war. Ihr Gehalt scheint nach dem Dienstalter verschieden gewesen zu sein. Schied einer aus der Zahl aus, so hatten die übrigen die Neuwahl zu treffen, welche der Bestätigung des Kaisers bedurfte. Der neugewählte Arzt trat als letzter ein und gelangte nach und nach zu den oberen Stellen. Unter den Militärärzten kommen *archiatri* gar nicht vor.

Specialärzte.

Der Umstand, dass den Aerzten der verschiedensten Schulen und Nationalitäten die Praxis in Rom ganz frei gegeben war, hatte die Folge, dass, wie dies gegenwärtig in grossen Städten der Fall ist, alle Specialitäten der Heilkunst besonders vertreten waren.[4]) Die Kunst der Zahnärzte ist in Rom sehr alt, da schon in den XII Tafeln durch Gold befestigte Zähne erwähnt werden;[5])

---

1) Verordnung vom J. 333 *Cod. Iust.* 10, 53, 6: *Medicos et maxime archiatros vel ex archiatris — — una cum uxoribus et filiis nec non etiam rebus, quas in civitatibus suis possident, ab omni functione et ab omnibus muneribus civilibus vel publicis immunes esse praecipimus.*

2) Sie steht *Cod. Theod.* 13, 3, 8 und abgekürzt *Cod. Iust.* 10, 53 (52), 9. Beidemale ist sie datirt *D. III K. Febr. Treviris*, *Valentiniano et Valente III A. A. Coss.* das heisst 370. Da sie aber an den *praefectus urbi Praetextatus* gerichtet ist, so muss dies Datum fehlerhaft sein, weil Praetextatus 366. 367. 368 *praefectus urbi* war. S. Henzen *C. I. L.* VI, 1779. Gothofredus datirt daher *Valentiniano et Valente II Coss.* d. h. 368. *Archiatri* in Rom *C. I. L.* VI, 9562—9566.

3) Die Handschriften haben *portus Syxti.* ξυστός ist der Uebungsplatz der Athleten, von dem der ξυστάρχης seinen Namen hat. S. Dittenberger *Hermes* XII S. 20.

4) *Dig.* 50, 13, 1 § 3: *Medicos fortassis quis accipiet etiam eos, qui alicuius partis corporis vel certi doloris sanitatem pollicentur, ut puta si auricularius, si fistulae vel dentium.* Eine Aufzählung solcher Specialärzte s. bei Martial 10, 56.

5) Cic. *de leg.* 2, 24, 60: *cui auro dentes iuncti esunt, ast im cum illo sepelirei ureive se fraude esto.* Später gedenkt Lucian. *rhetor. praec.* 24 einer

von den *medici clinici*[1]) unterschied man Chirurgen und Operateure;[2]) es gab Augenärzte,[3]) Ohrenärzte,[4]) Aerzte[5]) und Aerztinnen, *medicae*,[6]) für Frauenkrankheiten, die mit den Hebammen (*obstetrices*) nicht durchaus zu identificiren sein dürften, und Aerzte für Fisteln, Brüche u. s. w. Daneben classificirten sich die Aerzte nach ihren Schulen und Mitteln, so dass Empiriker, Methodiker, Pneumatiker, Eklektiker, Wasserärzte, wie Antonius Musa, und Weinärzte (οἰνοδόται)[7]) neben einander ihre Praxis hatten und hie und da in Folge glücklicher Curen ihr Publicum fanden. Auf der anderen Seite hatte der Mangel jeglicher Aufsicht des Staates, über welchen schon Plinius klagt,[8]) die schlimme Folge, dass auch Leute ohne alle Schule, ganz ungebildete Quacksalber und Charlatane sich mit der Medicin befassten,[9]) und dass auch die Drogueriewaarenhändler und Salbenverkäufer, von deren blühenden Geschäften wir noch zu reden haben, fertige Medicamente verkauften. Denn Apotheker, die auf Anweisung eines ärztlichen Attestes und unter Controle der Behörde Medicamente für bestimmte Fälle bereiten, gab es im Alterthum nicht; die Aerzte selbst mussten die Medicin liefern und benutzten auch dies zu einer Geldspeculation, indem sie die theuersten Mittel als die besten anpriesen, aus deren Composi-

Medicamentenverkäufer und Quacksalber.

---

alten Frau, τεττάρας ἔτι λοιποὺς ὀδόντας ἐχούσης, χρυσίῳ καὶ τούτους ἐνδεδεμένους. In einem apulischen Grabe sind sieben Zähne, mit einem Golddraht zusammengefügt, gefunden worden. Boettiger Gr. Vasengemälde I, 1 S. 63. Ein Gebiss aus durch Goldstreifen zusammengefügten Zähnen in einem cornetaner Grabe aus dem 5. Jahrh. v. Chr. *Bull. d. Inst.* 1878 p. 64 n. 5. *Not. d. scavi* 1878 p. 367.

1) *C. I. L.* VI, 2532 = Or. 3506. Or. 2983.

2) Plin. *n. h.* 29, 22. Or. 2983.

3) *medicus ocularius* Orelli 4228; *medicus clinicus chirurgus ocularius* Orelli 2983; *C. I. L.* VI, 6192. 9605—9609; ὀφθαλμικοὶ ἰατροί Galen. XVIII, 1 p. 47 Kühn u. ö.

4) *medicus auricularius* Orelli 4227, besser *C. I. L.* VI, 8908.

5) Solche waren z. B. Soranus von Ephesus und Moschion.

6) *C. I. L.* VI, 7581. 9614—9617; IX, 5861 (vgl. X, 3980); Orelli 4230. 4231; Boissieu *Inscr. de Lyon* p. 455. 456, der auch über den Begriff der *medicae* handelt. Vgl. Rouger a. a. O. p. 139 ff.

7) Die Methode rührte von Asclepiades her. Plin. *n. h.* 7, 124. Apulei. *Flor.* 19. In einer wahrscheinlich gleichzeitigen, dem Ende der Republik angehörigen Inschrift *C. I. L.* X, 388 heisst es: *L. Manneius Q. medic. veivos fecit.* φύσει δὲ Μενεκράτης Δημητρίου Τραλλιανὸς φυσικὸς οἰνοδότης ζῶν ἐποίησεν.

8) Plin. *n. h.* 29, 18: *nulla praeterea lex, quae puniat inscitiam eam, capitale nullum exemplum vindictae. Discunt periculis nostris et experimenta per mortes agunt, medicoque tantum hominem occidisse impunitas summa est.*

9) Friedlaender Darstellungen I[5] S. 301.

tion ein Geheimniss machten[1]) und neben eigentlichen Heilmitteln auch Schönheitsmittel und Toilettenrequisiten componirten. Sie pflegten das Medicament mit einer Etikette, ἐπαγγελία, zu versehen, welche erstens den Namen des Medicamentes und seines Erfinders, zweitens die Aufzählung der Krankheiten, gegen welche es diente, drittens die Composition und viertens die Art des Gebrauchs enthielt.[2]) Diese Etiketten waren grossentheils wahrscheinlich geschrieben und haben sich in dieser Form nicht erhalten; indessen besitzen wir von den Etiketten der augenärztlichen Medicamente, die trocken in Form viereckiger Stäbchen verpackt und dann gestempelt wurden, noch zahlreiche Stempel von Stein, welche ebenfalls den Namen des Arztes, die Bestimmung des Mittels, die Bestandtheile desselben und die Art seiner Auflösung (in Ei, Wasser, Wein) enthalten.[3])

Beschaffung der Droguen. Das Bereiten der Medicamente war aber für die Aerzte nicht nur zeitraubend, sondern auch schwierig, weil dazu theils naturhistorische Kenntniss, theils auch die Erlangung von Medicinalstoffen gehörte, die nicht bequem und selten ächt zu beschaffen waren. Die Aerzte kauften daher häufig nicht nur die Stoffe, sondern auch die componirten Medicamente aus Specereiwaarenhandlungen,[4]) welche in Rom ein lebhaftes Geschäft betrieben. Denn nicht nur die *materia medica* war im Alterthum äusserst complicirt und musste aus allen Theilen der Welt zusammengebracht werden, sondern auch der Gottesdienst, das Bad, die Toilette, das Mahl und das Begräbniss veranlasste eine

---

1) Friedlaender a. a. O. I⁵ S. 317 f.

2) Galen. XIII p. 1005; Oribasius 10, 5 p. 387 und Daremberg zum Oribas. Vol. II p. 879.

3) Ueber diese Stempel handelt ausführlich und sorgfältig C. L. Grotefend Die Stempel der Augenärzte. Hannover 1867. 8, welcher 110 Stempel kannte. Seitdem sind viele neue gefunden worden, so dass Desjardins *Comptes-rendus* VIII (1880) p. 481 bereits 159 zählte. Ueber diese neuen Funde s. *Revue archéologique*, Nouvelle Série XVI (1867) p. 74—77, p. 180—183; XX (1869) p. 61; XXI (1870) p. 348; XXV (1873) p. 256 ff.; XXVIII (1874) p. 398 ff.; XXXVIII (1879) p. 154; XXXIX (1880) p. 178; J. Klein in Jahrb. des Vereins v. Alt. im Rheinlande LV (1875) S. 93—135; LVII (1876) S. 200; Zangemeister *Hermes* II S. 313 ff.; Mommsen *Eph. epigr.* II p. 450; Hübner ibid. III p. 146. G. Camuset *Un nouveau cachet d'oculiste Gallo-Romain.* Paris 1880. 8. A. Héron de Villefosse et H. Thédenat *Cachets d'oculistes romains.* Tome I. Paris 1882. 8.

4) Plin. *n. h.* 34, 108: *atque haec omnia medici — quod pace eorum dixisse liceat — ignorant, pars maior paret nominibus; in tantum a conficiendis iis medicaminibus absunt, quod esse proprium medicinae solebat. Nunc quotiens incidere in libellos, componere ex his volentes aliqua, — credunt Seplasiae omnia fraudibus corrumpenti, iam quidem facta emplastra et collyria mercantur.*

enorme Consumtion seltener und theurer Droguen, die um so mehr Gewinn abwarfen, als sie stark verfälscht wurden.[1]) Galen machte eigene Reisen, um aus Cypern ächte metallische Substanzen, aus Palästina Opobalsamum, aus Lemnos Siegelerde zu holen.[2]) Die Medicamente, welche er aus Syrien, Aegypten, Cappadocien, Pontus, Macedonien, Spanien und Africa bezog, wurden für ihn unter der Aufsicht der senatorischen und kaiserlichen Statthalter gesammelt; in Creta gab es eigene kaiserliche Beamte, welche die dort reichlich vorhandenen Medicinalstoffe in ächter Qualität, sorgfältig in Papier verpackt und mit der Aufschrift des Namens und des Fundortes bezeichnet,[3]) theils in die kaiserlichen Magazine, theils zum Verkauf in Rom,[4]) versendeten. Ebenso wurde das Opobalsamum, welches bei Engaddi in Judäa[5]) auf einer kaiserlichen Domaine wuchs, für Rechnung des Fiscus verkauft.[6]) Die Kaufleute, welche diese Waaren theils von dem Fiscus einkauften,[7]) theils auch auf dem gewöhnlichen Handelswege in Rom einführten,[8]) nennt Galen μυροπῶλαι[9]) oder φαρμακοπῶλαι[10]) und erwähnt, dass die letzteren nicht blos einfache Stoffe, sondern auch fertige, nach ärztlichen Recepten componirte Medicamente verkauften,[11]) wobei natürlich der Käufer die Gefahr der Folgen trug.[12]) Bei den Römern ist

---

1) Galen. XIV p. 7. 2) Galen. XIV p. 7. 8.

3) Galen. XIV p. 79.

4) Galen. XIV p. 9: ἔνια δὲ μόνον οὐχὶ καθ᾽ ἑκάστην ἡμέραν κομίζεται, καθάπερ τά τ᾽ ἐκ τῆς Σικελίας καὶ τῆς μεγάλης Λιβύης καθ᾽ ἕκαστον ἐνιαυτὸν ὥρᾳ θέρους, ἀπό τε Κρήτης πολλὰ, τῶν ἐκεῖ βοτανικῶν ἀνδρῶν ὑπὸ Καίσαρος τρεφομένων, οὐκ αὐτῷ Καίσαρι μόνῳ ἀλλὰ καὶ πάσῃ τῇ Ῥωμαίων πόλει πλήρη πεμπόντων ἀγγεῖα ταυτὶ.τὰ πλεκτὰ καλούμενα. διὰ τὸ τῶν λύγων εἶναι πλέγματα. An einer anderen Stelle, VIII p. 355, erwähnt Galen kaiserliche Sclaven, οἷς ἔργον ἐστὶν ἐχίδνας θηρεύειν. Diese Nattern werden als Gegengift gebraucht, Galen. X p. 370. 372, und haben auch sonst ihre Anwendung. XI p. 143. XII p. 312 ff. Die Magazine, in welchen diese kaiserlichen Apotheken lagen, beschreibt Galen. XIV p. 25. 64. 217. 218.

5) Galen. XIV p. 25. Movers Die Phönizier II, 3, 1 S. 226—232.

6) Plin. *n. h.* 12, 111—113. Man cultivirte den Bau der Pflanze sorgfältig. Solin. 35, 5 p. 172 Mommsen: *In hac terra balsamum nascitur, quae silva intra terminos viginti iugerum usque ad victoriam nostram fuit: at cum Iudaea potiti sumus, ita luci illi propagati sunt, ut iam nobis latissimi colles sudent balsama.*

7) Plin. *n. h.* 12, 123.

8) Galen. XIV p. 9: ἐν Ῥώμῃ —, εἰς ἣν ἐξ ἁπάντων τῶν ἐθνῶν καθ᾽ ἕκαστον ἐνιαυτὸν ἐξικνοῦνται πάμπολλα.

9) Galen. XIV p. 10. 53. 10) Lucian. *am.* 39.

11) Galen. XII p. 587.

12) Das Epigr. Jacobs *Anth. Gr.* I p. 183, 9 handelt von einem, der sich mit einer Pomade die Haare völlig ausrottete, und die Aerzte machen auf die Gefahr solcher Mittel mehrfach aufmerksam.

pharmacopola ein herumziehender Quacksalber;[1]) das eigentliche Geschäft haben dagegen die *thurarii*,[2]) die *unguentarii*,[3]) die *aromatarii*,[4]) welche namentlich auch gewürzte Weine (*vinum odoratum*) und Moste auf dem Lager haben,[5]) die *pigmentarii*, welche ausser Farbenstoffen auch *odores* und *unguenta* verkaufen[6]) und Leichen einbalsamiren,[7]) die *myrobrecharii*,[8]) und die besonders mit Toilettengegenständen handelnden, von einer Strasse in Capua benannten,[9]) aber im ganzen römischen Reiche verbreiteten *Seplasiarii*.[10])

Schon das Geschäft in einfachen botanischen und mineralischen Stoffen hatte seit den letzten Jahrhunderten der Republik einen grossen Aufschwung genommen und erweiterte sich immer mehr in der Kaiserzeit. Weihrauch z. B., welchen die alten

---

1) Gell. 1, 15, 9. Hor. *sat.* 1, 2, 1.

2) In Rom: *C. I. L.* VI, 5638 f. (= I, 1065 = Henzen 7284. 6363). 9928—9934; in Puteoli Henzen 7282 = X, 1962; in Florenz Orelli 4291; in Aquileia *C. I. L.* V, 1042. Mit dem puteolanischen, der *L. Faenius*, *L. l. Alexander* heisst, sind vielleicht verwandt der *L. Faenius Urso thurarius* auf einer Inschr. von Ischia *C. I. L.* X, 6802 und die römischen *L. Faenius Primus thurarius*, *C. I. L.* VI, 5680, *L. Faenius L. Ɔ. l. Favor thurarius*, ib. 9932 (Or. 4291), *L. Faenius Telesphorus unguentarius Lugdunensis*, ib. 9998 = Henzen 7283. Wir würden dann ein Geschäft haben, das an verschiedenen Orten Niederlassungen unterhielt. *Vicus turarius* in Rom: Jordan *Nuove Mem. d. Inst.* p. 231; in Puteoli *Not. d. sc.* 1885 p. 393.

3) Cic. *de off.* 1, 42, 150; *ad Attic.* 13, 46, 3; Hor. *sat.* 2, 3, 228; Plin. *n. h.* 31, 119; *unguentaria* Plin. *n. h.* 8, 14. In Rom: *C. I. L.* VI, 845. 5638. 5681. 9998—10005. *institor unguentarius* ib. 10007 (= Or. 4203); *unguentarius Lugdunensis* ib. 9998 (= Henzen 7283). *ung(uentarius) de sacra via* ib. 1974. *unguentaria ab d* . . . 10006. In Capua: ib. X, 3968. 3974. 3975. 3979. 3982; in Puteoli ib. 2935; in Terracina ib. 8264; in Venusia ib. IX, 471 (Or. 2958); in Ancona IX, 5905; eine *unguentaria* in Neapel X, 1965 (Or. 4301).

4) Ein *collegium aromatariorum* in Rom s. Orelli 4064 = *C. I. L.* VI, 384.

5) Orelli 114: *L. Apenteio L. f. Zmaragdo aromat(ario), qui vascul(a) dulciar(iorum) CCC, it(em) HS LX testam(ento) rel(iquit) C. Statilio Prago aromat(ario), genero suo, ut aegr(is) inop(ibus) col(oniae) Fel(icis) Lor(ii) pharm(aca) et muls(um) s(ine) pr(etio) erog(aret).*

6) Scribon. Larg. 22. *Schol. Pers.* 1, 43. Ein *pigmentarius negotians Esquilis*, *C. I. L.* VI, 9673 (Henzen 5080). *pigment. de sacra via* 9795. *pigme(ntarii) vici lorari* 9796. Spätere Zeugnisse s. bei Marini *Pap. dipl.* p. 335.

7) Gregor. Magn. *dial.* IV, 36: *Nam illustris vir Stephanus, quem bene nosti, — in Constantinopolitana urbe pro quadam causa demoratus, molestia corporis superveniente defunctus est. Cumque medicus atque pigmentarius ad aperiendum eum atque condiendum esset quaesitus et die eodem minime inventus, subsequente nocte corpus iacuit inhumatum.*

8) Orelli 4237. Bei Plaut. *Aul.* 511 ist die Lesart unsicher.

9) Cic. *in Pis.* 11, 24 und dazu Asconius p. 10: *Dictum est, — plateam esse Capuae, quae Seplasia appellatur, in qua unguentarii negotiari sint soliti.* Cic. *de leg. agr.* 2, 34, 94. *pr. Sext.* 8, 19. Nonius p. 226, 14. Festus p. 317b, 5; 340a, 28. Plin. *n. h.* 16, 40; 34, 108.

10) Lamprid. *Elagab.* 30, 1. Ein *seplasiarius negotians* nebst einem *servus institor* in Florenz Or. 4202, ein *seplasiarius* in Montferrat Orelli 4417 =

Römer gar nicht kannten,[1]) wurde zwar zu Cato's[2]) und Plautus'[3]) Zeit beim Opfer schon gebraucht, aber so oft er später vorkommt,[4]) so fand er doch in dem eigentlich römischen Culte nur langsam Eingang. Bei dem Opfer der Arvalen wird er nicht vor Domitian erwähnt.[5]) Dagegen trieb man lange vorher bei Begräbnissen[6]) damit einen solchen Luxus, dass z. B. Nero bei dem Begräbnisse der Poppaea mehr als die ganze Weihrauchernte eines Jahres verbrauchte.[7]) Wie der Weihrauch, so kamen die gesuchtesten trockenen Stoffe, die man theils bei Begräbnissen, theils zum Räuchern in den Wohnungen,[8]) theils zum Parfümiren der Wäsche,[9]) am meisten aber zur Fabrication der *unguenta* brauchte, aus Arabien, Judäa oder dem inneren Asien; sie zahlten an der Grenze des römischen Reiches eine Eingangssteuer,[10]) z. B. der Weihrauch in Gaza,[11]) und aus einem Verzeichniss dieser steuerbaren Gegenstände[12]) ersehen wir, dass ausser einigen nicht sicher zu bestimmenden Stoffen namentlich eingeführt wurden Zimmt (*cinnamomum*),[13]) Pfeffer, der in der Medicin vielfache Verwendung fand und das Pfund 4 bis 15 Denare kostete,[14]) *radix costi,*[15]) *costamomum*, *nardus*, und zwar das Blatt (*folium*) zu 40 bis 75 Denaren das Pfund, und die Aehre (*nardi spica*, στάχυς) zu 100 Denaren, d. h. 87 *M* das Pfund,[16]) aus welchen Preisen sich erklärt, dass die Nardensalben, das *foliatum* und das *spicatum*, zu den kostbarsten ge-

---

C. I. L. V, 7454. Auch in der Cölner Inschr. Orelli-Henzen 7261 steht nach Brambach *C. I. Rhen.* 416 nicht *sellasiario*, sondern *seplasiario*. Die Inschr. Doni p. 455, 19 = *C. I. L.* VI, 3404* ist unecht.

1) Arnobius 7, 26. 27. 28. Ovid. *fast.* 1, 338 ff.

2) Cato *de r. r.* 134, 1.

3) Plaut. *Poen.* 451. *Aulul.* 24. Vgl. *Trin.* 934.

4) Brisson *De form.* I c. 37. 38. 39. Marini *Atti* I p. 288 f.

5) Acta 3 Jan. 87. Henzen *Act. fr. arv.* Index p. 217.

6) S. oben S. 368. 382.

7) Plin. *n. h.* 12, 83.

8) Galen. XII p. 447.

9) Galen. a. a. O. Clemens Alex. *Paed.* 2, 8, 64. p. 207 Pott.

10) S. Staatsverwaltung II² S. 277; Froehner *Ostraca inédits du musée imp. du Louvre.* Paris 1865. 8. p. 33. p. 18 n. 32.

11) Plin. *n. h.* 12, 65.

12) *Dig.* 39, 4, 16 § 7. Dirksen Ueber ein in Justinian's Pandekten enthaltenes Verzeichniss ausländischer Waaren. Abh. der Berl. Acad. 1843. Phil. Hist. Classe p. 59—108.

13) Plin. *n. h.* 12, 85 ff. Diosc. 1, 74.

14) Plin. *n. h.* 12, 28.

15) Plin. *n. h.* 12, 41. Theophr. *h. pl.* 9, 7, 3. Dioscor. 1, 15.

16) Plin. *n. h.* 12, 43. 44.

hörten;[1]) ferner Cassia,[2]) Myrrhe (σμύρνα), d. h. das Harz (στακτή)[3]) der arabischen Myrte;[4]) Amomum und Cardamomum,[5]) das man der Asche in den Todtenurnen beimischte,[6]) Ingwer (*zingiberi*),[7]) φύλλον μαλαβάθρου,[8]) nicht, wie Ritter annahm, das Betelblatt,[9]) sondern das Blatt der *laurus cassia* (*Tamâla patra*),[10]) woraus man Oel presste[11]) und die Malabathrumsalbe verfertigte, ebenfalls ein kostbarer Stoff, da man in Rom die Blätter mit 60 Denaren, das Oel mit 400 Denaren das Pfund bezahlte.[12]) Ausserdem gehören zu diesen Waaren das Bdellium,[13]) d. h. indische Myrrhe,[14]) die man in Rom beim Opfer brauchte,[15]) das Myrobalanum,[16]) der *calamus odoratus* vom Libanon,[17]) der Styrax,[18]) das Harz (*lacrimae*) des Balsamstrauches von Judäa, von dem an Ort und Stelle der Sextarius mit 300 Denaren bezahlt, in Rom aber für 1000 Denare verkauft wurde.[19]) Der Bedarf dieser asiatischen Producte war so gross, dass Plinius rechnet, für Perlen und *odores* gingen jährlich 100 Millionen Sesterzen in das Ausland.[20])

Noch gewinnreicher aber als der Handel mit den Rohpro- *unguenta.* ducten mochte die Fabrication und der Vertrieb der *unguenta* und des ganzen Toilettenapparates sein. Wohlriechende Oele

---

1) Galen. XII p. 429: ἀγαθὸν δὲ φάρμακον εἰς πάντα καὶ τὸ τῶν πλουσίων γυναικῶν μύρον ὃ καλοῦσιν ἐν Ῥώμῃ φουλίατον· οὐχ ἧττον δὲ τοῦτο χρηστὸν — ὃ προςαγορεύουσι σπικάτον. Vgl. p. 601. Plin. *n. h.* 13, 15. Juv. 6, 462. Mart. 11, 27, 9.

2) Plin. *n. h.* 12, 95—97. Das Pfund kostet 5 bis 50 Denare. Vgl. *peripl. mar. Erythr.* 8, p. 264 Müller.

3) Theophrast. *de odor.* c. 29; *hist. pl.* 9, 4. Diosc. 1, 77.

4) Plin. *n. h.* 12, 66—70. Kostet 3 bis 50 Denare das Pfund.

5) Plin. *n. h.* 12, 49. 50.

6) Ovid. *trist.* 3, 3, 69.

7) Plin. *n. h.* 12, 28.

8) *Geopon.* 6, 6. Dioscor. *m. m.* 1, 11.

9) Ritter Erdkunde V S. 507; vgl. 858 ff. 875.

10) Lassen Indische Alterthumskunde I² S. 332 (283), der darüber ausführlich handelt. Der jetzige Name des Malabathron ist nach ihm *Tegpat*, abgeleitet aus *tvak*, *laurus cassia*, und *patra* Blatt.

11) Plin. *n. h.* 12, 129.

12) Plin. *n. h.* 12, 129.

13) *Peripl. mar. Erythr.* 37 p. 286 Müll. Plin. *n. h.* 12, 35.

14) Lassen a. a. O. S. 339 (290).

15) Plin. *n. h.* 12, 35.

16) Plin. *n. h.* 12, 100 ff. Galen. XIV p. 760.

17) Plin. *n. h.* 12, 104.

18) Plin. *n. h.* 12, 124. 125. *Peripl. m. Erythr.* 49 p. 293 Müll.

19) Plin. *n. h.* 12, 111—123.

20) Plin. *n. h.* 12, 84. Wie weit dieser Handel ging, sieht man aus einem in Tellichery auf der Küste Malabar gemachten bedeutenden Funde von römischen Goldmünzen aus der Zeit von Augustus bis Caracalla. *Journal of the Asiatic Society of Bengal.* Vol. XX (1851) p. 371—387. Arneth Sitzungsber. der ph. h. Cl. der Wiener Acad. IX (1852) S. 573.

und Salben galten als eine persische Erfindung; [1]) sie sind aber nach Rom nicht erst mit dem übrigen asiatischen Luxus [2]) gekommen, sondern lange vorher in Grossgriechenland, namentlich in Capua, Mode gewesen. In Rom brauchte man sie bei der gewöhnlichen Morgentoilette, beim Bade, bei jedem Festmahle, [3]) zu verschiedenen medicinischen Zwecken, [4]) bei dem Cultus, der auch Götterbilder zu salben vorschrieb, [5]) und bei den verschiedenen Ceremonien der Bestattung. [6]) Zu allen diesen Zwecken fabricirte man in Rom Oele und Salben sowohl aus einheimischen Blumen, Kräutern, Sträuchern und Wurzeln, als aus den genannten orientalischen Pflanzenstoffen; aber man bezog auch berühmte Fabricate fertig aus Griechenland und dem Orient, wie z. B. ächte Nardensalbe am besten aus Laodicea kam, unächte und schlechte in Neapel gemacht wurde, [7]) so dass man drei Kategorien dieser Waaren unterscheiden kann: römische, wie Rosen-, Crocus-, Myrten-, Cypressenöl und viele andere Sorten; [8]) italische, griechische und kleinasiatische *unguenta*, wie Rosenöl von Neapolis, Capua, Praeneste und Phaselus, *Amaracinum* von Cos, *Panathenaicum* von Athen, *Irinum* von Cyzicus u. a. m., [9]) endlich orientalische Salben, wie das von Horaz [10]) gefeierte *malabathrum Syrium*, *Achaemenium costum*, *nardum* und

---

1) Plin. *n. h.* 13, 3. Darauf geht auch das horazische „*Persicos odi, puer, apparatus*“ *od.* 1, 38, 1. Friedlaender Darstellungen III^5 S. 76 f.

2) Liv. 39, 6, 7—9.

3) Es genügt, an die horazischen Stellen *od.* 1, 5, 2; 2, 3, 13; 2, 7, 8. 22; 2, 11, 16; 3, 1, 44; 3, 14, 17; 3, 29, 4; 4, 12, 17. *epod.* 13, 8 zu erinnern.

4) *Dig.* 34, 2, 21 § 1: *Unguentis legatis non tantum ea legata videntur, quibus unguimur voluptatis causa, sed et valetudinis, qualia sunt commagena, glaucina, crina* (Lilienöl), *rosa, muracolum, nardum purum; hoc quidem etiam, quo elegantiores sint et mundiores, unguuntur feminae.* Vgl. 34, 2, 25 § 12. Weitläufiger handeln hiervon die Aerzte. Dioscor. *m. m.* 1, 52 ff.

5) S. Staatsverwaltung III S. 334. 434. Lipsius *Excurs. ad Tac. ann.* 1, 24. Marini *Atti* II p. 394.

6) S. oben S. 347. 368. *Dig.* 11, 7, 37: *Funeris sumptus accipitur, quidquid corporis causa, veluti unguentorum, erogatum est.*

7) Galen. VI p. 439. X p. 791.

8) Sie werden aufgezählt von Plin. *n. h.* 13, 8—17, Galen. XII p. 448, Dioscorides *m. m.* 1, 38—76, Paulus Aegin. 8, 20, von Nicolaus Myrepsius 16; die Oele aus Blumen und verschiedenen Pflanzen von Aetius *tetrab.* 1, 1 *s. v.* ἔλαιον.

9) Plin. *n. h.* 13, 4—6.

10) Ohne Werth ist Martorelli *Degli odori dissertazione Oraziana* in *Diss. dell' accad. Romana di archeologia* I p. 417 ff. Dagegen s. über die indischen Arome Lassen Indische Alterthumskunde I^2 S. 334 (285) ff.

myrobalanum,[1] welche Salben in Originalfläschchen aus *lapis alabastrites*, auch Onyx genannt[2] — denn in steinernen Büchsen hielten sie sich am besten[3] — zum Verkauf kamen.[4])

Schönheitsmittel.

Die Toiletten- und Schönheitsmittel endlich, in deren Gebrauch in dem kaiserlichen Rom die Männer mit den Frauen wetteiferten,[5] waren ebenfalls theils einfache Stoffe, theils zusammengesetzte Medicamente, nach Recepten, die in aller Händen waren,[6] angefertigt und im Laden käuflich: Haaröle und Pomaden[7] gegen das Ausfallen der Haare, Augenbrauen und Augenwimpern;[8] Mittel für das Wachsen[9] und Schwarzwerden der Augenbrauen und Wimpern[10] (καλλιβλέφαρον);[11] Mittel, dem Haare eine blonde oder röthliche (nach griechischer Bezeichnung πυῤῥός, uneigentlich auch ξανθός)[12] Farbe zu ge-

---

1) Hor. *od.* 2, 7, 8; 3, 1, 44; 2, 11, 16; 4, 12, 17; *epod.* 13, 8; *od.* 3, 29, 4.

2) Plin. *n. h.* 36, 59—61. Salbfläschchen aus Alabaster finden sich bereits in etruskischen Gräbern aus dem 6. Jahrh. v. Chr. Micali *Mon. ined.* tav. 4, 2—4. Vgl. Abeken Mittelitalien S. 269. *Ann. d. Inst.* 1876 p. 240 ff.

3) Plin. *l. l.* 60 und 13, 19.

4) Hor. *od.* 4, 12, 17. Mart. 7, 94, 1. Prop. 4, 10, 22. Theocrit. 15, 114. Athen. 15 p. 686c. Ev. Marci 14, 3.

5) Eine Schilderung der Toilette einer Dame giebt Lucian. *Amor.* 39—41, welche Stelle Boettiger seiner Sabina zu Grunde gelegt hat.

6) Galen. XII p. 446: Κρίτων — ἔγραψε τέτταρα βιβλία κοσμητικῶν, ἃ πάντες ἔχουσιν. Dies sagt er nochmals p. 460.

7) *capillare* Mart. 3, 82, 28. Zu der Pomade, welche Petron. 23 erwähnt: *profluebant per frontem sudantis acaciae rivi*, giebt das Recept Theoph. Nonnus c. 1 p. 14 Bern. Vgl. auch Plin. *n. h.* 24, 110.

8) Plin. *n. h.* 28, 163—166. Dioscorides *de fac. par.* c. 48. 96. 97. Galen. XII p. 426—439. Moschion *de morb. mul.* c. 2 p. 47. Alexand. Aphrod. *probl.* 1, 2. Paulus Aegineta 3, 1. Theophanes Nonnus c. 1. 9. Nicolaus Myreps. 18, 13—16; 44, 1. Seren. Sammonicus bei Stephan. II p. 416. Marcell. Emp. 7.

9) Theoph. Nonn. c. 41.

10) Ovid. *a. am.* 3, 201 ff. Juven. 2, 93. Martial. 9, 37, 6. Lucian. *Amor.* 39. Apuleius *met.* 8, 27 nennt dies *oculos graphice obungere*.

11) Diesen Namen hat schon Varro bei Non. p. 218, 29. Die Salbe wird gemacht aus *terra ampelitis* (Plin. *n. h.* 35, 194), aus Asche von Dattelkernen und Nardus (Plin. *n. h.* 23, 97), gebrannten Rosenblättern (Plin. *n. h.* 21, 123), besonders aber aus Spiessglaspulver„ στίμι, Plin. *n. h.* 33, 102. Hieronymus *ep.* 54 (10), 7 *ad Furiam: orbes stibio fuliginatos*. Galen. VI p. 439: οὕτως γοῦν πράττουσιν ὁσημέραι καὶ αἱ στιμμιζόμεναι. Vgl. Nicol. Myr. 37, 83. Theoph. Nonnus 42.

12) Galen. XV p. 185: χρώμενοι δὲ ἐνίοτε τοῖς ὀνόμασιν οὐκ ἀκριβῶς ἔνιοι τῶν βιβλία γραψάντων τὴν τῶν πραγμάτων διδασκαλίαν ταράσσουσιν· οὕτως γοῦν τινες ὀνομάζουσι τοὺς Γερμανοὺς ξανθοὺς καίτοι γε οὐκ ὄντας ξανθούς, ἐὰν ἀκριβῶς τις ἐθέλῃ καλεῖν, ἀλλὰ πυῤῥούς.

ben,[1]) welche zuerst in Griechenland aufgekommene Mode[2]) schon zu Cato's Zeit auch in Rom Eingang gefunden hatte,[3]) namentlich die gallische Seife, *sapo*;[4]) Mittel, das Haar zu schwärzen,[5]) eine Erfindung, die schon Medea gemacht haben soll;[6]) Mittel, die Haare kraus zu machen;[7]) Mittel, die Haare auszurotten, ψίλωθρα;[8]) Mittel für den Teint,[9]) um dem Gesicht eine frische Farbe zu geben;[10]) um die Hände weiss zu erhalten,[11]) die Sommersprossen zu beseitigen,[12]) die Runzeln zu entfernen[13]) oder zu verkleben (*lomenta*);[14]) ferner eigentliche

---

1) Ovid. *a. am.* 3, 163 und das. Burmann; Plin. *n. h.* 26, 164; Petron. 110; Lucian. *Amor.* 40; Trebell. Pollio *Gallien. duo* 21, 4; Hieronymus *ep.* 107, 5: *cave — ne capillum irrufes;* Dioscorides *de f. p.* 98; Galen. XIV p. 392; XII p. 150; Aetii *tetrab.* 2, 2, 59; Theoph. Nonn. 3; Nicol. Myr. 44, 2; Paul. Aegin. 3, 2. Ausführlich spricht darüber auch Tertull. *de cultu femin.* 2, 6.

2) Demetrius von Phaleron färbte sich das Haar blond, Athen. 12 p. 542d. Die τριχῶν βαφή erwähnt Achilles Tatius 2, 38.

3) Serv. *ad Verg. Aen.* 4, 698: *Quia in Catone legitur de matronarum crinibus: flavo cinere unctitabant, ut rutilae essent.* Vgl. Jordan *M. Catonis quae exstant* p. 29, 9.

4) Plin. *n. h.* 28, 191. Martial. 8, 33, 20 und 14, 26 nennt dies Mittel *spuma Batava* und *caustica spuma.* S. Beckmann Gesch. d. Erf. IV S. 5 ff.

5) Tibull. 1, 8, 44; Mart. 3, 43; 4, 36; Plin. *n. h.* 26, 164; Dioscorides *de f. p.* 99. Galen. XII p. 434. 445; Alexand. Trall. 1, 3; Aetii *tetrab.* 2, 2, 58; Paul. Aegin. 3, 2; Actuarius *de meth. med.* 6, 1 in Stephanus *Medicae artis principes* Vol. II p. 294; Marc. Emp. 7; Serenus Sammonicus bei Stephanus II p. 416; Theoph. Nonnus 2.

6) Palaephatus *de incr.* 44.

7) Galen. XII p. 434. 445; Aetii *tetr.* 2, 2, 61; Paul. Aegin. 3, 2; Marcellus Emp. 7.

8) Martial. 3, 74; 6, 93, 9; vgl. 2, 29; 10, 65, 8; Plin. *n. h.* 26, 164: *Psilothrum nos quidem in muliebribus medicamentis tractamus, verum iam et viris est in usu.* Es giebt viele Recepte dazu; s. die Stellen des Plinius im Jan'schen Index *s. v. psilotra* (32, 136: *in omni autem psilotro evellendi prius sunt pili*); ferner Galen. XII p. 453—459; Dioscorides *de f. p.* 103. Actuarius bei Stephanus II p. 294. 295. Nic. Myr. 18, 22. Aetius *tetrab.* 2, 2, 63. 64.

9) Dioscorides *de f. p.* 99. 100. 101. 110. 111; Plin. *n. h.* 28, 183 ff.; Galen. XII p. 446; Theoph. Nonn. 105; Nic. Myr. 18, 26—39. Aetius *tetrab.* 2, 4, 5. 6.

10) Theoph. Nonn. 106; Nicol. Myr. 18, 7.

11) Galen. XII p. 447.

12) Galen. XII p. 448. Dioscorides *de f. p.* 121. Io. Actuarius *de meth. med.* 4, 13. Aetii *tetr.* 2, 4, 10.

13) Galen. XII p. 447; Nic. Myr. 18, 25. 40; Aetius *tetr.* 2, 4, 4.

14) Mart. 3, 42. Vgl. Caelius bei Cic. *ad fam.* 8, 14, 4. Apulei. *met.* 8, 27: *facie coenoso pigmento delita.*

Schminke,[1] sowohl weisse, *creta*,[2] *cerussa*[3] (Bleiweiss), als rothe, *purpurissum*,[4] *fucus*,[5] *minium*,[6] endlich Schönpflästerchen (*splenia*),[7] Zahnpulver,[8] lemnische Siegelerde, deren man sich als Seife beim Waschen der Wäsche bediente,[9] dies sind etwa die gewöhnlichsten Waaren der *seplasiarii*.

Die Mechaniker und namentlich die Uhrmacher.

Wenn wir von den mechanischen Künsten, in welchen das Alterthum ausserordentliche Leistungen aufzuweisen hat, hier nur eine einzelne behandeln, welche nicht besonders geeignet sein dürfte, das ganze Fach zu repräsentiren, so hat dies seinen Grund theils in der Bedeutung dieser Kunst für das Bedürfniss des täglichen Lebens, theils aber in der Unmöglichkeit, die Entwickelung der Mechanik der Alten, welche einer ausführlichen monographischen Behandlung noch sehr bedarf, an

1) Cicero *or.* 23, 79: *Fucati vero medicamenta candoris et ruboris omnia repellentur.* Galen. XII p. 434; Lucian. *Amor.* 41; Tertull. *de cultu fem.* 2, 5: *genas rubore maculant, oculos fuligine collinunt.* Cyprian. *de discipl. virg.* 14 (11): *genas mendacio ruboris inficere.* In Griechenland war diese Sitte so allgemein, dass in der messenischen Inschrift in Gerhard Arch. Anz. Dec. 1858 n. 120, I Z. 22 den bei den Mysterien betheiligten Frauen verboten wird: Μὴ ἐχέτω δὲ μηδεμία χρυσία μηδὲ φῦκος μηδὲ ψιμίθιον (d. h. *fucus* und *cerussa*).

2) Ovid. *a. a.* 3, 199; Hor. *epod.* 12, 10; Mart. 2, 41, 11; 6, 93, 9; 8, 33, 17. Man brauchte sie besonders gegen Runzeln. Petron. 23.

3) Plaut. *Most.* 258; Ovid. *med. fac.* 73; Mart. 7, 25, 2.

4) Plaut. *Most.* 261; *Trucul.* 290; Non. p. 218, 24; vielleicht auch bei Cic. *in Pison.* 11, 25 zu lesen *purpurissatae buccae*; Apuleius *de mag.* 76: *cum in puella videret medicatum os et purpurissatas genas.* Tertull. *de cultu fem.* 2, 7: *videbo, an cum cerussa et purpurisso et croco et in illo ambitu capitis resurgatis.* Hieronymus *ad Laetam ep.* 107, 5: *Cave, ne aures eius perfores, ne cerussa et purpurisso — ora depingas.* Idem *ad Demetriadem ep.* 130, 7 p. 978 Vall.: *polire faciem purpurisso et cerussa ora depingere.*

5) Tertull. *de cult. fem.* 1, 2: *medicamenta ex fuco, quibus lanae* (vielleicht *malae*) *colorantur et illum ipsum nigrum pulverem, quo oculorum exordia producuntur.* Plaut. *Most.* 275: *Vetulae, edentulae, quae vitia corporis fuco occulunt. Fucus* ist ein Moos, *Lichen roccella* Linn. S. Beckmann Gesch. der Erf. I S. 338 ff. Vgl. über andere Schminken Boettiger *Sab.* I² S. 51 ff.

6) Cl. Marius Victor *ep. ad Salmonem* in Wernsdorf *P. L. M.* III p. 110:

quid agunt in corpore casto
Cerussa et minium, centumque venena colorum?

7) Plin. *ep.* 6, 2, 2; Martial. 2, 29, 9; 8, 33, 22; 10, 22. Ovid. *am.* 3, 202.

8) Ueber den Gebrauch des Zahnpulvers s. Catull. 39, Mart. 14, 56 und die von Savaro zu Sidon. Apoll. *ep.* 3, 13 p. 220 angeführten Stellen. Recepte dazu geben Plin. *n. h.* 28, 178. 182; 29, 46; 30, 22. 27. 31. 117; 32, 65. 82; 36, 153. 156, Dioscorides *de f. p.* 76, Galen. XII p. 205. 447. 884—893, Aetius *tetr.* 2, 4, 35, Nicol. Myr. 37, 60—82, Theoph. Nonnus 112.

9) Galen. XII p. 170 f. Eine ähnliche Erde fand sich in Selinus und Chios, mit der man das Gesicht wusch. Galen. XII p. 180.

diesem Orte übersichtlich und in Kürze zu erörtern. Die Uhren, um also von diesen ausschliesslich zu reden,[1]) waren bei den Alten entweder Sonnen- oder Wasseruhren.[2]) Die erste Sonnenuhr kam nach Rom im Jahr 491 = 263, und zwar aus Catina, für welche Stadt sie berechnet war. Obgleich also für Rom völlig unbrauchbar, blieb sie doch aufgestellt bis 590 = 164, in welchem Jahre Q. Marcius Philippus eine für Rom construirte Sonnenuhr daneben setzte.[3]) Seit dieser Zeit wurde der Gebrauch der Sonnenuhren nicht allein auf öffentlichen Plätzen,[4]) sondern auch in Tempeln,[5]) Bädern,[6]) Häusern[7]) und Villen[8]) allgemein, und es gab keinen Theil des römischen Reiches, in welchem sie nicht üblich geworden wären. Wir haben theils durch Funde der Uhren selbst, theils durch inschriftliche Zeugnisse Nachricht von Sonnenuhren in Athen,[9]) Thespiae,[10]) Delos,[11]) Cos; Rom selbst wird in dem Fragment einer Comödie,[12]) welches Ritschl in den Anfang des siebenten Jahrhunderts der Stadt setzt,[13]) angefüllt mit Sonnenuhren, *oppleta solariis*, ge- Sonnenuhren.

1) Der Gegenstand ist von mir bereits früher behandelt worden in dem Programm *Galeni locus qui est de horologiis veterum emendatus et explicatus.* Gotha 1865. 4.

2) Cic. *de d. n.* 2, 34, 87: *solarium vel descriptum vel ex aqua.* Censorin. 23, 7: *horarium ex aqua fecit.*

3) S. oben S. 253 ff.

4) Cic. *Brut.* 54, 200.

5) Den Göttern, die man wie Menschen bediente (Staatsverwaltung III S. 334), wurden auch die Stunden durch Sclaven gemeldet (Seneca *fr.* 36 Haase; Mart. 10, 48, 1; Apul. *met.* 11, 20), wie dies im Hause geschah (s. oben S. 256), und deshalb auch Sonnenuhren dedicirt, wie dem Jupiter und der Juno, Orelli 925; dem Deus Nemausus, Orelli 2032; der Diana, *C. I. Gr.* 1947; der Tyche, *C. I. Gr.* 2510.

6) Oben S. 271 Anm. 1.

7) *Dig.* 33, 7, 12 § 23: *quae vero non sunt affixa, instrumento non continentur — excepto horologio aereo, quod non est affixum. Nam et hoc instrumento domus putat contineri (Papinianus).* Bei Petron. 26 hat Trimalchio eine Uhr im Triclinium.

8) Cicero verspricht *ep. ad fam.* 16, 18, 3 dem Tiro ein *horologium* auf das Tusculanum zu schicken. Die bei Rom gefundenen Sonnenuhren scheinen gleichfalls in Villen gestanden zu haben.

9) Es sind vier athenische Sonnenuhren bekannt: 1) die von dem Thurm der Winde, s. Stuart *Antiquities of Athens* I pl. 10. 11; Leake Topographie von Athen, übers. von Baiter und Sauppe S. 19. 140; Delambre in *Mém. de la classe des sciences math. et phys. de l'Institut* XIV (1818) p. 35 ff.; 2) die von dem Denkmal des Thrasyllus. Le Roy *Les ruines des plus beaux monuments de la Grèce.* Paris 1770. fol. Vol. II pl. 2; 3) die Uhr des Phaedrus, jetzt im britischen Museum, *C. I. Gr.* n. 522; 4) die von dem Theater des Dionysus, *Annali d. Inst.* 1848 p. 21. Eine fünfte wird erwähnt *C. I. Gr.* 1947.

10) *Annali d. Inst.* 1848 p. 21.

11) Delambre a. a. O.

12) Gellius 3, 3, 4. Ribbeck *Com. Rom. fragmenta* ed. 2 p. 34.

13) Ritschl *Parerga* I p. 208.

nannt; die Umgegend von Rom,[1]) sowie Herculaneum[2]) und Pompeii,[3]) haben eine grosse Anzahl von Sonnenuhren geliefert, und es sind solche auch in Puteoli,[4]) Aletrium,[5]) Allifae,[6]) Volaterrae,[7]) Ravenna,[8]) Aquileia,[9]) in verschiedenen Theilen Gal-

---

1) In dieser sind bis jetzt folgende Exemplare entdeckt worden: 1) das 1741 bei Tusculum gefundene, später im Collegium Romanum, beschrieben von Zuzzeri *D'una antica villa scoperta sul dosso del Tusculo e d'un antico orologio a sole tra le rovine della medesima ritrovato.* Venezia 1746. 4. Vgl. *Archaeologia* X p. 172; P. Boscowich in *Giornale de' Letterati pel anno* 1746 p. 115; 2) das 1751 in Castelnuovo, 3) das 1755 in Vico Rignano gefundene (1761 im Besitze von Lucatelli in Rom befindlich. S. Paciaudi *Mon. Peloponn.* I p. 42), beide erwähnt in *Pitture di Ercolano* III p. 337 n. 131; 4) das 1762 in Rom gefundene. S. Fr. Jaquieri *ep. ad D. M. Sarti* in *Oderici dissert.* Romae 1765. 4. p. 383, abgedruckt in Martini *Antiquorum monumentorum sylloge* (*prior*). Lips. 1783 p. 93 ff.; 5) das um 1740 gefundene, beschr. von Baldini *Sopra un' antica piastra di bronzo, che si suppone un Orologio da sole*, in *Saggi di diss. di Cortona*, Tom. III (1741) p. 185 ff.; 6) ein in der Villa Palombara auf dem Esquilin gefundenes, beschr. von Piale in Guattani *Memorie enciclopediche*, Tom. V p. 103—109; Wöpcke im *C. I. Gr.* n. 6179; 7) das 1815 an der via Appia gefundene, beschr. v. Peter *Di un antico orologio solare* in *Diss. dell' Accad. Rom. di Archeologia* I, 2 (1823) p. 25—68; 8) das in Berlin befindliche, s. Wöpcke *Disquisitiones* p. 38; 9) das zweite Berliner Ex. N. 601 des Catalogs, von E. Gerhard in Rom erworben; 10. 11. 12) drei in Tibur gefundene, beschrieben in Antonini *Candelabri antichi*, Tom. II tav. 9—11; vgl. Peter a. a. O. p. 57; *Bull. d. Inst.* 1838 p. 97—109; 13) ein beim Mausoleum des Augustus gefundenes, *Not. d. scavi* 1883 p. 48 = Grut. 135, 3; 14) ein in Palestrina noch theilweise erhaltenes: Marucchi in *Ann. d. Inst.* 1884 p. 286 ff. tav. Q. — Noch andere bei Antonini a. a. O. Ausserdem wird ein *horologium* erwähnt Orelli 4517 = *C. I. L.* VI, 10237.

2) Zwei Uhren, die erste 1755, die zweite 1823 gefunden, s. *Pitture di Ercolano* III p. V ff.; Wöpcke *Disq.* p. 25 fig. V und im *C. I. Gr.* 5862.

3) Hier sind, so viel ich weiss, zwölf gefunden: 1) 1762. Fiorelli *Pompeianarum antiquitatum historia* I, 1 p. 139. *Pitture di Ercolano* III p. 337. Wöpcke *Disq.* p. 9; 2) 1765. Mommsen *C. I. L.* X, 831; 3) 1770. Fiorelli I, 1 p. 237; 4) 1771. Fiorelli I, 1 p. 248 „*nell' arena del portico dietro la scena del teatro*", vgl. I, 2 p. 156; 5) 1776 „*nelle rovine di alcuni muri di case in vicinanza della porta*", Fiorelli I, 2 p. 162; 6) 1809 „*per la strada*", Fiorelli I, 3 p. 18; 7) 1809. Fiorelli I, 3 p. 27; 8) 1828 „*in una stanza della casa di Pomponio*" Fiorelli II p. 207. Dies scheint das auf dem Titel des VII. Bandes des *Museo Borbonico* abgebildete Exemplar zu sein; 9. 10) 1830 und 1831 in der *casa con capitelli figurati* gefunden. S. Avellino *Desc. di una casa Pompeiana.* Napoli 1837. 4. p. 60. tav. III, 5 und X, 12. Fiorelli II p. 255; 11) 1854 in den Thermen Overbeck[4] p. 219; 12) ein neuerdings gefundenes Exemplar bei Fiorelli *Giornale degli scavi* 1865 p. 14.

4) *C. I. L.* X, 1617.

5) *C. I. L.* I, 1166 = X, 5807.

6) *C. I. L.* IX, 2324.

7) *Bull. d. Inst.* 1879 p. 162.

8) S. *Les illustres observations antiques du seigneur G. Syméon.* Lyon 1558. 4. p. 77. Hier. Rubei *Hist. Ravenn.* Venet. 1590. 4. p. 16. Gegenwärtig ist die Uhr nicht mehr vorhanden.

9) Kenner Röm. Sonnenuhren in Aquileia in Mittheilungen der Centralcommission in Wien. Neue F. VI (1880) S. 1 ff.

liens,[1]) in Deutschland,[2]) in Dacien,[3]) Spanien,[4]) Phönicien[5]) und in Africa[6]) in Gebrauch gewesen und theilweise auch gefunden worden. Diese Verbreitung der Uhren, welche selbst in Dörfern nicht fehlten,[7]) macht es erklärlich, dass in der Kaiserzeit sowohl die Beschäftigungen des Privatlebens nach Stunden geregelt,[8]) als auch in der Gesetzgebung, z. B. über den Gebrauch der Wasserleitungen, der Gebrauch der Uhren vorausgesetzt wird,[9]) und dass selbst in den Wüsten von Africa die Benutzung des Wassers stundenweise gestattet werden konnte.[10])

---

1) So in Belluno im Venetianischen, *C. I. L.* V, 2035; im Kloster Taloire in Savoyen, Orelli 3299. *Archaeologia* VI p. 133; X p. 172. Herzog *Galliae Narbonensis historia.* App. n. 586; in Nemausus, ib. 236 (Or. 2032); Aquae Sextiae, ib. n. 382; Vienna, ib. n. 534.

2) Ein bei Cannstatt gefundenes Horologium s. Jahrb. d. V. v. A. im Rheinlande IV S. 90.

3) S. die Inschr. von Alba Julia (Karlsburg) *C. I. L.* III, 1070 = Orelli 925 = 1276.

4) Inschr. von Tucci (*colonia Augusta Gemella*) *C. I. L.* II, 1685.

5) Rénan *Mission de Phénicie* p. 729.

6) Eine Uhr, in Kurba in Algérie gefunden, s. Hefner Röm. Inschr. in Abh. der bayerischen Acad. V, 2 (1849) p. 252. Eine Uhr in Zarai *C. I. L.* VIII, 4515.

7) Es findet sich eine in dem *pagus Laebactium* in der X. Region *C. I. L.* V, 2035.

8) S. oben S. 250 ff. Hierauf bezieht sich auch das bereits angeführte Fragment des Komikers Aquilius bei Gellius 3, 3, 4, ferner Seneca *de br. vit.* 12, 6 und von Späteren Sidonius Apollinaris *epist.* 2, 13, der vom Petronius Maximus sagt: *cuius ipsa sic spatia vitae custodiebantur, ut per horarum dispositas clepsydras explicarentur;* endlich Cassiodor. *var.* 1, 46, bei welchem der König Theodorich bei Uebersendung einer Sonnenuhr und einer Wasseruhr an den Burgunderkönig Gundibald schreibt: *Discat Burgundia res subtilissimas inspicere. — Distinguat spatia diei actibus suis: horarum aptissime momenta constituat. Ordo vitae confusus agitur, si talis discretio sub veritate nescitur. Beluarum quippe ritus est, ex ventris esurie horas sentire et non habere certum, quod constat humanis usibus attributum.*

9) Die Benutzung der Wasserleitungen wird nicht nur nach Tages- und Nachtstunden gestattet (*Dig.* 43, 20, 2; 39, 3, 17 pr.), sondern auch auf bestimmte Stunden. *Dig.* 43, 20, 5 § 1: *Inter duos, qui eodem rivo aquam certis horis separatim ducebant, convenit, ut permutatis inter se temporibus aqua uterentur.* *Dig.* 8, 6, 7: *Nam et si alternis horis vel una hora quotidie servitutem habeat, Servius scribit perdere eum non utendo servitutem.* *Dig.* 8, 6, 10 § 1. Vorschriften für die Benutzung einzelner Wasserleitungen enthalten ebenfalls die Bewilligung des Wassers auf Stunden. Auf dem inschriftlich erhaltenen Grundrisse einer Wasserleitung in Tusculum bei Fabretti *De aquis et aquaed.* p. 151, Mommsen in Savigny Zeitschr. f. gesch. Rechtsw. XV, 3 S. 307, steht bei jeder *fistula* eine Beischrift dieser Art, z. B. *C. Iuli Hymeti Aufidiano aquae duae ab hora secunda ad horam sextam*, und auf einer tiburtinischen Inschrift gleicher Art bei Mommsen a. a. O. S. 309: *accipiet ab hora noctis prima ad horam eius decimam.*

10) Plin. *n. h.* 18, 188: *Civitas Africae in mediis harenis — vocatur Tapace, felici super omne miraculum riguo solo; ternis fere milibus passuum in omnem*

Arten derselben. Aus den sorgfältigen Untersuchungen, welche man über die Construction dieser Sonnenuhren angestellt hat,[1]) ergiebt sich, dass dieselben von dreierlei Art waren: einmal berechnet für den bestimmten Ort, an welchem sie aufgestellt werden sollten, und auf die in Rom üblichen, wechselnden, einem Zwölftel des Tages oder der Nacht entsprechenden Stunden; sodann eingerichtet für den Transport und den Gebrauch an verschiedenen Orten; endlich bestimmt für den Gebrauch der Mathematiker und gleiche Stunden, d. h. Aequinoctialstunden, wonach wir gegenwärtig rechnen, anzeigend.

Wasseruhren. Viel unbekannter ist die Theorie der Wasseruhren, welche in Rom im Jahr 595 = 159 eingeführt wurden.[2]) Denn die Schrift des Alexandriners Hero περὶ ὑδρείων[3]) oder περὶ ὑδροσκοπείων[4]) oder περὶ ὑδρίων ὡροσκοπείων,[5]) in welcher diese Theorie entwickelt war, ist verloren, und ein Exemplar einer solchen Uhr nicht erhalten. Zuvörderst sind von diesen Wasser-

clepsydrae uhren völlig zu unterscheiden die *clepsydrae*,[6]) deren man sich sowohl in Athen[7]) als in Rom[8]) bei den Gerichtsverhandlungen bediente, und die zwar als Zeitmesser, aber nicht als Uhren zu betrachten sind. Die Clepsydra ist nämlich ein Thongefäss, und zwar gewöhnlich eine Amphora,[9]) aufgestellt auf einem

---

partem fons abundat, largus quidem, sed et certis horarum spatiis dispensatur inter incolas.

1) S. namentlich Fr. Wöpcke *Disquisitiones archaeologico-mathematicae circa solaria veterum.* Berolini 1842. 4, wo über diese drei Arten gehandelt wird, p. 5 ff., p. 14, p. 38 ff. Ueber eine besondere Art von Sonnenuhr s. Marucchi *Ann. d. Inst.* 1884 p. 286 ff.

2) Plin. *n. h.* 7, 215. Censorinus 23, 7.

3) Pappus *Collect.* 8, 2 p. 1026 Hultsch. Vgl. p. 1070: τὰ μὲν γὰρ ὑπὸ τῆς μηχανικῆς καὶ γνωμονικῆς καὶ τῆς περὶ ὑδρείων πραγματείας λόγῳ θεωρούμενα δι' αὐτῶν τῶν ὀργάνων ὑπὸ ταύτης κατασκευαζόμενα δείκνυται.

4) Procli Ὑποτυπώσεις ἀστρονομικῶν ὑποθέσεων p. 107 Halma.

5) Theon (oder vielmehr Pappus) *ad Ptolem. Magn. Constr.* p. 262 ed. Bas. Heron *Pneumat.* p. 145 Thevenot. Vgl. Th. H. Martin *Rech. sur la vie et les ouvrages d'Héron* in *Mémoires présentés par divers savants à l'académie des Inscr. et B. L.* Série I Tome IV (1854) p. 42.

6) D. Petermann *De clepsydra veterum disquisitio I.* Lips. 1671; *disq. II.* Lips. 1672. 4. G. C. Draudii *Comm. de clepsydris veterum.* Giesae 1732. 4.

7) Meier u. Schoemann Der attische Process p. 713 ff. Platner Der Process und die Klagen bei den Attikern I p. 185.

8) G. C. Burchardi *De ratione temporis ad perorandum in iudiciis publ. Roman.* Kil. 1829. 4.

9) Sextus Empiricus *adv. Math.* 5, 24 p. 732 Bekk.: ἀμφορέα τετρημένον πληρώσαντες ὕδατος εἴασαν ῥεῖν εἴς τι ἕτερον ὑποκείμενον ἀγγεῖον. Bei Julian. *Caes.* 21, p. 325c Spanh. wird das Gefäss als Hydria bezeichnet.

Dreifuss (τρίπους), unter welchem ein Crater steht.[1] Sie ist unten durchbohrt, so dass das Wasser, womit sie gefüllt ist, in einer gewissen Zeit in den Crater abläuft. Für den Privatgebrauch hat man vielleicht gläserne, transportable *clepsydrae* gehabt, indessen sind die Nachrichten über diese zu dürftig, um eine Vorstellung davon zu geben.[2] In der gerichtlichen Praxis wurde in Athen dem Redner nicht eine Anzahl von Stunden und Minuten, sondern von *amphorae*[3] oder χόες[4] für seine Rede bewilligt, und es scheint, dass diese Einrichtung aus einer Zeit herrührt, in welcher man von Uhren noch keine Kenntniss hatte, dass man sie aber später beibehielt, weil die alten Uhren ungleiche Stunden, lange im Sommer, kurze im Winter zeigten, eine *clepsydra* dagegen ein constantes Zeitmaass war, das zu allen Zeiten gleichmässig zur Anwendung kommen konnte.[5] Mit der Tageszeit brachte man dieses Zeitmaass in der Art in Verbindung, dass man für die Dauer einer Gerichtsverhandlung den kürzesten Tag, der in den Monat Ποσειδεών fiel, **in Athen,**

---

1) Lydus *de mag.* 2, 16: καὶ ὁ τρίπους ἐν μέσῳ τοῦ ἀκροατηρίου ἐξηρτημένου κατὰ μέσον τοῦ κανθάρου. καὶ κρατὴρ παρακείμενος, δι' οὗ ποτε πληρούμενος ὁ κάνθαρος ὕδατος τοσοῦτον ἐδίδου καιρὸν τῷ τῆς δίκης τέρματι, ἐφ' ὅσον διά τινος γνώμονος τοῦ ἐνόντος αὐτῷ ὕδατος διηθουμένου ὁ κύαθος ἀπηλλάττετο. Apulei. *met.* 3, 3: *Sic rursum praeconis amplo boatu citatus accusator quidam senior exsurgit, et ad dicendi spatium vasculo quodam in vicem coli graciliter fistulato ac per hoc guttatim deflua infusa aqua, populum sic adorat.* Dass das Wasser aus der *clepsydra* ausfliesst, nicht in dieselbe einfliesst, sagt auch Seneca *ep.* 24, 20: *Quemadmodum clepsydram non extremum stillicidium exhaurit, sed quidquid ante defluxit, sic ultima hora, qua esse desinimus, non sola mortem facit, sed sola consummat.*

2) Auf dem die Hochzeit des Peleus und der Thetis darstellenden Relief bei Winckelmann *Mon. ant. ined.* tab. 110 hat Morpheus ein Instrument von der Form eines modernen, gläsernen Stundenglases in der Hand. Winckelmann a. a. O. Vol. II p. 148 erkennt hierin eine Uhr und bezieht auf eine solche das Fragment des Komikers Bato bei Athen. p. 163b:

ἔπειθ' ἕωθεν περιάγεις τὴν λήκυθον
καταμανθάνων τοὔλαιον, ὥστε περιφέρειν
ὡρολόγιον δόξει τις, οὐχὶ λήκυθον.

Dass es von Glas war, schliesst er aus Athen. 4 p. 245 f.: ὦ Χαιρεφῶν, ὥσπερ τὰς ληκύθους ὁρῶ σε μέχρι πόσου μεστὸς εἶ. Auch Clemens Alex. *Strom.* 6, 4, 35 p. 757 Pott. sagt bei der Beschreibung eines Aufzugs ägyptischer Priester: μετὰ δὲ τὸν ᾠδὸν ὁ ὡροσκόπος ὡρολόγιόν τε μετὰ χεῖρα καὶ φοίνικα ἀστρολογίας ἔχων σύμβολα πρόσεισι. Hier wird also eine tragbare Uhr erwähnt, und es wäre möglich, dass diese wie unsere Stundengläser eingerichtet und nur mit Oel statt mit Sand gefüllt gewesen wäre.

3) So elf ἀμφορεῖς, Aeschin. π. παραπρ. p. 296, 4., ein ἀμφορεύς Demosth. c. Macart. p. 1052, 20. Max. Tyr. 9, 8. I p. 163 R.

4) Demosth. *l. l.*

5) Man konnte daher *clepsydrae* auf sehr verschiedene Zeitmaasse einrichten. Herodes Atticus sprach nach einer *clepsydra*, die auf 100 geschriebene Zeilen, εἰς ἑκατὸν ἔπη, eingerichtet war. Philostrat. *vit. soph.* p. 585 Olear. Deshalb

als normale Zeit annahm, jedes Jahr an diesem Tage eine neue *clepsydra* ausprobirte, und nachdem man festgestellt hatte, wie oft dieselbe an diesem Tage auslief, hienach die Bewilligung für die einzelnen Redner machte.[1] In Rom dagegen, wo die *clepsydrae* erst nach der Einführung der Uhren in den Gebrauch bei Gericht kamen, wird dem Redner seine Zeit nach Stunden zugemessen,[2] und da dies nichtsdestoweniger durch *clepsydrae* geschieht, so müssen diese in irgend ein Verhältniss zu den Stunden des Tages gebracht worden sein, über welches zu urtheilen aus mehreren Gründen schwierig ist. Zunächst ist ungewiss, seit wann in Rom den gerichtlichen Rednern überhaupt eine Zeitbeschränkung auferlegt wurde. Denn die Nachricht des Tacitus,[3] welcher diese Einrichtung dem dritten Consulate des Pompeius, d. h. dem Jahr 52 v. Chr., zuschreibt, beruht auf einem Irrthum, da Cicero bereits im Jahr 70 von seinen ihm zukommenden Stunden (*legitimae horae*),[4] im Jahr 63 von der Beschränkung seiner Vertheidigung auf eine halbe Stunde[5] und im Jahr 59 von einer gesetzmässigen Vorschrift von sechs Stunden[6] redet, und es ist vielmehr anzunehmen, dass die Notiz des Tacitus sich auf die im Jahr 52 gegebenen speciellen Gesetze des Pompeius *de vi* und *de ambitu* bezieht, durch welche nicht überhaupt zuerst die *clepsydra* in die Gerichte eingeführt, sondern für diese beiden Processfälle besonders angeordnet wurde, dass Anklage und Vertheidigung an

in Rom.

---

brauchten auch die Mathematiker noch lange nach Bekanntwerden der *horologia* die *clepsydrae* bei ihren Beobachtungen. Cleomedes 2, 75: ἐλέγχεται δὲ καὶ διὰ τῶν ὑδρολογείων τὸ εὔηθες τοῦ λόγου. Δείκνυται γὰρ δι᾽ αὐτῶν, ὅτι, ἂν ᾖ ποδιαῖος ὁ ἥλιος, δεήσει τὸν μέγιστον τοῦ οὐρανοῦ κύκλον ἑπτακοσίων πεντήκοντα ποδῶν εἶναι. διὰ γὰρ τῶν ὑδρολογείων καταμετρούμενος εὑρίσκεται μέρος ἑπτακοσιοστὸν καὶ πεντηκοστὸν τοῦ οἰκείου κύκλου. Ἐὰν γάρ, ἐν ᾧ ἀνέρχεται πᾶς ἐκ τοῦ ὁρίζοντος ὁ ἥλιος, κύαθος φέρε εἰπεῖν ῥεύσῃ, τὸ ὕδωρ, ἀφεθὲν ὅλῃ τῇ ἡμέρᾳ καὶ νυκτὶ ῥεῖν, εὑρίσκεται κυάθους ἔχον ψν´. Andere Beobachtungen mit der *clepsydra* beschreiben Theon *comm. ad Ptolemaei* σύντ. μεγάλ. 5 p. 261 ed. Basil. 1538; Macrobius *comm. in Somn. Scip.* 1, 21, 12—21; Martianus Capella 8 § 847. 860. Doch erklärt Ptolemaeus selbst diese Beobachtungen für ungenau, 5, 14 Vol. I p. 339 Halma.

1) Harpocration Διαμεμετρημένη ἡμέρα: μέτρον τι ἐστὶν ὕδατος πρὸς μεμετρημένον ἡμέρας διάστημα ῥέον· ἐμετρεῖτο δὲ τῷ Ποσειδεῶνι μηνί — — διενέμετο δὲ τρία μέρη τὸ ὕδωρ, τὸ μὲν τῷ διώκοντι, τὸ δὲ τῷ φεύγοντι, τὸ τρίτον τοῖς δικάζουσι.

2) *Schol. Gron. in act. I in Verr.* p. 396 Or.: *horis certis dicebant accusatores sive defensores per clepsydram.*

3) Tac. *de or.* 38.

4) Cic. *in Verr.* 1, 9, 25; vgl. 1, 11, 32.

5) Cic. *pr. Rabir.* 2, 6.

6) Cic. *pr. Flacc.* 33, 82.

einem Tage beendigt und für die erste zwei, für die letztere drei Stunden bewilligt werden sollten.[1]) Auch zu des jüngeren Plinius Zeit wurden ganze Stunden oder Theile von Stunden[2]) den Rednern vorgeschrieben, deren Maass nicht eine Uhr, sondern die *clepsydra* war, und zwar so, dass vier *clepsydrae* auf eine Stunde gingen. Wenigstens erzählt Plinius,[3]) er habe einst im Senat fast fünf Stunden geredet, da er 16 *clepsydrae* und zwar reichliche (*spatiosissimas*) erhalten habe; man kann daher annehmen, dass, wenn ihm gewöhnliche und normale *clepsydrae* zugemessen worden wären, er vier Stunden würde gesprochen haben. Indessen genau konnte das Verhältniss der *clepsydrae* zu den Stunden niemals sein, da die ersteren ein festes Maass waren, die letzteren aber jeden Tag länger oder kürzer wurden, es müssten denn die Römer, was nirgends berichtet wird, feste Stunden, und zwar, wie die Griechen, die Stunden des kürzesten Tages in der gerichtlichen Praxis berechnet, oder das Maass der *clepsydra* durch Einlegen und Herausnehmen von Wachs verändert haben, was bei der Bestimmung der Nachtwachen (*vigiliae*) im Militärdienste vorkam.[4])

Von dieser *clepsydra* also ist wesentlich verschieden die wirkliche Wasseruhr, deren Erfindung dem Plato[5]) und deren complicirtere Construction dem Ctesibius von Alexandria[6]) zugeschrieben wird. Wir haben von derselben zwei Beschreibungen, die eine bei Galen, die andere bei Vitruv. Die erste ist von allen, welche über die Geschichte der Uhren geschrieben haben,[7]) unbeachtet gelassen worden,[8]) sei es nun, dass sie

Einrichtung der Wasseruhr.

1) Asconius *ad Milon.* p. 37 Orelli = p. 34 Kiessl. Dio Cass. 40, 52, 2. Madvig *Opusc. ac. altera* p. 246.

2) Plin. *ep.* 4, 9, 9. Mart. 8, 7.

3) Plin. *ep.* 2, 11, 14.

4) Aeneas Tact. *Poliorc.* 22, 25: Ὃν δ' ἂν τρόπον ἴσως καὶ κοινῶς μακροτέρων ἢ βραχυτέρων τῶν νυκτῶν γινομένων ἅπασιν αἱ φυλακαὶ γίγνοιντο πρὸς κλεψύδραν χρὴ φυλάσσειν· ταύτην δὲ συμβάλλειν διαδοχῇ μερίδος, μᾶλλον δὲ αὐτῆς κεκηρῶσθαι τὰ ἔσωθεν καὶ μακροτέρων μὲν γινομένων τῶν νυκτῶν ἀφαιρεῖσθαι τοῦ κηροῦ, ἵνα πλέον ὕδωρ χωρῇ, βραχυτέρων δὲ προςπλάσσεσθαι, ἵνα ἔλασσον δέχηται. Dass im römischen Heere die Wachen nach der *clepsydra* abgelöst wurden, bezeugt Veget. 3, 8. Vgl. Staatsverwaltung II² S. 420 Anm. 7.

5) Athen. p. 174c.

6) Vitruv. 9, 9 (8), 2. Plin. 7, 125.

7) Alle diese kennen nur die Stelle des Vitruv und ihre Erklärung in Perrault *Les dix livres d'architecture de Vitruve.* Paris 1684. fol. p. 285 ff. Ihm folgen Poppe Ausführliche Geschichte der theoretisch-praktischen Uhrmacherkunst. Leipzig 1801. 8. S. 137—157; Pierre Dubois *Histoire de l'horlogerie depuis son origine jusqu' à nos jours.* Paris 1849. 4; Arago Werke,

(Anm. 8 siehe nächste Seite.)

dieselbe überhaupt nicht kannten, oder dass die unverantwortliche Sorglosigkeit, mit welcher man bisher den Text des Galen edirt hat, ihnen die Benutzung der Stelle unmöglich machte, welcher erst neuerdings eine kritische Behandlung zu Theil geworden ist.[1]) Galen beschreibt die Wasseruhr als ein durchsichtiges, also wohl gläsernes,[2]) Gefäss, in welches Wasser fortdauernd und gleichmässig einfliesst. Die Höhe des Wasserstandes ist das Maass der Zeit, und es kommt bei der Construction einer solchen Uhr nur darauf an, durch Experimente festzustellen, welche Höhe das Wasser zu jeder Stunde erreicht, und diese auf der Aussenseite des Gefässes durch eine Bezeichnung zu fixiren, welche als Zifferblatt der Uhr dient. Hätten die Alten gleiche, astronomische Stunden gehabt, wie wir sie haben, so würde es ohne Schwierigkeit gewesen sein, die zwölf Wasserhöhen, welche den zwölf Stunden entsprechen, durch Puncte oder parallele, um das Gefäss laufende Horizontallinien zu bezeichnen; da aber die bürgerliche Stunde der Alten ein Zwölftel des Tages ist und mit der Länge des Tages wechselt, so war ein complicirteres Verfahren nöthig, durch welches der Zweck auch nur unvollkommen erreicht wurde. Dieses aber war folgendes: Man zog zuerst auf der Aussenseite des Gefässes in gleicher Entfernung von einander vier verticale Linien, von denen die erste die Zeit der Sommersonnenwende, die zweite die des Herbstaequinoctiums, die dritte die der Wintersonnen-

---

herausg. v. Hankel XI S. 41—44. Nichts Neues enthalten hierüber auch Hertz Geschichte der Uhren. Berlin 1851. 8; L. Martorelli *Dissertazione sull' orologio e sull' ore degli antichi Romani.* Roma 1812. 8; Pauly Realencycl. III p. 1483—1495; M. G. H. B. Ausführliche Abhandlung von Wasseruhren. Halle 1752. 8. Dagegen enthält interessante Notizen über die Wasseruhren des Mittelalters Falconet *Sur Jaques de Dondis et sur les anciennes horloges* in *Mém. de littérature de l'acad. des inscr.* Tome XX (1753) p. 440 ff.

8) Nur Draudius a. a. O. p. 14 citirt die Stelle kurz, und ohne sie weiter zu benutzen.

1) Die Stelle steht in Galen. π. διαγνώσεως καὶ θεραπείας τῶν ἐν τῇ ἑκάστου ψυχῇ ἁμαρτημάτων. Vol. V p. 82 K.; auch in Galeni *Opuscula varia a Th. Goulstono Graece recensita — et in linguam Latinam — traducta.* Londini 1640. 4. Da sie in diesen Texten völlig unverständlich ist, so habe ich sie in dem angeführten Programm nach einer von Dr. Zangemeister für mich angestellten Vergleichung des Cod. Laurentianus plut. 74, 3 aus dem zwölften Jahrhundert soweit emendirt, als der Codex dazu die Mittel an die Hand gab, ohne indess alle Schäden zu heilen, worauf H. Sauppe im *Philologus* XXIII S. 448 ff. mit einiger Kühnheit, aber, wie ich glaube, mit unzweifelhaftem Erfolge einen lesbaren Text hergestellt hat, auf den ich verweise.

2) Dass die Mechaniker sich öfters gläserner Instrumente bedienten, beweist die gläserne *sphaera Archimedis* bei Claudian. 68 und 75.

wende, die vierte die des Frühlingsaequinoctiums bezeichnete, und bestimmte auf diesen Linien die zwölf Puncte, welche dem Wasserstande in den zwölf Stunden dieser vier normalen Tage entsprachen. Die Distancen der zwölf Puncte waren natürlich auf der zweiten und vierten Linie dieselben, auf der ersten aber grösser, auf der dritten kleiner, da sie den verschiedenen Stunden der vier verschiedenen Jahreszeiten entsprachen. Um aber auch für die Zwischenzeit zwischen diesen vier bestimmten Tagen ein ungefähres Maass der Stunden zu gewinnen, legte man durch je vier Puncte, welche eine und dieselbe Stunde bezeichneten, eine um das Gefäss herumgehende Kreislinie, welche nunmehr nicht horizontal und dem Rande des Gefässes parallel lief, sondern die verschiedenen Höhen bezeichnete, welche in dem Laufe des Jahres die Stundenpuncte erreichten.[1]) Man sieht, dass diese Uhr nur an vier Tagen des Jahres genaue Stunden zeigte, für alle übrigen aber nur ein ungefähres Maass angab, mit dem man sich, in Ermangelung eines besseren Instrumentes, begnügte, und dass man, wenn es darauf ankam, ein bestimmtes Zeitmaass zu beobachten, die auf ein solches eingerichtete *clepsydra* immer noch anwenden konnte. Indessen versuchte man auch die Uhr genauer zu construiren, indem man statt der vier Verticallinien für die vier Jahreszeiten zwölf Verticallinien für die zwölf Monate,[2]) oder wenigstens sechs für je zwei Monate[3]) mit bestimmter Messung anbrachte; aber für genauere Zeitangabe scheint ein Bedürfniss nicht empfunden worden zu sein.[4]) Die Uhr des Ctesibius, welche Vitruv beschreibt,[5])

---

1) Galen. lin. 45 Sauppe: ἡ γὰρ ἀνωτάτω γραμμὴ ἡ τὴν δωδεκάτην ὥραν σημαίνουσα ὅτι μέγιστον μὲν ὕψος ἔχει καθ' ὃ μέρος ἡ κλεψύδρα τὴν μεγίστην ἡμέραν ἐκμετρεῖ, βραχύτατον δέ, καθ' ὃ τὴν ἐλαχίστην· ἐν τῷ μέσῳ δὲ ἀμφοῖν ἐστιν, ἣ τὰς ἰσημερινὰς μετρεῖ ἡμέρας.

2) Vitruv. 9, 9 (8), 7, wo diese Linien *menstruae lineae* genannt werden.

3) Dies wird zwar nirgends ausdrücklich berichtet, ist aber zu schliessen aus der Einrichtung der Sonnenuhren, in welchen je zwei Monate, welche gleiche Tage haben, z. B. April und September, durch eine Linie bezeichnet werden. So ist die 1755 in Herculaneum gefundene Sonnenuhr eingerichtet. Wöpcke a. a. O. p. 25. Darauf bezieht sich auch das Epigramm *Anthol. Gr.* IV p. 108 n. 33, welches Wöpcke übersehen hat, und die Beschreibung in *Wandalberti Prumiensis diaconi compositio horologii* bei Reifferscheid *Suetonii reliquiae* p. 300.

4) S. das *Compendium architecturae* in Vitruv. ed. Stratico Vol. I p. II p. 185: *Subtilitas ergo disparis mensurae de spatio horarum exspectanda non est, quando aliud maius et aliud minus horologium poni solitum videatur et non amplius paene ab omnibus nisi quota sit solum, inquiri festinetur.*

5) Vitruv. 9, 9 (8), 2 und dazu die Erklärung von Perrault.

ist im Princip dieselbe, nur ist sie nicht von Glas, sondern von Metall oder anderem Stoffe, und so eingerichtet, dass das Zifferblatt über dem Wassergefässe angebracht ist. Indem Ctesibius nämlich ein Korkholz auf das Wasser legte und in diesem einen Metalldraht befestigte, gewann er einen Zeiger für das Zifferblatt, das er nunmehr über der Uhr selbst aufstellte. Ausserdem werden allerlei künstliche Uhren erwähnt, welche die Stunde durch herabfallende Steinchen, [1]) oder durch einen lauten Ton anzeigten. [2]) Die letzteren gehören schon zu den Wasserorgeln, *organa hydraulica*, welche einen besonderen Zweig der Mechanik bilden [3]) und später, man weiss nicht, seit wann, durch pneumatische Orgeln ersetzt wurden, deren Geschichte noch wenig aufgeklärt ist. [4])

Wasserorgeln.

Pneumatische Orgeln.

Obwohl die Wasseruhren sich, wie wir gesehen haben, sowohl ihrem Zweck als ihrer Einrichtung nach von den *clepsydrae* wesentlich unterscheiden, so werden doch auch sie, namentlich von Galen, [5]) *clepsydrae* genannt, [6]) so dass man wenigstens in

---

1) Vitruv. 9, 9 (8), 5. Lydus *de mag.* 2, 16 erzählt, dass bei Gerichtssitzungen Kugeln durch einen *apparitor* hingeworfen wurden, um den Verlauf einer Stunde anzuzeigen; ὁ γὰρ τῆς τάξεως προεστώς — σουβαδιούβαν αὐτὸν ὠνόμασαν οἱονεὶ ὑποβοηθόν — πραττούσης τῆς ἀρχῆς ἑστὼς ἐπὶ κορυφῆς τῶν ὑπηρετουμένων τροχίσκους τινὰς οὐκ εὐτελεῖς, ἐξ ἀργύρου πεποιημένους, γραφὰς τῶν ὡρῶν ἔχοντας τῆς ἡμέρας τοῖς Ἰταλῶν ἀριθμοῖς καὶ γράμμασιν, ἐμβριθῶς ἀφιεὶς ἐξαπίνης ἐπὶ τὸ ἔδαφος, θροῦν ἀπετέλει σεμνὸν, παραδηλοῦντος τοῦ βαλλομένου τροχίσκου κατὰ τοῦ μαρμάρου τὴν τῆς ἡμέρας ὥραν.

2) Vitruv. 9, 9 (8), 5. Lucian. *Hipp.* 8. Antiphili *ep. Anth. Gr.* II p. 158 n. 17. Bei Petron. 26 hat Trimalchio einen *buccinator*, der die Stunden durch Blasen angiebt.

3) Ueber diese hat neuerdings nach Wernsdorf *P. L. M.* II p. 394—404 und Buttmann Abh. der Berl. Acad. 1804—1811. Hist. Ph. Cl. S. 131—176 sorgfältig gehandelt R. Gräbner *De organis veterum hydraulicis.* Berolini 1867. 8.

4) Was man über dieselbe wirklich weiss, findet man bei Rheinwald in Ersch und Gruber Encyclopädie Sect. III Th. V S. 151 ff. Eine noch unbenutzte Nachricht, deren Kenntniss ich einem gelegentlichen Citate Lagarde's verdanke, giebt eine Stelle des Syrers Josua Bar-Bahlul, welcher um 963 schrieb, bei R. Payne Smith *Thesaurus Syriacus* Vol. I (Oxonii 1868 fol.) p. 91, wo sie so übersetzt ist: *Organi duae sunt species, quarum prima figura est iugi textorii, multis chordis instructa, et audiri potest eius sonus usque ad septem stadia. Altera autem duabus constat columnis cavis ac tenuibus, pulcherrime marmore factis, quae erectae stant mira arte inter se coniunctae. Infra sunt folles eis similes quibus utitur is, qui ferrum fundit: verum non ita magni sed parvi, elegantes. Ille autem, qui sonum elicit (qui cantum componit), sedet supra, et qui cantum qualiscunque sit edunt (i. e. cantores) ad dextram sinistramque stant, licetque audire concentum suavem, cui similis non exstat in mundo. Tale organum esse dicunt in illa aede (i. e. ecclesia S. Sophiae) quae Byzantii est.*

5) Galen. kennt zwei Arten von Uhren, Sonnenuhren und *clepsydrae* (Vol. V p. 68 K.), τὰ καταγεγραμμένα ὡρολόγια τὰ ἡλιακὰ (p. 82) und τὴν κλεψύδραν (p. 88).

6) Wenn Ernesti *de solariis* in *Opusc. phil. crit.* Lugd. Bat. 1764. 8. p. 27

dem späteren Sprachgebrauch unter *clepsydra* zwei verschiedene Instrumente zu verstehen hat, [1]) das einfache durchbohrte Gefäss, aus welchem das Wasser in einer gewissen Zeit abläuft, und die Wasseruhr, in welcher das einfliessende Wasser durch seinen zunehmenden Höhestand (*incrementa horarum*) [2]) die zwölf Stunden des ganzen Tages oder der ganzen Nacht anzeigt. Die Fabricanten der letzteren werden den Mechanikern [3]) oder Architekten [4]) beigezählt und öfters in Inschriften erwähnt; [5]) und diese Wasseruhren sind bis in das späte Mittelalter immer im Gebrauch geblieben. [6])

Die Schreiber und Buchhändler. [7])

So alt bei den Römern die Kunst des Schreibens ist, [8]) so blieb sie doch lange auf den officiellen Gebrauch, d. h. die

und Ideler Handb. d. math. u. techn. Chronologie I S. 231. II S. 14 dies leugnen, so geschieht das, weil sie die angeführten Stellen des Galen nicht kannten.

1) Suidas *s. v.*: κλεψύδρα, ὄργανον ἀστρολογικὸν, ἐν ᾧ αἱ ὧραι μετροῦνται — — καὶ ἀγγεῖον ἔχον μικροτάτην ὀπὴν περὶ τὸν πυθμένα, ὅπερ ἐν τῷ δικαστηρίῳ μεστὸν ὕδατος ἐτίθετο.

2) Sidon. Apoll. *ep.* 2, 9 p. 139 Sav.

3) Pappi Alexandrini *collectio* 8, 2 p. 1024 Hultsch: καλοῦσι δὲ μηχανικοὺς οἱ παλαιοὶ καὶ τοὺς θαυμασιουργούς, ὧν οἱ μὲν διὰ πνευμάτων φιλοτεχνοῦσιν, ὡς Ἥρων πνευματικοῖς, — — ἄλλοι δὲ διὰ τῶν ἐφ' ὕδατος ὀχουμένων, ὡς Ἀρχιμήδης ὀχουμένοις, ἢ τῶν δι' ὕδατος ὡρολογίων, ὡς Ἥρων ὑδρείοις, ἃ δὴ καὶ τῇ γνωμονικῇ θεωρίᾳ κοινωνοῦντα φαίνεται.

4) Vitruv. 1, 3, 1; 9, 8. Galen. V p. 68 K.: ἐν γὰρ ὀνόματι τῷ τῆς ἀρχιτεκτονίας ὑπογράφω καταγραφὰς ὡρολογίων καὶ κλεψυδρῶν, ὑδροσκοπίων τε καὶ μηχανημάτων ἁπάντων, ἐν οἷς ἐστι καὶ τὰ πνευματικὰ προςαγορευόμενα. *Hydroscopium* heisst die Wasserwage, welche Synesius *ep.* 15, Priscian. *de pond. et mens.* 91 beschreiben. S. Beckmann Beitr. z. Gesch. d. Erf. IV S. 242—271.

5) *P. Aelius Zeno, automatarius Klepsydrarius* in Tibur, Orelli 4150; *Q. Candidus Benignus, faber tignarius corporis Arelatensis — potuit quem vincere nemo, organa qui nosset facere aquarum aut ducere cursum.* Henzen 7231: Λεύκιος Ἰούνιος Εὐήμερος ὀργανοποιός in Rom, *C. I. Gr.* 6595; Athenaeus, dessen Uhr Antiphilus in *Anth. Gr.* II p. 158 n. 17 beschreibt; *Saturninus faber automatarius C. I. L.* VI, 9394. Andere *organarii* erwähnen Ammian. Marc. 28, 1, 8, Firmicus Mat. *math.* 4, 15.

6) Eine Wasseruhr brauchte Sidonius Apollinaris, der 485 starb; eine andere erwähnt Cassiodor. *var.* 1, 46. Eine Wasseruhr in Constantinopel unter Justinian *Anth. Gr.* IV p. 59 n. 56. Der Papst Paullus schenkte eine Pipin dem Kleinen, s. Duchesne *Historiae Francorum scriptores* III p. 743. Eine Wasseruhr verfertigte um 846 Pacificus von Verona; s. Maffei *Verona illust.* ed. 1732. fol. Vol. II p. 31 und später Jaques de Dondis von Padua, über welchen ich auf die S. 795 Anm. 7 angeführte Schrift verweise.

7) S. C. G. Schwarz *De ornamentis librorum et varia rei librariae veterum supellectile* ed. Leuschner. Lips. 1756. 4. Jac. Martorellii *De regia theca calamaria libri II.* Neapoli 1756. 2 Voll. 4., ein merkwürdiges Beispiel verkehrter Gelehrsamkeit, da der Verf. fast aus allen mit Fleiss von ihm gesammelten Stellen falsche Resultate zieht. Manso Vermischte Abhandlungen und

(Anm. 8 siehe nächste Seite.)

Ausstellung von Urkunden, die Aufzeichnung kurzer Daten und die Rechnungsführung beschränkt und war auf ein Material angewiesen, welches für litterarische Zwecke, wenn man solche gekannt hätte, unbrauchbar gewesen wäre. Während man nämlich zuerst auf Blättern (*folia*), [1]) Bast (*liber*), [2]) Leinen, [3])

Schreibmaterial.

Aufsätze S. 274 f. Morcelli *Dello scrivere degli antichi Romani*, herausg. von Labus. Milano 1822. 8. Géraud *Essai sur les livres dans l'antiquité, particulièrement chez les Romains.* Paris 1840. 8. A. Schmidt Geschichte der Denk- und Glaubensfreiheit im ersten Jahrhundert der Kaiserherrschaft. Berlin 1847. 8. S. 109 ff. Becker *Gallus* II, zweiter Exc. z. 3ten Scene. Schmitz *De bibliopolis Romanorum.* Saarbrücken 1857. 4. Goell Ueber den Buchhandel bei den Griechen und Römern. Schleiz 1865. 4. Riemann περὶ τῶν βιβλίων καὶ τῆς διαδόσεως αὐτῶν παρὰ τοῖς ἀρχαίοις, in der Zeitschrift Ἑστία 1878. N. 11. E. Egger *Histoire du livre depuis ses origines jusqu'à nos jours.* 3me édit. Paris ohne Jahr. 8. Von einem neuen Gesichtspunkte aus behandelt mit grosser Gelehrsamkeit den Gegenstand Th. Birt Das antike Buchwesen in seinem Verhältniss zur Litteratur. Berlin 1882. 8. Recension dieses Buches von E. Rohde in Götting. gel. Anz. 1882 S. 1537 ff. Zu vergleichen ist endlich Gardthausen in mehreren Abschnitten seiner griechischen Palaeographie. Leipzig 1879. 8. Kirchhof Die Handschriftenhändler des Mittelalters. Leipzig 1853. 8. Wattenbach Das Schriftwesen im Mittelalter. Leipzig 1871. 8.

8) Mommsen R. G. I, cap. XIV. Bruzza *Sopra i segni incisi nei massi delle mura antichissime di Roma* in *Annali dell' Inst.* 1876 p. 72 ff.

1) Plin. *n. h.* 13, 69.

2) Lindenbast (φιλύρα). Plin. *n. h.* 16, 65 sagt von der *tilia: Inter corticem ac lignum tenues tunicae sunt multiplici membrana, e quibus vincula tiliae vocantur, tenuissimum quorum philyrae.* Dieser Bast wird zum Schreiben benutzt. So vermacht Dasumius in seinem Testamente (Rudorff Zeitschr. f. gesch. Rechtsw. XII, 3 S. 345) *chartam si VE PHILURAM CALCVLATORIAM.* Allein Ulpian *Dig.* 32, 52 pr. unterscheidet *philyra* und *tilia: Librorum appellatione continentur omnia volumina, sive in charta sive in membrana sint, sive in quavis alia materia: sed et si in philyra aut in tilia, ut nonnulli conficiunt — idem erit dicendum*, und die folgenden Stellen lehren, dass man nicht nur den Bast der Linde, sondern auch Tafeln von Lindenholz (*pugillares*) zum Schreiben brauchte; beides scheint φιλύρα zu heissen. Symmach. 4, 34, 3: *Ita me ludos facis, ut, quae apud te incuriosus loquor, in stili caudices aut tiliae pugillares censeas transferenda, ne facilis senectus papyri scrinia corrumpat?* Lydus p. 11 Bonn.: οἱ γὰρ ἀρχαῖοι ξύλοις καὶ φλοιοῖς καὶ φιλυρίνοις πίναξι πρὸς γραφὴν ἐκέχρηντο. Dio Cass. 67, 15, 3: σανίδιον φιλύρινον δίθυρον. 72, 8, 4: δώδεκα γραμματεῖα, οἷά γε ἐκ φιλύρας ποιεῖται. Herodian. 1, 17, 1: Κόμμοδος — λαβὼν γραμματεῖον τούτων δὴ τῶν ἐκ φιλύρας εἰς λεπτότητα ἠσκημένων ἐπαλλήλῳ τε ἀνακλάσει ἀμφοτέρωθεν ἐπτυγμένων γράφει. Aelian. *var. h.* 14, 12: ὁ Περσῶν βασιλεὺς ὁδοιπορῶν — φιλύριον εἶχε καὶ μαχαίριον, ἵνα ξέῃ τοῦτο. Es giebt noch Holztäfelchen aus dem Alterthum ohne Wachsüberzug. Reuvens *Lettres* III p. 111. Egger *Mém. de l'Institut* XXI, 1 p. 382.

3) Ein samnitisches Ritualbuch, *liber vetus linteus*, bei Liv. 10, 38, 6; *lintei libri* im Tempel der Moneta in Rom Liv. 4, 7, 12; vgl. Plin. *n. h.* 13, 69: *Postea publica monimenta plumbeis voluminibus, mox et privata linteis confici coepta aut ceris.* Symmachus *ep.* 4, 34, 3: *Et Martiorum quidem vatum divinatio caducis corticibus inculcata est. Monitus Cumanos* (die sibyllinischen Bücher) *lintea texta sumpserunt.* Vgl. Staatsverwaltung III S. 367. Auf Leinwand ist auch später noch geschrieben worden. Vopiscus *Aur.* 1, 7: *Quae omnia ex libris linteis, in quibus ipse* (*Aurelianus*) *quotidiana sua scribi praeceperat, — condisces. Curabo autem, ut tibi ex Ulpia bibliotheca et libri lintei proferantur.* Constantin verordnet 315 *Cod. Th.* 11, 27, 1: *aereis tabulis vel*

Holztafeln (*tabulae*), [1]) Fellen [2]) ritzte (*exarare*, *scribere*) oder malte (*linere*, *literae*), bediente man sich später zu officiellen Urkunden des Metalles, [3]) zu Rechnungen, Correspondenzen und Verträgen der *cerae*, bis diese nach der Einführung des Papyrus und darauf des Pergamentes im Gebrauche immer mehr beschränkt wurden, ohne doch ganz entbehrlich zu werden.

Cerae oder *tabulae* sind hölzerne, mit Wachs überzogene Tafeln, auf welchen man mit einem Stift (*stilus*) schrieb, der, an dem einen Ende spitz, an dem anderen platt, zugleich zum Schreiben und zum Ausglätten, d. h. Vertilgen der Schrift, gebraucht wurde.[4]) Das Wachs ist gefärbt, gewöhnlich schwarz,[5]) so dass die durch den Griffel eingeritzten Buchstaben weiss hervortreten; zuweilen ist es so dünn, dass die Schrift, wenn das Wachs abgefallen ist, auf dem Holze selbst sichtbar wird. Der *stilus* ist von Metall oder Knochen; [6]) die Tafeln selbst waren Wachstafeln, *stilus*.

cerussatis aut linteis mappis scripta per omnes civitates Italiae proponatur lex. Auf Leinwand schrieb man auch im Mittelalter und noch später. Im Leydener Museum befinden sich 24 *manuscrits sur toile* (Reuvens *Lettres* p. 2), und in Paris giebt es noch drei Briefe von Chatillon aus dem Jahr 1562 *sur des morceaux de toile. Notices et Extraits* Vol. VII, 2 p. 216 ff.

1) Hieronymus *ep.* 8: *Nam et rudes illi Italiae homines, quos Cascos Ennius appellat, qui sibi, ut in Rhetoricis Cicero ait, ritu ferino victum quaerebant, ante chartae et membranarum usum aut in dedolatis e ligno codicillis aut in corticibus arborum mutuo epistolarum alloquia missitabant. Unde et portitores eorum tabellarios et scriptores a libris arborum librarios vocavere.*

2) Die älteste römische Urkunde, das *foedus Gabinorum*, war auf einer Ochsenhaut geschrieben. Festus p. 56, 1 M. Dionys. 4, 58.

3) S. Mommsen *Sui modi usati dai Romani nel conservare e pubblicare le leggi ed i senatusconsulti* in *Annali d. Inst.* 1858 p. 196 f. Gesetze und Verträge mit auswärtigen Staaten sind immer Bronzetafeln, *tabulae aereae*, in Stein wurden sie nicht gehauen.

4) Prudentius *peristeph.* 9, 51 beschreibt die *stili*, mit welchen der heil. Cassianus getödtet wurde. *Inde alii stimulos et acumina ferrea vibrant, Qua parte aratis cera sulcis scribitur, Et qua secti apices abolentur et aequoris hirti Rursus nitescens innovatur area.* Symphosius *aenigm.* 1 bei Baehrens *P. L. M.* IV p. 365 = Riese *Anth.* I p. 188: *De summo planus, sed non ego planus in imo Versor utrimque manu, diversa et munera fungor: Altera pars revocat quidquid pars altera fecit.* Augustin. *de vera rel.* 39: *stilus ferreus alia parte qua scribamus, alia qua deleamus, affabre factus est.* Hor. *sat.* 1, 10, 72: *Saepe stilum vertas, iterum quae digna legi sint Scripturus.* Cic. *in Verr.* 2, 41, 101.

5) Rothe Tafeln erwähnt Ovid. *am.* 1, 12, 11.

6) Eiserne *stili* oder *graphia* Ovid. *met.* 9, 522; Isidor *orig.* 6, 9, 1; oben A. 4; vgl. Seneca *de clement.* 1, 14. Suet. *Caes.* 82, *Calig.* 28; knöcherne Isid. *or.* 6, 9, 2. Abbildungen s. b. Montfaucon *Ant. expl.* III, 2 pl. 193. *Mus. Borb.* I, 12. VI, 35. XIV, 31 und tav. A. B. Sie sind in grosser Zahl in den Museen vorhanden.

entweder einfach, mit einem Ringe zum Aufhängen versehen,[1]) und dienten in dieser Form den Knaben zu Schreibübungen,[2]) den Geschäftsleuten zum augenblicklichen Notiren von Einnahmen und Ausgaben, welche hernach in das Hausbuch eingetragen wurden,[3]) den Litteraten zum Aufschreiben von Notizen und Gedanken, oder sie wurden mehrfach übereinander gelegt, zu diesem Zwecke, damit die Schrift nicht leide, mit einem vortretenden Holzrahmen eingefasst,[4]) an einer Seite des Rahmens einmal oder zweimal durchbohrt und vermittelst eines durch die Löcher gezogenen Drahtes oder Riemens[5]) zu einem
codex. *codex*[6]) verbunden, dessen Form auch später, als die Holztafeln durch Pergamenttafeln ersetzt wurden, beibehalten wurde. Die Codices von Holztafeln hiessen, wenn sie von kleinem Formate
codicilli. waren, *codicilli* oder *pugillares*[7]) (handliche Bücher), und je

---

1) *Mus. Borbon.* I, 12. Horat. *sat.* 1, 6, 74: *Laevo suspensi loculos tabulamque lacerto.*

2) Plaut. *Bacch.* 441. Pollux 10, 59: τῷ δὲ παιδὶ δέοι ἂν προςεῖναι γραφεῖον — χαλαμίδα (Pennal) πυξίον. Quintil. *inst.* 1, 1, 27. Isidor. *orig.* 6, 9, 1 (= *Gloss. ap.* Mai *Class. Auct.* VI p. 577): *Cerae litterarum materies, parvulorum nutrices, ipsae dant ingenium pueris.* In der Sammlung ägyptischer Alterthümer des Dr. Abbot in New-York befinden sich fünf solcher Schreibtafeln aus der Ptolemäerzeit. »Sie sind von Holz in oblonger Form, die meisten 6 Zoll lang, 4 Zoll breit, auf der einen Seite ungefähr 1/4 Zoll tief, so dass rings herum ein Rand gelassen ist von 1/2 Zoll Breite. Sie haben einen dünnen Ueberzug von Wachs oder einem ähnlichen Präparat, und der Rand ist auf der einen Seite mit einigen Durchstichen versehen, um eine Schnur oder einen Draht durchzuziehen. Zwei dieser Tafeln können auf einander gelegt werden, ohne dass die wächsernen Oberflächen sich berühren, so dass sie eine Art Diptychon bilden.« Die Tafeln sind alle beschrieben und haben alle denselben Inhalt, nämlich drei Senare. Die Schrift auf der einen ist schön und genau, auf den übrigen schlechter, so dass jene die Vorschrift des Lehrers, diese die Uebungen der Schüler zu enthalten scheinen. Eine grössere Tafel aus hartem Holz, sorgfältig geglättet, 12 Zoll lang, 6 Zoll breit, 1/4 Zoll dick, enthält zwei Trimeter mit Feder und Tinte erst vorgeschrieben, dann mehrmals nachgeschrieben. S. E. C. Felton in *Proceedings of the American Academy of Arts and Sciences* III p. 371—378. Welcker im Rhein. Museum N. F. XV, 1 (1860) S. 155 ff. Eine Holztafel, enthaltend ein mit Tinte geschriebenes Alphabet, ebenfalls ägyptisch, ist in Leyden. S. Reuvens *Lettres* 3 p. 111.

3) Auch im Mittelalter kommt dies Verfahren vor. *Acta Sanctorum ad V Iunii* Vol. I p. 453a: *Postea Willibaldus vitam* (*S. Bonifacii*) — *conscripsit, primitus in ceratis tabulis ad probationem Domni Lulli et Megingaudi, post eorum examinationem in pergamenis rescribendam, ne quid incaute vel superfluum exaratum appareret.*

4) *Mus. Borb.* XIV t. 31 n. 2 und tav. A. B. *Annali d. Inst.* 1853 p. 46 und tav. d'agg. CD. Ovid. *a. am.* 1, 437: *Cera — rasis infusa tabellis.*

5) *Mus. Borb.* XIV t. 31 n. 2.

6) Seneca *de br. vit.* 13, 4: *plurium tabularum contextus caudex apud antiquos vocabatur, unde publicae tabulae codices dicuntur.* Isidor. *or.* 6, 8, 18: *Ante cartae et membranarum usum in dolatis ex ligno codicillis epistolarum eloquia scribebantur.*

7) Dass beide Ausdrücke gleichbedeutend sind, zeigt Catull. 42, 5 und 11.

nachdem sie 2, 3, 4, 5 oder mehr Tafeln hatten, *duplices*, δίπτυχα,[1]) *triplices*, τρίπτυχα,[2]) *quinquiplices*,[3]) *multiplices*, πολύπτυχα.[4]) In dem *diptychon* sind nur die inneren Seiten mit Wachs überzogen und zum Schreiben eingerichtet, während die äusseren Seiten unbeschrieben bleiben; nur die Militärdiplome, welche Diptychen von Bronze sind, haben auch auf der Aussenseite Schrift,[5]) die, weil sie in Metall gravirt ist, eines Schutzes nicht bedarf. Auch bei grösseren Complexen von Tafeln bilden die Aussenseiten der ersten und letzten Tafel die Deckel der *cerae*, so dass in dem *triptychon* vier Seiten zum Schreiben brauchbar sind, und diesen Schreibapparat fand man so bequem, dass er nicht nur im Alterthum in Aegypten, Griechenland und dem römischen Reiche, sondern das ganze Mittelalter hindurch[6]) bis in das achtzehnte Jahrhundert hinein[7]) im Gebrauch gewesen ist. Zahlreiche Triptychen hat Siebenbürgen geliefert, von denen 26 in *Corpus Inscr. Lat.* III p. 921 ff. herausgegeben, einige Dutzende aber durch ungeschickte Conservation verdorben worden sind;[8]) eine noch grössere Anzahl, nämlich 127 Diptychen und Triptychen verdanken wir dem im Jahre 1875 im Hause des L. Caecilius Iucundus zu Pompeii gemachten Funde.[9])

δίπτυχα. πολύπτυχα.

---

1) Ueber die consularischen Diptychen s. oben S. 563. Auch die Militärdiplome (s. Staatsverwaltung II² S. 565) sind Diptycha, obgleich von Bronze; es gab aber Diptychen von verschiedenem Material, hölzerne (Mart. 14, 3. Ovid. *a. a.* 3, 469; *amor.* 1, 12, 7), elfenbeinerne (Mart. 14, 5), pergamentene (Mart. 14, 7) Orelli *Inscr.* 3838 = *C. I. L.* X, 6: *pugillares membranaceos operculis eboreis.*

2) Mart. 14, 6. 3) Mart. 14, 4.

4) Polyptycha als Steuerregister und Censualbücher Marini *Papiri Diplomatici* p. 279. 339b.

5) S. Staatsverwaltung II² S. 565 und Genaueres bei Mommsen *C. I. L.* III p. 903 ff.

6) Unter den mittelalterigen Wachstafeln sind besonders merkwürdig 14 Tafeln aus dem J. 1301, welche auf 26 Seiten beschrieben sind, ein Polyptychon bildeten und sich in Florenz befinden. S. Mabillon *Mus. Ital.* Paris 1687. p. 192. (A. Cocchi) *Lettera critica sopra un manuscritto in cera.* Firenze 1746. 4; 14 Wachstafeln aus dem Jahre 1256 s. bei N. de Wailly *Mémoires de l'Institut* XVIII, 2 p. 536 ff. XIX, 1 p. 489 ff. Elfenbeintafeln mit Wachs ausgegossen aus dem 14. Jahrh. *Archaeological Journal.* Vol. X (1853) p. 83.

7) S. Lebeuf *Mém. de l'Acad.* XX p. 267 ff. Edelestand du Méril *De l'usage non interrompu jusqu' à nos jours des tablettes en cire.* Paris 1860. 8, auch in *Revue archéologique* 1860 II p. 1—16; 91—100.

8) Ackner im Jahrbuch der k. k. Central-Commission zur Erforschung der Baudenkmale I. Wien 1856. 4. p. 18.

9) Ueber diesen Fund s. de Petra *Le tavolette cerate di Pompei* (*Atti della R. acad. d. Lincei* ser. II tom. 3, 23 Apr. 1876). Mommsen *Hermes* XII S. 88 ff. Overbeck Pompeji⁴ S. 489, wo ein Triptychon abgebildet ist.

Die doppelten und dreifachen Tafeln dienten in der Regel für Stilübungen junger Leute,[1]) Meditationen der Redner,[2]) Concepte von Dichtungen[3]) und Briefen,[4]) Schreiben von kurzem Inhalt (Billets)[5]) und namentlich Liebesbriefe,[6]) indem sie für Brief und Antwort ausreichten und dann wieder ausgeglättet und aufs neue gebraucht wurden;[7]) sie waren ferner üblich als Notizbücher,[8]) Journale (*ephemerides*) der Geschäftsleute[9]) und

---

1) Quintil. *inst.* 10, 3, 31: *Illa quoque minora non sunt transeunda, scribi optime ceris, in quibus facillima est ratio delendi: nisi forte visus infirmior membranarum potius usum exiget: quae ut iuvant aciem, ita crebra relictione, quoad intinguntur calami, et repetitione morantur manum.* Weiter räth Quintilian, nur auf einer der beiden aufgeschlagenen Seiten zu schreiben, die andere aber für Zusätze frei zu lassen. Vgl. Juven. 14, 191.

2) Quint. *inst.* 11, 2, 32.

3) Catull. 50. Plin. *ep.* 7, 9 extr. Ausonius *praef. in Centonem* nennt solche *codicilli liturarii*, weil darin viel ausgestrichen ist.

4) Cic. *ad fam.* 9, 26.

5) Nach der Einführung des Papyrus wurden *epistolae*, d. h. Briefe an Abwesende, auf Papier geschrieben, *codicilli* dagegen sind Billets an Einheimische. Senec. *ep.* 55 extr.: *adeo tecum sum, ut dubitem, an incipiam non epistolas, sed codicillos tibi scribere.* Plin. *ep.* 6, 16, 8. Cic. *ad Q. fr.* 2, 9 (11), 1. Allein in ältester Zeit kannten Griechen und Römer nur eine Briefform, die *codicilli*. Homer *Il.* 6, 169: γράψας ἐν πίναχι πτυκτῷ θυμοφθόρα πολλά, worauf sich bezieht Plin. *n. h.* 13, 69: *pugillarium enim usum fuisse etiam ante Troiana tempora invenimus apud Homerum;* vgl. das Gemälde *Mus. Borb.* I, 2, auf welchem Amor dem Polyphem ein Diptychon bringt. Herodot. 7, 239 vom Demarat: δελτίον δίπτυχον λαβὼν τὸ κηρὸν αὐτοῦ ἐξέκνησε καὶ ἔπειτα ἐν τῷ ξύλῳ τοῦ δελτίου ἔγραψε τὴν βασιλέως γνώμην· ποιήσας δὲ ταῦτα ὀπίσω ἐπέτηξε τὸν κηρὸν ἐπὶ τὰ γράμματα. Bei den Römern hat von dieser alten Form des Briefes der *tabellarius* seinen Namen, sowie die *tabellae laureatae* siegreicher Feldherrn. Lamprid. *Al. Sev.* 58, 1. Ovid. *amor.* 1, 11, 25.

6) Plaut. *Bacch.* 715; *Pseudol.* 10—15. Catull. 42. Tibull. 2, 6, 45. Ovid. *met.* 9, 515 ff.; *a. am.* 1, 437; *amor.* 1, 11, 7. *Codicilli* kleinsten Formats zu Liebesbriefen hiessen *Vitelliani* (Mart. 14, 8. 9), vielleicht von dem Fabricanten, *pugillariarius* (Orelli 4270 = *C. I. L.* VI, 9841), wie eine Papyrussorte *Fanniana* heisst.

7) Catull. 42. Prop. 4, 23. Hieraus erklärt sich Ovid. *a. am.* 2, 395: *Et quoties scribes, totas prius ipse tabellas Inspice: plus multae, quam sibi missa, legunt,* nämlich einen alten Brief an eine frühere Geliebte. Daher sagt man von vollständiger Tilgung der Schrift *ad lignum delere.* Cato bei Fronto *ep. ad Anton.* 1, 2, p. 99 Naber = Cat. *fr.* ed. Jordan p. 37.

8) Plin. *ep.* 1, 6; 9, 36, 6. Senec. *ep.* 108, 6: *Aliqui tamen et cum pugillaribus veniunt, non ut res excipiant, sed verba. Act. 4 concilii Nicaen. secundi* Vol. VIII p. 857 C ed. Venet.: οἱ μὲν τῶν ὑπομνημάτων ὑπογραφεῖς, δέλτους φέροντες καὶ γραφίδας.

9) Propert. 4, 23, 20. Ovid. *am.* 1, 12, 25. Aus der athenischen Inschrift bei Rangabé *Antiquités helléniques* n. 57. Vol. I p. 52 = *C. I. Att.* I, 324[c] ersieht man, dass die Rechnung des Baues des Erechtheums dreimal geschrieben war, 1) im Brouillon auf Wachstafeln, 2) in Abschrift auf Papyrus, 3) auf pentelischem Marmor. Vgl. Egger *Mém. de l'Institut* XXI, 1 p. 382.

geeignet für Diplome[1]) und juristische Urkunden,[2]) wie Quittungen,[3]) Vadimonia,[4]) Obligationen,[5]) Heirathsverträge[6]) und Testamente.[7]) Verschlossen wurden *codicilli*, wenn sie Briefe oder Documente enthielten, dadurch, dass das Diptychon oder Triptychon ausser den Durchstichen an der einen Seite des Rahmens noch eine oder zwei Perforationen durch die Mitte der Tafeln erhielt, und ein durch diese gezogener, dreimal um das Büchelchen gewickelter Faden die Tafeln zusammenzog und von aussen versiegelt wurde.[8]) Diese Art des Verschlusses zeigen z. B. die im *Museo Borbonico XIV tav. A. B.* abgebildeten *pugillares*, welche in der Mitte der Tafeln durchbohrt sind; auch die Militärdiplome[9]) haben regelmässig vier Perforationen, zwei auf

Verschluss der *codicilli*.

1) Ueber die Militärdiplome s. S. 803 Anm. 5. Das noch unerklärte Epigramm des Mart. 14, 4: *Caede iuvencorum domini calet area felix, Quincuplici cera cum datur altus honor* verstehe ich von der *allectio* (Mommsen Staatsrecht I² S. 440. 542. II² S. 898), welche durch den Kaiser und zwar *per codicillos* geschah, weshalb solche Würden *codicillariae dignitates* heissen. *Cod. Th.* 6, 22, 7. Lamprid. *Al. Sev.* 49, 2: *Pontificatus et quindecimviratus et auguratus codicillares fecit, ita ut in senatu allegerentur.* Suet. *Claud.* 29 *officiorum codicilli.* Suet. *Cal.* 18: *Senatori — codicillos, quibus praetorem eum extra ordinem assignabat (misit).* *Cod. Theod.* 6, 4, 23: *qui consulares ac praetorios codicillos — sunt consecuti.*

2) *decreta ex tabellis recitata C. I. L.* III, 586 (Henzen 7420ᵉ *a.*). ib. 567 (Or. 3671): *decretum ex tilia recitavit. C. I. L.* II, 4125.

3) Die 127 in Pompeii gefundenen Tafeln sind sämmtlich Quittungen.

4) Ovid. *am.* 1, 12, 23: *Aptius hae capiant vadimonia garrula cerae, Quas aliquis duro cognitor ore legat.*

5) *tabulae obligationis Cod. Iust.* 8, 41, 6.

6) *tabulae dotis Dig.* 24, 1, 66 pr.

7) Die Ausdrücke *tabulae* vom Testament und *cera* von jeder *pagina* des Testamentes (Suet. *Nero* 17. Hor. *sat.* 2, 5, 53. Gaius 2, 104: *haec ita ut in his tabulis cerisque scripta sunt, ita do, ita lego, ita testor.* Martial. 4, 70, 2 *ultimae cerae*) haben zwar später einen metaphorischen Sinn (Paulus *rec. sent.* 4, 7, 6: *tabularum autem appellatione chartae quoque et membranae continentur.* Ulpian. *Dig.* 37, 11, 1 pr.: *Tabulas testamenti accipere debemus omnem materiae figuram: sive igitur tabulae sint ligneae sive cuiuscunque alterius materiae sive chartae sive membranae sint, vel si e corio alicuius animalis, tabulae recte dicentur*), allein bezeugen an sich die alte Form der Testamente, wie auch die sonstigen dahin gehörigen technischen Worte, z. B. *contra lignum* (gegen das Testament) *Dig.* 37, 4, 19. Vgl. *fr. Vat.* § 249, 5: *Tabulae itaque aut quodcunque aliud materiae tempus dabit — perscribantur,* wo von einer *donatio* die Rede ist.

8) Paulus *rec. sent.* 5, 25, 6: *Amplissimus ordo decrevit, eas tabulas, quae publici vel privati contractus scripturam continent, adhibitis testibus ita signari, ut in summa [et ima] marginis ad mediam partem perforatae triplici lino constringantur atque impositae supra linum cerae signa imprimantur.* Suet. *Nero* 17: *Adversus falsarios tunc primum repertum, ne tabulae nisi pertusae ac ter lino per foramina traiecto obsignarentur.* Gaius 2, 181. Ulpian. *Dig.* 37, 11, 1 § 10. 11. *Inst.* 2, 16 § 3.

9) S. Arneth Zwölf römische Militärdiplome. Wien 1843. 4. Mommsen *C. I. L.* III p. 903.

einem Rande der Tafeln zur Verbindung der Tafeln miteinander, und zwei in der Mitte der Tafeln, zum Durchziehen des Fadens, der den Verschluss bewirkte. Selten ist es, dass die Tafeln unter sich nur an einer Stelle zusammengebunden, daneben aber in der Mitte zweimal durchstochen sind. [1]) Von der letzteren Einrichtung ist das aus dem Jahre 167 n. Chr. herrührende, in einem römischen Goldbergwerke Siebenbürgens gefundene, wohlerhaltene Triptychon, [2]) bestehend aus drei Tannenholztäfelchen in Queroctav, die also sechs Seiten haben. Seite 1 und 6, also die äusseren Seiten, sind blosses Holz; die vier inneren Seiten haben einen Holzrand von Fingerbreite und sind innerhalb dieses Randes mit Wachs ausgegossen und beschrieben, und zwar Seite 3 in zwei ungleichen Columnen, welche durch eine von Wachs und Schrift freie Höhlung getrennt werden. Diese Höhlung ist bestimmt, einmal, um oben und unten eine Perforation anzubringen, *in summa* [*et ima*] *marginis ad mediam partem*, wie Paulus sagt (s. oben 805 Anm. 8), welche durch alle drei Tafeln hindurchgeht und zum Durchziehen des Verschlussfadens dient; sodann aber, um die Siegel der Zeugen aufzunehmen, [3]) während an einem der Längenränder noch eine einzelne Perforation zum Zweck der Verbindung des Triptychons beim Aufschlagen angebracht ist. [4]) Auf gleiche Weise wurden Briefe verschlossen. [5]) Doch hatte man auch *codicilli*, an welchen das Band in der Mitte der Längenseite einer Tafel schon befestigt war, so dass man die Schreibtafeln nach

---

1) S. die Diplome Arneth N. VII auf Taf. XIX. XX, und N. X auf Taf. XXIII. XXIV.

2) Herausgegeben in Massmann *Libellus aurarius sive tabulae ceratae — in fodina auraria apud Abrudbanyam nuper repertae.* Lipsiae 1840. 4. Huschke in Zeitschr. f. geschichtl. Rechtswissenschaft XII, 2 S. 173 ff. Mommsen *C. I. L.* III p. 922. 924.

3) Huschke a. a. O. S. 196.

4) Das mittelalterige Polyptychon bei Wailly *Mém. de l'Instit.* XVIII p. 538 hat am Rande der Tafeln 3 Löcher, durch welche ein Pergamentriemen geht, der 14 Tafeln verbindet.

5) Plautus *Bacch.* 714:

CH. *Nunc tu abi intro, Pistoclere, ad Bacchidem atque ecfer cito.*
PL. *Quid?* CH. *Stilum, ceram, tabellas, linum.*

Die *cera* zum Siegeln, wozu man auch Siegelerde, *cretula*, brauchte. Cic. *in Verr.* 4, 26, 58. Vgl. Plaut. *Bacch.* 748:

Cedo tu ceram ac linum actutum. age obliga, opsigna cito.

Cic. *Cat.* 3, 5, 10: *tabellas proferri iussimus, quae a quoque dicebantur datae. Primum ostendimus Cethego signum. Cognovit. Nos linum incidimus, legimus.*

jedesmaligem Gebrauche zubinden konnte.[1]) In den Archiven brauchte man für Rechnungen und Acten grosse, aus vielen numerirten Tafeln bestehende *codices*, welche mit einem Griff zum Tragen oder Aufhängen versehen waren und deshalb *codices ansati* heissen. Erwähnt wird ein solcher in dem Decret des Proconsuls von Sardinien L. Helvius Agrippa vom Jahre 68 n. Chr.; [2]) ein anderer ist dargestellt auf dem Relief der 1872 in Rom entdeckten Marmorschranken des Traian,[3]) und in der *Notitia dignitatum* sind unter den Emblemen der *magistri scriniorum* neben Bündeln von Papyrusrollen auch *codices ansati* abgebildet.[4]) *codices ansati.*

Für litterarische Zwecke erhielt man ein brauchbares Schreibmaterial erst, als die Fabrication des Papyrus,[5]) die in Aegypten seit alter Zeit bekannt war, [6]) unter den ersten Ptolemäern in Aufschwung kam und das ägyptische Papier durch den Han- Papyrus.

1) Solche *codicilli* hält Minerva auf einem Vasenbilde der Münchener Sammlung n. 1185 Jahn; abgebildet in Gerhard Auserl. Vasenb. IV, 244.

2) Das Decret, herausgegeben von Mommsen *Hermes* II S. 102 ff. *C. I. L.* X, 7852, beginnt mit den Worten: *Imp. Othone Caesare Aug. cos. XV K. Apriles descriptum et recognitum ex codice ansato L. Helvi Agrippae proconsulis — — in quo scriptum fuit id quod infra scriptum est tabula V (capitibus) VIII et VIIII et X.*

3) Jordan Capitol, Forum und *via sacra* in Rom. Berlin 1881. 8. p. 32.

4) *Not. dign. Or.* c. 19; *Occid.* c. 17.

5) Hauptstellen: Theophrast. *hist. plant.* 4, 8. Plin. *n. h.* 13, 68—89. Dazu s. Guilandini *Comment. in Plin. de papyro capita.* Ven. 1572. Salmasius *ad Vopisc. Firm.* 3. Winckelmann Werke II S. 96 ff. Montfaucon *Diss. sur la plante appelée papyrus* in den *Mém. de l'Acad. d. Inscr.* VI p. 592 ff. Böttiger Ueber die Erfindung des Nilpapyrs und seine Verbreitung in Griechenland in Bött. Kl. Schr. Bd. III S. 365—382. Cirillo *Monographie du Papyrus.* Parma 1796 fol. Tychsen *De charta papyracea* in *Commentt. Acad. Gotting.* IV p. 140 ff. Baumstark in Pauly's Realencycl. V S. 1154 ff. Sprengel und Krause in Ersch und Gruber Encyclop. unter *Papyrus.* Dureau de la Malle *Mémoire sur le papyrus et la fabrication du papier chez les anciens* in den *Mémoires de l'Institut* XIX P. 1 p. 140. Jorio *Officina de' papiri.* Napoli 1825. 8. Wilkinson *Manners and customs of the a. Eg.* 1837. 8. Vol. III p. 146—151. Ritschl Die Alexandrinischen Bibliotheken. Breslau 1838. 8. S. 123 ff. (*Opusc.* I, 1 S. 1—122); Wüstemann Ueber die Papyrusstaude und die Fabrication des Papieres bei den Alten, in Unterhaltungen aus der alten Welt für Garten- und Blumenfreunde. Gotha 1854. 8. S. 17—33. Blümner Technologie I S. 308 ff. Cesare Paoli *Del papiro specialmente considerato come materia che ha servito alla scrittura.* Firenze 1878. 8. Am vollständigsten und erfolgreichsten behandelt den Gegenstand neuerdings Birt Das antike Buchwesen S. 223 ff., nach dessen Untersuchungen ich meine Darstellung in verschiedenen Punkten berichtigt habe.

6) Plin. l. l. § 69: *Et hanc (papyrum) Alexandri magni victoria repertam auctor est M. Varro, condita in Aegypto Alexandria.* § 70: *postea promiscue patuit usus rei, qua constat immortalitas hominum.* Dass die Fabrication des Papiers nicht zu Alexander's Zeit erfunden, sondern sehr alt ist, zeigen die ägyptischen Papyrus, deren Daten nach Champollion dem Jüngeren bei Dureau

Die Pflanze. del verbreitet wurde.[1]) Die Papyrusstaude, welche am besten im Delta gedieh,[2]) wo sie gegenwärtig sich nicht mehr findet, aber auch in Sicilien fortkommt, wohin sie im zehnten Jahrhundert nach Chr. durch die Araber eingeführt wurde,[3]) ist eine Schilfpflanze, deren holzartiger Stamm 4,65 Meter hoch wird, deren aus dem Stamme wachsende Schäfte, πάπυροι,[4]) aber dreieckig sind, 1,85 Meter lang werden und ein Zellgewebe oder Mark enthalten, welches βίβλος oder βύβλος[5]) heisst und aus welchem das Papier, χάρτης, *charta*,[6]) gemacht wird. Man

Die Fabrication des Papiers. schnitt nämlich das Mark in möglichst dünne Streifen, *schidae*[7]) oder *inae*,[8]) ordnete diese parallel auf einem mit Nilwasser befeuchteten Brett (*tabula*), bestrich die ganze Lage mit Kleister

---

de la Malle a. a. O. p. 153 bis ins 18te Jahrh. v. Chr. hinaufreichen sollen. Vgl. Wilkinson *Manners and customs of the a. Egyptians.* III p. 150 und mehr bei Birt S. 48.

1) Dureau de la Malle a. a. O. p. 152. *Orbis descriptio sub Constantino imp.* bei Mai *Class. Auct.* III p. 398: *Sed et in hoc valde laudanda est (Alexandria), quod omni mundo sola chartas emittit, quam speciem licet vilem sed nimis utilem et necessarium in nulla provincia nisi tantum apud Alexandriam invenies abundare, sine qua nullae causae, nulla possunt impleri negotia.* In der *Expositio totius mundi*, einer Bearbeitung derselben Schrift, heisst die Stelle (Riese *Geogr. Lat. minores* p. 113): *Possidet (Alexandria) cum omnibus quibus habet bonis et unam rem, quod nusquam nisi in Alexandria et regione eius fit, cuius* (etwa *sine qua*) *neque iudicia neque privata negotia regi possunt, sed paene per ipsam rem omnis hominum natura stare videtur. Et quid est, quod sic a nobis laudatur? Carta, quod ipsa faciens et omni mundo emittens utilem speciem omnibus ostendit: sola hoc supra omnes civitatesque et provincias possidens, sed sine invidia praestans suorum bonorum.* Vopiscus *Saturnin.* 8, 5: *civitas opulenta —, in qua nemo vivat otiosus. Alii vitrum conflant, ab aliis charta conficitur.* Symmachus *ep.* 4, 28: *Aegyptus papyri volumina bibliothecis foroque texuerit.* Seit Aurelian lieferte Aegypten an die Stadt Rom eine Abgabe von Papyrus (Vopiscus *Aurel.* 45, 1. Mommsen *C. I. L.* I p. 385), und noch nach der Eroberung Aegyptens durch die Araber kam Papyrus von dort nach Italien (Marini *P. D.* p. XII). In Rom wird *charta* zuerst erwähnt bei Ennius *ann.* 229 Vahl. Baehrens Jahrb. f. Philol. CXXV S. 785 vermuthet, dass durch ihn der Gebrauch des Papyrus für Litteraturwerke in Rom eingeführt wurde, und bringt damit in Zusammenhang, dass er seine *annales* in Bücher theilte, während dies bei Naevius erst später geschah (Suet. *de gr.* 2).

2) Strabo 17 p. 800.

3) Dureau de la Malle a. a. O. p. 158. 159. Nach der Untersuchung von Ph. Parlatore *Mém. sur le papyrus des anciens et sur le papyrus de Sicile* in *Mém. présentés par divers savants à l'académie des sciences. (Sciences math. et phys.)* XII (1854) p. 469—502 ist der Papyrus von Sicilien nicht identisch mit dem ägyptischen, sondern eine eigene, in Syrien heimische Species. Vgl. Birt 223 Anm. 1.

4) Theophrast. *hist. plant.* 4, 8, 3.

5) Ueber diese Differenz der Schreibart s. Birt S. 12 Anm. 3.

6) Birt S. 228 ff.

7) Plin. *n. h.* 13, 77. Ueber *philyrae* in diesem Sinne (Plin. 13, 74) s. Birt S. 230.

8) Festi *epit.* p. 81, 4; 104, 14.

und legte quer darüber eine zweite Reihe von Streifen, so dass dieselbe mit den Streifen der Unterlage einen rechten Winkel bildeten, wie bei dem Gewebe die Ketten- und Einschlagstücken, ein Verfahren, das die noch erhaltenen Papyrusblätter deutlich erkennen lassen.[1] Aus demselben erklärt sich, dass Plinius und andere Schriftsteller den Papyrus ein Gewebe nennen,[2] ohne dass bei dem weichen Material an ein wirkliches Gewebe gedacht werden könnte. Vielmehr wurden die nassen Streifenlagen gepresst und mit dem Hammer geschlagen, um eine feste Verbindung der Streifen herzustellen, sodann an der Sonne getrocknet und, wenn sich noch Unebenheiten fanden, geglättet;[3] das, was auf diese Weise gewonnen wurde, war ein Blatt Papier (σελίς, *pagina*) und diese Blätter wurden theils einzeln als Briefpapier in den Handel gebracht, theils, indem man ein Blatt an das andere klebte, zu einer Rolle (*volumen*, τόμος) verbunden. **σελίς, pagina.** **volumen, τόμος.**

Die Fabrication des Papiers gehört fast ausschliesslich Aegypten und zwar vorzugsweise Alexandria an. Denn nur einmal, und zwar von Plinius wird ein römischer Papierfabricant erwähnt, welcher sich indessen nur mit Umarbeitung und Verbesserung des ägyptischen Papyrus beschäftigte. Später ist nur von ägyptischen *chartae* die Rede. Allein auch diese unterscheiden sich nach dem Format, der Qualität und der Fabrik. Der Unterschied des Formates liegt nicht sowohl in dem Höhenmaasse, welches bei den für Rollen bestimmten Blättern zwischen 0,20 und 0,35 Meter variirt,[4] als vielmehr in der Breite, nach welcher grossentheils der Preis bestimmt wird. Denn breite Blätter waren bei dem Gebrauche der Rolle am meisten dem Einreissen ausgesetzt und bedurften einer besonderen Festig- **Gattungen des Papiers.**

---

1) S. besonders die im Facsimile von Brunet de Presle in *Notices et extraits* XVIII, 2 herausgegebenen Papyri, ferner das Facsimile zweier arabischer Papyri bei S. de Sacy *Mémoires de l'Institut* IX pl. A. B. und die von Wailly herausgegebenen lateinischen Papyri *Mém. de l'Institut* XV, 1 pl. I. III.

2) Plin. *n. h.* 13, 77. Lucan. *Phars.* 3, 222: *Nondum flumineas Memphis contexere biblos Noverat.* Leonidas *Anth. Gr.* II p. 179 n. 25 = *Anth. Pal.* 9, 350, 1: ἤτριά μοι βύβλων χιονώδεα σὺν καλάμοισι Πέμπεις. Symmach. *ep.* 4, 28.

3) Martial. 14, 209:

Levis ab aequorea cortex Mareotica concha
Fiat: inoffensa currit harundo via.

Geglättetes Papier nennt Cicero *ad Q. fr.* 2, 15b, 1 *charta dentata.* Blümner I S. 313 f.

4) Birt S. 272.

keit und sorgfältigen Herstellung.[1]) Sie ist daher das hauptsächlichste Merkmal für die Differenz der neun Sorten, welche Plinius anführt.[2]) Es sind dies: 1. die ursprünglich βασιλική, *regia*, nach dem Aufhören des ägyptischen Königthums *hieratica*, schliesslich *Augusta* benannte, 13 *digiti* oder 0,34 Meter breit; 2. die *Livia*, von derselben Breite; 3. die *hieratica*, welche ihren Namen erst in der Kaiserzeit erhielt, als die erste Sorte denselben verloren hatte, 11 *digiti* oder 0,20 M. breit; 4. die *amphitheatrica*, so bezeichnet nach einer Fabrik in der Nähe des Amphitheaters in Alexandria, 9 *digiti* oder 0,166 M. breit; 5. die in Rom fabricirte *Fanniana*, 10 *digiti* oder 0,18 M. breit; 6. die *Saitica*, aus Sais in Aegypten, eine geringere Sorte von 8 *digiti* oder 0,147 M. Breite; 7. die *Taeniotica*, eine in der Nähe von Alexandria verfertigte ordinäre Sorte, welche nach dem Gewicht verkauft wurde; 8. die *emporetica*, ein Packpapier, nur 6 *digiti* oder 0,11 M. breit; endlich 9. die *charta Claudia*, ein auf Veranlassung des Kaiser Claudius hergestelltes, einen römischen Fuss, d. h. 0,2957 M. breites und dabei starkes Papier, welches auf beiden Seiten beschrieben werden konnte. Sowie man das erste Blatt der Rolle πρωτόκολλον (*protocollum*),[3]) das letzte ἐσχατοκόλλιον[4]) nennt, so heisst schon bei Cicero das breite Blatt *macrocollum*,[5]) welche Bezeichnung also auf fünf der genannten Sorten, die *Augusta*, *Livia*, *Fanniana*, *amphitheatrica* und *Claudia* zu beziehen sein wird.[6])

macrocollum.

Aus Papierblättern gleicher Sorte konnte man nun einen Streifen von beliebiger Länge zusammensetzen, indem man die Blätter (σελίδες, *paginae*) einen Finger breit übereinanderlegte und zusammenklebte.[7]) Man schrieb dann gewöhnlich in Co-

---

1) Birt S. 253.

2) Ueber die viel besprochene Stelle des Plinius *n. h.* 13, 74 ff. verweise ich auf Birt S. 242 ff.

3) *Iuliani epitome latina novellarum Iustiniani* (ed. Haenel, Lips. 1873. 4⁰) 40, 170 = *Iustiniani Nov.* 44, 2: *Tabelliones non scribant instrumenta in aliis chartis, quam in his, quae protocolla habent, ut tamen protocollum tale sit, quod habeat nomen gloriosissimi comitis largitionum et tempus, quo charta facta est.*

4) Martial. 2, 6, 3.

5) Cicero *ad Att.* 13, 25, 3; 16, 3, 1. Plin. *n. h.* 13, 80.

6) Birt S. 283.

7) Winckelmann Werke II S. 98. 101. 230. 233. Jorio *Officina de' papiri* p. 31. Das Leimen heisst διακολλᾶν, Lucian. *adv. indoctum* 16, die Rollen κεκολλημένα βιβλία, Olympiodor. bei Photius *bibl.* p. 61[a], 8; lateinisch *glutinare.* Ulpian. *Dig.* 32, 52 § 5: *Non male quaeritur, si libri legati sint, annon contineantur nondum perscripti? Et non puto contineri, — Sed perscripti libri*

lumnen, so dass jedes Blatt eine Columne bildete, die doppelt aufeinander liegenden Intercolumnien aber unbeschrieben blieben. Nur in der Zeit der Republik bis auf Caesar war es Sitte, in officiellen Urkunden nicht *in paginis*, sondern *transversa charta*, d. h. in langen Zeilen über die ganze Breite des Streifens zu schreiben,[1] und das findet sich auch in späteren Documenten.[2]

Für einen Brief oder eine Urkunde — denn zu beiden gab nunmehr das Papier ein geeignetes Material[3] — bedurfte man meistens nur eines Blattes oder eines aus wenigen Blättern bestehenden Streifens, den man zusammenfaltete,[4] mit einem Faden durchnähte,[5] umwickelte, auf dem Ende des Fadens siegelte und von aussen mit der Adresse versah;[6] für ein Buch da- Briefpapier. Verschluss der Briefe.

nondum malleati vel ornati continebuntur, proinde et nondum conglutinati vel emendati.

1) Sueton. *Caes.* 56: *Epistolae quoque eius ad senatum exstant, quas primus videtur ad paginas et formam memorialis libelli convertisse, cum antea consules et duces nonnisi transversa charta scriptas mitterent.*

2) Marini *Pap. diplom.* n. 132 p. 362.

3) Briefe, auf Papyrus geschrieben, werden oft erwähnt Catull. 68, 46. Ovid. *trist.* 1, 1, 7; 4, 7, 7; 5, 13, 30. Ovid. *heroid.* 11, 3. 4; 17 (18), 20; 21, 244. Plin. *ep.* 3, 14, 6; 8, 15. Cato *fr.* p. 39 Jordan.

4) Die Papyrus, welche wir noch haben, sind theils gerollt, theils gefaltet gewesen. Unter den Leydener Papyrus ist z. B. gefaltet n. 75 (Reuvens *Lettres* 1 p. 4) und ein anderer bei Reuvens *Lettres* 2 p. 38; 3 p. 38. Vgl. Egger *De quelques textes inédits récemment trouvés sur des papyrus Grecs* p. 7: „*Voici d'abord une lettre .... C'est une feuille de papyrus qui a été pliée en douze et qui, sur le dos, porte pour adresse A Apollonius.*"

5) Fronto *ad M. Caesar.* 1, 8 p. 24 Naber: *Versus, quos mihi miseras, remisi tibi per Victorinum nostrum, atque ita remisi: chartam diligenter lino transui et ita linum obsignavi, ne musculus iste aliquid aliqua rimari possit.* Hieraus erklärt sich Ovid. *trist.* 4, 7, 7: *quoties alicui chartae sua vincula dempsi.* Ov. *heroid.* 17 (18), 17: *Forsitan admotis etiam tangere labellis, Rumpere dum niveo vincula dente volet.* Was die Verschliessung von Urkunden betrifft, so geht aus den Protocollen über mehrere Testamentseröffnungen bei Marini *P. D.* n. 74. 74[a] hervor, dass die auf Papyrus geschriebenen Testamente (*charta testamenti* n. 74 col. IV lin. 2 u. öfter), nachdem sie vollzogen waren, gefaltet oder gerollt, von den sieben Zeugen mit sieben Fäden durchzogen (Marini p. 257[b]) und auch von der Aussenseite gesiegelt und mit der Namensunterschrift der Zeugen versehen wurden. Bei der Eröffnung müssen die Zeugen *signacula vel superscriptiones recognoscere*, worauf die Behörde empfiehlt, *chartulam resignari, linum incidi, aperiri et recitari* (n. 74. col. IV lin. 10). Vgl. Bachofen Ausgewählte Lehren des röm. Civilrechts. Bonn 1848. 8. S. 279 ff.

6) S. ausser dem oben angeführten Beispiel bei Egger einen Privatbrief auf Papyrus mit der auf der Rückseite befindlichen Adresse Ἡφαιστίωνι bei Mai *Class. Auct.* V (1833. 8.) p. 601. 602. In der Casa di Lucrezio in Pompeii befindet sich ein Bild, darstellend aufgeschlagene *codicilli*, ein Tintenfass, ein Falzbein (σμίλη), einen *stilus* und einen in Form eines Billets zusammengefalteten Brief mit der Aufschrift: *M LVCRIITIO FLAM MARTIS DIICVRIONI POMPIII.* S. die Abbildung *Mus. Borb.* XIV AB. Vgl. Overb. Pomp.[4] S. 314.

gegen war ein aus einer grossen Anzahl von Blättern zusammengesetzter Streifen erforderlich, den man zusammenrollte. Welche

Rollen. Ausdehnung diesem Streifen gegeben werden konnte und in der Zeit des entwickelten Buchhandels in der Regel gegeben wurde, ist neuerdings gründlich und ausführlich untersucht worden.[1]

Ihr Umfang. Es ergiebt sich aus dieser Untersuchung, dass man nicht nur im alten Aegypten Rollen von 21, ja von 43 Meter Länge componirte,[2] sondern auch in Griechenland den ganzen Thukydides und den ganzen Homer auf eine Rolle brachte, die für den Thukydides etwa 578 Seiten oder etwa 81 Meter Länge haben musste. Auch des Livius Andronicus Odyssee scheint in einer Rolle existirt zu haben.[3] Allein die Grösse und Schwere solcher Rollen wurde ebenso unbequem für den Leser als gefährlich für die Erhaltung der Rolle selbst, und man verdankte es wahrscheinlich den alexandrinischen Grammatikern und dem von ihnen beeinflussten Buchhandel,[4] dass die Buchrolle (βιβλίον, κύλινδρος,[5] *volumen*) auf einen mässigen Umfang gebracht[6]

Verkauf fertiger Rollen. und in diesem von den Papierfabriken fertig zum Verkauf gestellt wurde,[7] so dass die Schriftsteller genöthigt waren, sich nach dem Maasse der Rolle zu richten und den vorhandenen Raum einerseits auszufüllen,[8] andererseits nicht zu überschreiten. Im Allgemeinen beschränkte sich der Inhalt einer Rolle auf eine, zuweilen auf eine halbe Abtheilung eines grösseren Werkes, wie z. B. das vierte Buch der philodemischen Rhetorik auf zwei Rollen vertheilt ist,[9] das zehnte Buch des Philodemos

1) Birt S. 129 ff. 439 ff. 2) Birt S. 130 ff.

3) Birt S. 444 ff. 4) Birt S. 479 ff.

5) Diogenes Laertius 10, 26: γέγονε δὲ πολυγραφώτατος ὁ Ἐπίκουρος πάντας ὑπερβαλόμενος πλήθει βιβλίων· κύλινδροι μὲν γὰρ πρὸς τοὺς τριακοσίους εἰσί.

6) Plin. *n. h.* 13, 77: *siccantur sole plagulae atque inter se iunguntur. — nunquam plures scapo quam vicenae. Scapus* scheint die Rolle zu sein (Birt S. 238); *vicenae* aber ist corrupt, da es nachweislich viel grössere Rollen gab: Birt S. 341 liest daher *ducenae*.

7) Ulpian. *Dig.* 32. 52, 5: *Unde non male quaeritur, si libri legati sint, an contineantur nondum perscripti. Et non puto contineri, non magis quam vestis appellatione nondum detexta continetur. Sed perscripti libri nondum malleati vel ornati continebuntur.* Ueber diese βιβλία ἄγραφα s. mehr bei Birt S. 241.

8) Martial gesteht mehrmals, dass ihm dies Schwierigkeiten gemacht habe. S. 1, 16:

Sunt bona, sunt quaedam mediocria, sunt mala plura.
Quae legis hic: aliter non fit, Avite, liber.

Ausführlicheres s. bei Birt S. 147 ff.

9) S. Ritschl Alex. Bibl. S. 31. Das zweite Buch des Diodor ist noch in zwei Theile getheilt, von denen der zweite beginnt: Τῆς πρώτης τῶν Διοδώρου βίβλων διὰ τὸ μέγεθος εἰς δύο βίβλους διῃρημένης ἡ πρώτη μὲν περιέχει

περὶ κακιῶν eine Rolle anfüllt[1]) und der elephantinische Homeruspapyrus nur Ilias 24, also einen Gesang enthält,[2]) so dass für den ganzen Homer 48 Rollen nöthig waren. Indessen war für das Format der Rolle auch der Inhalt maassgebend. Denn für Unterhaltungslectüre, d. h. Dichtungen und Briefe wählte man kleine, leichte und zum Halten bequeme *volumina*, für wissenschaftliche Werke liess man sich dagegen auch grössere und schwere gefallen.[3]) Dass man, wie bei uns geschieht, die Seiten (*paginae*) numerirte oder wenigstens ihre Zahl auf dem Titel oder der Schlussseite angab, kommt zwar vor,[4]) scheint aber für den Zweck, den das Alterthum bei der Ausmessung des Buchinhalts verfolgte, nicht ausreichend befunden zu sein. Vielmehr pflegte man, wie bei Dichtungen die Verse, so bei prosaischen Schriften die Zeilen (στίχοι, aber auch ἔπη) zu zählen und am Ende der Schrift die Zahl derselben zu bemerken. Und zwar that dies öfters der Autor selbst, wie z. B. Theopomp den Umfang seiner epideiktischen Reden auf 20,000 ἔπη, seiner Geschichtsbücher auf 150,000 ἔπη,[5]) Josephus die Zeilenzahl seiner ἀρχαιολογία am Ende des zwanzigsten Buches auf 60,000 στίχοι und noch der Kaiser Justinian die Digesten auf fast 150,000 *ver-*

Ihr Umfang abhängig von dem Inhalt.

Zählung der Seiten.

Stichometrie.

κ. τ. λ. Vgl. Cic. *ad Herenn.* 1, 17, 27. *Tusc.* 3, 3, 6. Plin. *ep.* 3, 5, 5. Birt S. 316 ff. Vgl. Rohde Goetting. Anz. 1882 S. 1541 ff.

1) Sauppe *Philodemi de vitiis lib. X.* Weimar 1853. 4. p. 5. 9. Die Rolle hat 25 Columnen.

2) *Philological Museum* Vol. I. Cambridge 1832 p. 177 ff. Die Rolle ist unvollständig und beginnt erst v. 127. Vgl. Birt S. 128 ff.

3) Isidor. *orig.* 6, 12, 1: *Quaedam genera librorum apud gentiles certis modulis conficiebantur, breviore forma carmina atque epistolae. At vero historiae maiore modulo scribebantur.* Birt S. 286—341. Vgl. Baehrens Jahrb. f. Phil. CXXV S. 785 ff., welcher unter *historiae* das Epos versteht.

4) *Herculanensium Voll.* Tom. IX (1848) enthält eine Schrift mit dem Titel: ΦΙΛΟΔΗΜΟΥ | ΠΕΡΙ ΘΑΝΑΤΟυ | Δ | ΣΕΛιδΕΣ ΕΚΑ|ΤΟΝ ΔΕΚα ΟΚΤΩ|. Der Papyrus N. 1414 der Oxf. Sammlung hat die Bezeichnung ΦΙΛΟΔΗΜΟΥ ΠΕΡΙ ΧΑΡΙΤΟΣ. ΚΟΛΛΗΜΑΤΑ ΣΕΛΙΟΗ d. h. κολλήματα σελίδων οη', eine Rolle von 78 Columnen, s. Ritschl *Ind. Lect. Bonn.* 1840—1841. p. VII. *Opusc.* I, 1 p. 183. *Herc. Voll.* X (1850) giebt den Titel: ΦΙΛΟΔΗΜΟΥ | ΠΕΡΙ ΧΑΡΙΤΟΣ | ΑΡΙΘΜΟΧΦΣΗ | ΧΑρΗΜΑΤΑ | ΣΕΛΙΔΕΣ ΞΑ. Vol. IV enthält ΦΙΛΟΔΗΜου | ΠΕΡΙ ΡΗΤΟΡΙΚης | ΑΡΙΘΜΟΣ ΧΕ . . . und am Schluss der letzten Colonne ΣΕΛ¯. Δ, was die Editoren lesen λδ' (34) mit Zustimmung von Ritschl a. a. O. Vol. VIII enthält: ΦΙΛΟΔΗΜου ΠΕΡΙ | ΤΟΥ ΚΑΘ ΟμηρΟΝ | ΑΓΑθου . . . . ΑΡ| . . ΧΧ. Die Schrift ΦΙΛΟΔΗΜΟΥ ΠΕΡΙ ΡΗΤΟΡΙΚΗΣ | Δ | ΤΩΝ ΕΙΣ ΔΥΟ ΤΟ ΠΡΟΤΕΡΟΝ (*Herc. Voll.* XI [1855]) hat zwar auf der Titelcolumne keine Zahlenangabe, aber die Columnen sind paginirt und es sind auf den vollständig erhaltenen Columnen die Zahlen ρλς' (136) bis ρμζ' (147) am unteren Rande verzeichnet. Vgl. *Anth. Pal.* 7, 594. Polyb. 5, 33, 3. Martial. 8, 44. Juv. 7. 100.

5) *Photii bibl.* p. 120b, 40 Bekker.

sus berechnet;[1]) auch Polybius scheint die Zeilenzahl seines Werkes angegeben zu haben;[2]) theils sorgten dafür die alexandrinischen Bibliothekare, indem sie dem Titel des Volumens die Anzahl der darin enthaltenen Bücher hinzufügten,[3]) auch wohl die ganze Schrift hindurch alle fünfzig oder hundert Verse die Zeilenzahl notirten.[4]) Aber das Hauptinteresse an der Zählung der Zeilen oder, wie die Alten sagen, der Stichometrie[5]) haben die Schreiber und die Buchhändler, da nach der Zeilenzahl die ersteren ihre Bezahlung erhalten, die letzteren aber den Preis

Begriff des στίχος.

des Buches bestimmen. Was man unter dem στίχος zu verstehen hat, ist vielfach besprochen worden; dass er weder eine Sinnzeile (κῶλον) ist,[6]) noch ein wechselndes, von der Breite des Papiers abhängiges Maass bezeichnet, sondern eine feste, normale Länge hat, konnte man schon aus dem Edict des Diocletian ersehen, nach welchem der *scriptor* und *tabellio* für je 100 στίχοι eine bestimmte Zahlung erhält,[7]) was unmöglich gewesen wäre, wenn die στίχοι nach ihrer zufälligen Länge in Ansatz gekommen wären; aus den sorgfältigen Untersuchungen des um diese Frage besonders verdienten, leider zu früh verstorbenen Graux ergiebt sich aber unzweifelhaft, dass die prosaische Normalzeile dieselbe war, wie die poetische, d. h. der Hexameter, auf den der Schreiber durchschnittlich 35 Buchstaben[8]) oder, wie neuerdings angenommen ist, 16 Silben[9]) rechnet. Soll diese Normalzeile wirklich geschrieben werden, so braucht man dazu eine der breiten Papiersorten (*macrocolla*), verwendet man dagegen

1) Iustinian *De confirmatione digestorum* 1.

2) Polyb. 39, 19, 8. Rohde Goetting. Anz. 1882 S. 1557.

3) Birt S. 163 ff.

4) Birt S. 175 ff. Schanz *Hermes* XVI (1881) S. 309 ff.

5) Von den zahlreichen Schriften über diesen Gegenstand sind die von Ritschl zusammengedruckt in dessen *Opuscula philologica* I S. 74—112; 173—186; 190—196; 828—832. Von den übrigen erwähne ich nur die neuesten, nämlich Ch. Graux *Nouvelles recherches sur la stichometrie* in *Revue de philologie* Vol. II (1878) p. 97—143, wo p. 98 die Litteratur angeführt wird, und Birt S. 157—222.

6) Die Kolometrie, d. h. die Abtheilung eines Textes in Sätze, hat nur einen Zweck bei Schriftstücken, welche laut vorgelesen wurden, nämlich biblische Abschnitte und Reden. S. Graux p. 124 ff. Birt p. 178 ff. Sie kommt für unseren Zweck nicht in Betracht.

7) *Ed. Diocl.* c. 7, 39 (*C. I. L.* III p. 831):

Scriptori in scriptura optima versus n. centum	D. XXV.
Sequentis scripturae versuum n. centum	D. XX.
Tabellanioni (lies *tabellioni*) *in scriptura libelli vel tabularum in versibus n. centum.*	(fehlt)

8) Birt S. 197.

9) Diels im Hermes XVII S. 377 ff.

schmales Papier, wie dies auf den herculanensischen Rollen geschehen ist,[1]) so wird die kürzere Zeile, für welche der Schreiber natürlich weniger Lohn erhält, nach der Anzahl der Buchstaben als Theil der Normalzeile berechnet.

Beschrieben wurde die *charta* in der Regel nur auf einer Seite,[2]) höchstens diente die Rückseite eines alten Papyrus zu Schreibübungen der Kinder,[3]) oder zu werthlosen Schreibereien;[4]) aber auch bei dem Gebrauche eines alten Papyrus zog man es vor, die beschriebene Seite mit einem Schwamme abzuwaschen und auf dem Palimpsest zu schreiben.[5]) Die Aufbewahrung und Aufstellung der Rollen machte noch eine besondere Behandlung derselben nöthig. Zuerst schützte man sie gegen Motten und Würmer dadurch, dass man sie mit Cedernöl bestrich, was ihnen eine gelbe Farbe gab;[6]) sodann klebte man den Rand

Schreiben auf Papier.

Erhaltung der Rollen.

---

1) Unter denselben ist indessen eine in Normalzeilen geschriebene. Birt S. 216.

2) Juvenal 1, 5 verspottet einen Dichter wegen seines *Scriptus et in tergo necdum finitus Orestes* und Sidonius Apollinaris *ep.* 2, 9 sagt, er könnte noch mehr schreiben, *nisi epistolae tergum madidis sordidare calamis erubesceremus.*

3) Horat. *epist.* 1, 20, 17. Martial. 4, 86, 11: *libelle Inversa pueris arande charta.* Ein ägyptischer Papyrus, auf der Rückseite Schreibübungen eines Kindes enthaltend, ist in Leyden (n. 74ª). S. Reuvens *Lettres* 3 p. 111.

4) Martial. 8, 62: *Scribit in aversa Picens epigrammata charta Et dolet, averso quod facit illa deo.* Doch hatte man auch auf beiden Seiten beschriebene Rollen, *Opisthographa.* Plin. *ep.* 3, 5, 17. Ulp. *Dig.* 37, 11, 4. Lucian. *vit. auct.* 9; auch sind noch Papyrushandschriften vorhanden, welche zu verschiedenen Zeiten auf beiden Seiten beschrieben sind. Reuvens *Lettres* 1 p. 5. Bei Mai *Class. Auct.* Vol. V (1833. 8.) p. 356—361 findet sich ein ägyptischer Papyrus der Ptolemäerzeit, der auf jeder Seite eine Eingabe enthält. Die 1856 von Stobart erworbene Rolle mit der Grabrede des Hyperides hat auf der Rückseite zwei Aufzeichnungen astrologischen Inhalts; s. Babington Ὑπερίδου λόγος ἐπιτάφιος. Cambridge and London 1858. fol.

5) Cic. *ad fam.* 7, 18, 2. Catull. 22, 5. Plut. *de garrul* c. 5, p. 610 Dübner. Id. *philosophandum esse cum princ.* c. 4, 6, p. 952 Dübner, wo er den schlechten Zustand solches Papiers als Gleichniss braucht: εὗρε Διονύσιον (Πλάτων) ὥσπερ βιβλίον παλίμψηστον, ἤδη μολυσμῶν ἀνάπλεων καὶ τὴν βαφὴν οὐκ ἀνιέντα τῆς τυραννίδος, ἐν πολλῷ χρόνῳ δευσοποιὸν οὖσαν καὶ δυσέκπλυτον. Ulp. *Dig.* 37, 11, 4: *Chartae appellatio et ad novam chartam refertur et ad deleticiam.* Auch die Araber benutzten alten Papyrus. Einen solchen s. bei Silv. de Sacy *Sur deux papyrus écrits en langue Arabe* in *Mémoires de l'Institut* X. 1833 p. 67. In Rom aber war es viel gewöhnlicher, beschriebenen Papyrus als Maculatur zu verbrauchen. Krämer wickelten darin *tus, odores, piper* und *scombri* ein. Martial. 3, 2; 3, 50, 9; 4, 86, 8; 13, 1, 1 und mehr bei Jahn *ad Pers.* 1, 42 p. 89. Metallspiegel finden sich in Gräbern eingewickelt in Papyrus. Raoul-Rochette in *Mém. de l'acad. des Inscr.* XIII p. 562 (3ᵉ Mém. p. 34).

6) Vitruv. 2, 9, 13: *ex cedro oleum, quod cedrium dicitur, nascitur, quo reliquae res unctae, uti etiam libri a tineis et a carie non laeduntur.* Ovid. *trist.* 3, 1, 13: *cedro flavus (liber).* cf. 1, 1, 7. Martial. 3, 2, 7; 5, 6, 14. Lucian. *adv. indoct.* 16. Plin. *n. h.* 13, 86: *libri citrati.* Daher nennt man

des letzten Blattes (ἐσχατοκόλλιον) auf einen dünnen Stab, um umbilicus. den man die Rolle aufwickelte (*umbilicus*, ὀμφαλός), [1] so dass *ad umbilicum adducere* sprichwörtlich ist von der Vollendung einer Schrift. [2] War die Rolle an beiden Basisseiten des Cylinders beschnitten, [3] mit Bimsstein geglättet [4] und gefärbt, [5] so färbte oder vergoldete man auch die sichtbaren Enden des *umbilicus*, *cornua* oder *umbilici* genannt, [6] obwohl dieser Luxus

---

Gedichte, die der Unsterblichkeit würdig sind, *cedro digna*. Pers. 1, 42 vgl. Schol. *ad h. l.* Hor. *a. poet.* 331. Auson. *epigr.* 34, 13. Ueber die Sache s. Beckmann Beitr. z. Gesch. der Erfind. II S. 382. Cedernöl (Dioscor. 1, 105. Plin. *n. h.* 24, 17: *Cedri sucus — magni ad volumina* (Detl. *collyria*) *usus*, *ni capiti dolorem inferret. Defuncta corpora incorrupta aevis servat*) wurde in Aegypten zum Balsamiren gebraucht. Diodor. 1, 91, 6.

1) Porphyr. *ad Hor. epod.* 14, 8: *in fine libri umbilici ex ligno aut osse solent poni.* Mart. 2, 6, 10: *Quid prodest mihi tam macer libellus, Nullo crassior ut sit umbilico.* Lucian. *adv. indoct.* 16: τίνα γὰρ ἐλπίδα καὶ αὐτὸς ἔχων ἐς τὰ βιβλία καὶ ἀνατυλίττεις ἀεὶ καὶ διακολλᾷς — καὶ ὀμφαλοὺς ἐντίθῃς; Id. ib. 7: ὁπόταν τὸ μὲν βιβλίον ἐν τῇ χειρὶ ἔχῃς πάγκαλον, πορφυρᾶν μὲν ἔχον τὴν διφθέραν, χρυσοῦν δὲ τὸν ὀμφαλόν. Id. *merc. cond.* 41: ὅμοιοί εἰσι τοῖς καλλίστοις τούτοις βιβλίοις, ὧν χρυσοῖ μὲν οἱ ὀμφαλοί, πορφυρᾶ δὲ ἔκτοσθεν ἡ διφθέρα. Die herculanensischen Rollen haben theilweise *umbilici*, es sind *bastoncelli di legno o pure formati di semplice papiro strettamente agglomerato a tal uso.* Sie bilden immer das Centrum der Rolle, aber sind bald am Anfang bald am Ende derselben befestigt, je nachdem man die Rolle so oder so zusammenrollen wollte. (Ohne Zweifel erklärt sich dies so, dass der Regel nach an jedem Ende ein Stab war, was für die Art, wie man die Rollen las, nothwendig war; s. unten S. 818.) Andere Rollen sind ganz ohne *umbilicus*. Jorio *Officina de' papiri* p. 18—20. p. 69. Ueber eine Papyrusrolle, 1861 in Theben gekauft, berichtet Zündel im Rhein. Museum N. F. XXI (1860) p. 437: Die Papierfragmente sind um einen kurzen Stab gewickelt, der sich bei genauerer Betrachtung als ein Paar aufeinandergelegte und an beiden Enden vermittelst rother Thonsiegel verbundene Schilfblätter darstellt. Auf beiden Siegeln steht der Name *Menterra*. Um diese Papyrusrolle war ein schmaler Streifen von Mumienleinwand gewunden.

2) Horat. *epod.* 14, 8. Martial. 4, 89, 1. 2. Sidon. Apoll. *epist.* 8, 16: *Iam venitur ad margines umbilicorum. Ep.* in Jacob's *Anth.* IV p. 226 n. 517: Μὴ ταχὺς Ἡρακλείτου ἐπ' ὀμφαλὸν εἴλυε βίβλον. Seneca *suas.* 6, 27 p. 38, 23 Burs.

3) Isidor. 6, 12, 3: *Circumcidi libros Siciliae primum increbruit. Nam initio pumicabantur.* Lucian. *adv. indoct.* 16. Die Notiz des Isidor beruht, wie Schwarz p. 80 bemerkt, auf einem Missverständniss, indem *sicilire*, beschneiden, mit *sica*, *sicula* und *secare*, nicht aber zunächst mit der Provinz Sicilien zusammenhängt. Die *geminae frontes* der Rolle erwähnen Tibull. 3, 1, 13. Ovid. *trist.* 1, 1, 11.

4) Mart. 1, 66, 10: *Sed pumicata fronte si quis est nondum Nec umbilicis cultus atque membrana, Mercare;* 1, 117, 16: *Rasum pumice purpuraque cultum — Martialem.* 8, 72. Catull. 1, 2; 22, 8. Ov. *trist.* 1, 1, 11.

5) *nigra frons* Ov. *trist.* 1, 1, 8.

6) S. die Stellen des Lucian. Anm. 1; Ov. *trist.* 1, 1, 8: *Candida nec nigra cornua fronte geras.* Tibull. 3, 1, 13: *Atque inter geminas pingantur cornua frontes.* Mart. 3, 2, 9: *picti umbilici;* 5, 6, 15: *nigri umbilici.* Statius *silv.* 4, 9, 7: *Noster purpureus novusque charta Et binis decoratus umbilicis.* Die Identität der *cornua* und *umbilici* geht nicht nur aus diesen Stellen, son-

nur in besonderen Fällen vorgekommen sein mag;[1]) denn in den herculanensischen Rollen haben sich ebensowenig *cornua* gefunden,[2]) als Riemen oder Bänder zum Zusammenhalten der Rollen, obgleich auch solche erwähnt zu werden scheinen.[3]) Endlich wurde an die Rolle ein Pergamentstreifen (σίττυβος, σίττυβος. nicht σίλλυβος)[4]) geklebt, der den Titel des Buches enthielt[5]) und, wenn die Rolle der Conservation wegen in ein Futteral

dern namentlich aus der Vergleichung von Mart. 4, 89: *Iam pervenimus usque ad umbilicos* mit 11, 107: *Explicitum nobis usque ad sua cornua librum* hervor.

1) S. Lucian. *l. l.* Martial. 8, 61 rühmt als etwas Besonderes: *Non iam quod orbe cantor et legor toto Nec umbilicis quod decorus et cedro Spargor per omnes Roma quas tenet gentes.*

2) Martorelli *Th. C.* I p. 274.

3) Winckelmann Werke II S. 242 ff. leugnet das Binden der Rollen. Die Stelle Martial. 14, 37, worin man sonst *constrictos libellos* las, ist entfernt durch die von Schneidewin recipirte richtige Lesart *selectos libros*, aber in der Stelle des Cicero, welcher, nachdem er sich zwei *glutinatores* vom Atticus hat schicken lassen, hernach *ad Att.* 4, 5 extr. schreibt: *Bibliothecam mihi tui pinxerunt constructione et sittybis* scheint mir mit Herzberg trotz den Gegenbemerkungen von Rein *constrictione* zu lesen, da *constrictione pingere* einen Sinn hat, wenn die Bänder farbig waren, *constructione* aber in Verbindung mit *pingere* gar keinen Sinn giebt. Denn wenn man auch mit Haupt *Hermes* III (1869) S. 207 unter *constructio* die Aufstellung der Bücher versteht, so ist doch *constructione pingere* dadurch noch nicht erklärt. Auf einem Bilde des Museums in Neapel ist eine Rolle, die ausser der gleich zu erwähnenden Titeletikette noch einen Riemen hat. Jorio *Off. de' papiri* p. 58 tav. I. B. z.

4) Bei Cic. *ad Att.* 4, 4b: *Etiam velim mihi mittas de tuis librariolis duos aliquos, quibus Tyrannio utatur glutinatoribus — iisque imperes, ut sumant membranulam, ex qua indices fiant, quos vos Graeci, ut opinor,* σιλλύβους *appellatis* ist σιλλύβους Conjectur von Graevius. Der Mediceus hat *sillabos*; im folgenden 5ten Briefe ist am Schluss die handschriftliche Lesung *sittybis*; *ep.* 4, 8a, 2 wird mit Haupt *Hermes* III S. 208 zu lesen sein: *postea vero quam Tyrannio mihi libros disposuit mens addita videtur meis aedibus. Qua quidem in re mirifica opera Dionysii et Menophili tui fuit. Nihil venustius quam illa tua pegmata, postquam sittiboe libros inlustrarunt.* Die Formen σίττυβος und σιττύβαι hatte bereits Lobeck *Pathologiae sermonis Graeci prolegomena* p. 290 nachgewiesen. S. Photius *s. v.*: σίττυβα· δερμάτια. Pollux 7, 70. Hesych. *s. v.*: σιττύβαι· δερματίναι στολαί. Herodian. ed. Lenz p. 378. Auch πιττάκιον, bei Petron. 34 die Etikette einer Weinflasche, sonst überhaupt ein Zettel, worauf auch ein Brief oder eine Quittung stehen kann (Marini *P. D.* p. 373), findet sich in ähnlichem Sinne bei Diog. Laert. 6 § 89. Bei Marini *P. D.* n. 143 p. 209 sind abgedruckt neun *titoli in papiro appesi a' vasetti di vetro*, *ne' quali erano gli olj de' SS. Martiri.*

5) Mart. 3, 2: *Et cocco rubeat superbus index.* Ov. *trist.* 1, 1, 7. Dies sind die *lora rubra* bei Catull. 22, 7. Sie sind sichtbar an den *volumina* eines *scrinium* auf einem herculaneischen Gemälde, abgebildet bei Marini *P. D.* auf dem Titel. Auch im Mittelalter werden Papyrusrollen, *tomi cartacei*, von aussen mit einer Registrande bezeichnet, so bei päpstlichen Urkunden mit dem Namen des Papstes, Marini *P. D.* p. 221b. Aber auch auf dem Bilde *Pitture di Ercol.* V p. 373 sieht man eine geöffnete Rolle, an deren oberem Rande ein Zettel mit Schrift befestigt ist. Vgl. Jorio *Off. de' pap.* p. 57 und tav. I B. z., welcher daraus erklärt Seneca *de tr. an.* 9, 6: *cui voluminum suorum frontes maxime placent titulique.* Ovid. *ep. ex P.* 4, 13, 7. Auf der herculaneischen Rolle n. 1491 ist der Titel äusserlich auf die Rolle geschrieben. Jorio a. a. O. p. 59.

διφθέρα. von Pergament (διφθέρα) gethan wurde,[1]) oben sichtbar blieb.[2]) Gehörten zu ein und demselben Werke viele Volumina, wie z. B. zur Ilias 24, so pflegte man diese in Bündel, *fasces*, zusammenzubinden.[3]) Solche Bündel gehören in der *Notitia dignitatum* zu den Insignien des *primicerius notariorum* und des *magister scriniorum*.[4]) Beim Lesen hielt man die Rolle mit beiden Händen, indem man sie allmählich nach links hin abrollte und mit der linken Hand wieder zusammenrollte; wollte man sie wieder fest zusammenrollen, so fasste man den *umbilicus* mit beiden Händen und zog, indem man den Anfang der Rolle unter das Kinn drückte, die Windungen fester zusammen.[5])

Pergament. Wie in Aegypten das Papier, so ist in Asien, namentlich bei den Persern und Juden das älteste Schreibmaterial die Thierhaut, die auch nach der Verbreitung des Papyrus immer in beschränkter Anwendung blieb[6]) und schliesslich in Folge einer zweckmässigen Zubereitung, deren Erfindung den Pergamenern zugeschrieben wird, in dem ganzen römischen Reiche in Gebrauch kam. Seine Einführung. Die auf Varro zurückgehende Nachricht, dass unter Eumenes II. von Pergamum (197—159 v. Chr.) eine zwischen den Bibliothekaren von Alexandria und Pergamum

---

1) Sowie bei Horat. *sat.* 1, 6, 74 die Knaben zur Schule gehen, *laevo suspensi loculos — lacerto* (vgl. oben S. 113 A. 4), so trug und verwahrte man kostbare Rollen in einer διφθέρᾳ oder *membrana*, die gelb oder roth gefärbt war. Mart. 1, 66, 11: (*liber*) *umbilicis cultus et membrana*; 10, 93, 4 (*carmina*) *purpurea — culta toga*; 3, 2, 10. Ovid. *trist.* 1, 1, 5. Lucian. *merc. cond.* 41: τοῖς καλλίστοις τούτοις βιβλίοις ὧν χρυσοῖ μὲν οἱ ὀμφαλοί, πορφυρᾶ δὲ ἔκτοθεν ἡ διφθέρα. Mehr s. bei Birt S. 64. Die herculaneischen Rollen sind in unbeschriebenen Papyrus gewickelt. Jorio *Off. de' pap.* p. 20.

2) Tibull. 3, 1, 9: *Lutea sed niveum involvat membrana libellum, Pumicet et canas tondeat ante comas Summaque praetexat tenuis fastigia chartae, Indicet ut nomen littera facta, puer.*

3) Birt S. 33. S. 434 Anm. 5.

4) *Not. dign. Occid.* c. 16. 17. *Orient.* c. 18. 19.

5) Die Art, wie man Rollen las, ist durch eine so grosse Anzahl bildlicher Darstellungen constatirt (*Museo Borbon.* IX, 34; X, 24; XI, 47. *Pitt. di Ercolano* II p. 13 tav. 2; p. 221. IV p. 305 t. 60. V p. 9; p. 245 t. 55; p. 249 t. 56; p. 253 t. 59; p. 257 t. 58; p. 375 t. 84. *Annali d. Inst.* 1855 tav. 15. 16. 1856 t. 20. O. Jahn *Villa Pamphili* p. 41 t. V, 15. Panofka Bilder ant. Lebens I, 11), dass die Stellen Mart. 1, 66, 7: *virginis — chartae, Quae trita duro non inhorruit mento*; 10, 93, 6: *nova nec mento sordida charta.* Strato *Anth. Gr.* III p. 79 n. 50: Εὐτυχές, οὐ φθονέω, βιβλίδιον, ἤ ῥά σ' ἀναγνοὺς Παῖς τις ἀναθλίψει, πρὸς τὰ γένεια τιθείς unzweifelhaft auf das Zusammenrollen des Papiers, nicht, wie Salmasius *ad Solin*, p. 278 E., Schwarz p. 94 annahmen, auf das Halten der Rolle beim Lesen, welches so unmöglich sein würde, zu beziehen sind. Eine Rolle, welche in der Mitte durch vieles Befassen abgerieben und schmutzig ist, s. bei Reuvens *Lettres* p. 4.

6) Birt S. 49 ff. und die weiter unten anzuführenden Stellen.

entstandene Rivalität zur Erfindung des Pergaments geführt habe,[1]) ist insofern falsch, als Membranen nachweislich lange vorher zum Schreiben benutzt wurden.[2]) Doch ist nicht zu bezweifeln, dass die Membrana schon zur Zeit der römischen Republik von Pergamum aus in den Handel gebracht wurde. Ihr Vorzug bestand darin, dass, während die vorher im Orient gebräuchlichen Felle (διφθέραι), ebenso wie die *charta*, nur auf einer, nämlich der inneren Seite der Haut zum Schreiben eingerichtet waren[3]) und deshalb ebenfalls die Form einer Rolle (*volumen*) erhielten,[4]) das auf beiden Seiten geglättete Pergament vierfach zusammengelegt, geheftet,[5]) paginirt[6]) und in die Form des *codex* oder der *codicilli* gebracht wurde.[7]) Man hat Seine Vorzüge.

1) Plin. *n. h.* 13, 70: *Mox aemulatione circa bibliothecas regum Ptolemaei et Eumenis, subprimente chartas Ptolemaeo idem Varro membranas Pergami tradit repertas.* Isidor. *orig.* 6, 11, 1. Lydus p. 11 Bonn. Hieronymus *ep. ad Chromatium, Iovinum et Eusebium* (*ep.* 7, 2 Vallars): *Chartam defuisse non puto, Aegypto ministrante commercia. Et si alicubi Ptolemaeus maria clausisset, tamen rex Attalus membranas a Pergamo miserat, ut penuria chartae pellibus pensaretur. Unde et Pergamenarum nomen ad hunc usque diem, tradente sibi invicem posteritate, servatum est.* Boissonade *Anecd.* I p. 420: Φθονήσας δὲ τῷ Ἀριστάρχῳ Κράτης ὁ γραμματικὸς ὑπάρχων μετὰ Ἀττάλου τοῦ Περγαμηνοῦ ἐκ δερμάτων ἔκαμε μεμβράνας καὶ ἐποίησε τὸν Ἄτταλον ἀποστεῖλαι αὐτὰς εἰς Ῥώμην. Tzetzes *Chiliad.* 12, 347. Ueber Krates und die Differenz der Nachrichten in Bezug auf die Zeit der Erfindung s. Meier in Ersch und Gruber Encycl. unter Pergamenisches Reich S. 68 (412).

2) Diodor. 2, 32, 4: οὗτος (*Ctesias*) οὖν φησιν ἐκ τῶν βασιλικῶν διφθερῶν, ἐν αἷς οἱ Πέρσαι τὰς παλαιὰς πράξεις — εἶχον συντεταγμένας, πολυπραγμονῆσαι τὰ καθ' ἕκαστον. Herodot. 5, 58: καὶ τὰς βύβλους διφθέρας καλέουσι ἀπὸ τοῦ παλαιοῦ οἱ Ἴωνες, ὅτι ποτὲ ἐν σπάνι βύβλων ἐχρέωντο διφθέρῃσι αἰγέῃσί τε καὶ οἰέῃσι· ἔτι δὲ καὶ τὸ κατ' ἐμὲ πολλοὶ τῶν βαρβάρων ἐς τὰς τοιαύτας διφθέρας γράφουσι. Ueber den Gebrauch des Pergaments auch zu Litteraturwerken s. Rohde Götting. Anz. 1882 S. 1546 ff. Der Name (*membrana*) *Pergamena* kommt zum ersten mal im Edictum Diocletiani, also im Jahr 304 n. Chr. vor, 7, 38: *membranario in quaternione (?) pedali pergamenae.*

3) Schwarz *De orn. libr.* p. 44. 45.

4) Von einem Pergamentvolumen sagt Josephus *Ant. Jud.* 12, 2, 10: Ὡς δὲ ἀποκαλύψαντες τῶν ἐνειλημάτων ἐπέδειξαν αὐτῷ, θαυμάσας ὁ βασιλεὺς τῆς ἰσχνότητος τοὺς ὑμένας καὶ συμβολῆς τὸ ἀνεπίγνωστον — χάριν εἶπεν ἔχειν αὐτοῖς. Theodoret. *in Pauli ep. ad Timoth.* II, 4, 13: Μεμβράνας τὰ εἰλητὰ κέκληκεν· οὕτω γὰρ Ῥωμαῖοι καλοῦσι τὰ δέρματα· ἐν εἰλητοῖς δὲ εἶχον πάλαι τὰς θείας γραφάς· οὕτω δὲ καὶ μέχρι τοῦ παρόντος ἔχουσιν οἱ Ἰουδαῖοι.

5) Ulp. *Dig.* 32, 52 § 5 *membranae nondum consutae.*

6) Einen paginirten Codex dieser Art lernen wir kennen aus Mommsen *I. N.* 6828 = Orelli 3787: *Commentarium cottidianum Municipi Caeritum inde pagina XXVII kapite VI* und hernach *inde pagina altera.* In einem solchen Journal wurden auch in Rom die jährlichen *acta* jedes *magistratus* zusammengeschrieben. Mommsen *Annali d. Inst.* 1858 p. 192.

7) Mart. 14, 192 mit der Ueberschrift *Ovidi Metamorphoses in membranis: Haec tibi multiplici quae structa est massa tabella, Carmina Nasonis quinque decemque gerit.* Ib. 184: *Ilias et Priami regnis inimicus Ulixes Multiplici pariter condita pelle latent.*

zwar auch in Rom Rollen von Pergament gehabt, [1]) die einseitig beschrieben [2]) und auf der Aussenseite gelb gefärbt wurden, [3]) und andererseits auch Papyrus in Form eines Codex geheftet, [4]) allein Pergamentrollen scheinen für Bücher wenigstens ein Luxus gewesen zu sein und Papyrus hat sich für *codices* nicht bewährt, da er für doppelte Schrift nicht geeignet und viel weniger haltbar als Pergament ist. Von Papyruscodices des früheren Mittelalters hat sich nur wenig bis auf unsere Zeit erhalten. [5])

Sein Gebrauch.

Insofern nun die Pergamentblätter erstens zu einem *codex* verbunden, zweitens nach Austilgung der Schrift nochmals beschrieben und endlich auf beiden Seiten zum Schreiben ge-

---

1) Die beiden Formen des Buches, *volumen* und *codex*, unterscheidet genau Ulpian. *Dig.* 32, 52 pr.: *Librorum appellatione continentur omnia volumina, sive in charta sive in membrana sint, sive in quavis alia materia: — Quod si in codicibus sint membraneis vel chartaceis vel etiam eboreis vel alterius materiae, vel in ceratis codicillis, an debeantur, videamus.*

2) Solche Rollen meint Cic. *ad Att.* 13, 24: *Quattuor* διφθέραι *sunt in tua potestate.* Dagegen scheint mir bei Galen. *Comm. ad Hipp.* 12 p. 2 Chart. = XVIII, 2 p. 630 Kühn, wo jetzt der Text heisst: τινὲς καὶ πάνυ παλαιῶν βιβλίων ἀνευρεῖν ἐσπούδασαν πρὸ τριακοσίων ἐτῶν γεγραμμένα τὰ μὲν ἔχοντες ἐν τοῖς βιβλίοις (*in codicibus ceratis*) τὰ δὲ ἐν ταῖς χάρταις (in Rollen) τὰ δὲ ἐν διαφόροις φιλύραις, ὥσπερ τὰ παρ' ὑμῖν ἐν Περγάμῳ, nicht mit Cobet *Mnemosyne* VIII (1859) p. 435. Nov. Ser. III (1875) p. 233 zu lesen ἐν διφθέραις, mit Auslassung von φιλύραις, indem die Zusetzung dieses Wortes nicht leicht erklärbar ist, sondern ἐν διφθερίναις φιλύραις d. h. auf Pergamenttafeln; denn diese waren als den Pergamenern eigenthümlich zu erwähnen.

3) Isidor. *or.* 6, 11, 4: *Membrana autem aut candida aut lutea aut purpurea sunt. Candida naturaliter existunt. Luteum membranum bicolor est, quod a confectore una tingitur parte, id est, crocatur. De quo Persius* (3, 10): »*Iam liber et positis bicolor membrana capillis*«.

4) Hieronymus *ep. ad Lucinium* (*ep.* 71, 5 Vallars): *Opuscula mea, quae non sui merito, sed bonitate tua desiderare te dicis, ad describendum hominibus tuis dedi et descripta vidi in chartaceis codicibus ac frequenter admonui, ut conferrent diligentius, et emendarent.* Ulpian. *Dig.* 32, 51 pr. unterscheidet ausdrücklich *codices membranei vel chartacei*, und es sind noch Papiercodices aus dem Alterthum vorhanden, aber von geringer Dicke. So in Leyden Papyrus n. 66. Reuvens *Lettres* 3 p. 65: *C'est un livre sur papyrus, haut de* 0,30mèt. *sur* 0,18mèt. *de large* (11½ *pouces sur* 6¾ *p.*) *c'est à dire à peu près du format des petits in-folios. Il consiste en dix feuilles entières, pliées en deux et brochées, formant ainsi vingt feuillets.* Der Codex ist alchymistischen Inhalts, aus Constantin's Zeit oder später. Ebenso n. 76 Reuvens *L.* 3 p. 151: *Il consiste en six feuilles et une demie, formant treize feuillets et contenant* 25 *pages d'écriture.* In den Verhandlungen des dritten constantinopolitanischen Concils, welche, wie die Originalacten der Concile überhaupt, auf Papyrus geschrieben waren, werden unterschieden εἰλητάρια χαρτῷα d. h. *volumina*, und βιβλία χαρτῷα d. h. *codices*. S. Marini *P. D.* p. 382b.

5) Ueber fragmentarische Papyruscodices aus dem 6ten und 7ten Jahrhundert handelt ausführlich Marini *P. D.* p. XVII ff. Vgl. Montfaucon *Ant. expl.* III, 2 p. 352. Jaffé *Monumenta Carolina* p. 1. Wattenbach Das Schriftwesen im Mittelalter S. 69 ff.

braucht werden konnten, waren sie zunächst geeignet, nicht sowohl die *charta*, als vielmehr die *tabulae ceratae* zu ersetzen. Und in der That finden sich in der ersten Kaiserzeit *pugillares membranei*;[1]) *membranae* wurden, weil man auf ihnen ohne Schwierigkeit ändern und verbessern konnte, zu Entwürfen von Reden und Gedichten empfohlen und verwendet;[2]) in Rechnungsbüchern trat an die Stelle der *cerae* die *membrana*[3]) und Schuldverschreibungen[4]) und Testamente wurden auf Pergament ausgestellt.[5]) Briefe indessen sowie auch Regierungsverordnungen[6]) schrieb man nach wie vor auf Papyrus, und für litterarische Zwecke fuhr man ebenfalls fort, noch lange nach dem Bekanntwerden des Pergamentes sich zuerst ausschliesslich dann aber bis in das fünfte Jahrhundert nach Chr. vorzugsweise der *charta* zu bedienen. Die ersten Versuche, Bücher in Form des *codex* zu verbreiten, scheinen in den christlichen Gemeinden gemacht worden zu sein, in welchen die ganze Bibel oder ein Theil der Bibel schon im ersten Jahrhundert als Codex vorhanden war; kirchliche Schriftsteller, wie z. B. Hieronymus, wählten ebenfalls diese Form für die Herausgabe ihrer eigenen Werke; aber für *codices* profaner Schriften haben wir ausser einer vereinzelten Nachricht des Martial, welcher einmal einen Cicero, einen Livius und einen Ovidius *in membranis* erwähnt,[7]) aus dem ersten Jahrhundert kein ausdrückliches Zeugniss; im Gegentheil erklärt Plinius die *charta* als das einzig geeignete Material für die litterarische Ueberlieferung[8]) und erst vom dritten Jahr-

---

1) Martial. 14, 7. *Pugillares membranei:*
Esse puta ceras licet haec membrana vocetur:
Delebis, quotiens scripta novare voles.

2) Quintil. *inst.* 10, 3, 31. Horat. *sat.* 2, 3, 1 und mehr bei Birt S. 57 ff.

3) Gaius *Dig.* 2, 13, 10: *Argentarius rationes edere iubetur, — — scilicet ut non totum cuique codicem rationum totasque membranas inspiciendi describendique potestas fiat, sed ut ea sola pars rationum, quae ad instruendum aliquem pertineat, inspiciatur et describatur.*

4) Scaevola *Dig.* 32, 102. 5) S. oben S. 805 Anm. 7.

6) Marini *Papiri dipl.* p. XIII—XVI. Nach ihm sind bis zum Jahr 700 alle öffentlichen Urkunden auf Papyrus geschrieben. Obwohl nach römischem Rechte es den *tabelliones* erlaubt war, auch Pergament dazu zu nehmen, so zogen auch diese die *charta* als geeigneter vor, da die Urkunden nur auf einer Seite geschrieben wurden und diese bei dem Papier beliebig gross war. (Mabillon *Suppl.* p. 10.) Iustinian *Nov.* 44 c. 2 (S. 810 Anm. 3) traf eine eigene Bestimmung über die Einrichtung der *chartae*, deren sich die *tabelliones* bedienten, und ein officielles Schriftstück, welches früher *libellus* hiess, hat später von dem Materiale den Namen *chartula*. Marini *Pap. dipl.* p. 313. 361a. 367.

7) Martial. 14, 188. 190. 192. 8) Plin. *n. h.* 13, 68. 70.

hundert an scheint der Pergamentcodex sehr allmählich in allgemeineren Gebrauch gekommen zu sein.[1]) Es ist zu bedauern, dass wir über das Preisverhältniss des Pergaments zum Papyrus gar keine Nachricht haben, da sich aus diesem manches erklären würde, was jetzt dem Zweifel unterliegt. Birt ist der Ansicht, dass Papyrus viel theurer gewesen sei als Pergament, und in der That erfahren wir aus einer Inschrift, dass im Jahre 407 vor Chr. in Athen zwei Papyrusblätter (χάρται δύο) 2 Drachmen und 4 Obolen, d. h. etwa 2 Mark kosteten,[2]) also sehr theuer waren; indessen kann dieser Preis nicht maassgebend sein für die römische Kaiserzeit, in welcher der Buchhandel sich entwickelt, die ägyptische Papierfabrication eine ganz andere Ausdehnung als früher genommen hatte und in Rom selbst ein Geschäft mit Schreibmaterialien betrieben wurde.[3]) Statius giebt einmal den Geldwerth einer von ihm selbst beschriebenen Papyrusrolle auf 10 As, d. h. 55 Pfennige an,[4]) und die Xenien Martial's (das XIII. Buch) wurden für vier Sesterzen, d. h. 70 Pf. verkauft, konnten aber nach Martial's Meinung halb so theuer angesetzt werden,[5]) so dass die Papierrolle einen sehr geringen Werth haben musste. Abgesehen von diesen Zeugnissen erklärt sich aber der überwiegende Gebrauch des Papyrus am leichtesten dadurch, dass Papyrus wohlfeiler als Pergament war.[6]) Allerdings gilt dies zunächst nur von grossen Städten, wie Rom und Constantinopel,[7]) wo grosse Vorräthe von Papyrus lagerten, ob-

Preisverhältniss des Pergaments u. der *charta.*

---

1) Was ich hier mittheile, ist das Ergebniss der Untersuchung von Birt S. 46—126, so weit ich mir dies aneignen kann, und verweise ich wegen der Begründung desselben auf Birt selbst. (Vgl. jedoch Rohde a. a. O. S. 1546 ff. Es ist wohl nicht zu bezweifeln, dass schon früher Litteraturwerke in Pergamentcodices geschrieben wurden. Das Vorwiegen der *charta* erklärt sich aus ihrem geringeren Preise, Pergament wurde allgemein üblich erst als das lesende Publicum klein geworden war.)

2) *C. Inscr. Attic.* I n. 324 p. 175: χάρται ἐωνήθησαν δύο, ἐς ἃς τὰ ἀντίγραφα ἐνεγράψαμεν ⊢⊢IIII.

3) Es gab in Rom nicht nur ein Staatsmagazin für Papyrus, die *horrea chartaria* in der vierten Region (Jordan Topographie II S. 546), sondern auch verschiedene Papierhändler, *chartopolae* (Schol. Juven. 4, 24) oder *chartarii* (Diomedes p. 313 P. Marini *Pap. dipl.* p. 278[a]), welche letzteren zu unterscheiden sind von den bei den Behörden der späteren Kaiserzeit vorkommenden Registratoren, welche ebenfalls *chartarii* oder *chartularii* heissen. Marini *Pap. dipl.* p. 277[b]. 278[a]. Auch in Nemausus kommt ein *chartarius*, der *VI vir Augustalis* ist, vor: Orelli 4159. Ueber das Preisverhältniss vgl. auch Rohde a. a. O. S. 1550.

4) Stat. *silv.* 4, 9, 9.

5) Martial. 13, 3.

6) Dies nimmt auch Wattenbach S. 83 an.

7) Iustiniani *Nov.* 44 c. 2: *Haec — valere in hac felicissima solum civitate*

gleich auch diese in Jahren, in welchen die Papyrusernte schlecht ausfiel, nicht zureichten;[1]) an kleineren Orten fehlte es öfters an Papyrus, und selbst in Aegypten hatte man ihn nicht überall, sondern schrieb auf Scherben (ὄστρακα) und auf Leinwand.[2]) Der Vorzug des Pergamentes lag dagegen darin, dass es dauerhafter und überall herstellbar war, selbst für Briefe gab es, wenn es an *charta* fehlte, ein wenn gleich vielleicht theureres, so doch immer erwünschtes Schreibmaterial.[3])

Der Apparat, welchen man zum Schreiben auf Papyrus und auf Pergament brauchte,[4]) war der nämliche; er besteht in einer Rohrfeder,[5]) welche am besten aus Aegypten oder Cnidus bezogen[6]) und wie eine Gänsefeder zugeschnitten wurde,[7]) einem Schreibapparat.

---

volumus, ubi plurima quidem contrahentium multitudo, multa quoque chartarum abundantia est.

1) Plin. *n. h.* 13, 89: *Sterilitatem sentit hoc quoque, factumque iam Tiberio principe inopia chartae, ut e senatu darentur arbitri dispensandae. Alias in tumultu vita erat.*

2) Von solchen beschriebenen Scherben sind 56 edirt im *Corp. Inscr. Gr.* n. 4863b—4891. 5109 1—37; 40 andere befinden sich im Louvre. Egger *Sur quelques fragments de poterie antique* in *Mém. de l'Institut* XXI, 1 p. 377 ff. Froehner *Ostraca inédits du musée impérial du Louvre.* Paris 1865; noch andere sind in Leyden. Reuvens *Lettres* 3 p. 55. Vgl. Diog. Laert. 7, 174, nach welchem Cleanthes auf Scherben schrieb, da er Papier zu kaufen nicht Geld hatte. Ueber Leinwandrollen s. Reuvens *Lettres* 1 p. 2.

3) Hieronymus *ep. ad Chromatium, Iovinum et Eusebium* (*ep.* 7, 2 Vallars) und mehr bei Birt S. 62.

4) Auf diesen Apparat beziehen sich elf Epigramme der *Anthologia Graeca*, eines des Phanias in Jacobs *Anth. Gr.* II p. 53 n. 3; des Crinagoras ib. II p. 128 n. 4; des Leonidas II p. 179 n. 125; des Philippus II p. 200 n. 17; des Damocharis IV p. 39 n. 2; drei des Paulus Silentiarius IV p. 57 n. 50. 51. 52; zwei des Julianus Aeg. III p. 197 n. 10. 11, und ein ἀδέσποτον IV p. 199 n. 387.

5) *harundo* Mart. 14, 209. Persius 3, 11; *fistula* ib. v. 14; *calami scriptorii fistula* Marcell. Emp. 10; *calamus* Cic. *ad Q. fr.* 2, 14 (15b), 1; *calamus scriptorius* Celsus 5, 28, 12. Ausser der gespaltenen Feder brauchte man in Aegypten auch einen *calamus »analogue au pinceau«*, über welchen s. Letronne in *Catalogue de la collection de Passalaqua.* 1826. p. 274. Abbildungen auf Wandgemälden: Helbig Wandgem. 1722—1724. *Mus. Borb.* I, 12, 1. 4; XIV AB.

6) Plin. *n. h.* 16, 157. Mart. 14, 38. Apul. *met.* 1 pr. Auson. *epist.* 4, 77; 7, 48:

Fac campum replices, Musa, papyrium,
Nec iam fissipedis per calami vias
Grassetur Cnidiae sulcus arundinis
Pingens aridulae subdita paginae.

7) Paulus Sil. nennt das Messer πλατὺν ὀξυντῆρα μεσοσχιδέων δονακήων und Damocharis die Federn ἄκρα τε μεσσοτόμους εὐγλυφέας καλάμους; Ausonius aber *fissipedes calamos*; Crinagoras nennt eine silberne Feder κάλαμον Εὖ μὲν ἐϋσχίστοισι διάγλυπτον κεράεσσι. Eine wirkliche Schreib f e d e r erwähnt zuerst Isidor. *or.* 6, 14, 3: *Instrumenta sunt scribendi calamus et penna. — calamus arboris est, penna avis, cuius cacumen in duo dividitur.* Ueber bronzene Federn

Federmesser,[1]) einem Tintenfass[2]) für rothe und schwarze Tinte,[3]) einem Schwamm zum Auslöschen des Geschriebenen[4]) und zum Auswischen der Feder,[5]) einem Lineal,[6]) einem Blei zum Liniiren,[7]) einem Schleifstein zum Schärfen der Feder,[8]) einem Bimsstein zum Glätten des Pergaments,[9]) einem Cirkel,[10]) κίρκι-

---

s. *Bull. d. Inst.* 1849 p. 169; 1880 p. 68. 69. 150. Jahrb. d. V. v. A. im Rheinl. 72 (1882) S. 96. Reissfedern (mit einem Ring zum Schieben anstatt der Schraube) das. S. 96. 97, Taf. 6, 11. 12.

1) *Scalprum librarium* Suet. *Vitell.* 2. Tac. *ann.* 5, 8. Phanias nennt es σμίλαν δονακογλύφον, Philippus σμίλαν δονάκων ἀκροβελῶν γλυφίδα.

2) Das Wort *atramentarium* (μελανοδόχον) kommt erst spät vor, Vulgata in *Ezechiel.* 9, 2. 3. 11 und Hieronymus *in Ezech.* lib. III p. 92 Vallars.; den Gegenstand selbst erwähnen die ang. Epigramme; auch sind viele antike Tintenfässer noch erhalten, s. Martorelli Vol. I; *Annali d. Inst.* 1850 p. 120. *Bull. d. Inst.* 1849 p. 169. Gerhard und Panofka Neapels ant. Bildwerke I S. 221—223; eins von Silber, mit eingelegter Goldarbeit *Bull. Napol.* 1843 p. 121 f. tav. VII, 5; eins aus einem Grabe in Cumae, *Bull. Nap.* 1852 p. 121; aus der *casa del poeta tragico*, *Bull. Nap.* N. S. VI. (1858) p. 172.

3) Petron. *sat.* 102. Cic. *ad Q. fr.* 2, 15. Ueber die verschiedenen Arten der schwarzen Tinte s. Vitruv. 7, 10. Plin. *n. h.* 35, 41—43, welcher sagt, dass aus *sepia* Tinte nicht gemacht wird. Indessen erwähnt auch solche Tinte Persius 3, 13. Auson. *epist.* 4, 76; 7, 54. Die ägyptische Tinte ist Russ in Gummiwasser aufgelöst. S. Egger *Mém. de l'Institut* XXI, 1 (1857) p. 378 n. 2. S. auch den Papyrus bei Parthey Abh. d. Berl. Acad. 1865 p. 127 lin. 243 und p. 145. Diosc. *m. med.* 1, 86; 5, 182. Isid. *or.* 19, 17, 17. Mit rother Tinte schrieb man namentlich die Titel und Ueberschriften. Ov. *trist.* 1, 1, 7: *Nec titulus minio nec cedro charta notetur.* Mart. 3, 2, 11. Diese rothe Ueberschrift, besonders der Titel von Gesetzen, heisst *rubrica.* Pers. 5, 90. Quint. 12, 3, 11. Juvenal. 14, 192. Paulus *Dig.* 43, 1, 2 § 3. Petron. 46. Prudent. *in Symm.* 2, 462. Sidon. Apoll. *epp.* 8, 6.

4) Paulus Sil. *ep.*: σπόγγον ἀκεστορίην πλαζομένης γραφίδος, *spongia deletilis* Varro bei Non. p. 96, 15. Augustus sagte von seiner Tragödie Ajax: *in spongiam incubuit.* Suet. *Oct.* 85. Vgl. Suet. *Cal.* 20. Auson. *ep.* 7, 54. Mart. 4, 10, 5: *comitetur Punica librum Spongia: muneribus convenit illa meis. Non possunt nostros multae, Faustine, liturae Emendare iocos: una litura potest*, aus welcher Stelle man ersieht, dass die *litura* mit dem Schwamm gemacht wird und sich nicht auf *cerae*, sondern auf das mit Tinte Geschriebene bezieht.

5) Phanias v. 3 σπόγγον — καλάμων ψαίστορα.

6) In den *Epp.* heisst es σελίδων κανόνισμα φιλόρθιον, κανονὶς ὑπάτη, κανὼν γραμμῆς ἰθυπόρου ταμίη, ἡγεμὼν γραμμῆς ἀπλανέος κανών.

7) Das Blei war nicht ein Bleistift, sondern eine kreisförmige Platte; Philippus nennt es κυκλοτερῆ μόλιβον, σελίδων σημάντορα πλευρῆς, Damocharis κυκλομόλιβδον, Paulus γυρὸν κυανέης μόλιβον σημάντορα γραμμῆς und τὸν τροχόεντα μόλιβδον, ὃς ἄτραπον οἶδε χαράσσειν Ὀρθὰ παραξύων ἰθυτενῆ κανόνα. Vgl. Julian. *ep.* 11: Αὔλακας ἰθυπόρων γραφίδων κύκλοισι χαράσσων Ἄνθεμά σοι τροχόεις οὗτος ἐμὸς μόλιβος.

8) Phanias nennt ihn τὰν ἀδυφαῆ πλινθίδα καλλαΐναν, Paulus σκληρῶν ἀκόνην τρηχαλέην καλάμων und καὶ λίθον ὀκριόεντα, δόναξ ὅθι δισσὸν ὀδόντα Θήγεται ἀμβλυνθεὶς ἐκ δολιχογραφίης. Julian. *ep.* 11, 4 καὶ λίθος εὐσχιδέων θηγαλέη καλάμων. Damocharis τρηχαλέην τε λίθον, δονάκων εὐθήγεα κόσμον.

9) Dass man den Bimsstein auch zum Schärfen der Feder brauchte, geht hervor aus Iulian. *ep.* 10, 3: πολυτρήτου τ' ἀπὸ πέτρης Λᾶαν, ὃς ἀμβλεῖαν θῆγε γένυν καλάμου; allein Phanias erwähnt neben dem Schleifstein (πλινθίς) noch λεάντειράν τε κίσηριν den glättenden Bimsstein, und dies ist der gewöhnliche

(Anm. 10 s. nächste Seite.)

νος, zum Abmessen der Columnen; und man vereinigte alle diese Instrumente in einem Schreibzeug, *theca calamaria* oder *graphiaria*.[1]) Allein es gab auch Bücher von glänzender Ausstattung, für welche die Kunst des gewöhnlichen Schreibers nicht zureichte: illustrirte Bücher, namentlich botanische mit Abbildungen von Pflanzen,[2]) Ausgaben von Dichtern mit dem Portrait derselben,[3]) Werke mit Bildern,[4]) wie des Varro *Imagines*,[5]) Bücher auf Purpurpergament mit Gold- und Silberschrift und gemalten Randverzierungen,[6]) deren Besprechung indessen mehr der Kunstgeschichte als diesem Abschnitte angehört. Die Schreiber, welche ihre Kunst handwerksmässig unter einem Meister lernten,[7]) fungirten seit dem Ende der Republik theils als Secretaire von Privatpersonen,[8]) theils als Bureaubeamte, theils als Lohnschreiber für alle, die sich ihrer Hülfe

Illustrirte Bücher.

Die Schreiber.

Gebrauch des Bimssteins für Membranen. Catull. 22, 7: *membrana directa plumbo et pumice omnia aequata.* (Ueber diese kritisch unsichere Stelle s. Birt S. 67 ff.) Auch um beschriebenes Pergament nochmals zu brauchen, rieb man es mit Bimsstein ab. Gregor. Tur. 5, 44.

10) χάρκινά τε σπειροῦχα Phanias.

1) Suet. *Claud.* 35. Mart. 14, 19 (*theca libraria*), 21 (*graphiarium*). Hieronymus *in Ezech.* 9, 2, *lib. III* p. 93 Vallars. nennt es χαλαμάριον, *atramentarium, theca.*

2) Plin. *n. h.* 25, 8.

3) Mart. 14, 186: *Quam brevis immensum cepit membrana Maronem! Ipsius voltus prima tabella gerit.*

4) *Annali dell' Inst.* 1862 p. 108 ff.

5) Plin. *n. h.* 35, 11 nach Ritschl *Ind. l. Bonn.* 1856/57 (*Opusc.* III p. 508) zu lesen: *Imaginum amorem flagrasse quondam testes sunt Atticus ille Ciceronis edito de iis volumine* (cf. Nepos *Att.* 18), *M. Varro benignissimo invento insertis voluminum suorum fecunditati septingentorum illustrium aliquo modo* (*hominum*) *imaginibus, non passus intercidere figuras aut vetustatem aevi contra homines valere: inventor muneris etiam dis invidiosi, quando immortalitatem non solum dedit, verum etiam in omnis terras misit, ut praesentes esse ubique ceu di possent.* Ueber dies Buch s. Ritschl im Rhein. Museum VI p. 513 ff. (*Opusc.* III p. 452) und a. a. O. Mercklin *De Varr. Hebdomadibus animadv.* Dorpat 1857. 4 (auch in Ritschl's *Opusc.* III p. 530).

6) Isidor. *orig.* 6, 11, 5: *Purpurea vero* (*membrana*) *inficiuntur colore purpureo, in quibus aurum et argentum liquescens patescat in literis.* Goldschrift erwähnt Josephus *Ant. Jud.* 12, 2, 10. Hieronymus *praef. ad Iob: Habeant, qui volunt, veteres libros vel in membranis purpureis auro argentoque descriptos.* Einen Homer der Art erwähnt Capitolin. *Maximini duo* 30, 4; ebenso war das Gedicht geschrieben, das Optatianus Porphyrius seinem *Panegyricus ad Constantinum* voranschickte: *Ostro tota nitens, argento auroque coruscis Scripta notis picto limite dicta notans.* Mit den letzten Worten sind wohl Randverzierungen gemeint.

7) *Digest.* 50, 6, 7 (6): *In eodem numero haberi solent lanii, venatores, victimarii — librarii quoque, qui docere possunt, et horreorum librarii et librarii depositorum et librarii caducorum.* Orelli 4211 = *C. I. L.* VI, 3413* (*doctor librarius de sacra via*) ist unecht, aber ein *doctor librarius* kommt vor in der Inschr. *Revue épigr. du midi de la France* I p. 306 n. 333.

8) S. oben S. 151.

bedienen wollten,[1]) theils endlich als Bücherschreiber. Zu den Bureaubeamten gehören die Buchführer (*librarii*), die Schreiber auf Wachstafeln (*scribae cerarii*)[2]) und die Stenographen (*notarii*), [3]) über deren in der Zeit des Cicero erfundene Kunst uns noch ein Kern eines alten Handbuches, freilich in mittelalteriger Umgestaltung, vorliegt; [4]) aus den Bücherschreibern entwickelte sich aber etwa zu derselben Zeit das Geschäft der Buchhändler, über welches so sorgfältige Untersuchungen angestellt worden sind, dass ich dem bekannten Material nur Weniges hinzuzufügen habe.

Der Buchhandel.

Dass zu Cicero's Zeit, obwohl es damals bereits Verkaufslocale (*tabernae*) für Bücher gab,[5]) ein ausgebildeter Buchhandel noch nicht existirte,[6]) ersieht man daraus, dass Atticus, wie es scheint, mehr aus litterarischem Interesse, als um eines bedeutenden Gewinnes willen, die ersten ausgedehnteren Geschäfte in Büchern macht. Er hielt viele Sclaven, welche Schreiber von Profession waren,[7]) verkaufte sowohl einzelne Bücher[8]) als ganze Bibliotheken,[9]) gab Reden und andere Werke des Cicero heraus[10]) und besorgte den Vertrieb derselben nicht nur in Rom, sondern auch in allen Städten Griechenlands.[11]) Cicero war von dem Verkauf seiner Rede *pro Ligario* so befriedigt, dass er beschloss, alle seine Schriften in Zukunft dem Atticus zum Ver-

---

1) Hierher gehört der Testamentschreiber Henzen 7236 = *C. I. L.* X, 4919: *P. Pomponius P. l. Philadespot. libr(arius) qui testamenta scripsit annos XIV sine iurisconsulto.*

2) Sie kommen in Ostia vor. Henzen *Bull.* 1859 p. 217.

3) *Dig.* 4, 6, 33 § 1: *Eos, qui notis scribunt acta praesidum, reipublicae causa non abesse certum est.* Auch 50, 13, 1 § 6 werden unterschieden *librarii et notarii et calculatores sive tabularii.* Mehr hierüber s. bei Dirksen *Manuale s. v. Notarius.*

4) M. Valerius Probus *de notis antiquis*, her. v. Th. Mommsen in Ber. d. K. S. Ges. d. Wiss. phil. hist. Cl. 1853 S. 91 ff.

5) Eine *taberna libraria* Cic. *Phil.* 2, 9, 21; *librarii* Cic. *de leg.* 3, 20, 46.

6) Cic. *ad Q. fr.* 3, 4, 5: *De bibliotheca tua Graeca supplenda, libris commutandis, Latinis comparandis, valde velim ista confici, praesertim cum ad meum quoque usum spectent. Sed ego, mihi ipsi ista per quem agam, non habeo; neque enim venalia sunt, quae quidem placeant.*

7) *plurimi librarii* Nepos *Att.* 13, 3. Vgl. Cic. *ad Att.* 4, 4^b.

8) Cic. *ad Att.* 2, 4, 1: *Fecisti mihi pergratum, quod Serapionis librum ad me misisti. — Pro eo tibi praesentem pecuniam solvi imperavi, ne tu expensum muneribus ferres.*

9) Cic. *ad Att.* 1, 7: *velim cogites, id quod mihi pollicitus es, quemadmodum bibliothecam nobis conficere possis.* Vgl. 1, 10, 4.

10) So Reden: Cic. *ad Att.* 15, 13, 1; Briefe: *ad Att.* 16, 5, 5.

11) Cic. *ad Att.* 2, 1, 2 von seiner Schrift *de consulatu suo: Tu, si tibi placuerit liber, curabis, ut et Athenis sit et in ceteris oppidis Graeciae.*

triebe zu übergeben.[1]) Für Atticus war indessen der Buchhandel ein Nebengeschäft, zu dem er durch seine ausgebreiteten anderweitigen Handelsverbindungen vorzugsweise geeignet war; in der Kaiserzeit dagegen bildete sich dieser Handel zu einem selbständigen Geschäft aus, nicht nur in Rom selbst, wo als dessen Repräsentanten bei Horaz die Sosii,[2]) bei Martial die Buchhändler Atrectus,[3]) Secundus,[4]) Q. Valerianus Polios,[5]) Tryphon,[6]) der auch der Verleger des Quintilian war,[7]) und bei Seneca der Buchhändler Dorus[8]) erwähnt werden, sondern auch in Italien[9]) und in den Provinzen, namentlich in Gallien, z. B. in Lugdunum.[10]) In Rom lagen die Sortimentshandlungen in den belebtesten Theilen der Stadt, am Forum,[11]) auf dem Argiletum,[12]) im *vicus Sandaliarius*,[13]) an den *Sigillaria*[14]) und dem von Vespasian erbauten *templum Pacis*;[15]) sie waren an den Pfeilern und Eingängen (*in pilis et postibus*) mit ausgestellten Exemplaren und Anzeigen decorirt[16]) und bildeten einen Versammlungsort für ein Publicum, das sich theils die Novitäten ansah, theils auch Unterhaltung suchte.[17]) Aber auch das auswärtige Geschäft muss schon unter Augustus sehr bedeutend

---

1) Cic. *ad Att.* 13, 12, 2: *Ligarianam praeclare vendidisti. Posthac quidquid scripsero, tibi praeconium deferam.*

2) Horat. *epist.* 1, 20, 2; *A. P.* 345.

3) Mart. 1, 117, 13. 4) Mart. 1, 2, 7.

5) Mart. 1, 113, 5. 6) Mart. 4, 72, 2; 13, 3, 4.

7) S. Quintilian's Brief an ihn, vor dem Prooemium seiner Institutiones.

8) Seneca *de benef.* 7, 6, 1. Ein anderer Buchhändler scheint noch erwähnt zu werden bei Athenaeus 15 p. 673e: σύγγραμμα — ὅπερ νῦν ἐν τῇ Ῥώμῃ εὕρομεν παρὰ τῷ Ἀντικοττύρᾳ Δημητρίῳ, wo indessen der erste Name wohl corrumpirt ist.

9) Ueber die *taberna* eines *librarius* in Pompeii s. Fiorelli *Descrizione di Pompei* p. 46 ff. (Vgl. jedoch Mau *Bull. d. Inst.* 1874 p. 252.) Egger *Journal des savants* 1881 p. 404 ff.

10) Plin. *ep.* 9, 11, 2: *Bibliopolas Lugduni esse non putabam, ac tanto libentius ex litteris tuis cognovi venditari libellos meos, quibus peregre manere gratiam, quam in urbe collegerint, delector.*

11) Cic. *Phil.* 2, 9, 21: *Quidnam homines putarent, si tum occisus esset (Clodius), cum tu illum in foro spectante populo Romano gladio insecutus es, negotiumque transegisses, nisi se ille in scalas tabernae librariae coniecisset, iisque oppilatis impetum tuum compressisset?*

12) Mart. 1, 3, 1.

13) Gellius 18, 4, 1. Galen. Vol. XIX p. 8 K.: ἐν γάρ τοι τῷ Σανδαλαρίῳ, καθ' ὃ δὴ πλεῖστα τῶν ἐν Ῥώμῃ βιβλιοπωλείων ἐστί.

14) Gell. 5, 4, 1. 15) Mart. 1, 2, 7.

16) Horat. *sat.* 1, 4, 71; *A. P.* 373. Mart. 1, 117, 10.

17) Gellius 5, 4, 1; 13, 30, 1; 18, 4, 1; auch in Constantinopel erwähnt Agathias 2, 29 p. 127 Nieb. einen Arzt, der den Gelehrten spielt, ἐν τοῖς τῶν βιβλίων ἥμενος πωλητηρίοις.

gewesen sein; sowie Atticus seinen Verlag in Griechenland verbreitete, so gingen auch zur Zeit des Horaz beliebte Bücher über das Meer[1]) und auch solche Verlagsartikel, die in Rom ausser Mode waren, in die Provinzen.[2]) Horaz giebt sich der Hoffnung hin, nicht nur in Italien,[3]) sondern in den entferntesten Theilen der Erde bekannt zu werden.[4]) Ovid las man überall;[5]) Martial war in der ganzen Welt zu haben,[6]) in Gallien,[7]) in Spanien,[8]) in Britannien,[9]) und dass dieser buchhändlerische Verkehr in den nächsten Jahrhunderten fortdauerte, lehrt die Verbreitung christlicher Schriften, wie z. B. der Schrift des gallischen Presbyters Sulpicius Severus um 400 n. Chr. über das Leben des heiligen Martinus, welche in allen Theilen des römischen Reiches gelesen wurde.[10])

Ist es sonach gerechtfertigt, in Beziehung auf den Vertrieb litterarischer Productionen den alten Buchhandel mit dem modernen in Vergleich zu stellen, so muss man sich doch hüten, diesen Vergleich weiter auszudehnen. Der römische *librarius* war ursprünglich ein Schreiber, der handwerksmässig arbeitete, nicht aber ein speculirender Kaufmann; auch ein Verlagsbuchhändler war er insofern nicht, als weder ihm noch dem Autor irgend ein Rechtsschutz an litterarischem Eigenthum zur Seite stand. Sowie Cicero eine fremde Schrift, den Anticato des Hirtius, an Atticus schickte, mit dem Auftrag, dieselbe in seinem Interesse zu verbreiten,[11]) so bemächtigten sich noch im

Schriftstellerhonorar.

1) Hor. *A. P.* 345:
Hic meret aera liber Sosiis, hic et mare transit.

2) Hor. *epist.* 1, 20, 13.

3) Hor. *od.* 3, 30.

4) Hor. *od.* 2. 20, 13—20.

5) Ov. *trist.* 4, 10, 128: *in toto plurimus orbe legor*, und ausführlich rühmt er dies *trist.* 4, 9, 19—24.

6) *toto notus in orbe* Mart. 1, 1, 2; 3, 95, 7; 5, 13, 3; 8, 3, 4; 8, 61; 10, 9.

7) Mart. 7, 88; 9, 99.

8) Mart. 10, 104.

9) Mart. 11, 3.

10) Sulpicii Severi *dial.* 1, 23, 3 Halm: *Sed referam tibi plane, quo liber iste penetraverit, et quam nullus fere in orbe terrarum locus sit, ubi non materia felicis historiae pervulgata teneatur. Primus eum Romanae urbi vir studiosissimus tui, Paulinus, invexit. Deinde cum tota certatim urbe raperetur, exsultantes librarios vidi, quod nihil ab his quaestuosius haberetur, siquidem nihil illo promptius, nihil carius venderetur. Hic navigationis meae cursum longe ante praegressus: cum ad Africam venissem, iam per totam Carthaginem legebatur. Solus eum Cyrenensis ille presbyter non habebat: sed me largiente descripsit. Nam quid ego de Alexandria loquar? ubi paene omnibus magis, quam tibi, notus est. Hic Aegyptum, Nitriam, Thebaidem ac tota Memphitica regna transivit. Hunc ego in eremo a quodam sene legi vidi.*

11) Cic. *ad Att.* 12, 40, 1: *Qualis futura sit Caesaris vituperatio contra lau-*

5. Jahrhundert die römischen Buchhändler der so eben erwähnten Schrift des Sulpicius Severus, ohne irgend eine Anfrage bei dem Verfasser; ja Galen erzählt, dass Leute seine Schriften copirt und als die ihrigen ausgegeben hätten.[1] Bei dieser Unsicherheit des litterarischen Eigenthums konnte von einer Honorarzahlung eines Verlegers, an die man öfters gedacht hat, nicht wohl die Rede sein, und es giebt in der That keine Stelle, aus der man darauf schliessen könnte.[2] Nur das ist zuzugeben, dass, wer eine Schrift abschreiben lassen wollte, das Original entweder kaufte[3] oder lieh und zwar auch im letzteren Falle für ein Leihgeld,[4] wie dies im Mittelalter regelmässig gezahlt wurde.[5] Hiefür konnte also auch der Schriftsteller von dem *librarius* etwas fordern; es war dies aber insofern kein Schriftstellerhonorar in modernem Sinne, als es nicht allein der Autor, sondern auch der Besitzer jedes beliebigen Buches, nicht nur von einem Verleger, sondern von jedem, der eine Abschrift machen wollte, in Anspruch nehmen konnte, und als es natürlich einen geringen Betrag hatte, der für die Arbeit des Autors kein Aequivalent war. Das wesentliche Interesse des Schriftstellers lag vielmehr darin, dass sein Werk möglichst cor-

---

dationem meam, perspexi ex eo libro, quem Hirtius ad me misit. — Itaque misi librum ad Muscam, ut tuis librariis daret. Volo enim eum divulgari, quod quo facilius fiat, imperabis tuis.

1) Galen. XIX p. 10 K.

2) Die hierher gehörigen Stellen findet man richtig erklärt und gegen die Ansicht von A. Schmidt in Schutz genommen bei Goell a. a. O. S. 10—13 und in Becker's Gallus II S. 452 ff. Bei Martial. 11, 108, 4, auf welche Stelle Schmidt S. 139 besonderes Gewicht legt, ist die handschr. Lesart *salve*, nicht *solve*, wodurch der Sinn wesentlich anders wird.

3) Seneca *de ben.* 7, 6, 1: *Libros dicimus esse Ciceronis. Eosdem Dorus librarius suos vocat, et utrumque verum est. Alter illos tamquam auctor sibi, alter tamquam emptor asserit.* Dass der Autor selbst sein Manuscript verkaufen konnte, ersehen wir aus zwei Fällen. Sueton. *de gr.* 8: *M. Pompilius Andronicus — — Cumas transiit ibique in otio vixit et multa composuit, verum adeo inops atque egens, ut coactus sit, praecipuum illud opusculum suum annalium Ennii elenchorum XVI millibus nummum cuidam vendere, quos libros Orbilius suppressos redemisse se dicit vulgandosque curasse nomine auctoris.* Und Plinius *ep.* 3, 5, 17 erzählt von seinem Oheim: *Referebat ipse potuisse se, cum procuraret in Hispania, vendere hos commentarios Largio Licino quadringentis millibus nummum.* In beiden Fällen aber scheint nicht ein Verleger der Käufer zu sein.

4) Gell. 18, 5, 11: *Sed enim contentus ego his non fui, et, ut non turbidae fidei nec ambiguae, sed ut purae liquentisque esset, ecusne an eques scriptum Ennius reliquisset, librum summae atque reverendae vetustatis, quem fere constabat Lampadionis manu emendatum, studio pretioque multo unius versus inspiciendi gratia conduxi et eques non equus scriptum in eo versu inveni.*

5) Kirchhoff Die Handschriftenhändler des Mittelalters S. 24 ff.

rect und unverfälscht in den Handel kam. Aber auch dies war schwer zu erreichen.

Herstellung der für den Handel bestimmten Bücher.

Die Einrichtung aller industriellen Geschäfte des Alterthums beruhte auf der Benutzung von Sclaven, die man in derjenigen Anzahl, welche das Geschäft erforderte, für dasselbe entweder kaufte oder ausbildete (s. S. 161 ff.); ein *librarius* also, der auf einen gewissen Absatz rechnete, konnte eine Anzahl von Exemplaren einer Schrift dadurch herstellen, dass er dieselbe von seinen Schreibern gleichzeitig und zwar nach einem Dictate schreiben liess, wodurch es möglich wurde, eine mässige Auflage ebenso schnell, als dies durch den Druck geschieht, und zu wohlfeilen Preisen[1]) zu liefern. Dass in den Officinen der *librarii* dictirt wurde, ist zwar nicht ausdrücklich bezeugt, aber nicht zu bezweifeln, da schon der Autor häufig seinem Schreiber dictirte, und wenn man Auflagen von 1000 Exemplaren machte, wie dies vorkam,[2]) so empfahl sich diese Methode als die bequemste. Aber die Schwierigkeit bei diesem Verfahren

Die Correctur.

lag in der Correctur, die nicht, wie bei einem Druckwerke, einmal, sondern für jedes Exemplar besonders gemacht werden musste. Buchhändler, welche ihre Waare schnell und wohlfeil auf den Markt bringen wollten und überhaupt selten litterarisches Interesse und Verständniss besassen,[3]) liessen gar nicht oder schlecht corrigiren, und man klagte schon früh über die sehr incorrecten Exemplare sowohl griechischer[4]) als lateinischer[5]) Bücher, die in den Handel kamen, und liess, bevor man ein Buch kaufte, dasselbe durch einen Grammatiker prüfen;[6]) brauchte man aber Correctoren, wie dies Atticus that[7]) und auch später

1) Ueber die Preise der Bücher im Alterthum s. Schmidt S. 135 ff. Goell S. 9. Friedlaender Darstellungen III^5 S. 371 f.

2) Plin. *ep.* 4, 7, 2: *eundem (librum) in exemplaria mille transscriptum per totam Italiam provinciasque dimisit.*

3) Lucian. *adv. indoct.* 4: τίς δὲ τοῖς ἐμπόροις καὶ τοῖς βιβλιοκαπήλοις ἤρισεν ἂν περὶ παιδείας, τοσαῦτα βιβλία ἔχουσι καὶ πωλοῦσι;

4) Strabo 13 p. 609: δεῦρο δὲ κομισθεῖσαν (τὴν τοῦ Ἀπελλικῶντος βιβλιοθήκην) Τυραννίων τε ὁ γραμματικὸς διεχειρίσατο — καὶ βιβλιοπῶλαί τινες γραφεῦσι φαύλοις χρώμενοι καὶ οὐκ ἀντιβάλλοντες, ὅπερ καὶ ἐπὶ τῶν ἄλλων συμβαίνει τῶν εἰς πρᾶσιν γραφομένων βιβλίων καὶ ἐνθάδε καὶ ἐν Ἀλεξανδρείᾳ.

5) Cic. *ad Q. fr.* 3, 5, 6: *De Latinis vero, quo me vertam, nescio: ita mendose et scribuntur et veneunt.* Vgl. Liv. 38, 55, 8. Symmach. *ep.* 1, 24. Gell. 6, 20, 6.

6) Gell. 5, 4, 1.

7) Cicero *ad Att.* 13, 44, 3 bittet den Atticus, in der *oratio Ligariana* durch seine *librarii* Pharnaces, Antaeus, Salvius einen Fehler verbessern zu lassen. Vgl. 12, 6, 3.

solide Buchhändler zu thun pflegten,[1]) so hatte auch dies seine grossen Uebelstände. Am sichersten war die Correctur, wenn man ein authentisches Original besass, und vorsichtige Schriftsteller pflegten hiefür zu sorgen. Cicero liess die Originalhandschrift seiner Werke durch seinen gelehrten Freigelassenen Tiro redigiren, bevor sie zur Abschrift kam;[2]) Martial, dessen Gedichte schon bei seinen Lebzeiten incorrect verkauft wurden,[3]) emendirte selbst für seine Freunde die Abschrift;[4]) Quintilian legt seinem Verleger Tryphon dringend ans Herz, für correcte Exemplare seiner Schrift zu sorgen, und noch der h. Irenaeus beschwört die Schreiber seiner Werke, nach der Abschrift nochmals das Original zu collationiren.[5]) Von classischen Autoren indessen, welche fortwährend und aller Orten vervielfältigt wurden, waren authentische Exemplare bald selten geworden,[6]) fehlerhafte aber allgemein verbreitet, und es blieb nichts übrig, als diese entweder nach einem correcten Exemplar, wenn dieses aufzutreiben war, oder auf Grund einer Vergleichung vieler Exemplare zu emendiren und so eine Kritik zu üben, welcher sich seit Caesar's Zeit die Grammatiker, wie C. Octavius Lampadio,[7]) Staberius,[8]) M. Valerius Probus,[9]) Statilius Maximus,[10]) im vierten und fünften Jahrhundert aber selbst hochgestellte Staatsmänner aus freier Neigung unterzogen, deren Namen zum Theil am Schluss der von ihnen emendirten Hand- **Recensionen älterer Werke.**

1) Gell. 5, 4, 1.

2) Cic. *ad fam.* 16, 22. Drumann VI S. 408.

3) Mart. 2, 8. 4) Mart. 7, 11; 7, 17.

5) Irenaeus bei Hieronymus *de vir. ill.* 35: *adiuro te, qui transscribis librum istum, — ut conferas postquam transscripseris et emendes illum ad exemplar, unde transscripsisti, diligentissime, hanc quoque obtestationem similiter transferas, ut invenisti in exemplari.*

6) Fronto *ep. ad M. Caes.* 6 ed. Mai 1846 p. 11 = *ep.* 7 p. 20 Naber: *Contigisse quid tale M. Porcio aut Q. Ennio aut C. Graccho aut Titio poetae? quid Scipioni aut Numidico? quid M. Tullio tale usu venit? quorum libri pretiosiores habentur et summam gloriam retinent, si sunt a Lampadione aut Staberio aut — — [Tirone] aut Aelio — — aut Attico aut Nepote. Mea oratio exstabit M. Caesaris manu scripta.*

7) Er hatte den Ennius *sua manu* emendirt, Gell. 18, 5, 11, und des Naevius *Punicum bellum* in sieben Bücher abgetheilt. Suet. *de gr.* 2.

8) Fronto *l. l.* Suet. *de gr.* 13.

9) Suet. *de gr.* 24: *multaque exemplaria contracta emendare ac distinguere et adnotare curavit, soli huic nec ulli praeterea grammaticae parti deditus.*

10) In mehreren Handschriften des Cicero hat die zweite agrarische Rede die Subscription: *Statilius Maximus rursus emendavi ad Tyronem et Laetatianum et Domm. et alios veteres. III oratio eximia.* S. O. Jahn Ueber die Subscriptionen in den Handschriften römischer Classiker, in Ber. d. K. S. Ges. d. Wiss. Ph. hist. Cl. 1851 S. 327—372.

schriften erhalten sind. Bei dieser Art der Kritik ging man oft sehr sorgfältig zu Werke,[1]) oft aber schadete Unwissenheit,[2]) oft subjective Ansicht;[3]) ganz ohne Basis war sie, wenn man gar kein Exemplar zur Vergleichung hatte;[4]) man war dann in dem Falle, nicht was man vorfand, sondern was man verstand, zu schreiben[5]) und zu den alten Fehlern neue hinzuzufügen. Allein bei allem kritischen Verfahren war wenigstens guter Wille; viel schlimmeren Einfluss übte absichtliche Täuschung.

Missbrauch bekannter Autorennamen.

Der Umstand, dass berühmte Namen für den Absatz von Büchern vortheilhafter sind, als unberühmte, hat ohne Zweifel dazu beigetragen, namenlose Schriften anerkannten Schriftstellern zu vindiciren, unter deren Namen sie bis auf die neue Zeit überliefert sind;[6]) der Gebrauch aber, den man von gewissen Schriften zu praktischen Zwecken machte, ist für diese eine ganz besondere Veranlassung zu absichtlicher Corruption geworden. Wir haben in unserer eigenen Litteratur ein merkwürdiges Beispiel solcher Corruption in den Kirchenliedern, welche jede geistliche Behörde nach eigenem Ermessen durch

Veränderungen der Texte.

die verschiedensten Veränderungen, Auslassungen und Zusätze für den Gebrauch zurecht macht; es bedarf aber überall nur des Interesses, um dergleichen Aenderungen durchzusetzen, und wie viel leichter dies bei geschriebenen Büchern möglich ist, als bei gedruckten, bei welchen eine Controle vorhanden ist, bedarf keiner weiteren Begründung. Martial deutet an, dass man boshafte Epigramme unter seinem Namen verbreitete,[7]) und

---

1) S. Lehrs *De Aristarchi studiis Homericis* p. 365—369.

2) Quintil. 9, 4, 39: *Quae in veteribus libris reperta mutare imperiti solent, et dum librariorum insectari volunt inscientiam, suam confitentur.*

3) Servius *ad Aen.* 6, 289: *Sane quidam dicunt, versus alios hos a poeta hoc loco relictos, qui ab eius emendatoribus sublati sunt.*

4) In den von O. Jahn zusammengestellten Subscriptionen ist mehrmals ausdrücklich bemerkt: *temptavi emendare sine antigrapho; emendavi sine exemplario; ex mendosissimis exemplaribus emendabam; ut potui, emendavi.*

5) Hieronymus *ep.* 52 = ep. 71, 5 Vallars: *Scribunt non quod inveniunt, sed quod intellegunt, et dum alienos errores emendare nituntur, ostendunt suos.*

6) Peerlkamp *praef. ad Horat.* p. VIII. Das eclatanteste Beispiel geben die Declamationen. Seneca *controv.* 1 pr. 11, p. 50, 4 Burs.: *Fere enim nulli commentarii maximorum declamatorum exstant, aut, quod peius est, falsi.* Quintil. 7, 2, 24: *Cuius (Naevii) actionem et quidem solam in hoc tempus emiseram, quod ipsum me fecisse ductum iuvenali cupiditate gloriae fateor. Nam ceterae, quae sub nomine meo feruntur, negligentia excipientium in quaestum notariorum corruptae, minimam partem mei habent.* Wir haben bekanntlich noch eine Sammlung von Declamationen unter dem Namen des Quintilian.

7) Mart. 7, 12, 5—8; 10, 3; 10, 33.

in der That scheinen seine Gedichte vielfach interpolirt und durch fremde Zusätze vermehrt zu sein;[1]) Dichter aber, welche man öffentlich vorlas[2]) oder in Schulen erklärte,[3]) waren ganz besonders der Gefahr ausgesetzt, eine auf diesen Zweck berechnete Redaction zu erfahren,[4]) mit der beim Horaz noch heute die Kritik zu kämpfen hat.

---

1) Bernhardy R. L. G.[4] S. 621.

2) So werden die *Annales* des Ennius im Theater zu Puteoli und die Eclogen des Vergil im Theater in Rom vorgelesen. Gell. 18, 5, 2. Tac. *dial.* 13 und die Erklärer dazu. Ueber diese Art der Vorlesungen s. Suet. *de gr.* 2.

3) Zu diesen Schulautoren gehörten Vergil und Horaz. S. oben S. 106.

4) So las Lampadio den punischen Krieg des Naevius und theilte zu diesem Zweck das Gedicht in sieben Bücher. Suet. *de gr.* 2.

V. Unterhaltung und Spiele.

Nichts ist für die Erkenntniss sowohl der Eigenthümlichkeit des einzelnen Menschen als des Charakters eines Volkes lehrreicher, als die Beobachtung der freien Bewegung, welche da beginnt, wo die Arbeit aufhört. Die Berufsthätigkeit ist überall, insofern sie dasselbe Ziel verfolgt, mehr oder weniger auf dieselben Mittel angewiesen und zu einer gewissen Gleichmässigkeit gezwungen; die Erholung dagegen gewährt den Spielraum, in welchem die freie Neigung zu ihrer Aeusserung gelangt. Daher wird, wie der Reisende mit besonderer Aufmerksamkeit die Spiele und Belustigungen verfolgt, in denen ein Volk seine Musse hinbringt, auch der Alterthumsforscher dieser Seite des Lebens seine Aufmerksamkeit zuzuwenden veranlasst sein. Allein, was die Römer betrifft, so versagen für keine Frage die Quellen in dem Grade, wie für die vorliegende.

Römische Volksspiele. Wenn man die Schilderungen zu Grunde legt, welche die Alten selbst von der den Römern eigenthümlichen Geschäftigkeit und ihrer principiellen Abneigung gegen die griechische Unthätigkeit (*otium Graecum*) geben,[1] die würdige Bewegung und Haltung (*gravitas*), die zur Lustigkeit so wenig passte, dass noch Cicero sagt, tanzen könne nur jemand, der entweder betrunken oder wahnsinnig sei,[2] endlich den fremden Apparat, der wenigstens in der Kaiserzeit für Spiele und Feste aufgeboten wurde, die Schauspieler, Mimen, Pantomimen, Athleten und Gladiatoren, die man als Unterhaltung benutzte, bezahlte und verachtete, so möchte man geneigt sein anzunehmen, dass die Römer überhaupt wenig Talent für heiteren Lebensgenuss und volksmässige Belustigungen gehabt hätten, wenn nicht wenigstens eine all-

---

1) S. oben S. 90 Anm. 1; S. 114 Anm. 3. 2) S. 119 Anm. 3.

gemeine sichere Ueberlieferung von alter Festfreude an Tanz, Gesang und Spiel vorhanden wäre. Bei der *pompa circensis* der *ludi magni*, welche vom 4. bis 19. September gefeiert wurden, zogen zwei Abtheilungen von Tänzern auf, zuerst Waffenträger in drei Chören von Männern, Jünglingen und Knaben, alle in rothen Tuniken mit bronzenen Gürteln, bewaffnet mit Schwertern, Lanzen und Helmen mit Federbüschen; dann komische Tänzer in Schaffellen;[1] ebenso gehörte der Tanz zu dem Ritus der Salier[2] und der Arvalen,[3] lange bevor er bei der vornehmen Jugend Anklang fand.[4] Auch Musik ist den Göttern angenehm,[5] und nicht nur bei ausländischen Culten,[6] sondern im ältesten römischen Ritus ein nothwendiges Erforderniss, welchem das alte Collegium der *tibicines*[7] und der *tubicines*[8] genügte. Bei allen Festzügen,[9] Triumphen[10] und Leichenzügen[11] war Musik unentbehrlich, und bei den Parilien (21. April) ertönte die ganze Stadt von Blasinstrumenten, Cimbeln und Pauken.[12] Dass es auch an Liedern und mimischen Darstellungen weder im Cult, noch im Hause, noch bei der Volksbelustigung fehlte, beweisen die Lieder der Salier und Arvalen,[13] die Lobgesänge bei den Mahlzeiten,[14] die *Fescennini*,[15] *saturae* und *atellanae*[16] sowie die Scherze an den Saturnalien, Floralien, Megalesien,[17] bei Triumphen[18] und Leichenzügen.[19] Diese Anfänge einer originalen römischen Volksdichtung sind zwar nie zur völligen Entwickelung gelangt, weil sie dem Einfluss

---

1) Dionys. Hal. 7, 72. 2) Staatsverwaltung III S. 415.
3) Staatsverwaltung III S. 437. 4) S. oben S. 118.
5) Censorin. 12, 2: *Nam nisi grata esset immortalibus deis (musica) — profecto ludi scenici placandorum deorum causa instituti non essent, nec tibicen omnibus supplicationibus in sacris aedibus adhiberetur, non cum tibicine aut (tubicine) triumphus ageretur Marti, non Apollini cithara, non Musis tibiae ceteraque id genus essent attributa, non tibicinibus — esset permissum aut ludos publice facere ac vesci in Capitolio, aut Quinquatribus minusculis, id est Idibus Juniis, urbem vestitu quo vellent personatis temulentisque pervagari.*
6) So bei den apollinischen Festen. Staatsverwaltung III S. 180.
7) Staatsverwaltung III S. 171 Anm. 3; 181; 219.
8) Staatsverwaltung III S. 418. 9) Dion. Hal. 7, 72.
10) Appian. *Pun.* 66. Plut. *Aem. Paul.* 33.
11) S. oben S. 351. 12) Athenaeus p. 361f.
13) Staatsverwaltung III S. 415. 437.
14) S. oben S. 90.
15) Vergil. *ge.* 2, 385. Tibull. 2, 1, 51. Horat. *epist.* 2, 1, 145 ff. Bernhardy R. L. G.⁴ S. 186.
16) Bernhardy R. L. G.⁴ S. 380.
17) Bernhardy a. a. O. S. 431.
18) Staatsverwaltung II^2 S. 585. 588. 19) S. oben S. 352.

der griechischen Litteratur unterlagen, der die gebildeten Stände huldigten, aber sie haben andererseits diesem Einfluss einen so zähen Widerstand geleistet, dass noch Augustus Fescenninen machte[1]) und die vier stehenden Masken der Atellane noch heutzutage in der italienischen *commedia dell' arte* unverändert vorhanden sind. Dasselbe Verhältniss dürfen wir für die Unterhaltungsspiele überhaupt voraussetzen. Was von diesen specifisch griechisch war, wird vorzugsweise die höheren Stände in Anspruch genommen haben; was wirklich volksthümlich war, wird noch heute in Italien mehr oder weniger zu finden sein. So ist das bekannte Moraspiel, bei welchem zwei Spieler gleichzeitig eine Anzahl Finger ausstrecken und dieselbe von dem Gegner rathen lassen, obgleich es auch bei den Griechen vorkommt,[2]) doch wohl uralt in Italien, wo es mit dem Ausdruck *micare digitis* bezeichnet wird[3]) und auch bei ernsten Angelegenheiten und namentlich Handelsgeschäften als eine Art des Loosens (*sors*) benutzt wurde.[4]) Im Allgemeinen sind die Nachrichten über römische Spiele ungemein dürftig, und es ist vergeblich, von den Belustigungen an den Matronalien, Vinalien, Saturnalien sich eine bestimmte Vorstellung machen zu wollen. Ovid beschreibt einmal das Fest der Anna Perenna,[5]) das in einem Haine an der *via Flaminia* gefeiert wurde, aber in der ganzen Beschreibung ist nichts Charakteristisches; man isst, trinkt, tanzt und singt, aber was die Leute singen, sind auch keine Volkslieder, sondern es heisst: *cantant, quidquid didicere theatris.* Was wir von Spielen in Rom hören, ist alles grie-

---

1) Macrob. *sat.* 2, 4, 21.

2) Panofka Bilder antiken Lebens X, 9. Derselbe in Gerhard Arch. Zeit. 1848 S. 247. O. Jahn in derselben 1860 S. 84.

3) Varro bei Nonius p. 347, 30. Cic. *de off.* 3, 19, 77: *cum enim fidem alicuius bonitatemque laudant, dignum esse dicunt quicum in tenebris mices.* Cic. ib. 3, 23, 90; *de divin.* 2, 41, 85. Calpurn. *ecl.* 2, 26. Petron. 44. Am besten beschreibt das Spiel Nonnus *Dionys.* 33, 77, bei welchem es Cupido und Hymenaeus spielen:

Λαχμὸς ἔην μεθέπων ἑτερότροπα δάκτυλα χείρων.
Καὶ τὰ μὲν ὀρθώσαντες ἀνέσχεθον, ἄλλα δὲ καρπῷ
Χειρὸς ἐπεσφήκωτο συνήορα σύζυγι δεσμῷ.

4) Suet. *Aug.* 13: *patrem et filium, pro vita rogantes, sortiri vel micare iussisse* (*dicitur*). Dass bei Käufen diese Art der Entscheidung vorkam, lehrt das Edict des *praefectus Urbi* von 364 oder 372 p. Chr. *C. I. L.* VI, 1770 = Orelli 3166: *Ex auctoritate Turci Aproniani v. c. praefecti urbis. Ratio docuit utilitate suadente consuetudine micandi summota sub exagio* (nach dem Gewicht) *potius pecora vendere quam digitis concludentibus tradere.*

5) Ovid. *fast.* 3, 524 ff.

chisch, oder gilt wenigstens dafür,[1]) und selbst die alte Sitte des Springens auf gefüllte und geölte Schläuche, auf denen man sich auch, wie es scheint, auf den Kopf zu stellen suchte,[2]) erwähnt Vergil als eine attische,[3]) und sie wird in der That mit dem griechischen ἀσκωλιάζειν identisch sein.[4]) Unter diesen Umständen müssen wir darauf verzichten, irgend eine den Römern eigenthümliche Volksbelustigung nachzuweisen, und uns auf die Zusammenstellung derjenigen Spiele beschränken, welche, obwohl auch in Griechenland üblich, in Rom öfters erwähnt werden. Es sind dies aber einerseits Kinder- und Jugendspiele, andererseits Würfel- und Bretspiele. Griechische Spiele.

1. Kinder- und Jugendspiele.

Je weniger bei Kindern die Individualität entwickelt ist, um so weniger Eigenthümliches haben eigentliche Kinderspiele; die römischen Kinder haben, wie die unsrigen, Häuser gebaut, Wagen gefahren, Steckenpferd geritten,[5]) Puppe gespielt,[6]) Steine über die Oberfläche des Wassers geworfen,[7]) den Kreisel (*turbo*) geschlagen,[8]) Stelzen gehabt[9]) und, was allerdings für

1) Ueber die Jugendspiele der Alten findet man eine sorgfältige Untersuchung in Grasberger Erziehung und Unterricht im klassischen Alterthum I, 1, über alle bekannten Spiele des Alterthums handelt neuerdings ausführlich L. Becq de Fouquières *Les jeux des anciens.* Paris 1869. 8 (2e éd. 1873). Ich muss auf diese Schriften um so mehr verweisen, als die Darstellung dieser Spiele in die griechischen Alterthümer gehört und ohne vollständige Zusammenstellung des Materials nicht anschaulich zu machen ist.

2) Hiefür ist das technische Wort *cernuare.* Varro *de vita pop. Rom.* bei Nonius p. 21, 7: *Etiam pellis bubulas oleo perfusas percurrebant ibique cernuabant, a quo ille versus vetus est in carminibus*

Sibi pastores ludos faciunt coriis consualia.

Da an den Consualien am 15. December in der Stadt Maulesel im Circus liefen (Festi *ep.* p. 148, 1), auf dem Lande aber Pferde und Esel Ruhetag hatten (Dion. 1, 33. Plut. *quaest. Rom.* 48, p. 340 Dübn.), so ist wohl der Sinn des Verses, dass die Landleute an diesem Tage auf Schläuchen ritten.

3) Verg. *ge.* 2, 382: *praemiaque ingeniis pagos et compita circum*
Thesidae posuere atque inter pocula laeti
Mollibus in pratis unctos saluere per utres.

4) ἀσκωλιάζειν heisst auf einem Fuss hüpfen und zwar speciell auf den Schlauch hüpfen, was natürlich gewöhnlich zum Falle führte. S. die Stellen bei Grasberger I, 1 S. 36 ff.

5) Horat. *sat.* 2, 3, 247 ff.

6) S. oben S. 43 Anm. 12; S. 120 Anm. 7 und besonders Stephani im Petersburger *Compte-rendu* 1874 p. 9.

7) Minucius Felix *Octav.* 3, 6.

8) Verg. *Aen.* 7, 378 ff. Tibull. 1, 5, 3 f. Persius 3, 51 und dazu Jahn. Grasberger I, 1 S. 77.

9) Die Stelzen (*grallae*) kommen zwar nur auf der Bühne vor (Festi *epit.*

einen grösseren Knaben für weichlich galt, [1]) den Reifen (τροχός)[2]) mit dem Stabe (ἐλατήρ, *clavis adunca*)[3]) getrieben. Von grösserem Interesse sind dagegen die geselligen Spiele, in denen die heranwachsende Jugend Erfindungskraft, Geschick und Kraft üben lernte, und die alle insofern volksthümlich sind, als die Sprache sich der technischen Ausdrücke dieser Spiele zu allgemeinen Zwecken bemächtigte. So braucht Horaz einmal von Dichtern die sprichwörtliche Redensart *occupet extremum scabies*, [4]) und ein andermal sagt er: [5])

at pueri ludentes »Rex eris«, aiunt
»si recte facies«.

Der erste Ausdruck bezieht sich, wie Grasberger richtig erkannt hat, auf das sogenannte Maallaufen, griechisch ἀποδιδρασκίνδα), [6]) bei welchem ein Knabe mit verbundenen Augen auf dem Maale sitzt, die anderen aber sich verstecken. Wenn der sitzende Knabe aufsteht, um zu suchen, laufen alle an das Maal, der letzte aber pflegt gegriffen zu werden und muss dann sitzen. [7]) Das Königsspiel, auf welches sich die zweite Stelle bezieht, war in Persien, [8]) Griechenland und Rom [9]) üblich und wurde, wie es scheint, verschieden gespielt. Denn einerseits wird ein Knabe beim Beginne des Spiels durch das Loos zum König gewählt und giebt dann an, was und wie gespielt werden soll; andererseits wird bei Massenspielen, z. B. Lauf- und Ballspielen, [10]) der Anführer der siegenden Partei am Schlusse

p. 97, 12), aber die sprichwörtliche Erwähnung derselben bei Plautus *Poen.* 530
Vinceretis cervom cursu vel gralatorem gradu
lässt doch auf eine allgemeinere Verbreitung dieses Spiels schliessen. Vgl. Grasberger I, 1 S. 128.

1) Hor. *od.* 3, 24, 57.

2) Ovid. *trist.* 2, 486; 3, 13 (12), 20; Ovid. *a. am.* 3, 383; er war mit metallnen Ringen besetzt, welche klapperten. Daher *argutus trochus* Martial. 14, 169; vgl. 11, 21, 2. Auf Kunstdarstellungen ist dies Spiel häufig. S. Jahn *ad Pers.* p. 154. Grasberger I, 1 S. 81. L. Becq de Fouquières p. 159.

3) Propert. 4, 14, 6.

4) Hor. *a. poet.* 417.

5) Hor. *epist.* 1, 1, 59.

6) Pollux 9, 117. Grasberger I, 1 S. 46 ff.

7) Dass nicht von einem Wettlauf die Rede ist, sagt Porphyrion zu der Stelle: *Hoc ex lusu puerorum sustulit, qui ludentes solent dicere: Quisquis ad me novissimus venerit, habeat scabiem.*

8) Cyrus spielte es. Herodot 1, 114. Iustin. 1, 5.

9) Pollux 9, 110. Sueton. *Ner.* 35: *Privignum Rufium Crispinum Poppaea natum, impuberem adhuc, quia ferebatur ducatus et imperia ludere, mergendum mari, dum piscaretur, servis ipsius demandavit.* Eine belehrende Beschreibung dieses noch jetzt in Griechenland üblichen Spieles giebt Ulrichs Reisen und Forschungen in Griechenland. Bremen 1840. 8. I S. 138.

10) Plato *Theaetet.* p. 146a. Vgl. Grasberger I, 1 S. 53 ff.

des Spieles König, und das Letztere hat offenbar Horaz im Sinne.[1]) Wir werden nur über zwei Spiele, die in Rom besonders beliebt waren, etwas ausführlicher sprechen, nämlich das Nüssespiel und das Ballspiel.

Die Nüsse sind das Hauptvergnügen der Kinder, namentlich an den Saturnalien,[2]) und von den Nüssen Abschied nehmen, *nuces relinquere*, heisst aufhören ein Kind zu sein;[3]) selbst ältere Leute, wie der Kaiser Augustus,[4]) fanden eine Freude daran, mit Kindern die Nüssespiele zu spielen, von denen uns etwa sechs verschiedene, besonders in der dem Ovid zugeschriebenen Elegie über die Nuss, überliefert sind. Das erste scheint in einem geschickten Spalten der Nuss durch einen Schlag oder einen Druck zu bestehen;[5]) das zweite wurde mit vier Nüssen gespielt und zwar so, dass drei zusammen an die Erde gelegt, auf diese aber eine vierte so geworfen wird, dass sie darauf liegen bleibt, ohne die drei auseinanderzutreiben.[6]) Dies Spiel, das im Alterthum *ludus castellorum* geheissen zu haben scheint[7]) und noch in Italien vorkommt, ist auf einem Sarcophagrelief des Vatican dargestellt,[8]) auf welchem man es Das Nüssespiel.

---

1) Auch was Canidia bei Hor. *epod.* 17, 74 sagt:

Vectabor humeris tunc ego inimicis eques

ist von einem Spiele zu erklären, bei welchem der Besiegte den Sieger auf dem Rücken tragen musste. Vgl. Plautus *Asin.* 699—702.

2) Mart. 5, 84, 1:

Iam tristis nucibus puer relictis
Clamoso revocatur a magistro. — —
Saturnalia transiere tota.

3) Persius 1, 10. 4) Suet. *Aug.* 83.

5) *Nux elegia* 73. 74:

Has puer aut certo rectas dilaminat ictu
Aut pronas digito bisve semelve petit.

Der letzte Vers ist mir aber dem Sinne nach unklar.

6) *Nux el.* 75:

Quattuor in nucibus, non amplius, alea tota est,
Cum sibi suppositis additur una tribus.

In der Florentinischen Handschr. beginnt der erste Vers: *Atribus*, wonach v. Wilamowitz in *Comm. Mommsen.* p. 393 liest: *aut tribus*. Derselbe schreibt *area* statt *alea* und erläutert das Spiel selbst p. 398 durch die Stelle des Philo περὶ τῆς Μωϋσέως κοσμοποιΐας 16 Vol. I p. 11 Mangey: Οἱ καρυατίζοντες εἰώθασι τρία ἐν ἐπιπέδῳ προτιθέντες κάρυα ἐπιφέρειν ἕν, σχῆμα πυραμοειδὲς ἀπογεννῶντες. Τὸ μὲν οὖν ἐν ἐπιπέδῳ τρίγωνον ἵσταται μέχρι τριάδος, τὸ δὲ ἐπιτεθὲν τετράδα μὲν ἐν ἀριθμοῖς, ἐν δὲ σχήμασι πυραμίδα γεννᾶ, στέρεον ἤδη σῶμα.

7) Trebellius Pollio *Gallieni duo* 16, 2: *de pomis castella composuit.*

8) Melchiorri in *Dissertazioni dell' accademia Romana di archeologia.* Vol. II (Roma 1825. 4) p. 149—169, nach welchem dies Spiel noch existirt. Eine ganz ähnliche Darstellung s. bei Gerhard Antike Bildwerke LXV. Bei der Statue *Bull. comun.* 1882 tav. 11 ist nicht zu entscheiden, welches Spiel der dargestellte Knabe spielt.

von einer Gruppe von 5 Mädchen und 8 Knaben spielen sieht. Dass es nicht darauf ankam, die drei liegenden Nüsse heftig zu treffen, sondern die vierte aufzulegen, sieht man aus der vorsichtigen Haltung, mit welcher eines der Mädchen sitzend ihre Nuss auf die drei am Boden liegenden fallen lässt. Gelang der Wurf, so waren die drei Nüsse gewonnen, und ein Theil der Kinder hat viele Nüsse in der mit der einen Hand aufgenommenen Tunica (*in sinu*); [1]) ein anderer Theil hat keine mehr, und ein Knabe, der alle verloren hat, fasst in seinem Aerger einen der Gewinner bei den Haaren. Das dritte Spiel, bei welchem man eine Reihe von Nüssen auf die Erde legte und dann von einem schräg gerichteten Brete eine Nuss herabrollen liess, um eine der ausgelegten zu treffen, [2]) wird uns ebenfalls durch eine Reliefdarstellung veranschaulicht. [3]) Für das vierte Spiel zeichnet man mit Kreide auf der Erde ein Dreieck und theilt dasselbe durch parallele Linien; es kommt darauf an, in dasselbe eine Nuss so zu werfen, dass sie über möglichst viele Linien hinüber, nicht aber aus dem Dreieck hinaus geht. [4]) Fünftens wirft man aus einer gewissen Entfernung eine Nuss in ein Loch, welches Spiel griechisch τρόπα heisst, [5]) oder in einen Topf; [6]) endlich spielt man gerade und ungerade (*par impar*) [7]) oder lässt auch rathen, wie viel Nüsse man in der Hand

---

1) Daher bei Horat. *sat.* 2, 3, 171: *nucesque Ferre sinu laxo.*

2) *Nux el.* 77:

Per tabulae clivum labi iubet alter: et optat,
Tangat ut e multis quaelibet una suam.

3) Friedlaender in *Annali* 1857 p. 142—146 und Tav. d'agg. B. C.

4) *Nux el.* 81:

Fit quoque de creta, qualem coeleste figuram
Sidus, et in Graecis littera quarta gerit.
Haec ubi distincta est gradibus, quae constitit intus
Quot tetigit virgas, tot capit inde nuces.

Aehnlich ist das griechische Spiel ὤμιλλα, bei welchem man einen Kreis zeichnete. Schol. Plat. p. 320 Bk.: ἡ ὤμιλλά ἐστιν ὅταν περιγράψαντες κύκλον ἐπιῤῥίπτωσιν ἀστραγάλους ἢ ἄλλο τι, ὡς τῇ μὲν ἐντὸς βολῇ νικώντων τῇ δ' ἐκτὸς ἡττωμένων. Pollux 9, 102. Grasberger I, 1 S. 65. 158. Auch in Italien existirt das Spiel noch unter dem Namen *della campana.* Melchiorri a. a. O. p. 162.

5) Schol. Plat. p. 320: τρόπα δ' ἐστὶν ἡ εἰς βόθυνον ἐκ διαστήματος βολή und mehr bei Grasberger I, 1 S. 68. 158. Das Spiel wird auch mit *tali* gespielt und wahrscheinlich mit einem Einsatz. Pollux 9, 103; Martial. 4, 14, 9.

6) *Nux el.* 85:

Vas quoque saepe cavum, spatio distante, locatur,
In quod missa levi nux cadat una manu.

7) *Nux el.* 79:

hat, welches Spiel von der Frage: »wie viel, πόσα« griechisch ποσίνδα παίζειν heisst.[1])

Das Ballspiel,[2]) welches das ganze Alterthum kennt, ist zwar zunächst ebenfalls ein Jugendspiel,[3]) aber wegen der gesunden Bewegung, die es gewährt und die Galen in einer eigenen Schrift über den kleinen Ball[4]) ganz besonders empfiehlt, war es auch für ältere Personen eine ebenso nützliche als angenehme Unterhaltung. Man spielte in Rom und Italien allgemein Ball,[5]) theils auf dem Marsfelde, wo man selbst den jüngeren Cato bei diesem Spiele sich betheiligen sah,[6]) theils in den Sphaeristerien, die man in den Bädern[7]) und Villen[8]) zu diesem Zwecke besonders anlegte. Ballspieler waren der Pontifex M. Scaevola,[9]) Caesar,[10]) der Kaiser Augustus,[11]) Maecenas,[12]) der alte Spurinna, Freund des Plinius,[13]) der Kaiser Alexander Severus[14]) und es gab Leute, welche ihre ganze Zeit bei dieser Vergnügung hinbrachten.[15]) In der Kaiserzeit be-

Das Ball-spiel.

Beliebtheit desselben.

Est etiam, par sit numerus qui dicat, an impar:
Ut divinatas auferat augur opes.

Vgl. Horat. *sat.* 2, 3, 248. Suet. *Aug.* 71.

1) Cobet *Novae lectiones* p. 800. Vgl. Acron *ad Hor. sat.* 2, 3, 248: *De illo dicit, cum quo pueri soliti sunt ludere inter se, quando premunt copiam nucum vel castanearum manibus, tunc quando simul veniunt ad ludendum, laxo sinu veniunt et gyrum inter se faciunt et proponunt sibi problema. Tunc cooperta manu quisque ostendit suo compari et infit: quot insunt? Si alius augurare potuerit, aufert illi. Sic tamdiu hoc certant, donec unus deoneret alterum.*

2) Ueber dies handeln Mercurialis *de arte gymnastica.* Amstelod. 1672. 4. II c. 4. 5. Burette in *Mém. de l'acad. des inscr. et belles-lettres.* I p. 153—176. Wernsdorf *P. Lat. min.* IV p. 398 ff. Becker Nachträge zum Augusteum S. 419—426. Becker *Gallus* III S. 121 (168 Göll) ff. Krause Die Gymnastik und Agonistik der Hellenen I. Leipzig 1841. 8. S. 299 ff. Grasberger a. a. O. S. 84, welcher indess auf das römische Ballspiel nicht eingeht. Becq de Fouquières p. 199 ff. Der ganze Gegenstand ist noch keineswegs ins Klare gebracht.

3) Sidonius Apoll. *epist.* 1, 8 sagt von einem verkehrten Leben: *student pilae senes, aleae iuvenes* und wendet *ep.* 5, 17 den Vers des Vergil *Aen.* 5, 499 *Ausus et ipse manu iuvenum tentare laborem* auf das Ballspiel an. Nur das Spiel mit dem *follis* (s. u.) wird von Martial 14, 47 als für Kinder und Greise passend bezeichnet.

4) *Claudii Galeni librum de parvae pilae exercitio ad codd. Laurentiani Parisini Marciani auctoritatem ed.* Iohannes Marquardt. *Accedit de sphaeromachiis veterum disputatio.* Gustroviae 1879. 4.

5) Cic. *pr. Arch.* 6, 13.

6) Den jüngeren, nicht den älteren, wie Krause sagt. S. Senec. *ep.* 104, 33.

7) S. S. 281.

8) Plin. *ep.* 2, 17, 12; 5, 6, 27. Suet. *Vesp.* 20. Auch inschriftlich wird der Bau von Sphaeristerien erwähnt *C. I. L.* X, 7004, in Centuripae. Dagegen sind die Inschriften Orelli 57, Furlanetto *Inscr. Patav.* n. 92 unecht: *C. I. L.* VI, 61*; V, 190*.

9) Cic. *de or.* 1, 50, 217; Valer. Max. 8, 8, 2 und dazu Kempf.

10) Macrob. *saturn.* 2, 6, 5.

11) Suet. *Aug.* 83.

12) Horat. *sat.* 1, 5, 48.

13) Plin. *ep.* 3, 1, 8.

14) Lamprid. *Al. Sev.* 30, 4.

15) Seneca *de br. vit.* 13, 1.

Verschiedenheit der Bälle.

diente man sich fünf verschiedener Arten von Bällen, des kleinen, mittleren, grossen, sehr grossen und leeren;[1]) vielleicht entsprechen diesen fünf Arten die lateinischen Ausdrücke *pila*, *trigon*[2]) oder *pila trigonalis*,[3]) *pila paganica*,[4]) *harpasta*,[5]) vielleicht identisch mit *pila arenaria*,[6]) und *follis*. Der gewöhnliche Ball war mit Haaren gestopft und mit bunten oder wenigstens farbigen Lappen benäht;[7]) die *paganica*, deren Name sich wohl auf ein Massenspiel bezieht, bei welchem auf dem Lande das ganze Dorf (*pagus*) sich betheiligte, war ein grosser Ball und mit Federn gestopft,[8]) der *follis*, welcher erst zur Zeit des Pompeius erfunden worden ist,[9]) war der grösste[10]) und mit Luft gefüllt (κενή).[11]) Von der *harpasta* wissen wir nichts Näheres, als dass sie ein kleiner, fester Ball war.[12])

Arten des Spiels.

Die Gattungen des Spieles lassen sich einmal nach der Art des Wurfes und zweitens nach der Anzahl der Theilnehmer unterscheiden. Man kann erstens den Ball in die Höhe werfen und ihn selbst fangen oder von einem anderen fangen lassen; dies heisst griechisch οὐρανία;[13]) es können zweitens zwei oder

---

1) Antyllus bei Oribasius Vol. I p. 529 Dar.: ἡ μὲν γάρ ἐστι μικρά, ἡ δὲ μεγάλη, ἡ δὲ μέση, ἡ δὲ εὐμεγέθης, ἡ δὲ κενή.

2) Martial. 4, 19, 5; 7, 72, 9; 12, 82, 3.

3) Martial. 14, 46. 4) Mart. 7, 32, 7; 14, 45.

5) Mart. 4, 19, 6; 14, 48. 6) Isidor. *orig.* 18, 69, 2.

7) Jacobs *Anth. Gr.* IV p. 291 n. 23:

Λίην ἔντριχός εἰμι· τὰ φύλλα δ' ἐμοῦ κατακρύπτει
τὰς τρίχας· ἡ δὲ τρύπη φαίνεται οὐδαμόθεν.
πολλοῖς παιδαρίοις ἐμπαίζομαι· εἰ δέ τίς ἐστιν
εἰς τὸ βαλεῖν ἀφυής, ἵσταται ὥσπερ ὄνος.

Symphosii *aenigma* 59 in Baehrens *P. L. M.* IV p. 376 = Riese *Anth. L.* I p. 199. Seneca *nat. quaest.* 4, 11, 3: *Pilae proprietas est cum aequalitate quadam rotunditas, aequalitatem autem accipe hanc, quam vides in lusoria pila, non multum illi commissurae* (die Nähte der Lappen, φύλλα) *et rimae earum nocent, quominus par sibi ab omni parte dicatur.* Σφαῖραι ποικίλαι (Dio Chrys. Vol. I p. 281 R.) σφαῖρα εὔσημος Jacobs *Anth. Gr.* I p. 162 n. 33 und dazu Jacobs VII p. 93; *pila prasina* Petron. 27. *pictae pilae* Ovid. *met.* 10, 262.

8) Mart. 14, 15.

9) Athenaeus p. 14f: Ὅτι τὸ φούλλικλον καλούμενον, ἣν δὲ ὡς ἔοικε σφαιρίον τι, εὗρεν Ἀττικὸς Νεαπολίτης παιδοτρίβης, γυμνασίας ἕνεκα Πομπηίου Μάγνου. 10) Mart. 14, 45.

11) Der *follis pugilatorius* bei Plautus *Rudens* 721 gehört gar nicht hierher, es ist der κώρυκος, an dem die Athleten sich übten, d. h. ein mit Sand gefüllter, von der Decke herabhängender grosser Sack. S. Antyllus bei Oribasius Vol. I p. 531 und dazu die Anm. p. 665. Vgl. Jahn Die Ficoronische Cista S. 26.

12) Pollux 9, 105: εἰκάζοιτο δ' ἂν εἶναι ἡ διὰ τοῦ μικροῦ σφαιρίου, ὃ ἐκ τοῦ ἁρπάζειν ὠνόμασται· τάχα δ' ἂν καὶ τὴν ἐκ τῆς μαλακῆς σφαίρας (dies ist die *paganica*) παιδιὰν οὕτω τις καλοίη.

13) Pollux 9, 106. Photius und Hesych. *s. v.* Eustath. *ad Od.* p. 1601, 30. Grasberger S. 93.

mehrere sich einen Ball zuwerfen (*datatim ludere*),[1] wobei es darauf ankommt, geschickt zu werfen (διδόναι,[2] *dare*, *mittere*, *iactare*), zu fangen (λαμβάνειν, δέχεσθαι, *facere*, *excipere*) und zurückzuwerfen (*remittere*, *repercutere*).[3] Endlich kann man den Ball heftig auf den Boden oder gegen eine Wand werfen, so dass er zurückspringt und mit der flachen Hand wiederholentlich geprellt werden kann. Bei diesem Spiele, welches griechisch ἀπόῤῥαξις,[4] lateinisch *expulsim ludere* heisst,[5] werden die Sprünge des Balles gezählt,[6] und wenn mehrere es spielten, siegte der, der es am längsten, ohne den Ball fallen zu lassen, fortsetzte. Auf dies Spiel bezieht sich auch wenigstens die eigentliche Bedeutung des Wortes *pilicrepus*,[7] da sonst der Ball kein besonderes Geräusch macht. Hienach wird man alle Methoden des Ballspiels, wenn man das Hochwerfen abrechnet, bezeichnen können durch die Formeln *datatim*, *raptim*, *expulsim ludere*.[8]

Was die Anzahl der Spielenden betrifft, so spielte man

---

1) Nonius p. 96, 15. Naevius in Ribbeck *Com. Lat. fr.* p. 19 von einer Buhlerin:

Qúase in choro ludéns datatim dát se et communem facit.

2) Antiphanes bei Athen. p. 15a.

3) Die lateinischen Ausdrücke finden sich bei Seneca *de ben.* 2, 17, 3. 4. 5; 2, 32, 1. Plaut. *Curc.* 2, 13, 17:

Tum isti qui ludunt datatim servi scurrarum in via,
Et datores et factores omnis subdam sub solum.

4) Pollux 8, 105. 106. Schol. Plat. p. 358 Bekk.

5) Nonius p. 104, 27: *Expulsim, dictum a frequenti pulsu. Varro: — — videbis Romae in foro ante lanienas pueros pila expulsim ludere.* Drei Mädchen, den Ball gegen eine Mauer prellend, sind dargestellt auf dem Basrelief der Sammlung Campana. S. Friedlaender *Annali* 1857 p. 143. tav. d'agg. B. C. Die Verse aus dem Gedichte eines unbekannten Verfassers *de laude Pisonis* 185 in Baehrens *Poetae Lat. min.* I p. 233:

Nec tibi mobilitas minor est, si forte volantem
Aut geminare pilam iuvat aut revocare cadentem
Et non sperato fugientem reddere gestu.

beziehen sich nicht, wie Becker *Gallus* III S. 131 meinte, auf eine besondere Art des Spiels, sondern enthalten nur gesuchte Ausdrücke für gewöhnliche Begriffe. *Geminare pilam* heisst den Ball prellen vom *expulsim ludere*, *revocare cadentem* fangen statt *excipere*, *reddere* aber heisst zurückwerfen, wie *remittere*. Vgl. Manilius 5, 165:

Ille pilam celeri fugientem reddere planta.

6) Pollux 9, 106.

7) Seneca *ep.* 56, 1 schreibt, dass er sehr unruhig über einem Bade wohne. Alles indess sei noch zu ertragen, *si vero pilicrepus supervenit et numerare coepit pilas, actum est.* Ungenau ist das Wort von Ballspielern überhaupt gebraucht in den Inschriften Orelli 2591 = *C. I. L.* VI, 9737, Henzen 7304. 7305 = *C. I. L.* IV, 1926. 1147; ib. 1905.

8) Dies bemerkt schon Gronow *Lectiones Plautinae* p. 86.

Einzelspiele. erstens allein, und zwar mit einem Ball[1]) oder auch mit zwei[2]) oder drei Bällen, welche man sitzend oder stehend in fortwährender Bewegung erhielt.[3]) Auf ein solches Jongleurspiel muss sich die Kunst des Ursus Togatus bezogen haben, der zuerst im Gefühle seiner Sicherheit gläserne Bälle brauchte.[4]) Sodann spielten auch zwei, sich gegenseitig zuwerfend,[5]) und eines der beliebtesten Spiele, welches man vor dem Bade[6]) und häufig *trigon.* auf dem *Campus Martius* zu spielen pflegte,[7]) war der *trigon*, zu welchem drei Spieler gehörten.[8]) Er wird oft erwähnt, aber nirgends beschrieben. Die Standpunkte der drei Spieler waren die drei Ecken eines gleichseitigen Dreiecks; der Ball ging aber nicht einfach von einem Spieler zum anderen, sondern wurde willkürlich einem derselben zugeworfen, so dass man auch zwei Bälle gleichzeitig zu beseitigen hatte, wobei beide Hände gebraucht und die Bälle nicht nur gefangen, sondern auch einem der beiden Spieler zugeschlagen wurden.[9]) Ausser den Spie-

---

1) Eine Figur mit einem Ball findet sich sehr häufig auf Vasenbildern, s. Stephani im Petersburger *Compte-rendu* 1863 S. 13. 14. Eine sitzende Frau, mit einem Ball spielend s. bei Panofka Bilder antiken Lebens XIX, 8.

2) *Annali dell' Inst.* 1841 tav. J. Auf einem Wandgemälde der Titusthermen spielen drei Personen, jede allein, mit zwei Bällen. Panofka a. a. O. X, 1.

3) Aegyptische Ballspieler mit drei Bällen Wilkinson *Manners and customs of the ancient Egyptians* II p. 429; eine sitzende Frau, welche mit drei Bällen spielt, Heydemann Griechische Vasenbilder. Berlin 1870. fol. Taf. IX, 3. Andere Beispiele bei Heydemann a. a. O. S. 9 Anm. 12.

4) Die Inschrift, welche er sich selbst gesetzt hat, Orelli 2591, ist aus der Zeit des Hadrian. Mommsen *Ephem. epigr.* I p. 55. In derselben sagt er:

Ursus Togatus vitrea qui primus pila
Lusi decenter cum meis sodalibus; und weiter:
Qui vicit omnes antecessores suos
sensu, decore atque arte suptilissima.

Vgl. die von Orelli angeführte Stelle des Nicephorus Gregoras 8, 10 p. 350 Bonn: ἕτερος δ' ἐξ ὑέλου σφαῖραν ἔχων ἄνω πρὸς ὕψος ἐῤῥίπτει· καὶ κατιοῦσαν νῦν μὲν ἄκρῳ τῷ τῆς χειρὸς ὄνυχι ἐδέχετο, νῦν δὲ τῷ ὀπισθίῳ ἄκρῳ τοῦ ἀγκῶνος, νῦν δ' ἄλλως καὶ ἄλλως.

5) Sidonius Apollinaris 2, 9: *sphaeristarum contrastantium paria.*

6) Martial. 14, 163.

7) Horat. *sat.* 1, 6, 126; 2, 6, 49.

8) Isidor. *orig.* 18, 69, 2: *Trigonaria est qua inter tres luditur.*

9) Martial. 14, 46:

Si me mobilibus nosti expulsare sinistris,
Sum tua: tu nescis, rustice: redde pilam.

7, 72, 9:

Sic palmam tibi de trigone nudo
Unctae det favor arbiter coronae,
Nec laudet Polybi magis sinistras.

Endlich 12, 82, wo von einem Parasiten gesagt wird:

Captabit tepidum dextra laevaque trigonem,
Imputet acceptas ut tibi saepe pilas.

lern gehörten zu dem Trigon noch drei Personen, welche die gefallenen Bälle aufhoben, und drei andere, welche die gemachten oder gefallenen Bälle zählten.[1])

Von besonderem Interesse für die Römer waren endlich die Massenspiele (*sphaeromachiae*),[2]) deren es drei giebt, ἡ ἐπίσκυρος oder ἐπίκοινος oder ἐφηβική, ἡ φενίνδα und τὸ ἁρπαστόν. Ueber den Unterschied derselben sind wir nur unvollständig unterrichtet, indessen lässt sich nach der neuesten Untersuchung[3]) über dieselben Folgendes als wahrscheinlich annehmen. Bei der ἐπίσκυρος[4]) theilte sich die Spielgesellschaft in zwei der Zahl nach gleiche Parteien, welche durch eine mit Steinen markirte Linie (σκῦρος) getrennt waren und auch im Rücken eine Schranke hatten, über welche sie nicht hinausgehen durften. Der Ball liegt auf dem σκῦρος. Eine Partei, und zwar die, welche sich des auf der Grenzlinie liegenden Balles zuerst bemächtigt, wirft ihn aus und zwar soweit als möglich; wo er gefangen wird, bleibt die Gegenpartei stehn und wirft nun ihrerseits. Es kommt

Massenspiele.

Das Spielen des Balles mit beiden Händen erwähnt auch Macrob. *sat.* 2, 6, 5. Nicephorus Blemmida in Mai *Nova coll.* II p. 634: ἀγνοῶ δὲ καὶ κατὰ τί δοκεῖ λυσιτελὲς καὶ ὠφέλιμον τὸ καταγίνεσθαι εἰς παίγνια καὶ μεταχειρίζεσθαι ποτὲ μὲν ἐν τῇ δεξιᾷ ποτὲ δὲ ἐν τῇ ἀριστερᾷ ἐν τῷ μετεωρίζειν εἰς ὕψος διὰ τοῦ δίνου τὴν σφαῖραν.

1) Pompeianische Inschrift *C. I. L.* IV, 1936: *Amianthus, Epaphra, Tertius ludant; cum Hedysto Iucundus Nolanus petat; numeret Citus et Acus Amianth.* Das *petere* kann nichts anderes heissen als was Martial. 12, 82, 5 *colligere et referre* nennt. Das *numerare pilas* erwähnt auch Seneca *ep.* 56, 1 (oben S. 843 A. 7) und Petron. 27: *subito videmus senem calvum — — inter pueros capillatos ludentem pila, nec tam pueri nos — ad spectaculum duxerant, quam ipse pater familiae, qui soleatus pila prasina exercebatur, nec amplius eam repetebat quae terram contigerat, sed follem plenum habebat servus sufficiebatque ludentibus. — Duo spadones in diversa parte circuli stabant, quorum — alter numerabat pilas, non quidem eas, quae inter manus lusu expellente vibrabant, sed eas, quae in terram decidebant.*

2) Seneca *ep.* 80, 1: *Hodierno die non tantum meo beneficio mihi vaco, sed spectaculi, quod omnes molestos ad sphaeromachiam avocavit. Nemo irrumpit, nemo cogitationem meam inpediet.* Vgl. Isidor. *orig.* 18, 69, 2.

3) S. Johannes Marquardt a. a. O., bei welchem man die Litteratur angeführt findet.

4) Pollux 9, 104: Παίζεται κατὰ πλῆθος διαστάντων ἴσων πρὸς ἴσους. εἶτα μέσην γραμμὴν λατύπῃ ἑλκυσάντων, ἣν σκῦρον καλοῦσιν, ἐφ' ἣν καταθέντες τὴν σφαῖραν ἑτέρας δύο γραμμὰς κατόπιν ἑκατέρας τῆς τάξεως καταγράψαντες ὑπὲρ τοὺς ἑτέρους οἱ προανελόμενοι ῥίπτουσιν, οἷς ἔργον ἦν ἐπιδράξασθαί τε τῆς σφαίρας φερομένης καὶ ἀντιβαλεῖν, ἕως ἂν οἱ ἕτεροι τοὺς ἑτέρους ὑπὲρ τὴν κατόπιν γραμμὴν ἀπώσωνται. Vgl. Eustathius *ad Odyss.* ϑ, 376 p. 1601, 30: Ἐπίσκυρος δ' ἣ ἐχρῶντο οἱ παίζοντες κατὰ πλήθη, καλουμένη διὰ τοῦτο καὶ ἐπίκοινος. ἡ δ' αὐτὴ καὶ ἐφηβική· ὠνόμαστο δ' ἐπίσκυρος, ἐπειδὴ οἱ κατ' αὐτὴν σφαιρίζοντες ἐπὶ λατύπῃ ἑστῶτες, ἣν σκῦρόν φαμεν — βολῇ σφαίρας ἀλλήλους ἐξεδίωκον.

darauf an, durch den kräftigeren Wurf den Gegner zurückzudrängen, der, wenn er an die Schranken des Platzes getrieben ist, das Spiel verliert. Bei dem zweiten Spiel, dem φενίνδα,[1] sind ebenfalls zwei Parteien betheiligt. Der Auswerfende fordert eine bestimmte Person der Gegenpartei auf, den Ball zu fangen, wirft ihn dann aber nach einer ganz anderen Richtung, in welchem Falle irgend ein anderer ihn fangen muss. Fällt er zur Erde, so verliert diejenige Partei, welche ihn nicht hat fangen können.[2] Bei dem *harpastum*, über welches wir am wenigsten unterrichtet sind, scheint der Ball in die Höhe geworfen zu sein, so dass der Werfende ihn möglicher Weise selbst wieder fangen konnte. Um dies zu verhindern, drängten sich alle Spieler zusammen und indem sie um den Ball eifrig stritten,[3] warfen sie einander um[4] und machten einen gewaltigen Lärm.[5] Das von dem Byzantiner Cinnamus[6] geschilderte Spiel endlich, welches Meineke[7] und nach ihm Grasberger[8] mit dem *harpastum* zusammengestellt haben, gehört

1) Ueber die Schreibart des Wortes s. Joh. Marquardt a. a. O. p. 15 n. 2.

2) L. Becq de Fouquières p. 187 ff. Joh. Marquardt a. a. O. Schol. *ad Clem. Alexand. Paed.* 3, 10, 50, Vol. IV p. 135 Klotz: παιδιὰ ἡ φενίνδα τοιαύτη· σφαῖραν κρατῶν τις τῶν παιζόντων παίδων εἶτα ἑτέρῳ προδεικνὺς ταύτην. ἑτέρῳ αὐτὴν ἐπέπεμπεν. ὠνόμασται δὲ ἢ ὑπὸ Φαινίνδου τοῦ πρῶτον εὑρόντος ἢ ἀπὸ τοῦ φεναχίζειν, ὅ ἐστιν ἀπατᾶν. καὶ γὰρ ἠπάτα ὁ ἑτέρῳ μὲν δείξας ἑτέρῳ δὲ ἐπιδούς. Andere Stellen s. bei Joh. Marquardt a. a. O., der auf dieses Spiel auch die Stelle des Sidonius Apollinaris 5, 17 bezieht: *Nos cum caterva scholasticorum lusimus abunde, quantum membra torpore statarii laboris hebetata cursu salubri vegetarentur. Hic vir illustris Filimatius — sphaeristarum se turmalibus constanter immiscuit. — Qui cum frequenter de loco stantum medicurrentis impulsu summoveretur, nunc quoque acceptus in aream tam pilae coram praetervolantis quam superiectae, nec intercideret tramitem* (die Linie von Steinen, σκῦρος) *nec caveret, ad hoc per catastropham* (beim Umdrehen) *saepe pronatus aegre de ruinoso flexu se recolligeret, primus ludi ab accentu sese removit* und den *medicurrens* für den Auswerfenden hält.

3) Galen. V p. 902 K.: ὅταν γὰρ συνιστάμενοι πρὸς ἀλλήλους καὶ ἀποκωλύοντες ὑφαρπάσαι τὸν μεταξὺ διαπονῶσι, μέγιστον αὐτὸ (τὸ γυμνάσιον) καὶ σφοδρότατον καθίσταται, πολλοῖς μὲν τραχηλισμοῖς, πολλαῖς δ' ἀντιλήψεσιν παλαιστικαῖς ἀναμεμιγμένον. Epictet. *diss.* 2, 5, 15: τοῦτο ὄψει ποιοῦντας καὶ τοὺς σφαιρίζοντας ἐμπείρως. Οὐδεὶς αὐτῶν διαφέρεται περὶ τοῦ ἁρπαστοῦ, ὡς περὶ ἀγαθοῦ ἢ κακοῦ· περὶ δὲ τοῦ βάλλειν καὶ δέχεσθαι. Mart. 4, 19, 6:

Sive harpasta manu pulverulenta rapis.

Vgl. 7, 32, 10; 14, 48. Artemidor. *Oneirocr.* 1, 55: ἁρπαστὸν δὲ καὶ σφαῖρα φιλονεικίας ἀπεράντους σημαίνουσι. Darauf geht auch die sprüchwörtliche Redensart bei Plautus *Truc.* 705: *totus gaudeo, mea pila est.*

4) *Dig.* 9, 2, 52 § 4: *Cum pila complures luderent, quidam ex his servulum, cum pilam percipere* (etwa *praecipere?*) *conaretur, impulit; servus cecidit et crus fregit.*

5) Antiphanes bei Athenaeus 1 p. 15a.

6) Cinnamus *hist.* 6, 5.

7) Meineke *Fragm. Com. Gr.* III p. 136.

8) Grasberger a. a. O. S. 95.

gar nicht hierher. Es ist ein ganz besonderes Spiel für die kaiserliche Familie, wird zu Pferde gespielt und zwar so, dass der Ball mit einer Raquette geschlagen wird, was alles bei dem *harpastum* nicht der Fall ist.

2. Glück- und Bretspiele.[1]

Glückspiele spielte man in Rom mit Geldstücken, Würfeln Würfel. und Knöcheln. Mit Geldstücken wurde gespielt Kopf und Schrift, oder wie die Alten nach dem Gepräge der Asstücke sagten, Kopf und Schiff;[2] viel älter aber ist das Würfelspiel, das schon in Assyrien[3] und Aegypten[4] ebenso beliebt war, als später in Griechenland und Rom. Diese Würfel, bei den Griechen κύβοι, bei den Römern *tesserae* genannt,[5] sind, wie die unserigen, auf jeder der sechs Seiten mit einer Zahlbezeichnung und zwar mit einem, zwei, drei, vier, fünf und sechs Punkten versehen.[6] Man brauchte zum Spiele gewöhnlich drei oder zwei derselben,[7] welche man, um Betrug zu vermeiden, in

---

1) Die Schriften von Boulenger, Meursius, Souter, Senftleben, Calcagnino s. in Gronovii *Thes.* Vol. VII; ausserdem s. Salmas. *ad Vopisc. Procul.* 13 (II p. 736 ff.). Gronov. *De sest.* III c. 15. L. Fromond *ad Senecam* Vol. II p. 967 Gron. Ficoroni *I tali ed altri strumenti lusorj degli antichi Romani.* Roma 1734. 4. Th. Hyde *Syntagma dissert.* Oxonii 1767. 4⁰. p. 217 ff. Wernsdorf *P. Lat. min.* IV p. 404 ff. Wüstemann Palast des Scaurus, Gotha 1820. p. 193 f. Voemel *De Euripide*, *casu talorum*, im *Philologus* XIII (1858) p. 302 ff. Sauppe im *Philologus* XI p. 36. Hermann Gr. Privatalt. § 55. Becker *Charikles* II S. 300 (371 Göll). L. Becq de Fouquières a. a. O. p. 284—456.

2) Macrob. *sat.* 1, 7, 72: *Aes ita fuisse signatum hodieque intellegitur in aleae lusu, cum pueri denarios in sublime iactantes capita aut navia, lusu teste vetustatis exclamant.* Aurel. Vict. *de or. gent. Rom.* 3, 5: *Unde hodieque aleatores posito nummo opertoque optionem collusoribus ponunt enuntiandi quid putent subesse, caput aut navem: quod nunc vulgo corrumpentes naviam dicunt.* Paulinus *poema ultim.* vs. 73—76, Migne p. 698.

3) Ueber assyrische Würfel s. Gerhard Arch. Anz. 1849 S. 68.

4) Wilkinson *Manners and customs of the ancient Egyptians* II p. 424.

5) Gell. 1, 20, 4: κύβος *enim est figura ex omni latere quadrata, quales sunt, inquit M. Varro, tesserae, quibus in alveolo luditur, ex quo ipsae quoque appellatae* κύβοι. Es sind deren noch viele vorhanden. *Bullett. d. Inst.* 1829 p. 181; 1831 p. 100. R. Rochette *Mém. de l'Institut* XIII p. 638 (3e *Mém. sur les ant. chrét.* p. 110). Jahrb. d. Vereins v. A. im Rheinlande IX S. 33. Würfelpaare finden sich schon in chiusiner Gräbern aus dem 6. Jahrh. v. Chr. *Bull. d. Inst.* 1874 p. 206. *Ann.* 1878 p. 299, tav. R. Ein zwölfseitiger Würfel Ann. d. Vereins für nassau. Alterthumsk. XV (1879) S. 393.

6) Eustath. *ad Il.* ψ′ p. 1289, 57; *ad Od.* α′ p. 1397, 36 Rom.

7) Eustath. *ad Od.* α′ p. 1397, 16: ἐχρῶντο οἱ παλαιοὶ τρισὶ κύβοις καὶ οὐχ, ὥσπερ οἱ νῦν, δυσί. Photius p. 77 Pors. Drei sind gewöhnlich: δύο κύβω καὶ τέσσαρα, d. h. 1. 1. 4, Ar. *Ran.* 1400 u. d. Schol. z. d. St. Ov. *a. am.* 3, 355: *Et modo tres iactet numeros.* Agathias in Jac. *Anth. Gr.* IV p. 30 n. 72, 23: τριχθαδίας ·ἀδόκητα βαλὼν ψηφῖδας ἀπ' ἠθμοῦ. Dagegen erwähnt Senec.

einem Becher (*pyrgus,*[1]) *turricula,*[2]) *phimus,*[3]) *fritillus,*[4]) *orca),*[5]) der im Innern stufenartige Absätze hatte und oben enger war, als unten, schüttelte und aus demselben auf ein Spielbret (*tabula,*[6]) *alveus)*[7]) warf. Da man um einen Einsatz spielte und zwar πλειστοβολίνδα, so dass der die meisten Augen werfende den Einsatz gewann, [8]) wobei der beste Wurf 6, 6, 6, d. h. τρὶς ἓξ oder *senio*, war, [9]) so hatte dies Spiel alle Eigenschaften

---

de morte Claud. 15: *Nam quotiens missurus erat resonante fritillo, Utraque subducto fugiebat tessera fundo.*

1) Dass *pyrgus* oder *turris* nicht ein Theil des *alveus* ist, auf den man wirft, sondern das Gefäss, aus dem man wirft, und dessen enger Hals ἠθμός heisst, zeigt Agathias in Jacobs *A. Gr.* IV p. 30 n. 72, 23: τριχθαδίας ἀδόκητα βαλὼν ψηφῖδας ἀπ' ἠθμοῦ, Πύργου δουρατέου κλίμακι κευθομένας. Auson. *profess.* 1, 27: *bolos, Alternis vicibus quos praecipitante rotatu Fundunt excisi per cava buxa gradus.* Baehrens *P. L. M.* IV, 373 = n. 193 Riese: *In parte alveoli pyrgus velut urna resedit. Qui vomit internis tesserulas gradibus.* Sidon. Apoll. *ep.* 8, 12: *hic tessera frequens eboratis resultatura pyrgorum gradibus exspectat.* Vgl. 5, 17. Schol. Juv. 14, 5: *fritillum pyrgum dixit.*

2) Martial. 14, 16.

3) Horat. *sat.* 2, 7, 15: *Scurra Volanerius, postquam illi iusta cheragra Contudit articulos, qui pro se tolleret atque Mitteret in phimum talos, mercede diurna Conductum pavit.* Diph. in *fr. Com.* ed. Meineke IV, 413: ἕλκ' ἐς μέσον τὸν φιμὸν ὡς ἂν ἐμβάλῃ. Φιμός ist eigentlich ein Maulkorb, übertragen der Becher mit engem Halse. S. die Lexica.

4) Mart. 14, 1, 2: *Nec timet aedilem moto spectare fritillo;* 4, 14, 8. Seneca oben S. 847 A. 7. Schol. Juvenal. 14, 5: *fritillo pyxide cornea, qui* φιμός *dicitur Graece. — Apud antiquos in cornu mittebant tesseras moventesque fundebant.* Sidon. Apoll. *ep.* 2, 9: *crepitantium fritillorum tesserarumque strepitus.*

5) Pers. 3, 50. Pomponius bei Ribbeck *Com. Lat. fragm.* p. 253 v. 190. *Orca* ist in späterer Latinität nicht selten, es ist ein thönernes Oelgefäss. S. Du Cange *s. v.* Marini *P. D.* p. 270.

6) Juv. 1, 90. Jacobs *ad Anth. Gr.* III p. 126 n. 53 (X p. 230); IV, 62 n. 68.

7) Plin. *n. h.* 37, 13: (*Pompeius*) *transtulit alveum cum tesseris lusorium.* Varro bei Gell. 1, 20, 4. Cic. *de fin.* 5, 20, 56: *alveolum poscere.* Festi *epit.* p. 8, 1: *Alveolum, tabula aleatoria.* Suet. *Claud.* 33. Val. Max. 8, 8, 2. Der *alveus* war ein Spielbret mit erhöhtem Rande, τηλία. Bekk. *Anecd.* p. 275, 15: ἡ τηλία δὲ σανὶς ἀλφιτοπωλικὴ πλατεῖα, προςηλωμένας ἔχουσα κύκλῳ σανίδας τοῦ μὴ τὰ ἄλφιτα ἐκπίπτειν. καὶ ἐπ' αὐτῆς οἱ κυβεύοντες παίζουσιν. Er hatte eine Länge von 3—4, eine Breite von 3 Fuss (Plin. *l. l.*) und von dieser Grösse giebt es noch mehrere *alvei*, von denen weiter unten die Rede sein wird.

8) Pollux 7, 206; 9, 95. 117. Das Spiel wurde von verschiedenen Ausrufungen begleitet, indem man entweder den Namen der Geliebten oder eines Gottes anrief (Plaut. *Curc.* 356. 358). Sidonius Apoll. *ep.* 2, 9: *inter aleatoriarum vocum competitiones — fritillorum — strepitus audiebatur.* Id. 1, 2: *quibus horis viro tabula cordi est, tesseras colligit rapide, — volvit argute, mittit instanter, ioculanter compellat.* Die Verse Ov. *a. am.* 3, 355:

Et modo tres iactet numeros, modo cogitet, apte
Quam subeat partem callida, quamque vocet.

scheinen ein besonderes Spiel vorauszusetzen, wobei man vorher angab, was man werfen wollte, und nach dem Wurf das daran Fehlende verlor, das darüber Geworfene abgewann.

9) Aeschylus *Agam.* 33: Τὰ δεσποτῶν γὰρ εὖ πεσόντα θήσομαι Τρὶς ἓξ βα-

des eigentlichen Hasardspieles, welches in Rom in älterer Zeit gesetzlich verboten [1]) und nur ausnahmsweise während der Saturnalien gestattet war; [2]) die *tali* oder ἀστράγαλοι dagegen, d. h. die Knöchel der Hinterfüsse von Rindern, Ziegen und Schafen, [3]) hatten wenigstens ursprünglich diese Bestimmung nicht; sie dienten Knaben und Mädchen zur harmlosen Unterhaltung, [4]) wie die Nüsse; man spielte damit *par impar*, [5]) Knöchel.

λούσης τῆσδέ μοι φρυκτωρίας. Photius p. 602, 9 Pors. Suidas *s. v.* τρὶς ἕξ: οἱ μὲν τρὶς ἓξ νίκην· οἱ δὲ τρεῖς κύβοι κενοί. Κύβος hat die doppelte Bedeutung Würfel und Einheit (μονάς, *punctum*, *point*). Eustath. *ad Od.* α p. 1397, 17: ἢ τρὶς ἓξ ἢ τρεῖς κύβους· ἀπὸ τοῦ μεγίστου καὶ ἐλαχίστου ἀριθμοῦ. Zenob. *prov.* 4, 23. Und ausführlich Pollux 9 § 95: Ἰστέον ὅτι κύβος αὐτό τε βαλλόμενον καλεῖται καὶ ἡ ἐν αὐτῷ κοιλότης — ἡ γραμμή, τὸ δηλοῦν τὸν ἀριθμὸν τῶν βληθέντων· — τῷ τρυπήματι δὲ τούτῳ, ὃν κύβον ἐπωνομάσθαι φαμέν, ἀργυρίου τινὰ ἀριθμὸν ἐπιφημίσαντες καθ' ἑκάστην μονάδα διῃρημένην, δραχμήν, ἢ στατῆρα ἢ μνᾶν, ἢ ὁποσονοῦν ἔπαιζον τὴν πλειστοβολίνδα καλουμένην παιδιάν· ὁ δ' ὑπερβαλλόμενος τῷ πλήθει τῶν μονάδων ἔμελλεν ἀναιρήσεσθαι τὸ ἐπιδιακείμενον ἀργύριον. Auf einem Monument bei Fabretti *Inscr.* p. 574 sind drei Würfel abgebildet, jeder die 6 Punkte zeigend. Es ist offenbar ein Symbol eines glücklichen Ereignisses; jemand sagt damit: Mir ist das beste Loos gefallen. Ueber den zuweilen sehr hohen Einsatz s. Suet. *Oct.* 71. Juvenal. 1, 89 ff. Mart. 14, 15.

1) Plautus *Mil. glor.* 164: *ne legi fraudem faciant aleariae.* Horat. *od.* 3, 24, 58: *vetita legibus alea.* Ovid. *trist.* 2, 471: *Haec* (*alea*) *est ad nostros nno leve crimen avos.* Cic. *Phil.* 2, 23, 56: *Licinium Lenticulam, de alea condemnatum — restituit,* und weiter: *hominem, — lege, quae est de alea, condemnatum.* Ein Gesetz über die *alea* ist nicht bekannt, in dem Titel der Digesten *de aleatoribus* 11, 5 wird nur eine Stelle des praetorischen Edictes und ein Senatusconsultum citirt. Die Aufsicht darüber, dass in Wirthshäusern nicht gespielt wurde, hatten die Aedilen. Mart. 5, 84. In der Kaiserzeit wurde mit Leidenschaft gespielt und erst Iustinian erliess eine Verordnung *de aleae lusu* (*Cod. Iust.* 3, 43, 1), in welcher er nur gewisse Spiele und auch diese unter gewissen Beschränkungen gestattete. Der Text dieser Verordnung ist aber unsicher überliefert und im Einzelnen noch unerklärt.

2) Mart. 11, 6; 5, 84. Suet. *Oct.* 71.

3) Nach Aristoteles *de part. animal.* 4 Vol. I p. 690 A Bekk. *Hist. anim.* 2, Vol. I p. 499 B haben diesen Knöchel nur Thiere mit gespaltenen Hufen, τὰ δίχηλα.

4) Pausan. 6, 24, 7: ἀστράγαλόν τε μειρακίων τε καὶ παρθένων — παίγνιον. Propert. 3, 24, 13: *Et cupit iratum talos me poscere eburnos.* Iustin. 38, 9, 9. Jacobs *Anth. Gr.* I p. 162 n. 33; VII p. 52. Meineke *Delectus poet. anth. Gr.* p. 209. Dio Chrys. I p. 281 R. Levezow Amor und Ganymedes die Knöchelspieler in Böttiger's Amalthea Bd. I p. 175. Clarac pl. 884 n. 2255; Wieseler Denkm. n. 649. Ein Knabe, welcher im Zorn über den Verlust seinen Mitspieler in den Arm beisst, *Ancient Marbles in the British Mus.* P. II pl. 31. Eine Marmorstatue einer ἀστραγαλίζουσα aus Tyndaris bei Serradifalco V p. 52 und die Münze von Cierium bei Millingen *Anc. coins* pl. III, 12. 13. Ueber andere Darstellungen dieser Art s. Heydemann Die Knöchelspielerin im Palazzo Colonna in Rom. Halle 1877. 4°, der über diese Spiele am vollständigsten handelt.

5) Plato *Lysis* p. 206e. Pollux 9, 101. Vielleicht ist dies das Spiel, das Amor und Ganymedes bei Apollon. Rhod. 3, 115—126 spielen; es endet wenigstens so, dass einer alle Astragali gewinnt. In Rom spielte man dies Spiel

τρόπα[1]) und namentlich πεντελιθίζειν; [2]) aber sie waren auch anwendbar für ein Glückspiel, das allgemein in Mode kam, und dessen Theorie ziemlich complicirt ist. Die Knöchel nämlich, Ihre Form. deren Form auch in den Nachbildungen von Metall, Knochen, Stein, Thon und Elfenbein[3]) genau beibehalten wurde, da sie für das Spiel maassgebend ist, haben vier Längenseiten, zwei breite, von denen die eine convex (πρανής), die andere concav (ὑπτία) ist, und zwei schmale, von denen die eine etwas eingedrückt, die andere voll ist, weshalb die letztere im Falle leicht nach unten kommt. Von den schmalen Seiten heisst die Knöchelwürfe. eingedrückte κῷον, die volle χῖον.[4]) Wirft man einen Astragalos, so kommt er gewöhnlich auf eine der breiten Längenseiten oder auf das χῖον zu stehen, am seltensten auf das κῷον, weshalb dies der beste Wurf ist.[5]) Was die beiden spitzen Enden des Knöchels betrifft, so erlaubt nur die eine (κεραία) allenfalls das Stehen, die andere gar nicht; indess kommt auch der Fall, dass der Knöchel auf der κεραία steht, in der uns

---

gewöhnlich nicht mit *tali.* Suet. *Oct.* 71: *vel talis vel par impar ludere.* Vgl. oben S. 840 Anm. 7; 841 Anm. 1.

1) S. oben S. 840.

2) Pollux 9, 126: τὰ δὲ πεντάλιθα ἤτοι λιθίδια ἢ ψῆφοι ἢ ἀστράγαλοι πέντε ἀνεῤῥιπτοῦντο, ὥστε ἐπιστρέψαντα τὴν χεῖρα δέξασθαι τὰ ἀναῤῥιφθέντα κατὰ τὸ ὀπισθέναρ. Bei Photius *s. v.* heisst es: πεντελιθίζειν· διὰ τοῦ ε λέγουσι. Dieses Spiel spielen zwei Mädchen auf dem herculaneischen Bilde Helbig Wandg. 170^{b}, *Museo Borb.* XV, 48, *Pitt. di Ercol.* I, 1. Sie sitzen dabei hockend, ὀκλαδόν, wie Apollonius Rhodius 3, 122 bei der Beschreibung des Astragalenspiels sagt. Andere Darstellungen s. bei Heydemann a. a. O. S. 11 ff.

3) *eburni* Prop. *l. l.* Mart. 14, 14. Noch vorhandene *tali* aus Metall, Crystall, Achat sind abgebildet bei Ficoroni tav. 2. Ein *artifex artis tessalarie lusorie* bei Orelli 4289 = *C. I. L.* VI, 9927. Mehr s. bei Heydemann a. a. O. S. 5 f.

4) Aristoteles *hist. anim.* 2 Vol. I p. 499 B.: Πάντα δὲ τὰ ἔχοντα ἀστράγαλον ἐν τοῖς ὄπισθεν ἔχει σκέλεσιν. ἔχει δ' ὀρθὸν τὸν ἀστράγαλον ἐν τῇ καμπῇ, τὸ μὲν πρανὲς ἔξω, τὸ δ' ὕπτιον εἴσω, καὶ τὰ μὲν κῷα ἐντὸς ἐστραμμένα πρὸς ἄλληλα, τὰ δὲ χῖα καλούμενα ἔξω, καὶ τὰς κεραίας ἄνω. Aristot. *de caelo* 2 Vol. I p. 292 A.: ἔστι δὲ τὸ κατορθοῦν χαλεπὸν ἢ τὸ πολλὰ ἢ τὸ πολλάκις, οἷον μυρίους ἀστραγάλους Χίους [κῴους H. Χίους ἢ κῴους F. M.] βαλεῖν ἀμήχανον, ἀλλ' ἕνα ἢ δύο ῥᾷον. Es ist wohl zu lesen κῴους, da von einem glücklichen Wurfe die Rede ist.

5) Dies bemerkt richtig Fromond, der auch die Stelle des Aristoteles gut erklärt. Ich habe den Versuch ebenfalls gemacht. Uebrigens wurde wahrscheinlich der Wurf nicht nach der oben liegenden Seite berechnet, wie das bei den *tesserae* geschah, sondern nach der unten liegenden. Sonst wäre der κῴων nicht ein so häufiger und schlechter Wurf gewesen. Das Epigr. des Meleager in Jacobs *Anth. Gr.* I p. 37 n. 123 nennt den χῖος einen προπεσών (v. 4) und προπετής (v. 18) ἀστράγαλος und braucht ihn als Bild für einen πεσόντα οἰνοβρεχῆ.

bekannten Theorie des Spieles nicht vor,[1]) da, wenn er geworfen wird, er auf dieser niemals stehen bleibt. Spielt man nun mit Knöcheln um einen Einsatz oder überhaupt um Geld, wobei der gewinnt, der den besten Wurf macht, wovon auch dies Spiel πλειστοβολίνδα heisst,[2]) so braucht man vier *tali*,[3]) welche man gleichzeitig aus der Hand oder aus dem *fritillus* auf ein Bret oder einen Tisch wirft, und deren vier Hauptseiten, je nachdem sie nach unten fielen, dem Wurfe seinen bestimmten Werth gaben, ohne dass die Seiten mit Zahlen bezeichnet waren.[4]) Dabei wurde das χῖον zu 1, das κῷον zu 6, die beiden breiten Längenseiten zu 3 und 4 gerechnet, während die Zahlen 2 und 5 bei den Würfen nicht vorkamen.[5]) Mit diesen vier auf vier Seiten fallenden *tali* sind überhaupt 35 verschiedene Würfe möglich, welche alle durch bestimmte Namen bezeichnet und von verschiedenem Werthe waren, so dass der Wurf *Stesichoros* 8, der κῷος oder ἑξίτης, *senio* 6, der χῖος, auch κύων, *canis* genannt, 1 galt.[6]) Andere Würfe hiessen

---

1) Der Knöchel liegt nur auf den mit 3 und 4 bezeichneten breiten Seiten, er steht, wenn er auf das κῷον oder χῖον kommt. Deshalb kann man auf diese Fälle auch deuten Plut. *qu. conv.* 5, 6, 3: ὥσπερ οὖν οἱ ἀστράγαλοι τόπον ἐλάττω κατέχουσι ὀρθαὶ πίπτοντες ἢ πρηνεῖς. Cic. *de fin.* 3, 16, 54: *Ut enim, inquiunt, si hoc fingamus esse quasi finem et ultimum, ita iacere talum, ut rectus adsistat, qui ita talus erit iactus, ut cadat rectus, praepositum quiddam habebit ad finem.*

2) Pollux 9, 117: ἡ δὲ πλειστοβολίνδα οὐ μόνον ἡ διὰ τῶν κύβων, ἀλλὰ καὶ ἡ διὰ τῶν ἀστραγάλων ἐπὶ τῷ πλεῖστον ἀριθμὸν βαλεῖν. Bei Plautus *Curcul.* 354 ff. wird um den Einsatz eines Mantels und eines Ringes mit *tali* gewürfelt; der bessere Wurf gewinnt.

3) S. ausser den in der folg. Anm. angeführten Stellen Cic. *de div.* 2, 21, 48; 1, 13, 23: *Quattuor tali iacti casu Venerium efficiunt.* So spielen auf zwei pompeianischen Bildern (Helbig Wandg. 1262, *Mus. Borb.* V, 33 und Sogliano *Pitt. murali campane* 555, Presuhn Pompeji 1878—81, Abth. 7 Taf. 7) die Kinder der Medea mit 4 *tali*, und auf der Spielmarke bei Eckhel *D. N.* VIII p. 316 sind 4 *tali*, mit der Umschrift: *Qui ludit, arram det quod satis sit.* Ueber diese Spielmarke, welche in mehreren Exemplaren vorhanden ist, vgl. Zdekauer in *Bull. dell' Inst.* 1881 p. 282 ff.

4) Pollux 9, 99: τὸ δὲ σχῆμα τοῦ κατὰ τὸν ἀστράγαλον πτώματος ἀριθμοῦ δόξαν εἶχεν, d. h. die Lage des Knöchels beim Falle hatte die Geltung einer Zahl.

5) Dasselbe findet statt bei den Würfelorakeln, welche an verschiedenen Orten ertheilt wurden. Man brauchte auch bei diesen ἀστράγαλοι, allein in dem pamphylischen Attalia wenigstens nicht vier, sondern fünf. S. über die von G. Hirschfeld in den Berliner Monatsberichten 1874 S. 716 herausgegebene Inschrift von Attalia Kaibel Ein Würfelorakel, *Hermes* X (1876) S. 193 ff.

6) Es giebt nur eine Nachricht über dies Spiel, welche nach Voemel a. a. O. S. 304 vom Peripatetiker Klearchus, wahrscheinlicher von Sueton herrührt, welcher nach Suidas *s. v.* Τράγκυλλος ein Buch περὶ τῶν παρ' Ἕλλησι παιδιῶν geschrieben hatte (vgl. Reifferscheid *Suetonii reliquiae* p. 322—328. 462) und in verschiedenen Excerpten bei Eustath. *ad Il.* Ψ p. 1289, 50 Rom.; *ad Od.* α p. 1397, 35 ff. Pollux 9, 99 ff. Schol. *ad Plat. Lys.* p. 206 E. (p. 319

Ἀλέξανδρος, ἔφηβος u. s. w.;[1]) der glücklichste aber, bei welchem die vier *tali* verschieden, also auf 1. 3. 4. 6 fielen, hiess bei den Römern Venus.[2]) Man ersieht hieraus, dass nicht

---

Bekk.) erhalten ist. Das letztere Scholion lautet so: Παίζεται δὲ ἀστραγάλοις τέσσαρσιν, καὶ εἷς ἕκαστος ἀστράγαλος πτώσεις ἔχει τέσσαρας ἐξ ἑβδομάδος κατὰ ἀντίθετον συγκειμένας ὥσπερ ὁ κύβος (d. h. 3 u. 4, 1 u. 6 auf den entgegengesetzten Seiten). ἔχει δὲ ἀντικείμενα μονάδα καὶ ἑξάδα, εἶτα τριάδα καὶ τετράδα. ἡ γὰρ δυὰς καὶ πεντὰς ἐπὶ τῶν κύβων μόνων παραλαμβάνεται διὰ τὸ ἐκείνους ἐπιφανείας ἔχειν ἕξ. εἰσὶ δὲ αἱ σύμπασαι τῶν ἀστραγάλων πτώσεις ὁμοῦ τεσσάρων παραλαμβανομένων πέντε καὶ τριάκοντα, τούτων δὲ αἱ μὲν θεῶν εἰσιν ἐπώνυμοι, αἱ δὲ ἡρώων, αἱ δὲ βασιλέων, αἱ δὲ ἐνδόξων ἀνδρῶν, αἱ δὲ ἑταιρίδων, αἱ δὲ ἀπό τινων συμβεβηκότων ἤτοι τιμῆς ἕνεκα ἢ χλεύης προςηγόρευνται. λέγεται δέ τις ἐν αὐταῖς Στησίχορος καὶ ἑτέρα Εὐριπίδης, Στησίχορος μὲν ὁ σημαίνων τὴν ὀκτάδα — Εὐριπίδης δὲ ὁ τὸν τεσσαράκοντα. — Τῶν δὲ βόλων ὁ μὲν τὰ ἓξ δυνάμενος Κῷος καὶ ἑξίτης ἐλέγετο, Χῖος δὲ ὁ τὸ ἓν καὶ Κύων.

1) Das Epigramm des Antipater Sidonius in Jacobs *Anth. Gr.* II p. 33 n. 93 beschreibt ein Grab, das statt der Inschrift neun ἀστράγαλοι hatte. Vier zeigten den βόλος Ἀλέξανδρος (vgl. Hesych. *s. v.* Ἀλέξανδρος· ὄνομα βόλου), vier den βόλος ἔφηβος, einer den Χῖος, so dass die Inschrift war, Ἀλέξανδρος ἔφηβος Χῖος. Ausserdem führt Hesychius an: Βερενίκη· — καὶ βόλος τις ἀστραγάλων οὕτω καλεῖται. Ἀντιγόνιος· βόλος τις οὕτως ἐκαλεῖτο. Δαρεῖος· — καὶ ἀστραγάλων δέ τινων βόλος οὕτως καλεῖται. Δικέντρων· βόλος τις ἀστραγάλων οὕτως ἐκαλεῖτο. Auch bei den *tesserae* finden sich dergleichen Namen; Hesych.: Μίδας κυβευτικοῦ βόλου ὄνομα. Suidas *s. v.* Μίδας: Μίδας κύβου ὄνομα εὐβολωτάτου. Καὶ παροιμία· Μίδας ὁ ἐν κύβοις εὐβολώτατος ὁ γὰρ Μίδας βόλου ἐστὶν ὄνομα. Eubulus bei Meineke *Com. Gr.* III, 233, 4: Μίδας μὲν ἐν κύβοισιν εὐβολώτατος. Pollux 7, 204: βόλων δὲ ὀνόματα, τῶν μὲν φαύλων τε καὶ δυσβόλων — Μίδας, μάνης (Hesych. Μάνης κυβευτικοῦ βόλου ὄνομα) πάτριλος, πάτραινα, μάγνης, σάγλη, ἄβολα, ἄπλια, ἄθετος, ὑπτιάζων, κρύφασος, καγχάσος, τριχίας, ἐκδύνων, χῖος, ὃν καὶ χῖον ἐκάλουν καὶ οἰνὸν καὶ οἰνὴν (d. h. die Einheit) — οἱ δὲ βελτίους ἐφ' οἷς καὶ τὸ εὐκυβεῖν ἐλέγετο βόλος πρανὴς ἐπακοντιστὴς καλλίβολος, φύσκων, ὅροι, συνωρὶς ἢ κῷος· ὁ μέντοι Μίδας καὶ τῶν μέσων βόλων ἦν. καὶ ἄλλοι δὲ πολλοί εἰσιν, οὓς ὀνομάζει Εὔβουλος ἐν τοῖς Κυβευταῖς (Mein. III, 232, 2):

Κεντρωτὸς, ἱερὸς, ἅρμ' ὑπερβάλλον πόδας,
κήρυνος, εὐδαίμων, κυνῶτες, ἄρτια,
Λάκωνες, ἀντίτευχος, Ἀργεῖος, δάκνων,
Τιμόκριτος, ἐλλείπων, πυαλίτης, ἐπίθετος.
σφάλλων, ἀγύρτης, οἶστρος, ἀνακάμπτων, δορεύς,
Λάμπων, Κύκλωπες, ἐπιφέρων, Σόλων, Σίμων.

Man ersieht aus dieser Stelle so viel, dass die Namen πρανής, Χῖος, Κῷος von den *talis* auf die *tesserae* übergegangen waren. Isidor. *orig.* 18, 65: *De vocabulis tesserarum. Iactus quisque apud lusores veteres a numero vocabatur, ut unio, binio, trinio, quaternio, quinio, senio. Postea appellatio singulorum mutata est, et unionem canem, trinionem suppum, quaternionem planum vocabant.*

2) Martial. 14, 14: *Cum steterit nullus vultu tibi talus eodem, Munera me dices magna dedisse tibi.* Lucian. *Amor.* 16: τῇ δὲ τραπέζῃ τέτταρας ἀστραγάλους Λιβυκῆς δορκὸς ἀπαριθμήσας διεπέττευε τὴν ἐλπίδα. καὶ βαλὼν μὲν ἐπίσκοπα, μάλιστα δ' εἴ ποτε τὴν θεὸν αὐτὴν (τὴν Ἀφροδίτην) εὐβολήσειε, μηδενὸς ἀστραγάλου πεσόντος ἴσῳ σχήματι, προσεκύνει. Suet. *Oct.* 71: (*denarios*) *tollebat universos, qui Venerem iecerat.* Cic. *de div.* 2, 21, 48. Bei dem Beginne des Mahles wurde πλειστοβολίνδα mit *talis* darüber gewürfelt, wer *rex convivii* sein sollte; Hor. *od.* 1, 4, 18: *Nec regna vini sortiere talis.* Verg. *Copa* 37: *Pone merum et talos.* Plautus *Mostell.* 309. Auch hier heisst der beste Wurf *Vene-*

die Summe der geworfenen Einheiten entscheidend war, sondern die Art des Wurfes, und es scheint anzunehmen, dass einerseits der *canis*, d. h. 1. 1. 1. 1. ganz ohne Gewinn war,[1] der κῷος aber, d. h. 6. 6. 6. 6. nur zu 6 berechnet wurde,[2] andererseits gewisse Würfe mehr galten, als die geworfene Augenzahl, z. B. der Euripides 40,[3] wogegen einige Würfe auch einen Strafeinsatz zur Folge hatten.[4] Dies Spiel existirt

---

rius. Plaut. *Asin.* 905. Horat. *od.* 2, 7, 25: *Quem Venus arbitrum Dicet bibendi?* Bei dem an den Saturnalien üblichen Spiele, einen König zu würfeln (Tac. *ann.* 13, 15. Arrian. *diss. Epictet.* 1, 25, 8. Lucian. *Saturn.* 3: ὁρᾷς, ἡλίκον τὸ ἀγαθὸν; ἔτι καὶ βασιλέα μόνον ἐφ' ἁπάντων γενέσθαι, τῷ ἀστραγάλῳ κρατήσαντα), kam dieselbe Sache vor; in beiden Fällen hiess der beste Wurf wohl βασιλικός, und diesen erwähnt Plautus *Curc.* 359: *Iacto basilicum;* ob dies aber ein mit Venus identischer oder relativ bester Wurf ist, weiss man nicht. Uebrigens gehört der *astragalus* zu den Attributen der Venus. S. die Münze von Paphos bei Cavedoni *Bull.* 1844 p. 124.

1) Dass, wie bei einem *talus* der *canis* 1 bedeutet, so bei 4 *talis canis* der Wurf 1. 1. 1. 1 war, kann man schliessen einmal daraus, dass bei den *tesserae* τρεῖς κύβοι, d. h. dreimal eins, der schlechteste Wurf war (Pollux 9, 95), und zweitens daraus, dass bei Plautus *Curc.* 357: *quattuor volturii*, die mit den *canes* wohl identisch sind, als der schlechteste Wurf erwähnt werden. Wie nun Suidas *s. v.* τρὶς ἕξ sagt: οἱ δὲ τρεῖς κύβοι κενοί, d. h. sie gewinnen nichts und der Einsatz geht ganz verloren, so müssen auch die *quattuor canes* der *tali* oder der βόλος κύων ganz ohne Gewinn gewesen sein oder Verlust gebracht haben. Persius 3, 49: *Quid dexter senio ferret, scire erat in voto, damnosa canicula quantum Raderet.* Prop. 5 (4), 8, 45: *Me quoque per talos Venerem quaerente secundos Semper damnosi subsiluere canes.* Seneca *de morte Claud.* 10: *Tam facile homines occidebat, quam canis excidit.* Ovid. *trist.* 2, 474: *damnosos effugiasque canes.* Ovid. *a. am.* 2, 206.

2) So ist zu verstehen die oben angeführte Stelle des Sueton (Schol. *ad Plat. Lys.* p. 206 E.): τῶν δὲ βόλων φησὶν, ὁ μὲν τὸ ἓξ δυνάμενος κῷος καὶ ἑξίτης ἐλέγετο, ὁ δέ τὸ ἓν χῖος καὶ κύων. Denn vorher hat er gesagt: ἐπαίζετο δὲ ἡ παιδιὰ τέσσαρσιν ἀστραγάλοις. Und Ovid. *trist.* 2, 473 sagt, es schrieben einige darüber, *quid valeant tali*, was doch nur von einem willkürlich bestimmten Werthe zu verstehen ist.

3) Weder Voemel's Ansicht, der die Zahl 40 durch Wiederholung des Wurfs erklären will, noch Sauppe's Veränderung von τεσσαράκοντα (μ') in δέκα (ι') scheint mir haltbar.

4) Die Stelle Suet. *Aug.* 71: *Talis enim iactatis ut quisque canem aut senionem miserat, in singulos talos singulos denarios in medium conferebat, quos tollebat universos, qui Venerem iecerat*, kann man, wie jetzt gelesen wird, nur so erklären, dass Augustus, aus dessen Briefe die Worte sind, anders als gewöhnlich spielte, indem er bei dem Senio, der ein guter Wurf war, Einsatz zahlte, wie dies vielleicht beim *canis* immer stattfand. Allein es gab einen sprichwörtlich gewordenen schlechten Wurf, κῷος πρὸς χῖον (Suid. *s. v.* κῷος), χῖος πρὸς κῷον (Zenob. IV, 74), *canis ad senionem*, d. h. wenn zwar alle Würfel standen (*stant canes* Ovid. *a. am.* 2, 206), aber nur drei als κῷοι, einer umgekehrt als χῖος. Schol. Plat. p. 320 Bekk.: λέγεται δέ τις καὶ παροιμία ἀπὸ τούτου, οἷον Χῖος παραστὰς Κῷον οὐκ ἐάσω (lies mit Sauppe οὐκ ἐᾷ σώζειν), ἀφ' οὗ καὶ Στράττις Λημνομέδᾳ (Meineke II, 771) Χῖος παραστάς Κῷον οὐκ ἐᾷ λέγειν. Eustath. *ad Od.* p. 1397, 41. Martial. 13, 1, 15: *Non mea magnanimo depugnat tessera talo Senio nec nostrum cum cane quassat ebur.* Worauf auch anspielt Aristoph. *ran.* 968:

noch in Griechenland. »Die arachobitischen Knaben, erzählt Ulrichs in seinen Reisen und Forschungen in Griechenland, I S. 137, spielten mit dem Astragalus. Dies ist ein kleiner vierseitiger, an zwei Enden abgerundeter Knöchel, so gebaut, dass er auf einer ebenen Fläche nur vier verschiedene Würfe giebt, bei denen die nach oben gekehrte Seite[1]) die Geltung bestimmt. Der gewöhnliche Wurf ist der, wo die runde Erhöhung des Astragalus nach oben gekehrt ist, und heisst Bäcker oder Esel. Dann folgt der Dieb, wenn der Astragalus die Höhlung nach oben kehrt. Seltner ist der Vezir, der Wurf, wo die kleine glatte Fläche oben steht. Der seltenste von allen Würfen ist der König, wo die Seite nach oben gewandt ist, die einem Ohre ähnlich sieht und dem Vezir gegenüber liegt. Ein fünfter Wurf, der Hahn, wenn der Astragalus aufrecht auf einem der abgerundeten Enden steht, kann nur stattfinden, wenn er sich irgendwo anlehnt, und gilt deshalb nicht. Zahlen werden auf dem Astragalus nicht angebracht«.

Die Bretspiele. Das Bretspiel (πεττεία)[2]) hielten die Griechen für eine Erfindung des Palamedes,[3]) und sowohl in der Odyssee[4]) als bei Euripides,[5]) als auch auf einer beträchtlichen Anzahl von Vasenbildern[6]) werden die homerischen Helden mit diesem Spiele beschäftigt dargestellt. Allein vielleicht viel früher war es in Aegypten bekannt,[7]) wo es verschiedentlich vorkommt.[8]) Von

---

Θηραμένης: σοφός γ' ἀνὴρ καὶ δεινὸς εἰς τὰ πάντα
ὃς ἢν κακοῖς που περιπέσῃ καὶ πλησίον παράστῃ
πέπτωκεν ἔξω τῶν κακῶν, οὐ Χῖος ἀλλὰ Κεῖος.

Wenn der Knöchel nämlich umfällt, so ist er nicht mehr Χῖος, und das Unglück hört auf. Hienach glaube ich auch bei Sueton lesen zu müssen *ut quisque canem at (ad) senionem miserat*.

1) Dies ist nach den von mir angestellten Untersuchungen für das antike Spiel falsch, indessen kann es für das moderne richtig sein, da es nur auf den Namen des Wurfes ankommt, der nicht mehr der alte ist.

2) S. ausser den S. 847 Anm. 1 angeführten Schriften Becker *Gallus* III S. 335 (468 Göll). Michaelis in Gerhard Denkmäler und Forschungen 1863 n. 173 p. 38 ff.

3) Jahn *Palamedes* S. 7.   4) Hom. *Od.* 1, 107.

5) Bei Euripides *Iph. Aul.* 195 ff. spielen es Palamedes selbst und Protesilaus.

6) Am vollständigsten zusammengestellt bei Welcker Alte Denkmäler III S. 3—24; Overbeck Gall. her. Bildw. I S. 310 ff.

7) Wilkinson *The Egyptians in the time of the Pharaons* p. 14. Derselbe *Manners and customs* I p. 44. Die Zahl der Steine ist meistens nicht bestimmbar, sie haben aber zwei Farben und sind nicht flach, sondern hoch, 1⅓—1½ Zoll.

8) Im britischen Museum befindet sich eine ägyptische Papyrusrolle aus römischer Zeit mit Bildern. Auf einem derselben, herausg. in Th. Wright *A*

den verschiedenen Arten römischer Bretspiele sind zwei einigermaassen bekannt, der *ludus latrunculorum* und der *ludus duodecim scriptorum*, zu welchen zuweilen ein und dasselbe Spielbret (*tabula*), auf beiden Seiten verschieden eingerichtet, diente.[1]) Beide wurden mit *calculi*, πεσσοί, gespielt, welche bei dem ersten, einem Belagerungsspiele, *latrones*, d. h. Soldaten,[2]) *latrunculi*,[3]) *milites*,[4]) griechisch κύνες[5]) heissen und auf einem durch directe und transverse Linien in Felder getheilten,[6]) also einem Schachbret entsprechenden Spielbrete aufgestellt wurden. Die Zahl der Felder ist unbekannt, die Zahl der Figuren scheint auf jeder Seite 30 betragen zu haben.[7]) Die letzteren waren *ludus latrunculorum.*

history of caricature and grotesque. London 1865. 8. p. 8. Champfleury *Histoire de la caricature antique.* 3e éd. p. 24 und vollständiger in Lenormant *Histoire ancienne de l'Orient* Tome II. Paris 1882. 8. p. 320 spielen Löwe und Hase ein Bretspiel. Jeder sitzt auf einem Stuhl, zwischen ihnen steht ein Tisch mit einem Spielbret. Jeder hat fünf hohe Figuren; der Löwe, welcher gewonnen hat, hebt mit der rechten Tatze eine Figur und mit der linken einen Beutel Geld in die Höhe, offenbar den Einsatz des Spiels. Eine Darstellung des Königs Râ-mes-sou III, der in seinem Harem den *ludus latrunculorum* spielt, findet man bei Rosellini *Monum. dell' Egitto* I, 122, Lenormant a. a. O. p. 321 und zwei andere Gruppen ägyptischer Bretspieler bei Rawlinson *History of Herodotus* Vol. II p. 275. 276.

1) Martial 14, 17. *Tabula lusoria:*

Hac mihi bis seno numeratur tessera puncto;
Calculus hac gemino discolor hoste perit.

Der erste Vers bezieht sich auf die *duodecim scripta*, der letzte auf den *ludus latrunculorum.*

2) Festi *epit.* p. 118, 16: *latrones eos antiqui dicebant, qui conducti militabant*, ἀπὸ τῆς λατρείας. Varro *de l. L.* 7, 52: *latrones dicti ab latere, qui circum latera erant regi — aut qui conducebantur. ea enim merces Graece dicitur* λάτρον. Suidas *s. v.* λάτρον· ὁ μισθός. Callimach. *fr.* 238. Plautus *M. G.* 75:

Nam rex Seleucus me opere oravit maximo,
Ut sibi latrones cogerem et conscriberem.

Vgl. Plaut. *Curc.* 548. *Stich.* 135 u. ö.

3) Sen. *ep.* 106, 11: *latrunculis ludimus.* Ein *lusor latrunculorum* in der Inschrift *Revue épigr. du midi de la France* I p. 306 n. 333.

4) Ovid. *trist.* 2, 477.

5) Pollux 9, 98. Eustathius *ad Odyss.* α, 107 p. 1397, 47.

6) Dass die *tabula latruncularia* (Senec. *ep.* 117, 30) in Felder getheilt war, und dass die Figuren auf den Feldern, nicht auf den Linien standen, geht hervor aus Varro *de l. L.* 10, 22: *Ad hunc quadruplicem fontem ordines diriguntur bini, uni transversi, alteri directi, ut in tabula solet, in qua latrunculis ludunt.* Pollux 9, 98: ἡ δὲ διὰ πολλῶν ψήφων παιδιὰ πλινθίον ἐστὶ, χώρας ἐν γραμμαῖς ἔχον διακειμένας· Καὶ τὸ μὲν πλινθίον καλεῖται πόλις, τῶν δὲ ψήφων ἑκάστη κύων.

7) Pollux 9, 98 nennt dies Spiel πλινθίον und lässt es διὰ πολλῶν ψήφων spielen; § 99 fügt er hinzu: ἐγγὺς δ' ἔστι ταύτῃ τῇ παιδιᾷ καὶ ὁ διαγραμμισμός — ἥντινα παιδιὰν καὶ γραμμὰς ὠνόμαζον. Davon sagt Hesych. *s. v.* διαγραμμισμός. παιδιά τις ἑξήκοντα ψήφων λευκῶν καὶ μελαινῶν ἐν χώραις ἑλκομένων, so dass in diesem Spiele jeder Spieler 30 Steine hatte. Photius *s. v.* πόλεις sagt dagegen geradezu: πόλεις παίζειν (dies ist der *ludus latrunculorum*) τὰς νῦν χαρὰς [lies mit Naber χώρας] καλουμένας ἐν ταῖς ζ' [ξ' Pors.] ψήφοις.

durch die Farbe unterschieden[1]) und zerfielen, wie beim Schachspiel,[2]) in Bauern (*mandrae*)[3]) und Offiziere (*latrones*);[4]) auch bewegten sie sich theils in gerader Richtung, theils springend (*ordinarii* und *vagi*).[5]) Der Spieler geht darauf aus, die feindlichen Figuren entweder zu schlagen,[6]) weshalb jede Figur einer Deckung bedarf,[7]) oder sie festzusetzen (*alligare*);[8]) zuletzt wird

---

Da, wie wir unten sehen werden, die *XII scripta* mit zweimal 15 Steinen gespielt wurden, so ist es wahrscheinlich, dass die zweimal 30 Steine auf die *latrunculi* zu beziehen sind.

1) Ov. *trist.* 2, 477: *Discolor — miles.* Mart. 14, 17: *Calculus — discolor.* Pollux 9, 98: διῃρημένων δ' εἰς δύο τῶν ψήφων κατὰ τὰς χρόας. Sidon. Apoll. *ep.* 8, 12. Uebrigens waren die *calculi* häufig *vitrei* (Ovid. *a. am.* 2, 208; Mart. 7, 72, 8) oder *gemmei*; Mart. 14, 20; daher *gemma ludere* Mart. 12, 40, 3. Steinerne *calculi* in Form einer Halbkugel, weiss, roth und schwarz, aus einem Grabe von Cumae s. *Bullett. Nap.* 1853 p. 192 tav. 8 n. 6.

2) Die Hauptstelle über dies Spiel ist das anonyme Gedicht *de laude Pisonis* in Wernsd. *P. L. M.* IV, 1 p. 267 v. 180 ff. = Baehrens *P. L. M.* n. 15, 192:

Callidiore modo tabula variatur aperta
Calculus, et vitreo peraguntur milite bella,
Ut niveus nigros, nunc et niger alliget albos.
Sed tibi quis non terga dedit? quis te duce cessit
Calculus? aut quis non periturus perdidit hostem?
Mille modis acies tua dimicat: ille petentem
Dum fugit, ipse rapit; longo venit ille recessu,
Qui stetit in speculis: hic se committere rixae
Audet et in praedam venientem decipit hostem.
Ancipites subit ille moras, similisque ligato
Obligat ipse duos: hic ad maiora movetur,
Ut citus ecfracta prorumpat in agmina mandra.
Clausaque deiecto populetur moenia vallo.
Interea sectis quamvis acerrima surgant
Proelia militibus, plena tamen ipse phalange
Aut etiam pauco spoliata milite vincis,
Et tibi captiva resonat manus utraque turba.

3) *Mandra* ist der einzelne Bauer, wie bei Mart. 7, 72, 7: *Sic vincas Noviumque Publiumque Mandris et vitreo latrone clusos*, aber auch die Bauernreihe, welche vor den Officieren steht. Daher heisst es in der angeführten *Laus Pisonis: ecfracta prorumpat in agmina mandra.*

4) Dass diese der Form nach verschieden waren, zeigt Plin. *n. h.* 8, 215: *Mucianus et latrunculis lusisse (simias dicit), fictas cera icones usu distinguente* (Detl.: *fictas cera nuces visu distinguere;* die Stelle beweist also nichts). Eine alte Schachfigur existirt noch. Raoul-Rochette *Mém. de l'Institut* XIII p. 638 (3e *Mém.* p. 110): *M. Fauvel a conservé un cavalier d'un jeu d'échecs, en ivoire, trouvé dans un tombeau d'Athènes.*

5) Isidor. *orig.* 18, 67: *Calculi partim ordine moventur, partim vage. Ideo alios ordinarios, alios vagos appellant. At vero, qui moveri omnino non possunt, incitos dicunt.*

6) Eustath. *ad Od.* α p. 1397, 45: εἶδός τι κυβείας καὶ πόλις· ἐν ᾗ ψήφων πολλῶν ἐν διαγεγραμμέναις τισὶ χώραις κειμένων ἐγίγνετο ἀνταναίρεσις, d. h. gegenseitiges Schlagen wie in der *Laus Pisonis: periturus perdidit hostem.* Ovid. *a. am.* 2, 208: *Fac pereat vitreo miles ab hoste tuus.*

7) Pollux 9, 98: ἡ τέχνη τῆς παιδιᾶς ἐστι περιλήψει τῶν δύο ψήφων ὁμοχρόων τὴν ἑτερόχρουν ἀνελεῖν· Ov. *a. am.* 3, 357: *Cautaque non stulte latro-*

(Anm. 8 siehe nächste Seite.)

einer matt, so dass er nicht mehr ziehen kann (*ad incitas redigitur*).[1]) Der Sieger ist König[2]) und hat um so mehr Ruhm, je weniger Steine er verloren hat.[3])

Das Spiel der *duodecim scripta*[4]) war eines der Bretspiele, in welchen man sich ausser zweifarbigen Steinen auch der Würfel bediente und nach Maassgabe des Wurfes seinen *calculus* auf einer mit Linien bezeichneten Tafel vorrückte[5]) oder auch *ludus duodecim scriptorum.*

---

num praelia ludat Unus cum gemino calculus hoste perit, Bellatorque suo prensus sine compare bellat. Ov. *trist.* 2, 477: *Discolor ut recto grassetur limite miles, Cum medius gemino calculus hoste perit, Ut mage velle sequi sciat et revocare priorem, Ne tuto fugiens incomitatus eat.* Die letzten Verse bedürfen einer Emendation. Mart. 14, 17: *Calculus hac gemino discolor hoste perit.*

8) *Laus Pisonis* 194. 201. Senec. *ep.* 117, 30.

1) Ueber diesen oft in übertragenem Sinne vorkommenden Ausdruck s. Wernsdorf *l. l.* p. 415 ff. Vgl. Plato *rep.* 6 p. 487c: καὶ ὥσπερ ὑπὸ τῶν πεττεύειν δεινῶν οἱ μὴ τελευτῶντες ἀποκλείονται καὶ οὐκ ἔχουσιν, ὅ τι φέρωσι, οὕτω —.

2) Vopisc. *Proc.* 13, 2: *Nam cum in quodam convivio ad latrunculos luderetur atque ipse decies imperator exisset.*

3) Seneca *de tr. an.* 14, 7: *Ludebat latrunculis, cum centurio agmen periturorum trahens illum quoque excitari iuberet. Vocatus numeravit calculos et sodali suo, Vide, inquit, ne post mortem meam mentiaris te vicisse. Tum annuens centurioni: Testis, inquit, eris, uno me antecedere. Laus Pisonis* 206. 207. Artemidor. *Oneir.* 3, 1: Εἰ δέ τις νοσῶν παίζειν ὑπολάβοι ψήφοις ἢ ἄλλον παίζοντα ἴδοι, κακόν· μάλιστα δὲ εἰ αὐτὸς λείποιτο, ἐπειδὴ μείονας ἔχων ψήφους καταλείπεται ὁ νικώμενος. So liest Salmasius, wie ich glaube, richtig, die Hss. haben πλείονας statt μείονας, was Gronov. p. 236 vertheidigt. Das Capitel hat nämlich die Ueberschrift περὶ τοῦ κυβεύειν, daher versteht Gron. das Spiel der *XII scripta*, bei welchem nach seiner Meinung der verlor, der mit den meisten Steinen übrig blieb, ohne zum Ziele zu gelangen. Allein die Meinung ist unhaltbar. S. unten.

4) Cic. *de or.* 1, 50, 217: *duodecim scriptis ludere.* Ovid. *a. am.* 3, 363: *Est genus in totidem tenui ratione redactum Scriptula, quot menses lubricus annus habet.* Die folgenden Verse gehören nicht, wie Michaelis a. a. O. S. 40 annimmt, zu der Beschreibung dieses Spiels, sondern schildern ein neues Spiel. Denn Ovid zählt allerlei Spiele auf und sagt v. 367, es gebe tausend solcher Spiele.

5) Das Spiel beschreiben zwei Epigramme der *Anth. Lat.*, Baehrens IV n. 372 = n. 192 Riese:

Discolor ancipiti sub iactu calculus adstat
Decertantque simul candidus atque rubens:
Qui quamvis parili scriptorum tramite currant,
Is capiet palmam, quem bona fata iuvant.

Baehrens IV n. 373 = 193 Riese:

In parte alveoli pyrgus velut urna resedit,
Qui vomit internis tesserulas gradibus,
Sub quarum iactu discordans calculus exit.
Certantesque fovet sors variata duos,
Hic proprium faciunt ars et fortuna periclum,
Haec cavet adversis casibus, illa favet.
Composita est tabulae nunc talis formula belli,
Cuius missa facit tessera principium.
Ludentes vario exercent proelia talo,
Russeus an nitidus praemia sorte ferat.

Eine Erklärung des Spieles versucht Fouquières p. 357 ff.

verlor.[1]) Die Tafel hatte 12 Linien, die, in der Mitte getheilt, 24 Oerter ergaben, auf welchen 15 weisse und 15 schwarze Steine[2]) in Folge des jedesmaligen Wurfes so gerückt wurden (*dabantur*),[3]) dass man von der ersten bis zur vierundzwanzigsten Linie vordrang. Doch geschah dieses nach einem Dessin, und ein geschickter Spieler konnte durch Kunst den Nachtheil des Wurfes einigermaassen ausgleichen.[4])

---

1) Eustath. *ad Il.* Ψ, 86 p. 1290: δηλοῖ δὲ ὁ ῥηθεὶς κύων βόλος ἀνταναίρεσίν τινα ψήφου. Diese Notiz muss sich auf das in Rede stehende Spiel beziehen, nicht auf den *ludus latrunculorum*, mit welchem Eust. sie in Verbindung bringt, denn dieses Spiel wurde ohne Würfel gespielt. Hesych. *s. v.* πεσσά: διαφέρει δὲ πεττεία κυβείας, ἐν ᾗ μὲν γὰρ τοὺς κύβους ἀναῤῥίπτουσιν· ἐν δὲ τῇ πεττείᾳ αὐτὸ μόνον τὰς ψήφους μετακινοῦσι.

2) Die Zahl der Steine geht sicher hervor aus dem in den anderen Einzelheiten des Spieles sehr dunkeln Epigramm des Agathias *Anth. Gr.* IV p. 30 n. 72; vgl. dazu Salmas. *ad scr. H. A.* II p. 751. Jacobs *Anth. Gr.* XI p. 99 ff., sowie aus dem ebenfalls sehr unverständlichen und corrupten *Cento Virgilianus de alea* bei Baehrens *P. L. M.* IV p. 192 = Riese n. 8: *Terna tibi haec primum fundo volvuntur in imo* (die Würfel). *Nunc agedum, quos ipse via sibi reperit usus* (so scheint mir zu lesen), *Triginta magnos adversos[que] orbibus orbes* (die Steine) *Eloquar.* Der Zeichnung der *tabula* bei Jacobs XI p. 101 (auch bei Rich *s. v. abacus*) liegt eine, wie schon Ficoroni p. 102 bemerkt, apocryphische bei Gruter 1049 *ex Metelli schedis* abgedruckte (bei Salmasius a. a. O., Becq de Fouquières p. 354 wiederholte), mit einer christlich griechischen Inschrift versehene Zeichnung zu Grunde. So viel ersieht man aber auch hierüber aus dem Epigramm des Agathias, dass die Tafel ein *dextrum* und *sinistrum latus*, jedes mit 12 parallelen Linien hatte, und dass die Steine nach dem Wurfe von einer Linie auf die andere avancirten, dass ferner einige Linien nach der Zahl, andere mit den Namen *Summus*, *Antigonus*, *Divus* bezeichnet waren, dass es ferner darauf ankam, auf einer Linie 2 (δίζυγες) oder mehrere Steine zu haben, nicht aber einzelne, ἄζυγες, und dass endlich der Wurf 2. 6. 5 dem Spiel eine unglückliche Wendung gab.

3) Man sagt *mittere* oder *iacere* (Cic. *de div.* 2, 41, 85) *tesseras* und *dare* (τιθέναι) *calculos.* Plat. *rep.* 1 p. 333 B. εἰς πεττῶν θέσιν. Cicero bei Non. *s. v. scriptat* p. 170, 28 (Orelli IV² p. 984, 53): *Itaque tibi concedo, quod in duodecim scriptis solemus, ut calculum reducas, si te alicuius dati poenitet.* Quintil. 11, 2, 38: *Scaevola in lusu duodecim scriptorum, cum prior calculum promovisset, essetque victus, dum rus tendit, repetito totius certaminis ordine, quo dato errasset, recordatus, rediit ad eum, quocum luserat, isque ita factum esse confessus est.* (Ueber Scaevola vgl. Cic. *d. or.* 1, 50, 217. Val. Max. 8, 8, 2.) Ov. *trist.* 2, 476: *Mittere quo deceat, quo dare missa modo.* Ov. *a. am.* 2, 204: *tu male iactato, tu male iacta dato.*

4) Aristaenet. 1, 23: Ἀλλὰ καὶ τοῖς ἀντερῶσιν ἀστραγαλίζων ἢ κυβεύων συγχέομαι τὸν νοῦν, τοῦ ἔρωτος μεμηνότος, κἀντεῦθεν περὶ τὰς ποικίλας μεταστάσεις τῶν ψήφων πολλὰ παραλογιζόμενος ἐμαυτὸν, καὶ τῶν καταδεεστέρων τὴν παιδιὰν ἡττῶμαι. Πολλάκις γὰρ μετέωρος ἐκ τοῦ πόθου ταῖς ἡμετέραις βολαῖς ἀντὶ τῶν ἐμῶν τὰς ἐκείνων διατίθημι ψήφους. Plut. *de animi tranq.* 5, p. 566 Dübner: κυβείᾳ γὰρ ὁ Πλάτων τὸν βίον ἀπείκασεν, ἐν ᾧ καὶ βαλεῖν δεῖ τὰ πρόσφορα καὶ βαλόντα χρῆσθαι καλῶς τοῖς πεσοῦσι. Terent. *Ad.* 4, 7, 21: *Ita vita est hominum, quasi cum ludas tesseris. Si illud, quod maxime opus est iactu, non cadit, Illud, quod cecidit forte, id arte ut corrigas.* Arrian. *diss. Epictet.* 2, 5. 3. Stobaeus *floril.* 108, 51 (= Soph. *fr.* 862 Nauck). 124, 41. Plato *rep.* 10 p. 604 C.: καὶ ὥσπερ ἐν πτώσει κύβων, πρὸς τὰ πεπτωκότα τίθεσθαι τὰ αὑτοῦ πράγματα ὅπῃ ὁ λόγος αἱρεῖ βέλτιστ' ἂν ἔχειν. Plut. *Pyrrh.* 26: ἀπεί-

Andere Bretspiele.

Verschieden von diesem Spiele, aber auf derselben Theorie beruhend, war das griechische Spiel ἐπὶ πέντε γραμμῶν, bei welchem die Tafel fünf Linien hatte, die, wie es scheint, durch eine sechste Linie, die ἱερὰ γραμμή, in der Mitte durchschnitten wurden, und bei welchem man mit fünf Steinen spielte,[1]) endlich ein römisches Spiel, bei welchem man auf drei, ebenfalls in der Mitte unterbrochenen Linien mit drei Steinen rückte.[2]) Auf dieses Spiel sind mit grosser Wahrscheinlichkeit zu beziehen die mehrfach gefundenen Tafeln, welche alle zweimal sechs Buchstaben in drei Linien haben, von denen ich einige Beispiele anführe:

1.	VICTUS	O	LEBATE
	LUDERE	O	NESCIS
	DALUSO	O	RILOCUM.
2.	SEMPER	O	IN HANC
	TABULA	O	HILARE
	LUDAMV	O	SAMICI.[3])
3.	DOMINE		FRATER
	ILARIS		SEMPER
	LVDERE		TABVLA.[4])

κασεν αὐτὸν ὁ Ἀντίγονος κυβευτῇ πολλὰ βάλλοντι καὶ καλά, χρῆσθαι δ' οὐκ ἐπισταμένῳ τοῖς πεσοῦσι.

1) Pollux 9, 97. 98: ἐπειδὴ δὲ ψῆφοι μέν εἰσιν οἱ πεττοί, πέντε δ' ἑκάτερος τῶν παιζόντων εἶχεν ἐπὶ πέντε γραμμῶν, εἰκότως εἴρηται Σοφοκλεῖ,

Καὶ πεσσὰ πεντέγραμμα καὶ κύβων βολαί·

τῶν δὲ πέντε τῶν ἑκατέρωθεν γραμμῶν μέση τις ἦν ἱερὰ γραμμή· καὶ ὁ τὸν ἐκεῖθεν κινῶν πεττὸν ἐποίει παροιμίαν, κίνει τὸν ἀφ' ἱερᾶς. Eustathius *ad Od.* α, 107 p. 1397, 29. Dies Spiel ist dargestellt auf dem S. 854 Anm. 8 angeführten Papyrus.

2) Ovid. *a. am.* 3, 365:

Parva tabella capit ternos utrimque lapillos,
In qua vicisse est, continuasse suos.

Ovid. *trist.* 2, 481:

Parva sedet ternis instructa tabella lapillis,
In qua vicisse est, continuasse suos.

Isidor. *orig.* 18, 64: *Quidam autem aleatores sibi videntur physiologice per allegoriam hanc artem exercere. — Nam tribus tesseris ludere perhibent propter tria saeculi tempora, praeterita, praesentia et futura, quia non stant, sed decurrunt. Sed et ipsas vias senariis locis distinctas propter aetates hominum ternariis lineis propter tempora argumentantur. Inde et tabulam ternis descriptam dicunt lineis.*

3) Beide bei Orelli 4315, der sie fälschlich *tesserae* nennt. Die erste Tafel ist nämlich 4 *palmi* 9 *once* lang und also ein eigentliches Spielbret. S. Ficoroni a. a. O. p. 122.

4) Boldetti *De' Cemiterj* p. 447. Ficoroni p. 121.

4.	ViCTOR		VINCAS
	NABICE		FEELIX
	SALBUS		REDIAS.[1]
5.	CIRCVS	◡	PLENVS
	CLAMOR	O	POPVLI
	gaudia	◡	CIVIVM.[2]
6.	Die erste Reihe fehlt.		
	CLAmOR		INGENS
	LIBERO		AVREOS.[3]
7.	INVIDA		PVNCTA
	IVBENT		FELICE
	LVDERE		DOCTVM.[4]
8.	SITIBI		TESSEL
	LAFAVE		TEGOTE
	STVDIO		VINCAM.
9.	cirCVS		PLENVS
	CLAMOR		MANNVS
	eVGENI		VINCAS.[5]
10.	ABEMVS		INCENA
	PVLLVM		PISCEM
	PERNAM		PAONEM.[6]

BENATORES.

11.	PATRIS	ETFILI
	SERVVS	PLENVS
	EXIVIT	ARATOR.[7]
12.	VINCIS	GAVDES
	PERDIS	PLORAS
	EFETER	CLAMAS.[8]

---

1) Donati II p. 307. Daraus Orelli 2586. In der Mitte ein segelndes Schiff.
2) Henzen *Bull.* 1861 p. 81. 3) *Bull.* 1861 p. 179.
4) *C. I. L.* VIII, 7998.
5) Bruzza *Tavole lusorie del castro pretorio* in *Bullettino comunale* 1877 p. 88, der p. 81—99 über diese Tafeln ausführlich handelt. *Mannus* ist *magnus*.
6) Bruzza a. a. O. p. 89. Die letzte Zeile gehört nicht zu den Spielzeichen.
7) *C. I. L.* VIII, 8407. Bruzza a. a. O. p. 98. Die Worte haben den Sinn: Wie ein Sclave, wenn er Glück hat, ein reicher Gutsbesitzer werden kann, so kannst auch du in diesem Spiel reich werden.
8) Bruzza *Annali dell' Inst.* 1877 Tav. d'agg. F G n. 23. Das unverständliche fünfte Wort scheint *feliciter* zu sein, das mit verbundenen Buchstaben ge-

Nach Bruzza[1]) sind in Rom allein mehr als hundert Spieltafeln gefunden worden, welche für sechs verschiedene Spiele gedient zu haben scheinen, allein unter ihnen entsprechen etwa sechzig den hier angeführten Beispielen, und andere, welche keine Inschrift enthalten, sondern nur 36 beliebige Zeichen haben, sind offenbar für dasselbe Spiel bestimmt gewesen.[2]) Auf einer Tafel wiederholt sich sechsunddreissigmal ein Monogramma, welches *palma feliciter* bedeutet, also den Sieg in Aussicht stellt.[3])

---

schrieben war um die Sechszahl der Zeichen nicht zu überschreiten, denn *feliciter* ist der Ruf des Siegers, der auch durch ein eigenes Monogramm bezeichnet wird, das sich auf der Tafel findet, und auf welches sich die Abhandlung von Bruzza p. 58 ff. bezieht.

1) Bruzza in *Bull. comunale* 1877 p. 82.

2) Einige solcher Tafeln s. *Annali dell' Inst.* 1877 Tav. d'agg. F. G.

3) Bruzza *Annali dell' Inst.* 1877 p. 68.

SACHREGISTER.

REGISTER DER BEHANDELTEN STELLEN.

Nachträge und Berichtigungen.

Seite 216[2] ist noch zu citiren Virchow, Abh. d. Berlin. Akad. 1883. S. 985 ff.

„ 146[13] Orelli — 9045: zu streichen, da die in diesen Inschriften erwähnten *structores* wahrscheinlich Maurer sind.

„ 151[7] Zeile 7, nach 8881 ist hinzuzufügen: *scriptor librarius* Hor. *A. P.* 354. Vgl. über die Bedeutung von *librarius* Haenny, Schriftsteller und Buchhändler im alten Rom. 2. Aufl. Leipzig 1885. S. 24.

„ 152 Anm. Zeile 5. Zu *fistlator* vgl. Cic. *de or.* 3, 61, 227.

„ 155[4] Mit dem *dispensator* ist wohl identisch der namentlich in Inschriften oft vorkommende *arcarius.* Iuv. 1, 90. 91.

„ 311 Anm. Zeile 2 oder — Suet. *Tit.* 10): zu streichen, weil an der citirten Stelle nicht *plagulis* sondern *pallulis* zu lesen ist.

„ 518 Zeile 5 lies: . . . erhält. Wenn die Rotation nachlässt, so wickelt die Spinnerin den Faden auf die Spindel u. s. w.

„ 743[1] statt S. 310 lies S. 640[6].

„ 812[6] *scapus* ist nicht die Rolle, sondern eine kleinere Einheit: „Bogen". Diese wurden in der Papierfabrik hergestellt und aus ihnen später die Rollen zusammengesetzt; *vicenae* ist also unbedenklich. S. Haenny Schriftsteller und Buchhändler im alten Rom S. 98.

„ 812[8] Aus einer Reihe von Stellen geht hervor, dass der Schriftsteller an den Umfang der Rolle nicht unbedingt gebunden war, sondern der Buchabschluss aus sachlichen Gründen erfolgte, dass man ferner auch von der fertigen Rolle abschneiden und ankleben konnte. Dies führt Haenny a. a. O. S. 89 ff. aus und sucht ferner zu begründen, dass die Bücher wenigstens nicht immer auf fertigen Rollen, sondern auf Bogen *(scapi)* geschrieben und dann zusammengeklebt wurden. S. namentlich S. 101 ff. Vgl. auch Rohde Goett. Gel. Anz. 1882 S. 1537 ff. Die Martialstellen haben nicht diesen bestimmten Sinn; *perscripti libri — nondum conglutinati Dig.* 32, 52, 5.

„ 826[6]. Dass jedoch schon vor und neben Atticus Buchhändler existirten und Schriften in Verlag nahmen, beweisen Stellen wie Cic. *de or.* 1, 2, 5. 21, 94; *ad Att.* 13, 22, 3. S. hierüber und über die Thätigkeit des Atticus Haenny a. a. O. S. 27 ff.

„ 827[1]. S. über diese Stelle Haenny S. 53 ff: *vendere* heisst hier nicht verkaufen, sondern empfehlen (Hor. *ep.* 2, 1, 75; vgl. Cic. *ad Att.* 1, 16, 16; 8, 16, 1), wie aus der Vergleichung von *ad Att.* 13, 19, 2 hervorgeht.

„ 829[2]. Diese Frage untersucht ausführlich Haenny a. a. O. S. 46 ff., welcher auch zu dem Resultat kommt, dass Honorar oder ähnliches nicht gezahlt wurde. Bei Martial ist, wie Haenny richtig ausführt, *solve* zu lesen, doch hat dies mit Honorarzahlung nichts zu thun, sondern der Dichter fordert scherzend ein Geschenk.

Seite 830 Zeile 9. Dass nach Dictat geschrieben wurde, bezweifelt Haenny a. a. O. S. 39 f. theils aus inneren Gründen, theils wegen der dafür gebrauchten Ausdrücke *describere* (Cic. *ad Att.* 13, 13, 1. 21, 4) und *transscribere* (Plin. *ep.* 4, 7, 2); er nimmt an, dass die Stücke *(scapi)* aus denen die ersten Abschriften bestehen sollten, gleichzeitig geschrieben wurden.

830[7]. An den hier citirten Stellen handelt es sich um eine nachträgliche Aenderung von Seiten des Verfassers; dass Atticus die Abschriften durchcorrigiren liess, ist weder hier noch sonst bezeugt. Haenny a. a. O. S. 42.